Angelika Berlejung   Die Theologie der Bilder

ORBIS BIBLICUS ET ORIENTALIS

Im Auftrag des Biblischen Instituts
der Universität Freiburg Schweiz,
des Ägyptologischen Seminars der Universität Basel,
des Instituts für Vorderasiatische Archäologie
und Altorientalische Sprachen der Universität Bern
und der Schweizerischen Gesellschaft
für Orientalische Altertumswissenschaft

herausgegeben von
Othmar Keel und Christoph Uehlinger

Zur Autorin:

Angelika Berlejung (1961) studierte Evangelische Theologie, Assyriologie
und Semitistik in Heidelberg und München. Von 1993–1995 war sie
wissenschaftliche Angestellte an der Universität Rostock, seit 1995 ist sie
als wissenschaftliche Assistentin am Fachbereich Altes Testament an der
Universität Heidelberg tätig.

Orbis Biblicus et Orientalis   162

Angelika Berlejung

Die Theologie der Bilder

Herstellung und Einweihung von Kultbildern in Mesopotamien und die alttestamentliche Bilderpolemik

Universitätsverlag Freiburg Schweiz
Vandenhoeck & Ruprecht Göttingen

Die Deutsche Bibliothek – CIP-Einheitsaufnahme

Berlejung, Angelika:
Die Theologie der Bilder: Herstellung und Einweihung von Kultbildern in Mesopotamien
und die alttestamentliche Bilderpolemik / Angelika Berlejung. – Freiburg, Schweiz: Univ.-
Verl.; Göttingen: Vandenhoeck und Ruprecht, 1998
  (Orbis Biblicus et Orientalis; 162)
  Zugl.: Heidelberg, Univ., Diss., 1997
  ISBN 3-7278-1195-1 (Univ.-Verl.)
  ISBN 3-525-53308-X (Vandenhoeck & Ruprecht)

Veröffentlicht mit Unterstützung des Hochschulrats Freiburg Schweiz,
des Rektorats der Universität Freiburg Schweiz und der VG Wort

Die Druckvorlagen wurden von der Autorin
als reprofertige Dokumente zur Verfügung gestellt

© 1998 by Universitätsverlag Freiburg Schweiz
  Vandenhoeck & Ruprecht Göttingen

Paulusdruckerei Freiburg Schweiz

ISBN 3-7278-1195-1 (Universitätsverlag)
ISBN 3-525-53308-X (Vandenhoeck & Ruprecht)
ISSN 1015-1850   (Orb. biblicus Orient.)

Meinen Eltern

VORWORT

Die vorliegende Arbeit wurde im Wintersemester 1996/97 von der Theologischen Fakultät der Universität Heidelberg als Dissertation angenommen und für den Druck geringfügig überarbeitet und aktualisiert. Ich danke meinen Betreuern Proff. H. und M. Weippert, die meine Arbeit stets wohlwollend und kritisch begleitet haben, sowie Prof. H.-P. Mathys, der das Korreferat erstellte. Meinem Lehrer Prof. K. Deller, der mich in die *niṣirta katimta kullat tupšarrūte* einwies, gebührt mein besonderer Dank. Viele Kollegen und Fachgelehrte waren über die Jahre Begleiter, Ratgeber und Kritiker. Zu nennen sind die Assyriologen A. Bonhagen, Dr. E. Frahm, P. Gesche, Prof. A. Livingstone, Prof. S.M. Maul, PD Dr. B. Pongratz-Leisten, A. Schuster, Prof. H. Waetzoldt, E. Weissert. Wertvolle Anregungen verdanke ich weiterhin P. Boden, Prof. E.-A. Braun-Holzinger, Prof. M.B. Dick, Dr. C. Frevel, Prof. U. Hübner, Prof. B. Janowski, Prof. E.A. Knauf, PD Dr. K. Koenen, PD Dr. V. Leppin, S. Münger, Prof. H. Niehr, Prof. H.M. Niemann, Prof. U. Seidl und N. Wrede. Für Hilfe bei den Indices und der Erstellung des Manuskriptes danke ich B. Hascamp und M. Ihsen.
Großzügige Unterstützung verdanke ich Proff. C. Walker, J. Reade (beide British Museum, London), E. Bleibtreu (Wien) und C. Uehlinger (Fribourg), ohne deren Rat und Tat diese Untersuchung kaum in der vorliegenden Form hätte vollendet werden können.
Für die Publikationserlaubnis des Londoner Textmaterials und des Photos von Or. Dr. IV 24 danke ich den Trustees des British Museum (London) ebenso aufrichtig wie PD Dr. C. Uehlinger und Prof. O. Keel für die Aufnahme der Arbeit in die Reihe 'Orbis Biblicus et Orientalis'.

Heidelberg, im April 1998 (g.g.l.)

Angelika Berlejung

INHALT

"Wolt Ihr wissen, was ich bin
Ich bin gewessen ein Abgottin
Da S. Eucharius zu Trier kam
Er mich zerbrach, mein Ehr abnam
Ich was geehret als ein Gott
Ietz stehen ich hie der Welt zu Spot"[1]

EINLEITUNG

1. Hinführung

Einst ein Gott – jetzt bleibt nur Spott. Die Verse über die Venus von Trier bezeugen, wie eng das Schicksal einer Gottheit mit ihrem Bild verbunden sein kann. Die Figur der Göttin war ursprünglich als Ausdruck ihrer Macht her- und an einem allgemein zugänglichen Platz aufgestellt worden, um verehrt zu werden. Fortschreitende Angriffe auf die Statue dokumentierten den allmählichen Sieg des Christentums, bis die Niederlage der "alten" Göttin durch die Verstümmelung ihres Bildes öffentlich besiegelt war.

Damit ist schon ein Charakteristikum der Götterbilder angesprochen: Weder ihre Produktion noch ihre Negation bleiben dem Zufall überlassen. Ihre Herstellung und ihre Vernichtung sind nicht der Beliebigkeit oder der Belanglosigkeit anheimgestellt.

Es ist auffallend, daß auch die drei monotheistischen[2] Religionen nicht vermochten, die Bilder solcher Beliebigkeit oder Belanglosigkeit auszusetzen. Ganz im Gegenteil. Die Schriften des Judentums und des Islam sind von vehementer Polemik gegen die Bilder geprägt[3].

---

[1] Zitiert nach SCHINDLER, Landesmuseum Trier, 86 mit Abb. 261, vgl. weiter KELLER, Nachleben, 47.

[2] Vgl. ergänzend die Bilderkritik der vorchristlichen Antike in der materialreichen Darstellung von FUNKE, Götterbild, 745-752. Eine Übersicht über die philosophische Bilderkritik bietet GLADIGOW, Konkurrenz, 103-122.

[3] Zur frühjüdischen Polemik gegen die Bilder, die stark unter hellenistischem Einfluß stand, vgl.: PHILO, De decalogo, 52-75, DERS., De vita Mosis, 2,205, DERS., De Gigantibus, 59; vgl. dazu GEFFCKEN, Apologeten, XXIV-IX, und DERS., Bilderstreit, 286-315. Außerdem: Oracula Sibyllina Proömium 39-71 mit 5. Buch 403-407, Bar 6 und Weish 13:10-15:19. Vgl. die Darstellungen in: EHRLICH, Kultsymbolik, 86-94; MEYER, Figurendarstellung, 40-62, und MAIER, Bilder III, 521-525. Zu den jüdischen Handwerkern und ihren Bildern vgl. URBACH, Laws, 149-165, und ʿAbodah Zara 3,1-6. Eine ausführliche Darstellung und Auswertung des Materials bietet PRIGENT, Le judaïsme, passim. Zur Aufnahme und Rezeption des Bilderverbotes im Islam vgl. IPSIROGLU, Bild, 22; PARET, Das Bilderverbot, 238-247, und DERS., Entstehung, 248-269, zusammenfassend MASER, "Du sollst dir", 21-37.

Auch das frühe Christentum[4] setzte sich mit den Götterbildern der heidnischen Antike auseinander. Grundlage dieser Abgrenzung war die alttestamentliche Tradition[5]. Dem Bilderverbot kam in der Argumentation der Kirchenväter der ersten vier Jahrhunderte für die Ablehnung der heidnischen Götterdarstellungen grundlegende Bedeutung zu[6]. Auch die Kritik an der anwachsenden spezifisch christlichen Bilderpraxis[7], die Abbildungen von den Aposteln, den Erzvätern, Propheten, Märtyrern, von Moses, Maria und Christus hervorbrachte[8], wurde davon bestimmt. Trotz der kontroversen Diskussion über den pädagogischen[9] und den ästhetischen[10] Wert der Bilder einerseits und den Gefahren und der Unwürdigkeit eines 'gemalten Gottes'[11] ande-

---

[4] Die folgende Darstellung kann nur einen kurzen und selektiven Einblick in die Geschichte der Bilder und ihrer Gegner geben. Für ausführliche Informationen über die unterschiedlichen Motivationen, Argumente und komplexen Zusammenhänge sei auf die in den folgenden Anmerkungen (in Auswahl) genannte Literatur verwiesen. Allgemein vgl. die zusammenfassende Darstellung in BREDEKAMP, Kunst, passim.

[5] Vgl. die Auseinandersetzung des Paulus mit den Devotionalienhändlern im Artemistempel zu Ephesus Apg 19:23-40; oder die Ablehnung der Bilder in Röm 1:18-23 (vgl. dazu Ps 106:20; Jer 2:11), I Kor 12:2 (vgl. Hab 2:18), Apg 17:16.29 (vgl. Jes 40:18; Jer 10). Die Verwechslung von Dämonen und Göttern thematisiert I Kor 10:20f. I Kor 8:4 bestreitet die Gottheit der Götzen (vgl. Jes 43:10f; 45:5). Zu den Religionspraktiken der zeitgenössischen Antike vgl. STAMBAUGH, BALCH, New Testament, 41-46, s. weiter ebd., 138-67.

[6] Z.B.: JUSTIN, TERTULLIAN, CLEMENS, ORIGENES, EUSEBIUS, vgl. die Darstellung von STERNBERG, "Vertrauter", 29-37. Eine Zusammenfassung mit ausführlichem Quellenmaterial bietet BREDEKAMP, Kunst, 50f. 70ff, THÜMMEL, Bilder IV, 525-531, und DERS, Bilder V/1, 532-540, RATSCHOW, GEMSER, BECK, HERTZSCH, Bild, 1268-1276, sowie VON CAMPENHAUSEN, Bilderfrage, 33-60. Zum Einfluß des Neuplatonismus auf die Argumentationsführung gegen die Bilder vgl. THÜMMEL, Bilder IV, 525f.

[7] TERTULLIAN, Liber de Idolatria, V, in: PL 1, 743-744AB; vgl. KLAUSER, Äußerungen. 328f, BREDEKAMP, Kunst, 32ff.

[8] HOLL, Schriften, 364. Zu EPIPHANIUS als einem der Väter des Bilderstreites in Byzanz vgl. THÜMMEL, Frühgeschichte, 65-73, KLAUSER, Äußerungen, 334f.

[9] BASILIOS d. Gr., Homilia 19,2, in: PG 31, 508D, und DERS., Homilia 17,3, in: PG 31, 489D. Für den Kappadokier kann der Maler den Prediger durch sein schweigendes Bild beredt unterstützen; ähnlich auch PAULINUS von Nola, vgl. dazu THÜMMEL, Bilder IV, 528ff. GREGOR d. Gr., Epistolarum Lib. XI, Ep. XIII, in: PL 77, 1128BC, argumentiert später ähnlich.

[10] Z.B. GREGOR von Nyssa, De S. Theodoro Martyre, in: PG 46, 737D-740A, und GREGOR von Nazianz, Oratio 28,25, in: PG 36, 61A; DERS., Oratio 18,39, in: PG 35, 1037BC, und DERS., Epist. 141, in: PG 37, 241C.

[11] So EPIPHANIUS von Salamis, vgl. HOLL, Schriften, 365. Ähnlich auch ORIGENES, vgl. dazu BREDEKAMP, Kunst, 50f mit Anm. 158. Zu einer ausführlichen Darstellung der unterschiedlichen Positionen vgl. ELLIGER, W., Stellung, 32ff. 85f u.ö., BREDEKAMP, Kunst, 41ff, und THÜMMEL, Bilder IV, 525-531.
Eine gemäßigte Position nahm AUGUSTINUS ein. Er hielt Bilder für überflüssig. Da er aber die menschliche Schwäche kannte (und als Argument akzeptierte), erlaubte er Bilder von Christus (da er Mensch wurde), jedoch nicht von der Trinität, vgl. De doctrina christiana II,39, in: PL 34, 54f (caput XXV), und Tractatus in Joannis evangelium, XL,4, in: PL 35, 107f, sowie De trinitate IX,2, in: PL 42, 961f.

rerseits sowie zahlreicher Versuche, Bilder in den Kirchen gänzlich zu verbieten[12], konnte ihr Siegeszug nicht aufgehalten werden. Der grundsätzliche Wandel in der Bildzuwendung des 6. und 7. Jahrhunderts in der Ostkirche[13] führte zur Entwicklung der Ikone[14], die es dem Betrachter erlaubt, durch das Bild mit dem Dargestellten in Verbindung zu treten. Grundlage dieser Vorstellung ist eine allgemeine Bildertheorie, die davon ausgeht, daß die materiellen Bilder den Betrachter zur Schau Gottes führen können[15]. Das Verhältnis des göttlichen Urbildes zu seinem materiellen Abbild wurde im Bilderstreit des 8. und 9. Jahrhunderts[16] zum Gegenstand heftiger Diskussionen. Gegen die Angriffe der Ikonoklasten, die betonten, daß die Unumgrenzbarkeit Gottes nicht in Bilder zu bannen sei[17], machten die Ikonodulen[18] für sich geltend, nur "nachahmende Bilder"[19] herzustellen und keinesfalls den Anspruch zu haben, "natürliche Bilder"[20] zu besitzen. JOHANNES DAMASCENUS, der sich in seiner Bilderlehre ebenfalls an dem Streit um neuplatonische Urbildtheorien beteiligte, definiert das Bild als "eine Ähnlichkeit, die ein Vorbild so wiedergibt, daß eine Unterscheidung vorhanden ist. Denn das Bild ist nicht in jeder Hinsicht dem Urbild gleich"[21]. Durch

---

[12] Z.B. die Synode von Elvira (ca. 305-310 n. Chr.), Kanon 36 oder die Eingabe des EPIPHANIUS von Salamis an den Kaiser, vgl. die Darstellung in BREDEKAMP, Kunst, 33-37, KLAUSER, Äußerungen, 331-335; zur weiteren Entwicklung im Westen vgl. VON LOEWENICH, Bilder V/2, 540-546.

[13] BREDEKAMP, Kunst, 114; HALBFAS, Auge, 58, sowie THÜMMEL, Bilder V/1, 532f, und THÜMMEL, Frühgeschichte, 174ff.

[14] OUSPENSKY, Symbolik, 68-89. Zur gegenwärtigen Bedeutung der Ikone vgl. zusammenfassend THON, Ikone, 9-29.

[15] Vgl. DIONYSIOS AREOPAGITA, De ecclesiastica hierarchia, I Paragraph II, in: PG 3, 373AB.

[16] Zu den theologischen und politischen Motiven des Bilderstreites vgl. SUTTNER, Motive, 53-70, THÜMMEL, Bilderlehre, 21-29, und BREDEKAMP, Kunst, 114ff. 144, passim. Als Einführung in die Versuche der Konzilien, den "gordischen Knoten" des Bilderstreites zu lösen, vgl. DUMEIGE, Nizäa II, passim, sowie THÜMMEL, Bilderlehre, 51-54. 64-90.

[17] Die Bilderfeinde bestimmten das Verhältnis zwischen Urbild und Abbild als Identität (ομοουσιον), vgl. KOTTER, Schriften, 4.

[18] BREDEKAMP, Kunst, 114ff, und die ausführliche Einleitung in die Bilderlehre des Johannes Damascenus bei KOTTER, Schriften, 4. 8-22.

[19] Μιμητικη εικων: Zwischen Urbild und Abbild besteht kein Unterschied bezüglich der Person, sondern nur bezüglich ihres Wesens, vgl. dazu: KOTTER, Schriften, 9f. 12, und JOHANNES DAMASCENUS, Oratio de imaginibus III,16 = KOTTER, Schriften, 125 (αλλο γαρ εστιν η εικων, και αλλο το εικονιζομενον ...). Ein solches Bild hat die Aufgabe, Verborgenes zu offenbaren und darauf hinzuführen.

[20] Φυσικη εικων: Zwischen Urbild und Abbild besteht kein Unterschied bezüglich des Wesens, sondern ein Unterschied der Person, vgl. KOTTER, Schriften, 9, und JOHANNES DAMASCENUS, Oratio de imaginibus III,18 = KOTTER, Schriften, 126f.

[21] JOHANNES DAMASCENUS, Oratio de imaginibus I,9 = KOTTER, Schriften, 83f (εικων μεν ουν εστιν ομοιωμα χαρακτηριζον το πρωτοτυπον μετα του και τινα διαφοραν εχειν προς αυτο. Ου γαρ κατα παντα η εικων ομοιουται προς το αρχετυπον). Vgl. auch DERS., Oratio de imaginibus III,16 = KOTTER, Schriften, 125.

die Inkarnation war es seiner Ansicht nach möglich geworden, (nachahmende) Bilder von Christus herzustellen, die ihn in Menschengestalt ab- (und nach-)bildeten[22]. Ein Bild des unkörperlichen, gestaltlosen, unsichtbaren und unumschriebenen Vaters war für ihn dementsprechend nicht denkbar[23].

Der Bilderstreit wurde in der Sache nie entschieden[24]. Die geteilte Christenheit spiegelt weiterhin die unterschiedlichen Positionen:

– Die orthodoxe Kirche blieb den Ikonen verbunden.

– Die Reformatoren, die die Bilderfrage verstärkt unter pastoraltheologischen Gesichtspunkten betrachteten, konnten sich in der Bilderfrage nicht einigen: Für LUTHER gehörten die Bilder zu den *Adiaphora*[25] und wurden daher weitgehend toleriert. ZWINGLI, KARLSTADT, JOHN KNOX und CALVIN[26] bekämpften dagegen jegliche Abbildung des Göttlichen oder biblischer Szenen. CALVIN ging sogar soweit, die Bilder der menschlichen Phantasie in seine Ablehnung ausdrücklich miteinzuschließen[27].

– Die römisch-katholische Kirche entfaltete eine ausgedehnte Freude an den Bildern, die nur dann dem *Anathema* anheimfallen, wenn sie dogmatisch falsche Lehren darstellen[28]. Diese Bestimmung führte zu dem m.W. letzten religiösen Bilderverbot: Erst 1928 wurden anthropomorphe Darstel-

---

Weiterführend zur Bilderlehre des Johannes Damascenus vgl. KOTTER, Schriften, 8-22, THÜMMEL, Bilderlehre, 42-46. 55-63. 105f, BARASCH, Icon, 185ff.

[22] JOHANNES DAMASCENUS, De fide orthodoxa, IV,16, in: PG 94, 1172B, und DERS., Oratio de imaginibus I,16 = KOTTER, Schriften, 89-91. Das Bilderverbot des Alten Testaments deutete er als Gebot, das gegen die Gefahr des Götzendienstes gerichtet war. Dieser Tatbestand war durch christliche Bilder nicht erfüllt, vgl. DERS., Oratio de imaginibus I,5-8 = KOTTER, Schriften, 78-83. Zur Abschwächung der Trennung von Urbild und Abbild zugunsten einer "sporadischen Identität" vgl. BREDEKAMP, Kunst, 146f.

[23] JOHANNES DAMASCENUS, Oratio de imaginibus I,4.5 = KOTTER, Schriften, 75-79, DERS., Oratio de imaginibus III,26 = KOTTER, Schriften, 132-135, und DERS., Oratio de imaginibus I,2 = KOTTER, Schriften, 66f; vgl. ebd., 10. Als Grundregel gilt, daß nur darstellbar ist, was gesehen werden kann.

[24] Zum Mittelalter vgl. THÜMMEL, Bilder V/1, 532-540, VON LOEWENICH, Bilder V/2, 540-546, FELD, Ikonoklasmus, 11-63, BELTING, Bild, passim, und BREDEKAMP, Kunst, 219ff. 231-330. Zur Lehre vom vierfachen Bildsinn vgl. Anm. 103.

[25] Vgl. SUTTNER, Rezension, 341. Zu Luthers Auffassungen vgl. MICHALSKI, Reformation, 1-42, VON CAMPENHAUSEN, Zwingli und Luther, 150ff. Zusammenfassend zur Stellung der Reformatoren zu den Bildern vgl. VON LOEWENICH, Bilder VI, 546-557 (Literatur!), VON CAMPENHAUSEN, Die Bilderfrage, 96-128.

[26] Zu Calvins Position in der Bilderfrage vgl. MICHALSKI, Reformation, 59-73, zu Karlstadt vgl. ebd., 43-50, und zu Zwingli vgl. ebd., 51-59, sowie VON CAMPENHAUSEN, Zwingli und Luther, 141-150.

[27] CALVIN, Institutio christianae religionis I 11,8 (zitiert nach BARTH, P., NIESEL, G., (Hg.), Joannis Calvini. Opera selecta III, Monachii in Aedibus 1928).

[28] Die Aufsichtspflicht obliegt den Bischöfen; vgl. das Dekret über die Bilder von 1563 (Tridentinum) in DH, 1825. Weiter vgl. JEDIN, Entstehung, 460-498.

lungen des heiligen Geistes und Trinitätsdarstellungen, die drei identisch aussehende Männer zeigen, verurteilt[29].

Dieser kurze Gang durch die Geschichte des Bildes im Christentum zeugt einerseits von der Wirkungsgeschichte der alttestamentlichen Bilderfeindlichkeit und des Bilderverbots, aber andererseits auch von der Macht der Bilder, die sich immer wieder Bahn brach.
Sowohl die Vertreter der bilderfreundlichen als auch die der bilderfeindlichen Positionen sind sich darüber einig, daß Bilder mehr sind als Darstellungen in Stein, Holz, Metall oder Farbe. Beide Parteien wissen, daß die Bilder der Götter nicht einfach beliebig hergestellt, willkürlich aufgestellt, nebenbei betrachtet und zufällig vernichtet werden, sondern daß sie auf ihre Betrachter eine erhebliche Wirkung ausüben, so daß ihnen im Religions-, Kommunikations-[30] und Machtsystem[31] einer Gesellschaft eine wichtige Bedeutung zukommt. Verbinden die einen mit den Bildern die Vermittlung der offiziellen Lehre, Vergewisserung und Glaubenszuspruch, so sehen die anderen in ihnen die Verführung zu falscher Lehre, Gefährdung und Unglaube. Das Bild scheint dementsprechend für die religiöse Kommunikation auf die eine und auf die andere Weise unverzichtbar oder sogar konstitutiv zu sein[32].
Ist man sich also über die Wirkung der Bilder und deren Folgen uneins, so besteht doch ein (impliziter[33]) Konsens darüber, daß den Bildern eine besondere Mächtigkeit eigen ist, die es zu nutzen bzw. zu bekämpfen gilt.
In der Frage nach dem Gottesbild kann es daher in dieser Hinsicht nur darum gehen, dessen Bedeutung im praktischen Handlungsfeld religiöser Kommunikation und seine Position zwischen Führung und Verführung zu bestimmen. Im folgenden wird in diesem Zusammenhang von der *horizontalen Raumebene, dem praktischen Handlungsfeld oder der Wahrnehmungsbeziehung* (Gottesbild – Mensch) gesprochen[34].

Die hier eingeschlagene Linie, die die Bilder in ihrer *Funktion* für ihre Hersteller, Betrachter und Gegner beschreibt und damit letztlich dem Blick auf gesellschaftliche Prozesse verpflichtet bleibt, greift zu kurz, wenn sie nicht durch Überlegungen ergänzt wird, die versuchen, die Seinsvalenz des Gottesbildes grundsätzlich zu bestimmen, indem das Verhältnis des Bildes zu

---

[29] AAS, XX, 1928, 103.
[30] Vgl. ECO, Semiotik, 202f.
[31] Vgl. BREDEKAMP, Kunst, 12-14 mit Anm. 7, 202, passim, METZLER, Bilderstürme, 14f.
[32] VOLP, Bilder VII, 557.
[33] Vgl. BOEHM, Ikonoklastik, 27-34.
[34] Vgl. dazu ECO, Semiotik, 213.

der von ihm abgebildeten Gottheit zum Gegenstand der Überlegungen gemacht wird.

In der Frage nach dem Gottesbild kann es in dieser Hinsicht letztlich nur darum gehen, dessen Position zwischen Transzendenz und Immanenz, zwischen Gott und der Welt zu bestimmen. Im folgenden wird in diesem Zusammenhang von der *vertikalen Raumebene, der Seinsvalenz oder der Ursprungsbeziehung* (Gottesbild – Gott) gesprochen.

Aus diesen Überlegungen ergibt sich, daß das Gottesbild im Schnittpunkt eines erkenntnistheoretischen Problem- *und* eines praktischen Handlungsfeldes steht.

2. Grundlegungen

Eine Arbeit mit dem Titel "Theologie der Bilder" muß zuerst einmal danach fragen, was ein "*Bild*" eigentlich ist[35], inwiefern es sich vom "*Abbild*" unterscheidet und ferner, wie sich das Verhältnis des Bildes bzw. des Abbildes zu seinem Ursprung, dem "*Urbild*" bestimmen läßt.

Das deutsche Wort *Bild* umfaßt ein breites Bedeutungsspektrum, in das "Gehalte u.a. von *effigies, exemplum, figura, forma, signum, simulacrum, species, symbolum, statua* und *typus*, vor allem aber von *imago* (εικων, ειδωλον) geflossen" sind[36]. In der folgenden Deutung geht es nicht darum, diese Vielfalt auszuschöpfen, sondern einzelne Aspekte auszuwählen, die sich aus den vorhergehenden Überlegungen und der Fragestellung dieser Untersuchung ergeben.

Der deutsche Terminus "*Bild*" ist mit altsächsisch "*bilidi*" "(numinoses, göttliches) Wunder(zeichen)" und dem germanischen Stamm **bil-* "Wunderkraft, Wunderzeichen, numinose Kraftgeladenheit" verbunden. Althochdeutsch "*biliden*" (= bilden) bedeutet daher "der (noch) verborgenen Wirklichkeit Wesen und Gestalt geben"[37]. Ein "Bild" ist demnach die sinnhafte und beschreibbare Erscheinung einer tiefer gründenden Wirklichkeit, die Manifestation unsichtbarer Realität. Ein solches Bild macht also Unsichtbares sichtbar und führt den Betrachter geradewegs in die verborgene Wirklichkeit[38].

Dieser Definition des "Bildes" ist die des "*Abbildes*" gegenüberzustellen. Abbilder sind nicht dazu da, Unsichtbares sichtbar zu machen, sondern schon Bekanntes und schon Gesehenes wiederzugeben (s. das jüngere "*bili-*

---

[35] Eine Übersicht bieten: HALBFAS, Auge, 53, VOLP, Bilder VII, 557ff; vgl. auch die Bestimmung des "ikonischen Zeichens" bei ECO, Semiotik, 198ff. 213.

[36] VOLP, Bilder VII, 557.

[37] Art. Bild, in: DROSDOWSKI, GREBE u.a. (Hg.), Duden, 66f.

[38] HALBFAS, Auge, 53-59, passim.

dōn" "eine (vorgebildete) Gestalt nachbilden"). Das Abbild will seinem Urbild ähneln und gleichen, um darauf zu verweisen und sich in der Erfüllung
seiner Funktion selbst aufzuheben. "Diese Selbstaufhebung des Abbildes ist
ein intentionales Moment am Sein des Abbildes selbst"[39].
Für das *Bild* trifft dies nicht zu. Es ist nicht nur ein Mittel, das sich selbst
aufhebt, nachdem es seinen Zweck erfüllt hat. Es verweist auch nicht von
sich weg auf das Dargestellte, sondern es bleibt "mit dem Dargestellten wesenhaft verbunden"[40]. Daher zielt es auf die ursprüngliche Einheit von Darstellung und Dargestelltem[41]. Das Bild sagt über das Urbild etwas aus[42] und
erschöpft sich nicht darin, daß es nur dessen äußere Merkmale wiedergibt[43].
Dies bedeutet für das Verhältnis von Urbild und Bild, daß das Urbild sich
selbst im Bild darstellt. "Das braucht nicht zu heißen, daß es gerade auf diese Darstellung angewiesen ist, um zu erscheinen. Es kann sich als das, was
es ist, auch anders darstellen. Aber wenn es sich so darstellt, ist dies kein
beiläufiger Vorgang mehr, sondern gehört zu seinem eigenen Sein. Jede
solche Darstellung ist ein Seinsvorgang und macht den Seinsrang des Dargestellten mit aus."[44] Durch ein Bild erfährt das Urbild einen Zuwachs an
Sein, da es an Bildhaftigkeit gewinnt. Für die Seinsvalenz des Bildes bedeutet dies, daß "der Eigengehalt des Bildes" "ontologisch als Emanation des
Urbildes bestimmt" ist[45].
Im Unterschied zum Abbild will das Bild dem Urbild also nicht einfach nur
gleichen, sondern seinsmäßig mit ihm kommunizieren. Ein Bild ist daher
nicht nur eine nachfolgende, zusätzliche und entbehrliche Illustration; es läßt
das, was es darstellt, erst ganz sein, was es ist[46].
Aus dieser Ursprungsbeziehung zwischen Bild und Urbild folgt, daß das
Abgebildete im Bild real präsent ist.

---

[39] GADAMER, Wahrheit, 143. Zur Kritik seines Ansatzes, wie sie von den Vertretern des
kritischen Rationalismus formuliert wird, vgl. ALBERT, Kritik, 2-5 und 40-77. Er plädiert (im
Anschluß an BÜHLER, K., Sprachtheorie. Die Darstellungsfunktion der Sprache, Stuttgart
1965² (1934), 149ff. 179ff, und GOMBRICH, Kunst und Illusion, 83-113) dafür, sowohl die
Sprache als auch das Bild im Rahmen einer Zeichentheorie zu behandeln.

[40] GADAMER, Wahrheit, 143.

[41] GADAMER, Wahrheit, 144, spricht von der "ontologischen Unlösbarkeit des Bildes von
dem 'Dargestellten'".

[42] GADAMER, Wahrheit, 145.

[43] Auch dem Begriff der "Repräsentation" kommt eine eigene Seinsvalenz zu, vgl. GADA-
MER, Wahrheit, 146f. Da jedes Bild wesenhaft als Repräsentation zu bestimmen ist, können
beide Begriffe *promiscue* gebraucht werden. Anders hingegen FREEDBERG, The Power, 78,
der es vorzieht, von der "presentation" des Dargestellten durch das Bild anstelle von seiner
"representation" zu sprechen.

[44] GADAMER, Wahrheit, 145.

[45] GADAMER, Wahrheit, 145. Zu dem neuplatonischen Begriff der Emanation vgl. ebd.

[46] Nach GADAMER, Wahrheit, 147f, trifft dies nicht nur für Bilder, sondern auch für Worte
zu. Dies führt weiter in seine These vom "Bildcharakter der Sprache".

Nach dieser "Ontologie des Bildes und des Abbildes" steht nun noch aus, die Position des Bildes zwischen Symbol und Zeichen zu bestimmen. Für GADAMER[47] ist das Wesen des *Zeichens* das reine *Verweisen*, das Wesen des *Symbols* das reine *Vertreten*. Das Bild enthält beides.

Als *Zeichen*[48] lenkt es die Aufmerksamkeit auf sich, um auf anderes zu verweisen. Trotzdem ist ein Bild nicht nur ein Zeichen, da es (im Unterschied zum Zeichen) einen eigenen Bildgehalt hat, der zum Verweilen einlädt. Da das Bild in seinem eigenen Sein teilhat an dem, was es darstellt, ist der Betrachter, der sich durch das Bild an das Urbild verweisen läßt, bereits beim Urbild angelangt. Im Bild ist Verweisen – Verweilen – Ankommen eins. Die ontologische Teilhabe des Bildes am Urbild trifft für das Zeichen nicht zu, wohl aber für das *Symbol*[49].

Im *Symbol* ist gegenwärtig, was es vertritt[50]. Da dies für das Bild ebenfalls zutrifft, teilt es Wesenszüge mit dem Symbol. Trotzdem ist das Bild nicht nur Symbol, da Symbole "*bloße Stellvertreter*"[51] sind. Sie "vollziehen ihre Vertretungsfunktion durch ihr reines Dasein und Sichzeigen, aber sie sagen von sich aus nichts über das Symbolisierte aus". Symbole bedeuten daher "keinen Seinzuwachs für das Repräsentierte"[52]. Ihnen fehlt im Gegensatz zum Bild ein "Mehr an Bedeutung" und damit ein "Mehr an Gegenwart" des Abgebildeten. Das Urbild ist im Symbol zwar gegenwärtig vertreten, aber im Bild ist es "eigentlicher, so, wie es wahrhaft ist"[53].

Eine Arbeit mit dem Titel "Theologie der Bilder" muß weiter danach fragen, wozu Bilder in der Lage und wie ihre Fähigkeiten und Möglichkeiten zu bestimmen sind. Wenn man das Bild als "elementare Kategorie religiöser Praxis"[54] versteht, das konstitutiv zur Sprache und Kommunikation von Glaubensgemeinschaften gehört[55], dann ergeben sich die folgenden praktischen Handlungsfelder[56]:

---

[47] GADAMER, Wahrheit, 157.

[48] Zum Bild als "ikonisches Zeichen" vgl. die Ausführungen in ECO, Semiotik, 213ff.

[49] Zu diesem Begriff vgl. die zusammenfassenden Darstellungen in GADAMER, Wahrheit, 77-86, und HALBFAS, Auge, 85ff.

[50] Vgl. auch CHUPUNGCO, Symbol, 452: Das Symbol hat "eine in der Natur mitgegebene Gemeinsamkeit (connaturalitas) zwischen dem Sinnbild und seinem Gegenstand".

[51] GADAMER, Wahrheit, 159 (Hervorhebung vom Verf.).

[52] GADAMER, Wahrheit, 159.

[53] GADAMER, Wahrheit, 159.

[54] VOLP, Bilder VII, 557.

[55] Zum Bild als einer der wesentlichen Darstellungsebenen bzw. "Kodierungsformen" religiöser Symbolsysteme (neben Sprache und Handlung) vgl. STOLZ, Hierarchien, 56f.

[56] Wesentliche Ansätze zur Beantwortung dieser Fragen ergeben sich aus der Bilddidaktik (vgl. HALBFAS, Auge, 15, passim) und der Semiotik (vgl. ECO, Semiotik, 197ff. 213, sowie DERS., Introduction, 1-15). Zur semantischen Struktur des Bildes vgl. VOLP, Bilder VII, 560, und (bezogen auf das Symbol) HALBFAS, Auge, 115.

1. *Vermittlung*. Bilder setzten immer Betrachter voraus, denen sie Inhalte, Erfahrungen oder Botschaften vermitteln[57], so daß sie geradezu didaktisch wirken können. Sie entwickeln ihre Bedeutungen und ihre Relevanz, indem sie in ihren Betrachtern Interesse, Erinnerungen, Wünsche und Empfindungen auslösen[58] und dadurch mit ihnen in Kontakt treten. Auf diese Weise rufen sie nicht nur Erinnerung und Wissen wach, sondern auch Gefühle und Affekte[59]. So lassen sich K. JASPERs[60] Ausführungen über den überzeichenhaften Charakter der Sprache auch auf Bilder übertragen. Denn die "Eigenschaft der Worte, aus der geschichtlichen Verwandlung ihrer Bedeutungen einen Reichtum schlummernden Bedeutens zu jederzeit möglichem Erwachen zu bewahren" trifft auch für die Bilder zu. Daher wird ihre Botschaft nicht nur über Lehre und Definitionen festgelegt, sondern auch durch personale Erfahrungen, Interessen und Gefühle, so daß ihre Wirkung nicht an gesellschaftlichen Bildungsschranken und Unwissen scheitert[61]. Wenn religiöse Bilder es vermögen, zwischen tradierter Erfahrung und eigenem Leben, zwischen dem "Zeugnis der Glaubensgemeinschaft und der existenziellen Mühsal des Einzelnen"[62] zu vermitteln, dann stellen sie eine Verbindung zwischen theologischen und anthropologischen Inhalten her[63]. Das religiöse Bild erfüllt seine Aufgabe vollkommen, wenn sich für den Betrachter die Offenbarung als Erfahrung und die Erfahrung als Offenbarung ereignet.

---

[57] HALBFAS, Auge, 51f, VOLP, Bilder VII, 561f; zum Übertragungsproblem vgl. VOLP, Bilder VII, 561ff, und HALBFAS, Auge, 44ff, passim.

[58] CANCIK, MOHR, Religionsästhetik, 147.

[59] Vgl. ECO, Semiotik, 246. 248f, die "*Erkennungscodes*", "auf Grund deren wir wahrzunehmende Gegenstände erkennen oder wahrgenommene Gegenstände erinnern", bzw. die "*Codes des Unbewußten*", die bestimmte Identifikationen, Projektionen oder Reaktionen auslösen.

[60] JASPERS, Von der Wahrheit, 403.

[61] Vgl. ECO, Semiotik, 215. Einschränkend gilt jedoch, daß "jenseits eines bestimmten Ausmaßes der Codifizierung (der ikonischen Zeichen; Anm. d. Verf.) das Erkennen für den nicht mehr möglich ist, der den Code nicht kennt". Trotzdem ist mit HARDIN, Applying Linguistic Models, 309-322, festzustellen, daß die Variationen innerhalb eines visuellen Systems größer sind als innerhalb eines sprachlichen, da die Beziehungen zwischen Ausdruck und Inhalt weniger streng sind.

[62] HALBFAS, Auge, 122, der diese Funktion den Symbolen zuschreibt. HALBFAS unternimmt in seinem Buch den Versuch, eine Bild(!)didaktik zu entwerfen. Ohne Bild und Symbol ausreichend gegeneinander abzugrenzen (vgl. z.B. ebd., 69 neben 125), wechselt er in eine Symboldidaktik (ebd., 84ff). Mit der Einführung des Symbolbegriffes versucht er m.E., dem (stellenweise berechtigten, vgl. z.B. ebd., 62f) Vorwurf der Bildmagie zu entkommen.

[63] HALBFAS, Auge, 123 (über das Symbol; zum Verhältnis von Symbol und Bild bei Halbfas vgl. die vorhergehende Anm.).

2. *Kommunikation und Interaktion*. Bilder nehmen mit ihren Betrachtern Verbindung auf (und umgekehrt). Diese müssen deren religiöse Sprache verstehen und lesen können, also formalreligiöse Fähigkeiten gelernt haben[64]; nur so kann der Betrachter die Glaubensinhalte des Bildes, sein "Mehr an Sinn" für sich erschließen und interpretieren, so daß zwischen den Bildern und ihren Betrachtern Interaktion stattfinden kann.

Religiöse Bilder aktivieren im Menschen alle Bedeutungen, die in den bisherigen Begegnungen mit der Gottheit gewonnen wurden. In neuen Interaktionszusammenhängen wird diese Bedeutung immer wieder neu gewonnen (z.B. bei Festen). Fällt das religiöse Bild völlig aus weiteren Handlungssequenzen heraus oder löst es innerhalb der Glaubensgemeinschaft nicht mehr annähernd ähnliche Empfindungen, Bedürfnisse und Gedanken aus, dann verliert es an Relevanz und ist nichts mehr, was über sich hinaus weisen könnte. Daher erhält die Interaktion die Qualität des Bildes aufrecht[65]. Wenn Bild und Interaktion derart aufeinander verwiesen sind, dann kann es kein religiöses Bild geben, das aus sich heraus verständlich oder relevant ist. Sobald es aus dem Handlungsfeld seiner Verehrer herausfällt, gehen sein "Mehrwert", seine "Vielfachsinne" und damit sein Charakter als Vermittlungsinstanz zwischen den Menschen und ihrer Gottheit verloren.

3. *Orientierung und Integration*. Bilder wirken orientierend und sinnstiftend, da sie mehrere Wirklichkeitsbereiche (Gott und die Welt, Sichtbares und Unsichtbares, Konkretes und Abstraktes), aber auch mehrere Erfahrungsbereiche (Individuum – Bild/Gott – Gemeinschaft) vereinen. Religiöse Bilder sind Kommunikationsmittel der im Bild anwesenden Gottheit mit ihren jeweiligen Interaktionspartnern einer Gesellschaft. Sie machen die Zuwendung und die Gegenwart der Gottheit anschaulich und sinnlich wahrnehmbar und vermitteln so die Gemeinschaft mit dem Göttlichen und versichern dem Betrachter die Sinnhaftigkeit und den Bestand seiner Existenz. Die Bilder vermitteln aber auch die Gemeinschaft all derer, die gemeinsam glauben. Insofern kommt ihnen auch eine integrierende, gemeinschaftsstiftende und identitätsfördernde Kraft zu[66].

---

[64] Zu diesen Überlegungen und Prämissen einer Bilddidaktik vgl. HALBFAS, Auge, 44ff. Zu den Bedingungen der Wahrnehmung und der Kommunikation ikonischer Zeichen vgl. die Ausführungen von ECO, Semiotik, 200ff, mit der Übersicht der diversen Codes (ebd., 246-249).

[65] VOLP, Bilder VII, 566; zur Verschränkung von Symbol (!) und Erfahrung bzw. Zeit vgl. HALBFAS, Auge, 117f.

[66] Vgl. dazu BELTING, Bild, 55-58. Er weist zu Recht darauf hin, daß diese Fähigkeit der Bilder zu einer Konkurrenz zwischen lokalen Kulten und dem zentralen Reichskult sowie zur Förderung des Regionalismus führen kann.

4. *Funktionalität.* Aufgrund ihrer verschiedenen Wirkungsweisen, ihrer Aufgaben und ihrer Verschränkung mit der Welt[67] können Bilder funktional eingesetzt werden. Sie sind Reizmittel, Prägemittel oder Ausdruck der Ideologie. Da die Bilder Inhalte vermitteln und darüber hinaus einen Assoziationswert besitzen, der ihre Relevanz beim Adressaten steigert, sind sie in den Händen der Mächtigen niemals zufällig, sondern Ausdruck eines Entscheidungsprozesses und einer Strategie[68]. Um ausgewählte Inhalte an die Untergebenen zu übermitteln, ist für die Regierenden das Korrelationsprinzip konstruktiv: Ihre Intention ist es, alle religiösen und politischen Inhalte in eine wechselseitige Beziehung zu den Erfahrungen der Betrachter zu setzen. Das Bild ist dann das Strukturgitter, das es ermöglichen soll, die einzelnen religiösen Inhalte mit den verschiedenen Erfahrungsbereichen (eigenes Leben – gesellschaftliches Leben – Leben des Königs; Existenz des Staates) zu verschränken[69].

Ausgehend von dieser Bestimmung des Wesens bzw. der Ursprungsbeziehung des Bildes, des Abbildes, des Symbols und des Zeichens sowie den Überlegungen zum praktischen Handlungsfeld (des Bildes), stellt sich nun die Frage, ob und inwiefern die hier vorgetragenen "Grundlegungen" für das Bilderverständnis des Alten Orients und des Alten Testaments überhaupt tragfähig und anwendbar sind. Um der Eigenbegrifflichkeit[70] dieser beiden Bereiche Rechnung zu tragen, müssen ihre literarischen Überlieferungen befragt werden. Nur so ist letztlich die Suche nach der "Theologie der Bilder im Alten Orient und im Alten Testament" sachgemäß zu betreiben.

---

[67] Zur Situations-, Orts- und Institutionengebundenheit der Bilder vgl. GLADIGOW, Gottesvorstellungen, 44, mit Literatur.
[68] Vgl dazu HALBFAS, Auge, 52, BREDEKAMP, Kunst, 202.
[69] Zum Gegenseitigkeitsverhältnis von königlichem und göttlichem Handeln vgl. GLADIGOW, Gottesvorstellungen, 37f.
[70] LANDSBERGER, Eigenbegrifflichkeit, 355-372.

3. Ziel der Arbeit

Die beachtliche Wirkungsgeschichte der alttestamentlichen Bilderfeindlichkeit[71] und des Bilderverbotes[72] läßt die Frage nach den Ursachen und den
Umständen der biblischen Ablehnung der Bilder entstehen[73]. Da mit neueren

---

[71] Wenig aussichtsreich sind die Versuche, die alttestamentliche Bilderfeindlichkeit oder
das Bilderverbot mit Jahwes Transzendenz, Individualität, Freiheit, Dynamik, befreiender
Kraft, Geschichtsmächtigkeit oder Heiligkeit zu begründen (so z.b. NORTH, Essence, 156,
VON RAD, Theologie I, 230, GUNNEWEG, Biblische Theologie, 64f, DERS., Bildlosigkeit,
266f, ZIMMERLI, Das Zweite Gebot, 246, HOSSFELD, Du sollst, 92f, BERNHARDT, Gott und
Bild, 152-154, ALBERTZ, Religiongeschichte, 102f. 226, METTINGER, Veto, 26f, HERMISSON,
Gottes, 136, TOEWS, Monarchy, 166, HENDEL, Aniconism, 220-224 (er weist zusätzlich auf
die Tödlichkeit von Jahwes Anblick hin)), die durch Bilder eingeschränkt werde, da die
Götter der altorientalischen Religionen dieselben Eigenschaften und Kompetenzen besaßen,
ohne daß Bilder sie gefährdet, ihrer Freiheit beraubt oder verfüg- oder manipulierbar gemacht
hätten, s. auch EVANS, Origins, 197f, KENNEDY, J.M., Background, 139f, HENDEL, Origins,
368-371. Ebensowenig überzeugt die These von der Überlegenheit des Wortes gegenüber
dem Bild, die sich schrittweise durchgesetzt habe (z.B. CARROLL, God, 61-63); zur Kritik
dieser These s. SCHMIDT, B.B., Tradition, 77, KENNEDY, J.M., Background, 140f.

[72] Zu dessen Entstehung siehe die kritische Aufarbeitung bisher (bis 1953) vorgeschla-
gener Erklärungen in BERNHARDT, Gott und Bild, 69-109, sowie (grundlegend) DOHMEN, Das
Bilderverbot, 19. 276-279 (das Bilderverbot als Konkretion des Fremdgötterverbotes), gefolgt
von FREVEL, Aschera, 405; KEEL, Jahwe-Visionen, 39-45 (Bilderverzicht als Abgrenzung der
israelitischen Randkultur von der kanaanäischen Hochkultur) und im Anschluß daran
SCHROER, Bilder, 11-14. S weiter die kurze Forschungsgeschichte von LORETZ, Ahnen- und
Götterstatuen, 493-495, DICK, Prophetic Parodies, 6ff, METTINGER, Israelite Aniconism, 175-
178, und die Diskussion neuester Forschungstendenzen in UEHLINGER, Bilderverbot, passim
(ich danke C. Uehlinger für die Einsicht in sein Manuskript), s. auch u. Anm. 1953. Schon
früh wurde darauf hingewiesen, daß die Bilderpolemik nicht mit dem Bilderverbot argumentiert, s. VON RAD, Weisheit, 237, DOHMEN, Das Bilderverbot, 274-276. Dies ist ein Hinweis
darauf, daß unabhängige Parallelentwicklungen vorliegen, so mit DOHMEN, Das Bilderverbot,
276, DERS., פסל, 696f, HOSSFELD, Du sollst, 91f.

[73] Zahlreiche Gelehrte (z.B. BERNHARDT, Gott und Bild, 141-151, KEEL, Jahwe-Visionen,
39f, DOHMEN, Das Bilderverbot, 239-243. 276, DERS., Bilderverbot, 296, DERS., Religion
gegen Kunst?, 15, DE MOOR, Rise, 169f) machen die nomadische Herkunft Israels oder die
Wüste (z.B. GUTMANN, Commandment, 163, FRITZ, Tempel, 167, PREUß, Verspottung, 17-19.
289, ALBERTZ, Religionsgeschichte, 101, PREUß, Theologie 1, 121), andere den bildlosen Kult
des midianitischen Gottes (z.B. KAISER, Theologie 1, 116, ähnlich METTINGER, No Graven
Image?, 168-174) für die (postulierte) ursprüngliche Bildlosigkeit des Jahwekultes verantwortlich. Diese Erklärungsmodelle beruhen auf unhaltbaren Annahmen und können als ge-
scheitert angesehen werden, zur berechtigten Kritik vgl. KNAUF, UAT, 256-258, SCHMIDT,
W.H., Alttestamentlicher Glaube, 119, DERS., u.a., Die zehn Gebote, 63, HENDEL, Origins,
372, UEHLINGER, Cult Statuary, 133. 153 u.ö.; zur "nomadischen Monolatrie" als "exegeti-
scher Wüstenromantik" vgl. LANG, Wie wird man Prophet, 157. Einen weiteren Vorschlag
unterbreiteten jüngst KEEL, UEHLINGER, Sonnengottheit, 289-292, die Jahwe als Erben des
Jerusalemer Sonnengottkultes sehen, der wohl bildlos gewesen sei. "Der leere Thron und das
Fehlen einer Jahwestatue boten die Möglichkeit, den Tempelherrn mit neuen Vorstellungen
zu assoziieren" (ebd., 292; ähnlich nun KEEL, Conceptions, 130-134). Das Integrations-
potential der Bildlosigkeit hebt auch GUNNEWEG, Bildlosigkeit, 266-269, hervor, der das Bilderverbot als Bedingung der Möglichkeit sieht, verschiedene Jahweerfahrungen zu integrie-

Landnahmetheorien[74] davon auszugehen ist, daß Israel nicht gänzlich, aber doch zum großen Teil autochthon im Land entstanden ist und in der Folgezeit mit seinen Nachbarn und seinen Eroberern in einem wechselvollen Verhältnis lebte, ist die israelitische Religionsgeschichte als Teil der Religionsgeschichte Kanaans[75] und des Vorderen Orients zu begreifen[76]. Umso überraschender ist es, daß Bilder von Göttern in Syrien, Palästina[77], Ägypten und Mesopotamien verbreitet sind und hochgeschätzt werden, während das Alte Testament in weiten Teilen von der aggressiven Auseinandersetzung mit Bildern geprägt ist[78]. So unterschiedlich diese Positionen auf den ersten Blick scheinen mögen, so eng sind sie miteinander verbunden. Dies ergibt sich schon allein aus der Tatsache, daß Bilderpolemik ohne Bilder und ohne den Dialog mit der angefochtenen Bilderverehrung kaum möglich ist[79]. Zwi-

---

ren. Beide Ansätze unterschätzen die integrativen Fähigkeiten von Bildern und die ausgrenzende Wirkung der Bildlosigkeit.

Mit der Feststellung eines ursprünglichen Bilderdefizits hätte man m.E. für die Entwicklung der Bilderfeindlichkeit noch nichts gewonnen, da das Fehlen der Bilder nicht zwangsläufig zu späterer Ikonophobie oder Ikonoklasmus führen muß. Adaption und Assimilation bleiben möglich, s. auch LORETZ, Anikonismus, 214f, UEHLINGER, Rezension, 548f, METTINGER, Israelite Aniconism, 200 ("Programmatic aniconism need not necessarily grow out of a previous *de facto* aniconism").

[74] THOMPSON, T.L., Early History, 22-24. 401-415 u.ö., DAVIES, P.R., In Search, 60-93, KNAUF, UAT, 63-71. 116-125.

[75] Zur Problematisierung des "Israel-versus-Canaan-pattern" s. THOMPSON, T.L., Early History, 310-316, NIEHR, Gott, 183-197, DERS., Rise, 48-50.

[76] Dieser Tatsache versucht METTINGER, No Graven Image?, passim, DERS., Aniconism, 159-178, DERS., Israelite Aniconism, 193-202, DERS., Roots, 222-230 Rechnung zu tragen, indem er Nachrichten von anikonischen Tendenzen in Vorderasien sammelt und den bildlosen Kult Israels in diesen größeren Kontext einordnet.

[77] Zu den Bildern in Ammon vgl. HÜBNER, Die Ammoniter, 262ff, passim, UEHLINGER, Cult Statuary, 117f, zu midianitischen Götter(?)figuren vgl. ROTHENBERG, u.a., Timna, 147 und Fig. 53:1 und 2. Zu den Bildern in Israel s. die zahlreichen Publikationen der "Freiburger Schule", z.B. SCHROER, Bilder, passim, KEEL, UEHLINGER, GGG, passim, UEHLINGER, Cult Statuary, passim, DERS., Bilderkult, passim (ich danke C. Uehlinger herzlich für die Einsicht in sein Manuskript) und unten S. 286ff.

[78] Vgl. z.B.: PREUß, Verspottung, passim, DOHMEN, Das Bilderverbot, 15-19, und demnächst DICK, Prophetic Parodies, 1-58. Zur Bildlosigkeit des Jahwe-Kultes als zentralem Theologumenon der israelitischen Religion vgl. ZIMMERLI, Das zweite Gebot, 234-248, VON RAD, Theologie I, 225-232, EISING, Weisheitslehrer, 405, TIGAY, You Shall Have, 91-96, DOHMEN, Das Bilderverbot, 18. 276f, SCHMIDT, W.H., Alttestamentlicher Glaube, 117-126, DERS., Ausprägungen, 25-34, CHILDS, Theology, 66-68, CURTIS, E.M., Images, 44-46, PREUß, Theologie 1, 117. 119-124, DERS., Verspottung, 16f, KAISER, Theologie 1, 116, GUNNEWEG, Biblische Theologie, 64-66, SCHMIDT, W.H., u.a., Die zehn Gebote, 59-77, METTINGER, Veto, 15, DERS., Essence, 412, DERS., No Graven Image?, bes. 174. 195f.

[79] Es stellt sich dementsprechend die Frage, ob sich die Bilderpolemik des Alten Testaments gegen die Bilderpraxis in den eigenen Reihen oder gegen die Gebräuche der Umwelt richtet. Exegeten, die von der ursprünglichen Bildlosigkeit des Jahwe-Kultes ausgehen, entscheiden sich im allgemeinen für letzteres. Einen anderen Weg beschreitet LORETZ, Ahnen- und Götterstatuen, 505-507, der das Bilderverbot auf die Abwehr innerisraelitischer

schen den Vertretern beider Positionen besteht ein Konsens darüber, daß die
Bilder für die religiöse Praxis eine elementare Rolle spielen und daher im
Religions-[80], Macht- und Kommunikationssystem[81] der Gesellschaft von be-
sonderer Relevanz sind.
Wenn sich die Theologen der alttestamentlichen Bilderpolemik mit den
Theologen des Alten Orients grundsätzlich darüber einig waren, daß die
Götterbilder keine Größe sind, die man vernachlässigen oder ignorieren darf,
da sie eine erhebliche Wirkung ausüben, so ist danach zu fragen, welche
Gründe beide Seiten zu ihrer unterschiedlichen Bewertung der Bilder
führten. Da wir das Gottesbild als Schnittpunkt eines erkenntnistheoretischen Problem- *und* eines praktischen Handlungsfeldes bestimmt haben,
muß die Beantwortung dieser Frage in einem der beiden Felder (oder in
deren Korrelation) zu finden sein. Es ist daher wichtig festzustellen, ob (und
inwiefern) die Theologen des Alten Orients die Ursprungsbeziehung und die
Wahrnehmungs- bzw. die Handlungsbeziehung des Bildes ähnlich bestimmten wie ihre "Kollegen" im Alten Testament oder nicht.
Es ist daher danach zu fragen,
(1.) welcher Bildbegriff dem Bilderdenken des Alten Orients zugrunde liegt
und ob das Alte Testament diese Einschätzung über die Seinsvalenz des
Gottesbildes teilt. Kurz: Was ist ein Gottesbild in Mesopotamien[82]? Was ist
es im Alten Testament[83]?

Kultbräuche (Götter- und Ahnenfiguren) bezieht; erst später sei es zu einem Fremdgötter-
(bilder)verbot ausgeweitet worden.

[80] Vgl. dazu die grundsätzlichen Überlegungen von HALBFAS, Auge, passim, und VOLP,
Bilder VII, 557-568.

[81] Vgl. Anm. 30.

[82] Zu den bisherigen Arbeiten über Aussehen, Funktion und Bedeutung der Götter- und
Kultbilder in Mesopotamien vgl. FRANK, Bilder und Symbole, passim; UNGER, Götterbild,
414-426, THIERSCH, Ependytes, 1-110, dessen Blickwinkel zwar von der klassischen Archäologie geprägt ist, der jedoch auch eine Fülle an mesopotamischem und ägyptischem Material
berücksichtigt. Letzteres bildet auch die Grundlage der Ausführungen von BERNHARDT, Gott
und Bild, 17-68.
Meilensteine für die Beschäftigung mit dem mesopotamischen Kultbild sind die folgenden
Publikationen: UNGER, Babylon, 134. 144f; LAMBERT, Gott, 543-546; DERS, Rezension, 395-
401; OPPENHEIM, Ancient Mesopotamia, 183-198; SPYCKET, Les statues, passim; PREUB, Verspottung, 42-49; RINGGREN, The Symbolism, 105-109; RENGER, Kultbild, 307-314; SPYCKET,
La statuaire, passim; HALLO, Cult Statue, 1-17; SCHÜTZINGER, Bild und Wesen, 61-80;
HEINTZ, Ressemblance, 89-106; JACOBSEN, Graven Image, 15-32; CURTIS, E.M., Images, 31-
56; LAMBERT, Gods, 122-125; DIETRICH, LORETZ, Jahwe, 7-38; DIETRICH, M., Werkstoff,
105-126; MATSUSHIMA, Divine Statues, 209-219; PODELLA, Lichtkleid, 107-124; METTINGER,
No Graven Image?; 39-48; WIGGERMANN, Theologies, 1862f; HUTTER, Religionen, 85f; COR-
NELIUS, Faces, 31-36; VAN DER TOORN, Book, 232-239; SELZ, Drum, passim (3. Jt.).

[83] Zu den bisherigen Arbeiten über Aussehen, Funktion und Bedeutung der Götter- und
Kultbilder im syrisch-palästinischen Raum vgl. GALLING, Götterbild, 111-119; WELTEN, Göt-
terbild, 99-111; DERS, Bilder II, 517-521; UEHLINGER, Götterbild, 871-892; CURTIS, E.M.,
Idol, 376-381; UEHLINGER, Cult Statuary, passim. Grundlegend für die Beschäftigung mit

(2.) wie die Bedeutung des Bildes im praktischen Handlungsfeld religiöser Kommunikation im Alten Orient bestimmt wird und ob sich diese Bestimmung mit der des Alten Testamentes deckt. Kurz: Was kann ein Gottesbild in Mesopotamien[84]? Was kann es im Alten Testament?

(3.) wie das Verhältnis der Wahrnehmungsbeziehung zur Ursprungsbeziehung im Alten Orient bestimmt wird und ob das Alte Testament diese Einschätzung teilt.

(4.) aus welcher Regel die Dialektik von Bilderfeindlichkeit und Bilderverehrung lebt. Was wußten die Theologen des Alten Testaments von der altorientalischen Bilderverehrung[85], welchen Realitätsbezug hat die Polemik und nach welchen Kriterien wurden Aussagen dieser Bildpraxis aufgenommen bzw. abgelehnt?

Diese Problemanzeige läßt bereits erkennen, daß es sich um ein äußerst komplexes Themenfeld handelt, das im begrenzten Rahmen einer Dissertation nicht erschöpfend behandelt werden kann. Die Beschränkung auf die Vorgänge und Vorstellungen, die mit der Herstellung und der Einweihung eines Kultbildes verbunden sind, ließ es sachgerecht erscheinen, die folgende Betrachtung auf die Bestimmung der Ursprungsbeziehung des Bildes einzugrenzen. Die Zielsetzung der vorliegenden Untersuchung besteht daher darin, die erste (1.) der oben aufgeführten Fragen zu beantworten und auf die offen bleibenden Probleme (2.)-(4.) gegebenenfalls nur kurz zu verweisen. Einem späteren Projekt muß es überlassen bleiben, die Wahrnehmungs- und Handlungsbeziehungen eines Kultbildes zu erarbeiten und damit die Grundlage dafür zu schaffen, daß das oben beschriebene Achsenkreuz der vertikalen und horizontalen Raumebene vollständig ausgeführt werden kann, als dessen Schnittpunkt das Kultbild (jeweils nach mesopotamischer und alttestamentlicher Auffassung) erfaßt und eingeordnet werden muß.

Bilderfeindlichkeit setzt eine bilderfreundliche Praxis voraus[86]. Daher wird diese Untersuchung mit der Erarbeitung des Wesens und der Bedeutung der

---

dem alttestamentlichen Bilderverständnis sind PREUß, Verspottung, passim; HERMISSON, Gottes, 130-136; SCHROER, Bilder, 161-253; PODELLA, Lichtkleid, 164-185; METTINGER, No Graven Image?, passim.

[84] Vgl. dazu z.B.: RINGGREN, The Symbolism, 108f, der OPPENHEIM, Ancient Mesopotamia, 184-192, zusammenfaßt.

[85] JACOBSEN, Graven Image, 16. 28, ist der Ansicht, daß die Propheten die Bilder "as outsiders" betrachteten, da Israel an der Bilderpraxis des Alten Orients keinerlei Anteil gehabt habe. Ähnlich argumentiert auch HALLO, Cult Statue, 2, der die Existenz von Kultbildern in Israel negiert; allenfalls verführt durch die Umwelt sei es vereinzelt zu Götterdarstellungen gekommen. Zur Kritik an diesen Ansätzen, die Bilder als "'Unfälle' in der Geschichte Israels" ansehen vgl. SCHROER, Bilder, 12.

[86] Ähnlich auch ESCHWEILER, Bildzauber, 312.

Bilder in einer bilderfreudigen Religion einsetzen, um sich erst in einem
zweiten Schritt der Polemik gegen diese Vorstellungen zuzuwenden.

Die Politik und die Präsenz Assyriens und Babyloniens prägten das Schicksal Israels und Judas im 1. Jt. maßgebend. Die Kultbilder der Götter gehörten in Mesopotamien zum offiziellen und zum privaten Glaubensleben. Aus
Assyrien und Babylonien steht uns zwar kaum archäologisches, dafür aber
umso mehr literarisches Quellenmaterial[87] zur Verfügung, so daß es möglich
ist, ein recht genaues Bild von der Bilderpraxis einer der Religionen[88] zu
zeichnen, mit deren Bilderverehrung sich Israel auseinandersetzen mußte.
Da bisher keine zusammenfassende Darstellung über das Kultbild in Mesopotamien im 1. Jahrtausend vorliegt, versucht der erste Teil dieser Arbeit (in
bezug auf die Herstellung und Einweihung der Bilder), diese Lücke zu
schließen.

Seit der Entzifferung der Keilschrift wächst die Zahl der Textpublikationen
stetig an. Da dieser Prozeß immer noch andauert, stehen systematisierende
Monographien über einzelne Themenbereiche unter dem Vorbehalt der noch
zu erwartenden Entdeckungen. Auch die vorliegende Arbeit ordnet sich auf
der Grundlage der derzeit bekannten und publizierten Texte[89] als vorläufiger
Beitrag in die gegenwärtige Diskussion um das Wesen und die Bedeutung
der Bilder ein.

Der erste Teil (I) der Untersuchung wird durch eine Einführung in die
grundlegenden Vorstellungsstrukturen (A) mesopotamischen Denkens und
Handelns eröffnet. Dieser schließt sich eine allgemeine Einleitung an (B),
die einen kurzen Einblick in das Aussehen der Bilder und einen Überblick
über die gängigen Bildertermini gibt. Diesem Abschnitt folgt die Darstellung der Rolle des Kultbildes im offiziellen Kult (C). Da die literarischen
Zeugen gerade dann über Kultbilder ausführlich zu berichten wissen, wenn
es um deren (1) Herstellung und (2) Einweihung geht, ergab sich die Gliederung der Kapitel 1.-2. von selbst.

Der zweite Teil (II) beginnt mit einer allgemeinen Einführung (A), die das
relevante archäologische Material der Eisenzeit, die wirtschaftliche Situation
in Palästina, die Beschreibungen der Bilder im Alten Testament sowie die
dort belegten gängigen Bildertermini vorstellt. Es folgt der Abschnitt über
die Polemik gegen Kultbilder im Alten Testament (B), der durch die Pole-

---

[87] Es handelt sich dabei um verschiedene literarische Gattungen. Insgesamt gibt die literarische Überlieferung des Alten Orients und des Alten Testaments hauptsächlich Auskunft
über die religiösen Praktiken der Oberschicht, vgl. KNAUF, UAT, 221-237.

[88] Zu bedenken ist, daß nicht nur alttestamentliche, sondern auch altorientalische Texte
als "narrative construct" entworfen und daher bestimmten Intentionen und Absichten verpflichtet sind. Vgl. grundsätzlich KNAUF, From History, 26-64, und (für den Bereich des Alten Testaments) NIEMANN, Herrschaft, 1.

[89] Bisher unpublizierte Texte sind gekennzeichnet.

mik gegen die (1) Herstellung eines Bildes und (2) alttestamentliche Reflexe
auf die Einweihung desselben strukturiert ist. Der weitgehend parallele
Aufbau von I und II ermöglicht die konkrete Gegenüberstellung der altorientalischen Bilderpraxis und deren alttestamentlicher Rezeption. Die Ergebnisse dieser komparativen Betrachtung werden abschließend (III) zusammengefaßt und ausgewertet.

4. Abgrenzungen

Die vorliegende Arbeit beschäftigt sich ausschließlich mit dem anthropomorphen, rundplastischen Götterbild, das als *Kultbild* eines Gottes funktional konkretisiert ist[90]. Sie leistet daher keinen unmittelbaren Beitrag zu der
gegenwärtigen Diskussion um die Einordnung und das Verständnis der Re-
liefprogramme, Votivbilder[91], der apotropäischen und prophylaktischen Bilder, der König-, Tier- oder Mischwesendarstellungen und auch nicht zu den
für die Rekonstruktion der Religionsgeschichte bevorzugt herangezogenen
Siegeldarstellungen. In dieser Arbeit geht es vielmehr darum, zu zeigen, daß
das Kultbild im religiösen Symbolsystem[92] einer Kultur etwas Besonderes
darstellt und deshalb einer eigenen Hermeneutik[93] bedarf[94].
Die analytische Bildbetrachtung sieht in den Bildern Zeichen, die innerhalb
von Zeichen- und Symbolsystemen ihre jeweilige Bedeutung haben[95]. Sie
untersucht die Beziehungen dieser Zeichen zueinander, ihre Geschichte, ihre
Bedeutung und ihren Gebrauch in Bildakten[96]. Da die einzelnen Zeichen gerade durch ihren Kontext verständlich werden[97] und sich gegenseitig inter-

---

[90] Zu einer ähnlichen Definition des mesopotamischen Kultbildes vgl. SPYCKET, Les
statues, 7. Zur Abgrenzung von Bild – Kultbild – Götterbild – Götterdarstellung vgl. DOH-
MEN, Das Bilderverbot, 35-37; UEHLINGER, Götterbild, 871f; HALBFAS, Auge, 63f.

[91] Zu den Inschriften, die auf Votivstatuen und Votivsiegeln angebracht sind, vgl. neuerdings WATANABE, Votivsiegel, 239-257.

[92] Zu diesem Begriff vgl. GEERTZ, Religion, 44-95, sowie GLADIGOW, Religionsgeschichte, 6-37, bes. 16f.

[93] GADAMER, Hermeneutik, 1061-73; HALBFAS, Auge, 63f. Zum Verhältnis von Bild und
Text und den hermeneutischen Voraussetzungen der analytischen Bildbetrachtung vgl. KEEL,
Das Recht, Schema Nr. 2, sowie KEEL, UEHLINGER, GGG, 7-14.

[94] Zu den Grundproblemen der Hermeneutik (dem transzendentalen und dem
hermeneutischen Aspekt), die im Rahmen dieser Arbeit selbstverständlich mitzudenken sind,
vgl. die Übersicht bei ANZENBACHER, Einführung, 167ff.

[95] KEEL, UEHLINGER, GGG, 7-14; grundlegend bleibt PANOFSKY, Zum Problem, 185-206,
sowie DERS., Ikonographie und Ikonologie, 207-225. Instruktiv ist die kurze Zusammenfassung des Diskussionsstandes bei KIPPENBERG, Introduction, vii-xix, bes. vii-xii.

[96] Z.B. KEEL, Das Recht, xii und 141; daraus ergibt sich eine "Grammatik" der Bilder mit
Syntax, Etymologie und Vokabeln. Zur Kritik der hermeneutischen Grundlagen dieses Ansatzes vgl. WEIPPERT, H., Religionsgeschichte, 1-28, bes. 5f, und FREVEL, Aschera, 773-780.

[97] ECO, Semiotik, 244f.

pretieren, sind die konstellativen Götterdarstellungen der zahlreichen
Siegelbilder[98] ihr bevorzugter Forschungsgegenstand.

Kultbilder gehören sicherlich auch zu dem Zeichenvorrat ihres jeweiligen
Symbolsystems; trotzdem sperren sie sich dieser Interpretationsweise, da sie
zum einen archäologisch kaum nachzuweisen und zum anderen in ihrem
heutigen Fundkontext kaum (mehr) als Teil einer größeren Konstellation zu
erkennen sind. Daher sind sie für den heutigen Betrachter mehrdeutig und
werden von Vertretern der analytischen Bildbetrachtung für die religionsgeschichtliche Interpretation als weniger ergiebig abqualifiziert[99].

Tatsächlich lassen sich Kultbilder, sofern man sie überhaupt als solche identifizieren kann, an ihren Fundorten nur schwer deuten und in ihrer Funktion
für die Gläubigen oder in ihrem Verhältnis zu der in ihnen dargestellten
Gottheit kaum verstehen; deshalb ist es ratsam, Texte in ihre Interpretation
mit einzubeziehen. Wenn man die Kultbilder auf diese Weise in den Kontext
ihrer Glaubenswelt stellt, dann läßt sich unschwer erkennen, daß sie in ihrer
eigenen Umwelt und für ihre Verehrer keineswegs mehrdeutig, kontextlos
und isoliert waren. Die Stärke eines Kultbildes bestand sogar darin, daß es,
da es beweglich war, jederzeit variable Konstellationen (z.B. durch die hierarchische Anordnung oder unterschiedliche Kombination mehrerer Bilder)
eingehen und sich in verschiedene Kontexte (eigener Tempel, als Gefangener oder Gast im fremden Tempel, bei verschiedenen Festen, bei Prozessionen) jeweils zwanglos integrieren konnte, *ohne* dabei an Eindeutigkeit zu
verlieren.

Neben der rein analytischen Bildbetrachtung geht es in einer "Theologie der
Kultbilder" vor allem auch um deren überzeichenhaften Charakter[100]. Ein
Kultbild ist mehr als ein Zeichen oder die Summe der Symbole[101], die es in
Form seines Schmuckes und seiner Kleidung an sich trägt. *Es hat als ganzes
Wirklichkeitscharakter*[102] und ist damit grundsätzlich den Siegeln überlegen,
die allenfalls Wirklichkeiten abbilden, sie aber nicht schaffen.

Eine *Hermeneutik des Kultbildes* muß also versuchen, diesem Wirklichkeitscharakter des Bildes gerecht zu werden. Sie darf daher nicht nur bei der historischen Einsicht verweilen, bei der es um die faktischen, geschichtlichen
und sachlichen Gegebenheiten des Bildes geht, sondern sie muß versuchen,

---

[98] Zur Kritik an der Hochschätzung der Siegel als "Leitfossile der Religionsgeschichte"
vgl. FREVEL, Aschera, 776-779.

[99] So z.B.: UEHLINGER, Götterbild, 871-892, bes. 875. KEEL, SHUVAL, UEHLINGER, Stempelsiegel, 400-404.

[100] Zum (künstlichen) Charakter des Bildzeichens, das mit seinem Vor-bild oft die Bedeutung teilt, vgl. KEEL, Das Recht, 268.

[101] Vgl. dazu BRUNNER-TRAUT, Frühformen, 68.

[102] Ähnlich CASSIRER, Wesen und Wirkung, 78, und HALBFAS, Auge, 61.

die hintergründige Bedeutung der Bilder zu erfassen. Als Interpretationshilfe stehen Mythologie und Theologie zur Verfügung. Anhand des literarischen Quellenmaterials, das uns darüber Auskunft gibt, wie sich die Betrachter vor dem Bild verstanden, ist es möglich, Einblicke darüber zu gewinnen, inwiefern die Bilder mit deren eigener Erfahrung verbunden waren, sie in die existentielle Auseinandersetzung führten[103] und sie eine göttliche Wirklichkeit erkennen ließen[104], die außerhalb ihrer Sinneswahrnehmung lag.

Der heutige Betrachter des Kultbildes einer vergangenen und fremden Religion kann es niemals umfassend verstehen, da er nicht nur anders sieht als die früheren Betrachter, sondern auch anderes[105]. Bilder setzen einen Betrachter voraus, der sie erkennt. Daher gilt auch für das Kultbild, was für alle Bilder (und für alle Texte) gilt, nämlich daß erst der Betrachter (bzw. der Leser) das Bild (bzw. den Text) konstituiert. Ein Bild existiert nie als Bild an sich, sondern nur in der (Ursprungs-)Relation zum Dargestellten und in seiner (Wahrnehmungs- und Handlungs-)Relation zum Betrachter. Ein Kultbild setzt daher einen Betrachter voraus, der an es glaubt, so daß man in Abwandlung des berühmten Satzes von J. FICHTE formulieren kann, daß "ein Gott(esbild) nur unter Menschen ein Gott(esbild) wird".

Da uns die authentischen Betrachter der Kultbilder des Alten Orients und des Alten Testaments unwiederbringlich verloren sind, müssen wir versuchen, aus deren literarischen Überlieferungen die Kultbilder zu rekonstituieren und sowohl kritisch hinterfragend[106] als auch verstehend zu beschreiben[107]

---

[103] Diese Überlegungen stehen der mittelalterlichen Lehre der vierfachen Bildeinsicht nahe, die in historischer Einsicht, Allegorie, Tropologia und Anagogia bestand. S. weiter SCHADE, Bildtheorie, 113ff, und HALBFAS, Auge, 69 (Bild) sowie 125f (Symbol).

[104] KÜGLER, Propaganda, 83-92, bes. 87, spricht in diesem Zusammenhang vom "performativen Charakter" der Bilder. Er entwickelte diesen Begriff auf dem Hintergrund der ägyptischen Kunst.

[105] GADAMER, Wahrheit, 153f. Zum Anteil des Betrachters am Erkennen von Bildern vgl. GOMBRICH, Kunst und Illusion, 250ff. 273-275. 426-428 u.ö.

[106] Vgl. dazu die Ausführungen von ALBERT, Kritik, 222f. Er distanziert sich von einer Hermeneutik, die von der These ausgeht, daß "nur der 'Betroffene' in der Lage sei, zu verstehen". Sie sei kaum geeignet, "die kritische Prüfung religiöser Glaubensüberzeugungen zu fördern", da eine solche Untersuchung nicht im Interesse der Mitglieder einer religiösen Gemeinschaft ist.

[107] Zu den Vorbehalten und der Unmöglichkeit, das Symbolsystem anderer Völker und Kulturen aus der Sicht der Handelnden darzustellen, vgl. die Überlegungen (aus ethnologischer Sicht) von GEERTZ, Dichte Beschreibung, 22ff. 28, die aber für die religionswissenschaftliche Arbeit ebenso zutreffen.

I. DAS KULTBILD IM ALTEN ORIENT

A. GRUNDLAGEN

1. Die "me"

Grundlegend für das Verständnis der sumerischen[108] und der assyrischbabylonischen Religion[109] ist der Begriff der "me". Sie gehören zu den Vorstellungsstrukturen, die das Denken und das Handeln der Götter und der Menschen wesentlich bestimmen. Die Kultbilder der Götter werden zwar an keiner Stelle selbst als "me" bezeichnet, aber trotzdem sind sie mit ihnen aufs engste verbunden. Da die "me" zu dem unmittelbaren Umfeld der Götterbilder gehören und ihnen in dieser Arbeit eine zentrale Rolle zukommt, werden sie an dieser Stelle ausführlich vorgestellt.

Der Begriff "me" ist pluralisch und gehört der Sachklasse an. Das Nomen "me" ist wahrscheinlich vom Verb "me" abgeleitet, das "sein, existieren" bedeutet[110]. Dementsprechend sind die "me" "das, was etwas zu dem macht, was es ist"[111]. Daher verliert jemand (bzw. etwas), der (bzw. das) seine "me" ablegt, zwar seine Identität, aber nicht sein Sein; er wird konturen-, macht-

---

[108] Vgl. dazu VAN DIJK, Sumerische Religion, 431-496, bes. 440-442.

[109] Reflexe der Konzeption der "me" finden sich auch in den *namburbi*-Ritualen des 1. Jt.s, vgl. MAUL, Zukunftsbewältigung, 6f. Die "me" wurden von Enlil im *ubšukkina* in Nippur zugeteilt. Im Zuge des Aufstiegs Marduks in der Zeit Nebukadnezars I. wurde Enlil bzw. Nippur-Theologie auf Esagila und Marduk übertragen. Dementsprechend erhielt auch Esagila ein *ubšukkina*, das als Ort der Schicksalsbestimmung im *akītu*-Fest in Babylon zu besonderen Ehren kam, vgl. PONGRATZ-LEISTEN, *Ina šulmi īrub*, 56-60. 83f. 106, GEORGE, Studies, 372ff.

[110] FARBER, G., me, 610-13, bes. 611.

[111] FARBER, G., me, 610-613, beschreibt die "me" zwar in platonischer Terminologie als "göttliche Idee", die "allem Existenten immanent innewohnt", weist aber gleichzeitig darauf hin, daß die "me" "nicht wie moderne Abstraktbegriffe, sondern ganz konkret als Attribute oder Insignien verstanden" wurden. Sie lehnt daher die ontologische Deutung des Begriffes ausdrücklich ab. Tatsächlich ist vor vorschnellen Analogien zwischen den "me" und den platonischen Ideen zu warnen. Abgesehen von den inhaltlichen Divergenzen beinhaltet der Begriff der "me" weder einen "Methexis-" noch einen "Anamnesis"-Mythos. Er bietet keine Abwertung der "sinnlichen" Welt als Scheinwelt oder erkenntnistheoretische Ansätze. Zu den Begriffen "konkret" bzw. "abstrakt" in sumerischer Zeit und Terminologie vgl. FARBER, G., Konkret, kollektiv, 81-90.
Zu weiterer Literatur vgl. FARBER, G., me, 610ff. Zu den akkadischen Gleichungen des Begriffes vgl. ebd., 612f, sowie CAVIGNEAUX, L'essence divine, 177-185, der zusätzlich noch (zu Recht) die Gleichung mit *simtu* = me.te in Erwägung zieht.

und wehrlos. Alles, wofür er steht, geht verloren, so daß er damit sich selbst aufgibt[112].

Die "me" werden nie personifiziert oder deifiziert. Sie besitzen keine eigene Motivation oder Wirkungsmacht, da sie den Göttern untergeordnet sind, die über sie bestimmen[113]. Grundsätzlich verfügt jeder Gott über "me", obwohl Unterschiede hinsichtlich des Umfanges und des Zeitpunktes der Übergabe an die jeweilige Gottheit belegt sind. Lediglich die Götter Anu und Enlil besaßen die "me" von Anfang an; sie teilten sie erst später anderen Göttern zu. Auch Enki (Ea), der die "me" an seinem Wohnsitz *apsû* (konkret in Eridu) aufbewahrt[114], hatte sie erst zuvor von Enlil (aus dem Ekur in Nippur) erhalten. Er übergab sie von da aus an Inanna (nach Uruk)[115], die die "me" im allgemeinen nicht an andere Götter, sondern nur an weltliche Herrscher weiterreicht.

Wenn ein Gott oder ein König die "me" als Geschenk erhalten hat[116], dann hat er die Pflicht, sie zu hüten, zu bewachen[117], reinzuhalten, in Ordnung zu halten und vollkommen zu handhaben[118]. Der Besitz der "me" ist daher mit einer doppelten Verantwortung verbunden. Einerseits müssen sie selbst gepflegt, andererseits richtig angewendet werden. Beide Aufgaben können nur

---

[112] So zu erkennen bei dem "Striptease" der Inanna in der sumerischen Dichtung "Inannas Gang in die Unterwelt", zitiert nach SLADEK, W., Inanna's Descent to the Netherworld, Baltimore 1974, 103-239. Die neueste Übersetzung mit einer ausführlichen Bibliographie bietet TUAT III.3, 458ff. Eine neue Übersetzung liegt auch vor in BOTTÉRO, KRAMER, Lorsque, 276ff. Mit jedem abgegebenen Kleidungsstück verliert Inanna ein Stück ihrer Macht und ihres Königtums (zu der Symbolik der Kleider und des Schmucks der Inanna vgl. LEEMANS, Ishtar of Lagaba, 19-24, und SLADEK, Inanna, 71-85). Ihre Attribute wurden offensichtlich durch ihre verschiedenen Kleider und Symbole vergegenwärtigt, so jetzt auch KATZ, Inanna, 224f. Damit bringt der Verlust der Kleider eine Qualitätsveränderung der Göttin mit sich und muß grundsätzlicher und elementarer interpretiert werden als von VOGELZANG, VAN BEKKUM, Meaning and Symbolism of Clothing, 267f, vorgeschlagen.

[113] So mit FARBER-FLÜGGE, Inanna und Enki, 117-119.

[114] So in "Enki und die Weltordnung" Z. 65-67 (der Mythos wird zitiert nach BENITO, "Enki and Ninmah" and "Enki and the World Order", University of Pennsylvania 1969); s. weiter FARBER-FLÜGGE, Inanna und Enki, 200. 122f. Die sieben Fisch-Weisen Eas, die die Pläne von Himmel und Erde in Ordnung halten, sind die Hüter der "me" im *apsû* vgl. Anm. 827.

[115] Die Zivilisation entwickelt sich daher aus Nippur und gelangt erst über Eridu nach Uruk.

[116] Zu den Verben des Schenkens und Zuteilens vgl. FARBER-FLÜGGE, Inanna und Enki, 130ff.

[117] FARBER-FLÜGGE, Inanna und Enki, 136f.

[118] FARBER-FLÜGGE, Inanna und Enki, 143-147. Belegt ist auch die Benennung der "me" durch die Götter, s. ebd., 147f. Namensgebung bedeutet in Mesopotamien im allgemeinen Realitätssetzung (zu dieser Möglichkeit der Sprache vgl. die grundsätzlichen Überlegungen von GADAMER, Wahrheit, 148. 442ff). PONGRATZ-LEISTEN, *Ina šulmi īrub*, 19f, spricht in diesem Zusammenhang von sprachlicher "Mythologisierung" (20); sie setzt damit (zu Unrecht) für die damaligen Menschen einen Standpunkt außerhalb des Mythos voraus. Zur Vernetzung von Mythos und "realer" Welt im Alten Orient vgl. KEEL, Die Welt, 47.

von Göttern oder von ihrem autorisierten Beauftragten, dem König, wahrgenommen werden.
Die "me" werden z.T. ganz gegenständlich gefaßt. Wer sie besitzt, kann sie
wie Schmuck oder Kleider anlegen, sich auf sie setzen oder stellen, sie ein-
sammeln oder zusammenraffen oder sogar auf ihnen reiten[119]. Analog zu diesem Sprachgebrauch ist davon auszugehen, daß die "me" einer Gottheit in
ihren Insignien, den Kleidern, dem Schmuck und ihrem Podest vergegenwärtigt werden[120].

Die "me" sind in allen kosmischen Bereichen anzutreffen, d.h. im Himmel,
im Tempel, auf der Erde, auf den Bergen[121] und in der Unterwelt[122]. Sie
finden sich in konkreten Dingen *und* in abstrakten Konzepten. Da sie mit
den Götter(bilder)n und deren Funktionsbereich verflochten sind, sind sie im
Tempel versammelt[123]. Zahlreiche Tempelnamen reflektieren diese Vorstellung[124], so z.B.: Ešumeša "Haus in dem alle 'me' versammelt sind", Eme-
urur "Haus, das die 'me' sammelt", Emezida "Haus der wahren 'me'".
Einige Adjektive, die die "me" weiter qualifizieren, seien hier in Auswahl
genannt[125]: groß, riesig, überragend, schreckenerregend, rein, hell, strahlend,
erhaben, fürstlich, unzählbar, ewig, althergebracht, recht und gut. Darüber
hinaus sind sie auch noch unantastbar, unvergleichlich, unverfügbar, unver-
änderlich, unumstößlich und unerreichbar[126]. Daher kann man sie auch nicht
zerstören, sondern lediglich vorübergehend ausschalten[127], vergessen oder
verlorengehen lassen. Dies erreicht man, indem man ihren Träger (Gott[-es-
bild], König, Tempel) zerstört, mit dem sie "unbedingt" verbunden sind.
Wenn die Götter zornig sind, dann können sich die "me" sogar gegen ihren
Träger richten, "feindlich werden" und ihn so ins Verderben stürzen. Ist der
Zorn der Götter wieder verflogen, dann kann ein erwählter König die "me"
sammeln und wiederherstellen. Als Grundregel gilt: Wütende Götter führen
unzweifelhaft zum Verlust der "me", während zufriedene Götter ihre Gegenwart garantieren.

---

[119] FARBER-FLÜGGE, Inanna und Enki, 137-143.
[120] Dieser Gedanke trifft auch für die "me" des Königs zu. Seine Insignien und Kleider
haben dieselbe Funktion.
[121] FARBER-FLÜGGE, Inanna und Enki, 125.
[122] FARBER-FLÜGGE, Inanna und Enki, 125. 199.
[123] SJÖBERG, BERGMANN, TCS III, S. 29 Nr. 16:198.
[124] Weitere Belege bei GEORGE, House, 122-126.
[125] FARBER-FLÜGGE, Inanna und Enki, 153-164.
[126] FARBER-FLÜGGE, Inanna und Enki, 148-150.
[127] FARBER-FLÜGGE, Inanna und Enki, 150-153.

Der Plural der "me" umfaßt die Summe aller einzelnen "me", die wir zum großen Teil aus dem Mythos "Inanna und Enki"[128] kennen. Hier eine kleine Auswahl der genannten "me"[129]:

Kraft; Unehrenhaftigkeit; Rechtschaffenheit (*mēšaru*); Beständigkeit (*kittu*); Plünderung von Städten; Herzensfreude; Lügenhaftigkeit; fester Wohnsitz; Tischlerhandwerk; Kupferschmiederei; Schreiberkunst; Schmiedehandwerk; Handwerk des Lederarbeiters; Handwerk des Walkers; Handwerk des Baumeisters; Handwerk des Mattenflechters; Verstand; Wissen; reine Waschungsriten; Kohlenglut-Aufhäufen; Schafstall; Ehrfurcht; ehrfurchtgebietende Spannung; ehrerbietiges Schweigen; Feuer entfachen; Feuer löschen; Ratgeben; das Sich-Beraten; Rechtsprechung; Entscheidung; den Entscheid auf die Erde setzen; Reiz, der Frauen zusteht; die reine Lilis-Pauke, die Trommel; die Göttlichkeit; die erhabene rechtmäßige Herrscherkrone; der Thron des Königtums; das erhabene Szepter; Stab und Zügel; das erhabene Gewand; das Hirtentum; das Königtum; die Funktion der nin-dingir-Priesterin; die Funktion des išib-Priesters; der Kurgarra-Priester; Schwert und Keule; der Tempeldiener; das schwarze Kleid; das bunte Kleid; die Nackenfrisur; die Standarte; der Geschlechtsverkehr; das Küssen; die Kultdirne; das lauttönende Instrument; die Musik und das Alter.

Auffallend ist, daß unter die "me" sowohl positive als auch negative Begriffe gezählt werden, die zu den Bereichen des Königtums, des Kultes, der Rechtsprechung, des persönlichen Berufs-, Privat-, Frömmigkeits- und Alltagslebens und der Ethik gehören. Damit regeln die "me" das Verhältnis des Menschen zu den Göttern, die Beziehung des Menschen zu seinem Mitmenschen und die Position des Königs, der als Mittler zwischen den Menschen und den Göttern anzusehen ist. Aus diesen Relationen ergeben sich sowohl eine vertikale (Himmel – Erde bzw. Götter – König – Menschen) als auch eine horizontale Achse (Land – Stadt – Tempel bzw. Mensch zu Mensch), die durch die "me" bestimmt bzw. verknüpft sind.
Die "me" sind als gottgegebene Ordnungen die Aufbaumatrix der Zivilisation. Da sie auch ethische Normen beinhalten[130], geben sie auch ein Struktur- und Wertungsgitter individuellen und kollektiven Handelns.
B. ALSTER unternahm einen der letzten und m.E. aussichtsreichsten Versuche, die "me" ganzheitlich zu begreifen[131]. Seine Definition wird im folgenden vorausgesetzt und sei daher an dieser Stelle kurz zitiert:

---

[128] FARBER-FLÜGGE, Inanna und Enki, 54-56 Z. 5.6.35 und die Anm. S. 107. Eine neuere kommentierte Übersetzung des gesamten Mythos bieten: BOTTÉRO, KRAMER, Lorsque, 230-256.
[129] Die Liste der "me", die im Mythos "Inanna und Enki" genannt sind, ist zwar länger, aber ebenfalls nicht vollständig. Aus zahlreichen sumerischen Texten lassen sich noch weitere "me" zusammentragen: Die "'me' des Tisches", die "'me' der Enlilschaft", SGL II Nr. 5 I 21, I 12; SGL II Nr. 6:39, die "'me' des Königskleides".
[130] Z.B. Rechtschaffenheit, Lügenhaftigkeit, Heldentum, Verführungskraft (der Frauen), Ehrfurcht.
[131] ALSTER, On the Interpretation, 33f Anm. 33.

"1) Any archetype or cultural norm. 2) Any visible manifestation of an archetype (this is a crucial point which has always been misunderstood. It implies that when it is said, e.g. that Inanna 'receives me from Abzu', then it means that she becomes visible, i.e. that Venus ascends into the sky). 3) Any process relating to the actualization of an archetype ('function, duty, success, prayer, ritual'). 4) Anything that symbolizes the capability of actualizing an archetype ('emblem, insignia', etc.)."

Aus der Zusammenschau der "me" als Archetyp[132] (oder kulturelle Norm), Manifestation des Archetyps, dynamischen Prozeß seiner Aktualisierung, Möglichkeit seiner Aktualisierung und als "physical object"[133] ergibt sich, (1.) daß den "me" die Vorstellung der *Identität von Allgemeinem und Speziellem* zugrundeliegt. Dieser Gedanke spielt insbesondere in den Ritualen eine große Rolle[134].

Es läßt sich (2.) daraus ableiten, daß die "me" das "geistige Band" sind, das sich durch die Vorzeit, die Vergangenheit, die Gegenwart und die Zukunft zieht. Sie sind die Zusammenfassung aller Bestimmungen und Ordnungen, die die Götter in der Vorzeit für die Welt festgesetzt haben, die schon durch die Vergangenheit geführt hatten, die die Gegenwart gestalten und die Zukunft ermöglichen und in vertrauter und bewährter Weise regeln werden.

2. Das Kultbild und die "me". Erste Weichenstellungen

Die Tatsache, daß das Kultbild selbst nicht zu den "me" gerechnet wird, ist dadurch zu erklären, daß es mit der Gottheit, die es vergegenwärtigt, zu eng verbunden ist. Eine Gottheit wird niemals selbst als "me", sondern nur als Träger derselben bezeichnet. Dieser Sprachgebrauch findet in der Rede vom Kultbild seine Entsprechung: Die Darstellung einer Gottheit ist an sich nicht zu den "me" zu rechnen; sie kann die "me" aber durchaus in Form von Schmuck und Kleidern an sich tragen[135]. Ein Gott und sein Kultbild sind jeweils beide Träger derselben "me", die jeweils "unbedingt" mit ihnen verbunden sind.

---

[132] Archetyp wird hier nicht im Sinn von JUNG, GW IX/1, 94ff, verstanden, sondern eher im platonischen Sinn der "göttlichen Idee", dem Vorbild und Urbild des einzelnen Seienden. Im Unterschied zur platonischen Ideenlehre sind die "me" aber konkret gedacht. Sie sind Attribute der Gottheit, die sie verwaltet. Die "me" sind in der Welt in vollem Umfang (nicht nur als Schatten des Urbildes) konkret gegenwärtig und gestalten sie. Weiter vgl. KANWERD, Archetyp, 56-59.

[133] Vgl. LIVINGSTONE, MMEW, 59.

[134] Die Identität des Teiles mit dem Ganzen gehört zu den Basisprinzipien der "sympathischen Magie", vgl. DURKHEIM, Die elementaren Formen, 479f.

[135] Diese Überlegung wird durch den "Striptease" der Göttin Inanna/Ištar bei ihrem Gang in die Unterwelt gestützt. Dem Verlust der Kleider entspricht der Verlust ihrer Identität, vgl. Anm. 112.

Wenn eine Gottheit im Himmel und ihr Kultbild auf Erden dieselben "me" an sich tragen, dann hat diese Tatsache für das Verhältnis der Gottheit zu ihrem Kultbild Konsequenzen: Das Kultbild ist die sichtbare und irdische Entsprechung der unsichtbaren und göttlichen Wirklichkeit. Es aktualisiert die himmlischen Gegebenheiten, die seit der Vorzeit existieren, in der Gegenwart und läßt sie den Betrachter schauen. Der Mensch, der das Kultbild (in Kleidern und Schmuck) mit seinen "me" verbunden sieht, kann von der Einheit der "me" mit ihrem Träger ausgehen. Diese Einheit steht dafür, daß die "me" ihre volle Geltung haben, gepflegt und vollkommen gehandhabt werden. Damit ist das Gottesbild mit seinen Attributen der sichtbare Garant der funktionierenden Ordnung, dem aber schon die unsichtbare Garantie der Gottheit im Himmel vorausgeht.

Da das Kultbild jeweils die "me" der entsprechenden Gottheit an sich trägt, kann es niemals ein zufälliges oder willkürliches Bild sein. Ebenso ist es unmöglich, in einem Kultbild irgendeine vorgegebene sichtbare irdische Gestalt nachzubilden. Das Produkt eines solchen Herstellungsvorganges wäre lediglich ein Abbild des Vorbildes. Ein Kultbild, das eine bis dahin unsichtbare Gottheit sichtbar machen und wie diese die "me" tragen soll, kann nur durch einen geheimnisvollen Vorgang entstehen, in der unter göttlicher Beteiligung einer bis dahin ungeformten Wirklichkeit Wesen und Gestalt gegeben wird. Dieser Gedanke wird bei der Herstellung der Kultbilder und ihrer Einweihung zu bedenken sein.

3. Stadt – Steppe; Zentrum – Peripherie. Das horizontale Weltbild

Das Kultbild ist nur schwer von seinem Aufenthalts- und seinem Wirkungsort zu trennen. Aus den zahlreichen Texten Mesopotamiens ergibt sich, daß die Kultbilder des offiziellen Kultes in den Städten Assyriens und Babyloniens zu Hause waren und nur selten und zu besonderen Anlässen ihre Tempel verließen, um sich an ausgesuchte Lokalitäten außerhalb der Stadt zu begeben[136]. Daher ist an dieser Stelle zu fragen, welche Vorstellungen sich mit der Stadt bzw. dem Umland verbanden, so daß das Kultbild den Kontakt zur äußeren Umgebung vermied oder gar vermeiden mußte.

Für die Autoren der relevanten Quellen ist ein gemeinsamer Blickwinkel auszumachen: Sie gehen jeweils davon aus, daß unter der Stadt das "Innen", unter dem Umland bzw. der Steppe das "Außen" zu verstehen ist. Das Weltbild der Assyrer und Babylonier ist sehr stark von diesem Kontrast zwischen

---

[136] So z.B. im *akītu*-Fest, vgl. PONGRATZ-LEISTEN, *Ina šulmi īrub,* 4ff. Zur Bedeutung der Stadt vgl. MACHINIST, Selbstbewußtheit, 264-269.

"innen" und "außen" geprägt, der in verschiedenen Ritualen eine Rolle spielt[137] und sich sowohl in der Architektur[138] als auch in den Reliefprogrammen[139] niederschlägt. Häufig wird die Stadt als ein Bereich charakterisiert, der durch verschiedene Praktiken der weißen Magie rein gehalten werden soll, während alles, was im Verdacht steht, unrein zu sein, der Steppe überantwortet wird. Hinter dieser Vorstellung sind nicht nur hygienische, sondern auch magische Gründe zu vermuten[140].

Dieser kurz skizzierte Gegensatz zwischen Innen und Außen bzw. Stadt und Steppe soll im folgenden als Teil des horizontalen Weltbildes (von innen nach außen) genauer beschrieben werden:

Das Zentrum des inneren Bereiches (= Stadt) liegt im Tempel[141]. Er stellt durch seine Identifikation mit dem "Heiligen Hügel" die Verbindung zwischen der horizontalen und der vertikalen Raumachse her, da er sowohl Teil der kosmischen Bereiche des *apsû*, der Erde und des Himmels[142] als auch der irdische Wohnort der Gottheit in ihrem Kultbild ist. Da der Tempel zugleich als der Hort der "me" angesprochen werden kann, ist er auch nucleus aller Ordnung und Beständigkeit. Diese Ordnung strahlt mit abnehmender Intensität in die Stadt und die Umgebung aus. Doch ist jede Schwelle und jedes Tempeltor[143] eine Grenze, die die Konzentration an Ordnung nach außen hin schwächt.

---

[137] So z.B. im Mundwaschungsritual, s. S. 191ff. Im Ritual *bīt rimki*, vgl. LAESSOE, *bît rimki*, passim, und *namburbi*, vgl. MAUL, Rechtsfall, 131-142. Zum Raumverständnis in Mesopotamien vgl. WYATT, Sea and Desert, 378, der die vertikale Raumachse (Himmel – Erde – Unterwelt = Götter – Menschen – Tote bzw. Unterweltsgötter, vereint im "heiligen Hügel") und die horizontale Raumachse (Zentrum – Wüste bzw. Peripherie) nennt. Ausführlicher zuletzt PONGRATZ-LEISTEN, *Ina šulmi īrub*, Abb. 5 und S. 9ff. Zu Recht differenziert sie Assyrien und Babylonien und trägt der unterschiedlichen geographischen, historischen und königsideologischen Entwicklung beider Länder Rechnung. Ihre Darstellung des horizontalen Weltbildes (18f) wird hier im wesentlichen zugrunde gelegt. S. auch neuerdings BACHMANN, Kunstanalyse, 32f.

[138] Vgl. dazu PONGRATZ-LEISTEN, *Ina šulmi īrub*, 18f.

[139] Vgl. dazu RUSSELL, Sennacherib's Palace, 260-262. Er konnte feststellen, daß die Reliefs des inneren Palastbereiches die Tendenz haben, dem Betrachter Stabilität anzuzeigen und ihm zu versichern, daß der regierende Herrscher die funktionierende Ordnung und den Segen des Landes garantiert. Die Darstellungen, die außen angebracht sind, vermitteln dagegen Aggression, die das Innere schützen soll und warnen vor Rebellion oder feindlichen Angriffen.

[140] Vgl. dazu JANOWSKI, Sühne, 51 mit Anm. 122.

[141] Das Verhältnis der unterschiedlichen Tempel einer Stadt zueinander wird wahrscheinlich durch die Hierarchie der göttlichen Bewohner organisiert.

[142] PONGRATZ-LEISTEN, *Ina šulmi īrub*, 20, weiter MAUL, Hauptstadt, 113ff. Zum vertikalen Weltbild s. LIVINGSTONE, MMEW, 81.

[143] Die großen Tempeltore konnten einen kleineren Raum, eine Art "Lobby" (*ašrukkatu*) beinhalten, der seinerseits von Götterbildern bewohnt war, vgl. GEORGE, BTT, Nr. 1 ii 40f (rechts Dagan, links Bēlet-ilī). Auf diese Weise war dieser Bereich der Ordnungsmacht

EXKURS: DIE SCHWELLE

Schwellen (ass. *aksuppu*[144], bab. *askuppu*[145] bzw. *askuppatu*, hebr. סַף) sind im religiösen Denken des gesamten Orients[146] von besonderer Bedeutung. Als Grenze markieren sie in einem Privathaus[147] und in einem Tempel[148] den Übergang zwischen der inneren, häuslichen, geordneten und der äußeren, ungeordneten, feindlichen Welt. Sie sind Wohnung der Dämonen und können sowohl personifiziert[149] als auch deifiziert werden. Da eine Schwelle einerseits eine Grenze darstellt, andererseits aber auch eine gewisse Durchlässigkeit zwischen zwei angrenzenden Bereichen garantiert, ist sie ein Ort, an dem der Mensch mit Mächten in Kontakt kommen kann, die sich in diesem Übergangsbereich ansiedeln, weil ihnen kein anderer Wohnort zur Verfügung steht. Die besondere Wohnsituation ermöglicht diesen Mächten, die im allgemeinen als Dämonen personifiziert und mit der Unterwelt konnotiert werden, sich in mehreren Bereichen (Innen und Außen oder Unterwelt und Oberwelt) frei zu bewegen. Es besteht die Möglichkeit, sie durch weiße Magie zu bannen oder sie für medizinisch-magische Rituale positiv zu nutzen, indem man den Staub der Schwellen oder den Staub der Stadttore verwendet[150]. Da Kontakte mit der Unterwelt bei der Krankenheilung wiederholt eine bedeutende Rolle spielen[151], ist davon auszugehen, daß diese Anwendung des Staubes eine Verbindung zwischen der Oberwelt und der Unterwelt herstellen sollte, an deren Schwelle der Kranke stand. Doch nicht nur Orakel oder Krankenrituale sind an dieser Lokalität belegt[152]. Da der Wechsel von einem Bereich in einen anderen in Übereinstimmung mit den räumlichen Gegebenheiten stattfinden kann, sind Schwellen auch bevorzugter Ort von Übergangsriten[153]. Kultbilder überschreiten die Schwellen der Cella, des Tempels oder die des Stadttores nur während der Prozessionsfeste, um in die äußeren Bereiche des Tempels zu gelangen oder gar den Tempel und die Stadt zu verlassen. Da auch die Kultbilder der Götter an diesen Über-

---

dieser Gottheiten unterworfen. Zur Bedeutung der göttlichen Türschwellenwächter vgl. VAN GENNEP, Übergangsriten, 30-33. Zu einem Gottesbild im Torbereich in Jerusalem vgl. das "Eifersuchtsbild" in Ez 8:3.6, s. dazu UEHLINGER, Cult Statuary, 146.

[144] AHw 30. Wortzeichen: (na4).I.DIB (= Fortgehen – Betreten).

[145] AHw 74.

[146] Einen Überblick der Bedeutung der Schwelle in unserem Kulturbereich verschafft: WEISER-AALL, Schwelle, Sp. 1509-1543. Zur Bedeutung der Schwellen in Israel vgl. MEYERS, סַף, 898-901, DONNER, Die Schwellenhüpfer, 42-55, bes. 53-55, UEHLINGER, Astralkultpriester, 57-59.

[147] Vgl. z.B. Ri 19:27.

[148] Da sie diesen wichtigen Übergang bewachen, kommt dem Berufsstand der Schwellenhüter eine besondere Bedeutung zu; vgl. Jer 35:4; 52:24 und 2 Kön 25:18 oder 2 Kön 12:10; 22:4 = 2 Chr 34:9; 23:4; 27:4.

[149] Zu Belegen vgl. CAD A II 334f.

[150] Zu den Belegen vgl. PONGRATZ-LEISTEN, *Ina šulmi īrub*, 31.

[151] Nach FARBER, W., Beschwörungsrituale, S. 140 AIIa 5 und S. 152 AIIa 174 (ergänzt) gehört es zum *taklimtu*-Fest von Dumuzi und Ištar, daß sich die Familie des Kranken vor Ištar bzw. Dumuzi versammelt; auch die Totengeister der Familie des Betroffenen werden zu diesem Anlaß erwartet. Der Kranke ist daher von seinen toten *und* von seinen lebenden Angehörigen umringt. Er steht mit seiner Krankheit an der Schwelle zwischen der Ober- und der Unterwelt. Der Verlauf der Krankeit, den dieses Ritual beeinflussen will, bringt ihn entweder zurück zu den Lebenden oder zu den Toten seiner Familie. In diesem Zusammenhang ist erwähnenswert, daß die Tammūzklage im Torbereich stattfand, vgl. Ez 8:14. Zu den Toda-Feiern im Anschluß an eine überstandene Krankheit und der Wiederaufnahme in das Leben in Israel vgl. KNAUF, UAT, 232.

[152] Vgl. z.B. SpTU II, Nr. 8 ii 7 (*bīt mēseri*).

[153] VAN GENNEP, Übergangsriten, 21f; zu Schwellen vgl. ebd., 28-33.

gängen erhöhter Gefahr durch Verunreinigung (z.B. Kontakt mit der Unterwelt) ausgesetzt sind, versuchen verschiedene Beschwörungen und magische Rituale, den Weg der Götter zu sichern[154].

Die Ordnungsmacht des Tempels schwächt sich nicht nur an den Tempelschwellen und den Tempeltoren ab. Als weitere Grenze ist die Stadtmauer mit den Stadttoren zu nennen, die Innen und Außen, Stadt und Hinterland trennt[155]. Entsprechend der Rolle der Stadttore als Schwellen- und Übergangsbereiche werden dort bei Prozessionen Opfer, Rituale und Beschwörungen vollzogen, die den Übertritt in die nächste Zone sichern sollen.
Der unmittelbare Bereich hinter den Stadttoren ist ein Gebiet mit stark herabgesetzter Ordnung, der von den Göttern (in Gestalt ihrer Kultbilder) nur in Ausnahmefällen betreten wird. Obwohl er nur wenige Meter von der Stadt entfernt ist, kann er mit der Steppe gleichgesetzt werden[156], die ansonsten, entsprechend der geographischen Lage Mesopotamiens, als das Land hinter der Flußoase anzusprechen ist. Sie ist als Wohnsitz für Menschen und Götter gleichermaßen ungeeignet und kommt daher nur als unkultiviertes, ungeordnetes und dämonisiertes Land in den Blick. Die bewahrende und sichernde Wirkung des Tempels und seines göttlichen Bewohners erreicht die Steppe nur noch in äußerst abgeschwächter Form. Zudem ist sie ein Gelände, das gegenüber der Unterwelt durchlässig ist. Daher halten sich hier zahlreiche Dämonen auf, die jedem Menschen schaden, auch wenn er nur auf der Durchreise ist[157].
Die äußerste Grenze des horizontalen Weltbildes des mesopotamischen Städters, der Umland, Flußoase und Steppe schon als fremd empfindet, ist das Zagros-Gebirge, das den Kulturraum des Zweistromlandes abschließt. Die Berge sind daher "das Ende der Welt". In diesem geheimnisvollen Lebensraum existieren die Gegner der bewahrenden Ordnung[158], die z.T. in politischen Feinden konkretisiert werden können[159]. Hier ist der Ort, an dem die Sonne aufgeht, woher Rettung zu erwarten ist[160], aber auch Gefährdungen ihren Ausgangspunkt nehmen können[161].

---

[154] Vgl. S. 208ff.

[155] PONGRATZ-LEISTEN, Ina šulmi īrub, 18f.

[156] So z.B. während des akītu-Festes, vgl. PONGRATZ-LEISTEN, Ina šulmi īrub, 4ff.

[157] Vgl. dazu VANSTIPHOUT, A Note, 52-56.

[158] So ist z.B. das Zederngebirge im Libanon der Sitz Huwawas, vgl. SHAFFER, Cedar Forest, 307-313. Auch Anzu flieht ins Gebirge, vgl. Anzu II 20.35f (der Mythos wird zitiert nach VOGELZANG, M.E., Bin šar dadmē. Edition and Analysis of the Akkadian Anzu Poem, Groningen 1988; ergänzend ist noch auf HALLO, MORAN, Anzu, 65-115, SAGGS, Additions, 1-29, und MORAN, Notes on Anzu, 24-29, hinzuweisen. Zu neueren Übersetzungen vgl. BOTTÉRO, KRAMER, Lorsque, 389-417, und TUAT III.4, 745-759).

[159] Zu den Bergen vgl. PONGRATZ-LEISTEN, Ina šulmi īrub, 19.

[160] JANOWSKI, Rettungsgewißheit, 47.

[161] CAD Š I 55b.

Zusammenfassend ist festzustellen, daß die Stadt als Lebensraum der Sicherheit und der Bewahrung der Ordnung angesehen wird. Sie ist als Wohnsitz und Wirkungsbereich der Götter eindeutig positiv qualifiziert. Die Steppe steht dagegen für Gefahr und Gefährdung, da sie durch ihre Verbindung mit der Unterwelt und den unberechenbaren Dämonen selbst von den Göttern gemieden wird. Das festumgrenzte Stadtgebiet wird von den Göttern bewahrt, so daß die allseits präsente Steppe nicht eindringen kann. Erst wenn ihr Zorn dazu führt, daß sie ihren Wohnort verlassen, gerät dieses Gleichgewicht außer Kontrolle, so daß eine Stadt der ständigen Bedrohung unterliegt und selbst zur Wüste[162] wird. Die Ordnungen werden dann außer Kraft gesetzt, so daß die Dämonen sich auch hier frei bewegen können. Da außenpolitische Feinde die Stadt jeweils vom Gebirge und von der Steppe aus angreifen, wird dieses Gelände als der Ausgangspunkt und geradezu als "Nest" ständiger Gefährdung und Feindschaft erlebt, das den Frieden der Stadt bedroht.

Für eine Übersicht der verschiedenen Konnotationen, die mit der Stadt bzw. der Steppe verbunden sind[163], vgl. das Schema auf der folgenden Seite!

Die Götter stehen sowohl in ihrer sichtbaren als auch in ihrer unsichtbaren Gestalt für Ordnung, Bewahrung und Sicherheit; daher schlagen sie ihren irdischen Wohnort jeweils im Tempel einer Stadt auf, um dort ihre Wirkung zu entfalten. Da das Kultbild (ebenso wie die betroffene Gottheit) Träger der "me" ist, die für die Kontinuität und die Sicherheit der Zivilisation sorgen, kann es sich kaum in der Steppe aufhalten, ohne durch die dort herrschenden Gegner der Ordnung, seien es Dämonen oder politische Feinde[164], selbst in Bedrängnis zu geraten. Die Durchlässigkeit der Steppe, die sie eng mit der Unterwelt verbindet, birgt für das Kultbild bzw. die Gottheit die Gefahr in

---

[162] Z.B. BORGER, Ash., 14, Ep. 7a:42f, und vorausgesetzt in Jer 50:39, Jes 34:11ff und Zef 2:13-15. Zur Wüste allgemein vgl. HALDAR, The Desert, passim. Zur Rezeption in Israel vgl. WYATT, Sea and Desert, 375-389.

[163] Die Aspekte des "Innen" und "Außen", "Sakralen" und "Profanen", "eigenen Landes" und "Auslandes", der "Wüste" und des "kultivierten Landes", "geordneten" und "ungeordneten Bereiches" nennt PONGRATZ-LEISTEN, *Ina šulmi īrub*, 18, mit ausführlicher Literatur. Die Kategorie "Sakral"-"profan" als Variation von M. ELIADES Unterscheidung zwischen dem "Heiligen" und dem "Profanen" (ELIADE, Das Heilige, 13-18 u.ö.) nimmt LEACHS Kritik nicht ernst, der schon darauf verwiesen hat, daß diese Begriffe nicht an Kulturen herangetragen werden sollten, die nicht in dieser Weise differenzieren, s. LEACH, Ritual, 520-526, bes. 523. Zum Verhältnis zwischen Stadt und Umland s. nun auch VAN DE MIEROOP, City, 42-62.

[164] Zur "Dämonisierung des Feindes" vgl. WEISSERT, Climate, 191-202.

	Stadt	Steppe (und Gebirge)
vertikale Raumachse	Himmel, Erde und *apsû*	Erde und Unterwelt
horizontale Raumachse	nucleus der me	Abschwächung der me
	innen	außen
	Ordnung	Unordnung
	Bewahrung	Gefährdung
	Sicherheit	Gefahr
	Heimat	Feind
	Zivil	Militär
	Zentrum	Peripherie
	Götter	Dämonen
	Kultivierung	Wüste
	Friede	Aggression

sich, sich zu verunreinigen und die "me" zu verlieren[165]. Ein Kultbild ist daher als Bewohner der Stadt zu charakterisieren, das seinen Wirkungsbereich
nur dann verläßt, wenn es ihn der Steppe überantworten will. Kleinere, zeitlich begrenzte und kultisch abgesicherte Ausflüge in das Hinterland stellen
für die Stadt kaum eine Gefährdung dar, sondern dienen dem Zweck, den
Wirkungsbereich des Gottes auszudehnen und die Ordnungsintensität der
Peripherie zu steigern. Außerhalb der städtischen Tempel Mesopotamiens
sind anthropomorphe Kultbilder daher kaum zu erwarten. Auch praktische
Überlegungen, wie der hohe Aufwand an Herstellungs-, Versorgungs- und
Wartungskosten der Bilder oder ihr materieller Wert, lassen es unwahrscheinlich erscheinen, daß man diese Bilder (dauerhaft) außerhalb der städtischen Zentren aufstellte[166].

---

[165] Den Verlust der "me" in der Unterwelt schildert exemplarisch Inanna/Ištar in der
Unterwelt, s. Anm. 112.

[166] Als "geländegängigere" und praktikablere Götterrepräsentationen sind hier Standarten
und Symbole zu nennen.

B. ALLGEMEINES ZUM KULTBILD IN MESOPOTAMIEN

0. Vorbemerkung zur Quellenlage

Leider gibt es keine Gattung[167] oder gar ein abgegrenztes Textkorpus, das sich ausschließlich mit Kultbildern in ihrer Machart oder ihrem Sinn beschäftigt. Trotzdem steht uns umfangreiches literarisches Quellenmaterial zur Verfügung, das uns Auskunft über die Herstellung und die Einweihung des anthropomorphen Kultbildes in Mesopotamien geben kann. Zu nennen sind religiöse (Rituale, Beschwörungen, Gebete, Omina, Prophetien, Menologien und Hemerologien), literarische (Mythen und Epen, weisheitliche Texte), juristische (Urkunden) und historisch-propagandistische Texte[168] (Inschriften, Chroniken) sowie zahlreiche Briefe. Die Kultbilder werden in ganz unterschiedlichen Kontexten und mit verschiedener Zielsetzung thematisiert. Die Schreiber können die Bilder nur nebenbei erwähnen, indem sie auf Einzelaspekte eines Bildes Bezug nehmen, oder sie können sie in den Mittelpunkt des Geschehens rücken.

Alle Quellen gehen mit ihnen ganz selbstverständlich um. Eine umfassende theoretische Abhandlung, die sich mit den Bildern allgemein oder gar einer expliziten "Theologie des Kultbildes" beschäftigt, gibt es nicht[169].

Nur im Falle der Zerstörung eines Kultbildes begegnen Überlegungen über das Schicksal des betroffenen Gottes und seines Bildes. Sie beschränken sich aber nur auf den konkret in Mitleidenschaft gezogenen Gott und sein eben zerstörtes Bild. Eine allgemeine Reflexion über das Verhältnis "Gott und Bild" wird auch in diesem Fall nicht initiiert. Die Schreiber machen sich an keiner Stelle Gedanken über das Verhältnis der Bilder zueinander, über ihr Verhältnis zu den Menschen oder über die Art und Weise ihrer Verbin-

---

[167] Zu den verschiedenen Möglichkeiten der Keilschriftliteratur vgl. RÖLLIG, Literatur, 35-66.

[168] Die Verbindung von politischem Interesse und herrschender Theologie führt vor allem in den Königsinschriften oft eher zu einer Geschichten- als zu Geschichtsschreibung. Zu dem Problem der Geschichte als "narrative construct", das den Intentionen und Absichten der jeweiligen Autoren verpflichtet bleibt, vgl. Anm. 88. Zur altorientalischen Geschichtsschreibung als Konstruktion und Korrektur der "wirklichen Geschichte" vgl. NISSEN, Grundzüge, 4f, TADMOR, History and Ideology, 13-33, COGAN, Omens, 84-87, TALON, Le rituel, 421-433, bes. 421, RENGER, Geschehen, bes. 43ff. Gegen GÜTERBOCK, Die historische Tradition, 2, der zwischen einem "echtem Selbstbericht" versus "Dichtung und Tradition" unterscheidet, kann es m.E. einen "echten Selbstbericht" ohne selektive und tendenziöse Elemente nicht geben.

[169] Es kann sich daher im folgenden nur um eine "implizite Theologie" handeln. Zu impliziter und expliziter Theologie s. ASSMANN, Ägypten, 21-24. 192ff. Zum religionswissenschaftlichen Begriff von Theologie vgl. ASSMANN, Theologie, 25 mit Anm. 6 und S. 77f, sowie SUNDERMEIER, Religionswissenschaft, 189-206, bes. 198-200.

dung mit den Göttern[170]. Dies sind Fragen, die erst an die Texte herangetragen werden müssen. Die Quellen informieren uns darüber nur "unabsichtlich". Die Autoren des vorliegenden Textmaterials verfolgten andere Ziele, die es jeweils zu beachten gilt.

Da alle Texte von ausgebildeten Schreibern verfaßt sind[171], bleibt uns der Glaube des einfachen Menschen weitgehend verschlossen[172]. Nur in wenigen Briefen und vereinzelten Urkunden, speziell den Testamenten aus Nuzi[173] und Emar[174], sind Einzelinformationen greifbar, ohne jedoch ein Gesamtbild zu ergeben.

Dieser Arbeit liegen hauptsächlich Texte aus dem 1. Jt. zugrunde, d.h. Texte der neuassyrischen, neubabylonischen und spätbabylonischen Zeit[175]. Da sie aus verschiedenen Orten innerhalb des Zweistromlandes stammen und damit gerechnet werden muß, daß sich die assyrischen Vorstellungen von denen der Babylonier unterschieden, versucht die vorliegende Arbeit nicht einer vorschnellen Vereinheitlichung und Harmonisierung das Wort zu reden, sondern Besonderheiten und Akzentverschiebungen aufzunehmen und in ihrem *proprium* stehen zu lassen.

---

[170] LAMBERT, Gott, 545, stellt zu diesem Problemkreis fest, "there was much confusion on this point." Die Tatsache, daß es keine schriftlichen Versuche gibt, die Frage der Wohnorte der Götter und ihres Verhältnisses zu ihren zahlreichen Kultbildern zu systematisieren, läßt aber auch den Schluß zu, daß es gerade kein Problem war, mit der Vielfalt des Göttlichen und seiner irdischen Anwesenheit umzugehen. Zur Einheit und Vielheit der Götter in der mesopotamischen Theologie vgl. DERS., The Historical Development, 191-200.

[171] Zu Aufgaben und Zusammensetzung des Königtums und der Oberschicht in Mesopotamien vgl. einführend TADMOR, Monarchie und Eliten, 292-323.

[172] ALBERTZ, Persönliche Frömmigkeit, 98-101, nennt Personennamen und Briefe als Quellen für den persönlichen Glauben des Einzelnen. Personennamen scheiden für unsere Fragestellung weitgehend aus, da in ihnen das Verhältnis des Einzelnen zur Gottheit, nicht seine Beziehung zu einem Kultbild seinen Niederschlag findet.

[173] Vgl. DELLER, Die Hausgötter, 47-76.

[174] Diese Texte werden zitiert nach: ARNAUD, D., Recherches au pays d'Aštata, Emar VI, Paris 1986ff. Einführend zu den Funden und der Religion von Emar vgl. FLEMING, Installation, 199ff, SIGRIST, Gestes symboliques, 381-410.

[175] Ägypten wurde als Sonderfall innerhalb des Alten Orients aus sprachlichen und kulturgeschichtlichen Gründen ausgeklammert. Verwiesen sei an dieser Stelle nur auf HORNUNG, Der Eine, 91-133, bes. 104. 109. 127f. 145, ASSMANN, Gott, 756-786, bes. 760-765, ASSMANN, Ägypten, 50-63, ASSMANN, Semiosis, 87-109, ESCHWEILER, Bildzauber, 287-297, LORTON, The Theology of Cult Statues, 1-104, PODELLA, Lichtkleid, 95ff, sowie die nachfolgenden Literaturangaben.

Auch die Götterbilder Roms und Griechenlands wurden in der folgenden Untersuchung ausgeklammert. Zu den Götterbildern der klassischen Antike vgl. FREYMUTH, Zur Lehre, passim, ROMANO, Early Greek Cult Images, passim, FUNKE, Götterbild, 659-828, GLADIGOW, Präsenz der Bilder, 114-133, BARASCH, Icon, 23-48, FAULSTICH, Kultstatuen, passim, OENBRINK, Bild, passim.

1. Einleitung

Im Alten Orient gab es Bilder von Gegenständen, tierischen und pflanzlichen Lebewesen, Menschen, mythischen Wesen und Göttern in ganz unterschiedlichen Funktionen. An Tempel- und Palastwänden, aber auch in Kleidung, Schmuck und Siegeln wurden zentrale Vorstellungen des altorientalischen Menschen künstlerisch thematisiert[176]. Rein ästhetische Kunst ohne sakrale und funktionale Bestimmungen kannte man nicht[177].
Innerhalb dieser reichen Bilderwelt sind die Darstellungen von Göttern, die speziell für die Verwendung im offiziellen und (soweit feststellbar) im privaten Kult gedacht waren, als besondere Gruppe anzusehen[178]. Diese Bilder konnten als "anthropomorphe, theriomorphe Repräsentationen oder gegenständliche Symbole ... rundplastischer oder halbplastischer Form"[179] zentraler Bezugspunkt kultischer Handlung sein.
Anthropomorphe Darstellungen, die kultischen Zwecken dienten, waren in Tempeln und in bescheidenerem Ausmaß in Privatkapellen zu finden. Sie wurden sowohl von den untergeordneten als auch von den höheren Göttern angefertigt und in einem Tempel (je nach der hierarchischen Position der jeweiligen Gottheit innerhalb der Tempelbewohnerschaft) an einem mehr oder weniger zentralen Platz aufgestellt[180]. Bei anthropomorphen Darstellungen innerhalb eines Tempels kann es sich auch um die Statuen verstorbener Herrscher handeln, die selbst zum Bezugspunkt kultischer Aktivitäten avancieren konnten[181]. In Assyrien war es üblich, in der Cella zusätzlich Bilder

---

[176] Vgl. KEEL, Deine Blicke, 11-30.

[177] Mit SCHROER, Bilder, 11.

[178] DOHMEN, Das Bilderverbot, 36. KNAUF, UAT, 254ff.

[179] RENGER, Kultbild, 307.

[180] In der Cella stand das Kultbild des Gottes, dem der Tempel geweiht war, in einer zentralen und erhöhten Position, so z.B. Aššur, vgl. VAT 10598 A 7'-9' = MENZEL, Tempel II, Nr. 3 T 5. Zusätzlich konnte die Statue im Allerheiligsten oder in Nebenkapellen von weiteren Kultbildern umgeben sein, die einen anderen Aspekt desselben Gottes zum Ausdruck brachten, so z.B. die verschiedenen Ištargestalten in Arbail, vgl. K252 vii 20'-26' = MENZEL, Tempel II, Nr. 54, T 120f; vgl. auch die Mehrfachnennungen eines Gottes(bildes) in einer Cella im Götteradreßbuch, s. MENZEL, Tempel II, Nr. 64 T 146-154, Z. 1-119, bes. Z. 1f (Aššur, Aššur *ša sa-su-ti*); 19 (Mullissu und Mullissu *šá sa-su-ti*). Ergänzend konnten die Bilder weiterer Götter aufgestellt sein, die dem Hauptgötterpaar nach theologischen Kriterien zu- und untergeordnet waren, so ersichtlich aus dem Götteradreßbuch, vgl. MENZEL, Tempel II, Nr. 64 T 146-154, Z. 1-119, z.B. die Bewohner des Aššurtempels Z. 1-53, des Anu-Adadtempels Z. 54-62 oder des Tempels der assyrischen Ištar Z. 74-81. Zu den Bewohnern Esagilas vgl. GEORGE, BTT, Nr. 1 Tafel II 1ff.

[181] Zu den Belegen vgl. CAD Ṣ 82, sowie FRANKENA, *Tākultu*, 112. Vgl. auch den Personennamen Ṣalmu-šarri-iqbi in KWASMAN, Legal Documents, 243 Rs. 24', und ebd., 216 Rs. 19, 352b Rs. 17, und 108 Rs. 19, DALLEY, POSTGATE, CTN III, 9:15, 31:13, 38:10, 39:5, 39 Hülle 1,6, FRIEDRICH, MEYER, UNGNAD, WEIDNER, Tell Halaf, Nr. 108:21 und TALLQVIST, APN, 205. Zusammenfassend zu den Königsstatuen empfiehlt sich WINTER, I.J., Idols, 13-42.

des regierenden Königs und seiner Familie aufzustellen[182]; sie waren zur dauernden Fürbitte bestimmt[183]; diese Praxis konnte auch in den Tempeln eroberter Länder eingeführt werden[184]. Die Statuen sollten die Macht und die Autorität des assyrischen Großkönigs repräsentieren; ihnen kam keine kultische Verehrung zu.

Theriomorphe Darstellungen waren in Mesopotamien weit weniger verbreitet als in Ägypten[185]. In kultischem Kontext waren die Tiere Symbol oder Attribut der jeweiligen Gottheit. Sie konnten der anthropomorphen Statue beigeordnet sein oder die Gottheit repräsentieren[186]. Das Symboltier stellt im allgemeinen eine wesentliche Eigenschaft der Gottheit dar, die auch zu den Charakteristika des jeweiligen Tieres gezählt wird (z.B. Adad – Stier – wilde Stärke). Darüber hinaus können z.T. auch apotropäische Zusammenhänge angenommen werden[187].

Ähnlich verhält es sich mit den *Dingsymbolen*. Sie nehmen eine bestimmte Eigenheit des Gottes auf, den sie repräsentieren und bringen sie "auf den Punkt"[188]. Sie können dem anthropomorphen Kultbild beigesellt werden oder selbständig auftreten. Im 1. Jt. ist eine gewisse Vorliebe für gegenständliche Göttersymbole zu beobachten. Es gelingt ihnen jedoch nicht, anthropomorphe Darstellungen völlig zu verdrängen[189].

Kultbilder und Kultsymbole (nicht etwa Siegelbilder) sind Mittelpunkt kultischer Handlungen. Für beide ist nachgewiesen, daß sie auf übernatürliche Weise entstehen, Gegenstand eines Einweihungsrituals, Nutznießer der regelmäßigen Versorgung und Teilnehmer der Festprozessionen sind. Daher ist es kaum möglich, anhand des Kriteriums der Herstellungsweise oder der

---

[182] Vgl. S. 62 mit Anm. 341. Auch in Urartu scheint dies üblich gewesen zu sein; vgl. die Beuteliste Sargons II., die mehrere Königsstatuen (u.a. des regierenden Königs) enthält. Der Text (Keilschrift TCL 3) wird zitiert nach MAYER, W., Feldzug, bes. 108ff:400-404.

[183] Generell zu den Funktionen der assyrischen Königsstatuen und -stelen vgl. MORANDI, Stele e statue, 105-155, bes. 119f.

[184] So z.B. Salmanassar III. bei seinen Feldzügen nach Gilzanu und Unqi, vgl. TADMOR, Tiglath-pileser III, 177 ad Z. 16'. Zum Aufstellen assyrischer Königsstatuen in babylonischen Tempeln durch Asarhaddon und Aššurbanipal vgl. z.B.: LAS 292 = SAA X, 350; LAS 286 Rs. 5ff = SAA X, 358; LANDSBERGER, BBEA, 8f, und dazu LAS II, 283f.

[185] DIETRICH, LORETZ, Jahwe, 10-13.

[186] Eine Übersicht der Tiere, Tierprotome auf Stäben und Mischwesen auf Tierbasis bieten: HROUDA, Göttersymbole, 483-495, SEIDL, Kudurru, 7-220, pl. 1-32, SEIDL, Kudurru-Reliefs, passim. Zu den Emblemtieren der Gottheit vgl. BOEHMER, Götterdarstellungen, 466-469. Zur Funktion von Stierbildern als Träger- oder Begleittiere sowie als Kultbilder vgl. WEIPPERT, M., Gott und Stier, 93-117.

[187] Vgl. S. 56f mit Anm. 311 und Anm. 318.

[188] So mit UNGER, Göttersymbol, 428, DIETRICH, LORETZ, Jahwe, 14-16.

[189] So mit HROUDA, Göttersymbole, 483-495; KRECHER, Göttersymbole, 495-498; SEIDL, Kultbild, 318f.

funktionalen Bestimmung eine eindeutige Grenze zwischen Kultbild und Kultsymbol zu ziehen[190]. Alle Götterrepräsentationen anthropomorpher, theriomorpher und gegenständlicher Art sind eng miteinander vernetzt und gehören zu ein und demselben religiösen Erfahrungs-, Glaubens- und Darstellungsbereich. Allein der begrenzte Rahmen einer Dissertation begründet letztlich die Einschränkung auf die "Theologie der Kultbilder".

2. Das Aussehen der Kultbilder

Die Götter Mesopotamiens waren handelnde, denkende und fühlende Personen. Entsprechend ihrem menschlichen Wesen und ihren menschlichen Charakterzügen verlieh[191] man ihnen eine anthropomorphe Gestalt[192], die in zahl-

---

[190] Zu der fehlenden (prinzipiellen und) funktionalen Differenz zwischen anikonischen und ikonischen Repräsentationen vgl. KNAUF, UAT, 253-258, UEHLINGER, Rezension, 543-545.

[191] Das früheste Auftreten anthropomorpher Kultbilder ist in der Archäologie umstritten. Da hier nicht der Ort ist, diese Frage zu klären, sei auf weiterführende Literatur verwiesen: HALLO, Cult Statue, 1-17, setzt sich mit den Thesen von SPYCKET, La statuaire, 77-90, und SPYCKET, Les statues, 99f, auseinander, die erst im 2. Jt. mit anthropomorphen Götterstatuen rechnet. PETTINATO, Rezension, 213, argumentiert dagegen, daß anthropomorphe Götterdarstellungen auf Siegelbildern seit der 2. Hälfte des 3. Jt.s nachweisbar sind (zu Beispielen vgl. BOEHMER, Entwicklung, 62ff). Eine Zusammenfassung der Diskussion findet sich in DIETRICH, LORETZ, Jahwe, 16-20, die sich für anthropomorphe Götterdarstellungen im frühen 3. Jt. aussprechen. SEIDL, Kultbild, 318-319, legt sich auf das Ende des 3. Jt.s fest, ähnlich RENGER, Kultbild, 308; s. jetzt auch AMIET, Naissance, 481-505, DERS., Anthropomorphisme, 321-337.
Prof. Dr. E.-A. BRAUN-HOLZINGER stellte mir freundlicherweise das Manuskript ihres Habilitationsvortrags zur Verfügung. Auf der Basis der Texte aus Lagaš (seit ca. 2500 v. Chr.) datiert sie das Aufkommen anthropomorpher Kultbilder auf die Mitte des 3. Jt.s; vgl. auch DIES., Mesopotamische Weihgaben, 221, und SELZ, Eine Kultstatue, 246. 255 und Anm. 6f. Der Konsens scheint sich damit auf Anfang - Mitte - Ende des 3. Jt.s einzupendeln.

[192] Zum Ursprung der anthropomorphen Kultbilder der Götter vgl. HALLO, Texts, Statues, 57-63. Er zeichnet eine Entwicklung nach, die von der Statue des toten Königs über die des vergöttlichten lebendigen Königs zum Gott und seinem anthropomorphen Bild führt. Die Beantwortung dieser Frage bleibt m.E. Feld kaum zu beweisender Spekulationen, da aus Mesopotamien keine Reflexionen über Anfang und Ursprung der Verehrung von Götterbildern bekannt sind. Eine Übersicht der bekannten griechischen und römischen Erklärungsmodelle bietet FUNKE, Götterbild, 668-670; vgl. auch BERNHARDT, Gott und Bild, 54-57. Hinzuweisen ist auf die Entstehungstheorie von Weish 14:12-21, die der euhemeristischen Erklärungsweise verpflichtet (ähnlich auch die Oracula Sibyllina 3, 277-279.586-590) und in ihrer Gedankenführung der These von Hallo strukturell nicht unähnlich ist, da sie den Ursprung der Kultbilder darauf zurückführt, daß man zuerst Abbildungen von verstorbenen Menschen angefertigt habe (Z. 15f); diese seien anschließend verehrt worden. Eine verwandte Erklärung findet sich im Götzenbuch des *Ibn al Kalbî* (zitiert nach KLINKE-ROSENBERGER, R., Das Götzenbuch. *Kitâb al aṣnâm des Ibn al-Kalbî*, SOA 8, Leipzig 1941). Dort (31,8-32,10) wird die Entstehung der Götzen *Wadd, Suwâᶜ, Jaġût, Jaᶜûq, Nasr* darauf zurückgeführt, daß man leblose Abbilder von fünf verstorbenen Menschen angefertigt habe (vgl. dazu auch WELLHAU-

reichen Details der menschlichen Körperhaftigkeit nachempfunden wurde[193].
Die Texte zeigen, daß man sich dieser Gleichgestaltigkeit bewußt war. Die
Götterbilder werden häufig analog zum menschlichen Körper beschrieben.
Man erwähnt ihre Augen, Haare und ihre (Holz)glieder. Auch das gesamte
Bild wird durch Begriffe wie *bunnannû*, *lānu* "Gestalt"[194] oder *zumru, pagru*
"Leib" mit dem menschlichen Körper in Beziehung gesetzt. Häufig werden
auch Parallelen zwischen der Herstellung einer Statue und der Geburt eines
Menschen gezogen, indem für beide Vorgänge Vokabeln aus dem Umfeld
des humanen Geburts- und Wachstumsvorganges verwendet werden (*alādu*
"geboren werden", *šamāhu* "gedeihen"[195], evtl. *šâhu* "hochwachsen"[196]). Die-

---

SEN, Reste, 14), die man seit der dritten Generation fälschlicherweise als Götter angesehen
habe. Zu weiteren Erklärungsmodellen des Götzenbuches vgl. die Zusammenfassung von
METTINGER, No Graven Image?, 71f (mit Literatur).
Weish 14:17f verläßt die private Ebene, die das Kultbild als Weiterentwicklung eines Ahnen-
bildes ansah (VV. 15f); ab VV. 17f nimmt der Text politische und offizielle Dimension an, da
berichtet wird, daß die göttliche Verehrung des Bildes von den Herrschern befohlen wurde,
damit ein (vergöttlichter) König überall verehrt werden konnte, obwohl er nicht persönlich
anwesend war. V. 21 faßt zusammen, was in V. 12 schon angedeutet war: Die Erfindung des
Götterbildes, sei sie durch den Druck einer persönlichen Katastrophe oder den Druck eines
Machthabers hervorgerufen, führt unweigerlich ins Verderben, da die Verehrer des Bildes in
der Erkenntnis Gottes irren (V. 22) und so in Laster und Unmoral leben (VV. 23-31).
Wenn man die (o.g.) Bestimmung von Wesen und Charakter des "Bildes" im Unterschied
zum "Abbild" mit einbezieht, dann zeigt sich, daß die skizzierten Entstehungstheorien vom
Begriff des Abbildes geprägt sind; das Götterbild wird nur als Wiedergabe einer sichtbaren
Realität (eines lebenden oder toten Menschen) betrachtet, ihm liegt keinerlei unsichtbare Realität zugrunde, an der es teilhaben könnte. Als Abbild des Königs erhält es die Funktion eines
Stellvertreters und wird zum Symbol seiner Herrschaft. Schon BERNHARDT, Gott und Bild,
56, stellte fest, daß diese Erklärungen polemischen Tendenzen verhaftet und daher kaum
geeignet sind, den Ursprung des Bilderkultes sachgerecht zu begründen.
[193] Zur Körperhaftigkeit der Götter vgl. grundsätzlich: GLADIGOW, Gottesvorstellungen,
40. Seine Überlegungen (ebd., 37f) zur Korrespondenz zwischen dem König als handelndes
Subjekt und dem göttlichen Handeln werden im Rahmen dieser Arbeit weiter zu verfolgen
sein. Er sieht (in Anlehnung an TOPITSCH, E., Vom Ursprung und Ende der Metaphysik. Eine
Studie zur Weltanschauungskritik, Wien 1958, 49ff) in göttlicher Macht und Personalität die
Abbildung "und Extrapolation herrscherlicher Ansprüche" (ebd., 38). Auch BERNHARDT, Gott
und Bild, 57f, und HALLO, Texts, Statues, 56-63f, ziehen bezüglich Aussehen und Funktion
Parallelen zwischen dem Gottesbild und dem König.
Zu nicht-anthropomorphen Göttern vgl. WIGGERMANN, Mischwesen, bes. 233-235; zu Göttern mit abnormalen Körpereigenheiten (zwei Gesichtern, Hermaphroditen) vgl. ebd., 236f.
[194] Vgl. z.B. STT 200 etc. 18f.24f = WALKER, *Mīs pî*, 85. Eine neuere Übersetzung dieser
Beschwörung wird im Anhang zu dieser Arbeit geboten. Nach der neueren Klassifizierung
der Beschwörungen durch WALKER (Computerausdruck vom 10.2.1995) gehört STT 200 etc.
zur Beschwörungs-tafel 3 (Section B Z. 49ff). Die Zeilenzählung verändert sich durch die
neuen Tafelverhältnisse erheblich. Solange die angekündigte Publikation Walkers noch aussteht, wird im folgenden die Zeilenzählung seiner Arbeit von 1966 beibehalten. Zu *lānu* als
Synonym für *ṣalmu* vgl. CURTIS, E.M., Images, 31f.
[195] CAD Š I 288-290 bes. 2.b.
[196] Z.B. BM 45749:53, vgl. Text Nr. 1 z.St.

ser Sprachgebrauch zeigt, daß das Kultbild als Leib der Götter verstanden und in Analogie zum menschlichen Körper gestaltet wurde[197].

Inwieweit das Aussehen eines Kultbildes dem eines Menschen nachempfunden wurde, wird sich nicht mehr mit Sicherheit sagen lassen, da sich von den Kultstatuen des 1. Jt.s keine erhalten hat[198]; sie bestanden aus einem Holzkern mit Metallauflagen, der dem Verfall nicht standhalten konnte[199].

Das Aussehen der Kultbilder konnte nicht willkürlich durch die subjektive Phantasie der Handwerker bestimmt werden. Diese führten die bestehende ikonographische Tradition jeweils dadurch weiter, daß sie das alte Bild immer wieder als Modell für die neue Figur benutzten. Dies ergab sich im allgemeinen aus der üblichen (zeit- und geldsparenden) Praxis, Teile der alten Statue weiter- und sie selbst als Vorlage zu verwenden[200] oder aber auf Vorbilder in Form von Reliefs zurückzugreifen[201]. Durch die Übernahme der alten Gestaltgebung wurde dafür gesorgt, daß das neue Bild alt aussah und an die Autorität des Vorbildes gebunden war; die tradierte, unwandelbare und zeitlose Form der Statuen stand in Übereinstimmung mit ihrem zeitlosen Wert. Daher blieb das Aussehen der Götter überaus traditionell und "konservativ". H. CANCIK und H. MOHR sprechen in diesem Zusammenhang von einer "kunstgeschichtlichen Retardation" antiker Kultbilder, die sich an deren Ruhe, Starrheit, Frontalität und Geschlossenheit (Kompaktheit) zeige[202]. Sie bestimmt die "Ästhetik des Kultbildes", wenn man überhaupt von einer solchen sprechen kann.

Doch wie sah ein Kultbild genau aus?

---

[197] Vgl. zusammenfassend CASSIN, Forme et identité, 71-76.

[198] Erhalten haben sich nur einfache Götterfigürchen aus Kupfer, Stein oder Terrakotta, die aufgrund ihrer ikonographischen Merkmale als Götter untergeordneter Funktion erkennbar sind, vgl. SPYCKET, La statuaire, 361-363. 403ff (Stein).

[199] Es ist wahrscheinlich, daß es sich bei dem Holztorso (W.15638 B), der im seleukidischen Uruk gefunden wurde, um den Oberkörper eines Kultbildes handelt. Eindeutig ist dies freilich nicht mehr festzustellen, vgl. VON HALLER, Die Südbaugrabung, bes. 37, pl. 39a, und neuerdings VAN ESS, PEDDE, Uruk, Nr. 1332 pl. 105 und S. 182. Zu den Kompositfiguren in Griechenland und Kleinasien vgl. THIERSCH, Ependytes, 11. 51-53.

[200] In diesem Zusammenhang sei auf VAB 4, 264 ii 1 verwiesen. Es geht in dieser Inschrift zwar nicht um die Wiederherstellung eines Kultbildes, sondern nur um die Neuanfertigung einer Krone für den Sonnengott. Dennoch ist der Text ein Beispiel für den Konservativismus der Babylonier, die wünschen, daß die neue Krone genauso aussehen soll, wie die alte: "kīma labīrimma linnipuš". Zur Rigidität des ägyptischen Kanons vgl. ASSMANN, Macht, 1-20. Die Praxis, Bestandteile der alten Kultbilder in die neuen einzuarbeiten, ist auch für die christlichen Kultbilder zu belegen, vgl. BELTING, Bild, 484-490.

[201] Diese Praxis ist nur in Babylonien belegt, vgl. S. 141ff.

[202] CANCIK, MOHR, Religionsästhetik, 147.

Da kaum zu erwarten ist, daß ein authentisches Kultbild[203] gefunden werden
wird[204], sind andere Quellen zu Rate zu ziehen:
Götterdarstellungen sind in ausreichender Zahl auf Reliefs und Siegeln[205] belegt. Doch stellen sie leider keine eindeutigen Quellen für die Beschreibung
des Aussehens eines Kultbildes dar, da Darstellungen, die unzweifelhaft
wirkliche Kultbilder zeigen, selten sind[206]. Auch die Abbildungen von Kult-
szenen können hier oft nicht weiterhelfen, da häufig nicht zu erkennen ist,

---

[203] Einen Sonderfall stellt die steinerne Sitzstatue WA 118886 mit der Inschrift ICC 76f
(BA VI/1, 151-155) dar, die von Henry Layard 1847 in Aššur gefunden wurde. READE, Not
Shalmaneser but Kidudu, 299-300 (gegen SPYCKET, La statuaire, 367 pl. 237, und STROM-
MENGER, Rundskulptur, 15 pl. 2-3, die ein Königsbild annehmen) identifizierte sie als das
Sitzbild der Wächtergottheit (vgl. dazu MENZEL, Tempel II, Nr. 64 T 155:134-137, neu bear-
beitet in GEORGE, BTT, Nr. 20) d.KI.DU.DU = Išum (zu dieser Gleichsetzung vgl. DELLER,
Der Tempel des Gottes, 128f; dort auch weiteres Material zur Geschichte dieses Gottes und
seiner Funktion.). Die Inschrift besagt, daß der König Salmanassar III. diese Statue neu hergestellt hat, da die alte zerfallen war: *Kidudu maṣṣar dūri itti dūrima šuātu ṭabit ana eššūti
ēpuš* "Kidudu, der Wächter der Mauer ist mit der Wand zusammengebrochen, ich machte
(beides) neu."
Bei der Statue des Išum handelt es sich *nicht* um ein Kultbild, das im Tempel aufgestellt worden war, um dort versorgt und verehrt zu werden. Das Bild war offensichtlich in der Funktion
einer Wächtergottheit im Grenzbereich der Stadtmauer plaziert worden, um diesen zu sichern.

[204] Eine Ausnahme mag der Holztorso sein (Höhe: 32 cm, Breite: 33 cm, Dicke: 20 cm),
der im seleukidischen Uruk gefunden wurde, vgl. VANESS, PEDDE, Uruk, Holz Nr. 1332. Aus
ihm geht folgendes hervor: 1. Die maßstabsgerecht zu rekonstruierende Statue war fast menschengroß. 2. Die Einzelglieder, Hals und Kopf waren am Rumpf als das tragende Teil miteinander verzapft. 3. Halsansatz, Rumpf, Schulter und linker Oberarm waren mit Schnitzerei-
en verziert, die Kleider imitierten.

[205] Z.B. COLLON, First Impressions, 164-171 sowie Abb. 809. 811 u.ö.; SAAS 1, 71-84.
109-111. 111f; HOMÈS-FRÉDÉRICQ, Une tablette, 111-116, KEEL, UEHLINGER, Miniaturkunst,
155 (Abb. 178f). Nicht eindeutig ist die Darstellung der Götter in dem von MOORTGAT-COR-
RENS, Ein Kultbild Ninurtas, 117-133, publizierten Siegel aus Kalhu. MOORTGAT-CORRENS
deutet die Gestalt des männlichen Gottes auf seinem Emblemtier, die zwischen zwei
Standarten steht und die (an der Seite) stehende Ištar als die Darstellungen der Kultbilder der
Götter. Es würde sich demnach um eine Cella mit zwei (unterschiedlich großen) Standbildern
und zwei Standarten handeln. Es wäre jedoch auch möglich, in der Szene die Darstellung
zweier Kriegsstandarten mit den Göttern (nicht den Götterbildern) des Krieges Ištar und
Ninurta zu sehen.

[206] SEIDL, Kultbild, 317, weist auf ein beachtenswertes Siegel (Lv. I T 103) hin, das eine
Göttin zusammen mit ihrem Kultbild zeigt. Kultbild und Göttin sind nicht identisch! Die Unterschiede bestehen darin, daß 1. das Kultbild nahezu halb so groß ist wie die Göttin, 2. das
Kultbild steht, während die Göttin sitzt, 3. das Kultbild mit geschlossener Handhaltung
dasteht, während die der Göttin geöffnet ist.
Die Gemeinsamkeiten bestehen darin, daß beide dieselbe Krone, Frisur und dasselbe Kleid
tragen und Blitze aus ihren Schultern kommen. Einen Gott in dieser Weise zweifach abzubilden, stellt eine beachtliche ikonographische Reflexion dar. Offensichtlich differenzierte man
bereits zwischen der Existenzform des Kultbildes und der des handelnden Gottes. Hier
scheinen schon vorsichtige Spekulationen über das Verhältnis Gott und Bild vor-zuliegen:
Gott und Bild sind nicht identisch; der Gottheit kommt außerhalb ihres Bildes ein eigenes
Sein zu. Dies widerspricht eindeutig dem Dictum von VAN DER TOORN, Book, 235: "*deus
extra effigiem non est*".

ob die göttliche Figur im Mittelpunkt die Gottheit selbst oder aber "nur" ihr Bild im Tempel ist[207]. Wenn letzteres zutrifft, dann haben wir es nicht mit einem Kultbild der Gottheit, sondern mit einem Bild von einem Kultbild zu tun. Da davon auszugehen ist, daß die Darstellung eines Kultbildes daran interessiert ist, es möglichst genau abzubilden, ist es gerechtfertigt, sie als "Quelle" für das Aussehen eines Kultbildes zu verwenden. Grundsätzlich ist ein solches "Abbild vom (Kult)Bild" vom "wirklichen" Kultbild zu unterscheiden, da es nicht durch einen übernatürlichen Schöpfungsakt hergestellt oder in einem besonderen Ritual belebt wird und keinerlei kultische Verehrung genießt. Als Abbild eines schon bestehenden und sichtbaren Kultbildes will es zwar der Gottheit (und ihrem Bild) gleichen, aber es verweist nur auf sie, ohne mit ihr zu kommunizieren oder an ihrem Wesen teilzuhaben. Diese Überlegungen sind grundsätzlich bei der Interpretation von Siegelbildern und Reliefs mitzubedenken. Ihre Ursprungsbeziehung zu ihrer Gottheit ist durch Ähnlichkeit bestimmt, nicht durch Identität; ihr praktisches religiöses Handlungsfeld ist das Verweisen, nicht das wirkmächtige Repräsentieren. Wie noch zu zeigen sein wird, unterscheidet sich das mesopotamische Kultbild sowohl in seinem Verhältnis zu den Göttern als auch in seinen praktischen Möglichkeiten grundsätzlich von den Götterdarstellungen auf Siegeln und den übrigen Bildträgern.

Bei der Auswertung der Reliefs und der Siegel ist die Frage, ob die Darstellung eine Gottheit oder ihre Kultstatue zeigt, nicht das einzige Hindernis. Ein weiteres Problem stellt die Identität des abgebildeten Gottes dar, die oft nicht eindeutig festzustellen ist. Anthropomorphe Götterbilder sind nicht darauf ausgerichtet, die Götter als unverwechselbare Individuen zu portraitieren[208]. Daher kann man eine Darstellung nur dann einem bestimmten Gott zuweisen, wenn eindeutige Attribute vorhanden sind (s.u.), oder wenn das Relief bzw. das Siegel zusätzlich eine Beischrift enthält, die den Namen der

---

[207] Vgl. dazu SEIDL, Kultbild, 316f. Sie weist mit Recht darauf hin, daß weitgehend die Kriterien fehlen, die Darstellungen der Götter von den Darstellungen ihrer Kultbilder zu unterscheiden. Auch Figuren auf Sockeln sind nicht eindeutig einzuordnen, da sowohl die Götter als auch deren Bilder auf Podien stehen bzw. sitzen können, gegen UEHLINGER, Weltreich, 520f Anm. 28, der Podeste als unmißverständliches Kennzeichen von Statuen wertet. Für die zahlreichen Beispiele, die eindeutig Götter (nicht deren Kultbilder!) auf Podien zeigen, sei hier nur auf UEHLINGER, Audienz, 339-359, bes. 357 Abb. 1a.b (die thronende Gottheit) mit den dort angegebenen Parallelen verwiesen.

[208] Zum Charakter des Portraits vgl. die Überlegungen in GADAMER, Wahrheit, 149ff, ASSMANN, Stein, 138-141, und KRAATZ, Porträtierbarkeit, 9-16, bes. 15f. Portraits gehören nicht zu den Darstellungsformen des Alten Orients, vgl. dazu MOSCATI, Historical Art, 52-60, und WINTER, I.J., Aesthetics, 2572f. Zum ägyptischen Portrait vgl. ASSMANN, Ikonologie, 17-43.

Gottheit nennt[209]. Als Beispiel ist auf ein Relief zu verweisen, das (nach der Beischrift) ein Bild (NU) von Ištar, Adad und Anat zeigt[210].
Die mehrdeutige Ikonographie der Götter kann durch den in Ägypten und Mesopotamien verbreiteten Wechsel der Erscheinungsweisen eines Gottes zusätzlich erschwert werden. Sie wird dadurch erreicht, daß eine Gottheit mit einer anderen (partiell) identifiziert wird (z.B. Nergal mit Ninurta)[211]. Durch diese Art der "Gleichsetzungstheologie" vereinigt ein Gott Attribute einer oder mehrerer anderer Gottheiten und gelangt so zu mehr Dignität und einem erweiterten Wirkungsbereich. Dieser Vorgang ist für uns im einzelnen oft schwer nachzuvollziehen. Oft scheinen neue politische Verhältnisse den Hintergrund für derartige Wandlungen zu bilden, die sich auch auf der Darstellungsebene niederschlagen[212].

Ohne die entsprechenden Beischriften sind auch Königs- und Götterdarstellungen leicht zu verwechseln. Da das Tragen einer Hörnerkrone eine menschengestaltige Person im 1. Jt. immer eindeutig als Gottheit qualifiziert[213], ist dieses Kriterium für die Identifizierung ausschlaggebend. Die Hörnerkrone veränderte zwar von der frühdynastischen bis in die neuassyrische und neubabylonische Zeit ihr Aussehen, sie bleibt aber trotzdem als solche erkennbar. Im 1. Jt. wird sie allerdings teilweise durch die während der Kassitenzeit als Würdezeichen von Königen und Göttern aufgekommene Federkrone ersetzt oder mit dieser kombiniert[214].
Neben der Hörnerkrone weisen sich die Götter auch durch das Tragen typischer Kleidung aus[215]. Zu nennen ist das Falbelgewand für höhere (seit dem 3. Jt.) und das Faltengewand für niedere Gottheiten. Zur Ausstattung

---

[209] Zur individuierenden und identifizierenden Funktion von Beischriften s. UEHLINGER, "Zeichne", 188-190. Zur Ikonographie einzelner Götter vgl. UNGER, Götterbild, 416-425, GREEN, Iconography, 1837-1855, und (für die altbabylonische Zeit) BRAUN-HOLZINGER, Götter, passim.

[210] WEISSBACH, Miscellen, 9f pl. 2-5, oder BÖRKER-KLÄHN, Bildstelen, Abb. 231. Zur assyrisch dominierten, babylonisch-suhäisch beeinflußten Ikonographie und der Interpretation des Reliefs vgl. MAYER-OPIFICIUS, Das Relief, 333-348. Zur Inschrift und den historischen Hintergründen vgl. CAVIGNEAUX, ISMAIL, Die Statthalter, 398-405. Es handelt sich nicht um eine Wiedergabe der Kultbilder dieser Götter, sondern um die Götter selbst. Dies geht daraus hervor, daß sich eine der Beischriften auf den Statthalter (und nicht etwa auf seine Statue) bezieht.

[211] Vgl. dazu SCHROER, Bilder, 248, LAMBERT, Gods, 119-122, und HUTTER, Religionen, 37-39.

[212] Vgl. z.B. die Identifizierung des Aššur mit Marduk auf den Reliefs des Sanherib (siehe S. 106ff).

[213] BOEHMER, Hörnerkrone, 431-434. Zur Hörnerkrone als Symbol der Gottheit vgl. SEIDL, Kudurru-Reliefs, 116f, UNGER, Göttersymbol, 434, HROUDA, Göttersymbole, 483-495.

[214] Zur Federkrone als Kopfputz der Götter vgl. UNGER, Diadem und Krone, 204, und BOEHMER, Kopfbedeckung, 208.

[215] BOEHMER, Götterdarstellungen, 466-469.

gehören zudem die Paraphernalia, die für jeden Gott spezifisch sind und die oft eine Anspielung auf seinen Funktions- und Wirkungsbereich beinhalten[216]. Sie bestimmen seine Identität eindeutiger als Differenzierungen in den Gesichtszügen. Diese erscheinen vielmehr maskenhaft konform (bzw. idealisiert) und lassen keine Identifizierungen mit einer bestimmten Gottheit zu[217]. Dies weist darauf hin, daß ein Kultbild nicht als ein dem Gott möglichst ähnliches Abbild, sondern eher als Repräsentation seiner Wirkmächtigkeit verstanden wurde[218], die ihn als Herrscher seines Funktionsbereiches auftreten ließ. Da es nicht darauf ankam, der Gottheit zu gleichen, sie zu portraitieren, ihr ähnlich zu sein oder sie abzubilden, waren das genaue Aussehen, die Mimik und die Gesichtszüge weniger wichtig.

Zu den wenigen Darstellungen, die eindeutig ein Kultbild zeigen, gehören ein neusumerisches Relief, auf dem ein Mann abgebildet ist, der mit einem Tuch an der Hörnerkrone eines lebensgroßen sitzenden Gottes wischt[219]. Erwähnenswert ist außerdem eine bekannte Szene des weißen Obelisken[220], die die sitzende, leicht überlebensgroße Statue einer Göttin zeigt, die in ihrer linken vorgehaltenen Hand den Reifring hält und die Rechte leicht zum Gruß erhoben hat. Sie trägt eine Hörnerkrone und halblange Haare, die die Ohren freilassen; sie ist barfuß und stützt ihre Füße auf einen Fußschemel auf. Nach der Beischrift handelt es sich um die "erhabene Göttin" (DINGIR ṣir-te) in ihrem Tempel Bīt-nathi in Ninive[221]. Aufschlußreich sind auch die bekannten Wiedergaben des Abtransportes geraubter Kultbilder durch die neuassyrischen Könige Tiglatpilesar III. und Sanherib[222]. Da es sich bei den deportierten Statuen im allgemeinen um die

---

[216] Vgl. dazu GLADIGOW, Gottesvorstellungen, 43. Als Beispiel sei genannt: Der Schreibergriffel für Nabû, die Axt für Nergal, vgl. BEHRENS, Axt, 27-32 (Votivgabe), oder der Blitz des Adad, vgl. ANDRAE, Assur, 212 mit Abb. 196.

[217] Anders verhält es sich bei den Darstellungen der Dämonen. Ihre Ikonographie ist eindeutig. Es scheint für sie eine Art Gesichterkanon zu geben, vgl. VON SODEN, Die 2. Tafel, A I 2.4f (physiognomische Omina), z.B. Z. 5: "Wenn einer ein Gesicht hat, das aussieht wie Pazuzu, ...".

[218] So auch CURTIS, E.M., Images, 41f.

[219] ORTHMANN, Der Alte Orient, 116b, und BÖRKER-KLÄHN, Bildstelen, Abb. 94a Tafel G (aus der Zeit Urnammus, sprengt also den hier gewählten Rahmen des 1. Jt.s).

[220] SOLLBERGER, White Obelisk, 231-238 pl. xli-xlviii dort Szene A3, und BÖRKER-KLÄHN, Bildstelen, Abb. 132a. Zur Datierung des Obelisken ins 10. Jh. vgl. den Kommentar in BÖRKER-KLÄHN, Bildstelen z.St.

[221] Zur Beischrift vgl. RIMA 2, A.O.101.18, S. 256.

[222] BARNETT, FALKNER, The Sculptures, pl. 92f (BM 118931 + BM 118934; Tiglatpilesar III.) identisch mit LAYARD, Monuments I, pl. 65 (vgl. Abb. 1). Weiterhin außerdem LAYARD, Monuments I, 67A und 75 (hier Abb. 2/2ab und 3), sowie LAYARD, Monuments II, pl. 18. 30. 50 (hier Abb. 4. 5. 6). Zu den Reliefs des Sanherib (LAYARD, Monuments I, 75 (dazu gehört Or. Dr. IV 24 (hier Abb. 3a; für die Photographie bin ich Dr. J. Reade zu großem Dank verpflichtet)), und LAYARD, Monuments II, 50) vgl. neuerdings RUSSELL, Sennacherib's Palace,

Götterbilder der Peripherie des assyrischen Reiches handelt, können diese Reliefs kaum über das Aussehen der Götter des mesopotamischen Kernlandes Auskunft geben. Die Reliefs stellen die Kultbilder im allgemeinen im Profil[223] dar, so daß der Eindruck erweckt wird, daß sie in einem Prozessionszug am Betrachter der Bilder vorbei- und mit den Bewohnern der geschlagenen Städte ins Exil ziehen oder auch zuvor dem siegreichen assyrischen König vorgeführt werden[224]. Der Kontext der narrativen Darstellung der Reliefs läßt keinen Zweifel daran, daß die Städte der Götter erobert und sie selbst besiegt sind, so daß es sich im Prinzip um einen "Zug ohne Wiederkehr" handelt und die Götter das Schicksal ihrer Verehrer teilen.

Als Glücksfall ist das folgende Relief Tiglatpilesars III. zu werten, das die Deportation des Marduk aus Esagila und eines Adlers zeigt[225]. Der Kontext dieses Reliefs läßt keinen Zweifel daran, daß Babylon erobert und die Götter geschlagen sind. Die babylonische Frau, die mit der Bitte um Gnade zu Boden fällt, wendet sich mit ihrem Flehen an die assyrischen Krieger und nicht etwa an ihre eigenen Götter[226]. Über Marduks Aussehen läßt sich folgendes sagen:
1. Unter der Voraussetzung, daß maßstabsgerecht gearbeitet wurde, läßt sich deutlich erkennen, daß das Kultbild des babylonischen Nationalgottes

---

Fig. 37 und 35. Den Statuen der Reliefs LAYARD, Monuments I, 75, Or. Dr. IV 24 und LAYARD, Monuments II, 18. 30, fehlen die Hörnerkronen, so daß sie nur unter Vorbehalt als Götter zu identifizieren sind.

[223] Eine Ausnahme wäre die sitzende Göttin am rechten Bildrand von LAYARD, Monuments I, 65 (Abb. 1). Sie wendet dem Betrachter des Reliefs ihr Gesicht frontal zu; ihr Körper verbleibt in der Seitenansicht. Sie ist in diesem Register die einzige Gestalt, die mit dem Betrachter in Blickkontakt tritt; da sie auch durch ihre Größe und die Anzahl ihrer Hörner hervorsticht, dominiert sie die Bildkomposition. Es muß m.E. offen bleiben, ob diese Darstellung der tatsächlichen Körperhaltung des Kultbildes der Göttin entspricht. Wenn man ihre Statue analog zu den übrigen (Statuen) des Reliefs um 90° nach rechts zu drehen hat, um ihre Ausrichtung in der Cella zu rekonstruieren, dann erscheint zwar ihr Körper dem Betrachter frontal zu-, aber ihr Gesicht nach rechts abgewandt. In einer Cella ist diese Haltung m.E. kaum wahrscheinlich. Belässt man die Göttin dagegen in der dargestellten Haltung und nimmt an, daß sie ihre Ausrichtung in der Cella authentisch wiedergibt, dann ist sie aus einem anderen Blickwinkel gezeichnet als die übrigen Kultbilder dieses Registers. Die Spannung ist m.E. nur dadurch zu lösen, daß man in Betracht zieht, daß die Körperhaltung dieser Statue im Hinblick auf den Betrachter des *Reliefs* gestaltet wurde, der durch den Blick der Göttin angesprochen werden soll, so daß nicht unbedingt auf die tatsächliche Ausrichtung des Kultbildes in der Cella geschlossen werden kann. Auffälligerweise unterbricht die frontale Gesichtsdarstellung der Göttin die Dynamik des vorüberziehenden Deportationszuges. S. auch Anm. 243f.

[224] Vgl. BARNETT, FALKNER, The Sculptures, xvif, 17.

[225] BARNETT, FALKNER, The Sculptures, pl. 7. Dieselbe Abbildung findet sich in LAYARD, Monuments I, 67A (vgl. Abb. 2 mit Photo Abb. 2ab (Ich danke Frau Prof. E. Bleibtreu herzlich dafür, daß sie mir ihr Photo überließ)). Zu den Feldzügen dieses Königs vgl. MAYER, W., Politik, 301-315.

[226] So mit KEEL, Die Welt, 211.

menschengroß war. Übergroß war der Adler, der seine Schwingen ausbreitete. Seine Dimensionen lassen an eine Monumentalplastik denken[227].

2. Der Kopf des Kultbildes erscheint am detailfreudigsten gearbeitet: Der Gott ist mit einer Hörnerkrone, wohlfrisierten halblangen Haaren und einem Vollbart angetan. Augen, Mund, Ohr und Nase sind deutlich zu erkennen.

3. Marduk ist in stehender Haltung abgebildet; seine Füße, die keine Schuhe tragen, sitzen fest am Untergrund auf; der linke Fuß ist leicht vor den rechten vorgesetzt. Seine Figur macht einen ruhigen, starren und geschlossenen Eindruck. Seine beiden Unterarme sind nach vorne gestreckt und angewinkelt; die Hände umgreifen gemeinsam sein Attribut, den Spaten, den er vor die Mitte seines Körpers hält.

4. Das Kultbild ist mit einem kurzärmeligen Gewand bekleidet, das neben Halsausschnitt, Gürtel und Fransensaum keinen Schmuck aufweist. In Anbetracht der Tatsache, daß Marduk deportiert wird, ist allerdings damit zu rechnen, daß die wertvollen Gewandapplikationen geplündert wurden.

Obwohl die übrigen Reliefs keine assyrischen oder babylonischen Kultbilder zeigen, sind ihnen dennoch einige Informationen zu entnehmen, die z.T. auch auf mesopotamische Kultbilder übertragen werden dürfen.

1. Die Größe: Unter der Voraussetzung, daß maßstabsgerecht gearbeitet wurde[228], läßt sich erkennen, daß die Bilder der Götter der Nachbarländer unterschiedlich groß waren. Wenige erreichten die menschliche Höhe[229]; die meisten scheinen wesentlich kleiner (30-60 cm) gewesen zu sein.

---

[227] Als Beispiel einer Monumentalplastik, die einen Raubvogel zeigt, sei auf den Adler aus Tell Halaf verwiesen, der sich in Berlin befindet, vgl. STAATLICHE MUSEEN ZU BERLIN (Hg.), Vorderasiatisches Museum, Nr. 157.

[228] Grundsätzlich stellt sich jedoch die Frage, ob die Reliefs eine zuverlässige Quelle für die Größe der Kultbilder abgeben. Es ist nicht auszuschließen, daß sie nicht daran interessiert sind, die tatsächlichen Größenverhältnisse der Kultbilder zu überliefern, sondern den Rang der Götter. Zum Bedeutungsmaßstab (*hierarchic scaling*) in der assyrischen Reliefkunst vgl. MOSCATI, Historical Art, 56-58, READE, Space, 71-74. Spuren dieses *hierarchic scaling* zeigen sich in LAYARD, Monuments I, pl. 65 (Abb. 1): Die wichtigste Göttin, die durch die Anzahl ihrer Hörner den übrigen Gottheiten deutlich überlegen ist, wird am größten dargestellt; die übrigen Götter folgen. Innerhalb einer Götterkonstellation mag der Bedeutungsmaßstab eine Rolle spielen, für die Einzeldarstellungen kann dies kaum zutreffen. Zudem ist von assyrischer Perspektive aus der Rang der fremden Götter grundsätzlich derselbe: Sie sind Unterlegene; trotzdem werden sie unterschiedlich groß dargestellt. Es ist daher anzunehmen, daß die Reliefdarstellungen die tatsächlichen Größendifferenzierungen der wirklichen Kultbilder wiedergeben.

[229] LAYARD, Monuments II, 30 (Abb. 5) zeigt Götter(?)statuen verschiedener Größen, von denen die meisten ca. 60 cm hoch sind; lediglich am rechten Bildrand läßt sich der untere Teil eines Bildes erkennen, das menschengroß gewesen sein muß. Entsprechend seiner Größe wird es von mehreren Soldaten weggetragen. Die Bilder der deportierten Götter auf dem Relief LAYARD, Monuments I, 65 (Abb. 1) sind ebenfalls unterschiedlich groß; die Göttin am rechten Bildrand dürfte fast menschliche Dimensionen erreichen, während die Gottheit, die

Die Kultbilder in Mesopotamien waren anscheinend ebenfalls nicht von
einer einheitlichen Größe. Zwar waren die Statuen des Marduk in Esagila,
der "erhabenen Göttin" in Ninive, des Marduk (oder Ea?) in Esagila[230], des
Adad in Aššur (?)[231] oder der unbekannten Göttin aus Uruk[232] menschengroß,
jedoch bleibt zu überlegen, ob diese Ausmaße für alle Kultbilder Mesopotamiens geltend gemacht werden können, oder ob nur die wichtigsten
Götter in dieser Größe gearbeitet wurden, so daß ihre Maße mit ihrer hierarchischen Position im Pantheon in Verbindung zu bringen sind. Einen
wichtigen Anhaltspunkt für die Größe des Kultbildes eines untergeordneten
Gottes (Zahl der Hörner?) im mesopotamischen Kernland ist die Hörnerkrone der ELIE BOROWSKI Collection in Jerusalem[233]. Sie weist einen Durchmesser von ca. 11,3 cm auf. Wenn man diesen Durchmesser für den Kopf
des Kultbildes zugrundelegt und von hier aus die Maße einer intakten ver-
mutlich stehenden Rundskulptur extrapoliert, dann liegt es nahe, eine "Kör-
pergröße" des Gottes von ca. 60-80 cm anzunehmen[234]. Die Krone fällt allerdings aus dem Rahmen des 1. Jt.s.[235]. Die Wahrscheinlichkeit, daß die Kultbilder der weniger wichtigen Götter nicht menschengroß waren, ließe sich
durch die neubabylonischen Fragmentteilchen stützen, die in Uruk gefunden

---

stehend in ihrem Schrein abgebildet ist, 60 cm nicht überschritten haben dürfte. 60 cm sind
auch für die Götter anzunehmen, die in LAYARD, Monuments I, 75, Or. Dr. IV 24 (Abb. 3 und
3a) und II, 18 (Abb. 4) dargestellt sind. Die Götterbilder in LAYARD, Monuments II, 50 (Abb.
6) sind dagegen kaum größer als 30-40 cm.

[230] WETZEL, SCHMIDT, MALLWITZ, Babylon der Spätzeit, 34f mit pl. 35-39 (frdl. Hinweis
Birgit Hascamp), zeigen den Abdruck eines Thrones (in Asphalt; nB), der Ea oder (eher)
Marduk (so GEORGE, BTT, 400f) zugeeignet war; er wurde in einer Seitencella von Esagila
gefunden. Entsprechend der Rekonstruktion weist das Sitzmöbel Maße auf (ca. 50 cm Höhe
bis zur Sitzfläche, ca. 50 cm Rückenlehne), die auf eine annähernd menschengroße Sitzstatue
schließen lassen.

[231] Wenn es sich bei dem goldenen Blitz des Adad, der immerhin 46 cm lang ist, um den
Bestandteil einer Kultstatue handelte, dann müßte diese ca. lebensgroß gewesen sein, vgl.
dazu ANDRAE, Assur, 212 mit Abb. 196.

[232] VAN ESS, PEDDE, Uruk, 140-144; vgl. auch den Holztorso aus Uruk, der sich zu einer
menschengroßen Statue rekonstruieren läßt Anm. 199. 204.

[233] MERHAV, (Hg.), Treasures, 25, mit weiterer Literatur. Das Stück ist jetzt im "Bible
Land Museum" in Jerusalem ausgestellt. Es besteht aus Bronze mit eingelegten Quarzsteinen,
die ihrerseits Löcher haben, so daß dort ein weiterer Stein eingefügt werden kann. Es wird um
2100-1800 v. Chr. datiert. Es handelt sich nicht um eine Votivgabe, sondern um den
"wirklichen" Kopfschmuck eines Götterbildes, da an der Krone Befestigungslöcher angebracht sind. So mit MERHAV, ebd., gegen BOROWSKI, Hörnerkrone, 294-298 pl. 25-28.

[234] Vor diesem Hintergrund erweist sich die Definition eines mesopotamischen Kultbildes, die HALLO, Cult Statue, 5, gegeben hat, als ungeeignet. Monumentalität bzw. Lebensgröße kann nicht grundsätzlich für *alle* Kultbilder vorausgesetzt werden.

[235] MOOREY, Near East, 28 Abb. 26 (freundlicher Hinweis C. Uehlinger) zeigt zwar das
verzierte, ca. 6,5 cm hohe Abschlußstück eines Helms oder einer Krone aus dem Nimrud des
ca. 8. Jh.s., jedoch läßt sich aus der erhaltenen Höhe kaum das Gesamtausmaß der Kopfbedeckung ableiten.

wurden und die sich nur zu kleineren Kompositfiguren rekonstruieren lassen[236]. Leider ist bei diesen Kleinfunden jedoch kaum mehr festzustellen, ob sie Teil eines Kultbildes oder einer anderen Rundplastik waren.

Literarische Quellen, die die Größe, die Breite oder den Umfang der Kultbilder angeben, sind selten. Daher ist der folgende Text[237] als besonderer Glücksfall zu betrachten. Obwohl er noch zahlreiche ungelöste Probleme birgt, ist zu erkennen, daß er die Maße von verschiedenen Tempelfiguren beschreibt. Das Ziel der Angaben scheint darin zu liegen, daß die Oberfläche der Statuen berechnet werden soll, um den Materialverbrauch für die Goldplattierung zu kalkulieren. In der Mehrzahl handelt es sich hier leider nicht um Kultbilder, sondern um Abbilder des Ziegenfisches (Rs. 15) und des Fischmenschen (Z. 19), die zur Tempelausstattung Nabûs gehören. Ferner sind (Z. 27) die Fischfrauen genannt, die für das Schlafzimmer Nabûs gedacht sind. Lediglich die Z. 21-24 der Rückseite der Tafel könnten sich mit den Maßen des zentralen Kultbildes (NU qa-ba-si-e (Z. 24)) befassen. Leider sind die Angaben teilweise zerstört:

Rs.
21. 216 cm lang 128 (?) cm dick ist das giš.hu-te-e[238]
22. x + 32 cm lang, 80 cm breit das Gesicht
23. 72 (?) cm lang, 72 (?) cm breit der Kopf
24. x + 24 cm (das Maß) der Statue der Mitte.

Bei dieser Statue könnte es sich um das Kultbild des Tempelherrn Nabû oder das seiner Gattin Tašmētu handeln. Genau identifiziert wird sie nicht. Die lesbaren Maße ergeben merkwürdige Proportionen. Es muß sich hier um Angaben der Fläche handeln, da sich nur so der Goldverbrauch kalkulieren läßt. Leider bleibt es spekulativ, die Höhe des Bildes zu berechnen, da weder die Bedeutung des Begriffes hutû (Rs. 21) geklärt ist noch die Maßzahlen ohne Zweifel gelesen werden können.

Obwohl zahlreiche Texte vorliegen, die Materialangaben für die Herstellung von Kultbildern beinhalten, läßt sich über deren Größe nichts Genaueres sagen, da in die Mengenangaben das Material für Ausstattung, Schmuck und Paraphernalia miteingerechnet ist. Als Beispiel sei eine Inschrift des neuassyrischen Königs Asarhaddon[239] genannt, der berichtet, daß er für den

---

[236] VAN ESS, PEDDE, Uruk, Nr. 1123 und S. 143f; Nr. 1124 gehört dazu, ist stratigraphisch jedoch nicht gesichert.

[237] DALLEY, POSTGATE, CTN III, 159-163 Nr. 95. Wahrscheinlich handelt es sich um die Renovierung Ezidas (Nabûtempel) durch Sargon II.

[238] Zur Diskussion vgl. DALLEY, POSTGATE, CTN III, 159f. Evtl. handelt es sich bei hutû um den terminus technicus für den Holzkern des Rumpfes.

[239] Zur historischen Einordnung des Königs und seiner Politik vgl. zuletzt MAYER, W., Politik, 381-397.

Überzug der Holzkerne des Marduk, der Ṣarpānītu, der Bēlet-babili, des Ea und des Madānu 50? Talente Elektron[240] verbraucht habe. Da Könige in ihren Inschriften gern übertreiben, ist auch die Zuverlässigkeit dieser Zahlen in Zweifel zu ziehen. Glaubwürdiger erscheint ein neuassyrischer Brief[241] des 7. Jh.s, der immerhin die stattliche Summe von 40 Minen[242] Gold erwähnt, die für Arbeiten an Kultbildern zur Verfügung stehen.

2. Kopf und Gesicht: Die Reliefs lassen Augen, Augenbrauen, Ohren, Mund und Nase deutlich erkennen. Leider zeigen sie die Götter im allgemeinen im Profil, so daß kein genauer Eindruck darüber zu gewinnen ist, wie sie von vorne aussahen. Eine bemerkenswerte Ausnahme bildet die Darstellung einer Göttin (aus Gaza?[243]), die dem Betrachter des abgebildeten Deportationszuges direkt entgegenblickt[244]. Ihr ist zu entnehmen, daß die Kopfpartie ganz symmetrisch aufgebaut war: Die paarweise angeordneten Hörner der Hörnerkrone trafen sich über der Mitte des Kopfes. Die Haare legten sich zu gleichen Teilen zu beiden Seiten des Gesichtes und ließen die Ohren frei; sie bildeten einen Übergang zwischen Kopf und Hörnerkrone und umrahmten und betonten das Gesicht der Göttin, das durch die stark hervorgehobenen Augenbrauen, die über der Nase verbunden waren, die gerade Nase, die wohlproportionierten Lippen und das eigens betonte Kinn gegliedert war.
Die Gesichter der mesopotamischen Kultbilder haben sicherlich ganz ähnlich ausgesehen. Es ist bekannt, daß man auf ihre Einzelteile besondere Sorgfalt verwandte: Die *Augen* arbeitete man aus verschiedenfarbigen Steinsorten, Fritte bzw. Fayence, so daß sie menschenähnlich aussahen[245]. Fritte/

---

[240] Es handelt sich um ein Gemisch aus Gold und Silber, vgl. auch BORGER, Ash., 88 Rs. 11-14. Evtl. ist die Zahl 50 zu 30 Talenten (= 1055 kg) zu korrigieren.

[241] LAS 277:27-29 = SAA X, 349.

[242] Zum Vergleich (Quelle: SAA VI. Die Zahlen in der Klammer bezeichnen die Textnummer) einige Preise aus dem 7. Jh.: Ein Haus kostet 3 2/3 Silberminen (124); ein Haus in Ninive 1 Silbermine (des Königs; 142); ein Dorf bei Nerab 17 1/2 Silberminen (v. Karkemisch; 326); ein Dorf von 500 ha 14 Silberminen (des Königs; 287); 5 ha Land 1 Silbermine (v. Karkemisch; 119); ein Sklave 32 Silberschekel (118); ein Bäcker 1 Silbermine (v. Karkemisch; 305).

[243] THIERSCH, Ependytes, 210f. TADMOR, Tiglath-pileser III, 240, plädiert hingegen für die Herkunft der Götter aus Kunalia/Kullani oder Arpad.

[244] LAYARD, Monuments I, 65 (Abb. 1), s. auch Anm. 223.

[245] Archäologisch sind zahlreiche Augen aus Steinen nachgewiesen, vgl. MACHULE, u.a., Tall Munbāqa, 69-101, bes. 80. Abb. 6 zeigt ein (ca. 2,7 cm x 2,2 cm großes) Auge, das aus drei Gesteinsarten zusammengesetzt ist: eine Steatit(becher)fassung soll das obere und das untere Augenlid, eine weiße Kalksteinscheibe den Augapfel und ein steinerner schwarzer Nagel die Iris darstellen. Ein Einschnitt markiert die Caruncula. Da auch ein steinernes Augenbrauenfragment gefunden wurde, ist es wahrscheinlich, daß es sich um das Auge eines Rundbildes und nicht um eine Votivgabe handelt. Zu weiteren Beispielen von steinernen Augen vgl. KOLDEWEY, Die Tempel, Abb. 78, BECKER, Uruk, 81f, Nr. 1002-1016, sowie aus Nimrud (9. Jh.) WA 118042 und 118043 (Augen). Zu Augen aus Muscheln vgl. VAN ESS, PEDDE,

Fayencefunde aus Uruk, die von M. VAN ESS und F. PEDDE zu einer lebensgroßen Skulptur einer Göttin des 10./9. Jh.s rekonstruiert werden[246], zeigen,
daß sich die Augen aus "gesondert geformten Augenlidern mit in Fritte/
Fayence ausgeformter Augenhöhle, andersfarbigem Augenweiß und ebenfalls separat gearbeiteter, andersfarbiger Pupille" zusammensetzten. Sie weisen zusätzlich "offen geformte äußere Augenwinkel", "betont ausgearbeitete" Tränensäcke und "naturalistisch mäßig große Pupillen" auf[247]. Neben den
Augen legte man auch die bogenförmig geschwungenen und über dem Nasenbein miteinander verbundenen Augenbrauen[248], den Mund[249] und die Ohren[250] aus farbigem Gestein, Fritte bzw. Fayence ein. VAN ESS und PEDDE[251]
weisen darauf hin, daß diese kleineren plastisch modellierten Inlays mit kle-
bendem Material[252] an ihrem steinernen oder hölzernen Untergrund befestigt
waren, während größere Fritte/Fayenceteile durch Stifte mit dem Untergrund
verbunden wurden.

Die *Haare* der Kultbilder stellen ein besonderes Problem dar[253]. Literarisch
ist das Haar (*pērtu*[254], *šārtu*[255]) der Götter und Dämonen in Mythen oder in
dem "babylonischen Göttertypentext"[256] belegt. Zusätzlich ist noch auf einige Omina zu verweisen, in denen die Götter den Menschen kundtun, daß sie

---

Uruk, Nr. 1562-1566, zu Augen aus Fritte vgl. VAN ESS, PEDDE, Uruk, Fritte/Fayence Nr.
1106-1111. Rot eingelegte Augen sind m.W. in den Texten nicht belegt (oder gehört der folgende Beleg hierher: HOROWITZ, *Abnu šikinšu*, 117 D3': "[Der Stein, dessen Gestalt wie r]o-
tes, rotglänzendes [Gold ist], dieser Stein, BAL-Stein ist sein Name, für Augen [...]."). Die
kleine Statuette der Ištar (A.O. 20127; vgl. CAUBET, BERNUS-TAYLOR, Le Louvre, 33.) aus
dem 3. Jh. v. Chr. zeigt jedoch, daß auch diese Möglichkeit bestand.

[246] VAN ESS, PEDDE, Uruk, 140-146.

[247] VAN ESS, PEDDE, Uruk, 141. Zu den Fragmenten vgl. ebd., Nr. 1106-1111.

[248] VAN ESS, PEDDE, Uruk, Nr. 1112. 1119 (?) und die Auswertung S. 141.

[249] VAN ESS, PEDDE, Uruk, Nr. 1117 (?).

[250] Aus Nimrud: WA N 1935 (Ohr, ägyptisch-blau und übermenschlich groß). VAN ESS,
PEDDE, Uruk, Nr. 1122.

[251] VAN ESS, PEDDE, Uruk, 141.

[252] Zu denken ist an Bitumen, das im 3. Jt. als dunkle Einlage die Augenlider und die
Augenbrauen darstellte, vgl. VAN ESS, PEDDE, Uruk, 141.

[253] Leider geht BÖRKER-KLÄHN, Haartrachten, 1-12, nicht weiter auf die Haartrachten der
Götter(bilder) ein.

[254] Vgl. AHw 856; Goldbilder "mit herunterhängendem Haar" scheinen in VAB 2, Nr.
29:50.109.136.138.145.162 erwähnt zu sein: *ṣalmānu ša ḫurāṣe ub-bu-ku-tum muš-š[u-r]u-
tu[m]* (Z. 162). Evtl. ist auch TuL 21 Rs. 24, als (Ersatz)bild mit herunterhängendem Haar zu
verstehen.

[255] AHw 1191f, CAD Š II 126-128; KÖCHER, Göttertypentext, 66 Vs. i 42', 70 Vs. iii 2
u.ö.

[256] Dazu S. 52ff.

verschiedene Dinge brauchen[257]; in diesem Zusammenhang kann von ihrem
Wunsch nach einer bestimmten Haartracht (*pursāsu*) die Rede sein[258]:

"Wenn sich auf dem Kopf des Vogels hinter den beiden Augen zwei Vertiefungen befinden:
Wunsch nach einer Nackenmähne."

Woraus diese Frisur bestand, ist aus den Texten, die sich mit der Herstellung
von Kultbildern beschäftigen, nicht ersichtlich. Dort werden die Haare m.W.
an keiner Stelle erwähnt. Analog zu den Steinperücken, die archäologisch
als Aufsätze von Statuetten, aber auch als Votivgaben[259] belegt sind, ist am
ehesten an ähnliche Objekte zu denken[260]. Archäologisch sind zahlreiche
Beispiele für die Reste der steinernen Kopf- und Barthaarteile der Statuen zu
belegen[261].
Aufschlußreich ist auch hier die Rekonstruktion der lebensgroßen unbekannten Göttin aus Uruk, deren Frisur die Ohren freiließ, die Wangen durch beid-
seitige Seitenlocken betonte und das Gesicht zusätzlich durch schmale, ge-
wellte Stirnlocken einrahmte (vgl. Abb. 7)[262]. Das Haar der Göttin bestand
aus Fritte, in die verschiedene Muster eingeritzt worden waren. Auf diese
Weise entstand eine Frisur aus vielen dünnen, parallel gelegten Zöpfen, die
sich evtl. zu einem Nackenschopf zusammenschlossen. Wangen- und Stirn-

---

[257] Die *erištu* der Götter (ihr göttlicher Wunsch) beinhaltet auch das Verlangen nach mehr
Opfern, nach Silber, Kleidung, Kopfputz oder der Herstellung von Kultsymbolen; vgl. CAD
E 298f (zu Belegen aus aB und jB Omina) sowie DURAND, Divination, 280-282.
[258] NOUGAYROL, "Oiseau", 23:3f (aB), YOS 10, 51 i 22 sowie DURAND, Divination, 280f.
AHw 881 übersetzt "Nackenmähne". Vgl. außerdem KÖCHER, Göttertypentext, 64-66 Vs. i
10'.30'.54' u.ö. Nach TCL 6, 36 Rs. 32 kann sie aus Lapislazuli bestehen.
[259] Die Steinperücke im British Museum mit der Inschrift (vgl. SAK, 194 x 11): "ihre
Locken der Weiblichkeit" ist eine Votivgabe. Vgl. BRAUN-HOLZINGER, Mesopotamische
Weihgaben, 373f. Sie nennt auch Beispiele von Perücken aus neusumerischer und altbabylonischer Zeit, die für weibliche Statuetten verwendet wurden. Eine Steinperücke aus Ebla findet sich in MATTHIAE, Some Fragments, 262, zu Haarteilen s. ebd., passim.
Der Brief von Hammurabi (1792-1750 v. Chr,), der in VAB 6, 2, 12.17 bearbeitet ist, ist *nicht*
als Beleg für die (*kezrētu*-)Haartracht von Kultstatuen in Anspruch zu nehmen. In dem Brief
geht es um den Transport der Kultbilder der Göttinnen von Emutbal nach Babylon, die von
Priesterinnen begleitet wurden, die ihrerseits (!) eine *kezrētu*-Haartracht trugen. Die Frisur
bezieht sich eindeutig nicht auf die Göttinnen. Gegen HALLO, Cult Statue, 11, mit FRANKENA,
AbB 2, 34:7, und AHw 468.
[260] Erwähnenswert ist auch die o.g. Krone der ELIE BOROWSKI Collection (s. Anm. 233).
An ihrer Unterseite befindet sich ein Lapislazuliband, das gewelltes Haar darstellen soll.
[261] Erwähnt sei an dieser Stelle VAN ESS, PEDDE, Uruk, Nr. 1091-1105. 1113f. 1123f
(Haarteile aus Fritte), sowie aus Nimrud: WA 91573 (Glasbart) und WA 120465 (ägyptisch
blauer Bart; publiziert in CURTIS, READE, Art and Empire, Nr. 49); WA N 768-769, 774-775
(ägyptisch blaue Haarlocken), BECKER, Uruk, 82, Nr. 1017-1021 (Stein), KOLDEWEY, Die
Tempel, Abb. 79.
[262] VAN ESS, PEDDE, Uruk, pl. 90 Nr. 1091-1122.

locken, die wohl durch ein eigens angesetztes (verlorenes) Stirnband gehalten waren, rundeten die Haartracht nach vorne hin ab[263].

Die "*Haut*" der Kultbilder bestand aus Gold oder Silber, mit dem sie rundherum überzogen waren. Diese Überkleidung schützte ihren Holzkern gegen
Witterungseinflüsse. Wichtiger als diese pragmatischen Überlegungen waren jedoch die theologischen Implikationen. Da man den Glanz der Götter
mit deren Wohlbefinden konnotierte[264], war den Priestern und dem König
daran gelegen, die leuchtende Erscheinungsweise der Kultbilder durch Edelmetalle und Edelsteine zu gewährleisten. Es kann als gesichert gelten, daß
das Gesicht der Götter[265] und deren Hände mit Gold überzogen waren[266]. Für
den Leib und die Füße benutzte man neben Gold anscheinend auch Silber
oder Elektron, um die ohnehin hohen Produktionskosten der Bilder zu sen-
ken. Fuß- und Fingernägel sind auf den Reliefs zwar zu erkennen[267], jedoch
liegen m.W. keine Informationen darüber vor, ob diese nur in das Holz ge-
schnitt und vergoldet oder durch Inlays hervorgehoben worden waren.
Das glänzende Aussehen der Bilder wurde auch mit Lichterscheinungen in
Zusammenhang gebracht, die in den Menschen Ehrfurcht und Schrecken
auslösten[268]. Der Glanz des goldenen Gesichtes und der polierten Steine, die
für das Kultbild verwendet worden waren, blendete und bannte den Betrachter, der an seiner eigenen unterlegenen Position keine Zweifel hegte. Die
goldenen Gesichter und Hände der Figuren zeigen an, daß man den Gesichtern und den Händen der Götter besondere Aufmerksamkeit schenkte
und bemüht war, sie in den Mittelpunkt zu rücken. Da Menschen untereinander vor allem durch ihre Gesichter und ihre Hände in Kontakt treten, ist
davon auszugehen, daß sich auch die Kontaktaufnahme mit den Göttern an
diesen Punkten konzentrierte, die daher optisch hervorgehoben wurden.

---

[263] VAN ESS, PEDDE, Uruk, 141.

[264] Vgl. *naw/māru* "hell sein, werden; leuchten" AHw 768-770a, bes. Bed. 6f (freundlich/
freudig strahlen), CAD N I 213f und S. 67, sowie neuerdings WINTER, I.J., Aesthetics, 2573f.
2577.

[265] Zur goldenen Gesichtsmaske der Götter vgl. auch DELLER, Die Hausgötter, 70, und
DELLER, MAYER, SOMMERFELD, Akkadische Lexikographie, 200: "Wenn die goldene Gesichtsmaske des Götterbildes plötzlich aufleuchtet." Archäologische Beispiele (in Verbindung
mit den hethitischen Bildbeschreibungen) bietet MAKKAY, Gold-Masked Statue, 69-73. Auch
Stierfigurinen konnten mit Edelmetallen überzogen sein. Ein Beispiel für einen Stier mit goldenem Körper und silbernem Gesicht findet sich in Emar VI, 3, 282:16-18.

[266] LAS 277 = SAA X, 349:13f, vgl. S. 99. Zu den Funden von Goldblattstücken vgl.
VAN ESS, PEDDE, Uruk, Nr. 831-833. 873 (0,05 bzw. 0,02 cm dick).

[267] So in LAYARD, Monuments, I, 65 (Abb. 1). 67A (Abb. 2 mit Photo Abb. 2ab). 75
(Abb. 3), Or. Dr. IV 24 (Abb. 3a).

[268] Vgl. S. 77f.

3. Haltung, Füße und Arme: Die Götter konnten in streng frontaler Haltung[269] sowohl aufrecht sitzend als auch auf einem kleinen Podest[270] stehend dargestellt werden, wobei der linke Fuß mehr oder weniger leicht vorgesetzt war[271]. Da die Reliefdarstellungen stehende Personen im Profil im allgemeinen immer einen Fuß vorsetzen lassen, ist es jedoch durchaus möglich, daß dies eine Eigenheit ist, die an den Bildträger "Relief" gebunden ist, so daß diese Fußstellung nicht ohne weiteres auf die rundplastischen Figuren übertragen werden kann. Kleinere Statuetten und Steinskulpturen zeigen, daß auch mit der Parallelhaltung der Füße gerechnet werden muß[272]. Die Sohlen der Füße haften immer fest auf dem Boden[273]. Diese Körperhaltung brachte offensichtlich die Autorität der Gottheit zum Ausdruck[274]. Insgesamt machen die Figuren einen starren und geschlossenen Eindruck, der Ruhe und Erhabenheit vermittelte. Die Bilder teilen daher die Eigenschaften, die CANCIK und MOHR für antike Kultbilder festgestellt haben[275].
Ausgehend von der These, daß auch Gebärden Kommunikationsakte sind[276], ist an der Körpersprache der Statuen abzulesen, wie die Götter von ihren Verehrern wahrgenommen wurden[277] bzw. werden sollten[278]:
Die Götter halten in ihren Händen ihre Insignien als Zeichen ihrer Macht[279]; diese lassen den Betrachter häufig erkennen, über welchen Funktionsbereich

---

[269] Zur Funktion dieser Haltung, die einen Appell an den Betrachter darstellt vgl. BELTING, Bild, 93. Zur Konvention der Frontalität bei der Gestaltung und der Aufstellung von Kultreliefs und -statuen vgl. PIETRZYKOWSKI, Frontal Convention, 55-59.

[270] So in LAYARD, Monuments I, 65 (Abb. 1), und LAYARD, Monuments II, 18. 30. 50 (Abb. 4. 5. 6).

[271] LAYARD, Monuments I, 65 (Abb. 1; sitzend und stehend), LAYARD, Monuments II, 18. 30. 50 (Abb. 4. 5. 6; stehend), LAYARD, Monuments I, 75 (Abb. 3), Or. Dr. IV 24 (Abb. 3a; sitzend).

[272] Vgl. z.B. ORTHMANN, Der Alte Orient, Abb. 160b. 166b (beide altbabylonisch). 173a.b (neuassyrisch).

[273] Vgl. dazu die glasierte Tonplatte aus Uruk, die Spuren von den zwei Füßen einer Statuette zeigt, VAN ESS, PEDDE, Uruk, 140.

[274] Vgl. dazu die Ausführungen von CANCIK, MOHR, Religionsästhetik, 138.

[275] Vgl. S. 37.

[276] ECO, Semiotik, 254. Zum Körper als Wahrnehmungs- und Ausdrucksorgan vgl. auch CANCIK, MOHR, Religionsästhetik, 132. Die Gestik und die Mimik eines Kultbildes wurde von den Priestern genau beobachtet. Man ging davon aus, daß sie den göttlichen Willen zum Ausdruck brachten und Aufschlüsse über die Zukunft erlaubten, vgl. Anm. 374. Zu den Gesten in assyrischer Kunst vgl. GOLDMAN, Assyrian Gestures, 41-49.

[277] Im Anschluß an ECO, Semiotik, 213, und CANCIK, MOHR, Religionsästhetik, 132-142.

[278] CANCIK, MOHR, Religionsästhetik, 137, weisen zu Recht darauf hin, daß die Gebärden der Körpersprache und ihre Bedeutung jeweils erlernt werden müssen.

[279] Vgl. z.B. LAYARD, Monuments I, 65 (Abb. 1). 67A (Abb. 2 mit Photo Abb. 2ab); LAYARD, Monuments II, 30 (Abb. 5). 50 (Abb. 6). Die Statuen auf dem Relief von Sanheribs Südwest-Palast (Raum XLV) halten keinerlei Machtinsignien in ihren Händen und tragen keine Hörnerkronen, vgl. LAYARD, Monuments I, 75 und Or. Dr. IV 24 (Abb. 3 und 3a). Es

die jeweilige Gottheit herrscht. Die *Gebärden* der Figuren vermitteln unterschiedliche Botschaften:
Wenn beide Unterarme gleichmäßig waagrecht und angewinkelt vorgehalten werden und die Herrschaftssymbole in den Händen halten, dann vermittelt dieses Bild eine steife, unbewegte Ruhe, die "Ausdruck des sich immer gleichen unwandelbaren erhaben göttlichen Seins" ist[280].
Wenn der rechte Arm zum Schlage erhoben, der linke Unterarm angewinkelt vorgestreckt (und der linke Fuß vorgesetzt) ist, dann zielt diese Darstellung im allgemeinen darauf ab, Herrschaft und Überlegenheit zu signalisieren[281]. Sie besitzen daher einen imperativischen Aspekt, der dem Betrachter nahelegt, sich zu unterwerfen. In diesem Zusammenhang ist darauf hinzuweisen, daß sich diese Haltung der Kultbilder grundsätzlich von der der assyrischen Königsstatuen, die sich in den Tempeln aufhalten, unterscheidet[282]. Die Gebärdensprache der Königsbilder drückt Anbetung aus; ihnen ist keinerlei machtpolitischer Anspruch zu entnehmen[283].
Obwohl die Deportationsreliefs keine Beispiele dafür bieten, seien ergänzend die Götterdarstellungen erwähnt, die Götter zeigen, die die rechte Hand zum Gruß bzw. zum Segen erhoben haben und damit die positive Kontaktaufnahme mit dem Beter signalisieren[284]. Schwer einzuordnen sind die Darstellungen, die eine Gottheit zeigen, deren einer Arm das Krummschwert o.ä. tragend gerade herunterhängt, während der andere angewinkelt ist und

---

ist m.E. daher anzunehmen, daß es sich nicht um die Darstellung von deportierten Kultbildern handelt, sondern um geraubte Votivbilder.

[280] CURTIUS, Winckelmann, 106; als Beispiel sei verwiesen auf LAYARD, Monuments I, 65 (Abb. 1). 67A (Abb. 2 mit Photo Abb. 2ab), sowie LAYARD, Monuments II, 30 (Abb. 5; außer dem schlagenden Gott s.u.), das die Statuen allerdings recht standardisiert zeigt und kaum Details (keine Hörnerkronen) erkennen läßt. Zu Siegeldarstellungen mit dieser Handhaltung vgl. COLLON, First Impressions, Abb. 811. 815. 827. 832 u.ö.

[281] LAYARD, Monuments II, 30 (Abb. 5 rechter Bildrand, 2. Statue von rechts). Die Statuen in LAYARD, Monuments II, 50 (Abb. 6), erheben den linken Arm und setzen den rechten Fuß vor; diese Ausrichtung ergibt sich daraus, daß diese Statuen von rechts nach links und nicht wie meistens üblich, von links nach rechts getragen werden. Zu weiteren Beispielen vgl. ANEP, Abb. 531f. 481. 484. 486. 490. 494. 496. 501. Siegeldarstellungen schlagender Götter sind häufig belegt, vgl. z.B. COLLON, First Impressions, Abb. 563. 788-790. 809 (Adad) u.ö.

[282] Vgl. STROMMENGER, Rundskulptur, 11-18 (außer S 1), sowie MAGEN, Königsdarstellungen, 41f.

[283] Anders SPYCKET, Reliefs, 2594f.

[284] Vgl. ANEP, Abb. 522. 533 (Ištar). 534f. Die Götter 2 (Ištar von Ninive), 4 (Sîn, Enlil, Nabû, Anu?), 5 (Šamaš), 7 (Ištar von Arbail) des Felsreliefs von Maltai in BÖRKER-KLÄHN, Bildstelen, 207-210; zum weißen Obelisken vgl. S. 41. Zu Siegeldarstellungen vgl. z.B. COLLON, First Impressions, Abb. 792 (Adad), 793 (Gula), 773 (Ištar) u.ö.
Außerhalb Mesopotamiens, vgl. ANEP, Abb. 495. 498, KEEL, Die Welt, Abb. 284 (ugarit. El). Zu dieser Geste, die neuassyrisch von Göttern und Königen belegt ist, vgl. MAGEN, Königsdarstellungen, 39.

ein weiteres Insignium der Macht enthält[285]. Evtl. drückt diese Haltung eine souveräne Ruhestellung aus.

4. Kleider und Schmuck: Die Reliefs lassen erkennen, daß die Götter mit kurzen oder langen Kleidern[286], Gürteln, wohlfrisierten Haaren, Bärten und Hörnerkronen angetan waren, jedoch keine Schuhe trugen[287]. Schmuck läßt sich auf den Reliefs kaum nachweisen, was sich jedoch damit erklären läßt, daß die dargestellten Bilder Opfer von Deportation und Plünderung waren.

2.1. Die literarischen Beschreibungen der Bilder

In diesem Zusammenhang sei kurz auf die "god description texts" verwiesen[288], die die Körper von männlichen Gottheiten beschreiben und deren (anthropomorph gedachte) Einzelbestandteile mit einer Pflanze, einem Tier o.ä. vergleichen[289]. Umstritten ist die Frage, ob es sich dabei um Metaphern handelt oder ob man die Angaben wortwörtlich zu verstehen hat. Da die geschilderten Formen und Dimensionen nicht praktikabel sind, kann es sich kaum um die Beschreibungen oder die Bauanweisungen für Kultbilder handeln, sondern um gelehrte Spekulationen mit verschiedenen (rituellen, religiösen, literarischen) Motivationen[290].

Beschreibungen von Statuen bietet dagegen der babylonische Göttertypentext[291]. Obwohl es sich bei den 27 aufgeführten Gottheiten vor allem um Dä-

---

[285] Vgl. ANEP, Abb. 499, COLLON, First Impressions, Abb. 26i. 772 (Ištars Linke hängt herab, ihre Rechte ist vorgestreckt), ebd. 784f (Marduk). 791 (Adad). 794 (Nergal). 560f (Aššur) u.ö.; sowie die Götter 1 (Aššur) und 3 (Sîn, Enlil?) des Felsreliefs von Maltai in BÖRKER-KLÄHN, Bildstelen, 207-210; zu dieser Geste vgl. MAGEN, Königsdarstellungen 69. 72f.

[286] Zu den Kleidern der Götter (von Gaza?) auf dem Relief LAYARD, Monuments I, 65 (Abb. 1) vgl. THIERSCH, Ependytes, 169f. 210f.

[287] Vgl. dazu SAUREN, Kleidung, bes. 99: "Da man im Tempel keine Fußbekleidung trägt, sondern barfuß nach einer Fußwaschung in den Tempel geht, sind alle Standbilder, die im Tempel aufgestellt wurden, und alle Darstellungen, die einen Kultakt im Tempel wiedergeben wollen, barfüßig. Dies gilt von Menschen und von den meisten Göttern." Vgl. jedoch KEEL, Die Welt, Abb. 284, sowie die Beuteliste des Tempelinventars von Sargon, die Lederstiefel mit goldenen Sternen erwähnt, so in MAYER, W., Feldzug, 108:387.

[288] LIVINGSTONE, MMEW, 92-112; dort auch übersetzt und kommentiert; vgl. bes. 101-103 und SAA III, 37 Rs. sowie ebd., 38 und 39.

[289] Vgl. dazu Hld 4:1-5; 5:10-16; 6:5-7; 7:2-8 u.ö. und S. 300f. Weiter auch Klgl 4:7 mit der Verkehrung in 4:8.

[290] So mit LIVINGSTONE, MMEW, 92ff.

[291] KÖCHER, Göttertypentext, 57-107. Ob dieser Text als eine Anleitung zur Herstellung der Bilder zu verstehen ist, muß dahingestellt bleiben. Die Beschreibungen der Bilder gehen nicht auf Material- oder Proportionsangaben ein, die in diesem Fall zu erwarten wären, gegen HALLO, Cult Statue, 3. Zu den Einleitungsfragen und der Verwertbarkeit dieses Textes für die

monen und Mischwesen handelt, vermittelt er einen Eindruck davon, worauf man bei der Beschreibung eines Gottesbildes besonderen Wert legte, bzw. welche Details zu seiner Erscheinung beitrugen[292]. Man ging von oben nach unten vor: Zuerst wurde jeweils das Aussehen des Kopfes mit Kopfbedeckung und Frisur und das des Gesichtes mit den Wangen skizziert. Anschließend folgte eine Beschreibung der Form und der Haltung der Hände und der darin enthaltenen Paraphernalia. Das Auge des Schreibers wandte sich dann dem Leib mit der Brustbekleidung, dem Gürtel und dem Obergewand zu. Zuletzt geht es um die Stellung des rechten und des u.U. vorgesetzten linken Fußes.

Von besonderem Interesse sind die rein anthropomorphen Bilder[293] der Götter Damu[294], Nintu[295], einer Gottheit, deren Name teilweise zerstört ist (*xxtum*)[296], sowie der Götter Enkimdu[297], Tišpak[298] und Ninurta[299]. Sie alle

---

mesopotamische Ikonographie vgl. LAMBERT, The Pair Lahmu-Lahamu, 197f, sowie WIGGERMANN, Mischwesen, 223f. Nach BIGGS, NABU 1997/134, ist auch BLACK, WISEMAN, CTN IV 141 dieser Textgruppe zuzuzählen.

Zu den hethitischen Götter(bild)beschreibungen vgl. HAAS, Geschichte, 491-503; POPKO, Anikonische Götterdarstellungen, 319-327; GÜTERBOCK, Hethitische Götterbilder, 203-218; VON BRANDENSTEIN, Hethitische Götter, passim, MÜLLER-KARPE, Untersuchungen, 6-9 (Abb. 3 Vs. ii x+2'-x+3'; Berggott Kupit-[...]), HAZENBOS, Kultinventare, 100 (KuT 18 + 22:10' (Mondgott?); KuT 27 Vs. 14' (wohl Wettergott)). Grundlegend bleibt JAKOB-ROST, Hethitische Bildbeschreibungen, 161-217. Wenn man die (gut erhaltenen) Beschreibungen (ebd., 175-185 i 1ff) nach den folgenden Kriterien systematisiert (anthropomorph mit Flügel/ohne Flügel; sitzend/stehend; mit Emblemtier/ohne Emblemtier; theriomorphe Darstellung), dann ergibt sich folgendes: Von den 24 genauer erläuterten Götterbildern sind vier theriomorph (Rinder). Der so repräsentierte Gott ist jeweils der Wettergott. Die anthropomorphen Gestalten sind (bis auf zwei Ausnahmen ebd., 175:7ff.21ff) ohne Flügel, sitzend (12) oder stehend (7; 1 unklar) beschrieben. Zwei der Figuren sitzen, die Mehrzahl steht auf ihrem Emblemtier (6x, 1x unklar). Als Postamenttiere finden sich Löwe (4x), Hirsch (2x), Pferd (1x), Bergschafe (1x) und Rind (nur 1x!). Von den neun genannten Göttinnen steht nur die männlich dargestellte Ištar, alle anderen Göttinnen sitzen; Götter stehen üblicherweise, nur wenige sitzen (3). Daraus ergibt sich eine geschlechterspezifisch verteilte Körperstellung. Da sitzende Gottheiten selten mit einem Postamenttier verbunden sind, sind Göttinnen seltener mit Emblemtieren verbunden. Die beschriebenen Bilder sind meistens aus Holz und werden mit Gold und Silber belegt. Seltener sind Eisen (ebd., 192f), und Kupfer (ebd., 212). Bo 2077 (= ebd., 200) nennt einen silbernen Stier, der mit Gold plattiert ist; ebd., 181 Rs. iv beschreibt eine Kompositfigur mit goldbelegtem Kopf und bleibelegtem Körper. Die Statuen sind mit Kleidern und Schuhen (ebd., 211 Rs. x+5-8) bekleidet und geschmückt, Augen und Augenbrauen sind mit Halbedelsteinen eingelegt (ebd., 184 Vs. ii 10).

[292] Als Idealmodell für das Folgende diente die Beschreibung Ninurtas, KÖCHER, Göttertypentext, 66 Vs. i 51'-Vs. ii 10.

[293] Nicht ganz eindeutig sind die Beschreibungen der Götter *Ha-la*-[xx] KÖCHER, Göttertypentext, 64 Vs. i 26'-37' und *Ma*-[xx], ebd., 66 Vs. i 38'-50'.

[294] KÖCHER, Göttertypentext, 64, Vs. i 8'-16'.

[295] KÖCHER, Göttertypentext, 70-72, Vs. iii 38'-51'.

[296] KÖCHER, Göttertypentext, 68, Vs. ii 25'-32'.

[297] KÖCHER, Göttertypentext, 68, Vs. ii 33'-43'.

[298] KÖCHER, Göttertypentext, 78-80, Rs. v 52- Rs. vi 4.

besitzen Gesicht, Hände und Leib[300] eines Menschen bzw. einer Frau (*pa-nu LU2*, *ri-it-ta-šu/šá LU2*, *pa-ag-ru LU2/MI2*). Es fällt auf, daß die Beschreibungen des Gesichtes sehr allgemein gehalten sind, Augen, Nasen oder Ohren nicht erwähnt werden; damit bestätigt sich die schon oben angezeigte Tendenz, daß individuierende Gesichtszüge bei den Kultbildern keinerlei Rolle spielen. Wichtig erscheint dagegen die Kopfbedeckung, die Haartracht und die Wangen, die mit und ohne Bart gestaltet werden konnten.

Die Gesten der Götter sind z.T. bereits aus den oben beschriebenen Reliefs bekannt:
Enkimdu trägt mit beiden Händen zugleich (s)ein (leider zerstörtes) Götterattribut (?), Tišpak hält seine beiden Unterarme angewinkelt vorgestreckt und trägt in jeder Hand jeweils seine Götterwaffen (Keule bzw. Pfeile und Bogen). Ninurta holt mit der Götterwaffe *miṭṭu* in seiner Rechten zum Schlage aus, während die Linke das Leitseil eines (leider zerstörten) Tieres bzw. Mischwesens hält.

Die segnenden Gottheiten sind in den Deportationsreliefs zwar nicht zu belegen, jedoch finden sich dafür im vorliegenden Text drei eindeutige Beispiele: Damu und die unbekannte Gottheit segnen mit ihrer Rechten und tragen mit der Linken eine Götterwaffe; die halbnackte Göttin Nintu hält mit ihrer linken Hand einen Säugling, der an ihrer linken (herznahen) Brust trinkt, während ihre Rechte zum Segen erhoben ist[301].

Die beiden Füße der Götter stehen jeweils fest auf dem Untergrund (Nintu (?), die unbekannte Gottheit, Enkimdu), der seinerseits mit Göttersymbolen oder Attributtieren geschmückt sein kann (Damu steht auf einem Bogen, Tišpak auf einem *bašmu*-Wesen); Ninurta ist der einzige Gott, der den linken Fuß vorsetzt und auf sein Emblemtier Anzu[302] tritt, das dadurch als Teil seines Podestes erscheint.

Der Rumpf der Götterbilder wird laut den Beschreibungen des Göttertypentextes vor allem durch die Brust und die Gürtel- oder Taillenpartie gegliedert; er kommt vor allem als Träger der verschiedenen Kleidungsstücke in den Blick. Stillende Göttinnen gehen aus gegebenem Anlaß "oben-ohne" – ihr Bauch kann durch Schmuck betont hervorgehoben sein. Schuhe werden nicht erwähnt.

Da die Beschreibungen der Götter sehr allgemein gehalten und standardisiert sind, sind es nur deren Paraphernalia, die Attributtiere und vor allem die un-

---

[299] KÖCHER, Göttertypentext, 66, Vs. i 51'- Vs. ii 10'.

[300] Für Nintu trifft dies anscheinend nur für den Oberleib zu, vgl. KÖCHER, Göttertypentext, 72, Vs. iii 48'f; evtl. ist auch Tišpak eine Ausnahme (die Zeile ist leider nicht eindeutig), vgl. KÖCHER, Göttertypentext, 80, Rs. vi 2.

[301] Zu archäologischen Beispielen dieser Göttertypen vgl. BEZOLD, Aus Briefen, 410-421.

[302] Es handelt sich um ein mythisches Wesen, das z.T. aus einem Löwen besteht, vgl. dazu WIGGERMANN, Mischwesen, 223 und 226.

entbehrliche Namensbeischrift, die es ermöglichen, die Götter eindeutig zu identifizieren. Grundsätzlich bestätigen sich die Beobachtungen, die anhand der Deportationsreliefs gemacht werden konnten: Die einzelnen Gesichtszüge und die Mimik der Götterbilder sind irrelevant; von wesentlicher Bedeutung ist dagegen die Gestik, die sie als in sich geschlossene erhabene, schlagend übermächtige, mütterlich fürsorgende oder dem Beter segnend zugewandte Ansprechpartner zeigen, die mit beiden Beinen fest auf dem Boden (oder dem von ihnen im Zaum gehaltenen Mischwesen) stehen oder in dynamischer Schrittstellung auf den Betrachter zugehen. Brust und Taille der Götter sind jeweils durch besondere Kleidung oder Schmuck betont; der gesamte Rumpf der Bilder bietet eine Fläche, die durch Kleider und Schmuck verziert werden kann, die dem Betrachter weitere religiöse Botschaften vermitteln[303]. Der Oberkörper des Kultbildes wird dadurch zum Träger der verschiedensten Symbole und Zeichen, die auf den Funktionsbereich und die Charakteristika der jeweiligen Gottheit verweisen und die Epiphanie der Gottheit unterstreichen.

In den mythologischen und literarischen Texten werden häufig die Götter beschrieben. Inwiefern die dortigen Schilderungen auf konkrete Kultbilder zu übertragen sind, kann letztlich nur durch einen Vergleich zwischen der literarischen Überlieferung und einem "echten" Kultbild (oder der Abbildung bzw. der Beschreibung eines solchen) entschieden werden[304]. Als Beispiel sei die "Unterweltsvision eines assyrischen Kronprinzen"[305] genannt. In diesem Text begegnet der Unterweltsgott Nergal[306], der inmitten seines Hofstaates[307] bekrönt auf einem Thron sitzt und zwei *miṭṭu*-Götterwaffen[308] in den Händen hält, die ihrerseits je zwei Köpfe haben. Doppellöwenkeulen sind als Attribut und Symbol der Götter Ninurta und Nergal von den *Kudurrus* bekannt[309]. Die Beschreibung des Gottes könnte auch eine Beschreibung seines Kultbildes sein, das mit solchen Doppelkeulen geschmückt war. Da wir kein Kultbild des Nergal, keine eindeutige Abbildung oder eine Schilderung desselben besitzen[310], bleibt es letztlich spekulativ, in-

---

[303] Zur Motivik von Schmuck und Kleidern (Sonne, Mond und Sterne), die häufig Lichtsymbolik vermittelte, vgl. THIERSCH, Ependytes, 91-93. 102f mit Anm. 1.

[304] Zur Verbindung zwischen den Statuen und den Hymnen an die Götter in der sumerischen Dichtung, vgl. HALLO, Cultic Setting, 119-121. Im 1. Jt. weist nichts auf derartiges hin.

[305] SAA III, 32 Rs. 11ff, sowie ergänzend VON SODEN, Unterweltsvision, 1-31 bzw. 29-67, sowie den Überblick in UEHLINGER, Weltreich, 528f.

[306] LIVINGSTONE, Nergal, 1169-1172.

[307] Vgl. dazu WIGGERMANN, Mischwesen, 224.

[308] So mit SAA III, 32 Rs. 11. VON SODEN, Unterweltsvision, 61 (zu Z. 51), plädiert (nach Photo) für die Lesung 2 giš.me-i-ši und das seltene giš.mēšu, vgl. AHw 649a "ein Knüppel?".

[309] SEIDL, Kudurru-Reliefs, 157-161, und SEIDL, Göttersymbole, 488.

[310] Das Aussehen des Gottes läßt sich dem Siegel COLLON, First Impressions, Abb. 794 entnehmen; er trägt eine Doppelkeule.

wieweit das skizzierte Aussehen des Gottes mit dem Aussehen des Kultbildes korrespondierte.

Wie wir aus mehreren Tempelbeschreibungen wissen, waren die Götterbilder in der Cella von ihren Attributtieren oder von Mischwesen umgeben[311],
die ihnen als Diener bzw. Wächter bei- oder als besiegte Gegner untergeordnet waren. Diese agierten im selben Aktionsfeld wie der jeweilige Gott; der
Unterschied bestand lediglich darin, daß die Gottheit für die Stabilität ihres
gesamten Aufgabenbereichs sorgte, während ihr dazugehöriges Tier oder
Mischwesen nur für begrenzte Teilbereiche zuständig war oder gar die kosmische Ordnung bedrohte[312]. Besonders häufig dienten diese Tier- oder
Mischwesenbilder ihren Götterherrinnen bzw. -herren[313] als Postamente, auf
denen die anthropomorphen Standbilder aufgestellt waren[314]. Durch diese
Anordnung wurde eine hierarchische Beziehung zum Ausdruck gebracht:
Das anthropomorphe Bild (oben) vergegenwärtigte die rechtmäßig herr-
schende Gottheit (das "Gute"), während die Tier- und Mischwesen (unten)
die Diener bzw. Wächter oder die gezähmten Rebellen zeigten (das "Böse")[315]. Ein anthropomorphes Kultbild, das symmetrisch von besiegten
Mischwesen oder Tieren flankiert war, erzählte daher die Geschichte eines

---

[311] Vgl. die Übersicht bei ENGEL, Darstellungen, 99-103. Die folgenden Beispiele mögen
hier genügen: Nach der Beschreibung der Cella Ninurtas in Kalhu durch Aššurnaṣirpal II.
waren dort Abbildungen von Winddämonen und wilde Drachen aufgestellt, vgl. RIMA 2,
A.0.101.30, S. 291:69-73, und WIGGERMANN, Mischwesen, 223. Nach ABL 1209:4'-8', einem
neuassyrischen Brief aus der Zeit Sargons II., stand rechts neben dem Kultbild des Aššur ein
Panther, vgl. SAA I, 140; diese Tiere stellt man auf (zaqāpu).
Am Podest des Mondgottes von Harran lehnten ein Wildstier rīmu und ein abūbu, vgl. LEE,
Jasper Cylinder, 131:28, und ENGEL, Darstellungen, 76; Uṣuramātsa von Uruk steht oder sitzt
auf einem Podest (kigallu), das mit Drachen verziert ist, vgl. LAS 277 = SAA X, 349:16ff.
Eine Inschrift Asarhaddons erwähnt, daß Lahmu und Kuribu-Genien die Cella Aššurs
schmückten, s. BORGER, Ash., 87:25f; ENGEL, Darstellungen, 77f und 141:31'. Die Cella Marduks zeigte Abbildungen der Monster der Tiamat. Seit Nebukadnezar II. kamen noch Abbildungen von Anzu-Löwengreifen hinzu, vgl. weiterführend WIGGERMANN, Mischwesen, 229,
und ENGEL, Darstellungen, 85-91. Nach ABL 1094:12 stand oder saß Ištar auf einem Löwen.
Die Ištar von Uruk hatte nach VAB 4, 274ff iii 14f.31f, ein Gespann mit 7 Löwen vor oder
unter sich. Nabû stand in Kalhu aufrecht auf ušumgallu-Drachen, vgl. ABL 951 Rs. 11-14 =
WATERMAN, RCAE, 951, OPPENHEIM, Studies in Akkadian, 239:11'-14', und zuletzt PON-
GRATZ-LEISTEN, Ina šulmi īrub, Text Nr. 14.
Zum Aussehen der verschiedenen Mischwesen vgl. die Übersicht bei WIGGERMANN, Misch-
wesen, 242-246; zu ihren Funktionen vgl. ENGEL, Darstellungen, 76. 104f.

[312] So mit WIGGERMANN, Mischwesen, 226f; zu den Gemeinsamkeiten und den Unterschieden zwischen den Göttern und den Mischwesen vgl. ebd., 231.

[313] Nach GREEN, Mischwesen, 247, waren die Göttinnen normalerweise mit Tieren, Götter dagegen mit Mischwesen assoziiert.

[314] Zu Beispielen vgl. THIERSCH, Ependytes, 12-14.

[315] Zu dem Verhältnis von "anthropomorphism and monster form" vgl. WIGGERMANN,
Mischwesen, 225-228, bes. 228.

(natürlich) erfolgreichen Götterkampfes[316] und vermittelte dem Betrachter den Eindruck von der siegreichen Stärke seines Gottes[317], die ihn in Staunen versetzen, einschüchtern und an die er sich bei ihrem Anblick erinnern sollte[318].

Wenn es sich um ein Sitzbild handelte, waren die Tierdarstellungen an den Thronen der Götter und ihren Fußschemeln angebracht. Als Beipiel ist auf einen literarischen Text aus Aššur[319] hinzuweisen, der Ištar schildert, die auf einem Löwen und auf Anzu-Löwengreifen sitzt; große Löwen knien unter ihr. Da es sich um ein Preislied auf Arbail handelt, bezieht sich diese Beschreibung m.E. auf die (Stadt)Göttin, nicht auf ihr Bild im Tempel[320]. Die Quellenlage erlaubt es glücklicherweise, die Schilderung des Aussehens der Göttin mit Nachrichten über ihr Kultbild im Tempel zu vergleichen. Ein neuassyrischer Brief, der von Arbeiten im Ištartempel von Arbail spricht, bietet einen kurzen Einblick in das Aussehen des Kultbildes und (damit verbunden) einen unmißverständlichen Hinweis darauf, daß sich nicht nur die himmlische Göttin, sondern auch ihre Statue im Tempel auf einem Löwen befand[321]:

12f.   d.15 TA* UGU UR.MAH n[u-na-k]a-ra
12f.   Ištar werden wir von dem Löwen [herunterho]len.

Im Gegensatz zu dem o.g. Preislied ist in dem zitierten Brief keine Rede von Anzu-Löwengreifen. Dies ist insofern nicht verwunderlich, als sich nur hinter der Löwen-Ištar die Stadtgöttin von Arbail, hinter der Ištar der Anzu-Löwengreife dagegen die Ištar von Ninive/Šauška verbirgt[322]. Das Preislied beschreibt daher zwei verschiedene Ištargestalten, die sich beide in Arbail aufgehalten haben[323], und setzt sie gleich.

---

316 Zu Mythen, Konstellationen und deren Ikonizität vgl. KEEL, UEHLINGER, GGG, 13f.

317 Vgl. auch WIGGERMANN, Mischwesen, 228: "The general scheme is the origin of the combat myth, to be a rebel is an inalienable property of every monster, and to be a victor of every god."

318 Vgl. ENGEL, Darstellungen, 104f. Zur apotropäischen Funktion der Bilder vgl. ebd., 29. 48f. Zu ihrer fürbittenden Funktion vgl. ebd., 76. 105.

319 LKA 32 Rs. 5'f, vgl. die Bearbeitungen bei ENGEL, Darstellungen, 66f, SAA III, 8, und TUAT II.5, 768-770, bes. 770.

320 Gegen MENZEL, Tempel I, 7f, ENGEL, Darstellungen, 66, muß es sich daher nicht zwingend um die Beschreibung des Götterbildes handeln.

321 ABL 1094:12f, vgl. die Bearbeitung bei ENGEL, Darstellungen, 189f.

322 So mit WIGGERMANN, Mischwesen, 237, und HUTTER, Shaushka, 1433-1435, bes. 1433. Zu den verschiedenen Ištargestalten vgl. ABUSCH, Ishtar, 847-855 (Literatur!).

323 Vgl. d. Ištar-an-ze-e in: FRANKENA, Tākultu, 95 Nr. 102 und Ištar-nēšē, ebd., Nr. 96, und MENZEL, Tempel II, T 120f, 20'-26', mit DIES, Tempel I, 7f. In Verbindung mit den hier erwähnten Stellen ist damit nicht 'Ištar (als?) Löwen ...' oder 'Ištar (als?) anzû-Wesen ...', so ENGEL, Darstellungen, 67, s. auch DOUGLAS VAN BUREN, The ṣalmê, 67, sondern eine anthropomorph dargestellte Ištar mit Löwen oder Anzu-Löwengreifen gemeint, so schon FRANKE-

Grundsätzlich kann man daher davon ausgehen, daß die literarischen Beschreibungen der Götter auch Hinweise auf das Aussehen ihrer Kultbilder enthalten können, da man versuchte, das irdische Aussehen einer Gottheit entsprechend (der Vorstellung von) ihrem Aussehen im Himmel zu gestalten. Für alle Götterbeschreibungen gilt dies freilich nicht. Die größte Sicherheit läßt sich dann erzielen, wenn man (wie im Fall der Ištar von Arbail) Götterbeschreibung und Kultbildbeschreibung gegenüber- und zusammenstellen kann.

2.2. Zusammenfassung und Auswertung: Das Aussehen der Kultbilder

Zusammenfassend ist zu sagen, daß ein Kultbild nicht als "Ähnlichkeitsbild" oder "Portrait", sondern als "Repräsentationsbild" verstanden wurde. Es ließ eine eindeutige Identifizierung der dargestellten Gottheit nur dann zu, wenn man es mit seinem Umfeld (Podest, Cella, Attributtieren) und den Paraphernalia (Szepter, Symbole, Kleider, Schmuck) zusammen sah. Letztere beinhalteten häufig eine Anspielung an den Wirkungsbereich des jeweiligen Gottes; Identität und Verantwortungsfeld waren daher eng aufeinander bezogen.

Kultbilder wurden als die Leiber der Götter angesehen und in ihrer Gestaltung dem menschlichen Körper nachempfunden, von dem sie in der Ausformung nur wenig (Form der Lider (s. S. 124f)), in der Farbgebung jedoch (silberne und goldene "Haut", blaue Ohren) erheblich abwichen. Die Bilder der peripheren und evtl. die der niederen Gottheiten waren zwischen 30 und 60 cm hoch. Die zentralen Gottheiten des mesopotamischen Kernlandes erreichten dagegen die menschliche Höhe. Sie bestanden aus wertvollen Materialien, wobei besonders sowohl der goldene und silberne Überzug des Gottes(bilder)körpers als auch die steinernen Perücken, Augen, Augenbrauen, Ohren und Münder hervorzuheben sind. Die Gesichter der Bilder waren durch Stirn- und symmetrisch angebrachten Wangenlocken gerahmt, die Augen durch Einlagen, die farbigen Lidstrich und nachgezogene Augenbrauen imitierten, betont. Neben dem Gesicht waren auch die Hände der Bilder optisch hervorgehoben. Ihre Gesten brachten Souveränität, Übermacht, Wohlwollen und Fürsorge zum Ausdruck. Analog zu den mensch-

---

NA, *Tākultu*, 95, Nr. 94-102. Eine ähnliche Beschreibung eines weiblichen Kultbildes bietet: DIODORUS SICULUS II 9:5-10: Die Göttin Rhea sitzt auf ihrem Thron, an ihren Knien stehen zwei Löwen und zwei silberne Schlangen; aufschlußreich ist auch das Kultbild der Hera und des Zeus: Hera steht, in der rechten Hand hält sie eine Schlange, links ein Szepter mit Edelsteinen. Zeus steht aufrecht 40 Fuß hoch und ist aus gehämmertem Gold. Zu weiteren Verbindungen der Ištar mit Löwen vgl. COLE, Crimes, 243f.

lichen Möglichkeiten der Verständigung konzentrierte sich die Begegnung der Menschen mit den Göttern auf die Gesichter und die Hände.

Brust und Taille der Bilder waren durch Gürtel, Schmuck und Kleider betont, die ihrerseits mit Symbolen geziert waren und die den Betrachtern weitere religiöse Botschaften vermittelten. Die Füße der Götter standen parallel nebeneinander oder schritten mehr oder weniger ausgeprägt auf ihren Betrachter zu; in beiden Fällen waren ihm die Figuren frontal zugewandt und forderten ihn zu aktivem Verhalten vor dem Bild auf. Da sie durch ihr Postament(tier) erhöht waren, vermitteln sie ihm den Eindruck von ihrer Überlegenheit. Dieser Eindruck wurde noch verstärkt durch die Konstellationen, die die anthropomorphen Bilder mit den Mischwesen und Tieren eingingen, die z.T. symmetrisch an ihrem Postament angebracht waren; sie riefen im Betrachter die siegreiche Stärke des Gottes in Erinnerung und schüchterten ihn ein. Zudem konnten sie in kürzester Form Mythen vergegenwärtigen, die die Götter als Ordnungsgaranten, die Mischwesen als unterlegene Rebellen zeigten.

Das goldglänzende Aussehen der Bilder war Ausdruck der glänzenden Laune und des Wohlbehagens der Götter; zudem gibt es auch einen Hinweis darauf, wie die Bilder von ihren Verehrern wahrgenommen wurden: Die leuchtenden Gesichter wurden mit Lichterscheinungen in Zusammenhang gebracht, die in den Menschen Ehrfurcht und Schrecken auslösten. Der Glanz der polierten Steine und der Edelmetalle, die für das Kultbild verwendet worden waren oder die sich in Form der Kleider und des Schmuckes an ihm anbringen ließen, blendete und bannte den Betrachter. Die Kostbarkeit und die Seltenheit der Bestandteile des Bildes zeigten seine göttliche Qualität an. Daher sind sie Ausdruck des asymmetrischen Verhältnisses[324] zwischen Göttern und Menschen. Obwohl auch Überlebensgröße diese hierarchische Differenz veranschaulichen kann, spielt sie in der mesopotamischen Weise der "optischen Konstruktion des Heiligen"[325] keine Rolle. Auch fratzen- oder monsterhafte Züge sind für die Götter nicht zu belegen; sie bleiben den Dämonen vorbehalten. Insgesamt beeindrucken die Figuren durch ihren Glanz und ihre ungewöhnlichen Farben[326].

Wenn man diese Informationen über das Aussehen der mesopotamischen Kultbilder verbindet, dann zeigt sich, daß sie alle Kategorien einer "domi-

---

[324] GLADIGOW, Gottesvorstellungen, 46.
[325] CANCIK, MOHR, Religionsästhetik, 147f.
[326] Von den vier Kriterien, die LANCZKOWSKI, Bilder I, 515, als Ausdrucksmittel zur Vergegenwärtigung des Heiligen genannt hat (ungewöhnliche Größe, Vielheit von Körperteilen, fratzenhafte Gesichter und ungewöhnliche Farben), trifft daher für mesopotamische Kultbilder nur letzteres zu.

nanten Religion" erfüllen, die CANCIK und MOHR[327] aufgestellt haben: Sie
haben einen hohen Materialwert, die (steinernen, metallenen und hölzernen)
Bestandteile zeichnen sich durch Härte, Unvergänglichkeit und Dauerhaftigkeit aus[328].

Wie alle Bilder besitzt auch das Kultbild die Fähigkeit, mehrere Aspekte simultan darzustellen[329], so daß es "auf einen Blick" Relationen, Abgrenzungen und Konstellationen vermittelt: Zum einen wird dem Betrachter ein Eindruck vom Aussehen eines Gottes gegeben; es werden Gesicht (Augen,
Mund, Nase, Ohren) Frisur, Hände, Körper und Beine vorgeführt, die insgesamt der Statur eines Menschen entsprechen und ähneln. Zugleich zeigte
das Bild, daß die Götter anders aussahen als die Menschen, da ihre Lider unnatürlich symmetrisch, die Farbe ihrer Haare (blau) und ihrer Haut (Gold,
Silber) andersartig war. Die Haltung und die Gestik eines Bildes ließ seinen
Betrachter wissen, ob er es mit einem aggressiven schlagenden Gott, einem
segnenden bzw. grüßenden und ihm wohlgesonnenen Gott, einem souverän-
distanzierten und erhabenen Gott oder einer stillenden, mütterlichen Göttin
zu tun hatte. Selbst wenn er deren Namen nicht kannte und daher nicht in
der Lage war, sie durch Namen zu präzisieren, zu individualisieren oder zu
identifizieren, wußte er dennoch, mit welchem/r Funktions- und Rollen-
träger(in) er es zu tun hatte und wie diesem/r zu begegnen war. Der Betrachter verstand das Bild, und er verstand sich vor dem Bild, so daß er seine
Position vor seinem Gott angemessen einordnen und mit diesem kommunizieren konnte.

Die optische Erscheinung und die Körpersprache der Bilder vermittelten ein
komplexes Bild von der Gottheit. Diese Komplexität konnte dadurch gesteigert werden, daß die Statuen mit Kleidern, Schmuck und Paraphernalia ausgestattet wurden, die weitere Aspekte der Gottheit zum Ausdruck brachten
und ihre Funktion präzisierten. Die Beigaben steigerten den Glanz und den
damit verbundenen Eindruck, den die Götter bei ihren Verehrern erweckten.
Sie erhielten dadurch ein hohes Maß an "innerer Redundanz" und wurden so
zu einem "gelungenen" Kultbild, das von Mitgliedern seiner Kultgemeinschaft außerhalb seines Tempels jederzeit ohne Probleme erkannt werden
konnte[330]. Symmetrie, Prägnanz, Kontinuität und Ähnlichkeit der Teile ver-
ringerten zusätzlich die Unsicherheit des Beobachters.

---

[327] CANCIK, MOHR, Religionsästhetik, 148. Sie nennen zusätzlich noch die Übergröße der
Statuen. Die Kategorien der marginalen oder unterdrückten Religion werden von ihnen dagegen wie folgt beschrieben: Geringe Größe, vergängliches, billiges Material, Unförmigkeit und
Häßlichkeit. Zur Problematik ästhetischer Kategorien s. BACHMANN, Kunstanalyse, 45f.
[328] Zu diesen Qualitäten der Materialien vgl. S. 121ff.
[329] Zu dieser Fähigkeit der Bilder vgl. KEEL, UEHLINGER, GGG, 13. 453-455.
[330] In Anlehnung an VERNON, Wahrnehmung und Erfahrung, 53.

Die Unsicherheit des heutigen Betrachters der Götterdarstellung eines Reliefs oder Siegels läßt sich dagegen nicht so einfach beheben; nur selten kann eindeutig entschieden werden, ob man es mit dem Abbild eines Kultbildes oder mit dem Bild einer Gottheit zu tun hat. Frontalität, Ruhe, Geschlossenheit, Kompaktheit und Starrheit[331] waren bereits als Orientierungshilfen zur Identifikation eines Kultbildes (bzw. seiner Abbildung) angesprochen worden. Im Anschluß an U. SEIDL[332] seien zusätzlich der Bildzusammenhang genannt, der eine Götterdarstellung in einer Nische oder in einer Tempelfassade als Kultbild ausweist[333], sowie die stereotype, syn- und diachrone Wiederholung eines Bildmotivs, das vermuten läßt, daß ein berühmtes traditionell-konservatives Kultbild das sichtbare Vorbild für die abbildliche Wiedergabe auf Siegeln war[334].

Die Schwierigkeiten, die Darstellungen von Göttern von denen der Kultbilder zu unterscheiden, hängen damit zusammen, daß den Bildhauern und Siegelschneidern nur selten daran gelegen war, eine Realdifferenzierung zwischen Gott und Bild durchzuführen. Ihnen war vielmehr wichtig, die Realpräsenz der Gottheit in ihrem Kultbild aufzuzeigen; dies gelang, indem eine Gottheit ikonographisch kaum von ihrem Kultbild zu trennen war. Im folgenden Abschnitt wird sich zeigen, daß auch die Rede von den Göttern und ihren Kultbildern nur selten an einer sprachlichen Differenzierung zwischen Gott und Bild interessiert war; im Rahmen ihrer Möglichkeiten verfuhren die Texte ganz ähnlich wie die Bilder.

---

[331] Z.B. Marduk in LAYARD, Monuments I, 67A (Abb. 2 mit Photo Abb. 2ab), oder Adad in COLLON, First Impressions, Abb. 792 sowie ebd., Abb. 811.

[332] SEIDL, Kultbild, 316f.

[333] Z.B. Šamaš auf dem Siegel COLLON, First Impressions, 167 Abb. 765, oder Adad ebd., Abb. 792.

[334] So z.B. das Kultbild der Ištar, vgl. COLLON, First Impressions, 167, und Abb. 165. 167. 26i. 538. 772-4.

3. Die Terminologie[335]

Sprachlich läßt sich zwischen den Darstellungen von Göttern, Königen, Menschen, Tieren und Pflanzen kaum unterscheiden. Auch die verschiedenen Funktionsbereiche der Bilder fanden keinen Eingang in eine mesopotamische "Fachsprache der Bilder". Weder das Sumerische noch das Akkadische entwickelte eine ausgefeilte Terminologie, um zwischen Götterbildern, Götterdarstellungen, Kultbildern, Königsbildern, apotropäischen Bildern, Abbildern u.ä. zu differenzieren.

Das Sumerische kennt als Terminus für anthropomorphe Bilder alam[336] (seit den archaischen Texten aus Ur, Jemdet-Nasr, Fara, Emar), nu[337] (als Logogramm vor allem in akkadischen Texten des 1. Jt.s, Tell Fekherye, Emar[338]) und dùl[339] (seit den archaischen Texten aus Uruk, Ur, Jemdet-Nasr, Fara, als Logogramm in akkadischen Inschriften der Herrscher von Akkad, in Texten aus Mari, Texten aus dem Diyāla-Gebiet und Ebla). Alle drei Begriffe finden (seit der Mitte des 3. Jt.s) im akkadischen ṣalmu ihr Äquivalent:

Ṣalmu/ALAM/NU[340]

Ṣalmu bezeichnet Götterstatuen, Königsstatuen[341], bildlose Stelen, Statuen allgemein, kleine (auch Beter-) Statuetten, apotropäische Ersatzbilder[342], pro-

---

[335] Die folgenden Begriffe werden speziell im Hinblick auf Kultbilder dargestellt. Eine umfassende Analyse des Wortfeldes ist nicht intendiert. Zur Terminologie der klassischen Antike vgl. FUNKE, Götterbild, 663-666.

[336] Zu alam vgl. Inim Kiengi I 57: a-la-ám alam; a-lam/la-am alam, giš.alam "Statue, Bild, Figur", dort aus Alabaster (na4.alam.giš.nu11.gal) und Lapislazuli (na4.alam.za.gín). Emar VI, 4, 545:556', die emariotische Überlieferung von Ur5.ra = hubullu nennt (analog zu den bekannten mesopotamischen Listen) Holz, Kupfer, Bronze, Silber und Gold als Material für die Bilder: giš.alam = ṣa-al-mu, gefolgt von giš.d.Lama = la-ma-as-su und ki.gal = k[i]-ga[l]-lu; Emar VI, 4, 548:264'ff urudu.alam, urudu.d.Lama und urudu ki.gal; Emar VI, 4, 549:78' a[l]am.zabar, gefolgt von d.Lama.zabar und ki.gal.zabar; Emar VI, 4 549:124' alam.kù.babbar, gefolgt von d.Lama.kù.babbar und ki.gal.kù.babbar sowie Z. 185' alam.guški[n], gefolgt von d.Lama.guškin und ki.gal.guškin. Es handelt sich bei diesen Figuren nicht etwa um Kultbilder, sondern um prophylaktische Bilder des Schutzgottes und der Schutzgöttin.

[337] Inim Kiengi II 770, nu II, "Bild, Figur, Statue".

[338] Emar VI, 4, 739:3', parallel zu d.l[am]a: nu du10.ga.

[339] Dùl, Inim Kiengi I 233, "Hilfe, Schutz".

[340] Ṣalmu(m) II, AHw 1078f "Statue, Figur, Bild", CAD Ṣ 78-85: "statue (in the round), relief, drawing, constellation, figurine (used for magic purposes), bodily shape, stature, likeness (in transferred mngs.)", s. weiter BERAN, Bild, 19-24, POSTGATE, Text, 176-180. DOUGLAS VAN BUREN, The ṣalmē, 65-92, bietet eine Sammlung der verschiedenen Bilder, ohne die Kultbilder als eigene Gruppe zu differenzieren; ihre Belege wurden daher neu systematisiert und an gegebener Stelle integriert.

[341] Vgl. CAD Ṣ 80ff, bes. 82 mit Belegen für Statuen von Mitgliedern der königlichen Familie. Für Königsstatuen gilt ähnliches wie für göttliche Kultbilder; sie werden in Zusammenarbeit von Menschen und Handwerkergöttern hergestellt, vgl. PEA pl. 16 iii 49-52 =

phylaktische Bilder, die als Schutzgötter Böses abwehren sollen[343], und Reliefs. Im übertragenen Sinn steht *ṣalmu* auch für Sternbild, Gestalt, Darstellung[344], Abbild und Ebenbild[345]. Daneben ist auch die Bedeutung Standarte oder Kultsymbol möglich[346]; *ṣalmu* ist ein religiöser Begriff, kein künstlerischer[347]. Schwierig ist die Bestimmung der Identität von (d.)ALAM/NU[348] und (d.)ALAM.MEŠ (dem vergöttlichten Bild bzw. vergöttlichten Bildern)[349]. Sie sind als Bewohner verschiedener Tempel belegt und treten jeweils erst *nach* den Hauptgottheiten auf, so daß davon auszugehen ist, daß es sich

---

BIWA 145, T III 49-52. Da lebende Könige im Assyrien und Babylonien des 1. Jt.s nicht vergöttlicht wurden, wurden ihre Statuen auch nicht als Kultbilder behandelt. Sie wurden als Ausdruck ständiger Anbetung (nicht als Objekt der Anbetung (!)) aufgestellt, vgl. COGAN, Imperialism, 58-61, und LAS II zu Nr. 7. Statuen von verstorbenen Königen konnten dagegen vergöttlicht werden, vgl. CAD Ṣ 81 c'. Zur Vergöttlichung der Statue des Königs und der Königin zu Lebzeiten (im 3. und 2. Jt.) vgl. FRANKFORT, Kingship, 302-306, und SELZ, Eine Kultstatue, 245-68, der sich mit den Thesen von HALLO, Texts, Statues, 54-66, auseinandersetzt. Neubabylonische Könige stellen üblicherweise keine Königsbilder im Tempel auf. Der assyrienfreundliche Nabonid macht hier eine (verständliche) Ausnahme, vgl. BEAULIEU, Nabonidus, 135. Zu Königsstatuen aus dem unmittelbaren Umfeld Israels vgl. UEHLINGER, Kultstatue, 95f.

[342] CAD Ṣ 84f. Diese Figuren sind aus verschiedenen Materialien (Holz, Ton, Talg oder Wachs), die sich relativ leicht beseitigen lassen. Vgl. auch das Ersatzkönigsritual K2600+ in LAMBERT, Substitute King, 109-112 (ergänzt durch DERS., Ritual for the Substitute King, 119). Die Bilder werden am Ende des Rituals vernichtet und damit auch das in ihnen wohnende Unheil.

[343] CAD Ṣ 84f. Eine ebenso ausführliche wie hilfreiche Darstellung bietet WIGGERMANN, Prophylactic Figures, 188ff, und seine Neubearbeitung der Texte von BBR 1-20 in: WIGGERMANN, Protective Spirits, mit einer Übersicht über die Materialien (ebd., 102f), Funktionen und das Aussehen dieser Figuren; zu dem archäologischen Material vgl. RITTIG, Kleinplastik, 36-50.
Bilder in apotropäischer und prophylaktischer Funktion sind auch aus dem Alten Testament bekannt: 1 Sam 6:4f.11.17 (Mäuse gegen Beulenplage), Num 21:8f (Schlange gegen Schlangenbiß). Da wirkungsmächtige Bilder im allgemeinen von einem Gott in Auftrag gegeben werden müssen (vgl. S. 86ff), geht auch diesen Herstellungen jeweils eine Beauftragung durch die philistäischen Götter (ergangen durch die Priester und Wahrsager 1 Sam 6:2ff) bzw. durch Jahwe (an Moses) voran. Die Bilder sind daher in kultisch korrekter Weise entstanden.

[344] Eine Darstellung des Šamaš von Sippar ist auf einem Relief abgebildet, vgl. BBS 36 iii 19-21.

[345] So bezieht der Exorzist seine Autorität dadurch, daß er *ṣalam* d.Marduk/Asalluhi ist, vgl. IV R 21 b 41.

[346] CT 41, 28:1f [šu.]nir = *ṣal-mu*, *kak-ku* und SPYCKET, Les statues, 100.

[347] Mit DOUGLAS VANBUREN, The *ṣalmē*, 91.

[348] Zu dem Gott Ṣalm in Teima vgl. KNAUF, Ismael, 78f; er hat überzeugend nachgewiesen, daß der reliefverzierte Altar (BAWDEN, EDENS, MILLER, Studies, pl. 69 A und B) für Ṣalm als Mondgott spricht (gegen DALLEY, The God, 85-101, und die von ihr angenommene Verbindung von Ṣalm zur Flügelsonne; neuerdings übernommen von LIVINGSTONE, Image, 840-843, bes. 842). Zu dem Gott Ṣalm in Teima vgl. die Inschriften von Teima, bearbeitet in BEYER, LIVINGSTONE, Taima, 285-296. Zu den Göttern von Teima vgl. KNAUF, Ismael, 78-80. 150f.

[349] CAD Ṣ 80.

nicht um die Kultbilder der höchsten Gottheiten eines Tempels, sondern um Bilder untergeordneter Götter mit mancherlei Funktionen handelt. Da sie mit unterschiedlichen Gottheiten[350] und Lokalitäten verbunden sein können, ist es nur durch den jeweiligen Kontext möglich, ihren Charakter und ihre Aufgaben näher zu bestimmen. So haben wir z.B. bei den d.ALAM.MEŠ, die im Rahmen des *Tākultu*-Festes aufgeführt sind[351], Bilder von Schutzgottheiten in prophylaktischer Funktion vor uns, die an den Eingängen der Tempel, Cellae, Päläste oder Tore aufgestellt wurden[352], während andere Belege dafür sprechen, daß d.ALAM die Statue eines vergöttlichten Königs bezeichnet[353]. Zusätzlich ist unter d.ALAM.MEŠ die Zusammenfassung verschiedener untergeordneter Gottheiten zu Göttergruppen[354] oder auch die Subsumierung verschiedener Bilder derselben Gottheit[355] zu vermuten.

Hinter ṣalmu/ALAM/NU + "Göttername NN" verbergen sich Götterdarstellungen unterschiedlicher Art und Funktion[356]. Es kann sich sogar "nur" um Göttersymbole (auf einem Relief o.ä.) handeln[357]. Daher bietet dieser Ausdruck leider nicht die Gewähr dafür, daß bei dem so bezeichneten Objekt das "Kultbild der Gottheit NN" vorliegt. Die Zuordnung und die Auswertung der Belege wird zusätzlich dadurch erschwert, daß die Übersetzung "Bild *für* den Gott NN" möglich bleibt. Im 1. Jt. ist dieser Ausdruck allerdings nur selten bezeugt.

Häufiger werden Götterbilder einfach durch den Namen des jeweiligen Gottes oder durch *ilu*/DINGIR[358] ("Gott") bzw. *ištaru*[359] ("Göttin") bezeichnet. Der Kontext muß jeweils entscheiden, ob der Gott selber oder sein Bild

---

[350] Vgl. z.B. III R 66 i 25.27.32 und ii 26 = MENZEL, Tempel II, Nr. 54 T 114f; III R 66 v 31f, vi 17.29.32 = MENZEL, Tempel II, Nr. 54 T 118f.

[351] KAR 214 Vs. ii 35 = MENZEL, Tempel II, Nr. 61 T 140. Vgl. auch die Parallelität zwischen (d.)alam und (d.)lama in den lexikalischen Listen Anm. 392.

[352] So KAR 214 Vs. i 30 = MENZEL, Tempel II, Nr. 61 T 138 ([NU].MEŠ *šá* É.KUR ALAM.MEŠ *šá* É Aš+šur), sowie STT 88 Vs. i 52 = MENZEL, Tempel II, Nr. 58 T 129; K9925 linke Kolumne 2' = MENZEL, Tempel II, Nr. 55 T 126 (Aufzählung verschiedener Genien). Zu der Wächtergottheit d.ALAM (des Aššurtores) als Bewohner des Bēl-eprija-Tempels vgl. DELLER, Der Tempel des Gottes, 127.

[353] Vgl. dazu Anm. 341.

[354] Gruppenbilder von Göttern sind archäologisch belegt, wenn auch aus einer anderen Epoche. Vgl. z.B. das Gruppenbild (von fünf Göttern) aus Alabaster in einem Privathaus in Tell Asmar (Akkadzeit; abgebildet in FRANKFORT, More Sculpture, pl. 70A); vgl. dazu (mit weiteren Beispielen) MOORTGAT-CORRENS, Statue Cabane, 184f.

[355] So z.B. III R 66 vii 20'ff (die Ištarbilder von Arbail). Daß mit d.ALAM(.MEŠ) auch vergöttlichte Götterbilder gemeint sein können, zeigen die Schreibvarianten in: III R 66 ii 26: d.30 d.UTU ALAM d.UTU, neben STT 88 ii 51 d.A[LAM] = MENZEL, Tempel II, Nr. 54 T 115.

[356] Vgl. auch Anm. 597.

[357] Vgl. ṣa-lam ilāni ("Bild der Götter") bei SPYCKET, Les statues, 100.

[358] Vgl. CAD I/J 91aff und RINGGREN, The Symbolism, 106.

[359] CAD I/J 271b.

im Tempel gemeint ist. Eindeutig auf ein Gottesbild beziehen sich die folgenden Beispiele:

- "um die Götter zu salben"[360]
- "und er flehte mich an, (ihm) seine Götter zurückzugeben"[361]
- "[betreffend] der Wand hinter dem Gott kann der König, mein Herr, [zu]frieden sein."[362]

Innerhalb eines Textes ist der wechselnde Gebrauch von ALAM/NU/ṣalmu und ilu durchaus möglich[363]. Dieser (aus heutiger Sicht) Mangel an sprachlicher Differenzierung zeigt, daß eine Gottheit von ihrem Kultbild nicht scharf zu trennen war. In eine ähnliche Richtung weist die Tendenz der Schreiber, das Bild eines Gottes nur selten mit ṣalmu/ALAM/NU + Göttername, dagegen häufiger mit ilu oder dem jeweiligen Götternamen zu bezeichnen. Das Bild eines Gottes war nicht nur ein materieller Gegenstand oder ein Bild *von* der Gottheit, ein Aspekt, den ṣalmu (+ GN) verstärkt aufnimmt, sondern es schloß immer auch das über das konkret Anschauliche Hinausgehende mit ein. Dieser Aspekt wird von ilu bzw. der Verwendung des Götternamens betont.

Zu bedenken ist, daß dieser Sprachgebrauch nicht nur auf die Rede vom Kultbild zu beschränken ist. Auch die apotropäischen und prophylaktischen Götterbilder konnten mit ilu oder dem Götternamen bezeichnet sein. Dies trifft auch für die Göttersymbole zu, auch wenn sie "nur" Teil des Colliers des Königs waren:

"was auf den Göttern des Halscolliers des Königs [geschrieben ist]"[364]

Dies deutet darauf hin, daß die wirksame Gegenwart der Götter auch in den Figürchen und Symbolen magischer Funktion erwartet wurde.

Zur Verwendung von ilu sowohl für "Gott" als auch für "Gottesbild" fällt der entsprechende Sprachgebrauch im Alten Testament auf. Dabei muß beachtet werden, daß für das Alte Testament eine abwertende Absicht dahintersteckt. Während die altorientalischen Theologen die These vertreten:

---

[360] ARM VII, 11:3.
[361] BORGER, Ash., 53 Ep. 14:9.
[362] SAA I, 138 Rs. 16f.
[363] So z.B. im Mundwaschungsritual, vgl. S. 191ff. Es ist zu überlegen, ob die Schreiber durch die unterschiedliche Verwendung von NU (als Logogramm für ṣalmu) und ṣalmu (in syllabischer Schreibweise) innerhalb eines Textes Differenzierungen vornehmen. In LAS 188 = SAA X, 247 scheint NU (mit der Lesung ṣalmu) sich auf Kultbilder zu beziehen (vgl. die Verbindung mit ušuššu "erneuern") während die syllabische Schreibung von ṣalmu (ṣa-lam Rs. 7) auf ein Relief (vgl. die Verbindung mit eṣēru D "zeichnen") anspielt.
[364] BORGER, Ash., 120, 80-7-19, 44 Rand. Weitere Belege in CAD I/J 103 7b. FALKENSTEIN, Zwei Rituale, 41 Rs. 8'-12'. Die Mondsichel (uskāru) ist dort Teil des Festschmuckes des Königs.

"Dieses Bild repräsentiert unseren real gegenwärtigen Gott", halten die alttestamentlichen Theologen dagegen: "Ihr Gott ist nur ein Bild."

Als weitere Bildertermini seien genannt:

Bunnannû

Bunnannû bezeichnet sowohl die gesamte Gestalt als auch die einzelnen Gesichtszüge[365] von Menschen und von Göttern. Beide Bedeutungen werden mit dem Aussehen des menschlichen Körpers assoziiert. Damit ist *bunnannû* ein starker anthropomorpher Aspekt eigen. Der Begriff ist im Kontext von Königsbildern auch in der Verbindung mit *ṣalmu* belegt (z.B. *ṣalam bunnannīa*)[366] und bezeichnet dann das Abbild ("Bild meiner Gesichtszüge") eines lebenden Königs, der als sichtbares Vorbild fungieren konnte. Aufschlußreich ist eine Inschrift des Nabonid[367], die sich mit der Rückführung und der Renovierung der Statue des Mondgottes beschäftigt:

ṣalam Sîn ... ša ina ūmī ullūti kullumu bunnannēšu ...
"Die Statue von Sîn, ... deren Gestalt in früheren Zeiten gezeigt/offenbart worden war."

Der König nimmt in diesen wenigen Zeilen eine Tradition auf, die schon Nabû-apla-iddina im 9. Jh. zum leitenden Motiv einer Inschrift gemacht hatte[368]. Er geht von dem Gedanken aus, daß das Aussehen der Kultbilder nicht willkürlich zu bestimmen war und sich daher an den alten Vorbildern orientieren mußte, die tradiert und kopiert wurden. Das Wissen um die Gestalt der Gottheit, das in diesen Vorbildern dokumentiert war, entsprang einer göttlichen Offenbarung in alter Zeit. Das neue bzw. das authentisch renovierte Bild setzte diese Offenbarung jeweils wieder fort und aktualisierte sie neu. Nabonid kreiert in dieser kurzen Formulierung eine "Kultstatuenlegende" von Sîn, um sein Gottesbild durch eine Offenbarung und deren traditionelle Fortsetzung zu legitimieren. Aus diesem Text ergibt sich, daß die Gestalt (*bunnannû*) der Statue eines Gottes Gegenstand einer göttlichen Offenbarung ist und nicht der Phantasie der Künstler überlassen bleibt[369]; sie bestimmt, wie das Bild (*ṣalmu*) letztlich aussieht. Der Begriff *bunnannû*

---

[365] AHw 138; CAD B 317ff; *bunnannû* kann auch die Gestalt der magischen Figurinen bezeichnen. *Būnu* "Gesicht" wird nur auf Menschen und Götter, nicht auf die Bilder bezogen.

[366] Aššurnaṣirpal II. passim, so z.B.: RIMA 2, A.0.101.19, S. 258:51 und A.0.101.17, S. 249 iv 16.

[367] VAB 4, 286 x 35.43-45. Die gebotene Übersetzung folgt CAD B 318 (gegen Langdon).

[368] Vgl. BBS 36 S. 141ff.

[369] Schon BERNHARDT, Gott und Bild, 31, stellte fest, daß ein Kultbild ein Körper ist, der vom betreffenden Gott beseelt ist, und kein Kunstwerk, so daß die künstlerische Gestaltung kaum eine Rolle spielt.

kann daher *ṣalmu* konkretisieren[370]. Die genauen Anweisungen für die Gestalt der Kultbilder gehen auf den betroffenen Gott zurück, der auf diese Weise auf seine irdische Erscheinung Einfluß nimmt. Der babylonische Gedanke des alten Vorbildes der göttlichen *bunnannû* setzt voraus, daß die Gottheit ihren Willen in der Vorzeit ein für allemal kundgetan hat und daß den Menschen die Aufgabe zukommt, diese Vorgaben zu pflegen und jeweils in den neuen Statuen zu aktualisieren. Assyrischen Texten ist dieser Gedanke fremd. Sie können *bunnannû* geradezu als Synonym für Götterbilder verwenden; alte Vorbilder wurden nicht benötigt[371]:

16. *bu-un-na-né-e* DINGIR-*ti-šú-nu*
17. GAL-*ti nak-liš ú-še-piš-ma.*
Die Gestalten ihrer (der Götter für Dūr-Šarrukīn; Anm. d. Verf.) großen Gottheit habe ich kunstvoll (*nakliš*) machen lassen.

Die *bunnannû* der Götterbilder zeichneten sich durch Größe, Glanz und Erhabenheit aus. Sie waren Zeichen der Freude der Götter und gehörten zu ihrem Wohlbefinden. Als schlechtes Omen galt dagegen, wenn sich die *bunnannû* der Bilder von Königen[372] und Göttern verdunkelten (*ekēlu*)[373]. Der reale Hintergrund dieser Vorstellung könnte darin zu suchen sein, daß die Kultbilder der Götter mit Gold und Silber überzogen waren und daß diese Edelmetalle (u.a. durch die ständige Beräucherung) ihren Glanz verloren. Wenn man sie nicht regelmäßig (nach)polierte, konnte sich ihre Gesichtsfarbe drastisch verändern, so daß sich die Vernachlässigung des Kultes nicht mehr verheimlichen ließ. Da die Vorstellung herrschte, daß die Götter auf kultische Verfehlungen aller Art mit Zorn reagieren, war die Verbindung zwischen der äußeren Gestalt des Bildes (gepflegt/ungepflegt) und der Stimmungslage der Götter (wohlwollend/zornig) hergestellt. Die Befindlichkeit des sichtbaren Kultbildes und die der unsichtbaren Gottheit entsprachen ein-

---

[370] So in RIMB 2, B.6.32.2014, S. 244:11f: "Er schuf die Statue, die Gestalt der Ningal (alam níg.dím.dím.ma d.nin.gal.ke4 u.me.ni.dím)." Die Übersetzung in RIMB 2, z.St. ("a statue, *a (re-)creation of* the goddess Ningal") ist theologisch unmöglich; níg.dím.dím.ma ist hier mit *bunnannû*, keinesfalls mit *binûtu* zu gleichen.

[371] Die Inschriften Sargons II. aus Dūr-Šarrukīn werden hier und im folgenden nach den Umschriften der neuen Bearbeitung von FUCHS, A., Die Inschriften Sargons II. aus Khorsabad, Göttingen 1994, zitiert. Die Übersetzungen stammen, sofern nicht anders angegeben, vom Verf. Das folgende Zitat findet sich in FUCHS, A., Sargon, 49:16f. Es handelt sich um die Kultbilder der Götter Ea, Sîn, Šamaš, Adad und Ninurta; vgl. die Parallele in FUCHS, A., Sargon, 51:17-20: *bu-un-na-né-e* DINGIR- *ti-šú-nu* GAL-*te* d.*Nin-ši-kù ba-an* mim-ma *ú-lid-ma* "die Gestalten ihrer großen Gottheit zeugte Ninšiku, der Schöpfer von allem."

[372] RAcc 38 Rs. 14 (A.O. 6472).

[373] Vgl. CAD E 64.

ander. Ihre Stimmungen und Äußerungen waren nicht von ihrem Bild zu trennen. Daher konnte man von dem einen auf das andere schließen[374].

Nabnītu

Nabnītu bedeutet "Erschaffung, Geschöpf, Gestalt"[375] und ist abgeleitet von *banû* IV "schaffen, bauen". Der Begriff wird für Götter, Menschen, Statuen und verschiedene Gegenstände gebraucht, um die äußere Erscheinungsform zu bezeichnen. Im Kontext der Götterbilder ist die besondere Vollendung (*gamāru*[376]/*šuklulu*[377]/*watāru* Š[378] und deren Derivate) ihrer Gestalt von Bedeutung. Sowohl die himmlische als auch die irdische Gestalt der Götter zeichnete sich dadurch aus, prächtig und stattlich zu sein (*šamāhu*, *šarāhu*[379]). Die *nabnītu* der Kultbilder konnte sowohl durch das Werk der Götter (z.B. Ea[380]) als auch durch das der Menschen (z.B. Handwerker; König) entstanden sein[381].
Der göttliche Patron der *nabnītu* ist die Ea-Hypostase[382] Nudimmud[383].

Uṣurtu

Uṣurtu bedeutet "Zeichnung, Vorzeichnung, Planung"[384] und ist abgeleitet von *eṣēru* "zeichnen, planen, skizzieren". Im allgemeinen sind mit Bildwerken, die mit *uṣurtu* bezeichnet werden, Reliefs gemeint, deren Herstellung und Renovierung ebenfalls Sache des Königs war[385]. In einem der zentralen

---

[374] Vgl. z.B. das Prozessionsomen SpTU II, Nr. 35 Z. 1-Rs. 36; zu den Duplikaten vgl. PONGRATZ-LEISTEN, *Ina šulmi īrub*, Text Nr. 18.

[375] AHw 698 Bed. 3. "Form, Gestalt", CAD N I 27-29, Bed. 4: "appearance, stature, features". Vgl. auch die lexikalischen Gleichungen mit sig7.alam in *Nabnītu* I 1 nach MSL 16, 50 (gefolgt von *bunnannû*), sowie mit alam.sig7 = *nab-ni-tu, zīmu* in Igituh I 398f (zitiert nach CAD N I 27a). Vgl. auch den Gebrauch in BORGER, Ash., 88 Rs. 13f, und ebd., 84 Rs. 36. In ähnlicher Bedeutung kann auch *binītu* (ME.DIM2; vgl. AHw 126 "Gestalt(ung)") die äußere Erscheinungsform eines Gottes bezeichnen, vgl. auch den Beleg in GEORGE, Tablet of Destinies, 134 Vs. 7.

[376] CAD G 28.

[377] CAD Š III 224.

[378] AHw 1491.

[379] CAD Š II 37ff D-Stamm (Götterbilder in bezug auf deren *ṣalmu, gattu* und *nabnītu*).

[380] RAcc 46:29 (B.E. 13987).

[381] BORGER, Ash., 88 Rs. 13f; 95 Rs. 20.

[382] Zu diesem Begriff vgl. LANG, Hypostase, 186-189.

[383] CT 25, 48:4; zum Gott Ea vgl. GALTER, Der Gott Ea, passim, und KRAMER, MAIER, Myths of Enki, 179-204.

[384] AHw 1440; *uṣertu* "Relief?" AHw 1439. FARBER-FLÜGGE, Inanna und Enki, 198, nennt als Grundbedeutung des Sumerogrammes giš.hur "Zeichnung, Plan, Entwurf", abstrahiert auch "Konzeption". *Uṣurtu* ist einer der Begriffe, mit dem die "me" geglichen werden können.

[385] VAB 7, 146 x 18 = BIWA 138, T I 22 C I 24.

Texte für das Verständnis des Kultbildes, BBS 36[386], ist das Auffinden eines
Tonreliefs[387] mit dem Bild (*ṣalmu*) des Gottes Šamaš die Voraussetzung dafür, daß das Kultbild sachgerecht wiederhergestellt werden kann. *Uṣurtu*
wird in diesem Text also als Bildträger oder Vorbild, nicht als eigenständiges Bild oder gar Kultbild verstanden. An keiner Stelle der Inschrift ist die
Rede davon, daß das Relief zum Bezugspunkt kultischer Verehrung werden
soll oder kann.

Gattu

Gattu "Gestalt"[388] bezieht sich auf Menschen, Dämonen und Mischwesen. In
Zusammenhang mit der Gestalt der himmlischen Götter herrschte die Vorstellung, daß deren hochgewachsene, prächtige, hohe und erhabene Figur ihrer Majestät entsprach.

Gattu kann aber auch konkret für die bildliche Darstellung der Götter in Reliefs und Bildern verwendet werden. Analog zu einem menschlichen Körper,
der sich entwickelt und heranwächst, kann bei der Herstellung eines Kultbildes davon die Rede sein, daß die Figur des Gottes wächst und gedeiht[389].
In diesem Fall bringt *gattu* die Leiblichkeit der irdischen Gestalt der Götter
zum Ausdruck, die der menschlichen Leiblichkeit nachempfunden ist. Das
Kultbild erscheint als ein sich wandelnder, sichtbarer (und vergänglicher?)
Körper der Gottheit. Die Pflege der irdischen *gattu* der Götter obliegt dem
König[390].

Lamassatu/lamassu

Lamassatu bzw. *lamassu* (eigentlich "Lebens- und Leistungskraft") bedeutet
"Schutzgöttin"[391]. Beide Begriffe können Figürchen von Göttern[392] in pro-

---

[386] BBS 36 pl. xcviii-xcix.

[387] BBS 36 iii 19ff.

[388] AHw 283f. In *Maqlû* VII 69 wird *gattu* parallel zu *nabnītu* gebraucht: "Ich machte deine Gestalt (*gattu*) prächtig und prüfte dein Aussehen (*nabnītu*)."

[389] BORGER, Ash., 83f Rs. 36f und ebd., 85 iv 1 (AsBbB).

[390] BORGER, Ash., 88 Rs. 15, sowie VAB 7, 172 Rs. 58 mit den Kollationen BIWA 186. Bezogen auf die Kolosse der Tiere und der Dämonen, vgl. OIP 2, 122:15 und 123:34.

[391] AHw 532; CAD L 60. Zu den Schutzgöttern vgl. VON SODEN, Schutzgenien, 148-156 bzw. 113-121.

[392] AHw 532f Bed. 3c "als Bez. von Gottesbildern" und 3d "Figürchen v. Göttern"; weiter CAD L 65. Diese Figürchen sind aus Holz (Ur5.ra = *hubullu* V-VII, vgl. Emar VI, 4, 545:556'f giš.d.Lama = *la-ma-as-su* (wie so oft parallel zu giš.alam = *ṣa-al-mu* (den männlichen? Schutzgöttern)); MSL 6, 128:152f; 159:255. Als Material kommen auch Bronze, Silber, Gold und Kupfer in Frage (Bronze in MSL 7, 164:130f; 235:47; Emar VI, 4, 549:78'ff (in der Reihe d.Lama.zabar, alam.zabar, ... u4.sakar.zabar); Silber in MSL 7, 166:221f; 237:71f; Emar VI, 3, 282:7; Emar VI, 4, 549:124'ff (in der Reihe mit alam und u4.sakar); Gold in MSL 7, 240:111; Emar VI, 4, 549:185'f; Kupfer in Emar VI, 4, 548:264'f).

phylaktischer und apotropäischer Funktion bezeichnen. Einzelne Beispiele deuten darauf hin, daß das Bedeutungsfeld von *lamassatu/lamassu* mit diesen Bestimmungen noch nicht vollständig erfaßt ist:

25. ... das *lamassatu*-Bild (d.LAMA-*at*) der Ištar,
26. der Herrin von Kidmuri, (27.) schuf ich (*ab-ni*) (26.) aus rotem Gold;
27. auf ihrem Kultsockel habe ich sie Platz nehmen lassen...[393]

oder:

13. Den Tempel meines Herrn Ninurta gründete ich darin (in der Stadt Kalhu; Anm. d. Verf.). Zu dieser Zeit (14.) schuf ich mit dem Verstand meines Herzens (13.) dieses Bild (alam) von Ninurta, das es vorher noch nicht gegeben hatte,
14. ein *lamassu* seiner großen Gottheit, aus bestem Stein des Gebirges und rotem Gold;
15. zu meiner großen Gottheit in der Stadt Kalhu zählte ich ihn, seine Feste im *Šabāṭ* und *Elūl* setzte ich ein.[394]

Aus dem Kontext des ersten und aus der Parallelität der Z. 13 und Z. 14 des zweiten Beispieles ergibt sich, daß *lamassu/lamassatu* als Synonyme für *ṣalmu* gebraucht werden konnten[395]. Beide Begriffe können das anthropomorphe Kultbild bezeichnen. Auch die weiteren Belege stützen diesen Gedanken:

"ein Bild (*lamassu*), das nicht nach Eanna gehört" (parallel zu Z. 34) "die Ištar, die nicht hineingehört."[396]

Ur5.ra = *hubullu* (nach Emar VI, 4, 545:570', vgl. MSL 6, 159:260f) erwähnt d.Lama.za.na = *la-ma-as-si pa-s*[*i*] zwischen za.na = *pa-su* (= "Puppe", vgl. AHw 839: *passu*(*m*) II, "Puppe"; Inim Kiengi II 1160f: za.na I, "Puppe, Larve"), é.za.na = é *pa-si* und NU.KUN-*ri* = *pa-as zi-ka-ri* mit giš.NU.še.dù.a = *pa-as si-in-ni-*[. Hierbei ist eher an männliche und weibliche apotropäische und prophylaktische (Holz)Figuren zu denken als an Spielpuppen, vgl. LANDSBERGER, Verkannte Nomina, 117ff. Die dort (S. 126) durchgeführte Trennung von *ṣalmu*/alam/nu und *passu*/za.na ist nach dem oben erwähnten Beleg von *lamassi passi* und der Gleichung NU.KUN-*ri* = *pas zikari* neu zu überdenken..NU kann offensichtlich nicht nur mit *ṣalmu*, sondern auch mit *passu* geglichen werden.

Zusätzlich zu den Bedeutungen in AHw ist *lamassu* auch einfach als "anthropomorphe Gestalt" zu interpretieren (vgl. die Variante *lānki/lamassāki* bzw. *lāni/lamassi* in Maqlû VII 68. 59 (die apotropäischen Bilder eines Menschen)), mit LACKENBACHER, Le roi, 135 Anm. 4.

[393] RIMA 2, A.0.101.38, S. 304f:25-27 (EÜ). *Lamassatu* bzw. *lamassu* wird von GRAYSON (im Unterschied zu *ṣalmu* "statue") als "icon" übersetzt.

[394] RIMA 2, A.0.101.31, S. 295:13-15 und ähnlich A.0.101.1, S. 212 ii 132-135. CAD Ṣ 79 übersetzt *lamassu* mit "likeness". ENGEL, Darstellungen, 47 mit Anm. 130, erwägt [im Anschluß an RENGER, Kultbild, 309] für *lamassu* die Bedeutung "(symbolhafte?) Darstellungen anderer Götter".

[395] Auch VON SODEN, Schutzgenien, 119 (bzw. 154), BIROT, Fragment, 146f, erkennen *lamassu* als Synonym für *ṣalmu*, so neuerdings auch CURTIS, E.M., Images, 35, und LIVINGSTONE, Image, 841.

[396] VAB 4, 274ff iii 27ff (Nabonid); z.St. vgl. BEAULIEU, Nabonidus, 21. Das legitime Kultbild der Göttin wird mit "die rechtmäßige Ištar" bezeichnet. Es unterscheidet sich nur da-

Lamassu und der Gottesname sind in diesem Text austauschbar; sie stehen beide für das anthropomorphe Kultbild der Ištar[397]. In diesem Zusammenhang ist eine spätbabylonische Prophetie aus Uruk zu erwähnen, die sich mit einer *lamassu* in Uruk beschäftigt[398]. Sie beschreibt in wenigen eindringlichen Worten, was der Unheilskönig Nabû-šuma-iškun[399] in der Stadt Uruk anrichten wird:

4. Die alte *lamassu* von Uruk wird er aus Uruk wegführen, in Babylon wird er (sie) wohnen lassen;
5. eine Nicht-*lamassu* von Uruk wird er auf ihrem Kultsitz wohnen lassen, seine/ihre Nicht-Leute wird er ihr zum Geschenk machen.

Der Kontext läßt auch hier keinen Zweifel daran, daß es sich bei dieser *lamassu* um das Kultbild der urukäischen Ištar in Eanna handelt[400]. Es ist erwägenswert, ob die Begriffe *lamassu* bzw. *lamassatu* dann als Bezeichnung für das Kultbild einer Gottheit verwendet werden, wenn auf deren Funktion als Stadt- oder Bereichsgottheit und als Schutzgarant angespielt werden soll.

Tamšīlu

Tamšīlu bedeutet "Abbild"[401] und ist abgeleitet von *mašālu* "gleichen". Abbilder werden von Menschen, Tieren und mythischen Wesen hergestellt. Sie können (ebenso wie die Figürchen, die als *ṣalmu* bezeichnet werden) magische Funktionen erfüllen.
Wenn ein König seine Statue als "Abbild meiner Gestalt" (*tamšīl bunnannīa*) bezeichnet, dann liegt ihm daran, festzustellen, daß das Bild seiner Person gleicht. Obwohl sich auch Königsstatuen kaum durch individuelle Gesichtszüge auszeichnen, scheint mit dieser Formulierung darauf angespielt zu werden, daß die Königsdarstellung ein Abbild des lebenden Königs

---

durch von dem illegitimen Bild, daß ihm ein Gespann mit sieben Löwen beigesellt ist, nicht etwa durch eine andere Wortwahl.

[397] Gegen GRAYSON, RENGER, ENGEL, vgl. die vorhergehenden Anmerkungen.

[398] SpTU I, Nr. 3 Rs. 4-5 (W.22307/7), und TUAT II.1, 69f. Der Text stammt wahrscheinlich aus der Zeit Amel-Marduks, So mit HUNGER, KAUFMAN, Prophecy, 374f, gegen GOLDSTEIN, Setting, 43-46, der die Regierungszeit Merodach-Baladans II. für wahrscheinlicher hält. Zu einer ausführlichen Bibliographie des Textes vgl. COLE, Crimes, 242, Anm. 54.

[399] So mit COLE, Crimes, 243, gegen HUNGER, KAUFMAN, Prophecy, 374, die für Erība-Marduk plädieren.

[400] Die Übersetzung von SpTU I, z.St. ("Schutzgottheit") und von TUAT II.1, 69f ("Schutzgöttin") ist daher zu Ištar zu konkretisieren.

[401] AHw 1316f; vgl. auch die zusammenfassende Darstellung in CURTIS, E.M., Images, 36.

ist[402]. Dementsprechend ist ein solches Bild an der Wiedergabe äußerer Merkmale besonders interessiert. Es ist daher eine Kopie einer schon sichtbaren Wirklichkeit bzw. einer realen irdischen Person. Abbilder werden auch von Dämonen hergestellt. Wenn eine solche Darstellung als "Abbild ihrer Gestalt" (*tamšīl gattīšunu*) bezeichnet wird, dann zeigt es diese Wesen entsprechend ihrer ikonographischen Tradition[403].

Ein *tamšīlu* soll seinem Vorbild gleichen. Das Verhältnis des Abbildes zu seinem Vorbild ist durch Ähnlichkeit, Ebenbildlichkeit und Gleichheit, nicht durch Identität zu bestimmen[404]. Es ist auffällig, daß es keinen Beleg gibt, der ein Kultbild mit *tamšīlu* in Zusammenhang bringt. Diese Beobachtung entspricht dem Charakter des Kultbildes, wie er sich bisher andeutete: Kultbild und Gottheit bilden eine Einheit; ihr Verhältnis zueinander ist durch die Begriffe "Identität" und "Wesenseinheit" bestimmt, nicht durch "Wesensähnlichkeit", "Portraithaftigkeit" oder "Gleichheit". Das Kultbild ist nicht das Abbild einer bereits sichtbaren Gottheit, der es gleichen müßte, sondern ein Bild der Gottheit, die im Bild aus der Unsichtbarkeit in die Sichtbarkeit tritt. Dies trifft auch dann zu, wenn ein Kultbild sich an einem schon bestehenden Vorbild orientiert, da die Vorstellung herrschte, daß die Vorbilder der Kultbilder auf göttliche Offenbarung zurückzuführen waren, so daß in der Ur-form die bislang ungeformte Wirklichkeit der Gottheit ins Dasein getreten war.

Sikkanu

Dieser Begriff, der von *skn* "wohnen" abzuleiten ist[405], ist aus Mari[406], Ugarit[407] und Emar[408] bekannt[409]. Es handelt sich um ein Betyl (d.h. eine Kult-

---

[402] RIMA 2, A.0.101.30, S. 291:76f: NU MAN-*ti-ia tam-šil bu-na-ni-a ... ab-ni*. Die Herstellung von Königsstatuen wird mit denselben Worten bezeichnet wie die Herstellung von Kultbildern.

[403] So z.B. Sanherib in: OIP 2, 122:15 und 108:81 (Genien und Tierkolosse).

[404] Das Verhältnis zwischen Urbild und Abbild in Mesopotamien hat nichts mit der platonischen Ideenlehre zu tun, die zwischen Urbild und Abbild eine qualitative Differenz postuliert.

[405] So mit HUTTER, Kultstelen, 90, und DURAND, Le culte, 82 Anm. 10. Zu den etymologischen Fragen vgl. zusammenfassend METTINGER, No Graven Image?, 130-132.

[406] METTINGER, No Graven Image?, 115f.

[407] METTINGER, No Graven Image?, 122-127.

[408] Zur Identifizierung der *sikkanu* mit Betylen vgl. DURAND, Le culte, 79-84; DIETRICH, LORETZ, MAYER, Sikkanum, 133-139; mit HUTTER, Kultstelen, 89f, und HAAS, Geschichte, 507-509, sind hinter den *sikkanu* Götterrepräsentationen kultischer Funktion zu vermuten. Zu hethitisch NA4.ZI-KIN vgl. JAKOB-ROST, Hethitische Bildbeschreibungen, 206ff (zu Z. 4) und 166f. Sie führt dort zahlreiche Belege zu eisernen und silbernen ZI-KIN an, die als Götterrepräsentationen *neben* den anthropomorphen Bildern bestanden. Es ist daher anzunehmen, daß ein Gott zur gleichen Zeit und am selben Ort sowohl durch ein anthropomorphes Bild als auch durch eine Kultstele vergegenwärtigt werden konnte. Dies deckt sich auch mit dem Befund in Emar, Mari, Qatna und Ugarit, vgl. METTINGER, No Graven Image?, 115-129. Da

stele[410]), das aus Holz[411] oder (häufiger) aus Stein[412] bestehen kann. Betyle sind von verschiedenen Göttern und Göttinnen belegt, so z.B. von Hebat[413] (auch mit Gottesdeterminativ geschrieben[414]) oder Ninurta[415]. Eine Besonderheit bieten die emariotischen Ritualtafeln, die sich mit dem *zukru*-Fest beschäftigen. In diesen Texten finden sich Gruppen von mehreren Betylen, die außerhalb der Stadtmauer Emars stehen und von den Göttern Ninurta und Dagan in Gestalt ihrer anthropomorphen Kultbilder besucht werden[416]. Die *sikkanū* sind so plaziert, daß man auf einem Prozessionswagen zwischen ihnen durchfahren[417] kann; das kann nur bedeuten, daß sie eine Art Spalier oder Tor bildeten[418]. Ebenso wie Stelen und Kultsymbole werden auch Betyle aufgestellt (*zaqāpu*[419] oder *šakānu*[420]). Es ist üblich, sie zu beopfern, d.h. kultisch zu versorgen[421] und an kultischen Ritualen zu beteiligen. Sie können auch Zeugen juristischer Handlungen sein:

na4.*sí-kà-na a-na* é-*šu li-iz-qú-up*
"den *sikkanu* möge man für sein Haus aufstellen."[422]

NA4.ZI-KIN für Hauptgottheiten wie für untergeordnete Götter üblich waren, spielt die hierarchische Position eines Gottes für die Art seiner Darstellung keine Rolle. Zur Verbindung von *ZI-KIN* und *sikkanu* vgl. DIETRICH, LORETZ, MAYER, *Sikkanum*, 138f, HUTTER, Kultstelen, 91. Zur Korrespondenz von NA4.ZI-KIN, *sikkanu* und *huwaši* vgl. METTINGER, No Graven Image?, 129f, und HAAS, Geschichte, 507.
Analog zu der Möglichkeit der Vergöttlichung von Statuen (d.alam) ist im hethitischen Bereich die Vergöttlichung der Stele belegt (*zikkanzipa*), vgl. KUB 58, 33 iii 20f, zitiert nach HUTTER, Kultstelen, 91. Die Vergöttlichung des Betyls ist kaum von der Entstehung des Gottes Bethel zu trennen (bzw. umgekehrt), so mit METTINGER, No Graven Image?, 131f.
409 Der folgende Abschnitt widmet sich ausschließlich den Belegen aus Emar.
410 Zur Unterscheidung zwischen Kultstele und Gedächtnisstele vgl. HUTTER, Kultstelen, 103-106. Allgemein zu den Funktionen der Masseben (memorial, legal, commemorative, cultic) vgl. METTINGER, No Graven Image?, 32f.
411 Emar VI, 4, 545:536'.
412 Z.B. Emar VI, 3, 397:1'; 401:3'.
413 Emar VI, 3, 369:34f.
414 Emar VI, 3, 373:166.
415 Emar VI, 3, 375:16.
416 So in Emar VI, 3, 373:193'f. Diese Beobachtung erinnert an die *huwaši*-Steine, so mit FLEMING, Installation, 254. METTINGER, No Graven Image?, 121, hält es für plausibler, Parallelen zu der Stelenstraße in Tell Chuera zu ziehen. Zu den *huwaši*-Steinen und den Besuchen der Götterbildern bei ihnen vgl. FORRER, Ausbeute, 38, GOETZE, Kleinasien, 168 mit Anm. 4, POPKO, Anikonische Götterdarstellungen, 324f, NAKAMURA, Überlegungen, 9-16.
417 Ähnlich schon HUTTER, Kultstelen, 88f.
418 Zum Tor der Betyle vgl. Emar VI, 3, 373:27.45 u.ö.
419 Emar VI, 3, 17:32b-40 (ergänzt) und 125:40f.
420 Emar VI, 3, 370:41'f.
421 Vgl. z.B. SIGRIST, Gestes symboliques, 393.
422 Emar VI, 3, 125:40f (Fluchformel eines Kaufvertrages). Mit HUTTER, Kultstelen, 90; gegen DIETRICH, LORETZ, MAYER, *Sikkanum*, 136f, ist davon auszugehen, daß es nicht sinnvoll sein kann, den Aufstellungsort der Betyle nach dem Muster "Privatraum = todbringend,

Betyle gehörten zu den nicht-anthropomorphen Repräsentationsformen der Gottheit. Sie sicherten deren Anwesenheit und Wirkung in gleicher Weise und Qualität wie ein anthropomorphes Kultbild[423]. Sie waren im allgemeinen im Freien und zumeist in Gruppen[424] aufgestellt und vergegenwärtigten die Gottheit, die in Gestalt ihrer Stele ihr praktisches Handlungsfeld betreute und an rituellen Handlungen teilnahm. Im Unterschied zu den städtischen Kultbildern fehlte es den freistehenden Stelen an einem Tempel als festem Wohnort; dieser war wegen deren robuster und schwer(fällig)er Konstitution nicht notwendig, so daß sie sich gerade für den Aufenthalt im Freien eigneten. Diese Beobachtung läßt darauf schließen, daß die Leistung des Betyls darin bestand, daß es zugleich die Aufgaben eines Kultbildes und die eines Tempels erfüllen konnte. Es war Kultbild und Tempel in einem und konnte daher einerseits als Gottheit in die Rituale miteinbezogen, andererseits als Wohnort des Gottes angesprochen werden[425].

Stelen konnten jedoch auch innerhalb eines Tempels aufgestellt werden[426]; in diesem Fall war es möglich, sie zusammen mit anthropomorphen Statuen zu plazieren und zu versorgen[427], da die Götter in Gestalt ihrer anthropomorphen und ihrer (mehr oder weniger) skulptierten Bilder[428] am Kult teilnahmen.

Tempelbereich = segensreich" zu unterscheiden. Götter (d.h. ihre Standarten, Figuren und Stelen) sind immer Zeugen und Garanten juristischer Handlungen und wirken bei Vertragsbruch in jedem Bereich strafend, vgl. Gen 31:53 u.ö.

[423] So auch BERNHARDT, Gott und Bild, 33. 39-42. 68, HUTTER, Kultstelen, passim, und HAAS, Geschichte, 507f. POPKO, Anikonische Götterdarstellungen, 325, weist auf einen aufschlußreichen hethitischen Text hin, der einem Menschen die freie Wahl zwischen der Repräsentation einer Gottheit als Pithos, *huwaši*-Stele oder Götterbild läßt. Zur gleichzeitigen Verehrung von Kultbildern neben anikonischen Objekten in Palästina s. LORETZ, Anikonismus, 220f, UEHLINGER, Cult Statuary, 106 mit Anm. 49 und 130ff. Dieselbe Tendenz ist auch in Griechenland nachgewiesen s. METZLER, Anikonische Darstellungen, 100ff.

[424] Vgl. dazu METTINGER, No Graven Image?, 33 (mit Bezug auf Uzi Avner), und HAAS, Geschichte, 508.

[425] M.E. läßt sich der von METTINGER, No Graven Image?, 132, als schwer zu vereinbaren aufgefaßte Befund (einerseits ist das Betyl Wohnort, andererseits vergöttlicht und personifiziert) auf diese Weise zwanglos interpretieren. In jedem Fall war es im Alten Orient jederzeit möglich, Tempel zu divinisieren oder zu personifizieren, vgl. z.B. KNAUF, Ismael, 151f, und KÖCHER, Esangila, 131-135.

[426] Stelen in Heiligtümern finden sich z.B. in Emar (vgl. die folgende Anm.), Qatna (vgl. METTINGER, No Graven Image?, 118-120), in Hazor (vgl. METTINGER, No Graven Image?, 178-181), in Arad (vgl. METTINGER, No Graven Image?, 143-149) und im hethitischen Bereich (vgl. HAAS, Geschichte, 508f).

[427] Emar VI, 3, 373:165f, Hebat (als Betyl) mit einer Statue des Wettergottes.

[428] METTINGER, No Graven Image?, 30, DERS., Roots, passim, führt Stelen und Betyle unter der Kategorie "material aniconism". Auf dem Hintergrund der nabatäischen Betyle, die immerhin mit menschlichen Augen, Nasen und Mündern ausgestattet sein konnten (zu Beispielen vgl. METTINGER, No Graven Image?, 63), den teilweise gestalthaften Steinen der arabischen Götter (vgl. z.B. KLINKE-ROSENBERGER, Götzenbuch, 36,1-37,5 (*al-Fals*)) oder den

Šiknu

Šiknu bedeutet "Gestalt(ung), Aussehen, Art"[429] und ist abgeleitet von *šakānu* "setzen, stellen, legen". In bezug auf Gebäude und Gegenstände bezeichnet *šiknu* ganz allgemein sowohl die Art und Weise als auch das Material der Gestaltung. Für unser Verständnis des *šiknu* eines Kultbildes ist BBS 36 von Bedeutung. Aus diesem Text[430] ergibt sich, daß ein Kultbild (*ṣalmu*) vom Aussehen (*šiknu*) eines Gottes bestimmt ist. Da dieses *šiknu*-Aussehen seit alters her festgelegt ist, muß es (ähnlich wie *bunnannû*) von Kultbild zu Kultbild tradiert werden, um den nachfolgenden Bildern als Modell zu dienen. Der Verlust einer Statue hat zur Folge, daß für die späteren kein Modell mehr zur Verfügung steht. Die Kontinuität zu dem Vorbild, das auf eine Offenbarung der Gottheit zurückgegangen war, kann unter diesen Umständen nicht mehr bewahrt werden. Falls sich die Gottheit nicht zu einer neuerlichen Offenbarung ihres Aussehens überreden läßt, ist es daher nicht mehr möglich, ihr ein authentisches Bild herzustellen. *Šiknu* ist daher geradezu als *terminus technicus* für die äußere Erscheinung und die ikonographische Tradition eines Gottes anzusehen[431].

Wenn sich das Aussehen einer Kultstatue "verdunkelt" (*šiknu ekēlu*), liegt ein schlechtes Vorzeichen vor[432]. Daher muß ihr Aussehen (ähnlich wie ihr *zīmu* und ihre *bunnannû*) genau beobachtet werden. Grundlegend ist auch hier die Vorstellung, daß die äußere Erscheinungsform (i.e. das Gottesbild) der inneren Verfassung (Emotionen der Gottheit) entspricht. Die Wirkung des *šiknu* kann ganz verschiedenartig sein. Das Aussehen der Genien[433] kann (und soll) den Betrachtern Furcht einflößen. In physiognomischen Omina kann das Aussehen eines Menschen mit dem *šiknu* eines Tieres oder eines Dämons verglichen werden, um Anomalien zu beschreiben. Ob auch hier

---

skulptierten Masseben von Tell Kittan und 'En Ḥaṣeva (s. UEHLINGER, Rezension, 544) läßt sich die scharfe Abgrenzung zwischen (ikonischem) Kultbild und (anikonischer) Massebe/Stele nicht halten. Ebensowenig überzeugt die These von Masseben ("standing-stone type of *de facto* anikonism") als Wegbereitern des "empty-space anikonism" (des Kerubenthrones), so METTINGER, Israelite Anikonism, 201f. Masseben stehen m.E. Kultbildern in Funktion und z.T. Aussehen näher als leeren Thronen.

[429] AHw 1234f, Bed. C; CAD Š II 436f, 1a: "outward appearance, shape, structure".

[430] Bes. BBS 36 i 14-17.

[431] BBS 36 iii 19-21.

[432] Erra I 140f, und die Anspielung darauf in: BORGER, Ash., 23, Ep. 32:12. Das Erra-Epos wird im folgenden zitiert nach CAGNI, L., Das Erra-Epos. Keilschrifttext, StP 5, Rom 1970, und CAGNI, L., L'epopea di Erra, SS 34, Rom 1969. Von den zahlreichen Übersetzungen sei verwiesen auf CAGNI, The Poem of Erra, BOTTÉRO, Mythes et rites de Babylone, 221-278, BOTTÉRO, KRAMER, Lorsque, 680-727, und TUAT III.4, 781-801. Sofern nicht anders angegeben, wurde eine eigene Übersetzung zugrundegelegt.

[433] BORGER, Ash., 61, Ep. 22:16.

Schlüsse von der äußeren Befindlichkeit auf die innere Verfassung gezogen wurden, ist eine interessante Frage, die im Rahmen dieser Arbeit leider nicht weiterverfolgt werden kann.

Šukuttu/šakuttu

Šukuttu bedeutet "Ausstattung, Schmuck"[434] oder "wertvolles Bild, Statue"[435] und ist ebenfalls von *šakānu* "setzen, stellen, legen" abgeleitet. Aus den zahlreichen Inventarlisten der Tempel wird ersichtlich, daß sich hinter der *šukuttu* der Götterbilder deren Schmuck verbirgt. Auch die Paraphernalia eines Gottes, die ihn eindeutig identifizieren, werden so bezeichnet. Die *šukuttu* der Götter stellt einen hohen materiellen Wert dar; daher gehört sie

---

[434] Auch "*šakuttu*", vgl. AHw 1266f; CAD Š III 237-239, bes. 238. Zu den Inventarlisten aus Sippar vgl. JOANNÈS, Sippar, 159-184. Er zählt die verschiedenen Teile der *šukuttu* der Götter von Sippar (Šamaš, Aja und Bunene) auf: Krone (*agû*), Kronbinde (*kulūlu*), Ringe, Armreife, Rosetten, Sterne, Plaketten (*tenšû*), *pingu* "élément de blocage" (lexikalisch nicht eindeutig geklärter Begriff, vgl. ebd., 175), Sönnchen (*šanšû, ašmû/aš.me*), Möndchen (*uskāru*), Pektorale mit Mondsicheln, Rosetten und *šanduppu*-Ringen sowie Kolliers, die mit Siegeln, dattelförmigen Gegenständen u.a ausgestattet waren (vgl. ebd., 177). Auch aus den Archiven aus Qatna und Emar (z.B.: Emar VI, 3, 43 u.ö.) sind vergleichbare Listen bekannt, vgl. BOTTÉRO, Qatna, 1-40. 137-215 (vgl. ebd., 138:1; 174:1; *ṭuppi šukutti ša* GN(F) "Inventarlisten des Schmuckes des/r Gottes/Göttin"). In Emar VI, 3, 43 ist uns eine Liste der *šukuttu* der Aštarte der Stadt überliefert. Ihr Inventar besteht aus:
1. Mehreren silbernen Sänften (?) (*mar-šu14*; die Bedeutung ist nicht gesichert, vgl. AHw 614), in denen sich goldene *šamā'ū* (Baldachine?) für Kühe (verschiedener Größe), goldene *kisibirru* (Perlen in Form von Koriandersamen, vgl. CAD K 421a), ein *pappardilû* Stein (babbar.dili), eine goldene Statue, ein goldener *tar-ra-wA-nu* (unklar), ein goldener *ki-pu-na-nu* (unklar, vgl. AHw 483), ein goldenes "Rindergesicht" (i.e. eine (Kult-)Maske; das Gewicht wird mit 30 Schekel angegeben), ein goldener *si-la-ru* (24 Schekel, vgl. CAD S 265) oder Edelsteine befinden; 2. einem *Aštar* der Sterne aus Silber mit drei *ru-uš-ti* (Köpfen?) aus Silber (9 Schekel); 3. einem großen silbernen *ku-ni-nu* (ein Gefäß?, vgl. CAD K 539) (88 Schekel), einem großen silbernen *ku-ni-nu* der Statue (19 Schekel) und kleinen *ku-ni-nu* (12,5 Schekel). Weitere *šukuttu*-Listen bietet Emar VI, 3, 288 und 282; leider sind einige der Begriffe nicht identifizierbar. Erwähnenswert ist Emar VI, 3, 282:7ff: Hier ist ein *maršu* beschrieben, der eine silberne d.lama, drei goldene d.alam und drei goldene *qú-pí-ia-nu* (unklar; 60 Schekel) enthält; Z. 16-18 beschreiben einen Stier: "… Gold vom Schwanz bis zu seinen Füßen, Silber sein Gesicht …".
Eine Liste des *unūtu* der Götter bieten Emar VI, 3, 285; 284; 283; diese Listen beinhalten z.T. dieselben Gegenstände, wie sie aus den *šukuttu*-Inventaren bekannt sind (z.B. *kuninu* und *šamā'ū*). Zusätzlich sind aber noch verschiedene Gefäße, Waffen (Pfeilspitzen, Bogen und Gürtel), Kleider, Ringe und Sterne genannt. Aus dem Vergleich dieser Listen ergibt sich, daß *šukuttu* und *unūtu* in Emar keine fest voneinander abgegrenzten Begriffe sind. *Unūtu* scheint allgemeiner zu sein und verschiedene Dinge aus unterschiedlichen Materialien mit verschiedenen Funktionen zu subsumieren, während *šukuttu* stärker an Edelmetalle und Steine, also Schmuckgegenstände und wertvolle Figürchen, gebunden ist. Dieser Befund deckt sich grundsätzlich auch mit den Wörterbüchern. Weder *šukuttu* noch *unūtu* sind Begriffe, die auf den Gebrauch im Kontext der Kultbilder beschränkt sind.
[435] So mit BOTTÉRO, Mythes et rites de Babylone, 266f, LIPINSKI, *Skn*, 203f und LAMBERT, Rezension, 399.

in den Beschaffungs- und Aufgabenbereich des Königs[436], der ihre Herstellung, Renovierung und Reinigung in der Tempelwerkstatt überwacht[437]. Bei der Plünderung eines Tempels fielen den Feinden (neben den Kultbildern) *šukuttu* ("Schmuck"), *makkūru* ("Tempelschatz") und *unūtu* ("Geräte") der Götter zum Opfer. Auf diese Weise wurde der Tempel nicht nur seiner Schätze beraubt, sondern auch um alle jene Gegenstände erleichtert, die für den Ablauf des Kultbetriebes benötigt wurden[438].
Die *šukuttu* der Götter spielt im übrigen auch in der Mythologie eine Rolle. Im Erra-Epos werden Renovierungsarbeiten am Schmuck des Kultbildes des Marduk zum Auslöser kosmischer Katastrophen[439].

Zīmu

Zīmu "Aussehen, Gesicht(szüge), Erscheinung"[440], bezieht sich im allgemeinen auf das Aussehen der Götter, weniger auf das ihrer Bilder. In den Omenserien kann das Aussehen (*zīmu*) eines Gottes mit Lichterscheinungen verglichen werden[441]:

"... wenn eine Lichterscheinung (*biṣu*[442]) gesehen wird, die aussieht wie das Aussehen eines Gottes (*zīmu*) ..."
oder
"wie das Aussehen eines männlichen Gottes"
oder
"wie das Aussehen eines weiblichen Gottes."

Daraus ergibt sich, daß der *zīmu* der Götter als lichtähnliches Phänomen wahrgenommen wurde. Am Gottesbild wird dieser Glanz durch die goldenen Bestandteile der Statue, die polierten Edelsteine, den Schmuck und die Kleidung hervorgerufen.
Häufig finden sich Belege, die die Reinheit, den Glanz und das Leuchten der Erscheinung der Götter erwähnen[443]. So ist z.B. *zīmē ruššût[i]* ein Epitheton der Götter Marduk, Šamaš, Ištar und Nanaya[444].

---

[436] *Šu-ku-tu* KU3.SIG17 ... *a-qi-su-nu-ti* (Aššurnaṣirpal II. bei der Gründung Kalhus), RIMA 2, A.0.101.30, S. 291:67f; RIMB 2, B.6.31.15, S. 183:22 und B.6.31.11, S. 176:11 (Ash.).
[437] ABL 1094 Vs. 10-13, vgl. ENGEL, Darstellungen, 189f. LAS 277:12ff.24ff = SAA X, 349 nennt Arbeiten am Schmuck der Uṣuramātsa und der Nanaya von Uruk in der Tempelwerkstatt (Ash.).
[438] Belege in AHw 1422f; z.B. VAB 7, 52 vi 45 = BIWA 54, A VI 45 F V 32.
[439] Erra I 130ff.
[440] AHw 1528f; CAD Z 119-122.
[441] CT 38, 28:22ff; beachte den altbabylonischen Personennamen *zi-mi-*d.UTU-*lu-mur* "das Gesicht des Šamaš möge ich sehen" (JCS 13, 105 No. 3:9, zitiert nach CAD Z 120a).
[442] Vgl. AHw 129, und die dortigen Belege von Vergleichen zwischen *biṣu* und Blitz-, Stern- und Fackellicht.

Verdunkelt sich der *zīmu* der Götter, ist mit ihrem Zorn zu rechnen[445]. Wie schon *šiknu* und *bunnannû* ist der *zīmu* eines Kultbildes Indikator für die Stimmung des entsprechenden Gottes. In diesem Zusammenhang ist das Verdunkeln des *zīmu* Zeichen des Zornes, während sein Erglänzen die Freude der Gottheit zum Ausdruck bringt.

Simtu

Simtu bedeutet "(Wesens-)Zugehörigkeit, Zugehöriges". Es ist abgeleitet von *wasāmu* "angemessen sein, passen"[446] und ist ein sehr allgemeiner Begriff. Er bezeichnet alles, was zu einem Gott (aber auch allgemeiner zu einem Menschen, zu abstrakten Dingen, zu Körperteilen, Gegenständen oder Gebäuden) zugehörig ist und ihn charakterisiert. Im Kontext eines Kultbildes gehören dazu dessen Ausstattung mit einer Krone, mit Edelsteinen, Kleidern, Insignien, Schmuck und die Versorgung mit einem angemessenen Wohnort und Opfern. Da das Kultbild keine individualisierenden Züge im Gesicht trägt und auch Leib und Körperhaltung nicht eindeutig darauf schließen lassen, welche Gottheit dargestellt ist, sind es die Insignien, die über den Charakter und Identität der Gottheit Auskunft geben. Erst die Summe aller dem Gottesbild eigenen Ausstattungs- und Schmuckgegenstände machen seine typische Erscheinungsform aus und ergeben sein "theologisches Profil". Sie bringen den Funktionsbereich des jeweiligen Gottes zum Ausdruck.

Das Sumerogramm ME.TE weist darauf hin, daß dieser Begriff zu den "me" gehört, d.h. zu den Dingen, die für die Zivilisation konstitutiv sind und über die die Götter verfügen[447]. Da die "me" als "das, was etwas zu dem macht, was es ist" übersetzt wurden[448], erscheint das Wortfeld *wasāmu/simtu* als sinnvolle akkadische Entsprechung (eines Aspektes) der sumerischen Konzeption der "me"[449]. Für die vorliegende Fragestellung heißt das, daß Krone, Edelsteine, Kleider, Insignien, Schmuck, Tempel und Opfer zu den "me" des Kultbildes und seines Gottes gehören. Die Kleider, der Schmuck und die verschiedenen Bestandteile des Tempelkultes sind in der Liste der "me" tatsächlich belegt. Das Kultbild eines Gottes ist daher als Zentrum und Träger seiner "me" anzusprechen.

---

[443] Belege CAD Z 119f, 1a; z.B. VAB 7, 288:4 (Ningal). Das "Erglänzen-lassen" des *zīmu* ist mit der Freude der Götter verbunden, vgl. BORGER, Ash., 23, Ep. 32:14f.

[444] Vgl. VAB 7, 278:8β = BIWA 201 z. St. und BA V, 601:26 (K9480).

[445] So z.B. Erra I 144 (Marduk). Nach Erra I 141 ist es der Feuergott Girra, der die Gestalt Marduks wieder erglänzen läßt.

[446] AHw 1045f, CAD S 278-283.

[447] Zu dem Begriff der "me", vgl. S. 20ff.

[448] Vgl. S. 20.

[449] Mit CAVIGNEAUX, L'essence divine, 177ff.

Selten belegte Begriffe:

Šurmû/tu

Šurmû ist nur in lexikalischen Listen belegt. Die genaue Bedeutung ist unbekannt: *šu-ur-mu-u/tú = ṣa-al-mu*[450].

Maṭṭaltu

Maṭṭaltu bedeutet "Spiegelbild, Gegenüber" und ist sehr selten belegt. An keiner Stelle wird der Begriff eindeutig für ein Kultbild gebraucht[451].

Sarranāte

Nur kurz seien an dieser Stelle die d.*sarranāte* erwähnt, die als Puppen oder kleine Götterbilder gedeutet werden können[452]. Sie haben wahrscheinlich apotropäischen Charakter.

Lisikūtu

Bei den *lisikūtu* scheint es sich um kleine Götterfigürchen zu handeln, die man beim Hausbau unter den vier Ecken des Hauses vergraben konnte. Sie haben prophylaktischen Charakter[453]. Im assyrischen *nāṭu*-Fest der Ištar werden diese Statuetten (dort mit Gottesdeterminativ geschrieben) vom König mit Essen versorgt[454]. Ihre Aufgabe ist der Schutz des Hauses durch weiße Magie.

---

[450] CT 18, 31:17 zu STT 394:32 und CAD Š III 353.

[451] AHw 635, CAD M I 428.

[452] CAD S 178, unterscheidet d.*sarranāte* und GIŠ.*sarranāte*. Diese Figuren werden im Ritual "König gegen Feind" erwähnt und haben wahrscheinlich eher apotropäischen Charakter. Evtl. repräsentieren sie den Feind, vgl. PONGRATZ-LEISTEN, DELLER, BLEIBTREU, Götterstandarten, 341-346, bes. 343:34 nennt eine Mundöffnung des Feindes (?), bevor der König ihn besiegt. Der genaue Kontext ist hier unklar. Vielleicht darf man die Zeilen als die Mundöffnung der Figürchen interpretieren, die die Bilder zu lebenden und wirklichen Feinden macht, so daß der Sieg des Königs über die Statuen der Feinde den Charakter einer rituellen Vorwegnahme der Ereignisse erhält. Zu den "*passu*" genannten Puppen vgl. LANDSBERGER, Verkannte Nomina, 117-126 (s.o.), AHw 839 und Anm. 392.

[453] Vgl. *Šurpu* III Z. 82: *ma-mit li-sak-ke-e šá tu-ub-qa-a-ti*. Die Rituale für diese Figürchen, die auch einfach *ṣalmu* genannt wurden, sind in WIGGERMANN, Prophylactic Figures, passim, publiziert; weitere Hinweise zu den prophylaktischen Statuetten finden sich in: DOUGLAS VAN BUREN, The *ṣalmē*, 65ff; ELLIS, Papsukkal, 51-61. Seine Identifizierung des "Gottes mit dem Stab" als Papsukkal wurde von BORGER, Puppen, 183, und zuletzt von WIGGERMANN, Staff of Ninšubura, 3-34, zugunsten Ninšuburas korrigiert.

[454] KAR 146 (Vs. = Rs.) = MENZEL, Tempel II, Nr. 45 T 100 Rs. iii 17' und T 101 Rs. iv 22', evtl. auch BM 121206 = MENZEL, Tempel II, Nr. 35 T 63 Rs. viii 14'.

C. DAS GÖTTERBILD IM OFFIZIELLEN KULT

Das Götterbild ist das Zentrum der Aktivitäten des offiziellen Kultes, der sich aus mindestens drei Komponenten konstituiert[455]:

- Offiziell anerkannte Gottheit mit festem Wohnsitz
- Festes Tempelpersonal (Minimum ist ein Priester (LU2.SANGA))
- Regelmäßige kultische Versorgung des Gottes bzw. des Tempels

Bevor ein Kultbild seinen engeren Wirkungskreis und seinen Wohnsitz im Tempel beziehen konnte, mußte es in einem langwierigen, teuren und kultisch komplizierten Prozeß hergestellt und eingeweiht werden. Erst danach übernahm es sein praktisches Handlungsfeld und wurde zum Mittelpunkt der verschiedenen kultischen und magischen Rituale des Tempelalltags und der Feste. Da das Kultbild mit seinem Tempel, dem König, seiner Stadt und seinem Land eng verbunden war und für Angreifer neben diesem "ideellen" auch einen erheblichen materiellen Wert besaß, war es in Krisenzeiten Ziel von Raub und Zerstörung. Im folgenden soll das Kultbild des offiziellen Kultes von seiner Anfertigung bis zu seiner Einweihung betrachtet werden, um ein möglichst umfassendes Bild von den Vorstellungen zu erhalten, die seit seiner Entstehung mit ihm verbunden waren.

1. Herstellung und Renovierung

1.0. Vorbemerkung

Am Anfang der Existenz eines jeden Kultbildes steht seine Herstellung durch die Tempelhandwerker. Da dieser Prozeß für die beteiligte Gottheit von geradezu "lebenswichtiger" Bedeutung ist, bleibt weder der Zeitpunkt noch der Ort der Herstellung bzw. Renovierung eines Bildes dem Zufall überlassen. Zahlreiche Götter betreuen den beteiligten König und die Handwerker bei ihrer schwierigen Aufgabe, so daß sich das fertige Kultbild der erfolgreichen Zusammenarbeit von Göttern und Menschen verdankt. Eine besondere Bedeutung wird auch den Werkzeugen und den Materialien zugeschrieben, mit denen die Gottheit bei ihrer "Geburt im Bild" in Kontakt tritt. Der Herstellungsvorgang selbst wird auf mehreren Ebenen vollzogen. Zu nennen ist die göttliche, die königliche und die menschliche. Dem entspricht, daß die Texte der Herstellung theologische Relevanz und kosmische

---

[455] MENZEL, Tempel I, 43; zum Kultpersonal vgl. ebd., 130-300.

Bedeutsamkeit zusprechen und sie für das Wohlergehen des Königs und des Landes in Anspruch nehmen. Zahlreich sind die Belege, die Auskunft über den verwaltungstechnischen, materiellen und handwerklichen Aufwand geben und dadurch Einblicke in die Tempeladministration und die wirtschaftlichen Aspekte des Bilderkultes erlauben.

1.1. Die Terminologie

1. Die Herstellung von Götterbildern wird in den Texten aus Fāra und den archaischen Texten aus Ur (2. Drittel des 3. Jt.s) mit den Verben tag4 und aka (= epēšu "machen") ausgedrückt. Die Inschriften aus Lagaš (seit 2450) besitzen daneben noch die Besonderheit, für die Herstellung anthropomorpher Statuen (zuerst Beterstatuetten) das Verb tu(d)[456] ("gebären") zu verwenden, dessen akkadische Entsprechung (w)alādu[457] im 1. Jt. besonders häufig in diesem Zusammenhang gebraucht wird. Später drückte dù und dím ("herstellen, schaffen") mit der akkadischen Gleichung epēšu[458] ("machen") und banû[459] ("bauen, machen, schaffen") denselben Sachverhalt aus. Mittel- bis spätbabylonische literarische Texte belegen, daß auch bašāmu II ("kunstfertig formen, bilden") eingesetzt werden konnte, wenn von der Herstellung der Kultbilder die Rede war[460]. Im 1. Jt. finden sich in diesem Kontext noch die folgenden Verben:

---

[456] Zur Lesung tu(d) anstelle von ku4 (kur9) vgl. WALKER, DICK, Induction, 63. Zu den Belegen vgl. STEIBLE, Bau- und Weihinschriften, Urn. 24 iv 1-v 2; Urn. 25 ii 4-6; Urn. 26 ii-iii 6; Urn. 51 viff. Die häufig belegte Formulierung "PN hat den Tempel xy gebaut, er hat den (Gott) NN geschaffen (tu = "gebären")" (so u.a. auch übersetzt von SOLLBERGER, KUPPER, Inscriptions royales, 46, BRAUN-HOLZINGER, Mesopotamische Weihgaben, 221, sowie COOPER, Studies, 101-110, bes. 108) wird von SPYCKET, Les statues, 38 u.ö., (rationalisierend) mit "statue pour" übersetzt. Vgl. die Übersicht bei SELZ, Eine Kultstatue, 246. 255 und Anm. 6.

[457] AHw 1457f: "gebären; zeugen, erzeugen"; CAD A I 287-294, bes. 293. Häufiger in dieser Bedeutung ist alādu N belegt; vgl. BORGER, Ash., 83 Rs. 35; 88 Rs. 12; nach FUCHS, A., Sargon, 235f:155ff werden in Ehursaggalkurkurra (i.e. in Aššur) die Götter Ea, Sîn, Šamaš, Nabû, Adad, Ninurta und deren Ehefrauen vorschriftsmäßig (kīniš) geboren (zur Parallele vgl. FUCHS, A., Sargon, 182:426f). Die Statuen werden anschließend nach Dūr-Šarrukīn überführt. Zu alādu G-Stamm vgl. FUCHS, A., Sargon, 51:17-20 (Subjekt ist eine Hypostase Eas). Alādu wird nicht nur für das Herstellen anthropomorpher Statuen verwendet, so vorausgesetzt bei WINTER, I.J., Idols, 21, und BRAUN-HOLZINGER, Mesopotamische Weihgaben, 221 (in Bezug auf tu). Zahlreiche Belege beziehen sich auf die Herstellung von Genien. So z.B.: OIP 2, 108 vi, 77ff; 122:12f (Sanherib läßt durch den Gott Ninkurra apsasātu- und aladlammû-Figuren "gebären" (alādu Š).

[458] AHw 223-229, CAD E 197-201.

[459] Banû IV, vgl. AHw 103 und CAD B 83-86 mit Belegen.

[460] AHw 111, CAD B 137f. Z.B.: BORGER, Ash., 84 Rs. 38, 85 AsBbB iv 7.

- *Nakālu* D "kunstvoll gestalten"[461]. Dieses Verb hebt hervor, daß die Herstellung von Gebäuden, Tier- und Dämonenfiguren und anderen Gegenständen gehobenen handwerklichen und künstlerischen Ansprüchen genügte. In bezug auf Kultbilder wird es selten gebraucht.

- *Kanû*[462] D "pflegen, betreuen, herrichten, versehen", kann (eher selten) Arbeiten am Kultbild bezeichnen. Das Verb beschreibt die respektvolle und sorgfältige Behandlung der Götter(bilder), allgemeiner auch die der Menschen oder diverser Gegenstände.

- *Patāqu* "formen, bilden"[463], wird verwendet, wenn von der Bearbeitung und Gestaltung von Gebäuden und von Bildwerken verschiedener Art (z.B.: Genien oder Kolossalstatuen aus Stein und Metall) die Rede ist. Im Kontext der Herstellung von Kultbildern betont Asarhaddon, daß er für die Bilder der babylonischen Götter Material heranschafft, das vorher noch nicht in Gebrauch war (*ša mamma lā iptiqūšu*)[464].

- *Ahāzu* D "einfassen, plattieren", bezeichnet das Überziehen mit Edelmetallen. Die verschiedensten Gegenstände, Wände und auch Kultbilder[465] können mittels dieser Technik verschönert (und resistenter gemacht) werden. Das Material wird den Handwerkern angeliefert und übergeben. *Halāpu* D[466] und *labāšu* im D- und Š-Stamm[467] sind ebenfalls in dieser Bedeutung belegt.

Zusammenfassend ist festzustellen, daß es kein Verb gibt, das ausschließlich dann verwendet wird, wenn von der Herstellung eines anthropomorphen Kultbildes die Rede ist[468]. Der Sprachgebrauch in Mesopotamien unterschied

---

[461] *Nakālu*, AHw 717, CAD N I 155f, Bed. 3. "to execute in an ingenious, artistic, refined, sophisticated way", wird in den Inschriften Sanheribs gebraucht, um die besondere Herstellungsweise der Gebäude und der Kolossalstatuen herauszustellen. Der König grenzt seine eigenen Machwerke auf diese Weise von denen seiner Ahnen ab, vgl. FRAHM, Sanherib, 56:72 (Rassam), 73:37, und OIP 2, 122:26 u.ö. (jeweils D-Stamm). Auch babylonische Könige formulieren ähnlich, vgl. z.B. Nabonid (VAB 4, 222 ii 7f) und Merodachbaladan (GADD, Barrel-Cylinder, 124:29). *Nakālu* Š findet sich zusammen mit *nikiltu* bei BORGER, Ash., 22, Ep. 26:16!, und BORGER, Zu den Asarhaddon-Texten, 146, Ep. 26:53 (bezogen auf Esagila).

[462] BBS 36 iv 21 (D-Stamm) bezieht sich auf die Gesamtherstellung der Statue des Šamaš; Subjekt ist der König; in K63a iv 5f = IV R 25a:43f ist ein Handwerkergott Subjekt (*ú-kan-ni-ka*). K63a iv 1-19 war von WALKER, Mīs pî, 148f, bearbeitet und übersetzt worden. Im folgenden wird jedoch die Übersetzung und Zeilenzählung von S. 280 vorausgesetzt. Zu weiteren Belegen vgl. AHw 440f und CAD K 541f.

[463] AHw 847; Erra I 160, FRAHM, Sanherib, 76:116. 122. 134 (T 10/11).

[464] BORGER, Ash., 83 Rs. 30 und 88 Rs. 15.

[465] Belege AHw 19; CAD A I 179ff (8); LAS 277:14.15.22 = SAA X, 349.

[466] AHw 310, CAD H 36.

[467] AHw 523f D und Š; CAD L 21f (auch Gt- und N-Stamm). BORGER, Ash., 84 Rs. 39 erwähnt einen goldüberzogenen *šubtu* ("Sitz"). Auch Bauteile, Tische und Genien können vergoldet sein.

[468] Die Reihe der Verben der Herstellung bei ENGEL, Darstellungen, 15, ist daher fast identisch mit der vorliegenden Auflistung.

die Fertigung eines Kultbildes in keiner Weise eindeutig von der Herstellung eines anderen Gegenstandes. In der Mehrzahl der Belege treten der König oder der Handwerkergott und (nur selten) die Handwerker als Subjekt der erwähnten Verben in Erscheinung. Daraus läßt sich schließen, daß die Herstellung als Aktivität des Königs, der Handwerkergötter und der Handwerker angesehen wurde. Dementsprechend vollzieht sich dieser Vorgang auf drei Ebenen: Der göttlichen, der königlichen und der menschlichen. Erwähnenswert ist die Verwendung von *alādu* N ("geboren werden") im 1. Jt. Da dieses Verb auch im Kontext der Herstellung von Genien und Schutzdämonen belegt ist, ist sein Gebrauch kaum auf anthropomorphe Kultbilder zu beschränken. Daher kann von der Tatsache, daß ein Bild "geboren wird", nicht zwangsläufig darauf geschlossen werden, daß ein anthropomorphes Bild vorliegt. Über das Aussehen eines solchen Bildes können keine eindeutigen Aussagen gemacht werden. Es kann sich um Mischwesen oder um anthropomorphe Rundbilder handeln. Der Gebrauch dieses Verbs läßt dagegen eindeutige Schlüsse auf das Wesen des "geborenen" Bildes zu, da er in ein Wort faßt, wie der Herstellungsvorgang verstanden wurde. *Alādu* drückt aus, daß in der (so bezeichneten) Herstellung etwas Lebendiges geschaffen wurde[469]: Die Herstellung eines anthropomorphen Kultbildes wurde als die Geburt eines Gottes verstanden. Ein Gott erblickt in seinem fertiggestellten Bild das Licht der Welt und kann in seinem neuen Körper (*zumru*) mit der Welt Kontakt auf- und seine Funktionen übernehmen. Für Dämonen und Genien trifft im übrigen dasselbe zu.

Nachdem die Herstellung (bzw. die Renovierung s.u.) eines Kultbildes abgeschlossen war, ließ man die Statue im Tempel Platz nehmen. Im Kontext anthropomorpher Kultbilder wird dieser Sachverhalt durch *wašābu* Š und *ramû* II Š ("wohnen lassen") sowie *kânu* D ("dauerhaft machen, aufstellen") ausgedrückt. Diese Begriffe werden im übrigen auch für das Aufstellen von Kultsymbolen gebraucht[470].
Das Verb *zaqāpu*[471] "einpflanzen, aufstellen" wird in bezug auf Kultbilder nur in einem Beleg aus Nuzi verwendet[472] und bleibt daher die Ausnahme.

---

[469] Zum "Heranwachsen des Gottes" vgl. BORGER, Ash., 83 Rs. 36f.

[470] OIP 2, 62 iv 89f (Sanh.); FUCHS, A., Sargon, 211:63 (die Waffe Aššurs; *wašābu* Š). Es ist auffällig, daß das Aufstellen einer Königsstatue demgegenüber mit *izuzzu* Š verbunden wird, vgl. ebd.

[471] *Zaqāpu* bezieht sich auf die folgenden Gegenstände: Stelen, Säulen, Türen, Betten, *aladlammû*-Kolosse, Rohrhütten, kultische Gefäße, Nadeln. In bezug auf Königsstatuen vgl. Tell Fekherye Z. 26 (aramäisch geglichen mit ܢܨܒ (Z. 16); die Inschriften der Statue werden zitiert nach ABOU-ASSAF, A., BORDREUIL, P., MILLARD, A.R., La Statue de Tell Fekherye et son inscription bilingue assyro-araméenne, Etudes Assyriologiques Cahiers 7, Paris 1982; eine ausführliche Bibliographie bietet HUG, Altaramäische Grammatik, 1; eine neuere

Ansonsten findet sich *zaqāpu* nur im Zusammenhang mit Kultsymbolen und Standarten. *Šakānu* "aufstellen, setzen" wird im kultischen Bereich ebenfalls nur für Symbole, Standarten, Königsstatuen, Tier- und Mischwesendarstellungen, hingegen nie für anthropomorphe Kultbilder gebraucht. Ähnliches gilt für die Verben *izuzzu* Š, *karāru*, *tarāṣu* Š, die man jeweils mit "aufstellen" übersetzen kann.

Aus diesem Sprachgebrauch ergibt sich, daß anthropomorphe Kultbilder wie Lebewesen behandelt wurden, denen man einen Wohnsitz zur Verfügung stellte. Die Gottheit bezog ihr Bild und ihren Tempel und nahm an diesem Vorgang jeweils aktiv teil. Verben, die die Gottheit und ihr Bild zur völligen Passivität degradieren, indem sie sie "verdinglichen", werden im Zusammenhang mit dem Kultbild nicht gebraucht. Indem man davon sprach, daß man das anthropomorphe Bild "wohnen ließ" und nicht einfach nur "aufstellte", brachte man die Vorstellung zum Ausdruck, daß die Kultstatue ein personales, lebendiges Wesen war, dem man Ehre erweisen und dessen Willen man gegebenenfalls respektieren mußte.

2. Die Renovierung eines Bildes, eines Tempels und diverser Gegenstände wird mit *edēšu* D-Stamm[473] bzw. *uššušu*[474] ("erneuern") ausgedrückt. Auch *watāru* Š-Stamm ("übergroß, überragend machen, übertreffen lassen"[475]) zählt zu den Termini, die allgemeine Restaurierungsarbeiten bezeichnen. Bei diesem Verb schwingt implizit eine Wertung mit. Sie geht davon aus, daß das Neue das Vorhergehende an Quantität und Qualität übertrifft.

Übersetzung liegt in TUAT I.6, 634-637 vor). Ansonsten findet sich dort für "aufstellen" כון Pa'lel (Z. 10f)). Auch Betyle werden aufgestellt, vgl. Emar VI, 3, Nr. 125:40f. Für weitere Belege vgl. CAD Z 51ff und AHw 1512.

[472] HSS 14 643:5: "Zur Zeit als sie d.U-Nuzuhhe aufstellten".

[473] *Edēšu* D-Stamm, vgl. AHw 187; CAD E 32 und *tēdištu* Erneuerung, vgl. AHw 1344. Im babylonischen Weltschöpfungsepos *Enūma eliš* ist Marduk (unter dem Namen Tutu) für die Erneuerung der Götter zuständig: d.*Tu-tu bān te-diš-ti-šu-nu* [šu-u-ma], vgl. *Enūma eliš* VII 9-14; das Epos wird zitiert nach: LAMBERT, W.G., PARKER, S.B., Enūma eliš. The Babylonian Epic of Creation. The Cuneiform Text, Birmingham 1974, und nach der neuesten Übersetzung in TUAT III.4, 565-602. Von den zahlreichen älteren Übersetzungen sei an dieser Stelle nur auf HEIDEL, The Babylonian Genesis, 18ff; BOTTÉRO, KRAMER, Lorsque, 602-679, und FOSTER, Before the Muses I, 351-402 verwiesen. Auf eine eigene Übersetzung wurde verzichtet.

[474] AHw 1442; LAS 188 Rs. 6 = SAA X, 247.

[475] So in der akkadischen Inschrift der Königsstatue von Tell Fekherye Z. 23f: *ṣalmu šu-a-te eli mah-24.-re-e ú-šá-tir*= aramäisch: דמותא:זאת:עבד:על:יי:קדם:הותר (15). AHw 1489-91 Bed. 5 "Städte, Bauten großzügig ausbauen" und Bed. 6 "Gegenstände reich, mannigfaltig ausgestalten" ist in diesem Sinn zu ergänzen.

Die Reparaturbedürftigkeit eines Götterbildes (oder eines Bauwerkes) wird mit *anhūtu* ("Ermüdung, Verfall")[476], *šalputtu* ("Ruin(ierung)")[477], *niq/kittu rašû* ("schadhaft werden")[478] oder *ekēlu* ("dunkel sein/werden")[479] und deren Derivaten ausgedrückt:

"Wenn das Werk eines Gottes schadhaft wird und beschädigt ist ..."[480]

Batqu[481] ("abgerissen, schadhaft") ist der Begriff, mit dem die Renovierungsbedürftigkeit eines Gebäudes[482], eines Stierkolosses[483] o.ä. festgestellt wird. Daher ist *batqu* der *terminus technicus*, der einen wesentlichen Tätigkeitsbereich der Handwerker bezeichnet, die Reparaturen[484]. *Batqu, batqa ṣabātu* und *batqa kaṣāru* finden sich häufig, wenn es um die Wieder-

---

476 *Anhūtu*, vgl. AHw 51 Bed. 2 und CAD A II 120f; der Begriff bezieht sich meistens auf Gebäude und Gebäudeteile, seltener auf Götter- oder Königsbilder. Vgl. z.B. BORGER, Ash., 53, Ep. 14:13, EBELING, Gebet, 418, VAT 13832:12 (leider unvollständig: *ú-diš an-hu-ut ka-li šip-ru šá* [...]), und die akk. Inschrift von Tell Fekherye Z. 15. Dort entspricht *anhūssu luddiš* dem altaramäischen::חדס:לכננה:יבל (11). Zum Adjektiv *anhu*, "müde, verfallen", vgl. AHw 51 Bed. 2; zum Verb *anāhu* I G "müde sein, ermüden", vgl. AHw 48f Bed. 4 und *anāhu* A 3. in CAD A II 103f, sowie K3219 etc. 1. Zur Transkription dieses Textes s. Text Nr. 2. Die Behebung des verfallenen Zustandes wird meistens mit *edēšu* D-Stamm und den dazu gehörenden Derivaten ausgedrückt, z.B. RIMB 2, B.6.32.14, S. 218:35f, K3219 etc. 2.17.

477 *Šalputtu*, vgl. AHw 1150, mit *lapātu* Š-Stamm "ruinieren, brandschatzen", so nach AHw 535-537, bes. 536. Eindeutig in Zusammenhang mit den Kultbildern (der babylonischen Götter) wird *šalputtu* in BORGER, Ash., 23, Ep. 32:13 gebraucht. Zu *šulputu* "umgestürzt, ruiniert", vgl. AHw 1269.

478 *Niqittu*, vgl. AHw 792 "kritischer Zustand; Mühe", abgeleitet von *naqādu* I G im Stativ (vgl. AHw 743 "ist in kritischer, schwieriger Lage"), unterschieden von *nakādu* "Herzklopfen bekommen", vgl. AHw 717; CAD N II 223 leitet *nikittu* von *nakādu* (vgl. CAD N I 153f) ab, ohne Distinktion von *naqādu*. Als Beleg im Kontext eines Kultbildes, vgl. K3219 etc. 1.

479 *Ekēlu*, vgl. AHw 193f; CAD E 64, z.B. BORGER, Ash., 23, Ep. 32:12.14, Erra I 140; das Gegenteil ist *nabāṭu* Š "erglänzen lassen", vgl. Erra I 141 und BORGER, Ash., 23, Ep. 32:15.

480 K3219 etc. 1, s. Text Nr. 2, S. 469. Diese Formulierungen waren nicht nur auf Kultbilder beschränkt, vgl. SpTU II, Nr. 31 Rs. 6f: [*e*]-*nu-ma giš.at-ta-ri šu-a-ti in-na-h*[*u*]-*ma* DU-*ku la-ba!-ri*[*š*] 7. [*an-h*]*u-ut-su* [*l*]*u-ud-diš* ... "[W]enn dieser Wagen(? vgl. AHw 1493; CAD A II 510) brüch[i]g und al[t] wird, [mö]ge er seinen [Verfa]llszustand erneuern ...".

481 Vgl. AHw 115; CAD B 167f. LAS 191 Rs. 10' = SAA X, 252 könnte sich auf die Statuen von Adad und Šala beziehen. Die Stelle ist aber zu zerstört, um eindeutig zu sein. Ein neuer Beleg im Kontext der Renovierung von Etušgina, dem Tempel von Šar-ṣarbi in Baṣ, findet sich in BM 50582; vgl. GERARDI, Prism Fragments, 131 Z. 8'.

482 Ähnlich auch *la-ba-riš il-li-ku*, vgl. z.B.: VAB 7, 170 Rs. 39 mit Kollation in BIWA 186; 150 x 62 = BIWA 142, T II 43a C I 81 u.ö. *Batqu* ist in diesem Kontext auch im Alten Testament (בדק) belegt, vgl. 2 Kön 12:6-9.13, 22:5, 2 Chr 34:10 (Infinitiv) sowie COGAN, TADMOR, II Kings, 137 (ad 6).

483 SAGGS, Nimrud Letters II, 134, 12-14 (nA).

484 Der entsprechende Begriff für die Neuherstellung lautet *dullu*, vgl. RENGER, Goldsmiths, 499f.

herstellung von Architektur(elementen), (seltener) von Pflügen, Siegeln, Ge-
wändern und Schmuckstücken geht. In bezug auf Kultbilder ist mir kein eindeutiger Beleg bekannt.

Auch hier ist festzustellen, daß es keine Begriffe gibt, die ausschließlich die
Renovierung oder die Renovierungsbedürftigkeit eines anthropomorphen
Kultbildes bezeichnen. Da bei der Herstellung eines Kultbildes von der "Geburt des Gottes" die Rede war, wäre zu erwarten gewesen, daß bei dem Verfall der Bilder, von der "Krankheit" oder dem "Tod eines Gottes" gesprochen wird. Vielleicht ist die Rede vom "Müdewerden" des Bildwerkes am
ehesten in diese Richtung zu interpretieren. Doch ist gerade dieser Ausdruck
häufig auch in anderen Zusammenhängen zu finden. Der Tod eines Gottes
wird in diesem Kontext an keiner Stelle konstatiert.

Eine theologische Interpretation des Verfalls eines Kultbildes liegt vor,
wenn seine Renovierungsbedürftigkeit durch *ekēlu* "dunkel sein/werden"
beschrieben wird. Die Verdunkelung des Bildes oder seines Gesichtes geht
immer mit dem Zorn der jeweiligen Gottheit einher[485]. Wenn ein Kultbild
dunkel (geworden) ist, dann heißt dies also nicht nur, daß die Zeit für eine
Renovierung gekommen ist, sondern auch, daß der göttliche Zorn und die
damit verbundene Strafe droht.

1.2. Der Zeitpunkt der Herstellung

1. Nach der herrschenden Theologie wird sowohl der Zeitpunkt der Herstellung eines Kultbildes als auch der seiner Renovierung von dem Gott bestimmt[486], dem das neue Kultbild gehören wird. Er tut in einer Offenbarung
seinen Willen zu einem neuen Kultbild kund und gibt einen günstigen Moment für den Beginn der Arbeiten an. Göttliche Offenbarung und Initiative
stehen am Anfang der Herstellung eines jeden (legitimen) Bildes.

Bestimmte Monate und Tage waren zur Herstellung von Götterbildern besonders geeignet, andere wiederum nicht. Nach einer Menologie aus Emar[487]
stand es unter einem günstigen Stern, wenn man im *Ajjar* (?) und *Ab* einen
neuen Gott machte (DINGIR.GIBIL DU3-*uš*), während es im *Kislīm* und
Šabāṭ negative Folgen hatte[488]. Eine Menologie aus Aššur nennt sieben Monate des Jahres, die für die Arbeiten an den Götterbildern geeignet sind:

---

[485] Zum "Verdunkeln" der Stimmung, vgl. AHw 193 Bed. 3; CAD E 64. Zur negativen
Konnotation von "Dunkelheit" vgl. WINTER, I.J., Aesthetics, 2574.

[486] Z.B. K3219 etc. 3f oder Erra I 141ff.

[487] Emar VI, 4, 610:34; 611:154'.

[488] Emar VI, 4, 611:140' und 615:86'.

16. Der König des Landes, (wenn) er einen Tempel macht, oder ein Heiligtum erneuert: *Šabāṭ* (und) *Addar* sind günstig.
18. (Wenn) er seinen Gott oder seine verfallene Göt[tin] erneuert, *Nisan, Ajjar, Simān, Elūl, Tašrīt, Šabāṭ* und *Addar* sind günstig[489].

Da sich die Wertungen über die Eignung der Monate z.T. widersprechen, ist davon auszugehen, daß jede Stadt zu diesem Thema ihre eigenen Erfahrungen und Traditionen hatte. Die Angaben sind sicherlich nur als allgemeine Richtlinien zu verstehen. Im konkreten Fall wurden die Götter durch Orakel um genauere Angaben gebeten.

2. Eine weitere Möglichkeit besteht darin, daß ein Gott, der eine hohe hierarchische Position innerhalb eines Pantheons einnimmt, dafür sorgt, daß die Statue eines ihm untergeordneten Gottes hergestellt oder renoviert wird. Der höhere Gott übernimmt in diesem Fall geradezu die Vormundschaft für seinen weniger mächtigen Kollegen. Wenn die Theologie der Herrschenden die Herstellung (bzw. Renovierung) einer Statue auf diese Weise motiviert, dann ist nach den jeweiligen religionspolitischen Absichten und Hintergründen zu fragen.

Als Beispiel sei die Wiederherstellung der Statue des Mondgottes von Harran durch den babylonischen König Nabonid genannt[490]. Die Beauftragung der Renovierung Sîns und seines Tempels Ehulhul ergeht nicht etwa durch den betroffenen Gott selbst, sondern durch den Götterherrn Marduk[491]. Dies hat zweifellos religionspolitische Hintergründe[492]. Nabonid, der sich in seinem Bemühen, den Kult des Mondgottes von Harran wiederherzustellen, einer mächtigen babylonischen Opposition gegenübersah, versuchte diesen Tendenzen dadurch entgegenzuwirken, daß er den Götterkönig selbst die Initiative ergreifen ließ. Indem Nabonid Marduk selbst auftreten ließ, der seinem Willen Ausdruck verleiht, das Kultbild des Sîn renovieren zu lassen, sollte dem Widerstand der Babylonier und der Mardukpriesterschaft der Boden entzogen werden, da davon auszugehen war, daß diese sich kaum dem Willen ihres göttlichen Herrn widersetzen würden. Dadurch daß es Marduk war, der den Auftrag zur Rückkehr des Mondgottes nach Harran gab, war seiner Priesterschaft zusätzlich signalisiert, daß Sîn Marduk verpflichtet

---

[489] KAR 177 Vs. ii 16ff bearbeitet in LABAT, Hémérologies, 152f.
[490] VAB 4, 284ff x und ebd., 218ff i 18.
[491] Zu dieser Gottheit vgl. SOMMERFELD, Marduk, 360-370, und RITTIG, Marduk, 372-4.
[492] Zu den religionspolitischen Maßnahmen des Königs, die in Babylon und in der heutigen Forschung kontrovers diskutiert werden, vgl. TADMOR, Monarchie und Eliten, 302-304, BEAULIEU, Nabonidus, 43-65. 104-147. 203-232, DERS., King, 973f. 976f, TALON, Le rituel, 431f.

bleiben würde, da dieser eindeutig höhere Befehlsgewalt besaß. Zugleich hatte sich Marduk gegenüber dem Mondgott als treusorgender Vormund erwiesen, so daß das Verhältnis des Marduk zu Sîn durch Überlegenheit und Wohlwollen charakterisiert war[493].

Es ist davon auszugehen, daß die Fürsorge eines Gottes für einen anderen die Superiorität des ersteren, aber auch sein freundschaftlich-verwandtschaftliches Verhältnis zum letzteren zum Ausdruck bringt. Rivalitäten der Götter, ihrer Länder und ihrer Anhänger werden zu "ungleichen Freundschaften" modifiziert[494].

Zur Zeit der 1. Dynastie von Babylon konnte sich die erfolgreiche Herstellung, Renovierung oder Aufstellung eines Kultbildes (einer Standarte oder eines Kultsymbols), einer Königsstatue oder eines Schutzgenius darin niederschlagen, daß das Jahr nach den jeweiligen baulichen Aktivitäten des Herrschers benannt und dadurch mit ihm in dauerhafte Beziehung gesetzt wurde[495]. Aus dem ersten Jahrtausend ist derartiges nicht bekannt. Die Bautätigkeiten eines Königs finden hier Eingang in seine Titulatur.

---

[493] Damit zeigt sich Nabonid durchaus noch als "orthodoxer" König. Von einer Substitution Marduks durch Sîn kann daher in diesem Zusammenhang (noch?) nicht die Rede sein.

[494] Zu weiteren Beispielen vgl. BORGER, Ash., 82 Rs. 12 und 84 Rs. 41. Aššur und Marduk bestimmen gemeinsam die Renovierung der Götter von Babylon. Ähnlich auch VON SODEN, Königsgebete an Ištar, 39:29-34 (bzw. 217:29-34) (Ištar gibt den Auftrag zur Renovierung der besiegten Götter).

[495] Vgl. UNGNAD, Datenlisten, 165 Z. 38.40 (38. mu alam d.*ṣar-pa-ni-tum* mu.un.na.dím.ma 40. [m]u alam d.innanna *ù* d.*na-na-a* mu.un.dím.ma) und S. 179ff, Nr. 119. 124. 131. 198. 205. 234. 239ff.

1.3. Der Ort der Herstellung

Sowohl die Herstellung als auch die Renovierung eines Kultbildes finden in der Tempelwerkstätte[496], dem *bīt mummu*[497], statt. Hier ist der Platz, an dem Götter geschaffen und geboren werden[498], der "Ort der Erneuerung"[499]. Wie die Bezeichnung der Werkstatt als "Haus der lebenwirkenden Kraft" andeutet, ist dieser Ort nicht nur ein Bereich, in dem Dinge handwerklich bearbeitet werden, sondern auch ein Ort, an dem die "lebenwirkende Kraft" tätig ist. Die dort ausgeführten Tätigkeiten sind schöpferischer Art: Götter treten hier ins irdische Dasein und werden geboren: "An deinem Ort, an dem Götter geboren werden (úmun.zi ki.dingir.ù.tu.za).[500]" Da die himmlischen Götter in der Werkstatt durch das "formende Prinzip"[501] (*mummu*) eine materielle Gestalt annehmen, wird an diesem Ort Unsichtbares sichtbar gemacht. Die Werkstatt ist das Tätigkeitsfeld und der Arbeitsplatz der Handwerker (und der Handwerkergötter), die dem Gebäude auch den Namen *bīt mārē*

---

[496] So in: BM 45749:1, K6324+ etc. 55, s.u. Text Nr. 1 z.St. Einige Texte gehen aber auch davon aus, daß die Herstellung auf die Zusammenarbeit der Menschen mit den Göttern zurückgeht und daher nicht ausschließlich in der irdischen Werkstatt stattgefunden haben kann. Sie erwähnen als Ort der Herstellung sowohl den Himmel als auch die Erde; so z.B.: BM 45749:54; K6324+ etc. 189f; STT 200 etc. 11-13 = WALKER, *Mīs pî*, 84f, s.u. S. 450; STT 199 etc. 1-4 = WALKER, *Mīs pî*, 62, s. S. 437; K3472:11' = WALKER, *Mīs pî*, 137 (bzw. nach der neuen Klassifizierung der Beschwörungen durch WALKER (Computerausdruck vom 10.2.1995) gehört K3472 Vs. 11'-15' zur Beschwörungstafel 4 Z. 23f, s.u. S. 456 (K2445+ etc.). Bis zur Neubearbeitung dieser Texte durch Walker wird im folgenden die Zeilenzählung aus seiner Arbeit von 1966 beibehalten). Die Statue kann nach Auskunft der Beschwörungen aber auch aus dem Wald der verschiedenen Bäume hervorgehen (z.B.: STT 199 etc. 13ff = WALKER, *Mīs pî*, 62f, s.u. S. 438f; STT 200 etc. 14f = WALKER, *Mīs pî*, 85), aus dem Gebirge (z.B.: STT 200 etc. 16f = WALKER, *Mīs pî*, 85, s.u. S. 450).

[497] CAD M II 198 und AHw 672 sub *mummu* I, "lebenwirkende Kraft"?, daher ist das *bīt mummu* = é.úmun.a das "Haus der lebenwirkenden Kraft". *Mummu* ist ein Begriff, der auch schon in der sumerischen Religion (vor allem in Enkis/Eas Stadt Eridu) eine zentrale Rolle spielte, vgl. VAN DIJK, Sumerische Religion, 443f. VAN DIJK definiert ihn als "die *forma intelligibilis* der Materie, die in aller Ewigkeit *in ratione seminali* bestanden hat" oder als das "formende Prinzip". *Mummu* ist ein Epitheton der Schöpfergötter Ea, Marduk und der Muttergottheit d.Mummu, vgl. GEORGE, BTT, 280. D.Mummu kann auch selbst als Handwerker fungieren, vgl. K1356:5f (= PONGRATZ-LEISTEN, *Ina šulmi īrub*, Text Nr. 2): "Das Tor aus roter Bronze ließ ich, soweit es die Bä[nder] betrifft, [durch] das Werk der Mummu nach eigener Idee herstellen." Vgl. auch LAS 277:20.24f = SAA X, 349 (ein *bīt* d.Mu-um-mu in Uruk) und BM 45749:1, s.u. Text Nr. 1 z.St.

[498] BORGER, Ash., 88 Rs. 13, oder BM 45749:54: "Die Statue, an einem reinen Ort geb[oren]." Das *bīt mārē ummâne ašar ila ibbanû* ("die Werkstatt, der Ort, an dem der Gott geschaffen wurde") wird im Mundwaschungsritual K6324+ etc. 55 erwähnt, s.u. S. 437.

[499] BORGER, Ash., 83 Rs. 28, und weiter LAMBERT, Rezension, 399.

[500] Enki und die Weltordnung, 196; weitere Belege finden sich in: GEORGE, BTT, 280.

[501] Vgl. Anm. 497.

ummânē "Haus der Handwerker" geben[502]. Neben dieser Berufsgruppe sind auch Mathematiker (zur Berechnung der Statik und des Materialbedarfs) als Bewohner dieses Tempelbereiches überliefert[503].

Es ist anzunehmen, daß es in jeder größeren Stadt eine Tempelwerkstatt für die täglichen Reparaturen gab. Gesichert sind uns in Assyrien die Werkstätten von Aššur[504] und Ninive[505], in Babylonien sind die Standorte Borsippa (s.u.), Sippar[506], Uruk[507] und Babylon erwähnenswert[508].

Aus einzelnen neuassyrischen Texten ist bekannt, daß die Götter auch dann in Aššur hergestellt wurden, wenn sie eigentlich für eine andere (bzw. neugegründete) assyrische oder gar für eine babylonische Stadt bestimmt waren. Die einzelnen Götter wurden zwar jeweils in Orakeln über ihren Willen befragt[509], entschieden sich aber immer dafür, in der kultischen Hauptstadt des

---

[502] Vgl. dazu die Belege von (*ina*) *šipir ummânūti* in CAD Š III 83 (6b) bzw. *šipir ina bīt mummu* in FALKENSTEIN, Zwei Rituale, 37 Rs. 4. Wenn man die Ergebnisse, die RENGER, Goldsmiths, 498ff, in bezug auf das neubabylonische Uruk formuliert hat, verallgemeinern darf, dann arbeiteten die Tempelhandwerker in kleineren Arbeitsgemeinschaften zusammen und wurden dabei von ihren Lehrlingen (bzw. von ihren leiblichen Söhnen) unterstützt.

[503] Vgl. HEIDEL, *Mummu*, 102ff. Vgl. auch VAB 4, 254f i 32f: "... (Ich versammelte) die Ältesten der Stadt, die Babylonier, die Schreiber der Zahlen, die Weisen, Bewohner der Werkstatt, die die Geheimnisse der großen Götter bewahren ...". Dementsprechend sind die *mārū mumme* die "Studenten", vgl. IM 78552:34 (Kopie nach CAVIGNEAUX, Texte, 112f) publiziert von GEORGE, Dog Bite, 66f:34.

[504] Es fällt auf, daß das Götteradressbuch (GEORGE, BTT, Nr. 20), das die Tempel in der Stadt Aššur aufzählt, keine Werkstatt (*bīt mummu*) erwähnt, obwohl aus den Inschriften der neuassyrischen Könige eindeutig hervorgeht, daß sich innerhalb des Tempelkomplexes des Gottes Aššur (nicht Eas) eine Werkstatt befand.

[505] Vgl. die Orakelanfrage Asarhaddons (BORGER, Ash., 82 Rs. 21ff; 83 Rs. 29) wegen der Renovierung der Mardukstatue; sie läßt den Göttern die Wahl zwischen den Werkstätten in Babylon, Aššur und Ninive. In Assyrien gab es daher mindestens zwei verschiedene Werkstätten.

[506] BBS 36. Handwerker sind auch noch in der neu- und spätbabylonischen Zeit im Ebabbar in Sippar nachgewiesen, vgl. ZAWADZKI, Ironsmiths, 21-47, MACGINNIS, Letter Orders, 8, sowie JURSA, Landwirtschaft, 3.

[507] RENGER, Goldsmiths, 494-503 (nB).

[508] Beachte den Beleg in GRAYSON, ABC, Nr. 7 iv 5f (Chronik des Nabonid): 5. [... d.GAŠAN] É.AN.NA *šá* UBARA.ki 6. [...] É *mu-um-mu* È. Zur Textergänzung und Lesung des Zeichens EZENxKASKAL vgl. BEAULIEU, UBARA, 97-109. In der Chronik des Nabonid handelt es sich daher um die Göttin Bēlit Eanna der Stadt Udannu. Leider ist der Kontext zu fragmentarisch, als daß man genaueres über die Werkstatt sagen könnte, die in der folgenden Zeile erwähnt wird. Sie könnte sich in Udannu selbst, in der nahegelegenen Stadt Marad oder in den kultischen Zentren Babylon oder Uruk befunden haben. Leider ist die Möglichkeit nicht auszuschließen, daß sich die Z. 5 und 6 auf unterschiedliche Ereignisse beziehen.

[509] Die Götter Babylons entscheiden sich dafür, in Aššur (nicht in Ninive oder Babylon) hergestellt zu werden, vgl. BORGER, Ash., 82 Rs. 21ff; 83 Rs. 29. Die Götter für Sargons neue Hauptstadt Dūr-Šarrukīn werden ebenfalls in Aššur gefertigt, eine Orakelanfrage wird nicht eingeholt, s. dazu S. 155ff. Neutraler formuliert K3219 etc. 1ff, s.u. Text Nr. 2. Nach diesem Text wird die Renovierung im Tempel der jeweiligen Stadt vollzogen, Orts- oder Tempelnamen werden nicht erwähnt.

Reiches geschaffen zu werden. Da die Theologie der Herrschenden keine Zufälle[510] kennt, ist in diesem Zusammenhang nach der Intention dieser Wahl zu fragen.

Sowohl bei der (Wieder)Herstellung der babylonischen Götter durch Asarhaddon als auch bei der Herstellung der (neuen) Götter für Sargons neue Hauptstadt Dūr-Šarrukīn[511] wurde mit der Geburt der Götter in Aššur eine religionspolitische Absicht verbunden. Die neuen Götter sollten durch ihre Herstellung im Tempel Aššurs[512] (gehorsame) Kinder des assyrischen Nationalgottes werden, dem sie ihr Leben verdankten. Auf diese Weise war die Kontinuität zwischen der neuen Residenz Sargons[513] bzw. zwischen den babylonischen Zentren und der alten assyrischen Hauptstadt und die Anerkennung der Superiorität Aššurs[514] gewährleistet. Die Wahl der Werkstatt war daher Ausdruck eines religionspolitischen Gesamtkonzeptes und kein Zufall. Rivalitäten zwischen den Göttern, den Ländern, den kultischen Zentren und den Priesterschaften konnten durch das Postulat verwandschaftlicher Hierarchien und deren Inszenierung bei der Entstehung der Götter(bilder) entschärft werden.

Über den Aufbau des *bīt mummu* unterrichten uns die Texte nur spärlich. Aus einem Ritual der Renovierung eines Kultbildes ist zu erfahren, daß zu einer Werkstatt ein Vorhof gehört, der evtl. auch dem König und seiner Familie zugänglich war. Im Rahmen einer Prozession konnten hier auch rituelle Handlungen stattfinden[515]. Die Werkstatt selbst durfte nicht von "Laien" betreten werden[516]. Nur aus einigen neuassyrischen Texten ist bekannt, daß es dem König erlaubt war, in die Werkstatt zu gehen. Entsprechend der neuassyrischen Konzeption des Königs als des "ersten Handwerkers" seines Landes konnte er sogar den Zug der Handwerker in die Werkstatt anführen[517].

Da die Herstellung und die Reparatur von Götterbildern zur Geheimlehre gehört, ist die Werkstatt ein abgegrenztes Territorium, das kultisch rein sein muß. So finden an diesem Ort verschiedene kultische Handlungen statt, für

---

[510] Ein akkadisches Wort für "Zufall" existiert nicht.

[511] Zu Asarhaddon vgl. BERLEJUNG, Handwerker, 152f, zu Sargon vgl. S. 155ff.

[512] Zur Gottheit Aššur vgl. LAMBERT, The God, 82-86, und LIVINGSTONE, Assur, 200-203.

[513] Diese Interpretation wird zusätzlich dadurch gestützt, daß der König die Gründung seiner Stadt damit feiert, daß er die Götter Aššurs für ein Bankett zu sich bittet und sich damit ihres weiteren Segens versichert, vgl. FUCHS, A., Sargon, 241-244:167-179 mit den Parallelen ebd., 377, Textbaustein 37.

[514] Gemeint ist die Stadt *und* die gleichnamige Gottheit!

[515] K3219 etc. 8 vgl. S. 469: "*ina kisal bīt mummi*".

[516] BORGER, Ash., 82 Rs. 14.

[517] BORGER, Ash., 83 Rs. 28. Auch Sanheribs handwerkliche Tätigkeiten setzen seine Anwesenheit in der Werkstatt voraus. Nach K3219 etc. 8-12 bleibt der König jedoch mit seiner Familie im Vorhof der Werkstatt.

die die Anwesenheit eines Beschwörungs- und Reinigungspriesters notwendig ist[518]. Da die neuen bzw. renovierten Kultbilder die Werkstatt im allgemeinen in Richtung auf ein Flußufer verlassen[519], muß sich in unmittelbarer Nähe des *bīt mummu* ein Fluß oder ein Kanal befunden haben.

Die Götter betraten die Werkstatt jedoch nicht nur, um hergestellt oder renoviert zu werden. Im Rahmen bestimmter Feste kamen die Statuen, um geschmückt zu werden. Daher ist zu vermuten, daß es innerhalb des *bīt mummu* einen Raum gegeben hat, an dem die Schmuckstücke und evtl. auch die Kleider der Götter aufbewahrt wurden[520]. Als Beispiel ist hier auf einen spätbabylonischen Text aus Uruk zu verweisen. Es handelt sich um einen literarischen Text, der sich mit historischen Ereignissen aus der ersten Hälfte des 8. Jh.s beschäftigt und von den Untaten des Nabû-šuma-iškun (760-748 v. Chr.) erzählt[521].

7. Im 3. Jahr ließ er nochmals[522] Nanaya von Ezida[523],
8. die Geliebte des Nabû, in das *bīt mummu* (in Borsippa; Anm. d. Verf.) eintreten.
9. Nabû aber hielt er in Babylon zurück. Und das Vorabendfest (*nubattu*)
10. und den *eššēšu*-Festtag machte er zu *einem* Festtag.

Um genauer zu verstehen, was Nanaya in die Werkstatt von Borsippa trieb, ist es sinnvoll, einen Blick auf den Festablauf zu werfen, der hinter den Ereignissen steht, auf die hier angespielt wird. Leider ist uns von Nanaya und Nabû kein Fest überliefert, bei dem das *bīt mummu* eine Rolle spielt. Dagegen erhellt aus einer Hymne an Tašmētu[524], die "*apkallat* von Ezida" (Z. 7), daß es eine monatliche Prozession der Tašmētu gab, die die Göttin an jedem 5. Tag aus dem *bīt mummu* in ihr Haus zu Nabû führte. Der Gott befand sich in der Zwischenzeit im *bīt ṭuppi*. Im Laufe des Festes treffen sich Nabû und seine göttliche Geliebte in dem Raum, in dem das Familienoberhaupt mit seiner Frau schläft[525] (*ina hammūti*; Z. 8-10). Es ist anzunehmen, daß die Z. 7-9a des oben zitierten Textes auf dieses Fest anspielen und daß Nanaya die Rolle der Tašmētu übernommen hat. Dem *bīt mummu* kommt innerhalb

---

[518] So im Verlauf des Mundwaschungsrituals, das in der Werkstatt beginnt, vgl. S. 191ff.

[519] So im Mundwaschungsritual, vgl. S. 206f u.ö.

[520] Als Ortsbezeichnung für diesen Tempelbereich wurde jüngst von DOTY, *bīt pirišti*, 87-89, das *bīt pirišti* vorgeschlagen.

[521] SpTU III, Nr. 58 Vs. ii 7ff. Nach CAVIGNEAUX, Rezension, 138f, handelt es sich um eine "Chronique du temps de Marduk-apla-uṣur et de Nabû-šuma-iškun". Der Text wurde neu kollationiert, bearbeitet und kommentiert von COLE, Crimes, 220-252, und RIMB 2, B.6.14.1, S. 117-122.

[522] Mit CAVIGNEAUX, Rezension, 139.

[523] Ezida in Borsippa.

[524] SAA III, 6.

[525] AHw 318. Vgl. GEORGE, BTT, 452. 463.

des Festablaufes eine besondere Bedeutung zu. Es tritt als eine eigenständige Prozessionsstation in Erscheinung, die von der Göttin (Nanaya/Tašmētu) regelmäßig (an jedem 5. eines Monats) aufgesucht wird, bevor sie sich mit ihrem göttlichen Liebhaber trifft. In der Werkstatt wird die Statue der Göttin frisch aufgeputzt und geschmückt. Ganz analog zu dem Ablauf eines Rendezvous mit menschlichen Beteiligten, das mit längeren Kleider-, Schmink-, Friseur- und Schmucksitzungen eingeleitet wird, macht sich die Göttin im *bīt mummu* für ihren Partner schön.

Die Verfehlung des Königs besteht nach Ansicht des Textes nun darin, daß er dieses Monatsfest unterband, indem er die Statue des Nabû nicht nach Borsippa zurückkehren ließ, sondern sie in Babylon zurückhielt. Der Gott hatte die Hauptstadt im Rahmen des Neujahrsfestes aufgesucht, um an den Feierlichkeiten teilzunehmen[526]. Ohne das Kultbild des Nabû konnte das Fest jedoch nicht stattfinden, so daß der König den Kultbetrieb in Borsippa lahmgelegt hatte. Über die Hintergründe dieser Aktion läßt sich nur spekulieren. Vielleicht wollte der babylonische König mit seiner "göttlichen Geisel" Borsippa zur Loyalität zwingen.

Der König hat nach den Z. 9b-10 auch Veränderungen am Festkalender vorgenommen. Um diese Veränderung genauer zu verstehen, ist es sinnvoll, das *nubattu*-Fest genauer zu betrachten. Es handelt sich um ein monatlich wiederkehrendes Fest, das nach *inbu bēl arhi*[527] zweigliedrig ist, da dem *nubattu*-Festtag der *eššēšu*-Tag folgt. Nach "*inbu*" hat Nabû-šuma-iškun also zwei Festtage zu einem zusammengelegt und auf diese Weise den kultischen Kalender unrechtmäßig verändert.

Aus den zitierten Texten ergibt sich, daß Nanaya und Tašmētu mit der Werkstatt eng verbunden sind; andere Belege zeigen, daß auch Nabû und Nisaba mit dem *bīt mummu* assoziiert sein können[528].

Als Tempelwerkstätte war das *bīt mummu* keineswegs nur der Ort der Herstellung, Schmückung und Renovierung der Götterbilder. Alle Arbeiten an kultischen Gegenständen wurden hier verrichtet.

---

[526] Wenn die Zusammenhänge richtig rekonstruiert wurden, dann wäre auch ein *bīt hammūti* in Borsippa anzunehmen.

[527] Zu dieser Serie vgl. LANDSBERGER, Der kultische Kalender, 108-113 und 136, CAD N II 308, sowie OPPENHEIM, Diviner's Manual, 205 mit Anm. 40.

[528] Vgl. KAR 31 Rs. 24-28; in HUNGER, Kolophone, 67 Nr. 192, Z. 4, werden beide Götter als *bēlē bīt mumme* bezeichnet.

1.4. Die Hersteller eines Kultbildes

1.4.1. Der König

In zahlreichen Texten nimmt eine Gottheit, die ein neues bzw. ein renoviertes Kultbild in Auftrag gibt, mit dem König Kontakt auf, indem sie ihn träumen[529], günstige Vorzeichen erkennen[530] oder (nur babylonisch) ein altes Modell auffinden läßt[531]. Da der König in der mesopotamischen Schöpfungsordnung als Hüter der "me"[532] eine Mittlerstellung zwischen den Göttern und den Menschen einnimmt, ist dies auch nicht besonders verwunderlich; zudem war er in einem eigenen Schöpfungsschritt von der Muttergöttin Bēlet-ilī als "verständiger Mensch"[533] geschaffen worden[534].

In babylonischen Texten ist der Priester der Ansprechpartner der Götter[535]. Dies hängt sicherlich mit der babylonischen Konzeption des Königtums zusammen, die das Verhältnis zwischen Gott und König durch den Priester vermittelt sieht[536]. Die Stellung des assyrischen und des babylonischen Königs zu den Göttern unterscheidet sich daher grundlegend. In allen Belangen, die das Kultbild betrafen, waren die babylonischen Priester diejenigen, die dem König den Willen der Götter überbrachten. Der assyrische König bedurfte dieser Mittler nicht.

Sowohl in Assyrien als auch in Babylonien[537] leitet der auserwählte Herrscher daraufhin die erforderlichen Schritte für die Herstellung des Kultbildes

---

[529] Z.B. PEA pl. 15 ii 16 = BIWA 141, T II 16.

[530] S.u. Asarhaddon; zu Leberomina, die den Wunsch der Gottheit nach einer bestimmten Frisur zum Ausdruck bringen, vgl. NOUGAYROL, "Oiseau", 23:4. Orakelanfragen konnten auch über das gewünschte Aussehen eines Götterbildes Auskunft geben, vgl. S. 118f.

[531] BBS 36 iii 19ff. Weitere Beispiele bei HUROWITZ, I Have Built, 168-170.

[532] Zu diesem Begriff vgl. S. 20ff, und BERLEJUNG, Handwerker, Anm. 19. Zum König als Gesetzgeber vgl. YANG, King of Justice, 243-249.

[533] Šarru māliku. Es handelt sich um ein Wortspiel in Anklang an die lexikalische Liste malku = šarru (vgl. dazu KILMER, Malku, Tafel i 1); die außergewöhnliche Wortwahl ist m.E. durch diese Anspielung motiviert. Der Vorschlag von MÜLLER, Menschenschöpfungserzählung, 61-85 (Kommentar zur Stelle), läßt diese einfache Erklärung außer acht und überinterpretiert die Stelle. Auch CANCIK-KIRSCHBAUM, Konzeption, 16f, erwähnt die lexikalische Liste nicht.

[534] MAYER, W.R., Ein Mythos, 56:33'ff (= VS 24, Nr. 92). Zu Recht weist CANCIK-KIRSCHBAUM, Konzeption, 15-20, auf den propagandistischen Charakter des Textes und seiner Königskonzeption hin.

[535] Vgl. z.B. BBS 36, und MATSUSHIMA, Divine Statues, 215ff.

[536] Vgl. PONGRATZ-LEISTEN, Ina šulmi īrub, 11.

[537] Nach MATSUSHIMA, Divine Statues, 214-218, bes. 218, bestand in Babylonien neben der Priesterschaft "a sort of 'citizen body'", der die Tempelaktivitäten unterstützte und der u.a. über das Aussehen der Kultbilder und deren Schmuck mitbestimmte. Sie bezieht sich im wesentlichen auf BBS 36, VAB 4, 264 ii 1, YOS 6, 71/2 und RAcc 120f Rs. 22-27. In diesen Texten (zu denen noch VAB 4, 254ff i 32f (Nabonid) zu ergänzen ist) trifft der babylonische

ein, da er erwarten kann, mit dem Segen der Gottheit entlohnt zu werden[538],
wenn er ihren Willen erfüllt. Daß diese Hoffnungen auch trügen konnten,
beweist der folgende Text, in dem wir ein (Sühne)gebet des assyrischen Königs Aššurnaṣirpal I. an Ištar vor uns haben. Der König erinnert die Göttin
daran, daß er ihren Willen und Auftrag prompt erfüllt habe, indem er die
verwüsteten Tempel und Bilder der besiegten Götter erneuert und deren Kult
wieder instandgesetzt habe. Trotzdem war er zu seiner Überraschung nicht
durch den Segen der Gottheit, sondern durch eine Krankheit (Z. 42f) entlohnt worden[539]:

31. Von deinem Mund ging aus, die aufgehäuften Götter (*ilī na-ak-mu-ti*) zu erneuern;
32. die unkenntlich gemachten Tempel erneuerte ich (also),
33. die ruinierten Götter (*ilī šul-pu-tu-ti*) schuf ich (*ab-ni*), ihre Stätte machte ich übergroß.
34. Anteil und Brotopfer setzte ich ihnen für immer fest.

Da jeder König den Auftrag hat, die Götter herzustellen, zu erneuern und
ihre Heiligtümer zu erhalten[540], finden sich zahlreiche Texte, in denen sich
die Herrscher als folgsame, engagierte, fleißige und (daher) legitime Beauftragte ihrer Götter darstellen[541]. Die neuassyrischen Briefe sind eine ergie-
bige Quelle, wenn es darum geht, den König in seiner Rolle als administra-
tives Oberhaupt der Tempelwerkstatt nachzuzeichnen. Es zeigt sich aber
auch, daß sich die Könige nicht damit zufriedengaben, den Handwerkern die
Materialien für ihre Arbeit zur Verfügung zu stellen und sie zu finanzieren,

---

König (bzw. sein Repräsentant) auf den Oberpriester, die *mārē* von Babylon und Sippar, die
ummânū, die Ältesten, die *ērib bīti*, das Priesterkollegium (*kinaltu*) von Uruk, die Schreiber
(der Zahlen) und die weisen Bewohner der Werkstatt. Alle Beteiligten sind als Angehörige
der lokalen Oberschicht anzusprechen, die mit dem Tempel assoziiert sind. Die starke Beteiligung der lokalen Oberschicht der babylonischen Städte an den Geschäften ihres Tempels, die
aus diesen Belegen ersichtlich wird, ist m.E. mit den Privilegien (vgl. z.B. *kidinnu*, *zakûtu*)
der babylonischen Städte in Verbindung zu bringen, die die Rechte des Königs einschränken
und den Entscheidungen der lokalen Führung Vorrang einräumen. Für die Kultbilder der
babylonischen Städte war die lokale Priesterschaft und Oberschicht verantwortlich, die immer
wieder neue Wege beschritt, um ihre Interessen beim babylonischen König (dem die Pflicht
oblag, die Materialien und das Geld zu liefern) durchzusetzen, vgl. z.B. POWELL, Naram-Sin,
29f.

[538] Vgl. S. 103f.

[539] VON SODEN, Königsgebete an Ištar, 217:31-34.

[540] Die Verbindung zwischen der Herstellung eines Tempels und der Herstellung eines
Kultbildes ist seit Urnanše von Lagaš belegt, vgl. STEIBLE, Bau- und Weihinschriften, Urn.
24 iv 1-v 2; Urn. 25 ii 4-6; Urn. 26 ii-iii 6; Urn. 51 viff. Zur Baupflicht des Königs vgl. TA-
LON, Le rituel, bes. 423.

[541] BORGER, Ash., 80:36f; 81 Rs. 2ff u.ö.; SAA III, 44 Rs. 23, vgl. auch HUROWITZ, I
Have Built, 32-90.

sondern daß sie sich auch selbst als "Handwerker auf dem Thron"[542] fühlten, in den Herstellungsprozeß eingriffen und die Fertigung bzw. die Renovierung der Bilder dazu benutzten, ihr religionspolitisches Programm zu verwirklichen. Die Schöpfung und Erneuerung der Kultbilder (und die Inschriften darüber) wurde vor allem unter der Regie der neuassyrischen Könige zu einem beliebten Mittel der Visualisierung und Weitergabe der herrschenden Theologie.

1.4.1.1. Der König als verantwortlicher Koordinator

Der König ist bei der Herstellung bzw. bei der Renovierung eines Kultbildes der verantwortliche Auftrag- und Geldgeber. Daher stellt er den Handwerkern alle Materialien zur Verfügung, die diese für ihre Arbeit benötigen. Dies war nicht nur eine "profane" verwaltungstechnische Aufgabe; er wurde dabei von den beteiligten Göttern tatkräftig unterstützt, die ihn schon von Anbeginn an mit Weisheit und Sachverstand begabten[543].

Nachdem der König das Material abgeliefert hatte, war er noch nicht von seinen Aufgaben befreit. Ständig wurde er über die einzelnen Stadien der Herstellung bzw. der Renovierung auf dem laufenden gehalten[544].

Besondere Verben zur Bezeichnung der technischen Fortschritte gibt es nicht:

LAS 283:5-11 = SAA X, 368.
5. ... die Arbeit (*dullu*) an
6. d.x IB!.KAD3-*an-ni-e*[545] hat ange[fangen] (*re-e-[šú it-ta-ṣu]*).
7. Šarrahītu ist fertig ([*ga*]-*mir*). Die [...]
8. des Königs, meines Herrn, (und) Bēlet ekalli sind nicht [fertig].
9. Wir [führen] Arbeiten an Zababa [aus];
10. Uraš, Er[ra]gal und Lugal[marada] (sind)
11. in den Händen der Handwerker [...][546].

---

[542] Das Motiv der "Herrscher als Baumeister" ist seit Urnanše nachzuweisen; vgl. auch die Darstellung des Aššurbanipal und seines Bruders in BÖRKER-KLÄHN, Bildstelen, Abb. 224-226 mit dem Kommentar.

[543] BORGER, Ash., 83 Rs. 29ff. FUCHS, A., Sargon, 39:47-49 u.ö., vgl. die Belege ebd., 375, Baustein 16. Im Alten Testament übernimmt Jahwe die Aufgabe Eas, den König zu begaben, vgl. z.B. 1 Kön 5:9ff. In Ugarit und in Karatepe war El dafür zuständig. Vgl. zuletzt DIETRICH, LORETZ, Weisheit, 31-38.

[544] Vgl. die Briefe an den König in LAS 276 = SAA X, 348; LAS 57 = SAA X, 40; LAS 58 = SAA X, 41 (Material für die Krone für Nabû); LAS 281 = SAA X, 353 (Vollendung der Krone); LAS 188 = SAA X, 247 (die Erneuerung einer Statue); u.ö. Vgl. auch den Kommentar zu den jeweiligen Stellen in LAS II. S. weiter ABL 185. 531. 911. 1051 und SAA I, 138:3ff.

[545] Mit SAA X, 368 z.St.

[546] Zu den Göttern vgl. LAS II z.St.

Die Herstellung der anthropomorphen Bilder wird insgesamt mit *dullu* bezeichnet, einem Begriff, der für die verschiedensten Arbeiten gebraucht werden kann[547]. Auch bei den Verben zeigt sich, daß die akkadische Sprache für
die Arbeiten an den anthropomorphen Kultbildern kein besonderes Vokabular kennt.

Da es auch in diesem Zusammenhang keine Regel ohne Ausnahme geben
kann, ist auf eine besondere Formulierung von Asarhaddon hinzuweisen[548].
Er beschreibt die Fortschritte an den Statuen der babylonischen Götter mit
einem Ausdruck, der ansonsten das Heranwachsen eines Menschen bezeichnet:

"und ihre Gestalt gedieh" (*šamāhu gattu*)

Da Asarhaddon in den vorhergehenden Versen seiner Inschrift die Herstellung bzw. die Renovierung der Kultbilder als "Geburt" der Götter angesprochen hatte, ist die zitierte Formulierung als konsequente Fortführung seines
Gedankengangs zu werten. Er versteht die Statuen der Götter als deren Körper und setzt sie mit dem menschlichen Körper in Beziehung. Auf diese
Weise teilen die Götterbilder das Schicksal der Menschen; sie werden geboren und wachsen (unter Aufsicht der Eltern) heran.

Ein besonders ausführliches Beispiel für die Zusammenarbeit des Königs
mit seinen Handwerkern bietet der folgende neuassyrische Brief an Asarhaddon[549]:

1. An den König, [unseren Herrn, (von) deinen Dienern]
2. Nabû-ahhē-[erība (und) Balasî]:
3. Wohl möge es de[m König, unserem Herrn,] gehen;
4. Nabû (und) Marduk, [den König,]
5. unseren Herrn, mögen sie [segnen].
6. Wegen der Kron[e, wegen der der König,]
7. unser Herr, uns geschrieben hat -
8. die Augensteine, die uns gezeigt wurden,
9. sind sehr schön.
10. Nabû, der Herr der Länder, den König,
11. unseren Herrn, möge er segnen.
12. Die Tage des Königs, unseres Herrn, möge er verlängern,
13. den Gewinn des Kronprinzen
14. und den seiner Brüder möge Nabû

---

[547] AHw 175, CAD D 173-177. bes. 175. Die Arbeit der Handwerker und Angestellten
des Tempels wird vor den Göttern mit "gut" oder "nicht gut" beurteilt, vgl. EBELING, NbB,
Nr. 296 Co 70:7ff. Dieses Urteil beeinflußt die Weiterbeschäftigung der jeweiligen Person, es
ist also eine Art "Zeugnis" der Vorgesetzten.
[548] BORGER, Ash., 83f Rs. 36f.
[549] LAS 58 = SAA X, 41.

15. dem König, unserem Herrn, zeigen.
16. Betreffend dem, was der König, unser Herr, uns schrieb:
17. "Ich habe Obsidian aufgehoben"[550].
18. Wenn Auge[n]
19. fehlen
Rs.
1. mögen Augenstei[ne][551]
2. [daraus] gemacht werden.
3. [Wenn ein šan]duppu[552]
4. f[eh]lt, dann mögen
5. šanduppu
6. daraus gemacht werden.
7. Wenn es überschüssig ist,
8. mögen sie es übriglassen.

Der König stellt der Tempelwerkstatt nicht nur zahlreiche (Halb-)Edelsteine zur Verfügung, sondern läßt sich auch über deren Verwendungsmöglichkeiten beraten. Dies zeugt davon, daß er über eine Mindestmaß an handwerklichem Sachverstand verfügte. Er war fähig die verschiedenen Steine zu unterscheiden, er kannte ihre Namen, ihr Aussehen und die Möglichkeiten ihrer Verarbeitung[553].
Interessant ist der Vorschlag der Handwerker, aus dem dunklen Obsidian Augensteine herzustellen. Es ist zu vermuten, daß der schwarze Stein in einen helleren Stein eingelegt wurde, so daß das Ganze das Aussehen eines (menschlichen) Augapfels mit schwarzer Iris imitierte[554]. Gemmen dieses Aussehens wurden für die Augen der Kultbilder, als Votivgaben für die Götter oder als Schmucksteine verwendet[555]. Wahrscheinlich wurden ihnen apotropäische Fähigkeiten zugesprochen, da sie durch ihren "Blick", das Böse bannen konnten. Im kultischen Bereich sind sie daher häufig anzutreffen[556].

---

[550] Ich schließe mich der Deutung PARPOLAs in LAS II, z.St. an. *Watāru* mit Ventiv erscheint mir unwahrscheinlich.

[551] Augensteine, d.h. Steine in Augenform, Perlen. *Ēnu* (IGI2.MEŠ; Augen(-steine)) können nach SAA VII, 81 Rs. 3 und 86:1.3 aus *pappardaliu/pappardilû*-Stein, nach SAA VII, 72:24' aus Gold und nach SAA VII, 86:4 aus na4.muš.gír = *muššāru* "Serpentin" sein.

[552] Zu *šanduppu* vgl. CAD Š I 375f "an ornament of precious stone."

[553] Vgl. BERLEJUNG, Handwerker, 152 mit Anm. 25.

[554] Vgl. die Krone der ELIE BOROWSKI Collection (s. Anm. 233), in der sich runde Einlagen aus Quarz befinden, die in der Mitte für das Einlegen eines weiteren (dunkleren?) Steines Platz lassen. Zu den Augen der Kultbilder vgl. S. 46f mit Anm. 245.

[555] LAMBERT, Eye-Stone, 65ff. Vgl. PLINIUS der Ä., Hist. Nat. Buch 37 Kap. 55 (EÜ.): "Das Auge Bēls ist weißlich um eine dunkle Pupille, die aus der Mitte mit einer goldenen Farbe funkelt; wegen des Aussehens ist es (der Augenstein; Anm. d. Verf.) dem heiligsten Gott der Assyrer geweiht."

[556] Auch das Alte Testament kennt die magischen (Stein-)Augen im Umfeld Jahwes, vgl. Ez 1:18 (vgl. die Materialangaben VV. 16.22.26).

Weder in Assyrien noch in Babylonien war es üblich, daß die Handwerker Verfertigungsinschriften auf ihren Werken anbrachten[557]. Es gab für sie keine Möglichkeit, ihre "Kunstwerke" mit ihrem Namen in eine dauerhafte Beziehung zu setzen; sie blieben anonym. Ganz anders dagegen die Könige. Sie ließen ihren Namen auf den Kultgegenständen, den Schmuckstücken und den Paraphernalia der Götter anbringen, so daß sie für immer mit ihren Stiftungen verbunden waren. Auf diese Weise war gesichert, daß nur sie selbst in den Genuß der göttlichen Dankbarkeit kamen. Als Beispiel ist ein neuassyrischer Brief an Asarhaddon zu erwähnen[558], der dem König davon Kenntnis gibt, daß die Krone des Nabû vollendet ist. Es fällt auf, daß die Namen des Königs und des Kronprinzen auf das neue Schmuckstück geschrieben werden, jedoch nicht der Name der Königinmutter, obwohl diese ein Pfund Gold in dieses Projekt investiert hatte[559]. Die Krone wird durch den Namen als Eigentum des Königs und seines Nachfolgers gekennzeichnet, das beide der Gottheit stiften. Da Götter sich über sinnvolle Geschenke genauso freuen wie Menschen, segnet Nabû im Gegenzug den König und seinen Sohn für die gute Tat.

Der folgende Brief[560] ermöglicht einen ausführlichen Einblick in die Kommunikation des assyrischen Königs mit seinen Handwerkern. Er vermittelt einen Eindruck darüber, wie genau er es mit seiner Sorgfaltspflicht für die Götter nahm:
(Auf die Frage des Königs)

11. Welche Arbeit (*dullu*) [an den Göttern ist (noch) f]ehlerhaft (*ma-aṭ-ṭi*)?
12. Dem König, meinem Herrn, habe ich mitgeteilt: [Die Ausstattung (*šakuttu*) der Nanay]a
13. ist mangelhaft. (Aber) das Gesicht und die Händ[e der Uṣur]amātsa[561]
14. sind mit Gold überzogen (*uh-hu-zu*), ihr Leib (*la-a-nu*) und [ihre Füße]
15. sind nicht mit Gold überzogen. Ein *la*[*mahuššû*-Kleid tr]ägt sie ([*lab*]-*šá-at*),
16. eine Goldkrone trägt sie. Zwei [Drache]n
17. aus Gold sind vollendet (*ga-am-ru*). Rechts und links [auf] ihrem [Podest] (*kigallu*)
18. stehen sie. Aus Assyrien nach Uruk
19. habe ich sie bringen lassen. Und (bezüglich der) Arbeit an [Arkā]jītu,

---

[557] Zu diesen Inschriften, die aus Griechenland und Phönizien seit dem 8. und 7. Jh. bekannt sind, vgl. HELTZER, Organisation, 57ff.

[558] LAS 281 = SAA X, 353.

[559] Nach dem neuassyrischen Brief LAS 276:12ff = SAA X, 348. Zu den Votivinschriften der Naqia für ihren Sohn Asarhaddon und ihren Enkel Aššurbanipal auf ihren Stiftungen für (verschiedene) Göttinnen vgl. WATANABE, Votivsiegel, 249-251.

[560] LAS 277 = SAA X, 349. Es handelt sich bei den Göttern, die bearbeitet werden, um Bewohner der babylonischen Stadt Uruk, die Asarhaddon im Zuge seiner Babylonien-Politik erneuern und zurückführen ließ.

[561] RIMB 2, B.6.31.17, S. 187:11-18 berichtet die Rückführung der Nanaya, BORGER, Ash., 84 Rs. 43, die der Uṣuramātsa. Zu den Göttern und Göttinnen von Uruk in neubabylonischer und seleukidischer Zeit vgl. BEAULIEU, Antiquarian Theology, 47-75.

20. Anunītu und Palil [in der Werk]statt ([*ina bīt*] *mu-um-mu*)[562]:
21. Die Arbeit des Schreiners und des Graveur[s ist vo]llendet.
22. Mit Gold sind sie (noch) nicht überzogen (*uh-hu-zu*). Silber
23. haben wir gegeben. Gold bekommen sie noch von mir.
24. Sobald wir die Arbeit an Uṣuramātsa und die an der Werk-
25. statt abgeschlossen haben und der Tempel vollständig ist,
26. werden wir den Schmuck Nanayas machen.

Der König ließ sich über die handwerklichen Fortschritte an jedem einzelnen Kultbild genauestens Meldung machen. Obwohl er an der Fertigung nicht aktiv mitwirkte, ist davon auszugehen, daß er über handwerkliche Kenntnisse verfügte, da er in der Lage gewesen sein muß, die Informationen seiner Delegierten zu verstehen, einzuordnen und zu beurteilen.

Aus dem zitierten Brief läßt sich ablesen, welche Stadien ein Kultbild durchlaufen mußte, bevor es als vollendet galt:

Der erste Arbeitsschritt fiel in den Aufgabenbereich des Schreiners. Er schnitzte den hölzernen Kern und setzte die Einzelteile des Kultbildes (Rumpf, Hals, Kopf, Arme, Beine) mit Holzdübeln und -keilen zusammen[563]. Ihm zur Seite gestellt war der "Graveur", der den "Rohling" des Kultbildes soweit fertiggestellt zu haben scheint, daß der Goldschmied daran gehen konnte, ihn mit Gold bzw. Silber zu überziehen[564]. Die Aufgabe und der Arbeitsbereich des "Graveurs" erhellt m.E. aus dem Holztorso eines Kultbildes (?), der im seleukidischen Uruk gefunden wurde[565]. Trotz der Beschädigungen des Holzes ist deutlich erkennbar, daß der Oberkörper "graviert" bzw. (besser!) mit Schnitzereien versehen war, die (auf der Rückseite?) ein Falbelgewand mit einem dreieckigen Nackenausschnitt andeuteten. Wenn sich diese Beobachtung auf die Herstellungspraktiken der neuassyrischen Zeit übertragen ließe, was vor dem Hintergrund des Konservatismus der Kultbilder[566] plausibel erscheint, dann verbirgt sich hinter dem *kab/pšarru* der Schnitzer, der die Holzteile der Statue mit Ornamenten verzierte, die Kleider imitierten. Wenn der Goldschmied anschließend Gold und Silber über das Schnitzwerk klopfte, so entstand kein nackter goldener Götterkörper, sondern ein bekleideter Leib.

Da Gesicht und Hände der Uṣuramātsa vorrangig behandelt wurden, ist davon auszugehen, daß man auf diese Körperteile besondere Sorgfalt ver-

---

562 Ein Tempel der Mummu ist in Uruk m.W. nicht nachgewiesen, so daß die Ergänzung von SAA X, 349 z.St. ([*ša* É-d.]*mu-um-mu*) sachlich nicht möglich ist. Wahrscheinlicher handelt es sich um den Teil des Tempels Eas, der als Werkstatt fungierte, so daß eher an das bekannte *bīt mummu* zu denken ist, vgl. S. 89ff.

563 Vgl. dazu S. 120ff.

564 Vgl. S. 132f.

565 VAN ESS, PEDDE, Uruk, Holz Nr. 1332.

566 Vgl. S. 37 (konservativ).

wandte (sie blieben auch dauerhaft sichtbar und verschwanden nicht etwa unter der Bekleidung der Figuren). Leib und Füße gehörten offensichtlich einem späteren Arbeitsgang an. Diese Prioritäten stützen den oben formulierten Gedanken, daß Gesicht und Hände die äußerliche Erscheinung der Götter prägten und daß sich an diesen optisch exponierten Punkten die Begegnung zwischen Menschen und Göttern konzentrierte.

Um die Götter aus der Werkstatt zu entlassen, war es nötig, sie mit ihren Kleidern und ihrem Schmuck (Krone) auszustatten; beides konnte in der Werkstatt angefertigt und an den Bildern angebracht werden. Da die Statuen im allgemeinen auf einem Podest standen (bzw. auf einem Thron saßen), das häufig mit den Emblemtieren der jeweiligen Gottheit geschmückt war, mußte das Podest (bzw. der Thron) dem theologischen Profil des jeweiligen Gottes entsprechen und wurde deshalb an Ort und Stelle mitgearbeitet. Nach Rs. 25f hat es den Anschein, als wäre die *ša/ukuttu* einer Gottheit erst zuletzt hergestellt worden.
In der Tempelwerkstatt liegen demnach die verschiedensten Arbeiten an. Sie reichen von der Herstellung kleinerer Schmuckteilchen durch einen einzelnen Handwerker bis zu komplexen Handwerksprozessen, die mehrere Tage dauern und die die Zusammenarbeit und Koordination mehrerer Fachleute erfordern. Aus dem zitierten Brief ergibt sich, daß die Aufteilung und die Reihenfolge der Arbeiten an Ort und Stelle nach unterschiedlichen Prioritäten organisiert wurde. Wenn man dem Arbeitsplan dieses Briefes glauben darf, dann hatte die Werkstatt in Aššur nur begrenzte Kapazitäten. Maximal fünf Kultbilder konnten gleichzeitig (in den verschiedenen Stadien ihrer Herstellung) bearbeitet werden. Andere Aufträge mußten warten. Dies bedeutet, daß Großaufträge, die mehrere Kultbilder für neue Stadtgründungen orderten (wie z.Zt. Sargons II.) oder die die Renovierung der Götter eines ganzen Landes befahlen (wie z.Zt. Asarhaddons), die Tempelwerkstatt lange Zeit blockierten und enorme personale wie materielle Kapazitäten banden.

LAS 277 läßt auch Aufschlüsse darüber zu, was Asarhaddon meinte, wenn er von einer "Renovierung" der Kultbilder sprach. Wir wissen aus einer seiner Inschriften, daß er die Vorgänge, die im vorliegenden Brief berichtet sind, als "Erneuerung" und nicht als "Neuherstellung" der Götter verstanden wissen wollte[567]. Dies ist überraschend, da aus dem zitierten Text eindeutig hervorgeht, daß von den "alten" Bildern nicht mehr viel übrig sein kann. Sie werden von Grund auf (d.h. vom Holzkern an) neu geschaffen. Dies deutet darauf hin, daß auch dann von der "Erneuerung" eines Kultbildes gespro-

---

[567] BORGER, Ash., 84 Rs. 40ff.

chen werden konnte, wenn vom Originalzustand des Vorläufers kaum mehr
etwas vorhanden war. Unter Umständen konnte man von dem alten Bild nur
noch das Edelmetall und die Edelsteine wiederverwenden. Wenn das Metall
durch die Beimischung von (zu viel) Lot verunreinigt war, war nicht einmal
mehr das ohne weiteres (zu denken wäre etwa an Reinigungsverfahren)
möglich. In diesem Fall haben nur noch die Edelsteine die Verbindung zu
dem alten Bild aufrechterhalten. Da sowohl die Neuherstellung als auch die
Renovierung (LAS 277!) eines Bildes damit einsetzt, daß ein neuer Holzkern angefertigt wird, ist die Grenze zwischen einer "Erneuerung" und einer
"Herstellung" nur schwer zu fassen. Das tatsächliche Geschehen bzw. der
technische Ablauf unterscheidet sich kaum, so daß davon auszugehen ist,
daß es sich bei beiden Begriffen nicht um eine exakte handwerkliche Angabe, sondern vielmehr um eine Wertung handelt, die Bilder als alt oder neu
bzw. als traditionell oder innovativ verstanden wissen will, unabhängig davon, ob diese Bilder alt oder neu *sind*. Wenn die Differenzierung zwischen
der "Herstellung" und der "Renovierung" eines Bildes eine Sache der Wertung oder der Einordnung ist, dann ist danach zu fragen, welche Intentionen
jeweils damit verbunden sind.

Als Tendenz ist festzuhalten:

Wenn die Arbeit an einem Kultbild als eine "Erneuerung" charakterisiert
wird, dann wird das neue Bild als Fortsetzung des alten dargestellt. Das Verhältnis zwischen beiden wird durch Kontinuität und Tradition bestimmt[568].
Ist dagegen von einer "Herstellung" die Rede, dann wird die Neuartigkeit
der Gottesoffenbarung, die Begründung einer neuen (bzw. die gebrochene)
Tradition und die alles übertreffende Qualität des Bildes betont[569].

Wie erwähnt, wollte Asarhaddon seine Maßnahmen an den Göttinnen von
Uruk als "Erneuerung" ihrer "alten" Kultbilder verstanden haben. Nach den
Inschriften seines Sohnes Aššurbanipal[570] weilten die "alten" Bilder der Göttinnen von Uruk jedoch (noch) in ihrem Exil in Elam[571]. Daraus läßt sich
schließen, daß es sich bei den Bildern, die Asarhaddon nach Ausweis des
vorliegenden Briefes renovieren ließ, um die Ersatzbilder handelt, die man
in Uruk hergestellt hatte, um die (nach Elam) verschleppten Statuen der Göttinnen zu ersetzen. Wenn diese Überlegung zutrifft, dann ließ Asarhaddon
die Ersatzbilder renovieren bzw. Ersatzbilder der Ersatzbilder anfertigen.

---

[568] Dies zeigt sich vor allem in den Inschriften Asarhaddons (vgl. die folgenden Ausführungen).

[569] Dies zeigt sich vor allem in den Inschriften Aššurnaṣirpals II. und Sargons II. s.u. Abschnitt 1.6.3. und 1.6.4.

[570] Zur historischen Einordnung des Königs und seiner Politik vgl. zuletzt MAYER, W.,
Politik, 397-411.

[571] VAB 7, 220 K3101a+ 21-35 (Nanaya, Uṣuramātsa und Arkājītu) und VAB 7, 58 vi
107-124 = BIWA 57f, A VI 107-124.

Diese Tatsache spielt für den König jedoch keine Rolle. Für ihn ist nur wichtig, daß er die Götter von Uruk renoviert, die unbeliebten Maßnahmen seines Vaters Sanherib wiedergutmacht und sich auf diese Weise mit der Stadt und ihren himmlischen und irdischen Bewohnern versöhnt. Die Restaurierung der Götter von Uruk ist ein weiterer Baustein in Asarhaddons Babylonien-Politik, deren Ziel darin lag, die Basis für ein stabiles Doppelkönigreich zu schaffen[572]. Daher knüpfte er an den alten lokalen Traditionen, i.e. an den Kultbildern Uruks an und stellt sich mit deren Erneuerung (!) in deren Kontinuität.

Sein Sohn Aššurbanipal ging in seiner Suche nach einem Anknüpfungspunkt an die Traditionen und an die Geschichte Uruks weiter zurück. Er befreite die Statuen der Göttinnen aus ihrem Exil in Elam und führte sie an ihren Wohnsitz zurück[573]. Die Repatriierung der alten Götterbilder nutzt er propagandistisch aus, so daß er zu dem erwählten König wird, der die Versöhnung der "erzürnten Götter" mit Uruk vollziehen darf und dem die lokale Priesterschaft die Restitution der religiösen Traditionen der Stadt verdankt, wenn auch aus den obigen Ausführungen zu entnehmen ist, daß der Kult Uruks schon seit Asarhaddon wieder völlig intakt war[574]. Es dürfte kein Problem für die urukäische Priesterschaft dargestellt haben, mehrere legitime Bilder ihrer Göttinnen zu besitzen. Wie aus zahlreichen Texten zu belegen ist, war es durchaus möglich, daß ein Tempel mehrere Bilder derselben Gottheit enthielt[575].

1.4.1.2. Die Omina

Zahlreiche Omina sammeln und reflektieren die Konsequenzen, die mit der Herstellung und der Renovierung von Götter(bildern) verbunden waren. Häufig werden diese Maßnahmen einem "Menschen" zugeschrieben, über dessen Identität sich die Texte zwar nicht weiter äußern, der aber nur in höfischem Kontext und in leitender Position vorstellbar ist:

15'. Wenn er einen Tempelkultsitz (bará é) macht: er wird einen Gott haben
16'. Wenn er einen ne[uen] Gott [macht][576]

---

[572] Vgl. PORTER, Images, 119-153, BERLEJUNG, Handwerker, 152f.

[573] Vgl. die vorletzte Anm.

[574] Dies läßt sich auch daraus entnehmen, daß die Göttinnen Uruks Marduk begrüßen, als er von Aššurbanipal (vor dessen Feldzug nach Elam!) nach Babylon zurückgebracht wird, vgl. dazu VAB 7, 266 Rs. iii 12f (mit Kollationen in BIWA 188), und LAS II z.St.

[575] Vgl. z.B. III R 66 i 17.19 = MENZEL, Tempel II, Nr. 54 T 114 (Ea); Nr. 54 T 117 iv 20-37 (Adad und Aššur).

[576] So in Emar VI, 4, Nr. 611:15'f, ähnlich auch ebd., Nr. 615:86' und Nr. 610:33f.

oder:

57. Wenn ein Mensch seinen Gott erneuert, sein Gott [sein H]elfer [...]
58. Wenn ein Mensch seine Göttin erneuert [...]
59. Wenn er seinem Gott ständig Brotopfer bringt [...][577]

In einigen Omina ist der König konkret erwähnt[578], zu dessen Aufgaben die Herstellung bzw. Renovierung eines Kultsitzes und eines Kultbildes zählen:

26. Wenn der König seinen Gott erneuert, sein Gott sein Helfer [...]
27. Wenn der König seine Göttin erneuert, die Göttin zum Guten [wird ihn führen].
28. Wenn der König einen fremden Gott erneuert, dieser König [...]
29. [Wenn ein Köni]g etwas Altes erneuert [...]

Die Erneuerung bzw. die Herstellung eines Kultbildes hat für die Zukunft des Königs, der diese Arbeiten vollzieht (bzw. vollziehen läßt) im allgemeinen positive Konsequenzen, solange er sich dabei an die rituellen Erfordernisse und die Vorgaben der Hemerologien und Menologien hält[579]. Der Fürsorge des "Menschen" für die Götter folgt die Fürsorge der Götter für den "Menschen". Tun und Ergehen entsprechen sich.

1.4.1.3. Der König als "erster Handwerker" und Theologe

Wenn die Handwerker kultische Gegenstände oder Kultbilder herstellen, wird ihre Tätigkeit als Zusammenarbeit mit den Handwerkergöttern verstanden, die ihnen Begabung, Weisheit und Know-How verleihen[580]. Im Laufe des Mundwaschungsrituals[581] müssen sie in einem feierlichen Eid auf ihre Beteiligung an der Geburt der Götter verzichten, so daß das neue Kultbild nur noch als Werk der Hypostasen Eas erscheint. Die Bilder der Götter sind daher nicht mehr von menschlichen Händen, sondern allenfalls von göttlichen Händen geschaffen worden. Daher kann man davon sprechen, daß *die Handwerker den Göttern ihre Hände leihen*. Da sie jedoch nicht nur den Göttern, sondern auch dem König als ihrem obersten Dienstherren verpflichtet bleiben, der sich die erfolgreiche Herstellung eines Kultbildes, eines

---

577 *Šumma ālu*. Diese Omenserie wurde herausgegeben von: NÖTSCHER, Or 31, 3-78, sowie DERS., Or 39-42, und DERS., Or 51-54. Bei dem folgenden Zitat handelt es sich um CT 40, 10 = NÖTSCHER, Or 39-42, 30f:57-59.
578 CT 40, 9 (Sm 772) = NÖTSCHER, Or 39-42, 44f:26-29. Vgl. auch CT 40, 8 (K2192) = NÖTSCHER, Or 39-42, 41f:1ff, ähnlich auch IV R 33 iv 5f.
579 Vgl. dazu z.B. LABAT, Un calendrier, 103.
580 Vgl. dazu und zum folgenden BERLEJUNG, Handwerker, 146-149.
581 Zu diesem Ritual vgl. S. 191ff.

Tempels o.ä. im allgemeinen selbst zuschreibt, *leihen die Handwerker auch dem König ihre Hände.*

Einige Herrscher begnügen sich jedoch nicht damit, den Handwerkern Material zu liefern und sie zu finanzieren, sondern sie legen Wert darauf, in eigener Person von Ea mit Weisheit, Einsicht, Verstand und Kunstfertigkeit begabt worden zu sein[582]. Da der König auf diese Weise an der Unterweisung Eas teilhat, die Handwerker auswählt, versammelt und in die Werkstatt hineinführt, kann er auch als der Oberste der Handwerker, der "Erste ihrer Zunft", angesehen werden[583].

Nur selten berichtet ein König, daß die Herstellung eines Kultbildes ohne die Mitwirkung einer göttlichen Inspiration gelang. Zu nennen ist der assyrische König Aššurnaṣirpal II., der sich wiederholt rühmt, Kultbilder mit "eigenem Verstand" angefertigt zu haben[584]. Er stellt sich dadurch als kompetenter Handwerker dar, der fähig war, den Ausbau seiner Hauptstadt Kalhu und ihrer Tempel ohne äußere Hilfe durchzuführen. Selbstverständlich ging auch er davon aus, daß seine Weisheit auf ein Geschenk des Weisheitsgottes zurückzuführen war[585].

Aššurnaṣirpal II. ist weder der erste noch der letzte mesopotamische König, der für sich handwerkliche Fähigkeiten in Anspruch nahm[586] und wahrscheinlich auch wirkliche Fachkenntnisse besaß. Vor allem die neuassyri-

---

[582] So z.B. in BBS 36 iv. Der babylonische König stellt mit der Unterstützung Eas und der Handwerkergötter ein Šamaš-Bild her. Entsprechend der Konzeption des babylonischen Königtums ergeht die Offenbarung des Gottes an den König durch die Vermittlung des Oberpriesters. Anders in Assyrien, vgl. BORGER, Ash., 82 Rs. 10ff.

[583] BERLEJUNG, Handwerker, 151-153, und zusätzlich den Beleg VAB 7, 256 Vs. i 24f mit Kollationen s. BIWA 187 (L4).

[584] RIMA 2, A.0.101.31, S. 295:13-15; parallel dazu: RIMA 2, A.0.101.1, S. 212 ii 132-135. Zur historischen Einordnung des Königs vgl. LAMBERT, The Reigns, 103-109, sowie MAYER, W., Politik, 267-274.

[585] Dies ergibt sich aus RIMA 2, A.0.101.30, S. 289:22f: "... Mit dem Verstand meines Herzens, den Ea, der besonders weise König des *apsû*, mir geschenkt hatte, renovierte ich Kalhu ..." Da der assyrische König immer auch der oberste Priester seines Gottes ist, kommt seinen Aktivitäten kultischen Charakter zu. Wenn er daher Kultbilder herstellen läßt, ohne eine göttliche Beauftragung zu erwähnen, bleiben die Bilder dennoch das Ergebnis der gemeinsamen Willensbildung des Königs und seines Gottes. Anders in Babylonien. Da der dortige König über diese Fähigkeiten nicht verfügt, sind Kultbilder oder Kultsymbole, die ohne göttlichen Auftrag hergestellt werden Gegenstand der Polemik, vgl. BBS 36 (Sonnenscheibe) oder VAB 4, 274ff iii 27-39 (die "echte" bzw. die "unechte" Ištar von Uruk).

[586] Die Linie der weisen Könige wird angeführt durch Šulgi, vgl. SGL II, 115f. Aus dem 2. Jt. ist der assyrische König Tukulti-Ninurta I. zu nennen, der sich beim Bau seiner Hauptstadt Kār-Tukulti-Ninurta ebenfalls als weiser König darstellen läßt, vgl. DELLER, FADHIL, AHMAD, Tukulti-Ninurta I, 459-472 (IM 76787 Vs. 5f ebd., 464). Auch dieser König betätigte sich nicht nur als Weiser, sondern auch als "systematischer Theologe". Er übertrug Elemente der Nippur-Theologie Enlils auf Aššur, so mit PONGRATZ-LEISTEN, *Ina šulmi īrub*, 10f.

schen Könige Tiglatpilesar III.[587], Sargon[588], Sanherib, Asarhaddon und Aš-šurbanipal[589] konnten mit ihren Handwerkern in kompetenter Weise berat-schlagen.

Wenden wir uns an dieser Stelle *Sanherib* zu. Er beschreibt in einer Inschrift die mangelhafte (Guß)Technik seiner königlichen Vorfahren und der Hand-werker[590]. Diesem Dilettantismus stellt er sein eigenes handwerkliches Kön-nen gegenüber[591] (vi 89ff), das er einer Inspiration des Weisheitsgottes Ea verdankt (vii 2), mit dem ihn eine enge Beziehung verbindet. Dieser Gott ist es dann auch, der dem König den Befehl erteilt, den neuen Bronzeguß aus-zuführen:

5. ... Durch den Ratschluß meines Verstandes
6. und das Begehren meines Gemüts
7. schuf ich kunstvoll das Bronzewerk und
8. formte seine kunstfertige Gestalt kunstfertig[592].

Es handelt sich bei diesem Kunstwerk zwar nicht um Kultbilder, sondern um die Kolossalstatuen von Tieren und Dämonen, aber trotzdem läßt sich un-schwer erkennen, daß Sanherib daran gelegen war, sich als "Handwerker auf dem Thron"[593] darzustellen.

Sanherib hat sich nicht nur um die technische Herstellung von kultischen Gegenständen und Bildern bemüht, sondern auch die Inhalte der Darstellun-gen vorgegeben: Nachdem er Babylon zerstört hatte (689 v. Chr.)[594], ließ er

---

[587] TADMOR, Tiglath-pileser III, 172-175:17'-33' bes. 17' (Begabung durch Nudimmud) und 20' (Beratung mit den Handwerkern für den Bau des Zedernpalastes und des *bīt hilāni* in Kalhu).

[588] Zu Sargons Weisheit bei der Planung seiner neuen Hauptstadt Dūr-Šarrukīn vgl. HUROWITZ, I Have Built, 70-74, die Belege in FUCHS, A., Sargon, 56:13-15, 37:38, 39:47f und unten Abschnitt 1.6.4.

[589] Zu Aššurbanipals Selbstdarstellung als "weiser König" vgl. WEISSERT, The Image of the King (in Vorbereitung). Zu seinen handwerklichen Ambitionen vgl. jetzt auch PONGRATZ-LEISTEN, *Anzû*, 552 (Rs. 9: *an-zi-i š*[*u-nu-ti*] *ši-pir* ŠUii-*ia*). Könige werden gern als *apkallu*-Weise bezeichnet, vgl. SAA X, 174:7ff = LAS 117 (Sanherib als *apkallu*-Weiser und Aššur-banipal als "Abkömmling eines *apkallu*-Weisen und des (exemplarischen Weisen) Adapa"). Vgl. weiter BERLEJUNG, Handwerker, Anm. 23.

[590] Vgl. OIP 2, 108f vi 80ff; vii 1ff und K1356 Rs. 18ff, zuletzt bearbeitet bei PONGRATZ-LEISTEN, *Ina šulmi īrub*, Text Nr. 2, s. dazu FRAHM, Sanherib, 222-224, sowie 268 (Nr. 29). Der König beeidet seine Beteiligung am Guß der Bronzebänder.

[591] Zum folgenden vgl. OIP 2, 109 vi 89ff.

[592] OIP 2, 109 vii 5-8.

[593] S. auch die Selbstdarstellung des weisheitlich begabten Königs bei den Arbeiten am Neujahrsfesthaus, SAA XII, 86 Vs. 7-21. Zur Kompetenz des Bauherrn Sanherib s. FRAHM, Sanherib, 258f.

[594] Zur Politik dieses Königs vgl. GALTER, Zerstörung Babylons, 161-173, MAYER, W., Sanherib und Babylonien, 305-332, DERS., Politik, 342-380, FRAHM, Sanherib, 8-19 (bes. h). 282-288.

in Aššur ein Neujahrsfesthaus erbauen, das er mit Toren schmücken ließ, die u.a. den assyrischen Nationalgott Aššur zeigen[595]. Immer wieder findet sich sein Titel "*ēpiš ṣalam d.Aššur u ilāni rabûti*" ("der das Bild(relief) Aššurs und der großen Götter gemacht hat"[596]), der auf dieses Ereignis anspielt[597]. Das Relief zeigt Aššur, der zusammen mit anderen Göttern gegen Tiamat in den Kampf zieht. Es handelt sich dabei nicht nur um eine Illustrierung des bekannten mythischen Götterkampfes mit der Chaosmacht, sondern um eine neue Konzeption des Mythos. Im babylonischen Schöpfungsepos *Enūma eliš* hatte Marduk die Rolle des Götterhelden inne. Er war es, der jährlich anläßlich der Feier des Neujahrsfestes zum Kampf gegen Tiamat aufbrach und den Bestand der Welt sicherte. Diese Aufgabe wurde in der Reliefdarstellung auf den assyrischen Nationalgott Aššur übertragen. An Marduks Stelle zieht nun Aššur in den Kampf gegen die Chaosmacht[598], besiegt sie und wird zum Götterkönig, so daß er die Aufgaben Marduks bei der Errichtung der Weltordnung und der Schicksalsbestimmung übernehmen kann. In diesen Kontext gehört auch die Übertragung des Besitzes der Schicksalstafeln von Marduk auf Aššur[599], der damit die Weltordnungen und die Geschichte in den Händen hält.

---

[595] K1356, s. PONGRATZ-LEISTEN, *Ina šulmi īrub*, Text Nr. 2, mit FRAHM, Sanherib, T 184. Vgl. die Beschreibung der Tore.

[596] K1356:1, OIP 2, 135:3; 142 I4:2f; I3:2f; 143 I5:2 u.ö. S. auch die ausgeführte Variante der Formulierung in SAA XII, 86 Vs. 7-13. Vielleicht ist BM 56628 (vgl. GERARDI, Prism Fragments, 127ff Seite A Z. 4) auf diese Vorgänge zu beziehen. Der Text wäre demnach (mit Gerardi) Asarhaddon zuzuweisen.

[597] Es ist kaum anzunehmen, daß der König eine Statue des Aššur und eine der großen Götter machte (wie sollte letztere wohl aussehen?); wahrscheinlicher ist ein Bild, das Aššur und die großen Götter zeigt (i.e. ein Göttergruppenbild in Gestalt eines Reliefs). Wenn der Titel auf eine Statue des Aššur und Relief der großen Götter anspielen würde, wäre m.E. zu erwarten, daß die Bildwerke durch die geeignete Wortwahl differenziert wären. Wenn Sanherib eindeutig von einem Kultbild des Nationalgottes spricht, bleiben die "großen Götter" erwartungsgemäß unerwähnt: In der Inschrift Sanheribs, die GEORGE, Tablet of Destinies, 133f, publizierte (K6177+), wird ṣalmu in den Z. 10-14 in drei verschiedenen Bedeutungen gebraucht: Z. 10 erwähnt das Bild (*ṣalmu*) des Sanherib, dem Hersteller (Z. 11) des Reliefs (*ṣalmu*) des Aššur und der Götter, das er vor dem Kultbild (*ṣalmu*) des Aššur (Z. 14) aufstellen ließ (*ušziz*). Sanherib selbst liefert in K1356 Rs. 26 (= PONGRATZ-LEISTEN, *Ina šulmi īrub*, Text Nr. 2) einen Hinweis darauf, daß er, wenn er von einem Bild Aššurs (und der Götter) spricht, jeweils nur die Reliefbänder (nach FRAHM, Sanherib, 224 mit einer Darstellung des Königs) und nicht etwa ein Kultbild des Nationalgottes meint: 26. "Das Bild Aššurs, der gegen Tiamat in den Kampf zieht, (und) das Bild des Sanherib, des Königs von Assyrien."

[598] Vgl. die Umdeutung des Mythos in K1356:5ff, s. FRAHM, Sanherib, 222-224. 284ff. Der König steht nicht zusammen mit dem Gott im Streitwagen, gegen OIP 2, 142 Rs. 1, mit CAD K 289 sub *kāšidu*, LIVINGSTONE, NABU 1990/88, PONGRATZ-LEISTEN, *Ina šulmi īrub*, Text Nr. 2.

[599] GEORGE, Tablet of Destinies, 133-146. Vgl. ebd., 134 auch K6177+ Vs. 7ff, eine literarische (jB) Inschrift von Sanherib mit einer Beschreibung der Schicksalstafeln, die Aššur in einem "Relief (*ṣalam*) seiner Gestalt (*binâtīšu*), Abbild (*tamšīl*) seiner (vollständigen und typischen) erhabenen Erscheinungsform (*simātīšu*)" zeigen. Aššur hält das kosmische Band in

Die neue Theologie, die Aššur die zentralen Marduk-Theologumena übernehmen ließ, findet sich auch auf der Verzierung der Tore des neuen Ost-
zuganges zu Aššurs Cella in Ešarra. Sie zeigen die verschiedenen Figuren
und Monster, die in *Enūma eliš* als Kontrahenten Marduks genannt und von
ihm besiegt werden (u4.gal.la, ur.idim.me, gír.tab.lú.u18.lu, ku6.lú.u18.lu
und *kusarikku*[600]). Indem Sanherib dafür sorgt, daß diese Wesen nun den
Eingang zu Aššurs Cella schmücken, macht er den assyrischen Nationalgott
zu demjenigen, der sie besiegt und in seinen "Hofstaat" einreiht. So versuchte Sanherib in bewußter Übertragung babylonischer Marduk-Theologumena
auf Aššur, ersteren zu entmachten und letzteren zu universalisieren[601]. Der
Herrscher ließ Aššur wesentliche Elemente der Gottheit, Schöpfung und
Schicksalsbestimmung usurpieren und brachte auf diese Weise die Suprematie seines Gottes und seines Landes zum Ausdruck. Für Marduk (und Babylonien) blieb in dieser neuen Gottes- und Schöpfungslehre kein Platz mehr.
Er kam nur noch als unterlegener, besiegter und verworfener Gott in den
Blick.

Die "Machtergreifung" des assyrischen Nationalgottes zeigt sich auf der
sprachlichen Ebene in verschiedenen "propagandistischen" Texten wie dem
Marduk-Ordal[602], der Neuverteilung der Schicksalstafeln[603] und der oben erwähnten (inschriftlich belegten) Umdeutung des Schöpfungsepos, die Aššurs erfolgreichen Kampf um das Königtum in die mythische Vorzeit zu-
rückverlegt. Auf der "Darstellungsebene" realisierte Sanherib den "Aufstieg
Aššurs" und den "Abstieg Marduks" einerseits dadurch, daß er das Kultbild

---

seinen Händen, das ihm die Kontrolle über die Himmel und über die Götter der Ober- und der
Unterwelt garantiert (ebd., 134:8f).

[600] *Enūma Eliš* I 141-43; V 73-76. Der Marduktempel in Babylon war als Sitz des ursprünglichen Besiegers der Monster ebenfalls mit deren Abbildungen geschmückt, vgl. V R
33 iv 50-v 1 (Dekoration der Türen der Mardukcella (Agum-kakrime)) und BM 45619 i 35'-
44', vgl. GEORGE, Babylonian Texts, 143f. 151 (Nebukadnezar II.). Da dieser Text zusätzlich
noch eine Abbildung des Anzu erwähnt, ist davon auszugehen, daß Ninurta-Theologie auf
Marduk übertragen wurde. Vgl. dazu die Zusammenfassung des neuesten Diskussionsstandes
bei PONGRATZ-LEISTEN, *Ina šulmi īrub*, 22-24. Zum Aufstieg Marduks zum König der Götter
und seiner Tendenz Theologumena anderer Götter auf sich zu vereinigen vgl. TALLQVIST,
Akkadische Götterepitheta, 362-372, SOMMERFELD, Aufstieg Marduks, passim, und unüber-
troffen LAMBERT, The Reign of Nebuchadnezzar, 3-13.

[601] MENZEL, Tempel I, 55-57. Marduk wird nicht gänzlich aus dem Pantheon Sanheribs
eliminiert, sondern auf die Rolle als Patron der Beschwörungskunst reduziert, mit FRAHM,
Sanherib, 287f.

[602] Diese Umdeutung des *Akītu*-Rituals und des Schöpfungsepos wurde zuletzt in SAA
III, 34 (Aššurversion) und Nr. 35 (Ninive-Version) bearbeitet. Zu den historischen Hintergründen vgl. BRINKMAN, Sennacherib's Babylonian Problem, 89-95, MACHINIST, The Assyrians, 353-364, FRAHM, Sanherib, 282-288. Zur Klassifikation dieses Textes als "konstruierter
Mythos" (zu diesem Begriff vgl. VON SODEN, Reflektierte und konstruierte Mythen, 147-157)
vgl. UEHLINGER, Weltreich, 527f.

[603] Vgl. Anm. 599.

des Marduk gefangennehmen ließ[604], andererseits durch das Bildprogramm der beschriebenen Reliefs[605]. Inwieweit der König die Niederlage Marduks auf der rituellen Handlungsebene nachvollzog (etwa bei der assyrischen Version des *akītu*-Festes) ist umstritten, aus den Texten nicht eindeutig zu erheben und m.E. eher unwahrscheinlich[606].

Die Darstellungen der Tore des *akītu*-Hauses und des Einganges zur Cella des Aššur stehen in enger Beziehung zum Zeitgeschehen und der vom König und seinen Priestern neu entwickelten Theologie. Sie hatten das Verhältnis von Marduk und Aššur entsprechend der politischen Situation zwischen Assyrien und Babylonien neu definiert, es in den Reliefprogrammen komprimiert und sichtbar abgebildet[607]. Die Überlegenheit Aššurs und die Unterlegenheit Marduks hatte sprachliche und bildliche Gestalt angenommen. Für die Anhänger der antibabylonischen Politik Sanheribs waren diese Bilder Bestätigung der Übermacht ihres Landes, ihres Königs und ihres Gottes, während es für die Gegner dieser Politik eine Provokation darstellen mußte, den Götterherrn Marduk durch Aššur ersetzt zu sehen. Leider sind uns aus der Zeit Sanheribs keine Reaktionen seiner Gegner auf seine Bilder überliefert. Zahlreich sind lediglich die Nachrichten über die Kämpfe der Parteien am Hof, die in der Ermordung des Königs und den nachfolgenden Thronfolgewirren ihren Höhepunkt fanden[608].

Das Bildprogramm Sanheribs stellt nicht nur die neue Reichsideologie dar, zusammen mit den propagandistischen Texten hat es auch teil an der Schöpfung eines neuen Mythos. Indem die Vorzeitgeschichte neu geschrieben wird, wird die Gegenwart neu verstanden und die Zukunft neu entworfen. Die Bilder übernehmen eine politische Funktion. Sie sind Symbole der Hoheit Assyriens über das besiegte Babylonien. In Sanherib begegnet also nicht nur ein "Handwerker auf dem Thron", sondern auch ein "systematischer Theologe", der in seinen Reliefprogrammen (und den dazu verfaßten

---

[604] Vgl. S. 158ff.

[605] Zur Umsetzung der neuen Theologie in der Architektur vgl. PONGRATZ-LEISTEN, *Ina šulmi īrub*, 63f.

[606] Das Marduk-Ordal ist kaum eine Ritualanweisung für ein solches Fest, mit LIVINGSTONE, MMEW, 232f.

[607] Zu Verbindung von Mythos und Politik vgl. WEISSERT, Climate, 191-202: Der König parallelisiert seine politischen bzw. kriegerischen Siege über seine Feinde mit dem Sieg Marduks/Aššurs über das Chaos. Die politische Funktion einer solchen Interpretation des Epos ist evident. Zu Mythos und Politik in der Sargonidenzeit vgl. die differenzierte Darstellung von UEHLINGER, Weltreich, 520-524.
Die Verbindung von Ritual und Politik zeigt das Ritual "König gegen Feind", vgl. PONGRATZ-LEISTEN, DELLER, BLEIBTREU, Götterstandarten, 341-346. Zur Verbindung von Mythos und Ritual vgl. SAA III, 34-40, und LIVINGSTONE, MMEW, 236ff.

[608] Zu den Hintergründen vgl. MAYER, W., Sanherib und Babylonien, 325-328, FRAHM, Sanherib, 18f.

Texten) die neue Dogmatik in Wort und Bild bezeugen, verkünden und verbreiten läßt.

EXKURS: DAS KULTBILD DES AŠŠUR

In diesem Zusammenhang ist ein weiteres Problem anzusprechen, das mit Sanherib verbunden ist. Es handelt sich um die Frage, ob dieser assyrische König eine Statue des Aššur herstellen ließ oder nicht. Wie erwähnt, bezieht sich der Titel des Königs "der das Bild des Aššur und der großen Götter gemacht hat" nicht auf das Kultbild des assyrischen Nationalgottes oder das der "großen Götter", sondern auf die Reliefs der Türen des Neujahrsfesthauses. Trotzdem finden sich zahlreiche Übersetzungen, die wie selbstverständlich davon ausgehen, daß der König ein Kultbild des Aššur anfertigen ließ[609], obwohl kein Bericht des Königs überliefert ist, der auf diese Ereignisse bezug nimmt. Im folgenden werden die Belege kritisch durchgesehen, die am ehesten dafür sprechen könnten, daß Sanherib eine Statue seines Gottes in Auftrag gegeben hat. Da von keinem anderen assyrischen König berichtet wird, daß er ein Kultbild des Aššur schaffen oder restaurieren ließ[610], wären die Ausführungen des Sanherib zu diesem Thema ebenso singulär[611] wie interessant.

(1.) An erster Stelle ist ein literarischer Text zu nennen, der als "Sin of Sargon"[612] assyriologische Geschichte geschrieben hat. Es handelt sich dabei um ein fingiertes Testament des Sanherib, das der Zeit Asarhaddons zugeschrieben wird[613]. Parallel zu einem Kultbild des Marduk wird ein ṣa-lam d.AN.ŠAR2 ("Bild des Aššur") erwähnt, das der König Sanherib hergestellt habe[614]. Es bleibt offen, ob der Text damit auf die Anfertigung des o.g. Reliefs oder aber auf die eines Kultbildes des Aššur[615] anspielt. Die Parallelität mit dem Kultbild des Marduk macht letzteres wahrscheinlicher. Jedoch bestehen berechtigte Zweifel an der historischen Verwertbarkeit des Textes, da die Darstellung eindeutig propagandistischen Zwecken unterliegt.

(2.) V. DONBAZ und H. GALTER publizierten unlängst eine Inschrift Sanheribs[616], die eine Titulatur des Königs enthält, die von dem bekannten Muster ("der das Bild des Aššur und der großen Götter gemacht hat") leicht abweicht; sie erwähnt zusätzlich die Göttin Mullissu. Die Bearbeiter übersetzen "der die Statuen Aššurs, Mullissus ... und der großen Götter errichtet,

---

[609] Zu den Belegen vgl. die folgenden Anmerkungen.

[610] Die Ergänzung von CHAMAZA, Sargon II, 21-33 (K1349:40-42; vgl. die (m.E. sorgfältigere) Erstpublikation durch SAGGS, Aššur Charter, 11-20) bleibt spekulativ (40. ... Aššur, [meinem] Herrn, [seine Statue] 41. ließ ich machen ...). Selbst wenn sie zuträfe, würde sie sich nicht zwangsläufig auf ein Kultbild des Gottes beziehen. Der Kontext läßt eine Votivgabe erwarten.

[611] Obwohl die Nachfolger des Sanherib zahlreiche Kultbilder bearbeiten ließen, liegt uns keinerlei Nachricht über die Herstellung oder Renovierung einer Statue des assyrischen Nationalgottes vor; Asarhaddon schenkt Aššur lediglich eine Krone und Aššurbanipal ein Bett.

[612] Die beste Bearbeitung des Textes liegt vor in: SAA III, 33; zur Interpretation vgl. (grundlegend) LANDSBERGER, PARPOLA, TADMOR, Sin of Sargon, 3-52, zu einer weiteren Kommentierung s. FRAHM, Sanherib, 227-229.

[613] So LANDSBERGER, PARPOLA, TADMOR, Sin of Sargon, 35.

[614] SAA III, 33 Rs. 21'.

[615] So LANDSBERGER, PARPOLA, TADMOR, Sin of Sargon, 30. 48, und HALLO, Cult Statue, 15.

[616] DONBAZ, GALTER, Inschriften Sanheribs, 5:3f: [ēpiš ṣalam A]N.ŠAR2 d.NIN.LIL2 (4.) [... u DINGIR.]MEŠ GAL.MEŠ ...

...". Obwohl weder eindeutig von den Statuen der Götter noch von deren Aufstellung die Rede ist, schreiben DONBAZ und GALTER dem neuassyrischen König mehrere (!) Kultbilder zu, ohne die Möglichkeit zu diskutieren, daß Sanherib an dieser Stelle, wie so oft, "nur" auf sein Reliefprogramm anspielt. Da ṣalam im Singular steht, ist m.e. an *eine* Darstellung mehrerer Gottheiten zu denken. Die Erwähnung der Mullissu läßt sich zwanglos daraus erklären, daß sie ebenfalls auf dem Relief des Neujahrsfesthauses (hinter Aššur) dargestellt war[617]. Auch die Formulierung "(12.) ich ließ sie Platz nehmen auf ihrem Wohnsitz der Ruhe", die schon aus der Gründungsstele des *akītu*-Festhauses in Aššur bekannt ist[618], läßt sich gut auf das bekannte Relief beziehen.

(3.) Wenn man dem Vorschlag von A.R. GEORGE folgt und die von ihm publizierte Tafel K4732+ in seinem Sinn vervollständigt, dann erneuerte (*edēšu* D) Sanherib das Bild des assyrischen Nationalgottes[619]. Doch bleibt diese Ergänzung unsicher, da nach den Zeichenresten eine Verbform, die von *epēšu* ("machen") abgeleitet ist, ebenso wahrscheinlich (und in der Kombination mit dem Bild des Aššur überdies häufiger nachzuweisen) ist. Damit wäre auch dieser Beleg der bekannten Titulatur des Sanherib zuzuordnen, die ihn als den König, der das "Bild des Aššur machte" bezeichnet, ohne zur Klärung der Frage "machte Sanherib für Aššur nur ein Relief oder auch ein Kultbild?" etwas beizutragen.

Zusammenfassend ist festzustellen, daß uns kein Text vorliegt, der eindeutig dafür spräche, daß Sanherib das Kultbild des Aššur herstellen oder renovieren ließ. Da dieser König ansonsten mit Inschriften, die seine Taten preisen, nicht gerade kleinlich war, spricht das Fehlen eines solchen Textes m.E. dafür, daß Sanherib das Kultbild des Nationalgottes nicht in seine handwerklichen Maßnahmen mit einbezog. Ein Herstellungsbericht ist uns nur von den Reliefs überliefert, die Aššur und die großen Götter zeigen. In diesem Relief und dem davon abgeleiteten Titel ist das Credo des Sanherib und sein religionspolitisches Programm zusammengefaßt.

Ganz auszuschließen ist natürlich nicht, daß der König auch kleinere Arbeiten an der Statue des Gottes[620] vornehmen ließ.

---

[617] K1356:29, s. PONGRATZ-LEISTEN, *Ina šulmi īrub*, Text Nr. 2. In FRAHM, Sanherib, T 145 findet sich ein weiterer Text, der die Titulatur des Sanherib um Mullissu sowie um zusätzliche Gottheiten erweitert, die größtenteils auch auf dem Relief zu sehen waren.

[618] OIP 2, 136:22f: "Nachdem ich das Bild des Aššur, des großen Herrn, meines Herrn, und das Bild der großen Götter gemacht hatte und sie (i.e. das Relief) an ihrem Wohnsitz der Ruhe hatte wohnen lassen ..."

[619] GEORGE, Tablet of Destinies, 144f: K4732+:3', s. jetzt auch die Diskussion des Textes in FRAHM, Sanherib, 229.

[620] Obwohl keine unzweifelhaften Nachrichten über die Herstellung einer Statue des Aššur existieren, kann es als gesichert gelten, daß es eine anthropomorphe Statue dieses Gottes gab, vgl. die neuassyrische Prophezeiung K2401 Vs. ii 26 (übersetzt in TUAT II.1, 60-62, bes. 61, WEIPPERT, M., Altorientalische Prophetie, 22, SAA IX, 3), die vor dem Kultbild des Aššur erteilt wird: *annû šulmu ša ina mahar ṣalme*, d.h. "das ist das Heilsorakel, das vor der Statue (erging)". Zu altassyrischen Nachrichten über das Standbild des Aššur vgl. MENZEL, Tempel I, 39 mit Anm. 425. Zu weiteren Hinweisen auf eine Statue des Gottes vgl. LORETZ, Anikonismus, 211 Anm. 9. Gegen MAYER, W., Finanzierung, bes. 591, DERS, Assur, bes. 230 mit Anm. 9. 235, sowie DERS., Politik, 62f, wiederaufgenommen und im Sinne eines anikonischen Kultes des assyrischen Nationalgottes interpretiert von METTINGER, No Graven Image?, 42-44. 55. Zum urartäischen Gott Haldi, für den MAYER, W., Politik, 62f, und CALMEYER, Zur Genese, 49-77 pl. 10-17 bes. 63, ebenfalls anikonische Verehrung vermuten, vgl. PODELLA, Lichtkleid, 154ff. Gegen die anikonische Verehrung Haldis sprechen die Nachrichten von der Erbeutung seines Kultbildes, vgl. FUCHS, A., Sargon, 215:76f, 115:160f (ergänzt), und MAYER, W., Feldzug, 102:347.

Auch Sanheribs Sohn *Asarhaddon* teilte die Vorliebe seines Vaters, als Handwerker aufzutreten[621], den eine enge Beziehung mit dem Weisheitsgott Ea verband. Da er nicht dasselbe religionspolitische Programm vertrat wie sein Vorgänger, entwickelte er eine neue Gottes- und Schöpfungslehre, so daß auch dieser König als "systematischer Theologe" auf dem Thron anzusprechen ist. Er nahm Abstand von der rigorosen Depotenzierung des Marduk (und der damit verbundenen rücksichtslosen Unterwerfung Babyloniens), die sein Vater betrieben hatte und die der friedlichen Verbindung Assyriens und Babyloniens mehr im Wege stand, als daß sie ihr nutzte. Wesentlich aussichtsreicher erschien ihm der Gedanke, Marduk unter den väterlichen Schutz des überlegenen Aššur zu stellen, so daß dieser dem mächtigeren Gott (und Assyrien) gehorsam und dankbar verbunden blieb und zugleich wieder eine zentrale Position im Pantheon einnehmen konnte. Zu diesem Zweck entwickelte der König mit seinen Priestern eine neue Theogonie und ließ sie durch die Herstellung bzw. die Geburt (der Statue) des Marduk in der Stadt Aššur, im Haus seines "Vaters" Aššur Wirklichkeit werden. Marduk wurde so zum Sohn des Aššur. Die Bilder der babylonischen Götter aus Assyrien und zahlreiche neuverfaßte Texte verkündeten einen neuen Mythos, der dem jetzt (unter assyrischer Vorherrschaft) verwandschaftlich verbundenen Doppelkönigreich eine friedlichere Gegenwart und eine stabilere Zukunft bescheren sollte.

1.4.2. Die Handwerker und die Handwerkergötter

In diesem Abschnitt geht es nicht allgemein um das mesopotamische Handwerk, sondern um die Handwerker, die als Bedienstete des Tempels für die Aufgaben des dortigen Betriebes besonders ausgebildet waren[622]. Es handelt sich bei dieser Berufsgruppe nicht einfach um Menschen, die mit ihren Händen arbeiten, sondern um Fachleute und Gelehrte[623], die auf die

---

[621] BORGER, Ash., 82 Rs. 12ff; 84 Rs. 36ff; 88 Rs. 13-16. Zu diesen Inschriften und ihren Parallelen zum salomonischen Baubericht (1 Kön 5:9ff) vgl. WEINFELD, Deuteronomy, 249, HUROWITZ, I Have Built, 76-79. 132ff. 314-316. Zum folgenden vgl. ausführlicher BERLEJUNG, Handwerker, 151-153.

[622] Zur Ausbildung siehe PETSCHOW, Lehrverträge, 556-570. Ein Schreiner lernt z.B. 6-8, ein Siegelschneider 4 Jahre. Weiteres Material zu den Handwerkern findet sich in KÜMMEL, Familie, 167f, RENGER, Handwerk, 211-231, VAN DE MIEROOP, City, 176-196. Zur Organisation des Handwerks im ausgehenden 6. Jh. im neubabylonischen Uruk vgl. RENGER, Goldsmiths, 494-503.

[623] Zur Bedeutungsbreite des Begriffes *ummânu* vgl. AHw 1415f.

Inspiration des Weisheitsgottes Ea und das Wohlwollen und die Finanzkraft ihres Königs angewiesen sind[624].

1.4.2.1. Das Handwerk als "me"

In der mesopotamischen Kultur und Zivilisation kommt dem Handwerk große Bedeutung zu. Dies zeigt sich darin, daß es zu den "me" gehört[625] und damit den Grundordnungen der Zivilisation zuzurechnen ist, die die Götter in der Vorzeit gegeben haben. Ist das Handwerk ein "me", dann ist der Handwerker der Hüter seiner "me". Seine Funktion und seine Pflicht ist es, dafür zu sorgen, daß die Ordnungen seines Metiers gehegt und gepflegt werden. Er ist es, der in seiner Tätigkeit die "me" (bzw. den Archetyp) des Handwerks in der Gegenwart konkretisiert. Da er es ist, der im "Haus der lebenwirkenden Kraft" aktiv ist, ist er das Medium, durch das das "formende Prinzip" wirken kann[626].

Ein Handwerker, der ein Kultbild oder auch einen Tempel anfertigt, aktualisiert in seiner Arbeit das Urbild der Herstellung eines Tempels oder einer Kultstatue. Dieser Gedanke findet sich in zahlreichen Tempelbau- bzw. Einweihungsritualen[627], die damit beginnen, daß sie die Schöpfung und die Beauftragung der Handwerkergötter berichten, die an der Errichtung und Ausstattung[628] des ersten Tempels der Schöpfung beteiligt sind. Auf diese Weise entsteht geradezu der "Prototyp" eines Tempelbaus in der Vorzeit mit den Grundordnungen, die für die Herstellung des ersten Tempels gelten und die für alle folgenden Tempel und deren Ausstattung gelten werden. Dadurch daß bei den Tempelbauritualen an die alten Schöpfungsordnungen erinnert wird, wird das vorzeitliche Geschehen immer neu eingeholt und aktualisiert,

---

[624] Vgl. S. 104f.

[625] FARBER-FLÜGGE, Inanna und Enki, 56ff:65-74, s. S. 23.

[626] Vgl. Anm. 497.

[627] Z.B. WEISSBACH, Miscellen, pl. 12 (B.E. 13987). Der Text wurde zuletzt in TUAT III.4, 604f, übersetzt; zusätzlich ist noch auf RAcc 44-47, BOTTÉRO, KRAMER, Lorsque, 488f, und BOTTÉRO, Mythes et rites de Babylone, 294f, zu verweisen. Eine neue Parallele fand sich in Uruk W.22705/5, publiziert in SpTU IV, Nr. 141. Die Verbindung von Schöpfung und Tempelbau findet sich auch in der Priesterschrift, vgl. FISHBANE, Text and Texture, passim; HUROWITZ, I Have Built, 110-113. 242, und JANOWSKI, Tempel und Schöpfung, 223-244.

[628] Die Handwerkergötter, die für die Herstellung eines Kultbildes benötigt werden, finden sich in WEISSBACH, Miscellen, pl. 12 Z. 29.31. Eigene "Kultbildbaurituale" gibt es im übrigen nicht; das Einweihungsritual der Götterstatuen zeigt nur wenige Anklänge an die Weltschöpfung, vgl. S. 192; enger erscheinen dagegen die Beziehungen zwischen der Herstellung der Bilder und der Menschenschöpfung, s. S. 135ff.

so daß die Gegenwart auf diesem Hintergrund begriffen und verstanden werden kann.

Die Handwerker stehen mit ihrer Arbeit in Kontinuität zu diesen alten Ordnungen, so daß sie in der konkreten Arbeit an einem Tempel die Schöpfung des ersten Tempels wiederholen. Dies ist ihnen nur deshalb möglich, weil sie mit den Handwerkergöttern, die in der Vorzeit für die Herstellung der Götter und ihrer Wohnungen verantwortlich gemacht wurden, aufs engste verbunden sind.

1.4.2.2. Die Handwerker als "Sonderfall der Menschenschöpfung" und "Hände des Handwerkergottes"

Aus einem kürzlich publizierten Text wird ersichtlich, daß die Handwerker, die für die Herstellung der Kultbilder verantwortlich waren, als eine besondere Menschengruppe betrachtet wurden, die für einen bestimmten Zweck geschaffen worden war. Dies ist umso beachtlicher, als die bekannten Schöpfungsmythen im allgemeinen nur eine Menschenschöpfung kennen, von der sich lediglich der König eigens abheben kann.

König Ea überlegte und sagte:
"Jetzt, da Fürst Marduk aufgestanden ist, hat er das Aufsteigen dieser Handwerker (*ummânū*) nicht befohlen. Ihre Gestalten (*ṣalmīšunu*), die ich (= Ea; Anm. d. Verf.) unter den Menschen schuf zu seiner mächtigen Gottheit, zu der ein Gott nicht gehen kann, wie sollten sie sich nähern? Diesen Handwerkern gab er (= Marduk; Anm. d. Verf.) ein weites Herz, und ihr Fundament machte er fest. Er schenkte ihnen Verstand und reinigte ihre Hände. Diese *šukuttu* ließen sie erstrahlen und machten sie schöner als vorher."[629]

Die Handwerker werden in diesem Text als Geschöpfe Eas[630] beschrieben, die dieser von der restlichen Menschheit dadurch differenziert hatte, daß er ihnen eine besonders prekäre Aufgabe zuwies. Sie sollten sich der Gottheit Marduks, i.e. seinem Kultbild nähern, um es zu reinigen und zu renovieren. Ea reflektiert die Schwierigkeit dieser Aufgabe: Das Kultbild Marduks ist für Götter unberührbar, wie also sollten sich ihm Menschen nähern können? Marduk selbst löst dieses Problem: Er gibt den Handwerkern besondere

---

[629] Eigene Übersetzung nach der Kopie und der Umschrift, die AL-RAWI, BLACK, Išum and Erra, 111-122, bes. 112 und 114 vorgelegt haben. Es handelt sich um Vs. Col. i b 16/31-21/36 (EÜ).

[630] Ea tritt häufig als Schöpfer der Handwerker in Erscheinung, vgl. BORGER, Ash., 82 Rs. 19. Auch in dem "Schöpfungsbericht en miniature", WEISSBACH, Miscellen, pl. 12 (zu weiterer Literatur s. Anm. 627) werden die Handwerkergötter, die u.a. für ein Kultbild benötigt werden, in einem eigenen Schöpfungsabschnitt ins Leben gerufen (Z. 29.31). Vgl. auch Rm 224 iii etc. Section B 111, s.u. S. 452: "(Ea), der aus dem *apsû* von Eridu einen Steinfasser geschaffen hat."

Weisheit, Beständigkeit, Verstand und Reinheit und beteiligt sich so aktiv an seiner eigenen Herstellung.

Aus diesem Text geht besonders eindrücklich hervor, daß die Handwerker nicht nur mit Ea, sondern auch mit dem Gott, dessen Kultbild sie bearbeiten, in direktem Kontakt stehen. Beide Götter verleihen ihnen Sachverstand und Weisheit. Sie selber werden zu Werkzeugen der Götter, denen sie ihre Hände zur Verfügung stellen, so daß ihre Arbeiten zu sichtbaren Inspirationen und Offenbarungen werden.

Die außergewöhnliche Beziehung zwischen den Handwerkern, den Handwerkergöttern und dem Gott, der von dieser Zusammenarbeit am meisten profitierte, wird nach der erfolgreichen Herstellung des Kultbildes beendet. Bei der Einweihung der neuen Statue schlägt ein Priester den Handwerkern symbolisch die Hände ab[631]. Darüber hinaus ist innerhalb des Mundwaschungsrituals eine Passage überliefert, die die Handwerker in einem feierlichen assertorischen Eid[632] erklären läßt, daß nicht sie das Bild hergestellt haben, sondern die ihnen zugeordneten Handwerkergötter[633].

Der Text einer zentralen Beschwörung dieses Rituals läßt die Vertreter der einzelnen Handwerkssparten nacheinander auftreten und gibt daher einen Überblick über die verschiedenen Techniken, die bei der Anfertigung eines Kultbildes eine Rolle spielten. Zugleich stellt er uns die fünf Eahypostasen vor, denen die Schöpfung des Bildes letztlich zugeschrieben wird[634]. Sie

---

[631] STT 200 etc. 63-69 = WALKER, Mīs pî, 87, s.u. S. 451. Zur Deutung dieses Ritus vgl. BERLEJUNG, Handwerker, 149. Zu den Parallelen in den Ritualtexten vgl. BM 45749:49-52 und K6324+ etc. 173-178, s.u. S. 431.

[632] Es handelt sich um einen Eid ohne šumma.

[633] K6324+ etc. 179-186 und BM 45749:52 = s.u. S. 431. Ein ähnliches Motiv bietet Emar VI, 4, 345, 737:13f: "Die Beschwörung ist nicht meine. Es ist die Beschwörung von Damu und Gula." Auch hier wird die göttliche Urheberschaft der Beschwörung betont. Handwerkergötter waren auch in Emar die eigentlichen Hersteller der kultischen Geräte, vgl. Emar VI, 3, 378:38' (der Ea der Schmiede), Emar VI, 3, 393:11 (d.TIBIRA).

[634] STT 199 etc. 37-39 und STT 200 etc. 20-30 = WALKER, Mīs pî, 63:37-39 bzw. 85f:20-30, s.u. S. 439 und 450. Göttliche Patrone gehören zu allen Handwerksbereichen, nicht nur zu der Herstellung von Kultstatuen und Symbolen, s. z.B.: VAB 7, 282:27f = BIWA 202 z. St. oder K4906+ etc. 7-14 (der Thron des Königs wird von Ninildu und Ninagal gearbeitet; zum Text s. BERLEJUNG, Macht, 21-23); PEA pl. 16 iii 51f = BIWA 145, T III 51f (Königsstatue wird von Ninagal, Ninkurra und Kusigbanda gefertigt). Alle fünf Handwerkergötter, die an der Herstellung des Kultbildes beteiligt sind, nennt STT 200 etc. 39-41, und STT 200 etc. 70ff = WALKER, Mīs pî, 86:39-41 bzw. 88:70ff, s.u. S. 450f. Die herausragende Rolle Eas bei der Herstellung der Götter ergibt sich aus den zahlreichen Erwähnungen dieses Gottes während des Mundwaschungsrituals und seiner Beschwörungen (z.B. K6324+ etc. 61-63.92-94 und BM 45749:4.10, s. Text Nr. 1 z.St.) sowie aus den Mythen, die sich um Ea bzw. Enki ranken. So sei nur kurz verwiesen auf "Enki und die Weltordnung", s. BENITO, "Enki", 96:196 (= BOTTÉRO, KRAMER, Lorsque, 171:196): "Deine erfinderische Geschicklichkeit, die Götter gebären kann (tu), ist unerreichbar wie der Himmel." Zu weiteren Belegen s. "Enki and Ninmah", BENITO, "Enki", 22:12 u.ö.

waren während des gesamten Herstellungsprozesses auf die Hände der Handwerker angewiesen gewesen; durch deren Eliminierung im Rahmen des Mundwaschungsrituals werden sie zu den einzigen Herstellern der Statue. Was nun noch übrigbleibt, ist die *rein göttliche Urheberschaft* des Kultbildes. Da nicht jeder Text das Interesse aufbringt, den ausführlichen Werdegang eines Kultbildes nachzuzeichnen, erwähnen zahlreiche Belege nur die Handwerkergötter bzw. Ea[635] als die Hersteller eines Kultbildes, das letztlich als acheiropoietisches Bildnis erscheint[636]:

17. *bu-un-na-né-e*
18. DINGIR-*ti-šú-nu* GAL-*te*
19. d.*Nin-ši-kù ba-an*
20. *mim-ma ú-lid-ma*
17. Die Gestalten
18. ihrer großen Göttlichkeit[637]
19. (20.) zeugte Ninšiku[638], der Schöpfer
20. von allem und ...

Die Vorstellung, daß die menschliche Herstellungsweise eines kultischen Objektes ein Makel ist, der durch die rein göttliche Herkunft zu ersetzen ist, ist nicht nur im Zusammenhang mit Kultbildern, sondern auch mit apotropäischen und prophylaktischen Figurinen oder anderen Gegenständen belegt[639], die im Kult Verwendung fanden. Hierzu noch ein Zitat aus dem Ritual zum Bespannen einer Kesselpauke[640]. Während des Rituals rezitiert der Kultsänger (*kalû*) die folgende Zeile, mit der er auf seine Mitwirkung beim Gelingen der kultischen Handlungen verzichtet:

---

[635] Andere Texte (häufig Briefe und Königsinschriften) erwähnen nur die menschliche Seite der Herstellung, so z.B. LAS 277 = SAA X, 349.

[636] Allgemein zu acheiropoietischen Bildern vgl. BELTING, Bild, 64ff.

[637] FUCHS, A., Sargon, 51:17-20. Die Parallelstelle FUCHS, A., Sargon, 49:16f, formuliert einen königlichen Auftrag an die Handwerker: "Die Gestalten ihrer großen Göttlichkeit ließ ich kunstvoll machen." Aus dieser Variante ergibt sich, daß der König als Vorgesetzter der Handwerker und der Handwerkergott eine Handlungseinheit bilden. Diese Handlungseinheit ist auch in den Texten vorauszusetzen, die die Herstellung nur dem König oder seinen Handwerkern zuschreiben, ohne die beteiligten Götter zu erwähnen. Die Könige sahen sich in allen ihren Unternehmungen von den Göttern unterstützt und begleitet.

[638] Zu Ninšiku als Beiname von Ea vgl. AHw 796b sub *niššiku*. Tukulti-Ninurta I. untermauert sein Image als "weiser König" durch seine (Selbst-)Prädikation als "Geliebter des Niššiku", vgl. IM 76787 Vs. 6 in: DELLER, FADHIL, AHMAD, Tukulti-Ninurta I, 464.

[639] Vgl. dazu GURNEY, Figures, 48 iii 6, "diese Bilder sind himmlische Geschöpfe", sowie die Belege des Ausdruckes "durch das Werk des (Handwerker-)Gottes NN" (*ina šipir* d.NN) in CAD Š III 82f (6a); die Hypostasen Eas erarbeiten nach den (ebd. genannten) Belegen Mondsicheln, Königsstatuen, Kultbilder, Kolossalstatuen, Tempeltore, Kesselpauken und Tempel.

[640] TUAT II.2, 234-236, bes. 234:25 (= W.20030/4), und Racc 22 Rs. 3f.

25. Diese Tätigkeiten haben alle Götter zusammen verrichtet, ich habe sie nicht gemacht.

Zusammenfassend ist festzustellen, daß die Schöpfung eines Kultbildes als kultischer Akt verstanden wurde. Die Handwerker waren darauf angewiesen, vom Weisheitsgott und dem Gott, für den das Kultbild bestimmt war, unterstützt zu werden. Auf diese Weise gelang es ihnen, göttliche Offenbarung sichtbar zu machen. Nur durch ihre göttliche Inspiration war gewährleistet, daß sie der unsichtbaren göttlichen Wirklichkeit zu einer sichtbaren Wirklichkeit verhalfen und nicht willkürlich Abbilder sichtbarer irdischer Wirklichkeiten schufen. Durch die gemeinschaftliche Arbeit der Götter und der Handwerker war das Kultbild vom ersten Moment an mit der göttlichen und der menschlichen Welt verbunden; zu keiner Zeit war es nur ein "simple object"[641]. Die überirdisch-irdische Art der Herstellung konstituierte und etablierte die (Ursprungs-)Beziehung des Bildes zum Dargestellten, die von Anfang an durch dessen Teilhabe am Göttlichen und am Irdischen bestimmt war. Wie noch genauer zu zeigen sein wird, wurde die Teilhabe am letzteren jedoch in einem komplizierten Ritual so weit wie möglich eliminiert[642].

1.4.2.3. Die Handwerker bei der Arbeit

Die Handwerker sind zwar durch ihre besondere Verbindung zu ihrem Schöpfer Ea besonders begabt, aber sie bleiben weiterhin Menschen, die "weder hören noch sehen, noch sich selbst kennen und auch über ihre Lebenszeit im unklaren sind"[643]. Daher ist die Herstellung eines Bildes ein schwieriger Auftrag, der letztlich nur von den Göttern erledigt werden kann[644]. Um die Risiken, die mit der Herstellung und der Renovierung eines Kultbildes verbunden waren, zu minimieren, war es üblich, die Götter in die einzelnen Arbeitsschritte miteinzubeziehen. Von Anfang an war die Mitwirkung der betroffenen Gottheit gefragt. Man ging davon aus, daß sie ihren Wunsch nach einem Kultbild dem (assyrischen) König bzw. dem (babylonischen) Priester mitteilte, ihn mit Sachverstand und Weisheit ausstattete und auf diese Weise die Initiative ergriff. Weiter wurde erwartet, daß sie sowohl den Zeitpunkt und den Ort ihrer Herstellung als auch den Kreis der Mitwirkenden selbst bestimmte. Daher wurden die Handwerker namentlich im Ora-

---

[641] Gegen MATSUSHIMA, Divine Statues, 210. Da das Handeln der Götter sich immer durch das Handeln der Menschen vollzieht, kann von einer "Polarität von technischer Herstellung versus göttlichem Geborensein" nicht die Rede sein, gegen PODELLA, Lichtkleid, 116.

[642] Vgl. S. 191ff.

[643] BORGER, Ash., 82 Rs. 15.

[644] BORGER, Ash., 82 Rs. 16.

kel ausgesucht[645] und von Ea und dem betroffenen Gott mit Weisheit, Verstand, Fähigkeit, Einsicht und göttlicher "Arbeitsanleitung" ausgestattet[646]. Konkret stellte man sich diese Begabung so vor, daß die Handwerkergötter den Handwerkern zur Seite treten; dazu war es nötig, daß diese ihren Wohnort bei Ea im *apsû* verlassen, aufsteigen und sich in die Werkstatt begeben. Solange sich diese Götter bei dem Weisheitsgott aufhielten, konnten sie nach Ausweis des Erra-Epos nicht tätig werden[647].
Angeführt vom König, der den Fachleuten das erforderliche Material übergab, betraten die Handwerker die Werkstatt. Da es sich bei der Herstellung eines Kultbildes um ein kultisches Geschehen handelte, mußten Reinigungsrituale[648] vollzogen werden, bevor die eigentlichen Arbeiten begonnen werden konnten. Nur so war gewährleistet, daß das neue Bild nicht verunreinigt und der betroffene Gott nicht verärgert wurde. Erst jetzt machten sich die Handwerker an ihr Werk.
Als Vorbild stand ihnen entweder das alte "Original"bild oder aber nur ein Modell zur Verfügung. Wenn es Unklarheiten darüber gab, wie ein Bild aussehen sollte, wurden die Götter in Orakeln um Rat gefragt. Aus der seleukidischen Zeit ist uns eine Orakelanfrage (durch Vogelschau) überliefert, in der es darum geht, daß in die linke Hand des Bildes einer Ištarstatue[649] ein bestimmter Stein eingesetzt werden soll. Der Text ist an dieser Stelle schwierig, so daß das genaue Anliegen unklar bleibt. Ein kleiner Ausschnitt aus der Orakelanfrage sei wiedergegeben. Mit den folgenden Worten versucht Anu-uballiṭ aus Uruk, von Šamaš, Adad, Zababa und Sadarnunna eine Entscheidung einzuholen:

9.   Die Vögel der Entscheidung und ein angemessenes Orakel von euch
10. suche ich. Es möge den Goldschmieden
11. und dem Schreiner, die die Arbeit an der Statue der Ištar verrichten, gesagt sein,
12. daß sie in ihre linke Hand einen ŠUK-Stein setzen sollen,
13. der (sonst nicht?) für ein gutes Szepter gefunden wird[650].

---

[645] BORGER, Ash., 83 Rs. 24; 82 Rs. 18.

[646] BORGER, Ash., 82 Rs. 18ff. *Emqu* "weise", *uznu ṣīrtu* "erhabener Verstand", *lēʾûtu* "Tüchtigkeit, Klugheit", *karšu* "Einsicht", *šipir* d.Ninšiku "Arbeitsanleitung Ninšikus". Asarhaddon selbst besitzt nach BORGER, Ash., 82 Rs. 10ff *uznu rapšu* "weiten Verstand", *hasīsu palkû* "weite Einsicht", *igigallūtu* "Weisheit".

[647] Vgl. Erra I 147f, s. S. 150.

[648] Vgl. K3219 etc. 12f, s.u. S. 469. Zur Reinigung als übliche Präparation vor magischen Ritualen, die der Hierophanisation dient, vgl. ESCHWEILER, Bildzauber, 258f.

[649] MCEWAN, Request, 58-69, Text Ash.1923.749. Weitere Texte zu Anu-uballiṭ (= Kephalon) und seinen Aktivitäten im Rēš-Tempel in Uruk finden sich in: DOTY, Nikarchos and Kephalon, 95-118.

[650] Dieser Satz ist schwierig. MCEWAN, Request, 66, übersetzt: "which would suit (lit. belong to) the fine (?) sceptre", und nimmt an, daß *lā* als Präposition aus dem Aramäischen, nicht als Negativpartikel zu verstehen ist. Zur Veranschaulichung sei auf eine Kultbildbeschreibung von DIODORUS SICULUS Buch II 9:5-10 verwiesen. Dort ist eine stehende Statue

14. Dementsprechend zu tun mögen sie verfahren.

Die Götter wurden also nicht nur über den Zeitpunkt der Herstellung eines Bildes, sondern unter Umständen auch über handwerkliche Details um Rat gefragt.
Wie erwähnt, wurden alle Tätigkeiten der Handwerker auf die Zusammenarbeit mit den Handwerkergöttern zurückgeführt. Diese begleiteten den gesamten Fertigungsprozeß, der aus (1.) der Anfertigung des Holzkernes, (2.) dem Anbringen der Überzugsarbeiten und Fassungen, (3.) den Einlegearbeiten (z.B. Augen, Augenbrauen), (4.) dem Polieren des Bildes (*namāru* D[651]), (5.) der Bekleidung und (6.) der Schmückung (und evtl. (7.) der Herstellung eines Podestes) bestand[652]. Zuletzt konnte das Podest der neuen Statue mit dem Namen des verantwortlichen Königs oder einer längeren Inschrift versehen werden[653]. Auf diese Weise gelang es dem Herrscher, sich bei seiner Gottheit und den Priestern dauerhaft in gute Erinnerung zu rufen.
Der Ablauf des komplexen Herstellungsprozesses[654] macht deutlich, daß die Herstellung eines Kultbildes mehrerer Faktoren bedurfte:

1. Es mußte geschultes Fachpersonal vorhanden sein.
2. Es mußte für eine ausreichende Materialmenge und dessen verarbeitungsfähige Qualität gesorgt werden.
3. Die Existenz einer Werkstatt mit passend ausgestatteten Arbeitsplätzen (Wasserversorgung, Feuerstätte, Materiallager, Werkzeuge) war unabdingbar.
4. Von weiterer Bedeutung war die Existenz einer Infrastruktur, die sowohl für den Transport der Materialien als auch für die Überführung der fertiggestellten Statuen an ihren Bestimmungsort sorgen konnte. Zusätzlich bedurfte es einer übergreifenden Organisation und Verwaltung, die die Materiallieferungen mit dem Materialbedarf abstimmte, die Überschüsse verwaltete und die verschiedenen komplexen Vorgänge miteinander koordinierte.

Die Herstellung anthropomorpher Kultbilder konnte daher nur in Städten mit einem funktionierenden Verwaltungsapparat und (wenigstens) einem Tem-

---

der Göttin Hera beschrieben, die in ihrer rechten Hand eine Schlange und in ihrer linken ein Szepter mit Edelsteinen hält. Ein ähnliches edelsteinbesetztes Szepter (in der linken Hand) könnte Gegenstand der zitierten Orakelanfrage sein.
[651] Vgl. CAD N I 215 d. Die Belege von *namāru* D sind im Kontext von Edelmetallen durch "to polish" zu ergänzen.
[652] Vgl. S. 101.
[653] Z.B. BORGER, Ash., 89f (AsBbF), 92f (K2388).
[654] Exemplarisch sei nochmals auf LAS 277 = SAA X, 349 (S. 99f), verwiesen.

pel mit einer Werkstatt stattfinden. Kultbilder waren daher schon durch ihre Herkunft als "Kinder der Stadt" ausgewiesen[655]. Im Rahmen ihrer technischen und materiellen Möglichkeiten fertigten die Handwerker Bilder, deren Größe, Qualität und Wert von der Menge und der Qualität des zur Verfügung stehenden Arbeitsmaterials abhängig waren. Je größer, reicher, kultisch bedeutender und politisch mächtiger ein städtisches Zentrum war, desto größer, prunkvoller und zahlreicher waren auch seine Götterbilder. Die materielle Beschaffenheit des Bildes und seiner Ausstattung könnte daher Auskunft über die wirtschaftliche Lage seines Umfeldes geben[656].

Der folgende Abschnitt beschäftigt sich mit den verschiedenen Handwerkerberufen, die an der Herstellung bzw. Renovierung eines Kultbildes beteiligt waren[657] und die in einer Inschrift des Königs Asarhaddon folgendermaßen aufgelistet werden:

naggāru, kuttimmu, qurqurru, purkullu, mārē ummânī lēʾûti mūdê piristi
"Schreiner, Goldschmied, Steinfasser und Steinschneider, tüchtige Künstlergelehrte, die über das Geheimwissen verfügen"[658].

1.4.2.3.1. Der Schreiner

Der Schreiner[659] arbeitete unter der Aufsicht des Handwerkergottes Ninildu. Er stellte den hölzernen Kern der Statue her; das massigste Werkstück, das

---

[655] Zur Stadtgebundenheit der mesopotamischen Götter vgl. LAMBERT, Donations of Food, 193.

[656] Die Materialangaben der Königsinschriften sind nur unter Vorbehalt als Quellen zu benutzen, da sie nicht daran interessiert sind, die Kosten genau abzurechnen, sondern den Reichtum des jeweiligen Königs zu rühmen. Administrative Texte und Briefe sind zweifellos verläßlicher.

[657] Zu den Handwerkern allgemein vgl. COCQUERILLAT, Handwerker, 98-103, SALONEN, Erwerbsleben, passim, MATTHEWS, Artisans, 455-468. Zu den lexikalischen Listen, die Handwerkerberufe erwähnen, vgl. MSL 12, 234 ii B, SJÖBERG, *UET* VII, 73, 117-139, bes. 118f (ii 32-40); MCEWAN, FAOS 4, 7, nennt den Schreiner, den Graveur, den Steinschneider und den Goldschmied als Teil des Tempelpersonals (*ērib bīti*). KINNIER WILSON CTN I, 24. 64-70, bietet eine Zusammenfassung der verschiedenen Aufgabenbereiche der Handwerker. Anhand der Personennamen konnte er feststellen, daß es sich bei den Handwerkern in seinen Texten oft um Nicht-Assyrer handelte. Handwerker waren begehrte Kriegs- und Deportationsbeute, vgl. VAB 7, 56 vi 90-95 = BIWA 56, A VI 90-95, VAB 7, 60 vii 3 = BIWA 58, A VII 3, ZACCAGNINI, Patterns, 245-264, 2 Kön 24:14 und 25:11, Jer 24:1 und 29:2, Bar 1:9.

[658] BORGER, Ash., 83 Rs. 29 (EÜ). Die in diesem Text gebotene Reihenfolge der Handwerkerberufe entspricht grundsätzlich der Aufzählung in MSL 12, 234 ii B 1-26 und derjenigen in Gilgamesch VIII ii 25ff: "O Schmied, [Steinschneider, Kupfer]werker, Goldschmied und Graveur, mache meinen Freund, [ein Bild von ihm!]." Das Epos wird nach der neuesten Übersetzung in TUAT III.4, 671-744 zitiert; zur Umschrift s. PARPOLA, Epic, passim. Zur Organisation der Handwerker vgl. HELTZER, Organisation, passim, sowie PETSCHOW, Lehrverträge, 556-570.

er anzufertigen hatte, war der Rumpf des Kultbildes. Dieser war die Grundlage der weiteren Arbeiten, da an ihm Hals, Kopf, Beine und Arme jeweils separat angesetzt werden mußten, indem man sie mit Holzdübeln bzw. Zapfen befestigte[660].
Aufschlußreich ist die Beschwörung "Bei deinem Auszug, 'ebenso' [in] Größe, bei deinem [Auszug] aus dem Wal[d]"[661], die im Rahmen des Mundwaschungsrituals überliefert ist. Diese Beschwörung verändert die Qualität der Werkzeuge, mit denen der Schreiner bzw. der Schreinergott arbeitet. Sie sind "groß, erhaben" und "rein", d.h. für kultische Zwecke geeignet und von irdischen Makeln befreit. Auch das Holz, das der Schreiner(gott) für seine Tätigkeit benötigt, wird durch die zitierte Beschwörung verwandelt. Es erhält kosmische Qualitäten, da es von einem Baum stammt, der Himmel, Erde und Unterwelt verbindet. Dadurch daß es von Enki persönlich getränkt und gepflegt wurde, erscheint seine Herkunft himmlisch überirdisch.

Für den Holzkern eines Kultbildes wurde hauptsächlich *Zedern-*[662] *oder Zypressenholz*[663] verwendet[664]. Beide Hölzer werden häufig in kultischem Kontext erwähnt, da man sie auch als Material für die hölzernen Bestandteile des Tempels oder für die Tempelgeräte bevorzugte. Das Holz war (und ist heute) wegen seines Wohlgeruches beliebt, der Insekten vertreibt, für reine Luft sorgt[665] und dadurch den "Geruch der Heiligkeit" vermittelt[666].

---

[659] *Nagāru, naggāru*, vgl. CAD N I 112-114 und AHw 710: "Zimmermann, Schreiner, Tischler". Schreiner hatten ein breites Arbeitsfeld, daher sind Spezialisierung zur Herstellung von Schiffen, Türen, Wagen, Möbeln und Statuen erwähnt. Die Holzarbeiter mußten nicht nur die großen Kultbilder anfertigen, sondern auch kleinere apotropäische Bilder, vgl. z.B. die im Rahmen des *akītu*-Festes hergestellten Statuetten aus Zedern- und Tamariskenholz in RAcc 132:192-216. Als Werkzeug des Schreiners sind u.a. Eisennägel und Holznägel/Pflöcke genannt, vgl. RAcc 20 iv 33 (A.O. 6479). In IV R 18:3 ii 3ff gehören noch *suppinnu, pašultu, būdu* dazu. Zu Axt, Stichel und Säge (*pāšu, pulukku, šaššāru*) s. BM 45749:8 par, s. S. 425. Die Axt ist auch in Erra I 155f genannt. Weitere Belege bieten SALONEN, Erwerbsleben, 60ff, und RENGER, Goldsmiths, 498.
[660] Vgl. dazu den Holztorso aus Uruk, dessen Konstruktion noch erkennbar ist in VAN ESS, PEDDE, Uruk, Holz Nr. 1332. Leider ist nicht angegeben, aus welcher Holzart er besteht.
[661] STT 199 etc. 13-40+x = WALKER, *Mīs pî* 62f, s. S. 438f, bes. Z. 30-36.
[662] Zur Verwendung dieses Holzes vgl. die Belege in CAD E 275-278.
[663] Zu den Verwendungsweisen dieses Holzes vgl. die Belege in CAD Š III 349-353.
[664] Rm 225 etc. 79f = WALKER, *Mīs pî*, 51, nennt Ninildu (nicht d.Gibil, gegen WALKER, z.St.) in Verbindung mit Zedern- und Zypressenholz. Auch die Hölzer hatten ihre Patrone: Emar VI, 4, 539:70'-73' erwähnt in einer Götterliste die Götter Lugal-giš-ši[nig], Lugal-giš-á[sal], Lugal-giš-[ùr] (= Balken) und Lugal-[giš-gišimmar] (ergänzt nach der parallelen Liste von Ugarit, NOUGAYROL, u.a., Ugaritica V, 216:104-107). Zu den Hölzern vgl. POSTGATE, Trees and Timber, 177-192; zu ihrer handwerklichen Bearbeitung vgl. MOOREY, Materials, 355-361.
[665] Die apotropäischen Figürchen des *akītu*-Rituals wurden aus Zedern- und Tamariskenholz gefertigt, vgl. RAcc 132:194. Vgl. auch die Materialangaben des Jerusalemer Tempels in 1 Kön 6:15ff.

Zahlreiche Kultbilder scheint man aus dem Holz der *Tamariske* angefertigt zu haben:

4. (giš.šinig) šà.bi.ta dingir.re.ne mu.un.dím.e.ne
4. (Tamariske,) aus deren Inneren die Götter gemacht werden[667].

Die Stämme dieses Baumes konnten auch beim Bau eines Tempels verwendet werden. Seine Äste besaßen die Fähigkeit, den Zugriff des Bösen zu verhindern und wurden daher bei den unterschiedlichsten Ritualen zur kultischen Reinigung eingesetzt[668]. Die Tamariske ist z.B. in den *namburbi*-Ritualen von wesentlicher Bedeutung, da man hoffte, daß die Unfruchtbarkeit des entwurzelten Baumes auf das "Böse" überging[669]: Ähnlich wie eine Tamariske, die, einmal ausgerissen, kein zweites Mal anwachsen kann, soll sich das Unheil, das man durch das *namburbi*-Ritual abgewendet hatte, dem Menschen nicht wieder nähern können.
Vielleicht sprach diese Eigenschaft des Baumes auch dafür, es bei der Herstellung von Kultbildern zu verwenden. Böses oder Unheil kann sich an diesem Holz, das geradezu "antidämonisch" wirkt, nicht halten[670]. Daher ist eine Statue, die aus einer Tamariske angefertigt und kultisch gereinigt wurde, vor weiteren Gefährdungen dieser Art sicher.

Weitere Holzarten, die bei der Herstellung eines Kultbildes eine Rolle spielen, sind aus den Beschwörungen bekannt, die im Rahmen des Mundwaschungsrituals rezitiert werden. Zu nennen sind an dieser Stelle: *Wilde Zypresse*, *Feigenbaum*, *Buchsbaum (taskarinnu)*[671], *Sissoo-Baum (musukkannu)*, *Ebenholz* und der *mēsu*-Baum[672] (giš.mes)[673]. In literarischen Texten werden diese Hölzer als "Fleisch" oder "Knochen" der Götter bezeichnet, so daß die Figuren (einmal mehr) als die irdischen Körper der Götter angesprochen und mit dem menschlichen Körper in Beziehung gesetzt werden. Die folgenden Beispiele mögen dies verdeutlichen.

---

[666] Vgl. dazu CANCIK, MOHR, Religionsästhetik, 148.

[667] K3511+ i 4 = WALKER, *Mīs pî*, 40, s.u. S. 443.

[668] Nach BWL, 151-164, bes. 156, IM 53975 Rs. 6 und 158:26, ist die Tamariske mit dem Reinigen des Tempels und anderen Reinigungsaufgaben betraut. Der Text der Streitgespräches zwischen Dattelpalme und Tamariske ist durch Parallelen aus Emar weiter zu rekonstruieren, vgl. WILCKE, Dattelpalme und Tamariske, 161-190, bes. 174:33'-36'. Zu den Streitgesprächen vgl. VANSTIPHOUT, Debate Poems, 276f.

[669] MAUL, Zukunftsbewältigung, 65.

[670] In diese Richtung weisen auch die Schutzfigürchen, die aus Tamariskenholz gefertigt sind, vgl. SCURLOCK, Magical Means, 132.

[671] Eine Statue des Marduk aus diesem Holz ist neuerdings literarisch nachgewiesen, s. GEORGE, Marduk, 65, BM 119282:1; sie steht in der Cella des Ea (evtl. in Ekarzagina).

[672] AHw 647a, CAD M II 33f, Inim Kiengi II 672 (Zürgelbaum oder Platane).

[673] Vgl. die Aufzählung in STT 199 etc. 21-30 = WALKER, *Mīs pî*, 63, s. S. 438f.

(1.) Die Tamariske:

10. ... Der Knochen der Göttlichkeit (*eṣemti ilūti*), die geheiligte Tamariske;
11. reines Holz für die Gestalt der Bilder (*bunnannê ṣalmē*),
13. die im Haus von NN, Sohn von NN stehen werden, um Böses zurückzuschlagen.[674]

(2.) Die Zeder:
In einem kultischen Kommentar[675] wird das verbrannte Zedernholz als das "Fleisch der bösen Götter" bezeichnet.

(3.) Der *mēsu*-Baum:

150. Wo ist der *mēsu*-Baum, Fleisch der Götter, Zeichen des Königs der Gesamtheit?
151. Der reine Baum, der erhabene Mann, der zur Herrschaft höchst geeignet war;
152. dessen Wurzeln hundert Doppelstunden im weiten Meer[676] bis in die Tiefen derUnterwelt reichen
153. und dessen Wipfel angelehnt ist in der Höhe von Anus Himmel?[677]

Das letzte Zitat gibt uns weitere Informationen über die Qualität des Baumes und seines Holzes. Da er in der Unterwelt gründet, an die Erdoberfläche tritt und sich bis in den Himmel erstreckt, verbindet er die drei kosmischen Dimensionen der vertikalen Raumebene. Er ist eine Art kosmisches Band zwischen der Erde, dem Himmel und der Unterwelt und gibt diese Eigenschaft an das Kultbild weiter.

Das Erra-Epos wählte den *mēsu*-Baum, der logographisch giš.MES geschrieben wird, nicht zufällig als Material für das Kultbild des Marduk. Der Autor des Epos spielt damit auf eines der geläufigen Epitheta (und Wortzeichen) des babylonischen Götterkönigs an: d.MES[678]. Darüber hinaus war MES ein Kultname des Marduk. Wie wir aus einer ausführlicheren Kommentierung des Neujahrsfestes wissen, erhielt Marduk, wenn er am 8. und am 11. *Nisan* auf seinem Sitz im Vorhof von Esagila Platz nahm, den Namen MES-Marduk[679].

---

[674] Vgl. BBR, Nr. 45 II 10f; es handelt sich um eine Beschwörung (an Šamaš) für magische Figurinen, die das Böse aus einem Haus vertreiben sollen. Der Text wurde zuletzt von WIGGERMANN, Protective Spirits, Text I (Z. 81-83), bearbeitet.

[675] SAA III, 39 Rs. 24f.

[676] Im sumerischen Mythos "Enki und die Weltordnung", vgl. BENITO, "Enki", 85:4; 95:171, pflanzt Enki den *mēsu*-Baum im *apsû*.

[677] Der Text ist entnommen aus Erra I 150ff, s. S. 150f.

[678] TALLQVIST, Akkadische Götterepitheta, 375.

[679] CAVIGNEAUX, Textes scolaires, 141, 79.B.1/30:1-3.

Doch damit nicht genug. Neben GURUŠ ist MES eine mögliche Schreibung für *eṭlu* ("Mann")[680]. Der "reine Baum" wird nun in Z. 151 als der "erhabene Mann" (*eṭlu*/GURUŠ/MES) bezeichnet. Die Mehrdeutigkeit des Zeichens "MES" erlaubt es daher dem Schreiber, eine Verbindung zwischen dem MES-Holz, der Mannhaftigkeit (*eṭlu*/GURUŠ/MES) und dem MES-Namen Marduks herzustellen. Die zitierten Zeilen sind daher nicht nur als Material-angabe des Kultbildes zu verstehen. Sie stellen eine Anspielung auf den Gott Marduk und seine Rolle während des *akītu*-Festes dar, in dem er wiederholt seine Mannhaftigkeit unter Beweis stellt.

Da recht wahrscheinlich ist, daß in der Cella von Esagila eine Mardukstatue stand, die aus GIŠ.MES-Holz gefertigt war (und den Namen Asalluhi trug)[681], erscheint die These plausibel, daß Kultbilder bevorzugt aus einem Material gefertigt wurden, das mit der Gottheit des Bildes in mythologischer Beziehung stand[682]. Die irdische Welt der Menschen und die überirdische der Götter verbinden sich im Kultbild zu einer harmonischen Einheit.

1.4.2.3.2. Der Steinfasser

Der Gott Ninkurra betreute den Juwelier *qurqurru*[683], der für das Schneiden, Schleifen und Fassen von Edel- und Halbedelsteinen[684] in Gold sowie für das

---

[680] Vgl. AHw 265.

[681] BM 119282:2, zuletzt bearbeitet von GEORGE, Marduk, 65.

[682] Auch griechische Götterbilder waren bisweilen aus einem Material, das mit der darge-stellten Gottheit in einer besonderen Beziehung stand. So wurden beispielsweise Fruchtbar-keitsgötter bevorzugt aus Olivenholz oder wildem Birnbaum gefertigt, vgl. die Übersicht bei FUNKE, Götterbild, 679f. Zu den Cheruben des Jerusalemer Tempels aus Olivenholz (1 Kön 6:23) vgl. BERLEJUNG, Handwerker, Anm. 65. Akazienholz ist das bevorzugte Material der Priesterschrift. Die Akazie ist für kultische Objekte besonders geeignet, da der Stamm aus ei-nem festen, dauerhaften Holz besteht und weitere Teile des Baumes ätherische Öle enthalten, die (luft)reinigend wirken. Aus den Blüten kann man Arzneien und Salben herstellen, vgl. "Acacia", in BROCKHAUS, 1 (A-ATE), 87, und ZOHARY, Pflanzen, 116.

[683] *Qurqurru/gurgurru* (tibira), vgl. AHw 929f, und CAD G 137-139. Er wird in spB Zeit selten erwähnt. Sein Schneidewerkzeug ist der Meißel (*imṭû*), sein Material Gold und Edel-steine. M.E. trägt die Übersetzung "Steinfasser" der Tätigkeitsbeschreibung (vgl. CAD G 138) dieses Handwerkers eher Rechnung als die bisher übliche Bezeichnung als "Metallarbei-ter" (so BORGER, Zeichenliste, Nr. 132, BORGER, Ash., 83 Rs. 29), s. nun auch WAETZOLDT, NABU 1997/96 (u.a. "Intarsien-Macher"). Er wird im Kontext der Herstellung eines Kultbildes mehrfach genannt: STT 200 etc. 37f = WALKER, *Mīs pî*, 86, s.u. S. 450 ("durch das Werk des Steinfassers ...") und STT 200 etc. 69 = WALKER, *Mīs pî*, 88, s.u. S. 451. Er ist auch an der Herstellung der kleinen Figürchen beteiligt, die im *akītu*-Fest verwendet werden, vgl. RAcc 132f:190-200. Zu weiteren Belegen s. SALONEN, Erwerbsleben, 99-108.

[684] Unterschiede zwischen den verschiedenen Gesteinsgruppen, Quarzite (Karneol, Berg-kristall, Jaspis, Achate), Kalksteine (Calcit oder Alabaster), Gips (Alabastergips), Felsge-steine (Diorit, Steatit, Serpentin, Jade) und Halbedelsteine (Lapislazuli, Türkis, Malachit, Hä-matit) werden (in mineralogischer Hinsicht) nicht gemacht. Daher ist es oft schwierig, die

Anfertigen von Inlays verantwortlich war. Bei der Herstellung eines Kultbildes bemühte er sich hauptsächlich darum, die Augen der Götter aus verschiedenfarbigen Steinen herzustellen, so daß sie dem Aussehen des menschlichen Auges möglichst gleichkamen[685]:

"Ninkurra, wenn du dich näherst (Anrede an die Statue; Anm. d. Verf.), macht er deine Augen bunt [...]."[686]

Obwohl das Auge eines Kultbildes auch aus Lidern, einem Augapfel und einer Iris bestand, war man sich dessen bewußt, daß es anders aussah als das eines Menschen. Die bewegungslose Starre der Augen und die ungewöhnliche Form der Augenlider (das obere und untere Lid sind gleich[687]) gehörten zu den Charakteristika der Gesichter der Statuen. Wenn ein Mensch diese Kennzeichen aufwies, wurden sie dagegen als Anomalie betrachtet und in physiognomischen Omina reflektiert:

"... Wenn ein Mann ein Auge hat (das aussieht) wie das einer Statue ..."[688]
"Wenn er das Gesicht eines Gottes hat, ... (d.h.) daß die Ränder seiner Augen einander ansehen."[689]

Die folgenden Omina vergleichen das Gesicht eines Neugeborenen mit einem Gott und stellen dadurch eine Verbindung zwischen dem menschlichen Körper und einem Götterbild her. Sie beziehen sich im allgemeinen aber nur auf die Anomalien der menschlichen Anatomie, so daß sie einerseits von der Ähnlichkeit zwischen Gottesbild und Menschenkörper überzeugt scheinen,

---

Steine zu identifizieren. Hilfreich ist die Serie "abnu šikinšu", die Steinnamen auflistet und deren Aussehen beschreibt. Vgl. HOROWITZ, Abnu šikinšu, 112-122. Sie war Gegenstand der Magisterarbeit von A. SCHUSTER, Die Steinbeschreibungsserie abnu šikinšu, Heidelberg 1996. Ich danke A. Schuster für die Einsicht in ihr Manuskript. Zu den Steinen als Material s. MOOREY, Materials, 79-103, und hier S. 127ff. Allgemein zu den Steinen vgl. THOMPSON, R.C., DACG, passim, MSL 10 (die Listen von Ur5.ra = hubullu XVI), EYPPER, Texts, 384-413 (Zusammenstellung der Steine, die als Amulett dienen konnten).

[685] Am häufigsten scheint er mit Obsidian (na4.zú; ṣurru) gearbeitet zu haben, vgl. LAS 58 = SAA X, 41:17, und Lugal-e I, Z. 553 (Lugal-e wird zitiert nach der Bearbeitung von: VAN DIJK, J.J.A., Lugal ud me-lám-bi nir-gál, Le récit épique et didactique des travaux de Ninurta, du déluge et de la nouvelle création. I, Introduction, texte composite, traduction, Leiden 1983. II, Introduction à la reconstruction du texte, inventaire des textes, partition copies des originaux, Leiden 1983; Tafel XIII mit den Z. 561.599-602 wurde ergänzt mit AL-RAWI, Sippar Library IV, 217-220. Falls nicht anders angegeben wurde eine EÜ angefertigt).

[686] STT 199 etc. 38 = WALKER, Mīs pî, 63, s. S. 439; ebenso STT 200 etc. 21 = WALKER, Mīs pî, 85, s.u. S. 450.

[687] Vgl. dazu Abb. 7.

[688] CT 28, 29 Rs. 21.

[689] KRAUS, F.R., Die physiognomischen Omina, 60f K2166+:14'(= KRAUS, F.R., Texte zur babylonischen Physiognomatik, Nr. 24 Vs. 14).

andererseits aber die charakteristischen Unterschiede zwischen beiden bestätigen und als solche erkennen:

"Wenn eine Frau einen Gott gebärt, der ein Gesicht hat, dann wird ein despotischer König das Land regieren."
"Wenn eine Frau einen Gott gebärt, der kein Gesicht hat, dann wird die Regierung des Königs zu Ende gehen."[690]

1.4.2.3.3. Der Steinschneider

Ninzadim war die Ea-Hypostase, die den Steinschneider *purkullu*[691] / *zadimmu*[692] bei seiner Arbeit unterstützte. Auch er war an der Herstellung eines Kultbildes[693] maßgeblich beteiligt:

"Die Statue hat Gesichtszüge (*bunnannû*/SIG7), die Ninzadim machte."[694]

Seine Aufgabe war es, die steinernen Bestandteile des Kultbildes sorgfältig anzufertigen. Dazu gehörten die Augenbrauen, der Bart und die Kopfhaare der Statuen[695].

---

[690] *Šumma izbu*, Zeilenzählung nach SpTU III, Nr. 90 Vs. 24f, ergänzt nach LEICHTY, *Šumma izbu*, 34:24f (Tafel I) (EÜ).

[691] *Pur/parkullu* (bur.gul), vgl. AHw 834. Er ist der Steinmetz, Steinschneider oder Siegelschneider. CT 25, 48:23 erwähnt den Ea der Siegelschneider. Der *purkullu* wird in spB Zeit selten erwähnt. Sein Metier scheint nicht nur das Siegelschneiden, sondern das Steinhandwerk allgemein zu sein, vgl. SALONEN, Erwerbsleben, 233-240. Steinmetze wurden besonders für die Fertigung der übergroßen Steinkolosse an den Ein- und Durchgängen der Paläste und Tempel benötigt. Auch viele Königsstatuen bestanden aus Stein. Die Entwürfe dieser Figuren gingen an den königlichen Auftraggeber, der sie absegnete und auswählte, vgl. ABL 1051.
Die Gleichung [kab].sar = *pur-kúl-lu* A/*kab-še-ru* B in Emar VI, 4, 602:108' ergänzt die Wörterbücher und bezeugt die Feinarbeit des *purkullu* in Stein.

[692] *Zadimmu*, AHw 1502. Vgl. STT 199 etc. 37 = WALKER, *Mīs pî*, 63, s.u. S. 439; vgl. weiter die Belege bei SALONEN, Erwerbsleben, 241-243, und *Malku* 4,25f (zitiert nach CAD Z 10a): "*alan-gu-ú, za-dím-mu* = *pur-[kul-lu]*." Der *zadimmu* ist nach SALONEN, ebd., 243, nach der Ur III-Zeit nur noch in einigen lexikalischen Listen bezeugt; später sei die Bezeichnung *purkullu* üblich. Vgl. auch K63a iv 3 = IV R 25a 41 und S. 280: "D.nin.zadim zadim.gal.an.na.ke4".

[693] Ninzadim ist (wie Kusigbanda) auch an der Herstellung von Schmuck (VAB 4, 270 ii 38 (Nabonid; Herstellung einer Krone)) oder von Kultsymbolen beteiligt, vgl. K63a iv 3f = IV R 25a 41f (Mundwaschung der Mondsichel) und S. 280.

[694] STT 200 etc. 24 = WALKER, *Mīs pî*, 85, s.u. S. 450. In demselben Text kommt Ninzadim noch einmal vor (29ff); die aufgezählten Steine scheinen sich auf sein Arbeitsmaterial zu beziehen (*hulālu, mušgarru, pappardilû*, [*papparminû*], Bernstein und Elektron); eindeutig ist dies jedoch nicht. Sie könnten auch zu dem nachfolgenden *qurqurru* gehören. Vgl. auch STT 199 etc. 37 = WALKER, *Mīs pî*, 63, s. S. 439.

[695] Bart, Augen, Augenbrauen und Nacken(frisur?) aus Stein erwähnt MSL 10, 7:88ff = Ur5.ra = *hubullu* (in der Reihe des Lapislazuli). Vgl. dazu KRAUS, F.R., Die physiognomi-

Verschiedene Steinarten wurden an einem Kultbild verarbeitet. Wie aus dem Mundwaschungsritual hervorgeht, verwendete man bevorzugt (1.) Lapislazuli[696], (2.) Achat[697], (3.) Serpentin[698], (4.) Magneteisenstein[699], (5.) *hulālu*-Stein[700], (6.) Karneol[701], (7.) Bernstein, (8.) *pappardilû*, (9.) *papparminû*[702],

---

schen Omina, 23. Anders jedoch AHw; Von Soden versteht die lexikalische Reihe nur allgemein als Auflistung verschiedener Gemmen, vgl. AHw 1287 (*šūr īni* sub *šūru* IV 2b (Augenbraue)) und AHw 1530f (sub *ziqnu* 5b (Bart)). Da die Reihe von MSL 10, 7:85-90 mit na4.alam.za.gìn (Statue aus Lapislazuli, Z. 85) beginnt und es sich nicht um die Bezeichnung eines Schmucksteines, sondern um die Materialangabe eines Gegenstandes handelt (vgl. auch Z. 103f), tendiere ich dazu, die Reihe mit Materialangaben von Objekten fortzusetzen und Bart, Augen und Augenbrauen aus Lapislazuli anzunehmen. Die Frage, ob diese Gegenstände wirklich an Statuen befestigt oder lediglich als Weihegaben gestiftet wurden, ist aus den Texten nicht zu beantworten. Zu den Haaren der Bilder vgl. S. 47f.

[696] Na4.za.gìn = *uqnû*, vgl. VAN DIJK, Lugal-e I, Z. 532. SAA VII, S. 213, setzt nA *iqnû* an. Im Rahmen des Mundwaschungsrituals ist dieser Stein in K6324+ etc. 35 und BM 45749:19 belegt.

[697] Im Rahmen des Mundwaschungsrituals ist dieser Stein belegt in Rm 225:84f etc. = WALKER, *Mīs pî*, 51 und K6342+ etc. 36 und BM 45749:19, s. Text Nr. 1 z.St. Zu *dušû* "Quarz, Bergkristall", vgl. AHw 179 (na4.duh.ši.a), zur Diskussion s. SCHUSTER, *Abnu šikinšu*, 31f. VAN DIJK, Lugal-e I, Z. 531 übersetzt na4.duh.ši.a mit "agate". Auch HAUSSPERGER, Einführungsszene, 275, plädiert für Achat. Im folgenden wird die Übersetzung "Achat" beibehalten. Der Stein wird in Lugal-e positiv bewertet.

[698] Für den *mušgarru/muššāru*-Stein (na4.muš.gír) steht die Identifikation mit Serpentin zur Diskussion, vgl. AHw 683, HAUSSPERGER, Einführungsszene, 284 und VAN DIJK, Lugal-e I, Z. 534 ("serpentine (?)"). Nach SCHUSTER, *Abnu šikinšu*, 45, läßt sich das Aussehen von Serpentin jedoch nicht mit der Beschreibung des *muššāru*-Steines ("roter Stein mit weißer Musterung") in *abnu šikinšu* vereinbaren. Mangels Alternative wird im folgenden vorbehaltlich die Übersetzung "Serpentin" beibehalten. Der Stein ist im Rahmen des Mundwaschungsrituals erwähnt, s. K6324+ etc. 35, BM 45749:19, und STT 200 etc. 31 = WALKER, *Mīs pî*, 86, s. Text Nr. 1 z.St. und S. 450. Na4.nír.muš.gír ist nach K4906+ etc. 221-224 (BERLEJUNG, Macht, 30) und STT 200 etc. 31f mit WALKER, *Mīs pî*, 86 (s.u. S. 450), mit *mušgarru* zu gleichen, so daß na4.muš.gír und na4.nír.muš.gír identisch sind. Na4.nír.muš.gír.ki ist nach VAN DIJK, Lugal-e I, 120, jedoch mit "calcédoine de Mušgir" zu übersetzen.

[699] *Šadānu ṣābitu* (na4.ka.gi.na dab.ba; na4.kur-*nu* dab), vgl. CAD Š I 37 "magnetite, lodestone". Im Rahmen des Mundwaschungsrituals ist der Stein belegt in K6324+ etc. 34 und BM 45749:18 s.u. Text Nr. 1 z.St. S. weiter VAN DIJK, Lugal-e I, Z. 497-512. Ninurta segnet den *šadânu*-Stein (ohne *ṣābitu*) und erwähnt seine Verwendung als Handwerksmaterial (Z. 508f). Interessant ist Z. 512, da hier eine Art Belebung des *šadânu* stattfindet: "Heute sagt man im Land: 'Der Hämatit ist lebendig', und so möge es wirklich sein."

[700] *Hulālu* (na4.nír) "ein wertvoller Stein", vgl. AHw 353; kaum korrekt ist THOMPSON, R.C., DACG, 135ff, der Bleiweiß annimmt. VAN DIJK, Lugal-e I, Z. 532, übersetzt "calcédoine", ebenso SAA VII, 84:3'f u.ö. Im Rahmen des Mundwaschungsrituals ist der Stein in STT 200 etc. 34 = WALKER, *Mīs pî*, 86, s.u. S. 450 belegt. Eine Variante scheint der Augen-*hulālu*-Stein (na4.nír.igi) zu sein, vgl. K4906+ etc. 221/224, s. BERLEJUNG, Macht, 30. Überzeugend erscheint der Vorschlag von FRAHM, Sanherib, 147f, daß es sich bei dem Begriff *hulālu* nicht um ein bestimmtes Mineral, sondern um die Bezeichnung eines gebänderten Steins (u.U. auch künstlich hergestellt) handelt, auf dem zahlreiche parallel laufende weiße und schwarze Streifen verlaufen. Der Augen-*hulālu*-Stein wäre dann eine Sonderform, bei der sich die Streifen kreisförmig anordnen.

(10.) *zalāqu*-Stein[703], (11.) *zagindurû*-Stein[704] und (12.) Obsidian[705]. Aus dem "kultischen Kompendium von Marduk" geht zusätzlich hervor, daß es Figuren dieses Gottes aus/mit(?) Markasit (na4.*marhušu*), Alabaster (na4. *gišnugallu*) und Hämatit (?; na4.níg.gi.na) gegeben hat, die in verschiedenen Tempeln Babylons aufgestellt waren[706].

Was oben in bezug auf die Hölzer festgestellt werden konnte, kann auch auf die Steine übertragen werden. Sie wurden im Rahmen des Mundwaschungs-rituals verwandelt[707] und keinesfalls nur als ein beliebiges und totes Mate-rial[708] angesehen; man ging ganz selbstverständlich davon aus, daß sie mit der Welt der Götter in besonderer Beziehung standen. Als Beispiel sei an dieser Stelle auf das aus der Ur III-Zeit stammende Epos Lugal-e[709] verwie-sen, in dessen Verlauf Ninurta die ersten sechs der o.g. Gemmen segnet. Sie teilen dieses Schicksal mit den folgenden Steinen: na4.amaš.pa.è[710], na4. ša.ba[711], na4.hu.rí.zum[712], na4.mar.ha.li[713], na4.gug.gazi[714], na4.e.gi.zà.ga[715],

---

[701] *Sāndu* (na4.gug), s. AHw 1019 sub *sāmtu* 3) "Karneol". Im Rahmen des Mund-waschungsrituals belegt in K6324+ etc. 35 und BM 45749:19, s.u. Text Nr. 1 z.St.; s. auch VAN DIJK, Lugal-e I, Z. 532.

[702] Bernstein, *pappardilû* und *papparminû* (ergänzt) finden sich u.a. in STT 200 etc. 33.35f = WALKER, *Mīs pî*, 86, s.u. S. 450. *Pappardilû* und *papparminû* sind Bestandteile des "Weihwasserbeckens der Mundwaschung", vgl. K6324+ etc. 35 und BM 45749:19 s.u. Text Nr. 1 z.St. Sie zeichnen sich dadurch aus, daß sie einfach bzw. zweifach weiß gestreift sind, mit SCHUSTER, *Abnu šikinšu*, 30f, FRAHM, Sanherib, 148.

[703] BM 45749:18 und K6324+ etc. 34 (ergänzt), s. weiter SCHUSTER, *Abnu šikinšu*, 55.

[704] Erra I 154 s. S. 151.

[705] Vgl. dazu S. 97f.

[706] S. GEORGE, Marduk, 65, BM 119282:3-5. Zu den genannten Gesteinsarten s. Anm. 719.

[707] Vgl. S. 131.

[708] Die Vorstellung von den wunderbaren Eigenschaften der Steine war in Ägypten und in der Antike weit verbreitet, vgl. ESCHWEILER, Bildzauber, 82f. 246-251. 272 mit Anm. 34.

[709] Das Epos ist zur Zeit Gudeas entstanden und bis in die seleukidische Zeit belegt. Es erzählt den Kampf Ninurtas gegen Asag/*Asakku*. Der Gott gewinnt diese Auseinandersetzung mit Hilfe seines Schwertes Šarur, so daß er anschließend die Schicksalsbestimmung des Ge-birges vornehmen kann. Zur Rekonstruktion des Textes vgl. VAN DIJK, Lugal-e II, 1-12; zu den Datierungsfragen, dem Sitz im Leben und weiteren Einleitungsfragen vgl. VAN DIJK, Lugal-e I, 1-50, KRAMER, Rezension, 135-139, sowie VAN DIJK, Lugal-e 1987, 134-136. Weitere Textergänzungen bieten BORGER, Lugale, 447ff (nA). Neuere Übersetzungen liegen vor in BOTTÉRO, KRAMER, Lorsque, 339ff und (in Auswahl) TUAT III.3, 434ff.

[710] (*J*)*ašpû*, dazu AHw 413, ist der *terminus technicus* für "Jaspis", vgl. EDZARD, Jaspis, 269f. Er nimmt an, daß *jašpû* und *ašpû* aus dem Sumerischen amaš.pa.è.a entlehnt seien; zur Diskussion s. nun SCHUSTER, *Abnu šikinšu*, 29f.

[711] Na4.ša.ba wird von VAN DIJK, Lugal-e I, Z. 533, mit *šubû* (?) "une espèce d'agate" ge-glichen. Vgl. weiter BORGER, Zeichenliste, Nr. 586, Inim Kiengi II 1006 und AHw 1258 sub *šubû* I (na4.šuba). Nach HAUSSPERGER, Einführungsszene, 274, handelt es sich um Chalze-don.

[712] Na4.hu.rí.zum wird von VAN DIJK, Lugal-e I, 120, mit *hurīṣu* geglichen. Der Stein kann nicht identifiziert werden; vgl. auch AHw 1431 sub *urīzu* "ein Stein".

·

na4.gi.rín.hi.li.ba[716], na4.an.zú.gul.me[717], zi.kuš.ummud[718] (Z. 531-545). Ninurta belohnt sie auf diese Weise, weil sie sich in seinem Kampf gegen den bösen Dämon Asakku loyal verhalten haben. Er bestimmt ihnen ein positives Schicksal, das sich konkret darin äußert, daß sie im Kult Verwendung finden dürfen. Als besondere Auszeichnung ist zu verstehen, daß ihnen auch noch goldene Fassungen zugedacht werden[719]:

543.   mit Gold möge man euch recht (*kīniš*) versehen (*kanû* D).

---

[713] Vgl. AHw 611 sub *marha(l)lu(m)* "ein wertvoller Stein". Zu *marhu/ašu(m)* vgl. AHw 611. Die Identifikation des *marha(l)lu* mit Markasit, so VAN DIJK, Lugal-e I, 120, erscheint schwierig, da in Z. 595ff *marhušu* (Markasit) vorkommt, und der *marha(l)lu* laut SCHUSTER, *Abnu šikinšu*, 44 vielfarbig gestreift ist.

[714] VAN DIJK, Lugal-e I, 120, gleicht na4.gug.gazi mit *kasanītu* "cornaline jaune". In AHw fehlt ein Lemma *kasanītu*. Nach BORGER, Zeichenliste, Nr. 591 ist na4.gug.gazi.sar = *sāmtu kasânītu* (oder nur *kasânītu*?), "ein Stein"; wahrscheinlich handelt es sich um eine gelbliche Karneolart, da gazi mit *kasû* "Senf" zu verbinden ist, vgl. SAA VII, S. 214 sub *kasânītu* "a stone", lit. "beet-like carnelian". Der Stein ist in der Serie *abnu šikinšu* (HORO-WITZ, *Abnu šikinšu*, 114 ABC 7 und A8) als ein Karneol mit senffarbigen bzw. schwarzen Einschlüssen näher beschrieben.

[715] Na4.e.gi.zà.ga wird von VAN DIJK, Lugal-e I, 120, mit *egizangû* geglichen und mit "oeil-de-poisson" übersetzt. Die Lexika bleiben neutraler: AHw 190 sub *e/igizangû* "ein Stein", BORGER, Zeichenliste, Nr. 449 (na4.igi.zag.gá/ga = *egizaggû*) "ein Stein". Na4. igi.zag.ga bedeutet eigentlich nur ein auserlesener Stein und wird von SAA VII, S. 212 sub *igizaggû* mit der Anmerkung "a semi-precious stone" versehen. S. weiter SCHUSTER, *Abnu šikinšu*, 39.

[716] Na4.gi.rín.hi.li.ba ist nach VAN DIJK, Lugal-e I, 120, gleichzusetzen mit *girimhilibû* "grenat"; vgl. auch AHw 291, mit dem Verweis auf *girimmu, girinnu* 2) "ein wertvoller Stein". Wörtlich übersetzt bedeutet der Steinname "rote Frucht der Unterwelt", es handelt sich daher sicherlich um einen roten Stein. Nach HAUSSPERGER, Einführungsszene, 287f, handelt es sich um Porphyr.

[717] Na4.an.zú.gul.me bleibt bei VAN DIJK, Lugal-e I, 120, ohne Übersetzung.

[718] Zi kuš.ummud bleibt bei VAN DIJK, Lugal-e I, 121, unübersetzt. Nach BORGER, Zeichenliste, Nr. 579, ist kuš.ummud ein "Schlauch"; diese Übersetzung hilft hier kaum weiter.

[719] Ninurta segnet noch weitere Steine, vgl. z.B. na4.e.le.el = *alallu* (Lugal-e I, Z. 487-496, "calcaire blanc"), der im großen Hof als Podest (*kigallu*) Verwendung finden wird (Z. 495); na4.giš.nu11.gál = *gišnugallu* (Lugal-e I, Z. 513-523, Alabaster) für die Siegel (Z. 522) und die Tempel der großen Götter (Z. 523); na4.mar.hu.ša = *marhušu* (Lugal-e I, Z. 595-602, Markasit); na4.dur.ùl (Z. 612-620; unklar); na4.šig$_x$.šig$_x$ = *šiššiktu*; na4.en.ge.en / en.gi.ša6 / en.ge.ša = *engisû*; na4.d.ezinu(.ma) = *ezennû*; na4.ug.gùn(.nu) = *uggun(n)û*; zá.hé.em / na4. sah.hu.u = *sahhû*; na4.ma.da.nu.um / ma.da.li / ma.dal.lum = *madallu*; na4.sag.gir11.mud = *hašmānu*; na4.mur.suh(?) / mul.sah.hu; na4.mul.u[g] = *illuku* (?) (vgl. Lugal-e I, Z. 621-636; bei diesen Steinen ist keine kultische Funktion erkennbar). Die gesegneten Steine in Lugal-e I, Z. 637-647, werden für den Kult der Ninhursag bestimmt (na4.kur.ga.ra.nu.um = *kurgar-rânu* (s. SCHUSTER, *Abnu šikinšu*, 41); na4.bal = *aban tasniqti*, "pierre de touche" (der BAL-Stein kann rot, schwarz oder grün sein, vgl. HOROWITZ, *Abnu šikinšu*, Anm. 12; die emariotische Lesung lautet [NA4.BA]L = na4.*ta-aš-ri-ti* (Emar VI, 4, 553 Annexe IV K 3')) und na4.šim.bi.sig7.sig7 = *guhlu / eqû*, ("Bdelliumhärz", cf. POTTS, u.a., Guhlu, passim.).

Erwähnenswert ist die Segnung des Diorit[720], der in Zukunft in Ninurtas Tempel stehen und dem König für die Herstellung von Königsstatuen dienen darf:

470. Weil du gesagt hast: "Ninurta, Herr, Sohn des Enlil, wer kommt dir gleich?",
471. (deswegen) möge er aus dem Gebirge der Höhe herausgerissen werden,
472. aus dem Gebirge von Magan mögen sie dich mir bringen.
473. Du hast starkes Kupfer wie Leder zerschnitten.
474. Ich bin Herr; für den Arm meines Heldentums bist du sehr vollkommen.
475. Der König, der für das Leben ferner Tage seinen Namen setzt
476. und seine Statue (alam.bi = *ṣa-lam-šu*) für die Ewigkeit schafft[721],
477. im Eninnu, dem Haus voll der Prachtentfaltung,
478. am Ort der Libation (= Ort der Totenpflege) stellt er sie auf; das möge dir geziemen!

Schon HROZNY hat darauf hingewiesen[722], daß es sich bei der Funktions-bestimmung des Diorit nicht nur um eine mythologische Spekulation han-delt. Lassen sich doch deutliche Parallelen zwischen der Inschrift der Gudea Statue B 7 10-15; 54f[723] und den Z. 471f und 475-478 des Epos feststellen. Die Gudea-Statue besteht aus Diorit[724]! Mythos und handwerkliche Praxis wurden offensichtlich aufeinander bezogen und miteinander vernetzt.

Die Schicksalsbestimmung der Steine blieb nicht nur Ninurta vorbehalten. Aus einem späteren Text wird ersichtlich, daß auch Ea diese Funktion über-nehmen konnte[725]:

30. ... wertvolle Steine,
31. *la ki-šit-ti šam-me*[726], ohne Zahl, Erzeugnis der Berge, denen Ea den Glanz (*melammu*) großartig bestimmt hatte, so daß sie für das Werk der Herrschaft geeignet waren, ...

Das (positive) Schicksal, das Ea den Steinen zuspricht, wird in diesem Text anders konkretisiert als in Lugal-e. Asarhaddon setzt bereits voraus, daß die Steine im Kult verwendet werden und läßt ihnen durch den Weisheitsgott den "Schreckensglanz" (*melammu*) verleihen, der die Erscheinung von Göt-tern, Dämonen und Königen kennzeichnet[727]. Die Steine bringen auf diese

---

[720] Zu na4.esi vgl. VAN DIJK, Lugal-e I, Z. 463-478 (Felsgestein).
[721] Zur Übersetzung vgl. VAN DIJK, Lugal-e I, 2 mit Anm. 6.
[722] HROZNY, Ninrag, 64 (222); vgl. auch VAN DIJK, Lugal-e I, 2. 37-47.
[723] STEIBLE, Inschriften von Lagaš, 170 und 172.
[724] Zu den Plastiken Gudeas vgl. die Zusammenstellung bei COLBOW, Gudea, 121-151. Zum Material vgl. ebd., 24-28.
[725] BORGER, Ash., 83 Rs. 30f.
[726] Dieser Ausdruck bleibt unübersetzbar, vgl. CAD Š I 317, 1c.
[727] Zu diesem Begriff s. AHw 643 und CAD M II 9-12, OPPENHEIM, *Melammu*, 31-34, CASSIN, La splendeur divine, 23-26 und HOROWITZ, NABU 1993/69.

Weise das furchterregende und leuchtende Auftreten der Götter angemessen zum Ausdruck. Der *melammu* ist unmittelbar mit ihnen verbunden; daher eignen sie sich dafür, die Kultbilder zu schmücken. Ähnliche Gedanken kommen auch in den Beschwörungen für die Steine zum Ausdruck[728]:

217f. Beschwörung: großer Stein, großer Stein, Stein, jauchzend an Fülle,
219f. für das Fleisch der Götter großartig geeignet.
221/4 Augen-*hulālu*, Serpentin, *hulālu*, Karneol, Lapislazuli,
222/5 Achat, auserlesener Stein, Bernstein, vollendetes Elektron (an.ta.sur.ra/*ṣāriru*),
223/6 Stein, dessen *pingu*[729] mit Gold eingefaßt ist,
227f. für die reine Brust des Königs passend (sum.: m e . t e . a š, akk.: a n a si-ma-a-ti) vorhanden.
229. Kusu, der Oberpriester des Enlil, macht ihn leuchtend, macht ihn glänzend.
230. Die böse Zunge möge beiseite stehen.

Die genannten Edelsteine werden durch diese Beschwörung im Rahmen des Mundwaschungsrituals in ihrer Qualität verändert, so daß sie für das "Fleisch der Götter" geeignet sind[730]. Ihnen werden Fülle, Vollendung, Glanz und Reinheit zugesprochen, Eigenschaften, die sie benötigen, um das Kultbild eines Gottes (bzw. den Schmuck eines Königs) zu zieren und zu der beeindruckenden *Erscheinung* zu machen, die dem beeindruckenden *Wesen* der Gottheit (bzw. des Königs) entspricht[731]. Die Edelsteine besaßen nicht nur die Aufgabe zu blenden, zu leuchten und furchterregend zu glänzen. Sie sollten das Kultbild (bzw. den König) mittels ihrer prophylaktischen Fähigkeiten auch gegen mögliche Verunreinigungen schützen[732].

---

[728] K4906+ etc. 217-230 = IV R 18* a = K4624 Rs. iv 1ff (zur Umschrift vgl. BERLEJUNG, Macht, 30). Es handelt sich um eine Beschwörung, die bei der "Mundwaschung der Königsregalia" rezitiert wird. Ähnlich lautet auch die Beschwörung "großer Stein, großer Stein, herausragender *šubû*-Stein", die in den Beschwörungstafeln anschließt (s. BERLEJUNG, ebd., 31). Da sie sachlich nichts Neues bietet, unterbleibt eine eigene Übersetzung.
[729] S. dazu BERLEJUNG, Macht, Anm. 120.
[730] Vgl. K4906+ etc. 219f (sowie K4906+ etc. 238f), BERLEJUNG, Macht, 30f: "(Stein), für das Fleisch der Götter großartig geeignet (bzw. geschaffen)."
[731] Zur Korrespondenz zwischen innerer und äußerer Befindlichkeit vgl. S. 75f.
[732] MAUL, Zukunftsbewältigung, 95 mit Anm. 28. Zu den magischen Fähigkeiten der Steine vgl. ebd., 108-113, und SpTU II, Nr. 22. In diesem Text ist ein Ritual erhalten, in dem Böses gelöst und der Zorn der Götter und Dämonen beruhigt wird, indem man Amulette aus bestimmten Steinen anfertigt und sie sich um den Hals hängt. Vgl. weiter SpTU III, Nr. 85, HOROWITZ, *Abnu šikinšu*, 115 Anm. 4 und 6, EYPPER, Texts, passim, bes. 1-22. Diese Amulette wurden von Privatpersonen, Königen und Kultbildern getragen.

1.4.2.3.4. Der Schmied

Ninagal ist dem Schmied (*nappāhu*) zugeordnet[733], der den Holzkern der Statue mit weichgeklopftem Kupfer überzieht. Er arbeitet mit Eisen, Kupfer und Zinn[734]. Auch im Erra-Epos[735] ist Ninagal erwähnt; als sein Werkzeug tritt dort der *esû* in Erscheinung, ein bisher unidentifiziertes Werkzeug.

1.4.2.3.5. Der Goldschmied

Kusigbanda[736] ist der Patron des Goldschmiedes *kuttimmu/kutīmu*[737], der den Holzkern mit Gold, Elektron (*ṣāriru*) und Silberblech überzieht[738]:

"Kusigbanda, wenn du dich näherst (Anrede an die Statue; Anm. d. Verf.), legt er Hand an die Statue [...]".[739]

Auch diese Materialien wurden nicht einfach als profane Stoffe angesehen. Da das Gold ein "Erzeugnis der Unterwelt" und "Staub des Gebirges"[740] war, besaß es Verbindungen zu diesen Lokalitäten, die im Weltbild des mesopotamischen Städters eine wichtige Rolle spielten[741]. Das Gold, das aus der Unterwelt an die Erdoberfläche trat, verband diese beiden kosmischen Bereiche der vertikalen Raumebene und vereinigte sie in sich. Zudem besaß Gold die Konnotation der Lichthaftigkeit und der Unvergänglichkeit; beide

---

[733] So in CT 25, 48:8 (ähnlich CT 24, 42:115) d.Nin.á.gal = d.Simug = É-a ša nap-pa-hi. Zum *nappāhu* vgl. AHw 739 und CAD N I 307-310 "smith, metalworker". Zu den Schmieden und ihren Produkten vgl. SALONEN, Erwerbsleben, 123ff.

[734] Rm 225 etc. 81 = WALKER, *Mīs pî*, 51 (Eisen, Kupfer und Zinn); als Bestandteile des Weihwasserbeckens der Mundwaschung, vgl. BM 45749:20 (Zinn und Eisen) und K6324+ etc. 36 (Kupfer und Eisen).

[735] Erra I 159f vgl. S. 151.

[736] Die Lesung kù.sig$_x$ (im folgenden kù.sig17) für guškin ergibt sich aus den Argumenten von CIVIL, Sumerian Lexicography, 183f.

[737] *Kuttimmu/kutīmu* (kù.dím), vgl. AHw 518, CAD K 608f, und SALONEN, Erwerbsleben, 111-123. Im Rahmen des Mundwaschungsrituals ist der Goldschmied in Rm 225 etc. 82f = WALKER, *Mīs pî*, 51, mit seinen Materialien Gold, Silber und Elektron erwähnt. Nach TCL 12, 39:79 ist er auch für die Fassungen von Edelsteinen, nach YOS 6, 117 für die Reinigung der goldenen Applikationen der Kleider der Kultbilder zuständig. Zur neuassyrischen Lesung von Lú.simug.kù.sig17 als ṣarrāpu vgl. PARPOLA, Goldsmith, 77-80.

[738] Zur Praxis des Vergoldens vgl. ODDY, Vergoldungen, 64-71, MOOREY, Materials, 225-228. Gold und Silber gehören auch zu den Bestandteilen des Weihwasserbeckens, das während des Mundwaschungsrituals angesetzt wird, vgl. K6324+ etc. 36 und BM 45749:20, s.u. Text Nr. 1 z.St.

[739] STT 199 etc. 39 = WALKER, *Mīs pî*, 63, s. S. 439.

[740] BORGER, Ash., 84 Rs. 36.

[741] Vgl. S. 25ff.

Eigenschaften ließen es für die Gestaltung der Götterfiguren als besonders geeignet erscheinen[742].

Der Goldschmied war nicht nur dafür zuständig, das Kultbild selbst zu bearbeiten. Zu seinen Aufgaben zählte auch, dessen Schmuckstücke und die Applikationen seiner Kleider herzustellen, zu reinigen und auszubessern. Reparaturen waren im Tempel an der Tagesordnung. Eine Liste von Tempelschätzen erwähnt 2/3 Minen Gold für die Wiederherstellung des Podestes (*kigallu*) der Herrin von Akkad[743]. Dieser Text gibt außerdem noch einen detaillierten Eindruck von den Ausbesserungsmaßnahmen an einem Tempel und am Schmuck eines Götterbildes. In diesem Zusammenhang ist es von besonderem Interesse, daß sowohl kleinere Kultobjekte als auch Teile des Schmucks der Kultbilder eingeschmolzen werden konnten, um wiederverwendet zu werden[744]. Konkret erwähnt sind die alten (*šá-bir* KU3!.SIG17! *la-bi-ru-tú*) Goldarmreife der Nanaya und (Rs. i 10'-14') die alten silbernen Räucherbecken der Herrin von Akkad, die dieser Maßnahme zum Opfer fallen. Man fügte zusätzlich ungeformtes Material hinzu und schmolz die alten Stücke zu neuen (größeren, wertvolleren) Objekten der gleichen Art um (Rs. i 14' *eš-šu-tú e-ta-[pa-áš]*)[745]. Aus diesem Sachverhalt ergibt sich, daß keine kultische Notwendigkeit bestand, für Kultgegenstände Material zu verwenden, das vorher noch nicht bearbeitet war. Im normalen Kultbetrieb war die Reinheit des Materials bzw. seine Kultfähigkeit auch dann gewährleistet, wenn es mehrmals eingesetzt wurde[746].

Wenn in den Inschriften Asarhaddons[747] hervorgehoben wird, daß das Material, das der König für die Herstellung der Kultbilder der babylonischen Götter lieferte, unbearbeitet war, dann entspricht dies weder handwerklichen noch kultischen Erfordernissen. Der König bringt durch die "Unberührtheit" seines Materials vielmehr eine Intention zum Ausdruck. Er zeichnet sich selbst als freigebigen und reichen Herrscher, der über unbegrenzte Mittel verfügt. Er stellt das Kunstwerk, das aus diesem Material hervorgeht, bewußt außerhalb jeglicher Tradition und an einen Neuanfang, da das ungeformte Material erst durch den handwerklichen Einsatz des Königs und seiner Beauftragten zu einer geformten Gestalt wird. Wenn auch nicht auszuschließen ist, daß Asarhaddon unbearbeitetes Material verwenden ließ, so ist dennoch in Betracht zu ziehen, daß er in seinen Inschriften weniger daran

---

[742] So mit ESCHWEILER, Bildzauber, 253.
[743] SAA VII, 60 Vs. ii 6f.
[744] SAA VII, 60 Vs. ii 6ff.
[745] In einem altbabylonischen Text aus Alalaḫ, vgl. NAʾAMAN, The Recycling of a Silver Statue, 47f, wird eine Statue(tte) eingeschmolzen, um ihr Material weiterzuverwenden.
[746] Das Einschmelzen von Gold bzw. Silber ist nur dann wiederholt möglich, wenn das Metall nicht durch Lot (durch das Anbringen von Ösen, Fassungen u.ä.) verunreinigt wurde.
[747] BORGER, Ash., 83 Rs. 30 und 88 Rs. 15.

interessiert war, handwerkliche Vorgänge oder die Beschaffenheit des Materials korrekt wiederzugeben als vielmehr seine religionspolitische Programmatik vorzustellen und zu verbreiten. Die Konsequenz Asarhaddons in der Realisierung seines religionspolitischen Programmes auf der Bild-, Sprach- und Handlungsebene[748] wird uns später noch weiter beschäftigen.

1.4.2.3.6. Sonstige Handwerker

Ergänzend ist an dieser Stelle nur noch kurz auf den *kab/pšarru*[749] (Graveur) und den *išparu*[750] (Weber) hinzuweisen. Die Tätigkeit des ersteren lag zwischen der Fertigstellung des Holzrohlings durch den Schreiner und dem Beginn der Überzugsarbeiten durch den Goldschmied[751]: Er versah wahrscheinlich die Holzteile des Bildes mit Schnitzereien, die Kleider nachahmten und die durch die anschließende Vergoldung deutlich reliefiert hervortraten. Der Weber schneiderte und färbte die Kleider. Da diese mit den verschiedensten Goldapplikationen versehen wurden[752], mußte er mit dem Goldschmied zusammenarbeiten. Es ist anzunehmen, daß sich auch die übrigen Tempelbeschäftigten, die sich um die Kleider, Gürtel, Schuhe und Stoffe kümmerten, im Umfeld des Kultbildes betätigen. Dazu gehörte vor allem der *ašlāku*[753], der die schmutzige Wäsche wusch, der Näher (*mukabbû*[754]) und der Lederarbeiter (*aškāpu*)[755].

---

[748] Vgl. dazu PORTER, Images, 119-153.

[749] Nach AHw 418 ein "Schreiber auf Metall". Vgl. dazu aber RENGER, Goldsmiths, 495, der eher an "jeweler, gem-cutter" denkt. Auch für diesen Beruf gibt es einen göttlichen Patron, den Ea der Graveure, vgl. CT 25, 47 Vs. 6 (Rm 483). Weitere Belege bietet SALONEN, Erwerbsleben, 108ff. Der *ēṣiru = urrāku* ("Bildhauer") gehört nicht zu den Handwerkern, die im Umfeld der Kultbilder arbeiten. Sein Aufgabengebiet erstreckt sich vielmehr auf die Reliefs und Steinkolosse, vgl. SALONEN, Erwerbsleben, 232f. 240f.

[750] *I/ušparu* (uš.bar), vgl. AHw 397, vgl. SALONEN, Erwerbsleben, 248ff.

[751] LAS 277 = SAA X, 349:21f, vgl. S. 100.

[752] Vgl. OPPENHEIM, The Golden Garments, 172-193.

[753] AHw 81, CAD A II 445-447.

[754] AHw 669, CAD M II 181.

[755] Vgl. AHw 81, CAD A II 442-444, SALONEN, Erwerbsleben, 79. 287ff. 309. Wie (Anm. 287) erwähnt, waren die Götter im allgemeinen barfuß. Trotzdem finden sich Belege, die von den Schuhen der Götter sprechen, vgl. MAYER, W., Feldzug, 108:387.

1.5. Herstellung und Geburt

Das Epitheton des Handwerkergottes Kusigbanda "Schöpfer von Gott und Mensch" (*bān ili u amēli*[756]) und die Verwendung des Wortfeldes *banû* "schaffen, bauen" und *alādu* "gebären"[757] in Texten, die sich mit der Herstellung von Kultbildern beschäftigen, weisen noch in eine andere Richtung, die es zu bedenken gilt: Die Herstellung eines Götterbildes konnte mit Vorstellungen verbunden und parallelisiert werden, die der Schöpfung der Menschen und ihrer Geburt entlehnt sind. Dazu ein Abschnitt aus einer Geburtsbeschwörung[758]:

48. Bringe heraus das gesiegelte (Kind), Geschöpf der Götter (*bunût ilāni*),
49. ein Geschöpf der Menschen (*bunût a'īli*). Laß es herauskommen, um das Licht zu sehen.

Ein Menschenkind wird in diesen Versen als Geschöpf der Menschen und der Götter bezeichnet. Eine ähnliche Formulierung findet sich in einer Beschwörung, die innerhalb des Mundwaschungsrituals überliefert ist[759]:

bi-nu-ut DINGIR *ep-šit a-me-lu-ti*
"Geschöpf Gottes (und) Werk der Menschen."

In der zitierten Geburtsbeschwörung wurde die Tätigkeit der Götter und die der Menschen jeweils mit demselben Wort, nämlich "*bunût* NN" bezeichnet. In bezug auf die Schaffung eines Götterbildes werden dagegen zwei verschiedene Begriffe gewählt, von denen der eine, der sich auf die Tätigkeit der Götter bezieht, von *banû*[760], der andere, der die menschliche Mitwirkung bezeichnet, dagegen von *epēšu* "machen, tun; bauen"[761] abgeleitet ist. Diese Differenzierung ist auffällig und kaum zufällig. M.E. setzt sie unterschiedliche Akzente: Bei der Herstellung eines Kultbildes wirken Menschen und Götter zwar zusammen, jedoch jeder auf seine eigene Weise. Es gibt eine qualitative Unterscheidung zwischen der schöpferischen Tätigkeit der Götter, ein Aspekt, auf den *banû* besonders hinweist, und der handwerklichen

---

[756] Erra I 158f s. S. 151.
[757] Vgl. auch BORGER, Ash., 83f Rs. 35f und 85 AsBbB iv 1.
[758] LAMBERT, Middle Assyrian Medical, 31:48f, vgl. auch BAM 248 ii 54-56 und 67-69. Vgl. weiterführend ALBERTZ, Persönliche Frömmigkeit, 52.
[759] K63a iii 20f, bearbeitet in WALKER, *Mīs pî*, 92, und S. 276; es handelt sich um die Mundwaschung einer Mondsichel. Nach der neuen Klassifizierung der Beschwörungen durch WALKER (Computerausdruck vom 10.2.1995) gehört K63a iii (IV R 25b) zu der Beschwörungstafel 3 (Section B 49-58+). Im folgenden wird die Übersetzung und die Zeilenzählung von S. 276 vorausgesetzt.
[760] AHw 103 bzw. 127b.
[761] AHw 229f bzw. 223b-229a.

Herstellung durch die Menschen (*epēšu*). Eine Umkehrung der Begriffe, *binût amēlūti epšit ilāni* ist kaum denkbar und m.w. nicht belegt. Das Götterbild kann durch seine besondere Qualität kein *binût amēlūti* und auch kein *bunût ilāni u a'īli* sein, da sich die menschliche Beteiligung an seiner Entstehung nur auf die handwerklichen "Hilfsarbeiten" beschränkt.

Bei der Menschenschöpfung scheint es sich anders zu verhalten. In der oben zitierten Beschwörung wurde die Zusammenarbeit der Menschen und der Götter parallelisiert, ohne daß sprachliche Differenzierungen vorgenommen worden wären. Ein neugeborenes Kind ist selbstverständlich ein Geschöpf der Götter, jedoch kann es ebensogut als ein Geschöpf der Menschheit bezeichnet werden[762].

Für die Herstellung eines Kultbildes ergibt sich daraus: Die Entstehung eines Gottes bzw. seines Bildes ist vergleichbar mit einer Geburt und wurde dazu in Beziehung gesetzt[763]. Ein qualitativer Unterschied bleibt aber bestehen: Menschenkinder entstehen durch eine Schöpfung, die von Göttern *und* Menschen ausgeht; daher besitzt ein Kind irdische Eltern. Der Vater eines Götterbildes ist dagegen immer Ea[764]. Es wird von den Göttern geschaffen (*banû*); die Menschen arbeiten (*epēšu*) nur daran.

Auch das Mundwaschungsritual bietet zahlreiche Hinweise darauf, daß die Herstellung eines Kultbildes mit Geburtsvorstellungen verbunden war. Hervorzuheben ist in diesem Kontext der wiederholte Gebrauch der Zahl 9, der auf die Schwangerschaftsmonate anspielt, und der Backstein der Bēlet-ilī, der innerhalb der babylonischen Version des Mundwaschungsrituals (s.u.) aufgestellt wurde[765]. Dieser Backstein ist bei der Menschenschöpfung in *Atraḫasīs* von zentraler Bedeutung[766]; er ist seit altbabylonischer Zeit mit Geburtsvorstellungen belegt[767].

---

762 So in FARBER, W., Schlaf, Kindchen, 110:16g mit dem Kommentar ebd., 112.

763 Zur Ähnlichkeit zwischen der Menschenschöpfung und der Herstellung von Kultstatuen vgl. zusammenfassend CASSIN, Forme et identité, 73f. Auf die Verwendung von Requisiten (Backstein und Ton) der Menschenschöpfung im Rahmen des Mundöffnungsrituals hat schon TuL, S. 109f und 115f hingewiesen.

764 Bēlet-ilī ist die Mutter der Götter; anders aber in der Beschwörung an Ea W.22642, vgl. SpTU II, Nr. 5:7; dort wird das Meer als die Mutter der Götter angesprochen: a.ab.ba *taam-tú um-mi* DINGIR.MEŠ ama.dingir.re.e.ne.ke4.

765 BM 45749:23 (Backstein).25 (9).27 (9) und K6324+ etc. 102.107 (9) s.u. Text Nr. 1 z.St.

766 So schon TuL, S. 101; vgl. auch *Atraḫasīs* I 259 und 288-295. Das Epos wird zitiert nach LAMBERT, W.G., MILLARD, A.R., CIVIL, M., *Atra-ḫasīs*: The Babylonian Story of the Flood, Oxford 1969, und der neuesten Übersetzung in TUAT III.4, 612-645; auf eine EÜ wurde verzichtet. S. nun auch die neue Parallele zu Tf. I und II in AL-RAWI, GEORGE, Tablets VI, 147-190.

767 LIVINGSTONE, MMEW, 187. KILMER, Brick of Birth, 211-213, faßt die verschiedenen Funktionen des Backsteins der Geburt folgendermaßen zusammen: Der Backstein ist "the pad

Innerhalb der babylonischen Version des Mundwaschungsrituals[768] ist eine Episode bezeugt, die Anlaß für weitreichende Spekulationen gewesen ist. Der Ritualablauf ist eindeutig: In einen Trog (*buginnu*) aus Tamariskenholz wird Weihwasser, das mit verschiedenen Ingredienzien (Hölzer, Edelmetalle, Edelsteine, Fette, Öle, Kräuter, Rohr, Sträucher) angereichert ist, eingegossen; anschließend wird er auf dem Backstein der Muttergöttin Bēlet-ilī aufgestellt.

EBELING deutete den Trog als Mutterleib, in den das Sperma Eas in Gestalt des Flußwassers eingegossen werde. Der Trog auf dem Backstein spiele insofern den Zeugungsvorgang nach, als der Embryo im Trog auf der "Matrize" der Muttergöttin "seine Gestalt gewinnt". Damit habe dann "die Neuschöpfung ihren Höhepunkt erreicht"[769]. JACOBSEN übernimmt diese Deutung und sieht darüber hinaus in den übrigen Göttern, die am Ritual beteiligt sind, "birth helpers"[770]. Wesentliche Bedeutung kommt in diesen Interpretationen der Tatsache zu, daß der Trog aus Tamariskenholz besteht, eine Beschwörung an die Tamariske unmittelbar anschließt und Kultbilder bekanntlich häufig aus diesem Holz bestehen. Da in den Trog zusätzlich verschiedene Ingredienzien geworfen werden, die auch als Bestandteile eines Kultbildes üblich sind (Edelsteine und Edelmetalle), gehen die genannten Autoren davon aus, daß sich in dem Tamariskentrog aus den hineingeworfenen Bestandteilen Holz, Gold, Silber und Gemmen der Embryo des Kultbildes formiert. In der darauffolgenden Nacht ereigne sich dann die Geburt der Gottheit im Himmel, die durch den irdischen Sympathiezauber vorbereitet worden war[771].

Dazu ist folgendes zu bemerken:
Die beschriebene Episode ist in dieser Form nur in der babylonischen Version des Rituals erhalten. Wäre sie so zentral, wie von EBELING und JACOBSEN angenommen, müßte sie auch in der Ninive-Version des Rituals und den Beschwörungstafeln, die Ritualanweisungen enthalten, überliefert sein. Das ist jedoch nicht der Fall. Die assyrische Version kennt zwar auch das Weihwasser mit denselben Ingredienzien, die in der babylonischen Version er-

---

(a) on which the baby was delivered, (b) on which the cut birth cord was placed and afterbirth delivered, and (c) with which the cord and afterbirth were eventually buried." Der Backstein ist ferner ein Symbol der Muttergöttin, des Fötus und der Geburt (vgl. z.B. SpTU II, Nr. 8 Vs. ii 15-18 (*bīt mēseri*)). Die Tongrube kann dementsprechend für den Mutterleib stehen, vgl. KAR 227 i 15 (ergänzt; *kullatu* als Schöpferin von Gott und Mensch) und MAYER, W.R., UFBG, 433.
[768] BM 45749:17-23, s.u. Text Nr. 1 z. St.
[769] TuL, S. 101.
[770] JACOBSEN, Graven Image, 25f; diese Deutung wurde übernommen von DIETRICH, LORETZ, Jahwe, 31, DIETRICH, M., Werkstoff, 116-120, und zuletzt WALKER, DICK, Induction, 20 und 62-64.
[771] JACOBSEN, Graven Image, 28.

wähnt werden, jedoch wird dieses Wasser nicht in einen Trog umgeschüttet und auch nicht auf einem Backstein aufgestellt. Wie aus einer weiteren Überlieferung der Ritualhandlungen innerhalb einer Beschwörungstafel hervorgeht, ist die Verbindung des Backsteines mit dem Trog nicht zwingend[772]. Ohne diese Verbindung von Muttergöttin, "Mutterleib" und "Sperma" kann die oben skizzierte Interpretation jedoch kaum bestehen. Zudem sind im Text keinerlei Hinweise darauf zu entdecken, daß der Trog auf dem Backstein einen Mutterleib oder das Wasser Sperma darstellen soll. Der *buginnu* ist aus zahlreichen Ritualen bekannt, ohne dort mit Vorstellungen von Empfängnis und Geburt konnotiert zu sein[773]. Auch der Backstein der Muttergöttin spielt in Ritualen eine Rolle, die sich kaum mit dem rituellen Nachspiel eines Zeugungsvorganges verbinden lassen[774]. Beide Gegenstände können daher kaum *per se* mit der Inszenierung eines Geburtsrituals verbunden werden. Da Götter und theologische Inhalte u.a. auch in den Kultmitteln und den im Ritual verwendeten Gegenständen vergegenwärtigt werden können[775], ist m.E. damit zu rechnen, daß der Backstein der Muttergöttin für ihre Anwesenheit und die mit ihr verbundenen religiösen Inhalte

---

[772] So z.B. in der Ritualsektion der Beschwörungstafeln K4928+ iv etc. Section E 20-29 (vormals K4928 iv etc. 15'-24' = WALKER, *Mīs pî*, 117, s. jetzt unten Anm. 2047). Der Backstein ist in dieser Passage nicht erwähnt, wohl aber der Trog.

[773] Zu Belegen vgl. AHw 136.

[774] Vgl. dazu das neuassyrische Königsritual K7060+, das z.T. in BBR 70 publiziert ist (Sm 316 wurde von MENZEL, Tempel II, Nr. 52 T 109f bearbeitet). Der Join gelang K. Deller 1987; der Text in seiner neuen Form bisher unpubliziert:

7'. *ina* GABA LUGAL GUB-*az-ma* LUGAL *ú-šar-rī*[

8'. *ana* É IM.KUR.RA LUGAL KU4-*ma ina* UGU SIG4.AL.UR3.RA[

9'. *ù* TUG2.LIL2.LA *i-na pu-ut* É GUB-*az-ma*[

10'. TUG2.DU8.DU8 *ina* SAG.D[U-*š*]*u* GAR-*an* GI.DU8 GIŠ.HA.[ŠUR

11'. U2.TAR.GUM *ù* ZI3.ŠU.MU *ina pa-an* LUGAL LAL-*a*[*ṣ*

12'. d.SAG.KUD.DA *ina* GIŠ.ZI *ina* ZAG LUGAL *te-eṣ-ṣi*[*r*

13'. GI.DU8 U2.TAR.GUM *ù* ZI3.ŠU.M[U LAL-*aṣ*

14'. *ina pa-an* d.SAG.KUD.DA SAR-*ma* [...]

15'. DUG.*nam-zi-ti ana* ZAG d.SAG.KUD.DA LAL-*aṣ* [...]

Der Rest ist stark zerstört und zu einer Übersetzung zu fragmentarisch. Übersetzung: 7'. Gegenüber dem König stellt er (der Sänger Z. 5; Anm. d. Verf.) sich hin und läßt den König [...]. 8'. Zum Osthaus läßt du den König hintreten, vor einen Backstein [...] 9'. und eine Decke auf die Stirnseite des Hauses läßt du hinstellen und [...] 10'. du setzest eine Decke auf s[einen Ko]pf; ein Tragaltärchen mit wilder Zy[presse], 11'. TAR.GUM-Pflanze und ŠU.MU-Mehl stellst du vor dem König h[in]. 12'. SAG.KUD.DA (vgl. TALLQVIST, Akkadische Götterepitheta, 440) zeichne[st] du rechts vom König auf die Wand, 13'. ein Tragaltärchen mit der TAR.GUM-Pflanze und dem ŠU.M[U]-Mehl [stellst du hin ...]; 14'. vor SAG.KUD. DA reihst du auf und [...] 15'. stellst rechts von SAG.KUD.DA einen Maischbottich hin [...]. Das Ritual könnte mit *bīt rimki* in Verbindung stehen. Ein weiterer Beleg für Backsteine in rituellem Kontext findet sich in W.20030/4:8.15.18, übersetzt in TUAT II.2, 234-236 (Ritual für das Bespannen einer Kesselpauke).

[775] Vgl. dazu S. 178ff. 224ff.

bzw. Geburtsvorstellungen steht, ohne daß es nötig gewesen wäre, die Geburt des Kultbildes in einzelnen Schritten nachzuspielen.

Das Weihwasser, das zahlreiche Bestandteile enthält, aus denen ein Kultbild besteht, ist kaum als Sperma mit den "Erbanlagen" des späteren Kultbildes zu verstehen. Dies ergibt sich daraus, daß die Ingredienzien nur zum Teil als Materialien für ein Kultbild angesprochen werden können. Es kann kaum angehen, die Hölzer, Edelmetalle und Edelsteine des Weihwassers auf ein Kultbild zu beziehen, die Fette, Öle, Kräuter, das Rohr und die Sträucher dagegen einfach zu ignorieren. Der Text selbst gibt keinerlei Hinweise darauf, daß die Bestandteile des Weihwasserbeckens in dieser Weise aufzuteilen sind. Wenn man die Beschwörungstafeln[776] zur Interpretation heranzieht, läßt sich das Weihwasser dagegen mit *allen* seinen Ingredienzien als Reinigungselixier verstehen, das speziell für die *Waschung* des Mundes benötigt wird. In diesem Zusammenhang ist auch die Beschwörung für die Tamariske zu stellen, die von EBELING und JACOBSEN isoliert und überinterpretiert wurde. Es handelt sich bei dieser Beschwörung eindeutig um eine Kultmittelbeschwörung[777] für die Tamariske, der auf der dazugehörigen Beschwörungstafel (s.o.) die Kultmittelbeschwörungen für Seifenkraut, Rohr, gehörnte Salzkräuter, Sirup[778], Butter, Öl und Weihrauch folgen, also Kultmittel, die ebenfalls in das beschriebene Weihwasser gehören. Wie aus dem Text dieser Beschwörungen eindeutig hervorgeht, dienen sie der Reinigung des Kultbildes. Dies trifft im übrigen sowohl für Gold und Silber als auch für die Edelsteine zu[779]. Es ist kaum sachgerecht, die Beschwörung für die Tamariske aus dieser Reihe auszukoppeln und sie auf das Material des Bildes zu beziehen. Der Wortlaut dieser Beschwörung läßt kaum einen Zweifel daran, daß es um die reinigende Wirkung der Äste dieses Baumes und nicht um seine Eigenschaft als Baumaterial bzw. als Teil eines "Embryos" geht. Weihwasser wird in ähnlicher Zusammensetzung darüber hinaus bei verschiedenen Reinigungsritualen verwendet[780]. Es ist daher nicht unbedingt mit

---

[776] K3511+ i 1-ii 38' = WALKER, Mīs pî, 40-43, z.T. s.u. S. 443.

[777] Zum diesem Terminus sowie zu den übrigen Beschwörungsarten, die im folgenden angesprochen werden vgl. die Klassifizierung von FALKENSTEIN, Haupttypen, passim, und BOTTÉRO, Magie, 213f ("rites oraux").

[778] Für *dišpu* "Sirup" vgl. MAUL, Zukunftsbewältigung, 51.

[779] Zur reinigenden Wirkung der Edelsteine vgl. S. 131; zu dieser Eigenschaft von Gold und Silber vgl. MAUL, Zukunftsbewältigung, 95 mit Anm. 28.

[780] K4813+ etc. 49, s. auch S. 465, erwähnt das Weihwasserbecken der Mundwaschung der Götter (A.GUB2.BA mi-is pe-e šá DINGIR.MEŠ); wie aus den umliegenden Zeilen (46-48.50-52) hervorgeht, reinigt dieses Utensil auch den Tempel der Götter und die gesamte Stadt. Ein Weihwasserbecken, das mit ähnlichen Ingredienzien (Edelmetallen und Edelsteinen) versehen wird, findet sich auch innerhalb der *namburbi*-Rituale, vgl. MAUL, Zukunftsbewältigung, 95 mit Anm. 26-29, und in einer Beschwörung für die Mundöffnung eines Flusses, vgl. SpTU II, Nr. 5:27. Auch der kultische Kommentar CBS 6060 par. (vgl.

dem *buginnu* oder ähnlichen als Mutterleib deutbaren Gebilden verbunden. Die einzelnen Ingredienzien des Weihwassers des Mundwaschungsrituals vergegenwärtigen daher weniger die zukünftigen Bestandteile des Kultbildes oder seines "Embryos" als vielmehr verschiedene Reinigungssubstanzen, die ihrerseits mit jeweils verschiedenen Gottheiten gleichgesetzt werden können[781]. Der Priester versichert sich der Mitwirkung dieser Gottheiten bei seinem Ritual, indem er die verschiedenen Substanzen, die mit ihnen verbunden sind, in das Wasser gibt; es erhält dadurch die Kraft dieser Götter. Im übrigen deuten auch die Kultmittelbeschwörungen, die für das Flußwasser rezitiert wurden, nicht darauf hin, daß es als "Sperma Eas" verstanden wurde; vielmehr zielen auch diese Beschwörungen darauf ab, die reinigende Wirkung dieses Wassers zu betonen.

Wie erwähnt, berichtet die Ninive-Version des Mundwaschungsrituals ebenfalls von der Zubereitung des Weihwassers, jedoch ohne den Trog oder den Backstein zu erwähnen. Der Priester mischt das Wasser vor dem Beginn des eigentlichen Rituals, d.h. vor dem Auftritt des Kultbildes, so daß er es später zur Hand hat, wenn er es im Ritualverlauf braucht. Er muß den Ritualverlauf nicht eigens unterbrechen, um die langwierige Prozedur durchzuführen. Wie aus dem Ablauf des Rituals hervorgeht, wird dieses Weihwasser wiederholt zu Reinigungszwecken eingesetzt, so daß es praktischer ist, es vor Beginn des Rituals vorzubereiten. Die assyrische Version, die diese Vorbereitungen früher ansetzt als die babylonische Version, war für den Priester sicherlich komfortabler; die babylonische erwähnt die Zubereitung des Wassers dagegen erst, als es wirklich gebraucht wird. Wenn die Zubereitung des Weihwassers ein Höhepunkt im Ritualverlauf gewesen wäre, dann wäre es m.E. in der assyrischen Version kaum der Vorbereitungsphase zugerechnet, sondern als Höhepunkt inszeniert worden. Zuletzt widerspricht die Deutung von EBELING und JACOBSEN einer weiteren Beobachtung: Wiederholt wird die *Werkstatt* als der Ort bezeichnet, an dem die Götter geboren werden[782], nicht etwa das Ekarzagina, der Garten oder der Fluß[783].

Wenn sich das Kultbild erst einmal im Garten befindet, hat es dementsprechend den Ort seiner Geburt schon verlassen; dieser Abschnitt seiner Entstehung ist abgeschlossen. Wenn man den himmlischen Zeugungsvorgang wirklich hätte "nachspielen" wollen, wäre der geeignete Ort das *bīt*

LIVINGSTONE, MMEW, 176-179), der sich in der ersten Zeile mit einem Weihwasserbecken (dúg.a.gúb.ba xxxxx dingir.meš [(xx)] d.nin.girimma4 *ba-na-at* DINGIR.MEŠ ŠEŠ!.MEŠ-*šá*) beschäftigt, listet anschließend Tamariske, Dattelpalmenherz, Seifenkraut, Rohr, Kräuter, edle und unedle Metalle und Steine auf und identifiziert sie mit verschiedenen Gottheiten.

[781] Vgl. dazu die vorhergehende Anmerkung.

[782] BORGER, Ash., 83 Rs. 35; 88 Rs. 12 (der Tempel Aššurs) und K6324+ etc. 55 bzw. BM 45749:1 s.u. Text Nr. 1.

[783] Zu den Ritualorten des Mundwaschungsrituals s. S. 206ff.

mummu gewesen. Wenn sich dagegen die eigentliche Geburt erst im Garten ereignet hätte, wäre es kaum einzusehen, wieso er nicht als Geburtsort gefeiert wurde.

Zusammenfassend läßt sich sagen, daß die Herstellung eines Kultbildes wiederholt mit Geburtsvorstellungen verbunden wurde. Auch das Mundwaschungsritual spielt wiederholt auf sie an. Nicht nachweisen läßt sich jedoch die These, daß innerhalb des Mundwaschungsrituals die Zeugung und die Geburt des Bildes rituell vor- oder nachgespielt wurde[784]. Da das Kultbild noch in der Werkstatt direkt angeredet wurde[785], ist davon auszugehen, daß man den eigentlichen Herstellungsvorgang schon dort als abgeschlossen verstand[786].

1.6. Die Texte – Exemplarische Herstellungen

Die folgenden Texte sollen die bisherigen Ausführungen illustrieren und weiterführen. Es handelt sich um die babylonischen Texte (1.) BBS 36 und (2.) das Erra-Epos sowie die Inschriften der neuassyrischen Könige (3.) Aššurnaṣirpal II., (4.) Sargon und (5.) Asarhaddon.

1.6.1. BBS 36

Bei dem folgenden Text handelt es sich um eine babylonische Steintafelinschrift des Königs Nabû-apla-iddina (887-855 v. Chr.) aus dem 9. Jh.[787], die im oberen Teil ein Relief von Šamaš trägt, dem sich ein Priester, eine einführende Göttin und ein König nähern. Der Text enthält einen längeren Geschichtsrückblick und schildert[788] die Herstellung eines anthropomorphen Kultbildes[789] für den Sonnengott des Tempels Ebabbar in Sippar[790]:

---

[784] Gegen TuL, S. 101, JACOBSEN, Graven Image, 25f. 28, DIETRICH, LORETZ, Jahwe, 31, DIETRICH, M., Werkstoff, 115-120. WALKER, DICK, Induction, 63, sprechen von einer "real theogony".

[785] BM 45749:4 und K6324+ etc. 61-63, s.u. Text Nr. 1 z.St.

[786] Gegen TuL, S. 101.

[787] Zu der Regierungszeit von Nabû-apla-iddina vgl. BRINKMAN, Political History, 182-192. 347-349.

[788] Die gesamte Schilderung der Vorgänge um das Symbol und das Kultbild des Sonnengottes wird von einigen Autoren (zu Recht) als "pious fraud" angesehen, vgl. POWELL, Naram-Sin, 20-30, und LAMBERT, Rezension, 398.

[789] Schon LAMBERT, Rezension, 398f, HEINTZ, Ressemblance, 99-101, JACOBSEN, Graven Image, 20-23, CURTIS, E.M., Images, 40f, WALKER, DICK, Induction, 3-6, erkannten die Bedeutung dieses Textes für das Verständnis der Kultbilder, wobei besonders Heintz und Jacobsen die Abwertung des Symbols durch Nabû-apla-iddina m.E. zu wörtlich nehmen und aus

... Während feindlicher Handlungen mit den Sutäern ...

Col. i
8. ... hatten sie (die Sutäer; Anm. d. Verf.) die Reliefs (*uṣurāte*) zerstört.
9. Seine Kultordnungen (*parṣū*[791]) waren vergessen und
10. sein Aussehen (*šikinšu*) und seine Insignien[792]/figürlichen Repräsentationen[793] (*simātīšu*)
11. waren verschwunden;
12. keiner hat sie gesehen.
13. Simbar-šipak, König von Babylon,
14. fragte nach seinem Aussehen, aber
15. sein Gesicht hat er ihm nicht gegeben;
16. (denn) er hat sein Bild (*ṣalamšu*) und seine Insignien (*simātīšu*)
17. nicht gefunden.

Da die Bilder von Šamaš verloren und seine Ikonographie vergessen waren, war Simbar-šipak (1025-1008 v. Chr.) nicht in der Lage, dem Sonnengott eine Kultstatue anfertigen zu lassen; seine Orakelanfragen diesbezüglich blieben anscheinend unbeantwortet (i 14f), da der Gott ihm seine Zustimmung und seinen Segen für sein Unterfangen versagte. Um den Kult des Gottes dennoch wieder einzurichten, befahl der König, für ihn eine Sonnenscheibe (*niphu*) als Kultsymbol[794] aufzustellen (*tarāṣu* Š-Stamm), für die er regelmäßige Opfer einsetzte. Nach weiterem wechselvollem Geschick Ebabbars unter den nachfolgenden Königen wurde Nabû-apla-iddina König, der das Wohlwollen des Šamaš besaß und daher von ihm dazu befähigt wurde, ein Kultbild herzustellen, das seinem göttlichen Willen und seinem Aussehen entsprach:

---

diesem Text weitreichende Folgerungen über das Verhältnis von Symbol und Kultbild ableiten.

[790] Zu Sippar in altbabylonischer Zeit vgl. HARRIS, Ancient Sippar, passim. Zur Rolle des Šamaš in Sippar vgl. ebd., 142-145. Im Šamaš-Tempel wurden die für den Ausgang eines Prozesses entscheidenden Eide geleistet sowie Standardgewichte und Standardzinssätze ausgegeben. Anscheinend sind Göttersymbole und Statuetten des Gottes mit den *gudapsû*-Priestern, Steuereintreibern, durch das Land gezogen (sie sind gegen Gebühr mietbar), um den korrekten Ablauf der Transaktionen zu garantieren, vgl. ebd., 204f und Anm. 263. Zum Kult des Šamaš im 11. Jh. vgl. BRINKMAN, Shamash Cult at Sippar, 183f, sowie RASHID, Sonnentafel, 297-309 pl. 4-7.

[791] Plural mit CAD N I 285a. Das Sumerogramm GARZA wurde von FARBER-FLÜGGE, Inanna und Enki, 167-178, untersucht und als "Kultordnungen" und "Kultamt" bestimmt. Die *parṣū* sind daher die göttlichen Vorschriften und Ordnungen ("me") in bezug auf den Kult.

[792] AHw 1045f "(Wesens-)Zugehörigkeit, Zugehöriges."

[793] CAD S 283.

[794] Sonnenscheiben gehörten auch zu den Votivgaben für die Götter, vgl. SAA VII, 62 i 12'.

·

Col. iii
11. Šamaš, der große Herr,
12. der seit langer Zeit
13. mit Akkad zürnte
14. und seinen Nacken abgewandt hatte,
15. unter der Regierung des Nabû-apla-iddina,
16. des Königs von Babylon,
17. erwies er Gnade (*salīma iršīma*)
18. und wandte sein Gesicht wieder (Sippar; Anm. d. Verf.) zu (*sahāru* D).
19. Eine Zeichnung/Relief seiner Statue (*uṣurti ṣalmīšu*)
20. in gebranntem Ton[795]
21. mit seinem Aussehen (*šikinšu*) und seinen Insignien (*simātīšu*)
22. wurde auf der gegenüberliegenden Seite
23. des Euphrat,
24. am westlichen Ufer
25. gefunden und
26. Nabû-nadin-šumi,
27. der Priester von Sippar, der Wahrsagepriester (*bārû*)
28. aus der Nachkommenschaft des Ekur-šuma-ušabši,
29. des Priesters von Sippar, des Wahrsagepriesters,
30. dieses Relief des Bildes,

Col. iv
1. dem Nabû-apla-iddina,
2. dem König, seinem Herrn, zeigte er (es) und
3. Nabû-apla-iddina,
4. König von Babylon,
5. welcher das Herstellen eines solchen Bildes (*ṣalmu*)
6. ihm befohlen
7. und ihm anvertraut hatte,
8. sah dieses Bild (*ṣalmu*)
9. und sein Gesicht jauchzte,
10. und es freute sich
11. sein Gemüt.
12. Dieses Bild zu machen,
13. darauf richtete er seine Aufmerksamkeit;
14. und durch die Weisheit Eas,
15. mit der Arbeit(sanleitung) Ninildus,
16. Kusigbandas,
17. Ninkurras und Ninzadims,
18. aus rotem Gold
19. und reinem Lapislazuli[796],
20. das Bild des Šamaš, des großen Herrn,
21. führte er den rituellen Vorschriften entsprechend (*kīniš kanû* D) aus.
22. Mit dem Reinigungsritus (*tēliltu*[797])
23. Eas und Marduks,
24. vor Šamaš

---

[795] CAD H 132, übersetzt hier: "a colored reproduction of his statue of baked clay", CAD Ṣ 209: "kiln fired clay (mold showing) a relief with his likeness". Ich folge AHw 1092. 1440.

[796] Das Bild bestand sicherlich nicht nur aus Gold und Edelstein; der König nennt nur die wertvollsten Bestandteile.

[797] *Tēliltu* ist der Sammelbegriff für alle Reinigungsaktionen, vgl. AHw 1344f.

25. im Ekarzagina[798],
26. das am Ufer des Euphrat liegt,
27. wusch er seinen Mund[799] (*pi-šu im-si-ma*)
28. und er (Šamaš; Anm. d. Verf.) bewohnte seinen Wohnsitz.

Im Anschluß an die Überführung des Gottes(bildes) in seinen Tempel setzte der König Opfer und Abgaben zu seiner weiteren Versorgung fest. Er richtete ihm einen regulären Kult ein und teilte ihm und seinem Personal verschiedene wertvolle Festkleider zu (Col. v 39–vi 8).
Die Frage, in welchem Verhältnis das Relief über der Tafel zu dem darunterliegenden Text und der darin enthaltenen Schilderung über den Fund einer alten Darstellung des Sonnengottes steht, läßt sich nur schwer beantworten. Der Bart, das Falbelgewand sowie die Einführungsszene vor Šamaš zeigen starken altbabylonischen Einfluß, so daß mit einer bewußten Archaisierung gerechnet werden muß. Das vorliegende Relief bemüht sich darum, an alte Traditionen anzuknüpfen und teilt in dieser Hinsicht das Anliegen der Inschrift. Da die Darstellung den Sonnengott sowohl in seiner anthropomorphen Gestalt als auch als Sonnenscheibe zeigt, liegt es nahe, anzunehmen, daß es sich um die simultane Darstellung der auf der Tafel nacheinander beschriebenen Ereignisse (Šamaš zuerst als Scheibe, später als Statue; Segen des Königs) handelt, die dazu führten, daß in der Cella in Sippar das neue Bild mit der alten Sonnenscheibe verbunden und gemeinsam verehrt wurde. Wie so oft bleibt es der Inschrift überlassen, die Vorgänge zu differenzieren und zu präzisieren, deren Probleme und Wertungen aufzudecken und die beteiligten Personen zu identifizieren[800].
Das leitende Motiv des Textes ist folgendermaßen zu beschreiben: Er geht von dem Gedanken aus, daß das Aussehen eines Kultbildes nicht willkürlich zu bestimmen war und sich daher an seinen Vorgängern als Vorbildern orientieren mußte; die Vorlage wurde im neuen Bild tradiert und kopiert. Die Kenntnis der Gestalt der Gottheit, die in den Kultbildern dokumentiert war, entsprang einer göttlichen Offenbarung in alter Zeit, die die unsichtbare Gottheit sichtbar werden ließ. Neue (bzw. authentisch renovierte) Bilder setzten diese Offenbarung jeweils wieder fort und aktualisierten sie neu. Ein Problem entstand erst dann, wenn das alte Kultbild verloren ging, da dadurch die Traditionslinie unterbrochen wurde. Um diese Lücke zu schließen und um das neue Gottesbild nicht als eigenmächtige Schöpfung erscheinen zu lassen, kreierte Nabû-apla-iddina in der vorliegenden Inschrift eine

---

[798] Das Ekarzagina ist der Tempel(bereich) Eas, vgl. GEORGE, BTT, 300 (zu Tintir IV 3) und S. 206ff.
[799] Eine Mundöffnung ist nicht erwähnt. Dies ist der früheste Text des 1. Jt.s, der die Mundwaschung eines Kultbildes erwähnt, vgl. ausführlich S. 191f.
[800] Zum Verhältnis von Wort und Bild vgl. KEEL, UEHLINGER, GGG, 454f.

"Kultstatuenlegende"[801], indem er von der wundersamen Auffindung eines
alten Reliefs berichtete, das den Handwerkern als Modell für eine Statue des
Šamaš dienen konnte. Durch die neue Offenbarung des alten Wissens gelang es ihm, sein Bild vom Sonnengott als dessen traditionelle Fortsetzung
zu legitimieren[802]. Dennoch verzichtete er nicht darauf, die Neuartigkeit der
Gottesoffenbarung und die alles übertreffende Qualität des Bildes zu betonen. Er erreichte dadurch, daß aus der "Neuherstellung" des Bildes eine
"Wiederherstellung" wurde, wobei es ihm gelang, die Vorteile einer Neuherstellung (neue Gottesoffenbarung, neue Qualität des Bildes) mit denen einer
Renovierung (Kontinuität, Verankerung in der Tradition) zu kombinieren[803]
und die Gefahren des negativ bewerteten Traditionsbruches zu umgehen.
Für das Verständnis des Kultbildes ist festzuhalten, daß die Gestalt der Statue eines Gottes Gegenstand einer göttlichen Offenbarung war und nicht der
willkürlichen Phantasie der Künstler, der Priester oder des Königs überlassen blieb; sie bestimmte, wie das Bild letztlich auszusehen hatte. Die irdische Erscheinung eines Gottes konnte nach herrschender babylonischer
Theologie nicht frei erfunden werden; sie war an traditionelle Vorbilder gebunden, die die alte Offenbarung tradierten oder daran, daß ein Gott neuerlich sein Gesicht gab (Col. i 15). Ein Kultbild war daher das den Menschen
geschenkte Antlitz einer Gottheit, Ausdruck ihrer Zuwendung und sichtbare
Manifestation ihrer zuvor unsichtbaren himmlischen Existenz, die zusätzlich
weiterhin erhalten blieb.

Aus der vorliegenden Inschrift werden zusätzlich die folgenden Vorstellungen deutlich:
1. Der Verlust des Bildes des Šamaš ist auf dessen Zorn gegen Sippar zurückzuführen. In Gestalt seines Bildes hatte der Gott die Stadt verlassen und
damit öffentlich dokumentiert, daß er sich aus seinem Wirkungsbereich zu-
rückzog. Die Folgen beschreibt Col. i 9ff: Der Kult wird vergessen, Opfer
und Priester sind ohne Bezugs- und Mittelpunkt. Der Abzug des Gottes aus
Sippar war auf dessen Initiative hin geschehen. Anders als Marduk im Erra-
Epos war er nicht durch List (s.u.), sondern mit seiner Billigung von seinem
Kultsitz entfernt worden. Dementsprechend waren die feindlichen Sutäer für

---

[801] Die übernatürliche Herkunft von Bildern ist auch aus der klassischen Antike bekannt,
vgl. FUNKE, Götterbild, 727. Zu Kultlegenden in der Bildkunst vgl. BELTING, Bild, 14ff.

[802] Das Motiv des Auffindens eines alten Vorbildes, das zur Grundlage dafür wird, daß
ein König vergessene Traditionen wieder aufleben lassen kann, ist später auch von Nabonid
aufgegriffen worden (YOS 1, Nr. 45 i 29-32). Die Herstellung eines Tempels nach altem Vorbild erwähnt Sînšariškun, vgl. SCHEIL, Inscriptions, 201 Z. 12-15.

[803] Zu den Charakteristika einer Neuherstellung im Gegensatz zu denen einer Renovierung vgl. S. 159ff.

ihn lediglich ein Werkzeug seines göttlichen Zornes; sie hatten ihm für sein destruktives Werk ihre Hände geliehen.

Nach der Zerstörung seiner Bilder bleibt der Gott weiter existent und zieht sich lediglich von seiner irdischen Zuwendung(sform) in eine transzendent/ himmlische Ebene zurück, von der aus er jederzeit wieder herabsteigen kann. Er ist also frei beweglich und keinesfalls mit seinem Kultbild identisch. Für die Zeit seiner Abwesenheit von seiner Stadt ist seine Wirkung eingeschränkt oder gar nicht mehr vorhanden. Ähnlich wie im Erra-Epos[804] zeigt sich, daß nur die Präsenz des Gottes in seinem Bild seine Wirkung für die Irdischen garantiert, während der Rückzug der Gottheit die Welt in Instabilität und Krisen stürzt. Die irdische Präsenz ist immer mit segensreicher Zuwendung, die der freien Beweglichkeit in einer himmlischen Sphäre (ohne gleichzeitige Bindung an Bild oder Tempel) dagegen mit Abwendung und mit göttlichem Zorn verbunden. Obwohl eine Gottheit nicht auf ihre Existenz als Kultbild reduziert werden kann, ist dennoch festzustellen, daß sie an ihre Statue gebunden ist, da sie bei deren Zerstörung (wenn auch freiwillig) ebenfalls entschwindet und bei deren Herstellung (ebenso freiwillig) wieder erscheint[805].

Nach Ausweis von BBS 36 hielt sich der Sonnengott mehrere Jahrhunderte außerhalb der Stadt auf, bis er sich dort wieder lokal band. Während dieser Jahre existierten zweifellos an anderen Orten weitere Statuen von Šamaš, ohne daß diese Tatsache für den Kult von Sippar von Bedeutung gewesen wäre; da sich die positive Kontaktaufnahme und segensreiche Zuwendung eines Gottes zu seiner Stadt in dessen dortiger Präsenz, d.h. in dem dortigen Kultbild (und nicht in dem irgendeines anderen Ortes) konkretisierte, war es für jede Stadt von existentieller Bedeutung, ihr eigenes Bild zu besitzen[806].

2. Die Herstellung der Statue geht einerseits zwar auf den Auftrag des Königs zurück, setzt aber andererseits auch die Unterstützung und die Zuwendung des Gottes des neuen Bildes voraus. Auf dessen Initiative hin kann das Werk überhaupt erst begonnen werden, das der König zuvor (Col. iv 3-7) seinem Priester befohlen hatte. Durch den Fund der Vorlage kann das Unternehmen nun in die Tat umgesetzt werden. Der König ist (anders als bei assyrischen Inschriften, in denen die Offenbarung des Gottes direkt an den König ergeht) durch die Vermittlung des Priesters Nabû-nadin-šumi an der göttlichen Offenbarung beteiligt. Die eigentliche Herstellung wird dem

---

[804] Zur Ähnlichkeit beider Texte vgl. LAMBERT, Rezension, 395-401.

[805] Die Verbindung der Gunst der Götter *salīmu* mit ihrer Gegenwart im Tempel in Form eines Götterbildes zeigt sich auch deutlich bei Asarhaddon, vgl. RIMB 2, B.6.31.15, S. 183:18f. Die Interimszeit ohne Kultbild wurde eindeutig negativ konnotiert, vgl. ARM X, 50.

[806] Zur Verbindung der Götter mit ihren Kultorten im 1. Jt. vgl. JACOBSEN, Treasures, 231.

König zugeschrieben; er ist es, der die Statue dem Vorbild entsprechend mit der Weisheit Eas und dem Können der Handwerkergötter aus Gold und Lapislazuli herstellt und darauf achtet, daß dabei alle dafür vorgesehenen rituellen Erfordernisse (*kīniš*) erfüllt werden. Der König arbeitet mit den Göttern zusammen; dennoch schreibt er sich die Herstellung der Statue selbst zu und tritt als Handwerker auf, der den Göttern seine Hände zur Verfügung stellt.

3. Die Beauftragung zur "Wieder"herstellung des Kultbildes und seines Kultes ist ein Segens- und Zuwendungszeichen der Gottheit dem König gegenüber. Nabû-apla-iddina wird als der erste König dargestellt, dem der Sonnengott nach langer Zeit eine glückliche Regierung zusagt und ihm dies durch das Auffinden eines Modells seiner Statue dokumentiert[807]. Die Verbindung der göttlichen Erwählung eines Königs mit dem Auftrag, das Kultbild des betreffenden Gottes herzustellen oder zu renovieren, gehört besonders im 1. Jt. zu den festen Bestandteilen der königlichen Propaganda und Selbstdarstellung: Nabû-apla-iddina in Babylonien und Aššurnaṣirpal II. in Assyrien sind die ersten, die den materiellen Seiten der Herstellung von Kultbildern in ihren Inschriften besondere Wertschätzung entgegenbringen[808].

Als Mittel, die Erwählung eines bestimmten Königs und die Gegenwart seines göttlichen Beistandes zu propagieren und durch die Anfertigung von neuen Kultbildern optisch umzusetzen, legt dieses Motiv die Abwertung aller vorherigen Repräsentationsformen der Gottheit nahe; immerhin geht es um die Darstellung eines exklusiven Gottesverhältnisses, das dem der Vorgänger überlegen ist. Es wäre daher nicht unwahrscheinlich, daß Nabû-apla-iddina das Sonnensymbol gegenüber dem anthropomorphen Kultbild abwertet, um das segensreiche göttliche Eingreifen während seiner eigenen Regierungszeit herauszustreichen und die von ihm in Auftrag gegebene Statue zu dem einzigen Kultobjekt zu machen, das den authentischen Šamaškult garantiert. Demgegenüber sei das Sonnensymbol nur als unvollkommene Übergangslösung[809] statthaft gewesen; trotz seiner erwarteten Gegenwart im

---

[807] Offenbarungen in Form von Modellen kennt auch das AT: In Ex 25:9.40, 27:8 u.ö. gibt auch Jahwe Modelle für die Herstellung seiner Wohnung und des Kultgeräts vor, vgl. BERLEJUNG, Handwerker, 157 mit Anm. 39.

[808] Vgl. dazu LACKENBACHER, Le roi, 117. Die Inschrift des Aššur-bēl-kala in RIMA 2, A.0.89.10, S. 108:4f, beschäftigt sich sicherlich nicht mit der Herstellung eines Kultbildes (die Inschrift steht auf einem weiblichen Steintorso): "4. Diese Skulpturen (*a-lam-ga-a-te*) i[n] den Pro[vin]zen, Städten 5. und unter den Beisassen (*ub-ru-te*.MEŠ, vgl. AHw 1454; GRAYSON z.St. übersetzt 'garrisons') habe ich zum Lachen gem[acht]."

[809] RENGER, Kultbild, 309, nimmt für die Herstellung des Sonnensymbols einen Brauch des 2. Jt.s an, der auf den "zeitgenössischen Kudurrus gut bezeugt" sei. Ob wir es in BBS 36 mit einem Brauch oder einer Notlösung zu tun haben, ist aus dem Text nicht zu entscheiden.

Symbol hatte der Sonnengott der Stadt seine segensreiche Wirkung weiter versagt, da die Unheilzeit noch nicht beendet war: Hungersnot und Dürre machten dem Land das Erbringen der Opfer schwer (Col. i 24ff). Der Zorn des Sonnengottes bestand demnach weiterhin.

Auf diesem Hintergrund erscheint es kaum zulässig, den Text als Beweis dafür zu werten, daß man im Babylonien des 1. Jt.s den anthropomorphen Bildern vor den Symbolen den Vorzug gab[810]. Diese Interpretation folgt der tendenziösen Darstellung des Nabû-apla-iddina. Textimmanent gründet sich seine Deklassierung des Symbols im übrigen nicht auf den explizit formulierten Gedanken, daß ein Gottessymbol nur eine minderwertige Repräsentation der Gottheit sei; sie stützt sich vielmehr darauf, daß die Herstellung der Sonnenscheibe darauf zurückzuführen war, daß Simbar-šipak keine Offenbarung durch Šamaš empfangen hatte[811]. Das Symbol entsprach daher nicht dem Willen des Sonnengottes; es war eigenmächtig entstanden und nicht etwa durch göttliche Initiative oder Mitarbeit; mit einer segensreichen Zuwendung hatte dieses Symbol nach der Darstellung des vorliegenden Textes nichts zu tun, ganz anders hingegen das neue Bild des Nabû-apla-iddina!

Kultbilder und Kultsymbole, die ohne die Zustimmung des betroffenen Gottes hergestellt werden, können nach der Theologie von BBS 36 die heilvolle Gegenwart der Gottheit nicht herbeizwingen. Erst wenn die Gottheit dem Land ihren Segen wiedergeben will, also den erwählten König mit dem Auftrag zu einem Kultbild oder zu einem Symbol beauftragt, ist die volle Gegenwart und Wirkung der Gottheit wieder gewährleistet. Tritt dieser Fall ein, dann wird, wenn man dem Relief mit der Darstellung des Symbols vor der anthropomorphen Gestalt des Sonnengottes glauben darf, die Ersatzlösung einfach neben dem neuen, zurückgekehrten Kultbild belassen[812].

---

[810] Gegen JACOBSEN, Graven Image, 21 mit Anm. 25, und gegen HEINTZ, Ressemblance, 99-101, bes. 101, der "la suprematie de la statue (ṣalmu) sur l'emblème (niphu), de l'image divine à figure humaine sur le simulacre et le substitut" postuliert.

[811] Eine willkürliche Herstellung einer Gottesrepräsentation liegt auch in Ex 32 vor. Die Beliebigkeit des Zeitpunktes, des Materials, des Aussehens und der Herstellungsweise sowie die Eigenmächtigkeit des Arbeitsbeginns steht in krassem Gegensatz zum göttlichen Auftrag und der göttlichen Betreuung der Herstellung des Zeltes und des Zubehörs in Ex 25-31. 35-40, vgl. dazu HUROWITZ, Golden Calf, 51-59.

[812] In VAB 4, 274ff iii 27-39, ist hingegen davon die Rede, daß die "falsche" lamassu aus dem Tempel entfernt wird; in diesem Fall scheint es sich jedoch um die Beseitigung eines Eingriffs des babylonischen Königs in den lokalen Kult Uruks und nicht um die Entfernung eines eigens angefertigten, urukäischen Ersatzbildes gehandelt zu haben.

4. Der Herstellung folgt der obligatorische Reinigungsritus (*tēliltu*), zu dem die Mundwaschung des Gottes (*mīs pî*) gehört[813]. Dazu ist eine Prozession ins Ekarzagina nötig. Durch dieses Ritual wird das Kultbild gereinigt, in seiner übernatürlichen Herkunft bestätigt und mit seinen Lebensfunktionen ausgestattet (s.u.). Anschließend ist der Gott in seinem Bild in der Lage, Handlungsrelationen auf der horizontalen Raumachse aufzubauen, so daß die Kommunikation zu ihm aufgenommen werden kann; dementsprechend fährt die Inschrift damit fort, zu beschreiben, in welchen Ausmaßen der König den Kult und die Feste einrichtet. Der Gott tritt in seine Funktionsbereiche ein, die er jedoch jederzeit wieder verlassen kann.

1.6.2. Das Erra-Epos

Das neubabylonische Erra-Epos[814] bietet Einblicke in die Ereignisse, die mit der Renovierung des Kultbildes Marduks verbunden waren und leistet damit einen wichtigen Beitrag für die vorliegende Fragestellung[815]. Zur Einführung sei gesagt, daß der babylonische Pestgott Erra den Götterherrn Marduk in seinem Tempel Esagila in Babylon besucht und darauf aufmerksam macht, daß sein desolates Äußeres kaum seinem Rang entspricht. Erra ist sich darüber im klaren, daß (das Kultbild des) Marduk nur restauriert werden kann, wenn er (es) sich von seinem Kultsitz erhebt. Diese Gelegenheit will er dazu nutzen, seinen Plan in die Tat umzusetzen und die Erde und Babylon(ien) zu vernichten. Die gesamten Ereignisse des Epos basieren auf der Grundvoraussetzung, daß nur ein Gott(esbild), der (das) sich an seinem Platz befindet, die Ordnung garantiert, bzw. daß das Verlassen des Kultsitzes damit gleichzusetzen ist, daß die bestehende Ordnung gefährdet oder gar außer Kraft gesetzt wird.

Der folgende Abschnitt setzt mit der Antwort des Marduk ein, der Erras Frage, warum seine *šukuttu* so schmutzig sei, folgendermaßen beantwortet:

I
129. Der König der Götter ergriff das Wort und sagte,
130. an Erra, den Helden der Götter, richtet er das Wort:
131. Held Erra, wegen des Werkes (der Reinigung der *šukuttu*), das du mir nahelegtest zu tun:
132. Vor langer Zeit war ich zornig, stand von meinem Sitz auf und brachte (so) die Flut.

---

[813] So auch in BORGER, Ash., 89 Rs. 22f.

[814] Zur Diskussion darüber, ob es sich um ein Epos oder einen Mythos handelt, vgl. CAGNI, The Poem of Erra, 6-13; zur Einordnung des Werks unter die Klassifikation "konstruierter Mythos" vgl. UEHLINGER, Weltreich, 525-527 (Anm. 63!).

[815] Zur Bedeutung dieses Textes für das Verständnis des Kultbildes vgl. schon LAMBERT, Rezension, 398f.

133. Von meinem Sitz stand ich auf, und die Ordnung des Himmels und der Erde löste sich auf.

... Es folgt eine Beschreibung dieser Auflösung in kosmischen Dimensionen ...

137. Die Nachkommenschaft der Lebenden wurde kleiner, und ich ersetzte sie nicht,
138. bis ich wie ein Bauer ihren Samen in meine Hand nahm
139. baute ich mir ein Haus und wohnte darin.
140. Meinen Schmuck (*šukuttu*), der in der Flut fortgeschwemmt worden war und dessen Gestalt (*šiknu*) verdunkelt war[816],
141. ich befahl Girra, meine Erscheinung (*zīmu*) glänzend zu machen und meine Gewänder zu reinigen.
142. Als er meinen Schmuck glänzend gemacht hatte und für mich diese Arbeit beendet hatte,
143. als ich dann die Krone meiner Herrschaft aufsetzte und an meinen Platz zurückkehrte,
144. verdunkelte sich meine Erscheinung (*zīmu*) (wieder) und erschreckt war mein Blick[817].
145. Die Leute, die in der Flut übriggeblieben waren und die die Ausführung des Werkes gesehen hatten,
146. meine Waffen will ich ergreifen und de(re)n Rest auch noch vertilgen[818].
147. Die Handwerker (*ummânū*) habe ich ins *apsû* hinuntergeschickt, ihr Aufsteigen nicht befohlen[819].
148. Den Ort des *mēsu*-Baumes, des Bernsteins (*elmēšu*[820]) veränderte ich, und keinem habe ich ihn gezeigt.
149. Jetzt, Held Erra, wegen des Werkes, worüber du gesprochen hast:
150. Wo ist der *mēsu*-Baum, Fleisch der Götter[821], Zeichen des Königs der Gesamtheit?

---

[816] Diese Zeile erinnert an BORGER, Ash., 23, Ep. 32 Fassung a:A:9-17, so mit LANDSBERGER, BBEA, 20. Asarhaddon berichtet hier von seinen Reparaturmaßnahmen an verschmutzten und stark mitgenommenen Götterbildern. Auch hier reicht *ilu* bzw. *ištaru* (= Gott/Göttin) aus, um ein Kultbild zu bezeichnen.

[817] Diese Zeile übersetze ich gegen CAGNI, L'epopea, 73 ("I miei tratti esprimevano alterezza, il mio sguardo furore!"), und TUAT III.4, 788 ("strahlte meine Gestalt Güte aus und mein Blick Zorn", unlogisch!), mit AHw 1383 von *ṭebû* D "untertauchen, versenken; in die Tiefe gehen"; *galit niṭli* wird als Stativ von *galātu* verstanden.

[818] Die Mardukrede wird in der 1. Person sinnvoller weitergeführt, als in der 2. Person; daher wurde hier gegen die Parallelversion KAR 168 (2. Person) entschieden. Anders BOTTÉRO, Mythes et rites de Babylone, 233 z.St.

[819] Diese Zeile wird in einer anderen Fassung des Epos aufgenommen, vgl. AL-RAWI, BLACK, Išum and Erra, 114:16/31-21/36. Auch in dieser Version hatte Marduk die Handwerker nicht wieder aus dem Süßwasser aufsteigen lassen. Die Tafel enthält zusätzlich eine längere Rede des Gottes Ea mit dem neuen Gedanken, daß Ea die Handwerker speziell für die Arbeit an der Gottheit (i.e. am Kultbild) geschaffen hat, vgl. S. 114.

[820] AHw 205; CAD E 107f, vgl. LANDSBERGER, Wortgleichungen, 190-198, SCHUSTER, *Abnu šikinšu*, 33f.

[821] Das "Fleisch der Götter" ist ein vieldeutiger Begriff: Nach BWL, 32:55, wird der König so bezeichnet. Aus dem Fleisch eines Gottes wird der Mensch geschaffen, vgl. *Atraḫasīs* I 210-217. Im Kontext der Herstellung von Kultbildern ist der Begriff häufig belegt. Er bezeichnet dann jeweils das Material, aus dem die Bilder hergestellt werden, vgl. z.B.: K4906+ etc. 219f.238f, BERLEJUNG, Macht, 30f (verschiedene Halbedelsteine: Augen-*ḫulālu*, Serpentin, *ḫulālu*, Karneol, Lapislazuli, Achat, Bernstein sowie die Legierung Elektron); zu den

151. Der reine Baum, erhabene Mann, der zur Herrschaft höchst geeignet war,
152. dessen Wurzeln hundert Doppelstunden im weiten Meer bis in die Tiefen der Unterwelt reichen
153. und dessen Wipfel angelehnt ist in der Höhe von Anus Himmel?
154. Wo ist der funkelnde *zagindurû*[822] Stein, den ich ausgesucht habe? [...]
155. Wo ist Ninildu, der Großschreiner meiner Anuschaft?
156. Der Träger der reinen Axt des Šamaš, der vertraut ist mit dieser Waffe,
157a. der wie der Tag herrlich macht [...]
157b. zu meinen Füssen beugte er sich [...][823]?
158. Wo ist Kusigbanda, der Schöpfer von Gott und Mensch (*bān ili u amēli*), dessen Hände rein sind?
159. Wo Ninagal, der das vollkommene *esû* trägt[824],
160. der hartes Kupfer wie Leder schneidet[825] und der die Geräte (*unūtu*) schmiedet?
161. Wo sind die erlesenen Steine, Ertrag des weiten Meeres (= Perlen?), Zeichen [meiner] Krone?
162. Wo sind die sieben Weisen[826] des Süßwassers, die reinen Großkarpfen[827], die wie ihr Herr Ea mit erhabenen Verstand vollendet sind und meinen Körper (*zumru*) reinigen?

Erra verspricht Marduk daraufhin, ihn während der Suche nach geeigneten Handwerkern und während der Dauer seiner Wiederherstellung zu vertreten, so daß die Weltordnung trotz seiner Abwesenheit gewahrt bleibt. Nachdem sich Marduk auf dieses Abkommen eingelassen hat, bricht Erra jedoch sein Versprechen und bringt Babylonien Pest und Zerstörung. Dies ist die Erklärung, die Kabti-ilāni-Marduk für die schwere Zeit Babyloniens (und der Welt) gibt, seine theologische Geschichtsdeutung[828].

Hölzern als dem "Fleisch der Götter" vgl. S. 122f. Allgemein zu *šīr ili* "referring to divine nature" vgl. CAD Š III 117.

[822] CAD Z 11; vgl. Emar VI, 4, 553:30'-33' und die Gleichung za.gìn.duru5 mit *za-ki-id-ru-u*, *uq-nu-u el-lu* und *uq-nu-u eb-bu* (eine grüne Lapislazuliart).

[823] Zeile 157a und b: Es fehlt das Objekt in der Konstruktion; eventuell stand es am zerstörten Ende der Zeile.

[824] Nach neuer Evidenz, vorgelegt von SAGGS, Additions, 29, ist CAGNI, L'epopea, 74f z.St. (und Z. 156), in diesem Sinn zu verbessern. Hinter *esû* verbirgt sich nach CAD E 338a ein Teil des Webstuhls, nach AHw 76b ein Holzgerät.

[825] Diese Formulierung findet sich auch in VAN DIJK, Lugal-e I, Z. 473.

[826] *Apkallū*-Priester sind an der Mundwaschung beteiligt, vgl. BORGER, Ash., 89 Rs. 22.

[827] Die *purādu*-Fische gehören zu Ea. Sie sind mythische Wesen, die in der Vorzeit aus dem Meer steigen, um dem Menschen die Kultur zu bringen, vgl. REINER, The Etiological Myth, 1-11, VAN DIJK, UVB 18, 48f sowie BURSTEIN, Berossus, 13f. SpTU II, Nr. 8 i 10-31 (Tafel III und IV der Serie *bīt mēseri*) bietet eine komprimierte Zusammenfassung der Mythologie, die mit den sieben *purādu*-Fischen verbunden ist. Die Aufgabe der sieben Fisch-Weisen wird (Z. 12f) folgendermaßen beschrieben: "Die sieben Weisen, die im Fluß geschaffen wurden, die die Pläne (*uṣurtu* = giš.hur) von Himmel und Erde in Ordnung halten." Drei der sieben Fische tragen Namen, die das Element "me" enthalten: Enmedugga ("Herr der guten 'me'"), Enmegalamma ("Herr der vollkommenen 'me'"), Enmebulugga ("Herr der erhabenen 'me'"). Dementsprechend gehören diese Fisch-Weisen zu den Hütern der "me" der Vorzeit. Zu dem Verhältnis der "me" zu akkadisch *uṣurtu* = giš.hur vgl. FARBER-FLÜGGE, Inanna und Enki, 165. 181-191.

[828] Es ist umstritten, welche historischen Gegebenheiten im Epos reflektiert werden. Eine Zusammenfassung der Diskussion bietet CAGNI, L'epopea, 37-45. Das Erra-Epos hatte für die

Ungeachtet der Diskussion, ob *šukuttu* hier nur Schmuck, Ausstattung[829] oder wertvolles Bild[830] bedeutet, wird aus dem Kontext und der Rolle, die der *šukuttu* Marduks zukommt, klar, daß es sich um die äußere materiell-irdische Erscheinung des Gottes in seiner Stadt Babylon und seinem Tempel Esagila handelt, die von den Ereignissen betroffen ist. Die Erwähnung der Materialien, Werkzeuge und der Handwerkergötter, die für die Herstellung und Renovierung von Götterstatuen benötigt wurden und die Rede vom "Körper" Marduks in Z. 162 unterstützen die Deutung, daß es um das Kultbild des Marduk geht.

Folgende Informationen lassen sich diesem Text entnehmen:
1. Das Aussehen der Erscheinung oder der Gestalt Marduks wird leider nur allgemein beschrieben. Sein Kultbild besteht aus *mēsu*-Holz, Bernstein und *zagindurû*-Stein, Materialien, die er sich selbst ausgesucht und besorgt (bzw. versteckt) hat, da sie für ihn besonders geeignet sind. Die Materialien der Mardukstatue verbinden in sich kosmische Dimensionen (Himmel, Erde, Unterwelt) und bringen bestimmte Eigenschaften mit (Mannhaftigkeit, Herrschaft, Z. 151), die sie mit dem Gott des Kultbildes verbinden (Z. 150-153)[831] und mit ihm gemeinsam haben. Die Statue ist zusätzlich mit Krone und Kleidern versehen.
2. Die Materialien des Kultbildes können als "Fleisch der Götter" (Z. 150) angesprochen werden; das Kultbild selbst als belebter Körper (*zumru*[832]) der Gottheit (Z. 162), so daß deutliche Analogien zur menschlichen Anatomie und Körperhaftigkeit bestehen.
3. Die Renovierung des Kultbildes ergeht auf den ausdrücklichen Befehl Marduks und wird durch seine Eigenbeteiligung vorangetrieben bzw. verhindert. Auf seine Anweisung hin betätigen sich auch die benötigten Handwerkergötter, die mit ihm (als dem Gott des betroffenen Kultbildes) zusammenarbeiten. Fehlt einer dieser Partner, kann das Werk nicht gelingen. Ähnliches trifft für die Reinigung des bearbeiteten Kultbildes zu (Z. 162). Die Götterstatue erscheint als Produkt der himmlischen Zusammenarbeit der Ea-Hypostasen mit Marduk. Das Bild hat durch diese Herkunft und sein besonderes Material Teil an der überirdischen Welt des Gottes, dessen irdischer Leib es ist.

Babylonier auch praktische Bedeutung: Man trug kleine Amulette mit Teilen des Textes, die vor Pest und Zerstörung schützen sollten. Das Epos wird in Col. v 49-59 als *zamāru* (= Lied) bezeichnet. Dies weist auf seinen kultischen Gebrauch hin.

[829] So VON SODEN, Rezension Cassin, 314; vgl. grundsätzlich AHw 1266f und CAD Š III 237-239.

[830] So BOTTÉRO, Mythes et rites de Babylone, 266f, LAMBERT, Rezension, 399, und LIPINSKI, *Skn*, 203f.

[831] Zur Beziehung zwischen dem Material und den Kultbildern einzelner Götter s. S. 123f.

[832] AHw 1537.

4. Die Reinigung bzw. Renovierung der Statue Marduks kann nur stattfinden, wenn dieser seinen Thron verläßt; dies führt nach Ausweis des Epos
unweigerlich zu kosmischen Katastrophen. Die oben erwähnte Grundvoraussetzung gilt unbedingt: Die Wirkung von Marduks göttlicher Ordnungsmacht ist an seine tatsächliche Anwesenheit im Tempel gebunden. Er kann
seinen Sitz nicht verlassen, ohne daß seine Ordnungsmacht, die ihm im
Prinzip immer noch weiter eigen ist, ihre Wirkung für die Irdischen verliert,
selbst wenn diese Konsequenz nicht seiner Intention entspricht. Der Autor
des Epos postuliert folgende Alternative: Die Präsenz des Marduk in seinem
Tempel ist mit seiner Bestandsgarantie für die Erde verbunden, während der
freien Beweglichkeit des Gottes, in der er in überirdischen Dimensionen (Erra ii 1ff) wandelt, die kosmische Katastrophe folgt. Die irdische Wirkung eines Gottes ist daher an seine irdische Präsenz gebunden. Nach dem vorliegenden Epos kann eine Gottheit jedoch nur mit ihrem Einverständnis von
ihrem Aufenthaltsort entfernt werden, also nicht etwa mit Gewalt, sondern
allenfalls durch List.

Das Problem Marduks besteht im Epos nun darin, daß er kaum in seinem
desolaten Zustand verweilen kann: Die Reinheit bzw. die Reinigung der
šukuttu ist eine zentrale Aufgabe, da nach *Enūma eliš* vii 8 von der *šukuttu*
Marduks für das Land Überfluß ausgeht. Daher ist der Götterkönig gezwungen, auf Erras Anerbieten einzugehen[833].

Tatsächlich mußte ein Götterbild zur Restaurierung und Reinigung von seinem Standort entfernt werden. Als Beispiel ist auf einen neuassyrischen
Brief zu verweisen, der von der Reinigung der *šukuttu* und der Statue von
Ištar von Arbail berichtet[834]. Die Göttin wird von ihrem Tragtier, dem Löwen entfernt, um Arbeiten an ihr und ihrem Schmuck zu verrichten. Diese
Aktionen wurden, um etwaige Konsequenzen für die Umwelt zu vermeiden,
auf ein Orakel hin begonnen und unter ständiger Überwachung der Priester
und Verwendung von magischen Riten und Beschwörungen aller Art durchgeführt. Man wollte den Zorn der Gottheit beruhigen, der sich in der Verdunkelung und Reparaturbedürftigkeit der Erscheinung des Kultbildes bereits angekündigt hatte[835]. Insofern ist das Erra-Epos auf dem Hintergrund

---

[833] Gegen CAGNI, The Poem of Erra, 19, LANDSBERGER, Wortgleichungen, 198, und
BLOCK, The Gods, 137, ist Marduk hier nicht als "senile personality" dargestellt. Für das
Wohl des Landes ist es nötig, daß die *šukuttu* Marduks vollkommen intakt ist. Marduk ist
sich sowohl dieser Tatsache als auch der Folgen seines "Aufstehens von seinem Sitz" bewußt;
da ihm keine andere Wahl bleibt, muß er auf Erras falsches Angebot hereinfallen. BLOCK,
The Gods, 137-139, verkennt die Zusammenhänge zwischen dem Reinigen der *šukuttu* und
dem Aufstehen des Gottes.

[834] So in ABL 1094; Reinigungsarbeiten an der Statue des Nabû erwähnt auch ABL 951
Rs. 2-14 = WATERMAN, RCAE, 951; vgl. OPPENHEIM, Studies in Akkadian, 239.

[835] Vgl. die Mundwaschung der Renovierung S. 260ff.

ganz realer und alltäglicher Abläufe des Kultbetriebes zu verstehen. Reale Erfordernisse werden zum Ausgangspunkt mythologischen Geschehens und mythologischer Spekulation.

1.6.3. Die Inschriften von Aššurnaṣirpal II.

Die Berichte Aššurnaṣirpals II. (883-859 v. Chr.) erwähnen nichts davon, daß für die Herstellung eines Kultbildes Modelle nötig gewesen wären. Im Gegenteil, der König betont, daß es das Bild des Ninurta nicht gegeben hatte, bis er daran gegangen war, es mit seinem eigenen Verstand zu schaffen[836]; nicht einmal ein Orakel wird vorausgesetzt. Die Eigenmächtigkeit des assyrischen Königs war anscheinend nichts, was die Legitimität oder die Wirksamkeit des Ninurtabildes beeinträchtigte. Obwohl sich auch dieser König als "Handwerker auf dem Thron" darstellt, bringt er für die handwerklichen Details seiner Produktion nur wenig Interesse auf: Als Material nennt er relativ unbestimmt "Steine des Gebirges und rotes Gold." Damit zählt er, wie sein babylonischer Kollege Nabû-apla-iddina, nur die wertvollen Bestandteile des Kultbildes auf[837].

Da der Kult des Gottes Ninurta in Kalhu vor Aššurnaṣirpal nicht nachzuweisen ist, ist davon auszugehen, daß erst dieser König Ninurta zum Stadtgott Kalhus machte, ihm (in Aššur) ein völlig neues Kultbild herstellen ließ, das eine neue Tradition begründen sollte, und seinen Tempelkult einführte. Die Formulierung "zu meiner großen Gottheit in Kalhu zählte ich ihn"[838] drückt dies aus. Aššurnaṣirpal beschreibt auch die Ausstattung des *bīt atmāni* Ninurtas, das er mit Gold und Lapislazuli verzieren und in dem er rechts und links bronzene IM.MEŠ-*nī*[839] aufstellen ließ; zusätzlich ließ er am Sitz des neuen Stadtgottes goldene Drachen befestigen.

Sowohl in der Bankettstele als auch in den anderen Inschriften dieses Königs wird von der Einweihung des Kultbildes oder der Einrichtung des regelmäßigen Kultes nichts berichtet; auch Priesterbestellungen fehlen. Erwähnt ist lediglich, daß die Feste Ninurtas im *Šabāṭ* und *Elūl* eingesetzt wurden[840].

---

[836] RIMA 2, A.0.101.31, S. 295:13-15, und A.0.101.1, S. 212 ii 132-135.

[837] Auch das goldene Bild des Gottes Armada, das Salmanassar III. her- und im Tempel Aššurs aufstellen ließ, war kaum aus massivem Gold, vgl. KAH II, 103, und MICHEL, Die Assur-Texte, 268f Nr. 23. Gegen MOORTGAT-CORRENS, Ein Kultbild Ninurtas, 121 und 130, besteht das Ninurtabild daher sicherlich nicht ausschließlich aus Gold und Edelstein.

[838] RIMA 2, A.0.101.31, S. 295:15, und A.0.101.1, S. 212 ii 134.

[839] Dämonen unklaren Aussehens, vgl. RIMA 2, S. 291 Anm. 70, und ENGEL, Darstellungen, 78f. 93.

[840] RIMA 2, A.0.101.30, S. 291:53-77, und A.0.101.31, S. 295:11-16.

Der Herrscher gründet nicht nur die Stadt Kalhu, die "es vorher nicht gegeben hatte"[841], sondern auch die Tempel von Enlil und (wie schon erwähnt) Ninurta. Diese Neugründungen werden von der Wiederaufnahme alter Kulte der Götter Ea-šarru, Damkina, Adad, Šala, Gula, Sîn, Nabû, Šarrat-nipha, Sibitti und Kidmuru in Kalhu unterschieden[842]. Die Herstellung oder Renovierung dieser Götter ist nicht berichtet. Nach einer parallelen Überlieferung machte Aššurnaṣirpal nur eine Statue (NU) von Ea-šarru und Adad[843]. Das Mißverhältnis zwischen den neu hergestellten (Ninurta, Ea-šarru, Adad) und den tatsächlich benötigten Statuen macht den Rückgriff auf bereits vorhandene Bilder wahrscheinlich, die die bereits bestehenden Kulte der Stadt weiterführten. Die religiösen Maßnahmen des Königs in Kalhu sind daher einerseits als Begründung einer neuen religiösen Tradition (Ninurta), andererseits als Restauration und Aufwertung des lokalen Kultes zu charakterisieren. Beides sollte sicherlich zur Stabilisierung der neuen Königsresidenz und ihrer Verbindung mit dem Herrscher beitragen.

1.6.4. Die Inschriften von Sargon II.

Auch Sargon II. (722-705) baute eine neue Residenzstadt[844]. Er tat dies "entsprechend dem Befehl der Götter und dem Wunsch meines Herzens"[845]. Nachdem die neue Hauptstadt ihren Namen Dūr-Šarrukīn erhalten hatte, war es nötig, sie mit Göttern zu bevölkern und dadurch religiöse Traditionen zu begründen. Zu diesem Zweck baute der König verschiedene Tempel[846] und ließ im Aššurtempel der Stadt Aššur die dazu gehörenden Kultbilder herstellen:

426. ... Ea, Sîn, Šamaš, Nabû, Adad und Ninurta und ihre großen Ehefrauen, die in Ehursaggalkurkurra,

---

[841] RIMA 2, A.0.101.30, S. 291:53f. Diese Aussage besitzt kaum historischen Wert; da Kalhu schon vor Aššurnaṣirpal II. existierte, handelte es sich nur um den Ausbau der Stadt, vgl. POSTGATE, READE, Kalhu, 303-323.

[842] RIMA 2, A.0.101.30, S. 291:54-59.

[843] RIMA 2, A.0.101.1, S. 212 ii 135. Das Verb wird sonst nicht für die Herstellung von Kultbildern verwendet (lu-ú ad-di). Es bezieht sich eigentlich eher auf die vorher (parallel zu den Bildern) genannten Tempelgründungen.

[844] Zu den historischen Zusammenhängen und den Feldzügen des Königs vgl. zuletzt MAYER, W., Politik, 316-341.

[845] FUCHS, A., Sargon, 181:425.

[846] Zum archäologischen Nachweis der Tempel des Ea, Adad, Sîn, Šamaš, Ninurta, Ningal und Nabû vgl. FUCHS, A., Sargon, 376.

427. dem Berg der Unterwelt, kultisch vorschriftsmäßig (*kīniš*) geboren wurden (*alādu* N),
      in glänzenden Heiligtümern, in kunstvollen Heiligtümern in Dūr-Šarrukīn wohnten sie
      freudig (*ramû*) ...[847]

Nachdem die neuen Götterstatuen in Dūr-Šarrukīn ihren neuen Wohnsitz
bezogen hatten[848], setzte Sargon die regelmäßigen Opfer sowie das Kultpersonal ein, so daß der Alltagskult beginnen konnte. Ebenso wie für Aššurnaṣirpal II. war es auch für Sargon II. nicht notwendig, ein Modell oder eine
göttliche Offenbarung zu erhalten, um Kultbilder für die Götter herstellen zu
können. Trotzdem ging alles kultisch vorschriftsmäßig (Z. 427) vonstatten.
Da die Götter die Errichtung der neuen Hauptstadt befohlen hatten (s.o.), ist
dieser Befehl sicherlich auch für die Herstellung ihrer Kultbilder für diese
Stadt vorauszusetzen; explizit erwähnt wird dies jedoch nicht.
Es fällt auf, daß die Götter für die neue Hauptstadt im Aššurtempel in Aššur
"geboren"[849], d.h. hergestellt wurden, um von dort aus in die neue Hauptstadt
umzuziehen. Die "Geburt" der Götter in Aššur weist darauf hin, daß die neu-
en Götter mit Aššur in einem verwandtschaftlichen[850] Verhältnis standen, das
hierarchisch strukturiert war; sie waren Kinder des assyrischen Nationalgottes und ihm als solche verpflichtet. Die Wahl der Werkstatt war Ausdruck eines religionspolitischen Konzeptes, dessen Ziel es war, die Kontinuität zwischen der neuen Residenz Sargons und den dort ansässigen Göttern und der alten assyrischen Hauptstadt aufrecht zu erhalten sowie die
Superiorität des Gottes Aššur zu unterstreichen. Insofern sollten Rivalitäten
zwischen dem politischen und dem kultischen Zentrum Assyriens (und den
Priesterschaften) durch das Postulat der verwandtschaftlichen Hierarchie
ausgeschaltet werden, das bei der Entstehung der Statuen im Aššurtempel in
praktische Handlungsvollzüge umgesetzt wurde.
Zusätzliche Information über die Vorgänge um die Kultbilder der neuen
Residenz bietet ein Brief, der den Transport von kultischen Objekten nach
Aššur, d.h. in den Aššurtempel berichtet. Aus Rs. 9f ergibt sich, daß die kultischen Gegenstände in das Haus des *mašennu* des Aššurtempels gebracht
werden sollen[851]:

---

[847] FUCHS, A., Sargon, 182:426f, zu den Parallelen vgl. ebd.
[848] Dazu auch SAA I, 132:6.
[849] Zu diesem Sprachgebrauch vgl. S. 83.
[850] Zur Verwandtschaft als eines der ursprünglichsten und wirksamsten Medien sozialer
Vernetzung vgl. ASSMANN, Mensch, 23 (mit Bezug auf Claude Lévi-Strauss).
[851] SAA I, 54 Rs. 9f.

9. ... wo sich die Götter
10. von Dūr-Šarrukīn aufhalten (*kam-mu-su-nî*[852]).

Die Götter für die neue Stadt waren also (wie in den Inschriften Sargons ausgewiesen) tatsächlich in Aššur hergestellt worden; bis zu ihrer Überführung in die neuen Tempel wurden sie im Haus des "treasurer"[853] aufbewahrt. Diese Schatzkammer, bei der man sich wohl eine Art Magazin vorzustellen hat[854], war aber keinesfalls den Kultbildern vorbehalten, sie mußten sie mit anderen kultischen Preziosen teilen. Der provisorische Aufenthalt der Kultbilder in der Schatzkammer das Aššurtempels weist darauf hin, daß man mit ihnen außerhalb ihrer Tempel u.U. recht sachlich verfuhr: Solange sie ihren kultischen Funktionsbereich nicht aufnehmen konnten, wurden sie zusammen mit dem restlichen Kultgerät eingelagert. Es erscheint wenig wahrscheinlich, daß die Götter im Magazin kultische Versorgung genossen, da sie sich dort nicht wirklich niedergelassen hatten[855] und dort auch keine Wirkung entfalten konnten; ihr praktisches Handlungsfeld hatten sie in jedem Fall noch nicht erreicht.

Es ist bemerkenswert, daß die neuassyrischen Könige Aššurnaṣirpal und Sargon, die neue Residenzen (aus)bauten, neue Kultbilder herstellten (und nicht etwa die Götter der vorherigen Hauptstadt mitführten) und auf diese Weise an diesen Orten eigene religiöse Traditionen begründeten. Trotzdem waren sie bemüht, die kultische Vorrangstellung der Stadt Aššur und ihres Gottes dadurch zu bestätigen, daß sie die Bilder in der dortigen Werkstatt schaffen ließen und dadurch die neuen Traditionen in alte Abhängigkeiten und hierarchische Strukturen brachten. Aus religionspolitischen Gründen wurde es anscheinend als notwendig erachtet, die Kultbilder neuer Residenzen jeweils in Aššur herzustellen und diesen Ort zur einzig legitimen Stätte der Herstellung von Kultbildern zu stilisieren[856], wenn es auch theoretisch möglich war, Götter in den Werkstätten anderer Städte anzufertigen[857].

---

[852] *Kamāsu* D bedeutet eigentlich "knien". Im Anzu-Mythos wird für die Götter, die noch keinen Kultsitz besitzen, dasselbe Verb verwendet, vgl. Anzu I 16. Hinter dem "Knien der Götter" könnte sich der *terminus technicus* für das provisorische Aufstellen der Kultbilder (bzw. für ihren Aufenthalt an einem Ort, der nicht ihr eigentlicher Wohnsitz ist) verbergen. Das "Knien" bringt zum Ausdruck, daß die Götter noch nicht über einen endgültigen Sitzplatz verfügen, an dem sie sich niederlassen und ihre Wirkung entfalten können; sie bleiben jederzeit bereit zum Aufbruch.
[853] SAA I, 54 Rs. 9.
[854] Kaum realistisch ist die Einschätzung von HUROWITZ, Temporary Temples, 46, daß es sich um ein Privathaus gehandelt habe. Zum Haus des *mašennu* vgl. CAD M I 364.
[855] Vgl. die Verwendung von *kamāsu* Anm. 852.
[856] In diesem Sinn ist RENGER, Kultbild, 309, zu modifizieren.
[857] Vgl. BORGER, Ash., 82 Rs. 21, wo immerhin die Möglichkeit besteht, Kultbilder in Ninive herzustellen!

Grundsätzlich ist festzustellen, daß kein assyrischer König ein Modell brauchte, um Kultbilder zu schaffen; für Asarhaddon wie für Aššurbanipal war ein Orakel ausreichend[858], das dem König den göttlichen Willen kundtat. Die Vorstellung eines Modells, das auf wunderbare Weise aufgefunden wird, um die Wiederaufnahme eines traditionellen Kultes in legitimer Weise zu ermöglichen, ist ein Gedanke, der auf wenige Beispiele und auf Babylonien beschränkt bleibt[859].

1.6.5. Asarhaddon und die babylonischen Götter: AsBbA und AsBbE

Ausführlich berichtet der neuassyrische König Asarhaddon (681-669 v. Chr.) über die von ihm begonnenen Arbeiten an den Statuen der babylonischen Götter und ihrer Tempel[860]. Vor allem die Götter Esagilas waren während der Eroberung Babylons (689 v. Chr.) durch Sanherib (705-681 v. Chr.) zu Schaden gekommen[861].

Aus den zeitgenössischen Quellen läßt sich nicht eindeutig entnehmen, ob das Kultbild des Marduk zerstört oder nur deportiert wurde[862], da die Inschriften Sanheribs einerseits von der Zerstörung der Statue zeugen[863]; die späteren Texte andererseits in ihrer Rekonstruktion und Bewertung der Ereignisse einig sind: Die babylonische Chronik[864] weiß nur vom Exil Marduks in Aššur zu berichten, Aššurbanipal erwähnt nichts von Arbeiten an den Bildern Esagilas[865] und spricht, wie später Nabonid[866], nur von einem Interimsaufenthalt des babylonischen Götterkönigs in Assyrien. Da der Zusammenschau der Quellen vor und nach der Zeit Asarhaddons keine einhelligen

---

[858] BORGER, Ash., 82 Rs. 22 (u.a. Erneuerung Marduks); VAB 7, 150 x 55f verbessert in BIWA 141, T II 16-19 C I 61f.

[859] Zu weiteren Beispielen von Modellen (neben BBS 36) vgl. HUROWITZ, I Have Built, 168-170. LEE, Jasper Cylinder, 131ff, geht davon aus, daß Nabonid die Statue des Mondgottes nach dem Vorbild des Siegels des Aššurbanipal neu herstellen ließ. Mit TADMOR, Nabunaid, 355f, ist aber anzunehmen, daß das Kultbild des Mondgottes in Babylon untergebracht war und von Nabonid nur renoviert wurde. Ein Modell war daher nicht notwendig.

[860] Vgl. dazu einleitend SAGGS, Babylonians, 159f, sowie LEICHTY, Esarhaddon, 949-958.

[861] Zu Literatur über die Hintergründe dieser Aktion vgl. Anm. 602.

[862] Diese Frage wurde bisher von LANDSBERGER, BBEA, 22-27, am ausführlichsten diskutiert; dort findet sich auch eine umfangreiche Zusammenstellung des Quellenmaterials, s. nun auch FRAHM, Sanherib, 225.

[863] OIP 2, 137:36f und 83:48.

[864] BORGER, Ash., 124f zu 669/8 B, und GRAYSON, ABC, 35f Nr. 16:1-3.

[865] Da die Statuen vollendet waren, war es nicht nötig, handwerkliche Aktivitäten an den Statuen zu erwähnen; es kann daher nicht die Rede davon sein, daß der König deren Bericht ängstlich vermeiden mußte, gegen LANDSBERGER, BBEA, 24. Aššurbanipal nimmt indirekt auf die Entführung der Mardukstatue (nicht auf deren Zerstörung) bezug, vgl. RIMB 2, B.6.32.2, S. 200:37-41, und B.6.32.6, S. 207:7-9.

[866] VAB 4, 270:14-17.

Aussagen zu entnehmen sind, die ein Urteil darüber zuließen, ob der König Marduk und die Götter Esagilas neu herstellen oder nur renovieren lassen mußte, sind seine eigenen Inschriften zu Rate zu ziehen. Doch bleibt auch Asarhaddon eine eindeutige Entscheidung schuldig: Er bezeichnet seine Arbeiten an den fraglichen Statuen zeitweise als "Werk der Erneuerung"[867], zeitweise als Schöpfung[868] oder Geburt[869] und impliziert vor allem durch letztere Formulierung einen Neuanfang. Die Angaben, die er in seinen Inschriften zu der Art und der Anzahl der beteiligten Handwerker[870] und der Materialien (Gold und Edelsteine[871]) macht, lassen ebensogut an die völlige Neuherstellung wie an eine gründliche Restaurierung der Bilder denken. Was also war geschehen? Hatte Sanherib Marduk (und seine Familie) zerstören und Asarhaddon ihn neu anfertigen lassen, oder war der Götterkönig nur verschleppt und später renoviert worden?

Grundsätzlich ist festzustellen, daß es nur sehr wenige Belege gibt, die darauf hinweisen, daß man eroberte Kultbilder zerschlug. Viel häufiger bezeugt ist die Praxis, besiegte Götter in den Tempel des Siegergottes zu bringen und sie dort an untergordneter Stelle aufzustellen[872]. Daher ist nicht auszuschließen, daß sich Marduk seit 689 v. Chr. als Gefangener in Aššur aufhielt[873].

Von Asarhaddon ist belegt, daß er erbeutete Götter erneuerte (!), sie mit seinem Namen versah und in ihr Ursprungsland zurückschickte[874]; insofern ist recht wahrscheinlich, daß er auch bezüglich der Mardukstatue nicht anders verfuhr, vorausgesetzt, daß er sie besaß. Die Rede Asarhaddons von der *Erneuerung* der Bilder der babylonischen Götter und seine Titulatur[875] implizieren immerhin, daß er die alten Statuen in Verwahrung hatte. Da kaum anzunehmen ist, daß er deren Existenz einfach frei erfand[876], ist davon

---

[867] BORGER, Ash., 82 Rs. 15 und 83 Rs. 28.

[868] *Banû* "schaffen" bezieht sich nicht zwangsläufig auf eine Neuanfertigung; dies trifft im übrigen auch auf *epēšu* "machen" zu: In RIMB 2, B.6.31.15, S. 183:16 und B.6.31.16, S. 185:8f, werden die Arbeiten an dem Tempel des Aššur (*banû*), an Esagila (*epēšu*) und an Eanna (*edēšu* D; "erneuern") mit unterschiedlichen Verben bezeichnet, die zweifelsohne dasselbe bedeuten. Alle drei Tempel bestanden bereits vor Asarhaddon und wurden von ihm lediglich restauriert.

[869] BORGER, Ash., 83 Rs. 35 (AsBbA); 88 Rs. 11-14 (AsBbE).

[870] BORGER, Ash., 83 Rs. 29 (AsBbA).

[871] BORGER, Ash., 83 Rs. 30f, Gold und Edelsteine (AsBbA) und ebd., 88 Rs. 14, 50 Talente Elektron (AsBbE).

[872] Vgl. z.B. RIMA 2, A.0.87.1, S. 20 iv 32-39 (Tp. I.).

[873] Anders: LANDSBERGER, BBEA, 26.

[874] BORGER, Ash., 53, Ep. 14:6-14.

[875] Als König über Assyrien und Babylonien ging nur die Renovierung (!) der babylonischen Götter in seine Titulatur ein, vgl. z.B. BORGER, Ash., 33:6f; 45, Ep. 3:22.

[876] Einleuchtender erscheint hingegen die Erklärung, daß er die Existenz der Kultbilder in einigen Inschriften verschwieg; etwas bereits Vorhandenes zu ignorieren, um sich die Neu-

auszugehen, daß die babylonische Chronik, Aššurbanipal und Nabonid die tatsächlichen Vorgänge reminiszieren; die Götter Esagilas waren lediglich verschleppt worden[877]. Noch nicht entschieden ist mit dieser Festlegung, ob der assyrische König die alten Bilder entsorgen und neu anfertigen oder restaurieren ließ.

Wenn auch LANDSBERGER darin zuzustimmen ist, daß Asarhaddon von Anfang an das Ziel hatte, Kultbilder "made in Assyria" in Babylon aufzustellen[878], so ist für dieses Vorhaben nicht unbedingt notwendig, die Statuen völlig neu herzustellen, da auch renovierte Statuen durch ihre neue Ausstattung, Bekleidung und den Schmuck als assyrisch erkannt werden konnten; zudem bestand die Möglichkeit, den Sockel der Bilder mit assyrischen Inschriften zu versehen und dadurch jeden Zweifel darüber auszuschalten, wessen Initiative, Materialspende und Gnade das Kultbild zu verdanken war[879].

Über das Ausmaß einer "Asarhaddon'schen" Renovierung gibt es Nachrichten aus einem neuassyrischen Brief. Wie oben schon einmal angesprochen, zeigen die in LAS 277 = SAA X, 349 beschriebenen Arbeiten an den Göttinnen von Uruk, die eindeutig unter die Kategorie "Erneuerung" zu verbuchen sind, daß die Renovierungsarbeiten an den Bildern schon mit den Schreinern, d.h. mit einem neuen Holzkern begannen und mit der Schmückkung und Bekleidung der Figur endeten. Der Holzkern als grundlegendes und zugleich schwächstes Glied der Herstellungskette war naturgemäß am anfälligsten für Schäden. Mit seinem Austausch konnte nicht mehr viel vom Aussehen des alten Bildes übrigbleiben; lediglich die alten Edelmetalle, die Edelsteine und einige Schmuckstücke konnten weiterverwendet werden. Diesen oblag die Aufgabe, die Kontinuität zum alten Kultbild aufrechtzuerhalten; in bezug auf das Aussehen der Götterbilder lag es letztlich an den assyrischen Handwerkern und deren Auftraggeber, ob sie die Absicht hatten, die Ikonographie der alten Bilder zu kopieren und weiterzuführen, so daß es den Babyloniern möglich war, das neue Bild weiterhin als "babylonisch" zu erkennen, oder ob sie assyrisierte Götter schufen. Da wir weder eine Beschreibung noch eine Darstellung des Marduk (oder seiner Familie) besitzen, die uns darüber unterrichten könnten, ob er (oder sie) *vor* der Behandlung durch die assyrischen Handwerker anders ausgesehen hatte als *nachher*, sind in dieser Frage keine gesicherten Erkenntnisse zu gewinnen, wenn AsBbA auch einen kurzen Hinweis darauf enthält, daß an der äußeren Er-

---

schöpfung selbst zuzuschreiben, war ein beliebtes Mittel der königlichen Wirklichkeitskorrektur. Als Beispiel ist auf die "Gründung" Kalhus durch Aššurnaṣirpal II. zu verweisen, vgl. Anm. 841.

[877] So auch SOMMERFELD, Marduk, 366.

[878] So LANDSBERGER, BBEA, 26.

[879] So geschehen auf dem Sockel des Mardukstandbildes, vgl. (die Vorlage) K7862 in BORGER, Ash., 89f (AsBbF) und auch ebd., 92f (K2388).

.

scheinung der Bilder Änderungen vorgenommen wurden[880]. Festzustellen ist lediglich, daß sich der Verlauf der Neuherstellung einer Statue (mit oder ohne Übernahme eines alten Vorbildes) kaum von ihrer Renovierung unterscheiden läßt, da die handwerklich-technische Vorgehensweise, der Personalbedarf und die kultischen Erfordernisse nicht voneinander abweichen[881]; bei einer Renovierung war lediglich der Bedarf an Edelmetallen und Edelsteinen geringer als bei einer Neuanfertigung, da man altes Material weiterverwenden konnte. Selbst diese Möglichkeit entfiel jedoch, wenn das alte Kultbild geplündert worden war.

Als Ergebnis ist daher festzuhalten: Gleichgültig ob es sich um eine Renovierung oder um eine Neuherstellung handelte, die Götterstatuen Esagilas wurden faktisch vom Holzkern an neu geschaffen. Mit der Bezeichnung der Vorgänge als "Neuherstellung" oder "Renovierung" ist weniger ein anderes handwerkliches Verfahren als vielmehr eine Wertung des Geschehens verbunden. Wenn Asarhaddon die Mardukstatue als renoviertes Bild klassifiziert, dann läßt er sie weiter in einer babylonischen (aber assyrisierten) Tradition bestehen[882]. Wenn er hingegen ihre Neuherstellung behauptet, beginnt er einen assyrischen Marduk. Den Assyrern war es sicherlich lieber, Marduk völlig assyrisiert zu sehen[883], während für die Babylonier wohl die Vorstellung erträglicher war, einen renovierten alten als einen neuen "assyrischen" Marduk zu verehren. Beide Varianten ("Erneuerung", "Geburt") desselben Themas[884] sind daran interessiert, ein politisches Klima[885] zu schaffen, das das religionspolitische Programm des Königs begünstigt[886]: Asarhaddon hat-

---

[880] BORGER, Ash., 84 Rs. 38.

[881] Eine Mundwaschung mußte ohnehin in beiden Fällen durchgeführt werden, vgl. S. 191ff. 260ff.

[882] Die Prozessionsbeschreibungen von AsBbF (vgl. BORGER, Ash., 89 Rs. iii 5) und auch Aššurbanipals Inschrift L4 (Rs. iii vgl. VAB 7, 264-269 mit den Kollationen in BIWA 188) zeugen davon, daß Asarhaddon die Überführung der Mardukstatue nach Babylon als Rücktransport der *erneuerten* Statue inszenieren und den Babyloniern als Heimkehr des alten Marduk vorstellen wollte: Die Mitwirkung eines Klagepriesters ist nur bei Mundwaschungsprozessionen restaurierter Statuen zu belegen, vgl. S. 197. 260ff.

[883] Zu den verschiedenen Zielgruppen (Assyrer/Babylonier) der Inschriften vgl. PORTER, Images, 121-132.

[884] Die Varianten der verschiedenen Inschriften können auch durch die verschiedenen Tendenzen der Schreiber in Ninive (politisches Interesse) und Aššur (religiöses Interesse) erklärt werden, so mit LIVERANI, Critique, 249-251.

[885] Zu den Methoden und den Möglichkeiten der assyrischen Könige und ihrer Schreiber, durch gezielte Inschriften das politische Klima in Assyrien in die gewünschte Richtung zu lenken, um ihre Ziele durchzusetzen, vgl. exemplarisch (anhand der Inschriften Sanheribs) WEISSERT, Climate, 200ff.

[886] Zu den Inhalten dieses Programmes, das unter dem Motto steht: "Die religionspolitische, ideologische und realpolitische Vereinigung der beiden Reiche unter Vorherrschaft Assyriens", vgl. BERLEJUNG, Handwerker, 153, und grundsätzlich PORTER, Images, 7ff. 119-153; sie deutet die Inschriften Asarhaddons (sicherlich richtig) unter dem Aspekt der politi-

te mit dem Konzept der "Geburt der Götter im Haus ihres Vaters Aššur"[887] das Ziel verfolgt, die Priorität Aššurs über Marduk zu propagieren[888] und zwischen beiden Göttern ein Vater-Sohn-Verhältnis zu postulieren. Marduk wurde zum erstgeborenen Erbsohn ernannt und zusammen mit seinen babylonischen Göttergeschwistern in untergeordneter Position in das assyrische Pantheon integriert[889].

Durch die Renovierung der Kultbilder konnte Asarhaddon Zweifaches erreichen: Zum einen zeigte er durch sein finanzielles und materielles Engagement seine Verantwortung als "guter und legitimer König" für die babylonischen Götter und damit Babylonien[890], zum anderen konnte er sein theologisches Programm des neu geordneten assyro-babylonischen Pantheons verwirklichen und es durch die Geburt der Bilder im Aššurtempel als eine sich aktuell ereignende Theogonie in Szene setzen. Die assyrisierten babylonischen Kultbilder wurden zum Bestandteil des assyrischen Herrschaftssystems und dessen Ausdehnung über Babylonien; sie waren das Werkzeug, mit dessen Hilfe Asarhaddon die neue Reichsideologie optisch und allgemeinverständlich darstellte und vermittelte.

Doch nun zu AsBbA[891]:

---

schen Propaganda, mit deren Hilfe Asarhaddon ein einheitliches nationales Image Assyriens und Babyloniens schaffen wollte. Den Arbeiten an den Kultbildern widmet sie allerdings keinen eigenen Abschnitt, sondern rechnet sie zu den allgemeinen baulichen und theologischen Propagandamaßnahmen des Königs.

[887] BORGER, Ash., 83 Rs. 35.

[888] Mit PORTER, Images, 152.

[889] Mit PORTER, Images, 123-127.

[890] Vgl. PORTER, Images, 7. Sie weist (ebd., 41ff. 77ff) überzeugend nach, daß Asarhaddon bestrebt war, sich den Babyloniern als traditioneller babylonischer König vorzustellen. Zugleich wollte er für die Assyrer ein traditionell assyrischer König bleiben. Ob allerdings die Eingriffe Asarhaddons in die Belange der babylonischen Tempel die ungeteilte Begeisterung der Babylonier fanden, ist aufgrund der (offensichtlich nötigen) geheimdienstlichen Tätigkeiten einzelner (Tempel)beamter unwahrscheinlich, vgl. LAS 275. 297 u.ö. (= SAA X, 359. 367 u.ö.). Die Motivation von Asarhaddons Personalumstrukturierungen ist sicherlich darin zu suchen, daß er daran interessiert war, sein Reich zu befrieden. Ob die 28 friedlichen Jahre zwischen Assyrien und Babylonien lediglich den propagandistischen Maßnahmen des Königs zu verdanken waren, oder ob auch andere (geheimdienstliche) Operationen ihr Scherflein dazu beitrugen, ist kaum mehr festzustellen. *Daß* die Spannungen während Asarhaddons Regierungszeit weiterbestanden und die assyrischen Könige von den Babyloniern trotz allem als Fremdherrscher angesehen wurden, bezeugt spätestens der Aufstand des Šamaššumukin mit seinen Parteigängern. Daher ist das uneingeschränkte Lob für Asarhaddons "peaceful arts of government" (so PORTER, Images, 153) zu modifizieren.

[891] AsBbA ist mit PORTER, Images, 121, nach 671 zu datieren. Zur Bearbeitung des Textes vgl. BORGER, Ash., 79-85. Es ist auffällig, daß die Herstellung bzw. Renovierung der Kultbilder (AsBbA und AsBbE) und die Renovierung eines Tempels in den Inschriften Asarhaddons relativ ähnlich geschildert werden. Dies deutet darauf hin, daß dieser König die Inschriften, die die Kultbilder betrafen, aus den bekannten Elementen der Bauinschriften zus-

Schon im ersten Jahr der Regierung Asarhaddons[892] bestimmten die Götter den Zeitpunkt der Renovierung ihrer Bilder, indem sie die Orakelanfragen des Königs positiv beantworteten. Nachdem weitere gute Vorzeichen[893] eingetroffen waren und der König von Aššur, Marduk und Nudimmud mit Einsicht begabt worden war[894], richtete Asarhaddon an Aššur und Marduk ein ausführliches Gebet, in dem er um Beistand für die kommenden schwierigen Aufgaben und um Antwort auf seine Orakelanfrage bat (Rs. 14-20a). Anschließend (Rs. 20b-32a) schildert die Inschrift die Vorbereitungen für die Renovierung und (Rs. 32b-34) die Herstellung einer Krone für Aššur. Schließlich (Rs. 35-41) erzählt sie von der Durchführung der Renovierungsarbeiten und der anschließenden (Rs. 41-44a) Rückführung der verschiedenen Götter.

Die folgende Übersetzung bietet die für die vorliegende Fragestellung wichtigsten Zeilen[895]:

---

ammensetzte. Zu den Elementen der Tempelbauberichte vgl. exemplarisch die Inschrift BORGER, Ash., Ass. A 1:17-6:13, und weiterführend HUROWITZ, I Have Built, 77-79, der in Ass. A alle Elemente der Tempelbauinschriften versammelt sieht: 1. Göttlicher Auftrag, 2. Vorarbeit, 3. Baubericht, 4. Einweihung, 5. Segen des Königs, 6. Fluch und Segen. Zu den Unterschieden zwischen babylonischen und assyrischen Bauinschriften vgl. ebd., 91f (Einweihung, Fluch und Segen fehlen in Babylon). Nicht jede Inschrift beinhaltet alle Elemente. In Ass. A fehlt beispielsweise ein "Tempelweihgebet", das in RIMB 2, B.6.31.16, S. 185:16-19 überliefert ist. Ein vergleichbarer Ablauf findet sich auch in BORGER, Ash., 11ff, Ep. 1-41, VAB 7, 170ff Rs. 37-73 (mit den Kollationen in BIWA 186f), VAB 4, 218ff, oder in VAB 4, 224ff. Zu den Textbausteinen der Palastinschriften Sargons II., die sich mit der Planung und dem Bau seiner Hauptstadt Dūr-Šarrukīn beschäftigen vgl. FUCHS, A., Sargon, 375-377 (Nr. 10-44). Zusätzlich zu den o.g. Elementen (HUROWITZ 1.-6.) kommt bei Sargon die Initiative bzw. Planung des Baus durch den König und seine Vorbereitungen (Nr. 10-15) dazu. Anschließend folgen (analog zur o.g. Reihe) die Begabung des Königs mit Weisheit (Nr. 16), sein Gebet um die Zustimmung der Götter und deren Baubefehl (Nr. 19), die Schilderung der Vorarbeiten (Nr. 20-23), der Baubericht (Nr. 24-35), die Einweihung (Nr. 36-38), der Segen des Königs und seiner Stadt (Nr. 39-42) sowie der abschließende Segen und Fluch (Nr. 43f).

[892] So BORGER, Ash., 81:52. Zu dem Topos der Beauftragung eines Königs in seinem "ersten Regierungsjahr" vgl. PORTER, Images, 170-172, und grundlegend TADMOR, History and Ideology, 21-25. Die Datierung ist mit TADMOR sicherlich nicht als die Angabe eines zuverlässigen historischen Datums zu werten, sondern vielmehr unter ideologischen Gesichtspunkten zu verstehen. Um die Herrschaft eines Königs von Anfang an unter einen guten Stern zu stellen, war seine göttliche Beauftragung im ersten Regierungsjahr am ehesten geeignet. Sie gehörte zum Repertoire der königlichen Propaganda und den literarischen Mitteln, die Legitimität eines Königs auszudrücken. Das Tendenziöse dieser "Datierung" für die militärischen und baulichen Aktivitäten des Nabonid hat H. Tadmor andernorts nachgewiesen, vgl. TADMOR, Nabunaid, 351-358. So wurde Nabonid "in seinem Regierungsjahr" damit beauftragt, das Kultbild des Sîn nach Ehulhul zurückkehren zu lassen, vgl. VAB 4, 284f x. Die eigentliche Durchführung fand aber erst nach seiner Rückkehr aus Teima statt.

[893] BORGER, Ash., 81 Rs. 2.

[894] BORGER, Ash., 82 Rs. 11-13.

[895] BORGER, Ash., 82f Rs. 14-26.27-32 und ebd., 83f Rs. 35-40 (EÜ). Vgl. zusätzlich die Parallele AsBbE ebd., 88f Rs. 11-24 (Kommentar nur bei Abweichungen).

Das Gebet Asarhaddons ist von dem Leitgedanken geprägt, daß die Herstellung bzw. Renovierung der Kultbilder eine Aufgabe ist, der die Menschen nicht gewachsen sind, es sei denn, sie werden dabei von den Göttern unterstützt:

Rs.
14. Mit wem beauftragt ihr mich ständig, o große Götter, Götter und Göttinnen zu schaffen (*banû*), einem schwierigen Auftrag an einem Ort, den man nicht betreten darf?
15. Einem Werk der Erneuerung (*tēdištu*), mit Menschen, die weder hören noch sehen noch sich selbst kennen (und auch) über ihre Lebenszeit im Unklaren sind[896]?
16. Das Schaffen von Göttern und Göttinnen liegt in eurer Hand[897]. Also baut euch selbst ein Heiligtum eurer erhabenen Gottheit!
17. Alles, was in eurem Herzen ist, möge getan werden, ohne Änderung des Geheißes eurer Lippen.
18. Den weisen Handwerkern, die ihr (jetzt gleich) zum Ausführen dieses Werkes bestimmt,
19. schenkt ihnen erhabenen Verstand, 18. wie (ihn) ihr Schöpfer Ea hat und 19. lasset ihr Inneres Tüchtigkeit lernen. Auf eueren mächtigen Befehl möge alle ihre Handarbeit (*lipta-at* ŠUii-*šú-un*)
20a erlesen sein lassen durch die Arbeitsanleitung des Ninšiku.

Der folgende Abschnitt zeigt, daß der König von den Göttern konkrete Anweisungen erwartete, die ihm mitteilten, wo, von wem und wann die Statuen hergestellt bzw. renoviert werden sollten:

20b Vor dem Orakelurteil des Šamaš und des Adad kniete ich ehrfurchtsvoll nieder; und auf ihre feste Entscheidung hin
21. ließ ich die Seher sich (in Gruppen) aufstellen. Wegen des Betretens des *bīt mummu*, wegen Baltil (i.e. Aššur; Anm. d. Verf.), Babylon und Ninive führte ich die Opferschau durch und
22. wegen der Handwerker, die das Werk tun und des Hineinführens des Geheimwissens bestimmte ich, daß jede Gruppe einzeln entscheiden sollte; und
23. die Bescheide stimmten genau überein und sie gaben mir eine klare, positive Antwort. In Baltil, der Stadt der Regierung,
24. dem Wohnsitz des Vaters der Götter, Aššur, befahlen sie, das *bīt mummu* zu betreten; und wegen der Handwerker, die das Werk tun sollten,
25. bestimmten sie deren Namen. Mit ermutigenden und günstigen Vorzeichen befahlen die Opferschauer, dieses Werk zu tun:
26. Beeile dich, paß auf, sei umsichtig, versäume nichts, beachte sonst nichts[898]!

Nachdem geklärt war, daß die Renovierung der Götter in Aššur stattfinden sollte und wie die Namen der Handwerker lauteten, begann man mit der

---

[896] Zu dieser Stelle vgl. LANDSBERGER, BBEA, 21, und BORGER, Rezension, 36.

[897] Vgl. dazu die ähnliche Formulierung in EBELING, Handerhebung, 21 Anm. 44. Zu weiteren Textanmerkungen vgl. die Hinweise in BERLEJUNG, Handwerker, 147.

[898] So nach LANDSBERGER, BBEA, 22 Anm. 30, und BORGER, HKL II, 19. Dieses Orakel fordert den König dazu auf, unverzüglich ans Werk zu gehen. Es erinnert an Davids Ermutigung an Salomo 1 Chr 28:20 (Tempelbau).

Umsetzung des göttlichen Arbeitsauftrages, dessen Beginn die Götter wiederum selbst bestimmten:

27. ... in einem günstigen Monat, an einem vorteilhaften Tag,
28. im Monat *Šabāṭ*, dem Lieblingsmonat des Enlil[899] (Jan./Feb.; Anm. d. Verf.), betrat ich die Werkstatt, den Ort der Erneuerung, den ihr Herz auserwählt hatte.
29. Schreiner, Goldschmied, Steinfasser und Steinschneider, tüchtige Künstlergelehrte, die über das Geheimwissen verfügen, ließ ich in den Tempel, den Šamaš und Adad durch Opferschau bestimmt hatten,
30. eintreten. Ich ließ sie dort Platz nehmen. Wertvolles Gold, Staub der Berge, das keiner je zu einem kunstvollen Werk verarbeitet hatte, wertvolle Steine
31. *la ki-šit-ti šam-me*[900] ohne Zahl, Erzeugnis der Berge, denen Ea den Glanz (*melammu*) großartig bestimmt hatte, so daß sie für das Werk der Herrschaft geeignet waren,
32a für die Heiligtümer der großen Götter, meiner Herren, und für den Schmuck ihrer großen Gottheit stellte ich überreich bereit und füllte damit ihre reinen Hände ...

Nachdem der König die Handwerker der Holz-, Stein- und Metallbearbeitung (mit ihrem Geheimwissen) in die auserwählte Werkstatt eingeführt hatte, übergab er ihnen ihre Arbeitsmaterialien. Zuerst wurde eine Krone für Aššur hergestellt, die den Gott so erfreute, daß sein Gesicht glänzte (Rs. 32-34).

Erst im Anschluß daran wurde der eigentliche Gegenstand der vorher so ausführlich geschilderten Orakelanfragen angegangen:

35. Bēl, Bēltija, Bēlet-Babili, Ea und Madānu, die großen Götter, wurden in Ešarra[901], dem Tempel ihres Erzeugers, auf rechte Weise geboren (*ki-niš im-ma-al-du-ma*)[902]
36. und ihre Gestalt (*gattu*) gedieh. Mit rotem Gold, einem Produkt der Unterwelt, Staub des Gebirges, machte ich ihre Gestalt (*nabnītu*) herrlich; mit erhabenem Schmuck (*tiqnu*) und wertvoller Ausstattung (*šukuttu*)
37. verzierte (*taqānu* D) ich ihren Nacken und füllte ich ihre Brust, so wie es der große Herr Marduk wünschte und es das Gemüt der Königin Ṣarpānītu begehrte.
38. Die Statuen ihrer großen Gottheit machten sie weit kunstvoller als vorher (*nakliš bašāmu* D), sie machten sie sehr herrlich (*šarāhu* D), bekleideten sie (*galādu* Š) mit furchterregender Kraft (*bāštu*) und ließen sie erstrahlen (*nabāṭu* Š) wie die Sonne.
39. Den Sitz aus Sissoo-Holz (*musukkannu*), einer beständigen Holzart, samt der mit rotleuchtendem Gold überzogenen Fußbank stellte ich für Tašmētu, die große Herrin, die in Ekua, der Cella Marduks in Babel, wohnt,
40. neu her ...

---

[899] Diese Aussage stimmt mit Astrolab B A III 30-32 überein. Zu den verschiedenen Versionen und Bearbeitungen von Astrolab B vgl. die Angaben in TUAT II.1, 48, Übersetzung ebd., 49-53.

[900] Dieser Ausdruck bleibt unübersetzbar, vgl. CAD Š I 317, 1c.

[901] Ešarra ist die Bezeichnung des gesamten Tempelkomplexes von Aššur in der Stadt Aššur. Die folgende Bezeichnung der babylonischen Götter Bēl (= Marduk), Beltīja (Ṣarpānītu), Bēlet-Babili, Ea und Madānu als "Kinder ihres Vaters Aššur" macht deutlich, daß Sanheribs Theologie auch bei Asarhaddon weiterlebte. Marduk war nach babylonischer Theologie selbstverständlich nicht der Sohn Aššurs, allenfalls der Sohn des alten AN.ŠÁR.

[902] Ebenso in der Parallele BORGER, Ash., 88 Rs. 12; ähnlich formulierte auch schon Sargon II., vgl. FUCHS, A., Sargon, 182:426f par.

Die Inschrift schildert die Renovierungen (und Rückführungen) weiterer Götter. Alle Arbeiten werden auf den gemeinsamen Befehl des assyrischen und des babylonischen Nationalgottes zurückgeführt (Z. 41).

Folgende Informationen sind diesem Text zu entnehmen[903]:

1. Die Initiative zur Renovierung geht von den Göttern selbst aus, die dem assyrischen König ihren Willen durch Vorzeichen kundtun und den Zeitpunkt des Arbeitsbeginnes bestimmen. Der König wird für seine Aufgabe mit Weisheit begabt und unternimmt alle wesentlichen Schritte, ohne daß er auf den Beistand oder der Vermittlung eines Priesters angewiesen ist. Diese Tatsache ist darauf zurückzuführen, daß er selbst der Oberpriester des Nationalgottes[904] ist.

2. Der König bittet um genaue Anweisungen und um Hilfe: Er läßt die Götter den Ort der Werkstatt und die Handwerker auswählen. Dabei geht er genau so vor, wie es ihm sein Vater Sanherib in "Sin of Sargon" geraten hatte[905]: Er teilt die Seher in zwei verschiedene Gruppen, um unabhängige Orakel zu erhalten und eventuellen Intrigen der antibabylonisch eingestellten assyrischen Kreise zu entgehen[906]. Da die Götter in Aššur, dem Wohnsitz ihres Vaters (!), hergestellt werden wollen, ist der Gott Aššur als Patron und Schutzherr der nachfolgenden Tätigkeiten ausgewiesen. Dementsprechend fertigt man zuerst für ihn (trotz 83:26) eine Krone, die die sichtbare Bestätigung seiner unangefochtenen Suprematie ist; mit diesem Geschenk an den Nationalgott macht Asarhaddon ein Zugeständnis an die assyrische Opposition, die den Arbeiten an den babylonischen Göttern skeptisch gegenüberstand[907]. Auch die differenzierte Phraseologie der Inschriften Asarhaddons mit ihrem distinktiven Vokabular zeugt geradezu von der Notwendigkeit einer sorgfältig reflektierten Legitimation gegen oppositionelle Auffassungen. Seine theoretischen Anstrengungen, die zu einer "Theologisierung der Bilderpraxis"[908] führten, die (in diesem Ausmaß) in den Königsinschriften bis dahin unbekannt war, stehen im Gefolge interreligiöser und -kultureller Kontakte (mit Babylonien) und dienen der Bekräftigung seiner eigenen Anschauung und der Fundamentierung des von ihm proklamierten assyrisch-babylonischen Synkretismus.

---

[903] Der Text war bereits Grundlage meiner Ausführungen in BERLEJUNG, Handwerker, 147-149, so daß an dieser Stelle auf eine eingehende Betrachtung verzichtet werden kann.

[904] Vgl. dazu TADMOR, Monarchie und Eliten, 297f.

[905] SAA III, 33 Rs. 13'ff.

[906] So mit LANDSBERGER, PARPOLA, TADMOR, Sin of Sargon, 21 zu Z. 22', und ebd., 47.

[907] Mit PORTER, Images, 124.

[908] Zu diesem Begriff vgl. BELTING, Bild, 76, und 194f.

3. Nachdem die Götter den Zeitpunkt des Arbeitsbeginnes festgelegt haben, schreitet der König zur Tat: An einem hemerologisch günstigen Tag bringt er die Handwerker in die Werkstatt. Diese waren zuvor von Ea mit Weisheit und Sachverstand begabt worden, damit das Produkt ihrer Hände den göttlichen Vorstellungen genau entsprechen kann. Nachdem sie sich gereinigt haben, übergibt ihnen Asarhaddon ihr Arbeitsmaterial. Anschließend werden die Götter entsprechend den rituellen Vorschriften vom Holzkern an neu angefertigt. Die Bilder werden so herrlich ausgestattet und geschmückt, daß sie Lichterscheinungen und der Leuchtkraft der Sonne gleichen und dadurch ihre Betrachter beeindrucken. Die verwendeten Steine besitzen den von Ea verliehenen Schreckensglanz (Z. 31), der die Erscheinung der Götter kennzeichnet. Das Material der Kultbilder bringt daher schon Eigenschaften mit, die die Statuen zu Epiphanien[909] der Götter werden lassen.

4. Das Geburtsvokabular, dessen Asarhaddon sich bei der Entstehung der Bilder bedient, weist darauf hin, daß er die Kultstatuen als irdische Körper der Götter verstanden wissen wollte, deren Existenz zeitlich begrenzt und deren Aussehen durchaus wandelbar war (84:38).

5. Während der gesamten Renovierungsarbeit ist Ea der Gott, dem die wichtigste Bedeutung zukommt. Er ist der Patron der Künstler und verleiht ihnen besonderes Können. Dem entspricht, das er "Vater" des neugeschaffenen Gottesbildes genannt werden kann[910].

6. Insgesamt erscheint die Renovierung eines Götterbildes als komplizierte und schwierige Angelegenheit, die die Menschen überfordert. Asarhaddon zeigt in seinem Gebet, das diesen Gedanken thematisiert, Nähe zur altorientalischen Weisheitsliteratur, die sich immer wieder mit der Unvollkommenheit des Menschen beschäftigte[911]. Die Angst des Königs vor der übermächtigen Aufgabe ist ein Motiv, das vor Asarhaddon nur in babylonischen Bauberichten zu finden ist[912], so daß sich das Programm des Königs (die Verbindung assyrischer und babylonischer Traditionen unter assyrischer Dominanz) auch in der Gedankenführung seiner Inschrift niederschlägt. Demselben Konzept verdankt sich im übrigen auch die Tatsache, daß die Renovierung der babylonischen Götter sowohl von Marduk als auch von Aššur initiiert und betreut wird, da die Zusammenarbeit beider Götter ihre Verbundenheit und ihre gemeinsame höchste Autorität in (vorrangig) babylonischen Angelegenheiten zum Ausdruck bringt.

---

[909] Zu Epiphanie und Kultbild vgl. zuletzt PODELLA, Lichtkleid, 12ff, mit Literatur in Anm. 55, GLADIGOW, Epiphanie, 98-121, sowie DERS., Gottesvorstellungen, 32-49. Allgemein zum Begriff der Epiphanie vgl. CANCIK, Epiphanie, 290-296.

[910] K6324 etc. 61.63, s.u. Text Nr. 1 z.St.

[911] Zu ähnlichen Formulierungen vgl. BWL 16f, und BWL 40:36-38.

[912] So HUROWITZ, I Have Built, 85. Zu diesem Motiv, das seit Gudea von Lagaš bekannt ist, vgl. FRANKFORT, Kingship, 269 (dort im Vergleich zu ägyptischen Praktiken).

Die Inschrift AsBbE[913]:
Diese Inschrift schildert nur kurz die Arbeiten an den Statuen der babylonischen Götter (Rs. 11-16), die ausschließlich als Schöpfung, Geburt und Herstellung (an keiner Stelle als Renovierung) bezeichnet werden. Größeren
Raum nimmt dagegen die Schilderung der Rückführung der Götter nach Babylon ein (Rs. 17-24), die davon kündet, daß die Statuen im dortigen Ekarzagina gereinigt und eingeweiht wurden[914]. Obwohl die Götter nach diesem
Text erst in Babylon der Mundwaschung unterzogen wurden, ist nicht davon
auszugehen, daß sie den Weg von der Werkstatt in Aššur bis in das Ekarzagina in Babylon zurücklegten, ohne ihrer Sinne mächtig zu sein. Mit
LAMBERT[915] ist anzunehmen, daß die Götter noch in Aššur an einem Mundwaschungsritual teilnahmen.
Doch nun zum Text[916]:
Nach ihrer Renovierung verließen die Götter Ehursaggalkurkurra[917] und
wirkten dabei in ihrer Erscheinung wie die erstrahlende Sonne.

17. Sie (die Götter) waren in Ordnung[918], und zogen aus Ehursaggalkurkurra wie die Sonne
    über dem Land glänzend hinaus.
18. Sie nahmen den Weg nach Babylon, einen Weg der Pracht. Von Baltil bis zum [Kai]
19. von Babylon wurden auf je 1/3 Doppelmeile Holzstapel angezündet, und auf je 1 Doppel-
    meile schlachtete man
20. Maststiere. Und ich, Asarhadd[on], ergriff die [Ha]nd seiner großen Gottheit und [ging]
    vor ihm her.
21. In Babylon, der Stadt [ihrer] <Ehr>ung[919], ließ ich sie freudig einziehen. In die Pflanzun-
    gen der Gärten,
22. Kanäle (und) Beete von Ekarzagina, dem reinen Ort, durch das Werk der Weisen, Mund-
    waschung,
23. Mundöffnung, Waschung (*rimku*) und Reinigung (*tēliltu*) vor den [Sternen des Himmels,
    Ea], Šamaš, Asall[uhi][920],
24. Bēlet-ilī, Kusu, Nin[girim, Ninkurra, Ninagal, Kusigbanda, Ninildu und Ninzadim] traten
    sie ein.

Durch die Reinigungszeremonien, zu denen die Mundwaschung und die
Mundöffnung zählen, werden die Kultbilder von den "Weisen" (*apkallū*)
eingeweiht. Die Götter der weißen Magie, die Muttergöttin, die Götter der

---

913 BORGER, Ash., 86-89.
914 Die geschilderten Ereignisse fanden tatsächlich erst während der Regierungszeit Aššurbanipals statt.
915 LAMBERT, Esarhaddon's Attempt, 160.
916 BORGER, Ash., 88f Rs. 17-24; ergänzend heranzuziehen ist ebd., 92 §61:18ff.
917 Ehursaggalkurkurra ist die Cella des Gottes Aššur im Aššurtempel in der Stadt Aššur,
vgl. UNGER, Aššur, 181, und VAN DRIEL, The Cult of Aššur, 32-50.
918 *In-neš-<še>?-ru-ma* ist schwierig (*ešēru* N).
919 AHw 1306 (*takbittu*).
920 Vgl. dazu: VAB 7, 268 Rs. iii 20f (L4 s. die Kollation in BIWA 188) und K6048+ Rs.
iii 10-12 (ergänzt), publiziert in LAMBERT, Esarhaddon's Attempt, 160-167 bes. 162 (Ash.).

Beschwörungskunst und des Weihwasserbeckens (Kusu, Ningirim) und die Handwerkergötter, die bei der Renovierung die größte Rolle gespielt haben, waren an dieser Zeremonie beteiligt. Asarhaddon führte die Prozession der Götter zwar an, jedoch rechnete er anscheinend nicht damit, das Ekarzagina zu betreten und an den dortigen Ritualen teilzunehmen; dies entspricht den beiden Versionen der Ritualtafeln des Mundwaschungsrituals, die von einer aktiven Beteiligung des Königs im Ekarzagina nichts wissen[921].

Zusammenfassend läßt sich folgendes formulieren:
1. Ein Gott wird auf seinen eigenen Befehl (und/oder auf Befehl eines hierarchisch höher stehenden Gottes) vom König und von den Menschen angefertigt. Sie sind es, die ihm einen Körper formen. Dies wird durchaus auch in Analogie zum menschlichen Körper und seiner Geburt gesehen. Der Gott überwacht von einem äußeren Standpunkt aus seine eigene Erschaffung, die er selbst initiiert hat. Er ist so Subjekt und Objekt einer Handlung, die in ihrer sichtbaren Ausführung nur eine Handwerkerleistung ist, jedoch von ihm (und/oder einem hierarchisch höher stehenden Gott) und den Handwerkergöttern betreut und inspiriert wird.
2. Die Herstellung bzw. Renovierung der Kultbilder durch Götter *und* Menschen, ihre Verbindung mit dem König und ihre öffentliche Überführung in ihre Tempel weisen darauf hin, daß sie mehrere Wirklichkeitsbereiche (Gott und die Welt, Sichtbares und Unsichtbares), aber auch mehrere Erfahrungsbereiche (individueller Betrachter, König – Gott(esbild) – Gemeinschaft) vereinen. Sie sind Mittelpunkt eines Achsenkreuzes, das sich aus einer vertikalen (Himmel – Erde – Unterwelt) und einer horizontalen Raumachse (Tempel, Stadt, Land) zusammensetzt. In der Herstellung (bzw. Renovierung) kommt vor allem die Zugehörigkeit des Bildes zur sichtbaren und zur unsichtbaren Welt und seine Teilhabe am Himmel, an der Erde und der Unterwelt zum Tragen. Die Qualität der Handwerker (Menschen und Götter), des Materials und der göttlich inspirierte Herstellungs- bzw. Renovierungsprozeß bringen ein Produkt hervor, das an der Welt der Götter und der Menschen gleichermaßen teilhat.
In der Überführung der vollendeten Götter in ihre Tempel zeigt sich ihre Zugehörigkeit zur irdischen Welt, wie sie sich für den mesopotamischen Städter darstellte: Der Zug der Kultbilder führt sie durch das Land, in die Stadt und, nach Einweihung der Bilder im Ekarzagina, in ihre Tempel, so daß sie die wichtigsten Stationen des horizontalen Weltbildes durchschritten und das Zentrum desselben in Besitz nahmen.

---

921 Zur Beteiligung des Königs beim Mundwaschungsritual vgl. S. 235f.

Die Begegnung mit den babylonischen Göttern war herrschaftlich vermittelt: Erster Ansprechpartner der Götter und Anführer ihres Zuges war der assyrische König, dem die Priester folgten. Die übrigen Bewohner des Reiches konnten das Geschehen nur als Betrachter verfolgen.

3. Da die Götter an der Anfertigung ihrer Kultbilder aktiv teilnahmen, waren diese von Anfang an Zeichen ihrer Zuwendung und ihrer Präsenz. Für den König bedeutete dies einen eindeutigen Beweis seiner Erwählung und Legitimation. Für die Gemeinschaft all derer, die gemeinsam an die Götter(bilder) glaubten, war gesichert, daß diese in ihrer Mitte gegenwärtig waren und für den Bestand ihrer Existenz Sorge trugen. Insofern kommt den Kultbildern eine integrierende, gemeinschaftsstiftende und identitätsfördernde Kraft zu.

4. Die Herstellung bzw. die Renovierung von Kultbildern wurde herrschaftlich geregelt. Sie war weder in der Wahl ihres Zeitpunkts ("1." Regierungsjahr) noch in ihrem Ablauf zufällig, sondern Ausdruck der königlichen Ideologie und Strategie. Asarhaddon nutzte sie, um sein religionspolitisches Programm optisch umzusetzen, zu inszenieren, festzuschreiben, Vorstellungen zu prägen und diese sowohl den Assyrern als auch den Babyloniern zu vermitteln. Die prunkvolle öffentliche Rückführung der babylonischen Gottheiten und die (inschriftliche) Verbreitung ihrer Entstehungsgeschichte waren die Mittel, mit deren Hilfe Asarhaddon erreichen wollte, daß die neue Theogonie Teil des "kulturellen Gedächtnisses"[922] des von ihm neu konstituierten Doppelkönigtums und seiner Bürger wurde. Sie war die Basis, auf der die gemeinsame Kultur und Zukunft des ungleichen Reiches (ent)stehen sollte[923].

Die Botschaft, die die Bilder durch ihre Herkunft und ihr Aussehen vermittelten, wurde jedoch nicht nur über die herrschaftliche Lehre und deren Festschreibung in den königlichen Inschriften festgelegt, sondern auch durch die Erfahrungen, Interessen und Gefühle ihrer Betrachter während des öffentlichen Prozessionszuges. Leider sind uns über die Reaktionen der Bevölkerung keine Nachrichten erhalten. Jedoch ist davon auszugehen, daß die assyrisierten babylonischen Götter bei ihren assyrischen Betrachtern andere Erinnerungen, Gefühle und Assoziationen hervorriefen als bei den Babyloniern. Die babylonischen Götter waren zwar einige Jahre aus den Interaktionszusammenhängen mit ihren Verehrern und ihren Feinden herausgefallen, jedoch lösten sie innerhalb dieser Gemeinschaften immer noch annähernd ähnliche Empfindungen, Bedürfnisse und Gedanken aus, so daß sie ihre Relevanz nicht eingebüßt hatten; andernfalls hätte sie Asarhaddon

---

[922] Zu diesem Begriff vgl. ASSMANN, Mensch, 20-23.

[923] Zu den Funktionen des kulturellen Gedächtnisses (Konstitution und Reproduktion von Gruppenidentität) vgl. ASSMANN, Mensch, 22f.

sicherlich nicht für seine Zwecke eingesetzt. Man erinnerte sich; daher aktivierte das Wiedersehen mit den Bildern bei den Assyrern wie bei den Babyloniern alle Bedeutungen, die in den bisherigen Begegnungen mit Marduk und seinem Gefolge gewonnen worden waren. Bei den Assyrern ist in diesem Zusammenhang vor allem an Zorn und Sieg(esstolz), bei den Babyloniern an Trauer und Niederlage sowie an die wehmütige Erinnerung verlorener Pracht und Selbständigkeit zu denken.

Indem Asarhaddon Änderungen an der Herkunft und evtl. an dem Aussehen der babylonischen Kultbilder vornahm und sie eigenhändig nach Babylonien zurückbringen wollte, gelang es ihm, ihren Assoziationswert bei ihren Betrachtern im Sinne seiner Strategie so zu beeinflussen, daß sowohl Assyrer als auch Babylonier sahen, was sie sehen sollten: Den Assyrern wurde ein besiegter Marduk, neu geschaffen durch Aššurs Gnaden, den Babyloniern ein freiwillig emigrierter, renovierter und sich ihnen wieder zuwendender Hoffnungsträger vorgeführt. Beiden Gruppen wurde versichert, daß Marduk Aššur verwandtschaftlich verbunden und hierarchisch unterlegen war.

Um ausgewählte Inhalte an die Untergebenen zu übermitteln, war für Asarhaddon das Korrelationsprinzip konstruktiv: Seine Intention war es, alle religionspolitischen Inhalte seines Programms in eine wechselseitige Beziehung zu den Erfahrungen der Bevölkerung zu setzen. Dies gelang ihm insofern, als er an den Sieg der Assyrer bzw. der Unterlegenheit der Babylonier anknüpfte und aus den verfeindeten Ländern verwandtschaftliche Verbündete machte. Die Kultbilder der babylonischen Götter und ihre feierliche Rückführung waren das Medium, das es ermöglichen sollte, die von ihm propagierten religiösen Inhalte mit den verschiedenen Erfahrungsbereichen der Assyrer bzw. der Babylonier (eigenes Leben – gesellschaftliches Leben als Teil der Gemeinschaft der Sieger bzw. der Besiegten – Akzeptanz des eigenen bzw. des fremden Königs; Existenz des Staates bzw. Verlust desselben) zu verschränken.

1.7. Zusammenfassung: Die Herstellung

1. Sowohl der Zeitpunkt der Herstellung als auch der der Renovierung, der Ort der Werkstatt, die Person des Königs, die Namen der Handwerker, die Materialien und das Aussehen eines Kultbildes werden nach der herrschenden Theologie vom betroffenen Gott selbst oder einer ihm überlegenen, fürsorgenden Gottheit bestimmt. Damit steht die göttliche Offenbarung und die göttliche Initiative am Anfang der Herstellung eines jeden Bildes. Die Mitwirkung der Götter erschöpft sich aber nicht in ihrer einmaligen Willensbezeugung. Sie sind auch bei den einzelnen Schritten der Handwerker präsent und wirksam. Die Initiative, die Motivationen und die Unterstützung der Götter durchziehen und umrahmen die Darstellung des gesamten Geschehens, dessen historischer Ablauf unter Umständen mehrere Monate in Anspruch nehmen kann. Die verschiedensten Einzelaktionen der Menschen und der Götter werden durch den Willen Eas und den des auftraggebenden Gottes zusammengehalten. Daher ist B. GLADIGOW recht zu geben, der konstatiert, daß die Intentionen der personalisierten Götter "bevorzugter Darstellungsmodus weitreichender Prozesse" sind[924].

2. Es gibt keine Verben, deren Gebrauch auf die Herstellung oder die Renovierung eines anthropomorphen Kultbildes beschränkt bliebe. Auffällig ist die Verwendung von *alādu* N "geboren werden" (im 1. Jt.). *Alādu* drückt aus, daß in der Herstellung etwas Lebendiges geschaffen und die Geburt eines irdischen Körpers vollzogen wurde. Das Kultbild erscheint so als irdischer Leib der personal verstandenen Gottheit, der dem Aussehen eines menschlichen Körpers gleicht, jedoch nicht mit ihm identisch ist.

3. Die Herstellung der Kultbilder wurde herrschaftlich geregelt; auf diese Weise waren sie von Anfang an mit den Landesherrn verbunden. Die Könige erfuhren entweder persönlich (Assyrien) oder mittels der Priesterschaft (Babylonien) vom Wunsch der Gottheit, ein Bild zu erhalten. Der (kultisch und technisch) korrekte Ablauf des Geschehens lag in ihrer Hand: Sie stellten geeignetes Material und fähige Handwerker zur Verfügung und kümmerten sich detailliert um die einzelnen Schritte, so daß sie sich u.U. selbst als Handwerker auf dem Thron darstellen konnten. Da vor allem der assyrische König sowohl als oberster Chef der Handwerkergilde als auch als Empfänger der göttlichen Offenbarung auftrat, erschien er als Verbindungsglied zwischen der Welt der Götter und der der Menschen.

4. Wirtschaftlich gesehen war die Herstellung der Bilder äußerst personal- und materialintensiv und band erhebliches Kapital. Die Renovierung und die

---

[924] GLADIGOW, Der Sinn der Götter, 49. Ähnlich auch ALBERT, Kritik, 228.

Herstellung der Kultbilder dürfte die Staatskassen nicht unerheblich belastet haben.

5. Als Ablauf einer Herstellung ist die folgende Reihenfolge festzuhalten:

1. Offenbarung des Willens der Gottheit an den König bzw. in Babylonien an den Priester; Beauftragung des Königs und Begabung mit Weisheit und Verstand
2. Bestimmung des Zeitpunktes
3. Bestimmung des Ortes
4. Namentliche Bestimmung der Handwerker; Begabung mit Weisheit und Verstand
5. Zug des Königs und der Handwerker in die Werkstatt
6. Materialübergabe
7. Reinigungsrituale
8. Arbeitsbeginn durch die Handwerker
9. Durchführung:
   9.1. Holzkern
   9.2. Überzugsarbeiten und Anbringung von Fassungen
   9.3. Einlegearbeiten, Einfassung der Steine
   9.4. Polieren
   9.5. Kleider
   9.6. Schmuck
   9.7. Podest/Thron und Paraphernalia
10. Abschluß; [Namen des Königs auf Schmuck oder Podest anbringen]
11. Mundwaschungsritual
12. Segen des Königs

Es fällt auf, daß die eigentliche Herstellung von Reinigungsritualen (Punkt 7 und 11) gerahmt ist, die zum kultisch vorschriftsmäßigen Vollzug gehören; daraus läßt sich schließen, daß die Anfertigung eines Kultbildes als kultische Handlung verstanden wurde.

6. Das Gelingen des Werkes ist das Ergebnis einer zielgerichteten Anstrengung der Arbeit mit bestimmten Materialien. Indem die Werkstoffe auf eine ganz bestimmte Weise bearbeitet werden, das Aussehen des Objektes schrittweise dem Modell angepaßt wird, fällt der Handwerker, im Kontakt mit den Göttern, ständig Entscheidungen. Er stellt etwas dar, indem er alle anderen Darstellungsmöglichkeiten ausgrenzt. Daher zieht sich durch jedes Bild die Grenze des Nicht-Dargestellten, des Unabgebildeten. Das Sichtbare erhebt sich aus dem Unsichtbaren und ist so mit ihm verknüpft. Der Künstler erscheint als Akteur der Grenze, da er beide Wirklichkeiten kennt.

Die Handwerker sind an der Erscheinungsweise der Götter und deren Wirkung auf den Betrachter wesentlich beteiligt. Indem sie die Götter herrlich, glänzend machen und mit Fülle und Schreckensglanz ausstatten, tragen sie zur deren Epiphanie in ihrem Bild ihr Möglichstes bei. Da sich die Gottheit nur ihrer bedient, um zu erscheinen, treten sie aber letztendlich hinter das Bild zurück.

7. Die Materialien der Kultbilder verbinden die drei kosmischen Dimensionen der vertikalen Raumebene und sind daher ein kosmisches Band, das Er-

de, Himmel und Unterwelt verknüpft; diese Eigenschaft geben sie an das
Kultbild weiter und zeugen damit von der Verbundenheit der Welt der
Götter mit der der Menschen. Einige Materialien wurden verwendet, da sie
magische Fähigkeiten besaßen[925]. Sie konnten den Zugriff des Bösen verhindern und das Kultbild auf diese Weise schützen. Einige Hinweise deuten
darauf hin, daß Kultbilder bevorzugt aus einem Material gefertigt wurden,
das mit der Gottheit des Bildes in mythologischer Beziehung stand. Mit der
Wahl der richtigen Steine war auch der göttliche Schreckensglanz (*melammu*) verbunden, der der Erscheinung der Götter den nötigen Nachdruck verleihen sollte.

8. Das Kultbild wurde als die sichtbare Gestalt der unsichtbaren göttlichen
Wirklichkeit verstanden; daher war es niemals ein Gegenstand subjektiv-
künstlerischer Dekoration, menschlicher Phantasie oder beliebiger Gestaltung, ein zufälliges oder willkürliches Bild. Ebenso war es unmöglich, in
einem Kultbild irgendeine vorgegebene sichtbare irdische Gestalt (Mensch,
Pflanze, Tier) nach-zubilden. Das Produkt eines solchen Herstellungsvorganges wäre lediglich ein Abbild eines bereits vorher sichtbaren, irdischen
Vorbildes gewesen. Dementsprechend galten für Kultbilder inhaltliche und
formale Gestaltungsgesetze, die beibehalten wurden, indem man bereits vorhandene Bilder als Vorbilder benutzte und kopierte oder auf alte Modelle
zurückgriff; bei Unklarheiten fragte man die Götter in Orakeln um Rat. Die
alten Vorlagen waren ihrerseits auf eine frühere Offenbarung der sichtbaren
Gestalt der Gottheit zurückgegangen, so daß jede Kopie eine Fortsetzung der
Tradition war und die einmal geoffenbarte Gestalt der unsichtbaren Gottheit
reproduzierte; daraus ergab sich der Konservativismus der Bilder und deren
kunstgeschichtliche Retardation.

9. Die irdische Präsenz der Götter als Kultbild wurde als Zeichen ihres Segens und ihrer Zuwendung verstanden. Auf diesem Hintergrund versteht
sich, daß man den göttlichen Auftrag zur Anfertigung eines Kultbildes mit
der göttlichen Erwählung des betreffenden Königs verband. Laut königlicher
Selbstdarstellung ergriff dieser jeweils die Gelegenheit, den Göttern Freude
zu machen. Neben dieser Möglichkeit, das Verhältnis zu den Göttern positiv
zu beeinflussen und sich ihres Segens zu versichern[926], konnte ein König die
Herstellung bzw. Renovierung der Kultbilder auch dazu benutzen, auf seine
Untertanen Einfluß zu nehmen: Er konnte neue Bilder nach alten Modellen
gestalten und sich dadurch als Wahrer alter Traditionen darstellen (Nabû-

---

[925] Zu den konkreten Bedeutungen, die man in Ägypten bestimmten Stoffen wie Hölzern,
Mineralien oder auch Farben zuordnete, die man innerhalb von magischen Ritualen verwendete, vgl. die Übersicht von ESCHWEILER, Bildzauber, 248-256.

[926] Zu den Zusammenhängen zwischen Freude, Segen, Wohlwollen und Gütertausch vgl.
MUFFS, Joy and Love, 14-18.

apla-iddina), er konnte neue Bilder schaffen, die neue Kulttraditionen entstehen ließen (Aššurnaṣirpal II., Sargon II.), er konnte alte Bilder renovieren und ihre Traditionen weiterführen, und es stand ihm frei, Bilder so anzufertigen, daß sie alte mit neuen Traditionen verbanden (Asarhaddon). In jedem Fall gab ihm die Herstellung der Götter(bilder) die Möglichkeit, sein religionspolitisches Programm auf der Bildebene Wirklichkeit werden zu lassen, es zu visualisieren, zu inszenieren und es der Bevölkerung allgemeinverständlich zu vermitteln.

Für die Gemeinschaft all derer, die gemeinsam die Götter(bilder) verehrten, war gesichert, daß diese in ihrer Mitte gegenwärtig waren und für den Bestand ihrer Existenz Sorge trugen. Insofern kam den Kultbildern eine integrierende, gemeinschaftsstiftende und identitätsfördernde Kraft zu.

10. Die Herstellung (bzw. die Renovierung) war ein komplizierter Vorgang, der vom König und den durch ihn beauftragten Handwerkern durchgeführt wurde. Alle Beteiligten wurden von den Göttern mit Weisheit und Sachverstand begabt und betreut, so daß sowohl von der "inspirativen Zusammenarbeit" der Menschen mit den Handwerkergöttern und dem Gott des neuen Kultbildes als auch von den Handwerkern als den "Händen des Handwerkergottes" gesprochen werden kann. Die Handwerker aktualisierten in ihrer Arbeit die Gegenwart der Gottheit und standen mit ihr in einer besonderen Beziehung. Diese Beziehung hatte die Qualität einer Offenbarung, da jeder Bilderherstellung eine Kundgebung des betroffenen Gottes vorausging und sie von göttlicher Inspiration begleitet war[927]. Die Anfertigung eines Kultbildes war also kein künstlerischer oder handwerklicher Akt, sondern ein kultisches Geschehen oder ein "numinoser Schöpfungsvorgang"[928].
Die Herstellung der Bilder durch Götter *und* Menschen, ihre Verbindung mit dem König und ihre spätere öffentliche Überführung in ihre Tempel weist darauf hin, daß sie mehrere Wirklichkeitsbereiche (Gott und Welt, Sichtbares und Unsichtbares), aber auch mehrere Erfahrungsbereiche (individueller Betrachter, König – Gott(esbild) – Gemeinschaft) vereinten. Sie waren Schnittpunkt eines Achsenkreuzes, das sich aus einer vertikalen (Himmel – Erde – Unterwelt) und einer horizontalen Raumachse (Tempel, Stadt, Land) zusammensetzte.
In der Herstellung (bzw. Renovierung) durch Menschen und Götter kam vor allem die Zugehörigkeit des Bildes zur sichtbaren und zur unsichtbaren Welt und seine Teilhabe am Himmel, an der Erde und der Unterwelt zum Tragen. Man war bemüht, sie als einen übernatürlichen Vorgang zu beschreiben, der dementsprechend auch ein übernatürliches Produkt hervorbrachte, und trug

---

[927] Diese Tatsache trug zum hohen Ansehen der Handwerker im klassischen Altertum bei. Vgl. FUNKE, Götterbild, 697.
[928] HALBFAS, Auge, 53.

damit der Vorstellung Rechnung, daß die Art des Fertigungsprozesses Rückschlüsse auf den Charakter des Produktes zuläßt: Die Qualität der Handwerker (Menschen, Könige und Götter), des Materials und der göttlich inspirierte Herstellungs- bzw. Renovierungsvorgang brachten ein Kultbild hervor,
das an der Welt der Götter und der der Menschen gleichermaßen teilhatte[929].
Durch die Beteiligung der Götter und der Gottheit des neuen Bildes war es
von Anfang an mit dem Gott, den es darstellte, verbunden. Das Kultbild
glich ihm nicht nur, sondern es kommunizierte seinsmäßig mit ihm, so daß
er im Bild real präsent war[930].

Dadurch daß die Handwerker bei der übernatürlichen Schöpfung der Bilder
assistiert hatten, waren sie ebenfalls mit dem Bild verbunden. Diese Tatsache ließ das Bild dem irdischen Bereich verhaftet bleiben, so daß es nicht
nur der transzendenten, sondern auch der immanenten Welt zuzurechnen
war. Wenn es nur die Aufgabe des Kultbildes gewesen wäre, seinem Urbild
zu ähneln oder zu gleichen, um darauf zu verweisen und sich in der Erfüllung seiner Funktion selbst aufzuheben, wäre an seiner Verbundenheit
mit der sichtbaren Welt nichts auszusetzen gewesen. Da es jedoch mit der
Gottheit, die in ihm erschien, wesenhaft verbunden war, mußte davon ausgegangen werden, daß diese dadurch beeinträchtigt war, daß die Handwerker
an ihren Körper Hand angelegt hatten.

11. Die Herstellung eines Bildes war ein Vorgang, der, unter göttlicher Beteiligung und durch menschliche Hand, einer bis dahin verborgenen, ungeformten, göttlichen Wirklichkeit Form und Gestalt gab. Auf diese Weise
entstand ein Bild, das eine sichtbare Offenbarung und die irdische Erscheinung einer zuvor unsichtbaren, verborgenen Gottheit war. Diese war zwar
nicht auf ein Kultbild angewiesen, um zu erscheinen; sie konnte sich auch
anders offenbaren (z.B. Vision, Theophanie). Aber wenn sie sich so darstellte, war dies kein beiläufiger Vorgang, sondern gehörte zu ihrem eigenen

---

[929] Es ging daher um Wesensteilhabe und nicht nur um Ästhetik, gegen WINTER, I.J.,
Aesthetics, 2569-2577.

[930] In diesem Zusammenhang ist an GADAMER, Wahrheit, 158f, zu erinnern, der davon
spricht, daß Bilder das Dargestellte gegenwärtig sein lassen (= repräsentieren). Obwohl er
grundsätzlich dasselbe meint, stört sich FREEDBERG, The Power, 78, an der Bezeichnung "representation" und ersetzt sie durch "presentation". BRANDES, Destruction, 39, redet von der
"incarnation" der Gottheit in ihrem Bild. Auch ESCHWEILER, Bildzauber, 293-295, bezweifelt
nicht, daß Bilder die Fähigkeit besitzen, das Dargestellte zu vergegenwärtigen; er führt zusätzlich den (der neueren Kunsttheorie verpflichteten) Begriff der "Präsentifikation" ein, "da
er den Aspekt des Handelns (oder 'Machens'), das in Zusammenhang mit den Bildern steht
und ihren besonderen Status erlaubt, betont" (ebd., 293). Auf diese Weise hebt er den prozeß-
haften Charakter der göttlichen Vergegenwärtigung im Bild hervor, die er im wesentlichen in
zwei Phasen unterteilt: 1. Die Herstellung einer bloßen Darstellung. 2. Die Potenzierung des
Bildes in der Bildweihe oder dem Präsentifikationsritual. Aus den vorhergehenden Ausführungen ergibt sich, daß in Mesopotamien von dieser "Dichotomie der artefiziellen Produktion" (ebd., 194) keine Rede sein kann.

Sein und entsprach ihrem Willen. Da die himmlische Existenz eines Gottes durch die Herstellung eines Bildes um das irdische Sein bereichert wurde, bedeutete das Kultbild für die Gottheit einen Zuwachs an Existenz. Durch die Herstellung der Statue war die Gottheit in eine sichtbare Gestalt getreten. Ein solches Bild manifestierte und ver-sinn-lichte göttliche Wirklichkeit. Damit unterscheidet es sich grundsätzlich von einem Abbild, das darauf angelegt ist, Sichtbares wiederzugeben. Ein Kultbild war demnach die sinnhafte Erscheinung einer tiefer gründenden Wirklichkeit, die Manifestation unsichtbarer Realität und eine Epiphanie. Es stiftete durch seine bloße Gegenwart eine neue Realität, so daß vom "performativen Charakter"[931] eines solchen Bildes gesprochen werden kann. In der Frage nach dem Wesen und den Funktionen des Bildes geht es daher nicht nur darum, daß ein Kultbild Abbild einer bekannten Realität oder Kommunikations- und Propagandamittel ist, sondern darum, daß es die Realität des Göttlichen schafft; dies vermag es, da bereits seine übernatürliche Herstellung[932] seine besondere Ursprungsbeziehung zur Gottheit konstituierte, die anschließend Grundlage für seine Handlungbeziehungen zu den Menschen und den übrigen Göttern werden konnte. Der "natürliche Anteil" an der Herstellung (durch die Handwerker und die Materialien) etablierte zusätzlich die Verbundenheit des Bildes mit den Menschen und der sichtbaren Welt, die jedoch beseitigt werden mußte, bevor das Bild seine Aufgaben und Funktionen übernahm. Wie im nächsten Abschnitt zu zeigen sein wird, war es das Anliegen des Mundwaschungsrituals, die irdisch-überirdische Statue von dem Makel der weltlichen Vergangenheit zu befreien.
Abschließend ist festzustellen, daß die Mesopotamier nicht der Ansicht waren, daß das Erscheinen der Götter durch die Anfertigung einer Statue verfügbar geworden war[933]; es blieb Gegenstand der Freude der Könige und Götter[934] und ein Geheimnis von Himmel und Unterwelt[935].

---

931 KÜGLER, Propaganda, bes. 87. Zum Begriff des Performativen vgl. ASSMANN, Macht, 10.
932 D.h. nicht erst die Einweihung, gegen DIETRICH, LORETZ, Jahwe, 36.
933 Gegen ESCHWEILER, Bildzauber, 300-302, geht es nicht um "das Taktieren mit den höheren Mächten" (ebd., 301).
934 BWL 126:7.
935 HUNGER, Kolophone, 140 Nr. 519:1 = Ki.1904-10-9, 94, 26-30.

2. Die Einweihung: Das Mundwaschungs- und das Mundöffnungsritual

2.0. Vorbemerkung

Die zahlreichen Rituale des religiösen Lebens Mesopotamiens lassen sich in kultische und magische Rituale[936] gliedern. In beiden Ritualformen spielen Beschwörungen, rituelle Handlungen und Bilder eine wesentliche Rolle. Die Wirkungsweise der *Beschwörungen*[937] leitet sich zum einen aus der Tatsache ab, daß sie von einem Priester gesprochen werden, der als Stellvertreter Marduks bzw. Asalluhis (*āšipu ṣalam* d.Marduk) agiert, so daß seine Beschwörung "die Beschwörung Marduks" ist (*šiptu šipat* d.Marduk)[938]. Zum anderen haben Worte grundsätzlich die Fähigkeit, das Aus- oder Zugesprochene ins Dasein zu bringen[939]. Kultmittelbeschwörungen verändern daher die Qualität der benutzten Stoffe, Zitationen von Mythen holen die Vorzeit in die Gegenwart ein, die so zur Fortsetzung des Mythos wird[940]. Auf diesem Hintergrund läßt sich das Verhältnis des Wortes zu dem, was es beinhaltet (bzw. "abbildet"), mit GADAMER folgendermaßen bestimmen: "Das Wort ist nicht nur Zeichen ... Dem Wort kommt auf eine rätselhafte Weise Gebundenheit an das 'Abgebildete', Zugehörigkeit zum Sein des Abgebildeten zu."[941]

Das gilt auch für die rituellen *Handlungen*: Sie verweisen nicht nur auf das Transzendente oder vertreten es, sondern sie lassen die Vorgänge, die sie vollziehen, tatsächlich da sein[942].

Sie sind daher als "begangene Beschwörungen" oder, wenn man GADAMERs Gedanken vom "Bildcharakter der Sprache" folgt, als "begangene Bilder" zu

---

[936] Zur gesellschaftlichen Funktion des Rituals vgl. GEERTZ, Religion, 47f. 78ff. Einen kurzen und instruktiven Abriß über die verschiedenen Ritualtheorien bietet LANG, Soziologie religiöser Rituale, 73-95. Zu den Klassifizierungen der Riten vgl. VAN GENNEP, Übergangsriten, 13-24. Den folgenden Ausführungen liegt die Definition von "Kult" und "Magie" zugrunde, die ASSMANN, Macht, Anm. 25, geboten hat.

[937] Vgl. BOTTÉRO, Magie, 213f. Einleuchtend ist BOTTÉROs Klassifizierung der én/*šiptu* als "rites oraux", die zu den "rites manuels" gehören. Zu dem Begriff "rites oraux" vgl. schon FOSSEY, La magie, 93-103.

[938] S. MEIER, Zweite Tafel, 150:225f, BBR 54:41, und grundsätzlich MAUL, Zukunftsbewältigung, 41.

[939] So läßt beispielsweise Namengebung ins Dasein treten. Vgl. *Enūma eliš* I 1: "Als oben die Himmel noch nicht benannt waren", nach HEIDEL, The Babylonian Genesis, 18 Anm. 18.

[940] Zum Zusammenhang zwischen Magie und Mythologie vgl. ELIADE, Mythen, 194-204, sowie DERS., Mythos, 36-41. 46-58.

[941] Vgl GADAMER, Wahrheit, 420ff.

[942] Das Ausgießen des Wassers und sein Versickern im Boden kann den Gang des Gottes Tammūz in die Unterwelt vergegenwärtigen, vgl. LIVINGSTONE, MMEW, 137f. Zu den Wirkungsweisen der Riten in Mesopotamien vgl. SIGRIST, Gestes symboliques, 394f.

verstehen[943]; Ritualhandlungen und Beschwörungen holen jeweils auf ihre Weise die heilige Wirklichkeit in die Gegenwart ein[944]. Da sie Götter und Menschen, himmlische und irdische Vorgänge[945], also Transzendenz und Immanenz wiederholt miteinander vernetzen[946], ist jedes Ritual, das vorschriftsmäßig vollzogen wurde, ein Schnittpunkt zwischen der horizontalen und der vertikalen Achse, oder anders gesagt, ein überirdisches-irdisches Geschehen. Jede Ritualhandlung hatte durch die beteiligten Götter ihre Entsprechung im Himmel. Dadurch konnten ihr auch mythologische Ausdeutungen zugesprochen werden[947].

Bei kultischen Handlungen, an denen ein *Kultbild* (oder Kultsymbol) beteiligt ist, wird die Sprach- und die Handlungsebene zusätzlich mit einem visuellen Bild verbunden und damit um die Darstellungsebene bereichert. Das Ritual besteht demnach aus drei Komponenten: Sprache, Bild und Handlung, die zudem aufeinander bezogen werden[948], wenn auch nicht immer in der gleichen Weise oder der gleichen Intensität. Beschwörungen, Zitation von Mythen, Ikonographie und Ritual haben auch ihr Eigenleben[949]. In den Ritualen bleiben jedoch häufig Handlungen übrig, die keine Analogien in einem Mythos oder in einer Beschwörung haben; zu zahlreichen Bildkonstellationen finden sich keine sprachlichen Entsprechungen[950].

---

[943] Zum Ritus als "kollektiv gestaltetes Bild" und zum Mythos als "veröffentlichtes Bild" vgl. VOLP, Bilder VII, 561f.

[944] Dasselbe trifft auch für die Bilder zu. Zu diesen Zusammenhängen vgl. LUCKMANN, Religion, 97.

[945] Z.B. Handwerkergötter und Handwerker, himmlisches und irdisches Handwerk s. S. 117ff.

[946] Es bleibt daher müßig und altorientalischem Denken sachfremd, wenn man versucht, die rituellen Handlungen auf zwei verschiedene Ebenen zu verteilen, gegen PODELLA, Lichtkleid, 116.

[947] Dieser Gedanke liegt m.E. den "Kultkommentaren" zugrunde, die in eindrücklicher Weise die Vernetzung zwischen den rituellen Handlungen auf der Erde mit deren himmlischen und mythologischen Entsprechungen zeigen. Der Begriff der "Mythologisierung", den ASSMANN, Verborgenheit, 15-43, prägte, wird diesem Sachverhalt nicht gerecht. Er setzt eine grundsätzliche Trennung zwischen den beiden Welten (und für denjenigen, der mythologisiert, einen modernen Standpunkt außerhalb seines Weltbildes) voraus. Erst in einem sprachlichen Akt würden die wahrgenommenen Ritualhandlungen auf die Götterebene transponiert und ausgedeutet werden. Dies widerspricht altorientalischem Denken, das davon ausging, daß die Götter an den Ritualhandlungen durch die Menschen, die verwendeten Kultmittel (s.u.) und durch ihre Bilder teilnahmen. Kultische Handlungen fanden daher gleichzeitig auf allen Ebenen statt. Insofern kann jedes Ritual "ein kleiner Mythos" sein, so mit LIVINGSTONE, MMEW, 170. Die Trennung von "ritualisiertem" und "mythologisiertem" Raum ist m.E. daher kaum zu halten, gegen PONGRATZ-LEISTEN, Ina šulmi īrub, 15.

[948] Zu diesen drei wichtigsten Darstellungsebenen bzw. "Kodierungsformen" religiöser Symbolsysteme vgl. STOLZ, Hierarchien, 55-57.

[949] So mit STOLZ, Hierarchien, 61-63.

[950] Beispiele bei STOLZ, Hierarchien, 61f.

Nach STOLZ[951] kommen diesen drei Kodierungsformen religiöser Botschaften unterschiedliche Eigenschaften zu:
Die *Handlung* ist wesentlich mit dem Faktor Zeit verbunden. Sie zeigt einen dynamischen Ablauf, der einen Anfang und ein Ende besitzt und dadurch schon zwangsläufig gegliedert wird. "Die Bedeutung einer Handlung ist ... vieldeutig und relativ wenig festgelegt." Diese Darstellungsweise ist "tief im Körperlichen verwurzelt ... Das *Bild* (im weitesten Sinn des Wortes) ist statisch; der Faktor Zeit tritt hier zurück ..." Bewegungen und Handlungen werden im Bild im wahrsten Sinne des Wortes "festgehalten"[952]. Die Bedeutungsbreite eines Bildes ist eindeutiger als die einer Handlung, aber offener als die der *Sprache*. Sie ist am eindeutigsten. Sie kann Vorgänge erzählen, Zustände beschreiben, Wertungen vermitteln und ist daher am beweglichsten und am differenziertesten einzusetzen. Diese Bestimmung der Kodierungsformen religiöser Symbolsysteme und ihrer Charakteristika wird im folgenden vorausgesetzt.

In den meisten Ritualen spielen die drei Götter der weißen Magie Ea, Šamaš und Marduk/Asalluhi eine zentrale Rolle. Wie erwähnt, war der Beschwörungspriester der Stellvertreter des Marduk/Asalluhi, mit dem er eine Handlungseinheit bildete. Šamaš war wahrscheinlich in der Gestalt der Sonne allgegenwärtig[953], und Ea fand sich in Gestalt des Flusses, des Weihwassers oder vielleicht auch einer Figur oder Standarte ein. Innerhalb der Rituale sind jedoch häufig noch andere Götter erwähnt, die sich ebenfalls aktiv am Ritualgeschehen beteiligen. Sie werden angerufen, beschworen und beopfert. Aus den Ritualanweisungen geht hervor, daß sie in irgendeiner Form gegenwärtig waren. Kaum feststellen läßt sich jedoch, ob sie jeweils immer in Gestalt eines anthropomorphen Bildes, eines Symbols oder nur durch die Nennung ihres Namens[954] am Ritualort anwesend waren. Doch sind die Möglichkeiten der Vergegenwärtigung der Götter im Ritualgeschehen dadurch keineswegs erschöpft. Wie aus einem kultischen Kommentar hervorgeht, bestand auch die Möglichkeit, die verwendeten Kultmittel mit den verschiedensten Göttern zu identifizieren[955].
Bei jeder rituellen Handlung sind daher die verschiedensten Götter in den unterschiedlichsten Formen und Gestalten anwesend. Die Vergegenwärti-

---

[951] Vgl. zum folgenden STOLZ, Hierarchien, 59-63.

[952] ASSMANN, Macht, 3f, spricht in diesem Zusammenhang von der "zerdehnten Situation".

[953] Vgl. dazu MAUL, Zukunftsbewältigung, 69.

[954] So evtl. in K6324+ etc. 107 s.u. Text Nr. 1 z.St.

[955] LIVINGSTONE, MMEW, 176-179 (CBS 6060 Vs. mit Dupl.) und ebd., 172:1: "Der Gips und das Bitumen, die man an die Tür des Kranken schmiert: Der Gips ist Ninurta, das Bitumen ist Asakku. Ninurta verfolgt Asakku (und besiegt ihn, Anm. d. Verf.)."

gung eines Gottes in der Gestalt eines anthropomorphen Kultbildes läßt ihn nicht zum einzigen göttlichen Beteiligten des Geschehens werden, wohl aber zu einem zentralen und personalen Bezugspunkt, d.h. zu der (oder einer) Hauptperson. Dies wird aus dem folgenden Mundwaschungsritual klar ersichtlich. Das Kultbild ist daher unter allen Möglichkeiten der göttlichen Vergegenwärtigung am ehesten als *primus inter pares* anzusehen.

2.1. Einleitung

Die Verbindung zwischen der himmlischen und der irdischen Ebene wird in den Ritualen durch die Beschwörungen und die Ritualhandlungen gewährleistet, die allein dadurch wirken, daß sie ein Priester kultisch korrekt vollzieht. Für das Bild einer Gottheit, das als Kultbild fungieren soll, trifft dies nicht in gleichem Maße zu. Obwohl an der übernatürlichen Herstellungsweise eines solchen Bildes keinerlei Zweifel bestehen, muß es zuerst das *Mundwaschungsritual* durchlaufen, bevor es seine Aufgaben übernehmen kann. Seine Wirkung in den künftigen Ritualen wird also nicht (nur) dadurch erzielt, daß es in kultisch vorschriftsmäßiger Weise von Tempelhandwerkern hergestellt oder in den Ritualen von einem Priester entsprechend den rituellen Vorgaben korrekt eingesetzt wird, sondern erst dadurch, daß es an diesem Ritual teilgenommen hat. Kultische Handlungen vor einem Bild, dessen Mund nicht gewaschen bzw. geöffnet wurde, sind sinnlos, da gilt:

"Dieses Bild riecht ohne Mundöffnung keinen Weihrauch, ißt kein Brot, trinkt kein Wasser."[956]

Innerhalb eines Mundwaschungsrituals[957], das an einem neuen Kultbild zelebriert wird (MWKB), werden wiederholt *Mundwaschungen* und *Mundöffnungen* vollzogen. Beide Operationen werden am Mund des Kultbildes vorgenommen und sollen eine bestimmte Wirkung erzielen, die im folgenden zu untersuchen sein wird. Grundsätzlich ist festzustellen, daß weder die Mundwaschung noch die Mundöffnung darauf begrenzt ist, nur an Kultbildern angewandt zu werden. Beide Ritualhandlungen können auch an zahlreichen anderen belebten und unbelebten Objekten durchgeführt werden. Für das Verständnis des MWKB ist es unerläßlich, es aus seiner Isolation (in der

---

[956] STT 200 etc. 42-44 = WALKER, Mīs pî, 86, s.u. S. 450; zu K63a s. S. 275ff.

[957] Zum Mundöffnungsritual bei den Ägyptern vgl. BLACKMAN, The Rite, 47-59, OTTO, Mundöffnungsritual, passim, MORENZ, Egyptian Religion, 155, GRIESHAMMER, Mundöffnungsritual, 223f, ESCHWEILER, Bildzauber, 275f. 294f. Eine Zusammenfassung der älteren mesopotamischen Belege findet sich bei BORGER, HKL III, 87. Zur Weihung der Kultbilder der griechischen und römischen Antike vgl. FUNKE, Götterbild, 688.

Verbindung mit dem Kultbild) herauszuheben und es mit den übrigen Mundwaschungen bzw. Mundöffnungen in Beziehung zu setzen. Daher widmet sich der erste Abschnitt dieses Kapitels den Mundwaschungen und Mundöffnungen, die außerhalb der Ritualserie *mīs pî* belegt sind, um sich anschließend in einem weiteren Schritt dem MWKB zuzuwenden.

Da Götter nicht nur in der Gestalt ihrer anthropomorphen Bilder, sondern auch als Symbole am Kult teilnehmen konnten, ist für unsere Fragestellung auch die Mundöffnung an Kultsymbolen von Bedeutung. Ihr ist daher der anschließende Abschnitt zugeeignet. Eine Zusammenfassung der Ergebnisse rundet dieses Kapitel ab.

2.2. Allgemeines zur Mundwaschung und zur Mundöffnung

2.2.1. Die Objekte der Mundwaschungen

Mundwaschungen sind nicht nur an Kultbildern durchgeführt worden. Die folgende Aufzählung soll einen Eindruck davon vermitteln, an welchen belebten und unbelebten Objekten und bei welchen Gelegenheiten diese Prozedur vollzogen wurde.

1a. König: Im Rahmen des Rituals *bīt rimki* ist die Mundwaschung des Königs belegt[958].

1b. Königsinsignien[959].

1c. In dem neuassyrischen Königsritual A.485+3109[960] vollzieht der König (!) im Rahmen eines vom 18.-26. *Šabāṭ* stattfindenden Rituals im *bīt lab-buni* eigenhändig eine Mundwaschung. Währenddessen findet eine Prozession statt, die Aššur in das Haus Dagans führt. Leider wird nicht erwähnt, wessen Mund gewaschen wird.

2. Tiere: Innerhalb des Rituals für die Neubespannung der *lilissu*-Pauke[961] wird der Mund des Stieres gewaschen, dessen Haut für die Pauke verwendet werden soll. Bei einem Tempelgründungsritual wird der Mund eines Schafes derselben Prozedur unterworfen[962]. Aufschlußreich ist die Mundwaschung an

---

[958] SpTU II, Nr. 12 Vs. ii 35: LUGAL KA.LUH.U3.DA [DU3-*uš*], d.h. "du machst eine Mundwaschung am König". Vgl. auch IV R 17 Rs. 25, der König sagt ebd. über sich selbst: "Mein Mund ist gewaschen ..."; vgl. weiter Laessoe, *bīt rimki*, 30:25.

[959] K9276+ etc. 15f, vgl. Berlejung, Macht, 6.

[960] Menzel, Tempel II, Nr. 28 Rs. 25.

[961] RAcc 12 ii 8 (A.O. 6479); zu neuen Duplikaten vgl. TUAT II.2, 234-236 (W.20030/4).

[962] Borger, Puppen, 178:28 (KA-*šú ina* ŠIM.LI LUH-*si*), neu übersetzt (mit neuen Duplikaten und Ergänzungen) TUAT II.2, 243:28.

einem Schaf innerhalb eines *bārû*-Rituals, aus dessen Eingeweide anschließend Orakel für die Zukunft gelesen werden sollen[963]. Erst die Mundwaschung macht es für die Eingeweideschau geeignet[964].

3. Die Mundwaschung des Lederbeutels (*tukkannu*) ist in einem ähnlichen Licht zu verstehen wie die o.g. Mundwaschung des Schafes. Der Ritus soll ihn dazu befähigen, Orakel mitzuteilen[965].

4. Schwer zu verstehen ist die Mundwaschung der Fackel[966].

5. Die Mundwaschung der neu hergestellten *lilissu*-Pauke gehört zu den Maßnahmen, die es ermöglichen, daß sie ihre künftigen kultischen Aufgaben wahrnehmen kann[967].

6. Menschen: Die Mundwaschung kann auch an Privatpersonen vollzogen werden[968]. In dem zitierten Ritual handelt es sich um die Mundwaschung eines Mannes, dessen Gott ihn nicht mehr erhört. Nach dem Text des Rituals wird für diese Mundwaschung Weihwasser angerührt, das dem "Wasser der Beschwörung", das innerhalb des MWKB verwendet wird, entspricht (so z.B. die Ingredienzien Tamariske und Seifenkraut)[969]. Durch die Reinigung des Mundes mit diesen Substanzen, deren magisch-lösende Wirkung von S. MAUL im Rahmen der *namburbi*-Rituale umfassend dargestellt wurde[970], ist der Mensch gereinigt und von allem gelöst, was ihn bedroht. Sein gestörtes Verhältnis zur Gottheit kann jetzt auf einer neuen Grundlage wiederbeginnen. Er ist von früheren Verfehlungen oder Verunreinigungen befreit und für den Kontakt mit seinem Gott wiederhergestellt. Es kann daher kaum verwundern, daß Mundwaschungen auch innerhalb der *namburbi*-Rituale bezeugt sind[971].

---

[963] BBR 100, S. 216:27.

[964] Ur5.ra = *hubullu* xiii, 54 (= MSL 8), nennt ein Schaf, STT 197:46f ein Opferschaf, dessen Mund gewaschen ist.

[965] BBR 11 etc. Rs. 30, ebd., 74:30 und 11 iv 20.

[966] RAcc 119:29 (A.O. 6460).

[967] RAcc 16 iii 23f (A.O. 6479), RAcc 30 iii 23 (K4806).

[968] OPPENHEIM, Dreams, 344 pl. iii = 81-2-4, 166:10. Gegen OPPENHEIM, ebd., 306, ist hier zu übersetzen: "Du vollziehst an diesem Mann eine Mundwaschung."

[969] Daher ist der Schluß von HUROWITZ, Impure Lips, 51, voreilig. Das Wasser der Beschwörung, das im Weihwasserbecken gemischt wird, wird offensichtlich auch bei Menschen angewendet, auch wenn das *agubbû* nicht explizit genannt ist. *Šurpu* IX nennt sieben Ingredienzien (anschließend das Wasser für das Weihwasserbecken), die den Mund der Menschen waschen: Tamariske, Seifenkraut, Rohr, Salzkräuter, Salz, Zeder und Wacholder.

[970] MAUL, Zukunftsbewältigung, 65f. Tamariske bricht die Macht des Bösen, Seifenkraut wäscht seine negative Gewalt ab; anschließend übertragen Rohr bzw. Dattelpalmenherz positive Kraft.

[971] MAUL, Zukunftsbewältigung, 294:9 (= CAPLICE, Namburbi II, 21 Nr. 18:9: LU2 *šu-a-ti ina* KA.LUH.U3.DA [x (x)] (Sm. 1513). Unklar bleibt das Objekt der Mundwaschung in LKA 150 Rs. 5 (VAT 13685; *mamītu*-Text). Für Mundwaschungen an Menschen vgl. außerdem das Krankenritual TuL 28:15.

Nicht eindeutig zu klären ist der folgende Text, der nur unter Vorbehalt der Mundwaschung an einem Menschen zuzuordnen ist[972]. Dieser mittelbabylonische Kleidertext listet verschiedene Kleider, zwei Töpfe, eine Waschschüssel für Hände und eine für die Füße, einen Becher, zwei Ochsen, fünf Thronsessel, drei Tische und ein Bett auf. Auffällig ist die folgende Formulierung:

21. MI2.*Pa-an-ni-ši-ia-lu-mur* ist es, die
22. für die Mundwaschung gegeben ist.
23. Insgesamt ist dies alles, was für die
24. Mundwaschung gegeben wurde.

Aus dem Zusammenhang der Z. 21-24 wird m.E. ersichtlich, daß die Sklavin zu den Gaben zählt, die anläßlich einer Mundwaschungszeremonie dem eigentlichen Gegenstand der Mundwaschung übergeben wurden. Sie selbst war keinesfalls das Objekt dieses Rituals[973]. Die aufgezählten Gaben sprechen dafür, daß es sich um die Mundwaschung eines Kultbildes handelt, das anläßlich seiner Einweihung mit allem ausgestattet wurde, was für den Kult nötig war (Kleider, Eß- und Waschgeschirr, Opfer, Stuhl, Tisch, Bett und Dienerin). Da das Objekt jedoch nicht explizit genannt wird, muß auch die Möglichkeit in Betracht gezogen werden, daß es sich um die Mundwaschung eines Königs oder schlicht um eine Lohnliste für den vollziehenden Priester handelt[974].

7. Priester: Wiederholt beteuert der *āšipu* im Rahmen seiner Rituale, daß er seinen eigenen Mund gewaschen habe[975], so daß er alle Riten kultisch vorschriftsmäßig und wirksam vollziehen kann.

In allen Fällen ermöglicht die Mundwaschung Reinheit und macht dadurch die erfolgreiche Teilnahme an Ritualen und den positiven Kontakt der irdischen Welt mit der göttlichen erst möglich[976]. Sie befreit von Unreinheit und von allen Bedrohungen und Gefährdungen, die damit verbunden sind. Wenn daher von einer Person oder von einem Gegenstand gesagt werden kann, daß "der Mund gewaschen" ist, dann wird so die vollkommene Reinheit des Objektes, die Freiheit von allen negativen Kräften festgestellt. Erst jetzt kann es

---

[972] ARO, Kleidertexte, 18f HS 165:22f und 24 (mB).

[973] Gegen HUROWITZ, Impure Lips, 50f Anm. 28.

[974] Zu den "Kleidertexten" aus Mari, die die Mundöffnungen von Standarten beinhalten vgl. ARM XVIII, 54:14f, 69:14f, s. auch ebd., S. 138 Anm. 128 und hier S. 189.

[975] So z.B. CT 16, 5:176f (*utukkī lemnūti*) und STT 199 etc. 6, vgl. WALKER, *Mīs pî*, 62, s. S. 437.

[976] So auch HUROWITZ, Impure Lips, 41. 54. 56. 58. Die Annahme, daß die Objekte, deren Mund einmal gewaschen ist, "(quasi-)divine status" innehaben, so HUROWITZ, Impure Lips, 59, führt m.E. zu weit. Eine Schwäche seiner Arbeit liegt darin, daß er zwischen Mundwaschung und Mundöffnung nicht konsequent unterscheidet.

mit positiven Kräften gleichsam "aufgeladen" werden (z.B. die Orakelmedien). Die Reinheit des Mundes steht aber auch für die Kommunikationsfähigkeit[977]. Der reine Mund des *bārû*-Priesters ist es, der die Götter in Orakeln befragt, und der reine Mund der Götter ist es, der antwortet[978].

2.2.2. Die Priester der Mundwaschung und ihre Kultmittel

Das Mundwaschungsritual gehört zusammen mit den Ritualen *bīt rimki* und *bīt mēseri* zu den Aufgaben des *āšipu*[979].
Tatsächlich wird im MWKB der *āšipu* und der *mašmaššu* erwähnt. Zudem kann der *āšipu* auch für die Mundwaschungen an dem König, den Königsinsignien, einem Schaf, einem Menschen oder seiner eigenen Person verantwortlich gemacht werden[980]. Wie alle Priester wirkt auch der *āšipu* nicht aus eigener Kraft, sondern stellvertretend für seine Patronatsgötter Kusu und Asalluhi/Marduk. Indem er für sie die Ritualhandlungen vollzieht, leiht er ihnen geradezu seine Hände, indem er für sie die Beschwörungen spricht, leiht er ihnen seinen Mund:

"Asalluhi, Sohn Eridus, rezitierte die Beschwörung, machte [den M]und des Gottes rein (und) kultisch rein."[981]

Es kann daher kaum verwundern, daß er sich vor dem Beginn eines Rituals (besonders an Mund und Händen) mehrfach gründlich reinigen muß.

Interessant ist ein neuassyrischer Brief, in dem Marduk-šapik-zēri, der Sohn eines *kalû*-Priesters, dem König über seine Ausbildung und seine Fähigkeiten in den verschiedenen priesterlichen Spezialgebieten berichtet. Sein Wissen ist äußerst umfassend: Er kennt sich aus in der astrologischen Omen-

---

[977] So auch HUROWITZ, Impure Lips, 52.
[978] BBR 100, S. 214:8-11. Diese Komplementierung wird auch aus einem altbabylonischen Opferschaugebet (GOETZE, Old Babylonian Prayer, 26:19ff, neu übersetzt in TUAT II.5, 719f:19ff) ersichtlich. Der Opferpriester reinigt sich selbst und fordert den Gott, mit dem er kommunizieren will (hier Šamaš, Bunene sowie die großen Götter), dazu auf, sich ebenfalls zu waschen. Auch im Alten Testament spielt die Reinheit des Mundes in der Kommunikation Jahwes mit seinen Propheten eine große Rolle, vgl. HUROWITZ, Impure Lips, 41-50. 73-85 (mit weiterer Literatur).
[979] So KAR 44:11, vgl. ZIMMERN, Zu den KAR, 206.
[980] Bilder: LAS 188 Rs. 6f = SAA X, 247, BM 45749 und K6324+ etc passim s.u. Text Nr. 1; König: SpTU II, Nr. 12 Vs. ii 35; Königsinsignien: K9276+ etc. 15f s. BERLEJUNG, Macht, 6; Schaf: BORGER, Puppen, 178:28f; Mensch: OPPENHEIM, Dreams, 344 pl. iii = 81-2-4, 166:10 und TuL 28:15; Mund des *āšipu*: CT 16, 5:176f, STT 199 etc. 6 (vgl. WALKER, *Mīs pî*, 62, s. S. 437) u.ö.
[981] K3511+ i 8f = WALKER, *Mīs pî*, 40 s.u. S. 443.

deutung *Enūma Anu Enlil*, in SA.GIG (Z. 39!), in der Serie *Šumma izbu*, den physiognomischen Omenserien *Kataduggû, Alandimmû, Nigdimdimmû*, in den terrestrischen Omina der Serie *šumma ālu* sowie in der Kunst der *kalûtu* (des Klagepriesters). Zudem ist er in der Ritualserie *mīs pî* sowie in dem Reinigungsritual *takperti ekurri* bewandert[982]:

38. ... *mi-is pi-i tak-pir-ti*
39. É.KUR *a-le-ˀ[e-e* ...]
38. ... in Mundwaschung, Reinigungsritual
39. für einen Tempel bin ich komp[etent ...]

Die Verbindung des Mundwaschungsrituals mit dem Reinigungsritual (*takpertu*[983]) ist zudem in einem weiteren neuassyrischen Brief belegt[984]:

Rs.
1. Wie der König, mein Herr, mir schrieb,
2. habe ich gehandelt; ein starkes Reinigungsritual (*takpertu dattu*)
3. habe ich über das Vorratshaus (*bīt qāti*[985]) der Eunuchen
4. durchgeführt (*etēqu* Š). Die Absperrung sperrt ab (= es ist jetzt zu; Anm. d. Verf.).
5. Im Haus des Balṭāja habe ich die Bilder (NU.MEŠ*-ni*)
6. erneuert (*uššušu*)[986]. Mund[wasch]ung
7. habe ich dargebracht (*qerēbu* D[987]). Das Bild (*ṣalmu*) vom Sternbild L[öwe]*[988]
8. habe ich gezeichnet (*eṣēru* D), einen Hund habe ich [darauf]
9. sitzen lassen (*wašābu* Š). Einen Altar habe ich [auf]geste[llt].
10. Ein starkes Reinigungsritual (*takpertu*) habe ich durchgeführt.
11. [...] der König, mein Herr, [...]
Der Rest ist verloren[989].

Auch innerhalb der Ritualtafeln der Serie *mīs pî* sind *takpertu*-Rituale mehrfach bezeugt[990]. Aus diesem Befund ergibt sich für den Charakter des Mund-

---

[982] K3034+ 36-42, im folgenden wird Z. 38f zitiert. Der Brief ist bearbeitet von HUNGER, Empfehlungen, 163 = SAA X, 160. Zu den Omina von SA.GIG vgl. jetzt auch FINKEL, Adadapla-iddina, 143-160.

[983] *Takpertu* "Reinigung(sritus)", vgl. AHw 1308, JANOWSKI, Sühne, 47f, und WRIGHT, Disposal, 291. 296-299.

[984] LAS 188 = SAA X, 247.

[985] Vgl. AHw 134 "Handhaus"; evtl. verbirgt sich dahinter ein Lagerhaus im Tempelbezirk; Parpola vermutet in LAS II, z.St. den Seitenflügel eines Gebäudes. Die Indices in SAA I, V und X behalten die Übersetzung "storehouse" bei, während SAA X, z.St., auf die Bedeutung "wing" (Seitenflügel) zurückgreift.

[986] Parpola übersetzt diese Stelle in SAA X, 247 (gegen seinen Index, ebd., S. 334 "to renew") mit: "I consecrated".

[987] CAD Q 238.

[988] MU[L!.UR.GU.LA] nach DELLER, MAYER, Lexikographie, 86.

[989] In LAS II, z.St. datiert Parpola diesen Brief in den August des Jahres 670 (Ash.).

[990] Vgl. BM 45749:48 parallel zu K6324+ etc. 163 (s.u. Text Nr. 1 z.St.), u.ö.

waschungsrituals eine erste Orientierung: Es gehört zu der großen Gruppe der Reinigungsrituale[991].

Mundwaschung ist jedoch nicht ausschließlich das Ressort des *āšipu*. In Assyrien konnte auch der König dieses Ritual durchführen[992]. Weiterhin sind in den Ritualen des *bārû*[993] und des Klagepriesters *kalû*[994] Mundwaschungen belegt. Daraus folgt, daß alle wichtigen Priestergruppen den Ritus beherrschen mußten. Ob es dabei Unterschiede gab, läßt sich nur schwer feststellen. Wenn man den Umfang und den Aufwand für das MWKB in Betracht zieht, dürfte es, gemessen an den übrigen Mundwaschungen, das längste, komplizierteste und teuerste Ritual seiner Art gewesen sein.

Alle Priestergruppen konnten Mundwaschungen an einem Kultbild vollziehen: Die Mundwaschung durch den *āšipu* gehört zur Einweihung eines neu hergestellten Bildes; der *kalû* scheint zuständig zu sein, wenn es sich um die Wiedereinweihung eines restaurierten Kultbildes handelt, und der *bārû* muß zu dieser Maßnahme greifen, wenn er die Orakelfähigkeit des Bildes restituieren will. Wahrscheinlich bezieht sich seine Tätigkeit in der Hauptsache auf die für ihn wichtigen Götter(bilder) des Šamaš und des Adad, die für die Orakelerteilung die richtigen Ansprechpartner sind.

---

[991] *Tēliltu*, nA *tēlissu*, in Emar VI, 4, 537:253 *tēlultu*, vgl. grundlegend AHw 1344f. Nach BBS 36 iv 22ff, wird der Mund der Gottheit "mit dem Reinigungsritus" gewaschen (*ina te-lil-ti pi-šu im-si-ma*). *Tēliltu* ist der Oberbegriff der verschiedenen Reinigungszeremonien. In Verbindung mit dem Mundwaschungsritual ist er belegt in BORGER, Ash., 89 Rs. 22f, VAB 7, 268 Rs. iii 21 (ergänzt).
Aus K3472 ergibt sich eine enge Verbindung zwischen dem Mundwaschungsritual und der Gründung eines Tempels. Auf der Vs. der Tafel sind Beschwörungen enthalten, die zur Mundwaschung der Statuen gehören. Die Rs. enthält einen Teil der Ritualanweisungen des Mundwaschungsrituals und in Z. 10' die überraschende Mitteilung, daß es sich um "eine Tafel für den Bedarf zur Gründung eines Gotteshauses (*tup-pi hi-ših-ti* UŠ8 É DINGIR.RA DU3-*šu e-nu-ma* UŠ8 É [...])" handelt. Mundwaschung und Tempelgründungen gehören sachlich eng zusammen, da neue Kultbilder zur Mindestausstattung eines neuen Tempels gehörten. K3472 = WALKER, Mīs pî, 137, vgl. auch den Kommentar von WALKER, Mīs pî, 165f. Nach der neuen Klassifizierung der Beschwörungen des Mundwaschungsrituals durch WALKER (Computerausdruck vom 10.2.1995) gehört K3472 Rs. zu der Beschwörungstafel 5 (Section E Z. 20-28, s. Anm. 2047). Bis zur angekündigten Neubearbeitung der Texte wird die Zeilenzählung aus WALKER, Mīs pî, beibehalten.
[992] Vgl. A.485+, bearbeitet in MENZEL, Tempel II, Nr. 28, T 44 Rs. 25: U4 23 KAM2* LUGAL *ina* É lab-<bu>-ni KA.LUH.U3.DA DU3-*áš*. Leider geht aus dem Text nicht hervor, wessen Mund gewaschen wird.
[993] So z.B. BBR 100:9, BBR 79-82:5 (an Kultbildern), BBR 11 etc. Rs. 30, BBR 74:30 und 11 iv 20 (an einem Lederbeutel), BBR 100 Rs. 27 (an einem Schaf).
[994] So z.B. RAcc 12 ii 8 (A.O. 6479), RAcc 20:7 (VAT 8022; an einem Stier), RAcc 16 iii 23f u.ö. (A.O. 6479; an einer Kesselpauke), TuL 27:21f und MAYER, W.R., Rituale, 444-448 (W.20030/3 (mit den Duplikaten W.20030/5, W.20030/98), jeweils an einem renovierten Kultbild).

Die Mundwaschung wird im allgemeinen mit Wasser[995] oder mit Wasser und Bier[996] durchgeführt. Belegt ist außerdem Wacholder[997]. Für die Mundwaschung des Kultbildes wird ein Weihwasserbecken mit verschiedenen Ingredienzien zusammengestellt, das aus diversen reinigenden und magischen Substanzen besteht[998].

2.2.3. Die Objekte der Mundöffnungen

Auch Mundöffnungen sind nicht nur an Kultbildern durchgeführt worden. Die folgende Aufzählung soll einen Eindruck davon vermitteln, an welchen Objekten und bei welchen Gelegenheiten diese Prozedur vollzogen wurde. Im Unterschied zu *mīs pî* wurde *pīt pî* ausschließlich an unbelebten Gegenständen vollzogen[999]:

1. Mundöffnung wird an den apotropäischen Figuren vollzogen, die in verschiedenen Ritualen benötigt werden. Belegt ist dieses Verfahren an Figürchen, die in einem Krankenritual[1000] und im Königsritual *bīt rimki* eingesetzt werden[1001]. Es verfolgt das Ziel, die Bilder für das anschließende Ritual kultfähig zu machen und sie mit demjenigen, dessen Substitut sie sind, zu verbinden. Sie übernehmen seine Lebensfunktionen und seine Charakteristika.
2. Die Mundöffnung an dem Lederbeutel (*tukkannu*), der dem *bārû*-Priester als Orakelmedium dient, zielt darauf, die medialen Fähigkeiten dieses Gegenstandes anzuregen[1002]. Leider ist der Text zu zerstört, um weitere Hintergründe zu erhellen.

---

[995] So in OPPENHEIM, Dreams, 344 pl. iii = 81-2-4, 166, und BBR 100 Rs. 27.

[996] LAESSOE, *bît rimki*, 30:25.

[997] BORGER, Puppen, 178:28.

[998] K4928+ iv etc. Section E 20-26 (vormals WALKER, *Mīs pî*, 117, s. jetzt unten Anm. 2047).

[999] So schon WALKER, *Mīs pî*, 160f.

[1000] BBR 48:10f (Krankenritual).

[1001] Vorausgesetzt, daß es sich bei den Statuen, von denen in SpTU III, Nr. 67 Vs. ii 5f, die Rede ist, um apotropäische Figuren handelt. Im Ritual "König gegen Feind" (K10209 Rs. 11'f = MENZEL, Tempel II, Nr. 41 T 88f) ist belegt, daß Ohren und Mund "des Feindes" geöffnet wurden. Wahrscheinlich wurde "der Feind" durch eine Figurine vergegenwärtigt, die durch die Mund- und Ohrenöffnung für die folgende Prozedur (Zerschlagung durch den König?) aktiviert werden sollte, so daß es sich um einen lebenden Feind handelte, der (Z. 17'f) vom König besiegt wurde, vgl. auch Anm. 452.

[1002] BBR 74:30-40. Es ist daher nicht nötig, den Lederbeutel als "divine symbol" anzusehen, gegen WALKER, *Mīs pî*, 162.

3. Die Mundöffnung kann auch an Kultsymbolen angewandt werden. Belegt ist sie im Zusammenhang mit den Götterwaffen šár.ùr und šár.gaz[1003] und mit der Mondsichel, dem Symbol des Mondgottes[1004].

4. Die Mundöffnung von Standarten und dem Fußschemel des Šamaš ist in Mari bezeugt[1005]. Bei beiden Gegenständen handelt es sich um Repräsentationen des Sonnengottes.

5. Wenn man der Emendation von P. STEINKELLER folgt, dann ist die Mundöffnung in einem sumerischen Text im Zusammenhang mit einem šikkatu-Gefäß belegt[1006].

6. Innerhalb einer Tafel mit Beschwörungsritualen mittels magischer Pflanzen und Steinen findet sich die Mundöffnung der Gemmen, die den Streitwagen des Königs schützen sollen[1007].

7. Zum Abschluß ist noch die Mundöffnung des Flusses zu nennen[1008], die durch Ea stattfindet:

46. éšda d.en.ki.ke4 làl ì.nun.na mu.un.sikil.la mu.un.dadag
47. šar-ri d.É-a ina diš-pi hi-me-ti ul-lil-šú ub-bi-ib-šú
48. IGI d.NIN ka.bi ina MIN pi-ša ip-te-ma gál.bí.in.tag4

46f König Ea reinigte es mit Sirup (und) Butter, säuberte es, (das Flußwasser; Anm. d. Verf.); 48. (akk.) mit "dito" (also Sirup und Butter; Anm. d. Verf.) öffnete er seinen Mund[1009].

Den Zweck des Rituals gibt der Ritualtext selbst an: Das Wasser des Flusses soll wieder in Ordnung kommen und seine frühere Qualität wiedererlangen[1010]. Diese Mundöffnung dient daher dazu, die volle Funktionstüchtigkeit des Flusses wiederherzustellen. Es geht nicht darum, den Charakter des Flusses zu verändern, sondern die Eigenschaften seines Wassers zu verbessern.

Insgesamt haben die beschriebenen Mundöffnungen das Ziel, die Fähigkeiten oder Funktionen dessen zu aktivieren, dessen Mund geöffnet wurde[1011].

[1003] S. dazu SELZ, Drum, 177f (3. Jt.).

[1004] K63a, vgl. S. 275ff.

[1005] ARM XVIII, 54:14f und 69:14f.

[1006] STEINKELLER, Studies, 39f Z. 25 mit dem Kommentar.

[1007] SpTU IV, Nr. 129 Vs. ii 15f (W.23279).

[1008] SpTU II, Nr. 5 Rs. 46-48, vgl. auch Rs. 62.

[1009] Der Text ist hier schwierig (sumerisch): "Vor! d.NIN öffnete er seinen Mund". Das Wiederholungszeichen "MIN" in der akkadischen Übersetzung ist m.E. auf die Kultmittel der vorhergehenden Zeile zu beziehen; wenn es für das sumerische IGI d.NIN stehen würde, wäre ina IGI MIN oder nur MIN zu erwarten. Gegen Von Weiher, z.St.

[1010] SpTU II, Nr. 5 Rs. 71.

[1011] An keiner Stelle wird geklärt, in welchem Verhältnis die Mundwaschung bzw. die Mundöffnung eines Kultbildes zu dem "Binden des Mundes der Götter" steht, das z.B. in SpTU III, Nr. 74 Vs. 50, belegt ist. Sicher ist, daß es sich bei dieser "Mundbindung" nicht um eine Ritualserie handelt, sondern um eine Praxis der schwarzen Magie, die Himmel und Erde

Er wird gleichsam "initialisiert". Wenn man in einem ersten Schritt, diese Beobachtungen auf das Mundöffnungsritual für ein neues Kultbild oder für ein Kultsymbol überträgt, dann läßt sich sagen, daß die Mundöffnung die Lebensfähigkeit und die Lebensfunktionen des Kultbildes aktiviert und es mit positiven Kräften "auflädt".

2.2.4. Die Priester der Mundöffnung und ihre Kultmittel

Die Mundöffnung wird im allgemeinen durch den *āšipu* vollzogen. Er öffnet den Mund der Kultbilder[1012], der Göttersymbole, des Flusses und der apotropäischen Bilder. Die Beschwörungen des MWKB erwähnen allerdings weitere Priester[1013], die an diesem Ritual beteiligt waren[1014]. Weiterhin ist auch die Mundöffnung durch den Wahrsagepriester *bārû* belegt. Er öffnet den Mund eines Kultbildes, wenn die jeweilige Gottheit auf seine Anfragen überhaupt nicht oder nur durch undeutliche Zeichen antwortet[1015]. Offensichtlich soll das Ritual den Kontakt zu der Gottheit wiederherstellen und ihre Fähigkeit aktivieren, Orakel(offenbarungen) mitzuteilen. Die Mundöffnung durch den *kalû*-Klagepriester ist m.W. nicht bezeugt. Auch der Erfolg der Mundöffnung ergibt sich aus der göttlichen Mitwirkung. Neben Ea[1016] scheint auch Šamaš eine herausragende Rolle zu spielen[1017]:

3. Šamaš, der Herr des Orakels, ohne den der Mund
4. nicht geöffnet und der Mund nicht geschlossen wird.

oder:

---

in Mitleidenschaft zieht und die primär darauf abzielt, die positive Wirkung der Götter zu beeinträchtigen (Z. 51). Sie ist insofern als die Verkehrung einer Mundöffnung zu verstehen, als sie für die (vorübergehende) Deaktivierung der Götter sorgt.

[1012] So in BM 45749 und K6324+ etc. s.u. Text Nr. 1 z.St.

[1013] K2445+ (etc.) 14, s.u. S. 455 nennt den Reinigungspriester (*išippu*), den Gesalbten (*pašīšu*), den Weisen (*apkallu*) und den *abriqqu*-Priester.

[1014] Zahlreiche Texte führen nicht das ganze Kollegium auf, sondern nur Teile davon, so z.B.: BORGER, Ash., 89 Rs. 22f und 91:12f, VAB 7, 268 Rs. iii 21 (L4) und K6048+ Rs. iii 12 (vgl. LAMBERT, Esarhaddon's Attempt, 162) (*apkallu*), K3472 Vs. 14'f = WALKER, *Mīs pî*, 137 (*pašīšu*, den Hohepriester und den *išippu*), STT 200 etc. 77f (*apkallu* und den *abriqqu*) (s.u. S. 451). Nach AHw 58 verbirgt sich hinter den *apkallū* "eine Priesterklasse"; zu *abriqqu* vgl. AHw 3f. Beide Bezeichnungen werden oft zusammen genannt; sie sind auch als Titel des Marduk gebräuchlich.

[1015] BBR 11 iv 20 par. 100:9f.

[1016] Vgl. K63a iv, s. S. 280.

[1017] Die folgenden Verse sind aus: GADD, Harran, 60f Nabonid H2, A und B Col. ii 3f (EÜ). Zur Verbindung von Ea und dem Sonnengott im Rahmen der Mundöffnung des Kultbildes vgl. auch K2445+ etc. 34f (s. S. 457).

5. alam íd.da ka.bi duh.ù.da é.t[u5].a dingir lu[gal ki d.utu]
6. ṣal-ma ina na-a-ru pi-šu pe-tu-ú rim-ki DINGIR LUGAL í[t-ti d.UTU]

Der Figur im Fluß ihren Mund zu öffnen, die kultische Reinigung von Gott (und) König liegt bei Šamaš.[1018]

Die Mundöffnung wurde mit den folgenden Kultmitteln durchgeführt: Sirup, Butter, Zeder und Zypresse sind wiederholt im Rahmen einer Mundöffnung des Kultbildes erwähnt[1019]. Zusätzlich wird noch das "Wasser der Beschwörung" auf den Mund des Bildes gesprengt[1020]. Belegt ist außerdem noch Mehl[1021] und Salz[1022].

2.3. Die Mundwaschung und die Mundöffnung des Kultbildes

2.3.1. Einführung

Seit dem Ende des 3. Jt.s ist die Praxis bezeugt, an der Statue eines Gottes eine Mundöffnung zu vollziehen[1023]. Nach den neusumerischen Inschriften von Amar-Suen benutzte man für dieses Ritual, das mit Rundskulpturen des vergöttlichten Gudea praktiziert wurde, ein bestimmtes Mehl[1024]. Allem Anschein nach wurde die Mundöffnung alljährlich wiederholt[1025]. Der erste Beleg des 1. Jt.s kommt aus Babylonien. Mit aller wünschenswerten Deutlichkeit berichtet eine Inschrift des Nabû-apla-iddina aus dem 9. Jh. davon, daß sich das neue Kultbild des Sonnengottes von Sippar einem Mundwaschungsritual unterziehen mußte[1026]. In Assyrien finden sich erst seit Asarhaddon zahlreiche Belege für die Mundwaschung und die Mundöffnung der Götter. Sie stehen im Zusammenhang mit der Renovierung der Götter Babyloniens, die durch dieses Einweihungsritual abgeschlossen werden mußte[1027]. Nach K6048+ Rs. iii 10-12[1028] hat Asarhaddon noch in Ešarra, d.h.

[1018] SpTU III, Nr. 67 Vs. ii 5f (bīt rimki) (EÜ).
[1019] STT 200 etc. 77f = WALKER, Mīs pî, 88 (s. S. 451), sowie K2445+ etc. Section C 15-17 (vgl. S. 467). K3472 Vs. 14'f = WALKER, Mīs pî, 137, SpTU II, Nr. 5 Rs. 46f und K63a iv 12f (s. S. 280) erwähnen nur Sirup und Butter.
[1020] K2445+ etc. 14-16 (s. S. 455).
[1021] BM 33862:12ff: "Nisaba, Königin, die den Mund der großen Götter öffnet". Vgl. auch OPPENHEIM, New Prayer, 284:45.
[1022] Maqlû vi 111-114 oder K4813+ etc. 33f, s. S. 464.
[1023] Zu Belegen vgl. WINTER, I.J., Idols, 22 mit Anm. 11, SELZ, Drum, 177-179.
[1024] CIVIL, Remarks, 211, und SELZ, Eine Kultstatue, Anm. 54. Vgl. dazu BM 33862:12ff.
[1025] WINTER, I.J., Idols, 37 Nr. 12.
[1026] BBS 36 iv 22-28. Vgl. auch WALKER, Mīs pî, 165.
[1027] BORGER, Ash., 89 Rs. 22f, ebd., 91:12f (AsBbH).
[1028] LAMBERT, Esarhaddon's Attempt, 162. Ein neuer Text wurde unlängst von GERARDI, Prism Fragments, 127ff, publiziert. Sie datiert BM 56628 (zu Recht) in die Zeit des Asarhad-

in Assyrien, eine Mundwaschung der babylonischen Götter durchgeführt, bevor er sie auf die gefährliche Reise nach Babylonien schickte. Wie wir wissen, kehrte die Prozession um und wurde erst durch seinen Sohn Aššurbanipal vollendet. Da das Einweihungsritual noch von Asarhaddon durchgeführt worden war, mußte es von Aššurbanipal nicht zwingend wiederholt werden. Vielleicht fehlen deshalb Hinweise auf eine weitere Mundwaschung der Götter in Ešarra durch Aššurbanipal. Wie aus den Inschriften von Asarhaddon ersichtlich, war eine weitere Einweihung der Götter in Babylonien geplant[1029]. Da Asarhaddon mit den Statuen nie in Babylon ankam, wurde das Ritual dann tatsächlich erst auf Veranlassung seines Sohnes Aššurbanipal vollzogen[1030].
Weitere Erwähnungen des Rituals in historischen Inschriften sind mir nicht bekannt.

Da die Herstellung und die Einweihung des Kultbildes Ähnlichkeiten zur Herstellung und Einweihung eines Tempels aufweist (vgl. S. 113f), könnte sich das Ritual als Spezialisierung aus den Ritualen für die Einweihung von Tempeln entwickelt haben[1031]. Die in Tempelbauritualen häufig erwähnte Schöpfung des Königs und der Menschen, die ihr Ziel in der Versorgung der Götter findet[1032], fehlt allerdings im Mundwaschungsritual. Einen mythologischen Anklang an die Schöpfung bietet lediglich die Erwähnung von Anšar und Kišar in STT 200 etc. 12f (s.u.).

2.3.2. Der Forschungsstand

Das Mundwaschungsritual ist schon seit HEINRICH ZIMMERN bekannt, der 1896-1901 in BBR Nr. 31-38 die ersten Ritualtexte aus Ninive veröffentlichte. Einige Jahre später (1906) unternahm er den ersten Versuch einer

---

don. Da die Zeilen der Seite B 1-8 z.T. fehlerhaft interpretiert wurden (Z. 4. "I/he had made"), werden sie hier neu übersetzt:
1. Ea und Asalluhi durch ihre erhabene Weisheit
2. (mit) Mundwaschung (und) Mundöffnung
3. öffneten sie ihren Mund und
4. in ihren erhabenen Cellae ließ ich (er?) (sie) bewohnen
5. ihr reines Podest (*kigallu*) der Ewigkeit.
6. Vergrößerer der Kultstätten,
7. Erweiterer der Tempel der großen Götter,
8. die seit jeher [...].
[1029] BORGER, Ash., 89 Rs. 22f, ebd., 91:12f.
[1030] VAB 7, 268 Rs. iii 19-22 (L4 mit den Kollationen in BIWA 188).
[1031] Mit WALKER, Mīs pî, 165f, mit Referenz auf K3472.
[1032] Vgl. z.B. WEISSBACH, Miscellen, pl. 12 und Anm. 627.

Deutung[1033]; er ordnete es als Initationsritual ein, das die Qualität eines Gottesbildes entscheidend verändere. Die von ihm gezogenen Parallelen zwischen den verschiedenen Initiationsriten u.a. der Mandäer gehen teilweise an der Besonderheit der mit den einzelnen Riten verbundenen Vorstellungen vorbei. Die Lückenhaftigkeit des ihm zur Verfügung stehenden Materials machten auch zahlreiche Fehldeutungen möglich. AYLWARD M. BLACKMAN publizierte 1924 die englische Übersetzung von BBR 31-37 von STEPHEN LANGDON mit einem Kommentar, der andere religiöse und historische Texte zu Rate zog[1034]. Ein Jahr später erarbeitete SIDNEY SMITH[1035] eine neubabylonische Fassung des Rituals, die sich von den Fragmenten in BBR kaum zu unterscheiden schien. ERICH EBELING konnte diese Fassung mit TuL Nr. 26 entscheidend verbessern und fügte in Nr. 27 (A.418) ein Exemplar des Rituals aus Aššur hinzu[1036]. Zu dieser Fassung gibt es in K3219 eine Parallele aus Ninive, die er noch nicht kannte und die auf S. 469 als Text Nr. 2 zum ersten Mal publiziert wird. EBELINGS Deutung dieser (wie auch anderer) Ritualabläufe wurde schon von WOLFRAM VON SODEN[1037] (zu Recht) als (stellenweise) voreilige Übertragung hellenistischer Mysterienreligiosität kritisiert. EBELING baute auf falschen Lesungen theologische Interpretationen auf, die im Einzelnen im folgenden erwähnt und korrigiert werden. Ein grundsätzliches Problem seiner Deutungen liegt darin, daß er das Mundwaschungsritual zu exklusiv und isoliert betrachtete. Einige der Verse, die er als Beweis der Besonderheit der Statue wertete, sind auch in anderen Zusammenhängen belegt und zeigen vielmehr, daß die Vorstellungen, die im Umfeld der Kultstatue belegt sind, allgemein verbreitet waren. Das Kultbild war in das Gesamtsystem mesopotamischen Glaubenslebens eingebettet. Ein schon oben diskutiertes Beispiel einer solchen Überinterpretation ist der "Backstein der Bēlet-ilī"[1038]. Die Bearbeitung von EBELING konnte durch meine Kollation der Tafel, die übrigens sehr sorgfältig und professionell geschrieben ist, entscheidend verbessert werden, GERHARD MEIER[1039] publizierte 1937-1939 eine Ritualtafel, die er der Serie Mundwaschung zuordnete. Wie schon CHRISTOPHER WALKER richtig ver-

---

[1033] ZIMMERN, Das vermutliche Vorbild, 959-967.
[1034] BLACKMAN, The Rite, 47-59.
[1035] SMITH, S., Consecration, 37-60.
[1036] TuL 28 gehört nicht zum Mundwaschungsritual; es handelt sich nicht um einen Ritualtext, sondern um eine Schultafel mit Auszügen aus dem Mundwaschungsritual. Zu den Nachträgen zu TuL 27 vgl. EBELING, Beiträge, bes. 29-31.
[1037] VON SODEN, Rezension, 416f.
[1038] Vgl. S. 137ff.
[1039] MEIER, Ritualtafel, 40-45.

mutete, hat diese Tafel mit dem Ritual für eine Gottesstatue nur wenig zu tun[1040].

CHRISTOPHER WALKER[1041] bot 1966 die bisher vollständigste Zusammenstellung des Materials. Seine Arbeit ist als philologische Magisterarbeit an der Deutung der Ritualvorgänge nicht interessiert. Eine weitere Schwäche dieser ansonsten vorbildlichen Arbeit liegt in der Erstellung eines *Textus compositus,* der der babylonischen Version nur unzureichend Rechnung trägt. MIGUEL CIVIL[1042] machte 1967 nur wenige ergänzende Bemerkungen zu der Problematik des Rituals. Sein Verdienst ist es, auf die Mundöffnung einer Statue des vergöttlichten Königs in neusumerischer Zeit aufmerksam gemacht zu haben. Damit ist die Mundöffnung keine Besonderheit des 1. Jahrtausends, wie die Ritualtexte zuerst glauben ließen.

Erst WERNER R. MAYER[1043] konnte 1978 mit der Publikation von W.20030/3 und den Duplikaten W.20030/5 und W.20030/98 einen weiteren wichtigen Beitrag zur Rekonstruktion des Rituals leisten. Er erkannte die Verbindung zwischen seiner Fassung und TuL 27, ohne daraus weitere Schlüsse zu ziehen. An der Interpretation der Vorgänge war ihm wenig gelegen.

THORKILD JACOBSEN[1044] (1987), MANFRIED DIETRICH und OSWALD LORETZ[1045] (1992) und MANFRIED DIETRICH[1046] (1992) machten einen ersten Versuch, die assyrische und die babylonische Version des Rituals zu deuten. Doch benutzten sie für die babylonische Fassung die überholte Umschrift EBELINGS, schlossen sich seinen z.T. problematischen Deutungen an und übertrugen diese auf die in ihrem eigenen Duktus leider wenig berücksichtigte assyrische Fassung. Ein grundsätzliches Problem ihrer Arbeiten liegt darin, daß sie auf der Basis eines Konglomerats, das aus der babylonischen und der ninivitischen Version (Übersetzung nach WALKER von 1966) hergestellt wurde, Deutungen und Analysen der Ritualabläufe durchführen, die nicht zu halten sind, wenn man die babylonische Version allein betrachtet und nicht mit der ninivitischen vermischt. Ein besonders prägnantes Beispiel einer solchen Fehlinterpretation war schon auf S. 137ff diskutiert worden.

[1040] WALKER, *Mīs pî,* 153-156.

[1041] WALKER, *Mīs pî,* passim. C. Walker stellte mir das maschinenschriftliche Exemplar seiner leider unpublizierten Magisterarbeit zur Verfügung. Seit 1966 konnte er namenhafte Fortschritte in der Rekonstruktion des Rituals erzielen, dessen Neubearbeitung er in den nächsten Jahren vorlegen wird. Die vorliegende Arbeit stellt keine Vorwegnahme seines Projektes dar. Ich danke ihm an dieser Stelle für die Hilfsbereitschaft und die Offenheit, mit der er mir im British Museum (London) zur Seite stand.

[1042] CIVIL, Remarks, 211.

[1043] MAYER, W.R., Rituale, bes. 443-458. Zum Keilschrifttext vgl. VAN DIJK, Texte aus dem Rēš-Heiligtum, Nr. 1-4.

[1044] JACOBSEN, Graven Image, 23-29.

[1045] DIETRICH, LORETZ, Jahwe, 24-37.

[1046] DIETRICH, M., Werkstoff, 114-123.

Es handelte sich um die Herstellung des Weihwassers der Beschwörung, eine Episode, die von JACOBSEN, DIETRICH/LORETZ und DIETRICH in der assyrischen Fassung (K6324+ etc. 23-37) überhaupt nicht erläutert wird, während dieselbe Handlung in der babylonischen Version (BM 45749:16-24) eine besonders ausführliche Deutung erfährt und sogar als "central rite" gewertet wird[1047]. Da es sich bei diesen Zeilen aber nur um Vorbereitungen für das Weihwasser handelt, die in ähnlicher Weise auch in anderen Ritualen üblich sind[1048], verliert dieses Geschehen seinen zentralen und exklusiven Charakter. Die letzte Deutung[1049] des Ritualablaufes auf der Basis von WALKERS Übersetzung der Ritualtexte von 1966 legte THOMAS PODELLA[1050] vor. Auch er vermeidet es, auf die Unterschiede der beiden überlieferten Fassungen einzugehen.

Eine neue Phase der Beschäftigung mit dem Ritual wird demnächst durch PEG BODEN, MICHAEL B. DICK und CHRISTOPHER WALKER eingeleitet werden. Letzterem gelang es in den vergangenen Jahren, den Ritualtext zu vervollständigen und auch die Mehrzahl der Beschwörungen zu identifizieren und zu rekonstruieren. Zusammen mit DICK[1051] verfaßte er einen grundlegenden Artikel, in dem er beide Versionen des Mundwaschungsrituals in Transliteration und Übersetzung vorlegt und sie so einer breiteren (auch nicht-assyriologischen) Öffentlichkeit zugänglich macht. DICK, auf den die Interpretationen des Rituals in diesem Artikel zurückgehen, bezieht sich im wesentlichen auf die Interpretation JACOBSENS und auf Vorarbeiten von BODEN, die in ihrer Dissertation die These vertreten wird, daß es sich bei der babylonischen Fassung des Mundwaschungsrituals um ein "Übergangsritual"[1052] handelt[1053]. Auch diese These wird bei der späteren Deutung der Ritualabläufe[1054] zu diskutieren sein.

[1047] JACOBSEN, Graven Image, 28.

[1048] Z.B. in den *namburbi*-Ritualen. Die Ingredienzien sind teilweise identisch, vgl. MAUL, Zukunftsbewältigung, 41-44.

[1049] Von den zahlreiche Arbeiten, die sich mit dem Kultbild in Mesopotamien beschäftigten und sich dabei immer wieder kurz auf das Mundwaschungsritual beriefen, sei an dieser Stelle nur verwiesen auf: BERNHARDT, Gott und Bild, 43 mit dem Verweis auf Gemara zu Sota IX,6, Fol. 47a in Anm. 5, OPPENHEIM, Ancient Mesopotamia, 186ff, HEINTZ, Ressemblance, 89-106, CURTIS, E.M., Images, 43f, WINTER, I.J., Idols, 21-23, METTINGER, No Graven Image?, 23 mit Anm. 39, 25 mit Anm. 45.

[1050] PODELLA, Lichtkleid, 108ff.

[1051] DICK, WALKER, Induction, 1-72.

[1052] Nach VAN GENNEP, Übergangsriten, 22, handelt es sich dabei um Riten, die den Übergang von einem Zustand in einen anderen oder von einer kosmischen bzw. sozialen Welt in eine andere bezeichnen. Zu den Kennzeichen der Übergangsriten vgl. ebd., 21ff: Er hatte für die *rites de passage* eine typische Abfolgeordnung festgestellt. Sein Strukturschema beinhaltet die folgenden Schritte: 1. Trennungsriten. In diesem Stadium geht es um die Ablösung von der bisherigen Welt (*rites de séparation*). 2. Schwellen- und Umwandlungsriten. Es handelt sich um einen Übergangszustand, der die Zugehörigkeit zur Qualität des alten *und*

Die verschiedenen Textzeugen der assyrischen Fassung wurden im Text Nr. 1 (s. S. 422) nach WALKERS Vorbild zu einem *textus compositus* zusammengefaßt. Die assyrische und die babylonische Fassung wurden jedoch jeweils getrennt umschrieben, übersetzt und gedeutet, um eine vorschnelle Harmonisierung und Nivellierung der beiden Versionen zu vermeiden.

Um die Vernetzung des Mundwaschungsrituals mit den anderen Riten des mesopotamischen Kultes (z.B. *akītu, namburbi, bīt rimki*) zu illustrieren, wurden in den Anmerkungen kurze Verweise auf Parallelen gegeben, die das Mundwaschungsritual mit den anderen magischen und kultischen Ritualen verbindet. In den früheren Deutungen oft überschätzte Einzelaussagen oder Prädikationen sollen auf diese Weise relativiert werden.

2.3.3. Das Ritual

Der Ablauf des Mundwaschungsrituals des Kultbildes ist aus den Quellen nahezu vollständig rekonstruierbar. Alle Texte stammen aus dem 1. Jt.; sie kommen aus Aššur, Ninive, Nimrud, Babylon, Sippar, Nippur, Uruk, Sultantepe und Hama[1055]. Da die Beschwörungen in Sumerisch abgefaßt sind, ist das Alter des Rituals sicher höher anzusetzen[1056]. Dies stimmt auch mit den oben erwähnten Belegen überein, die die Mundöffnung seit neusumerischer und die Mundwaschung seit mittelbabylonischer Zeit nachweisen. Die Ritualanweisungen des ersten Tages sind aus Ninive *und* Babylon erhalten, während der zweite Tag in der Ninive-Version nur unvollständig überliefert ist, so daß er durch die Quelle BM 45749 aus Babylon vervollständigt werden muß. Die babylonische Version erwähnt an keiner Stelle explizit die Mund*öffnung*, während von der Mund*waschung* vierzehnmal die Rede ist. Aus dem Kontext wird ersichtlich, daß die Mund*waschung* auch Mund*öffnungen* beinhaltet. Offensichtlich bedarf der Begriff der *Mundwaschung* in Babylonien seit dem 9. Jh. (BBS 36) keiner näheren Erläuterung (*Mund-*

---

des neuen Seins beinhaltet (*rites de marge*). 3. Angliederungsriten. In dieser Etappe findet die Integration in die neue Gemeinschaft statt (*rites d'agrégation*).

[1053] Brieflich vom 10.3.1995. Vgl. jedoch schon FREEDBERG, The Power, 82f, der aus verschiedenen Religionen weitere Beispiele für die "consecration" von Bildern bietet (ebd., 84-98).

[1054] Eine Zusammenfassung der Ergebnisse der vorliegenden Studie findet sich nun auch in BERLEJUNG, Mouth, passim.

[1055] Zur Textgeschichte vgl. demnächst WALKER, DICK, Induction, 10-12. Zur Tafelzählung s. ebd., 14. Zu ergänzen ist neuerdings BLACK, WISEMAN, CTN IV, 188 (IM 67597), ein Duplikat von K2445+ etc., s.u. Anm. 2027.

[1056] Mit RENGER, Kultbild, 313.

öffnung) mehr. KA.LUH.U3.DA bzw. *mīs pî* ist der *Terminus technicus* der babylonischen Ritualsprache, der beide Handlungen zusammenfaßt[1057]. Alle Anweisungen sind in der 2. Person maskulinum Singular formuliert und richten sich an den *āšipu*[1058] oder den *mašmaššu*[1059]. Nicht beteiligt sind der Klagepriester, der Wahrsagepriester, der Sänger und der König (zur Rolle der Handwerker s.u.).

Zur ersten Orientierung sei auf die folgende Übersicht der einzelnen Ritual-stationen[1060] verwiesen:

1. Vorbereitungen in der Stadt, auf dem Land bzw. im Garten und im Tempel (Ninive-Version).
2. Werkstatt (Die babylonische Version setzt erst hier ein).
3. Prozession von der Werkstatt zum Fluß.
4. Am Fluß.
5. Prozession vom Flußufer in den Garten.
6. Im Garten im Kreis der Rohrhütten und Rohrzelte.
7. Prozession vom Garten ins Tempeltor.
8. Im Tempeltor.
9. Prozession vom Tor zum Allerheiligsten (*papāhu* und *šubtu*).
10. Allerheiligstes/Sitz.
11. Zum Kai des *apsû*.

2.3.3.1. Die Beschwörungen

Die Beschwörungen sind eng mit den rituellen Handlungen des Beschwö-rungspriesters verbunden. Sie sind bei der Interpretation der einzelnen oft rätselhaften Handlungsvollzüge[1061] unentbehrlich und seien daher im folgen-den genauer skizziert. Das Mundwaschungsritual des Kultbildes beinhaltet eine Vielzahl von verschiedenen Gebets- und Beschwörungsgattungen[1062]:

[1057] Mit WALKER, *Mīs pî*, 164, und SMITH, S., Consecration, 40. Auch die Kultmittel-beschwörung für Butter (K3511+ ii 20'-28' = WALKER, *Mīs pî*, 42f) zeigt die Verflechtung von Mundöffnung und Mundwaschung. Laut Unterschrift ist sie für die Mund*waschung* ge-dacht; in den Prädikationen der Butter findet sich aber die Z. ii 24', die die Verwendung der Butter bei der Mund*öffnung* der Götter beschreibt.

[1058] Zum *āšipu* vgl. BOTTÉRO, Magie, 226f.

[1059] Zur Etymologie von *mašmaššu* als "Abwischer" vgl. LIVINGSTONE, NABU 1988/65.

[1060] Die folgende Übersicht geht von der synoptischen Übersetzung der babylonischen und der ninivitischen Ritualversion aus, s.u. Text Nr. 1.

[1061] Zu den Darstellungsebenen religiöser Symbolsysteme und ihrem Verhältnis zueinander vgl. S. 178ff.

[1062] Zur Rekonstruktion der Beschwörungstafeln vgl. WALKER, DICK, Induction, 13f. Walker nimmt an, daß es in Babylonien sechs, in Ninive dagegen acht Beschwörungstafeln gegeben habe.

1. Kultmittelbeschwörungen

Es finden sich zahlreiche Kultmittelbeschwörungen, die sich an die verschiedenen Materialien richten, die für den ordnungsgemäßen Ablauf des Rituals von Bedeutung sind. Zu nennen sind: Rohr und Ton, die der Herstellung der Rohrhütten und Rohrzelte dienen; Mehl, das für das Ziehen eines Ritualkreises benötigt wird; Wasser, das im Weihwasserbecken eingesetzt wird; Weihrauch und Feuer, die zur Reinigung des Gottesbildes beitragen. Nur ein Teil dieser Kultmittelbeschwörungen wurden speziell für das Mundwaschungsritual geschaffen. Sie gehören zum allgemeinen Repertoire eines Beschwörungspriesters und verwandeln die Qualität der beschworenen Stoffe.

Die Beschwörung für geschöpftes Wasser[1063] war mehrfach verwendbar, da sie keinerlei Angabe darüber enthält, bei welcher Gelegenheit und zu welchem Zweck das Wasser gebraucht wird. Ebenso verhält es sich mit den Beschwörungen für das Weihwasserbecken[1064], die Rohrzelte (*urigallu*[1065]) und die Herstellung von Rohrbündeln[1066].

Andere Beschwörungen sind auf den Gebrauch bei einer Mundöffnung beschränkt. So z.B. die Beschwörung für den Ton, der für eine Rohrhütte (*šutukku*[1067]) gebraucht wird[1068]. Da diese Beschwörung auch innerhalb der "Mundwaschung der Königsregalia" zitiert ist[1069], muß es sich offensichtlich nicht ausschließlich um die Mundöffnung eines Kultbildes handeln.

Zusätzlich werden weitere Beschwörungen für die Reinigung (!) eines Gottes in Anspruch genommen. Zu nennen sind die Beschwörungen für Weihrauch, Feuer und das Weihwasserbecken[1070]. Sie unterscheiden sich (laut ihrer Unterschrift) von den Kultmittelbeschwörungen, die mit dem Vermerk inim.inim.ma XY dingir.ra. ka.luh.ù.da.kám schließen. Nur bei dieser letzen Gruppe ist anzunehmen, daß sie ausschließlich im Rahmen des MWKB angewendet wurden. In diesem Kontext ist die Beschwörung für die Tamaris-

---

[1063] STT 199 etc. Rs. 22'-42' = WALKER, *Mīs pî*, 64f, und KAR 229 Vs. 2' = WALKER, *Mīs pî*, 58. Evtl. gehört auch STT 199 etc. Rs. 43'-46' = WALKER, *Mīs pî*, 66, dazu.

[1064] Rm 225 etc. 51ff = WALKER, *Mīs pî*, 50-52.

[1065] GI.*urigallu* scheint ein Bündel aus drei Rohren zu sein, das aufgestellt werden kann; es ist eine einfache Zeltkonstruktion, das den magischen Innenraum abgrenzt. Ich übersetze es daher mit "Rohrzelt". Ohne das Determinativ GI bezeichnet *urigallu* die Standarte, vgl. dazu PONGRATZ-LEISTEN, DELLER, BLEIBTREU, Götterstandarten, 324f.

[1066] STT 198:21-62 = WALKER, *Mīs pî*, 32-34.

[1067] Zum Aussehen einer solchen Rohrhütte vgl. COLLON, First Impressions, Abb. 803.

[1068] STT 198:1-8 = WALKER, *Mīs pî*, 32.

[1069] Zu diesem Ritual s. BERLEJUNG, Macht, passim, hier bes. 3.

[1070] Rm 225 etc. 1-50 = WALKER, *Mīs pî*, 48-50. Evtl. ist auch KAR 229 Vs. 3'-11' = WALKER, *Mīs pî*, 58, hierher zu stellen, eine Beschwörung die für "jedwedes Werk der Götter [...]" geeignet ist.

ke, das Seifenkraut, Rohr, Alkali, (hier fehlen 20 Zeilen), Sirup, Butter und wahrscheinlich Sesamöl zu nennen[1071].

2. Reinigungsbeschwörungen für den Beschwörungspriester
Auch der Priester mußte erst für seine eigene Kultfähigkeit sorgen. Dies erreichte er zum einen durch die entsprechenden Reinigungsrituale, zum anderen durch die dazu gehörende Beschwörung[1072]. Leider läßt der Zustand der Tafel es nicht mehr zu, festzustellen, ob diese Beschwörung ausschließlich für das MWBK galt oder nicht.

3. Beschwörungen aus anderen Ritualserien
Das Mundwaschungsritual entlehnt auch Beschwörungen aus anderen Ritualserien. Zu erwähnen sind:
3a. Nam.búr.bi
Andere Beschwörungen sind aus den *namburbi*-Löseritualen und aus *bīt rimki* bekannt. Zu nennen ist an dieser Stelle die Beschwörung "Ea, Šamaš und Asalluhi, die großen Götter"[1073], die auch dann rezitiert werden kann, wenn sich ein Mensch mit Unheil infiziert hat. Da zwei der drei verschiedenen Textzeugen übereinstimmend dieselben Zeilen auslassen und sich die dritte "vollständige" Version (Hama 6 A 343) eindeutig auf das Böse, das von einer Schlange (gegen einen Menschen) ausgeht, bezieht, liegt die Vermutung nahe, daß der Wortlaut der Beschwörung leicht variiert wurde, je nachdem für wen man sie rezitierte[1074]. Zusätzlich drängt sich der Gedanke auf, daß wir in Sm 1414 und IM 124645 die Version vor uns haben, die für das Mundwaschungsritual[1075] gedacht war: Es erscheint logisch, daß man in dieser Version alle Äußerungen wegließ, die sich auf einen Menschen bzw. auf die Unwegsamkeiten seines Lebens beziehen (Z. 12-15.19f). Zusätzlich verzichtet die Beschwörung für das Kultbild ganz darauf, die unheilvollen Kräfte, die das menschliche Leben bedrohen und gegen die die angerufenen Götter der weißen Magie vorgehen sollen ("Böses", "böse Vorzeichen" oder "schreckliche Träume" (Z. 22-25)), explizit aufzuführen. Im Unterschied zu einem Menschen, der mit dem Bösen in Kontakt gekommen ist und davon gelöst werden muß, soll die Beschwörung das Kultbild von Verunreinigungen aller Art lösen, ohne daß es sich durch konkrete Unheilsträger kontami-

---

[1071] K3511+ i 1-ii:32' = WALKER, *Mīs pî*, 40-43 (z.T. s.u. S. 443). Vgl. aber *Šurpu* IX, 1-57.
[1072] STT 199 etc. 1-12 = WALKER, *Mīs pî*, 62, s. S. 437.
[1073] K6324+ etc. 144 par. (s.u. Text Nr. 1 z.St.) bzw. Sm 290 etc. 6ff, s.u. S. 447f.
[1074] Vgl. dazu auch WALKER, *Mīs pî*, 75f.
[1075] In bezug auf IM 124645 so jetzt auch AL-RAWI, GEORGE, Sippar Library V, 225-228.

niert hat. Unheilvolle Vorzeichen und schlechte Träume sind im Umfeld eines Kultbildes ohnehin kaum denkbar.

3b. *Ki'utukku*

Bei diesen Beschwörungen handelt es sich um Gebete, die häufig im Rahmen des Königsrituals *bīt rimki* bezeugt sind[1076]. Sie sind ausschließlich dem Sonnengott vorbehalten und können sich daher nicht an den Gott des neuen Kultbildes richten[1077].

4. Handerhebungsgebete

Das Mundwaschungsritual beinhaltet auch zahlreiche Handerhebungsgebete (*šu'illakku*)[1078], die speziell für die Rezitation während der Mundöffnung eines Kultbildes verfaßt wurden (inim.inim.ma šu.íl.lá dingir.ra ka.duh.ù.da. kám). Es ist daher anzunehmen, daß sie alle Vorstellungen, die mit der Mundöffnung der Kultbilder verbunden waren, in komprimierter Form enthalten. Es handelt sich um die folgenden Beschwörungen, die soweit sie überliefert sind, unten (s. S. 449ff) vollständig übersetzt worden sind:

1. "Als der Gott geschaffen war, als die reine Statue vollendet war."[1079]
2. "Reine Statue, in ehrfurchtgebietendem Glanz vollendet."[1080]
3. "Bei deinem Hervorgehen."[1081]
4. "Statue, an einem reinen Ort geboren."[1082]
5. "Statue, im Himmel geboren."[1083]

[1076] K6324+ etc. 195f.198 par. (s.u. Text Nr. 1 z.St.). Evtl. gehört auch K6324+ etc. 143 par. dazu, wenn die Identifikation mit Sm 290 "Rs." 1'-5' richtig ist. Die Formulierung "geh, zögere nicht" findet sich häufig in Verbindung mit Ermutigungsorakeln; z.B. PEA pl. 2 i 61f (Einleitung für ein Aufforderungsorakel zum Kriegszug): "… Geh, zögere nicht, wir werden neben dir hergehen und deine Feinde verderben."

[1077] Gegen JACOBSEN, Graven Image, 27, gefolgt von DIETRICH, M., Werkstoff, 122.

[1078] Zu den *šu'illa*- und den *šu'illakku*-Gebeten vgl. COOPER, A Sumerian, 51 Anm. 2, DERS., Warrior, 84, BONHAGEN, Šuila, 5 (Ich danke Frau Bonhagen für die Einsicht in ihr Manuskript). *Šu'illa*-Gebete sind immer im Emesal verfaßt und gehören zu den Aufgaben des *kalû* (im 1. Jt.), während die *šu'illakku*-Gebete der Mundwaschung in Sumerisch geschrieben sind und zum Bereich der *āšipūtu* gehören.

[1079] STT 200 etc. 1-82 = WALKER, Mīs pî, 83-88 s.u. S. 449ff. Dieses Gebet wird auch im Rahmen der Mundöffnung der Mondsichel gebraucht (K63a iv 19, s.u. S. 280). Die Klassifikation als šu.íl.lá fehlt dort.

[1080] K6324+ etc. 162 par.

[1081] K6324+ etc. 188 par. Die Unterschrift von K3472:17'ff (vgl. WALKER, Mīs pî, 137) ist leider nicht eindeutig zu bestimmen: én alam ní.bi.ta! abzu.ta è.a "Statue, die aus dem *apsû* selbst hervorgeht". Evtl. gehört diese Beschwörung ebenfalls in diesen Kontext.

[1082] Diese Beschwörung (vgl. K6324+ etc. 189 par., s.u. Text Nr. 1 z.St.) ist nicht überliefert.

[1083] K6324+ etc. 190 par., s.u. Text Nr. 1 z.St.

5. Kurze Rezitationen und Beschwörungen, die innerhalb der Ritualtafel ausgeführt sind

Bei dieser Gruppe handelt es sich mit Sicherheit um "rites oraux", die nur für die Mundwaschung des Kultbildes verfaßt wurden. Sie beziehen sich genau auf die jeweilige Rezitationssituation; daher werden häufig genaue Angaben darüber gemacht, an welcher Stelle sich der Priester aufstellen soll. Gottesbild und Priester treten bei diesen kurzen Begegnungen in eine genau vorgeschriebene Kommunikationssituation[1084], bei der der Priester das Kultbild als direkten und lebendigen Partner an- und ihm etwas zuspricht[1085]; möglich ist auch, daß er es dazu auffordert, etwas Bestimmtes zu tun und so am rituellen Geschehen aktiv teilzunehmen. Gegen Ende des Rituals wird das Kultbild aufgefordert, seine Aufgaben für den König, den Tempel und das Land wahrzunehmen[1086].

Andere Rezitationen können sich auch an einzelne Götter richten, die am Gelingen des Kultbildes beteiligt waren[1087]. Häufig schließen diese Beschwörungen einen Abschnitt des Ritualverlaufes ab und leiten zugleich die nächste Phase ein. In diese Gruppe ist auch der assertorische Eid der Handwerker einzuordnen, der sie feierlich schwören läßt, an der Herstellung des Kultbildes nicht beteiligt gewesen zu sein[1088].

6. Beschwörungen für die Regalia des Kultbildes

Nach der erfolgreichen Mundöffnung des Kultbildes, die durch wenigstens fünf eigens dafür verfaßte Handerhebungsgebete, eine Flüsterbeschwörung und einen Eid der Handwerker unterstützt war, folgen weitere Beschwörungen, die die verschiedenen Regalia des neuen Gottes reinigen. Wenn man der ersten (identifizierten) Beschwörung glauben darf, dann trug der Gott ein Gewand aus reinem Leinen[1089], das auf den Gebrauch innerhalb des Mundwaschungsrituals spezialisiert war (Z. 10): inim.inim.ma túg.síg dingir.ra [...] ka.luh.ù.da.kam "Beschwörung für das Gewand eines Gottes [...] bei einer Mundwaschung". Zusätzlich werden die Krone[1090], die Waffe/das Szepter (?)[1091] und der Thron[1092] beschworen, so daß die vollständige Investitur des neuen Kultbildes stattfinden kann.

[1084] K6324+ etc. 61-64 par., s.u. Text Nr. 1 z.St.

[1085] K6324+ etc. 165-168, s.u. Text Nr. 1 z.St.

[1086] K6324+ etc. 169-171, s.u. Text Nr. 1 z.St.

[1087] K6324+ etc. 88-93 par., s.u. Text Nr. 1 z.St.

[1088] K6324+ etc. 179-186 par., s.u. Text Nr. 1 z.St.

[1089] K6324+ etc. 192 par., s.u. Text Nr. 1 z.St.

[1090] K6324+ etc. 193 par., s.u. Text Nr. 1 z.St.

[1091] Evtl. K6324+ etc. 191 par., s.u. Text Nr. 1 z.St.

[1092] K6324+ etc. 194 par., s.u. Text Nr. 1 z.St.

7. Prozessionsbeschwörungen

Nach der Investitur des Kultbildes und den *ki'utukku*-Gebeten an den Sonnengott, der seinerseits den Gott des neuen Kultbildes beruhigen und ihn
dazu auffordern soll, seinen Tempel zu beziehen, beginnen die Prozessionsbeschwörungen, die den Weg des neuen Gottesbildes in seinen Tempel begleiten. Diese Beschwörungen waren nicht eigens für das vorliegende Ritual
verfaßt worden. Da die meisten kultischen Feste eine Prozession durch die
Stadt beinhalten, konnte man auf das allgemeine Repertoire dieser Veranstaltungen zurückgreifen.

Die erste Beschwörung richtet sich an den Fuß einer ungenannten Person
oder des Kultbildes (?), dessen Besitzer sich auf einer Prozession durch die
Stadt befindet. Die Beschwörung soll verhindern, daß sich der Fuß durch die
Berührung mit dem Boden verunreinigt. Dies geht schon aus der Titelzeile
hervor: én gìr ki.bal.a ki.kù.ga hu.mu.ra.ab.bal "Fuß, der den Boden überschreitet, an einem reinen Ort möge er passieren."[1093]

Die Ritualtafel schließt eine weitere Beschwörung an[1094], die sich eindeutig
an den Reinigungspriester (!) richtet. Sie gehört zu den wenigen Beschwörungen des Mundwaschungsrituals, die das Marduk-Ea-Formular[1095] enthalten (Z. 14ff). JACOBSEN[1096] hatte den Text auf das Kultbild bezogen. Wie jedoch aus Z. 5ff und Z. 16f eindeutig hervorgeht, handelt es sich nicht um ein
Gottesbild, sondern um den *mašmaššu*, der sich bei seinem Aufenthalt in der
Stadt durch verschiedene Zwischenfälle verunreinigt hat. Marduk/Asalluhi,
der Patron dieses Priesters, hatte dieses Geschehen bei seinem Spaziergang
durch die Stadt beobachtet (Z. 1ff) und seinem Vater Ea berichtet:

16. Mein Vater, der Beschwörungspriester ist in ausgegossenes Badewasser getreten, er ist
    hineingetreten.
17. Er setzte seinen Fuß in unreines Wasser.

Das Ziel der vorliegenden Beschwörung, die anscheinend auch bei Reinigungsriten verschiedener Art verwendet werden kann (Z. 31-56), ist es daher, die Reinheit des Priesters wiederherzustellen. Da er ohne diese Beschwörung seine Kultfähigkeit verloren hätte und die ordnungsgemäße Betreuung des Kultbildes auf seinem nicht minder gefährlichen Weg durch die
Stadt nicht mehr gewährleistet gewesen wäre, ist die Reinigung des *mašmaššu* an dieser Stelle sinnvoll und notwendig. Wie aus den Z. 53-57 hervorgeht, hatte diese Beschwörung auch die Fähigkeit (gemeinsam mit dem

---

[1093] K2445+ etc. Section B 20, s.u. Anm. 2041.

[1094] BM 45749:59, s.u. Text Nr. 1 z.St.

[1095] Vgl. FALKENSTEIN, Haupttypen, 44-67. K4813 etc. = WALKER, *Mīs pî*, 124-134; weiter auch STT 200 etc. 45ff = WALKER, *Mīs pî*, 86f, s.u. S. 450.

[1096] JACOBSEN, Graven Image, 27 (aufgenommen von DIETRICH, LORETZ, Jahwe, 34).

Weihwasserbecken), die *Stadt* so zu reinigen, daß der *Weg* des Priesters und
der des Kultbildes von Unreinheiten befreit und damit ungefährlich wurde.
Da der Text der Beschwörung nur kurz und formelhaft auf ein Kultbild Bezug nimmt (Z. 49) und sich ansonsten ganz ausführlich mit dem Reinigungspriester und der Stadt beschäftigt, besteht kein Anlaß anzunehmen, daß sich
diese Beschwörung zwar ursprünglich auf den Priester bezogen habe, aber
innerhalb des Mundwaschungsrituals auf das Kultbild umgedeutet worden
sei[1097]. Eine solche Umdeutung hätte, wie andere Beispiele zeigen[1098], sicherlich Eingriffe in den Text zur Folge gehabt; es wäre leicht gewesen, *mašmaššu* durch *ṣalmu/ilu* zu ersetzen.
Die nächste Prozessionsbeschwörung[1099] markiert schon deutlich das Ende
des Weges durch die Stadt. Laut ihrer Unterschrift inim.inim.ma [...] ku4.
ku4.da.kam, begleitet sie den Eintritt eines Gottes in seinen Tempel. Diese
Beschwörung wurde auch während des Neujahrsfestes in Uruk rezitiert. Sie
sicherte dort den Einzug Anus in das *akītu*-Haus[1100].

8. Die Beschwörungen für den Tempel und das Zubehör
Nach der Ankunft des Kultbildes im Allerheiligsten des Tempels werden
auch dort zahlreiche Beschwörungen rezitiert, die sich allerdings nicht an
den Gott, sondern an seinen Wohnsitz[1101] und an den Thron seines Kultsitzes[1102] richten. Auch diese Beschwörungen wurden kaum für das Mundwaschungsritual verfaßt, sondern anderen kultischen Anlässen entlehnt. Gesichert ist dies für die Beschwörung für den Wohnsitz und den Thron des
Kultsitzes, die (ebenso wie die Beschwörung für den Einzug in den Tempel)
während des Neujahrsfestes rezitiert wurden. Sie begleiteten dort den Einzug Anus ins Neujahrsfesthaus und sind daher dem Endstadium eines Prozessionszuges bzw. dem Anfangsstadium einer Inthronisation zuzurechnen.
Dieselbe Situation ("Einzug im Tempel") liegt der Rezitation dieser Beschwörungen im Rahmen des Mundwaschungsrituals zugrunde. Es handelt
sich daher um Beschwörungen, die eine Prozession des Kultbildes und eine

---

[1097] So WALKER, DICK, Induction, 47.

[1098] Vgl. die oben beschriebene *namburbi*-Beschwörung oder die Übertragung von STT
200 etc. auf die Mondsichel (s.u. S. 275ff).

[1099] BM 45749:60, s.u. Text Nr. 1 z.St.

[1100] Vgl. THUREAU-DANGIN, Procession, 108 Rs. 29 (= BRM IV Nr. 7 und FALKENSTEIN,
Topographie, 45-47).

[1101] BM 45749:61. Diese Beschwörung ist bekannt aus dem *akītu*-Fest in Uruk. Sie wird
während der Ankunft Anus im *akītu*-Haus rezitiert, vgl. THUREAU-DANGIN, Procession, 108
Rs. 30. Die Abendessen der Götter im Speisesaal wurden durch Enki eingesetzt, vgl. BENITO,
"Enki", 86:31: "Du (Enki) hast die Abendessen des Speiseraumes der Götter eingesetzt."

[1102] BM 45749:61. Zu ähnlichen Beschwörungen für die Kleider vgl. WALKER, *Mīs pî*,
109. Diese Beschwörung wird auch während des Neujahrsfestes in Uruk rezitiert, vgl. THU-
REAU-DANGIN, Procession, 108 Rs. 30.

Ankunftssituation voraussetzen. Sie markieren das Ende des Weges der Gottheit und ihre Heimkehr bzw. Einkehr in ihren Tempel. Da man für das *akītu*-Fest und das Mundwaschungsritual dieselben Beschwörungen benutzen konnte, scheint kein grundsätzlicher Unterschied darin zu bestehen, ob sich das Kultbild einer Gottheit wiederholt bzw. nur vorübergehend aus seinem Tempel entfernt hatte, oder ob ein neu hergestelltes Kultbild seinen Tempel zum ersten Mal betrat. Entsprechend den vorliegenden Beschwörungen kam es nur darauf an, *daß* die Gottheit mit freudiger Stimmung und beruhigtem Gemüt ihren Platz einnahm, so daß die Stabilität der Ordnung gewährleistet war.

Zum Abschluß des Rituals und der Ankunft des Kultbildes in seinem Tempel wird eine Beschwörung rezitiert, die sich an das gesamte Zubehör des Kultbildes richtet[1103], mit dem es anschließend ausgestattet wurde. Da in der Unterschrift dieser Beschwörung davon die Rede ist, daß der Mund dieses Zubehörs gewaschen oder geöffnet werden soll, ist davon auszugehen, daß diese abschließende Inthronisation des Kultbildes von weiteren Reinigungsritualen begleitet war.

Wenn man den Ablauf des Rituals betrachtet, dann ergibt sich hinsichtlich der Beschwörungen die folgende chronologische Gliederung[1104]:

1. Kultmittelbeschwörungen
2. Reinigungsbeschwörungen für den Priester
2a. <Kurze Beschwörung an die Statue>
3. Reinigungsbeschwörung für das Kultbild
4. Unidentifizierte Beschwörungen an Ea
4a. <Kurze Beschwörung an Ea>

[Die babylonische Version setzt an dieser Stelle mit Kultmittelbeschwörungen und Vorbereitungen für das Weihwasser ein. Die assyrische Version bezieht die Vorbereitungen der Z. 1-54 auf den gesamten Ritualverlauf und kann daher an dieser Stelle auf weitere Kultmittelbeschwörungen verzichten.]

5. Reinigungsbeschwörung für den Priester (?)
6. Einzelne (leider unidentifizierte) Beschwörungen an Šamaš und Ea sowie ein *namburbi*.
7. Handerhebungsgebete für die Mundöffnungen
7a. <Kurze Flüsterbeschwörung an die Statue>
8. Eid der Handwerker
9. Beschwörungen für die Regalia zur Investitur
10. *kiʾutukku* an den Sonnengott
    [Ende der Ninive-Version]
11. Prozessionsbeschwörungen
12. Beschwörungen für die Inthronisation des Bildes im Tempel.

[1103] BM 45749:64 s.u. Text Nr. 1 z.St.

[1104] Die spitzen Klammern zeigen an, daß der Wortlaut der Beschwörung in der Ninive-Version der Ritualtafel überliefert ist.

Vereinfacht man diesen Ablauf weiter, dann läßt sich die These aufstellen, daß das Ritual im wesentlichen in drei Phasen zerfällt:

1. Die Vorbereitungsphase mit den Reinigungen und den Ritualen vor Ea (Nr. 1-4); die Beschwörungen richten sich häufig an den Handwerkergott.
2. Die eigentliche Mundöffnung mit der Investitur (Nr. 5-10); die Beschwörungen richten sich vor allem an den Sonnengott oder die Statue.
3. Die Inthronisation im Tempel (Nr. 11-12); die Beschwörungen richten sich an die Statue, den Thron und das Zubehör.

2.3.3.2. Die einzelnen Handlungen

Das Kultbild ist Bezugspunkt der folgenden Handlungen:

Wolle an den Hals binden[1105], Räucherbecken davor stellen und libieren[1106], Tuch davor/daneben legen[1107], Räucherbecken und Fackel darüber schwenken[1108], mit dem Weihwasserbecken reinigen und Wasser sprengen[1109], Mundwaschung/Mundöffnung vollziehen[1110], zum Gott sprechen/flüstern[1111] bzw. ihn auffordern, etwas zu tun[1112], vor dem Gott rezitieren[1113], sich vor dem Gott prosternieren[1114], die Hand des Gottes packen[1115], den Gott hinausgehen lassen[1116], den Gott eintreten lassen[1117], den Gott Platz nehmen lassen/hinsetzen[1118], die Augen des Gottes ausrichten[1119], Augenöffnung vollziehen[1120], sich neben/vor den Gott stellen[1121], Zurüstung aufstellen/auflösen und opfern[1122], mit dem Gott in einer Prozession ziehen[1123].

[1105] K6324+ etc. 38, s.u. Text Nr. 1 z.St.
[1106] K6324+ etc. 57.107, s.u. Text Nr. 1 z.St.
[1107] BM 45749:2, s.u. Text Nr. 1 z.St.
[1108] K6324+ etc. 41.59.151, s.u. Text Nr. 1 z.St.
[1109] K6324+ etc. 59.152; BM 45749:63, s.u. Text Nr. 1 z.St.
[1110] K6324+ etc. 58.104.108.150.161; BM 45749:2.11.24.26 u.ö., s.u. Text Nr. 1 z.St.
[1111] K6324+ etc. 60.64.163f.166.172; BM 45749:49, s.u. Text Nr. 1 z.St.
[1112] K6324+ etc. 61f.169-171, s.u. Text Nr. 1 z.St.
[1113] BM 45749:4.6.53.56; K6324+ etc. 67, s.u. Text Nr. 1 z.St.
[1114] K6324+ etc. 64.160, s.u. Text Nr. 1 z.St.
[1115] K6324+ etc. 65.95; BM 45749:5.12.59f, s.u. Text Nr. 1 z.St.
[1116] STT 200 etc. 59-64, s.u. S. 451.
[1117] BM 45749:60, s.u. Text Nr. 1 z.St.
[1118] K6324+ etc. 71.96; BM 45749:6.13.61, s.u. Text Nr. 1 z.St.
[1119] K6324+ etc. 97; BM 45749:7.13, s.u. Text Nr. 1 z.St.
[1120] BM 45749:53, s.u. Text Nr. 1 z.St.
[1121] K6324+ etc. 159; BM 45749:46, s.u. Text Nr. 1 z.St.
[1122] K6324+ etc. 65.108.200; BM 45749:3.5.7.28.58.60.63, s.u. Text Nr. 1 z.St.
[1123] K6324+ etc. 67-69; BM 45749:5f, s.u. Text Nr. 1 z.St.

Die Mehrzahl der Körpergesten, Opferhandlungen, Bewegungsabläufe, magischen Handlungen und Beschwörungen richten sich von Anfang an an das Kultbild. Es wird bereits zu Beginn direkt angesprochen ("du") und mit den Begriffen "dieser Gott", "Statue", "Statue des Gottes", "Gott" bezeichnet. Im konkreten Ritualvollzug wird diese Anrede sicherlich durch den Namen des jeweiligen Gottes ersetzt, da nur so sichergestellt ist, daß der betroffene Gott an den magischen Handlungen teilnimmt. "Dieser Gott" ersetzt daher die Formulierung "NN, Sohn des NN", die in magischen Ritualen für einen Menschen üblich ist.

Von den zahlreichen Göttern, die zusätzlich beopfert oder verbal angesprochen werden, sind Marduk, Ea und der Sonnengott hervorzuheben. Dieses "Trio der weißen Magie" ist aus zahlreichen magischen und kultischen Ritualen bekannt. Innerhalb des Mundwaschungsrituals verlagert sich der Schwerpunkt ihres Einsatzes. War zu Beginn Ea der Gott, dessen Beistand wiederholt angerufen wurde, so ist der zweite Tag des Rituals stärker von Šamaš bestimmt.

2.3.3.3. Der Zeitpunkt

Der *Zeitpunkt* des Rituals wird von den Göttern selbst bestimmt. Innerhalb des Rituals finden vierzehn Mundwaschungen statt. Der Ort der ersten Mundwaschung ist die Werkstatt, alle weiteren finden am Flußufer in den Gärten der Ea-Kapelle Ekarzagina statt, die letzte erhält der Gott dann an seinem Wohnort, dem Tempel. Das Ritual dauert zwei Tage und wird durch die Abende bzw. die Morgen gegliedert.

2.3.3.4. Der Ort – Das Ekarzagina

Der Schauplatz des Rituals ändert sich mehrfach. Es beginnt in der Werkstatt, siedelt über an das Flußufer und in den Garten[1124] und endet schließlich im Tempel des betroffenen Gottes. An den einzelnen Stationen werden jeweils Mundwaschungen und Mundöffnungen vollzogen, die der Öffentlichkeit jedoch verborgen bleiben. Werkstatt, Fluß und Gartenbereich waren ein zusammenhängendes und abgeschlossenes Territorium, das nur den Tempelbediensteten zugänglich war (s.u.). Für die Bevölkerung war das neue Kult-

---

[1124] Zu den Gärten in ihrer kultischen Funktion und als Ritualort vgl. GLASSNER, Jardins, 11. Der kultische Garten ist ein Ort der Freude der Götter. Bei bestimmten Festen wird er als Ort der Begegnung zwischen Göttern (bzw. Göttern und Menschen) genutzt.

bild nur sichtbar, wenn es diese Anlage verließ, um sich in seinen Tempel zu begeben (s.u.).
Die Riten, die am Fluß und im Garten stattfinden, spielen sich anscheinend im Freien ab. Zwar ergeht in STT 200 etc. 57f (s. S. 451) an Asalluhi die Anweisung, im Garten ein *bīt rimki* ("Badehaus") zu bauen, doch wird aus dem Kontext nicht ganz klar, wozu dieses "Haus" dienen soll, da die Ritualanordnung eindeutig voraussetzt, daß die Riten unter freiem Himmel stattfinden. Da dieses "Badehaus" in der zitierten Stelle offensichtlich recht schnell und einfach zu errichten ist, ist vielleicht am ehesten an eine Hütte aus Rohrstäben zu denken.

Der Flußkai und die Gartenanlage, die der Werkstatt benachbart sind, gehören zu dem Tempelbereich Eas und tragen in den historischen Inschriften den Namen Ekarzagina ("Haus des Lapislazulikais"). Die Ritual- und die Beschwörungstafeln des MWKB erwähnen das Ekarzagina überraschenderweise nicht. Dort ist immer nur vom Fluß, den Gärten oder den Kanälen die Rede[1125]. In Assyrien konnte die Mundwaschung eines neuen Kultbildes auch im Vorhof des Aššurtempels vollzogen werden[1126]. Die Wahl dieses Ritualortes hat sicherlich auch religionspolitische Gründe[1127].

Das Ekarzagina in Babylon war das Heiligtum des Weisheitsgottes Ea[1128]. Obwohl es als Teil der Tempelanlage von Esagila angesehen wurde[1129], war es dennoch ein eigenständiger Baukomplex und ein abgeschlossenes Territorium, das am Flußufer lag. Zwischen Ekarzagina und Esagila lagen die Tempelgärten, die von Esagila aus durch mehrere Tore begehbar waren[1130]:

[1125] STT 200 etc. 57ff = WALKER, *Mīs pî*, 87, s.u. S. 451; K6324+ etc. 2.70, s.u. Text Nr. 1 z.St. Das Ekarzagina ist im Kontext des MWKB erwähnt in BORGER, Ash., 89 Rs. 22, ebd., 91:10ff, und BBS 36 iv 25. Eine Zusammenstellung (fast) aller Belege mit den Schreibungen Ekarzagina und Karzagina bietet GEORGE, House, 108 Nr. 568f, sowie GEORGE, BTT, 300-303.

[1126] Z.Zt. Asarhaddons, vgl. LAMBERT, Esarhaddons's Attempt, 162 (K6048+ Rs. iii 10). Dieser ersten Mundwaschung des Kultbildes nach Abschluß seiner Herstellung im Aššurtempel entspricht im MWKB die Mundwaschung in der Werkstatt. Leider ist nicht zu klären, ob die Mundwaschung im *bīt labbuni* (vgl. A.485+ Rs. 25 = MENZEL, Tempel II, Nr. 28 T 44) hierher gehört.

[1127] Vgl. S. 90f.

[1128] Vgl. ausführlicher GEORGE, BTT, 300-303 (zu Tintir IV 3), und zusätzlich MAUL, Eršahunga, 123:9 (Epitheton von Ea: "Herr des Ekarzagina").

[1129] RIMB 2, B.6.32.2, S. 201:65-67, vgl. dazu und zum folgenden GEORGE, BTT, 303.

[1130] Im folgenden handelt es sich um die Tore Esagilas, vgl. GEORGE, BTT, Nr. 6 (BM 35046 Rs. 26-28).

"Das Tor, das sich zum Garten des *apsû* öffnet, heißt 'Tor des Flußgottes.'
Das geschlossene Tor, das sich zum Garten öffnet, heißt 'Tor des Gartens vom *apsû*:' (Es ist)
das Tor, an dem der Mund der Götter geöffnet wird.
Das Tor, das sich zur Ausschachtungsböschung[1131] öffnet, heißt 'Tor des Randes des Gartens'; oder aber es heißt 'Tor der Gräben.'"

Das Ekarzagina war das Tor zum *apsû*, dem Süsswasser und dem Wohnort Eas, so daß mit GEORGE festgestellt werden kann, daß es sich um ein "cosmic quay" handelt[1132]. Dieser kosmische Kai ist auch ein kosmisches Tor, das die irdische Welt mit dem *apsû* und die Herrschaftsbereiche von Marduk und Ea verbindet. An dieser "kosmischen Schwelle" findet der größte Teil des MWKB statt. Wie aus dem oben zitierten Tornamen hervorgeht, wurde der Mund der Götter an einem Tor geöffnet, das "Tor des Gartens vom *apsû*" heißt. Da Schwellen und Tore bei Übergangsriten eine bevorzugte Rolle spielen, wird im folgenden zu fragen sein, ob es sich bei dem MWKB um ein *rite de passage* handelt.

2.3.3.5. Der Prozessionsweg

Innerhalb des MWKB finden insgesamt vier *Prozessionen* statt, die jeweils durch die bekannte Formulierung "die Hand des Gottes packen" (*qāt ili ṣabātu*) eingeleitet werden[1133]:

1. *Von der Werkstatt zum Fluß*[1134]. An dieser Prozession waren neben dem Beschwörungspriester und dem Kultbild auch die Handwerker beteiligt, die ihre Werkzeuge in den Händen hielten. Da die Werkstatt an die Fluß- und die Gartenanlage unmittelbar angrenzt, hatte man sicherlich nur einen kurzen Weg zurückzulegen. Leider erwähnen die Ritualtafeln nichts von Toren, die durchschritten werden. Trotzdem ist anzunehmen, daß wenigstens das Tor passiert wurde, das aus dem Gebäude der Tempelwerkstatt in die Tempelgärten führte. In Babylon trug dieses Tor offensichtlich den Namen "Tor des Flußgottes"[1135].
Da sich dieser Teil des Rituals im Tempelbereich bewegt, fand er unter Ausschluß der Öffentlichkeit statt.
Der Weg des Kultbildes wird von einer Beschwörung begleitet, die sich in der Hauptsache an die Materialien und die Werkzeuge richtet, deren Rein-

---

[1131] Vgl. AHw 1324.
[1132] GEORGE, BTT, 300.
[1133] Zu dieser Prozessionsvokabel vgl. PONGRATZ-LEISTEN, *Ina šulmi īrub*, 171-174.
[1134] BM 45749:5f; K6324+ etc. 65-69.
[1135] Vgl. Anm. 1130.

heit und übernatürliche Herkunft konstatiert werden. Zudem wird wiederholt darauf verwiesen, daß sich die Herstellung des Kultbildes dem Einsatz der Handwerkergötter verdankt. Dieser Teil der Prozession steht daher unter dem Zeichen der Reinheit und der übernatürlichen Herkunft des Bildes.

2. *Der Weg vom Fluß in die Rohrhütten des Gartens*[1136]. Da Flußkai und Gärten Bestandteile des zusammenhängenden und abgeschlossenen Ekarzaginas sind, war bei dieser Prozession sicherlich nur ein kurzer Weg zurückzulegen, der ebenfalls der Öffentlichkeit verborgen blieb. Trotzdem sollte nicht übersehen werden, daß das Kultbild dazu aufgefordert wird, sich zu erheben und einen Ortswechsel vorzunehmen (K6324+ etc. 95 par.). Auch an dieser Stelle erwähnt die Ritualtafel kein Tor, das zu durchschreiten war. Da sich am *Fluß* vor allem die Riten der *Mundwaschung* abgespielt haben und der Ritualverlauf im *Garten* in der Hauptsache der *Mundöffnung* zugeeignet war, ist zu überlegen, ob das Kultbild in dieser Phase nicht nur einen Ortswechsel, sondern auch einen Schwellenübertritt vornahm, der räumlich durch das Passieren eines Tores ausgedrückt wurde. Es böte sich an, diese These mit den oben zitierten Tornamen Esagilas in Verbindung zu bringen. Dies würde bedeuten, daß das Bild in Babylon in diesem Ritualabschnitt das geschlossene Tor, das sich zum Garten hin öffnet, bzw. das "Tor des Gartens vom *apsû*" durchschreitet und sich in dessen näherer Umgebung niederläßt, so daß es als das Tor bezeichnet werden kann, "an dem der Mund der Götter geöffnet wird."[1137]

3. *Vom Garten zum Tor des Tempels*[1138]. Auch in dieser Etappe ist in der Ritualtafel keine Rede von einem Tor. Da die abgeschlossene Gartenanlage des Ekarzaginas jedoch wiederholt Ausgangspunkt der Prozession eines neuen Kultbildes war, ist mit einem Tor "nach draußen" zu rechnen. In Babylon trug dieses Tor, das am Rand der Gärten lag, den Namen "Tor des Randes des Gartens" oder "Tor der Gräben"[1139].
Nachdem das Kultbild den Tempelbereich seiner Herkunft verlassen und den Tempel seines zukünftigen Wirkens noch nicht erreicht hat, befindet es sich in dieser Phase auf dem Weg durch die Stadt. Es ist ein Weg der Gefährdung und der ständigen Verunreinigung. Daher sichern Beschwörungen den *āšipu* wie auch das Kultbild ab. Das Weihwasserbecken und das Weihwasser, das schon den Mund der Götter gereinigt hat, wird zur Reinigung von Stadt und Tempel weiterverwendet. Obwohl die Ritualtafeln nichts da-

---

[1136] BM 45749:12; K6324+ etc. 95.
[1137] Vgl. Anm. 1130.
[1138] BM 45749:59f.
[1139] Vgl. Anm. 1130.

von erwähnen, daß der Weg des Bildes von der Bevölkerung zur Kenntnis genommen wurde, ist anzunehmen, daß dieser Teil des Weges der Gottheit öffentlich war. Es ist kaum vorstellbar, daß eine Prozession durch die Stadt hätte verheimlicht werden können. Von einer Verhüllung oder einem Verstecken des Bildes während dieses Ritualabschnittes ist nirgends die Rede.

3a. *Der Weg vom Tor des Tempels in die Cella*[1140] ist ein kurzer Weg, der schon ganz im Zeichen der Freude des neuen Gottes steht, der seinen Wohnsitz im Tempel aufnimmt. Auch dieser Teil des Prozessionsweges fand unter Ausschluß der Öffentlichkeit statt.

Im Unterschied zu den Prozessionen, die bei den kultischen Festen der Götter abgehalten werden[1141], kommt den Prozessionen innerhalb des MWKB nur wenig eigenes Gewicht zu; sie sind hauptsächlich als Verbindungsglieder zwischen den einzelnen Stationen des Rituals, nicht als eigenständiges Ritualelement (mit eigenen Aufgaben) anzusehen. Anders als bei den öffentlichen und regelmäßig abgehaltenen Festprozessionen geht es in den Prozessionen Nr. 1f. 3a nicht darum, daß die Gottheit mit ihrem Land und den Leuten Kontakt aufnimmt, ihren Machtbereich ausweitet oder gar um die "Popularisierung von Theologie"[1142]. Da diese Prozessionen nicht öffentlich sind, kommt es auch nicht zu einer Zurschaustellung des Königs oder seiner militärischen oder religiösen Aufgaben.

Die Prozession vom Ekarzagina in den jeweiligen Tempel der neuen Gottheit (Nr. 3), die als einzige von der Bevölkerung wahrgenommen werden konnte, ist nur in der babylonischen Version belegt. Die dortigen Ritualangaben konzentrieren sich ganz auf die Reinheit des Kultbildes und des begleitenden Priesters. Der König ist an keiner Stelle erwähnt, ebensowenig andere Laien. Da eine Prozession mit mehreren Priestern und einem Kultbild durch eine Stadt kaum geheim bleiben konnte, war diese Prozession von den bekannten Festprozessionen wohl nur dadurch zu unterscheiden, daß sie eigens angekündigt werden mußte, wenn man auf ein größeres Publikum Wert legte und nicht nur diejenigen Zuschauer wollte, die gerade zufällig zur Stelle waren.

Zusammenfassend lassen sich folgende Unterschiede zwischen den Prozessionen der Feste und denen des MWKB feststellen: Kultische Festprozessio-

---

[1140] BM 45749:60f.

[1141] Zu den Merkmalen der Feste vgl. die folgende Anmerkung und ASSMANN, Prozessionsfest, bes. 106-111. Die Kennzeichen, die er für die ägyptischen Prozessionen aufführt (Bewegung, Aktivität des Kultbildes, wunderbares Ereignis, Erneuerung, Öffentlichkeit, ebd., 107), lassen sich auch in Mesopotamien beobachten (s.u.).

[1142] Zu den Funktionen der öffentlichen Festprozessionen vgl. PONGRATZ-LEISTEN, *Ina šulmi īrub*, 115-148.

nen sind öffentlich; ihre Termine sind festgelegt und bekannt, so daß Vorbereitungen getroffen werden können. Sie finden regelmäßig und häufig unter Beteiligung des Königs statt. Sie dienen der Kommunikation des Gottes mit seinen Verehrern und der selektiven Vermittlung religiöser und königsideologischer Inhalte.

Mundwaschungsprozessionen finden unter Ausschluß der Öffentlichkeit statt (bis auf eine Ausnahme), die Termine müssen jeweils von den Göttern durch Orakel bestimmt werden. Da sie sich unregelmäßig ereignen, muß für den öffentlichen Teil der Prozession des Kultbildes entweder auf die Beteiligung eines größeren Zuschauerkreises verzichtet oder der besondere Anlaß frühzeitig proklamiert werden, so daß Vorbereitungen getroffen werden können. Die Beteiligung des Königs ist nicht nachzuweisen.

Wesentlich erscheint auch die folgende Beobachtung:
Die mesopotamischen Prozessionen, die anläßlich von Festen veranstaltet werden, führen das Kultbild von innen (Tempel) nach außen (Stadt, Land) und wieder nach innen (Tempel) zurück; die Gottheit weitet ihren Herrschaftsbereich über ihren Tempel hinaus aus und versichert Land und Leuten, daß die etablierte Ordnung gesegnet ist und bewahrt wird[1143]. Die Rückkehr des Kultbildes in seinen heimatlichen Tempel ist garantiert. Im Unterschied dazu ist die Bewegungsrichtung der Mundwaschungsprozessionen eine grundsätzlich andere: Sie verläuft von außen nach innen, d.h. von der Werkstatt an den Fluß, anschließend in den Garten und vom Garten in den Tempel. Diese Orientierung erhält das Ritual besonders durch die Einführung des Begriffes der "Steppe" (K6324+ etc. 2.4.69), die mit dem Garten und dem Flußufer identifiziert wird. Da das MWKB den Gott aus der Steppe in den Tempel treten läßt, kann man davon ausgehen, daß die "innere Logik" des Rituals durch den Übergang von der Peripherie ins Zentrum, vom gefährdeten in den gesicherten Bereich bestimmt ist. Dieser ist erst abgeschlossen, wenn das Bild in seinem Tempel, dem Nucleus der Ordnung des Landes (s.u.), inthronisiert ist. Im inneren Teil des Heiligtums, der der Öffentlichkeit verschlossen ist, ist das Kultbild im Vollbesitz seiner Sinne und Kräfte am Ort seiner Rechte (Opfer) und Pflichten (Bewahrung) angekommen, so daß es sich dort niederlassen und seinen Herrschaftsbereich übernehmen kann.
Der Weg der Prozessionen des MWKB steht unter dem Zeichen (1.) des Überganges (a.) von der Bewegung in die Ruhe, (b.) vom glanzvollen Ereignis der öffentlichen göttlichen Epiphanie in der Stadt in seinen routinierten Alltag im abgeschlossenen Tempel, (2.) der Etablierung der Ordnung und (3.) der Übernahme des praktischen Handlungsfeldes[1144]. Dadurch, daß das

---

[1143] S. die vorhergehende Anm.
[1144] Zu den Prozessionen renovierter Kultbilder vgl. S. 260ff. Diese hatten offensichtlich von Anfang an einen größeren Öffentlichkeitscharakter.

MWKB Elemente des Festes (Bewegung, Aktivität, Ereignis, Erneuerung, Öffentlichkeit, z.T. Beteiligung des Königs) mit denen des Alltages (Ruhe, Rezeptivität bzw. Passivität, Routine, Tausch bzw. Bewahrung, Geheimnis, zumeist Priester)[1145] miteinander kombiniert, wird deutlich, daß es das Kultbild von seinem "schönsten Tag" in seinen Alltag überführt.

2.3.3.6. Die Ritualhandlungen – Detailinterpretation

(1) VORBEREITUNGEN IN DER STADT, AUF DEM LAND BZW. IM GARTEN UND IM TEMPEL

NINIVE (Z. 1-54)

Dieser Abschnitt ist durch die Rezitation zahlreicher Kultmittelbeschwörungen gekennzeichnet. Beschworen werden die Materialien, die für den Ritualaufbau von besonderer Bedeutung sind. Nachdem der Priester sich davon überzeugt hat, daß der *Zeit*punkt des Rituals den Göttern genehm ist, macht er sich daran, den Ritual*raum* abzustecken. Daher richten sich die ersten Beschwörungen an Rohr, Ton und Mehl, mit deren Hilfe es dem Priester möglich ist, das Gelände, in dem er sein Ritual abhalten will, abzugrenzen: Der Mehlkreis steckt den äußeren Rahmen ab; die Rohrzelte und Rohrhütten, die innerhalb dieses Kreises aufgestellt werden, bilden kleinere magische Raumeinheiten; die Rohrzelte werden entlang des Kreisrandes postiert. Die Rohrhütten werden jeweils einer Gottheit geweiht und in Dreiergruppen geordnet. Das erste Trio wird den wichtigsten Göttern der "weißen Magie" und des Rituals Ea, Šamaš und Asalluhi zugeeignet. Wenn es richtig ist, daß die Reihenfolge, in der die Götter aufgezählt werden, die Ritualanordnung wiedergibt, dann wird Šamaš anscheinend in der Mitte plaziert; dies weist darauf hin, daß ihm im Laufe des Rituals eine besondere Bedeutung zukommt, die weiter zu verfolgen sein wird. In der zweiten Gruppe von drei Rohrhütten, die Kusu, Ningirim und Bēlet-ilī zugeordnet werden, kommt Ningirim in der Mitte zu stehen. Sie ist durch das Weihwasserbecken, das innerhalb des Rituals eine herausragende Rolle spielt, wiederholt an der Mundwaschung und der Mundöffnung der Götter beteiligt[1146]. Die beschriebene Ritualanordnung mit Mehlkreis, Rohrzelten und Rohrhütten befindet sich im Garten; sie wurde nicht etwa für den ersten Schritt des Rituals, sondern für ein späteres Stadium vorbereitet (K6324+ etc. 95ff par.).

[1145] Zu den Kennzeichen von Fest und Alltag vgl. ASSMANN, Prozessionsfest, 106f.

[1146] Vgl. dazu den kultischen Kommentar CBS 6060 par. in LIVINGSTONE, MMEW, 176f:1: "Das Weihwasserbecken ... der Götter [(xx)] (ist) Ningirim, Schöpferin der Götter, ihrer [Brüder]."

Die Vorbereitungen, die im übrigen am frühen Morgen begonnen werden, erstrecken sich zusätzlich auch auf das Haus der Zuweisung und auf den Tempel des betroffenen Gottes in der Stadt (Z. 12). Weiterhin wird auch der Fluß beopfert und durch zahlreiche Beschwörungen präpariert. Nachdem die räumlichen Voraussetzungen für das Ritual geschaffen sind, macht sich der Priester daran, Weihwasser für sieben Weihwasserbecken zu schöpfen. In der Nacht[1147] zuvor hatte er im Haus des Kusu das "Weihwasserbecken der Mundwaschung" zubereitet[1148]. In dieses Wasser wurden verschiedene Hölzer, Halbedelsteine, Edelmetalle, Kräuter, Öle, Butter und Sirup[1149] geworfen, deren reinigende Wirkung für Götter und Menschen bekannt ist[1150].

Auch am Kultbild, das sich zu Beginn des Rituals noch in der Werkstatt befindet, werden einleitende Präparationen vollzogen, indem man weiße, rote und blaue Wolle um seinen Hals bindet (Z. 38). Danach beginnen die ersten Reinigungszeremonien[1151] mit Räucherbecken[1152], Fackel und Weihwasserbecken. Alle drei Gegenstände werden vor bzw. über dem Verunreinigten hin und her geschwenkt. Erst jetzt wird das Ritualterritorium für die erste Phase des Rituals präpariert, indem man den Boden der Werkstatt (?) durch verschiedene Reinigungshandlungen, Beräucherungen und eine Libation von der unreinen Umgebung absondert. Nachdem dann das Weihwasserbecken wiederholt beschworen und beopfert wurde, prosterniert sich der Priester und kehrt in das Haus der Zuweisung in der Stadt zurück (Z. 54), von dessen

---

[1147] Es handelt sich um die Nacht, die dem Morgengrauen der ersten Zeilen vorausgeht; dies bedeutet, daß das Ritual nachts beginnt und entsprechend der Babylon-Version auch nachts endet.

[1148] Daher ist diese Handlung durchaus verständlich, gegen PODELLA, Lichtkleid, 109.

[1149] Eine Kultmittelbeschwörung für Sirup, Butter, Öl und Weihrauch (im Kontext einer Mundwaschung) bietet K3511+ ii 8'ff = WALKER, Mīs pî, 42f. Auch diese Ingredienzien haben die Fähigkeit, den Mund der Götter zu reinigen (ii 13'f).

[1150] Vgl. Šurpu IX; STT 198 Rs. i 63 = WALKER, Mīs pî, 34. K3511+ = WALKER, Mīs pî, 40ff (Sitz im Leben ist die Mundwaschung, vgl. Z. 14.26.38) enthält (analog der Reihenfolge in Šurpu IX) die Kultmittelbeschwörungen für Tamariske, Seifenkraut, Rohr und Salzkräuter. Diese Ingredienzien erhalten dadurch die Fähigkeit, den Mund der Götter zu reinigen. Da das Weihwasserbecken in BM 45749 innerhalb des Ritualablaufes erst später zubereitet wird, findet sich die Beschwörung für die Tamariske in Z. 26. Die übrigen werden auf der Ritualtafel nicht aufgeführt. Die Verbindung dieser Kultmittelbeschwörungen mit Šurpu IX ist schon seit ZIMMERN, Das vermutliche Vorbild, 960, bekannt. Zur Interpretation des Weihwasserbeckens vgl. S. 137ff. 223ff.

[1151] Zur reinigenden Wirkung des Weihwasserbeckens, des Räucherbeckens und der Fackel vgl. MAUL, Zukunftsbewältigung, 62. 94-97.

[1152] Kultmittelbeschwörungen für Weihrauch und Feuer bietet Rm 225 etc. = WALKER, Mīs pî, 48ff (Beschwörungen für die "Reinigung" eines Gottes Z. 14.37). Auch die (ebd.) folgende Beschwörung für das Weihwasserbecken (Rm 225 etc. 38-50) erwähnt die Mundwaschung nicht explizit, so daß sie auch außerhalb des Mundwaschungsrituals bei den verschiedenen Reinigungszeremonien der Götter angewendet werden konnte.

ordnungsgemäßen Zustand er sich schon im Morgengrauen überzeugt hatte
(Z. 4). Zum Abschluß wird noch der Fluß inspiziert[1153].
Damit sind die Vorbereitungen in der Werkstatt, in dem Tempel (in der
Stadt), an dem Fluß und im Garten abgeschlossen. Alle Lokalitäten, an denen innerhalb des MWKB Ritualhandlungen vorgenommen werden, sind als
abgesonderter Ritualraum und somit für die anschließenden Riten präpariert
worden. Die größte Aufmerksamkeit kam der Herstellung der Ritualanordnung im Garten und der Zubereitung des Weihwasserbeckens zu, das nach
Ausweis der Beschwörungstafel STT 200 etc[1154] ebenfalls erst im Garten benötigt werden wird. Sie kostete den Priester den größten Teil seiner Zeit und
(den König) sicherlich auch teures Geld.
Diese gesamte Sektion wird in BM 45749 erst später berichtet. Dort wird
das Weihwasserbecken erst zu Beginn des 2. Tages vorbereitet (d.h. erst, als
es wirklich gebraucht wird); auf die Schilderung der Präparation der Rohrhütten und Zelte wird gänzlich verzichtet. Technisch war es sicherlich sinnvoller, die notwendigen Ritualanordnungen und das Weihwasser zu Beginn
des Rituals bereitzustellen. Die ninivitische Version ist in dieser Hinsicht
besser organisiert. Vielleicht spiegelt sich darin ein späteres Überlieferungs-
stadium.

(2) WERKSTATT
NINIVE (Z. 55-64)
In der Werkstatt beginnt der eigentliche Teil des Ritualablaufes damit, daß
das Territorium erst einmal gereinigt wird. Vor Ea, Asalluhi und dem Kultbild werden Beräucherungen und eine Bierlibation vollzogen. Dieses Trank-
opfer ist das erste Opfer, das das neue Kultbild erhält. Es ist erwähnenswert,
daß die Statue schon in dieser Phase des Rituals als "Gott" und nicht etwa
als "Statue" bezeichnet wird. M.E. deutet dies darauf hin, daß das Kultbild
schon *vor* der Teilnahme am MWKB nicht nur als rein materielles Handwerksprodukt angesehen wurde[1155]. Anschließend findet die erste Mundwaschung und Mundöffnung statt, die von Reinigungen durch Räucherwerk
und das Weihwasserbecken begleitet ist. Die folgende Beschwörung ist leider nicht identifiziert (Z. 59). Evtl. ist sie mit der der babylonischen Version
(Z. 3) identisch. Mit der einleitenden Mundwaschung und Mundöffnung begann offensichtlich die Übertragung der sinnlichen Wahrnehmungsfunktio-
nen auf das Gottesbild, da es im Anschluß zum ersten Mal direkt angespro-

---

[1153] CAD I/J 190a, übersetzt "(you) inspect (the model of?) the river." Ortswechsel werden innerhalb des Rituals oft unvermittelt vollzogen und nicht immer explizit angegeben.
[1154] STT 200 etc. 49-56, s.u. S. 450f.
[1155] Gegen DIETRICH, LORETZ, Jahwe, 36, und DIETRICH, M., Werkstoff, 124, die das
Kultbild als totes Stück Materie ansehen, solange es nicht dem MWKB unterworfen wurde.

chen und aufgefordert wird, mit frohem Herzen zu seinem Vater Ea, d.h. an den Fluß, zu gehen[1156]. Das Gehör und das Herz des Kultbildes sind zu diesem Zeitpunkt also schon voll einsatzfähig.

BABYLON (Z. 1-4)
In der babylonischen Version werden in der Werkstatt zwei Weihwasserbekken aufgestellt und ein Opferarrangement für Ea und Asalluhi aufgebaut. Die folgende Ritualanweisung ist eindeutig: Vor dem Kultbild wird ein rotes, an seiner rechten Seite ein weißes Tuch ausgebreitet. Der Sinn dieser Tücher wird leider nirgends erläutert[1157]. Wenn man davon ausgeht, daß der Priester sie nicht betreten darf, dann bleibt ihm nur noch die linke Seite, um sich dem Gottesbild zu nähern und die anschließende Mundwaschung durchzuführen. Im Anschluß daran erhält der Gott des neuen Bildes sein erstes Opferarrangement; offensichtlich ist er schon in der Lage, es zu konsumieren.

An dieser Stelle schließt sich die Beschwörung "Im Himmel durch sich selbst geboren" an. Das Incipit dieser Beschwörung verleitet dazu, sie auf die himmlische Geburt des Gottesbildes zu beziehen[1158]. M.E. ist es problematisch, auf diesen Zeilen weitreichende Deutungen aufzubauen, da das sumerische Incipit mit der akkadischen Interlinearübersetzung nicht übereinstimmt:

Die sumerische Version läßt die Frage offen, wer oder was als das Subjekt der Zeilen 1 und 3 anzusehen ist. Sicher ist nur, daß etwas aus eigener Kraft im Himmel und auf der Erde geboren bzw. geschaffen wurde. Diese Aussage paßt recht gut zu dem, was in dem Kapitel über die Herstellung eines Bildes festgestellt wurde: Der Gott, der ein Kultbild wünscht, ist an der Herstellung desselben persönlich und aktiv beteiligt; Ort des Geschehens ist der Himmel und die Erde, da es sich um ein Ereignis handelt, das diese beiden

---

[1156] JACOBSEN, Graven Image, 24, geht davon aus, daß an dieser Stelle der Beginn der Rückentwicklung der Statue anzunehmen ist, die stufenweise zu ihrem Stadium als Holzrohling, Baum und als Teil des Samens Eas, dem sie entstammte, zurückschreite. Für diese Interpretation gibt es m.E. keinerlei Belege im Text. Ea kann als Vater des Kultbildes auftreten, da er es in Zusammenarbeit mit den Handwerkern geschaffen hat. Aus dem Ritualablauf ist m.E. klar ersichtlich, daß sich das Kultbild weiter- und nicht zurückentwickelt.

[1157] Nach CANCIK, MOHR, Religionsästhetik, 135, ist "rot" eine Farbe, die räumlich näher wahrgenommen wird und daher im Betrachter sowohl die Assoziation der Anziehung (Freude) als auch die der Bedrohung (Gefahr) auslöst. Im Kontext des vorliegenden Rituals wird mit einem Tuch dieser Farbe kaum ausgedrückt, daß eine Gefahr besteht. Aus der nachfolgenden Beschwörung (Z. 4) geht jedoch hervor, daß das Kultbild in guter Stimmung ist. Daher ist es m.E. wahrscheinlich, daß das Rot die Freude des Gottes über seine "Geburt" unterstreicht.

[1158] So geschehen von: JACOBSEN, Graven Image, 26 (zu Z. 42; an dieser Stelle übersehen); DIETRICH, LORETZ, Jahwe, 31f; TuL 26 z.St.; WALKER, DICK, Induction, 63.

kosmischen Bereiche umgreift. Die vorliegende Beschwörung blendet jedoch die Mitwirkung des Handwerkergottes und der Handwerker völlig aus,
obwohl auch ihre Mitarbeit zuvor gefordert war[1159]. Außer dem betroffenen
Gott selbst war, laut des vorliegenden sumerischen Incipits, keiner beteiligt.
Die akkadische Version läßt sich nicht auf das Kultbild beziehen. Subjekt
sind Himmel und Erde, die aus eigener Kraft geschaffen sind und als "Urgrund" den äußeren räumlichen Rahmen des Geschehens abgeben. Diese
Aussage ist im übrigen auch im Rahmen anderer Rituale belegt[1160].
Sowohl die sumerische als auch die akkadische Version sind sich im folgen-
den darüber einig, daß es um die Feststellung der Reinheit des beteiligten
Priesters geht, der sich an den drei neuralgischen Punkten der dauernden
Verunreinigung Mund, Händen und Füßen gewaschen hat. Zum Abschluß
wird wiederholt die Reinheit des Priesters (und des Ritualortes) beschworen.
An keiner Stelle ist vom Kultbild oder der Gottheit die Rede.
Wenn man den gesamten Text der Beschwörung in Betracht zieht, dann
kann es sich nur um eine Beschwörung handeln, die die Reinheit des Beschwörungspriesters gewährleisten soll; dies deckt sich auch mit der (leider
beschädigten) Unterschrift der Beschwörung[1161]. Die Titelzeile kann daher
kaum für einen "Ursprungsmythos" des Kultbildes ausgewertet werden.
Es ist davon auszugehen, daß diese Beschwörung zu den Vorbereitungen zu
zählen ist, die ein Priester vor Beginn des Rituals durchzuführen hatte, um
zu gewährleisten, daß er seinen Mund und seine Hände den Göttern zur Verfügung stellen konnte; wie oben erläutert, sind die folgenden Ritualhandlungen und Beschwörungen nur durch die Verbindung des Priesters mit seinen Patronatsgöttern wirksam. Gegen diese Interpretation spricht lediglich,
daß die vorliegende Beschwörung erst nach den ersten Ritualhandlungen des
Reinigungspriesters aufgeführt ist; sie kommt daher eigentlich schon zu
spät. Laut der Beschwörungstafel STT 199 etc. ist sie jedoch die erste Beschwörung, die innerhalb dieses Ritualabschnittes zu rezitieren ist; es besteht daher durchaus die Wahrscheinlichkeit, daß sie auf der Ritualtafel an
der falschen Stelle eingeführt wurde. Auffallend ist in jedem Fall, daß die
assyrische Version sie überhaupt nicht überliefert; dies kann eigentlich nur
bedeuten, daß ihr keine zentrale Bedeutung zukommt[1162].

[1159] Vgl. S. 104ff. 112ff u.ö.

[1160] Himmel und Sterne sind "durch sich selbst geschaffen", so in RAcc 138:311 (*akītu*);
auch einzelne (namentlich genannte) Götter können durch sich selbst geschaffen werden, z.B.
Marduk, Sîn und Aššur, vgl. LAMBERT, Address, 315 F 6 und 320 z. St.

[1161] "Beschwörung des *āšipu* [...]", in STT 199 etc. 12 = WALKER, *Mīs pî* 62, s. S. 437.

[1162] Eine Möglichkeit, die sumerische und die akkadische Version mit den entsprechenden
Interpretationen zu harmonisieren, bestünde darin, anzunehmen, daß eine Beschwörung, die
ursprünglich für die Reinheit des Reinigungspriesters gedacht war, auf das Kultbild übertragen wurde. Ausschließen läßt sich dies selbstverständlich nicht, wenn auch zu erwarten

Analog zur assyrischen Version fährt nun auch die babylonische mit der ersten direkten Anrede an das Kultbild fort und fordert es auf, sich zu seinem Vater Ea zu begeben. Obwohl der Wortlaut dieser Beschwörung nicht ausgeführt ist, liegt es nahe, anzunehmen, daß er sich mit dem der Ninive-Version deckt. In beiden Versionen spielt der Sonnengott Šamaš in diesem Ritualabschnitt keine Rolle.

(3) PROZESSION VON DER WERKSTATT ZUM FLUß
NINIVE (Z. 65-69)
Der nächste Abschnitt des Rituals (65-69) führt das Kultbild in einer Prozession an das Flußufer, zu dem eine Gartenanlage gehört. Obwohl die Gärten gestaltetes, kultiviertes und fruchttragendes Land sind, wird in Z. 69 der Begriff der "Steppe" bzw. des "wilden Landes" (ṣēru) eingeführt. Es handelt sich daher kaum um eine Angabe der realen geographischen Umwelt, sondern vielmehr um die Wahrnehmung, Deutung und Bewertung derselben[1163]. Auf der horizontalen Raumachse ist ṣēru das freie, unkultivierte, manchmal auch dämonisierte Land. Es steht im Kontrast zur Stadt, die einen geschlossenen, gestalteten und sicheren Bereich darstellt. Auf der vertikalen Raumachse ist ṣēru der Übergangsbereich zwischen der Oberwelt und der Unterwelt. Durch diesen Schwellencharakter der Steppe ist sie ein Bereich gefährdeter und instabiler Ordnung, Heimat politischer und mythologischer Feinde (Dämonen)[1164]. Rituale finden oft außerhalb der Stadt statt; dies trifft vor allem für Reinigungsrituale zu, da die Verunreinigungen, die ihre Träger verlassen, in den unbewohnten Bereich entweichen sollen[1165] und keinesfalls den bewohnten und geordneten Lebensraum kontaminieren dürfen. Mit Recht spricht B. JANOWSKI im Zusammenhang von Reinigungs- und Löseritualen davon, daß die Steppe ein "Jenseitsgelände" ist, und sich jeder, der sich dort im Rahmen eines solchen Rituals aufhält, in einer "paradigmatischen Chaossituation" befindet, aus der er bei Sonnenaufgang bzw. durch den Sonnengott befreit wird[1166]. Da der Begriff der Steppe und der Unterwelt in Mesopotamien nicht zwingend mit dem Begriff des "Chaos" verbunden ist, ziehe ich es jedoch vor, in diesem Zusammenhang von einer "paradigmatischen Schwellensituation" zu sprechen.
Übertragen auf den vorliegenden Ritualablauf bedeutet das folgendes:

---

wäre, daß man im Zuge dieser Wandlung an irgendeiner Stelle (Z. 9) alam oder dingir eingefügt hätte.
[1163] Vgl. dazu HOHEISEL, Religionsgeographie, 118f.
[1164] Vgl. dazu HAAS, Dämonisierung, 37-44.
[1165] MAUL, Zukunftsbewältigung, 48. 124f.
[1166] JANOWSKI, Sühne, 51 mit Anm. 122, vgl. ähnlich MAUL, Zukunftsbewältigung, 125.

Innerhalb des Prozessionsweges an den Fluß zieht das Kultbild von seinem Geburtsort (der Werkstatt) in das freie Land (das gefährdete Jenseitsgelände) hinaus und begibt sich dort in eine "paradigmatische Schwellensituation" vor den Flußgott Ea. Das Flußufer und der Garten, die als Steppe qualifiziert wurden, sind Orte, an denen die Ordnungen der oberirdischen Welt an die der unterirdischen angrenzen. Als Schwellen sind sie ein Gelände, das gegenüber den Bereichen, die es trennt, durchlässig ist, so daß das Kultbild, das sich in der Oberwelt befindet, mit den unteren Bereichen der Erde in Kontakt treten kann. Alle Verunreinigungen, von denen das Bild an diesem Ort befreit wird, können in ein Gebiet abgeleitet werden, an dem sie keinen weiteren Schaden anrichten können. Die bewohnte und kultivierte Welt bleibt davon unbeeinträchtigt. Erst nachdem das Kultbild das MWKB durchlaufen hat, wird es vom Garten bzw. der Steppe aus in die geordnete Welt, die Stadt und den Tempel, eintreten.

An dem Auszug des Kultbildes in das "Jenseitsgelände" nehmen auch die Handwerker und das Werkzeug teil. Diese räumliche Trennung von der Werkstatt wird von einer Beschwörung begleitet, die die verschiedenen Hölzer aufzählt, aus denen das Kultbild besteht und deren Reinheit und übernatürliche Qualitäten beschwört. Neben dem Material werden auch noch die Werkzeuge sowie die Handwerker angesprochen: Die Werkzeuge waren von besonderer Reinheit, die Handwerker waren eigentlich die Götter. Dieses Zusammentreffen von der räumlichen Trennung von der Werkstatt mit einer Beschwörung, die das Kultbild von seiner menschlichen Herstellung in der Werkstatt und deren Unreinheiten ablöst, kann sicherlich als Trennungsritus interpretiert werden[1167].

BABYLON (Z. 5f)
Beide Versionen stimmen in diesem Teil im wesentlichen überein. Der babylonische Text verzichtet lediglich darauf, den Begriff der "Steppe" einzuführen.

(4) AM FLUSS[1168]
NINIVE (Z. 70-94)
Im Garten, dem "freien Land" direkt am Flußufer, trifft das Bild zum ersten Mal auf seinen Vater Ea. Die "Steppe" stellt in diesem Zusammenhang nicht den Schwellenbereich zwischen der Oberwelt und der Welt der Unterwelts-

---

[1167] Zur Verbindung von Reinigungsriten und Trennungsriten vgl. VAN GENNEP, Übergangsriten, 29.

[1168] Da die Königsinschriften nur die Mundwaschung im Garten am Fluß erwähnen, ist dieser Teil des Rituals am wichtigsten, vgl. z.B. BORGER, Ash., 89 Rs. 21-24, ebd., 91:12f, VAB 7, 268 Rs. iii 19-22 (L4).

götter Nergal und Ereškigal dar, sondern sie markiert den Übergang zwischen der Oberwelt und dem kosmischen Kai des Flußgottes[1169]. In dieser *"paradigmatischen Schwellensituation"* vor Ea steht das Kultbild an einem Übergang, auf dessen einer Seite sich die Handwerker und auf dessen anderer Seite sich der Flußgott befindet; da es sich während der Prozession schon räumlich von seinem irdischen Geburtsort (der Werkstatt) gelöst hat, will es nun mit seinem göttlichen Vater in Verbindung treten.

Die Ritualanweisungen lassen das Bild auf einer Rohrmatte[1170] Platz nehmen und den Priester Rohrhütten aufstellen. Ea und Asalluhi werden beopfert und beräuchert; zusätzlich erhalten sie Libationen. Die folgenden Ritualhandlungen richten sich ausschließlich an Ea: Werkzeuge und Symboltiere aus Silber und Gold werden in den Schenkel eines Schafes eingenäht und in den Fluß geworfen. Die Schildkröten sind sicherlich als Opfergabe zu verstehen, während das Versenken der Schreinerwerkzeuge so zu interpretieren ist, daß der Handwerkergott diejenigen Gegenstände zurückerhält, durch die er gewirkt hatte[1171]. Die Werkzeuge der Handwerker werden im Laufe des Rituals noch öfter erwähnt. Erst später (Z. 99) werden sie innerhalb der Rohrhütten gewandelt und durch die Beschwörung STT 200 etc. 63-65 (s. S. 451) der menschlichen Sphäre enthoben. Obwohl die folgenden Zeilen nur unvollständig erhalten sind, läßt sich aus der babylonischen Version erschließen, daß Ea anschließend mehrfach beschworen wird. Ab Z. 88 zitiert die Ritualtafel den Wortlaut einer kurzen Beschwörung, die im wesentlichen zusammenfaßt, was das Ritual bisher erreicht hat. Sie richtet sich ebenfalls an den Weisheitsgott (Z. 92) und versichert ihm, daß der Mund des Gottes gewaschen ist (Reinheitsversicherung); d.h. daß er den Zustand vollkommener Reinheit erreicht hat. Anschließend fordert sie ihn wiederholt dazu auf, das Kultbild bzw. diesen Gott zu seinen göttlichen Brüdern zu zählen, ihn also der göttlichen Gemeinschaft anzugliedern (Aufforderung zur Angliederung). Interessant sind die mittleren Verse, die durch die referierte "Reinheitsversicherung" und die "Aufforderung zur Angliederung" gerahmt werden. Sie bitten Ea darum, die Werkzeuge der Handwerker wegzunehmen, so daß diese von der Oberwelt in die unterirdische Welt des Flußgottes wechseln. Dieser Satz kommentiert die Ritualhandlung der Z. 78-80. Auf dem Hintergrund der vorliegenden Beschwörung kann dieser Vorgang als Trennungsritus interpretiert werden. An der Schwelle zum *apsû* wird dem Hand-

---

[1169] Zur Verbindung der Unterwelt mit dem Lebensbereich Enkis bzw. Eas vgl. z.B. auch STT 199 etc. 31 = WALKER, *Mīs pî*, 63, s. S. 439.

[1170] Die Rohrmatte ist in Ritualen öfters als Unterlage bezeugt; sie soll das Objekt, das auf ihr plaziert wird, vom Boden trennen, vgl. AHw 141f, bes. 142a Bed. 2, sowie W.20030/4: 16f, übersetzt in TUAT II.2, 234-236, bes. 235; zur weiteren Literatur vgl. ebd., 234.

[1171] Diese Werkzeuge waren zuvor durch STT 199 etc. 34ff = WALKER, *Mīs pî*, 63, s. S. 439 beschworen worden.

werkergott übergeben, was an die menschliche Seite der Herstellung des Bildes erinnert. Im gleichen Maße, in dem man die Handwerker und das Kultbild von den Werkzeugen trennt und sie dem *apsû* überantwortet, soll sich die Statue von ihrer handwerklichen Vergangenheit lösen.

Nach dieser Ansprache an Ea wird sein Opferarrangement abgebaut. Der erste Teil des Rituals ist an dieser Stelle abgeschlossen. Der Ritualaufbau, der bis dahin seinen Zweck erfüllte, wird nicht mehr gebraucht. Ein neues Arrangement für die Götter ist nötig. Dies deutet m.E. einen Einschnitt im Ritualverlauf an. Diese Beobachtung wird durch die Tatsache gestützt, daß die Mundwaschung des Gottes in Z. 88 und Z. 92 als geschehen konstatiert wurde. Die vollkommene Reinheit der Statue ist erreicht; zudem wird in Z. 95 par. ein Ortswechsel angedeutet: Die bekannte Formulierung "die Hand des Gottes packen" leitet die nächste Prozession ein. Der Abbau des Opferarrangements und der Ortswechsel zeigen an, daß das folgende als eigener und neuer Abschnitt zu verstehen ist[1172], der sich nicht mehr primär mit der handwerklichen Vergangenheit und der Reinheit der Statue beschäftigt.

BABYLON (Z. 6-12)

Aus der Babylon-Version wird ersichtlich, daß das Kultbild auf der Rohrmatte mit dem Gesicht nach Westen, d.h. in Richtung des *Sonnenunterganges* (und des Euphrats[1173]) aufgestellt war. Damit bezieht sich dieser Teil des Rituals auf das "alte Dasein" des Kultbildes, dessen Neugeburt in Richtung Osten noch aussteht. Ea, Asalluhi und das Kultbild erhalten jeweils ein Opferarrangement. Auch hier steht Ea im Mittelpunkt; er erhält seine Symboltiere, die Werkzeuge, eine kurze Rezitation sowie eine Beschwörung, die leider nicht überliefert ist. Nach einer Libation wird (abweichend von der Ninive-Version) eine weitere Mundwaschung vollzogen, der sich (parallel zum assyrischen Text) die Beschwörung "Der da kommt, sein Mund ist gewaschen" anschließt. Ihr folgt nur noch die Auflösung des Opferapparates für Ea, Asalluhi und das Kultbild, so daß diese Etappe des Rituals auch in dieser Version abgeschlossen wird. Die Reinheit des Kultbildes ist auch hier erreicht, so daß es für die kultischen Abläufe offen ist, die sich im Garten abspielen und die es zu einem "neuen Dasein" führen werden.

Der Ablauf der babylonischen Fassung entspricht weitgehend derjenigen aus Ninive; zusätzlich erwähnt sie noch eine Mundwaschung und zwei weitere Beschwörungen an Ea. Diese Abweichungen lassen sich aus dem besseren Erhaltungszustand der Tafel BM 45749 erklären.

[1172] Keine der mir bekannten Deutungen des Ritualablaufes ging bisher auf diesen Befund ein.

[1173] Von Esagila aus gesehen liegt der Euphrat im Westen.

In beiden Versionen spielt der Sonnengott in diesem Ritualabschnitt keine
Rolle. Das Geschehen wird vor allem durch Ea dominiert.

(5) PROZESSION VOM FLUßUFER IN DEN GARTEN
NINIVE (Z. 95)
Diese kurze Prozession ist ohne begleitende Beschwörungen berichtet und
verlagert den Ort des Geschehens vom Flußufer in den angrenzenden Garten. Dort befindet sich der magische Kreis mit den Rohrzelten und Rohrhütten, die der Priester zu Anfang der Ritualtafel vorbereitet hatte (Z. 3-11).

BABYLON (Z. 12)
Die babylonische Fassung stimmt mit der ninivitischen überein.

(6) IM GARTEN (A)
NINIVE (Z. 95-108).
Das Kultbild betritt im Garten die komplizierte Ritualanordnung, die der
Priester zu Beginn des eigentlichen Rituals vorbereitet hatte. Es wird dort im
Zentrum des Mehlkreises, d.h. in der Mitte der im Kreis aufgestellten Rohr-
hütten und Rohrzelte, auf einer Rohrmatte plaziert, so daß seine Füße den
Boden nicht berühren; anscheinend ist sein Kopf mit einer Leinendecke abgedeckt[1174]. Durch diese Verhüllung des Kultbildes wird erreicht, daß es
räumlich von seiner irdischen Umwelt abgesondert ist.
Die Augen des Gottes(bildes) werden im Unterschied zur vorhergehenden
Phase des Rituals nach Osten ausgerichtet. Diese Ausrichtung ermöglicht
ihm, am folgenden Morgen den *Aufgang der Sonne* zu sehen. Dieser wird in
altorientalischen Ritualen oft mit Neubelebung, Reinigung und Wiedergeburt in Zusammenhang gebracht[1175]. Der vorliegende Abschnitt des Rituals
dient daher anderen Zwecken als der vorhergehende, der im Zeichen des
Sonnenuntergangs stand. Ebenso wie die Kaianlage, die das Kultbild in der
vorhergehenden Prozession verlassen hatte, war auch der Garten mehrfach
mit dem Begriff der "Steppe" in Verbindung gebracht worden (Z. 2.4). Daher ist davon auszugehen, daß sich das Kultbild auch in diesem Ritualabschnitt in einer "paradigmatischen Schwellensituation" befindet. Im Unterschied zu seiner früheren Aufstellung vor dem Flußgott weist der Ritualaufbau (s.u.) und der zu erwartende Sonnenaufgang an dieser Stelle darauf
hin, daß es sich diesesmal um eine "*paradigmatische Schwellensituation*"
vor dem Sonnengott handelt. Er soll das Kultbild lösen und befreien. Im
Garten wird das Kultbild daher in eine neue Qualität seines Seins eintreten,

---

[1174] Zur Decke als Kopfbedeckung s.u. Anm. 1990.
[1175] So z.B. in den *namburbi*-Ritualen, vgl. MAUL, Zukunftsbewältigung, 125.

die ihm am nächsten Tag durch den Sonnengott vermittelt werden wird. Dies deutet darauf hin, daß in diesem Ritualabschnitt Schwellen- und Umwandlungsriten (*rites de marge*)[1176] stattfinden. Doch zuvor wird das Kultbild für die erste Nacht vorbereitet, die es im Zentrum der im Kreis aufgestellten Rohrhütten und Rohrzelte, in die seine Geräte und die Werkzeuge der Handwerker gelegt werden, verbringen wird. Gegen Abend dieses Tages findet für neun verschiedene Götter vor dem Abendstern eine Fumigation statt; ein Opferarrangement wird aufgebaut. Wenn man die Reihenfolge der genannten Götter in die Anordnung der Räucherbecken am Ritualschauplatz umsetzt, dann ergibt sich, daß der Sonnengott in der Mitte plaziert wird:

Anu-Enlil-Ea-Sîn--Šamaš--Adad-Marduk-Gula-Ištar der Sterne

Die besondere Rolle des Sonnengottes kommt allerdings erst am 2. Tag des Rituals deutlich zum Ausdruck (s.u.). Opfer, Libationen und eine Mundwaschung folgen. Im Anschluß daran wird dieses Opferarrangement aufgelöst. Danach wiederholen sich Beräucherung, Beopferung und Mundwaschung vor den Göttern, die an der Herstellung und der Reinigung des Gottes beteiligt waren. Diese Handlungen finden vor den nächtlichen Göttern statt, die namentlich angerufen und damit in das Ritual einbezogen werden. Dieses Opferarrangement bleibt während der gesamten Nacht bestehen. Damit ist der erste Tag beendet. Das neue Kultbild wurde den wichtigsten Göttern des Tages, der Reinigung und des Handwerks vorgestellt. In der Nacht bleibt es den Sternen überlassen, die mit den Göttern so eng verbunden sind, daß sie die Opfergaben zu ihnen tragen[1177].
In diesem Kontext ist auf VAN GENNEP hinzuweisen. Er stellt fest, daß es bei bestimmten Völkern "wie den Bantu oder den Indianern, für die eine enge Verbindung zwischen der sozialen und der kosmischen Welt besteht" ganz selbstverständlich sei, Riten zu vollziehen, "die das Neugeborene an den Kosmos oder zumindest an seine Hauptelemente angliedern. Das ist die Funktion der Riten, die das Kind dem Mond oder der Sonne darbieten, die Kontakt zur Erde herstellen usw."[1178] Überträgt man dieses Modell auf unsere Fragestellung, dann ergibt sich daraus folgendes: Das Aussetzen des neuen Kultbildes unter den Sternenhimmel stellt einen Angliederungsritus dar, der das Kultbild mit dem Kosmos und seinen "göttlichen Kollegen" verbinden soll. Die Götter wurden durch die beschriebenen Opferhandlungen gnädig gestimmt. Zudem ist ersichtlich, daß man das neue Kultbild geradezu wie ein Neugeborenes behandelt, das erst in seine neuen sozialen Bezüge in-

---

[1176] Zu diesem Begriff vgl. VAN GENNEP, Übergangsriten, 21ff.
[1177] Zur Rolle der Sterne vgl. REINER, Magic, 139-143.
[1178] VAN GENNEP, Übergangsriten, 69.

tegriert werden muß[1179]. Nachdem die Aufnahme des Kultbildes in die göttliche Bruderschaft während des Aufenthaltes der Statue am Fluß mehrfach erbeten worden war, ist dieser Ritualabschnitt offensichtlich darum bemüht, die "Aufforderung zur Angliederung" in die Tat umzusetzen.

BABYLON (Z. 12-36)

Die babylonische Überlieferung verläuft erst auf den zweiten Blick weitgehend parallel zum assyrischen Text: Das Kultbild wird auf eine Rohrmatte gesetzt, mit einer Leinendecke abgedeckt und nach Osten ausgerichtet. Verschiedene Götter, die jeweils zu Neunergruppen zusammenzufassen sind, werden beopfert; anschließend überläßt man das Kultbild der Nacht und dem freien Himmel.

Auf den ersten Blick scheint die babylonische Version in diesem Ritualabschnitt zahlreiches Sondergut zu bieten. Dies ergibt sich zum einen daraus, daß der babylonische Text an dieser Stelle das Vorhandensein einer Ritualanordnung mit Rohrzelten im Garten postuliert, deren Vorbereitung er an keiner Stelle überliefert hat. Zum anderen nimmt der babylonische Priester einen Ortswechsel vor, den die Ninive-Version hier nicht kennt: Er begibt sich (wieder) an den Fluß, um ihn zu beopfern und um zwei Kultmittelbeschwörungen für geschöpftes Wasser zu rezitieren (Z. 13f). Anschließend widmet die babylonische Fassung der Zubereitung des Weihwassers im "Haus des Kusu" ca. zehn Zeilen, die den Ritualverlauf, dessen eigentliches Zentrum das Kultbild ist, aufhalten. Die beschriebenen Ritualanweisungen entsprechen z.T. wörtlich den ersten Zeilen der Ninive-Version, die daher an dieser Stelle auf die Schilderung der Herstellung des Weihwassers verzichten kann. Das Weihwasser der Beschwörung wird in der babylonischen Version offensichtich erst dann gemischt, wenn es tatsächlich gebraucht wird. Die Ninive-Version wollte dagegen den Ablauf des Rituals zügig weiterführen und widmete allen vorbereitenden Handlungen vorab einen eigenen Abschnitt.

Innerhalb der Präparation des Weihwassers berichtet die babylonische Version eine kleine Episode, die in der Ninive-Version keine Parallele findet: Weihwasser wird in einen Trog aus Tamariskenholz gefüllt und dort mit weiteren Ingredienzien angereichert. Das Ganze wird dann auf den Backstein der Bēlet-ilī gestellt; im Anschluß daran wird eine Mundwaschung vollzogen und der Ritualaufbau abgebaut.

Es wurde schon darauf hingewiesen, daß diese Handlungen zwar zahlreiche Anspielungen auf Geburtsvorstellungen beinhalten (z.B. den Backstein der

---

[1179] Der Ritualtext selbst gibt Hinweise darauf, daß das neue Kultbild als Neugeborenes des Ea verstanden wurde und sich (zuerst) seinem Vater vorstellte, vgl. BM 45749:4 und K6324+ etc. 61ff, s.u. Text Nr. 1 z.St.

Muttergöttin), daß sie aber an keiner Stelle mit einem Nachspiel des Zeugungsaktes verbunden werden[1180]. Da es sich lediglich darum handelt, aus verschiedenen Kultmitteln ein *reinigendes* Wasser herzustellen und die Ninive-Version diese Ritualanweisungen eindeutig zu den *vorbereitenden* Handlungen zählt, kann das Postulat von der Zentralität dieses Geschehens nicht aufrechterhalten werden[1181]. Ebensowenig kann die Deutung überzeugen, daß das Weihwasser das Sperma des Ea sei, dessen einzelne Ingredienzien auf das Kultbild zu beziehen seien und seinen Embryo bildeten. Diese Lösung mußte schon an der selektiven Betrachtung der verwendeten Kultmittel scheitern (s.o.), da sie zwar für die Edelmetalle, Hölzer und Edelsteine eine schlüssige Erklärung zu bieten schien, jedoch für Öl, Butter, Sirup und Kräuter keine geeignete Interpretation bereitstellte. Im folgenden soll unter Berücksichtigung eines kultischen Kommentares[1182], der sich (u.a.) mit den Bestandteilen eines Weihwasserbeckens beschäftigt, eine andere Deutung vorgeschlagen werden. Aus diesem Text ergibt sich, daß die Ingredienzien, die in das Weihwasserbecken des MWKB geworfen werden, keinerlei Ausschließlichkeitscharakter beanspruchen können und keineswegs zwingend auf das Material der Kultstatue zu beziehen sind. Sie gehören vielmehr ganz allgemein zur Ausstattung eines Weihwasserbekkens, das zu einer Reinigung benötigt wird.

Zudem ergibt sich aus dem Kultkommentar, daß es zu kurz greift, wenn man die Kultmittel des Weihwasserbeckens mit den Materialien des Kultbildes verbindet und letztlich der materiellen Ebene verbunden bleibt. Wie aus diesem Text hervorgeht, war es üblich, sowohl das Weihwasserbecken als auch seine Ingredienzien mit verschiedenen Göttern zu identifizieren[1183]. Dadurch werden diese Götter in den Ritualvollzug miteingeholt und aktiv daran beteiligt[1184]. Da die Kultmittel Götter und Materialien, also Transzendenz und Immanenz miteinander vernetzen, tragen sie dazu bei, daß das Ritual und konkret das Weihwasserbecken, das vorschriftsmäßig zubereitet wurde, ein Schnittpunkt zwischen der horizontalen und der vertikalen Achse ist. Der Versammlung der Kultmittel im Weihwasser entspricht die Versammlung der Götter im Himmel; diese heilige Wirklichkeit wird in das irdische Ritualgeschehen eingeholt.

[1180] Vgl. S. 137ff.

[1181] Gegen TuL, S. 100f, und JACOBSEN, Graven Image, 25f, vgl. die vorhergehende Anm.

[1182] LIVINGSTONE, MMEW, 176-179 (CBS 6060 Vs. mit Duplikaten).

[1183] Dieser Kommentar bezieht sich nicht explizit auf das Mundwaschungsritual. Eventuell besaß jede Ritualserie ihren eigenen Kanon, der die beteiligten Götter mit verschiedenen Ingredienzien in Relation setzte.

[1184] Z.B. LIVINGSTONE, MMEW, 176f:3-7: "Tamariske: Anu, Herz der Dattelpalme: Dumuzi, Seifenkraut: Ea, *šalālu*-Rohr: Ninurta, *sikillu*-Pflanze: Nanše"; ebd., 176f:12-15: "Zinn: Ninmah, Blei: Ninurta, Karneol: Ninlil, Lapislazuli: Venus."

Ähnlich wie die Beschwörungen, die Ritualhandlungen und die Kultbilder sind daher auch die Kultmittel als Möglichkeiten anzusehen, die Präsenz und die Wirkung der Götter zu vergegenwärtigen, so daß sie zu den Kodierungsformen religiöser Botschaften zu zählen sind[1185]. Die Kultmittel gehören eng zu den Ritualhandlungen, in deren Rahmen sie in einem begrenzten Zeitraum eingesetzt werden. Die Darstellungsweise der Kultmittel ist im Materiellen verwurzelt. Sie verbinden Götter und Mythen mit den Produkten der Natur (Gold, Silber, Edelsteine etc.), jedoch auch mit den Errungenschaften der menschlichen Kultur (gepreßtes Öl, Sirup, Butter). Ihre Art, religiöse Botschaften darzustellen, weist Ähnlichkeiten zu der der Bilder auf, da sie Vorgänge und Handlungen punktuell festhalten; Hintergründe werden nicht geboten. Da die Verbindungen zwischen den genannten Objekten und den Göttern bzw. den Mythen in den Kultkommentaren im allgemeinen nur postuliert, nicht erklärt werden, ist es für uns heute schwer, nachzuvollziehen, was zu der jeweiligen Gleichsetzung geführt hat, und ob diese Gleichsetzungen gleichsam kanonisch und für die verschiedenen Ritualserien verbindlich waren. In Anbetracht der Komplexität der Materie ist davon auszugehen, daß diese Kodierungsform religiöser Inhalte nur den eingeweihten Priestern zugänglich und verständlich war.

Wenn man daher die verschiedenen Kultmittel, die in das Weihwasserbecken des MWKB geworfen werden, mit den Gottheiten verbindet, die sie repräsentieren, dann erhalten die Ritualhandlungen einen neuen Gehalt. Die Götter nehmen in unmittelbarer Weise an allen Reinigungshandlungen teil, für die das Weihwasser bestimmt ist, und das Ritual wird in der Sprache der Theologie und der Mythologie interpretiert. Jeder Gegenstand und jede Handlung besitzt demzufolge theologische Bedeutung und findet im Rahmen des Rituals seinen/ihren spezifischen Sinn. Da bisher leider kein Kultkommentar überliefert ist, der sich explizit mit den Kultmitteln des MWKB beschäftigt, ist über die Frage der Identität der beteiligten Götter letztlich keine Klarheit zu gewinnen. Setzt man jedoch die Ingredienzien des Weihwasserbeckens unseres Rituals mit den Göttern gleich, die der zitierte Kommentar aufführt, und geht man von der Hypothese aus, daß die dort vorgeschlagenen Identifikationen der Kultmittel auch für das MWKB gelten, dann könnte sich hinter der Zubereitung des Weihwasserbeckens des MWKB folgendes verbergen[1186]:

[1185] Vgl. S. 178ff.

[1186] Die folgende Gleichsetzung der Handlungsanweisungen des Mundwaschungsrituals (BM 45749:16-20) mit dem o.g. kultischen Kommentar ist als Gedankenexperiment zu verstehen. Es ist nicht festzustellen, auf welches Ritual sich das Kompendium bezieht; weiter ist unklar, ob es für alle Ritualserien Gültigkeit beanspruchen kann. Selbstverständlich ist auch mit unterschiedlichen Traditionen zu rechnen, die die Verbindungen der Göttern mit Kultmit-

(16.) In Ningirim, der Schöpferin der Götter, für die Mundwaschung, wirfst du Anu, Ea, Dumuzi, die sieben Söhne des Enmešarra, Ninurta, Sumpfrohr,
(17.) Nanaya, [...], seine Götter, [...], Salz, die Herrin von Nippur, Kišar, Adad,
(18.) [... gehörnte] Salzkräuter, Nanše, Ölbaum(zweige), Magneteisenstein, zalāqu-Stein,
(19.) [Bēl-ṣarbi[1187]], Ninlil, Venus, Sakkud, Nuska, Achat,
(20.) [Enmešara (= Enlil), Angal (= Anu)[1188]], Ninmah, Eisen, Öl, bestes Öl, igulû-Öl, Zedernöl, Eiter von Anzu (und) Butter hinein.

Es zeigt sich, daß das Weihwasserbecken der Treffpunkt der verschiedensten Götter ist, die auch während des Rituals schon erwähnt worden waren. Die Beziehungen der Götter zueinander bleiben leider unklar. Götter, die besonders wichtig sind, werden durch mehrere Objekte realisiert (Anu Z. 16. 20). Auch die Niederlage von bösen Göttern oder Dämonen ist in den Ingredienzien aktualisiert. Der Mythos vom Kampf des Ninurta ist stark verkürzt in Z. 20 vergegenwärtigt, da sein Gegner Anzu nur noch in seinen Einzelbestandteilen erwähnt wird und nur als besiegter Gott erscheint[1189]. Die einzelnen Ingredienzien des Weihwasserbeckens erhalten ihre besondere Macht von den in ihnen repräsentierten Göttern. Die obersten Götter Anu, Enlil und Ea, die Muttergöttin sowie weitere Götter, deren Aufgabe im Rahmen des Rituals unklar bleibt, sind im Weihwasser persönlich anwesend. Damit fungiert das Wasser als eine Art Focus der Mächte der verschiedenen Gottheiten. Indem böse Götter nur als geschlagene Götter erwähnt sind, wird der Sieg der bewahrenden und ordnenden Götter über das Böse vergegenwärtigt. Die Möglichkeit der Gefährdung wird im Weihwasser nur aus der Perspektive der Überwindung der Gefahr zugelassen. Damit ist dieses Wasser mit einem Maximum an Wirkungsmacht und Göttlichkeit ausgestattet. Das Sprengen des Wassers befreit daher nicht nur von Verunreinigungen aller Art, sondern es kann die einmal geschehene Überwindung des Bösen jederzeit wiederholen. Auf diese Weise kann das Besprengte jedweden Gefährdungen und Gefahren trotzen. Es verwundert nicht, daß Weihwasser für viele Rituale nötig ist und mit ähnlichen Ingredienzien auch für andere Anlässe zubereitet wird.

Die große Anzahl der im Mundwaschungsritual genannten Bestandteile erklärt sich daraus, daß der Vergrößerung der Anzahl der Materialien auch eine Vergrößerung der Anzahl der beteiligten Götter entspricht. Die Wirkung des Wassers wird damit gesteigert, da die Götter bestimmter Funktionsbereiche ihren Teil zur Sicherung ihres jeweiligen Verantwortungs-

---

teln anders ansetzen, als es in diesem Text geschieht. Wenn kein Eintrag in der Liste der Gleichungen vorliegt, wurde der Name des Kultmittels beibehalten.
[1187] "König der Euphratpappel" (sumerisch: Lugalasal).
[1188] Zu diesen Gleichsetzungen vgl. LIVINGSTONE, MMEW, 182.
[1189] Zu weiteren Beispielen der rituellen Vergegenwärtigung des Sieges des Guten über das Böse vgl. MAUL, Zukunftsbewältigung, 99, und LIVINGSTONE, MMEW, 172:1.

bereiches beitragen. In bezug auf die Herstellung und die Funktion unterscheidet sich das Weihwasser des MWKB in keiner Weise qualitativ von dem, das in anderen Reinigungsritualen verwendet wird[1190]. Es versucht lediglich, indem es möglichst viele Götter für das Geschehen verantwortlich macht, das neue Kultbild in allen Bereichen abzusichern. Da es sich bei einem Kultbild um den Wohnsitz und die Repräsentation eines Gottes handelt, ist die möglichst vollkommene Reinheit des Bildes und sein optimaler Schutz gegen Gefährdungen aller Art eine zentrale Aufgabe.

Nach dem beschriebenen Einschub, der sich mit der Zubereitung des Weihwassers beschäftigt, stimmen die babylonische und die assyrische Version wieder weitgehend überein. Der Wortlaut der babylonischen Fassung berichtet davon, daß für die neun wichtigsten Götter, deren Zentrum der Sonnengott bildet, ein Opferarrangement aufgestellt wird, das nach Norden ausgerichtet ist.

Abweichend von der Ninive-Version fügt der babylonische Text an dieser Stelle eine Kultmittelbeschwörung für Tamariskenholz ein, die die Reinheit dieses Materials und die reinigende Kraft seiner Äste beschwört. Sie erwähnt explizit die Reinigung des Mundes des Gottes(bildes) und bezieht sich daher sicherlich auf die anschließende Mundwaschung, die die Reinheit des Kultbildes zum Ziel hat[1191]. Als Kultmittelbeschwörung stört sie an dieser Stelle den Ablauf des Rituals; zudem unterbricht sie die Reihe der Götter, für die Opfer dargebracht werden und in deren Anschluß jeweils Mundwaschungen stattfinden. Evtl. gehört diese Beschwörung zu den Kultmittelbeschwörungen, die die Anfertigung des Weihwassers begleiten. Die Beschreibung der Herstellung des Weihwassers ist in der babylonischen Version hinsichtlich der Kultmittelbeschwörungen äußerst unvollständig. Die Ninive-Version zeigt sich an dieser Stelle zwar detailfreudiger, im Vergleich mit den Beschwörungstafeln weist sie jedoch ebenfalls zahlreiche Defizite auf (s.u.).

Analog zur Ninive-Version werden anschließend neun Opferarrangements für die Muttergöttin, die Götter der Reinigung, die Handwerkergötter und den Gott des neuen Kultbildes aufgebaut, die nach Süden ausgerichtet werden. Auch dieser Ritualabschnitt wird mit einer Mundwaschung abgeschlossen. Da das Kultbild in dieser Phase des Rituals nach Osten ausgerichtet ist, kommt der Ritualaufbau für die "großen Götter" auf seiner linken, der für die Handwerkergötter, die Muttergöttin und den betroffenen Gott selbst auf seiner rechten Seite zu stehen.

[1190] Vgl. MAUL, Zukunftsbewältigung, 41-46.
[1191] So entsprechend K3511+ i 9-12, s.u. S. 443.

NORDEN (links)

Anu/Enlil/Ea/Sîn/Šamaš/Adad/Marduk/Gula/Venus.
(Die Götter, die die Zukunft des Bildes bestimmen)

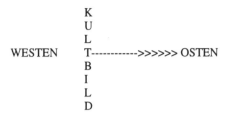

```
            K
            U
            L
WESTEN      T------------>>>>>> OSTEN
            B
            I
            L
            D
```

(Die Götter, die die Herkunft des Bildes bestimmten)
Bēlet-ilī, Kusu, Ningirim, Ninkurra, Ninagal, Kusigbanda, Ninildu, Ninzadim, "dieser Gott".

SÜDEN (rechts)

Da die rechte Seite im altorientalischen Denken positiver konnotiert ist als die linke[1192], zeigt dieser Aufbau deutlich, daß das Kultbild den Handwerkergöttern bzw. seiner Herkunft weiterhin eng verbunden bleibt. Zudem befindet sich auch der Opferapparat des betroffenen Gottes auf dieser Seite.
An dieser Stelle bietet der babylonische Text Detailinformationen (Z. 29ff), die die Ninive-Version vorenthalten hatte: Verschiedene Sterne und Sternbilder, die sicherlich mit den "nächtlichen Göttern" der Ninive-Version identisch sind und die dort nur namentlich angerufen wurden, werden hier im einzelnen aufgeführt und beopfert. Im Anschluß an jedes Opfer wird jeweils eine Mundwaschung vollzogen. Da es sich insgesamt um neun Göttergruppen handelt, finden insgesamt auch neun Mundwaschungen statt. Die babylonische Version überliefert daher am ersten Tag des Rituals insgesamt zwölf Mundwaschungen: Die erste am Morgen in der Werkstatt, die zweite am Fluß, die letzten zehn gegen Abend oder während der Nacht im Garten.
An jeder einzelnen Station des Rituals wurden bisher Mundwaschungen vollzogen; da die Mehrzahl im Garten stattfand, ist dort der vorläufige Höhepunkt des ersten Ritualtages und der ersten Nacht zu vermuten: Er liegt in der Aufnahme des Kultbildes in die Gemeinschaft der Götter, denen es vorgestellt, vor denen es gereinigt und denen es in der Nacht unter dem Sternenhimmel überlassen wurde.

[1192] Vgl. LUSCHEY, Rechts, passim.

DER 2.TAG

(6) IM GARTEN (B)
NINIVE (Z. 109-204)
Am nächsten Tag geht es schon bei Tagesanbruch weiter. Die Ritualanordnung im Garten wird in dieser Phase des Rituals nicht verlassen, und auch die Ausrichtung des Kultbildes nach Osten wird beibehalten, so daß davon auszugehen ist, daß dieser Abschnitt des Rituals mit dem vorhergehenden zu verbinden ist.
Innerhalb der bestehenden Ritualanordnung stellt der Priester in den vorbereiteten Rohrhütten des Ea, des Šamaš und des Asalluhi (vgl. Z. 7) jeweils einen Thronsessel auf, auf dem diese Götter Platz nehmen sollen. Die nachfolgenden Ritualanordnungen lassen sich besser verstehen, wenn man sie mit der Beschwörung "Ea, Šamaš und Asalluhi" (Z. 144) verbindet[1193], die die Vorgänge, die die Ritualtafel nur aneinanderreiht, aus der Perspektive des Priesters betrachtet und genauer kommentiert. Aus der Zusammenschau der Ritual- und der zitierten Beschwörungstafel ergibt sich, daß die folgenden Ritualhandlungen (Z. 110-145) fast gänzlich auf das "Trio der weißen Magie" zu beziehen sind und daß diese Phase des Rituals zum einen eng auf die genannte Beschwörung bezogen ist, zum anderen durch sie zum Abschluß gebracht wird.
Im folgenden wird das Ritualarrangement für Ea, Šamaš und Asalluhi beschrieben, das aus den Rohrhütten mit den Thronen besteht. Zusätzlich werden ihnen noch rote Kleider als Geschenk überreicht; vor den Rohrhütten wird jeweils ein Leinentuch ausgebreitet und ein Opfertisch mit den verschiedensten Gaben angerichtet. Libationsgefäße und Räucherbecken werden zusätzlich vor ihnen aufgestellt. Da die Verwendung von Blut in mesopotamischen Ritualen nicht gerade häufig ist[1194], ist es erwähnenswert, daß (nur) die Ninive-Version davon zu berichten weiß, daß vor jeder der drei Rohrhütten jeweils ein Besprenggefäß mit Blut aufgebaut wird. Innerhalb der anschließenden Ritualanweisungen spielt das Blut keine Rolle mehr, so daß nicht festzustellen ist, welchen Zweck man damit verfolgte[1195].
Die anschließenden Opfer sollen Ea, Šamaš und Asalluhi wohlwollend stimmen, da von ihnen erwartet wird, für das Kultbild Sorge zu tragen. Nicht klar ersichtlich ist, was mit den verschiedenen Wollsorten geschehen soll, die aufgezählt werden, und welche Funktion man ihnen zuschrieb. Da der Text eine Lücke von neun Zeilen aufweist, sind die weiteren Zusammenhän-

---

[1193] Im folgenden wird daher Sm 290 etc. 29-32 miteinbezogen, s.u. S. 448.
[1194] So mit OPPENHEIM, Ancient Mesopotamia, 365 Anm. 18.
[1195] Völlig spekulativ erscheint der Vorschlag von Dick, es würde sich um "birth blood" handeln, vgl. WALKER, DICK, Induction, 62.

ge nicht mehr genau nachzuvollziehen. Erst in Z. 132 ist der Text in einem
Zustand, der eine weitere Interpretation zuläßt. Der Priester erhebt in seiner
Hand Zedernholz und rezitiert zum zweiten Mal die Beschwörung "Im/Die
Himmel durch sich selbst geboren", in der es wahrscheinlich um seine Reinheit und Kultfähigkeit geht. Anschließend folgt eine Beschwörung an den
Sonnengott, die leider nicht identifiziert ist. Dies trifft auch für die folgenden Beschwörungen zu, die sich wohl an Ea richten. Nach der nächsten
kleinen Lücke (Z. 138-141) folgen zwei Gebete, die vor dem Sonnengott rezitiert werden, der im folgenden Ritualabschnitt eine hervorgehobene Rolle
spielen wird. Bei dem ersten handelt es sich wahrscheinlich um ein *ki'utukku*-Gebet, bei dem zweiten um ein bekanntes *namburbi*, das offensichtlich
für den Gebrauch innerhalb des MWKB leicht verändert wurde. Es läßt sich
folgendermaßen gliedern:

6-25 (bzw. 6-11; 16-18)	*Hymnische Einleitung*, die die Fähigkeiten der Götter Ea, Šamaš und Asalluhi preist.
26-32	*Selbstvorstellung des Beters*, der auf die vorhergehenden Riten verweist, die er ordnungsgemäß vollzogen hat.
33-41	*Bitte* (mit der Angabe des Grundes), die Reinigungsriten instandzusetzen, das Schicksal des Bildes zu bestimmen, seine Fähigkeit, Nahrung aufzunehmen und sein Gehör zu aktivieren.

Die drei Götter der weißen Magie werden nachdrücklich dazu aufgefordert,
das *Schicksal des Kultbildes festzusetzen* und ihm *seine Lebensfunktionen zu
übertragen*. Diese Themen prägen den weiteren Ablauf des Rituals, das sich
im folgenden immer öfter mit den Funktionen und künftigen Aufgaben des
Kultbildes und immer weniger mit seiner Herkunft beschäftigt. Der Schwerpunkt verlagert sich daher von der Vergangenheit des (Gottes)Bildes auf
seine Zukunft. Dementsprechend nehmen die anschließenden Opferanweisungen für die Handwerkergötter einen geringeren Raum ein als die Anord-
nungen für Ea, Šamaš und Asalluhi. Die Ninive-Version berichtet an dieser
Stelle von einer weiteren (der vierten) Mundwaschung und der Reinigung
des Kultbildes (Z. 149ff). Weitere Lücken in dieser Version machen eine genaue Nachzeichnung des Verlaufs schwierig. Verschiedene Opfer und Libationen scheinen sich an dieser Stelle anzuschließen, die sich, in Anbetracht
der Tatsache, daß im folgenden ausschließlich das Kultbild angesprochen
wird, an den Gott des neuen Bildes richten dürften.
Der nächste Abschnitt ist dadurch gekennzeichnet, daß fünf Handerhebungsgebete rezitiert werden, die ausschließlich für das MWKB verfaßt
wurden. Sie enthalten die "Theologie des Mundöffnungsrituals" *in nuce* und
markieren seinen Höhepunkt.

Ab Z. 159 tritt der *mašmaššu* in Erscheinung, der sich auf die linke Seite des Kultbildes stellt[1196] und vor ihm das erste der fünf großen Handerhebungsgebete rezitiert. Der Priester steht mit dem Gesicht zu dem verdeckten ("geosteten") Kultbild, in dessen linkes Ohr er spricht. Er selbst hat die nördliche Ritualanordnung, die Ea, Šamaš und Asalluhi sowie den großen Göttern zugeeignet ist, im Rücken und schaut in südliche Richtung auf die Ritualanordnung der Handwerkergötter, der Muttergöttin, der Götter der Reinigung und des betroffenen Gottes. In dieser Position rezitiert er die Beschwörung "Als der Gott geschaffen war, als die reine Statue vollendet war", in deren Anschluß er eine Mundwaschung vollzieht, und die Beschwörung "Reine Statue, in ehrfurchtgebietendem Glanz vollendet", der ein Reinigungsritus und ein Flüstern folgt.

Schon das *erste Handerhebungsgebet* ("Als der Gott geschaffen war") markiert einen Höhepunkt im Ritualverlauf, da in ihm die wichtigsten theologischen Aussagen komprimiert sind. Der Text läßt sich folgendermaßen gliedern:

1-10 Prädikation der Statue
11-41 Die Herkunft der Statue (Trennung von der irdischen Welt):
    11-17   Der Herkunftsort der Statue
    18-41   Die Statue, ein Produkt der Handwerkergötter:
        18-25   Das Aussehen der Statue
        26-38   Das Material der Statue, von den Göttern bereitgestellt
        39-41   Schlußproklamation
42-81 Die Mundöffnung
    42-48   Problemstellung, Marduk-Ea-Formular
    49-81   Problemlösung:
        49-56   Ritualanweisung für das Weihwasser
        57-62   Angabe des Ritualortes
        63-69   Trennung von dem Werkzeug und den Handwerkern
        70-75   Reinigung der Statue durch Kusu mit Weihwasser, Fackel und
                Räucherbecken
        76-80   Mundöffnung durch Asalluhi und Ea
        81   Schlußproklamation der Reinheit
82   Unterschrift

Die Beschwörung zerfällt deutlich in zwei Teile: Im ersten Teil geht es um die übernatürliche Herkunft der Statue und im zweiten Teil um die Aktivierung ihrer Sinneswahrnehmungen und Lebensfunktionen.

Schon in der ersten Zeile setzt das vorliegende Handerhebungsgebet den Gott des neuen Kultbildes mit seiner Statue gleich: Der Gott wurde im Bild geschaffen und tritt dadurch im Land sichtbar in Erscheinung. Die göttliche Epiphanie im Kultbild ist von den Lichtphänomenen begleitet, die üblicher-

---

[1196] Vgl. K2969+ ii etc. 47, s.u. Anm. 2013.

weise zu dem Auftreten der Götter gehören (*melammu, rašubbatu, šalummatu*). Im Kultbild erstrahlt der Gott in seiner Pracht, Herrschaft, Vollkommenheit und in seinem Heldentum. Die Erscheinungs- und Wirkungsweisen der Gottheit werden auf das Bild übertragen, so daß Gott und Bild nicht mehr voneinander zu trennen sind. Die Leistung des Bildes besteht offensichtlich darin, die Gottheit auf der Erde zu visualisieren.

Der nächste Abschnitt der Beschwörung hebt hervor, daß die Statue sowohl aus dem Himmel als auch aus der Erde hervorgegangen ist. Entsprechend den wertvollsten Bestandteilen der Statue, Holz und Stein, werden Wald und Gebirge als irdischer Herkunftsort konkretisiert. Wie schon oben beschrieben, ist das Kultbild daher das Ergebnis der Zusammenarbeit zweier kosmischer Bereiche bzw. ihrer Bewohner, der Götter und der Menschen[1197]. Die handwerklichen Tätigkeiten, die in der Tempelwerkstatt durchgeführt wurden, fanden simultan im Himmel statt. Die himmlische und die irdische Ebene sind daher ineinander verwoben.

Die anschließenden Zeilen widmen sich nun der himmlischen Seite des Herstellungsprozesses und heben hervor, daß es nur die Handwerkergötter waren, die dem Kultbild zu seinem Aussehen verhalfen. Sie formten es so, daß es bis ins Detail "die Gestalt von Gott und Mensch" besitzt. Diese Gleichgestaltigkeit von Göttern und Menschen entspricht der Vorstellung vom personalen Wesen der Götter[1198].

Nachdem die Hypostasen Eas als die eigentlichen Handwerker präsentiert wurden, beschäftigt sich der folgende Abschnitt mit den Materialien, aus denen das Kultbild besteht. Sie waren von den Göttern besorgt[1199] und verarbeitet worden und besitzen ebenfalls übernatürliche Eigenschaften[1200]. Die Tätigkeit der Handwerker, die Qualität ihres Werkzeuges und ihres Materials erhält durch die Herstellung des Bildes durch die Handwerkergötter im Himmel ihre Bedeutung und ihren überirdischen Charakter. Beide Handlungsebenen sind nicht voneinander zu trennen. Das Kultbild gehört einerseits ganz in die göttliche Sphäre, bleibt aber andererseits durch seine Bindung an die Materie und seine Sichtbarkeit der irdischen Welt verpflichtet. Daher ist es Schnittpunkt zwischen der irdischen und der himmlischen bzw. der transzendenten und der immanenten Welt.

Zum Abschluß negiert die Beschwörung die Mitwirkung der irdischen Handwerker, indem sie das Kultbild als das Ergebnis des Schaffens der Handwerkergötter proklamiert. Indem die Götter unmittelbar an ihm handel-

---

[1197] Vgl. S. 104ff. 112ff u.ö.
[1198] Vgl. S. 84 und Anm. 193.
[1199] Vgl. dazu auch Rm 224 iii etc. Section B 108f, s.u. S. 452.
[1200] Vgl. S. 121ff. 128ff und die vorhergehende Anm.

ten, wird die gesamte Herstellung zu einem wunderbaren Geschehen, das geradezu als "Ursprungsmythos" des Bildes angesprochen werden kann.

Das Ergebnis der handwerklichen Tätigkeit der Götter und der Menschen ist jedoch unvollkommen. Es fehlen ihm die Sinne, die es dazu befähigen, seine Lebensfunktionen aufzunehmen. Konkret erwähnt sind der Geruchs- und der Geschmackssinn, die noch nicht intakt sind. In diesem Punkt kann die Mundöffnung des Bildes Abhilfe schaffen. Die Beschwörungstafel STT 200 etc. überliefert an dieser Stelle Ritualanweisungen im Garten, die sich grundsätzlich mit denen der Ritualtafeln (K6324+ etc. 95ff und BM 45749:12ff s. Text Nr. 1 z.St) decken. Aus der Zusammenschau der Ritual- und der Beschwörungstafeln ergibt sich, daß im Garten ein eigener Ritualabschnitt beginnt, der als die eigentliche Mundöffnung des Kultbildes anzusehen ist. Dies deckt sich mit der Beobachtung, daß zuvor ein Ortswechsel vorgenommen und das Opferarrangement der vorherigen Ritualphase abgebaut worden war. Da es sich mit dem Wechsel des Ritualortes in den Garten um einen deutlichen Einschnitt und ein Wiedereinsetzen des Rituals handelt, erklärt es sich m.E. auch, warum die babylonische Ritualtafel und die Beschwörungstafel STT 200 etc. die Zubereitung des Weihwassers (im Unterschied zur Ninive-Version erst) im Garten geschehen lassen. Da das Weihwasser zu dem Ritualabschnitt im Garten und der dortigen Mundöffnung gehört, wird es an Ort und Stelle vorbereitet. Der Ritualverlauf wird dadurch nicht gestört oder gar unterbrochen, da das Ritual ohnehin neu einsetzt. Die Ninive-Version verfolgte in dieser Hinsicht offensichtlich einen anderen Gedanken. Sie verlegte alle vorbereitenden Handlungen an den Anfang der Ritualtafel und verklammerte so einerseits das gesamte Geschehen von der Werkstatt bis zum Tempel; andererseits konnte sie den Spannungsbogen des Ritualverlaufes schneller weiterführen. Zudem ist es für den Priester sicherlich praktischer gewesen, das gesamte Handwerkszeug vorher bereitzulegen. Entsprechend der Ritualtafel wird das Kultbild ins Freie gestellt; anschließend treten die Handwerker mit ihrem Werkzeug vor und lassen sich mit einem Holzschwert symbolisch die Hände abschlagen. Nach dieser Handlung, die die letzten Spuren der irdischen Fertigung des Bildes beseitigt, wird es von Kusu mit Weihwasser, Fackel und Räucherbecken gereinigt (= Mundwaschung). Im Anschluß daran wird durch Asalluhi die eigentliche Mundöffnung mit Sirup, Butter, Zeder und Zypresse vollzogen. Die Herstellung des Bildes, die sich auf der irdischen und der himmlischen Ebene vollzogen hatte, wird durch diese Riten auf die himmlische Ebene reduziert. Da das Kultbild von den menschlichen und irdischen Beteiligten seiner Herkunft abgelöst wird, ist dieser Ritus sicherlich als Trennungsritus zu interpretieren.

Wie aus STT 200 etc. 79f (s. S. 451) hervorgeht, wurde die Mundöffnung des Bildes innerhalb des gesamten MWKB vierzehnmal wiederholt. Dies deckt sich mit der Anzahl der Mundwaschungen bzw. Mundöffnungen, die die babylonische Version berichtet, jedoch nicht mit der Ninive-Version, die im Anschluß an das beschriebene Handerhebungsgebet ihre fünfte und letzte Mundwaschung erwähnt. Diese Abweichung ist so gravierend, daß sie sich nur zum Teil mit der Unvollständigkeit des assyrischen Textes erklären läßt. M.E. ist es wahrscheinlich, daß in der Lücke der Z. 82-87 und im verlorenen Schlußteil der ninivitischen Fassung jeweils eine Mundwaschung zu rekonstruieren ist[1201]. Insgesamt wären dann sieben Mundwaschungen vollzogen worden, so daß die Gesamtzahl einfach halbiert, jedoch die magische Siebenzahl beibehalten worden wäre. Dieser Unterschied ist im wesentlichen darauf zurückzuführen, daß die assyrische Fassung auf die Mundwaschung vor den einzelnen Sternbildern verzichtet, während die babylonische Überlieferung (BM 45749:29-36) den größten Wert darauf legt, daß der Priester diesen Ritus im Angesicht der Sterne vollzieht.

Nach der Mundwaschung rezitiert der Priester das zweite große Handerhebungsgebet ("Reine Statue, für die großen me vollendet" bzw. "Reine Statue, in ehrfurchtgebietendem Glanz vollendet"), das sich wie folgt gliedern läßt:

100-103	Prädikation der Vollendung der Statue
104-109	Herkunft der Statue (Metall und Stein)
110-115	Mundöffnung durch Ea und Asalluhi
	114 Besprengung des Kopfes mit Wasser
	115 Salbung des Mundes
116-119+x	Reinigung und Entsühnung
Section C 4	Unterschrift

Leider sind die ersten Zeilen dieser Beschwörung nicht vollständig, so daß die vorgeschlagene Gliederung hypothetisch bleibt. Das Incipit läßt darauf schließen, daß das Kultbild als vollendet angesehen wird. Die folgende Zeile bestätigt einmal mehr, daß die Herstellung eines Kultbildes mit Geburtsvorstellungen verbunden wurde. Wenn die Ergänzung der Z. 102 korrekt ist, dann wurde die Fertigung eines Bildes damit abgeschlossen, daß man es mit seinem Namen benannte. Doch bleibt dies Spekulation.
Auch in diesem Gebet wird die Entstehung des Kultbildes den Hypostasen Eas zugeschrieben, die zudem auch die Materialien dafür geschaffen haben (Z. 108). Auffälligerweise widmet die Beschwörung der Herkunft der Statue nur wenige Zeilen; wesentlich mehr Interesse kommt ihrer Mundöffnung zu,

---

[1201] Dies ergibt sich aus der Parallelisierung mit BM 45749.

die durch Ea und Asalluhi vollzogen wird. Beide Götter werden mit einer ausführlichen Titulatur angesprochen, die Ea als Weisheitsgott und Schöpfer der Handwerker und Asalluhi/Marduk als den König der Götter preist.

In Verbindung mit der Mundöffnung schildert die vorliegende Beschwörung anschließend Ritualhandlungen, die aus den Ritualtafeln bisher nicht bekannt waren: Dazu gehört zum einen, daß der Kopf des Kultbildes mit Wasser besprengt und zum anderen, daß sein Mund mit Öl gesalbt wird. Aufschlußreich ist, daß dieses Öl als "Öl des Geschaffen-Werdens" qualifiziert wird und daher mit der Herstellung des Bildes in Verbindung steht. Offenbar war die Mundöffnung mit verschiedenen Manipulationen am Kopf des Kultbildes verbunden. Bislang unbekannt war auch, daß im MWKB ein "Sündenbock" eine Rolle spielt. Er wird zusammen mit einem lebendigen Schaf und einem Lamm eingeführt. Diese Tiere sollen wahrscheinlich innerhalb des folgenden Reinigungsrituals für die Entsühnung (des Kultbildes?) sorgen[1202]. Leider ist es nicht möglich, die weiteren Vorgänge zu rekonstruieren. Eindeutig ist nur, daß (für das Kultbild?) Reinigungs- und Sühnerituale vollzogen werden.

Dem beschriebenen Handerhebungsgebet folgt (in der Ritualtafel) ein Reinigungsritus (Z. 163), der evtl. daraus besteht, daß das Kultbild mit reinigenden Substanzen abgerieben wird[1203]. Zusätzlich vollzieht man ein "Flüstern", dessen Wortlaut die Ninive-Version überliefert. Da der Priester während der Rezitation der beiden vorhergehenden Handerhebungsgebete auf der linken Seite des Kultbildes stand, muß er nun die Seite wechseln. Er begibt sich zur Rechten des Gottes, d.h. auf die südliche Seite des Ritualkreises mit dem Ritualarrangement für die Handwerkergötter. Dort flüstert er in das rechte Ohr des Gottesbildes, daß es jetzt zu seinen göttlichen Brüdern gehört. Es handelt sich um die Zusage, daß die Angliederung an die göttliche Gemeinschaft stattgefunden hat (*Angliederungszusage*).

Anschließend kehrt der Priester auf die linke Seite des Kultbildes zurück, auf der das Ritualarrangement für die großen Götter steht. Die Einflüsterungen, die auf dieser Seite zu rezitieren sind, sind ausführlicher als die vorhergehenden, da sie dem Gott nicht nur bestätigen, daß er in die göttliche Gemeinschaft aufgenommen ist (*Angliederungszusage*), sondern ihm auch wünschen, daß ihm das "*Schicksal zur Gottheit*" *bestimmt werde*. Zudem fordern sie ihn auch dazu auf, sich seinem zukünftigen Aufgabenbereich zu widmen. Offensichtlich wird erwartet, daß sich der Gott des neuen Kultbildes zuerst dem König, dann dem Tempel und zuletzt dem Land zuwendet

---

[1202] Zur Rolle des Sündenbocks im Rahmen von Reinigungs- und Eliminationsritualen vgl. JANOWSKI, Sühne, 211-215, WRIGHT, Disposal, 60-74 (zu Lev 16 ebd., 15-30), MAUL, Zukunftsbewältigung, 98.

[1203] Zu *kapāru* D vgl. MAUL, Zukunftsbewältigung, 62.

und sich ihnen wohlgesonnen zeigt. Da bisher an keiner Stelle explizit vom
König die Rede war, ist sein Erscheinen an dieser Stelle beachtlich. Er tritt
schon direkt nach der Geburt des Kultbildes als dessen erster und unmittelbarer Ansprechpartner in Erscheinung und fungiert daher von Anfang an als
Mittler zwischen dem Gott und den Menschen. Laut Z. 169 ist (nur) er
derjenige, der die "Weisung" des Gottes "kennt". Es ist durchaus möglich,
daß sich diese "Weisung" des Gottes konkret auf den Befehl bezieht, ein
neues Kultbild anzufertigen. In jedem Fall stehen der König und das neue
Kultbild in einem sehr engen Verhältnis. Er ist der erste, dem es sich zuwendet, und der einzige, der seine Befehle kennt. Erst nachdem die Gottheit
mit dem König in Verbindung getreten ist, soll sie sich an ihren eigenen
Wohnort begeben. Erwähnenswert ist auch der folgende Vers (Z. 171), der
das Kultbild dazu auffordert, sich dem Land gegenüber wohlgesonnen zu
zeigen. Obwohl der bisherige Ritualverlauf alles daran gesetzt hatte, die irdische Ebene der Herstellung des Bildes zu beseitigen, wird der Gott an dieser
Stelle doch wieder in die Pflicht genommen und daran erinnert, daß es sein
Land war, das ihn geschaffen hat.

Die Einflüsterungen des Priesters deuten darauf hin, daß die *Übertragung
der Sinnes- und Lebensfunktionen* des Bildes und seine *Angliederung in die
göttliche Gemeinschaft* abgeschlossen sind. Jedoch ist noch die *Schicksalsbestimmung der Statue und ihre Kontaktaufnahme mit dem König, dem Tempel und dem Land* zu erwarten, eine Annäherung, die erst durch das Bild ermöglicht wird.

Anschließend treten die Handwerker mit dem Werkzeug vor die Handwerkergötter (d.h. auf die südliche Seite des Ritualkreises) und lassen sich mit
einem Holzschwert symbolisch die Hände abschlagen[1204]. Zusätzlich leisten
sie einen Eid darauf, daß nicht sie es waren, die die Statue geschaffen haben,
sondern ihre Patronatsgötter[1205]. Mit diesem Ritus sind alle Spuren beseitigt,
die das Kultbild in Verbindung zu einem menschlichen Schaffensprozeß
bringen könnten. Das Kultbild bleibt nur noch das Ergebnis eines übernatürlichen, wunderbaren und göttlichen Ereignisses. Die Ablösung von den Unreinheiten der menschlichen Herstellung und die Trennung von einer als abgeschlossen und nichtig angesehenen vergangenen Lebensphase des Bildes
kann als Trennungsritus interpretiert werden.

Da das Kultbild jetzt nur noch als rein göttliches Machwerk in Erscheinung
tritt, das zudem aller seiner Sinne mächtig ist (die babylonische Version erwähnt an dieser Stelle noch die Öffnung der Augen des Bildes), stellt sich

---

[1204] Dies ergibt sich aus der Parallelisierung mit BM 45749:51f.
[1205] Ein ähnlicher Eid ist überliefert in RAcc 22 Rs. 3f (VAT 8022) und W.20030/4:24f,
übersetzt in TUAT II.2, 234-236, bes. 235.

der Priester nun zum ersten Mal direkt vor das Kultbild und spricht es mit den folgenden drei großen Handerhebungsgebeten als direktes Gegenüber an. Wenn man den Ritualverlauf zurückverfolgt, dann läßt sich erkennen, daß die Lebensfunktionen der Gottheit schrittweise in das irdische Material des Bildes eingedrungen sind, bis das Material von der Gottheit quasi "neutralisiert" wurde. Zuerst wurde sein Gehör, dann seine Nase und sein Mund und zuletzt seine Augen aktiviert, so daß man in diesem Zusammenhang von einer Art "spiritueller Osmose"[1206] sprechen kann.

Das dritte Handerhebungsgebet ("Bei deinem Hervorgehen") läßt sich folgendermaßen gliedern:

1-8	Die Herkunft des Bildes (Holz und Werkzeug)
9	Die Ritualsituation des Bildes
10-11	Aufforderung an das Kultbild, sich zum Tempel zu begeben
12	Aufforderung an Šamaš, sich um den Entscheid des Kultbildes zu kümmern
13-19	Mundöffnung durch Marduk und Ea
	13-16 Mundöffnung durch Marduk (und die Priester)
	17-19 Erheben des Kopfes durch Ea; Vollendung der Gottheit und Nahrungsaufnahme
20	Unterschrift

Auch diese Beschwörung setzt damit ein, daß sie die übernatürliche Herkunft des Kultbildes anspricht. Im Unterschied zu dem vorhergehenden Handerhebungsgebet, das sich verstärkt um die metallenen und steinernen Bestandteile der Statue kümmerte, geht es im vorliegenden Fall um das Holz und die Werkzeuge des Schreiners bzw. seines Patronatsgottes Ninildu, denen übernatürliche Qualitäten zugesprochen werden. Wahrscheinlich liegt hier eine weitere Trennung des Kultbildes von seiner irdischen Vergangenheit vor. Anschließend nimmt die Beschwörungstafel Bezug auf die Ritualtafel (Z. 96) bzw. auf die Aufstellung des Kultbildes im Garten. Es steht offensichtlich immer noch in der oben skizzierten "paradigmatischen Schwellensituation", die räumlich durch die Verhüllung des Bildes ausgedrückt wird.

Im folgenden Abschnitt wird das Kultbild dazu aufgefordert, der "gute Geist" seines Tempels zu sein und sich ständig in ihm aufzuhalten. Mit diesen Versen kündigt sich an, daß das Kultbild mit seinem Tempel in Kontakt treten und seinen Aufgabenbereich übernehmen wird. Es wird dabei tatkräftig vom Sonnengott unterstützt, der dafür Sorge trägt, daß "wahrhaftige Ent-

---

[1206] So im Anschluß an GEERTZ, Religion, 68, der REICHARD, G., Navaho Religion Bd. 1 und 2, New York 1950, zitiert.

scheidungen" getroffen werden. Analog zu den vorhergehenden Handerhebungsgebeten berichtet auch der vorliegende Text von der Mundöffnung des
Kultbildes, die von Marduk mittels Sirup, Butter, Zeder und Zypresse vollzogen wird. Die weiteren Verse, die die Vollendung der Gottheit des Kultbildes und die Aufnahme seiner Lebensfunktionen konstatieren, gehen nicht
über bereits Bekanntes hinaus.
Die Beschwörung zerfällt deutlich in drei Teile, die als Trennungs- (Z. 1-8),
Schwellen- (Z. 9) und Angliederungsphase (Z. 10-12) zu beschreiben sind.
Der Übergang in das Stadium der vollendeten Belebung und der Aufnahme
des Funktionsbereiches wird offensichtlich durch die Mundöffnung ermöglicht (Z. 13-19).

Der Text des vierten Handerhebungsgebetes ("Statue, an einem reinen Ort
geboren") ist leider nicht überliefert.

Das fünfte Handerhebungsgebet ("Statue, im Himmel geboren") läßt sich
folgendermaßen gliedern:

23-34   Die Herkunft und die Reinigung des Bildes
35   Aufforderung an Šamaš, sich um den Entscheid des Kultbildes zu kümmern
36-57   Segenswünsche für das Kultbild im Tempel
        36-40   Segenswünsche für das Kultbild
        41-47   Segenswünsche für den Tempel
        48-57   Segenswünsche für die Versorgung des Gottes; Fruchtbarkeit
58-59   Ritualszene
60-62   Aufforderung an das Kultbild, sich zum Tempel zu begeben
63-64   Segen der Götter
65   Unterschrift

Zum letzten Mal setzt der Priester mit der Herkunft des Bildes ein und beschwört dessen Geburt, die sich am Himmel und im Gebirge ereignet hat.
Abweichend von den bisherigen Gebeten, die sich hauptsächlich mit dem
Vater des Kultbildes (Ea) beschäftigt haben, widmet der vorliegende Text
einige Verse den beteiligten Müttern. Da das Bild aus dem Gebirge hervorgegangen war, gehören dazu "Tigris, die Mutter des Gebirges" und "Bēlet-
ilī bzw. Ninhursag, die Mutter des Landes". Die Leistung des Tigris bestand
darin, das reine Wasser (für die Mundwaschung?) bereitzustellen, während
die Muttergöttin Bēlet-ilī das Kultbild großzog. Leider läßt es der Zustand
des Textes nicht mehr zu, die Aufgabe der Nintu zu rekonstruieren, die
ebenfalls als Mutter des Bildes eingeführt wird (Z. 58).
Die folgenden Zeilen beschäftigen sich ausführlich mit der Reinheit des Bildes, für die die Eahypostase Ninzadim und Ninsikilla Sorge trugen, indem
sie es mit reinen Händen betreuten, es an einem reinen Ort wohnen ließen

und es mit Weihwasser besprengten. Nachdem der Stellvertreter Eas die abschließende Reinigung des Kultbildes vollzogen hat, fordert der Beschwörungspriester den Sonnengott dazu auf, sich um die "wahrhaftige Entscheidung" des neuen Gottes zu kümmern. Wie die anschließenden Segenswünsche zeigen, steht diese in Verbindung damit, daß er *mit seinem Land und seinem Tempel in Kontakt tritt und seinen dortigen Verantwortungsbereich übernimmt.* Die folgenden Verse geben einen Eindruck davon, welche Erwartungen man mit der göttlichen Gegenwart im Tempel verband: Ausgestattet mit göttlichem Schreckensglanz sollte der neue Gott der "Großdrachen" (seines Landes?) sein, dessen Wort das Land erfüllt. Zudem sollte er seinen Thron in Besitz nehmen, der als Band zwischen Himmel und Erde die kosmischen Bereiche verbindet. Der neue Gott wird mit seinem Einzug im Tempel zum Herrscher und Bewahrer seines Landes, das er von seinem überirdisch-irdischen Sitz aus regiert.

Die anschließenden Segenswünsche betreffen den Tempel. Er soll den betroffenen Gott erfreuen, ein Haus der erlesenen Weisungen sein und den Gott mit allem versorgen, was sein Herz begehrt: Die Fruchtbarkeit der Tiere, des Gartens, des Gebirges, des Feldes, des Himmels, der Erde und des Meeres steht ganz unter dem Zeichen, dem Gott mit reichlichen Gaben dienlich zu sein. Die weiteren Zeilen (58f) beziehen sich wahrscheinlich auf die Aufstellung des Kultbildes im Garten, das von einer Leinendecke verhüllt wird (vgl. K6324+ etc. 96 par.). Leider ist die Z. 58 nicht vollständig erhalten, so daß jede Interpretation spekulativ bleibt.

Zum Abschluß wird das Kultbild aufgefordert, in seinem Tempel Platz zu nehmen, sich dort beständig aufzuhalten und dessen "guter Geist" zu sein. Die Aufnahme des Tempelkultes wird dadurch abgerundet, daß die Götter gebeten werden, den Gott des neuen Kultbildes in ihre Liebe miteinzuschließen, so daß seine Angliederung in die göttliche Gemeinschaft zu einem glücklichen Ende gekommen ist.

Nachdem der Beschwörungspriester die Handerhebungsgebete rezitiert hat, wendet sich seine Aufmerksamkeit (laut Ritualtafel) den Beschwörungen zu, die sich an die Regalia des Bildes richten. Sie deuten an, daß die Investitur des Gottes(bildes) ansteht, zu der die Waffen/das Szepter (Z. 191?), die Kleider, die Krone und der Thron gehören. Damit ist angezeigt, daß das Kultbild noch im Garten mit den Insignien seiner Herrschaft geschmückt wird, so daß es seinen anschließenden Zug durch die Stadt schon in vollem Ornat begehen kann.

Die Bedeutung der göttlichen Insignien läßt sich den dazugehörigen Beschwörungen entnehmen. Leider sind nur die Gebete, die sich an die Krone

("Erhabene Krone") und an den Thron ("Reiner Thron") des neuen Gottes richten, in einem Zustand, der eine Interpretation zuläßt.
Die Beschwörung an die Krone läßt sich folgendermaßen gliedern:

1-5   Prädikation der Krone
6-12   Herkunft/Schicksalsbestimmung
13   Die Reinigung der Krone
14-B2   Die Vollendung der Krone
B3-6   Reinheit der Krone

Die ersten Zeilen der vorliegenden Beschwörung preisen den Glanz und die Herrlichkeit der Krone, die sogar den Himmel berührt und ihren Betrachter in Ehrfurcht staunen läßt; ähnlich wie der Sonnengott bringt sie Licht in die Länder. Nachdem Kusu sie gereinigt hat (Z. 13), ist sie "zum Zeichen (me. te) der Göttlichkeit vollendet" (Z. 14) und kann ihre Bestimmung erfüllen. Die Krone gehört ebenso wie das erhabene Kleid, der Thron und das Szepter zu den "me"[1207]. Daher besitzt sie die Fähigkeit, ihren Träger zu dem zu machen, was er ist[1208]. Wenn in der vorliegenden Beschwörung davon die Rede ist, daß die Krone ein "me.te der Göttlichkeit" ist, dann bedeutet dies, daß sie dem Kultbild die "me" der Göttlichkeit und der Herrschaft überträgt, die sich in ihr konkretisieren. Diese gehen mit ihm eine enge Verbindung ein, so daß es fortan über sie verfügen kann. Hinter der Krönung des Kultbildes verbirgt sich daher die Verleihung der "me", die zur Krone gehören.
Es ist erwähnenswert, daß die letzten Zeilen (Z. 16f) der hier vorgestellten Beschwörung den König einführen und ihn als denjenigen vorstellen, der die Krone (oder das Kultbild?[1209]) versorgt. Da die Kronen (und die Kultbilder) der Götter aus wertvollen Materialien bestanden, die die Könige zur Verfügung stellen mußten, und sie auch für deren Säuberung, Restaurierung und kultische Betreuung verantwortlich waren, kann dies kaum verwundern[1210]. Für die Erfüllung dieser Aufgaben durften sie erwarten, von ihren Landsleuten inbrünstig angefleht (Z. 17) und von den Göttern mit Segen und langem Leben bedacht zu werden (Z. 16). Leider sind die folgenden Zeilen zerstört, so daß sich eine Interpretation erübrigt. Grundsätzlich scheint es aber darum zu gehen, daß die Krone ihren göttlichen Träger lange erfreuen soll (B1f). Zum Abschluß wird nochmals die Reinheit der Krone beschworen, da sie die Vorbedingung dafür ist, daß sie sich dem Gott(esbild) nähern kann.

[1207] Vgl. S. 23.
[1208] Zu dieser Formulierung vgl. S. 20.
[1209] Leider ist der Kontext (Z. 15.18) zerstört.
[1210] Zur Herstellung einer Krone für Aššur vgl. z.B. BORGER, Ash., 83 Rs. 32-34.

Der Text der Beschwörung für den Thron ist leider nur schlecht erhalten; daher sei an dieser Stelle auf eine Gliederung verzichtet. Die ersten Zeilen (B8-18) sind seiner übernatürlichen Herkunft und der Schicksalsbestimmung gewidmet. Analog zur Krone wird der Thron verschiedenen Reinigungshandlungen unterzogen, bevor er seiner Bestimmung folgen und der Gottheit übergeben werden kann. Die anschließenden (B29f) Segenswünsche versichern ihn seiner Beständigkeit; der Erhaltungszustand der übrigen Zeilen läßt keine weitere Interpretation zu.

Auf dem Hintergrund der Tatsache, daß der Thron ebenfalls den "me" zuzurechnen ist, kann es kaum überraschen, daß er bei der Investitur der Gottheit, für die er von Anfang an bestimmt war (B9f), eine Rolle spielt. Auch der Thron überträgt dem Kultbild diejenigen "me", die sich in ihm konkretisiert haben.

Zusammenfassend ist festzustellen: Hinter der Inthronisation und der Investitur des Kultbildes verbirgt sich die Übertragung der "me". Da das Kultbild als deren Träger angesehen wurde[1211], war es zu erwarten, daß man sie ihm im Rahmen seiner Einweihung feierlich übergab. Die Investitur ist daher als Angliederungsritus zu verstehen, dessen Ziel es ist, dem Kultbild seinen sozialen Status als aktives und vollwertiges Mitglied der göttlichen Gemeinschaft zu verleihen.

Nach der Rezitation der beschriebenen Beschwörungen, die mit der Investitur des Kultbildes in Verbindung zu bringen waren, fahren die Ritualtafeln nicht etwa mit Ritualanweisungen fort, sondern mit weiteren Beschwörungen, die sich jedoch weder an die Regalia noch an das Kultbild richten. Für das bessere Verständnis des folgenden Abschnittes sei kurz rekapituliert, was das Ritual bisher geleistet hat: Das Kultbild ist von den Verunreinigungen seiner irdischen Herkunft befreit und seinem Vater Ea zugeführt worden; man hat (bzw. die Götter der weißen Magie haben) sein Schicksal bestimmt, seine Sinne und seine Lebensfunktionen aktiviert, ihm seine "me" übergeben und es in die göttliche Gemeinschaft integriert. Bereits mehrmals war es dazu aufgefordert worden, seinen Aufgabenbereich im Tempel zu beziehen. Erst im weiteren Ritualverlauf kommt das Kultbild dieser Bitte nach.

Die nun folgende Beschwörung ("Geh, zögere nicht"), die in drei verschiedenen Versionen zu rezitieren ist, ist häufig mißverstanden worden. Entgegen der Meinung einiger Interpreten richtet sie sich keineswegs an den neuen Gott; daher hat sie auch nicht die Absicht, ihn dazu aufzufordern, von der göttlichen Sphäre herabzusteigen und sich mit dem Kultbild zu verbin-

---

[1211] Vgl. S. 24f.

den[1212]. Dieser Prozeß war bereits vorher abgeschlossen. Aus dem Wortlaut der ersten Version der Beschwörung (Z. 67!) und aus ihrer Klassifizierung als *ki'utukku* ergibt sich vielmehr eindeutig, daß sie sich an den Sonnengott wendet und ihn darum bittet, sich zu erheben und herbeizukommen. Šamaš war im bisherigen Ritualverlauf im Garten an prominenter Stelle erschienen. Ihm wurde in der Ritualanordnung mehrmals die zentrale Rolle (Mitte) zugedacht; zudem hatte man im Garten bereits zahlreiche Beschwörungen an ihn gerichtet[1213]. Jedoch geht erst aus der zweiten Version von "Geh, zögere nicht" hervor, zu welchem Zweck Šamaš angerufen wurde.

Diese Fassung der Beschwörung schließt an das vorhergehende *ki'utukku* an, richtet sich jedoch an den Gott des Kultbildes und an den Sonnengott und weist letzterem die Aufgabe zu, das Herz des neuen Gottes zu beruhigen und sein Gemüt zu befrieden (Z. 81). Šamaš ist es auch, der das Kultbild dazu auffordern soll, sein Land und seinen Tempel zu betreten (Z. 82f.B5) und seinen dortigen Thron und sein Bett in Besitz zu nehmen (B3f). Erst im Anschluß an die Begegnung mit Šamaš begibt sich das Kultbild auf den Weg, um seinen Aufgabenbereich zu beziehen. Damit ist der *Sonnengott zum Mittler* geworden, der die Kontaktaufnahme des neuen Gottes mit seinem Land bzw. Tempel einleitet.

Obwohl die Ritualtafeln nichts davon erwähnen, ist es durchaus möglich, daß das Kultbild während der Rezitation dieser Gebete von der Decke befreit wurde, die sein Gesicht verhüllte. Da das erste, was es mit eigenen Augen sehen konnte, die Sonne war, eignete sich der Sonnengott hervorragend dazu, zwischen dem Gott des neuen Bildes und der von ihm erblickten Welt zu vermitteln. Mit dem Auszug des Kultbildes aus dem Garten hat Šamaš die ihm zugedachte Aufgabe erfüllt. Wie sich aus dem weiteren Ritualverlauf (babylonische Version) ergibt, spielt er im Anschluß keine Rolle mehr.

Mit der Rezitation der drei Versionen von "Geh, zögere nicht" ist das Ende des Rituals im Garten angezeigt. Das Kultbild kommt den Aufforderungen (des dritten und des fünften Handerhebungsgebetes und denen) des Sonnengottes nach und richtet sein Interesse und sein Streben auf seinen neuen Wirkungs- und Wohnbereich. Dementsprechend betritt der Priester den Ritualkreis, rezitiert die dritte Fassung des *ki'utukku*-Gebetes und baut die Ritualanordnungen der Götter im Süden (Handwerkergötter, Götter der Reinigung und der betroffene Gott) und im Norden ("große Götter") ab.

Bis hierher verliefen die assyrische und babylonische Überlieferung weitgehend parallel. Die Ninive-Version bricht leider an dieser Stelle ab, so daß

[1212] So JACOBSEN, Graven Image, 27.
[1213] Vgl. BM 45749:42.46 und K6324+ etc. 134.143.145, s.u. Text Nr. 1 z.St.

der Einzug der Statue im Tempel nur entsprechend der babylonischen Version nachgezeichnet werden kann.

BABYLON (Z. 37-59)

Die babylonische Version weicht bis hierher nur selten von den Ritualanweisungen der Ninive-Version ab. Zentral ist auch hier das Opferarrangement für Ea, Šamaš und Asalluhi, dem allerdings die Schalen mit Blut, das Räucherbecken und die Schafsopfer fehlen. Der Text der babylonischen Fassung bietet für die Z. 120-130 der Ninive-Version kein Äquivalent. Leider ist es nicht möglich, das Sondergut der Ninive-Version angemessen zu würdigen, da der Text an dieser Stelle größtenteils zerstört ist.

Im Anschluß an das Ritualarrangement für die drei Götter der weißen Magie rezitiert auch der babylonische Priester die Beschwörungen, die in der Ninive-Version aufgeführt werden ("Im Himmel durch sich selbst geboren"; "Šamaš, großer Herr von Himmel und Erde"). Nach den Gebeten, die sich an Ea richten (Z. 43f), sind in der babylonischen Fassung Opferanweisungen überliefert, die evtl. in den Z. 138a-140 der assyrischen Version zu ergänzen sind. Aus ihnen geht hervor, daß sich der *mašmaššu* auf der linken Seite des Kultbildes befindet und sich Ea, Šamaš und Asalluhi zuwendet (Z. 46), während er die folgende Beschwörung an den Sonnengott ("Šamaš, erhabener Richter") und die oben referierte Beschwörung "Ea, Šamaš und Asalluhi" rezitiert. Diese Ortsbestimmung läßt sich mit der Angabe der Ausrichtung des Ritualarrangements für die großen Götter nach Norden (links) und die Handwerkergötter nach Süden (rechts) (Z. 26ff) verbinden. Es erscheint sinnvoll und einleuchtend, daß der Priester, der sich an die großen Götter wendet, links vom Kultbild (d.h. auf der nördlichen Seite des Kreises) steht, so daß er sich bei seiner Rezitation unmittelbar den vor ihm (im Norden) befindlichen Göttern zuwenden kann. Dies würde bedeuten, daß er dem Kultbild den Rücken zuwendet.

In der babylonischen Version entfallen die Opferanweisungen für die Handwerkergötter und den betroffenen Gott sowie die Reinigungshandlungen und die Mundwaschung, die die Ninive-Version zu berichten weiß. Stattdessen beginnt der Priester die Reihe der großen Handerhebungsgebete des MWKB, deren Bedeutung oben schon skizziert wurde. Da er sich schon für die Rezitation der vorhergehenden Beschwörungen auf die linke Seite des Kultbildes begeben hatte, kann er diese Position weiterhin beibehalten; er wendet sich lediglich von den großen Göttern ab und dem Kultbild zu. Die babylonische Ritualtafel kann daher an dieser Stelle auf eine weitere Ortsangabe verzichten[1214].

[1214] Anders die Ninive-Version, vgl. K6324+ etc. 159, s.u. Text Nr. 1 z.St.

Nach der Rezitation des ersten Handerhebungsgebetes fährt auch die babylonische Fassung des Rituals mit einer Mundwaschung und dem zweiten Handerhebungsgebet fort, dem sich ein Reinigungsritus und ein Flüstern anschließen (Z. 49). Obwohl der Wortlaut dieses Flüsterns nicht zitiert ist, kann man sicherlich davon ausgehen, daß er mit dem, der glücklicherweise in der Ninive-Version erhalten ist, übereinstimmt. In den folgenden Zeilen unterscheiden sich die beiden Ritualfassungen kaum: Auch in Babylon treten die Handwerker mit ihrem Werkzeug vor die Handwerkergötter und lassen sich die Hände symbolisch abschlagen. Anschließend beeiden sie, daß sie an der Herstellung des Bildes nicht beteiligt waren und unterbrechen auf diese Weise alle Verbindungen des Bildes zur irdischen Welt. Wie schon öfter zu beobachten war, faßt sich die babylonische Fassung auch an dieser Stelle wesentlich kürzer; sie bietet lediglich das Incipit des Eides (Z. 52) und fährt danach mit weiteren Ritualanweisungen fort. Sondergut der babylonischen Fassung ist die *Öffnung der Augen*[1215] des Kultbildes (Z. 53), der die Rezitation der übrigen drei großen Handerhebungsgebete folgt. Auffällig ist auch hier der Ortswechsel des Priesters, der seine Position an der Seite des Kultbildes verläßt und es direkt von vorne, d.h. als Gegenüber anspricht. Analog zur Ninive-Version sind danach die Beschwörungen für die Regalia des Kultbildes zu rezitieren, die sicherlich von der Investitur des Kultbildes begleitet sind. Nach den anschließenden *ki'utukku*-Gebeten an den Sonnengott löst der Priester zuerst das südliche, dann das nördliche Ritualarrangement auf. Damit ist das Ritual im Garten an sein Ende gelangt. Da das Kultbild jedoch noch nicht an seinem eigentlichen Wohnsitz inthronisiert ist, wird das Ritual bis zu seinem Eintritt im Tempel weitergeführt. Dazu muß der neue Gott sowohl den magischen Mehlkreis mit seinem Ritualaufbau als auch das Gartengelände verlassen. Selbstverständlich ist es notwendig, daß das Kultbild die Stadt und den Tempel vollkommen gereinigt und vollendet betritt. Alle ihm anhaftenden Unreinheiten hat es daher im Garten, im Freien "*ina ṣēri*", d.h. in der ungeordneten Welt zurückgelassen, bevor es sich in den geordneten Raum oder gar in dessen Zentrum (den Tempel) begibt.

(7) PROZESSION VOM GARTEN INS TEMPELTOR
BABYLON (Z. 59f)
Der Priester fordert den Gott dazu auf, aufzustehen, das "Jenseitsgelände" im Garten zu verlassen und die geordnete Welt der Stadt zu betreten, in der

---

[1215] Zur Bedeutung der Augen der Kultbilder (als Lebensindikator) im Rahmen ihrer Einweihung vgl. FREEDBERG, The Power, 85f. Er bietet zahlreiche Beispiele für die Augenöffnung der Bilder, die bei verschiedenen buddhistischen Gruppierungen und den Hindus zur Konsekrationszeremonie gehört.

es von seinem Arbeitsbereich erwartet wird. Die folgenden Prozessionsbeschwörungen zeigen an, daß sich das Kultbild mit dem Verlassen des
Ritualgeländes auf einen gefährlichen Weg begibt[1216], da permanent die
Möglichkeit besteht, daß es sich befleckt und seine Kultfähigkeit verliert.
Die zitierten Gebete versuchen daher, diesen Weg zu sichern; sie werden dabei von den Ritualhandlungen des Beschwörungspriesters unterstützt, der
das Weihwasser, das schon den Mund der Götter gewaschen hatte, dazu einsetzt, die Stadt, die Straßen und den Tempel zu reinigen[1217].

(8) IM TEMPELTOR
BABYLON (Z. 60)
An dieser Station macht die Prozession offensichtlich nur eine kurze Pause,
die für die Darbringung eines Opfers genutzt wird. Das Tor des Tempels
stellt die wichtigste Schwelle dar, die das Kultbild auf seinem Weg in den
Tempel überschreiten muß; daher wird es eigens erwähnt. Indem der Gott
diesen Übergang passiert, wechselt er von der geordneten Welt der Stadt in
den mythischen Raum des Tempels[1218].

(9) PROZESSION VOM TOR ZUM ALLERHEILIGSTEN
BABYLON (Z. 60f)
Während der Gott in das Allerheiligste eintritt und auf seinem Sitz Platz
nimmt, wird er in einer Beschwörung ("Mein König, für deine Herzensfreude") dazu aufgefordert, sich zu beruhigen und zu freuen.
Der Wortlaut dieser abschließenden Prozessionsbeschwörung läßt darauf
schließen, welche Konsequenzen und Absichten mit dem Einzug des Bildes
in den Tempel verbunden waren: Die Gottheit wird darum gebeten, sich täglich an ihrem Wohnort aufzuhalten; offensichtlich wurde von Anfang an die
Möglichkeit in Betracht gezogen, daß sie das Heiligtum jederzeit wieder
verlassen konnte. Der Tempel ist der Ort, an dem die Gottheit versorgt wird
(Z. 36f). Obwohl die Beschwörung nicht ausführt, wer es ist, der das Kultbild mit Opfern und Geschenken betreut, kann es sich eigentlich nur um den
König des Landes handeln, der daraus wiederum den Nutzen zieht, daß die
Gottheit sein Gebet erhört (Z. 39). Auffällig ist die Aussage (Z. 38), daß das

---

[1216] Es finden sich weder in den Ritualanweisungen noch in den Königsinschriften, die die
Einweihung eines Kultbildes erwähnen, Hinweise darauf, daß die "Überführung der neuen
Kultstatue in den neuen Tempel mit dem *kosmischen Geschehen des Sonnenlaufs* verglichen
wird", gegen PODELLA, Lichtkleid, 159.
[1217] Die Reihenfolge in der Beschwörung K4813 etc. 46-52, s.u. S. 465, weist auf die
Rolle des Gottesbildes als Verbindungsglied zwischen dem Wohnort "Tempel" und dem Wirkungsbereich "Stadt".
[1218] Vgl. dazu PONGRATZ-LEISTEN, *Ina šulmi īrub*, 20, JANOWSKI, Tempel und Schöpfung,
216-222 und KEEL, Die Welt, 151-153.

Kultbild einen guten Wächterdämon nötig hat, der es bewacht, bzw. daß es der Bedrohung durch böse Dämonen ebenso ausgesetzt ist wie der König und seine Untertanen.

(10) ALLERHEILIGSTES/SITZ
BABYLON (Z. 61-65)

Erst im Allerheiligsten hat das Kultbild sein eigentliches Ziel erreicht. Die Cella des Tempels ist der Ausgangspunkt aller Ordnung, die, wie oben dargelegt, mit abnehmender Intensität nach außen hin strahlt[1219]. Das Kultbild hat seinen Weg, der es von der Peripherie (Fluß, Garten) über das kultivierte Gelände (Stadt) in das Zentrum des innersten Bereiches (Tempel) führte, erfolgreich bewältigt. Daher kann es jetzt mit seinem Heiligtum und dem Thron eine enge Verbindung eingehen. Diesem Zweck dient seine anschließende Inthronisation, die von verschiedenen Beschwörungen für den Thron und das Zubehör des Gottes begleitet und nochmals durch eine Mundwaschung und verschiedene Reinigungshandlungen abgeschlossen wird. Laut Z. 65 ist das Ritual erst in der Nacht beendet, wenn der Priester dem Kultbild sein Zubehör übergeben hat.

Die Beschwörungen dieses Ritualabschnittes beschäftigen sich nicht mehr mit dem Kultbild, sondern mit seiner neuen Umgebung; sie markieren deutlich den Abschluß des Prozessionsweges und den Beginn der Inthronisation: "Speiseraum des Abendessens im Himmel" richtet sich an den Wohnsitz des Gottes, preist ihn als den "Ort, an dem die Schicksale bestimmt werden" (C3) und sagt ihm zu, daß er rein und unangefochten von bösen Mächten ist.

In der Beschwörung "Zugehörig zu dem Kultsitz" geht es ebenfalls darum, daß der Thron der Ort ist, an dem die Zukunft geschrieben wird. Es ist erwähnenswert, daß es auch für den Thron von Bedeutung ist, daß er auf eine übernatürliche Herkunft zurückblicken kann: Ea hatte sich auch an ihm als Handwerker betätigt, so daß er dem neuen Gott als "Wohnsitz der Beruhigung" dienen kann (Z. 12). Die Z. 15-17 beziehen sich mit Sicherheit auf die Ritualtafel (Z. 63) und die abschließende Mundwaschung und Reinigung, die am Kultbild zu vollziehen ist.

Die letzte Beschwörung "Asalluhi, Sohn von Eridu", die im Rahmen des MWKB rezitiert wird (Z. 64), ist laut ihrer Unterschrift[1220] dem göttlichen Zubehör gewidmet, dessen Mund gewaschen oder geöffnet werden soll. Die Mundöffnung (Mundwaschung?) der göttlichen Paraphernalia kann nicht überraschen, wenn man in Betracht zieht, daß auch Teile der Regalia des Königs einem ähnlichen Ritual unterzogen wurden[1221], bevor man sie ihm

---

[1219] Vgl. S. 25ff.
[1220] S.u. Anm. 2047.
[1221] Vgl. BERLEJUNG, Macht, 17f.

übergab. Offensichtlich konnte erst der Vollzug einer Mundwaschung bzw. einer Mundöffnung garantieren, daß die vollkommene Reinheit und die Funktionsfähigkeit der Insignien gewährleistet war.

Da keine weiteren Ritualhandlungen mit oder vor dem Kultbild vollzogen werden, kann das MWKB an dieser Stelle als abgeschlossen gelten. Das Bild hat sich grundsätzlich gewandelt: Es ist von einem Gemeinschaftswerk der Götter und der Menschen zu einem reinen Produkt der Handwerkergötter geworden, da die Beteiligung der Menschen im Lauf des Rituals beseitigt wurde. Es ist im Besitz vollkommener Reinheit und aller Sinne mächtig, die es benötigt, um seine Lebensfunktionen als Körper der Gottheit auf Erden wahrzunehmen. Es wurde in die Gemeinschaft seiner göttlichen Kollegen aufgenommen und kann einem positiv bestimmten Schicksal entgegensehen. Zudem hat es seinen Funktionsbereich übernommen und kann erwarten, vom König und seinem Land versorgt zu werden.

(11) ZUM KAI DES *APSÛ*
BABYLON (Z. 65f)
Die letzte Ritualhandlung, die das MWKB berichtet, bezieht sich nicht mehr auf das Kultbild oder auf dessen Paraphernalia. Sie dient dem Zweck, den Prozessionsweg des Bildes noch einmal in entgegengesetzter Richtung zu verfolgen und durch einen Reinigungsritus die "Spur" bis dahin zu beseitigen, wo der Weg des Bildes seinen Ausgangspunkt genommen hatte.

2.3.3.7. Abschließende Diskussion und Gesamtinterpretation

Auf der Basis der Zusammenschau der beiden Versionen des Rituals (und der bekannten Tornamen aus Babylon) ist der Ablauf[1222] wie folgt zu beschreiben:

1. Vorbereitungen *(Nur in der Ninive-Version belegt):*
- Vorbereitung des Tempels des Gottes in der Stadt, des Weihwassers (in der Nacht; im "Haus des Kusu"), des Kultbildes in der Werkstatt, der Werkstatt selbst;
- Rückkehr in das "Haus der Zurüstung";
- Vorbereitung der Ritualanordnung im Garten.

2. Werkstatt:
- Erste Mundwaschung.
- *Babylon-Version*: Erstes Opfer vor dem Kultbild.
- Erste Anrede an das Kultbild; Aktivierung des Ohres (Wandlung).

[1222] Zusätze, Auslassungen und Abweichungen zwischen der babylonischen und der ninivitischen Version werden nur in prägnanten Ausnahmefällen aufgeführt.

- Freude des Kultbildes (Herz).
- *Babylon-Version*: Beschwörung für die Reinheit des Priesters.

3. Prozession Werkstatt – Fluß (durch das Tor des Flußgottes?):
- Prozession des Kultbildes (Bewegungsfähigkeit).
- Zug nach draußen in die "Steppe".
- Räumliche Trennung von der Werkstatt und ihren Unreinheiten; Trennungsritus.
- Der übernatürliche Charakter der Handwerker, des Materials und des Werkzeugs wird beschworen.

4. Fluß:
- Paradigmatische Schwellensituation vor Ea.
- *Babylon-Version*: Westen; Mundwaschung.
- Ablösung der Verunreinigungen; vollkommene Reinheit der Statue; Trennungsritus.
- Ablösung vom Werkzeug; Trennungsritus.
- Aufforderung zur Angliederung der Statue in die himmlische Gemeinschaft.

Die Reinheit ist vollkommen; das Bild ist Ea verbunden und wurde von seiner irdischen Herkunft getrennt; das alte Dasein ist beendet; das Gehör ist aktiviert (*Babylon-Version* Z. 1-12; *Ninive-Version* Z. 1-94).
Die Aufnahme in die göttliche Gemeinschaft, die Schicksalsbestimmung, die Aktivierung aller Sinne, die Übergabe der "me" und die Übernahme des Funktionsbereiches stehen noch aus.

----

5. Prozession in den Garten (durch das "Tor des Gartens vom *apsû*", an dem Mundöffnungen vollzogen werden?):
- Kurzer Weg in die eigentliche (*Ninive-Version*: vorbereitete) Ritualanordnung.

6. Garten A:
- Kultbild wird verhüllt.
- Paradigmatische Schwellensituation vor Šamaš; Osten.
- *Babylon-Version*: Vorbereitung des Weihwassers.
- Wiederholte Mundwaschungen (*Ninive-Version*: 2; *Babylon-Version*: 10);
- *Babylon-Version*: Opferarrangement nach Norden und nach Süden ausgerichtet; Reinheit der Statue.
- Angliederung an die Götter mittels der Sterne (Nacht).
- (Bis hierher haben in der *Ninive-Version* drei, in der *Babylon-Version* zwölf Mundwaschungen stattgefunden.)

----

6. Garten B (2. Tag):
- Kultbild bleibt verhüllt.
- Paradigmatische Schwellensituation vor Šamaš.
- Osten; Sonnenaufgang.
- Reinigung; *namburbi* (Thema: Aufforderung zur Schicksalsbestimmung des Bildes und zur Aktivierung von Mund und Gehör).
- Mundwaschungen (*Ninive-Version*: 2; *Babylon-Version*: 1).
- Zwei Handerhebungsgebete neben dem Kultbild (Thema: Die übernatürliche Herkunft des Bildes: Wandlung der Materialien, Werkzeuge und Handwerker; Mundöffnung bzw. Aktivierung der Nase und des Mundes; Reinigung, Entsühnung);

- Flüstern in die Ohren des Bildes (Thema: Angliederungszusage; Schicksalsbestimmung; Aufforderung zur Übernahme des Funktionsbereiches);
- Assertorischer Eid der Handwerker;
- Trennungsritus.
- *Babylon-Version*: Augenöffnung.
- Drei Handerhebungsgebete vor dem Kultbild (Thema: Die überirdische Herkunft; Aufforderung zur Übernahme des Funktionsbereiches; Bitte um Unterstützung des Sonnengottes; Mundöffnung; Vollendung der Gottheit; Nahrungsaufnahme; Segen für das Kultbild im Tempel; Aufnahme in die göttliche Gemeinschaft).
- Investitur; Übertragung der "me".
- Kontaktaufnahme zwischen dem Bild und der Welt vermittelt durch Šamaš (Kultbild enthüllt?).
- Die Zurüstungen für alle Götter werden aufgelöst.
- (Ende der *Ninive-Version*, die bis hierher fünf Mundwaschungen berichtet hat.)

Die übernatürliche Herkunft des Bildes wurde bestätigt; alle Sinne des Kultbildes sind aktiviert und sein Schicksal ist bestimmt; es ist in Besitz der "me" (Investitur) und Mitglied der göttlichen Gemeinschaft; der Gott des neuen Bildes ist Šamaš verbunden (*Babylon-Version* Z. 12-59; *Ninive-Version* Z. 95-203).
Die Übernahme des Funktionsbereiches steht noch aus.

Das Folgende findet sich nur in der *Babylon-Version*:

7. Prozession vom Garten (durch das "Tor des Randes des Gartens" bzw. das "Tor der Gräben"?) ins Tempeltor:
- Weg aus der Peripherie in das Zentrum.
- Gefahr der Verunreinigung (Prozessionsbeschwörungen).

8. Im Tempeltor:
- Übertritt der Schwelle zwischen geordneter Welt und mythischem Raum (Opfer).

9. Prozession vom Tempeltor in das Allerheiligste:
- Einzug.

10. Im Allerheiligsten:
- Ankunft im Zentrum.
- Inthronisation und Amtsübernahme.
- Abschließende Mundwaschung und Reinigung; Opfer.
- (Ende aller Bewegungen mit dem Kultbild und gottesbezogenen Ansprachen.)

Das Kultbild hat seinen Funktions- und Aufgabenbereich übernommen; Inthronisation; die Ordnung ist etabliert, das Kultbild vollendet (*Babylon-Version*: Z. 59-65).

----

11. Zum Kai des *apsû*:
- Abschließende Reinigung des zurückgelegten Prozessionsweges vom Tempel bis zum Kai.
- Ende des Rituals (*Babylon-Version* Z. 65)

Aus diesem Ablauf ergibt sich die Unterteilung des Rituals in drei große Abschnitte. Der erste wird vom Handwerkergott Ea, der zweite vom Sonnengott Šamaš und der dritte vom Tempel dominiert:

1. Ea-Teil: *Ninive-Version Z. 1-94; Babylon-Version Z. 1-12*
2. (Ea-Asalluhi)-Šamaš-Teil: *Ninive-Version Z. 95-203; Babylon-Version Z. 12-59*
3. Tempel-Teil: *Babylon-Version Z. 59-65*

Bei der Betrachtung der Beschwörungen wurde schon darauf hingewiesen, daß das Ritual im wesentlichen in drei Phasen zerfällt, (1.) die Vorbereitung mit den Reinigungen und den Ritualen vor Ea, (2.) die eigentliche Mundöffnung mit der Investitur und (3.) die Inthronisation im Tempel. Diese Struktur kann problemlos mit der obigen Unterteilung in drei Abschnitte verbunden werden.
Ein ähnlicher Dreischritt wurde auch von MICHAEL DICK und PEG BODEN beobachtet. Auf der *Grundlage der babylonischen Version* interpretieren beide das Ritual als *rite de passage*. MICHAEL DICK[1223] beschreibt und gliedert es daher wie folgt[1224]:

1. Trennungsphase ("pre-liminal stage" (Z. 1-13))
2. Wandlungsphase ("liminal stage" (Z. 13-45))[1225]
3. Angliederungsphase ("post-liminal stage" (Z. 46-65)).

Obwohl sich MICHAEL DICK wiederholt auf PEG BODEN bezieht, stimmt seine Gliederung mit der ihren nicht überein[1226]:

Status I (Z. 1-8):
"Statue is a material object but treated with reverence as the potential cult deity."

Rite of Separation (Z. 8-13)

Status II (Z. 13-41):
"Statue is non-existent or in 'other world' while divine power is transferred to its earthly form throughout the night."

Rite of Final Transition (Z. 41-57)

[1223] WALKER, DICK, Induction, 18ff.
[1224] Zu den drei Phasen der Übergangsriten (Trennung, Wandlung, Angliederung) vgl. VAN GENNEP, Übergangsriten, 21ff.
[1225] Diese Zeileneinteilung ist kaum nachzuvollziehen. In Z. 45 ist die Beschäftigung des Priesters und der Götter mit dem Kultbild keinesfalls so abgeschlossen, daß es in das nächste Stadium (post-liminal stage) übergehen könnte. Z. 46-54 (bzw. 59) gehören zur Wandlung der Statue unbedingt dazu.
[1226] Die folgende Gliederung verdanke ich der brieflichen Mitteilung von Mrs. BODEN.

Status III (Z. 57-65):
"Statue has achieved status of earthly deity."

Da die Ausführungen DICKs auf der Grundlage der Arbeit von PEG BODEN entstanden sind[1227], beschränke ich mich im folgenden darauf, ihre Gliederung und ihre These zu diskutieren:
Grundsätzlich erscheint es mir problematisch, einen Text in Abschnitte zu zerteilen, ohne die textimmanenten Gliederungshinweise zu berücksichtigen. Wiederholte Orts- und Personenwechsel, die expliziten Prozessionsaufforderungen oder die Anordnung, ein überholtes Opferarrangement abzubauen, zeigen m.e. an, daß eine Phase des Ritualverlaufes beendet ist und etwas Neues beginnt. Die Gliederung, die BODEN vorschlägt, deckt sich jedoch an keinem Punkt mit einem solchen Ortswechsel oder den Ritualanweisungen für den Priester. Daher werden durch ihre Unterteilung die einzelnen Abschnitte des Rituals, die sich an demselben Ort abspielen, zerrissen, während andere Ritualhandlungen, die laut Ritualtafel durch einen Ortswechsel voneinander getrennt sind, verbunden werden:

Die Ritualanweisungen der Z. 1-8 sind m.E. kaum zu einer Phase zusammenzufassen und in der oben zitierten Weise zu interpretieren. Gegen die Deutung dieses Abschnittes von BODEN ist festzustellen, daß das Kultbild schon von Anfang an als "Gott" bezeichnet und auch so behandelt wird. Nach der ersten Mundwaschung, die noch in der Werkstatt stattfand, erhielt es bereits seine ersten Opfer. Anschließend wurde es durch eine Beschwörung direkt angesprochen und zu einer Prozession aufgefordert. Aus diesen Beobachtungen läßt sich kaum ableiten, daß das Kultbild in dieser Phase als ein reines "material object" angesehen wurde; vielmehr erscheint es schon als Partner, mit dem der Priester kommunizieren kann. Auf dem Hintergrund dessen, was oben für die Herstellung eines Kultbildes festgestellt wurde, ist es verständlich, daß das neue Kultbild schon vor dem MWKB als Gottheit angesehen wurde; schließlich war es durch die "inspirative Zusammenarbeit" der Handwerkergötter, des betroffenen Gottes und der Menschen entstanden und konnte daher kaum je ein reines Handwerksprodukt gewesen sein[1228].
Zudem erscheint die Verbindung der Z. 1-8 problematisch. Sie sieht darüber hinweg, daß ein Teil der Rituale in der Werkstatt (Z. 1-4), ein anderer während einer Prozession (Z. 5f) und ein weiterer am Fluß (Z. 6-8) vollzogen

---

[1227] Briefliche Mitteilung vom 13.3.1995.
[1228] Da es von Anfang an sowohl zu der irdischen als auch zu der himmlischen Welt gehört, ist z.B. kein "ritueller Tod" des Bildes notwendig, der nach M. Eliade zu einer "Initiation" gehört, vgl. ELIADE, Mysterium, 232-235.

wurde. Es ist m.E. nicht davon auszugehen, daß die einzelnen Ritualanweisungen willkürlich auf verschiedene Ritualorte verteilt wurden, sondern daß
sich hinter den Prozessionen und den einzelnen Ortswechseln eine absichts-
volle Gestaltung verbarg. Dies läßt sich u.a. daran zeigen, daß die Prozession an das Flußufer von einer Beschwörung begleitet war, die eindeutig den
übernatürlichen Charakter des Materials, des Werkzeugs und der Handwerker hervorhob und damit für die Ablösung des Bildes von seiner irdischen
Herkunft sorgte. Die Verbindung dieser Beschwörung mit der Entfernung
des Kultbildes aus der Werkstatt (Z. 5f) läßt darauf schließen, daß es sich bei
der Abkehr des Bildes von seinem Geburtsort und der Zuwendung zum
Flußkai um einen Trennungsritus handelte, der durch die Prozession in konkrete Handlungsvollzüge umgesetzt wurde. Wenn man davon ausgeht, daß
dieser Weg das Kultbild in Babylon durch das "Tor des Flußgottes" führte[1229], dann ist der Übergang des Bildes von der Werkstatt in die Welt des
Flußgottes durch das Durchschreiten dieses Tores ausgedrückt worden und
hat sich zudem in dessen Namengebung niedergeschlagen[1230]. Die Prozession an den Fluß läßt das Kultbild eine erste Schwelle passieren, die räumlich durch einen Tordurchgang ausgedrückt wurde. Dies entspricht der These von VAN GENNEP, daß Übergangsriten häufig im Umfeld von Schwellen
und Toren stattfinden[1231]. Wenn daher schon zwischen Werkstatt und Fluß
der erste Trennungsritus und Übergang stattfand, dann hatte das Kultbild bei
seiner Ankunft am Flußufer schon einen Teil seiner irdischen Herkunft hinter sich gelassen. Es ist daher nicht überzeugend, wenn BODEN das erste
Trennungsritual in Z. 8-13 annimmt und die komplexen Vorgänge der vorhergehenden Zeilen nivelliert. Die erste Phase des Rituals ist nach BODEN
damit abzuschließen, daß das Kultbild am Flußufer aufgestellt und nach Westen ausgerichtet wurde. Auch die Opfer für Ea, Asalluhi und den Gott des
neuen Bildes rechnet sie zu diesem Abschnitt und nimmt dafür in Kauf, die
Ritualanordnung am Flußufer (Z. 6-8) von den Ritualen, die sich dort abspielen (Z. 8-12), zu trennen.

Die folgenden *Z. 8-13* werden von BODEN als Trennungsritus gedeutet. Für
die Z. 8-12 trifft diese Interpretation zweifellos zu. Dem Wortlaut der Beschwörung "Der da kommt, sein Mund ist gewaschen" ist jedoch zu entnehmen, daß die Trennung des Bildes von seiner irdischen Herkunft (konkret:
dem Werkzeug) zugleich mit seiner Kontaktaufnahme zu Ea zu verbinden
ist. Zudem ist auffällig, daß an dieser Stelle an die Götter die Aufforderung

---

[1229] Vgl. S. 208.
[1230] Zur Bedeutung der Namengebung in bezug auf (Stadt-)Tore vgl. PONGRATZ-LEISTEN,
Ina šulmi īrub, 28-31.
[1231] VAN GENNEP, Übergangsriten, 184.

ergeht, das Kultbild in die göttliche Gemeinschaft aufzunehmen, so daß sich bereits seine Angliederung andeutet.

Dadurch, daß BODEN dieser Phase des Rituals auch den Ritualaufbau im Garten (Z. 13) zurechnet, geht sie wieder darüber hinweg, daß die Ritualtafel diesen durch eine Prozession und einen Ortswechsel (Z. 12) von dem vorherigen Geschehen (Trennungsritus) trennt. Auch die Anweisung an den Priester, den überholten Ritualaufbau zu entfernen (Z. 12), wird ignoriert. Wie oben ausführlich dargestellt, beginnt jedoch noch in Z. 12 ein neuer Abschnitt; daher gehört der Ritualaufbau im Garten (Z. 13) mit dem verhüllten und "geosteten" Kultbild (Z. 12f) nicht mehr dem bereits abgeschlossenen Trennungsritus, sondern schon dem Szenario im Garten an, für das er die Vorbedingungen schafft. Es kann m.e. kaum sinnvoll sein, die Ritualanordnung im Garten von den Ritualen zu trennen, die sich anschließend darin vollziehen werden. Ritualaufbau und Ritualvollzug sind eng aufeinander bezogen und gehören zusammen. Zudem ist auch die Bedeutung der Prozession in Z. 12 nicht zu unterschätzen; auch sie läßt sich mit einem Tornamen im Tempelbezirk Esagilas verbinden. Es handelt sich um das "Tor des Gartens vom *apsû*"[1232], das den Kai und den Garten voneinander trennt und das das Kultbild durchschreiten muß. Das Tor bringt den Übergang zum Ausdruck, der das Kultbild vom Flußgott weg- und in die Ritualanordnung mit den großen Göttern hinführt, die im Anschluß sein Schicksal bestimmen werden.

Während der Ritualhandlungen der *Z. 13-41* befindet sich das Kultbild nach BODEN nicht am Ritualort, sondern in einer anderen Welt oder gar in einer Phase der Nicht-Existenz. Dies würde räumlich dadurch zum Ausdruck gebracht, daß man die Statue versteckte, während das Ritual andernorts weiterging[1233]. In diesem Zustand werde dem Bild in der Nacht die göttliche Macht übertragen[1234].

Dazu ist festzustellen, daß sich aus dem Ritualaufbau ergibt, daß das Kultbild im Zentrum des Ritualkreises aufgestellt wurde, so daß kaum damit zu rechnen ist, daß man es verstecken wollte. Die Tatsache, daß es durch ein Tuch abgedeckt war, deutet nicht zwingend darauf hin, daß es sich "in einer anderen Welt" befand. Zudem ist eindeutig nachzuweisen, daß sich das Kultbild bzw. der Gott des neuen Kultbildes durchaus am Ritualschauplatz

---

[1232] Vgl. S. 208.
[1233] Brieflich vom 10.3.1995.
[1234] Die Nacht wird m.E. eher dazu genutzt, das Kultbild der göttlichen Gemeinschaft anzugliedern, so daß die Götter damit der Aufforderung entsprachen, die am Fluß an Ea ergangen war; es läßt sich kaum feststellen, ob damit die zusätzliche Übertragung göttlicher Macht und Kraft verbunden war; die bisherigen Beschwörungen hatten dies bisher jedenfalls nicht erbeten.

aufhielt, da er dort offensichtlich beopfert werden (Z. 28) und trotz seiner Verhüllung in Beschwörungen angesprochen werden konnte (Z. 47). Problematisch erscheint die Verbindung der Z. 13-41 im Hinblick darauf, daß in Z. 37ff ein neuer Ritualabschnitt beginnt, der von Ea, Šamaš und Asalluhi dominiert wird; er erstreckt sich bis Z. 47 und sollte daher nicht auseinandergerissen werden. Durch den Einschnitt, den BODEN in Z. 41 postuliert, trennt sie die Ritualanweisungen für die drei Götter der weißen Magie von den dazu gehörigen Beschwörungen ab. Auf dem Hintergrund der Tatsache, daß Rituale und Beschwörungen immer eng aufeinander bezogen sind[1235], kann dies kaum überzeugen.

Die Z. *41-57* gehören ohne Zweifel dem zentralen Teil des Rituals an, der von BODEN mit "final transition" überschrieben wurde. Sie stellt fest: "The culminating rite of the lengthy ritual is the washing of the mouth before Ea, Shamash, and Asalluhi in the morning."[1236]
Die Vorgänge, die sich in dieser Ritualphase abspielen, sind äußerst komplex und stellen jeweils Ea, Šamaš und Asalluhi, den Gott des Kultbildes oder auch nur den Sonnengott in den Mittelpunkt (s.o.). Gegen die Interpretation BODENs, daß es sich beim MWKB um *ein* Übergangsritual mit dem charakteristischen linearen Ablauf von Trennungs-, Wandlungs- und Angliederungsriten handle und gegen ihren Vorschlag, daß wir uns im vorliegenden Stadium in der Wandlungsphase befinden, spricht, daß auch jetzt noch Trennungsriten (Z. 49-52) vollzogen werden. Zudem weist der Wortlaut des "Flüsterns" (der nur in der Ninive-Version überliefert ist, vgl. K6324+ etc. 165-171) darauf hin, daß die Angliederung des Bildes an die göttliche Gemeinschaft bereits vollzogen ist und daß nur noch die Übernahme des Funktionsbereiches aussteht.
Die abschließenden Handerhebungsgebete sprechen nochmals die überirdische Herkunft des Bildes, seine Mundöffnung, seine Schicksalsbestimmung, seine Aufnahme bei den Göttern an und fordern es auf, seinen Tempel zu beziehen; in ihnen wiederholen sich Elemente der Trennung (von der irdischen Abkunft), der Wandlung (Aktivierung der Sinne) und der Angliederung. Daher ist festzustellen, daß es sich in der vorliegenden Ritualphase zwar sicherlich um einen Höhepunkt des Rituals handelt, daß jedoch eine Reduktion auf den Begriff "Wandlung" die Vorgänge zu stark vereinfacht. Gerade in diesem Abschnitt des Rituals verstärkt sich m.E. der Eindruck, daß im MWKB mehrere Übergangsrituale ineinander verschachtelt sind,

---

[1235] Vgl. S. 178ff.
[1236] Brieflich vom 10.3.1995.

bzw. daß die häufige Wiederholung des Ablaufes Trennung-Wandlung-Angliederung für eine besonders hohe Effektivität sorgen sollte.
Unbegreiflicherweise sieht BODEN in Z. 57 eine Zäsur, die zwei Ritualabschnitte trenne. Sie übersieht dabei, daß die zweite und die dritte Version der Beschwörung "Geh, zögere nicht" nicht von der ersten (Z. 56) zu lösen ist, und daß ein Ritualabschnitt immer erst mit der Auflösung des dazugehörigen Ritualarrangements abgeschlossen ist. Daher kann es kaum angehen, diese Ritualphase vor der Z. 59 zu beenden.
Z. 57-65 ist nach BODEN das Stadium des Rituals, das den neuen Status des Bildes beschreibt. Es wurde schon darauf verwiesen, daß es sinnvoller ist, den letzten Abschnitt des Rituals damit beginnen zu lassen, daß das Kultbild den Garten verläßt (Z. 59). Es ist bedauerlich, daß BODEN auch diesen Ortswechsel ignoriert, obwohl er mit einer Prozession verbunden war, die das Kultbild durch ein Tor führte, das in Esagila den Namen "Tor der Gräben" trug. Es trennte den Garten von der Stadt und bedeutete für das Kultbild den Übertritt in eine andere Welt. Es verließ den abgegrenzten Ritualbezirk, der (in der Ninive-Version) mit dem Begriff der Steppe verbunden war. Alle Verunreinigungen blieben dort zurück. Auf der anderen Seite des Tores lag der zukünftige Funktionsbereich des Gottes, die Stadt und der Tempel. Die Stadt war für das Kultbild ebenfalls ein gefährliches Gelände, da es sich dort permanent neuerlich verunreinigen konnte. Trotzdem mußte sie durchquert werden, damit der neue Gott in das Zentrum seines Landes und an seinen Wohnsitz kam. Die letzte Schwelle, die das Kultbild von seinem heiligen Wohnort trennte, war das Tempeltor. Mit dessen Übertritt war der Weg aus der Peripherie (Steppe; Fluß und Garten) durch die geordnete äußere Welt (Stadt) in das Zentrum des Landes abgeschlossen.

Fazit:
Wenn man die texteigenen Gliederungs- (Wechsel des Orts oder des Ritualaufbaus) und Interpretationshilfen (Beschwörungen, Rezitationen) ernst nimmt, dann läßt sich das MWKB in mehrere sinnvoll gestaltete Abschnitte unterteilen, die jeweils ihre eigene Zielrichtung haben. PEG BODEN muß über die ritualeigene Struktur hinweggehen, um genau die drei Phasen zu erhalten, die dem klassischen Aufbau eines Übergangsrituals entsprechen. In ihrem Bemühen, ihre These zu stützen, daß es sich bei dem MWKB um ein solches Ritual handle, versucht sie zudem, die Einmaligkeit und die Linearität des Ablaufes von "Trennung, Wandlung, Angliederung" und die dadurch erwirkte neue Qualität des Kultbildes zu beweisen. Dies ist jedoch nicht unproblematisch:
Zum einen ist es nicht so, daß sich das Kultbild vor Beginn des Rituals in einem grundsätzlich anderen Status befindet als danach. "Gott" ist es sowohl

vorher als auch nachher. Der Unterschied besteht lediglich darin, daß es nach dem MWKB nur noch als *Schöpfung der Götter* angesehen wird, daß es über *alle* göttlichen Fähigkeiten verfügt und daß es zu einem "Gott *für* die Welt" geworden ist; erst jetzt ist es im Vollbesitz seiner Wahrnehmungsfähigkeiten und in sein soziales Umfeld (Götter, Tempel, Kultgemeinschaft) integriert.

Zum anderen ist festzustellen, daß es kaum möglich ist, die Trennungs-, Wandlungs- und Angliederungsriten des MWKB auf drei verschiedene, voneinander getrennte und hintereinander ablaufende Phasen zu verteilen. Das Gegenteil ist der Fall; wie oben dargelegt, versuchte man durch die mehrfache Wiederholung eines Ritus dessen Wirkung zu steigern. Dies läßt sich z.B. für die Trennung der Statue von den irdischen Zeugen seiner Herkunft (Werkzeug und Handwerker) zeigen, die am Fluß und im Garten stattfindet und zudem in mehreren Beschwörungen angesprochen wird.

Wenn man sich nicht gewaltsam gegen die textimmanente Gliederung und das dortige Wechselspiel von Trennung, Wandlung und Angliederung durchsetzt, läßt sich das gesamte Mundwaschungsritual daher kaum als *ein* Übergangsritual interpretieren. Grundsätzlich ist die Theorie des Übergangsrituals und die damit verbundene Bereitstellung des Interpretationsmusters "Trennung, Wandlung, Angliederung" durchaus hilfreich und kann als Modell auf verschiedene Abschnitte des Rituals sinnvoll angewendet werden. Problematisch erscheint lediglich der Versuch, das gesamte Ritual in diese eine Form zu zwängen und es so zu vereinfachen, daß es in das vorgegebene Muster paßt. Die Intentionen, Funktionen und Leistungen des MWKB können auf diese Weise kaum angemessen gewürdigt werden.

Zusammenfassend läßt sich für das MWKB folgendes formulieren:
Ausgangspunkt für das Mundwaschungsritual ist die übernatürliche Herkunft des Kultbildes, das durch die "inspirative Zusammenarbeit" von Göttern und Menschen entstanden ist. Diese Abkunft macht das anschließende Ritual zum einen erst nötig, da das Bild von der menschlichen Seite seiner Herkunft befreit werden muß, um eine vollendete und reine Gottheit zu sein. Zum anderen macht diese Abkunft die Mundöffnung überhaupt erst möglich, da das Bild nur durch seine göttliche Abstammung die Fähigkeit besitzt, belebt und eine aktive und wirkungsvolle Gottheit zu werden.

Das Ritual läßt sich in drei Teile gliedern:

(1.) Im "*Ea-Teil*" wird das Kultbild in eine "paradigmatische Schwellensituation" vor Ea geführt, die es von seiner irdischen Vergangenheit befreit und es mit dem *apsû* bzw. den Handwerkergöttern verbindet. Dieser Abschnitt findet in der Werkstatt und am Fluß statt; beide Ritualorte sind durch eine Prozession miteinander verbunden, die in Babylon anscheinend durch das "Tor des Flußgottes" führte.

(2.) Im "*(Ea-Asalluhi)-Šamaš-Teil*" wird das Kultbild in eine "paradigmatische Schwellensituation" vor den Sonnengott geführt. Nach der nächtlichen Angliederung des Gottesbildes an die großen Götter findet am nächsten Morgen die eigentliche Belebung und die Schicksalsbestimmung statt. Wiederholte Trennungsriten führen dazu, daß die irdische Abkunft des Bildes definitiv beseitigt ist. Nach der Investitur vermittelt Šamaš zwischen dem neuen Gott und seinem Funktionsbereich. (Verteilt über zwei Tage) findet dieser Abschnitt im Garten statt; Fluß und Garten sind durch eine Prozession miteinander verbunden, die in Babylon anscheinend durch das "Tor des Gartens vom *apsû*" führte.

(3.) Im "*Tempel-Teil*" wird das Kultbild in seinen Wirkungsbereich eingeführt. Dieser Abschnitt findet im Tempelbereich statt; er ist mit dem Garten durch eine Prozession verbunden, die in Babylon anscheinend durch das "Tor der Gräben" und in jedem Fall durch ein Tempeltor führte.

In allen drei Teilen finden Trennungs-, Wandlungs- und Angliederungsriten statt. Die Trennungsriten beziehen sich auf die Lösung des Kultbildes von seiner irdischen Abkunft. Die Wandlungsriten lassen es zu einem überirdischen Wesen werden, das verschiedene kosmische Bereiche in sich vereint, über die "me" verfügt und alle nötigen Wahrnehmungsfähigkeiten besitzt. Die Angliederungsriten sorgen dafür, daß es seine sozialen Bezüge aufnimmt. Dazu gehören die Götter, der König, das Land und der Tempel.

Das MWKB dient dem Zweck, die Herstellung des Kultbildes, die als abgeschlossenes Gemeinschaftswerk der Götter und der Menschen angesehen wurde, auf die himmlische Seite zu reduzieren und sie so im nachhinein zu verwandeln. Dies war notwendig, da man offensichtlich davon ausging, daß der Charakter der Herstellung und der der Hersteller auf den des Hergestellten unmittelbare Auswirkungen zeigt. Nur ein von den Göttern geschaffenes Bild konnte daher ein göttliches Werk sein. Und nur ein Bild, das durch diesen wunderbaren Schöpfungsprozeß entstanden war, konnte im Rahmen des MWKB mit Sinnes- und Lebensfunktionen sowie mit den göttlichen Kompetenzen ausgestattet werden, so daß das Bild zu einem vollwertigen Interaktions- und Kommunikationspartner für den König, die Priester und die Kultgemeinschaft wurde.

Da als Ziel der *Mundöffnung* explizit die Fähigkeit des Gottes genannt wird, zu essen, zu trinken und zu riechen[1237], ist davon auszugehen, daß dies die spezielle Leistung der Mundöffnung war. Damit waren dem Gott die drei gängigen Opferarten des Speiseopfers, der Libation und der Beräucherung zugänglich. Die *Mundwaschung* hatte dagegen für die Reinheit der Statue zu sorgen. Die Aufgaben des MWKB bestehen darin:

1. Die vollkommene Reinheit des Kultbildes zu gewährleisten.
2. Für die rein übernatürliche Herkunft des Bildes zu sorgen (Acheiropoiit).
3. Die Sinne des Kultbildes zu aktivieren.
4. Dem Bild das Schicksal zu bestimmen.
5. Den neuen Gott der göttlichen Gemeinschaft anzugliedern.
6. Das Bild zu einem Träger der "me" zu machen.
7. Das Bild seinem Funktionsbereich zuzuführen.

Die Bedeutung des Mundwaschungsrituals liegt *nicht* darin, ein Kultbild zum ersten Mal mit seinem Gott in Verbindung zu bringen. Da das neue Bild von Anfang an ein Geschöpf war, das der Zusammenarbeit der Menschen mit dem Weisheitsgott und dem betroffenen Gott entsprang, war die Frage nach dem Verhältnis des Bildes zu der dargestellten Gottheit, i.e. die Frage nach der Ursprungsbeziehung bereits im Rahmen seiner Herstellung geklärt und im Sinne der *Teilhabe des Gottes am Bild und der Teilhabe des Bildes am Gott* beantwortet. Damit war es der eigentlichen Qualität des "Bild"-seins, die mit GADAMER so zu bestimmen ist, daß die Darstellung "mit dem Dargestellten wesenhaft verbunden" ist[1238], bereits zugeführt. Auf diesem Hintergrund erklärt es sich, daß die Statue eines Gottes *schon zu Beginn* des Mundwaschungsrituals als "Gott" bezeichnet und sofort nach der ersten Mundwaschung bzw. Mundöffnung direkt angesprochen werden konnte, obwohl die Übertragung aller Sinnes- und Lebensfunktionen und die Aufnahme des Tempelkultes *noch nicht* stattgefunden hatten. Durch die Beseitigung der menschlichen Seite der Herstellung im Rahmen des MWKB wurde die bereits (seit der Werkstatt) bestehende Ursprungsrelation lediglich von ihrer menschlichen "Hilfskonstruktion" und den damit verbundenen Unreinheiten befreit, gegen Mißverständnisse geschützt, konsolidiert und vollendet; sie wurde nicht erst konstituiert. Die Herstellung und das MWKB gehören daher unlösbar zusammen. Sie sind zusammen die theoretische und die theologische Grundlage aller präsenztheologischer Aussagen.

Obwohl das Kultbild seine irdische Abstammung im Rahmen des MWKB aufgegeben hat, bleibt es (auf der vertikalen Achse Erde – Himmel) in einer dauernden "Schwellensituation". Es ist aus irdischer Materie und hat doch

---

[1237] STT 200 etc. 42ff, s.u. S. 450.
[1238] GADAMER, Wahrheit, 143.

zugleich teil an dem Transzendenten, das es ab-bildet. Es ist beiden kosmischen Bereichen (Himmel und Erde) verpflichtet, ohne in einem von ihnen völlig aufzugehen. Diesem Sachverhalt kann dadurch Rechnung getragen werden, daß vom Hersteller, dem Herstellungsort, dem Material und der Herstellungsweise des Kultbildes in Paradoxien gesprochen wird[1239]. Die Zugehörigkeit des Gottes zur transzendenten und die des Bildes zur immanenten Welt bleibt trotz aller Bemühungen grundsätzlich bestehen, so daß die Gottheit ihr Bild jederzeit wieder verlassen und sich nur noch im Himmel aufhalten kann. Das Kultbild ist seinerseits nicht gegen Zerfall, Raub und Plünderung gefeit. Mit seinem Ende geht dementsprechend nicht etwa das Ende der Existenz des Gottes einher, sondern allenfalls deren Reduktion auf den himmlischen Bereich. Da ein Bild dafür sorgte, daß eine Gottheit an irdischer Präsenz gewann, ist seine Herstellung als Existenzzuwachs, sein Verlust jedoch als Existenzminderung zu betrachten.

Dadurch daß das Mundwaschungsritual die intakte Ursprungsbeziehung zwischen Bild und Urbild (vertikale Ebene) konsolidiert, ermöglicht und garantiert es, daß der Gott im Bild an den Vorgängen der Welt aktiv teilnimmt und seinem Betrachter wahrhaftig gegenübertritt. Das MWKB konstituiert und etabliert daher die Handlungsrelation des Kultbildes (horizontale Ebene). Indem die Sinne des Bildes aktiviert werden, kann es in sein praktisches Handlungsfeld eintreten und mit der Welt Kontakt aufnehmen; es kann jetzt wahrnehmen, was in der Welt geschieht, es kann re(a)gieren, kommunizieren und konsumieren[1240]. Das MWKB bildet daher ein unverzichtbares Zwischenglied zwischen der Herstellung und der "Inbetriebnahme" bzw. der Versorgung des Gottesbildes im Tempel[1241]. Es garantiert, daß der Mensch im Heiligtum seinem Gott begegnet, so daß er dort seinem (Schöpfungs)- auftrag nachkommen kann, ihn mit Opfern zu erfreuen. Daher ist festzustellen: Erst durch das Mundwaschungsritual tritt das Kultbild in das praktische Handlungsfeld religiöser Kommunikation ein.

[1239] Hersteller: Handwerker, Götter, König; Herstellungsort: Himmel, Erde, Werkstatt; Material und Herstellungsweise: Irdisch und überirdisch.

[1240] Im Gegensatz zum 3. Jt. ist im 1. Jt. nicht nachzuweisen, daß die Mundwaschung regelmäßig wiederholt werden mußte; ihre Wirkung hielt anscheinend solange an, bis das Kultbild die Werkstatt (anläßlich einer Renovierung) erneut betrat.

[1241] Dementsprechend werden in den erhaltenen Beschwörungen immer wieder Elemente seiner Herstellung (Material, Werkzeug, Handwerker), seiner Versorgung und seiner Aufgaben für Stadt, Land, König und Tempel angesprochen, vgl. z.B. das dritte und das fünfte Handerhebungsgebet.

2.3.4. Die Mundwaschung der Erneuerung

E. EBELING publizierte in TuL 27 ein Ritual, das er der Mundwaschung an einem Kultbild zuordnete. Es ist mittlerweile durch das Duplikat K3219 zu ergänzen, so daß es sich lohnt, den Text neu zu betrachten. Wie schon W.R. MAYER bemerkte, bestehen zahlreiche Ähnlichkeiten zwischen TuL 27 und dem von ihm publizierten Mundwaschungsritual aus der seleukidischen Zeit[1242], das offensichtlich ebenfalls einem Kultbild gewidmet war. Da dieses Ritual von ihm mustergültig publiziert ist, kann auf eine Neubearbeitung verzichtet werden. Im folgenden sei es daher nur kurz dargestellt, bevor der Text von TuL 27 bzw. K3219 (im folgenden K3219 etc. s. Text Nr. 2) in aller Ausführlichkeit zu Wort kommt:

W.20030/3 etc.

Der Ablauf des Rituals läßt sich nur schwer rekonstruieren, da die Tafeln schlecht erhalten sind. Die erste Schwierigkeit tritt dadurch auf, daß leider an keiner Stelle vermerkt ist, an welchem Ort das Ritual begann. Es wäre durchaus möglich, daß es (Z. 1-2) in der Werkstatt seinen Anfang nahm und man in derselben Nacht an das Flußufer übersiedelte (Z. 3-12). Da die Ritualtafel jedoch zwischen Z. 1-28a[1243] keine Ortswechsel notiert und sich das Kultbild in Z. 28b vom *Flußufer* entfernt, ist anzunehmen, daß die Z. 1-28a die bisherigen Vorgänge am Kai schildern. Die Z. 28b-65 erwähnen als Ritualorte nur noch den *Tempel* (Z. 28) und dessen *Haupttor* (Z. 30). Das Tempeltor war auch schon im MWKB als eigene Prozessionsstation aufgefallen. Dadurch, daß die vorliegende Ritualtafel es ebenfalls eigens aufführt, wird noch einmal deutlich, daß das Kultbild an dieser Stelle eine zentrale Schwelle überschreitet, die die äußere (geordnete) Welt von dem inneren Bereich bzw. dem mythischen Raum des Tempels trennt[1244].

Das Ritual läßt sich daher wie folgt gliedern:

Z. 1-12. In der Nacht am Fluß.

Nachdem die Götter einen günstigen Zeitpunkt für das Ritual festgelegt hatten, konnte es in einer geeigneten Nacht beginnen. Zuerst fegte der Priester den Schauplatz, damit sich das Kultbild nicht verunreinigen konnte

---

[1242] MAYER, W.R., Rituale, 443-458 (W.20030/3 mit den Duplikaten W.20030/5, W.20030/98; im folgenden zitiert als W.20030/3 etc.). Zu den Ähnlichkeiten dieses Textes zu TuL 27 vgl. ebd., 444 Anm. 37: "Die Bezeichnung der Gottesstatue als *šipri ili*, des Tempels als *ekurru*, das Agieren des *kalû*, insbesondere das Singen von *taqribāti*; Verwendung von *abru*; Auftreten des Königs und seines Gefolges."

[1243] Unter 28a verstehe ich lediglich das erste Wort der Zeile [*i-šak*]-*ka-nu*; der rest gehört zu 28b.

[1244] Vgl. dazu S. 27f.

(Z. 3). Zahlreiche Götter und Sterne erhielten ein Opferarrangement (Z. 3-5) und verschiedene Opfer (Z. 6-8); die nächtliche Dunkelheit wurde durch vierzehn brennende Holzstöße erleuchtet (Z. 7), die den vierzehn (!)[1245] beopferten Göttern entsprachen. Während dieser Ritualphase rezitierte der *kalû* die kanonische Klage u4.dam ki àm.mu.ús mit dem dazu gehörenden Eršemma umun bára.kù.ga (Z. 9), die Enlil geweiht waren[1246]. Anschließend wurde ein weiterer Holzstoß angezündet, der wahrscheinlich dem Gott des neuen Kultbildes gewidmet war (Z. 10f[1247]), dem auch ein eigenes Opferarrangement und ein Schafsopfer zugeeignet wurde. Zum Abschluß sang der Klagepriester die kanonische Klage ur.sag.gal me!.ni še.er.ma.al.la íl.la mit dem dazugehörenden Eršemma ušum [gùd nú!].a.[1248]

Die folgende Nacht verbrachte das Kultbild unter freiem Himmel; analog zum MWKB ist davon auszugehen, daß die Sterne dafür sorgten, daß es in die Gemeinschaft der Götter aufgenommen wurde (Angliederung). Abweichend vom MWKB spielen in dieser Ritualphase Mundwaschungen bzw. Mundöffnungen, Backsteine, die Zahl 9 und das Weihwasser der Mundwaschung keine Rolle.

Z. 13-28a. Am Morgen am Fluß.

Die Ritualanweisungen der folgenden Zeilen entsprechen weitgehend denen des MWKB (Garten (B)): Am Morgen wurden vor Ea, Šamaš und Marduk/ Asalluhi drei Thronsessel aufgestellt, auf denen sie Platz nehmen sollten; davor breitete man eine Leinendecke aus (Z. 13f)[1249]. Anschließend baute man für jeden dieser Götter einen Opfertisch auf und versah ihn mit Gaben (Z. 14-19), die auch im Rahmen des MWKB belegt sind[1250]. Abweichend von diesem Ritual wurden nach W.20030/3 etc. Opfer mit dem Löwenkopfbecher (Z. 19f) dargebracht, einem Kultgefäß, das in diesem Kontext sonst nicht belegt ist[1251]. Die Versorgung der drei Götter der weißen Magie deutet

---

[1245] Daher ist das [x] (bzw. das [?] in MAYER, W.R., Rituale, 448 z.St.) in Z. 4 zu streichen, so schon vermutet von MAYER, W.R., Rituale, 451 z.St.

[1246] Vgl. dazu COHEN, CLAM, 120-151; nach K2724+ Vs. 14' = MENZEL, Tempel II, Nr. 34 T 55, ist diese Klage vor Aššur zu rezitieren (*dīk bīti*-Zeremonie); vgl. auch den Kommentar von MAYER, W.R., Rituale, 452 z.St.

[1247] Daher ist Z. 10 folgendermaßen zu ergänzen: *rak-su a-na* [DINGIR.BI] *t*[*ara-kás* ...].

[1248] Vgl. K2724+ Vs. 12' = MENZEL, Tempel II, Nr. 34 T 55 (für Aššur im *Bīt* Dagan), und MAYER, W.R., Rituale, 452 z.St.

[1249] Die Z. 13 ist mit K6324+ etc. 110 par. folgendermaßen zu ergänzen: ŠUB-*di* [TUG2.GADA] 14. *i-na muh-hi* ...

[1250] So die Passage über die Wolle, vgl. schon MAYER, W.R., Rituale, 452 z.St. Z. 16f entsprechen z.T. K6324+ etc. 118-121; der Anfang der Z. 19 ist nach K6324+ etc. 132 zu ergänzen: [GIŠ.ERIN *i-na* ŠUii ILA2-*ši*]. Danach verläuft Z. 19 mit BM 45749:44f parallel.

[1251] Vgl. MAYER, W.R., Rituale, 449:19f; die Übersetzung "auf den Kopf eines Löwen?" ist zu korrigieren. Zu Löwenkopfbechern vgl. DELLER, SAG.DU, 327-346. Als Ergänzung ist

darauf hin, daß dieser Ritualabschnitt von ihnen dominiert wurde und man erwartete, daß sie Wesentliches zur Belebung des Bildes beitrugen. Genaueres läßt sich dazu nicht feststellen, da die Aktivierung der Sinne und die Schicksalsbestimmung des Kultbildes, die an dieser Stelle zu erwarten gewesen wären, nicht angesprochen werden.

Nach weiteren Opfern (Z. 21-23), deren Adressat nicht geklärt werden kann, wurden Mehlhäufchen aufgehäuft (Z. 23). Der Klagepriester rezitierte anschließend die Klage umun [še.er.m]a.al an.ki.a mit ihrem Eršemma Dilmun.ki nigin.na[1252] (Z. 24.26f), die Marduk/Asalluhi gewidmet waren. Danach fanden Opfer für den Gott des neuen Kultbildes statt (Z. 24-26), und man wiederholte die soeben erwähnte Klage an Marduk/Asalluhi. Anders als im MWKB waren der König und die Beamten des Hofes am vorliegenden Ritual beteiligt, indem sie eine Reinigung (tēbibtu Z. 27-28a) vollzogen (oder eine Reinigung an ihnen vollzogen wurde?). Weitere Unterschiede bestehen darin, daß in W.20030/3 etc. Rohrhütten, Mundwaschungen bzw. Mundöffnungen, Handerhebungsgebete an das Kultbild, Handwerker, Trennungsrituale, die Augenöffnung, die Investitur des Bildes und der Sonnengott keine Rolle spielen, obwohl diese im MWKB das Geschehen des zweiten Ritualtages maßgeblich geprägt hatten.

Z. 28b-37 Die Prozession vom Kai bis in die Cella.

Die gesamte Prozession vom Kai bis in die Cella wurde von einem Prozessionsgebet begleitet, dessen zweisprachiger Wortlaut die Ritualtafel in den Z. 38-43 überliefert. Da diese Zeilen Aufschluß darüber geben, welche Erwartungen man mit der Präsenz eines Gottes in seinem Bild und welche Ziele man mit seinem öffentlichen Zug durch die Stadt verfolgte, seien sie hier ausführlich zitiert[1253]:

37. [Vom U]fer des Flusses, bis der Gott sich auf seinen Sitz setzt, sprechen der König und die Eunuchen[1254] folgendes:
38. "Wohlan, o Herr, wohlan, o Herr,
39. wohlan, o Herr, wir wollen dich se[hen]!
40. Wohlan, o Herr, blicke auf deine Stadt!
41. Wende dich deinem Tempel zu, wende dich deiner Stadt zu!
42f Segne den König, der dich verehrt, schenk seinen Leuten Wohlergehen!"

---

in Z. 20 mit MAYER, ebd., 454 z.St. mi-ih-[ha] ina UGU SAG.DU.UR.[MAH] anzunehmen (zu mihhu vgl. AHw 651).

[1252] Vgl. COHEN, CLAM, 413-417, und K2724+ Vs. 8' = MENZEL, Tempel II, Nr. 34 T 55 (wenn Aššur sich in Ešarra erhebt), vgl. auch MAYER, W.R., Rituale, 454 z.St.

[1253] Zur Transkription vgl. MAYER, W.R., Rituale, 446, Übersetzung 449. Diese Zeilen erinnern an K6324+ etc. 169-171.

[1254] Hier ist LU2.SAG.MEŠ zu ergänzen.

Aus den Z. 39-43 lassen sich die folgenden Schlüsse ziehen:

1. Der Gott ist in seinem Bild wahrhaft präsent; er kann daher von seinen Verehrern direkt angesprochen werden.

2. Da der Gott durch sein Bild einen leiblichen Körper erhalten hat, besitzt er nun eine sichtbare Gestalt. Daher kann er von seinen Verehrern angesehen werden und mit ihnen in Blickkontakt treten.

3. Da der Gott durch sein Bild einen leiblichen Körper erhalten hat, verfügt er über eigene Sinne und Körperfunktionen. Er kann daher seinen Funktionsbereich wahrnehmen, sich der Stadt und seinem Tempel zuwenden und seinen Verehrern Segen zukommen lassen.

4. Durch die persönliche Anwesenheit des Königs während der Prozession ist dieser als der erste und unmittelbare Ansprechpartner des neuen Gottes gekennzeichnet. Er ist der Mittler zwischen dem Gott und den übrigen Menschen.

5. Während der Prozession durch die Stadt ist das Kultbild dabei, sein praktisches Handlungsfeld zu übernehmen und mit seinen Verehrern zu kommunizieren. Ählich wie schon die Einzugsprozession des MWKB sorgt auch diese Prozession dafür, daß das neue Bild vor aller Augen seinen Aufgabenbereich übernimmt, so daß für die Bevölkerung kein Zweifel darüber bestehen kann, daß die Stadt unter göttlichem Protektorat steht. Daraus folgt, daß dieser Weg des Kultbildes durch die Stadt der gezielten und selektiven Vermittlung theologischer Inhalte dient, die dem Volk in verständlicher und einfacher Weise mitgeteilt werden und ihm versichern, in einer Welt zu leben, deren sinnvolle Ordnung bewahrt wird.

6. Die Beteiligung des Königs bei dieser Prozession läßt den Schluß zu, daß er sie dazu benutzte, sein besonderes Verhältnis zur Gottheit darzustellen und sich in seiner Rolle als legitimer und gesegneter Mittler zu inszenieren. Daraus folgt, daß dieser Weg des Kultbildes durch die Stadt der gezielten und selektiven Vermittlung königsideologischer Inhalte und damit der Herrschaftsstabilisierung diente.

Die Prozession läßt sich folgendermaßen strukturieren:

28b-29 Prozession vom Flußufer zum Tempel.
Anders als im MWKB wird das Kultbild in W.20030/3 an der Hand des Königs durch die Stadt geführt, wobei dieser mit seinen Beamten eine Klage oder eine Beschwörung rezitierte, deren Incipit leider dem schlechten Zu-

stand der Tafel zum Opfer gefallen ist. Der Klagepriester begleitete diesen Weg durch das Lied nir.gál.è.dè (Z. 29)[1255]. Abweichend vom MWKB fehlen Hinweise darauf, daß die Statue in der Gefahr schwebte, sich zu verunreinigen.

Z. 30f Im Tempeltor.

Das Kultbild trat an der Hand des Klagepriesters in das Tempeltor ein. Dieser (?) rezitierte eine Klage, deren Titel leider nicht erhalten ist, sowie das Lied é.šà.ab.hun.gá.ta (31)[1256]. Mit diesem Einzug in das Tor hat der Gott das Zentrum seines Landes und das Ziel seines Weges erreicht. Die Z. 31 ist in einem so schlechten Zustand, daß sich weitere Rekonstruktionen erübrigen.

Z. 31-32 Prozession vom Tempeltor in das Allerheiligste.

Während des kurzen Weges zwischen dem Tempeltor und der Cella, in der das Kultbild erst zur Ruhe kam, rezitierte der *kalû* eine Klage, deren Titel leider nicht erhalten ist. Erst jetzt war die Prozession beendet.

Z. 32-36 Im Allerheiligsten.

Diese Zeilen sind sehr unvollständig, so daß die Rekonstruktion vielen Unsicherheiten ausgesetzt ist. M.E. fanden die zahlreichen Opfer, die namenlose Klage (Z. 34), die Herzberuhigungsklage für den König (bzw. über seinem Gewandsaum; Z. 35) und die Klagen für den Gott des neuen Kultbildes (Z. 36) in der Cella statt. Abweichend vom MWKB spielen die Inthronisation und die abschließende Mundwaschung bzw. Mundöffnung in dieser Phase anscheinend keine Rolle.

Z. (37) 38-43 und 44-57 (58).

Die Ritualtafel überliefert den Wortlaut von zwei Lied- oder Sprucheinheiten, die während der Prozession in den Tempel zu sprechen (Z. 37) oder zu singen (Z. 58?) waren. Die erste (Z. 38-43) begleitete laut Z. 37 den Weg des Bildes vom Fluß in den Tempel (s.o.), während für den anschließenden Hymnus (Z. 44-58) eine ähnliche Präzisierung fehlt. Er wendet sich an die großen Götter und bittet sie darum, ihr Herz zu beruhigen und einen Gnadenruf für das Land auszusprechen (Z. 54f).

[1255] Vgl. Nir.gál lú.è.dè, COHEN, CLAM, 468-478 (für Ninurta), und K2724+ Vs. 23' = MENZEL, Tempel II, Nr. 34 T 56 (für Aššur im *Bīt* Dagan), vgl. auch MAYER, W.R., Rituale, 455 z.St.

[1256] Vgl. MAYER, W.R., Rituale, 455f z.St.

59f Ende des Rituals.

Die Zeilen sind völlig zerstört. Es läßt sich lediglich zeigen, daß das Ritualarrangement (im Tempel, am Kai?) abgebaut wird. Damit ist das Ritual beendet.

61-65 Unterschrift und Kolophon.

Laut Unterschrift handelt es sich um ein Ritual für den *kalû*.

W.20030/3 etc. ist mit dem MWKB durch einzelne Ritualanordnungen und
die Ritualorte Fluß, Tempeltor und Cella verbunden. Augenfälliger sind hingegen die zahlreichen Unterschiede (s.o.), die sich noch vermehren lassen:
Es ist nochmals hervorzuheben, daß die Mundöffnung und die Mundwaschung an keiner Stelle erwähnt werden. Zudem finden sich die Gebetsgat-
tungen ér.šà.hun.gá[1257], ér = *taqribtu* und Eršemma[1258], die im MWKB keine
Rolle spielen. Es läßt sich auch nicht übersehen, daß sich die beteiligten
Personen unterscheiden. Während das MWKB in die Kompetenz des *āšipu*
fällt, gehört das vorliegende Ritual zum Aufgabenbereich des *kalû*. Das
MWKB läßt zusätzlich die Handwerker auftreten, die in W.20030/3 etc.
völlig fehlen, wogegen dieser Text den König und die Beamten aufführt, die
ihrerseits im MWKB keine Bedeutung haben. Beide Rituale stimmen darin
überein, daß sie den *mašmaššu* erwähnen.
Es läßt sich daher eine Diskrepanz zwischen W.20030/3 etc. und dem
MWKB bzw. eine enge Verwandtschaft zu K3219 etc. (s.u. Text Nr. 2) feststellen. Diese Tatsache möchte ich mit einer Beobachtung von M. COHEN
verbinden. Er hat festgestellt, daß die rituellen Klagen von Balag und Eršemma nur bei der Renovierung von Tempeln und kultischen Gegenständen
verwendet werden[1259], hingegen niemals bei einer Neuherstellung. Balag,

---

[1257] Vgl. dazu MAUL, Eršahunga, 1-32. Er ordnet diese Gebete (im 1. Jt.) zum Aufgabenbereich des *kalû* (ebd., 25). Auch der König kann die Klage sprechen, vgl. ebd., 27. Herzberuhigungsklagen sind im Kontext von Renovierungsarbeiten an Gebäuden belegt, vgl.
MAUL, Eršahunga, 46ff = STT 232:1-24 (Renovierung einer Tempeltür). Das Ziel der Rezitation liegt darin, den Zorn der Götter abzuwenden.
[1258] Zu diesen Liedern vgl. COHEN, Balag, passim, DERS., CLAM, passim, und DERS.,
Sumerian Hymnology, passim. Sowohl Balag als auch Eršemma singt der *kalû*.
[1259] Vgl. COHEN, CLAM, Einleitung 26f; vgl. als Beispiel zusätzlich das Ritual zur Le-
gung eines Tempelgrundsteines (RAcc 40-44 = TCL 6, 46 (O. 174)); es handelt sich um die
Wiederherstellung eines verfallenen Tempels, die vom Gesang der schon bekannten Klagen
u4.dam ki.àm.mu.ús, umun.bára.kù.ga (Eršemma; in der Nacht, ebenso in W.20030/3 etc. 9),
é.šà.ab.hun.gá.ta (auf dem Weg zum Tempel, ebenso in W.20030/3 etc. 31), umun še.er.ma.al
an.ki.a sowie Dilmun.ki nigin.na (am Morgen, ebenso in W.20030/3 etc. 24.26f) begleitet ist.
Danach folgt die Grundsteinlegung und die Anweisung, die Opfer und die Klagen nicht zu
unterbrechen (vgl. K3219 etc. 14). Das Ritual ist mit der Reinigung und der Weihung beendet. Die Parallelität zwischen den Ritualen, die Bau, Renovierung und Einweihung von
Kultbildern und Tempeln betreffen, kann als weiterer Hinweis dafür gewertet werden, daß

.

Eršemma und Herzberuhigungsklagen haben den Zweck, einen Gott zu besänftigen, der (wie auch immer) Schaden genommen hat. Daher ist anzunehmen, daß es sich bei den beiden verwandten Texten W.20030/3 etc. und
K3219 etc. um Rituale handelt, die bei der *Erneuerung* von Kultbildern an-
zuwenden und grundsätzlich von dem MWKB zu unterscheiden waren.
Während in W.20030/3 etc. ein Mundwaschungsritual überliefert ist, das
nach der erfolgreichen Renovierung eines Bildes zu vollziehen war, ist
K3219 etc. als Ritual für die Renovierung eines Kultbildes (Z. 1f.16f) einzuordnen, da es sich ausführlich mit den Möglichkeiten der Restaurierung
eines Bildes, jedoch nur kurz mit dessen Mundwaschung (Z. 15f) beschäftigt[1260]. Die Ritualtafel beschäftigt sich mit der *Renovierung* eines Kultbildes.
Sie unterscheidet zwei mögliche Fälle:
1. Das Kultbild ist zu retten (Z. 1-16), daher kann eine Mundwaschung
   stattfinden (Z. 15f).
2. Das Kultbild ist nicht mehr zu retten (Z. 16-30 und 31-Rs. 43'), daher
   muß es beseitigt werden.

Im einzelnen läßt sich der Ablauf folgendermaßen beschreiben:

Der erste Fall: Das Kultbild ist zu retten (Z. 1-16).
Z. 1-4. Problem-, Orts- und Zeitbestimmung.
Nachdem die Priester die Reparaturbedürftigkeit des Kultbildes festgestellt
hatten, bestimmten sie mit Hilfe von Orakelanfragen den Ort und den Zeitpunkt seiner Renovierung. Für die Erneuerung eines Kultbildes trifft daher
zu, was schon für die Herstellung galt: Von Anfang an waren die Götter und
der Gott des Bildes (Z. 2) beteiligt.
Aus den Prozessionsomina[1261] ist ersichtlich, daß die Vorstellung verbreitet
war, daß das Aussehen eines Kultbildes über die Pläne und die Gemütsver-
fassung des jeweiligen Gottes Auskunft geben konnte; die äußere und die
innere Verfassung entsprachen einander. Wenn sich daher das Kultbild eines
Gottes in einem schlechten Zustand befand, dann war darauf zu schließen,
daß dies auf die schlechte Stimmung der Gottheit zurückzuführen war. Es
war daher unumgänglich, den Zorn der Gottheit zu besänftigen, bis ihr ein
vollkommen wiederhergestelltes Bild zur Verfügung gestellt werden konnte.
Auf diesem Hintergrund versteht sich, daß die Renovierung eines Kultbildes

---

sich das Mundwaschungsritual aus Tempelbau- und Einweihungsritualen entwickelt hat, vgl.
S. 192.
    [1260] Zur Umschrift und Übersetzung des Textes s.u. Text Nr. 2. Zur Textgeschichte vgl.
WALKER, DICK, Induction, 49.
    [1261] Vgl. Anm. 374.

von Anfang an bis zu ihrem erfolgreichen Ende von Trauerritualen und Klagen begleitet war.

Die Interpretation des anschließenden Abschnittes ist problematisch: Z. 3f ordnen an, daß das Kultbild in der Nacht an den Fluß gebracht und dort gereinigt werden sollte. Der Priester ging dazu hinaus, zündete einen Holzstoß an und rezitierte die erste Klage, die sich sicherlich an den Gott des beschädigten Bildes richtete. Sie hatte den Sinn, den Gott in seinem Zorn zu beruhigen. Der Ortswechsel des Bildes an den Kai in Z. 3f läßt sich nur schwerlich damit vereinbaren, daß erst Z. 5 davon kündet, daß es seinen Sitz verläßt; möglicherweise handelt es sich in Z. 3f um einen Vorgriff auf die Ereignisse, die sich am Flußufer (Z. 15f) abspielen werden. Für diese Interpretation spricht, daß die Ritualanweisungen der Z. 3f denen von W.20030/3 etc. 3-12 (am Fluß!) grundsätzlich entsprechen (Nacht, Klage, Holzstoß).

Z. 5-7. Die Prozession vom Tempel in den Vorhof der Werkstatt.
Erst in Z. 5 ist davon die Rede, daß sich das Kultbild auf den Weg machte, der es zunächst in den Hof der Werkstatt führte. Es verließ seinen Tempel an der Hand des Klagepriesters, der verschiedene Trauerrituale zelebrierte, während sich der Beschwörungspriester um sein Opferarrangement kümmerte. Obwohl der Gott des beschädigten Bildes damit einverstanden war, seinen Funktionsbereich zu verlassen (Z. 2), um renoviert zu werden, bestand während seines Auszuges für ihn und die Stadt höchste Gefahr. Zum einen konnte er sich außerhalb seines Heiligtums, dem Zentrum der Ordnung, jederzeit verunreinigen, da er sich in die äußeren, weniger geordneten Bereiche begeben hatte. Zum anderen hatte er seine Rolle als Garant der geltenden Ordnung aufgegeben, so daß der Bestand des Königs, der Stadt und des Landes gefährdet waren[1262]. Es kann daher nicht verwundern, daß der *kalû* der Trauer des Landes Ausdruck verlieh und zugleich versuchte, mit den verschiedenen Klagen den Unmut des Gottes (über seinen Zustand und über die Veränderung seiner Position) zu beruhigen.

Z. 8-11. Im Hof der Werkstatt.
Die Prozession erreichte im Hof der Werkstatt ihr erstes Ziel; dort machte man halt, um vor Ea und dem Gott des beschädigten Bildes einen Holzstoß anzuzünden, vor den beiden und Asalluhi Opfer darzubringen[1263] und um eine weitere Klage zu rezitieren. Aus Z. 10 ergibt sich, daß der König und seine Familie das Kultbild auf seinem Weg begleitet hatten. Sie äußerten ihre Trauer über seinen desolaten Zustand dadurch, daß sie sich demütig proster-

---

[1262] Zu den möglichen Folgen vgl. Erra I 132f, S. 149f.
[1263] Rituelle Handlungen im Vorhof eines Tempels sind durch Funde von Kultgegenständen im Hof belegt, vgl. HROUDA, Mobilier, 151-155 (neusumerische und aB Zeit).

nierten; offensichtlich hatte die königliche Familie die Möglichkeit, den Hof der Werkstatt zu betreten. Die Anwesenheit des Königs in der Werkstatt war schon bei der Herstellung eines Kultbildes aufgefallen; er war es gewesen, der die Handwerker bestimmt, eingeführt und ihnen ihr Arbeitsmaterial übergeben hatte[1264]. Ähnliche Vorgänge sind analog auch bei der Renovierung eines Bildes anzunehmen.

Z. 11-12. Trauerbezeugungen vor dem Tempel.
Während vor der Werkstatt Opfer und Klagen vollzogen wurden, bezeugten die Bewohner der Stadt ihre Betroffenheit vor dem Tempel. Ausgangs- und Zielpunkt der Prozession wurden daher dadurch miteinander verklammert, daß an ihnen Trauerriten stattfanden. Wenn man dieser Beschreibung glauben darf, dann war die Renovierung eines Gottes ein Ereignis, das die gesamte Stadt in Mit*leiden*schaft zog und sie zur kollektiven "Staatstrauer" veranlaßte: Der Beschwörungspriester ("du"), der *kalû*, der König, die königliche Familie und die Einwohner der Stadt nahmen daran teil.

Z. 12-14. In der Werkstatt.
Da die Renovierung eines Kultbildes als kultischer Akt angesehen wurde, mußten sich die Handwerker vor dem Beginn ihrer Tätigkeiten einem Reinigungsritual unterziehen. Erst danach durften sie die Werkstatt betreten und sich der Gottheit nähern. Während ihrer Arbeit fuhr der Klagepriester damit fort, Opfer und Klagen zu vollziehen, um die Götter günstig zu stimmen.

Z. 15-16. Prozession von der Werkstatt an das Flußufer; Mundwaschung und Rückkehr in den Tempel.
Nachdem die Arbeit der Handwerker erfolgreich abgeschlossen war, entfernte man den renovierten Gott aus der Werkstatt und brachte ihn an das Flußufer, um ihn dem Mundwaschungsritual zu unterziehen. Wenn es zutrifft, daß die Z. 3f auf die Ereignisse am Kai vorgreifen, dann wurde das Kultbild dem Handwerkergott vorgeführt, um einem Reinigungs- bzw. Trennungsritus (Z. 3f) unterzogen zu werden, der (analog zum MWKB) für die Ablösung des Bildes von den Unreinheiten der Werkstatt und für seine endgültige Verbindung mit Ea sorgen sollte. Obwohl die Vorgänge am Flußufer in K3219 etc. nicht mehr geschildert werden, entsprachen sie wahrscheinlich denen, die die Ritualtafel W.20030/3 etc. überliefert; diese setzt nahezu komplementär zu K3219 etc. Z. 3f.16 in der Nacht am Flußufer ein und kündet davon, daß man mit weiteren Klagen versuchte, den nunmehr renovier-

---

[1264] Vgl. S. 117f.

ten Gott zu beruhigen, während er durch die Sterne der Gemeinschaft der Götter angegliedert wurde (W.20030/3 etc. Z. 1-12).
Die Erwähnung von Ea, Šamaš und Asalluhi in K3219 etc. 15f stimmt damit überein, daß diese Götter den zweiten Ritualtag am Fluß dominierten (W.20030/3 etc. Z. 13-28a), da sie im wesentlichen für die Aktivierung der Sinne des Kultbildes verantwortlich waren. Entsprechend W.20030/3 etc. Z. 28b-36 verließ das Kultbild anschließend den Kai und begab sich in einer öffentlichen Prozession in seine Cella. Der Heimweg des Gottesbildes stand zwar immer noch unter dem Zeichen der Klagen und der Beruhigung, jedoch (vgl. die Prozessionsbeschwörung W.20030/3 etc. Z. 38-43) mischten sich andere Töne unter, die der Freude der Menschen über die wahrhaftige Gegenwart ihres Gottes und über die Wiederaufnahme seines Funktionsbereiches Ausdruck verliehen. Zudem war mit der Rückkehr des Gottes der König als legitimer und gesegneter Mittler bestätigt, so daß die göttliche und die königliche Herrschaft weiterhin stabilisiert war.

Der zweite Fall: Das Kultbild ist nicht mehr zu retten (Z. 16-30 und 31-Rs. 43').
Z. 16-29. Problembestimmung und Konsequenz: Prozession von der Werkstatt an das Flußufer, ohne Rückkehr in den Tempel.
Die folgenden Zeilen des Rituals beschäftigen sich mit der Möglichkeit, daß das Kultbild in einem Zustand ist, der eine Renovierung nicht mehr erlaubt. In diesem Fall kann es nicht mehr in seinen Tempel zurückkehren, sondern muß fachgerecht entsorgt werden. Zu diesem Zweck erhält das Kultbild verschiedene Geschenke, die an ihm befestigt werden. In der Nacht soll der Priester es dann an einem abgelegenen Ort zu Ea schicken. Aus der Tatsache, daß an dem Kultbild schwere, aber vergleichsweise billige Metallgeschenke (Zinn, Kupfer) befestigt werden und es an den Fluß gebracht wird, ist m.E. zu schließen, daß es zu seinem "Vater" Ea zurückgeschickt wird[1265], indem man es im Fluß versenkt.

Z.30 Geheimwissen.

Die folgende Ritualanweisung ist relativ kompliziert und wurde daher anscheinend mit Illustrationen ausgestattet:

[1265] Vgl. TuL 27:28f. Zum Versenken der Werkzeuge im Fluß, die bei der Neuherstellung eines Kultbildes üblich war, vgl. BM 45749:8-10 und K6324+ etc. 78-81. Diese Handlung kann so verstanden werden, daß der Handwerkergott zurückerhält, was er zur Verfügung gestellt hatte.

Z. 31-33   Ritualaufbau vor einer Wand (im Tempel?)
Z. 34-44   Ritualaufbau vor dem Vorhang (zehn Tragaltärchen, darunter eines für Nergal; zehn Backsteine, darunter einer für Bēlet-ilī)
Z. 46   Ritualaufbau hinter dem Vorhang (elf Räucherbecken)
Z. 47   Ritualaufbau im Tempel (Vorhang)
Z. 48-55   Ritualaufbau in der Viehhürde (Ziegelaltar; Tragaltärchen für Nergal)

Rs.
Z. 1'-11'   Ritualaufbau in der Werkstatt vor dem Vorhang (elf Backsteine, darunter einer für Bēlet-ilī)
Z. 12'-14'   Ritualaufbau in der Werkstatt hinter dem Vorhang (elf Räucherbecken; sieben Vorhänge)
Z. 14'   Ritualaufbau im Tor des Durchganges (Vorhang)
Z. 15'   Ritualaufbau vor dem Tor der Viehhürde (roter Stoff)
Z. 16'-21'   Ritualaufbau in der Viehhürde (Ziegelaltar für Nergal)
Z. 22'-37'   Erläuterungen zu den Ritualaufbauten:
Z. 22'.23'-24'   Ritualaufbau mit Vorhang
Z. 25'   Das Material der drei Vorhänge im Tempel
Z. 26'-32'   Die neun Götter der Vorhänge (Narudi, Bēlet-ilī, Uraš, Ninurta, Zababa, Nabû, Nergal, Madānu und Pabilsag)
Z. 33'-37'   Der Ziegelaltar für Anšar; die elf Götter der Backsteine in der Werkstatt (Nergal, Anšar, Kišar, Anu-rabû, Enmešarra, *apsû* des Meeres, Uttu, Ningirsu, Lugaldukuga, Dumuzi und Allatum (Bēlet-ilī fehlt))
Z. 38'   Geheimwissen
Z. 39'-43'   Kolophon

Das Ritual dauerte zwei Tage (Rs. 21') und spielte sich unter Ausschluß der Öffentlichkeit im Tempel (Z. 31-47? Rs. 25'), in der Werkstatt, dem *bābu ša dulbāni*, dem Torbereich der Viehhürde und der Viehhürde ab. Die Z. 34-55 entsprechen Rs. 1'-21' und zeigen, daß die Ritualaufbauten der Werkstatt parallel zu denen im Tempel (?) gestaltet waren. Hervorzuheben ist, daß die Götter Nergal und Bēlet-ilī mehrmals namentlich genannt werden, wobei die Viehhürde mit Nergal, die Werkstatt und der Tempel mit beiden Göttern in Verbindung gebracht werden. Das Zusammenspiel beider Götter scheint das Ritual zu bestimmen. Da es keinerlei Beschwörungen beinhaltet, ist es schwierig, die Zusammenhänge zu deuten. Nach den Angaben aus K3219 etc. 17ff ist anzunehmen, daß es die Absicht verfolgte, die Beseitigung eines nicht mehr restaurierungsfähigen Kultbildes zu begleiten und abzusichern[1266]. Obwohl Nergal als Gott der Unterwelt im vorliegenden Ritual (als Gegenspieler der Muttergöttin?) eine prominente Rolle spielt, gibt der Text keine Hinweise darauf, daß das unbrauchbare Kultbild rituell begraben wurde[1267].

[1266] D.h. es liegt keine Neuschöpfung vor, gegen TuL, S. 108-110.
[1267] Das Begraben der Königsstatue Idrimis von Alalah, weiterer Königsstatuen, der Torlöwen aus Sendschirli, Arslantepe und Hazor beschreibt HALLO, Cult Statue, 15f; weitere Beispiele nennt KEEL, Vergraben, 315-326. 334-336. Beispiele aus der klassischen Antike bietet FUNKE, Götterbild, 740f.

Zusammenfassend läßt sich folgendes feststellen:
Die Renovierung eines Kultbildes weist zahlreiche Gemeinsamkeiten mit seiner Neuherstellung auf. Zu nennen sind: Offenbarung des Willens des betroffenen Gottes, Bestimmung des Zeitpunktes, Bestimmung des Ortes, Begabung der Handwerker mit Weisheit (Z. 12 "weise"), die Anwesenheit des Königs in der Werkstatt, die Reinigung der Handwerker und die abschließende Mundwaschung.

Neben diesen Übereinstimmungen bestehen jedoch auch zahlreiche Unterschiede: Die Renovierung ging von anderen Voraussetzungen aus als die Herstellung, da sie sich mit einem Kultbild beschäftigen mußte, das bereits existiert und ein MWKB durchlaufen hatte. Das Gottesbild betrat die Werkstatt daher als ein aktives, lebendiges und göttliches Wesen, das auf eine rein übernatürliche Geburt zurückblicken konnte. Diese wurde durch den neuerlichen Aufenthalt und die Bearbeitung des Bildes in der Werkstatt in Frage gestellt, da sich wiederum (göttlich inspirierte) menschliche Hände daran zu schaffen machten. Durch das anschließende Mundwaschungsritual an dem renovierten Kultbild (MWRKB) mußte es daher zum zweiten Mal von seiner irdischen Vergangenheit getrennt, zu einem rein göttlichen Produkt gemacht und seinem Aufgabenbereich zugeführt werden. Wenn oben festgestellt wurde, daß die Herstellung eines Kultbildes für die Konstituierung seiner Ursprungsbeziehung, das MWKB für die Konsolidierung derselben und zusätzlich für die Etablierung der Wahrnehmungs- und Handlungsbeziehung des Gottes(bildes) sorgten, so verfolgten die Renovierung und das MWRKB den Zweck, diese Beziehungen zu rekonstituieren bzw. sie neuerlich zu konsolidieren. Da das MWRKB dem Weihwasser, der wiederholten Mundwaschung, den Handerhebungsgebeten vor der Statue, der Trennung von den Handwerkern, dem Werkzeug und dem Material, der Entsühnung, der Schicksalsbestimmung, der Investitur, dem Sonnengott sowie der Inthronisation und der durch den Sonnengott vermittelten Kontaktaufnahme mit der Welt kein besonderes Interesse zukommen läßt, ist es möglich, daß nur eine verkürzte Fassung des umfangreicheren MWKB vollzogen wurde, da es sich lediglich darum handelte, aufzufrischen, was bereits bestanden hatte.

Ein weiterer charakteristischer Unterschied zwischen der Renovierung und der Herstellung eines Kultbildes besteht darin, daß die Erneuerung mit der öffentlichen Überführung des beschädigten Kultbildes in die Werkstatt begann, die die gesamte Stadt in "Staatstrauer" versetzte, während dieser Zug bei einer Neuherstellung selbstverständlich entfiel. Da sich die Herstellung und die Renovierung vor allem durch den Auszug des Gottes aus seinem Heiligtum unterscheiden, seien an dieser Stelle einige Überlegungen zu den Hintergründen und den Absichten dieser Prozession angeschlossen:

Anders als bei den regulären Festprozessionen, bei denen ein Kultbild seinen Tempel für eine bestimmte Zeit verließ, um anschließend gestärkt heimzukehren, bestand bei der vorliegenden Prozession keine Garantie, daß es zurückkommen würde (vgl. Fall 2). In dieser Hinsicht ist diese Prozession dem Weg ähnlich, den die Kultbilder gehen, wenn sie verschleppt werden. Auch dann schlagen sie eine Bewegungsrichtung ein, die sie von ihrem Wohnort (*innen*) nach *außen* führt, ohne daß man mit Sicherheit sagen könnte, ob sie jemals wiederkehren. Aus dieser Analogie läßt sich schließen, daß auch der Auszug eines geraubten Kultbildes zu Trauerriten führte[1268], die anzeigten, daß im Zentrum der Ordnung ein Vakuum entstanden war, das den Bestand der geordneten Welt gefährdete. Im Unterschied zu der Verschleppung eines Bildes aus seinem Tempel bestand bei seinem kontrollierten und kultisch vorschriftsmäßig durchgeführten Exodus jedoch immerhin eine hohe Wahrscheinlichkeit, daß es dorthin zurückkehren würde; wenn diese Hoffnung trog (vgl. Fall 2), so wurde sicherlich schnell für Ersatz gesorgt und Abhilfe geschaffen, so daß die gottlose Zeit begrenzt war. In jedem Fall lag es in den Händen der Handwerker, der Priester und des Königs, für die Wiederkehr eines Kultbildes zu sorgen, während die Verschleppung nicht ohne weiteres eigenhändig rückgängig gemacht werden konnte.

Die öffentliche Prozession eines beschädigten Bildes ist ungewöhnlich, wenn man bedenkt, daß religiöse Prozessionen im allgemeinen der Inszenierung von Macht, Stabilität und Herrschaft dienen[1269], Inhalte, von denen man annehmen könnte, daß sie durch Prunk, Fülle und Jubel angemessener dargestellt werden als durch Verfall und Trauer. Es ist daher danach zu fragen, welche Bedeutung der Tatsache zukam, daß man ein ramponiertes Bild durch die Straßen trug.

Da ein Gott durch den Verfall seines Bildes nur noch einen ermüdeten und alten leiblichen Körper besaß, verfügte er nur noch über stark herabgesetzte Sinne und Körperfunktionen. Er konnte zwar von seinen Verehrern angesehen und angesprochen werden und mit ihnen in Blickkontakt treten, jedoch war nicht gewährleistet, daß er sie wirklich sah oder hörte. Zudem konnte er seinen Funktionsbereich nicht mehr vollständig wahrnehmen, weil er sich der Stadt und seinem Tempel nur noch mit halber Kraft zuwenden konnte[1270]. Da der traurige Zustand des Bildes mit dem Zorn der Gottheit einherging, konnten seine Anhänger nicht mit Segen rechnen. Funktionsuntüchtigkeit,

---

[1268] So bei Nabonids Mutter cf. GADD, Harran, 46 Nabonid H1 B i 18ff; zur Einordnung der Inschrift als Propagandaliteratur vgl. VON SODEN, Kyros und Nabonid, 62 (bzw. 286) und LONGMAN, Fictional, 101-103.

[1269] Zu den Funktionen der öffentlichen Festprozessionen vgl. PONGRATZ-LEISTEN, *Ina šulmi īrub*, 115-148, bes. 144.

[1270] Vgl. dazu S. 153.

Kommunikationsunfähigkeit, Gotteszorn und Gefährdung der Ordnung kennzeichneten daher das alte Bild. Indem sein Zug durch die Stadt vom König begleitet war, war dieser als der erste und unmittelbare Ansprechpartner des beschädigten Gottes gekennzeichnet. Er war der Mittler zwischen dem müden Gott und den trauernden Menschen.

Das Kultbild verließ während seiner Prozession in die Werkstatt sein praktisches Handlungsfeld, so daß es jederzeit den Feinden der Ordnung zum Opfer fallen konnte[1271]. Da dieser Exodus öffentlich stattfand, konnte für die Bevölkerung kein Zweifel darüber bestehen, daß die Stadt zur Zeit nicht unter göttlicher Protektion stand und jederzeit von politischen oder dämonischen Feinden in Besitz genommen werden konnte. Die Prozession des beschädigten Kultbildes durch die Stadt vermittelte den Bewohnern in verständlicher und einfacher Weise gezielt die Botschaft, daß die Welt, in der sie lebten, derzeit gefährdet war. Da der Auszug des beschädigten Bildes aus seinem Tempel und der darin zum Ausdruck kommende Zorn des Gottes nicht gerade als Zeichen des Segens und der Legitimität eines Königs zu gelten haben, mußte der König alles daran setzen, daß keine Destabilisierung seiner Herrschaft einsetzte, indem es zu dem Vorwurf kommen konnte, er habe seine Pflichten vernachlässigt. Daher ist aus der Tatsache, daß er an dieser Prozession beteiligt war, der Schluß zu ziehen, daß er sie dazu benutzte, sein besonderes Verhältnis zur Gottheit darzustellen und sich in seiner Rolle als legitimer und gesegneter Mittler zu inszenieren, der mit seinem Gott auch die Krisen teilt, sie letztlich "im Griff hat" und zu einem guten Ende führt. Der Auszug des Bildes aus dem Tempel gehört daher unbedingt mit seinem anschließenden Einzug zusammen, da sich erst durch die Heimkehr des Bildes der aufgebaute Spannungsbogen löst. Nachdem die Ordnung für eine begrenzte und kontrollierte Zeit ausgesetzt worden war, konnte die Prozession, die sich der erfolreichen Renovierung anschloß, die Botschaft vermitteln, daß Gott und König auch diese Krise zusammen gemeistert hatten und sich der Zorn des Gottes gerade *nicht* gegen sein Land und seinen König entladen hatte. Die Prozession des beschädigten Kultbildes durch die Stadt steht daher zwar unter dem Zeichen der (kontrollierten) Krise, jedoch auch unter dem ihrer Überwindung.

Aus diesen Überlegungen ergibt sich auch, daß ein König vermeiden mußte, ein Kultbild so lange zu vernachlässigen, daß es nicht mehr zu retten war, da sonst die Gefahr bestand, daß dem Auszug aus dem Tempel kein neuerlicher Einzug folgen konnte. Die Krise wäre in diesem Fall nicht überwunden worden, und der Kultsitz wäre solange vakant geblieben, bis ein neues Kultbild hergestellt worden wäre. Dem Auszug anläßlich einer Renovierung wäre in

---

1271 Zu den Konsequenzen eines vakanten Kultsitzes vgl. S. 153.

diesem Fall die geheime Entsorgung des alten Bildes (s.o. S. 269), die geheime Neuherstellung eines neuen Bildes mit einem MWKB (nicht MWRKB) und der öffentlichen Einkehr (nicht Heimkehr) in das Heiligtum gefolgt. Renovierung und Herstellung stimmten grundsätzlich darin überein, daß sie das (er)neue(rte) Kultbild in einer geheimen Prozession von der Werkstatt an das Flußufer und von dort aus in einem öffentlichen Zug in seinen Tempel führten, wenn auch aus W.20030/3 etc. zu entnehmen ist, daß der Weg des renovierten Bildes von weiteren Trauerkundgebungen begleitet war, die im MWKB nicht belegt sind. Dadurch daß bei der Renovierung das Element der Trauer und der Klage (Beteiligung des *kalû*!) eine große Rolle spielte, erhielt sie ein anderes Gepräge als die Herstellung, die von der Freude über die Zuwendung der Gottheit bestimmt war (s.o.).

Es ist aufschlußreich, die Bewegungsrichtungen der verschiedenen Prozessionen miteinander zu vergleichen: Für die Prozession des MWKB war festgestellt worden, daß sie das Bild aus der (Werkstatt und) "Steppe" in den Tempel einführte; das Kultbild bewegte sich daher von *außen nach innen*. Diese Prozession stand unter dem Zeichen der Etablierung der Ordnung, der Übernahme des praktischen Handlungsfeldes, dem Übergang von der Bewegung in die Ruhe und dem Wechsel vom glanzvollen Ereignis der göttlichen Epiphanie in der Stadt in das abgeschlossene Alltagsleben im Tempel.

Für die Renovierung des Kultbildes galt dagegen folgendes:
Zuerst fand eine Prozession vom Tempel in die Werkstatt statt; das Kultbild bewegte sich daher von *innen nach außen*, ohne daß es bei diesem Weg die Möglichkeit gehabt hätte, seinen Herrschaftsbereich nach außen auszudehnen. Dieser Hintergrund ist bei den Festprozessionen der Götter anzunehmen, die die Götter aus dem Tempel in den äußeren Bereich führen und sie nach einer begrenzten Zeit wieder sicher zurückkehren lassen (*Innen – Außen – Innen*). Wenn ein beschädigtes Kultbild seinen Tempel verließ, war hingegen nicht garantiert, daß es wieder dahin zurückkehren würde (vgl. Fall 2). Diese Prozession stand daher unter dem Zeichen (1.) des Verlustes der Ordnung (vgl. Erra), (2.) des Überganges (a.) von der Ruhe in die Bewegung, (b.) von dem routinierten göttlichen Alltag in ein trauriges Ereignis, (c.) von der geheimnisvollen Gegenwart des Gottes im abgeschlossenen Tempel in die Öffentlichkeit und (3.) des Verlustes des praktischen Handlungsfeldes. Daraus ergibt sich, daß der Auszug des Bildes aus dem Tempel umkehrte, was durch seinen dortigen Einzug erreicht worden war.

Wenn eine Renovierung erfolgreich verlaufen war, wurde das Bild von der Werkstatt via Kai in den Tempel zurückgebracht; das Kultbild bewegte sich daher von *Außen nach Innen*. Diese Prozession entspricht der des MWKB und steht daher unter dem Zeichen der Retablierung der Ordnung. Die Renovierung stellt daher nicht nur das Kultbild neu her, sondern sie sorgt auch dafür, daß dessen Ursprungs-, Wahrnehmungs- und Handlungsbeziehungen wieder intakt sind; da die Renovierung dem Kultbild eigentlich nur wiederbeschafft, was es schon durch die Herstellung besessen hatte, ist sie letztlich als ein spezieller Fall der Herstellung zu werten, die inhaltlich oder qualitativ nichts bringt, was nicht schon vorher bestanden hätte.

2.4. Die Mundöffnung an Symbolen

Das Mundwaschungsritual wurde nicht nur an anthropomorphen Statuen, sondern auch an symbolischen Gottesrepräsentationen vollzogen[1272]. Als Beispiel sei an dieser Stelle auf die Mundöffnung der Mondsichel verwiesen, dem Symbol des Mondgottes Sîn. Sie ist in K63a und K3367 bezeugt[1273]. Insgesamt erscheint K63a iii als Kurzversion der längeren Beschwörung, die in STT 200 etc. 1ff erhalten ist. Dieser Befund bedeutet jedoch nicht, daß das Ritual der Mundöffnung für die Mondsichel einfacher war als das für das Kultbild. Die kürzeren Angaben beruhen eher darauf, daß man die vollständige Version als bekannt voraussetzen konnte. Die vorliegende Fassung diente daher als Gedächtnisstütze, die vor allem diejenigen Zeilen schriftlich festhalten wollte, die abgeändert werden mußten, um die Beschwörung eindeutig auf eine Mondsichel zu beziehen. Die Übereinstimmungen mit dem ausführlicheren MWKB (bzw. der Beschwörung STT 200 etc.) sind zahlreich (Weihwasserbecken, Reinigungszeremonien, Handwerkergötter) und weisen darauf hin, daß sich die Mundöffnung der Mondsichel nicht grundsätzlich von der einer Statue unterschied. Eventuell ist in der Tatsache, daß nur der Goldschmiedegott (K63a iii 24f) und Ninzadim, der Gott der Edelsteinarbeiter (K63a iv 3f), explizit erwähnt werden, ein Hinweis darauf zu sehen, daß die Herstellung der Mondsichel weniger Handwerker und Material in Anspruch nahm als die Herstellung eines anthropomorphen Kultbildes. Das Symbol war daher sicherlich schneller und kostengünstiger herzustellen als eine Rundplastik.

[1272] S. auch S. 189.

[1273] K63a iii = IV R² 25b ist eine Parallelversion der fast gleichlautenden Beschwörung für das Kultbild STT 200 etc. = WALKER, *Mīs pî*, 83ff, s.u. S. 449ff; in K3367 Rs. = WALKER, *Mīs pî*, 146, liegt die nächste Parallele zu K63a iii vor. Nach der neuen Klassifizierung der Beschwörungen durch WALKER (Computerausdruck vom 10.2.1995) gehören K63a und K3367 zur dritten Beschwörungstafel (K63a iii zu Section B 49-58+; K3367 ii zu Section B 49-54 = STT 200 etc. 1ff)). Bis zur angekündigten Neupublikation der Tafeln durch Walker wird im folgenden die Zeilenzählung seiner Arbeit von 1966 bzw. die Zeilenzählung meiner Übersetzung von K63a zugrundegelegt. Die Mundöffnung der Mondsichel ist schon seit ZIMMERN, *Das vermutliche Vorbild*, 961f, bekannt, ohne daß die Bedeutung dieses Rituals für das Verständnis der Symbole ausgewertet wurde. Es folgt ein Vergleich zwischen K63a iii und STT 200 etc.

(Zur Zeilenzählung: K63a iii 4ff = IV R^2 25b:42ff)

4f.	42f.	Beschwörung: Als der Gott geschaffen war und die reine Mondsichel vollendet war,
6f.	44f.	erstrahlte der Gott über alle Länder,
8f.	46f.	er trägt Pracht (*šá-lum-ma-tu na-ši*), ist geeignet für die Herrschaft (*e-tel-lu-tam šu-su-um*), er ist Fürst und hinsichtlich der Brust vollkommen (*e-tel ir-ta ga-mir*).
10f.	48f.	Mit Glanz umgeben (*mé-lam-me šu-ta-as-hur*), die Gestalt (*bu-un-na-an-né-e ra-šub-ba-tam ra-mi*) mit ehrfurchtgebietendem Glanz angetan,
12f.	50f.	prächtig erstrahlt er, die Mondsichel ist in Reinheit herrlich gemacht (*šar-hiš it-ta-na-an-bit as-ka-ru el-liš šu-pu*).
14f.	52f.	Im Himmel geschaffen, auf der Erde geschaffen[1274],
16f.	54f.	diese Mondsichel wurde aus der Gesamtheit von Himmel und Erde geschaffen.
18f.	56f.	Sumerisch: Diese Mondsichel ging aus dem Wald der wilden Zypressen hervor. Akkadisch: Im (Wald der wilden Zypressen wuchs diese Mondsichel auf, diese Mondsichel aus dem Gebirge, dem reinen Ort; Anm. d. Verf.) ging sie hervor.
20f.	58f.	Geschöpf des Gottes, Werk der Menschen.
22f.	60f.	Die Mondsichel[1275] wurde mit sorgfältiger Behandlung gemäß den rituellen Erfordernissen vollendet.
24f.	62f.	Durch das Werk von Kusigbanda[1276] gemacht.
26f.	64f.	Diese Mondsichel riecht ohne Mundöffnung keinen Weihrauch,
28f.	66f.	ißt kein Brot [und trinkt kein Wasser].

In K63a iii liegt eine Variante der Beschwörung u4 dingir.dím.ma alam sikil.la šu du7.a "Als der Gott geschaffen war, als die reine Statue vollendet war" (STT 200 etc. 1ff) vor, die innerhalb des MWKB rezitiert wurde. Beide Fassungen stimmen weitgehend überein. K63a iii bezieht sich jedoch auf eine Mondsichel und weicht daher jeweils dann von STT 200 etc. ab, wenn sich die dortigen Aussagen eindeutig auf ein anthropomorphes Kultbild beziehen und für eine Mondsichel keinen Sinn ergeben; daher werden z.B. die Augen und die Holzglieder nicht erwähnt. Auch die Fangzeile der Beschwörung wurde dem neuen Gegenstand angepaßt, so daß sie nunmehr lautet: u4 dingir dím.me.en u4.sar sikil.la šu du7.a.me.en bzw. *u4-um* DINGIR *ib-ba-nu-ú as-ka-ru el-lu uš-tak-li-lu* (K63a iii 4f) "Als der Gott geschaffen war, als die reine Mondsichel vollendet war."

Es fällt auf, daß die Begriffe "Mondsichel" und "Gott" ebenso parallelisiert werden wie zuvor "Statue" und "Gott". Alle weiteren Aussagen der Beschwörung, die sich auf das Kultbild bezogen hatten, werden im folgenden auf die Mondsichel übertragen: So erstrahlt der Gott (!) über alle Länder (DINGIR *uš-ta-pu-ú ina nap-har* KUR.MEŠ), trägt Pracht, Glanz und ehrfurchtgebietenden Glanz (*šalummatu, melammu, rašubbatu*) und ist für die Herrschaft geeignet.

[1274] Der letzte Halbvers wurde nur in sumerisch überliefert; die akkadische Entsprechung wurde ausgelassen.

[1275] U4.sar ist nur in der sumerischen Zeile ausgeschrieben worden; die akkadische Übersetzung läßt das entsprechende *as-ka-ru* weg.

[1276] Die Übersetzung folgt der sumerischen Zeile; akkadisch: d.ŠU-*ma*.

Bezüglich des Herstellungsortes findet sich in der akkadischen Version eine Variante. Die sumerische Zeile "im Himmel geschaffen, auf der Erde geschaffen" (an dím.me.en ki dím.me.en) wurde in der akkadischen Interlinearübersetzung von K63a iii auf die erste Aussage verkürzt: *ina* AN-*e ib-ba-nu*. Es handelt sich hier sicherlich lediglich um eine Abkürzung der bekannten Formulierung, deren sumerische Überlieferung als ausreichend angesehen wurde. Die folgende Doppelzeile (K63a iii 16f = IV R^2 25b:54f) unterscheidet sich nur durch die Erwähnung der Mondsichel von ihrem Äquivalent in STT 200 etc. 12f[277]. STT 200 etc. 14f-16f fährt an dieser Stelle damit fort, den Wald aus *hašurru*-Bäumen und das reine Gebirge als den Ursprungsort des Kultbildes zu beschwören. K63a iii 18f setzt diese Passage als bekannt voraus und verkürzt den Text:

STT 200 etc. 14-17:
14. alam ne.e giš.tir giš.ha.šur.ra.ta mu.un.è
15. ṣal-mu an-nu-ú *ina qiš-ti ha-šur ir-bí*[278]
16. alam ne.e hur.sag ki.kù.ga.ta è.a
17. ṣal-mu an-nu-ú *iš-tu* KUR-*i áš-ri el-li ú-ṣa-a*

K63a iii 18f:
18. u4.sar ne.e giš.tir giš.ha.šur.ra.ta mu.un.è
19. *ina* (*qiš-ti ha-šur ir-bi as-ka-ru an-nu-ú iš-tu* KUR-*i áš-riel-li*) *ú-ṣa-a*

Die folgende Zeile ist von besonderem Interesse (K63a iii 20f = IV R^2 25b: 58f):

Sumerisch: u4.sar níg.dím.dím.ma nam.lú.u18.lu mu.un.dím.ma
          "Die Mondsichel ist ein Geschöpf, das die Menschheit machte."
Akkadisch: *bi-nu-ut* DINGIR *ep-šit a-me-lu-ti*
          "Geschöpf Gottes, Werk der Menschen."

Die sumerische Zeile paßt ihrem Inhalt nach nicht in die Theologie der Mundöffnung. Auch stimmt die akkadische Übersetzung nicht mit ihr überein. Daher schlage ich vor, in der sumerischen Fassung eine Emendation vorzunehmen:

u4.sar níg.dím.dím.ma dingir! nam.lú.u18.lu mu.un.dím.ma.

"Dingir" wäre demnach vor "nam" ausgefallen; eine Haplographie ("nam" statt "dingir nam") ist leicht denkbar, da der erste Teil des Zeichens "nam"

---

[277] Anstelle von alam ne.e an.šár ki.šár.ra.ta dím.ma bzw. *ṣal-mu an-nu-ú ina kiš-šat* AN-*e u* KI-*tim ib-ba-ni* (STT 200 etc.) ist in K63a iii zu lesen: u4.sar ne.e an.šár ki.šár dím.me.en bzw. *as-ka-ru an-nu-ú ina kiš-šat* AN *u* KI *ib-ba-ni*.
[278] Var. STT 201 *ib-ba-ni*.

mit dem "dingir"-Zeichen identisch ist. Der Schreiber der sumerischen Zeile hat das "dingir"-Zeichen versehentlich ausgelassen. Setzt man es wieder ein, dann entspricht die akkadische Interlinearübersetzung dem Sumerischen:

"Die Mondsichel, Geschöpf Gottes, das die Menschheit machte."

STT 200 etc. 18f zeigt an dieser Stelle einen deutlich anderen Text:

Sumerisch: alam níg.dím.dím.ma dingir lú.u18.lu.ke4
Akkadisch: [ṣa-lam bu-un-]na-né-e šá DINGIR.MEŠ u LU2.
"die Statue (hat) die Gestalt von Gott und Mensch."

Da hier die sumerische und die akkadische Version im wesentlichen übereinstimmen, sehe ich keinen Grund zur Emendation[1279].

Es ist auffällig, daß sowohl das Kultbild in STT 200 etc. als auch die Mondsichel in K63a iii im sumerischen Text als "níg.dím.dím.ma dingir ..." bezeichnet werden, während die akkadische Interlinearübersetzung níg.dím.dím.ma unterschiedlich verstanden wissen will. In bezug auf die Mondsichel wird dieser Begriff mit *binûtu* (der Götter), in bezug auf das Kultbild hingegen mit *bunnannû* (der Götter und der Menschen) übersetzt. Beide Gleichungen sind möglich.

Dieser Befund läßt sich m.E. dadurch erklären, daß sich das Aussehen der Mondsichel nur schlecht mit dem Begriff *bunnannû* verbinden läßt, der im allgemeinen die menschliche Gestalt und die Gesichtszüge bezeichnet (und nur selten "Geschöpf" bedeutet)[1280]. Anders verhält es sich mit *binûtu*, das im allgemeinen mit "Erzeugnis, Geschöpf, Produkt" und nur selten mit "Gestalt" zu übersetzen ist[1281] und daher kaum an menschliches Aussehen denken läßt. Wenn daher das Kultbild mit *bunnannû* verbunden wird, dann ist es m.E. beabsichtigt, daß die neu geschaffene Statue zu dem Aussehen der (anthropomorph vorgestellten) Götter und dem der Menschen in Beziehung gesetzt wird. Götter, Menschen und Kultbilder sind gleichgestaltig, und in *bunnannû* klingt dieser Anthropomorphismus deutlich an. In Verbindung

---

[1279] Gegen WALKER, *Mīs pî*, 92, der STT 200 etc. 18 zu alam níg.dím.dím.ma nam!.lú.u18.lu.ke4 mu.un.dím.ma (entsprechend der Mondsichelparallele) emendieren will: "... with nam becoming corrupted to dingir and the last word dropped in the statue's text." Die akkadische Übersetzung würde dann jedoch nicht mehr mit dem sumerischen Text übereinstimmen.

[1280] K63a iii 10f steht dazu nicht in Widerspruch. Dort wird *bunnannû* nicht mit níg.dím.dím.ma, sondern mit sig7.alam geglichen. Der Kontext legt an dieser Stelle keine direkte Verbindung zu anthropomorphen Vorstellungen nahe.

[1281] Vgl. AHw 127 und CAD B 243. Dort ist kein Beleg für "Gestalt" im Sinn von "menschlichem Aussehen" verzeichnet (CAD B 243 zitiert zwar BAM 248 ii 55.68, dieser Beleg gehört m.E. jedoch zu Bedeutung 2. "creation, creature, product").

mit der Mondsichel ist dieser Anklang dagegen fehl am Platz. Daher wurde *bunnannû* in K63a iii durch *binûtu* ersetzt; damit wurde der schöpferische Aspekt der Entstehung der Mondsichel hervorgehoben. Interessant ist auch die Distinktion zwischen göttlichem (*bi-nu-ut ili*) und menschlichem Schöpfungshandeln (*ep-šet a-me-lu-ti*). Die verwendeten Formulierungen (*banû* im Unterschied zu *epēšu*) bringen deutlich zum Ausdruck, daß sich das Schaffen und Schöpfen der Götter von dem handwerklichen Tun und Arbeiten der Menschen unterscheidet, wobei für das Gelingen eines Kultobjektes notwendig ist, daß beide Fähigkeiten miteinander verbunden werden: Das Kultsymbol ist auf diese Weise unzweifelhaft auf die Zusammenarbeit von Göttern und Menschen zurückzuführen.

Die folgenden Zeilen von STT 200 etc. 20-41 läßt K63a iii größtenteils aus. In K63a iii 22f findet sich jedoch eine Zeile (u4.sar šu.du7 mí zi.dè.eš du11.ga bzw. *ina tak-ni-ti ki-niš šu-uk-lu-ul*), die in STT 200 etc. keine direkte Entsprechung besitzt. Eventuell könnte man daran denken, daß dieser Vers, der die sorgfältige Herstellung der Mondsichel hervorhebt, die ausführliche Fertigungsgeschichte, die in STT 200 etc. 20ff immerhin mehr als zwanzig Zeilen einnimmt, kurz zusammenfassen sollte. Theologisch bedeutsam sind die folgenden Zeilen:

u4.sar ne.e ka nu.duh.u.da na.izi nu.ur5 ú nu.kú.e a nu.[un.nag]
an-nu-ú[1282] *ina la pi-it pi-i qut-ri-in-na* [*ul iṣ-ṣi-in a-ka-la ul ik-kal*] *me-e u*[*l i-šat-ti*]
"Diese Mondsichel riecht ohne Mundöffnung keinen Weihrauch, ißt kein Brot, trinkt kein Wasser."

K63a iii 26ff entspricht an dieser Stelle wörtlich STT 200 etc. 42ff. Der einzige Unterschied besteht darin, daß in STT 200 etc. das Kultbild (alam bzw. *ṣalmu*) als Subjekt auftritt. Aus diesen Zeilen ergibt sich, daß sich die Lebensfunktionen eines Kultsymboles nicht von denen eines anthropomorphen Kultbildes unterscheiden. Nach ihrer Mundöffnung war auch die Mondsichel dazu fähig, Sinneswahrnehmungen zu empfinden, Lebensfunktionen auszuüben und als irdischer Körper der Gottheit zu fungieren.

Die nun folgenden Zeilen IV R^2 25a:39f (= K63a iv 1f[1283]) scheinen verkürzt STT 200 etc. 49-52 zusammenzufassen. Sie berichten daher wahrscheinlich von der Herstellung des Wassers der Beschwörung. Danach endet die wörtliche Parallelität zu STT 200 etc., so daß sich der Detailvergleich zwischen den beiden Versionen der Beschwörung nicht mehr sinnvoll weiterführen

---

[1282] *As-ka-ru* wurde weggelassen.
[1283] Zu K63a iv = IV R^2 25a vgl. WALKER, *Mīs pî*, 148, sowie die Bearbeitung bei FOSSEY, La magie, 344-347.

läßt. Obwohl der Text die nachfolgenden Ereignisse nur noch sehr selektiv und abbreviatorisch darstellt, läßt er kaum einen Zweifel daran, daß die Mundöffnung der Mondsichel analog zur Mundöffnung des Kultbildes verlief[1284]:

Zeilenzählung K63a iv 1ff = IV R² 25a:39ff

1f.	39f.	Reines Wasser brachte er darin.
3f.	41f.	Ninzadim, der Obersteinschneider Anus,
5f.	43f.	betreute dich mit seinen reinen Händen dauerhaft (*ú-kan-ni-ka*)[1285].
7f.	45f.	Ea brachte dich an einen (sum.: seinen) Ort der Reinigung (*ašar tēlilti*)[1286],
9f.	47f.	zu einem (sum.: seinem) Ort der Reinigung brachte er dich,
11	49f.	mit seinen reinen Händen brachte er dich,
12f.	50f.	zu Sirup und Butter brachte er dich.
14f.	52f.	Wasser der Beschwörung goß er auf deinen Mund (*me-e šip-ti ana pi-ka id-di*)[1287],
16f.	54f.	deinen Mund öffnete er durch das Amt des Reinigungspriesters (*ina i-šip-pu-ti ip-ti*).
18.	56	Wie der Himmel ", wie die Erde " das Innere des Himmels. Die böse Zunge "[1288].
19.	57	Beschwörung eines Löwengenius (?)[1289] für die Mundöffnung eines Gottes.

Aus dem Vergleich des MWKB mit der Mundöffnung an der Mondsichel ergibt sich, daß Kultsymbol und Kultbild sowohl ihre übernatürliche Herstellung als auch die Mundöffnung gemeinsam hatten, die sie in die Lage versetzten, an der Gottheit, deren irdischer Körper sie jeweils waren, wesensmäßig teilzuhaben. Nachdem diese Ursprungsbeziehung konstituiert und konsolidiert war, war die Voraussetzung dafür geschaffen, daß sie in ihre Wahrnehmungs- und Handlungsbeziehungen eintreten und ihre Aufgaben übernehmen konnten. Die Ursprungsbeziehung zwischen Gott und Bild war dieselbe wie die zwischen Gott und Symbol. Auf diesem Hintergrund ver-

---

[1284] Die Passagen von STT 200 etc. 70-81, s.u. S. 451, die die Reinigung und Mundöffnung des Kultbildes zum Thema haben, finden in K3367 Rs. 10'-17' eine leider nur unvollständige und schwer lesbare Parallele. Für einen sinnvollen Vergleich zwischen STT 200 etc. und K3367 Rs. reicht der Textbestand bei weitem nicht aus.

[1285] In ähnlichem Kontext vgl. BBS 36 iv 21.

[1286] Aus dem Vergleich mit STT 200 etc. 57-60 (s.u. S. 451) ergibt sich, daß damit nur der Garten gemeint sein kann.

[1287] Ähnlich auch: K2445+ etc. (14.)16 (s.u. S. 455): *me-e šip-ti šá eri4-du10 e-li-ka id-du-u* ...

[1288] Es handelt sich um eine Abkürzung des bekannten Formulars.

[1289] Wohl zu ur.idim! zu emendieren; WALKER, *Mīs pî*, 148, liest ur.ger$_x$ und versucht, Sîn mit Hunden in Verbindung zu bringen (ebd., 149f mit Literatur). In der Glyptik ist das Motiv "Löwengenius (*uridimmu*) mit Mondsichelstandarte" häufig belegt, vgl. SAAS 1, 90f mit pl. 5, 2 und 22, 4; auch in den Ritualen lassen sich Belege für Löwengenien (*uridimmu*) finden, die eine Mondsichel tragen, vgl. LAMBERT, Substitute King, 110 B 10. Für die Verbindung zwischen dem Mondgott und Hunden erscheint mir keine vergleichbare Evidenz vorzuliegen.

steht sich, daß das Symbol (genauso wie das Kultbild) persönlich angesprochen oder als "Gott" bezeichnet wurde (K63a iii 4ff)[1290]. Theologische Unterschiede zwischen der Mundöffnung des Kultbildes und der des Symbols
sind nicht festzustellen. Der Vergleich zwischen den beiden Versionen derselben Beschwörung, die zum einen ein anthropomorphes Kultbild, zum anderen ein Kultsymbol zum Gegenstand hatte, läßt keinerlei Hinweise darauf
zu, daß man das Kultsymbol als minder- oder höherwertige Vergegenwärtigung der Gottheit angesehen hatte. Obwohl man sich darüber im klaren war,
daß eine Rundplastik dem Aussehen der anthropomorph und personalisiert
gedachten Götter näher kam als ein Symbol, führte dies nicht dazu, daß man
zwischen Bild und Symbol in der Weise unterschied, daß man beiden unterschiedliche Grade oder Qualitäten der Gottesgegenwart zusprach und sie so
hierarchisierte.

2.5. Zusammenfassung: Die Einweihung

1. Die Mundwaschung eines belebten oder unbelebten und die Mundöffnung
eines unbelebten Objektes ist in zahlreichen Ritualen belegt. Eine *Mundwaschung* hatte jeweils die Aufgabe, für die vollkommene Reinheit zu sorgen und dadurch den Kontakt des Irdischen mit dem Göttlichen zu ermöglichen. Im Anschluß daran konnte das Gereinigte mit positiven Kräften
gleichsam "aufgeladen" werden. An diesem Punkt setzte die *Mundöffnung*
an, deren Ziel es war, die Fähigkeiten oder Funktionen der Dinge zu aktivieren, die diesem Ritus unterzogen worden waren.
2. Das Mundwaschungsritual an einem neuen Kultbild bzw. an einem Kultsymbol ist in diesen größeren Kontext einzuordnen. Es beinhaltet mehrere
Mundwaschungen, die jeweils mit Mundöffnungen verbunden sind und unterscheidet sich von den Mundwaschungen an anderen Gegenständen bzw.
Personen vor allem durch seine Dauer, seinen Aufwand und seine Komplexität. Ausgangspunkt des Rituals war die übernatürliche Herkunft des Kult-
bildes/Symbols, das durch die "inspirative Zusammenarbeit" von Göttern
und Menschen entstanden war. Diese Abstammung konstituierte und etablierte bereits die Beziehung des Bildes/Symbols zur Gottheit, i.e. seine Ursprungsrelation. Sie ist als Teilhabe des Bildes an der Gottheit und als Teilhabe der Gottheit am Bild[1291] oder als wesenhafte Verbundenheit[1292] beider

---

[1290] Zu diesem Problemkreis s. nun SELZ, Drum, passim.

[1291] Die "Einwohnung" des Gottes in das Bild spielt im Unterschied zu Ägypten keine
Rolle; zu diesem Begriff vgl. BERNHARDT, Gott und Bild, 28-33, KOCH, Geschichte, 41 (mit
Verweis auf Morenz, Hornung, Spiegel), sowie neuerdings ESCHWEILER, Bildzauber, 287-
289.

zu beschreiben. Ein Kultbild ist daher niemals nur eine religiöse Darstellung, sondern immer ein von der Gottheit erfülltes Bild, dem als solches Wirklichkeitscharakter zukommt[1293].

3. Das MWKB befreite das Bild (die folgenden Ausführungen treffen für das Kultsymbol gleichermaßen zu) von der menschlichen Seite seiner Herkunft und konsolidierte dadurch die bestehende Seinsvalenz des Bildes. Es schloß die Herstellung ab und war daher unlösbar mit ihr verbunden. Herstellung und MWKB sorgten gemeinsam für die intakte Ursprungsbeziehung, die die theoretische und die theologische Grundlage von allen präsenztheologischen Aussagen war. Nachdem man geklärt hatte, daß das Bild wahrhaftiger Gott war, konstituierte und etablierte das MWKB die Wahrnehmungs- und Handlungsbeziehung des Gottesbildes, so daß es in sein praktisches Handlungsfeld eintreten konnte. Es stattete das Bild mit Sinnes- und Lebensfunktionen sowie mit den göttlichen Kompetenzen aus, so daß es zu einem vollwertigen Interaktions- und Kommunikationspartner für den König, die Priester und die Kultgemeinschaft werden konnte.

4. Ergänzend ist auf die Prozessionen des MWKB hinzuweisen; sie stehen unter den folgenden Vorzeichen:

1. Übergang des Bildes von der Bewegung in die Ruhe.
2. Übergang vom glanzvollen Ereignis der öffentlichen göttlichen Epiphanie des Bildes in der Stadt in seinen routinierten Alltag im abgeschlossenen Tempel.
3. Etablierung der Ordnung.
4. Übernahme des praktischen Handlungsfeldes.

Das Kultbild wurde während dieser Prozessionen in seinen kultischen Alltag überführt. Daher bildete das MWKB ein unverzichtbares Zwischenglied zwischen der Herstellung und der "Inbetriebnahme" bzw. der Versorgung des Gottesbildes im Tempel. Erst im Anschluß an das Mundwaschungsritual trat das Kultbild in das praktische Handlungsfeld religiöser Kommunikation ein; es garantierte nun die wahrhaftige Präsenz des Gottes in seinem Bild, so daß die Opfer, die Gebete, die Rituale und die Prozessionen ihren Sinn erhielten, da die Grundregel galt: Erst die intakte Ursprungsbeziehung garantiert die funktionstüchtige Wahrnehmungsbeziehung.

[1292] SCHÜTZINGER, Bild und Wesen, 61-80, redet von der Wesensgleichheit von Gott und Bild. Der Begriff der wesenhaften Verbundenheit ist m.E. angemessener, da er impliziert, daß die bestehende Verbindung auch jederzeit wieder gelöst werden kann, eine Möglichkeit, die bei einer Wesensgleichheit nicht mehr gegeben ist. LAMBERT, Gott, 545, und DERS., Rezension, 398f, betont zu Recht die *bedingte* Einheit eines Gottes mit seinem Bild; RENGER, Kultbild, 313, spricht dagegen (zu Unrecht) von einer *unbedingten* Einheit. Zu den Möglichkeiten der Götter, sich von ihren Kultbildern zu trennen, vgl. z.B. BORGER, Ash., 14 Ep. 8.

[1293] Ähnliches trifft auch für die Ikone zu, vgl. THON, Ikone, 29. Zur Einweihungsliturgie neu angefertigter Ikonen vgl. ebd., 214-223.

5. Die Renovierung eines Kultbildes wies zahlreiche Gemeinsamkeiten mit seiner Neuherstellung auf. Ein wesentlicher Unterschied bestand jedoch in der öffentlichen Prozession des beschädigten Kultbildes zur Werkstatt. Sie führte den Bewohnern eine (kontrollierte) krisenhafte Situation vor Augen und war von Trauerritualen begleitet. Sie stand unter den folgenden Vorzeichen:

1. Verlust der Ordnung.
2. Übergang des Bildes von der Ruhe in die Bewegung.
3. Übergang des Bildes von dem routinierten göttlichen Alltag in ein trauriges Ereignis.
4. Übergang von der geheimnisvollen Gegenwart des Gottes im abgeschlossenen Tempel in die Öffentlichkeit.
5. Verlust des praktischen Handlungsfeldes.

Nach dem Aufenthalt des Gottes in der Werkstatt wurde das MWRKB benötigt, um das reparierte Kultbild zum zweiten Mal von seinen irdischen Verunreinigungen zu trennen, es zu einem rein göttlichen Produkt zu machen und es seinem Aufgabenbereich zuzuführen. Wenn die Renovierung gelang, zeugte die öffentliche Rückführung des erneuerten Bildes in seinen Tempel von der Überwindung der Krise und der Retablierung der Ordnung; wenn das Bild nicht mehr zu retten war, mußte ein kompliziertes Ritual für seine kultgerechte Beseitigung (evtl. Versenkung im Fluß) sorgen.

Abschließend ist festzuhalten, daß dem Bilderdenken des Alten Orients der Begriff des "*Repräsentationsbildes*" zugrunde lag. Das Kultbild wurde als lebendiger, irdischer Leib der Gottheit angesehen, mit der es durch seine übernatürliche Herkunft und das MWKB seinsmäßig verbunden war. Der Kult des Alltags und der der Feste konnte daher von der grundsätzlichen Identität von Gott und Bild ausgehen.

II. KULTBILDER IN PALÄSTINA UND IM ALTEN TESTAMENT

0. Vorbemerkung

Schon lange ist bekannt, daß die alttestamentliche Darstellung der israelitischen Lade ganz ähnliche Merkmale und Funktionen zuschreibt, wie sie im
Vorangehenden in bezug auf Kultbilder zu beobachten waren[1294]. Diese Tatsache ist als Indiz dafür zu werten, daß die Vorstellung von der mobilen Präsenz Gottes[1295] in einem sichtbaren und transportablen Kultgegenstand, die
mit den Kultbildern (eingeschränkt[1296]) und Symbolen (unbeschränkt[1297]) verbunden war, in Israel durchaus bekannt war. Da zudem die Existenz von anthropomorphen Götterfiguren in Palästina nachgewiesen ist (s.u.), kann davon ausgegangen werden, daß die Polemik gegen die Vergegenwärtigung
Gottes in materialer Form nicht aus Unwissenheit oder Unverständnis heraus
die bekannten Formen annahm, sondern daß man in der Ablehnung der Bilder planvoll und gezielt vorging[1298], und dies gerade nur deswegen möglich
war, weil man den konkreten Bildgebrauch vor Augen hatte und die Grundlagen einer "Theologie der Kultbilder" kannte. Nur so läßt es sich erklären,
daß man wußte, wo und wie man für deren Destruktion am effektivsten anzusetzen hatte, um sie zu bekämpfen und letztlich durch eine Theologie der
Bildlosigkeit zu ersetzen.

[1294] So z.B. 1 Kön 8:1-11, mit HUROWITZ, I Have Built, 317. Vgl. ausführlich BERN-
HARDT, Gott und Bild, 136-141. 144ff (mit Aufarbeitung der älteren Literatur), HAHN, Kalb,
359-362, der (im Interesse des von ihm bevorzugten unsichtbaren Jahwe) Lade und Stierbild
als Postamente deutet und sie im Hinblick auf Präsenztheologie vergleicht; s. weiter FRITZ,
Entstehung, 150, GRESSMANN, Die Lade Jahves, 19, GUNNEWEG, Bildlosigkeit, 263f, MILLER,
ROBERTS, Hand, 9-17, CURTIS, E.M., Idol, 379, TOEWS, Monarchy, 53f, VAN DER TOORN,
HOUTMAN, David, 216f. 218, VAN DER TOORN, Book, 241f.
Nach priesterschriftlicher Darstellung entsteht die Lade durch die Zusammenarbeit von Jahwe
mit seinen Handwerkern, so daß sie von Anfang an mit ihm verbunden ist, vgl. BERLEJUNG,
Handwerker, 156-160. Sie weist daher eine ähnliche Ursprungsbeziehung auf wie ein Kult-
bild, das in einem städtischen Tempel zu Hause ist (s.o.). Im Unterschied zu diesem ist der
Wirkungsbereich der mobilen Lade die Peripherie, ihr sozialer Kontext die rurale Gesellschaft, vgl. dazu ebd., Anm. 66 (Lit.!). Sie muß deshalb nicht zwangsläufig als "kultisches
Provisorium" gelten, gegen BERNHARDT, ebd., 149.
[1295] Auch die Theologie der immobilen Präsenz Gottes, die sich in den Kultstelen mani-
festiert, ist in Israel als bekannt vorauszusetzen. Zu den Masseben, die in diesem Kontext gehören, s.u.
[1296] Die Mobilität der Kultbilder beschränkte sich auf die Stadt und ihr Umfeld sowie auf
bestimmte Festzeiten.
[1297] Die Mobilität der Kultsymbole und Standarten erstreckte sich auf die Stadt, ihr Umfeld sowie auf das periphere Gelände, vgl. PONGRATZ-LEISTEN, DELLER, BLEIBTREU, Götterstandarten, 292.
[1298] Eine Strategie nimmt auch SCHMIDT, B.B., Tradition, 90f, an. CURTIS, E.M., Images,
42, läßt die Frage letztlich offen, ob Unverständnis oder Kenntnis (und Ablehnung) die Polemik motivierte; ähnlich unentschieden auch PODELLA, Lichtkleid, 169 mit Anm. 29.

Leider gibt es im Alten Testament keine Texte, die sich mit anthropomorphen Kultbildern in ihrer Machart, ihrer Funktion oder ihrem Sinn beschäftigen, ohne sogleich zu verbieten, abzuwerten oder polemisch zu verzeichnen.
Da dennoch davon auszugehen ist, daß auch die Ablehnung der Bilder ihr
Wesen und ihre Funktionen sichtbar werden läßt[1299], steht uns umfangreiches
literarisches Quellenmaterial zur Verfügung, das Auskunft über das Verständnis des anthropomorphen Kultbildes in Israel geben kann. Zu nennen
sind die eigentlichen Bilderverbotstexte[1300], Kultreformtexte[1301], Texte, die
sich mit außerisraelitischen Kultbildern beschäftigen[1302], und Texte mit impliziter[1303] und expliziter Polemik gegen die Bilder. Innerhalb der letzten
Gruppe kann es dabei vorrangig um deren Herstellung[1304], Versorgung[1305],
Verehrung (und Wirkung)[1306] und Deportation oder Zerstörung[1307] gehen. Die
vorliegende Untersuchung beschäftigt sich vor allem mit der expliziten Polemik gegen die Herstellung der Bilder. Alle Quellen gehen mit der Abnei-
gung gegen Kultbilder ganz selbstverständlich um. Eine umfassende Abhandlung, die sich mit den theoretischen Grundlagen der Bildlosigkeit beschäftigte, gibt es nicht; nur Dtn 4:9-22[1308] bietet eine späte[1309], ausführliche

---

[1299] Vgl. dazu BREDEKAMP, Kunst, 12f.

[1300] Ex 20:4.23, 34:17; Lev 19:4, 26:1; Dtn 4:15-18.(23.25), 5:8, 27:15.

[1301] 2 Kön 18.21.22f par.

[1302] Herstellung: 2 Kön 17:29-31; Bar 6:7-9.45f; Versorgung: Bar 6:10-12 u.ö.; Verehrung (und Wirkung): Bar 6:3-5.13-14 u.ö.; Plünderung: 2 Sam 12:30 par.; Bar 6:57; Deportation: 2 Sam 5:21; Jes 46:1f; Jer 48:7, 49:3; Dan 11:8; Zerstörung: Dtn 7:25; 1 Sam 5:1-5;
Nah 1:14.

[1303] Gen 31:19.30-35; Ri 8:24-27, 17f; 1 Sam 19:13-16. Zu Ephod und Teraphim, die in
diesen Texten eine Rolle spielen, s. auch Anm. 1787 (Ephod) sowie HUEHNERGARD, Notes,
428-434, TSUKIMOTO, Emar, 3-24, TROPPER, Nekromantie, 332-339, VAN DER TOORN, Teraphim, 203-222, LORETZ, Nekromatie, 311, SCHROER, Bilder, 136-154, WILLI-PLEIN, Opfer,
17-20, HÜBNER, Spiele, 93, LEWIS, Teraphim, 1588-1601, FRITZ, Entstehung, 150f, VAN DER
TOORN, Family, 218-225. Da die Teraphim kein Element des offiziellen Kultes darstellen (es
handelt sich um Bilder der vergöttlichten Ahnen, die im Hauskult vor allem bei der Divination und Nekromantie eine Rolle spielten, mit LEWIS, Teraphim, 1599), können sie in der vorliegenden Untersuchung vernachlässigt werden. Dasselbe trifft für die ידענים und אבות zu, mit
denen ebenfalls Ahnenfiguren gemeint sein können, so mit NIEHR, Text, 304. Zu den אלהים als
(Bilder von) den vergöttlichten Ahnen vgl. ebd. sowie weiter SMITH, M.S., Yahweh, 214-223.

[1304] Ez 16:17; Jes 40:19f, 41:6f, 44:9-20, 46:6; Jer 10:3-4.9.12-16; Hab 2:18f; Ps 115:4-8,
135:15-18.

[1305] Ez 16:18f; Jes 65:11, 66:3; Dan 14:1-22.

[1306] Jes 2:8.20, 45:20, 46:6f, 57:12f; Jer 1:16, 10:5; Ez 14:3f.7, 18:6.12.15, 20:24, 33:25.

[1307] Ex 23:24, 34:13; Lev 26:30; Num 33:52; Dtn 7:5.25f, 12:2f; 2 Kön 11:18; 2 Chr
25:14; Jes 30:22, 31:7; Jer 51:47.52; Ez 6:6, 7:20f; Hos 10:5f; Am 5:26; Mi 1:7, 5:12f; Nah
1:14; 1 Makk 5:68.

[1308] Zur Textabgrenzung (nach hinten) s. RÖMER, Väter, 136f, BRAULIK, Rhetorik, 36f.
77-81. Anders DOHMEN, Das Bilderverbot, 25. 202f, der (wie bereits einige andere Exegeten,
s. die Übersicht in RÖMER, Väter, 136 Anm. 670) mit bezug auf KNAPP, Deuteronomium, 34-
38, erst nach V. 28 einen Einschnitt sehen will.

[1309] S. Anm. 1719.

Begründung des Bilderverbots, das durch diese Verse (entsprechend der o.g. Terminologie) eindeutig als Abbildverbot interpretiert wird. Die polemischen Texte des Alten Testaments zeichnen sich im allgemeinen dadurch aus, daß sie die Götter mit ihren Bildern identifizieren. Eine allgemeine Reflexion über das Verhältnis "Gott und Bild", die Beziehungen der Bilder zueinander, über ihr Verhältnis zu den Menschen oder über die Art und Weise ihrer Verbindung mit den Göttern gibt es nicht. Die Autoren und Redaktoren des vorliegenden Textmaterials verfolgten andere Ziele, die es jeweils zu beachten gilt. Der folgenden Darstellung liegen hauptsächlich Texte aus der exilisch-nachexilischen Zeit und archäologische Funde der EZ zugrunde, die Glaubenszeugnisse unterschiedlicher Gruppierungen sind[1310], die sich miteinander auseinandergesetzt haben.

A. ALLGEMEINES ZUM KULTBILD IN PALÄSTINA

1. Einleitung

Im eisen- und perserzeitlichen Palästina gab es Bilder von Gegenständen, tierischen und pflanzlichen Lebewesen, Menschen, mythischen Wesen und Göttern in ganz unterschiedlichen Funktionen[1311]. An Tempelwänden[1312], aber auch in Kleidung, Schmuck und Siegeln wurden zentrale Vorstellungen künstlerisch thematisiert. Innerhalb dieser reichen Bilderwelt sind die Darstellungen von Göttern, die speziell für die Verwendung im offiziellen und (soweit feststellbar) im privaten Kult gedacht waren, als besondere Gruppe anzusehen. In Israel konnten sowohl anthropomorphe und theriomorphe Repräsentationen als auch gegenständliche Symbole in rundplastischer oder halbplastischer Form zentraler Bezugspunkt kultischer Handlung sein: *Anthropomorphe Darstellungen*, die eindeutig kultischen Zwecken dienten, waren bislang hauptsächlich in bronzezeitlichen Strata[1313] zu finden. Aus

---

[1310] Zum Charakter der Quellen und ihrem Wert für die Rekonstruktion der Religionsgeschichte s. allgemein NIEHR, Rise, 47f. 50f, THOMPSON, T.L., Early History, 353-399.

[1311] Zu einer Übersicht vgl. SCHROER, Bilder, 21-66 (Pflanzen). 69-135. 282ff (Tiere und Mischwesen). 161-253 (anthropomorph). 257ff (Astralsymbolik), sowie KEEL, UEHLINGER, GGG, 123ff.

[1312] Zur Ikonographie des Jerusalemer Tempels vgl. WEIPPERT, H., Palästina, 465-474, KEEL, UEHLINGER, GGG, 189-196, BLOCH-SMITH, King of Glory, 18-31.

[1313] Beispiele: MBZ (mehrheitlich Göttinnen): UEHLINGER, Götterbild, 877f, ZWICKEL, Tempelkult, 30 (= NEGBI, Gods, Nr. 1535-1538. 1541). 32f (= NEGBI, Gods, Nr. 1540). 35f (= NEGBI, Gods, Nr. 1542f. 1545) (= Megiddo). 39f (= NEGBI, Gods, Nr. 1525-1531. 1533f. 1607-1612. 1620-1623) (= Naharīyyā, Devotionalienwerkstatt). 44 (= Tell Abū Ḥayyāt, Devotionalienwerkstatt). 66 (= NEGBI, Gods, Nr. 1601) (= Geser).

dem eisenzeitlichen Palästina[1314] haben sich in Tell el-Fārʿa Nord(?)[1315], Hazor[1316], Bet-Shean[1317], Megiddo[1318], Bet Shemesh[1319], Geser[1320], der David-stadt Jerusalem[1321] (EZ I), Tell el-ʿOreme[1322], Tell Abu al-Kharaz[1323], Tell Zeror[1324] und Hazor[1325], evtl. Dan[1326] und Kafr Kanna[1327] (EZ II), Gibeon(?), Tell Deir ʿAlla(?) und Askalon[1328] (EZ IIC) Bronzestatuetten bzw. Teile der-

---

SBZ (mehrheitlich Götter): CORNELIUS, Iconography, 131 mit pl. 32 RB3 (schlagender Gott, Samaria), UEHLINGER, Götterbild, 879-885, ZWICKEL, Tempelkult, 87-88 (= NEGBI, Gods, Nr. 1546. 1451 (Str. IX). 1360. 1495 (Str. VII, nach ZWICKEL, ebd., 88f, jedoch Str. VIII zuzuschreiben)). 90 (= NEGBI, Gods, Nr. 1453 (Str. VIIA oder VI)). 92f (Bronzearm = LOUD, Megiddo II. Plates, pl. 236:27 (Str. VIIA); Bronzehand ebd., pl. 236:26 (Str. VIIB)) (= Megiddo). 103 (= NEGBI, Gods, Nr. 1368 (Grabentempel I)). 109 (=TUFNELL u.a., Lachish II, pl. 26:33 (Grabentempel II)) (= Lachisch). 134f (Basaltstatue auf Stier = YADIN u.a., Hazor III/IV, pl. 117:6.7; 324; 325 (Str. 1B)). 135 (Bronzearme = YADIN u.a., Hazor III/IV, pl. 340:11-13 (Str. 1B)). 138 (Basaltstatue = YADIN u.a., Hazor III/IV, pl. 330:1-6 (Str. 1B)). 145 (= NEGBI, Gods, Nr. 1488 (Str. 1A)) (= Hazor). 161 (Bronzearme (Tempel. 30)). 162 (= NEGBI, Gods, Nr. 1447 (Tempel 30)) (= Tell Abū Hawām). 175f (= NEGBI, Gods, Nr. 1476 (Str. IX)). 183 (= ROWE, Temples, pl. 21:4 (Str. VII)). 184 (Bronzearm = ROWE, Temples, pl. 21:3 (Str. VII)). 190 (segnende Göttin = NEGBI, Gods, Nr. 1641 (Str. VI)) (= Bet-Shean). Zu weiteren Götterbronzen aus Hazor s. nun BEN TOR, Notes, 264 mit Fig. 4 (thronende Gottheit), sowie ebd., 264 (schlagender Gott). Eine "nackte Göttin(?)" der SBZ II aus Blei von 6,5 cm Höhe fand sich kürzlich in Tell ʿEn Ṣippori, s. DESSEL, MEYERS, MEYERS, Notes, 270f mit Abb. 3.

[1314] Zu einer Übersicht der Beispiele vgl. WELTEN, Götterbild, 110, MOOREY, FLEMING, Problems, 73f, HENDEL, Origins, 367 Anm. 9, UEHLINGER, Götterbild, 880. 885-890, (grundlegend) DERS., Cult Statuary, 102ff, METTINGER, No Graven Image?, 136f.

[1315] Schreitende bronzene Göttin mit langem Kleid, ZWICKEL, Tempelkult, 208 (= NEGBI, Gods, Nr. 1636, DE VAUX, Fouilles, 577 pl. xi a (von Zwickel der SBZ zugeordnet)).

[1316] Thronender Gott aus dem Hortfund Raum 3283 Schicht XI, ZWICKEL, Tempelkult, 252, KEEL, UEHLINGER, GGG, 132 (= NEGBI, Gods, Nr. 1454).

[1317] Thronender Gott mit Szepter, KEEL, UEHLINGER, GGG, 132 (= ROWE, Temples, pl. 35:9; 65A:2).

[1318] Schlagender Gott (Str. VB), KEEL, UEHLINGER, GGG, 130 mit Abb. 139 (= NEGBI, Gods, Nr. 1361).

[1319] Thronender Gott, siehe NEGBI, Gods, Nr. 1450.

[1320] Schlagender Gott, s. SEEDEN, Figurines, Nr. 1765 (vgl. auch Nr. 1762. 1764).

[1321] Durchbohrte Bronzefaust, Str. XIV, s. SHILOH, Excavations, 17, Fig. 24, pl. 29:3, vgl. auch KEEL, UEHLINGER, GGG, 152.

[1322] Thronender Gott, FRITZ, Kinneret, 113-115 und pl. 42E. 118, vgl. KEEL, UEHLINGER, GGG, 152.

[1323] Schlagende Gottheit, s. FISCHER, Abu al-Kharaz, 33 mit Fig. 12, s. nun auch UEHLINGER, Cult Statuary, 114 und Abb. 19.

[1324] Wohl schlagender Gott, OHATA, Tel Zeror, 37 pl. 63:1, vgl. KEEL, UEHLINGER, GGG, 153.

[1325] YADIN u.a., Hazor III/IV, pl. 176:23, 361:14, NEGBI, Gods, Nr. 1708, vgl. KEEL, UEHLINGER, GGG, 153.

[1326] NEGBI, Gods, Nr. 1627.

[1327] SEEDEN, Figurines, Nr. 1726.

[1328] Zu den drei letztgenannten s. UEHLINGER, Cult Statuary, 129 (Figuren ägyptischer Götter; in Askalon darunter auch zwei Gottheiten in lokal geprägtem Stil).

selben erhalten[1329]. Im allgemeinen wurde angenommen, daß es sich dabei um Erbstücke aus der SBZ handelt[1330], jedoch spricht der Befund dafür, daß Bronzestatuetten in der EZ weiterhin produziert und demnach auch gebraucht wurden[1331]. Steinerne Figuren, die eventuell Götter zeigen, sind in der EZ IIB[1332] und IIC[1333] in Transjordanien nachgewiesen. Die EZ III und die Perserzeit lassen das Territorium von Juda und das samaritanische Bergland als wenig ergiebigen Fundort für Kleinbronzen erscheinen[1334], während die Terrakotten der weiblichen Gottheiten ohne Unterbrechung weitergeführt[1335] werden. In hell.-röm. Zeit finden sich in Städten mit dem Status der freien Polis zusätzlich Steinplastiken der Tyche[1336].

Theriomorphe Darstellungen sind sowohl in der Bronze- als auch in der Eisenzeit nachzuweisen[1337]. In kultischem Kontext waren die Tiere Symbol oder Attribut der jeweiligen Gottheit. Sie konnten der anthropomorphen Figur beigeordnet sein[1338] oder die Gottheit repräsentieren[1339]. Das Symboltier vergegenwärtigt im allgemeinen emblematisch eine wesentliche Eigenschaft

---

[1329] Zu den Fayencen der EZ IIB, die vor allem ägyptische Gottheiten zeigen, vgl. WEIPPERT, H., Palästina, 649-651 (dort EZ IIC), UEHLINGER, Cult Statuary, 117.

[1330] So UEHLINGER, Götterbild, 885, KEEL, UEHLINGER, GGG, 130, 152f, ZWICKEL, Tempelkult, 253, FISCHER, Abu al-Kharaz, 33, HENDEL, Aniconism, 216f.

[1331] So mit UEHLINGER, Cult Statuary, 110f. 152.

[1332] Mit UEHLINGER, Cult Statuary, 117f; anders HÜBNER, Die Ammoniter, 267f (Könige).

[1333] Mit UEHLINGER, Cult Statuary, 129f.

[1334] Zum Befund vgl. WEIPPERT, H., Palästina, 717f, STERN, Material, 158-182. Zu Götterdarstellungen auf perserzeitlichen Münzen s. HÜBNER, Münzprägungen, 121-130, EDELMAN, Observance, 185-205 (zu einer Jahweabbildung (?) s. ebd., 190ff).

[1335] So die Pfeilerfigurinen der EZ IIC, vgl. HÜBNER, Fragment, 55; anders UEHLINGER, Cult Statuary, 133, KEEL, UEHLINGER, GGG, 450 (nicht mehr in Juda). Zu diesen Figuren vgl. ebd., 370-385, WEIPPERT, H., Palästina, 629-631, UEHLINGER, Götterbild, 889f, METTINGER, No Graven Image?, 137 mit Anm. 15 (Literatur!), KLETTER, Pillar-Figurines, passim, bes. 73-81. Zu ihrer Einordnung als Elemente der "privaten Frömmigkeit" vgl. HÜBNER, ebd., 53f, KLETTER, ebd., 78; zu weiteren Beispielen s. seinen Katalog und STERN, Figurines, 22-29. 53f.

[1336] So UEHLINGER, Götterbild, 890.

[1337] Zu Beispielen s. WEIPPERT, H., Palästina, 300f. 407-409, UEHLINGER, Götterbild, 880f. 885, ZWICKEL, Tempelkult, 36 Bronzeschlange (MBZ). 145 mit Anm. 485. 153f Schlangen (SBZ). 212-214 stehende Stiere (MBZ-EZ I; zu ergänzen durch BEN TOR, Notes, 264 mit Fig. 3 (SBZ Hazor)); zu den Taubenterrakotten vgl. ebd., 39f (MBZ) und KEEL, UEHLINGER, GGG, 369f (EZ IIC). Zu den Pferd-und-Reiter Figuren der EZ IIC - EZ III vgl. AHLSTRÖM, Picture, 136f, WEIPPERT, H., Palästina, 629, KEEL, UEHLINGER, GGG, 390-401. Zu Löwen, Capriden und Hirschkühen vgl. ebd., 21-28 (Skarabäen; MBZ). 175-178 (Kultständer; EZ IIA). 210-215 (diverse Bildträger; EZ IIB) und (Löwe) 446-448 (Glyptik; EZ III).

[1338] KEEL, UEHLINGER, GGG, Abb. 44 (Rundplastik = YADIN u.a., Hazor III/IV, pl. 117:6.7; 324f). 70-72 (Plakette bzw. Model). 126 (Halbplastik). 134ab. 137ab. 138ab. 207ab (Siegel) (SBZ-EZ IIB). Zu weiteren Beispielen vgl. WEIPPERT, H., Palästina, 300-305, CORNELIUS, Iconography, 112-124 (Reschef auf/mit Gazelle). 195-212 (Baal-Seth auf Löwe und Pferd). 226-229 (Baal auf Stier). 262, BECK, Horvat Qitmit, Nr. 110 mit S. 104 Fig. 3.71.

[1339] So z.B. der Stier der "Bull Site", vgl. ZWICKEL, Tempelkult, 212-215.

der Gottheit[1340], die auch zu den Charakteristika des jeweiligen Tieres gezählt wird (z.b. Stier – wilde Stärke, Aggression[1341]). Für einzelne Tiere
müssen auch apotropäische Zusammenhänge angenommen werden[1342]. Auch
die *Dingsymbole* nehmen eine bestimmte Eigenheit des Gottes auf, den sie
repräsentieren, und bringen sie "auf den Punkt". Sie können dem anthropomorphen Kultbild beigesellt werden[1343] oder selbständig auftreten[1344]. In der
Ikonographie des 1. Jt. ist eine anwachsende Vorliebe für gegenständliche
Göttersymbole zu beobachten[1345]; es gelingt ihnen jedoch nicht, anthropomorphe oder theriomorphe Darstellungen völlig zu verdrängen.

Masseben, Ascheren und die Lade sind weitere (nicht-anthropomorphe)
Gottesrepräsentationen, deren kultische Verehrung verbürgt ist[1346]. Obwohl
sie evtl. auch mit anthropomorphen Formen in Zusammenhang zu bringen
sind[1347], werden im folgenden vor allem die Nachrichten über anthropomorphe Kultbilder einer weiteren Untersuchung unterzogen.

[1340] S. KEEL, Das Recht, 169-193.

[1341] KEEL, Das Recht, 175-178.

[1342] So mit KEEL, Das Recht, 195-266.

[1343] Vgl. die Siegeldarstellungen bei KEEL, UEHLINGER, GGG, Abb. 305a-c (EZ IIC).

[1344] Vgl. die Siegelabbildungen KEEL, UEHLINGER, GGG, 339ff mit Abb. 296ff und den
Standartenaufsatz ebd., Abb. 295a.

[1345] Zu Beispielen vgl. KEEL, UEHLINGER, GGG, passim.

[1346] Zu den Masseben s. SCHROER, Bilder, 366, JAROŠ, Stellung, 148-179, HUTTER, Kult-
stelen, 100-106, GAMBERONI, מצבה, 1064-1074, REICHERT, Massebe, 206-209, KEEL, Jahwe-
Visionen, 37f mit Anm. 52, UEHLINGER, Götterbild, 877f, ZWICKEL, Tempelkult, 67. 72,
METTINGER, No Graven Image?, 32-35. 140-191, DE MOOR, Standing Stones, 1-20, METTIN-
GER, Roots, 226-228; zu den Ascheren vgl. HADLEY, Yahweh, 235-268, FREVEL, Aschera,
passim. Zur Lade s. STAUBLI, Das Image der Nomaden, 222-229.

[1347] Masseben und Ascheren evtl. durch Bemalung oder plastische Gestaltung, vgl.
SCHROER, Bilder, 366, KEEL, UEHLINGER, GGG, 38 mit Abb. 26b, ZWICKEL, Tempelkult, 60f,
sowie COHEN, YISRAEL, Road, 28, oder die Farbspuren auf der Massebe aus Arad Str. X, s.
ZWICKEL, Tempelkult, 271. Vgl. auch die drei Masseben- und Ascherentypen in ʿAbodah Zara 3,7; zum Aussehen des Kultsymbols (bzw. Kultbildes) der Aschera vgl. FREVEL, Aschera,
690-692. 923, KEEL, UEHLINGER, GGG, 262-266. 382-385, WYATT, Asherah, 187-191,
TAYLOR, Asherah, 42ff. Kaum beachtet wurde bisher die Möglichkeit, daß das Aufsetzen
einer Maske aus einem anikonischen Kultobjekt jederzeit ein ikonisches machen konnte (s.
UEHLINGER, Rezension, Anm. 18; eindrucksvolle Beispiele der Kombination von anikoni-
schem Ständer mit ikonischem Element (Stierkopf) aus dem syrischen Bereich legten vor kurzem KREBERNIK, SEIDL, Schildbeschlag, bes. Taf. 3.4a und Abb. 4.5 (mit O. Keel zu ergänzen
durch MISCH-BRANDL, New Antiquities, 9 (Bethsaida)) vor. Die Verbindung mußte nicht
immer bestehen; ebd., Abb. 3a zeigt, daß das den Stierkopf tragende Gestänge auch ohne
denselben dargestellt werden konnte (und wohl auch umgekehrt, s. Abb. 3b)). SCHMIDT, B.B.,
Tradition, 92-94, stellt zwar die (unzureichend begründete) These auf, daß die Maske (des
Moses) "might have formerly functioned as a divine image in some circles of the Yahweh
cult" (ebd., 93), er zieht jedoch keine Verbindung zu den Masseben oder Ascheren.
Die Lade war evtl. durch ihren Inhalt (Transport von Gottesbildern?) anthropomorphen Ge-
stalten verbunden, vgl. STAUBLI, Das Image der Nomaden, 131f. 224f, der allerdings eher mit
Betylen rechnet (gefolgt von METTINGER, Israelite Aniconism, 198). GRESSMANN, Die Lade
Jahves, 26-28, MOWINCKEL, Wann, 259. 272f (nur die erste Jerusalemer Lade vor Sche-

2. Der wirtschaftliche Rahmen

Anthropomorphe Kultbilder, die im Rahmen des offiziellen Kultes verwendet wurden, gehörten in den Kontext eines städtischen Tempels. Ihre Herstellung und regelmäßige Versorgung setzten sowohl eine funktionierende Organisation voraus, die das Material beschaffen und die erforderlichen komplexen Prozesse koordinieren konnte, als auch eine gewisse Finanzkraft, die die Ausgaben für Anfertigung und Wartung der Bilder deckte. Diese Anforderungen lassen es als wenig realistisch erscheinen, daß man im Palästina der EZ I[1348] (1250-1000 v. Chr.) in der Lage war, neue Kultstatuen herzustellen oder beschädigte zu renovieren: In dieser Phase wurden die spätbronzezeitlichen Städte mit ihren Tempelanlagen weitgehend aufgegeben[1349]. Auch ließ es die wirtschaftliche Situation der Zeit[1350] wohl kaum zu, daß man wertvolle Materialien für die Anfertigung neuer Kultbilder verwendete; in bezug auf die Verfügbarkeit der für Kompositstatuen notwendigen Bestandteile (Metalle, Edelsteine und Edelhölzer) war die Lage in Palästina im Vergleich zu seinen reicheren Nachbarn ohnehin recht desolat. An dieser Situation änderte sich während der Reurbanisation der EZ IIA[1351] (1000-900 v. Chr.) noch kaum etwas[1352]; da städtische Tempelanlagen aus dieser Zeit fehlen, konnte den anthropomorphen Kompositstatuen kaum der adäquate Wohnsitz geboten werden. Nur kurz währte die wirtschaftliche Blüte während des nationalstaatlichen[1353] Aufschwunges der EZ IIB[1354] (925-720/700 v. Chr.), die für die Herstellung neuer, wertvoller Kultbilder für den offiziellen Kult die bisher (im 1. Jt.) besten Voraussetzungen bot.

---

schonks Plünderung; in der zweiten waren s.E. Steinidole, s. ebd., 276-279) plädierten für ein Stierbild (Jahwes). Zu weiteren Hypothesen bezüglich des Ladeinhaltes s. ZOBEL, ארון, 400f, VAN DER TOORN, Book, 242.

[1348] Im folgenden wird die Periodisierung der Archäologie Palästinas von KEEL, UEHLINGER, GGG, 17, vorausgesetzt. Sie weicht erst ab der EZ IIB von WEIPPERT, H., Palästina, ab. Die absolute Chronologie der EZ I-IIB wurde neuerdings von FINKELSTEIN, Date, 213-239, DERS., Archaeology, 177-187 modifiziert. Will man seinem Vorschlag folgen (s. die Bedenken von MAZAR, Chronology, 157ff), wären die Jahreszahlen entsprechend zu korrigieren.

[1349] Siehe dazu WEIPPERT, H., Palästina, 354f, KEEL, UEHLINGER, GGG, 123. THOMPSON, T.L., Early History, 205-213 u.ö., FRITZ, Entstehung, 67-70.

[1350] Vgl. die detaillierte Analyse von THOMPSON, T.L., Early History, 215-300.

[1351] S. WEIPPERT, H., Palästina, 425f, KEEL, UEHLINGER, GGG, 149-151.

[1352] Zu den wirtschaftlichen Möglichkeiten Jerusalems z.Zt. Salomos vgl. die minimalistische Rekonstruktion von KNAUF, Copper Supply, 168-170. 175. 178, die Überlegungen von KUAN, Kingdoms, passim, und THOMPSON, T.L., Early History, 307. 312f. 331f. 409f.

[1353] Zu dem zeitlichen Gefälle, das zwischen Israel (erste Hälfte des 9. Jh.s) und Juda (Ende des 8. Jh.s) hinsichtlich der Entwicklung zu einem Territorialstaat besteht, vgl. KNAUF, Copper Supply, 172 mit Anm. 19 und 180. u.ö., NIEMANN, Herrschaft, 63ff. 282 u.ö., NIEHR, Reform, 44-47. Zum unterschiedlichen Charakter der Königsresidenzen Samaria und Jerusalem s. THOMPSON, T.L., Early History, 290-292. 410-412.

[1354] WEIPPERT, H., Palästina, 510-517, siehe auch KEEL, UEHLINGER, GGG, 199-201.

Da die Könige *Judas* den lokalen Kulten an den Höhenheiligtümern (במות)[1355]
bis zur Zeit Josijas[1356] jedoch mit einem "toleranten Desinteresse"[1357] begeg-
neten, das keine Dominanz und dementsprechend auch keine Finanzleistun-
gen für die lokalen Heiligtümer vorsah, ließen die Könige diesen auch kaum
Gelder oder Materialien für Gebäude oder Kultbilder zukommen. Ihr Interesse war nahezu ausschließlich auf den Ausbau des Jerusalemer Kultes und
damit auf die eigene Herrschaftslegitimation beschränkt, so daß nur in der
Residenz (im Zusammenhang mit dem Kult des Herrscherhauses) die wirtschaftlichen, administrativen[1358] und infrastrukturellen Voraussetzungen sowie das notwendige königliche Engagement für die Herstellung von wertvollen Kompositstatuen oder größeren Bronzen bestanden.

[1355] Diese Kultstätten befanden sich in der Nähe von Ortschaften, in Ortschaften oder an
exponierten Punkten in der Landschaft, s. dazu SCHUNCK, במה, 663, FRITZ, Tempel, 71-73,
CATRON, Temple, 150-165, bes. 152. Das Inventar bestand aus Altar, Massebe und Aschere,
allerdings konnten die Götter auch durch Statuetten (s. "Bull site") oder in jüngerer Zeit durch
Kultstandarten vertreten werden, s. WEIPPERT, M., Synkretismus, 154f, WEIPPERT, H., Palästina, 407-409. 627f u.ö., METTINGER, No Graven Image, 29-32, (wenig ergiebig) GLEIS, Bamah, 88-94. Einzelne במות konnten auch mit Kultgebäuden ausgestattet sein, s. SCHUNCK, במה,
665 (s.E. eher Opferspeiseräume) und CATRON, Temple, passim, so daß zwischen Tempeln
und Höhen eine strukturelle Identität bestand (ebd., 165), ähnlich auch AHLSTRÖM, History,
615f. Der Höhenkult galt den lokal ansässigen Göttern, zu denen auch (z.T. sukzessiv durch
Gleichsetzungstheologie) Jahwe zählen konnte, s. dazu WEIPPERT, M., Synkretismus, 155f.
[1356] Zu dessen "Staatsmodernisierung", zu der ein religionspolitisches und organisatori-
sches Zentralisationsprogramm gehörte, s. NIEMANN, Herrschaft, 179f. 205. 236f. 264f, AHL-
STRÖM, History, 770-781. Die "josijanische Kultreform" ist in Grundlage ("Urdtn"), Umfang
und Historizität umstritten; zu einer instruktiven Zusammenfassung des derzeitigen Standes
der Forschung s. GIESELMANN, Reform, 223-242. Die wesentlichen Probleme sind die folgenden: 1. Der "Bericht" der josijanischen Reform in 2 Kön 22f ist kaum historisch auszuwerten,
da die (nicht-zeitgenössische) literarische Konstruktion kaum mehr eindeutige Rückschlüsse
auf evtl. vorhandene historische Fakten zuläßt, s. z.B. HANDY, Probability, 253. 275, LOWE-
RY, Kings, 190-209. Zur jüngeren Diskussion s. DONNER, Geschichte, 343ff, WEIPPERT, M.,
Synkretismus, 164. 171 Anm. 39, DERS., Petition, 452f (zur sprachlichen Form), NA᾿AMAN,
Kingdom, 33ff, ALBERTZ, Religionsgeschichte, 307-321, KNOPPERS, Nations II, 171-228,
NIEHR, Reform, 41ff, UEHLINGER, Kultreform, 71-83, FREVEL, Aschera, 545-551, METTIN-
GER, Israelite Aniconism, 182f, RÖMER, Transformations, 5-10. Zum Urdtn s. LOHFINK, Gab
es, 352-358. 2. Eindeutige archäologische Evidenz für die josijanische Reform gibt es nicht;
zu einer ausführlichen Diskussion, der bisher dafür in Anspruch genommenen Belege s.
NIEHR, Reform, 35f, UEHLINGER, Kultreform, 64f. 71f, HANDY, Probability, 261f.
[1357] In Anlehnung an NIEMANN, Herrschaft, 278. Die lokalen Panthea konnten daher in
Juda (wie auch in Israel) ungehindert existieren, vgl. Am 8:14, Hos 5:1-2, 6:7-10. Zum Kult
in Ataroth und Nebo im 9. Jh. s. AHLSTRÖM, History, 580, zum Pantheon von Tell Deir ῾Alla
im 8. Jh. s. WEIPPERT, M., Synkretismus, 156.
[1358] Zur Entwicklung der Administration in Juda s. JAMIESON-DRAKE, Scribes, 136-145,
der zeigt, daß in Juda erst ab der zweiten Hälfte des 8. Jh.s das Niveau des Verwaltungswe-
sens nachzuweisen ist, das für einen "Staat" zu erwarten ist, ähnlich NIEHR, שׂר 866-873,
DERS., Reform, 44-47, NIEMANN, Herrschaft, 130-132. 282.

Die Könige des *Nordreichs* erkannten früh die Möglichkeit, durch eine zentral bestimmte Kultorganisation[1359] ihre Herrschaft auszuüben und zu stabilisieren. Zusätzlich zum Kult des Herrscherhauses in der Residenz wurden die traditionellen Kultorte Bethel und Dan als Integrationsheiligtümer für die Süd- und Nordgruppen des Reiches und (Bethel) zur Abgrenzung gegen Jerusalem ausgebaut und gepflegt[1360]; beide Stätten sollten die religiöse Identitätssicherung des Nordreiches unterstützen und damit zur politischen Stabilisierung des Herrscherhauses beitragen[1361]. Es entspricht altorientalischer Königsideologie, wenn sich Jerobeam I. selbst um die Herstellung der Götterbilder und die Einsetzung des Kultes in Bethel und Dan kümmert (1 Kön 12: 28-32); wie seine benachbarten "Kollegen" konnte er dadurch sicherstellen, daß die dort ansässigen Götter (und Priester) ihm sein Engagement dadurch dankten, daß sie ihm gegenüber loyal blieben und sein Königtum als gesegnet legitimierten[1362].

Die EZ IIC (720/700-600 v. Chr.) und die Anfänge der EZ III (600/587-539 v. Chr.) waren davon gekennzeichnet, daß Israel und Juda ihre Selbständigkeit einbüßten, was u.a. zu einem erheblichen Kapitalschwund führte[1363]. Dementsprechend waren die wirtschaftlichen Voraussetzungen für die Herstellung von anthropomorphen Kompositstatuen denkbar schlecht. Metalle standen erst wieder in der späteren EZ III (539-450 v. Chr.) und der Perserzeit (450-333 v. Chr.) ausreichend zur Verfügung[1364], so daß sich die nachexilische Polemik gegen die Handwerker, die hochwertige Götterstatuen herstellten, als Auseinandersetzung mit realen Gegebenheiten, Möglichkeiten und Anfechtungen verstehen läßt.

In Anbetracht der wirtschaftlichen und strukturellen Rahmenbedingungen, die Kompositbilder oder Bronzen an das wirtschaftliche Potential des offiziellen Kultes stellen, ist es kaum verwunderlich, daß man im Palästina der EZ I-IIA[1365], IIC und frühen EZ III kaum die Gelegenheit hatte, teuere, große Kompositstatuen oder Bronzen anzufertigen, sondern sich mit Erbstücken der SBZ, mit Kopien derselben aus Ton, mit wenigen, kleinen Neuanfertigungen oder mit (meist importierten) Fayencen begnügte (s.u.).

[1359] Zur Kultorganisation als Herrschaftsmittel s. AHLSTRÖM, History, 476f. 552, DERS, Royal Administration, 10-18. 44-81, TOEWS, Monarchy, 85f, NIEMANN, Herrschaft, 185ff.

[1360] So mit NIEMANN, Herrschaft, 279. Anders DOHMEN, Das Bilderverbot, 146 mit Anm. 232, der in Dan ein Ortsheiligtum in Konkurrenz zum Reichsheiligtum von Bethel sieht.

[1361] S. S. 330ff.

[1362] Der (neue) königliche Einfluß auf die alteingesessenen Lokalkulte mag nicht immer zur ungeteilten Begeisterung der lokalen Priesterschaft geführt haben; zu den Streitigkeiten, die dieses Verfahren ausgelöst haben könnte, vgl. NIEMANN, Herrschaft, 208-210.

[1363] Siehe dazu WEIPPERT, H., Palästina, 679-681, KEEL, UEHLINGER, GGG, 322-327.

[1364] So mit WEIPPERT, H., Palästina, 712 (dort "babylonisch-persische Zeit").

[1365] Zur EZ IIB s.u.

3. Das Aussehen der Kultbilder

Die Götter Palästinas wurden als handelnde, denkende und fühlende Personen vorgestellt[1366]. Entsprechend ihrem menschlichen Wesen und ihren menschlichen Charakterzügen verlieh man ihnen eine anthropomorphe Gestalt, die in zahlreichen Details der menschlichen Körperhaftigkeit nachempfunden wurde (s.u.). Die polemischen Texte zeigen, daß man sich dieser Gleichgestaltigkeit bewußt war und sie als Makel empfand. Die wenigen Beschreibungen von Kultbildern, die das Alte Testament bietet, stellen deutliche Beziehungen zum menschlichen Körper her. Man erwähnt Mund (Ps 115:5 = Ps 135:16), Augen (Ps 115:5 = Ps 135:16), Ohren (Ps 115:6 = Ps 135:17), Nase (Ps 115:6), Hände (Ps 115:7) und Füße (Ps 115:7) der Figuren, jedoch nicht ihre Haare. Auch das gesamte Bild wird durch Begriffe wie צלמי זכר (Ez 16:17[1367]), תבנית זכר או נקבה (Dtn 4:16), כתבנית איש כתפארת אדם (Jes 44:13) oder פגרי גלוליכם (parallel zu פגריכם Lev 26:30[1368]) mit dem menschlichen Körper in Beziehung gesetzt. Dieser Sprachgebrauch zeigt bereits, daß man sich darüber im klaren war, daß Kultbilder in Analogie zum menschlichen Leib gestaltet wurden. Im Unterschied zu Mesopotamien gibt es jedoch keine Zeugnisse dafür, daß zwischen der Herstellung einer Statue und der Geburt eines Menschen Parallelen gezogen wurden.

Götterdarstellungen sind auch in Palästina in ausreichender Zahl in Bronzen, Terrakotten, (selten) Stein, auf Reliefs, Siegeln und Münzen[1369] belegt. Für sie trifft dasselbe zu wie für die mesopotamischen Äquivalente (sofern vorhanden). Siegel, Münzen und Reliefs, die unzweifelhaft wirkliche Kultbilder zeigen, sind selten, da häufig nicht zu erkennen ist, ob die göttliche Figur im Mittelpunkt die Gottheit selbst oder aber "nur" ihr Bild im Tempel ist[1370]. Die Bronzen und Terrakotten sind oft so unscheinbar klein oder von so

---

[1366] Auch Jahwebeschreibungen lassen ihn als anthropomorphen und personalen Gott erkennen, vgl. VON RAD, Theologie I, 232, und PODELLA, Lichtkleid, 19f.

[1367] Mit SCHROER, Bilder, 193, gegen STENDEBACH, צלם, 1050 (Lit. !) ist festzustellen, daß nichts eindeutig darauf hinweist, daß phallische Symbole gemeint sind.

[1368] Angesichts des vorliegenden Kontextes und in Anbetracht von Ez 6:5 und Jer 16:18 ist an dieser Stelle פגר als "Leiche" und nicht als "Gedenkstele" (zur Diskussion s. DE MOOR, Standing Stones, 6 mit Anm. 28, SCHROER, Bilder, 332-335) zu interpretieren, so auch MAIBERGER, פגר, 508-514, bes. 511, DE MOOR, ebd. Kaum sinnvoll erscheint hier die Übersetzung mit "offrandes funéraires", gegen BODI, Les gillûlîm, 494, sowie SCHROER, Bilder, 333f.

[1369] S. HÜBNER, Münzprägungen, passim, EDELMAN, Observance, 205-222.

[1370] So z.B. schwer zu entscheiden bei dem Relief aus Tel Qasile, KEEL, UEHLINGER, GGG, 113f Abb. 124 (EZ I) und der Parallele Abb. 125.

schlechter Qualität, daß sie eher als Votivgaben denn als Kultbilder in Frage kommen (s.u.)[1371].
Für die Identifikation der palästinischen Gottesbilder trifft im übrigen das zu, was schon oben in bezug auf die mesopotamischen Statuen formuliert wurde: Hörnerkrone, Gewand, Paraphernalia, Postament und Fundkontext können Hinweise darauf geben, daß man es mit der Darstellung eines Gottes bzw. einer Göttin zu tun hat. Die Zuweisung eines Bildes zu einer bestimmten Gottheit birgt ähnliche Schwierigkeiten wie in Mesopotamien, da auch die Götter Palästinas ihre Erscheinungsformen wechseln konnten[1372], und ihre anthropomorphen Statuen nicht darauf ausgerichtet waren, sie als unverwechselbare Individuen zu portraitieren. Hilfreich sind auch hier die Paraphernalia, die oft eine Anspielung auf den Funktions- und Wirkungsbereich der gezeigten Gottheit beinhalten. Sie bestimmen ihre Identität eindeutiger als Differenzierungen in den maskenhaft konformen Gesichtszügen. Ein Kultbild wurde auch in Palästina nicht als ein dem Gott möglichst ähnliches Abbild, sondern eher als Repräsentation seiner Wirkmächtigkeit verstanden, die ihn als Herrscher seines Funktionsbereiches auftreten ließ.
Inwieweit man in Palästina das Aussehen eines Kultbildes dem eines Menschen nachempfand, läßt sich anhand der erhaltenen Statuetten (unter dem o.g. Vorbehalt) mit ziemlicher Sicherheit sagen. Die wenigen Überreste, die evtl. auf die Existenz einer größeren Kompositstatue schließen lassen, sind leider so dürftig, daß sie sich einer eindeutigen Interpretation entziehen[1373].
Nach Ausweis der alttestamentlichen Polemik konnte das Aussehen eines Kultbildes willkürlich durch die subjektive Phantasie der Handwerker bestimmt werden (s.u.). Die gefundenen Stücke weisen jedoch eine gewisse Ähnlichkeit auf, die sie miteinander verbindet; dies läßt darauf schließen, daß man auch hier bemüht war, die bestehenden ikonographischen Traditionen zu bewahren. Die tradierte, unwandelbare und zeitlose Form der Statuen stand in Übereinstimmung mit ihrem zeitlosen Wert. Daher blieb das Aussehen der Götter überaus traditionell und "konservativ", so daß an die "kunstgeschichtliche Retardation" antiker Kultbilder zu erinnern ist[1374], die sich auch bei den palästinischen Statuetten an deren Ruhe, Starrheit, Frontalität und Geschlossenheit (Kompaktheit) zeigt. Modernisierungstendenzen konnten allerdings durchaus kurzfristig durch die entsprechende Verän-

---

[1371] Vgl. jedoch CANCIK, MOHR, Religionsästhetik, 148. Sie beschreiben die Kategorien für Kultbilder einer "marginalen" oder "unterdrückten" Religion wie folgt: Geringe Größe, vergängliches, billiges Material, Unförmigkeit und Häßlichkeit.
[1372] Zur Identifikation von Götterdarstellungen vgl. WEIPPERT, H., Palästina, 293-317, MOOREY, FLEMING, Problems, 78-80.
[1373] Es handelt sich um die elfenbeinerne Hand und das Auge aus Lachisch, vgl. Anm. 1385. 1393. Zu einer assyrischen Darstellung der Götter aus Gaza s. S. 46 und Abb. 1.
[1374] Vgl. S. 37.

derung (z. B. assyrisierend) von Kleidung, Schmuck oder Frisur umgesetzt werden.

3.1. Eine Beschreibung der Bilder auf der Basis der Fundstücke aus der SBZ und EZ

Archäologisch sind im Palästina der SBZ und EZ zahlreiche Bronzestatuen nachgewiesen, deren Größe kaum 15 cm überschritt[1375]. Nur zwei thronende Figuren mit einer Höhe von 26 (Megiddo; SBZ)[1376] bzw. 30 cm (Hazor; SBZ)[1377] und eine schlagende Gottheit aus dem SB-zeitlichen Hazor[1378] von ca. 30 cm ragen aus diesem Befund heraus; bei ihnen könnte es sich um "echte Kultbilder" handeln. Größere Statuen hat es nach Ausweis einer Bronzefaust aus Jerusalem sicherlich gegeben; sie läßt immerhin auf eine ca. 38 cm hohe Statue schließen. Kompositstatuen aus Holz mögen evtl. größer gewesen sein, jedoch bleibt dies mangels Evidenz (s. allenfalls die Götter aus Gaza Abb. 1) spekulativ. Wenn man die Elfenbeinfunde aus Lachisch[1379] für die Berechnung ihrer Ausmaße zugrunde legen dürfte, dann ergäben sich Figuren von zwei Drittel der menschlichen Lebensgröße. Da auch mit der Existenz von tönernen Kultbildern zu rechnen ist, könnte auch die Großterrakotta aus Dan[1380] einen Anhaltspunkt für die Höhe einer Kultstatue bieten; sie läßt sich zu einer ca. 75-80 cm großen Figur rekonstruieren. Leider sind ihre Überreste kaum eindeutig als Kultbild zu bestimmen. Ihre Größe und ihr Fundkontext weisen zwar in diese Richtung, jedoch lassen sich die spärlichen Überreste kaum eindeutig auf eine Gottheit zuspitzen; ein Königsbild wäre ebenso möglich[1381]. Das billige und wenig repräsentative Material Ton schließt ein Kultbild jedenfalls nicht aus. Es wäre damit zu erklären, daß die

---

[1375] Vgl. S. 286ff.

[1376] NEGBI, Gods, Nr. 1453.

[1377] BEN TOR, Notes, 264 mit Fig. 4.

[1378] BEN TOR, Notes, 264.

[1379] Vgl. Anm. 1373.

[1380] UEHLINGER, Kultstatue, 89-92 (Nr. 1 und 2; EZ IIB), DERS., Cult Statuary, 116f. Zu einer weiteren Großterrakotta, die eindeutig im Kult Verwendung fand, s. BECK, Horvat Qitmit, Nr. 68 und S. 83 Fig. 3.56 (EZ IIC/III). Der 12 cm hohe Kopf einer weiblichen Figur kann zu einer "schlagenden Göttin" von ca. 30-40 cm Höhe rekonstruiert werden (s. ebd., S. 120f).

[1381] Auch bei ähnlichen Funden läßt sich häufig kaum mehr feststellen, ob sie Teil eines Kultbildes oder einer anderen Rundplastik waren, so der Tonarm einer Statue aus Tell Deir 'Alla, die ca. halbe Lebensgröße erreicht haben muß, s. FRANKEN, Excavations, 370 mit pl. 20 (EZ II), MAZAR, Bet She'an, 59 Abb. 54 (EZ I/IIA; Kopf einer Figur von ca. 25 cm Höhe).

wirtschaftliche Lage nichts Wertvolleres erlaubte und man daher dazu übergehen mußte, Bronzen durch Tonplastiken zu ersetzen[1382].

Auf der Basis der skizzierten Funde der SBZ und EZ läßt sich das Aussehen der Kultbilder folgendermaßen beschreiben:

1. Der *Kopf* der Bilder erscheint am detailfreudigsten gearbeitet: Die Götter sind meist mit einer Krone, teilweise mit halblangen Haaren und mit einem Bart angetan. Augen, Augenbrauen, Mund, Ohren und Nase sind deutlich zu erkennen. Die Kopfpartie war ganz symmetrisch aufgebaut: Die Haare[1383] (sofern vorhanden) legten sich zu gleichen Teilen zu beiden Seiten des Gesichtes und ließen die Ohren frei. Sie umrahmten und betonten das Gesicht der Gottheit. Plastisch ausgearbeitete Hörner von Hörnerkronen konnten den symmetrischen Aufbau unterstützen[1384].

Die *Augen* der Bronzen und der Kompositstatuen legte man farbig ein, so daß sie menschenähnlich aussahen[1385]. Auch die bogenförmig geschwungenen und über dem Nasenbein (zumeist) unverbundenen Augenbrauen wurden aus farbigem Material angefertigt und an der Statue angebracht. Die Großterrakotte aus Dan zeigt, daß man die Augen modellierte und so ausmalte, daß sie sich aus gesondert geformten Augenlidern mit andersfarbigem Augenweiß und andersfarbiger Pupille zusammensetzten.

Die *Haare* der Bronzestatuen sind, sofern sie überhaupt berücksichtigt wurden, mitgegossen worden[1386]. Der Bart konnte eigens eingelegt werden[1387]; er war von naturalistisch schwarzer Farbe. Die tönernen Fragmente der Statue aus Dan (oder des Kopfes aus Horvat Qitmit) zeigen, daß man die Haare und den Bart modellierte und schwarz bemalte. Fuß- und Fingernägel sind auf den Statuen zwar zu erkennen, jedoch sind sie nur modelliert, nicht eingelegt[1388].

Die "*Haut*" der Bilder bestand im Idealfall aus Gold oder Silber, mit dem sie rundherum überzogen waren. Diese Überkleidung schützte ihren Metallkern gegen Witterungseinflüsse (Oxidation). Wichtiger als diese pragmatischen Überlegungen waren wohl aber auch in Palästina jedoch die theologischen

---

[1382] So zu beobachten bei den Stierbronzen, vgl. WEIPPERT, H., Palästina, 409; s. auch UEHLINGER, Cult Statuary, 111.

[1383] Z.B. NEGBI, Gods, Nr. 1627. 1636.

[1384] Z.B. SEEDEN, Figurines, Nr. 1726, OHATA, Tel Zeror, 37 pl. 63:1, s. auch BECK, Horvat Qitmit, Nr. 68 und S. 83 Fig. 3.56.

[1385] Zum Fund eines elfenbeinernen Auges (2/3 Lebensgröße) im Lachisch der SBZ, das wohl Teil einer Kompositstatue war, s. ZWICKEL, Tempelkult, 115 (= TUFNELL, u.a., Lachish II, pl. 16:8); Zwickels Deutung als Votivgabe kann m.E. kaum überzeugen.

[1386] So z.B. NEGBI, Gods, Nr. 1627. 1636.

[1387] NEGBI, Gods, Nr. 1453.

[1388] So auf der Bronzefaust (vgl. Anm. 1321) und der Elfenbeinhand (Anm. 1393).

Implikationen. Da man auch dort den Glanz als Mittel der optischen Inszenierung des Göttlichen kannte[1389], gehörte das leuchtende Aussehen der Götterbilder zu der ihnen angemessenen Erscheinungsweise. Die rote Gesichts-
bemalung der Terrakotta aus Dan (und Ḥorvat Qitmit) mag der kostengün-
stige Ersatz für ein goldglänzendes Göttergesicht gewesen sein. Rot war als
Farbe der Lebenskraft[1390] sicher am besten geeignet, die Präsenz der Gottheit
visuell auszudrücken[1391].

Die betonten Gesichter[1392] und Hände[1393] der Figuren zeigen an, daß man
auch in Palästina den Gesichtern und den Händen der Götter besondere Aufmerksamkeit schenkte. Die Kontaktaufnahme mit den Göttern konzentrierte
sich auch hier[1394] an diesen Punkten, die daher optisch hervorgehoben wurden.

2. *Haltung, Füße* und *Arme*: Die Götter konnten in streng frontaler Haltung
sowohl aufrecht sitzend als auch auf einem kleinen Podest stehend dargestellt werden, wobei der linke Fuß mehr oder weniger leicht vorgesetzt war.
Die Sohlen der Füße haften immer fest auf dem Boden. Diese Körperhaltung
brachte offensichtlich die Autorität der Gottheit zum Ausdruck. Insgesamt
machen die Figuren einen starren und geschlossenen Eindruck, der Ruhe
und Erhabenheit vermittelte. Die Bilder teilen daher die Eigenschaften, die
CANCIK und MOHR für antike Kultbilder festgestellt haben[1395].

Da auch *Gebärden* Kommunikationsakte sind, ist an der Körpersprache der
Statuen abzulesen, wie die Götter von ihren Verehrern wahrgenommen wurden bzw. werden sollten:

Wenn der bewaffnete rechte Arm zum Schlage erhoben, der linke Unterarm
angewinkelt vorgestreckt oder nach unten gerichtet (und der linke Fuß vorgesetzt) war, dann zielte diese Darstellung im allgemeinen darauf ab, Herrschaft und Überlegenheit zu signalisieren. Sie besaß einen imperativischen
Aspekt, der dem (feindlichen) Betrachter nahelegte, sich zu unterwerfen,

---

[1389] Vgl. z.B. Dan 10:6 und dazu SCHROER, Bilder, 237f; Ez 1:27f, 8:2 und Ps 8:6.

[1390] Vgl. GRADWOHL, Farben, 85f. Zur Verbindung der Farbe "rot" mit strahlendem Glanz
s. Hld 5:10.

[1391] Offensichtlich geht die biblische Polemik gegen rote Farbe im Kontext von Götterbildern auf reale Praktiken zurück, vgl. Weish 13:14.

[1392] Vgl. auch die Übergröße des Kopfes der Statue NEGBI, Gods, Nr. 1454, oder die Verwendung von Gold für die Köpfe, Silber für den Leib einzelner Figuren (siehe SCHROER, Bilder, 234).

[1393] Evtl. handelt es sich bei der elfenbeinernen Hand aus dem SB-zeitlichen Lachisch
(vgl. TUFNELL, u.a., Lachish II, pl. 16:78) um den Bestandteil einer Kompositstatue; eine Interpretation als Räucherarm hat ZWICKEL, Tempelkult, 117, bereits zu Recht ausgeschlossen.
Zu einer weiteren Elfenbeinhand vgl. LOUD, Megiddo II, Plates, pl. 243:17 (Str. VIIA).

[1394] Zu Mesopotamien vgl. S. 49.

[1395] Vgl. S. 37.

während sich der Gläubige gegen jedwede Bedrohung verteidigt sah[1396]. Die Bekleidung dieses Statuentyps ("Baal-Typ"[1397]), der kämpferische Aggression zum Ausdruck brachte, bestand im allgemeinen aus einem kurzen Schurz[1398].

Häufig finden sich auch sitzende Gottheiten, die die rechte Hand zum Gruß bzw. zum Segen erhoben haben und damit die positive Kontaktaufnahme mit dem Beter signalisieren. Die Linke ist angewinkelt und vorgestreckt; sie hält ein Szepter, eine Blüte, eine Standarte, einen Becher oder eine Schale. Es finden sich auch Figuren, die beide Arme gleichmäßig waagrecht und angewinkelt vorhalten und mit der Rechten einen Becher umgreifen[1399]. Die Bekleidung dieses Statuentyps ("El-Typ"), der unwandelbar erhabene Göttlichkeit und himmlische Zuwendung zum Ausdruck brachte, bestand im allgemeinen aus einem langen Gewand[1400].

Schwer einzuordnen sind die Darstellungen, die eine stehende Gottheit zeigen, deren rechter Arm eine Waffe(?) tragend gerade herunterhängt und deren angewinkelte Linke ein weiteres Insignium ihrer Macht enthält[1401]. Eventuell drückt diese Haltung eine souveräne Ruhestellung aus.

Weibliche Gottheiten werden seit der SBZ mit Kleidung und begleitenden Attributen ausgestattet[1402]; ihre Gestik zeigt sie als (stehende) segnende[1403] und kriegerische[1404] Personen und orientiert sich weitgehend an den entsprechenden männlichen Vorbildern. Die nackten Göttinnen der MBZ, deren Gestik ihre erotischen Aspekte betonte, setzen sich ab der SBZ nur noch als

---

[1396] Zu dieser Pose s. CORNELIUS, Iconography, 255-259.

[1397] Zu der Typologie "El-" bzw. "Baal-Typ" und ihrer Problematik vgl. UEHLINGER, Götterbild, 879f. Die schlagende Haltung, die sowohl für Baal als auch für Reschef typisch ist, ist mit CORNELIUS, Iconography, passim, bes. 259, zu differenzieren: Bei beiden Göttern bringt sie die Macht des Dargestellten zum Ausdruck, wobei die beigesellten Attribute unterschiedliche Akzente setzen; Reschef hält häufig einen Schild, wodurch optisch vermittelt wird, daß er Leben schützt, während Baal häufig einen "plant spear" umgreift, was vor Augen führt, daß er Leben bringt.

[1398] Zu Beispielen vgl. UEHLINGER, Götterbild, 880, WEIPPERT, H., Palästina, 310-313, NEGBI, Gods, Nr. 1359-1361, FISCHER, Abu al-Kharaz, 33 mit Fig. 12, SEEDEN, Figurines, Nr. 1708. 1743. 1762-1767, jedoch Nr. 1727 (langes Gewand; Göttin?).

[1399] NEGBI, Gods, Nr. 1449 (Sichem); ähnlich auch die Basaltstatue aus dem Stelentempel des SB-zeitlichen Hazor (= YADIN, u.a., Hazor I, pl. 28-31), die wohl als Ahnenbild anzusprechen ist, vgl. KEEL, UEHLINGER, GGG, 58-60, ZWICKEL, Tempelkult, 168f.

[1400] Zu Beispielen vgl. UEHLINGER, Götterbild, 880, WEIPPERT, H., Palästina, 297-300, BEN TOR, Notes, 264 mit Fig. 4.

[1401] SEEDEN, Figurines, Nr. 1720 (linker Arm abgebrochen; Waffen verloren). Zu dieser Haltung, die sowohl Baal als auch Reschef einnehmen kann, vgl. CORNELIUS, Iconography, 259-261.

[1402] Vgl. dazu WEIPPERT, H., Palästina, 307. 313f.

[1403] NEGBI, Gods, Nr. 1636 (?). 1641-1643.

[1404] NEGBI, Gods, Nr. 1627, SEEDEN, Figurines, Nr. 1726.

Anhänger oder Terrakotten fort[1405]. Eigens erwähnt sei an dieser Stelle die 47 cm hohe, steinerne Statue einer Göttin(?) aus Hirbet el-Hajjar (EZ IIB), die zwar bekleidet ist, aber dennoch Sexualität und Mutterschaft betont, indem sie ihre Brüste umfaßt[1406]. 3. *Kleider* und *Schmuck*: Die Figuren lassen erkennen, daß die Götter mit kurzen oder langen Kleidern, Gürteln und Kronen angetan waren und nur teilweise Schuhe[1407] trugen. Schmuck läßt sich auf den Statuen nur selten nachweisen, jedoch finden sich häufig Ohrlöcher, an denen Ohrringe angebracht werden konnten. Schmuck und Kleidung lassen eine Betonung der Hals- und Hüftpartien der Statuen erkennen[1408]. Diese wurden mit Zapfen auf ihren Postamenten[1409] befestigt, die sie noch etwas größer erscheinen ließen.

3.2. Die Beschreibungen der Bilder im Alten Testament

In diesem Zusammenhang sei kurz auf die wenigen alttestamentlichen Texte eingegangen, die anthropomorphe Kultbilder beschreiben. Zu nennen ist dabei die Statue des Dagon (1 Sam 5:1-5)[1410], die eine menschliche Gestalt voraussetzt, die mit Kopf, Händen und Rumpf ausgestattet war. 2 Sam 12:30 par. erwähnt eine Krone[1411] des Gottes Milkom, die separat auf seinem Kopf angebracht war. SCHROER erwägt in diesem Zusammenhang eine Steinstatue mit einer vergoldeten, edelsteinbesetzten Krone ägyptisierenden Stils[1412]; da bei Steinstatuen Kopf und Krone im allgemeinen aus einem Stück gefertigt waren[1413], hatte der Verfasser von 2 Sam 12:30 sicherlich eher eine Kompositstatue vor Augen.
Jes 30:22, 40:19f, Jer 10:3f.9 und Bar 6:3.7.23.29.38.50.54.57.69 setzen sich mit rundplastischen Kompositfiguren auseinander, deren bronzener oder hölzerner Kern mit Gold oder Silber überzogen war. Aus Jer 10:9, Ez 16:18, Bar 6:10.12.32.57.71 geht hervor, daß die Statuen bekleidet und geschmückt waren; Bar 6:13f erwähnt die Paraphernalia der Götter, die sie in ihren Hän-

---

1405 Vgl. dazu WEIPPERT, H., Palästina, 305-309, KEEL, UEHLINGER, GGG, 146-148.
1406 S. dazu UEHLINGER, Cult Statuary, 117-119 und Abb. 31 (s. auch 32f).
1407 So z.B. NEGBI, Gods, Nr. 1453.
1408 So z.B. NEGBI, Gods, Nr. 1361.
1409 Evtl. sind in den Elfenbeinfragmenten aus Tell Abū Hawām (SBZ) Reste eines Göttersitzes erhalten, vgl. ZWICKEL, Tempelkult, 161.
1410 Vgl. dazu SCHROER, Bilder, 169-177. Zur Zerstörung Dagons und einer Datierung der V. 3f in das 2. Jh. s. ZWICKEL, Dagons Kopf, 239-249.
1411 Vgl. dazu SCHROER, Bilder, 164-168. Zur Einordnung des Textes vgl. HÜBNER, Die Ammoniter, 176 mit Anm. 92. Eine separate Krone erwähnt auch Bar 6:8f.
1412 SCHROER, Bilder, 168.
1413 SCHROER, Bilder, 167, ABOU-ASSAF, Untersuchungen, 34-36, s. auch Taf. I. III. IV. V (Kopf VII). XI.

den trugen. Ps 115:5-7[1414] (vgl. auch Weish 15:15) ergänzt das Bild durch die Erwähnung des Mundes, der Augen, der Ohren, der Nase, Hände, Füße und Kehle der Statuen. Weish 13:14 polemisiert gegen hölzerne Bilder, die mit roter Farbe (Mennig) bemalt sind, und Weish 15:8 gegen Töpfer, die Terrakotten herstellen. Im wesentlichen sind damit die wichtigsten Materialien genannt, aus denen Kultbilder bestehen konnten. Über ihre Körperhaltung, Gebärden und Farbgebung erfährt man trotz der Detailschilderung der menschlichen Physiognomie recht wenig; kaum aufschlußreicher erscheinen die Nachrichten in dem Beschreibungslied Hld 5:10-16, in dem sich deutlich theomorphe Reminiszenzen[1415] finden.

Es stellt sich die Frage, ob dieser Text, der den Körper eines Mannes beschreibt und dessen (anthropomorph gedachte) Einzelbestandteile mit einer Pflanze (V. 13), einem Tier (V. 11b.12a), edlen Materialien (V. 11a.14f[1416]) o.ä. vergleicht, mit seiner Metaphorik an der Beschreibung von Kultbildern anknüpfen wollte oder gar eine konkrete Figur schildert[1417]. Die Analogien zu den o.g. "god description texts" sind m.E. kaum von der Hand zu weisen[1418], so daß auch an dieser Stelle festzustellen ist, daß es sich kaum um die Beschreibung eines Kultbildes handeln kann, sondern um gelehrte Spekulationen[1419] mit verschiedenen (poetischen, religiösen, ästhetischen, weisheitlichen) Motivationen, die allerdings (wie auch die "god description texts") die Kenntnis von anthropomorphen Kompositstatuen voraussetzen[1420]; grundsätzlich ist der Text jedoch vielmehr daran interessiert, den Glanz, die Kostbarkeit, die Makellosigkeit und die Erlesenheit des Geliebten herauszustellen, um ihn an die Gottheit (nicht (nur) an ihr konkretes Bild[1421]) heranzurükken. Diese Tendenz zeigt sich im gesamten Hohelied, das zwar an der Körperlichkeit des Liebespaares interessiert ist, diese jedoch durch die Übertra-

---

[1414] Zur Einordnung des Textes und seinem Verhältnis zu Ps 135 vgl. S. 400.

[1415] So in Anlehnung an MÜLLER, KAISER, LOADER, Hohelied, 20f mit Anm. 34. Siehe auch MÜLLER, Begriffe, 112-121.

[1416] Vgl. auch Klgl 4:7b. Zur Metaphorik dieser Verse s. SCHROER, Bilder, 223-227.

[1417] Zu den Vertretern dieser Position vgl. GERLEMAN, Hohelied, 69-71, und die Übersicht bei SCHROER, Bilder, 227 Anm. 274.

[1418] Vgl. S. 52. Der Text wurde nicht berücksichtigt von SCHROER, Bilder, 228-237.

[1419] Mit MÜLLER, KAISER, LOADER, Hohelied, 59, ist auf den "Wortprunk eines Wohlstandsvokabulars" hinzuweisen.

[1420] Daran besteht kein Zweifel, so mit KEEL, Hohelied, 31-35. 185-194, KNAUF, UAT, 271, SCHROER, Bilder, 222-237, MÜLLER, KAISER, LOADER, Hohelied, 59-61.

[1421] Gegen die Schilderung eines konkreten Kultbildes spricht, daß die V. 11a.14f nicht aus ihrem Kontext herauszulösen und vereinzelt auf ein Gottesbild zu beziehen sind, während die V. 10.11b.12f.16 mit dem Vorstellungsinventar verbunden werden, das den Göttern zu eigen war. Als Beschreibung eines Kultbildes kommen die V. 14f ohnehin kaum in Frage, da die Materialkomposition unpraktikabel erscheint. SCHROER, Bilder, 234, behilft sich mit der Überlegung, daß nicht alle genannten Elemente auf ein "Bildwerk hingeordnet werden müssen."

gung der Prädikationen, die mit den Göttern verbunden waren, entgrenzt und transzendiert.

3.3. Zusammenfassung und Auswertung

Zusammenfassend ist zu sagen, daß die Kultbilder Palästinas nicht als "Ähnlichkeitsbilder" oder "Portraits", sondern als "Repräsentationsbilder" verstanden wurden. Da sie nicht darauf ausgerichtet waren, die Götter als unverwechselbare Individuen zu portraitieren, ließen sie eine eindeutige Identifizierung der dargestellten Gottheit nur dann zu, wenn man sie mit ihrem Umfeld (Podest, Heiligtum, Attributtieren) und den Paraphernalia (Szepter, Standarten, Symbole, Kleider, Schmuck) zusammen sah. Die Kultbilder wurden in ihrer Gestaltung dem menschlichen Körper nachempfunden, von dem sie in der Ausformung (z.T. unproportional großer Kopf, flacher Körper) und in der Farbgebung (goldene oder rote "Haut") abwichen. Im Unterschied zu Mesopotamien spielten blaue Ohren und Haarteile[1422] anscheinend keine Rolle; in Palästina blieb man naturalistischer (schwarze Bärte). Die Bilder der bronzenen Gottheiten, die archäologisch nachgewiesen sind, waren höchstens 38 cm hoch, meistens jedoch erheblich kleiner; z.T. dürfte es sich dabei nicht um Kult-, sondern um Votivstatuen handeln[1423]. Die (hypothetisch rekonstruierte) SB-zeitliche Kompositstatue aus Lachisch konnte ca. 106 cm, eine E IIB-zeitliche Tonfigur aus Dan dagegen 75-80 cm erreichen[1424]. Insgesamt blieb der materielle Aufwand, der für die Götterbilder betrieben wurde, erheblich unter dem mesopotamischen Niveau. Die Gesichter der Bilder konnten durch Stirn- und/oder symmetrisch geformte Wangenlocken gerahmt sein; häufig waren die Haare der Götter allerdings unter einer Krone verborgen. Die Augen der Figuren waren durch Einlagen, die farbigen Lidstrich, nachgezogene Augenbrauen und dunkle Pupillen imitierten, betont. Tonstatuen wurden entsprechend bemalt, wobei besonders deren rote Gesichtsfarbe zu erwähnen ist, die Lebenskraft anzeigte. Die Gesten der Figuren brachten Souveränität, Übermacht, Wohlwollen und Fürsorge zum Ausdruck. Auch in Palästina[1425] konzentrierte sich die Begegnung der Menschen mit den Göttern auf die Gesichter und Hände, die darum optisch hervorgehoben wurden.

[1422] Vgl. jedoch Klgl 4:7bβ ספיר גזרתם nach dem Vorschlag von MÜLLER, KAISER, LOADER, Hohelied, 172 mit Anm. 15 ("tiefblau war ihr Bart").
[1423] So zuletzt CORNELIUS, Iconography, 132 (mit Literatur).
[1424] Falls es sich bei diesen beiden Beispielen überhaupt um eine Gottesstatue handelt.
[1425] Zu Mesopotamien vgl. S. 49.

Hals, Brust und Taille der Bilder waren durch Gürtel, Schmuck und Kleider betont, die (bei größeren Statuen) ihrerseits mit Symbolen geziert waren[1426] und die den Betrachtern weitere religiöse Botschaften vermittelten. Die Füße der Götter standen parallel nebeneinander oder schritten mehr oder weniger ausgeprägt auf ihren Betrachter zu; in beiden Fällen waren ihm die Figuren frontal zugewandt und forderten ihn zu aktivem Verhalten vor dem Bild auf. Anhand der gefundenen anthropomorphen Götterbronzen läßt sich nicht mit Bestimmtheit sagen, ob die Figuren in der Cella von ihren Attributtieren oder von Mischwesen[1427] getragen wurden. SB-zeitliche oder E-zeitliche Rundplastiken der nackten Göttin auf dem Löwen[1428] oder Pferd sind mir nicht bekannt. Nur der Gott auf dem Stierpostament aus Hazor[1429] (SBZ) liefert einen Beweis dafür, daß das aus der Glyptik und von Reliefs bekannte Motiv des Gottes auf dem Stier rundplastisch umgesetzt wurde; die Figurenanordnung rief im Betrachter die siegreiche Stärke des Gottes in Erinnerung, die letztlich die des von ihm gezähmten Stieres an Kraft übertraf. Seit der EZ I ist der Darstellungstyp "Gott auf Trägertier" selten belegt[1430], so daß man die Götter in den Heiligtümern der EZ wohl eher anthropomorph oder theriomorph, jedoch kaum kombiniert antraf[1431].

In Anbetracht der bescheidenen Ausmaße der palästinischen Götter(-bronzen) erscheint es schwer vorstellbar, daß sie ihren Betrachtern den Eindruck von ihrer Überlegenheit vermittelten; die größeren Stein-, Ton- und Kompositstatuen (sofern vorhanden) waren in dieser Hinsicht sicherlich eindrücklicher. Dennoch ist die Wirkung der vergoldeten Bronzen auch nicht zu unterschätzen, da auch kleinere Mengen von Gold und Silber für die Bewohner Palästinas einen seltenen (und darum beeindruckenden) Anblick boten. Ebenso wie in Mesopotamien war in Palästina goldglänzendes Aussehen Ausdruck von glänzender Laune und Wohlbehagen[1432]; daher konnte man die leuchtenden Gesichter der Figuren mit dem Wohlbefinden der Götter in Zusammenhang bringen; der Glanz gehörte zur optischen Konstruktion des

---

[1426] So z.B. der Torso aus Hazor, vgl. YADIN u.a., Hazor III/IV, pl. 117:6.7; 324f.

[1427] Zur Darstellung einer stehenden, segnenden, geflügelten, männlichen Gottheit auf einem Mischwesen (*aladlammû*; EZ IIC) vgl. KEEL, UEHLINGER, GGG, Abb. 331b.

[1428] Als Teil eines Kultständers der EZ I/IIA (s. KEEL, UEHLINGER, GGG, Abb. 126; Pella) und der EZ IIC/III (s. BECK, Horvat Qitmit, Nr. 110 und S. 103-105) ist die nackte Göttin auf dem Löwen nachgewiesen; vielleicht ist auch COULSON, Objects, 22f, 28 Abb. 5 hier einzuordnen.

[1429] YADIN u.a., Hazor III/IV, pl. 117:6.7; 324f.

[1430] So mit KEEL, UEHLINGER, GGG, 216.

[1431] S. Anm. 1605.

[1432] Zu den alttestamentlichen Zusammenhängen zwischen Wohlbefinden und Glanz bzw. Helligkeit einerseits, Not/Unbehagen und Dunkelheit bzw. Schwärze andererseits, vgl. z.B. Klgl 4:7f. Zu den magischen Vorstellungen, die mit Gold verbunden waren, vgl. KEDAR-KOPFSTEIN, זהב, 538. 540ff, SINGER, Die Metalle, 59-61. 158-171.

Heiligen und sollte die Betrachter blenden sowie Ehrfurcht und Schrecken auslösen. Die Kostbarkeit und die Seltenheit der Bestandteile der kleineren Bronzen und die Größe der steinernen und tönernen Bilder zeigten die göttliche Qualität des Bildes an. Daher war es Ausdruck des asymmetrischen Verhältnisses zwischen Göttern und Menschen.

Wenn man die Informationen über das Aussehen der palästinischen Kultbilder verbindet, dann zeigt sich, daß sie versuchen, alle Kategorien einer "dominanten Religion" zu erfüllen, die von CANCIK und MOHR[1433] zusammengestellt wurden: Im Rahmen ihrer Möglichkeiten bemühen sie sich um einen hohen Materialwert, die (steinernen, metallenen und evtl. elfenbeinernen[1434]) Bestandteile zeichnen sich durch Härte, Unvergänglichkeit und Dauerhaftigkeit aus. War dies in der SBZ noch möglich, so ist jedoch kaum zu verkennen, daß in der EZ die geringe Zahl der Bronzen, die zahlreichen kleinen Terrakotten sowie die Großterrakotten aus Dan und Ḥorvat Qitmit mit ihrem billigen, vergänglichen Material darauf hindeuten, daß die palästinische Religion der EZ eher Kennzeichen einer "marginalen" Religion aufweist[1435]. Das wirtschaftliche Niveau Palästinas ließ in der EZ keine größeren, aufwendigeren und kostenintensiveren Möglichkeiten zu, das Heilige optisch zu inszenieren, so daß m.E. durchaus auch im lokalen und im offiziellen Kult mit Kultbildern aus Ton zu rechnen ist, die sich nur durch ihre Größe und die Sorgfältigkeit ihrer Bearbeitung von den Terrakotten unterschieden, die im privaten Bereich Verwendung fanden. Für die Verehrer lag die Wirkungsweise und Relevanz ihrer Gottheiten sicherlich kaum im materiellen Wert ihrer Bilder begründet.

Wie alle Bilder besaßen auch die palästinischen Kultbilder die Fähigkeit, mehrere Aspekte simultan darzustellen, so daß sie "auf einen Blick" Relationen und Abgrenzungen vermittelten: Zum einen wurde dem Betrachter ein Eindruck vom Aussehen des jeweiligen Gottes gegeben; es wurden Gesicht (Augen, Mund, Nase, Ohren), Frisur, Hände, Körper und Beine vorgeführt, die insgesamt der Statur eines Menschen entsprachen und ähnelten. Zugleich zeigte das Bild, daß die Götter anders aussahen als die Menschen, da ihr Leib unnatürlich flach, ihr Kopf übergroß, die Farbe ihrer Haut (Gold, Silber) andersartig war. Die Haltung und die Gestik eines Bildes ließ seinen Betrachter wissen, mit welchem/r Funktions- und Rollenträger(in) er es zu tun hatte und wie diesem/r zu begegnen war. Der Betrachter verstand das Bild, und er verstand sich vor dem Bild, so daß er seine Position vor seinem Gott angemessen einordnen und mit diesem kommunizieren konnte. Ähnlich

---

[1433] Vgl. S. 59f mit Anm. 327.

[1434] Zu Elfenbein als Material, das Wohlstand signalisiert, und sich für Kultbilder besonders eignet, da es Ähnlichkeiten zur menschlichen Haut aufweist, s. BARNETT, Ivories, 1.

[1435] Zu diesen Kennzeichen s. Anm. 327.

wie in Mesopotamien zeichneten sich die Götterstatuen durch Frontalität, Geschlossenheit und Kompaktheit aus; auch die Dynamik der "schlagenden Götter" wirkt eigentümlich erstarrt. Die souveräne Ruhestellung kennzeichnet im übrigen auch die bekannten Stierbronzen, die die Tiere (im Unterschied zu Reliefs und Siegeln[1436]) niemals in Angriffsposition zeigen. Die optische Erscheinung und die Körpersprache der Bilder vermittelten ein komplexes Bild von der Gottheit. Diese Komplexität konnte dadurch gesteigert werden, daß die Figuren mit Kleidern, Schmuck, Waffen und Paraphernalia ausgestattet wurden, die weitere Aspekte der Gottheit zum Ausdruck brachten und ihre Funktion präzisierten. Die Beigaben verstärkten den Glanz und den damit verbundenen Eindruck, den die Statuen bei ihren Verehrern erweckten. Sie erhielten dadurch ein erhöhtes Maß an "innerer Redundanz" und wurden so zu einem "gelungenen" Kultbild, das von den Mitgliedern der Kultgemeinschaft jederzeit ohne Probleme erkannt werden konnte. Symmetrie, ikonographische Kontinuität und die Akkumulation ähnlicher Teile unterstützten zusätzlich die Wiedererkennung. In diesem Zusammenhang kann es nur als Projektion der Ungewißheit des heutigen Betrachters der Götterdarstellungen betrachtet werden, wenn das "Fehlen einer *spezifischen* Jahwe-Ikonographie"[1437] festgestellt und "die mangelnde Eindeutigkeit von mit Jahwe verbundenen Kultbildern, bes. des Stiers"[1438] postuliert wird. Die mehrdeutige Ikonographie der Götter, die mit dem Wechsel ihrer Erscheinungsweisen einherging, war häufig darauf zurückzuführen, daß ein Gott Attribute einer oder mehrerer anderer Gottheiten übernahm und so zu mehr Dignität und einem erweiterten Wirkungsbereich gelangte. Dieser im Alten Orient verbreitete Vorgang ist für uns im einzelnen oft schwer nachzuvollziehen und führte im Fall von Jahwe dazu, daß sich hinter einer Darstellung des "Baal-" oder des "El-Typs" jederzeit Jahwe verbergen konnte[1439]. Die daraus resultierende mangelnde Eindeutigkeit seiner Ikonographie mag heu-

---

[1436] Vgl. KEEL, UEHLINGER, GGG, 134, CORNELIUS, Iconography, pl. 51 BM85.

[1437] Zu Hinweisen auf eine mögliche ikonographische Tradition Jahwes ("Herr der Strauße") vgl. KEEL, UEHLINGER, GGG, 158. 444, KNAUF, UAT, 256-258. Vor kurzem interpretierte UEHLINGER, Cult Statuary, 149-152 eine außergewöhnliche Terrakotte aus dem 8./7. Jh. plausibel als (Löwen- oder Sphingen-)Thron; kaum zu beweisen ist sein Vorschlag, die beiden anthropomorphen Figuren, die obenauf sitzen, mit Jahwe und Aschera zu identifizieren.

[1438] So UEHLINGER, Götterbild, 890, s. auch DOHMEN, Das Bilderverbot, 260, KAISER, Theologie 1, 120.

[1439] Dies hängt ganz davon ab, ob Jahwe als lokale Manifestation einer Gottheit des "Baal/Hadad-Typs" (so wohl "von Hause aus", mit WEIPPERT, M., Synkretismus, 157f, DERS., Geschichte Israels, 99, NIEHR, Gott, 43) oder den Funktionsbereich des "El-Typs" galt (so wohl in Bethel oder Beerscheba, s. WEIPPERT, M., Synkretismus, 155f, oder als den Funktionsbereich des Gottes *ʾlqnʾrṣ* (s. DAVIES, G.I., AHI, Nr. 4.201) in Jerusalem übernahm; CROSS, Canaanite Myth, 44-75, HENDEL, Origins, 377f, gehen hingegen grundsätzlich von Jahwe als El-Gottheit aus). Zur Kombination beider Göttertypen in Jahwe s. METTINGER, Essence, 411.

tige Betrachter verwirren, jedoch ist kaum damit zu rechnen, daß es den Jahwe-Gläubigen der EZ nicht möglich gewesen wäre, eine Jahwestatue als solche zu erkennen[1440]. Innerhalb ihres Kontextes bzw. ihres Heiligtums und ihrer Verehrerschaft waren Kultbilder keinesfalls mißverständlich; für den gläubigen Betrachter existierte das Bild nicht als Bild an sich, sondern nur in der (Ursprungs-)Relation zum Dargestellten[1441] und in seiner (Wahrnehmungs- und Handlungs-)Relation zu seiner Kultgemeinschaft. Das Problem der Identifikation und Sinnhaftigkeit des Bildes stellte sich nur dann, wenn ein Gott bzw. sein Bild aus dem Glaubensvollzug herausgefallen war, der Wirklichkeitscharakter der Bilder in Frage gestellt und eine Position eingenommen wurde, die außerhalb der Bildertheologie und des Bilderglaubens lag.

Ähnlich wie in Mesopotamien war die Rede von den Göttern und ihren Kultbildern im Alten Testament nur selten an einer sprachlichen Differenzierung zwischen Gott und Bild interessiert. Jedoch wurde die Blickrichtung und die Wertung verkehrt: Waren die Bilder in Mesopotamien Götter, so waren die Götter im Alten Testament nichts als (tote) Bilder.

4. Die Terminologie

Die meisten Begriffe der alttestamentlichen Götterbildterminologie entstammen dem technisch-handwerklichen Bereich und klassifizieren die Bilder von vornherein als Produkt einer zielgerichteten Tätigkeit eines (oder mehrerer) Menschen[1442]. Dieser Sprachgebrauch weist bereits auf eine rationale Auseinandersetzung hin, die sich mit dem Wesen der Bilder befaßt hat und

---

[1440] Zum Anteil des Betrachters am Erkennen von Bildern vgl. Anm. 105.

[1441] Die verbreitete These, daß (Stier-)Bilder uneindeutig seien, dem Synkretismus Vorschub leisteten und zur Verwechslung zwischen Repräsentiertem und Repräsentanz beitrügen, Erkenntnisse, die zuerst Hosea gehabt habe und die ihn dazu getrieben hätten, gegen die (Stier-)Bilder zu polemisieren (so UTZSCHNEIDER, Hosea, 102, DOHMEN, Das Bilderverbot, 260f, HOSSFELD, Du sollst, 89, METTINGER, Veto, 23ff, TOEWS, Monarchy, 151-172. 155. 168), steht in der Tradition der Bilderpolemik und verdreht die Zusammenhänge. Die relevanten Verse des Hoseabuches (die kaum Hosea zugesprochen werden können, s. Anm. 1463) *erkennen* nicht die Ambivalenz des Bildes (oder seinen Hang, sich gegenüber dem Dargestellten zu verselbständigen) und gelangen deshalb zur Bilderkritik, sondern sie *behaupten* die Mißverständlichkeit der Figuren, um den Leser von der Berechtigung ihrer vorgefaßten Polemik zu überzeugen. Für die Verfasser der Verse gehörten die (Stier-)Bilder bereits nicht mehr zu ihrem Glaubensvollzug, und sie wollten ihre jahwistischen Glaubensgenossen durch ihre polemischen, rationalisierenden Argumente von ihrer Position überzeugen.

[1442] Die Bilderterminologie der LXX ist stark vom Begriff des "Abbildes" her geprägt. Die Verwendung der Begriffe εικων und ειδωλον (im Gegensatz zu αγαλμα, vgl. dazu FUNKE, Götterbild, 663-666, bes. 664; Vulgata: effigies, simulacrum, vgl. dazu ebd., 665f) betont den Abbildcharakter des Kultbildes, so mit FUNKE, Götterbild, 664f.

zu dem Ergebnis gekommen ist, daß sie dem menschlichen Bereich angehören, dem sie entstammen und in dem sie trotz aller Bemühungen und Erwartungen verbleiben. Auffallend sind weiterhin die zahlreichen Schimpfworte oder Spottbezeichnungen, die die polemischen Passagen des Alten Testaments bereitstellen, um die Bilder zu verfemen.

Da im Bereich der Terminologie schon grundlegende Vorarbeiten geleistet wurden, kann sich der folgende Abschnitt auf einen kurzen Überblick beschränken[1443].

פסל/פסיל[1444] (LXX vorwiegend γλυπτος)

פסל ist ein Derivat von פסל "behauen, schnitzen"[1445] und bezeichnet eine Skulptur, ohne daß über deren Material[1446] oder Aussehen weitere Festlegungen getroffen wären. Da פסל innerhalb des Alten Testaments[1447] meistens in polemisch-religiösem Kontext (außer Ri 3:19.26[1448]) mit Verben des Herstellens, der Verehrung oder des Zerstörens[1449] belegt ist, handelt es sich um einen religiösen Begriff, keinen künstlerischen[1450], der am ehesten der deutschen Übersetzung (rundplastisches) "Kultbild" entsprechen dürfte.

מסכה[1451] (LXX vorwiegend χωνευτος) und נֶסֶךְ[1452]

Beide Begriffe sind abgeleitet von נסך, das im allgemeinen als "(Metall) gießen"[1453], von C. DOHMEN jedoch als "hämmern, schmieden" interpretiert wird. S.E. bezeichnet מסכה dementsprechend das Ergebnis einer "Goldschmiedearbeit an einem Kult- oder Götterbild … und nicht ein metallenes Bild selbst"[1454]; demgegenüber weisen Texte wie Ex 32:4.24 darauf hin, daß

[1443] Zu nennen sind NORTH, Essence, 153-156, DOHMEN, Das Bilderverbot, 41-63, CURTIS, E.M., Idol, 378, SCHROER, Bilder, 303-353, sowie die einschlägigen Wörterbücher, vgl. die folgenden Anmerkungen. Zur Terminologie der LXX s. KENNEDY, C.A., Field, 198ff.

[1444] Siehe HAL III 894f, DOHMEN, Das Bilderverbot, 41-49, DOHMEN, מסכה, 1012, SCHROER, Bilder, 304-307, DOHMEN, פסל, 688-697.

[1445] S. DOHMEN, Das Bilderverbot, 41, DISI 922.

[1446] SCHROER, Bilder, 306, möchte sich auf Holz oder Stein festlegen.

[1447] Es handelt sich vorrangig um das Dtn, dtn-dtr geprägte Texte sowie die sekundären Passagen Deuterojesajas, vgl. DOHMEN, פסל, 694-697.

[1448] Vgl. dazu SCHROER, Bilder, 307-310; es handelt sich um eine topographische Notiz.

[1449] Zu einer Übersicht vgl. SCHROER, Bilder, 305f.

[1450] Mit DOHMEN, Das Bilderverbot, 46f.

[1451] Siehe HAL II 572f, DISI 664f, DOHMEN, Das Bilderverbot, 49-54, DOHMEN, מסכה, 1009-1015, und SCHROER, Bilder, 310-314.

[1452] Siehe HAL III 664, DOHMEN, Das Bilderverbot, 54f, DERS., נסך, 489f, DERS., Schmiedeterminus, 39-42.

[1453] S. HAL III 664, DISI 735f, COLLINI, Studi, 10-12. 26ff.

[1454] DOHMEN, Das Bilderverbot, 53. Siehe ausführlich ebd., 49-53, sowie die o.g. Publikationen des Autors. Zur Kritik an der Engführung dieser Definition s. SCHROER, Bilder, 314 Anm. 46.

die Deutung als "Gußbild" nicht auszuschließen ist[1455]. Über die Gestalt einer מסכה läßt sich nichts genaueres sagen; es kann sich um ein Symbol, eine anthropomorphe oder eine theriomorphe Darstellung handeln. מסכה kommt nur innerhalb von bildpolemischen Passagen[1456] vor; bei נסך schwingt zusätzlich noch ein weiterer Bedeutungsaspekt mit, der Bilderdienst als Fremdgötterverehrung kennzeichnet[1457]. Das Hendiadyoin פסל ומסכה bezeichnet ein rundplastisches Kultbild aus Metall oder mit einem edelmetallenen Überzug[1458].

סמל[1459] (LXX vorwiegend εικων)
סמל beschreibt an sich noch keinen bestimmten Bildträger. Es handelt sich um einen "funktionalen Begriff", der den "Aspekt des Zusammenstellens oder Begleitens" zum Ausdruck bringt, so daß er "immer von einem anderen, eigentlichen Bildbegriff her im Sinne eines beigestellten Kultobjektes definiert wird."[1460]

עצבים[1461] (LXX vorwiegend ειδωλον)
Das Pluraletantum, das von עצב I "bilden, schaffen, gestalten" abgeleitet ist, und bei dem עצב II "kränken, betrüben" mitschwingt, bezeichnet eine rundplastische Darstellung[1462], über deren Aussehen, Größe und Material keine konkreteren Aussagen zu machen sind. Ähnlich wie פסל und מסכה wird auch עצבים innerhalb des Alten Testaments[1463] auf Bilder israelitischer und außer-

---

[1455] So mit UEHLINGER, Rezension Dohmen, 414f, s. weiter SCHROER, Bilder, 313f ("Gussplastiken"); auch HELTZER, Organisation, 49 mit Anm. 17, behält die Übersetzung "gegossenes Bild", "Metallidol" bei.
[1456] Es handelt sich vorrangig um dtn-dtr geprägte Texte, vgl. DOHMEN, מסכה, 1014.
[1457] Mit DOHMEN, Das Bilderverbot, 54f, DERS., מסכה, 1013f.
[1458] So mit SCHROER, Bilder, 313.
[1459] Vgl. HAL III 717, DOHMEN, מסכה, 1013, DOHMEN, Heißt, 263-266, SCHROER, Bilder, 25-30, s. auch DISI 792f.
[1460] DOHMEN, Das Bilderverbot, 208.
[1461] Vgl. dazu HAL III 818f, DOHMEN, Das Bilderverbot, 259-261, SCHROER, Bilder, 315-320, GRAUPNER, עצב, 301-305.
[1462] So mit SCHROER, Bilder, 316.
[1463] Der Begriff ist vorrangig in sekundären Erweiterungen (vgl. dazu die Bemerkungen von PFEIFFER, Polemic, 232 Anm. 19, DOHMEN, Das Bilderverbot, Anm. 243 (zu 13:2). 249 (zu 14:9), NISSINEN, Prophetie, 121-133. 228 (zu 4:17), MARTI, Dodekapropheton, 107f (14:9), DUHM, Anmerkungen, 27 (zu 8:4-6), JEREMIAS, Hosea/Hoseabuch, 592f (zu 8:6, 10:6, 13:2 und 14:2-9), WACKER, Figurationen, 234f (zu 13:2f). 251f (zu 14:2-9). 271 Anm. 29 (zu 10:6)) des Buches Hosea (4:17, 8:4, 10:6 cj, 13:2, 14:9) sowie in weiteren exilisch-nachexilischen Texten belegt, vgl. DOHMEN, מסכה, 1011f.
Zur Analyse der Hoseatexte, die die bilderpolemischen Stellen als sekundär erkennt, s. außerdem YEE, Hosea, 84-86. 118 (2:10b). 160 (4:17). 189-193 (8:4.6). 248ff (13:2). 131ff (14:9) (doppelte dtr Redaktion). Demgegenüber halten zahlreiche Exegeten am hoseanischen Ursprung der Verse fest, so z.B. PREUß, Verspottung, 120-129, WOLFF, Jahwe, 403, UTZSCHNEI-

israelitischer Herkunft bezogen[1464], jeweils in polemischem Kontext eingesetzt und mit Verben der Herstellung, Verehrung, Deportation und Zerstörung verbunden. Es handelt sich eindeutig um einen religiösen Begriff, der
das Dargestellte als menschliches Gebilde kennzeichnet.

צִיר/יצר

Die von יצר[1465] "bilden, formen, modellieren" abgeleiteten Nomina sind "keine besonders typischen Termini der Götzenbildherstellung"[1466]. Sie sind allgemein mit "etwas Geformtes oder Modelliertes" zu übersetzen und mit verschiedenen Materialien, Techniken und Gegenständen zu verbinden.

צֶלֶם[1467] (LXX vorwiegend εικων)

צלם ist abgeleitet von der im Hebräischen nicht verbal belegten Wurzel ṣlm,
deren Bedeutung durch arabisch ṣalama "abhauen, behauen, schneiden,
schnitzen" erhellt wird[1468]. Der Begriff kann jede Art von Darstellung (apo-
tropäisches Bild, Relief, Zeichnung, Königsstatue[1469], Votivstatue bzw. -
stele, Kultbild[1470]) unterschiedlichen Materials und verschiedener Funktion
bezeichnen und muß daher durch den Kontext oder eine entsprechende Ergänzung konkretisiert werden. In übertragener Bedeutung kann er auch
"Traumbild" bedeuten (Ps 39:7).
Allgemein wird 1 Sam 6:5.11 als ältester biblischer Beleg von צלם angesehen[1471]. Wesentliche Bedeutung kommt dabei der Tatsache zu, daß in die-

---

DER, Hosea, 98-104. 105ff, WOLFF, Hosea, 178f. passim,NAUMANN, Erben, 73-76. 171 u.ö.,
ALBERTZ, Religionsgeschichte, 102, TOEWS, Monarchy, 151ff, BONS, Hosea, 107f. 160f.
DICK, Prophetic Parodies, 37f (zu 13:2), VAN DER TOORN, Family, 294f.

[1464] Gegen DOHMEN, Das Bilderverbot, 259f, DOHMEN, מסכה, 1011, übernommen von
SCHROER, Bilder, 315f, GRAUPNER, עצב, 302, die den Begriff vor allem auf Fremdgötterfigu-
ren beziehen wollen, obwohl er nur an 9 von 17 Stellen, d.h. ca. der Hälfte der Belege, eindeutig auf Fremdgötter zuzuspitzen ist. M.E. zeigt die Ausgewogenheit, mit der עצבים nahezu
paritätisch in bezug auf israelitische und "fremde" Bilder angewandt wird, daß die "Nationali-
tät" der Skulptur keine hervorragende Rolle spielt.

[1465] Vgl. dazu HAL II 409f, HAL III 960, SCHMIDT, W.H., יצר, 762, OTZEN, יצר, 831f,
SCHROER, Bilder, 320f.

[1466] So SCHROER, Bilder, 321.

[1467] Vgl. dazu HAL III 963f, WILDBERGER,צלם, 557f, DOHMEN, מסכה, 1012f, SCHROER,
Bilder, 322-332, STENDEBACH, צלם, 1050f, s. auch DISI 968f.

[1468] So mit STENDEBACH, צלם, 1048.

[1469] Vgl. Dan 2f und auch die Königsstatue von Tell Fekherye. Sie wird in ihrer akkadischen Inschrift immer wieder ṣalmu (NU) genannt (ZZ. 19.23.26). Auffällig ist die Gleichung
mit altaramäisch דמו (Z. 15) und (alternativ) צלם(ZZ. 12.16), wobei צלם die Form und דמו den
Inhalt bezeichnet, vgl. dazu DOHMEN, Die Statue, 96-98, und SCHROER, Bilder, 325ff; anders
STENDEBACH, צלם, 1053f, der beide Begriffe als Synonyme wertet.

[1470] Zu einer Zusammenstellung der Belege vgl. SCHROER, Bilder, 322-325.

[1471] So SCHROER, Bilder, 322, STENDEBACH, צלם, 1050.

sen Versen "noch deutlich das magische Bildverständnis" zu erkennen ist[1472], das die Bilder der Mäuse als Apotropaia[1473] wirksam werden läßt. Tatsächlich ist צלם an dieser Stelle einer der wenigen Bildbegriffe innerhalb des Alten Testaments[1474], der Verbindungen zur "eigentlichen" Bildertheologie, wie sie oben skizziert wurde, aufweist (ohne daß damit Feststellungen über das Alter der literarischen Fixierung der betreffenden Verse getroffen wären[1475]). In 1 Sam 6:2-12 ist eine kleine Spur von den kultischen Vorgängen erhalten, die der Herstellung eines Bildes im Alten Orient vorausgingen (s.o.): Die Anfertigung der Figuren der Mäuse (und Beulen[1476]) wurde durch den Auftrag der philistäischen Priester und Wahrsager motiviert, so daß sie nicht (wie innerhalb der Bilderpolemik üblich) der Willkür, sondern der Auskunft des kultischen und göttlich autorisierten Personals (und damit letztlich göttlichem Willen) entsprang. Dementsprechend zeigten die Statuetten (entgegen der sonstigen alttestamentlichen Überzeugung) auch eine Wirkung. Ein ähnliches Konzept wird im übrigen in Num 21:8 sichtbar, wenn Jahwe die Anfertigung der ehernen Schlange (als Abbild der vorhandenen Feuerschlangen) befiehlt, die (entsprechend der biblischen Darstellung) nur wegen der Tatsache, daß sie ihre Entstehung Jahwes Auftrag verdankt, ihre prophylaktische Wirkung[1477] entfalten kann.

[1472] So WILDBERGER, צלם, 558.

[1473] Vgl. dazu SCHROER, Bilder, 115-117, BERNHARDT, Gott und Bild, 65f.

[1474] צלם ist ansonsten vor allem in exilisch-nachexilischen Texten belegt, vgl. STENDEBACH, צלם, 1051.

[1475] Magische (und "alte") Bildvorstellungen können sich sowohl in alten als auch in jungen, archaisierenden Texten finden. Dies zeigt sich auch in Num 21:4-9, einer Erzählung, die von einzelnen Exegeten als "alt" (E so JAROŠ, Stellung, 273f) angesehen wird, mit KAISER, Grundriß 1, 64, FABRY, נחש, 395, DERS., נחש, 407f, jedoch als spät (und archaisierend) zu interpretieren ist.

[1476] Zu dieser späteren Erweiterung s. SCHROER, Bilder, 115.

[1477] Zur Schlange als SB- und E I-zeitliches Bild prophylaktischer Vitalität, die die Numinosität eines Ortes anzeigt und Bedrohung impliziert, s. KEEL, Das Recht, 232, weiter SCHROER, Bilder, 104-115, FABRY, נחש, 384-397, DERS., נחש, 397-408, HENDEL, Nehushtan, 1157-1159. Eine Schlange, die Kultobjekt war (kaum die aus Num 21, so mit FABRY, נחש, 408, gegen HAHN, Kalb, 362f), wird in 2 Kön 18:4 entfernt; die Historizität dieser Maßnahme Hiskijas ist angesichts der späten sprachlichen Gestalt von 2 Kön 18:4 fraglich, so mit WEIPPERT, M., Synkretismus, 172 Anm. 46. Zur Diskussion über Umfang und Ziel der umstrittenen "hiskijanischen Kultreform" s. die eher skeptische Position von WELLHAUSEN, Prolegomena, 26. 47f, AHLSTRÖM, History, 701-703 (Evakuierung der Lokalheiligtümer angesichts der assyrischen Bedrohung), SPIECKERMANN, Juda, 170-175, DONNER, Geschichte, 332, METTINGER, Israelite Aniconism, 182 (nur Schlangenentfernung historisch), NIEHR, Reform, 37f ("dtr. Fiktion"), NA'AMAN, Historicity, 179-195. DOHMEN, Das Bilderverbot, 263-266, ZENGER, Exodus, 228, SCHROER, Bilder, 108f, halten an einer Kultreinigung, HALPERN, Jerusalem, 25-27. 65-77, ALBERTZ, Religionsgeschichte, 280-290, LOHFINK, Gab es, 350-352, RAINEY, Reform, 333 an einer "Kultreduktion" (als kriegsvorbereitende oder das Reich Juda einigende Maßnahme) fest.

Ein Bild, das als צלם bezeichnet wird, ist innerhalb des Alten Testaments nicht gleichbedeutend mit einem "Repräsentationsbild" oder einem Bild, das das Dargestellte machtvoll da sein läßt[1478]. 1 Sam 6 und Num 21:8 zeigen zwar, daß das Alte Testament den Gedanken der wirkmächtigen Kraft der Bilder kennt, jedoch ist er mit der altorientalischen Vorstellung verbunden, daß ein Bild seine übernatürlichen Qualitäten nur erhält bzw. seine Aufgaben nur wahrnehmen kann, wenn es auf die intakte Verbindung mit einer Gottheit (d.h. auf eine kultisch korrekte Herkunft) zurückblickt. Ein willkürlich angefertigter צלם wäre demnach kaum mehr als ein menschliches Machwerk, ohne weitere Fähigkeiten. Gerade weil es die kultisch vor-schriftsmäßige Art der Herstellung eines Bildes vermag, es mit Macht aus-zustatten, lag der Bilderpolemik so viel daran, aufzuweisen, daß es sich bei der Anfertigung von Kultbildern um einen völlig willkürlichen, profanen Vorgang handelte, der sich ausschließlich auf der handwerklichen Ebene ab-spielte und dementsprechend nur ein Werkstück hervorbrachte.

Die priesterschriftliche Bild-Gottes-Anthropologie nimmt die altorientali-sche Konzeption auf, die den Charakter des Herstellungsvorganges und des Herstellers mit dem des Hergestellten verbindet: Indem der Mensch auf Got-tes Schöpfung zurückgeht, kann er zu seinem lebendigen Repräsentations-bild[1479] werden. Auf der Grundlage der intakten Ursprungsbeziehung zwi-schen Mensch und Gott ist es ersterem möglich, seine Handlungsbe-ziehungen aufzunehmen und letzteren zu vertreten. Auf diesem Hintergrund ist die Ergänzung von צלם durch דמות als Einschränkung zu verstehen[1480]. Wäre der Mensch lebendiges Kultbild Gottes[1481] (im vollgültigen, oben skiz-zierten Umfang mesopotamischer Kultbildtheologie), so wäre er sein irdi-scher Leib, seine Epiphanie und letztlich Gott. Die (bedingte) Identität, die zwischen einem Kultbild und seiner Gottheit besteht, konnte kaum für den Menschen als Kultbild Gottes gelten und wurde daher durch דמות zu einer "Ähnlichkeit" modifiziert.

דמות (LXX vorwiegend ομοιωμα)

דמות entspricht weitgehend dem Bedeutungsfeld von akkadisch tamšīlu[1482], bedeutet "Abbild, Ähnlichkeitsbild, Wiedergabe"[1483] und ist abgeleitet von

---

[1478] Daher ist WILDBERGER, צלם, 558, übernommen von SCHROER, Bilder, 324, zu modifi-zieren.

[1479] S. dazu schon SCHROER, Bilder, 330f, in Anlehnung an ZENGER, Bogen, 88-90, der seine These jedoch ausgehend von der Funktion eines Kultbildes bzw. Menschen und weni-ger von seiner Herkunft entwickelt. Vgl. dazu nun auch NIEHR, In Search, 93f.

[1480] Zur Bedeutung dieser Begriffe in der imago-dei-Lehre vgl. GROß, Gottebenbildlich-keit, 35-48.

[1481] So ZENGER, Bogen, 89.

[1482] Vgl. S. 71f.

דמה "ähnlich sein, gleichen". Ein als דמות bezeichnetes Bild ist an der Wiedergabe äußerer Merkmale interessiert. Es ist daher eine Kopie einer schon sichtbaren Wirklichkeit bzw. eines realen irdischen Wesens oder einer Sache (2 Kön 16:10, 2 Chr 4:3, Ez 23:15); folglich können Menschen von allem Abbilder herstellen, was zu sehen ist. Der Begriff eignet sich besonders zur Beschreibung überirdischer Phänomene (vgl. Ez 1:5.10.16. 22.26.28 u.ö., Dan 10:16), wenn sie mit irdischen Gegebenheiten verglichen (und so vorstellbar), jedoch nicht identifiziert werden. An keiner Stelle[1484] wird דמות in bezug auf ein Kultbild gebraucht[1485].

אל/אלהים

Auch im Alten Testament kann ein Gottesbild einfach durch den Namen der jeweiligen Gottheit oder durch אלהים, אל, אלוה, "Gott", die Mehrzahl der Bilder durch "Götter", bezeichnet werden[1486]. Der Kontext muß jeweils entscheiden, ob eine Gottheit oder ihr Bild gemeint ist[1487]. Dieser Mangel an sprachlicher Differenzierung zeigt, daß man die Götter nicht scharf von ihren Kultbildern trennte[1488]. Die Götter, deren Bilder handwerklich hergestellt und verehrt wurden, wurden auf das reduziert, was unmittelbar zu sehen war. Diesen Aspekt hob man durch אל bzw. die Verwendung des Götternamens in bilderpolemischem Kontext hervor. Das Bild eines Gottes war nur ein materieller Gegenstand oder ein Abbild irdischer Gegebenheiten. Keines der von Menschen hergestellten Bilder schloß etwas über das konkret Anschauliche Hinausgehendes mit ein, ein Aspekt, auf den die handwerklich orientierten Bildertermini deutlich hinweisen.

[1483] Vgl. dazu HAL I 217, JENNI, דמה, 452, DOHMEN, Die Statue, 96-98, SCHROER, Bilder, 326ff. 331f, PREUß, דמות, 273-277, DISI 251f.

[1484] Zum vorrangig exilisch-nachexilischen Gebrauch von דמות vgl. SCHROER, Bilder, 322.

[1485] Zu Jes 40:18 s.u.

[1486] RINGGREN, אלהים, 301f, SCHROER, Bilder, 342-344, SCHMIDT, W.H., אלהים, 165. Z.B. Gen 31:30, Gen 35:2-4, Ex 20:23, 32:1.31, 34:17, Lev 19:4, Dtn 4:28, Ri 18:24, 1 Chr 14:12, 2 Chr 25:14, Jes 44:10.15.17, Jer 2:28, 16:20, 1 Sam 5:1-5, 2 Sam 12:30, Jer 48:7; zu den Astarten vgl. WINTER, U., Frau, 544-550, HADLEY, Shadows, 172ff, zu Aschera (Göttin oder Kultobjekt) WINTER, U., Frau, 551-560, HADLEY, Yahweh, 235-237, FREVEL, Elimination, 264f, HADLEY, Shadows, 170-172 und die übernächste Anm. Anat kommt im Alten Testament nur in Namen vor und gehört daher nicht in diesen Kontext, s. FREVEL, ebd., Anm. 6.

[1487] Gelegentlich wird durch entsprechende Ergänzung (נכר, חדש ;ר, אחר) auf die fremde Herkunft der Götter verwiesen, vgl. SCHROER, Bilder, 342.

[1488] So in bezug auf Aschera festgestellt von WINTER, U., Frau, 555ff, FREVEL, Aschera, 912. 924, während KEEL, UEHLINGER, GGG, 262-264, vorrangig mit der Aschera als einem Kultobjekt rechnen, das sich sogar gänzlich von der Göttin gelöst habe und einem männlichen Gott zugeordnet werden konnte. Zur Kritik dieser (und ähnlich strukturierter) Thesen s. FREVEL, ebd., 898-912.

תמונה (LXX vorrangig ὁμοίωμα)

תמונה ist abgeleitet von der Wurzel מין, die sicherlich mit ugaritisch *mn* "Gestalt, Art" zusammenzustellen ist, und bedeutet "Aussehen, äußere Form, sichtbare Gestalt"[1489]. Die Anwendung dieses Begriffs auf den Themenbereich des Bilderverbots (Dtn 4:15f.23.25; Dtn 5:8 und Ex 20:4)[1490] zeigt, daß Kultbilder nur als Abbilder sichtbarer Realitäten betrachtet und als solche abgelehnt wurden. Die Theologie der Bilder erscheint auf eine Theorie des Abbildes reduziert, deren Anwendung auf Jahwe ausgeschlossen wurde, weil ihr die dafür nötigen Voraussetzungen fehlten: Da kein Mensch außer Moses Jahwes Gestalt gesehen hatte (Num 12:8), konnte niemand sein Aussehen zeigen.

תבנית

תבנית bedeutet "Modell, Vorbild, Nachbildung" und ist abgeleitet von בנה "bauen"[1491]. Der Begriff bezeichnet die äußere Erscheinungsform, die sichtbar vorgegeben werden muß, damit menschliches Schaffen sie reproduzieren kann (so z.B. Ex 25:9, 27:8, 2 Kön 16:10). Wie oben dargestellt, gab es in Babylonien den Gedanken, daß die Herstellung eines Kultbildes (oder eines Tempels[1492]) die göttliche Offenbarung seines Aussehens voraussetzt. Innerhalb der alttestamentlichen Bilderpolemik wird die Möglichkeit einer göttlichen Offenbarung im Zusammenhang mit der Herstellung eines Kultbildes nicht in Betracht gezogen[1493]; dementsprechend müssen sich die Handwerker laut der bilderpolemischen Passagen[1494] mit Nachbildungen der ihnen bekannten Realitäten (so z.B. Jes 44:13, Ps 106:20) begnügen, so daß ihre Werke Nachahmungen irdischer Bestände und damit letztlich deren Abbilder sind. Nachbildungen irdischer Gestalten im kultischen Bereich verbietet die Paränese zum Bilderverbot in Dtn 4:15-18[1495]. Obwohl Kultbilder

---

[1489] Vgl. dazu SCHROER, Bilder, 335f, DOHMEN, Das Bilderverbot, 216-223, siehe auch BEAUCHAMP, מין, 867-869, HAL IV 1608.

[1490] Zu den übrigen Belegen und der Einordnung des Begriffs in die exilisch-nachexilische Zeit vgl. DOHMEN, Das Bilderverbot, 222f.

[1491] Vgl. dazu HULST, בנה, 325-327, SCHROER, Bilder, 336f, und WAGNER, בנה, 704-706, HAL IV 1554.

[1492] Vgl. HUROWITZ, I Have Built, 168-170.

[1493] Die Konzeption ist hingegen durchaus bekannt: Im Zusammenhang mit der Herstellung des Tempels und des Zeltheiligtums offenbart Jahwe seinen Willen, indem er Modelle von Dingen vorgibt, die bis dahin noch nicht existierten; nur seine Modelle haben die Fähigkeit, unsichtbare Wirklichkeit ins Dasein zu rufen, vgl. 1 Chr 28:19, Ex 25:9.40 und BERLEJUNG, Handwerker, 157f.

[1494] תבנית spiegelt in diesem Kontext exilisch-nachexilischen Sprachgebrauch, vgl. SCHROER, Bilder, 337.

[1495] Zu diesen Versen als Kommentar zu Dtn 5:8 s. RÖMER, Väter, 138. Vgl. auch VEIJOLA, Redaktion, 258-260, der in Dtn 4* von einer breiten "bundestheologischen" Redaktion

nach "bildertheologischem" Verständnis dergleichen nicht waren, wurden sie in die vorausgesetzte Abbildtheorie miteinbezogen.

מַשְׂכִּית[1496]

Der Begriff ist abgeleitet von שׂכה "schauen" und bezeichnet vor allem "Flachbildkunst, vornehmlich wohl reliefartige Arbeit in Stein, aber auch ein Produkt des Metallkunsthandwerks oder der Schmuckherstellung"[1497], d.h. gravierte oder ziselierte Werke.

עֵץ וָאֶבֶן

Hinter dem Begriffspaar Holz und Stein (Jer 2:27, 3:9, Ez 20:32, Dtn 4:28, 28:36.64, 29:16, 2 Kön 19:18 = Jes 37:19, Hab 2:19, Dan 5:4.25 u.ö.)[1498] verbirgt sich eine allgemeine Materialangabe, die jedoch innerhalb der Auseinandersetzung mit fremden Gottheiten zur polemischen Identifikation der Fremdgötter mit dem charakteristischen Material, aus dem ihre Bilder bestanden, eingesetzt werden konnte. Wie bei den übrigen Bildbegriffen, die innerhalb der Polemik verwendet wurden, war mit der Reduktion der Götter auf die Materialien ihrer Bilder die Absicht verbunden, sie zu depotenzieren. Mit FREVEL ist festzustellen, daß es bei "Holz und Stein" weder um die Auseinandersetzung mit konkreten Gottheiten (Aschera und Baal) noch um die Gegnerschaft zum Kultpfahl der Aschera[1499] und einer Massebe, sondern "um die Opposition YHWHs zu anderen Gottheiten im allgemeinen"[1500] ging. Eine diachrone Betrachtung der Belege zeigt, daß die Formulierung erst seit der Exilszeit von dtr geprägten Theologen eingesetzt wurde, wobei die weitere Entwicklung den Identifikationsgrad der Götter mit dem Material ihrer Bilder fortschreiten ließ.

מַעֲשֵׂה יָדַיִם/מַעֲשֵׂה יְדֵי אָדָם/חָרָשׁ/מַעֲשֵׂה חָרָשִׁים

Diese Formulierungen wurden im Rahmen der Bilderpolemik, besonders in späten dtr geprägten Stellen[1501] gebraucht, um Götterbilder zu bezeichnen[1502].

---

ausgeht, die auch in Dtn 5:8 für die Einfügung der Grundform des Bilderverbotes und dessen Erweiterung um כל תמונה verantwortlich sei.

[1496] Vgl. dazu HAL II 605f, DISI 701, SCHROER, Bilder, 337-341.

[1497] SCHROER, Bilder, 341.

[1498] Vgl. dazu FREVEL, Aschera, 362 mit Anm. 1236. 380-406.

[1499] So SEYBOLD, Nahum, 73 (zu Hab 2:18f), WEIPPERT, H., Schöpfer, 32f Anm. 47.

[1500] FREVEL, Aschera, 406.

[1501] So mit WEINFELD, Deuteronomy, 324. 367, KRATZ, Kyros, 200f (mit Belegen). Siehe vor allem Dtn 4:28, 27:15, 2 Kön 19:18 = Jes 37:19, 2 Kön 22:17, Jes 2:8, Jer 1:16, 10:3.9, 25:6f.14, 32:30, 44:8, Mi 5:12, Hos 13:2, 14:4, Ps 115:4, 135:15, 2 Chr 32:19, 34:25 und auch die späte Weisheit Weish 13:10, 14:8, Bar 6:50 u.ö.

[1502] Vgl. dazu VOLLMER, עשׂה, 365, ACKROYD, יד, 454f, RINGGREN, עשׂה, 417. 427, PREUß, Verspottung, 65. 129. 173.

Sie setzte an der Herstellung der Kultbilder an und diskreditierte sie zugleich als menschliches Machwerk. Grundlage ihrer polemischen Kraft war der Gedanke, daß die Herstellungsweise (und der Hersteller) den Charakter des Produktes unmittelbar bestimmt, so daß die handwerkliche Betätigung eines Menschen nur ein rein irdisches Gebilde erbringen kann[1503].

אימים, אליל, בשת, גלולים, הבל, מפלצת, שוא, שקוץ, שקר, תועבה
Hinter dieser Reihe verbergen sich die Spottbezeichnungen, die das Alte Testament[1504] für Götter und ihre Bilder bereitstellt[1505]. Im Unterschied zu den bisherigen Begriffen, setzen die Spottwörter weniger an der handwerklichen Herstellung der Bilder (d.h. ihrer Ursprungsbeziehung) als an ihrer Wirkungsweise (d.h. ihren Handlungsbeziehungen) an: אליל[1506], הבל[1507], שוא[1508] und שקר[1509] stellen die Nichtigkeit, Ohnmacht, Leblosigkeit und den trügerischen Charakter der so bezeichneten Objekte heraus und bestreiten deren Fähigkeiten.

אימים[1510], בשת[1511], גלולים[1512], שקוץ[1513], תועבה[1514] und wohl auch מפלצת[1515] disqualifizieren Götter bzw. Bilder, indem sie auf ihre Widerlichkeit, Scheußlichkeit, Schändlichkeit und Gräßlichkeit abheben und sie als "personifizierte Unreinheit"[1516] erscheinen lassen.

[1503] Dementsprechend sind die Produkte göttlicher Hände lebendige Menschen (Ijob 10:3, 14:15, 34:19, Ps 138:8). Ihr Schaffen ist allen menschlichen Bemühungen grundsätzlich überlegen. Zu den weiteren Werken von Gottes Händen vgl. ACKROYD, יד, 455, RINGGREN, עשה, 417f. 428.

[1504] Es handelt sich um dtn-dtr geprägte Texte und dementsprechend beeinflußte Exilspropheten, vgl. SCHROER, Bilder, 350.

[1505] Vgl. dazu PREUß, Verspottung, 156. 160. 281 u.ö., SCHROER, Bilder, 350-353.

[1506] Vgl. dazu HAL I 54, SCHWERTNER, אליל, 167-169, WOLFF, Jahwe, 405, PREUß, אליל, 305-308, SCHROER, Bilder, 350f.

[1507] Vgl. dazu HAL I 227, ALBERTZ, הבל, 468, SEYBOLD, הבל, 339f, SCHROER, Bilder, 351.

[1508] S. HAL IV 1323-1325, SAWYER, שוא, 882-884, REITERER, שוא, 1115f.

[1509] S. HAL IV 1520-1522, KLOPFENSTEIN, שקר, 1015.

[1510] Vgl. dazu HAL I 40, ZOBEL, אימה, 236.

[1511] Vgl. dazu HAL I 158, STOLZ, בוש, 271f, SEEBAß, בוש, 571-574.

[1512] Vgl. HAL I 185, PREUß, גלולים, 1-5, ZIMMERLI, Ezechiel, 149f, SCHROER, Bilder, 418f, die die "Mistdinger" mit ägyptischen Amuletten verbinden will, und (wenig ergiebig) BODI, Les gillûlîm, passim. Der Begriff gehört zum ezechielischen (39 von insgesamt 48 Belegen) und deuteronomistischen Sprachgebrauch, s. FREVEL, Aschera, Anm. 1336.

[1513] Vgl. dazu HAL IV 1513f, SCHROER, Bilder, 351-353 und FREVEL, Aschera, Anm. 1336.

[1514] Vgl. dazu HAL IV 1568-1570, GERSTENBERGER, תעב, 1051-1055, SCHROER, Bilder, 353.

[1515] Vgl. dazu HAL II 584, FREVEL, Aschera, 535-537. Der Begriff ist nur zweimal belegt (1 Kön 15:13 und 2 Chr 15:16).

[1516] So besonders גלולים, mit BALTZER, Ezechiel, 38, PREUß, גלולים, 3, BODI, Les gillûlîm, 509f.

B. DIE POLEMIK GEGEN KULTBILDER IM ALTEN TESTAMENT

0. Vorbemerkung

Wertvolle Götterbilder waren den Autoren und Redaktoren des Alten Testaments durchaus als Zentrum des kultischen Lebens bekannt. Aufgrund der oben angestellten Überlegungen zu den Rahmenbedingungen, die gegeben sein müssen, um Kultbilder anzufertigen und zu unterhalten, sei einleitend die Frage gestellt, wann und wo in Israel und Juda überhaupt mit Gottesstatuen zu rechnen ist, die im Rahmen des offiziellen Kultes Verwendung fanden.

Die bereits skizzierten wirtschaftlichen und gesellschaftlichen Gegebenheiten machen es wahrscheinlich, daß (nach der SBZ) erst seit Beginn des nationalstaatlichen Aufschwungs der beiden Königreiche in der EZ IIB (925-720/700) zu erwarten ist, daß man in den städtischen Zentren in der Lage war, neue Kultbilder aus Metall oder Kompositstatuen herzustellen. Lokale Heiligtümer[1517] konnten ihre Traditionen und ererbten Kultobjekte in dieser Phase weiterhin unabhängig von staatlichen Eingriffen pflegen[1518]; königliche (Herrschafts-)Ambitionen, die sich im Alten Orient häufig im Zusammenhang mit Tempeln und Kultstatuen manifestierten, verbanden sich in Juda nur mit dem Kult in Jerusalem[1519], in Israel mit dem in Samaria[1520], Beth-

---

[1517] Eine gute Übersicht über die vormonarchischen Kultstätten bietet NIEMANN, Herrschaft, 185-192.

[1518] Zu den wichtigsten Kultstätten in Juda und Israel der monarchischen Zeit vgl. HOLLADAY, Religion, 252-266. 272, NIEMANN, Herrschaft, 192-216.

[1519] Zum dortigen Tempel als Hauskapelle des Palastes vgl. NIEMANN, Herrschaft, 203f. Über ein Kultbild oder Kultsymbol im Jerusalemer Tempel sind keine gesicherten Nachrichten zu gewinnen. Da den biblischen Autoren daran gelegen war, diesen Tempel von Anfang an als orthodoxe Gründung zu zeichnen, sind Notizen über ein dortiges Kultbild, falls es ein solches gab, sicherlich sorgsam eliminiert worden. Lade und Keruben sind nur über Umwege (Inhalt der Lade, Postament, Fußschemel, Thron) mit figürlichen Gottesrepräsentationen in Verbindung zu bringen. Die biblische Darstellung des Jerusalemer Kults favorisiert den Gedanken des unsichtbar thronenden Jahwe, dem die meisten Exegeten folgen, z.B. METTINGER, Veto, 22, DOHMEN, Das Bilderverbot, 248f, HOSSFELD, Du sollst, 87, SCHROER, Bilder, 163, SCHMIDT, W.H., Alttestamentlicher Glaube, 122, JANOWSKI, Keruben und Zion, 272. 276, KEEL, UEHLINGER, Sonnengottheit, 289-292, METTINGER, No Graven Image?, 137, DERS., Israelite Aniconism, 185ff. Mit UEHLINGER, Rezension, 547f, DERS., Cult Statuary, 148f, ist in bezug auf die gängige Annahme eines leeren salomonischen Kerubenthrons jedoch darauf hinzuweisen, daß leere Kerubenthrone ikonographisch und archäologisch nicht vor dem 6.-5. Jh. belegt sind. Die einzige derzeit belegte Ausnahme aus dem 10./9. Jh. (RIIS, BUHL, Hama, 60-63 Nr. 51) kann das Gewicht der Beweislast kaum tragen, da das Exemplar recht fragmentarisch ist und eine Vorrichtung zur Befestigung einer Kultstatue wahrscheinlich gemacht werden kann, mit UEHLINGER, Cult Statuary, 149 mit Anm. 240, gegen METTINGER, Israelite Aniconism, 186.

el[1521] und Dan[1522]. Als Herstellungs- und Standorte für städtische Kultbilder im offiziellen Kult kommen daher vorrangig die genannten Zentren in Frage,

---

GRESSMANN, Die Lade Jahves, 26-28, MOWINCKEL, Wann, 260f, DIEBNER, Anmerkungen, 49 (Kultbild bis 164/3 v. Chr.!), LORETZ, Anikonismus, 217-219, DERS., Rezension Frevel, 712, UEHLINGER, Cult Statuary, 146-149. 152, NIEHR, In Search, 81ff, VAN DER TOORN, Book, 239f, rechnen im Tempel durchaus mit einem Kultbild Jahwes. SCHMIDT, B.B., Tradition, 103f, nimmt mit Hinweis auf die berühmte Zeichnung (und s.E. Beischrift) von Pithos A aus Kuntillet Ajrud gar eine mischwesenartige Gestalt an; abgesehen davon, daß die Zuordnung von Inschrift und Zeichnung auf Pithos A in Zweifel gezogen werden muß (s. dazu KEEL, UEHLINGER, GGG, 272ff, HADLEY, Yahweh, 245-248, FREVEL, Aschera, 876), der Aussagegehalt der Funde aus Kuntillet Ajrud für die judäische oder Jerusalemer Kult(bild)tradition nicht eindeutig gegeben ist (s. auch KEEL, UEHLINGER, GGG, 280f), ist es methodisch fragwürdig, aus einem Beispiel eine "iconographic tradition" zu konstruieren (so jedoch SCHMIDT, ebd., 102). Zur neuesten Auseinandersetzung mit seiner These s. UEHLINGER, Cult Statuary, 142-146, EMERTON, Rezension, 395-397.
Zum phönizischen Einfluß auf den Jerusalemer Kult s. NIEHR, Rise, 53-55, KUAN, Kingdoms, 31-46, bes. 40f. Zu den Jerusalemer Kulttraditionen s. GESE, Religionen, 113-117 (Gen 14:18f), NIEMANN, Herrschaft, 203 mit Anm. 106-109, KEEL, Kulttraditionen, 474ff, KEEL, UEHLINGER, Sonnengottheit, 269-306, KEEL, Conceptions, 130-134 (Plädoyer für den vorisraelitischen Sonnengottkult und Jahwes Adaption desselben), zur Kritik am "solaren Jahwe" s. jetzt WIGGINS, Yahweh, 89-106. Anders NIEHR, Gott, 167ff, DERS., JHWH, 311-314 (phönizischer Einfluß und schrittweise Adaption des Baalšamemkultes), dagegen jetzt ENGELKEN, Baʿalšamem, 233-248. 391-407.
[1520] Mit NIEMANN, Herrschaft, 213-216, ist wohl nur mit einer Palastkapelle zu rechnen (die archäologisch jedoch nicht nachgewiesen ist). Für den Bezug von Hos 8:5f auf Bethel und Dan (?) statt Samaria vgl. die Übersicht in HAHN, Kalb, 348 Anm. 45, sowie WOLFF, Hosea, 179f, JEREMIAS, Hosea, 107, DOHMEN, Das Bilderverbot, 148 Anm. 242, NIEMANN, Herrschaft, 215. Über das Aussehen der Kultbilder (oder -symbole) der in Samaria verehrten Gottheiten Baal (oder vielmehr Jahwe als Baalšamem, mit NIEHR, Rise, 56, DERS., JHWH, 314ff) (1 Kön 16:30-32), Aschera (1 Kön 16:33, 2 Kön 13:6) und Aschima (Am 8:14 cj s. z.B. BARSTAD, Polemics, 157-181, anders (ohne überzeugende Argumente) OLYAN, Oaths, 148f) läßt sich nichts Genaues erfahren. Ikonographisch ist auch in Samaria der Stierkult zu belegen, vgl. KEEL, UEHLINGER, GGG, 216-219 mit Anm. 137.
[1521] Zum "urbanen" Charakter des Kults in Bethel in der EZ II, seiner Vorgeschichte und seinen Göttern vgl. KNAUF, Herkunft, 155-157 (zur Kritik der von ihm rekonstruierten Göttertriade Yahū, ʿAnat-Yahū und ʾIšim-Bētʾel vgl. KEEL, UEHLINGER, GGG, 219f), NIEMANN, Herrschaft, 206f mit Anm. 126. In Bethel hat es sich um stiergestaltige Kultbilder gehandelt, vgl. Hos 8:5f, 10:5 und dazu HAHN, Kalb, 352ff, JEREMIAS, Hosea, 106-108, WOLFF, Hosea, 179-181, DOHMEN, Das Bilderverbot, 147-153, UTZSCHNEIDER, Hosea, 96-104, 256, SCHROER, Bilder, 90f. 96f mit Anm. 139. Das Heiligtum, das archäologisch nicht nachzuweisen ist, lag ab der SBZ evtl. außerhalb der Siedlung, s. NIEMANN, Herrschaft, 143. 207 Anm. 125. Aus einem in Bethel gefundenen Siegel des 13. Jhs. geht hervor, daß in der SBZ mit der lokalen Göttertriade ʿAnat, Aštarte und Baal-Seth zu rechnen ist, s. KEEL, UEHLINGER, GGG, 98 mit Abb. 109.
[1522] Zur Vorgeschichte des Kultbildes der Daniten (Ri 17f) vgl. NIEMANN, Die Daniten, 61-147, und DERS., Herrschaft, 207-212 und Anm. 1788. Seit Jerobeam I. (1 Kön 12:26-33) ist auch hier (zusätzlich zur lokalen Tradition (?)) mit einem stiergestalten Kultbild zu rechnen; anders DOHMEN, Heiligtum, 19-21, und MOTZKI, Beitrag, 470-485, bes. 475f, die im danitischen Stier von 1 Kön 12:28-30 eine dtr Fiktion erkennen wollen, s. Anm. 1620.
Zum Gott von Dan vgl. KNAUF, DE PURY, RÖMER, Relecture, 66f, UEHLINGER, Kultstatue, 85-87; die Erwähnung des בית דוד in der Stele aus Dan (BIRAN, Biblical Dan, 274ff) bezieht

wobei damit gerechnet werden muß, daß evtl. vorhandene Bilder durch die aramäischen(?)[1523], assyrischen[1524] bzw. die späteren babylonischen Eroberer bereits wieder verschleppt worden und mangels Kapital kaum (allenfalls aus Ton) ersetzt worden wären. Nach der Katastrophe Israels führte assyrische Bevölkerungspolitik dazu, daß die verschiedensten Gottheiten (und ihre Bilder[1525]) im Land heimisch wurden (2 Kön 17:24ff)[1526], während der Jahwekult an den lokalen Heiligtümern weiterhin in traditioneller Form betrieben werden konnte. Einen offiziellen nordisraelitischen Kult gab es nicht mehr, da mit dem Ende des Königtums der königliche Residenzkult in Samaria aufhörte[1527], und das Wegfallen der königlichen Dominanz zuerst Dan[1528], später Bethel[1529] wieder zu lokalen Kultstätten[1530] werden ließ. Ähn-

---

sich m.E. nicht etwa auf (den Tempel des) Dod, sondern auf die Bezeichnung des judäischen Staates nach der herrschenden Dynastie. Zu "Dod", hinter dem sich kaum ein Gottesname, sondern vielmehr das Appellativ oder Epitheton einer Gottheit verbirgt (so schon STAMM, Name, 172ff), s. BARSTAD, Dod, 493-498. Dod könnte allenfalls das Appellativ des "Gottes von Dan" sein, der in Am 8:14 (neben dem Dod (cj!) von Beerscheba (s. z.B. SELLIN, Zwölf-prophetenbuch, 262, OLYAN, Oaths, 122-135)) und einer Weihinschrift aus hellenistischer Zeit nachgewiesen ist, s. Anm. 1528.

[1523] Dans Kultbild fiel entweder den Aramäern (ca. 885 v. Chr.) oder den Assyrern zum Opfer, so mit HAHN, Kalb, 350. 359, s. auch WEIPPERT, H., Dan, 55, NIEMANN, Dan, 383.

[1524] Zur Deportation der Götter Samarias vgl. GADD, Inscribed Prisms, 179-182 Col. iv 31-34, neu übersetzt in TUAT I.4, 382. Zur Diskussion, ob es sich bei der Erwähnung der "Götter der Samarier" um einen Topos (so z.B. METTINGER, No Graven Image?, 136) oder um einen zwingenden Beweis für den bildhaften samarischen Polytheismus handelt (so die Tendenz von BECKING, Fall, 31, DERS., Evidence, 165-167, NIEHR, In Search, 79, UEHLIN-GER, Cult Statuary, 125), vgl. NIEHR, Rise, 57f, UEHLINGER, Policy, 308, BECKING, Evidence, 161-165. Zu einer möglichen ikonographischen Darstellung dieser Götterdeportation im Saal V von Sargons Palast s. UEHLINGER, Götter, passim und bes. Abb. 8 Platte 4. Es ist wahrscheinlich, daß Bethels Stierbild spätestens 722 v. Chr. abhanden kam. Es fällt auf, daß es in 2 Kön 23:15ff nicht erwähnt wird, obwohl anzunehmen ist, daß sich die dtr Polemik nicht entgehen lassen würde, seine Zerstörung Josija zuzuschreiben (so mit HAHN, Kalb, 358). Über das Kultbild von Bethel z.Zt. von Josijas Überfall läßt sich nur spekulieren; vielleicht gab es ein Ersatzbild aus Ton oder sogar Bronze, vielleicht ein Symbol oder auch nur eine leere Cella.

[1525] Zu den Veränderungen des religiösen Symbolsystems der EZ II C s. KEEL, UEHLIN-GER, GGG, 327ff.

[1526] Siehe dazu AHLSTRÖM, History, 676-680. NAʾAMAN, ZADOK, Sargon, 36-46.

[1527] So mit NIEMANN, Herrschaft, 215. Zur Deurbanisation Nordisraels nach den assyri-schen Eroberungen s. WEIPPERT, H., Palästina, 587-594.

[1528] Zum Verlust Dans an die Aramäer oder/und die Assyrer s. Anm. 1523. Die grie-chisch-aramäische Weihinschrift an den "Gott von Dan" (s. BIRAN, TZAFERIS, Inscription, 114f, BIRAN, Dan, 331, DERS., Biblical Dan, Abb. 182) zeigt die Kontinuität der Gottesbe-zeichnung (s. Am 8:14) und des Kultortes bis in hellenistische Zeit (ca. 2. Jh. v. Chr.). S. auch die Aphrodite-Statue, die in der Nähe des Tells gefunden wurde, BIRAN, Tel Dan, 42 (Fig. 15), DERS., Biblical Dan, Abb. 225.

[1529] 2 Kön 17:25-28 erklärt (der nachexilischen Zeit) den Fortbestand des Jahwekultes im Nordreich s. dazu MACCHI, Controverses, 88ff. Das Heiligtum war nach Josijas Überfall (2 Kön 23:15) doch wieder aktiviert worden. Zum Schicksal Bethels in der exilischen und nach-exilischen Zeit s. KELSO, Excavation, 37-44. 52f und die Anm. 1613 angegebene Literatur.

liche Verhältnisse galten im Juda der Exilszeit[1531], da der dortige Residenz-
und (seit Josija) Nationalkult in Jerusalem mit der Zerstörung des Tempels
weitgehend zum Erliegen kam[1532]. Erst die Wiedererrichtung und Reorgani-
sation[1533] des Jerusalemer Tempels als offizielles Kultzentrum der
nachexilischen Bürger-Tempel-Gemeinde stellte wiederum Rahmenbedingungen bereit, die für die Herstellung und Versorgung einer Kompositstatue
geeignet waren; die wirtschaftliche Situation der zurückgekehrten Exilsgemeinde war größeren finanziellen Ausgaben durchaus gewachsen, so daß
es ihr möglich gewesen wäre, Materialien und Handwerker zu beschaffen,
die wertvolle Bilder anfertigten. Zudem hätte man diesen mit dem intakten,
städtischen (Jerusalemer) Tempel einen adäquaten Wohnsitz bieten können.
Trotz einiger biblischer Hinweise über den Kult des Zweiten Tempels[1534] läßt
sich über ein Kultbild im Jerusalemer Tempel der nachexilischen Zeit jedoch keine Klarheit gewinnen.

Insgesamt zeigt sich, daß es die Quellenlage kaum erlaubt, ein eindeutiges
und lückenloses Bild von der Verwendung von Kultbildern im offiziellen
Kult Israels oder Judas zu zeichnen. Dennoch läßt sich immerhin eine Tendenz formulieren: Es ist kaum zu übersehen, daß in der EZ sowohl in Israel
als auch in Juda in bezug auf Kultbilder im städtischen, offiziellen Kult gegenüber der SBZ nur mit einer gebrochenen Kontinuität und eng begrenzten
Anzahl gerechnet werden kann.

1. Die Polemik gegen die Herstellung

Die alttestamentliche Polemik gegen Götter- und Kultbilder setzt am häufigsten bei der Herstellung derselben an[1535]. Da die altorientalische Bilder

---

[1530] Diese Heiligtümer kehrten wohl wieder zu ihren alten Kulttraditionen zurück, so in
bezug auf Dan vermutet von WEIPPERT, M., Synkretismus, 170 Anm. 33.

[1531] Zur Situation in Juda nach der babylonischen Eroberung s. AHLSTRÖM, History, 798-
811.

[1532] So AHLSTRÖM, History, 841.

[1533] Zu den Vorgängen um den Tempelbau s. AHLSTRÖM, History, 841-847.

[1534] Zu nennen ist an dieser Stelle vor allem Mal 2:11; die dort erwähnte "Tochter eines
fremden Gottes" wurde von einigen Exegeten als eine fremde Göttin (oder Aschera) im nachexilischen Jerusalemer Tempel interpretiert, so z.B. TORREY, Prophecy, 9f (als Bild für eine
fremde Religion), AHLSTRÖM, History, 851f, DERS., Joel, 49, O'BRIEN, Criticism, 57-79, PE-
TERSEN, Zechariah, 194. 198-206,OTTO, Eck., Ethik, 57. Die meisten Exegeten beziehen den
Vers jedoch auf das Mischehenproblem der nachexilischen Gemeinde, so z.B. MARTI, Dodekapropheton, 469f, DUMBRELL, Malachi, 42-52, VERHOEF, Haggai, 269f. Mit Recht stellt
GLAZIER-McDONALD, Malachi, 120, fest, daß sich בעל בת־אל נכר sowohl auf Idolatrie (d.h.
eine fremde Göttin) als auch auf Mischehenthematik (d.h. nicht-judäische Frauen) beziehen
kann (und soll).

[1535] So auch HOLTER, Idol, 16 mit Anm. 13.

theologie die wunderbare Abkunft der Bilder als konstitutives Element für
ihre Wirkungsweise ansieht (s.o.), erscheint es im Interesse einer generellen
Abwertung der Bilder als effektiv und sinnvoll, wenn man ihre Entstehung
jeglicher wundersamer Züge beraubt und banalisiert. Der "Bildertheologie"
werden auf diese Weise die Grundlagen entzogen, so daß die biblische Polemik darauf verzichten kann, sich mit den Einweihungsritualen oder detailliert mit den praktischen Handlungsfeldern des Kultbildes im kultischen Alltag oder während der Feste zu beschäftigen. Relativ pauschal wird nur die
Leb- und Wirkungslosigkeit der Bilder konstatiert und die Deportation und
die Zerstörung der Statuen als weiteres Indiz dafür gewertet, daß ihnen keinerlei Macht zukommt.
Im folgenden soll die Polemik gegen die Herstellung der Kultfiguren betrachtet werden, um ein möglichst umfassendes Bild davon zu erhalten, wie
die "Theologie der Kultbilder" widerlegt, verworfen und durch eine Abbildtheorie ersetzt wurde.

1.0. Einleitung

Auch die alttestamentlichen Schreiber und Redaktoren sind sich darüber im
klaren, daß am Anfang der Existenz eines jeden Kultbildes seine Herstellung
durch die Handwerker steht. Im Gegensatz zur Bildertheologie strebt die
Bilderpolemik so weit wie möglich danach, diesen komplexen Prozeß zu
profanisieren. Dies gelingt, indem (im Gegensatz zur mesopotamischen
Praxis) der Zeitpunkt und der Ort der Herstellung eines Bildes dem Zufall
überlassen werden. Kein Gott betreut den beteiligten König und die
Handwerker bei ihrer Aufgabe, so daß das fertige Kultbild das Ergebnis
eines willkürlichen und rein handwerklichen Aktes ist. Auch den Werkzeugen und den Materialien wird keinerlei besondere Qualität zugeschrieben;
im Gegenteil. Das Material dient nur den banalsten Zwecken, obwohl das
Alte Testament durchaus auch materialmagische Vorstellungen kennt[1536].
Der Herstellungsvorgang selbst wird nur auf königlicher oder menschlicher
Ebene vollzogen, die göttliche entfällt. Dem entspricht, daß die Texte der
Herstellung keinerlei theologische Relevanz und kosmische Bedeutsamkeit
zusprechen, sondern sie als eigenmächtiges oder sinnloses Unterfangen
diskreditieren. Die Belege geben sich alle Mühe, den Eindruck zu vermitteln, daß die Anfertigung eines Bildes ein so beliebiger Akt ist, daß er
keinerlei verwaltungstechnischen und kultischen Aufwand oder handwerk-

---

[1536] S. u. S. 365ff.

liche Begabung benötigt, als ob jeder Mensch, zu jeder Zeit und an jedem Ort Götter(bilder) schaffen könnte.

1.1. Die Terminologie

Innerhalb des Alten Testaments wird die Herstellung eines Kultbildes mit יצר "gestalten, bilden"[1537] (צור III "formen"[1538]), כון "hinstellen, aufstellen, gründen, schaffen, herrichten, bereiten, ausstatten"[1539], עצב I "bilden, schaffen, gestalten"[1540], עשׂה "machen"[1541], פעל "machen"[1542] und aramäisch עבד[1543] "machen, tun" ausgedrückt. Weitere Verben wie הלם "(den Amboß) schlagen"[1544], חזק "befestigen"[1545], חלק "glätten"[1546], יפה "schön machen"[1547], נטה קו "die Meßschnur spannen"[1548], נסך "hämmern, schmieden"[1549] bzw. "gießen" (s.o.), פסל "behauen, schnitzen"[1550], צרף "schmelzen, läutern, gießen"[1551], רצף "einlegen"[1552], רקע "breit schlagen, hämmern"[1553], תאר "vorzeichnen"[1554] oder תפשׂ

[1537] Jes 44:9 (פסל).10 (אל).12 ("es"), Hab 2:18 (פסל) (Qal); Jes 43:10 (אל) (Nif.); zur Bedeutung des Lexems s. GESENIUS, BUHL, HAHAT, 313, HAL II 409f.

[1538] (Qal). Zu den Belegen (Jes 45:16, 1 Kön 7:15, Ez 43:11) vgl. THIEL, צור, 971f, sowie SCHROER, Bilder, 321. Zu Ex 32:4 vgl. ebd., 86f, HAL III 952, und HAHN, Kalb, 145-148.

[1539] Jes 40:20 (פסל) (Hi.), zu den verschiedenen Bedeutungen, die m.E. alle in der zitierten Stelle mitschwingen, s. GESENIUS, BUHL, HAHAT, 338, HAL II 442-444, bes. 443f.

[1540] Jer 44:19 (Himmelskönigin) (Hi.), s. HAL III 818.

[1541] S. HAL III 842, RINGGREN, עשׂה, 416f, z.B. Am 5:26, Jes 44:13.15.17.19, 46:6, Hos 2:10 (לבעל; die Verwendung von ל עשׂה "machen zu" entspricht dem Sprachgebrauch von Jes 44:17.19; die Übersetzung als Opferterminus überzeugt nicht. Zu den Vertretern dieser Deutung siehe WACKER, Figurationen, 69), Hos 8:4.6, 13:2, Ex 32:4.8.31.35, Ri 17:3f, 18:24.31, 1 Kön 12:28, 14:9, 2 Kön 17:29, 2 Chr 33:7.22, Jer 2:28, 16:20, Hab 2:18, Ez 7:20, 16:17. Als Bilderverbotsformulierung: Ex 20:4.23, Dtn 4:16.23.25, 5:8, 27:15, Lev 26:1, dazu DOHMEN, Das Bilderverbot, 176f.

[1542] Jes 44:12.15 (אל) (Qal), vgl. dazu ILLMAN, פעל, 699 und allgemein HAL III 895f.

[1543] (Pe.). Dan 3:1.15 (צלם די־דהב).

[1544] (Partizip Qal). Jes 41:7, s. HAL I 239.

[1545] (Pi.). Jes 41:7, Jer 10:4. Vgl. dazu HAL I 291, HESSE, חזק, 850. Zu Jahwes Stärke und seiner Fähigkeit, Einzelne, Könige, Völker und Gegenstände "stark zu machen" vgl. ebd., 852f.

[1546] (Partizip Hi.). Jes 41:7 (mit dem Hammer), vgl. dazu SCHUNCK, חלק, 1012, s. auch HAL I 309.

[1547] (Pi.). Jer 10:4, vgl. dazu RINGGREN, יפה, 790, HAL II 404.

[1548] (Qal). Jes 44:13, vgl. dazu RINGGREN, נטה, 411, HAL III 654.

[1549] (Qal). Jes 40:19 (פסל), 44:10 (פסל), vgl. DOHMEN, Das Bilderverbot, 49f.

[1550] (Qal). Hab 2:18 (פסל), s. HAL III 894.

[1551] (Partizip Qal, s. auch unten zu "Goldschmied"). Ri 17:4, Jes 40:19, 41:7, 46:6, Jer 10:9.14 = 51:17, vgl. dazu SAEBO, צרף, 1136, und HAL III 989f.

[1552] Evtl. in Jes 40:19 (cj), s.u.

[1553] Jes 40:19 (פסל) (Pi.), Jer 10:9 (Partizip Pu.), s. HAL IV 1205.

[1554] (Pi.). Jes 44:13, s. HAL IV 1545.

"einfassen, beschlagen"[1555] präzisieren das handwerkliche Geschehen oder bringen einen ästhetischen Aspekt mit ein. Die differenzierte Begrifflichkeit überrascht mit ihrer Detailfreude und Fachkenntnis. Es fällt auf, daß zahlreiche Lexeme (mit Jahwe als Subjekt) Bezüge zur Schöpfungsthematik (יצר[1556], כון[1557], נטה קו[1558], עצב I[1559], עשׂה[1560], רקע[1561]) oder zu Jahwes Geschichtsmächtigkeit (פעל[1562], צרף[1563]) aufweisen.

Für die Anfertigung eines Kultbildes oder -symboles sind, je nach vorausgesetzter Erzählsituation, einzelne Könige[1564], eine Königinmutter[1565], das Volk bzw. (die Bevölkerung von) Israel/Juda bzw. Samaria/Jerusalem[1566] oder benachbarte Völkerschaften[1567], einzelne oder mehrere Handwerker[1568], ein einzelner namentlich genannter[1569] oder anonymer Mensch[1570], der sich handwerklich betätigt oder Handwerker beauftragt, verantwortlich. Daraus läßt sich schließen, daß die Herstellung als Aktivität des Königs (bzw. der königlichen Familie), des eigenen Volkes, der Nachbarvölker, der Handwerker oder einzelner Menschen angesehen wurde. Dementsprechend vollzieht sich dieser Vorgang sowohl auf der königlichen als auch auf der menschlichen Ebene, wobei die letztere eine Differenzierung erkennen läßt, die zwischen der Initiative oder Tätigkeit einer Volksgemeinschaft und der eines Individuums unterscheidet.

Im Unterschied zu Mesopotamien gehen die alttestamentlichen Texte, die sich mit der Herstellung eines Kultbildes beschäftigen, davon aus, daß es

---

[1555] (Qal Passiv). Hab 2:19, s. HAL IV 1638.

[1556] Vgl. dazu OTZEN, יצר, 834-838.

[1557] Vgl. Jes 45:18 (Pil.) und KOCH, כון, 103-106, DE MOOR, El, bes. 173f mit Anm. 16.

[1558] Vgl. dazu Ijob 38:5.

[1559] So in Ijob 10:8 (Pi.). Vgl. dazu GRAUPNER, עצב, 302.

[1560] Vgl. dazu HAL III 843, RINGGREN, עשׂה, 417f.

[1561] Z.B. Jes 42:5, 44:24, Ps 136:6 (Qal), Ijob 37:18 (Hi.); vgl. ausführlicher GÖRG, רקע, 668-675, bes. 670-673, KORPEL, Soldering, 220.

[1562] Vgl. dazu ILLMAN, פעל, 699f.

[1563] Vgl. dazu SAEBO, צרף, 1137.

[1564] Jerobeam 1 Kön 12:28, 14:9, 2 Chr 11:15, 13:8; Ahab 1 Kön 16:33 (siehe auch 2 Kön 21:3); Ahas 2 Chr 28:2; Manasse 2 Kön 21:3.7, 2 Chr 33:3.7.22; Nebukadnezar Dan 3:1.15.

[1565] Maacha 1 Kön 15:13, 2 Chr 15:16; zu dieser Episode vgl. FREVEL, Aschera, 533-538.

[1566] Ex 32:8.20.31.35, Dtn 9:12.16.21, 1 Kön 14:15, 2 Kön 17:16, Am 5:26, Hos 2:10 (die Einwohner von Samaria), 8:4, 13:2, Jer 2:28 (Juda), Ez 7:20, 16:17 und 22:3f (Jerusalem).

[1567] 2 Kön 17:29-31, Weish 14:17.

[1568] Ein Handwerker: Ri 17:4, Jes 46:6, Hos 8:6, Hab 2:18, Jer 10:3.14 = 51:17, Bar 6:7, Weish 13:11-14, 14:18f, 15:8f.13; mehrere Handwerker (gemeinsam): Jes 40:19f, 41:6f, 44:9-20, Jer 10:3ff, Ps 115:8 = Ps 135:18, Bar 3:18 (?), 6:8f.45.

[1569] Aaron: Ex 32:4.35 (Kalb); Gideon: Ri 8:27 (Ephod, kein Kultbild); Michajehu: Ri 18:24.31 (Kultbild für den privaten bzw. später für den lokalen Kult); Moses: Num 21:8f (Schlange als Apotropaion).

[1570] Ri 17:4 (die Mutter des Michajehu); Jer 16:20 (vgl. Jes 44:11); Weish 14:8, 15:16f; Weish 14:15 ("ein Vater").

keinerlei göttliche Beteiligung gab, die die Bemühungen der Menschen in ir-
gend einer Weise unterstützt (oder zunichte gemacht) hätte; die Götter, für
die die Figuren bestimmt waren, treten nicht als Subjekte der o.g. Verben
auf; kein Weisheitsgott betreut das Geschehen, so daß die Handwerker ausschließlich auf ihre eigenen Fähigkeiten angewiesen sind. Eine weitere Differenz zu mesopotamischen Vorstellungen zeigt sich darin, daß man im Zusammenhang mit der Entstehung von Kultbildern gänzlich darauf
verzichtete, Wortfelder zu verwenden, die mit Geburtsvorstellungen verbunden waren. Da die alttestamentliche Bilderfeindlichkeit nicht daran interessiert war, mit der Entstehung der Bilder Leben, Geburt und wundersame
Herkunft zu assoziieren, kann dies kaum verwundern. Der Gebrauch der
handwerklich orientierten Verben läßt dagegen eindeutige Schlüsse zu, wie
man das Wesen der Bilder verstand: Sie galten nur als menschliche Hand-
werksprodukte. In ihrer Herstellung, die als technisches Geschehen beschrieben wurde, wurde eindeutig etwas Lebloses geschaffen, das weder irgendwelche Lebensfunktionen besitzen noch praktische Handlungsfelder
übernehmen, sondern allenfalls ästhetischen (Jer 10:4) Ansprüchen genügen
konnte (vgl. jedoch Weish 15:19).

Häufig ist zudem von der Herstellung mehrerer Bilder die Rede[1571], ein
Sprachgebrauch, der damit zusammenhängt, daß der Plural dazu dienen sollte, das Kultbild pauschal abzuwerten[1572].

Nachdem die Herstellung einer Gottesstatue abgeschlossen war, stellte man
sie in ihrem Heiligtum auf, damit sie darin wohne (ישב (Qal), so in Jes 44:13;
היה ב (Qal), so in Ri 17:4). Im Unterschied zum mesopotamischen Sprachgebrauch ist in diesem Zusammenhang nur selten davon die Rede, daß man das
Bild in seinem Tempel "Platz nehmen" ließ, bzw. es dort unterbrachte (נוח
"sich lagern lassen, unterbringen, aufstellen"[1573]). Generell vertreten die Texte die Ansicht, daß es sich bei den Bildern um leblose Gegenstände handelte,
die wie jedes beliebige Objekt behandelt und willkürlich ab-, um- und aufgestellt werden konnten. Diesen Aspekt bringen die folgenden Verben zum
Ausdruck, die die Gottheit und ihr Bild zur völligen Passivität degradieren,
indem sie sie "verdinglichen": עמד "aufstellen"[1574], קום "aufstellen, errichten"[1575] und שים "setzen, stellen, aufstellen"[1576].

[1571] Z.B. 1 Kön 14:9, 2 Kön 17:16, Jer 2:28, Ez 7:20, 16:17, Hos 8:4.

[1572] KEDAR, Semantik, 111. Siehe auch HOSSFELD, Dekalog, 273.

[1573] (Hi.). 2 Kön 17:29, Jes 46:7 (in der Prozessionsaufstellung). Vgl. weiter PREUß, נוח,
302f. ישב Hi. (= wašābu Š) kommt in diesem Zusammenhang nicht vor.

[1574] (Hi.). 2 Chr 25:14, 33:19, vgl. RINGGREN, עמד, 201.

[1575] So z.B. Ri 18:30 (פסל) (Hi.) und (aram.) Dan 3:1-3.5.7.12.14.18 (Haf.); vgl. weiter
GAMBERONI, קום, 1258.

[1576] (Qal). Ri 18:31 (פסל), 2 Kön 21:7 (פסל האשרה), 2 Chr 33:7 (פסל הסמל), Dtn 27:15, 1 Kön
12:29 (Stier), vgl. VANONI, שים, 766.

1.2. Der Zeitpunkt der Herstellung

Im Gegensatz zur herrschenden Theologie Mesopotamiens wird in den alttestamentlichen Passagen, die von der Herstellung eines Kultbildes künden, der Zeitpunkt der Entstehung einer Gottesstatue der Willkür des Herstellers überlassen. Weder göttliche Offenbarung noch Initiative motivieren die Anfertigung eines Bildes, das daher in keinem Fall auf den Willen der Gottheit, für die das Bild bestimmt war, auf den Befehl eines Weisheitsgottes oder gar auf Jahwes Auftrag zurückgeführt wurde. Da das Alte Testament die Vorstellung von der göttlichen Beauftragung der Handwerker oder des Königs im Rahmen der Herstellung von Kultobjekten durchaus kennt, sie jedoch bevorzugt den Gegenständen vorbehält, die im Rahmen der als orthodox postulierten Jahweverehrung angefertigt werden[1577], ist es als planvolle Absicht zu werten, wenn im Rahmen der Entstehung eines Kultbildes jegliche göttliche Beauftragung und Mitwirkung verschwiegen wird. Vereinzelt wird gar die Tatsache besonders pointiert, daß sich die Kultbilder dem eigenmächtigen und willkürlichen Handeln eines oder mehrerer Menschen verdankten. Dies wird dadurch erreicht, daß man hervorhebt, daß das Bedürfnis nach Führung ein Gottesbild nötig machte (so die Motivation des Kalbes durch das Volk in Ex 32:1.8), daß der Urheber der Bilder dem Druck seiner Auftraggeber nicht standhalten konnte (so Aaron in Ex 32:22f) oder mit sich selbst zu Rate ging (so Jerobeam[1578]), um sich aus politischem Kalkül heraus zur Herstellung von (Stier)Bildern zu entschließen. Eine massive Abwertung wird auch impliziert, wenn die nachexilische[1579] (oder apokryphe) Darstellung darauf hinweist, daß das Bild gar als zufälliges Produkt der Abfallverwertung[1580] oder aus dem Ehrgeiz und Gewinnstreben eines Handwerkers[1581] heraus entstand. Keiner dieser Gründe, die im Alten Testament (oder den Apokryphen) die Herstellung eines Kultbildes von anthropomorpher oder theriomorpher Gestalt motivieren, entsprechen den religiösen Vorstellungen, die die Entstehung eines Gottesbildes im Alten Orient begleiteten. So zeigt sich bereits an dieser Stelle, noch bevor der eigentliche Herstellungsprozeß begonnen hat, daß die alttestamentliche Darstellung an keiner Stelle die kultisch korrekte Anfertigung

---

[1577] D.h. z.B. bei der Lade, dem Zelt, dem Tempel und den Tempelgeräten, vgl. dazu BERLEJUNG, Handwerker, 154ff. Auch der Bau von Altären (Ex 20:24f, Dtn 27:5f, Jos 8:30f), die Errichtung und Beschriftung von Masseben (Dtn 27:2f, Jos 8:32; s. auch Jos 4:3 und GAMBERONI, מצבה, 1068-1071) sowie die Herstellung der Schlange in Num 21:8f gehen auf den Befehl Jahwes zurück.

[1578] 1 Kön 12:26.28 (בלבו ... ויאמר, יעץ Ni.) s.u.

[1579] Zur Datierung der Bilderpolemik in Deuterojesaja s. u. Abschnitt 1.4.3.2.1 und ff.

[1580] Jes 44:15-17.19, Weish 13:11-14.

[1581] Weish 14:18f, 15:8-12.

eines Kultbildes überliefert; dieser fehlt von Anfang an die göttliche Beteiligung, ein Defizit, das umso krasser erscheint als die Verschleppung und Zerstörung der Götterstatuen häufig mit dem göttlichen Willen Jahwes und dessen Offenbarung verbunden ist[1582].

1.3. Der Ort der Herstellung

Über den Ort der Herstellung eines Kultbildes geben die alttestamentlichen Texte und die Apokryphen nur wenige Informationen preis. Statuen, die im Rahmen des offiziellen Kultes von einem israelitischen bzw. judäischen König angefertigt wurden (laut Ausweis der Königebücher[1583] handelt es sich dabei ausnahmslos um Stierbilder (Jerobeam) und Repräsentationen der Aschera (Maacha, Ahab, Manasse), über deren Aussehen nichts genaueres zu erfahren ist[1584]), sollen wohl in den Tempelwerkstätten der jeweiligen Hauptstädte[1585] Israels[1586] und in Jerusalem[1587] geschaffen worden sein, ohne daß (im Unterschied zu Mesopotamien) eine diesbezügliche Gottesoffenba-

---

[1582] So z.B. Am 5:26, Hos 10:5f, Mi 1:7, 5:12f, Nah 1:14 (assyrische Götter), Ez 6:6, 7:20f; Israel wird am Tage Jahwes die Götzen eigenhändig vernichten s. Jes 30:22, 31:7. Jahwes expliziter Befehl, Bilder zu zerstören, ergeht in Ex 23:24, 34:13, Num 33:52f, Dtn 7:5.25f, 12:2f.

[1583] Die Chronikbücher stimmen bei Jerobeam und Maacha mit den Vorwürfen der Königebücher überein; Ahabs Aschera aus 1 Kön 16:33 wird jedoch unterschlagen und Ahas stattdessen die Herstellung von מסכות ... לבעלים (2 Chr 28:2) angelastet; Manasses Aschera wird in 2 Chr 33:7.22 durch das neutralere פסל הסמל/פסילים ersetzt, bzw. in 2 Chr 33:3 durch אשרות verzeichnet. Zu der Umformulierung in 2 Chr 33:7.15, die die personale Existenz der Göttin ausschließen will, s. FREVEL, Elimination, 267f, ähnlich nun HADLEY, Shadows, 171f; insgesamt zählen die Chr-Bücher damit (ebenso wie das DtrG) vier königliche Initiativen, die zur Herstellung eines als illegitim angesehenen Kultobjektes führten.

[1584] Vgl. dazu FREVEL, Aschera, 748f. Ein eindeutiger Hinweis auf ein anthropomorphes Kultbild der Aschera läßt sich dem Alten Testament nicht entnehmen (gegen KEEL, UEHLINGER, GGG, 384. 425). Auch die Kleider, die für Aschera gewebt wurden (2 Kön 23:7), sind nicht ausschließlich auf die Ausstattung eine Statue zu beziehen (zu einem Kultpfahl mit Kleidern (und Maske) vgl. DURAND, FRONTISI-DUCROUX, Idoles, 81-108, bes. 94. 96f und Abb. 8f, JENKINS, Masks, 273-299, bes. Fig. 13); zu einer Übersicht der möglichen Deutungen dieser Stelle vgl. SCHROER, Bilder, 41f mit Anm. 106, FREVEL, Aschera, 687-695.

[1585] Lokale Zentren konnten ebenfalls Werkstätten besitzen, an denen man die Dienste der Handwerker in Anspruch nehmen konnte. Zu einer Silberschmiede in Arad im 10. Jh. vgl. SCHROER, Bilder, 423. Zu Beispielen für lokale Werkstätten in vormonarchischer Zeit s. HELTZER, Organisation, 51f.

[1586] 1 Kön 12:26-30 gibt keinen Herstellungsort an; 1 Kön 16:29-33 läßt die Aschera des Ahab in Samaria entstehen.

[1587] Es handelt sich um die Aschera der Maacha (1 Kön 15:13) und des Manasse (2 Kön 21:3.7) sowie die Bilder des Ahas (2 Chr 28:2).

rung die Wahl dieser Städte gerechtfertigt hätte[1588]. Über den Aufbau dieser Lokalitäten läßt sich nur wenig sagen; im Jerusalem der Königszeit sind immerhin eine Weberei (2 Kön 23:7) und eine Gießerei (2 Kön 12:11, 2 Kön 22:9[1589]) nachgewiesen, die zu der dort ansässigen Werkstatt gehörten. Die wenigen Nachrichten, die die Könige- und Chronikbücher über die Anfertigung von Kultobjekten außerhalb des von ihnen als legitim angesehenen Jahwekultes überliefern, lassen keinerlei Zweifel daran, daß die biblische Darstellung in diesem Zusammenhang davon ausging, daß in den Tempelwerkstätten nur handwerklich-technische Vorgänge abliefen; schöpferische Tätigkeiten, die etwas Übernatürliches oder Lebendiges hätten hervorbringen können, wurden dort, nach der vorliegenden literarischen Überlieferung, nicht erwartet[1590]. Die Handwerkerpolemik der sekundären Passagen in Dtjes (s.u.), von Jer 10:1-16 oder Weish 13:11-15, 15:7-13 gibt keinerlei Hinweise darauf, wo die Werkleute tätig waren, die so heftig attackiert werden. Es ist davon auszugehen, daß diese Texte den von ihnen vertretenen Gedanken der völligen Beliebigkeit des Zeitpunktes der Herstellung eines Kultbildes (s.o.) durch den der Beliebigkeit des Ortes ergänzen. Die vollständige Willkür des unverständigen Menschen ist der Grundgedanke, den diese Texte dem altorientalischen Konzept entgegensetzen, das die gesamte Entstehung einer Kultfigur von der göttlichen Bestimmung und weisheitlichen Begabung der Handwerker begleitet sah.

1.4. Die Hersteller eines Kultbildes

1.4.1. Der König

Im Unterschied zu Mesopotamien können die israelitischen und judäischen Könige, die Stier-, Baal- oder Ascherabilder herstellen, laut alttestamentlicher Darstellung niemals auf eine göttliche Beauftragung (oder gar ein Modell) zurückgreifen. Da diese Kultobjekte vom ersten Moment ihrer Ent-

---

[1588] Ganz anders gestaltete sich die Anfertigung des Zeltes, der Lade, des Tempelgerätes, der Salben, des Räucherwerkes und der Kleider der Priester in Ex 25-40. Hier erwählte sich Jahwe als "Werkstatt" den Sinai vgl. dazu BERLEJUNG, Handwerker, 156f mit Anm. 38.

[1589] S. SCHROER, Bilder, 320f.

[1590] Im Gegensatz dazu entstehen bei der von Jahwe motivierten und betreuten Handwerkerleistung in Ex 25-40 sichtbare Offenbarungen Jahwes, vgl. BERLEJUNG, Handwerker, 156-160. Zum Tempel(um)baubericht in 1 Kön 5ff//2 Chr 2ff, der trotz der bescheidenen "Beteiligung Jahwes an der Motivation und Mitarbeit der Tempelarbeiten" von einer gottgefälligen Herstellung kündet, vgl. ebd., 161ff. 167 (Zitat).

stehung an als illegitim diskreditiert werden sollen, ist dies auch nicht besonders verwunderlich.

Die kultischen Maßnahmen, die die israelitischen und judäischen Könige im Laufe der Geschichte der beiden Reiche durchgeführt haben (und die dtr Überlieferung derselben), zeigen, daß die Herrscher des Doppelreiches (vor und nach der Auflösung der Personalunion) weitreichende religiöse Kompetenzen besaßen, die es ihnen (wenigstens nach dtr und chr Darstellung) ermöglichten, etwaige Wünsche nach Kultobjekten oder Heiligtümern[1591] unmittelbar in die Tat umzusetzen[1592], ohne zuvor die Priester zu befragen. Dies weist darauf hin, daß die Stellung der israelitischen und judäischen Könige zu den Göttern im DtrG[1593] (und in den Chr-Büchern) eher analog zur assyrischen als zur babylonischen Konzeption des Königtums gestaltet wurde[1594].

Sowohl die Könige- als auch die Chronikbücher lassen nur noch ungenau erkennen, wie ein König weiter verfuhr, nachdem er sich dazu entschlossen hatte, ein Kultbild oder ein Kultsymbol anzufertigen. Am ausführlichsten skizziert 1 Kön 12:26-30[1595] die Vorgänge, die sich im Zusammenhang mit der Herstellung der Stierbilder von Bethel und Dan abspielten:

[1591] Die königliche Kultorganisation schloß auch die Einrichtung von neuen Heiligtümern mit ein, vgl. 1 Kön 11:4-8. Zu diesem Text vgl. HÜBNER, Die Ammoniter, 247-252. Er nimmt an (ebd., 250), daß Milkom als besiegter Gott in das israelitische Pantheon integriert wurde und in bzw. bei Jerusalem einen eigenen Kultort erhielt.

[1592] Der König ist der verantwortliche Initiator des Geschehens, dessen Befehle die Priester oder die Handwerker zu befolgen haben, so z.B. in 1 Kön 5ff//2 Chr 1:18ff, 2 Kön 12:5-17//2 Chr 24:4-14, 16:10-18, 2 Kön 22:3-7//2 Chr 34:8-13, 2 Chr 28:2. Zum König als Baumeister von Tempeln und Kultbildern s. AHLSTRÖM, History, 507f. 582 ("every king builds temples and is an image maker"), HUROWITZ, I Have Built, passim.

[1593] Es kann hier nicht der Ort sein, M. Noths Hypothese von einem DtrG, das Dtn - 2 Kön umfaßt haben soll (NOTH, ÜSt I, 3ff), zu diskutieren. Derzeit gibt es verschiedene Ansätze, die Noths These modifizieren (z.B. SMEND, Entstehung, 71-73. 111-125) oder gänzlich ablehnen (z.B. WESTERMANN, Geschichtsbücher, passim, KNAUF, Historiographie, 409-418). Zu den konkurrierenden Modellen von (1.) der zweifachen Ausgabe (josijanischer Dtr1 und exilischer Dtr2) des DtrG (so z.B. F.M. Cross, R.D. Nelson, modifizierend WEIPPERT, M., Fragen, passim, McKENZIE, Trouble, 147-150 u.a.; zu Lohfink s. Anm. 1633) und (2.) dem Göttinger 3-Schichten-Modell (mit (exilischem) DtrH, DtrP, DtrN, so z.B. R. Smend, T. Veijola u.a.), s. WEIPPERT, H., Geschichtswerk, 213-249, ALBERTZ, Intentionen, 37-40, KAISER, Grundriß 1, 87-89, KNOPPERS, Nations I, 17-56. Die Analyse der Texte des DtrG (incl. Dtn), die sich mit der Herstellung von Kultbildern beschäftigen, führt zu einer groben Unterscheidung zwischen einer ersten dtr Schicht (die den Aufweis der Schuld einer Führungsperson vertritt) und späteren Texten (die die kollektive Verantwortlichkeit ausführen). Vf. geht davon aus, daß die "Erstausgabe" der Königebücher aus der josijanischen Zeit stammt, die Bücher Dtn - 2 Kön mehrfach dtr bearbeitet wurden, so daß das Siglum "dtr" nicht immer auf denselben "Autor" oder "Redaktor" verweist.

[1594] Dies äußert sich besonders deutlich im Tempelbaubericht 1 Kön 5ff, vgl. BERLEJUNG, Handwerker, 161ff.

[1595] Zur Komposition von 1 Kön 12:26-30 s. HENTSCHEL, 1 Könige, 84, HAHN, Kalb, 298-301, NOTH, Könige, 268-270. 281-285, HERR Sünde, 57-65. Im allgemeinen wird zwischen

26A. Und da sagte sich Jerobeam:
26B. "Jetzt wird das Königtum wieder an das Haus Davids fallen!
27A. Wenn dieses Volk hinaufzieht, um im Tempel Jahwes in Jerusalem Schlachtopfer darzubringen,
27B. wird sich das Herz dieses Volkes wieder zu seinem Herrn[1596] Rehabeam, dem König von Juda, wenden;
27C. mich aber werden sie töten.
27D. Sie werden zu Rehabeam, dem König von Juda, zurückkehren[1597]."
28A. Und da beriet sich der König
28B. und machte zwei goldene Kälber
28C. und sagte zum Volk[1598]:
28D. "Genug ist es mit der Pilgerei nach Jerusalem![1599]
28E. Hier sind deine Götter, Israel,
28F. die dich aus Ägypten heraufgeführt haben!"[1600]
29A. Und da stellte er das eine in Bethel auf,
29B. das andere in Dan.
30A. Und da wurde diese Sache für Israel[1601] zur Sünde,
30B. und das Volk zog vor dem anderen bis nach Dan.

Diese Verse verbinden mit der Herstellung der beiden Jungstierbilder folgende Vorstellungen[1602]:
1. Es liegt keinerlei göttliche Offenbarung vor, die den Zeitpunkt oder den Ort der Herstellung bekannt gegeben hätte[1603]. Die Motivation des Geschehens geht allein auf Jerobeam I. zurück, der mit sich selbst zu Rate geht (V. 26A.28A), ohne daß er sich mit einer Gottheit oder einem Priester abgesprochen hätte. Dadurch daß es keinerlei göttliche Beteiligung gibt, fehlt den Kälbern jegliche (Ursprungs-)Beziehung zu einer Gottheit; sie bleiben gänzlich der menschlichen bzw. königlichen Ebene verhaftet.

(neutralem) Annalentext und (polemischer) dtr(H/1) Redaktion unterschieden, s. die Übersicht der Vorschläge in HAHN, Kalb, 298f, TOEWS, Monarchy, 34 mit Anm. 31; anders HOFF-MANN, Reform, 59-73, WÜRTHWEIN, Könige, 162-165, TOEWS, Monarchy, 34 Anm. 32. 37 Anm. 35 (dtr Fiktion). Als neuerer Entwurf ist MOMMER, Verhältnis, 57ff, zu nennen, der mit seiner Differenzierung zwischen "annalenartige Notizen" (ebd., 61; V. 28aβbβ.29b. 30b. 32aα1), (politisch orientiertem) judäischem Kommentar (V. 26f.28aαbα) und (religiös orientierter) dtr Redaktion (V. 30a.31.32aα2-b) eine weitere Überarbeitungsschicht einführt.

[1596] LXX hebt durch προς κυριον και κυριον αυτων hervor, daß es sich bei den Kälbern des Jerobeam um andere Götter (als Jahwe) gehandelt habe, zu deren Verehrung er habe anstiften wollen, s. HAHN, Kalb, 268.

[1597] Fehlt in der LXX, s. HAHN, Kalb, 269.

[1598] So LXX. S. dazu NOTH, Könige, 268 und HAHN, Kalb, 272.

[1599] Zu anderen Übersetzungsmöglichkeiten s. HAHN, Kalb, 273.

[1600] Eine singularische Übersetzung ist ebenso möglich, s. die Übersicht und Diskussion in HAHN, Kalb, 305ff.

[1601] So LXX[L], s. HAHN, Kalb, 275.

[1602] Zur Jerusalemer Perspektive des ganzen Abschnitts s. WÜRTHWEIN, Könige, 162, NOTH, Könige, 270f, TOEWS, Monarchy, 35ff, KNOPPERS, Nations II, 38; zur judäischen Herkunft des Verfassers s. HAHN, Kalb, 302f.

[1603] Ähnlich auch KNOPPERS, Aaron's Calf, 98.

2. Der König wird selbst als Handwerker tätig; eine weisheitliche Begabung liegt nicht vor. Eine besondere Auswahl der Handwerker oder des Arbeitsmaterials werden nicht erwähnt.

3. Die Herstellung der Figuren verdankt sich dem Bestreben des Jerobeam I., die politische Trennung von Juda durch die kultische Unabhängigkeit von Jerusalem zu konsolidieren[1604]. Der König trägt die gesamte Verantwortlichkeit für das Geschehen.

Es spielt für die "Theologie der Kultbilder" grundsätzlich keine Rolle, ob der "historische" Jerobeam die Kultbilder für dieses Ziel schuf, oder ob nur die dtr Autoren und Redaktoren der Überzeugung waren, daß er die Stierbilder für taktische Zwecke fertigte; wichtig ist vor allem, daß offensichtlich vorausgesetzt werden konnte, daß Kultbilder Herrschaftsmittel waren und zur Stabilisierung derselben eingesetzt werden konnten. Diese Überzeugung liegt der literarischen Darstellung der Vorgänge zugrunde, und sie nimmt sie auch bei ihren Lesern an, so daß die vorgestellte Rekonstruktion der historischen Ereignisse (und der Rolle der Kultbilder) Plausibilität besaß. Dies gilt im übrigen auch für die weiteren "Nachrichten" von Königen, die nach 1 und 2 Kön Kultfiguren herstellten.

4. Handwerkliche Details werden nicht erwähnt; als Material wird lediglich Gold genannt.

5. Es entstehen zwei Jungstiere[1605], die mit dem ägyptenkritischen[1606] Exodusgeschehen verbunden werden[1607], so daß es sich (entgegen der späteren

---

[1604] S. ALBERTZ, Religionsgeschichte, 220-226, DONNER, Geschichte, 241-243, METTINGER, Veto, 20.

[1605] Grundsätzlich ist davon auszugehen, daß es sich bei den Stieren um Attributtiere handelte, die sowohl als Postamenttiere als auch (wenn sie ohne Begleitfigur auftreten) als theriomorphe Kultbilder dienen konnten (ähnlich SCHROER, Bilder, 100f mit Anm. 147), s. S. 56ff. Diese Bifunktionalität wird von modernen Exegeten gerne strikt voneinander getrennt, während dem israelitischen Volk (OBBINK, Jahwebilder, 269, gefolgt von ALBERTZ, Religionsgeschichte, 226, ROSE, 5. Mose, 509, METTINGER, Veto, 23) oder dem offiziellen Kult des Nordreichs mangelndes Differenzierungsvermögen oder "Grenzverwischung" (so WEIPPERT, M., Gott und Stier, 105, JEREMIAS, Hosea/Hoseabuch, 590) vorgeworfen wird. Die wissenschaftliche Diskussion interpretiert die Jungstiere daher im allgemeinen alternativ entweder als Trägertiere (in Analogie zu den Keruben) oder als Gottesrepräsentationen bzw. Manifestationen Jahwes.
Zum frühesten Vertreter der Keruben-Analogie gehört PATON, Did Amos, 81, weitere Befürworter des ersten Modells sind aufgeführt in HAHN, Kalb, 332-334. Seine Aufzählung (s. ebd., 333 Anm. 140) ist zu ergänzen durch DUMERMUTH, Kulttheologie, 83, ZIMMERLI, Bilderverbot, 251, NOTH, Könige, 283f, WÜRTHWEIN, Könige, 164f, METTINGER, Veto, 21f, OLYAN, Oaths, 139f, KAISER, Theologie 1, 120, MOMMER, Verhältnis, 59, EVANS, Origins, 203f, KNOPPERS, Aaron's Calf, 100 Anm. 20, ROSE, 5. Mose, 509, METTINGER, No Graven Image?, 137, HENDEL, Aniconism, 218. Zu den Verfechtern der zweiten Position s. SCHROER, Bilder, 100f, WEIPPERT, M., Geschichte Israels, 98f, TOEWS, Monarchy, 54 Anm. 50, VAN DER TOORN, Book, 239, (zögernd) METTINGER, Israelite Aniconism, 190-192, s. auch die Übersicht in CURTIS, A.H.W., Observations, 23-25 (T.J. Meek, L. Bronner, N.C. Habel, J.N. Oswalt), der sich (ebd., 25) dieser Sichtweise anschließt. Trotz der beschriebenen Bifunktionalität der Tiere zeigt die ikonographische Tradition, "daß der Darstellungstyp 'Gottheit auf Trägertier' in Palästina schon am Ende der EZ I außer Kurs geraten" war (vgl. KEEL, UEHLIN-

dtr Interpretation 1 Kön 14:9[1608]) nur um Jahwebilder handeln kann[1609]. Wie aus der Proklamationsformel eindeutig hervorgeht, entstanden zwei Bilder desselben Gottes, die, dadurch daß sie an verschiedenen Orten plaziert wurden, zu dessen lokaler Manifestation wurden[1610], dem Jahwe von Bethel und von Dan. Von einer Einweihungszeremonie ist nicht die Rede. Die Figuren sind überraschenderweise nicht dafür gedacht, in der Residenz (Sichem[1611]) des Nordreiches[1612] aufgestellt zu werden, sondern in Bethel und Dan. Bei beiden Or-

---

GER, GGG, 216). Mit UEHLINGER, Cult Statuary, 109f ist diese Tendenzanzeige dahingehend zu präzisieren, daß Ritzzeichnungen und Siegel diesen Darstellungstyp bis in die EZ IIB (s. außerdem GITIN, Empire, Fig. 21 (Ekron; EZ IIC)) bezeugen, während er bei Rundplastiken vermieden wird. Die Stiere Jerobeams wären demzufolge als Kultbilder zu deuten.

[1606] Zu den evtl. Zusammenhängen zwischen Jerobeams Autonomieprogramm und dem Feldzug Schoschenks vgl. KEEL, UEHLINGER, GGG, 201. 216. Der Exodus wurde im folgenden zum "national charter myth" Israels, so mit VAN DER TOORN, Family, 289.

[1607] Die Deuteformel in 1 Kön 12:28 wird von einigen Exegeten als dtr (DONNER, Götter, 73, HENTSCHEL, 1 Könige, 84), von anderen als zuverlässige Überlieferung (so CRÜSEMANN, Widerstand, 122 mit Anm. 59, TOEWS, Monarchy, 44, MOMMER, Verhältnis, 59, VAN DER TOORN, Family, 289) angesehen. Mit DOHMEN, Das Bilderverbot, 102f (u.a. s. HAHN, Kalb, 308), ist festzustellen, daß sie in 1 Kön 12:28 besser in den Kontext paßt als in Ex 32:4.8. Es fällt auf, daß in Ex 32 das (in bezug auf Singular oder Plural) neutralere הנה von 1 Kön 12 durch das deutlich auf einen Plural abzielende אלה ersetzt ist, obwohl der Plural innerhalb der Erzählung von Ex 32 keinen Sinn ergibt, s. schon WEIPPERT, M., Gott und Stier, 104.

[1608] Zu der dortigen Formulierung s. DOHMEN, Das Bilderverbot, 56f.

[1609] So schon PATON, Did Amos, 80f, WEIPPERT, M., Gott und Stier, 104, HAHN, Kalb, 311, SCHROER, Bilder, 95-104, bes. 99, EVANS, Origins, 206, KNOPPERS, Aaron's Calf, 95, MOMMER, Verhältnis, 59, METTINGER, Veto, 19f (Jahwe-El). Verschiedentlich wurden auch andere Gottheiten hinter den Jungstieren vermutet, s. (zum folgenden) die Übersicht in CURTIS, A.H.W., Observations, 17-31, WYATT, Calves, 74ff: Baal (G. Östborn), Apis (H. Graetz, R. Pfeiffer), Hathor (W.O.E. Oesterley, E. Danelius), ein theomorphes Symbol für Moses (SASSON, Bovine, 384-387), Sîn (J. Lewy, BAILEY, Calf, passim) oder El (C.F.A. Schaeffer, N. Wyatt). Die Differenzierung zwischen Bildern von stämmigen Stieren mit kurzen Hörnern für Baal und größeren Langhornstieren für El (WYATT, Calves, 80) überzeugt nicht. Gegen El als höchste Gottheit, die im 1. Jt. mit Jahwe hätte konkurrieren können, spricht sich NIEHR, Gott, 17ff, aus; s. jedoch ALBERTZ, Pluralismus, 202 mit Anm. 39, TOEWS, Monarchy, 44-46. Zu älteren (SBZ, EZ I) Stierbild-Traditionen, die sowohl mit dem Wettergott als auch mit El verbunden sein konnten, vgl. KEEL, UEHLINGER, GGG, 57. 134, SCHROER, Bilder, 84ff, AHLSTRÖM, History, 553, TOEWS, Monarchy, 46-51.

[1610] Zum Polyjahwismus dieser Formel s. schon DONNER, Götter, 72f, s. weiter HAHN, Kalb, 309-311.

[1611] Zu Pnuel, das eher als ostjordanischer Stützpunkt denn als Residenz zu verstehen ist, vgl. WÜRTHWEIN, Könige, 151f. Die Stadt war wohl "Fluchtburg" vor Schoschenk, so mit NOTH, Könige, 281. Zur Identifikation des Ortes s. nun den Vorschlag von ZWICKEL, Pnuel, 38-43 (Tell el-Ḥamme Ost anstelle der traditionellen Tulūl eḏ-Ḏahab).

[1612] Die zahlreichen Terrakottabovinen der EZ II (vgl. KEEL, UEHLINGER, GGG, 218f, AHLSTRÖM, Picture, 136f), die mehrheitlich in Südpalästina gefunden wurden, lassen darauf schließen, daß der Stierkult auch im Südreich praktiziert wurde. Vielleicht handelt es sich bei den Terrakotten um Kopien des berühmten Kultbildes von Bethel, so daß die Wallfahrten der Judäer dorthin für das Südreich eine größere Gefahr darstellten als die in 1 Kön 12:28 be-

ten handelte es sich um lokale Kultzentren, die bereits eine längere Vergangenheit[1613], eigene Kulttraditionen[1614] und einen funktionierenden Kultbetrieb besaßen, so daß Jerobeam I. an bereits Bestehendem anknüpfen[1615] und es in seine Dienste stellen konnte. Die Tendenz der dtr Darstellung, die beiden Jungstiere als willkürliche Kult*neuerung* des Jerobeam zu zeichnen, ist unübersehbar. Kaum zu beweisen (jedoch dennoch zu bedenken) ist die Überlegung, daß es sich bei Jerobeams handwerklicher Betätigung nicht um eine Neuherstellung gehandelt hat, wie 1 Kön 12 behauptet, sondern um die Renovierung bereits bestehender Bilder[1616]. Da die dtr Darstellung bestrebt ist, dem König (im Gegensatz zum "gottgewollten, traditionsreichen" Jerusalem) eine eigenmächtige Neugründung zur Last zu legen, trägt die Herstellung mehr dazu bei, den König zu diskreditieren, als es eine evtl. (historisch wahrscheinlichere) Erneuerung hätte leisten können[1617]. Von Jerobeams Perspektive aus gesehen wäre es taktisch klüger gewesen, die Inanspruch- und Übernahme bereits etablierter Kulte in Bethel und Dan durch die Renovierung der dort bestehenden Bilder zu realisieren. Mehr als neue Bilder hätten erneuerte Statuen seine Verbundenheit mit den alten Nordreichs-

---

haupteten Reisen der Israeliten nach Jerusalem. Zur Konkurrenz zwischen dem Jahwe von Bethel und von Jerusalem s. EVANS, Origins, 211f.

[1613] Zur Vorgeschichte Bethels s. BLUM, Komposition, 7-35. 88-98, NOTH, Könige, 283, WÜRTHWEIN, Könige, 163, GALLING, Bethel und Gilgal, 26ff, WÜST, Bethel, 44f, DUMERMUTH, Kulttheologie, 80f, KELSO, Bethel, 192-194, DERS. u.a., Excavation, bes. 20-27. 28-37. 45-53, WEIPPERT, H., Palästina, 156. 221. 268. 341. 357, HAHN, Kalb, 338-341, SCHROER, Bilder, 96-99, GÖRG, Bet-El, 281f, DEVER, Beitin, 651f, NIEMANN, Herrschaft, 143. 206f; zur späteren biblischen Rezeption vgl. Gen 12:8, 13:3f, 28:10ff, 31:13, 35:1ff. Zur Vorgeschichte Dans s. Ri 17f und WÜRTHWEIN, Könige, 163f, NOTH, Könige, 283, NIEMANN, Die Daniten, 259-266, DERS., Herrschaft, 133. 207ff, WEIPPERT, H., Palästina, 146f. 217-222. 224. 268. 310. 378f. 402, DIES., Dan, 55f, HAHN, Kalb, 342-344, SCHROER, Bilder, 99f mit Anm. 145, BIRAN, Dan, 323-332, bes. 323-327, DERS., Tel Dan: Texts, 1-17, DERS., Biblical Dan, passim; zur "Kulthöhe" von Dan s. ebd., 159-233, ZWICKEL, Tempelkult, 254-256 (Lit. !).

[1614] Zum Pantheon von Bethel vgl. Anm. 1521, zum Gott Bethel s. BLUM, Komposition, 186-190, sowie bes. VAN DER TOORN, Anat-Yahu, 83ff, RÖLLIG, Bethel, 331-334. Zum Pantheon von Dan vgl. Anm. 1522.

[1615] Zum restaurativen Charakter dieser Maßnahme s. DUMERMUTH, Kulttheologie, 81f, NOTH, Könige, 284, WÜRTHWEIN, Könige, 163, CROSS, Canaanite Myth, 73-75. 198-200, SCHROER, Bilder, 99, ALBERTZ, Religionsgeschichte, 220, OLYAN, Oaths, 139-141, HAHN, Kalb, 344-347, BLUM, Komposition, 178f, DOHMEN, Das Bilderverbot, 147-153, bes. 153, AHLSTRÖM, Royal Administration, 57-61, DERS., History, 551-553, TOEWS, Monarchy, 49-51 u.ö., EVANS, Origins, 201-205 mit Anm. 31, MOMMER, Verhältnis, 58, KNOPPERS, Nations II, 35ff, DERS., Aaron's Calf, 96.

[1616] Diese Vermutung äußerten bereits KITTEL, Könige, 108, BLUM, Komposition, 181 Anm. 38, VAN DER TOORN, Family, 289; auch KEEL, UEHLINGER, GGG, 219 nehmen an, daß das Bild von Bethel ein Erbe der SBZ oder EZ I war.

[1617] Zu den Unterschieden zwischen der Herstellung und Renovierung von Kultbildern, die (vor allem bei Kompositstatuen) weniger auf der handwerklichen als auf der theologischen Ebene zum Tragen kommen, vgl. S. 159ff.

traditionen demonstrieren können. Indem er die integrative Kraft der traditionellen Figuren nutzte und sie durch seine kultischen Maßnahmen mit der ihm eigenen königsideologischen Prägung versah, hätte er die Bilder als herrschaftsstabilisierenden und identitätsstiftenden Faktor einsetzen können. Die Bilder hätten dazu beigetragen, sein religionspolitisches Programm auf der Bildebene umzusetzen.

Die tendenziöse dtr Darstellung will die Kälber als Neuerungen verstanden wissen. Die Rede von der "Herstellung" der Figuren vermittelt den Eindruck, daß es sich bei den Bildern von Jerobeam I. um die Begründung einer neuartigen Tradition (der "Sünde Jerobeams") gehandelt hatte, deren Ursprung in der eigenmächtigen, willkürlichen und egoistischen Motivation dieses Königs (s. בלבו in V. 26.28.33) zu suchen war[1618]. Im Zusammenhang mit Objekten, die nicht dem legitimen Jahwekult zugerechnet werden (sollen), zieht es das Alte Testament grundsätzlich vor, jeweils nur von deren Neuherstellung zu sprechen, niemals von deren Renovierung[1619]. Auf diese Weise wird jeder dieser Gegenstände zum Ergebnis eines individuellen Willküraktes, so daß die biblische Geschichtenschreibung den Eindruck erweckt, daß es sich bei diesen Kultobjekten um vereinzelte Neuerungen, nicht um die kontinuierliche Instandhaltung eines Kultobjektes handelte.

6. Bethel und Dan werden in 1 Kön 12:29.30b unterschiedlich behandelt[1620]. Laut 29A ist es der König selbst, der das eine Kalb in Bethel (ב שׂים (Qal)) und die andere Figur in Dan aufstellt (ב נתן (Qal)[1621]). Im Unterschied zu Bethel[1622] wird jedoch auf eine Prozession nach Dan bezug genommen, die

---

[1618] Demgegenüber wird sein Widerpart Josija sowohl durch die Auffindung eines Buches als auch durch einen Prophetenspruch der göttlichen Zuwendung und Gegenwart versichert (2 Kön 22), wodurch seine Kultmaßnahmen legitimiert werden. Zu Jerobeam als Antityp Josijas s. zuletzt VAN WINKLE, Kings, 111f.

[1619] Bestandteile des "legitimen" Jahwekultes können dagegen durchaus renoviert werden, vgl. die Erneuerung des Tempels in 2 Kön 12:5-17 par. und 2 Kön 22:3-7 par.

[1620] Dementsprechend wurde verschiedentlich vermutet, daß der Stier von Dan eine dtr Erweiterung (mit 2 Kön 10:29) sei, die den Kult Jerobeams als polytheistisch diffamieren sollte, s. dazu WÜRTHWEIN, Könige, 164. Im wesentlichen bleibt es bei der Kontroverse zwischen NIEMANN, Herrschaft, 208-212 (für Bethel und Dan als königlich dominierte Integrationsheiligtümer), TOEWS, Monarchy, 70-73, und DOHMEN, Heiligtum, 19ff, DERS., Das Bilderverbot, 145f, MOTZKI, Beitrag, 475f (für Bethel als einziges Reichsheiligtum). Das wiederholt angeführte Argument, daß Dan in der prophetischen Kritik des Hosea und Amos so gut wie keine Rolle spielt (zu Bethel s. Hos 10:5f bzw. "Samarien" Hos 8:5, zu Dan s. Am 8:14), kann m.E. nicht gegen die Existenz Dans als königlich dominiertes Heiligtum im Norden sprechen, sondern nur für die Tatsache, daß Dan nicht in Konkurrenz zu Jerusalem stand und Bethel nicht an Bedeutung gleichkam. Eine mögliche Erklärung für das Schweigen dieser Propheten wäre allerdings auch, daß Dan zu ihrer Zeit bereits aramäisch war, s. die berühmte aramäische Stele aus Dan, BIRAN, Biblical Dan, 274-278.

[1621] Zur Konstruktion von נתן mit ב (als Ortsangabe) vgl. LIPIŃSKI, נתן, 696.

[1622] Dieser Sachverhalt (vgl. die Bezeugung in der LXX^L και προ προσωπου της αλλης εις Βαιθηλ) wird von einigen Exegeten (s. die Übersicht in HAHN, Kalb, 277f)

das Kultbild an seinen Standort überführt[1623]. An ihr war das Volk beteiligt, das (in V. 26-33) nur an dieser Stelle als aktives Subjekt einer Handlung in Erscheinung tritt.

7. Leider läßt sich aus den V. 28-30 nicht ersehen, an welchem Ort die Bilder entstanden; für die Deuteronomisten spielte dies offenbar keine Rolle. Denkbar wäre, daß Jerobeam I. sie in Bethel oder der königlichen Residenz (Sichem) anfertigen ließ. Aufgrund der Tatsache, daß für das Kultbild von Bethel keine Überführungsprozession überliefert ist, und Dan (wie auch Sichem und Pnuel) im Alten Testament als kultisches Zentrum gegenüber Bethel eine wesentlich geringere Rolle spielt, erscheint die erste Lösung als die wahrscheinlichere[1624]. Nicht auszuschließen ist selbstverständlich, daß Jerobeam I. die Stiere in einer ungenannten lokalen Handwerksstätte herstellen ließ[1625]. In jedem Fall mußte der König bemüht sein, Rivalitäten zwischen dem politischen Zentrum (Sichem) und den kultischen Zentren (Bethel und Dan) des Nordreiches durch das Postulat einer eindeutigen Hierarchie auszuschalten. Was wäre besser dazu geeignet gewesen, die königliche Herrschaftsorganisation darzustellen, als die Entstehung der Gottesbilder und ihre Inthronisation so in Szene zu setzen, daß über die Reihenfolge Residenz (politisches Zentrum) – Bethel (wichtigstes religiöses Zentrum) – Dan (zweitwichtigstes religiöses Zentrum) und über den König als deren einigendes Band keinerlei Zweifel mehr bestanden?

8. Die polemisch orientierte Darstellung des 1. Königebuchs vermittelt ihre Sicht der Dinge: Der illegitime König Jerobeam I. gründete zwei neue Kulte, stattete sie mit Stierbildern ("anderen Göttern" 1 Kön 14:9[1626]) anstelle der Gegenwart Jahwes aus und organisierte deren Unterbringung, Versorgung und den Festkalender (in Bethel und Dan[1627]) in einem bewußten, willkürli-

---

dahingehend harmonisiert, daß die Prozession nach Bethel einem Homoioteleuton zum Opfer gefallen sei. V. 30a wäre dann als Glosse zu werten, die den Text unterbricht. Andere scheiden 30b (als Glosse zu 29b) aus, das an die falsche Stelle geraten sei (so WÜRTHWEIN, Könige, 162 Anm. 3). M.E. beruht die Prozession nach Bethel auf einer späteren Harmonisierung; da V. 29 durch V. 30b sinnvoll weitergeführt wird, ist V. 30a als Glosse auszuscheiden. Zu weiteren Vertretern dieser Position s. HAHN, Kalb, 276f, HENTSCHEL, 1 Könige, 84, MOMMER, Verhältnis, 60.

[1623] So mit NOTH, Könige, 285. Der Kontext der Herstellung des Kultbildes legt nahe, daß es sich um die einmalige Einführungsprozession gehandelt hat und nicht um ein jährlich wiederkehrendes Prozessionsfest. Zur Diskussion der letzteren Möglichkeit s. NIEMANN, Herrschaft, 209-211 mit Anm. 140. S. den Überblick der verschiedenen Deutungen in HAHN, Kalb, 277-281.

[1624] Auch KEEL, UEHLINGER, GGG, 215 Anm. 134, rechnen mit Bethel als Ursprungsort.

[1625] Zu Sukkoth als saisonbedingter Arbeitsplatz für Metallhandwerker vgl. 1 Kön 7:46 und KNAUF, Copper Supply, 184f.

[1626] Zu אלהים אחרים als typischen Merkmal der dtn-dtr Literatur s. RÖMER, Väter, 85-88.

[1627] Zur Textrekonstruktion der V. 31-32.33, die sukzessiv an diese Stelle gelangten, vgl. WÜRTHWEIN, Könige, 151. 165f. Anders NOTH, Könige, 269. 291f, der V. 31-32 zu 26-

chen und egoistischen Akt, der als Abfall vom legitimen Jerusalemer Kult und als Sünde (V. 30a) bewertet wurde. Im Unterschied zu den positiven Konsequenzen, zu denen die Anfertigung von Kultbildern nach mesopotamischen Maßstäben geführt hätte, kann Jerobeam I. nach der vorliegenden Darstellung (1 Kön 12:30A, 14:9) keinesfalls erwarten, mit dem Segen Jahwes entlohnt zu werden, da er gegen dessen Willen verstoßen hat.

In völliger Verkehrung der mesopotamischen Glaubensvorstellungen werden in der dtr Darstellung die Inhalte, die im Alten Orient mit der Entstehung eines Kultbildes verbunden waren, geradezu auf den Kopf gestellt. Dies zeigt sich daran, daß die Herstellung einer Statue nicht mehr zum göttlichen Wohlwollen[1628], sondern zum Zorn[1629], ihre Vernichtung nicht mehr zur göttlichen Strafe[1630], sondern zum Segen[1631] führte. Die Königebücher machen dementsprechend die Zerstörung der Bilder zum Maßstab für die positive Bewertung der einzelnen Herrscher Israels und Judas. Ein Vergleich mit der bereits skizzierten mesopotamischen Königsideologie zeigt, daß es sich dabei um die völlige Verdrehung der Sitten handelt: Je zahlreicher und wertvoller die Bilder, die ein altorientalischer König machte, desto höher war sein Ansehen bei seinen Göttern (und deren Priesterschaften)[1632]; für die dtr Theologen galt gerade das Gegenteil: Je unerbittlicher ein König die Zerstörung der Bilder und der Höhenheiligtümer verfolgte, desto mehr konnte er mit Jahwes segensreicher Hilfe rechnen[1633]. Obwohl sich die Königs-

---

29+30b rechnet. Für MOMMER, Verhältnis, 60, ist nur V. 32aα1 kein Ergebnis dtr Redaktionsarbeit. Zu einem Überblick der verschiedenen Vorschläge s. HAHN, Kalb, 281-298. 299-301.

[1628] So in Mesopotamien vgl. dazu S. 94f. 174f.

[1629] Vgl. dazu die negative Bewertung der Könige, die lokale Kulte und Kultobjekte, die (cf. dtr Theologie) nicht dem Jahwekult zugerechnet wurden, unterstützt haben, so z.B. 1 Kön 16:30-33, 2 Kön 21:1-18 u.ö. sowie die Rede von der "Sünde Jerobeams", die zum Landverlust geführt habe 1 Kön 13:34, 15:26, 16:2.19, 2 Kön 17:21-23 u.ö.

[1630] So im Alten Mesopotamien, vgl. dazu (in bezug auf Königsstatuen bzw. -stelen) z.B. RIMB 2, B.6.32.14, S. 219:63-81 oder ebd., B.6.32.2, S. 201f:82-100.

[1631] Vgl. dazu die positive Bewertung der Könige, die lokale Kultorte und Kultobjekte, die (cf. dtr Theologie) nicht dem Jahwekult zugerechnet wurden, vernichtet haben, so z.B. 1 Kön 15:11-13, 2 Kön 18:3f, 2 Kön 23 u.ö.

[1632] Vgl. S. 94f. 103f.

[1633] Bekanntlich sind Hiskija und Josija die Könige, die laut dtr Darstellung dieses innovative (s. WEINFELD, Deuteronomy 1-11, 37, EVANS, Origins, 209) Konzept idealtypisch umsetzten. Dies führte bei vielen Exegeten zu dem naheliegenden Gedanken, daß das (Dtn und) DtrG (Dtr1) die Religionspolitik dieser Könige unterstützen sollte, so EVANS, Origins, 209, WEINFELD, Deuteronomy 1-11, 37-57, WEIPPERT, M., Fragen, 415-442 (Schicht II), NELSON, Redaction, 121-123, CROSS, Canaanite Myth, 274-289, LOHFINK, Kerygmata, 135-137, DERS., Kultreform, 213ff, DERS., Gab es, 350ff (DtrG aus der Zeit Josijas mit exilischer Bearbeitung und punktuellen Fortschreibungen (ebd., 358f)). Zu einer Kritik dieser u.ä. Ansätze (die die Geltung von M. Noths Hypothese des DtrG von Dtn bis 2 Kön voraussetzen) s. z.B. HANDY, Probability, 256-261; s. auch Anm. 1593.

ideologien des DtrG und der mesopotamischen Quellen grundsätzlich darüber einig waren, daß der Herrscher für den korrekten Ablauf des Kultes verantwortlich war und für die Durchführung des göttlichen Willens Sorge tragen mußte, bestanden unvereinbare Differenzen darin, wie der göttliche Wille inhaltlich zu bestimmen sei. Der Wille Jahwes verlangte (cf. dtr Theologie) von seinen Königen hinsichtlich der Unterstützung der lokalen Kultorte und der Pflege der Kultbilder und Kultsymbole genau das Gegenteil von dem, was zur gottgefälligen Amtsführung altorientalischer Potentaten gehörte. Die Gottestreue bestand für die Deuteronomisten daher gerade nicht in der Pflege der Gottesstatuen und Kultplätze, sondern in der Zerstörung der bereits existenten und der Abstinenz von neuen Figuren und Heiligtümern. Das DtrG greift daher zwar an der altorientalischen Königskonzeption an, nimmt das in Assyrien übliche enge Verhältnis zwischen König und Gott auf[1634], kehrt jedoch die im Alten Orient geltenden Handlungsmaßstäbe und -orientierungen um, so daß die israelitischen Könige völlig anders handeln müßten als ihre mesopotamischen Kollegen, um gottgefällige Herrscher zu sein. Der Grundansatz, die mesopotamischen Vorstellungen, die mit der Herstellung eines Kultbildes verbunden waren, in Israel bzw. Juda auf die Vernichtung der Bilder zu übertragen (und umgekehrt), zeigt sich auch daran, daß das DtrG an keiner Stelle eine göttliche Beauftragung für die Herstellung von Bildern, wohl aber für deren Zerstörung kennt[1635]; dadurch wird der altorientalische Gedanke von der göttlichen Initiative, die die Anfertigung eines Kultbildes motiviert, auf dessen Zerstörung bezogen[1636].

Da die Schöpfung und Erneuerung der Kultbilder (und die Inschriften darüber) vor allem unter der Regie der neuassyrischen Könige zu einem beliebten Mittel der Visualisierung und Weitergabe der herrschenden Theologie wurden (s.o.), läßt es sich gut verstehen, wenn die dtr Bewegung, die sich gegen den neuassyrischen Imperialismus absetzen und ihn theologisch verarbeiten wollte[1637], gerade die Vernichtung und die Zerstörung von Kultbildern zum Kennzeichen der eigenen Theologie machte.

[1634] Die enge Verbindung zwischen König und Gott wird auch aus 1 Kön 21:10 deutlich, wo die Lästerung ("Segnung") von Gott und König geahndet wird (s. auch Ex 22:27).

[1635] Vgl. Ri 6:25f (Aschera). Zur göttlichen Beauftragung zur Herstellung in Mesopotamien vgl. S. 86f. 94.

[1636] Ähnliches gilt im übrigen auch für die göttliche Mitwirkung an der Herstellung von Kultbildern, die laut altorientalischen Texten selbstverständlich ist. Im Alten Testament ist Jahwe dagegen nie aktiv an deren Entstehung beteiligt, wohl aber an deren Vernichtung, s. Jer 51:47.52, Ez 6:3-6, Mi 1:7, 5:12f, Nah 1:14.

[1637] Zur dtr Bewegung als theologischer Verarbeitung des neuassyrischen Reiches vgl. LOHFINK, Wörter, 37-41, KNAUF, UAT, 132ff, und kritisch differenzierend LOHFINK, Gab es, 350-352. 352ff (eine "Bewegung" erst z.Zt. von Josija), s. nun auch RÖMER, Transformations, 2-4.

1.4.1.1. Der König als verantwortlicher Koordinator und Theologe

Aus den wenigen Nachrichten, die das DtrG und die Chroniken von Königen überliefern, die Gottesrepräsentationen hergestellt haben, denen im Rahmen des offiziellen Kultes kultische Verehrung zukommen sollte[1638], läßt sich entnehmen, daß es der König war, der als verantwortlicher Auftraggeber fungierte. In bezug auf seine Aufgabe, den Handwerkern alle Materialien zur Verfügung zu stellen, die diese für ihre Arbeit an den Göttern benötigten, bietet weder das DtrG noch die Chr weitere Informationen. Lediglich aus den baulichen Maßnahmen am Jerusalemer Tempel[1639] ergibt sich, daß der König[1640] für die Finanzierung der Handwerker[1641], die Bereitstellung des Arbeitsmaterials, die Koordination der verschiedenen Arbeiten, die Personalleitung und die Bauaufsicht Sorge tragen mußte[1642]; dabei ist bemerkenswert, daß die Finanzbeschaffung in der Königszeit in Form der Sammlung und zweckgebundenen Bestimmung der Tempeleinkünfte (2 Kön 12:5f.10-13 par, 2 Kön 22:4-6 par) oder nachexilisch in Form einer freiwilligen Kollekte der Bürger-Tempel-Gemeinde (1 Chr 29:5b-9, Esra 2:68f u.ö., Ex 35:4ff, 36:3) organisiert wurde. Das in Mesopotamien übliche "Bauherrenmodell", das das finanzielle Engagement des Königs in den Vordergrund rückt, findet sich nur beim dtr Salomo 1 Kön 5:20-25, 9:10-14[1643] und dem chr David 1 Chr 28:11-29:5a[1644].

[1638] Es handelt sich dabei um die bereits erwähnten Könige Jerobeam (für Bethel und Dan; 1 Kön 12:26-30//2 Chr 11:15), Ahab (für Samaria; 1 Kön 16:32f), Ahas (wohl für Jerusalem; 2 Chr 28:2) und Manasse (für Jerusalem; 2 Kön 21:3-7//2 Chr 33:3-7). In bezug auf Maacha (1 Kön 15:13//2 Chr 15:16) muß offen bleiben, inwiefern sie ihre Aschera für den privaten oder den offiziellen Kult herstellen ließ, s.u. Zu ihrer Initiative für eine Aschera vgl. FREVEL, Aschera, 533-538, bes. 537f.

[1639] 1 Kön 5:9ff//2 Chr 1:18ff, 1 Chr 28:11-19, 29:1-9, 2 Kön 12:5f//2 Chr 24:4f, 2 Kön 22:3-7//2 Chr 34:8-13; siehe auch den Altarbau des Ahas 2 Kön 16:10-16.

[1640] Bzw. in nachexilischer Zeit derjenige, der seine Rolle übernahm, so z.B. Serubbabel und Josua in Hag 1:1-2:9, Esra 3:2-8, 5:2; siehe auch die Grundsteinlegung durch Scheschbazzar in Esra 5:16 und die Vollendung des Baus durch den Statthalter von Juda und die Ältesten unter Schirmherrschaft des persischen Königs in Esra 6:14. Zu Moses und dem Volk, die in Ex 25-40, dem priesterschriftlichen Paradigma eines idealen Herstellungsvorganges für den nachexilischen Tempel, die Aufgaben eines Königs wahrnehmen, vgl. BERLEJUNG, Handwerker, 156-160. 168.

[1641] Diese wurden wohl bezahlt vgl. 2 Kön 12:11-16, s. dazu den Kommentar in COGAN, TADMOR, II Kings, 138-141. Ausgehend von diesem Beleg nimmt HELTZER, Organisation, 66, das ausgehende 9. Jh. als Entstehungszeit für einen selbständigen Handwerkerstand an.

[1642] Zur Aufgabe des Königs beim Tempelbau vgl. BERLEJUNG, Handwerker, 151f. 161ff mit Lit.

[1643] Zu diesen Versen als "midrashic elaboration on Jos 19:23-31" vgl. KNAUF, Copper Supply, 168 Anm. 3.

[1644] Beide Könige kümmern sich selbst um die Bezahlung: Salomo trifft mit Hiram von Tyrus ein Handelsabkommen, David organisiert Materialien (1 Chr 29:2) und stellt zusätzlich noch seine Privatschatulle zur Verfügung (1 Chr 29:3-5a). Die Historizität beider Nachrichten

In diesem Zusammenhang fällt auf, daß die Materialfrage im Rahmen des legitimen Jerusalemer Kultes nicht nur als eine "profane", verwaltungstechnische Aufgabe angesehen wurde[1645]: In Bezug auf die Errichtung des nachexilischen Heiligtums[1646] ist in Hag 2:7f davon die Rede, daß sich Jahwe (in der Rolle des betroffenen Gottes und des betreuenden Weisheitsgottes) selbst um die geeigneten Materialien für sein Heiligtum kümmern will; in Hag 1:8 erteilt er den von ihm Erwählten den Auftrag, die Hölzer für sein Haus zu besorgen. Dies erinnert an mesopotamische Vorstellungen, die den Göttern und dem Weisheitsgott Ea wesentlichen Anteil beimessen, wenn es bei kultischen Angelegenheiten um die Materialbeschaffung geht[1647].

Auch die Darstellung des DtrG kennt Könige, die als "Handwerker auf dem Thron" vorgestellt werden. An erster Stelle ist vor allem der dtr Salomo zu nennen, der von Jahwe mit Weisheit, Einsicht und Verstand begabt wird, so daß er den Tempel(um)bau[1648] in Jerusalem in Angriff nehmen und zu einem erfolgreichen Ende führen kann. Da die Handwerker nahezu vollständig hinter ihm zurücktreten und der Herrscher den Segen und den Ruhm für das Geschaffene selbst einheimst, leihen die Handwerker der Königebücher dem König ihre Hände[1649]. Leider läßt sich im Zusammenhang mit der Herstellung der Kultbilder durch die Könige Jerobeam, Ahab, Ahas und

---

ist zu bezweifeln; zu Salomos wirtschaftlichen Möglichkeiten vgl. Anm. 1352. Zum chronistischen Bild von David s. IM, Davidbild, 52-58. 153-159, WILLI, Chronik, 207f, WEINBERG, König, 424ff, JAPHET, Chronicles, 506f. Auch Demetrius I. wollte für Tempelarbeiten die königliche Finanzhilfe bereitstellen, vgl. 1 Makk 10:44; zu diesem Themenbereich s. GALLING, Stifter, 134-142.

[1645] Zu den Vorstellungen, die in Mesopotamien mit den Materialien verbunden waren, vgl. S. 121ff. 128ff.

[1646] Dasselbe trifft für das neue Jerusalem zu, vgl. Jes 54:11f, 60:(13).17.

[1647] In Hag 1:(1).8.12-14, 2:4-9 (zu den Einleitungsfragen vgl. WOLFF, Haggai, 12-36. 50-64) sind die wesentlichen Elemente vorhanden, die auch in Mesopotamien die Herstellung eines legitimen, gottgewollten Heiligtums begleiteten: 1. Göttliche Beauftragung; Erwählung von Serubbabel und Josua; Bekanntgabe des Zeitpunktes (s. dazu BEDFORD, Time, 71-78), 2. Auftrag zur Materialbeschaffung, 3. Herstellungsauftrag, 4. Beistandszusage, 5. Geistbegabung von Serubbabel, Josua und dem "Rest des Volkes" (zu diesem Begriff vgl. WOLFF, Haggai, 34f, sowie CLEMENTS, שאר, 947), 7. Ermutigungsorakel (vgl. 1 Chr 28:20) für Serubbabel, Josua und das "Volk des Landes", 8. Zusage der Materialbeschaffung und Betreuung durch Jahwe, 9. Segenszusage. Vgl. dazu HUROWITZ, I Have Built, 32-92 und BERLEJUNG, Handwerker, 151f. Aus mesopotamischen und alttestamentlichen Herstellungsberichten kultischer Objekte wurde deutlich, daß die Übertragung des göttlichen Geistes die Befähigung der Menschen ausmacht, für Gott tätig zu werden. Gegen WOLFF, Haggai, 35f, geht es daher bei der Vergabe des Geistes nicht um die Übertragung der Willenskraft an die Menschen, sondern um das Können.

[1648] Vgl. dazu und zum folgenden BERLEJUNG, Handwerker, 162f.

[1649] Zu den Handwerkern von P, die im Gegensatz dazu (und zu mesopotamischen Gebräuchen) nicht im Dienst eines Königs, sondern in dem des Volkes stehen, vgl. BERLEJUNG, Handwerker, 158-160.

Manasse nichts konkretes über die beteiligten Handwerker erfahren. Die dtr und chr Darstellung legt Wert darauf, zu zeigen, daß sich diese Herrscher, trotz mangelnder weisheitlicher Begabung durch Jahwe, eigenhändig um die technische Anfertigung der Stiere, der Baalbilder und des Kultobjektes der Aschera bemüht haben; dieser Blickwinkel entspricht dem altorientalischen Handlungs- und Interpretationsmuster, das dem König die Aktivitäten der Handwerker zuschreibt und letztere in der Anonymität und Bedeutungslosigkeit verschwinden läßt.

Laut dtr und chr Darstellung traten die Könige Jerobeam, Ahab, Ahas und Manasse nicht nur als Handwerker in Erscheinung; sie gaben auch ein bestimmtes Bildprogramm vor, das Ausdruck ihres religionspolitischen Konzeptes war[1650]. Gegenstand ihrer kultischen Maßnahmen sei (laut den dtr und chr Verfassern) die Anfertigung von (Jung-)Stierbildern (Jerobeam), geschmiedeten Bildern für die Baale (Ahas) und Repräsentationen der Göttin Aschera (Maacha, Ahab, Manasse) gewesen. Alle genannten Kultobjekte werden innerhalb der biblischen Darstellung als Verstoß gegen Jahwes Willen beurteilt und letztlich für den Untergang des Staates verantwortlich gemacht (2 Kön 17:16). Die Motivationen der einzelnen Könige (bzw. der Königinmutter) bleiben laut alttestamentlicher Darstellung vielfach im Dunkeln. Nur das (fingierte) Selbstgespräch des Jerobeam zeigt an, daß es ihm (in dtr Augen) darum ging, die kultische Abkoppelung von Jerusalem und die Eigenständigkeit des Kultes des Nordreiches zu erreichen. So polemisch die Darstellung in 1 Kön 12 auch ist, die Jerobeam I. den Abfall zu selbstgemachten Göttern unterstellt, realpolitische Gründe waren es sicher, die den König dazu veranlaßten, seine Herrschaft und seinen Herrschaftsbereich auf der politischen und religiösen Ebene vom Süden abzugrenzen, ohne sich jedoch grundsätzlich von Jahwe zu distanzieren. Die Herstellung (oder Renovierung?) der Kälber für Bethel bzw. Dan zeigte das Engagement des Königs für den Kult und seine Verbundenheit mit seinem Gott. Sie brachte das religionspolitische Konzept Jerobeams zum Ausdruck, das für alle sichtbar abgebildet und in Szene gesetzt wurde: Jahwe war in der Gestalt des Stieres[1651] in beiden Heiligtümern sichtbar gegenwärtig. Seine Präsenz[1652] ließ die beiden Orte, die mehr an der Peripherie als im Zentrum des

---

[1650] Ähnlich auch EVANS, Origins, 192f.

[1651] Zur Verbindung von Jahwe mit einem Stier vgl. Num 23:22, Dtn 33:17, die Gottesbezeichnung אביר יעקב/ישראל Gen 49:24, Jes 1:24, 49:26, 60:16, Ps 132:2.5 sowie das Samaria Ostrakon Nr. 41 ʿglyw ("ein Jungstier ist Jahwe" oder "Jungstier Jahwes" = LEMAIRE, Ostraca, 53), s. auch EVANS, Origins, 202-205.

[1652] Präsenztheologie zeigt sich daher auch in Bethel (s. Gen 28:16f, 31:13), so mit BLUM, Komposition, 94 Anm. 34, ZIMMERLI, Bilderverbot, 250f, gegen FRITZ, Tempel, 36f, der Jerusalems Exklusivität hervorhebt.

Nordreiches lagen, zu stabilisierenden und integrativen Faktoren werden[1653].
Indem Jerobeam in deren Kultorganisation eingriff, konnte er sie zur
Stützung seiner Herrschaftsansprüche einsetzen[1654]; die Bilder selbst wurden
zum Bestandteil seines Herrschaftssystems und dessen Ausdehnung; sie waren das Werkzeug, mit dessen Hilfe Jerobeam I. die neue Reichsideologie
optisch und allgemeinverständlich darstellte und vermittelte: Jahwe war (als
Stier) der Gott des Nordreiches und seines Königs; er wirkte an seinen Gren-
zen legitimierend und erhaltend.

Obwohl nicht mehr mit Sicherheit festzustellen ist, ob die Königinmutter
Maacha das מפלצת der Aschera für private Zwecke oder den offiziellen Kult
anfertigen ließ[1655] und welche religionspolitischen Konzepte sie damit verfolgte, sei an dieser Stelle kurz auf 1 Kön 15:13 eingegangen. Wie oben erwähnt, war der offizielle Kult im königlichen Jerusalem eng mit dem Herrscherhaus verwoben, so daß davon auszugehen ist, daß Maachas Votum für
Aschera kaum rein privater Natur sein oder bleiben konnte; insofern stellt
sich die oben gestellte Alternative (privat-offiziell) als gegenstandslos dar.
Über Maachas Motive schweigt der Text. Es mag sein, daß ihr Eingriff in
den Jerusalemer Residenzkult von Asa als Einmischung in seine Religionspolitik gewertet worden ist, der er dadurch Einhalt gebieten wollte[1656], daß er
sie aus ihrem Amt als Königinmutter[1657] entfernte. Ebensogut möglich ist jedoch, daß politische[1658] oder unbekannte taktische oder gar familiäre Gründe
(zu denken wäre etwa an Thronnachfolgeintrigen) ihn zu diesem Schritt be-
wegten, der erst in der dtr Darstellung mit dem Synkretismus der Maacha
verbunden wurde[1659]; die Historizität der Kultreform des Asa, die sich an die

---

[1653] Zur Rolle Dans s. NIEMANN, Herrschaft, 212.

[1654] Vgl. dazu die Bezeichnung von Bethel als מקדש מלך und בית ממלכה in Am 7:13. Zu dem
polemischen Ausdruck בית (ה)במות bzw. בתי הבמות (1 Kön 12:31, 13:32, 2 Kön 17:29.32,
23:19), der bestimmte Tempel des Nordreiches abwerten soll, vgl. FRITZ, Tempel, 72, s. auch
den Forschungsüberblick in HAHN, Kalb, 281-283.

[1655] Mit NOTH, Könige, 337, und FREVEL, Aschera, 537, ist davon auszugehen, daß sich
hinter dieser Episode eine historische Notiz verbirgt, s. auch SPIECKERMANN, Juda, 184-187.
Zur spekulativen Deutung von SCHROER, Bilder, 38, daß es sich um eine Bes-gestaltige Votivgabe gehandelt habe, vgl. FREVEL, Ort, 78f Anm. 87.

[1656] So die Interpretation von DONNER, Art, 3, und FREVEL, Aschera, 537.

[1657] Zu diesem Amt vgl. DONNER, Art 2ff, FREVEL, Aschera, 537 mit Anm. 1808, sowie
KOSMALA, גבר, 909. Die von ACKERMAN, Queen, 385-401 (beeinflußt von AHLSTRÖM, Aspects, 69), postulierte enge Verbindung der Königinmutter mit Aschera, ist durch nichts zu
stützen.

[1658] So PFEIFFER, Polemic, 231, SPIECKERMANN, Juda, 186, AHLSTRÖM, History, 567.

[1659] So mit WÜRTHWEIN, Könige, 187, der die Absetzung der Maacha als historisch, die
Begründung derselben als Werk einer späteren Hand (DtrN) ansieht. Ähnlich auch AHL-
STRÖM, History, 567.

Notiz von V. 13a anschließt, ist sicherlich als "das Ergebnis dtr 'Ideali-
sierung'"[1660] anzuzweifeln.

Inwiefern in 1 Kön 16:33 eine historische Notiz überliefert ist, läßt sich
kaum mehr mit Sicherheit sagen[1661], da die dtr Darstellung Ahabs sehr negativ akzentuiert und vom Vorwurf des Synkretismus geprägt ist[1662]. Für die
Deuteronomisten ist er der König, dem die Aschera von Samaria zur Last
gelegt werden muß[1663]. Wenn hinter V. 33a eine historische Nachricht über
religionspolitische Aktivitäten des Königs erhalten ist, so lag es, entgegen
der dtr Darstellung, selbstverständlich kaum in der Absicht des Königs, seinen Gott Jahwe "zu reizen" (להכעיס)[1664]. Denkbar ist, daß der Herrscher (evtl.
auch schon Omri) darum bemüht war, seine noch junge Residenz Samaria[1665]
zum Wohnort für die israelitisch-judäische Göttin Aschera zu machen[1666]
(oder zu bestätigen), deren Wohlwollen er für sich und seine Regierung
sichern wollte. Sein Engagement in der Kultorganisation der Residenz sollte
zur Stabilisierung seiner Herrschaft beitragen[1667] und auch die kultische
Attraktivität Samarias[1668] erhöhen.

Ähnliche Motive mögen auch Manasse dazu veranlaßt haben, im Jerusalemer Tempel eine Repräsentation der Göttin Aschera aufzustellen, was
ihn in dtr Darstellung einerseits mit dem schändlichen Ahab, andererseits

---

[1660] Mit HOFFMANN, Reform, 92. Siehe auch SPIECKERMANN, Juda, 186, und FREVEL,
Aschera, 538.

[1661] Zu den stilistischen Auffälligkeiten von V. 30-33, die nahelegen, daß es sich bei V.
33b um einen Nachtrag handelt, vgl. FREVEL, Aschera, Anm. 1824. HOFFMANN, Reform, 70-
81, hält die Notiz über Aschera nicht für verläßlich; nach WÜRTHWEIN, Könige, 202f, handelt
es sich bei V. 31bβ-33 um Zusätze von DtrN, anders SCHNIEWIND, History, 652, der in V. 33
vorexilische in V. 32 exilische Themen erkennen will.

[1662] Ahab erscheint mehrfach als Vorläufer des frevelhaften Manasse, vgl. den expliziten
Rückverweis in 2 Kön 21:3 sowie die Ähnlichkeit der Formulierung in 2 Kön 21:3 und 1 Kön
16:32; s. auch 1 Kön 21:26 und 2 Kön 21:11.

[1663] Zu den Bezügen zwischen 1 Kön 16:33 und 2 Kön 13:6 vgl. FREVEL, Aschera, 541
mit Anm. 1824 und ebd., 553. 903.

[1664] Zu dieser typischen dtr Terminologie vgl. LOHFINK, כעס, 300-302.

[1665] Vgl. einleitend WEIPPERT, H., Samaria, 265, AVIGAD, Samaria, 1300-1303.

[1666] Inwieweit die Ascheraverehrung in Samaria unter Ahab ein Novum darstellt, bleibt
der Spekulation überlassen. Der Kult der Göttin ist sicherlich kaum der phönizischen Ehefrau
Isebel anzulasten, die keine besondere Affinität zum Ascherakult aufweist, so mit FREVEL,
Aschera, 54-63 bes. 63. Sicher ist immerhin, daß die Aschera von Samaria und ihre Verbindung mit Jahwe seit dem Ende des 9. Jh.s nachgewiesen ist, s.u. Anm. 1674.

[1667] Ähnlich auch AHLSTRÖM, History, 587f.

[1668] In diesem Licht ist auch der Altarbau im Tempel von Samaria zu sehen (1 Kön
16:32), wobei Altar und Tempel laut der polemischen biblischen Darstellung (gefolgt von
NOTH, Könige, 355, ALBERTZ, Religionsgeschichte, 231) Baal zugeeignet waren, während die
LXX-Fassung des Verses darauf hinweist, daß es sich um einen Jahwetempel gehandelt hatte,
cf. TIMM, Omri, 32f. 35 (anders EMERTON, House, 293-300). Zur Interpretation als Jahwetempel s. auch HOFFMANN, Reform, 81, SCHROER, Bilder, 102f.

(als Antitypos) mit Josija verbindet[1669]. Wenn 2 Kön 21:3.7[1670] als historische Nachricht auszuwerten ist, wofür wenigstens in bezug auf V. 7a die Konkretheit der Aussage spricht[1671], so ist auch Manasses Maßnahme als Ausdruck seines religionspolitischen Konzeptes zu verstehen: Die prekäre außenpolitische Situation, in der er sich als Staatsmann 55 Jahre lang bewährte, macht wahrscheinlich, daß er viel Sinn für taktisches Geschick besaß[1672]. In diesem Zusammenhang erscheint es plausibel, daß der König die Gegenwart der genuin israelitisch-judäischen Göttin[1673] Aschera in der Hauptstadt und ihre Verbindung mit Jahwe[1674] allen sichtbar vor Augen führen wollte[1675]. Ziel dieser Aktion, die auf dem Hintergrund des wachsenden assyrischen Kulturdrucks[1676] zu verstehen ist, war es, den Kult der

---

[1669] Zu diesem Sachverhalt vgl. COGAN, TADMOR, II Kings, 270-272. Zum Bezug von 2 Kön 21:3 zu 1 Kön 16:32f und 2 Kön 23:4 vgl. FREVEL, Aschera, 541f mit Anm. 1825, VAN KEULEN, Manasseh, 94-97. 146f. Zu Manasse als Gegenpol zu Josija s. auch die Beobachtungen von RÖMER, Väter, 370f, VAN KEULEN, Manasseh, 176-179.

[1670] Die für den Ascherakult des Manasse relevanten Passagen (2 Kön 21:3.7) sind in FREVEL, Aschera, 538-545 erschöpfend behandelt worden.

[1671] So mit DONNER, Geschichte, 334, FREVEL, Aschera, 543. Die Verse 3 und 7 werden derzeit im allgemeinen unterschiedlichen Schichten zugerechnet: V. 3: 3ab Dtr1, 3c Dtr2 (NELSON, Redaction, 67), DtrG (DIETRICH, W., Prophetie, 31-33), DtrH (SPIECKERMANN, Juda, 421, HENTSCHEL, 2 Könige, 101 (mit 7a)), verschiedene DtrN-Kreise (auch V. 7, so WÜRTHWEIN, Könige, 440), golaorientierte Redaktion (SCHMID, Manasse, 93-96 (mit 7b). V. 7: 7a Annalen, 7b Dtr2 (NELSON, Redaction, 67), 7a DtrG, 7b DtrN (DIETRICH, W., Prophetie, 31-33), 7a* Vorlage, 7b DtrN (SPIECKERMANN, Juda, 421), 7b spätdtr (HENTSCHEL, 2 Könige, 102). HOFFMANN, Reform, 156, hält V. 1-18 hingegen für einheitlich dtr, für VAN KEULEN, Manasseh, 161-174 u.ö. sind die V. 1-18 einheitlich exilisch mit den wenigen spätexilischen Zusätzen V. 4.8-9aα.15. Siehe auch CROSS, Canaanite Myth, 285-287, der V. 7-9 (zusammen mit V. 10-14) als Zusatz von Dtr2 betrachtet. Nach COGAN, TADMOR, II Kings, 271, handelt es sich bei V. 7-9 nicht um eine sekundäre Ergänzung (wohl aber bei V. 10-15, dort Dtr2). RÖMER, Väter, 369-371, betont gegenüber dieser Tendenz, V. 7-9 auszukoppeln, daß die Aufteilung der V. 2-9 nicht zwingend notwendig ist.

[1672] Zur Tributzahlung an Asarhaddon und Truppenhilfe für Aššurbanipal, die ihm Sicherheit gewährten, vgl. DONNER, Geschichte, 329, COGAN, TADMOR, II Kings, 265 (ad 1) sowie 339 Nr. 9. Zur Regierungszeit des Manasse s. FINKELSTEIN, Archaeology of Manasseh, passim, BEN ZVI, Prelude, 31-44.

[1673] Zum Traditionalismus Manasses siehe AHLSTRÖM, History, 735ff.

[1674] Diese Verbindung ist durch die Inschriften aus Kuntillet Ajrud (Ende 9. Jh.) und Hirbet el-Qom (allerdings nur im Bereich der privaten Frömmigkeit) für die lokalen Manifestationen des Jahwe von Samaria und Teman bezeugt. Vgl. dazu die ausführliche Diskussion bei FREVEL, Aschera, 854-880. 884-898. bes. 987f, KEEL, UEHLINGER, GGG, 237-282, bes. 255-263, WYATT, Asherah, 191f.

[1675] Der Gedanke der optischen Inszenierung dieser Liaison legt nahe, daß es im Tempel eine gegenständliche Jahwerepräsentation gab, der die Aschera beiges(t)ellt werden konnte. "Ein Kultbild der Gemahlin des Gottes setzt aber fast mit Sicherheit eines des Gottes selber voraus" (MOWINCKEL, Wann, 261), ähnlich GRESSMANN, Die Lade Jahves, 27.

[1676] Sie ist keinesfalls auf assyrische Repressalien zurückzuführen, vgl. den nachfolgenden Exkurs.

autochthonen Göttin[1677] gegenüber der assyrischen Ištar zu stärken, um dieser Vertreterin des imperialistischen Assyrien eine einheimische Göttin gegenüberzustellen; diese sollte die "religiöse Identitätssicherung"[1678] unterstützen und damit zur politischen Stabilisierung Judas beitragen. Für die Anhänger der Politik Manasses war das Kultbild der Göttin Bestätigung und Zeichen ihrer segensreichen Wirkung für Jerusalem und den Herrscher, während es für die Gegner dieser Politik[1679] eine Provokation war, auf der Seite des Königs Jahwe und Aschera vereint zu sehen. Gegenüber dem Bestreben Manasses, den göttlichen Schutz für sich und Jerusalem zu stärken, leistet die dtr Rhetorik in 2 Kön 21 (wie auch innerhalb der Königebücher) ihr Bestes, um die Opposition zwischen Jahwe und Aschera auszudrücken[1680] und die Göttin, ihren Kult und ihr Kultobjekt für den Untergang des Staates verantwortlich zu machen[1681].

Als chr Fiktion gilt im allgemeinen 2 Chr 28:2[1682]. Die Initiative des Ahas, Gußbilder für die Baale (מסכות לבעלים) herzustellen, findet in 2 Kön 16 kein Äquivalent. Die Notiz ist so summarisch und allgemein gehalten, daß es kaum möglich ist, dahinter mehr als die chronistische Systematik und die programmatische Kontrastierung zu Hiskija zu erkennen.

Abschließend ist festzustellen, daß das Bildprogramm der israelitischen und judäischen Könige, wie es in den Königebüchern überliefert ist, nur eine sehr kleine Variationsbreite zeigt: (Jung-)Stierbilder und das Kultobjekt der Aschera. Trotz der tendenziösen (und selektiven) Berichterstattung läßt sich erkennen, daß diese Bilder auf die Initiative des jeweiligen Königs zurückgingen, der den offiziellen Kult entsprechend seinen religionspolitischen Konzepten gestalten wollte: Die Bilder waren sichtbarer Ausdruck der jeweils propagierten Königs-, Residenz- und (im Norden) der Reichsideolo-

---

[1677] Es handelte sich sicher nicht um ein Kultbild der assyrischen Ištar, gegen SPIECKERMANN, Juda, 167. 218f, so mit FREVEL, Aschera, 453f. 544, ähnlich auch COGAN, TADMOR, II Kings, 272.

[1678] So FREVEL, Aschera, 544.

[1679] Zu denken wäre an jedwede politische Opposition des Königs, vielleicht bereits an erste Vertreter der "dtn-dtr Bewegung" (m.E. eher erst ab Josija) und evtl. auch (sofern diese These Gültigkeit beanspruchen kann) an Anhänger einer "Jahwe-allein" Bewegung, s. dazu LANG, Jahwe-allein, 47-83, bes. 63ff, WEIPPERT, M., Synkretismus, 162ff, VAN DER TOORN, Family, 334-338, s. die (kritische) Darstellung in ALBERTZ, Religionsgeschichte, 97f. Das "Ascheraschweigen" der vorexilischen Propheten vgl. FREVEL, Aschera, 251-254. 514-517, scheint darauf hinzudeuten, daß die Gegenwart der Göttin erst die dtn-dtr Theologen vor ein Problem stellte.

[1680] In Anlehnung an FREVEL, Aschera, 543. Zu den sprachlichen Mitteln, diesen Kontrast auszudrücken, vgl. ebd., 542f.

[1681] Zur planvollen Disposition der Ascherabelege, die diese dtr Programmatik realisiert, vgl. FREVEL, Aschera, 551-555.

[1682] S. JAPHET, Chronicles, 898.

gie. Darüber hinaus hatten sie auch teil an der Schöpfung neuer Realitäten: Die (Jung-)Stierbilder des Jerobeam I. stellten seine Reichsgründung unter göttliches Mandat und trugen auf diese Weise zu seiner Legitimation bei[1683]. Die Aschera der Maacha, des Ahab und des Manasse im samarischen und Jerusalemer Tempel führte die enge Verbindung der Göttin zu Jahwe und ihre Einbindung in den offiziellen Kult vor Augen. Alle Bilder übernahmen eine politische Funktion, insofern sie die Präsenz der durch sie repräsentierten Gottheiten visualisierten und deren Unterstützung für die Politik des jeweiligen Königs anzeigten. Die Götter sollten in ihrer sichtbaren Gestalt für den Kult des jeweiligen Königshauses in Anspruch genommen werden, das als gesegnet und legitimiert erschien; zudem sollten sie für die religiöse Identitätssicherung sowie für die Stabilisierung der geltenden Herrschaft sorgen. Israelitische und judäische Könige konnten die Kultbilder ihrer Götter zu ganz ähnlichen Zwecken einsetzen wie ihre mesopotamischen "Kollegen". Ihre Beziehung zu den gegenständlichen Repräsentationsformen ihrer Götter reiht sich daher ganz zwanglos in altorientalische Handlungs- und Beziehungsmuster ein.

Auf diesem Hintergrund kann die spätvorexilische dtr Polemik gegen die Kultbilder der Königszeit, die in dieser Weise in den Dienst der Könige gestellt waren, nur als Opposition gegen die Herrschenden und ihre Herrschaftsmittel verstanden werden. Bei den Trägergruppen des Widerstandes ist am ehesten an Vertreter verschiedener Oberschichtsgruppierungen zu denken, so daß der Streit um die Bilder als innerelitäre und (religionsinterne) Auseinandersetzung unterschiedlicher israelitischer und judäischer Gruppierungen[1684] zu begreifen ist, wobei die Bildergegner angesichts des assyrischen Imperiums und dessen Präsenz in Bildern zu dem Ergebnis kamen, daß die Abstinenz von Bildern angemessener Ausdruck der eigenen Religion sei, und allein in der Lage war, die Identität Judas zu sichern.

[1683] Nach BLUM, Komposition, 180-184, diente die Jakobserzählung der theologischen Untermauerung der kultischen und politischen "Neuerungen" Jerobeams auf der literarischen Ebene. Leider läßt sich kaum mehr mit Sicherheit sagen, welchem israelitischen König bzw. welchen Hoftheologen sich dieses Werk verdankt. Als *terminus ante quem* kommt die Eroberung Samarias durch die Assyrer (722 v. Chr.) oder gar erst der Überfall Josijas auf Bethel (2 Kön 23:15; d.h. zweites Drittel des 7. Jh.s) in Betracht. BLUM, ebd., 181, denkt an die Zeit Jerobeams I. Dies würde bedeuten, daß dieser König sein religionspolitisches Konzept sowohl auf der bildhaften als auch auf der sprachlichen Ebene konkretisierte.

[1684] Zu einem Diskursmodell, das die Pluralität der offiziellen Jahwereligion als fortgesetztes Streitgespräch verschiedener Interessengruppen versteht, s. ALBERTZ, Religionsgeschichte, 31f.

EXKURS: ASSYRISCHE GÖTTERSTATUEN IN EROBERTEN GEBIETEN?

Vor allem im Zusammenhang mit den Kultneuerungen durch den judäischen König Manasse wird häufig die Frage diskutiert, inwieweit und inwiefern die Assyrer religionspolitischen Einfluß auf ihre neuerworbenen Provinzen nahmen[1685]. Selbstverständlich ist es nicht zu leugnen, daß die assyrische Präsenz und Übermacht in den Provinzen und Vasallenstaaten auf die besiegte Bevölkerung einen erheblichen Kulturdruck ausübte, der sich auf mehreren Ebenen auswirkte[1686] und auch zu kultischen Eingriffen führen konnte[1687]. Im Rahmen der vorliegenden Untersuchung ist die Frage zu beantworten, ob die Assyrer Kultbilder ihrer Götter in die unterworfenen Gebiete gebracht bzw. dort in Auftrag gegeben haben und sie in den Heiligtümern der Besiegten aufstellen ließen[1688]. Obwohl mehrere Könige[1689] davon berichten, daß sie in den besiegten Gebieten die "Waffe des Aššur"[1690] "wohnen ließen", ist an keiner Stelle explizit davon die Rede, daß ein anthropomorphes Kultbild in den Tempel eines besiegten Landes eingeführt worden sei[1691]:

3. ... die Waffe Aššurs, meines Herrn, [stellte ich] da[rin auf (*ramû* G), die Leute der Länder, die Eroberung meiner Hände, ließ ich darin wohnen. Ich legte ihnen Tributlasten auf und]

[1685] Vgl. die Zusammenfassung der Diskussion bei FREVEL, Aschera, 453-456, COGAN, TADMOR, II Kings, 272, ALBERTZ, Religionsgeschichte, 293-304, und KEEL, UEHLINGER, GGG, 426-428. Im wesentlichen bleibt es bei der Kontroverse zwischen SPIECKERMANN, Juda, 322-344 (Forschungsüberblick ebd., 319f), der den Assyrern Druck auf die Religionspolitik ihrer Vasallen unterstellt (ähnlich AHLSTRÖM, History, 762f), während McKAY, Religion in Judah, 60-66, COGAN, Imperialism (der sich in den zentralen Punkten LANDSBERGER, City Invincible, 177, anschließt), 60f. 85, COGAN, Hegemony, 403-414, MAYER, W., Politik, 65. 481f, GRAYSON, Rule, 959-968, HUTTER, Religionen, 112, Repressalien jeder Art bestreiten.
Sicher richtig ist der Hinweis von HOLLOWAY, Harran, 276-279, daß Babylonien und Harran eine "Sonderbehandlung" erfuhren, da die Assyrer bestrebt waren, auf den Kult ihrer unmittelbaren Nachbarn direkten Einfluß auszuüben. Ihr Interesse hängt sicherlich mit der strategischen Bedeutung dieser Lokalitäten sowie mit dem theologischen Profil und religionspolitischen Potential der dort ansässigen Götter Marduk und Sîn zusammen, vgl. ebd., 293-296.
[1686] Mit KEEL, UEHLINGER, GGG, 427, FREVEL, Aschera, 545f, und UEHLINGER, *Policy*, 312-315.
[1687] So die Deportation der Götter (der Aschera?) von Samaria durch Sargon II., vgl. BECKING, Fall, 28-31, DERS., Evidence, passim, KEEL, UEHLINGER, GGG, 263 mit Anm. 224, oder die Einführung des Sonnenwagens in Jerusalem, vgl. ebd., 392-394.
[1688] So SPIECKERMANN, Juda, 218f, der nach 2 Kön 21:7 und 2 Kön 23:6 ein Kultbild der (assyrischen) Ištar annimmt.
[1689] Es handelt sich um Tiglatpilesar III. und Sargon II.
[1690] Die "Waffe Aššurs" ist sicher mehr als ein "äußeres Zeichen des Besitzes", gegen MEISSNER, Babylonien und Assyrien I, 141. Sie war das Symbol des militärischen Aššur, dem ebenfalls kultische Verehrung zukommen konnte, vgl. MENZEL, Tempel II, Nr. 64 T 147:10. Die Waffe gehört zu den Bewohnern des Aššurtempels; zu ihrer juristischen Funktion vgl. COGAN, Imperialism, 54. Bei der ebd., 53 (mit Fig. 2, S. 63) beschriebenen Götterwaffe handelt es sich um die Standarte von Adad und Nergal, nicht um die Waffe des assyrischen Nationalgottes.
[1691] Zu den Belegen, die im Rahmen der Diskussion um die Auflage der Verehrung assyrischer Reichsgötter in den eroberten Provinzen eine Rolle spielen, vgl. SPIECKERMANN, Juda, 322f mit Anm. 43.

4. zählte sie zu den Leuten Assyriens. Ein Bild [meines Königtums und ein Bild der großen Götter, meiner Herren, machte ich; Sieg und Macht,]
5. die ich im Namen des Aššur, meines Herrn, über die Länder ge[setzt hatte, schrieb ich darauf; ich stellte es (*izuzzu* Š) in ON auf][1692].

In einer anderen Inschrift[1693] des Königs heißt es[1694]:

16. ... ein Bild der großen Götter, meiner Herren, und ein Bild meines Königtums in Gold [machte ich] (*ṣa-lam* DINGIR.MEŠ GAL.MEŠ EN.MEŠ-*ia* <*ù*> *ṣa-lam* LUGAL-*ti-ia ša* KU3.SIG17 [DU3-*uš*]).
17. [Ich stellte es im Palast von Gaza auf (*izuzzu* Š). Zu den Göttern ihres Landes zählte ich (sie). Ih[re Opfer?] setzte ich fest ...

Auch Sargon II. setzte die Praxis fort, die "Waffe" des assyrischen Götterkönigs in den eroberten Gebieten aufzustellen:

Saal II:
99. Die Waffe des Aššur, meines Herrn, stellte ich zu ihrer (der Bewohner der Stadt Kār-šarru-ukīn; Anm. d. Verf.) Gottheit auf (*a-na* DINGIR-*ti-šú-un áš-k*[*un*]).
100. Kār-šarru-ukīn nannte ich sie; von 28 Stadtherren der mächtigen Meder empfing ich Abgaben und stellte ein Bild meines Königtums in Kār-šarru-ukīn auf (*izuzzu* Š).

Saal V:
99a. Die Waffe des [Aššur, meines Herrn], ließ ich [anfertigen] und in ihrer Mitte (der Stadt Kār-šarru-ukīn; Anm. d. Verf.) wohnen (*ramû* Š).
100. Kār-šarru-ukīn nannte ich sie; ich schuf eine Stele und ... ließ ich darauf schreiben; in ihrer Mitte stellte ich (sie) auf (*izuzzu* Š). Von 28 Stadtherren der mächtigen Meder empfing ich Abgaben[1695].

63. ...Die Waffe des Aššur, meines Herrn, ließ ich darin (in Kār-šarru-ukīn; Anm. d. Verf.) wohnen (*wašābu* Š), ein Bild meines Königtums stellte ich darin auf (*izuzzu* Š) ...[1696].

94f. Die Götter, die vor mir (im Krieg) hergehen, ließ ich darin (in Kār-Nergal; Anm. d. Verf.) wohnen (*wašābu* Š).
94a. Die Waffe der Götter, die vor mir hergehen, ließ ich machen und darin (in Kār-Nergal; Anm. d. Verf.) Platz nehmen (*ramû* Š)[1697].
95. Kār-Nergal nannte ich sie; ein Bild meines Königtums stellte ich darin auf (*izuzzu* Š) ...[1698].

Aus den zitierten Quellen geht hervor, daß sowohl Tiglatpilesar III. als auch Sargon II. die "Waffe" des assyrischen Nationalgottes herstellen ließen, um dieses Symbol des kriegerischen Aššur in den unterworfenen Städten aufzustellen. Die Verben, die in diesem Kontext

---

[1692] TADMOR, Tiglath-pileser III, 44/46:3-5 (Ann. 10), vgl. auch ebd., 42:3f (Ann. 9), 74:7f (Ann. 16), 76:4 (Ann. 5) und 166:36-38.44. Ähnlich auch Sanherib s. OIP 2, 62:89-91.

[1693] TADMOR, Tiglath-pileser III, 176-179:16'f, parallel zu 138:10'f und 188 Rs. 14f, und den Komposittext auf S. 224 § 2 und 3.

[1694] Zu den Zusammenhängen vgl. ausführlich UEHLINGER, *Policy*, 308-311.

[1695] FUCHS, A., Sargon, 105:99.99a und 100.

[1696] FUCHS, A., Sargon, 211:63.

[1697] Zur Verwendung von *ramû* Š vgl. auch OIP 2, 62 iv 89.

[1698] FUCHS, A., Sargon, 102f:94.94a und 95. Vgl. auch LEVINE, Two Neo-Assyrian Stelae, 38:39.

gebraucht werden, so vor allem *wašābu* Š und *ramû* Š, weisen darauf hin, daß der Götterkönig in seinen neuen Aufgabenbereich einzog, um ihn in Besitz zu nehmen. Durch sein
Auftreten in symbolischer Form oder als Standarte war seine Wirkung dort vollwertig
gewährleistet. Die Tatsache, daß sich die assyrischen Götter nicht in Gestalt ihrer anthropomorphen Kultstatuen in die neuen Herrschaftsgebiete begaben, weist jedoch darauf hin,
daß diese nicht als ein ihnen geziemender Wohnort betrachtet wurden. Trotz des Bestrebens,
die Provinzen und Vasallenstaaten in das assyrische Reich einzuverleiben, galt das eroberte
Gelände weiter als Peripherie, in der sich die Reichsgötter bevorzugt in Gestalt
ihrer Standarten oder Symbole aufhielten, die ihre militärisch-aggressiven Aspekte hervorhoben[1699]. An keiner Stelle ist davon die Rede, daß man die "Waffe" in einen Tempel brachte
oder in diesem Zusammenhang dazu aufgerufen hätte, den Glauben an assyrische Götter anzunehmen; dadurch, daß die Götterwaffe keines der einheimischen Heiligtümer übernahm,
griff sie nicht in den Kult der lokalen Götter ein.
Neben dem Symbol des militärischen Aššur stellten die genannten Könige häufig ein "Bild
meines Königtums" auf, hinter dem sich kaum eine Rundplastik[1700], sondern eine Sieges-
stele[1701] verbirgt, die den König zusammen mit einer Inschrift zeigt, die den Sieg Aššurs
verherrlicht[1702]. Wie vor allem aus den Inschriften des Tiglatpilesar III. hervorgeht, zeigten
diese Stelen den König jeweils in Begleitung der Götter, die er entweder in Gestalt ihrer Symbole um den Hals trug oder die (ebenfalls in Gestalt ihrer Symbole) neben ihm dargestellt
waren[1703]. Die Formulierung "(ein Bild meines Königtums und) *ein* Bild der großen Götter
(machte ich)"[1704], die sich bei Tiglatpilesar findet, läßt sich keinesfalls darauf beziehen, daß
der König neben der Königsstele anthropomorphe Kultbilder der assyrischen Götter hergestellt habe[1705]; neben der hier bevorzugten Interpretation, daß der König eine Königsstele mit
Göttersymbolen anfertigen ließ, wäre allenfalls daran zu denken, daß es sich sowohl um eine
Königsstele als auch zusätzlich um ein Relief handelte, das eine Göttergruppe zeigte[1706]. In
welcher Form die "großen Götter" auf einem solchen Relief dargestellt waren, ist dem Text
nicht zu entnehmen, so daß es sich um eine symbolische oder eine anthropomorphe Abbildung der Göttergesellschaft handeln könnte. Ein oder mehrere anthropomorphe Rundbilder
verschiedener Götter, wie es die bisherigen Übersetzungen der Episode vermuten ließen[1707],
können keinesfalls gemeint sein. Ihr Aufstellen würde ohnehin eher mit *wašābu* Š und *ramû*
Š "wohnen lassen" als mit *izuzzu* Š bezeichnet worden sein[1708].
Mit der Aufstellung der Siegesstelen im Palast[1709] oder an einem exponierten Punkt im eroberten Territorium verfolgten die Könige die Absicht, die Macht(ansprüche) und die Größe
des assyrischen Nationalgottes und seines Stellvertreters zu vergegenwärtigen. Zahlreiche Be-

---

[1699] Zu dem Problemkreis um die Verwendung von Kultbild oder Kultsymbol bzw. -stan-
darte vgl. Anm. 1297.

[1700] Unter "Königsbildern" sind im Ausland eher Reliefs als Rundskulpturen zu verstehen,
so mit MAGEN, Königsdarstellungen, 41f.

[1701] Vgl. dazu die Varianten in FUCHS, A., Sargon, 105:100 Saal II (*ṣalmu*) und V (*narû*).

[1702] So beschrieben in FUCHS, A., Sargon, 107f:108f.

[1703] So mit UEHLINGER, *Policy*, 310f, s. auch TADMOR, Tiglath-pileser III, 177 zu 16'.

[1704] Gegen SPIECKERMANN, Juda, 326 z.St. und TUAT I.4., 376:16 passim, Singular, nicht
Plural!

[1705] So mit UEHLINGER, *Policy*, 310. Gegen AHLSTRÖM, History, 762f.

[1706] Vgl. die Verwendung von *ṣalam ... ilāni rabûti* "Bild ... der großen Götter" für das
Relief des Sanherib, das eine Göttergruppe zeigt (S. 107); zu weiteren Belegen für diesen
Ausdruck als Bezeichnung eines Reliefs vgl. CAD Ṣ 82f.

[1707] Zu einer Übersicht der bisherigen Übersetzungen vgl. UEHLINGER, *Policy*, 310 Anm.
57.

[1708] Zur Verwendung dieser Verben vgl. S. 83f.

[1709] TADMOR, Tiglath-pileser III, 176-178:16'f, parallel zu 138-140:10'f und 188 Rs. 14,
und den Komposittext auf S. 224 § 2 und 3.

lege weisen zusätzlich darauf hin, daß einige assyrische Könige eine Königsstatue oder eine Königsstele in die Tempel eroberter Gebiete einführten[1710]. Die alltägliche Gegenwart des assyrischen Königs stellte durchaus einen Eingriff in die Kultgebräuche eines Landes dar, da dadurch assyrische Königsideologie importiert wurde. Trotz des Zwangs, dem assyrischen König im Alltagskult zu begegnen, dienten seine Darstellungen im Tempel nicht dem Zweck, die alten Bewohner eines Heiligtums durch neue zu ersetzen; es war mit dieser Maßnahme lediglich beabsichtigt, das königliche Priestertum bzw. das priesterliche Königtum der Assyrer auf die alteingesessenen Götter des neuen Gebietes auszudehnen.

Zusammenfassend ist festzustellen, daß an keiner Stelle erwähnt wird, daß der heimische Kult eines eroberten Gebietes durch assyrische Götter verdrängt werden sollte; für diese Interpretation spricht letztlich auch, daß belegt ist, daß die neuassyrischen Könige unter bestimmten Bedingungen bereit waren, den Besiegten die deportierten Kultbilder ihrer Götter zurückzugeben und den lokalen Kult wieder einzusetzen[1711]. Die alteingesessenen Götter konnten dann weiterhin verehrt werden; dasselbe galt, wenn sich die Besiegten durch Ersatzbilder beholfen hatten, was im übrigen zu keiner Zeit untersagt wurde. Allem Anschein nach ergänzten die assyrischen Gottheiten das lokale Pantheon, ohne daß man den Eroberten ihre Verehrung zur Pflicht gemacht hätte. Abgesehen vom Verlust der eigenen Götterbilder (die man ersetzen oder zurückerhalten konnte) bestand die einschneidendste Veränderung nach der assyrischen Eroberung darin, daß durch die bildhafte Präsenz des Königs im Tempel und im Palast die assyrische Konzeption des Königspriestertums importiert worden war. Das Fehlen von anthropomorphen Kultbildern assyrischer Götter in den Provinzen und Vasallenstaaten, dem ihre Präsenz als Symbole bzw. Standarten mit den ihnen eigenen militärisch-aggressiven Konnotationen gegenübersteht, zeigt an, daß diese Gebiete weiterhin als Peripherie und als fremdes, militärisches Eroberungsgebiet angesehen wurden. Die bewahrenden und ordnenden Aufgaben, die die Götter eines Landes zu übernehmen hatten, überließ man dementsprechend weiterhin den einheimischen Gottheiten und begnügte sich damit, das Eroberte als das fremde Unterlegene zu kennzeichnen, das der Aufsicht des Reichs(gottes) unterstellt war. Die assyrischen Götter sollten die lokalen keinesfalls ersetzen, sondern sie allenfalls dominierend ergänzen. Da den Eroberern durchaus daran gelegen sein konnte, die alteingesessenen Götter für ihre eigenen Zwecke zu funktionalisieren, indem sie deren integrative Kräfte für ihre Zwecke einsetzten, war es im Sinne einer dauerhaften Reichskonsolidierung ohnehin sinnvoller, die geraubten Kultbilder unter bestimmten Bedingungen zurückzugeben und den lokalen Kult kontrolliert wiederherzustellen.

1.4.2. Das Volk

Im Unterschied zu Mesopotamien erscheint im Alten Testament mehrfach ein Kollektiv als Urheber eines Kultbildes oder Kultobjektes: Das (israelitische bzw. judäische) Volk. Anders als bei den oben besprochenen Belegen der Königebücher, die die Bilder auf die Initiative einzelner Könige zurückführen, kann es sich bei diesen Angaben jedoch keinesfalls um historisch verwertbare Informationen handeln. Zu pauschal, unkonkret und

---

[1710] Vgl. z.B.: LAS 292 = SAA X, 350 (Sargonstatuen in Borsippa); LAS 286 Rs. 5ff = SAA X, 358 (Ash. in Ezida von Borsippa oder Etuša in Esagila); LANDSBERGER, BBEA, 8f, und dazu LAS II, 283f (Asarhaddonstatuen in Esagila und anderen Tempeln Babylons).

[1711] Vgl. z.B. die Rückgabe der Götter an Hazael in BORGER, Ash., 53 Ep. 14:6-14, oder die Rückkehr der Götter von Harhar, vgl. LEVINE, Two Neo-Assyrian Stelae, 40:44.

allgemein sind die Vorwürfe gegen das Volk, dessen kultisches Verhalten kaum einen Historiographen auf den Plan gerufen oder interessiert hätte[1712]. Innerhalb der Königebücher erscheinen vergleichbare Passagen als Teil von programmatischen Drohworten (1 Kön 14:15 (Ascheren[1713]))[1714] oder Reflexionen (1 Kön 14:23 (Höhen, Masseben, Ascheren)[1715], 2 Kön 17:(10[1716]).16 (Gußbild/zwei Kälber, Aschera))[1717], die allgemeine Überlegungen darüber anstellen, wieso die Geschichte der beiden Reiche Israel und Juda so enttäuschend verlaufen würde (Erzählsituation Prophetie) bzw. verlief (im Falle einer Schlußreflexion). Die Frage der Verantwortlichkeit wird in diesen Fällen gänzlich von der Person eines Königs abgelöst und auf das Volksganze übertragen und damit "demokratisiert". Die Verlagerung der Schuldfrage auf das Volk, die damit verbundene Pauschalisierung der konkreten Vorfälle der Königszeit sowie deren Enthistorisierung wie auch die späte literarische Gestalt der betreffenden Verse weisen darauf hin, daß diese Passagen zu einer späteren Fortschreibung von 1 und 2 Kön gehören, die an dem ursprünglichen Konzept, dem Aufweis der königlichen Schuld, keinerlei Interesse hatte[1718]. Dies trifft im übrigen auch auf die spätdtr Paränese

---

[1712] In Anlehnung an COGAN, TADMOR, II Kings, 206.

[1713] Zum Plural vgl. FREVEL, Aschera, 541.

[1714] Mit WÜRTHWEIN, Könige, 178, HENTSCHEL, 1 Könige, 92, MCKENZIE, Trouble, 124, ist 1 Kön 14:15 als Zusatz eines späteren Dtr anzusehen. V. 16 bezieht den König (Jerobeam) in die Schuldfrage mit ein, da er der Initiator des Frevels war, so mit DIETRICH, W., Prophetie, 36.

[1715] Zum sekundären Charakter von 1 Kön 14:22b-24 s. WÜRTHWEIN, Könige, 182f (dort DtrN), HENTSCHEL, 1 Könige, 94, MCKENZIE, Trouble, 145. 151f.

[1716] In diesem Vers geht es um die Aufstellung (נצב) der Masseben und Ascheren, weniger um deren Herstellung. Zur spätdtr Datierung s. FREVEL, Aschera, 481.

[1717] 2 Kön 17:(10).16 gehört zu V. 7-18, einer Passage, in der (im Gegensatz zu V. 21-23, wo die Initiative Jerobeams eine Rolle spielt) das Volk für den Niedergang Israels verantwortlich gemacht wird. Mit COGAN, TADMOR, II Kings, 206f, ist davon auszugehen, daß V. 7-18 als spätere Fortschreibung (dort Dtr2) von V. 21-23 (dort Dtr1) anzusehen ist, ähnlich MCKENZIE, Trouble, 141f (nach-dtr Erweiterung). Anders hingegen HOFFMANN, Reform, 128-130, und RÖMER, Väter, 310ff, die für die Einheitlichkeit der V. 7-23 plädieren. Unabhängig von dieser Diskussion (wobei die im folgenden vertretene Herauslösung von V. 16 den von T. Römer für die Einheitlichkeit des Textes in Anspruch genommenen chiastischen Aufbau der V. 6b-23 zerstört) ist für den hier relevanten V. 16 festzustellen, daß er aus dem Kontext herausfällt, da er aus der Manasse-Josija-Antithetik ausbricht (s. SPIECKERMANN, Juda, 222), die Rahmung der Nordreichgeschichte zerstört (s. FREVEL, Aschera, 465 Anm. 1580), und es sich bei אשירה (vgl. V. 10) um eine späte Form des Göttinnennamens handelt (mit FREVEL, ebd.); es legt sich daher (und weil eine unübersehbare Verwandtschaft zu Dtn 4:19 besteht, s. HOSSFELD, Dekalog, 24-26) eine "(mindestens) spätdtr" (so FREVEL, ebd., 465 Anm. 1580) Datierung nahe. Zur Einordnung des späten V. 16 s. weiter WÜRTHWEIN, Könige, 396f, HENTSCHEL, 2 Könige, 80, DIETRICH, W., Prophetie, 42-46 (DtrN). S. jedoch die Analyse von BRETTLER, Ideology, 281f, der V. 16 vorexilisch (einige Zeit nach dem Fall Samarias) ansetzt. Zu V. 19f als tertiärer Erweiterung vgl. COGAN, TADMOR, II Kings, 207.

[1718] Zeitlich ist diese jüngere dtr Bearbeitungsschicht wohl am wahrscheinlichsten in der (spät?)exilischen Zeit anzusetzen, s. auch NELSON, Redaction, 55-63. 123, CROSS, Canaanite

zum Bilderverbot Dtn 4:15-18 und 4:23.25 zu, die einzigen Verse innerhalb des Dtn[1719] (außer Dtn 9//Ex 32 s.u.), in denen ein pluralisches Subjekt mit der Anfertigung eines Kultbildes in Zusammenhang gebracht wird. Laut Dtn und einzelnen spätdtr Passagen der Königebücher galt für das Volk im übrigen eine ähnliche Handlungsrichtlinie wie sie oben für den König festgestellt worden war: Je unerbittlicher es die Zerstörung der Bilder und der Höhenheiligtümer verfolgte, desto mehr konnte es mit Jahwes segensreicher Hilfe rechnen[1720], während die Herstellung einer Statue zum Fluch (Dtn 27:15[1721])[1722] führte. Ähnlich wie der Wille Jahwes von seinen Königen hinsichtlich der Unterstützung der lokalen Kultorte und der Pflege der Kultbilder und Kultsymbole genau das Gegenteil von dem verlangte, was zur gottgefälligen Amtsführung altorientalischer Könige gehörte, war das Volk, wollte es Gottes Volk sein, dazu angehalten, sich genau anders zu verhalten als seine Nachbarn[1723]. Die Gottestreue des Volkes bestand daher gerade nicht in der Pflege der Gottesstatuen und Kultplätze, sondern in der Zerstörung der bereits existenten und der Abstinenz von neuen Figuren und Heiligtümern. Indem das Dtn (und das DtrG) an keiner Stelle die göttliche Beauftragung des Volkes für die Herstellung von Kultbildern, wohl aber für deren Zerstörung erwähnt[1724], überträgt es die mesopotamische Vorstellung von der göttlichen Initiative, die die Anfertigung eines Kultbildes motiviert, auf dessen Vernichtung.

Myth, 285, die mit Dtr2 rechnen. Vertreter des (Göttinger) 3-Stufen-Modells weisen diese Schicht am ehesten DtrN zu, s. KAISER, Grundriß 1, 128.

[1719] Zu Dtn 4 als einem sekundären und mehrschichtigen Nachtrag zu Dtn s. schon DILLMANN, Numeri, 252-261, KNAPP, Deuteronomium, 3-20. 68ff. 161 (V. 15-16a*.19-28, evtl. zeitgleich zur Bilderpolemik in Dtjes), s. auch VON RAD, Theologie I, 229, DOHMEN, Das Bilderverbot, 25. 200-210, PREUß, Deuteronomium, 84-92 (mindestens spätexilisch), MAYES, Deuteronomy, 24-35 (exilisch), BRAULIK, Spuren, 28-33 (exilisch), LOHFINK, Gab es, 359. 367 (spätexilisch), KAISER, Grundriß 1, 94 (V. 15f.19-28 DtrN; spätexilisch-frühnachexilisch), ROSE, 5. Mose, 491. 494ff ("Schicht IV" = nachexilisch), NIELSEN, Deuteronomium, 58-60.63f, VEIJOLA, Redaktion, 258-260 (Grundschicht von DtrN; spät-dtr Bearbeitung (dazu V. 15.16a*.19f.23αba.24-29.31) durch DtrB). Zu einer forschungsgeschichtlichen Übersicht s. jetzt HOLTER, Studies, 91-103. Die Nähe zwischen Dtn 4:28 und den polemischen Passagen in Dtjes, die Verbindung zwischen Dtn 4:32 und Jes 45:18-21, 46:9f, der Gedanke der Einzigkeit Jahwes in Dtn 4:35.39 cf. Jes 43:10-13, 44:6, u.ö. weisen darauf hin, daß Dtn 4:23ff Dtjes mit den bilderpolemischen Zusätzen bereits vorausgesetzt und daher in die spätnachexilische Zeit zu datieren ist. Zu Dtn 4:15ff s.u.

[1720] S. Dtn 7:5f.12ff, 12:2ff und auch Ex 23:24f.

[1721] Zum sekundären (dtr) Charakter von Dtn 27:15 s. DOHMEN, Das Bilderverbot, 231-235, ROSE, 5. Mose, 534 (Schicht III). Eine ähnliche Vorstellung findet sich in Weish 14:8.

[1722] Vgl. dazu die Ankündigung des Landverlustes in Dtn 4:25-27 und die Reflexion desselben in 2 Kön 17:7-18.

[1723] Vgl. dazu auch die klare Handlungsanweisung in Dtn 12:4.30f.

[1724] Vgl. z.B. Dtn 7:5f.25, 12:2f.

In der Schriftprophetie war es nicht üblich, die Herstellung eines Kultbildes einem einzelnen König zuzuschreiben. Zahlreiche Beispiele lassen sich hingegen dafür finden, daß die Entstehung der Figuren der Bevölkerung Israels oder Judas bzw. Samarias oder Jerusalems zur Last gelegt wurde[1725]. Explizite Polemik gegen die Herstellung eines Kultbildes[1726] durch das Volk (bzw. eine Stadt) findet sich in Ez 7:20[1727], 16:17[1728], 22:3f[1729] und den Zusätzen zum Hoseabuch[1730] Hos 2:10[1731], 8:4 und 13:2[1732].

Alle Belege, die das Volk mit der Anfertigung einer Kultstatue in Verbindung bringen, lassen das Geschehen als schuldhafte Handlung und Verstoß gegen Jahwes Willen erscheinen. Bezüge auf die realen kultischen Vorgänge oder handwerklichen Details, die zur der Entstehung eines Kultbildes gehörten, gibt es keine. Häufig wird Gold und Silber (Ez 16:17 (7:20), Hos 2:10, 8:4, 13:2) als das Material erwähnt, dessen man sich bevorzugt

---

[1725] Ez 7:20, 16:17, 22:3f, Hos 2:10, 8:4, 13:2, Am 5:26b (der Halbvers ist eine späte Glosse s. MARTI, Dodekapropheton, 196f, CLEMENTS, כוכב, 90, KOCH, u.a., Amos, 182, SCHROER, Bilder, 270-272, WILLI-PLEIN, Opfer, 31), Jes 2:8 (zur exilischen Entstehungszeit von V. 6-8 s. BARTH, Jesaja-Worte, 222, VERMEYLEN, Du prophète II, 695, FREVEL, Aschera, 482f), Jes 31:7b (zur nachexilischen Datierung s. BARTH, Jesaja-Worte, 91f. 292-294, RUPPERT, Kritik, 89), Jer 2:28 (kollektives "Du"; zum sekundären (dtr beeinflußten) Charakter von Jer 2:26-28 s. FREVEL, Aschera, 363-369, und HARDMEIER, Redekomposition, 25 Anm. 37 und 26 Anm. 38).
Exemplarisch zu verstehen ist die Rede von "dem Menschen" (האדם), der sich Kultbilder anfertigt; sie betrachtet die Herstellung der Figuren nicht nur im partikularen Horizont Israels, sondern universal und gehört in nachexilischen Kontext, s. Jes 2:20 (s. VERMEYLEN, Du prophète I, 143, II, 724, BARTH, Jesaja-Worte, 292-294, KRATZ, Kyros, 201 Anm. 652), Jes 17:7f (s. VERMEYLEN, Du prophète I, 311f, II, 725, FREVEL, Aschera, 505-508), Jer 16:20 (s. KRATZ, Kyros, 206).
[1726] Die Polemik richtet sich gegen Kultbilder, ohne daß die Identität des jeweiligen Gottes genauer spezifiziert wäre. In bezug auf Stierbilder wird allgemein angenommen, daß es sich um Jahwe gehandelt habe, so JEREMIAS, Hosea, 106, EVANS, Origins, 206, SCHMIDT, B.B., Tradition, 78 Anm. 11.
[1727] Zum sekundären Charakter von V. 20aβ s. HOSSFELD, Untersuchungen, 104 Anm. 19, ZIMMERLI, Ezechiel, 182f, POHLMANN, Hesekiel, 120 (V. 19b-20). Anders BERTHOLET, Hesekiel, 26f, der nur mit redaktioneller Überarbeitung (V. 20aβ (nur שקוציהם) und 20b) rechnet.
[1728] Zum sekundären Charakter von V. 17f s. BERTHOLET, Hesekiel, 61, PREUß, Verspottung, 176f (Nachtrag von Ezechiel), ZIMMERLI, Ezechiel, 353, POHLMANN, Hesekiel, 230f (V. 16-19). Wenig Zuverlässigkeit traut auch SCHROER, Bilder, 191, der Stelle zu.
[1729] Mit BERTHOLET, Hesekiel, 79f, ZIMMERLI, Ezechiel, 504f, HOSSFELD, Untersuchungen, 111-117. 149, PREUß, Verspottung, 152f. 174, sind die Verse Ezechiel zuzusprechen. Anders HÖLSCHER, Hesekiel, 116-118.
[1730] S. Anm. 1463.
[1731] Nach MARTI, Dodekapropheton, 25, JEREMIAS, Hosea, 44, YEE, Hosea, 118, umfaßt der Zusatz V. 10b. M.E. ist nur עשו לבעל sekundär so mit WOLFF, Hosea, 45, WACKER, Figurationen, 200f mit Anm. 64.
[1732] Zur sprachlichen Nähe zwischen Hos 13:2, dem spätdtr 2 Kön 17:16 und Dtn 9:12 s. DOHMEN, Das Bilderverbot, 52.

bediente. Ez 16:17 und (die Endgestalt von) Hos 2:10[1733] bringen dabei zusätzlich den Aspekt mit ein, daß das Volk die Edelmetalle nicht als Gabe Jahwes erkannte und diese zudem pervertierte, indem es sie als Material für Götterbilder mißbrauchte. Von einer Einweihungszeremonie oder Investitur der Bilder ist nicht die Rede. Sie weisen keinerlei (Ursprungs-) Beziehung zu einer Gottheit auf, erscheinen völlig verdinglicht und dem Belieben des Volkes überlassen. Dennoch werden sie als sichtbarer Ausdruck der geltenden Volksfrömmigkeit hergestellt und kultisch versorgt (Ez 16:17ff u.ö.), ein Geschehen, an dessen Frevelhaftigkeit die polemische biblische Darstellung keinen Zweifel zuläßt.

Der Vergleich mit den oben skizzierten altorientalischen Vorstellungen zeigt, daß die Theologie der Bilder auch hier auf den Kopf gestellt wurde. Bilderkult ohne jedwede göttliche Beteiligung (oder gar gegen den Willen einer Gottheit) entsprach nicht den Kultformen, die als legitim angesehen wurden. Bilder mußten, um wirkungsmächtig zu sein, auf den Willen und die Initiative wenigstens eines Gottes zurückgehen; ihre Materialien waren von Göttern gestellt worden, die über neue Figuren hoch erfreut waren und die menschlich-göttliche Zusammenarbeit mit Segen belohnten. Die Tatsache, daß die Herstellung der Figuren (laut alttestamentlicher Darstellung) nicht mit Jahwes (oder eines anderen Gottes) Willen motiviert werden konnte, er (und kein anderer Gott) die Edelmetalle explizit keinesfalls bereitstellte, damit man daraus Statuen fertigte, und letztere ihn keinesfalls erfreuten, sondern seinen Zorn und Strafe provozierten, ließ die Bilder weder als Jahwebilder noch als Repräsentationen anderer Götter sinnvoll und wirkmächtig erscheinen. Eine völlige Verkehrung des altorientalischen Bilderglaubens und des priesterlichen Umganges mit den Figuren bedeutet es, wenn Ez 22:3f unterstellt, daß sich die Stadt durch die Bilder, die als personifizierte Unreinheit גלולים charakterisiert werden, verunreinigt (טמא[1734]) und damit Unheil anzieht: Der Ordnungsbereich der Stadt wird durch die Statuen verletzt und das Chaos bricht herein[1735]. Wie oben dargestellt, setzten mesopotamische Priester komplizierte Rituale in Gang, um die vollkommene Reinheit der Statuen zu gewährleisten. In bezug auf das Verhältnis eines Kultbildes zu einer Stadt befürchteten sie gerade das Gegenteil von dem, was in Ez 22:3f beschrieben ist: Nicht die Stadt verunreinigt sich durch die Figuren, sondern die Figuren durch die Stadt. Ein neues Bild, das das Mund-

---

[1733] In bezug auf Holz kommt derselbe Gedanke in der LXX-Übersetzung von Jes 44:14 (ארן statt אָרֶן) zum Ausdruck.

[1734] Zur Verbindung dieses Begriffes mit den גלולים, שקוצים u.ä. bei Ezechiel s. ANDRÉ, טמא, 361-363. Dieselbe Vorstellung zeigt sich (in bezug auf den Tempel) auch in Jer 32:34.

[1735] Zu den Zusammenhängen zwischen Reinheits- und Ordnungsvorstellungen s. WILLI-PLEIN, Opfer, 42-45.

waschungsritual durchlaufen hatte, war Nucleus und Inbegriff der geltenden Ordnungen (zu den "me" s. S. 23) und "so rein wie das Himmelsinnere"; erst sein Gang durch die Stadt konnte es mit den verschiedensten Unreinheiten kontaminieren, so daß es vor der Stadt geschützt werden mußte. Indem Ez 22:3f (s. auch Ez 23 passim) die Stadt durch die Götterfiguren gefährdet sieht, wird das geltende Verhältnis umgekehrt: Das Bild wird nicht mehr durch die Stadt, sondern die Stadt durch das Bild in Gefahr gebracht.

Ein weiteres Kollektiv, dem das Alte Testament die Anfertigung eines Kultbildes zuschreibt, sind die fremden Völker, zu deren gängiger Kultpraxis die Figuren gehörten (2 Kön 17:29-31[1736]). Der Text, der die negative Sicht Nordisraels teilt, die vor allem aus den Büchern Esra und Nehemia bekannt ist, versucht die synkretistischen Riten in Samaria zu erklären[1737]. Da es sich um eine Polemik der zurückgekehrten Exilsgemeinde gegen die autochthone Landesbevölkerung handelt, ist er nicht daran interessiert, die Kult- oder Bilderpraxis der "Fremden" neutral zu schildern, sondern deren Götter als Machwerk zu diskreditieren.

1.4.2.1. Das Volk und sein Priester: Ex 32

Der Gedanke der kollektiven Herstellung und damit Schuld zeigt sich vor allem auch innerhalb der paradigmatischen Erzählung von Ex 32, die von Jerusalemer Perspektive[1738] aus die Herstellung eines Kultbildes und den Stierkult des Nordreiches[1739] anprangert. Während die ursprüngliche Fas-

---

[1736] Zu den Gottheiten vgl. COGAN, TADMOR, II Kings, 211f, SCHROER, Bilder, 242-253, sowie zu Aschima s. COGAN, Ashima, 195-197. Gegen COGAN, TADMOR, II Kings, 210f, ist עשׂה+GN nicht unbedingt polemisch zu verstehen; *epēšu* d.NN ist ein analoger neutraler Ausdruck.

[1737] S. dazu WÜRTHWEIN, Könige, 403, AHLSTRÖM, History, 678f, und grundlegend MACCHI, Controverses, 87ff, der die nachexilische Datierung von 2 Kön 17:24-33.41 nachweist; so auch WÜRTHWEIN, Könige, 398ff. Kaum überzeugend erscheint die Argumentation von COGAN, TADMOR, II Kings, 299, daß es sich in V. 24-33 um projosijanische Propaganda handle, die Josijas Programm im Norden unterstützen wollte; vorexilisch wird der Text auch von COGAN, For We, 286-292 angesetzt.

[1738] So schon MOWINCKEL, Wann, 263.

[1739] Nach MOWINCKEL, Wann, 263 Anm. 6, wird die Reichsteilung und der Kult in Bethel und Dan vorausgesetzt, die theologisch verarbeitet werden. Als theologische Verarbeitung kommt jedoch primär 1 Kön 12 in Frage, ein Text, der durch Ex 32 paradigmatisch ausgeführt wird. Zu Ex 32 als Kommentar zu 1 Kön 12 vgl. NOTH, ÜP, 157-160, ABERBACH, SMOLAR, Aaron, 135ff, BAILEY, Calf, 97 Anm. 2, NOTH, Exodus, 202f, NICHOLSON, Exodus, 74f, HOFFMANN, Reform, 307-313, WYATT, Calves, 73. 78f. VERMEYLEN, Veau, 1-23, gewinnt mit seiner These von Ex 32-34 als literarische Verarbeitung der Eroberung Jerusalems ein genaueres Datum (um 587 v. Chr.).

sung[1740] Aaron für die Existenz der Kultfigur verantwortlich macht[1741] (Ex 32:(1-)4a.23f.35bβ), sind es die dtr Zusätze Ex 32:(4b).8.20.31.35bα[1742]//Dtn 9:12.16.21[1743] (siehe auch Ps 106:19f und Neh 9:18), die davon künden, daß das Volk das Bild angefertigt habe. Dennoch läßt sich in keinem Stadium des Textes bezüglich der Urheberschaft des Bildes ein Gegensatz konstruieren, da das Volk von Anfang an an Aarons Tätigkeiten maßgeblich beteiligt war: Es war Initiator des Geschehens und stellte die Materialien bereit. Individuelle und kollektive Schuld sind in der Grundschicht eng miteinander verwoben, während die dtr Fortschreibung den Schwerpunkt ein-

---

Zu den Ähnlichkeiten zwischen Ex 32 und 1 Kön 12 s. ABERBACH, SMOLAR, Aaron, 129-134, HAHN, Kalb, 304-313, DOHMEN, Das Bilderverbot, 102f. 145f, AHLSTRÖM, History, 553f. AHLSTRÖM, ebd., 553f Anm. 2, nimmt für 1 Kön 12:26-28 und Ex 32 sogar denselben Autor an, eine These gegen die die Unterschiede beider Texte sprechen. Zu den Differenzen zwischen Ex 32 und 1 Kön 12 s. HAHN, Kalb, 312, KNOPPERS, Aaron's Calf, 97ff.

[1740] Die Trennung der verschiedenen literarischen Schichten von Ex 32 ist sehr umstritten. Eine Übersicht der älteren Rekonstruktionsversuche bietet HAHN, Kalb, 101-143, VALENTIN, Aaron, 214-269. Zu neueren literarkritischen und redaktionsgeschichtlichen Modellen und Thesen zur Zugehörigkeit der "Grundschicht" s. DOHMEN, Das Bilderverbot, 96-100 (JE-Vorlage), WEIMAR, Kalb, 142-148 (JE), ZENGER, Exodus, 227-229 s. auch Anm. 117 (JE), CROSS, Canaanite Myth, 73. 198-200 (E), SCHARBERT, Exodus, 121 (E), MOMMER, Verhältnis, 58 (E), TOEWS, Monarchy, 130ff, VERMEYLEN, Veau, passim, der nur in Ex 32:15f E, ansonsten jedoch vier dtr Redaktionen und eine P-Redaktion annimmt; s. auch die Übersicht in HOSSFELD, Du sollst, 89 Anm. 20, KNOPPERS, Aaron's Calf, 93 Anm. 2.
Anders BRICHTO, Calf, 1-44, MOBERLY, Mountain, passim, als wenig ergiebiges Votum für die Exegese der "Endgestalt". M.E. läßt sich über die Grundschicht nur sagen, daß sie bereits 1 Kön 12 voraussetzt (s. Anm. 1739) und stärker priesterliche Fragestellungen (die Rolle des Priesters bei der Führung des Volkes, Altarbau, Opfer) in den Blickpunkt rückt, was frühestens auf eine exilische Entstehungszeit weist, s. auch HOFFMANN, Reform, 307 Anm. 50.

[1741] Anders NOTH, Exodus, 200f, der das Volk als Subjekt der Grundschicht ansieht. Zu weiteren Versuchen, Aaron aus der Geschichte zu entfernen, s. HAHN, Kalb, 216 mit Anm. 24.

[1742] Zu diesen Versen als dtr Zusätze vgl. (mit leichten Abweichungen) DOHMEN, Das Bilderverbot, 67ff. 96-100; obwohl die dtr Überarbeitung von Ex 32 kaum bestritten ist, bestehen Differenzen in der Zuweisung einzelner Verse, s. die Übersicht in HAHN, Kalb, 142f. Anders HOFFMANN, Reform, 307, der ganz Ex 32 als dtr Kreation verstehen will. Mit RÖMER, Väter, 260-265, gehört V. 13 zu einem nach-dtr Redaktor. Zur kaum wahrscheinlichen Zuweisung von Ex 32:9-14 an JE oder eine proto-dtn Schicht s. den Überblick in RÖMER, Väter, 259 Anm. 1373f.

[1743] Zum dtr Charakter von Dtn 9:7ff s. NOTH, ÜSt I, 17, DIETRICH, W., Prophetie, 96 (DtrN), HOFFMANN, Reform, 307, PREUß, Deuteronomium, 102f. HAHN, Kalb, 246-248, gibt einen Überblick über die verschiedenen (von der älteren Forschung vertretenen) Zuordnungsmöglichkeiten von Dtn 9:7b-10:11, Verse, die schon früh (Bertholet) als Interpolation erkannt worden sind. Nach ROSE, 5. Mose, 507ff, ist Dtn 9:7ff zeitgleich zu Dtn 4 ("Schicht IV" = nachexilisch); diese Verbindung spielt auch für VEIJOLA, Redaktion, 262f, eine Rolle, wenn er hier wie dort einen schmalen Grundtext von DtrN und eine breite Bearbeitung durch DtrB annimmt.

deutig auf letztere verschiebt[1744]. Wie bereits gesehen wurde, ziehen sowohl die Grundschicht als auch die dtr Zusätze deutliche Verbindungen zu 1 Kön 12[1745], wobei erstere weniger, letztere mehr an der Kollektivierung von Schuld interessiert sind, einer Dimension, die 1 Kön 12 noch fehlte. In bezug auf den dtr Jungstier des Volkes wird deutlich, daß es sich um ein metall(überzog)enes Kalb handelte[1746], dem kultische Verehrung zukam und das durch die Bevölkerung mit dem Exodusgeschehen verbunden (Akklamation) und damit als Jahwebild identifiziert wurde. Da diese Handlungsweise sündhaft war, wurde das Volk von Gott bestraft. Das Kalb wurde durch Moses vollständig vernichtet, wodurch es als durch und durch "unjahwistisch" und "fremd"[1747] angeprangert wurde. Während in der Grundschicht nur von der Herstellung, jedoch nicht von der Vernichtung des Kalbes die Rede war, erreichten es die dtr Zusätze (V. 20), daß die Erzählung den kompletten "Lebenslauf" eines Kultbildes von seiner Entstehung bis zu seiner Zerstörung schilderte (so dann auch Dtn 9:12-21). Damit war für Aarons Stierbild ein Spannungsbogen eingeführt, der dem der Geschichte des Heiligtums von Bethel in den Königebüchern entsprach (1 Kön 12:26ff und 2 Kön 23:15). Auch wurde die Handlungsweise des Aaron durch die dtr Zusätze stärker der des Moses gegenübergestellt; Aarons Tätigkeiten erscheinen analog zu Jerobeams kultischen Maßnahmen in Bethel[1748], während sein Gegner Moses analog zu Josija agiert[1749].

Im Gegensatz zu der dtr Schuldzuweisung an das Volk läßt der Herstellungs"bericht" der Grundschicht (Ex 32:1-4a.5f.15aα[1750].19.21-24.35bβ[1751]) erkennen, daß die Entstehung eines Kultbildes nicht immer nur einem König oder dem Volk (s.o.) zu verdanken war; auch ein Priester konnte in dieser

---

[1744] In Dtn 9:7ff ist es schließlich nur noch das Volk, das das Kalb anfertigt und sich schuldig macht; ihm steht der große Einzelne (Moses) gegenüber, der versucht, das Verderben aufzuhalten.

[1745] Zu den Ähnlichkeiten der Texte s. Anm. 1739.

[1746] Die Beschaffenheit der Kultfigur spielt weder in der Grundschicht noch in den Überarbeitungen eine besondere Rolle, so mit SCHROER, Bilder, 90.

[1747] Moses zerstört das Kalb wie ein fremdes Kultobjekt, so mit KNOPPERS, Aaron's Calf, 102. Zur rituellen Zerstörung der Figur s. HAHN, Kalb, 195-212, SCHROER, Bilder, 88f, FRANKEL, Destruction, 330-339.

[1748] So schon ABERBACH, SMOLAR, Aaron, 129ff, VALENTIN, Aaron, 290. Zu Aarons Verbindung zu Bethel s. TOEWS, Monarchy, 95-99, VAN DER TOORN, Migration, 373.

[1749] Als Zerstörer des Stierbildes fungiert Moses (auf der literarischen Ebene) als Vorbild Josijas, so mit HOFFMANN, Reform, 312f, HAHN, Kalb, 312.

[1750] Ohne ויסף so mit HAHN, Kalb, 116, DOHMEN, Das Bilderverbot, 97.

[1751] Zur Rekonstruktion dieser Grundschicht (mit einigen Abweichungen) s. DOHMEN, Das Bilderverbot, 67ff. 96-100. Am wenigsten überzeugt seine Differenzierung zwischen JE-Vorlage (1ab+.2-4aα.5aβ.6abβ.15aα+.19aαaβ+bα+.21.22abα.23.24abα.25aαbα.30.31abα.33a. 34aα+b) und JE (4aβ.19aβ+bα+.24bβ.35ab+) (s. schon UEHLINGER, Rezension Dohmen, 417) sowie seine Analyse der V. 30-34 (dazu besser HAHN, Kalb, 134-136).

Hinsicht tätig werden, Individuum und Gemeinschaft konnten zusammenarbeiten: Es war der Wille des Volkes, der die Herstellung der Statue
initiierte und es war die (laut Erzählsituation) einzig verfügbare Führungsperson, die diesem Willen entsprach[1752]. Das Volk übernahm die Rolle des
Auftraggebers, weil es, wie immer im Alten Testament, keinen göttlichen
Auftraggeber gab. Das Kalb stand von Anfang an unter einem negativen
Vorzeichen, da es lediglich auf Volkes Stimme und nicht auf eine Offenbarung zurückging. Aaron organisierte daraufhin die Materialbeschaffung in
Form einer Kollekte, die den vorhandenen Schmuck in einem Beutel sam-
melte[1753]. Das gemeinsame Engagement des Volkes für die Bereitstellung
des Materials bringt zum Ausdruck, daß alle an dem Entstehenden beteiligt
und dafür verantwortlich waren[1754]. Die Materialspende für ein Kultobjekt
war ein religiöser Akt und eine Form des Dienstes an Gott[1755]. Die Bereitstellung des Schmuckes an sich war keine anrüchige Sache[1756], konnte man
doch auch für jahwegefällige Kultobjekte spenden. Das Problem entstand
erst dann, wenn das Material zweckentfremdet wurde, indem es nicht *für* (so
z.B. Ex 35:4-29, 1 Chr 29:6-9), sondern *gegen* Jahwe (so Ex 32, Ez 16:17,
Ri 8:22-27 u.ö.) eingesetzt wurde.

In der Grundschicht von Ex 32 bestand Aarons Rolle darin, als erster Ansprechpartner des Volkes (nicht Gottes!) aufzutreten und diesem seine
Hände zu leihen. Als Priester übernahm er in diesem Zusammenhang auch
Aufgaben, die in assyrischen Texten und den Königebüchern nur dem
König[1757] zukamen: Er leitete alle Schritte in die Wege, um das Kultbild
herzustellen, indem er die Materialbeschaffung organisierte. Zudem wurde
er handwerklich tätig, jedoch ohne dazu besonders befähigt zu sein. König-

---

[1752] Zahlreiche Exegeten, s. HAHN, Kalb, 21f, DOHMEN, Das Bilderverbot, 67, gehen von
einer Drohung des Volkes, ausgedrückt durch קהל על aus. Es mag sich dabei um eine späte Interpolation handeln, die Aaron entlasten sollte, so mit DOHMEN, ebd.

[1753] Zu dieser Interpretation von ויצר אתו בחרט s. HAHN, Kalb, 155-157, SCHROER, Bilder,
86f. Zu anderen Deutungen s. HAHN, ebd., 145ff.

[1754] Die These, daß Aaron mit seinem Spendenaufruf versucht habe, die Herstellung des
Kultbildes hinauszuzögern (zu den Vertretern dieser Position s. HAHN, Kalb, 26f, der sich ihr
anschließt), psychologisiert und entbehrt jeder Grundlage. Sie verkennt, daß die Bereitstellung des Materials im Alten Orient wie im Alten Testament ein Motiv ist, mit dem bei Her-
stellungsprozessen von Anfang an geklärt wird, in wessen Verantwortlichkeit das Produkt gehört, und wer die (positiven wie negativen) Konsequenzen dafür zu erwarten hat. Daher ist es
im Sinne der Haftung des ganzen Volkes notwendig, daß Männer wie Frauen Schmuck stifte-
ten (s. Ex 32:2), ein Sachverhalt, den LXX bereits nicht mehr verstanden hat (indem sie in V.
2 בניכם wegließ).

[1755] S. MUFFS, Joy, 108ff, auch ZIMMERLI, Spendung, 515f, und in bezug auf Ex 32 ebd.,
516-525.

[1756] Gegen SCHROER, Bilder, 86.

[1757] Zu den Aufgaben eines Königs im Rahmen der Herstellung eines Kultbildes s. S.
94ff.

liche Aufgaben nahm er auch wahr, indem er die kultische Versorgung und ein Einweihungsfest[1758] organisierte (V. 5f). Eine Einweihungszeremonie des Bildes wird nicht berichtet[1759]. Die Tatsache, daß Aaron in Ex 32 die er- wähnten königlichen Aufgaben übernahm, deutet darauf hin, daß für die Grundschicht von Ex 32 Priester (nicht etwa Könige, Handwerker oder das "Volk") diejenigen waren, die für die Entstehung von Kultbildern und die Einrichtung ihrer Versorgung zuständig waren; damit stellt sich die Grund- schicht von Ex 32 gegenüber dem Konzept der Königebücher, das die kö- nigliche Verantwortung betont, als alternativer oder komplementärer Ent- wurf dar, wenn auch nicht zu übersehen ist, daß die Erzählsituation von Ex 32 die Beteiligung eines Königs ausschließt.

Im Hinblick auf das Verständnis des Kultbildes der Grundschicht ist die Mo- tivation des Bildes interessant: Es wird verlangt, weil das Volk eine göttlich autorisierte Führungsinstanz braucht, die den Kontakt zur Gottheit hält. Durch Moses Abwesenheit glaubt das Volk beides verloren; das Kultbild sollte daher die Handlungsbeziehung des Moses (Führung) übernehmen und wie jedes "richtige" Gottesbild (in seiner Ursprungsbeziehung) mit Jahwe verbunden sein[1760]. Da bereits dieses Stadium des Textes keinen Zweifel da- ran läßt, daß Jahwe seine Verehrung im Stierbild ablehnt, erscheint die Sta- tue als Substitut für echte Gottesgegenwart und für die eines autorisierten Repräsentanten. Ihre Anfertigung führt denn auch hier nicht zum Segen des Herstellers, sondern zu dessen Bestrafung (V. 35).

Ein Blick in den weiteren Kontext von Ex 32 zeigt, daß die handwerkliche Fertigung des Kalbes in scharfem Kontrast zu der Herstellung der Stiftshütte steht[1761], die auf Jahwes Anordnung und mit seiner Betreuung vonstatten geht. Die Kapitel Ex 25-31.35-40 bieten das Musterbeispiel der kultisch kor- rekten Anfertigung von Kultobjekten. Dadurch daß Jahwe Moses den Auftrag erteilt, Ort und Zeitpunkt des Arbeitsbeginnes bestimmt, Moses ein Modell zur Verfügung stellt, die Handwerker namentlich aussucht und sie

---

[1758] S. dazu HAHN, Kalb, 286-294, TOEWS, Monarchy, 86-107.

[1759] Der dtr Akklamationsruf kann kaum für eine Einweihungs*zeremonie* in Anspruch ge- nommen werden, gegen SCHMIDT, B.B., Tradition, 90.

[1760] Es ist m.E. daher nicht sachgemäß, zwischen dem Kultbild als Ersatz Moses oder Jah- wes eine allzu scharfe Grenze zu ziehen, insofern ist die Diskussion, referiert bei HAHN, Kalb, 23, unnötig. Kaum überzeugend scheint auch der Versuch von DOHMEN, Das Bilderverbot, 141-145, die Führungs- von der Stierbildproblematik zu trennen und jeweils auf verschiedene literarische Schichten zu verteilen.
Zu Recht konnte sich EISSFELDT, Lade, 282-305, gefolgt von DEBUS, Sünde, 39, mit seiner These von den Stierstandarten als Führungssymbol nicht durchsetzen, s. HAHN, Kalb, 335. Neuerdings nahm JANZEN, Calf, 605f, den Gedanken eines "military emblem" wieder auf.

[1761] Mit Hurowitz ist festzustellen, daß der Baubericht von P auch Ex 32 sprachlich, stili- stisch und strukturell beeinflusst hat, s. HUROWITZ, Golden Calf, 51-59. 9f, DERS., I Have Built, 111.

mit Weisheit begabt, den Befehl zur Materialbeschaffung gibt (der zu freiwilligen Spenden des Volkes führt), den Herstellungsprozeß begleitet und das Volk abschließend segnet, enthält diese Erzählung alle Elemente, die das Produkt als gottgefällig und kultisch vorschriftsmäßig entstanden erscheinen lassen[1762]. Die Anfertigung des Kalbes weist in dieser Hinsicht nur Defizite auf, so daß das Kultbild in krassem Gegensatz zur Stiftshütte steht. Wenn die Entstehung des Zeltheiligtums das Paradigma des "idealen Herstellungsvorganges" ist, "durch den der ideale nachexilische Tempel entsteht"[1763], während die Anfertigung des Kalbes das negative Exempel ist, das auf das Heiligtum von Bethel (und Dan) zu beziehen ist (worauf die Bezüge zu 1 Kön 12 schließen lassen), so ist der Zweite Jerusalemer Tempel für die Priesterschrift nicht nur im Kontrast zur Herstellung des Ersten Tempels[1764], sondern auch zum Heiligtum von Bethel (und Dan) entworfen.

Abschließend ist noch auf einen weiteren Gegensatz zu verweisen, bei dem das Kalb eine maßgebliche Rolle spielt. Es handelt sich um seine Konkurrenz zu den Tafeln, deren Erstausgabe von Moses angesichts des tauromorphen Kultbildes zerbrochen wurde (V. 19). Der Kontrast zwischen Kalb und Tafeln erscheint umso krasser, als die priesterschriftliche Redaktion von Ex 32:15aβ-16[1765] redundant davon zu berichten weiß, daß diese ein Werk Gottes (im Gegensatz zum Menschenwerk Kalb[1766]) waren und Gottes Schrift zeigten. Die Erzählung von der Herstellung der Ersatztafeln in Ex 34:1-5 legt großen Wert darauf, festzustellen, daß diese auf kultisch korrekte Weise angefertigt wurden. Dies geht daraus hervor, daß ausgeführt wird, daß Jahwe den Auftrag für die Herstellung der Tafeln erteilt sowie den Zeitpunkt und den Ort ihrer Anfertigung offenbart hatte. Die Konkurrenz zwischen dem nur unter gemeinsamer menschlicher Anstrengung entstandenen Stierbild Aarons und den Tafeln, deren Erstausgabe durch Jahwe (Ex 24:12, 31:18), deren Zweitauflage durch seine Zusammenarbeit mit Moses geschaffen worden war, ist nicht zu übersehen. Tafeln bzw. Tora statt Stierbilder[1767] ist die Antwort, die in der vorliegenden Gestalt von Ex 32 in

---

[1762] S. dazu BERLEJUNG, Handwerker, 156-160.

[1763] S. BERLEJUNG, Handwerker, 156 Anm. 37.

[1764] S. dazu BERLEJUNG, Handwerker, 156f mit Anm. 38. 168.

[1765] So schon NOTH, Exodus, 204, s. auch HAHN, Kalb, 116-119. 140.

[1766] So mit RUDOLPH, Elohist, 50.

[1767] In dieselbe Richtung weist die Verwendung des Begriffes פסל im Zusammenhang mit der Anfertigung der Tafeln (Ex 34:1.4), s. dazu DOHMEN, Das Bilderverbot, 145, und FREVEL, Ort, 86 Anm. 102. Zu einem von einer Gottheit geschriebenen Text anstelle eines Kultbildes als Verehrungsobjekt s. DIODORUS SICULUS, Buch V 46:7 (mit Oldfather's (ebd., 227 Anm. 2) Hinweis auf Laktanz, Inst. div. I 11 auf eine von Jupiter Triphylius beschriebene Stele). Zur Tora als Ersatz eines Kultbildes s. 1 Makk 3:48. S. nun auch VAN DER TOORN, Book, passim.

der Verbindung mit Ex 34:1-5 dem Volk gegeben wird, das sich eine sichtbare Gottesgestalt wünscht.
Diese Tafeln sind es letztlich, auf die sich das Volk verlassen soll, denn weder Bilder noch (aaronidische) Priester haben sich am Sinai als Vertreter Jahwes oder Zeichen seiner Gegenwart bewährt.

1.4.3. Die Handwerker

Der folgende Abschnitt wird sich nicht allgemein mit dem israelitischen Handwerk[1768] beschäftigen, sondern mit den Handwerkern, die als Bedienstete des Tempels Gottesbilder für den offiziellen Kult hergestellt haben. Nun ist es jedoch (leider) so, daß die Tempelhandwerker des Alten Testaments nur bei der Herstellung und Renovierung von Tempel bzw. Tempelzelt, Kultgerät und Lade zum Einsatz kommen[1769]. Sowohl im DtrG als auch in der Priesterschrift arbeiten die Handwerker im Rahmen des "sakralen Kunsthandwerkes" im Team mit Jahwe zusammen, der sie (in der Rolle des Weisheitsgottes und des betroffenen Gottes) betreut und unterstützt. Die Handwerker des DtrG sind dabei zusätzlich von der Finanzkraft und dem Wohlwollen ihres königlichen Auftraggebers abhängig, hinter den sie häufig zurücktreten. Wenn sie kultische Gegenstände im Umfeld des legitimen Jahwekultes herstellen, wird ihre Tätigkeit als Zusammenarbeit mit Jahwe verstanden, der ihnen Begabung, Weisheit und Sachverstand verleiht. Dieses Konzept zeigt sich besonders deutlich in der Priesterschrift, in der die *Handwerker Jahwe ihre Hände leihen*, indem sie für die praktische Seite der Herstellung zuständig sind, während Jahwe sie betreuend begleitet[1770]. Daraus läßt sich ersehen, daß es sich bei Handwerkern nicht einfach um Menschen handelt, die mit ihren Händen arbeiten und ihrem Auftraggeber Folge leisten, sondern um Fachleute, Gelehrte und Weise[1771], die auf die Inspiration Jahwes angewiesen sind. Da der Charakter der Hersteller und des Herstellungsvorganges auf das Hergestellte Auswirkungen zeigt, ist das Produkt dieser gemeinsamen Anstrengung von Jahwe und Handwerkern sichtbarer Beweis von Gottes Schöpfungswillen und dauerhaft mit diesem verbunden.
Dieses Konzept, das davon ausgeht, daß die Herstellung kultischer Objekte nur durch göttliche Mitarbeit zu realisieren ist, verbindet das DtrG und die

---

[1768] Zum Handwerk in Israel vgl. BERLEJUNG, Handwerker, 153f Anm. 28, KREISSIG, Juda, 56-65 (nachexilische Zeit), HELTZER, Crafts, 278-283.
[1769] Dazu und zum folgenden BERLEJUNG, Handwerker, 153ff.
[1770] Vgl. dazu BERLEJUNG, Handwerker, 158.
[1771] Vgl. BERLEJUNG, Handwerker, 154 mit Anm. 31.

Priesterschrift mit der oben skizzierten mesopotamischen Tradition. Umso krasser sticht hingegen die biblische Darstellung von diesem Modell ab, wenn es sich um Kultobjekte handelt, die außerhalb des als korrekt angesehenen Jahwekultes angefertigt werden: Zwischen Jahwe und dem Hersteller eines Kultbildes, gleichgültig ob es sich dabei um einen König, Priester, das Volk oder einzelne Handwerker handelt, kommt es zum Bruch. Für die Handwerker bedeutet das, daß ihre Bemühungen ohne göttliche Hilfe bleiben, so daß sich ihre Produkte ausschließlich menschlichen Anstrengungen verdanken und der irdischen Ebene verhaftet bleiben. Die Tätigkeit der Handwerker wird in diesen Fällen als inspirationslose Imitation von Gottes Schöpferhandeln diskreditiert, so daß alle Objekte, die auf diese Weise entstehen, zu Jahwes Schöpfungen in Konkurrenz stehen, einer Konkurrenz, der sie bereits aufgrund ihrer Herkunft selbstverständlich nicht standhalten können. Da auch in diesem Zusammenhang der Grundsatz gilt, daß der Charakter des Herstellers und des Herstellungsvorganges den Charakter und die Qualität des Hergestellten prägt, ergibt sich aus einem derartigen Fertigungsprozeß ein menschliches Machwerk, das im Kult nichts zu suchen hat. Im folgenden sei nun auf die Polemik gegen die Handwerker in Jes 40:19f, 41:6f, 44:9-20, 46:6f, Jer 10:1-16, Ps 115, Ps 135 und Hab 2:18f eingegangen, die das Handeln dieser Personengruppe zum Zielpunkt ihrer Angriffe macht. Die alttestamentliche Darstellung legt keinerlei Wert darauf, die Identität dieser Menschen festzustellen oder ihre wirtschaftliche Situation (selbständig, Bediensteter des Tempels oder Palastes) nachzuzeichnen, so daß sich kaum feststellen läßt, ob es sich um Handwerker handelt, die Aufträge für den offiziellen oder privaten Kultgebrauch ausführten. Im ganzen kann man sich des Eindrucks kaum erwehren, daß die Differenzierung zwischen offiziellem – lokalen – privaten Kult keine Rolle spielt. Es handelt sich um den exemplarischen Handwerker, dessen Vorgehen paradigmatisch vorgeführt wird.

1.4.3.1. Die Handwerker bei der Arbeit

Im Zusammenhang mit der Herstellung eines Kultbildes treten in den relevanten Passagen die folgenden *Handwerker* in Erscheinung: Der Goldschmied (צוֹרֵף)[1772] und der Kunsthandwerker (חרשׁ)[1773], hinter dem sich ein

---

[1772] (Partizip Qal von צרף) Jes 46:6, Jes 40:19, Jes 41:7, Jer 10:9.14 = 51:17. Der Goldschmied findet sich auch in Ri 17:4, Bar 6:45, 3:18 (?). Zu seiner Tätigkeit s. SCHROER, Bilder, 205-208.

[1773] Jes 40:19.20 (ergänzt durch חכם), Jes 41:7, 44:11, 44:12 (חרשׁ ברזל), 44:13 (חרשׁ עצים), Jer 10:3.9. Der חרשׁ findet sich auch in Jes 45:16 oder (חרשׁי צידים) Hos 8:6. Weitere Handwer-

Schreiner (חרש עצים)[1774] und ein Schmied bzw. Metallgießer verbergen kann. Jes 44:12 führt zwar den Eisenschmied (חרש ברזל) ein, jedoch ist Eisen kein Metall, das für die Herstellung von Kultbildern benutzt wurde[1775], so daß er und sein Material wohl eher im Vorfeld der eigentlichen Kultbildherstellung zum Einsatz kamen. Ohne daß er konkret erwähnt wäre, ist an dieser Stelle noch der Weber zu ergänzen, der für die Kleider der Bilder zuständig war (Jer 10:9)[1776]. Von Goldapplikationen der Gewänder ist im Unterschied zu Mesopotamien nicht die Rede. Ganz allgemein sind die Bezeichnungen als "Kultbildhersteller" (יצרי־פסל)[1777] oder "Sachverständige" (חכמים)[1778] zu verstehen, die keinerlei Aufschluß darüber erlauben, an welche handwerkliche Herstellungstechnik dabei gedacht war.

Als *Material* für die Statuen findet sich Gold (זהב)[1779], Silber (כסף)[1780] sowie Holz[1781], z.T. genauer differenziert in die Holzarten Sissoo-Baum (*musukannu* = מסכן; Jes 40:20 für ein Podest), Bergtanne[1782]/Zeder (ארז; Jes 44:14), Steineiche[1783] (תרזה; Jes 44:14), Eiche (אלון; Jes 44:14) und Zeder[1784] (ארן; Jes 44:14). Holzmaterialien werden im allgemeinen von den Handwerkern selbst besorgt[1785], die sie z.T. immerhin noch eigens aussuchen. Voll Häme und Polemik ist Jes 44:14-17 (s. auch Weish 13:11-16), wenn davon die Rede ist, daß das Holz als Überrest von Feuerholz nebenbei abfiel. Bei Edelmetallen gestaltet sich die Materialbeschaffung nicht so einfach. Nach Jes 46:6 (Ri 17:4 und anzunehmen hinter Ri 8:24-27) wurden diese den Goldschmieden von ihrem vermögenden Auftraggeber (oder ihrer Auftrag-

---

ker, die Kultbilder herstellen, erwähnt Weish 13:11-16 (Holzarbeiter), Weish 14:2.18f, Bar 6:7f.45 (Künstler), Weish 15:7f.13 (Töpfer).

[1774] Zu seinen Aufgaben s. SCHROER, Bilder, 203f.

[1775] So mit SCHROER, Bilder, 220f. Archäologisch sind Figuren aus Silber, Kupfer, Bronze und Blei nachgewiesen, s. ebd., 207. Zu diesem Material s. McNUTT, Forging, 215ff.

[1776] Zu seiner Tätigkeit s. SCHROER, Bilder, 208f.

[1777] Jes 44:9; יצר findet sich in ähnlichem Zusammenhang auch in Hab 2:18.

[1778] Jer 10:9.

[1779] Jes 40:19 (für רתקות), 46:6, Jer 10:4.9, Hab 2:19 sowie Ps 115:4, 135:15, Bar 6:7.9f.50, Weish 13:10 u.ö.

[1780] Jes 40:19, 46:6, Jer 10:4.9, Hab 2:19 sowie Ps 115:4, 135:15, Bar 6:7.9f.50, Weish 13:10 u.ö.

[1781] Jes 44:13ff, Jer 10:3.8, Hab 2:19 sowie Bar 6:3, Weish 13:11ff.

[1782] Zu dieser Identifikation s. SCHROER, Bilder, 217; ELLIGER, K., Deuterojesaja, 166, denkt an die Zeder oder die "kilikische Tanne", GESENIUS[18] 97, DISI 105 (mit "?"), ZOHARY, Pflanzen, 104f, bleiben bei der Zeder; zu weiteren Identifikationsvorschlägen für die folgenden Baumarten s. ebd., 106-109. 113, ELLIGER, ebd., 429-431, HAL I 83, GALLING, Wald, 356-358.

[1783] S. HAL IV 1649.

[1784] ELLIGER, K., Deuterojesaja, 431, HAL I 87, GESENIUS[18] 101, plädieren für "Lorbeer", doch spricht akk. *erinnu/erēnu* für die Gleichsetzung mit der Zeder.

[1785] Jes 44:14, Jer 10:3, Jes 40:20 s. auch Weish 13:11.

geberin), der (die) ein Kultbild wünschte, zur Verfügung gestellt[1786]. Jer 10:9 erwähnt den Import der begehrten Edelmetalle, Ri 8:24-27[1787] erzählt von Gold, das im Rahmen eines sieg- und profitreichen Feldzuges erbeutet worden ist. Mit Import und Kriegszug sind im Alten Testament die üblichen Beschaffungsmethoden für Edelmetalle benannt.

Interessant erscheint der Ausspruch der Mutter des Lokalherrschers[1788] Michajehu in Ri 17:3, die Silber spendete und es durch das folgende Zitat weihte, bevor sie es dem Goldschmied übergab, der daraus ein Kultbild für Jahwe schaffen sollte:

"Ich weihe Jahwe das Silber feierlich aus meiner eigenen[1789] Hand, um daraus ein Kultbild in Guß/Schmiedearbeit zu machen."

Hier wird deutlich, was oben bereits formuliert wurde: Die Bereitstellung des Materials für ein Kultbild (oder -objekt) war eine kultische Handlung und eine Form des Dienstes an Gott. Sie stellte zwischen dem Auftraggeber und dem durch das geordnete Kultobjekt begünstigen Gott eine dauerhafte Beziehung her, die unter einem guten Stern stand, hatte man die Gottheit

---

[1786] Die Auftraggeber der Handwerker treten auch in Weish 14:15ff in Erscheinung.

[1787] Auch der Lokalherrscher Gideon (Ri 8:24-27 s. KNAUF, Midian, 37-39) konnte sich zwar spontan für die Herstellung eines Ephod für seinen Heimatort Ophra entscheiden, jedoch mußte auch er das Gold besorgen; es scheint sich um eine Weihegabe (zum Dank für den Sieg) gehandelt zu haben. Zum Ephod als Kultgerät (für Orakel) und Gewand s. SCHROER, Bilder, 155-158, GÖRG, Efod, 472f, WILLI-PLEIN, Opfer, 21f, FRITZ, Entstehung, 152.

[1788] So mit AHLSTRÖM, Aspects, 25, DERS., History, 388f, der zu Recht (ebd., Anm. 5) feststellt, daß Michajehus Mutter alle Züge einer "Königinmutter" trägt. Zur Abfassungszeit von Ri 17f s. den Überblick von BARTELMUS, Forschung, 251-253. Die Entstehung der Kultbildes in Ri 17:1-5 trägt deutlich polemische Züge, jedoch läßt sich m.E. kaum mehr feststellen, ob die Erzählung einen älteren neutralen Kern enthielt, der durch verschiedene Eingriffe verzeichnet wurde (s. z.B. NIEMANN, Die Daniten, 61-147. 129-137, DERS., Herrschaft, 208-210, der vor der dtr Redaktion eine "Jerobeam-Redaktion" annimmt, die gegen das vorkönigliche, nicht stierförmige Kultbild von Dan polemisiere; für eine ehedem positive Kultätiologie plädiert z.B. TOEWS, Monarchy, 115-123; von einem alten Kern geht auch VAN DER TOORN, Family, 247-251, aus), oder ob die ganze Erzählung eine spätere Schöpfung ist (so FRITZ, Entstehung, 51 ("nicht vor dem 7. Jh."), PFEIFFER, Polemic, 231 ("post-exilic concoction")). Sicher ist es wahrscheinlich, daß Jerobeam sein religionspolitisches Konzept nicht nur auf der optischen (in Gestalt von Kälbern und Prozessionen), sondern auch auf der literarischen Ebene umsetzte (s.o. Anm. 1683), auch leuchtet Niemanns These vom Gegensatz zwischen dem traditionellen Lokalkult Dans und dem durch Jerobeam I. etablierten Königskult unmittelbar ein, jedoch sehe ich in keiner der Schichten von Ri 17f einen Hinweis darauf, daß neue Stierbilder und alte nicht-stiergestalte Bilder gegeneinander ausgespielt werden. Die Gestalt des Kultbildes von Dan ist in Ri 17f überhaupt nicht von Bedeutung. Die Thematik der Bilderherstellung und das Auftreten einer "Königinmutter" führen (V. 1-4.5) m.E. frühestens in das 7. Jh.; AMIT, Polemic, 18f denkt (mit Hinweis auf die versteckte Polemik gegen Bethel) an die Zeit zwischen 732 und 622 v. Chr.

[1789] לבדי statt לבני mit SCHREINER, Septuaginta, 121 z.St.

doch durch ein Geschenk erfreut. Die dtr Kommentierung in V. 6 weist eigens darauf hin, daß die willkürliche Gestaltung des privaten (Jahwe)kultes nur vor der Entstehung des Königtums möglich gewesen sei.
Als *Werkzeuge* finden sich die Dechsel[1790] (מעצד; Jes 44:12, Jer 10:3), das Schnitzmesser oder Winkelmaß[1791] (מקצעה; Jes 44:13), die Meßschnur (קו; Jes 44:13), der Reißstift (שׂרד; Jes 44:13), Zirkel[1792] (מחוגה; Jes 44:13), Amboß (פעם; Jes 41:7) und Hammer (מקבת; Jes 44:12, Jer 10:4 oder פטיש; Jes 41:7), Drähte (רתקות; Jes 40:19) und Nägel (מסמרים; Jes 41:7 oder מסמרות; Jer 10:4).

Schon HAHN konnte die verschiedenen *Stadien der Entstehung* eines Kultbildes rekonstruieren[1793]; grundsätzlich ist zwischen Bildern mit einem Holz- und einem Metallkern zu differenzieren:
Kultbilder mit einem *hölzernen Kern* wurden hergestellt, indem man 1. Holz aus dem Wald besorgte, 2. die Rinde des Baumes entfernte (Weish 13:11), 3. das Holz mit der Axt grob behaute und den Holzkern herstellte, indem man 4. die Meßschnur ausspannte und die gröberen und feineren Konturen umzeichnete und schnitzte. Anschließend war üblich, daß man 5. den geglätteten Holzkern mit Edelmetallbändern überzog (oder bemalte Weish 13:14), 6. Kleider anbrachte, 7. die Figur aufstellte und befestigte. Davon, daß am Rumpf der Bilder Hals, Kopf, Beine und Arme jeweils separat angesetzt werden mußten, indem man sie mit Holzdübeln bzw. Zapfen befestigte, ist in den Texten nicht die Rede. Vielleicht waren die Figuren so klein, daß man alles aus einem Stück schnitzen konnte. Kultbilder aus Holz und Metallüberzug gingen auf die Zusammenarbeit des Schreiners mit dem Goldschmied zurück. Auf einen Metallgießer konnte verzichtet werden.
Statuen mit einem *Metallkern* fertigte man, indem man 1. eine Gußform anfertigte oder eine der wiederverwendbaren Steatitformen bereitlegte[1794], 2. das Feuer für das Metallschmelzen anfachte, 2. eine Gußfigur anfertigte, 3. evtl. Gußnähte entfernte und Edelmetallbleche glättete, 4. die Gestalt mit den Blechen überzog und silberne Inlays anbrachte, 5. Schmuckteile daran befestigte und 6. die Figur aufstellte. Die Arbeit mit den Edelmetallen gehörte in den Aufgabenbereich des Goldschmiedes, dem ein Metallgießer die geformte und vorbereitete Figur zur Weitergestaltung überließ. Auf die Zusammenarbeit mit dem Schreiner konnte man in diesem Fall verzichten, es sei denn, man wollte die Statue auf einem hölzernen Postament plazieren.

[1790] S. dazu HAL II 581f, SCHROER, Bilder, 203.
[1791] S. dazu HAL II 594, SCHROER, Bilder, 218.
[1792] S. dazu HAL II 538, SCHROER, Bilder, 218.
[1793] HAHN, Kalb, 168f, zu ergänzen durch SCHROER, Bilder, 201ff. Zur Herstellung einer Metallstatue s. auch FITZGERALD, Technology, 431-435.
[1794] Zu den Gußtechniken s. WEIPPERT, M., Metall, bes. 221-223, SCHROER, Bilder, 207f.

Im Vergleich zur Anfertigung einer Kompositstatue in Mesopotamien fällt auf, daß das Anbringen von Fassungen und steinernen Einlegearbeiten sowie das Polieren des Bildes nicht erwähnt wird. Juwelier und Steinschneider, d.h. die steinverarbeitenden Sparten[1795], sind in diesem Zusammenhang nicht aufgeführt, obwohl auch palästinische Götterfiguren steinerne Bestandteile (Augen, Brauen etc.) aufweisen können und spätestens für die Schmuckstücke der Statuen Fassungen und passend geschnittene Steine gebraucht wurden. Die biblische Darstellung ist in dieser Hinsicht offensichtlich lückenhaft; ihr Interesse lag nicht darin, die Ausschmückung der Statuen *en détail* vor- und alle handwerklichen Details möglichst genau aufzuführen. Biblisch nicht überliefert (jedoch auch in Palästina zu erwarten) ist die (vor allem bei mesopotamischen Königen beliebte) Praxis, das Podest der neuen Statue mit dem Namen des für die Herstellung verantwortlichen Auftraggebers oder Materialspenders zu versehen. Dieser konnte auf diese Weise erreichen, sich bei seiner Gottheit dauerhaft in gute Erinnerung zu rufen.

Obwohl die Texte den Eindruck erwecken, daß die Herstellung der Bilder spontane Einzelaktionen waren, läßt sich dennoch erkennen, daß die Herstellung eines Kultbildes mehrerer Faktoren bedurfte:

1. Es mußte wenigstens ein geschulter Handwerker vorhanden sein (Schreiner oder Schmied/Gießer); die Verwendung von Edelmetallen komplizierte den Vorgang, da zusätzlich ein Goldschmied angeheuert werden mußte.
2. Es mußte für eine ausreichende Materialmenge und dessen verarbeitungsfähige Qualität gesorgt werden. Diese Aufgabe scheint wenigstens in bezug auf die Edelmetalle dem jeweiligen Stifter des Bildes zugefallen zu sein.
3. Die Existenz einer Werkstatt mit einem passend ausgestatteten Arbeitsplatz (Wasserversorgung, Feuerstätte, Materiallager (Holz kann man nicht direkt aus dem Wald auf die Werkbank bringen), Werkzeuge) war unabdingbar.
4. Von weiterer Bedeutung war die Existenz einer Infrastruktur, die für den Transport der Materialien (Gold und Silber (und Zinn) mußten nach Palästina importiert werden[1796]) an ihren Verarbeitungsort sorgen konnte.

[1795] Zu den Materialien und Techniken s. WEIPPERT, H., Edelstein, 64-66, DIES., Schmuck, 282-289, bes. 282f.

[1796] Vgl. WEIPPERT, M., Metall, 221, KEDAR-KOPFSTEIN, זהב, 539, GUNDLACH, Goldgewinnung, 734-738, DERS., Goldminen, 740-751, LEEMANS, OTTEN, BOESE, RÜB, Gold, 504-531, STÖRK, Gold, 725-731, sowie FUCHS, R., Silber, 939-946, DERS., Zinn, 1409-1414.

Da die Komplexität der Herstellungsprozedur in Israel im Vergleich zu Mesopotamien erheblich reduziert erscheint, war der Aufwand an Verwaltung, Personal- und Materialbedarf erheblich geringer. Von einer übergreifenden Organisation, die die Handwerker miteinander koordiniert habe, ist in Jes 40 etc., Jer 10:1-16 oder Hab 2:18f nicht die Rede; dennoch muß es Absprachen gegeben haben, wollten zwei Handwerker gemeinsam erfolgreich arbeiten. Die Herstellung der anthropomorphen Kultbilder in den relevanten bilderpolemischen Passagen ist am besten in lokalen oder städtischen Zentren mit einer intakten Infrastruktur und (wenigstens) einer Werkstatt vorstellbar. Im Rahmen ihrer technischen und materiellen Möglichkeiten fertigten die Handwerker Bilder, deren Größe, Qualität und Wert von der Menge und der Qualität des zur Verfügung stehenden Arbeitsmaterials abhängig waren. Je reicher und bedeutender ein Auftraggeber war, desto größer, prunkvoller (und zahlreicher) waren auch seine Götterbilder. Die Tatsache, daß Gold und Silber in der prophetischen (und weisheitlichen) Polemik (sowie in Ri 17:1-5) eine größere Rolle spielen, weist darauf hin, daß die Bilder, von denen die Rede ist, für Angehörige der Oberschicht hergestellt wurden. Für weniger finanzkräftige Leute mußten Terrakotten genügen, die ohne großen Aufwand hergestellt werden konnten[1797].
In den bilderpolemischen Versen ist über das *ikonographische Programm* der Handwerker nur wenig zu erfahren. Die wenigen Angaben lassen darauf schließen, daß es sich um bekleidete, männergestaltige Statuen handelte, die in einem Tempel aufgestellt werden sollten. Über den konkreten Bestimmungsort verlautet nichts. Das ganze Bild wird mit dem Aussehen eines Menschen in Beziehung gesetzt, da ein solcher den Handwerkern als Vorbild diente (Jes 44:13). In diesem Zusammenhang findet sich תבנית, ein Begriff, der die äußere Erscheinungsform bezeichnet, die sichtbar vorgegeben werden muß, damit menschliches Schaffen sie reproduzieren kann (s.o.). Innerhalb des Alten Testaments war es im Rahmen des sakralen Kunsthandwerkes keine anrüchige Sache, ein Modell zu verwenden; das Problem entstand erst dann, wenn sich ein Mensch willkürlich Vorbilder beschaffte (2 Kön 16:10), ohne daß Jahwe dabei beteiligt war. Wie man sich den Jahwe-gefälligen Ursprung und Einsatz eines תבנית vorzustellen hat, führt die Priesterschrift vor Augen: Im Rahmen der kultisch korrekten Herstellung des Zeltheiligtums, das im legitimen Jahwekult eingesetzt werden soll, ist es Jahwe selbst, der den Handwerkern bzw. Moses ein Modell überläßt, das kopiert werden kann (Ex 25:9, 27:8)[1798]. Dieses geht auf Gottes Offenbarung zurück und bringt als erste materiale Manifestation von Jahwes schöpfe-

---

[1797] Zu den Terrakotten s. Anm. 1612. 1335.
[1798] S. dazu BERLEJUNG, Handwerker, 157.

rischem und gestalterischem Willen zuvor Unsichtbares in eine sichtbare Gestalt. Die Handwerker müssen es nur nachbilden, was ihnen mit Jahwes Hilfe auch in seinem Sinn gelingt.

Da den Handwerkern der Kultbilder in den bilderfeindlichen Texten eine derartige göttliche Hilfe verwehrt bleibt, nehmen sie sich selbst das Vorbild, das sie brauchen; sie kopieren willkürlich, was sie sehen: Einen Mann. Das Kultbild wird auf diese Weise zum Abbild eines Menschen (oder eines Stiers Ps 106:20), zur Nachahmung einer bereits sichtbaren irdischen Gestalt. So zeigt sich gerade in Jes 44:13 deutlich, daß die Bilderpolemik den Gedanken voraussetzt, daß ein Bild, das durch einen Menschen gefertigt wird, nur Sichtbares reproduzieren kann. Im Sinn der oben beschriebenen Bilderterminologie handelt es sich daher immer nur um ein Abbild, nie um ein "wirkliches" Bild. Einem Menschen kann es ohne göttlichen Beistand niemals gelingen, Unsichtbares sichtbar zu machen und ins Dasein zu bringen. In dieser Charakterisierung der Möglichkeiten eines Kunsthandwerkers hätte es zwischen den Verfassern der Bilderpolemik (wie auch der Priesterschrift) und altorientalischen Theologen keinen Dissens gegeben; wie oben dargestellt, konnten die Handwerker Mesopotamiens nur mit göttlicher Hilfe "belebungsfähige" Bilder schaffen. Der Unterschied bestand nur darin, daß die Bilderverehrer sicher waren, an einer solchen Hilfe teilzuhaben, während die Vertreter der Bilderpolemik diese Möglichkeit einfach deswegen ausschlossen, weil es für sie keine Götter gab, die an der Seite der Handwerker hätten aktiv werden können. Der einzige, dessen Hilfe wirksam gewesen wäre, Jahwe, bevorzugte es laut biblischer Darstellung, bildlos verehrt zu werden und stellte seine Hilfe nur dann zur Verfügung, wenn er das Projekt in Auftrag gegeben hatte und damit einverstanden war.

Im Unterschied zu Mesopotamien ist von irgendwelchen traditionellen Gestaltungsgesetzen, die die Handwerker befolgen mußten, von bereits vorhandenen (in der Vergangenheit geoffenbarten) Bildern, die sie als Vorbilder nutzten oder von alten Modellen, auf die sie zurückgriffen, keine Rede. Das Aussehen der Bilder konnte von den Handwerkern willkürlich festgelegt werden. Unklarheiten in der Gestaltung, die dazu geführt hätten, daß man weitere Ratschläge bei einer Gottheit hätte einholen müssen, konnte es laut biblischer Darstellung keine geben, da die Handwerker ohnehin nur bereits Sichtbares kopierten; sie hätten sich in dieser Hinsicht jederzeit selber helfen können, indem sie das von ihnen gewählte Vorbild genauer betrachteten.

1.4.3.1.1. Holz als Material

Jes 44:14 bietet ausführliche Informationen über die Baumarten, die für ein Kultbild verwendet worden sind. Die einzelnen Bäume werden nur aufgezählt, ohne daß ihnen irgendwelche Eigenschaften zugesprochen werden, die sie für ein Kultbild besonders geeignet erscheinen ließen. Im Gegenteil; V. 14ff legt nur Wert darauf festzustellen, daß die Bäume gepflanzt, großgezogen und bewässert werden müssen, eine Arbeit, die lohnend erscheint, wenn man das Holz als Brennmaterial verwendet, jedoch sinnlos, wenn man sich einen Gott daraus erschafft. In Mesopotamien war das anders. Wie oben erwähnt, wurde das Holz von den Göttern besorgt[1799] und durch die Rezitation von Beschwörungen verwandelt, um es zu einem himmlisch überirdischen Produkt und letztlich kultfähig zu machen. Dies ist ein Ziel, das den bilderpolemischen Passagen fern liegt, da sie bei ihrem Bestreben, die Beliebigkeit des profanen Materials herauszustellen[1800], hinter die eigene Argumentation zurückfallen würden. Dennoch sollte nicht unerwähnt bleiben, daß es innerhalb des Alten Testaments durchaus auch Texte gibt, die in den einzelnen Bäumen durchaus mehr sehen als schnödes Holz[1801].
1. In diesem Zusammenhang erscheint vor allem der אֶרֶז-Baum interessant. Sein Charakteristikum besteht darin, daß er ein hochgewachsener, fester, schöner Baum ist (Ps 92:13, Am 2:9, Ijob 40:17, Hld 5:15), der stolz aufragt (Jes 2:13) und lange Balken liefern kann (Ez 27:5). Sein Holz wird im Alten Testament häufig in kultischem Kontext erwähnt, da man es (nicht nur für Kultbilder, sondern) vor allem als Material für die hölzernen Bestandteile des Jerusalemer Palastes, Tempels und Tempelinventars bevorzugte[1802], auch wenn es importiert werden mußte[1803]. Die Bäume waren ein Zeichen des Reichtums (1 Kön 10:27//2 Chr 1:15, 9:27, Jer 22:14f), des Luxus (Jes 9:9) und der Schönheit (Num 24:6). Eigens erwähnt ist ihre schattenspendende Wirkung und ihre Attraktivität als Vogelnistplatz (Ez 17:23. Ps 104:17). Wie viele Bäume im Alten Testament konnte der אֶרֶז-Baum personifiziert werden (Ps 148:9). Für kultische Belange war von besonderer Bedeutung, daß der Baum auch reinigende Fähigkeiten besaß, die bei Ritualen wirksam

---

[1799] Auf diesen Aspekt verweist auch DICK, Prophetic Parodies, 43.

[1800] Das Material ist ein beliebter Ansatzpunkt der rationalistischen Polemik s. DICK, Prophetic Parodies, 44-48, BARASCH, Icon, 59f.

[1801] S. auch NIELSEN, Hope, 79-85. Magische Vorstellungen in bezug auf Werkzeuge nimmt GUNKEL, Märchen, 67ff, an; sie konnten nach Jes 10:15 personifiziert werden.

[1802] 1 Kön 6:9.10.15.16.18.20.36, 1 Kön 7:2.3.7.11.12, 2 Sam 7:2//1 Chr 17:1, 2 Sam 7:7//1 Chr 17:6, s. auch NIELSEN, Hope, 74f.

[1803] 2 Sam 5:11//1 Chr 14:1, 1 Kön 5:20.22.24//2 Chr 2:2.7, 1 Kön 9:11, 1 Chr 22:4. Zum Holzimport (in der EZ v.a. Zeder, Aleppo-Kiefer und Zypresse) s. LIPHSCHITZ, BIGER, Timber, 121-127. Zur Zeder s. auch DIES., Cedar, 167-175, bes. 167-172.

eingesetzt werden konnten (Lev 14:4.6.49.51f, Num 19:6); eine wichtige Rolle spielten dabei sicherlich die in ihm enthaltenen ätherischen Öle, die gerade beim Verbrennen einen angenehmen Wohlgeruch entfalteten, der zur Inszenierung der Heiligkeit des Ritualgeschehens sein Scherflein beitrug (s.o.).

Aufschlußreich erscheinen auch die Verse in Ez 31:3-9, die (im Rahmen einer Allegorie) bekunden, daß mit dem ארז-Baum kosmologische Vorstellungen verbunden waren[1804]: Zum einen schildern die Verse die Schönheit (V. 3.7.8.(9)), den hohen Wuchs (V. 3.5), die beeindruckende Höhe, Dichte, Fülle und Breite der Bergtanne/Zeder (V. 5) sowie ihre schattenspendenden Äste, die behüteten Lebensraum boten (V. 3.6). Zum anderen zeigt sich der Gedanke, daß ihre Wipfel zwischen den Wolken[1805] standen (V. 3), während ihre Wurzeln vom Ozean rings um und tief unter der Erde (תהום[1806]) gespeist wurden (V. 4). Es handelte sich daher um einen Baum, der im Urmeer gründete, an die Erdoberfläche trat, sich bis in den Himmel erstreckte und auf diese Weise die drei kosmischen Dimensionen der vertikalen Raumebene (s. auch Ps 135:6) verband. Nach V. 8 wuchsen neben anderen Bäumen auch Bergtannen/Zedern im Gottesgarten[1807]. In diesem Zusammenhang ist es auch bemerkenswert, daß der ארז-Baum von Jahwe persönlich auf dem Libanon gepflanzt wurde (Ps 104:16 s. auch Num 24:6 und Ez 31:9), so daß sich seine Existenz Gottes schöpferisch-gärtnerischen Engagement verdankte.

Nun stehen im Alten Testament die Erwähnungen von ארז als Baumaterial und kosmischer Baum unverbunden nebeneinander, dennoch ist es unwahrscheinlich, daß beide Aspekte strikt voneinander getrennt waren. Ein Holz, das von einem Baum stammte, mit dem die skizzierten Vorstellungen verbunden waren, besaß selbstverständlich dieselben Konnotationen bzw. Qualitäten wie der gesamte Baum. Auf diesem Hintergrund läßt sich gut verstehen, warum es im Kult so beliebt war. Das Holz war nicht nur ein beliebiges oder totes Material, sondern es konnte als eine Art kosmisches Band zwischen der Erde, dem Himmel und dem Urmeer fungieren und diese Eigenschaft an das weitergeben, was aus ihm gefertigt wurde. So war es bestens geeignet, kultbild- und tempeltheologische Vorstellungen auszudrücken. Zudem verbreitete das Holz den Wohlgeruch der "Heiligkeit", der seine besondere Beziehung zur himmlischen Welt unterstrich.

[1804] S. schon GUNKEL, Märchen, 33-36, GRESSMANN, Messias, 266-268, BERTHOLET, Hesekiel, 109, STOLZ, Bäume, 141, METZGER, Zeder, bes. 203-212. 223-229.

[1805] בין עבתים ist mit LXX, GESENIUS, BUHL, HAHAT, 562, BHS, in בין עבותם zu ändern. S. auch BERTHOLET, Hesekiel, 108f.

[1806] Zu diesem Begriff s. WESTERMANN, תהום, 1028f.

[1807] Zu diesem Garten s. JACOBS-HORNIG, גן, 39f, WESTERMANN, Genesis, 283-288, STOLZ, Bäume, 141-156, METZGER, Zeder, 210.

2. Da auch die Eiche (אלון) für den Holzkern eines Kultbildes verwendet werden konnte, sei sie an dieser Stelle kurz erwähnt. Sie ist mehrfach als heiliger Baum nachgewiesen[1808]. Ihr Charakteristikum bestand darin, daß sie ein aufragender, stolzer (Jes 2:13) Baum war, dessen Stärke (Am 2:9) man hervorhob. Die Härte des Holzes machte sie anscheinend für den Schiffsbau bzw. Ruderbau geeignet (Ez 27:6). Beachtet wurde auch ihre Fähigkeit, noch aus dem Wurzelstumpf zu treiben, obwohl der Baumstamm bereits abgehauen war (Jes 6:13). Laut Sach 11:2 konnte auch die Eiche personifiziert werden.

In Anbetracht dieser Charakteristika erscheint die Eiche als Material für ein Kultbild durchaus gut geeignet. Hoher Wuchs, Härte des Holzes, Stärke und kaum auszurottende Lebensfähigkeit sind Eigenschaften, die sich problemlos auf ein Kultbild übertragen lassen und diesem genau die Qualitäten verleihen, die (wie wir aus Mesopotamien wissen) mit Vorliebe mit den Figuren verbunden worden sind: Kraft, Leben und Stärke.

In bezug auf die Zeder (ארן), die im Alten Testament nur in Jes 44:14 vorkommt, sind in Palästina sicher ähnliche Zusammenhänge anzunehmen, wie sie oben (s. S. 121ff) für Mesopotamien skizziert worden sind.

1.4.3.1.2. Edelmetall als Material

Wiederholt erwähnen die bilderpolemischen Passagen die Materialien Gold und Silber, die für ein Kultbild verwendet worden sind. Die einzelnen Metalle werden nur aufgezählt, ohne daß ihnen irgendwelche Eigenschaften zugesprochen werden, die sie für ein Kultbild geeignet erscheinen ließen. Jer 10:9 stellt fest, daß Gold und Silber eigens importiert werden mußten, um den Handwerkern zur Verfügung zu stehen – ein Unterfangen, das im Hinblick auf das Ergebnis recht unsinnig erscheint. Andere Perikopen (Ez 16:17, Hos 2:10 s.o.) lassen keinen Zweifel daran, daß die Edelmetalle eine Gabe Jahwes waren, die jedoch durch ihre Verwendung für Kultbilder pervertiert wurde. Mesopotamische Gebräuche erscheinen in dieser Hinsicht geradezu auf den Kopf gestellt, da es im Zusammenhang mit der Herstellung eines Kultbildes üblich war, festzustellen, daß der Weisheitsgott Ea und der Gott des neuen Kultbildes die Arbeitsmaterialien geschaffen und für diesen Zweck bereitgestellt hatten; die Edelmetalle wurden zudem nicht nur als profanes oder beliebiges Arbeitsmaterial betrachtet, sondern mit der Welt der Götter in Beziehung gesetzt. Im folgenden Abschnitt soll kurz der Frage

---

[1808] Gen 12:6, 13:18, 14:13, 18:1, 35:8, Dtn 11:30, Jos 19:33, Ri 4:11, 9:6.37, 1 Sam 10:3, Hos 4:13.

nachgegangen werden, welche Konnotationen man im Alten Testament mit Gold und Silber verband und was dafür sprach, sie für kultische Zwecke zu verwenden.

1. Gold (זהב)[1809] wurde als kostbares, wertvolles, schönes, seltenes und vollendetes Metall angesehen, das auf den Wohlstand und Reichtum (d.h. göttlichen Segen s. Dtn 8:13, Jos 22:8, 2 Chr 1:15 u.ö.) seines Besitzers verwies und auch Glanz und Würde des Königtums[1810] zum Ausdruck bringen konnte. In dieser Eigenschaft war es ein Material, das zur Inszenierung von Macht und Herrschaft diente. Die Konnotationen von Beständigkeit und Dauerhaftigkeit unterstrichen seinen Charakter als königliches Metall. Weiterhin schätzte man das helle und lichthafte Aussehen[1811] des Goldes, das für die eindrücklich glänzende Erscheinung des Objektes oder Gebäudes sorgte, das man damit ausstattete. Im kultischen Bereich wurde es verwendet[1812], weil es wegen seiner Leuchtkraft das geeignete Mittel war, die Präsenz der Gottheit optisch zu inszenieren. Vor allem im Zusammenhang mit dem salomonischen Tempel und dem Zeltheiligtum der Priesterschrift ist die Vorstellung nachzuweisen, daß die größere Reinheit des Goldes mit der ungetrübteren kultischen Reinheit und daher mit der bestmöglichen Gottesnähe zu verbinden ist[1813]. Dieser Gedanke mag auch damit zusammenhängen, daß Gold apotropäisch und geradezu anti-dämonisch[1814] wirken konnte, so daß sich etwaige kultische Verunreinigungen nicht einstellen oder gar halten konnten.

2. Silber (כסף)[1815] erscheint im Vergleich zu Gold deutlich als minderwertigeres Material. Dennoch war es ebenfalls ein kostbares, begehrenswertes und schönes Metall, dessen Helligkeit beeindruckte und das im Kult verwendet werden konnte. Da es sowohl im Aussehen (Oxidation) als auch im Kurswert Veränderungen und erheblichen Schwankungen unterlag, galt es im Unterschied zu Gold als wandelbar und unbeständig.

Die skizzierten Charakteristika von Gold und Silber zeigen, daß sie (Silber in abgeschwächter Weise) ausgezeichnet dafür geeignet waren, im Kult eingesetzt zu werden. Obwohl im Zusammenhang mit der Anfertigung eines Kultbildes niemals von den besonderen Eigenschaften dieser Edelmetalle die Rede ist, zeigt ihre Verwendung im sakralen Kunsthandwerk in Israel,

---

[1809] Zum folgenden vgl. KEDAR-KOPFSTEIN, זהב, 541-543, SINGER, Die Metalle, 53-61. 158-171.

[1810] S. SINGER, Die Metalle, 158ff, KEDAR-KOPFSTEIN, זהב, 541.

[1811] S. SINGER, Die Metalle, 53ff.

[1812] S. SINGER, Die Metalle, 58, KEDAR-KOPFSTEIN, זהב, 542f.

[1813] S. dazu SINGER, Die Metalle, 58. 164-166.

[1814] S. Ex 28:35b, 1 Sam 6:4, Ex 32:20, s. SINGER, Die Metalle, 59-61, KEDAR-KOPF-STEIN, זהב, 542f.

[1815] Zum folgenden vgl. MAYER, G., כסף, 295f, SINGER, Die Metalle, 73-81. 171-176.

daß man (wie in Mesopotamien) Kostbarkeit, Seltenheit des Materials, Beständigkeit und Dauerhaftigkeit, apotropäische Fähigkeiten, Reinheit, Lichthaftigkeit und Glanzvorstellungen zu den Eigenschaften zählte, die im Umfeld einer Gottheit zu erwarten und zur optischen Inszenierung des Heiligen besonders geeignet waren. Konnte man die Charakteristika der Materialien auf das Produkt übertragen[1816], so wurde ein Tempel durch sie zum Ort der heiligen Präsenz, ein Kultbild zur epiphanen Gottheit, deren Würde und Königtum durch das königliche Metall vor Augen geführt wurde.

In bezug auf die Materialien galt im übrigen, daß sie grundsätzlich als Jahwes segensreiche Gaben geschaffen bzw. gepflanzt worden waren. Wenn sie für Kultbilder verwendet wurden, so wurden sie laut alttestamentlicher Darstellung ihrer eigentlichen Bestimmung, dem sinnvollen Nutzen für den Menschen und dem Dienst für Jahwe, entfremdet. Wenn sie hingegen in seinem Sinn verarbeitet wurden, so waren sie gesegnet (Weish 14:7). Die Entscheidung lag daher bei den Handwerkern (s. Weish 15:13).

1.4.3.2. Der fehlgeleitete Handwerker und das Ergebnis seiner Bemühungen

Wie bereits mehrfach angeklungen, gab es für die alttestamentlichen Autoren und Redaktoren zwei Arten des sakralen Kunsthandwerkes:
1. Das Handwerk im Dienste Jahwes, das von ihm gewünscht und betreut wurde.
2. Das Handwerk ohne (jegliche) göttliche Beteiligung, das von menschlichen Auftraggebern gewünscht wurde (Jes 46:6, s. auch Weish 14:15.17-19) oder auf die eigenmächtige Willkür (Jes 44:15ff, s. auch Weish 15:7ff, 13:11-16) der Handwerker zurückzuführen war.
Die Dichotomie des sakralen Kunsthandwerkes brachte es mit sich, daß die Beziehung der Handwerker zu Jahwe ambivalent war:
Zum einen gab es[1817] den rechten Handwerker, der im Dienst Jahwes arbeitete und kultische Objekte anfertigte (nie Kultbilder), die zum legitimen Jahwekult gehörten. Ganz klassisch altorientalisch (s.o.) wurde er bei seinen Bemühungen von Jahwe unterstützt, der als Handwerkergott (und Gott, für den gearbeitet wurde) auftrat. Dieser Herstellungsprozeß fand auf der menschlichen und auf der göttlichen Ebene statt, so daß aus der göttlich-menschlichen Zusammenarbeit kultische Gegenstände entstanden, die Jahwes Wohlgefallen und seinen Segen zur Folge hatten.

[1816] Die enge Verbindung zwischen Material und Kultbild bezeugt, wenn auch mit negativem Vorzeichen, Dtn 7:25.
[1817] So in der Priesterschrift bei der Anfertigung des Zeltheiligtums, der Lade und dem Zubehör, im DtrG beim Tempelbau Salomos, s. dazu BERLEJUNG, Handwerker, passim.

Zum anderen gab es den fehlgeleiteten Handwerker, der geschäftstüchtig oder willkürlich handelte; ausschließlich dieser ist es, der in den bilderpolemischen Passagen in Deuterojesaja, Jer 10:1-16, Ps 115, Ps 135 und Hab 2:18f im Kontext der Anfertigung eines Kultbildes begegnet. Ihm und seinem Produkt ist der folgende Abschnitt gewidmet.

1.4.3.2.1. Jes 40:(18).19-20[1818]

Jes 40:(18).19-20[1819]
18A. Wem wollt ihr Gott vergleichen,
18B. und welchen Vergleich wollt ihr mit ihm anstellen?

[1818] Die bilderpolemischen Passagen in Dtjes werden im folgenden als sekundäre Zusätze betrachtet, so schon DUHM, Jesaia, 305. 324, ROTH, Life, 22-32, WESTERMANN, Jesaja, 27. 56f. 119-124, ELLIGER, K., Deuterojesaja, 65-67. 73-81. 115f. 414-422, SCHROER, Bilder, 196f. 210. 216, HERMISSON, Einheit, 292-294, MERENDINO, Der Erste, 87-95. 132-135. 381-390. 471-473, KRATZ, Kyros, 192-206, gefolgt von RUPPERT, Kritik, 82-84, VAN OORSCHOT, Babel, 312-318, KAISER, Grundriß 2, 52-54, DICK, Prophetic Parodies, 22. 26. Anders MUILENBURG, Isaiah, 381ff (außer in bezug auf Jes 44:9-20), MELUGIN, Formation, 90-92. 93ff. 133f, SPYKERBOER, Structure, 35ff. 185-190, PREUß, Verspottung, 192-237, CLIFFORD, Function, 450-464, DICK, *Poiēsis*, 239f, WILSON, Nations, 181-192, GRIMM, DITTERT, Deuterojesaja, 72f. 89. 229ff. 278. 280f, LEENE, Suche, 803-818, bes. 807f, die an der Ursprünglichkeit der Verse festhalten. Für ein Plädoyer gegen literar- und redaktionsgeschichtliche Modelle zugunsten einer kontextorientierten Exegese s. HOLTER, Idol, 237-239 u.ö.
Zur bilderpolemischen Fortschreibungsschicht in Dtjes gehören die folgenden Verse: Jes 40:19f, 41:6f.24b.29b, 44:9-20, 45:15-17.20b, 46:6f. Im folgenden werden nur die Abschnitte eingehender betrachtet, die sich mit der Herstellung der Statuen beschäftigen. Zur terminologischen Verflechtung dieser Passagen miteinander s. KRATZ, Kyros, 194-196, HOLTER, Idol, 35 Anm. 2 u. passim.
Eine exilische Datierung der dtjes Bilderpolemik verficht KIM, Verhältnis, 31. passim, PREUß, Verspottung, 194. 215. 227f, ROTH, Life, 28ff. 32, während ELLIGER, K., Deuterojesaja, 422. 440, KRATZ, Kyros, 197ff (Darius I.), an die nachexilische Zeit denken. Da die Bilderpolemik die Dtjes-Grundschrift sowie die Kyrosorakel voraussetzt, ist m.E. eher an die nachexilische Zeit zu denken, zumal man (aufgrund der thematischen und motivischen Berührungen) den Abstand zu den Schriften aus hellenistischer Zeit (Bar 6, Weish 13-15) nicht allzu weit ansetzen sollte.
[1819] V. 18 gehört nicht zu den V. 19f; er ist der Schluß von V. 12ff, einem Abschnitt, der durch mehrere rhetorische Fragen mit מִי (V. 12.13.14.18) strukturiert ist, gegen FOHRER, Jesaja, 26f, KIM, Verhältnis, 16-22, METTINGER, Elimination, 77f, MERENDINO, Der Erste, 87f. 90-92 (s. bes. 91 Anm. 55), WILSON, Nations, 145ff, KRATZ, Kyros, 192f, gefolgt von PODELLA, Lichtkleid, 171ff. Da V. 18 jedoch den Hauptanknüpfungspunkt dafür bot, die Bilderpolemik an dieser Stelle einzufügen, ist er hier zitiert. Sprachlich, inhaltlich und syntaktisch stellen die V. 19f innerhalb des ohnehin inhomogenen Kapitels 40 eine eigene Einheit dar, so mit WESTERMANN, Jesaja, 27. 56f, ELLIGER, K., Deuterojesaja, 65-67. 73-81, MERENDINO, Der Erste, ebd., KRATZ, Kyros, ebd., DICK, Prophetic Parodies, 22. Anders MELUGIN, Formation, 90f, SPYKERBOER, Structure, 35-46, CLIFFORD, Function, 457-460, WILSON, Nations, 145-150, KORPEL, Soldering, 219, DE MOOR, Integrity, 188f. 210, PREUß, Verspottung, 193f, s. auch HOLTER, Idol, 63f.

19A. Das Kultbild schmiedet/gießt ein Kunsthandwerker (= Metallgießer, Schmied),
19B. und der Goldschmied überzieht es mit Gold,
19C. und Silber-Drähte[1820] legt er ein[1821].
20A. Das Sissoo-Holz[1822] als Podest[1823],
20B. man/er[1824] wählt (dafür) Holz, das nicht fault,
20C. einen weisen Kunsthandwerker (= Schreiner) sucht man/er sich,
20D. um ein Kultbild aufzustellen/auszustatten[1825], das nicht wackelt.

Die hier vorgestellten Verse[1826] sind Bestandteil der größeren Einheit von Jes 40:12-20, die folgendermaßen strukturiert ist:

[1820] In der bisherigen Forschung bereiten vor allem die רתקות Kopfzerbrechen, die in den meisten Lexika von רתק "verbinden, anketten" abgeleitet und mit "Ketten" übersetzt werden, so GESENIUS, BUHL, HAHAT, 776b, HAL IV 1212f, KOEHLER, BAUMGARTNER, LIVTL, 912, DISI 1233f. Zu einem Forschungsüberblick s. ELLIGER, K., Deuterojesaja, 76f, WILSON, Nations, 147ff; SCHROER, Bilder, 210, plädiert für "Bänder"; KORPEL, Soldering, 221f, postuliert für רתק die Bedeutung "löten", für רתקות "Lötnähte", was kaum wahrscheinlich erscheint; FITZGERALD, Technology, 439f (gefolgt von DICK, Prophetic Parodies, 22), denkt bei den רתקות eher an (silberne) Drähte, die als Inlays von Metallfiguren belegt sind. צורף in V. 19C ändert FITZGERALD, ebd., 438f, mit BHS in רצף oder nimmt eine Form der Konsonantenmetathese an, die im Hebräischen (s. auch Jes 40:20 in 1QIsa^a) bei Wörtern mit Sibilanten mehrfach belegt ist.

[1821] Die Übersetzung dieser Zeile ist schwierig: Zu einem Überblick über frühere Deutungen s. ELLIGER, K., Deuterojesaja, 60. 76f, WILSON, Nations, 145ff; KORPEL, Soldering, 221, übersetzt: "and he (plates it with) rtqwt of a goldsmith's silver". METTINGER, Elimination, 79f, denkt an eine Silber- und Goldplattierung. Die vorliegende Übersetzung schließt an an FITZGERALD, Technology, 435.

[1822] So bereits ZIMMERN, Palme, 111f, MILLARD, Snook, Isaiah 40:20, 12f, WILLIAMSON, Isaiah, 14-17, HUTTER, Crux, 31-36, FITZGERALD, Technology, 442, DICK, Prophetic Parodies, 23f, und neuerdings wieder bezweifelt von HOLTER, Idol, 47f. Zu einer Übersicht der bisherigen Deutungen s. ELLIGER, K., Deuterojesaja, 60-62. 77f, DICK, Prophetic Parodies, 23f, Anm. f-h; SCHROER, Bilder, 210f, verzichtet auf einen eigenen Vorschlag. Auf der Suche nach einem Subjekt für die V. 20AB wird auch häufig angenommen, daß es sich bei מסכן um einen weiteren Handwerkerberuf handelt, der für Podeste zuständig gewesen sei, so ELLIGER, K., Deuterojesaja, 80, KORPEL, Soldering, 222, gefolgt von DE MOOR, Integrity, 189.

[1823] תרומה ist mit MILLARD, Snook, Isaiah 40:20, 12f, FOKKELMAN, Crux, 290-292, FITZGERALD, Technology, 442, DICK, Prophetic Parodies, 24 Anm. h, als Erhebung bzw. Postament zu verstehen. Insofern hat sich ELLIGER, K., Deuterojesaja, 79, bestätigt. HAL IV 1647a, behält die Interpretation als "Abgabe" bei.

[1824] Die Frage des Subjektes läßt sich kaum eindeutig klären. Es könnte sich um den Goldschmied aus dem vorhergehenden Vers handeln, so FITZGERALD, Technology, 437.

[1825] כון (Hi.) wird an dieser Stelle in seiner gesamten Bedeutungsbreite verwendet. Auf diese Weise wird der Gegensatz des menschlichen Handwerks zu Jahwes Schaffen (s. z.B. Jer 10:12) zum Ausdruck gebracht.

[1826] Eine einheitliche Gattung der polemischen Verse läßt sich aus den Texten kaum rekonstruieren, s. schon PREUß, Verspottung, 271f; sie sind äußerst kontextabhängig formuliert und werden am sachgemäßesten im Sinne eines Fortschreibungsmodells interpretiert, so mit KRATZ, Kyros, 195. An Vorschlägen für "Gattungen" mangelt es nicht: NIELSEN, Deuterojesaja, 202f, denkt an "chokmatische Lehrgedichte", ROTH, Life, 22ff an "idol parodies" oder "negative participial hymns" (ebd., 31), KIM, Verhältnis, 129-140, WESTERMANN, Jesaja, 119, ELLIGER, K., Deuterojesaja, 66. 131. 420f u.ö., an ein "Spottlied". Eine Verortung der Texte

In V. 19f ist von einer goldplattierten Statue mit Metallkern[1827] die Rede, die durch die vereinten Bemühungen eines Gießers/Schmiedes mit einem Goldschmied zustande kommt und von einem Schreiner auf einem hölzernen Podest befestigt wird, das ihr Stabilität verleihen soll. Die Figur wird vom Goldschmied mit goldenem Überzug und silbernen Inlays ausgestattet. Über die Kultbilder läßt sich aus dem vorliegenden Abschnitt folgendes erfahren:

1. Die Tatsache, daß sich die bilderpolemischen Verse im Anschluß an V. 18 finden, läßt erkennen, daß der Autor von V. 19f die Möglichkeit erwog, daß man die (rhetorische) Frage[1828] nach einem Vergleichspartner Jahwes nicht mit dem erwarteten "niemand"[1829], sondern mit dem Hinweis auf das Gottesbild und seine Hersteller[1830] beantworten könnte. Voraussetzung dieses Gedankens ist die bereits vollzogene Identifikation der Götter mit ihren Bildern, die in Jes 40:18-20 keiner weiteren Argumentation mehr bedarf; Jahwe tritt nicht mehr gegen die Götter an, sondern nur noch gegen deren Bilder[1831]. Die Einfügung der Verse 19f an dieser Stelle schien ihrem Autor vor allem auch deswegen nahezuliegen, weil V. 18 den Begriff דמות enthielt, der innerhalb dieses Verses allerdings nicht auf ein Kultbild bezogen war[1832]. Daß der

---

im Zusammenhang mit dem babylonischen Neujahrsfest (KIM, ebd., 31) ist durch nichts zu stützen.

[1827] So schon ELLIGER, K., Deuterojesaja, 75f. 80, FITZGERALD, Technology, 427, passim. Nach DILLMANN, Jesaia, 372, KIM, Verhältnis, 18-20, TRUDINGER, To Whom, 221f, HUTTER, Crux, 35f, WILLIAMSON, Isaiah, 14, SCHROER, Bilder, 211, HOLTER, Idol, 51, ist in 40:19 von einer Metall-, in 40:20 von einer Holzstatue die Rede.

[1828] Zu Rolle des Disputations- bzw. Diskussionsworts bei Dtjes s. ELLIGER, K., Deuterojesaja, 44ff. 63, KRATZ, Kyros, 161-163. Zu den verschiedenen rhetorischen Fragen in Jes 40:12-31 s. HOLTER, Idol, 60-63.

[1829] So mit ELLIGER, K., Deuterojesaja, 47.

[1830] Sicher richtig ist das Anliegen von HOLTER, Idol, 25ff. 63-70. 230 u.ö., der den Kontrast zwischen Jahwe und den Handwerkern hervorheben will, der s.E. in der bisherigen Forschung vernachlässigt wurde; m.E. besteht jedoch kein Grund, den Gegensatz Jahwe – Handwerker und Jahwe – Kultbild gegeneinander auszuspielen, da (wie bereits mehrfach betont) Hersteller und Produkt untrennbar miteinander vernetzt sind.

[1831] Zur Verschiebung der Kontroverse zwischen Jahwe und den Göttern auf Jahwe und die Götterbilder s. Anm. 1926.

[1832] S. dazu ELLIGER, K., Deuterojesaja, 71, HOLTER, Idol, 68-70.

Verfasser der vorliegenden bilderpolemischen Passage dennoch an ein Kultbild dachte, läßt Einblicke in sein Bilderverständnis zu: Aus der Tatsache,
daß er דמות "Abbild, Ähnlichkeitsbild, Wiedergabe"[1833] mit einem Kultbild
assoziierte, wird deutlich, daß er mit einem Kultbild nicht etwa ein Bild verband, das etwas Unsichtbares machtvoll da sein ließ (d.h. im Sinne der o.g.
Terminologie ein "wirkliches" Bild), sondern nur ein "Abbild". Die Assoziation von V. 18 mit V. 19f weist darauf hin, daß der Verfasser der Verse den
Bilderkult von außen betrachtete; "wirkliche" Kultbilder, im vollen Umfang
der altorientalischen Bildertheologie, gehörten nicht zu seinem Verstehens-
horizont, da Bilder für ihn nur als Wiedergaben in Frage kamen. Dieses Bilderverständnis kennzeichnet alle bilderpolemischen Passagen innerhalb von
Dtjes; es kommt vor allem in Jes 44:13 zum Ausdruck, wenn betont wird,
daß die Handwerker die Kultbilder nach dem Modell eines Menschen herstellten, weil sie eben nur in der Lage waren, bereits Sichtbares zu kopieren
und dessen äußere Merkmale wiederzugeben.
2. Auffällig ist die Verwendung von Sissoo-Holz für das Podest. Diese
Holzart findet sich innerhalb des Alten Testaments nur an dieser Stelle, sie
ist aber in Mesopotamien im Zusammenhang mit Kultbildern und Kultobjekten häufig belegt[1834]. Zu ihren Charakteristika gehört ihre Dauerhaftigkeit, ein Aspekt, der sie in den Augen der Mesopotamier und des Verfassers von V. 20 für Kultpodeste geeignet machte. Dies deutet darauf hin,
daß der Autor der V. 19f davon wußte, daß im sakralen Kunsthandwerk hoher Materialwert, Kostbarkeit, Seltenheit des Materials, seine Härte, Unvergänglichkeit und Dauerhaftigkeit für die angemessene optische Konstruktion
des Heiligen sorgen sollten.
3. Die V. 19f lassen von der traditionellen Herstellung eines Kultbildes im
Alten Orient nur Rudimente übrig. Dies zeigt sich daran, daß die Handwerker ohne weisheitliche Begabung an ihr Werk gehen und nur in V. 20C
ironisch als "weise" bezeichnet werden[1835]. Im Unterschied zu einer kultisch
korrekten Entstehung eines Bildes ist es in diesen Versen nicht etwa der
Handwerkergott, der das Holz bereitstellt, aussucht und die geeigneten
Handwerker bestimmt, sondern der Goldschmied (oder ein anonymer Handwerker). Der Vergleich von V. 19f mit mesopotamischen Herstellungsschil-
derungen zeigt, daß zahlreiche zentrale Elemente fehlen, die zur kultisch
korrekten Herstellung eines Kultbildes gehörten. Da es in dieser Hinsicht
zahlreiche Übereinstimmungen mit den folgenden Texten aus dem Dtjes-,

---

[1833] S. S. 310f.
[1834] S. S. 122.
[1835] Das Tätigkeitsfeld der Handwerker im Spannungsfeld zwischen "Weisheit" und
"Technik"/"Erwerb" wird später in Sir 38:24-34 ausgeführt und zugunsten des letzteren entschieden.

Jeremia- und Habakukbuch gibt, sei an dieser Stelle auf die Übersicht in der abschließenden Zusammenfassung dieses Abschnittes verwiesen.

4. Viel ausgeprägter als die Kontroverse zwischen Jahwe und Kultbild erscheint der Gegensatz zwischen ihm als Schöpfer und den Handwerkern[1836] als Herstellern. Dies ergibt sich vor allem aus der Untersuchung der verschiedenen Leitworte, die die V. 19f mit dem Kontext verklammern, und bei denen das technisch orientierte Handeln der Handwerker mit dem Handeln Jahwes kontrastiert wird, der Israel erwählte und die Welt schuf: בחר[1837], בקש[1838], כון[1839], צרף[1840] und רקע[1841]. Von besonderem Interesse sind in diesem Zusammenhang die V. 12-14[1842], die Jahwe als den Handwerker der Schöpfung darstellen, indem sie die Vorgänge, die das handwerkliche Tun des Menschen charakterisieren, ironisieren[1843]: Menschen messen und wiegen, jedoch war es keinem Handwerker möglich, mit seiner Methode die Welt zu erfassen (V. 12). Ein irdischer Handwerker war darauf angewiesen, daß er jemanden hatte, der ihn motivierte[1844] und beauftragte, "indem einer ihn seinen Ratschluß wissen ließ" (V. 13b). Damit sein Werk gelang, brauchte er auch jemanden, der ihn beriet, ihm Einsicht gab und das nötige Wissen vermittelte (V. 14). Die rhetorischen Fragen nach dem Auftraggeber (V. 13) und weisheitlichen Beistand Jahwes (V. 14) spielen auf diese altorientalische Praxis an, die zum sakralen Kunsthandwerk gehörte[1845]. Vielleicht ist sogar auf den Brauch der Handwerker Bezug genommen, bei Herstel-

---

[1836] So auch HOLTER, Idol, 52ff.

[1837] Jes 40:20, 41:24 (Handwerker) gegen 41:8f, 43:10, 44:1f, 48:10, 49:7 (Jahwe).

[1838] Das Verb fällt etwas aus dem genannten Rahmen, da nicht Jahwe das Subjekt ist. Jes 40:20 (Handwerker sucht Holz) gegen 41:12.17 (Israels Suche findet Jahwes Hilfe).

[1839] Jes 40:20 (Handwerker) gegen 45:18 (Jahwe).

[1840] Jes 40:19 (41:7, 46:6) (Handwerker) gegen 48:10 (Jahwe).

[1841] Jes 40:19 (Handwerker) gegen 42:5, 44:24 (Jahwe).

[1842] Zur Zuordnung der Verse zur Grundschrift s. KRATZ, Kyros, 43ff. 50f. 161-163; s. weiter ELLIGER, K., Deuterojesaja, 40-54, MERENDINO, Der Erste, 77- 85 (V. 12-16).

[1843] So in bezug auf V. 12 ausgeführt von ELLIGER, K., Deuterojesaja, 47-50. Anders DUHM, Jesaia, 267, der nur Metaphern von Jahwes Größe erkennt.

[1844] V. 13a "Wer hat je den Geist Jahwes bestimmt", ist m.E. im Sinn einer Handlungsmotivation Jahwes durch einen Dritten zu interpretieren. Der Gebrauch von "Jahwes Geist" in Dtjes stützt dies: Jahwes רוח findet sich noch in Jes 40:7, 42:1, 44:3, 48:16 und ist jedesmal Ursache und Auslöser einer folgenden Wirkung.

[1845] Anders DUHM, Jesaia, 266-268, ELLIGER, K., Deuterojesaja, 50-54, die in V. 13f keine Bezüge mehr zur Herstellung sehen; im Anschluß an Köhler (m.E. unvereinbar mit den syntaktischen Bezügen) geht Elliger davon aus, daß Jahwe in diesen Versen der Belehrende ist (ebd.); HOLTER, Idol, 66, bezieht die Fragen hingegen auf die Handwerker. Dem steht gegenüber, daß die Beauftragung und weisheitliche Beratung nicht in deren Kompetenzbereich fällt. Es geht in diesen Versen vielmehr um die die Handwerker betreuenden Götter. Zur Bedeutungsverschiebung des Ratgebers in Dtjes (von den Göttern in Jes 41:26b.28) zu den babylonischen Weisen und Kyros s. KRATZ, Kyros, 46; in bezug auf Jes 40:13f verzichtet er auf eine Festlegung. WHYBRAY, Counsellor, 78-84, interpretiert die Verse hingegen auf dem Hintergrund einer Götterversammlung.

lungsvorgängen Orakel einzuholen und sich der Betreuung des Weisheitsgottes Ea zu versichern, wenn der unbekannte Prophet in Jes 40:14aα
betont, daß Jahwe bei seiner Schöpfung keine Beratung brauchte. Wie oben
dargestellt, kam die Aufgabe des Auftraggebers der Handwerker auf irdischer Ebene einem König, auf himmlischer Ebene dem Weisheitsgott oder
dem betroffenen Gott zu. Die Tätigkeit des weisheitlichen Beraters konnte
hingegen nur ein Gott erfüllen. Die V. 13f lassen keinen Zweifel daran, daß
Jahwe keine derartige Unterstützung hatte und bringen dadurch zum Ausdruck, daß er (im Unterschied zu den Handwerkern) nicht für einen (in diesem Zusammenhang eher göttlichen als königlichen) Auftraggeber gearbeitet hatte und keinesfalls mit fremder göttlicher Hilfe zum Ziel gelangt
war. Die rhetorischen Fragen führen daher die Einzigkeit Jahwes[1846] vor Augen, der im Besitz aller Kompetenzen war und daher nicht nur die Funktionen eines Schöpfer-, sondern auch die eines Weisheitsgottes übernommen
hatte. Gottes Schaffen zeigt eine ganz andere Qualität als es bei irdischen
Handwerkern üblich war. Die Notwendigkeit des Auftraggebers, des Beistandes und der weisheitlichen Begabung für das sakrale Kunsthandwerk
werden von der Bilderpolemik in Dtjes aufgenommen und ironisierend
entfaltet: Jes 46:6, 41:6f und 40:20, 44:18f (s.u.).
Wenn diese Interpretation richtig ist, dann ist beim Verfasser der V. 12-14
Einsicht in die Praxis des sakralen Kunsthandwerks und der damit verbundenen theologischen Vorstellungen vorauszusetzen. In seinen schöp-
fungstheologisch ausgerichteten rhetorischen Fragen handelt es sich um die
Adaption des theologischen Konzeptes, das mit der Herstellung der Bilder
verbunden war; er konnte es für die Darstellung der eigenen Theologie benutzen und daran Jahwes Einzigkeit und schöpferische Überlegenheit auf-
zeigen. Die Vorgänge, die sich laut altorientalischem Denken auf der himm-
lisch-überirdischen Ebene abspielten, wurden auf Jahwe konzentriert und in
schöpfungstheologische Zusammenhänge eingearbeitet, so daß für die Göt-
ter(bilder) nur noch die menschlich-irdische Ebene übrig blieb. Diese wurde
später in den bilderpolemischen Versen als rein technisch-handwerkliches
Tun exemplifiziert[1847].

[1846] Weniger hingegen seine Unvergleichlichkeit, gegen HOLTER, Idol, 79.
[1847] Der Verfasser der Bilderpolemik stand daher der altorientalischen Bildertheologie
keineswegs so fremd gegenüber, daß er sie mißverstand oder nicht zur Kenntnis nahm, gegen
DUHM, Jesaia, 309, (in anderem Zusammenhang) DERS., Habakuk, 67, CARROLL, God, 52-54,
HOLTER, Idol, 205, RUPPERT, Kritik, 93, mit FAUR, Idea, passim, HERMISSON, Gottes, 134.
136; für Einblicke in die theologischen Vorstellungen, die mit der Herstellung eines Kultbildes verbunden waren, spricht auch, daß der Gesamtaufriß der bilderpolemischen Verse in
Dtjes (wie auch von Jer 10:3-10*.12-16) eine differenzierte Widerlegung der Bildertheologie
vorlegt, s. im folgenden.

1.4.3.2.2. Jes 41:(5).6-7

Jes 41:(5).6-7[1848]

(5A. Als die Inseln (ihn) sahen,
5B. fürchteten sie sich,
5C. die Enden der Erde,
5D. erzitterten sie,
5E. sie nahten
5F. und kamen)

6A. (indem) einer dem anderen beistand
6B. und zu seinem Genossen sprach:
6C. "Nur Mut!"
7A. Der Kunsthandwerker (= Metallgießer, Schmied) bestärkte den Goldschmied,
7B. der mit dem Hammer glättet (= Goldschmied[1849]; munterte), den (auf), der den Amboß[1850] schlägt (= Metallgießer, Schmied[1851]),
7C. indem er von der Haftung[1852] sagt:
7D. "Sie ist jetzt gut!"
7E. Dann machte er (der Schreiner?) das Bild mit Nägeln[1853] fest, damit es nicht wackelt.

[1848] Sprachlich und syntaktisch stellen die Verse 6f innerhalb von Kapitel 41 eine eigene Einheit dar. Nach Ansicht der meisten Kommentatoren sind V. 6f im Anschluß an Jes 40:19f (so WESTERMANN, Jesaja, 56f, FOHRER, Jesaja, 26f (nur V. 7), ELLIGER, K., Deuterojesaja, 66. 79-81. 115. 128-131, FITZGERALD, Technology, 431, gefolgt von DICK, Prophetic Parodies, 25), zwischen 19a und 19b (so ROTH, Life, 26) oder zwischen Jes 40:19 und 40:20 (so DUHM, Jesaia, 269) an einem besseren Platz. Andere sehen keinen Grund, die Verse von ihrer jetzigen Position zu trennen, so schon DILLMANN, Jesaia, 378, KIM, Verhältnis, 12. 26ff, MELUGIN, Formation, 93ff, SPYKERBOER, Structure, 59f. 64-68, PREUß, Verspottung, 201-203, CLIFFORD, Function, 452-454, MERENDINO, Der Erste, 94f Anm. 62. 131-135, DICK, *Poiēsis*, 239, WILSON, Nations, 46. 150, KRATZ, Kyros, 37 mit Anm. 105. 192 Anm. 627, HOLTER, Idol, 104ff. Da die V. 6f als Kommentar zu V. 5 durchaus an einer sinnvollen Stelle eingefügt wurden, werden sie hier unabhängig von Jes 40:19f behandelt; V. 5 gehört nicht zu V. 6f, er war nur ihr Anknüpfungspunkt (andersherum freilich DUHM, Jesaia, 276, ELLIGER, K., Deuterojesaja, 115. 127f, die V. 5 als Verbindung zwischen V. 1-4.6f ansehen). Zum Verhältnis von V. 5 zu V. 1-4 s. MERENDINO, Der Erste, 132f, KRATZ, Kyros, 37f.

[1849] Mit SCHROER, Bilder, 213, gegen ELLIGER, K., Deuterojesaja, 129, ist an die Herstellung von Metallblechen zu denken.

[1850] Zu den verschiedenen Interpretationsmöglichkeiten von פעם s. ELLIGER, K., Deuterojesaja, 129, HAL III 897f, und FITZGERALD, Technology, 445 (gefolgt von DICK, Prophetic Parodies, 25); er favorisiert die Übersetzung "footing" und bezieht sie auf den hölzernen Sockel der Statue. Diese Interpretation erscheint auf dem Hintergrund von V. 7CD wenig wahrscheinlich.

[1851] Nach FITZGERALD, Technology, 443-446 (gefolgt von DICK, Prophetic Parodies, 25), ist ab V. 7C vom Schreiner die Rede; seine Interpretation muß durch mehrere Hypothesen abgestützt werden, die kaum überzeugen (s. die folgenden Anm.). V. 7CD skizzieren eindeutig Tätigkeiten der Metallverarbeitung.

[1852] "The fit" (von Zapfen und Zapfenloch) nach FITZGERALD, Technology, 445f, gefolgt von DICK, Prophetic Parodies, 25; "Soldering" nach KORPEL, Soldering, 222, HOLTER, Idol, 26. Von der Grundbedeutung des Verbes דבק (s. DISI 238) her erscheint "Haftung" am plausibelsten; mit ELLIGER, K., Deuterojesaja, 129f, SCHROER, Bilder, 213, ist von der Haftung des Edelmetallblechs auf der Figur die Rede (nicht von einer "Lötung", so WESTERMANN, Jesaja, 56, HAL I 201a).

In diesen Versen ist von einer Statue mit Metallkern[1854] und (unidentifi-
ziertem) Edelmetallüberzug (7C) die Rede, die durch die vereinten Bemühungen eines Gießers mit einem Goldschmied zustande kommt und (von
wem?) befestigt wird. Die Verse sind Bestandteil der größeren Einheit von
Jes 41:1-7, die folgendermaßen aufgebaut ist:

V. 1   Aufforderung zum Rechtsstreit
V. 2f. 1. Frage nach dem Erwecker des Kyros (und Feldzugsbeschreibung)
V. 4a 2. Frage nach dem Planer und Vollbringer
V. 4b Antwort: Jahwe
V. 5   Reaktion der Inseln

Bilderpolemischer Zusatz:
V. 6   Beistandszusage der "Genossen" untereinander
V. 7   Der Beistand der Handwerker untereinander bei der Herstellung eines Kultbildes

Aus den wenigen Versen werden die folgenden Vorstellungen deutlich:
1. Die Einfügung der V. 6f im Anschluß an V. 5 läßt darauf schließen, daß
es sich um Statuen der Götter der Völker handelte, deren Herstellung in V. 7
persifliert wird. V. 6 übernimmt eine Brückenfunktion, da er die Verzweif-
lung der Völker wegen der Bedrohung (V. 1-5) mit der allgemeinen gegen-
seitigen Beistandszusage von zwei Personen verbindet, die in V. 7 als Handwerker konkretisiert werden[1855]. Für den Autor der V. 6f suchten die Völker
naturgemäß Hilfe bei ihren Göttern. Da diese (durch die Identifikation mit
ihren Bildern) jedoch nur Machwerke der Handwerker waren, konnten sie
der Unterlegenheit der Völker nicht abhelfen[1856].
2. Wie bereits erwähnt, gehörte die göttliche Motivation, Geistbegabung und
Betreuung zu den Elementen einer kultisch korrekten Herstellung. Der vorliegende Passus nimmt diesen Zusammenhang auf und verarbeitet ihn, wobei das Bekenntnis des Verfassers von V. 6f zur Einzigkeit und Bilderfeindlichkeit Jahwes zum Tragen kommt: Zum einen gibt es für ihn neben
Jahwe keine anderen Götter, so daß außer ihm keiner die Handwerker be-
auftragen oder ihnen Weisheitsgaben verleihen kann. Zum anderen steht
Jahwe den Handwerkern der Kultbilder mit seinen weisheitlichen Kompetenzen nicht als Gottheit zur Verfügung. Daraus folgert der Autor der beiden

---

[1853] FITZGERALD, Technology, 444, lehnt für מסמרים die Bedeutung "Nägel" ab; er denkt an
die "Metallzapfen", die (archäologisch nachweisbar) an den Bronzefiguren angebracht waren,
um sie durch einfaches Einstecken in ein Zapfenloch in hölzerne Podeste einzupassen. 1 Chr
22:3 und 2 Chr 3:9 stützen jedoch die Übersetzung als "Nägel", so auch HAL II 573f, DISI
665.
[1854] So schon ELLIGER, K., Deuterojesaja, 74. 79f.
[1855] Insofern sind die Handwerker die Repräsentanten der Völker, mit HOLTER, Idol, 117.
[1856] Zu diesem Zusammenhang s. KRATZ, Kyros, 199. 202.

Verse, daß sich die Handwerker nur selbst motivieren (6C), stärkend betreuen (7A) und Weisung geben (7D) können, so daß sie auf sich allein gestellt sind und ihre Tätigkeiten ganz der irdischen Ebene verhaftet bleiben. In diesem Sinn greift er die Leitworte חזק[1857] und עזר[1858] auf, die innerhalb (des ihm vorliegenden) Dtjes mehrfach in bezug auf Jahwe[1859] verwendet werden, und bezieht sie auf die Handwerker (Jes 41:6f חזק, עזר). Auf diese Weise gelingt es ihm, die bescheidenen Fähigkeiten der Menschen, sich zu motivieren, zu ermuntern, beizustehen oder Gegenstände zu befestigen, mit Gottes überragendem, stärkenden und rettenden Handeln zu kontrastieren. In dieselbe Richtung weist die Verwendung von אמר[1860], das nur in Jes 41:6f, 44:16f.19f mit einem Handwerker als Subjekt auftritt; häufiger ist Jahwe der Redende (Jes 41:9.13.21, 44:2.6.24.26.27.28 u.ö.), dessen Zusagen, Aufforderungen und Prädikationen die wechselseitige Ermunterung und Bestätigung der Handwerker über das gelungene Werk in Jes 41:6f, ihre Selbstgespräche in Jes 44:16.19f und den sinnlosen Appell an das Kultbild Jes 44:17 übertreffen.

1.4.3.2.3. Jes 44:9-20

Jes 44:9-20[1861]
9A. Die Götzenbildner sind allesamt nichtig,
9B. und ihre Lieblinge nützen nicht,
9C. und ihre Zeugen sehen nicht
9D. und merken nicht;
9E. deswegen werden sie beschämt.
10A. Wer macht einen Gott
10B. und gießt/schmiedet ein Kultbild,
10C. ohne daß es nutzt?
11A. Ja, beschämt werden alle seine Spießgesellen,
11B. und die Kunsthandwerker sind auch nur Menschen.
11C. Sie sollen sich allesamt versammeln
11D. (und) hintreten,

[1857] Zu diesem Leitwort s. bereits ELLIGER, K., Deuterojesaja, 128f, HOLTER, Idol, 27. 29. 103f, DICK, Prophetic Parodies, 21.
[1858] Zu diesem Leitwort s. HOLTER, Idol, 27. 29. 102, DICK, Prophetic Parodies, 21.
[1859] Jes 40:10, 41:9.13, 42:6, 45:1 (חזק); Jes 41:10.13.14, 44:2, 49:8, 50:7.9 (עזר).
[1860] Dieses Leitwort untersuchte HOLTER, Idol, 26f. 103f.
[1861] Zum sekundären Charakter von Jes 44:9-20 und der Uneinheitlichkeit dieses Abschnittes s. DUHM, Jesaia, 305-309, FOHRER, Jesaja, 77f, WESTERMANN, Jesaja, 119-124, WOLFF, Jahwe, 411-413, ELLIGER, K., Deuterojesaja, 414-441, bes. 417ff. 421f, MELUGIN, Formation, 119-121, MERENDINO, Der Erste, 383-390, SCHROER, Bilder, 216, VAN OORSCHOT, Babel, 314f, KRATZ, Kyros, 193f mit Anm. 631f, gefolgt von RUPPERT, Kritik, 83f, DICK, Prophetic Parodies, 26. Anders SPYKERBOER, Structure, 116-126, PREUß, Verspottung, 208-210, CLIFFORD, Function, 460-463, WILSON, Nations, 172-181, MATHEUS, Jesaja xliv 9-20, 312-326, s. auch Anm. 1875.

11E. sie werden erschrecken
11F. und zusammen beschämt werden.
12A. Der Eisenschmied der Dechsel arbeitet[1862] über der Kohlenglut
12B. und formt es mit den Hämmern
12C. und macht es mit seinem starken Arm.
12D. Dabei hungert er
12E. und entkräftet,
12F. er trinkt kein Wasser
12G. und wird müde.
13A. Der Schreiner spannt die Meßschnur,
13B. er zeichnet es mit seinem Reißstift[1863] vor,
13C. führt es mit den Schnitzmessern/Winkelmaßen aus
13D. und zeichnet es mit dem Zirkel vor.
13E. Und dann macht er es entsprechend dem Modell eines Mannes, wie das Prachtexemplar eines Menschen, damit es in einem Haus/Tempel wohne[1864].
14A. (Einer geht,)[1865] Bergtannen/Zedern zu fällen
14B. oder nimmt eine Steineiche oder Eiche
14C. oder zieht einen unter den Bäumen des Waldes groß
14D. oder pflanzt eine Zeder,
14E. und der Regen läßt sie wachsen,
15A. damit sie dem Menschen zur Feuerung diene.
15B. Er nimmt davon
15C. und wärmt sich,
15D. oder er zündet es an
15E. und bäckt Brot;
15F. auch macht er daraus einen Gott
15G. und wirft sich davor nieder,
15H. macht davon ein Kultbild
15I. und beugt sich vor ihm.
16A. Die eine Hälfte verbrennt er im Feuer,
16B. über der anderen Hälfte brät er Fleisch,
16C. verzehrt den Braten
16D. und wird satt.
16E. Auch wärmt er sich
16F. und spricht:
16G. "Ha, mir wird warm,
16H. ich sehe das Feuer."
17A. Den Rest davon macht er zu einem Gott, zu seinem Kultbild.
17B. Er beugt sich vor ihm,
17C. wirft sich vor ihm nieder
17D. und fleht zu ihm

[1862] Zu den verschiedenen Konjekturvorschlägen s. THOMAS, Isaiah, 324f, ELLIGER, K., Deuterojesaja, 409f, SCHROER, Bilder, 219, HOLTER, Idol, 151, DICK, Prophetic Parodies, 28 Anm. j.

[1863] Zu der Übersetzung von שׂרד als Werkzeug s. HAL IV 1262 und neuerdings BLAU, Translation, 689-695.

[1864] S. dazu ELLIGER, K., Deuterojesaja, 429, oder WESTERMANN, Jesaja, 122, der einen Kontrast erkennt zwischen Jahwe, der den Himmel bewohnt, und Götzen, die ein Haus benötigen.

[1865] Zu den verschiedenen Konjekturvorschlägen s. DUHM, Jesaia, 307, ELLIGER, K., Deuterojesaja, 411. 429, THOMAS, Isaiah, 326f, WESTERMANN, Jesaja, 118, DICK, Prophetic Parodies, 30 Anm. u.

17E. und sagt:
17F. "Hilf mir,
17G. du bist doch mein Gott!"
18A. Sie merken es nicht
18B. und sehen es nicht ein,
18C. denn verklebt sind ihre Augen[1866], so daß sie nicht sehen können,
18D. und ihre Herzen, so daß sie nicht verständig sind.
19A. Keiner denkt darüber nach,
19B. keiner hat Einsicht דעת oder Verstand תבונה,
19C. daß er sagt:
19D. "Eine Hälfte davon habe ich im Feuer verbrannt,
19E. auch habe ich auf seinen Kohlen Brot gebacken,
19F. Fleisch gebraten
19G. und es gegessen,
19H. und den Rest davon soll ich zu einem Greuelbild תועבה machen,
19I. mich vor einem Feuerholzbrocken[1867] niederwerfen?"
20A. Wer Asche hütet,
20B. ein irregeführtes Herz hat ihn verführt.
20C. Nicht wird er seine Seele retten
20D. und nicht sprechen:
20E. Ist es nicht Trug שקר, was ich in meiner Rechten halte?"

Jes 44:9-20 ist ein Teil des Kapitels 44, das aus mehreren kleineren Einheiten besteht[1868]. Der Abschnitt sprengt den Zusammenhang der Gerichtsrede Jes 44:6-8.21f[1869], ist jedoch durch mannigfaltige Stichwortverbindungen und aufeinander bezogene Antithesen mit seinem Kontext verknüpft[1870]. Für die im folgenden auszuwertenden V. 9-20 ist von der folgenden Gliederung auszugehen:

9.   Exposition: Urteil über die Handwerker, Kultbilder und deren Verehrer.
10.   Nutzlosigkeit der Herstellung
11.   Schande für die Handwerker und die Verehrer

12.   Die Herstellung des Kultbildes: Der Eisenschmied
13.   Die Herstellung des Kultbildes: Der Schreiner
14.   Die Materialbeschaffung des Schreiners
15A-E. Die Verwendung des Holzes I: Feuer
15F-I. Die Verwendung des Holzes II: Ein Kultbild

[1866] Von PODELLA, Lichtkleid, 172 Anm. 42, auf die Statuen bezogen. M.E. sind die Verehrer gemeint, s. auch ELLIGER, K., Deuterojesaja, 435, MATHEUS, Jesaja xliv 9-20, 321.

[1867] Diese Übersetzung orientiert sich an akk. *bulû*, s. AHw 137f, s. auch THOMAS, Isaiah, 328f, ELLIGER, K., Deuterojesaja, 438, HOLTER, Idol, 187.

[1868] S. dazu die Versabteilungen von DUHM, Jesaia, 303-313, WESTERMANN, Jesaja, 109-128, ELLIGER, K., Deuterojesaja, 360-480, MERENDINO, Der Erste, 383ff, oder die Übersicht in KRATZ, Kyros, 217, HOLTER, Idol, 190f mit Anm. 153. 191f.

[1869] S. dazu DUHM, Jesaia, 304f, WESTERMANN, Jesaja, 112-116, KRATZ, Kyros, 66 Anm. 231, anders ELLIGER, K., Deuterojesaja, 444f, MERENDINO, Der Erste, 382.

[1870] S. CLIFFORD, Function, 462f, PREUß, Verspottung, 209f, MATHEUS, Jesaja xliv 9-20, 318-326, KRATZ, Kyros, 193f mit Anm. 632, HOLTER, Idol, 127ff. 193-202, DICK, Prophetic Parodies, 26f.

16.   Die Verwendung des Holzes I': Feuer
17.   Die Verwendung des Holzes II': Ein Kultbild

18.   Reflexion über die Handwerker und die Verehrer I
19A-C.   Reflexion über die Handwerker und die Verehrer II
19D-G.   Reflexion über die Verwendung des Holzes I: Feuer
19H-I.   Reflexion über die Verwendung des Holzes II: Ein Kultbild
20.   Abschlußreflexion und Urteil[1871]

Gegenstand dieses Abschnittes ist anscheinend eine geschmiedete Figur (V. 10), deren Kern (V. 12ff) aus Holz besteht. Folgendes läßt sich in bezug auf das Verständnis des Kultbildes entnehmen:

1. Der Anschluß von V. 9-20 an V. 6-8 zeigt, daß die Bilderpolemik einmal mehr Teil der Kontroverse zwischen Jahwe und den Göttern der Völker ist[1872], deren Wesen durch die V. 9-20 enthüllt werden soll. Voraussetzung ist auch hier die Einzigkeit Jahwes (V. 6), die Identifikation der Götter mit ihren Bildern (expliziert durch die Parallelisierungen der V. 10A und 10B, 15F und 15H sowie 17A) und der Gedanke, daß der Charakter der Herstellung, der Hersteller und des Materials die Qualität des Hergestellten bestimmt. Dieses Konzept, das die Bilder nicht aus ihrer Entstehungsgeschichte entläßt, die als rein technischer Vorgang beschrieben wird und daher ein Bild hervorbringt, das ausschließlich an der Welt der Menschen teilhat, kennzeichnet die gesamte Argumentation der bilderpolemischen Zusätze in Dtjes. Im Unterschied zu den bereits erörterten Passagen in Jes 40:19f, wo von der Herstellungstechnik, und 41:6f, wo von dem "Auf-sich-gestellt-sein" der Handwerker die Rede war, setzt der vorliegende Abschnitt andere Akzente[1873]:

- Neben den Handwerkern werden die Verehrer der Bilder eingeführt.
- Die Nutzlosigkeit der Bilder wird explizit festgestellt.
- Den Verehrern und Handwerkern wird Schrecken und Enttäuschung angekündigt.
- Herkunft, Bestimmung und Qualität des Materials werden ausführlichst behandelt.

[1871] Zu einer ähnlichen Gliederung (V. 9-11.12-17.18-20) s. KIM, Verhältnis, 54, HOLTER, Idol, 127-130.
[1872] S. z.B. den Gegensatz zwischen Jahwes Zeugen in Jes 44:8 und den Zeugen der Götter Jes 44:9, s. dazu auch ELLIGER, K., Deuterojesaja, 415f, KRATZ, Kyros, 195.
[1873] Zum folgenden ähnlich auch KRATZ, Kyros, 196.

- Eine ausgedehnte, rationalistisch wirkende[1874] Reflexion läßt keinen Zweifel daran, wie die Verse 9-17[1875] zu interpretieren sind.

2. Über die Hersteller der Kultbilder läßt sich folgendes erfahren: Sie werden als פסל יצרי (V. 9A) eingeführt und als nichtig[1876] bewertet; dementsprechend können sie nichts hervorbringen, was wirken oder helfen könnte (V. 9B). Wie immer in der Bilderpolemik fehlt von der Weisheitsbegabung oder göttlichen Unterstützung der Handwerker jede Spur. Sie werden nicht einmal ironisch als "weise" bezeichnet. Von besonderem Interesse erscheint V. 11B, der hervorhebt, daß es sich bei ihnen nur um Menschen handelt. Es stellt sich die Frage, wieso diese Klarstellung nötig ist. Im Hintergrund könnte die altorientalische Vorstellung stehen, daß die Handwerker der Kultbilder als "Sonderfall der Menschenschöpfung" angesehen oder in irgendeiner anderen Weise von den Göttern bevorzugt und aus der allgemeinen Menschheit herausgehoben wurden, wodurch sie in den Genuß eines besonders engen Gottesverhältnisses und zu schöpferischen Fähigkeiten kamen. Im Alten Testament finden sich dergleichen Gedanken allerdings nicht[1877]. V. 11B spielt mit den verschiedenen Bedeutungen von חרש, das zum einen "Kunsthandwerker", zum anderen "Zauberei" bedeuten kann[1878]. Dadurch gewinnt der Vers zweierlei Inhalte, die aufeinander bezogen sind: Die Handwerker selbst sind menschlich, und alles, was an ihrer Tätigkeit als übernatürliche Zauberei erscheint, ist es ebenso. Von der Perspektive der Bilderfeinde aus gesehen war diese Klarstellung durchaus nötig[1879], da Hand-

---

[1874] Zum "Geist der Aufklärung" der Verse, s. WESTERMANN, Jesaja, 122, ähnlich VON RAD, Theologie I, 230. Zu analogen Argumentationsstrukturen in der klassischen Antike s. DICK, Prophetic Parodies, 33ff. 40ff. 45-47, BARASCH, Icon, 49-62.

[1875] Es kann hier nicht der Ort sein, eine weitere literarkritische Hypothese zu V. 9-20 zu entwerfen, zu bereits bestehenden Vorschlägen s. Anm. 1861. Sprachliche (zu den Leitworten s. im folgenden) und inhaltliche Verknüpfungen zeigen, daß V. 9-11 die V. 6-8 und V. 18-20 die V. 9-17 voraussetzen. Damit bliebe V. 12-17 als späterer Zuwachs zu V. 6-8.9-11 übrig, wofür der Numeruswechsel zwischen V. 11/12 und 17/18 sprechen würde. Später hätten V. 18-20 das Ganze dann abgerundet.

[1876] Zu תהו s. ELLIGER, K., Deuterojesaja, 56 mit Anm. 3. 423, WESTERMANN, Genesis, 142-144.

[1877] Nach Jes 54:16 hat Jahwe zwar den Schmied geschaffen, jedoch wird damit kein exklusives Gottesverhältnis begründet.

[1878] S. HAMP, חרש, 234-238. Zur Verbindung zwischen Magie und Handwerk s. MÜLLER, Weisheit, 80, der חרש "Kunsthandwerker" sogar von der Wurzel חרש "zaubern" ableiten will. Auf magische Zusammenhänge nimmt auch חבר in V. 11A bezug, s. schon DUHM, Jesaia, 306, CAZELLES, חבר, 723. Mehr als Anspielungen liegen hier jedoch nicht vor, da, wie schon WESTERMANN, Jesaja, 121, mit Recht feststellte, der vorliegende Text an der Profanisierung des Vorgangs interessiert ist.

[1879] Anders GERLEMAN, Adam, 322f, der die Bemerkung für überflüssig hält (und אדם hier mit "Masse, Stoff" übersetzt). Nach HOLTER, Idol, 145, gehört die Bestimmung der Handwerker als Menschen zur Antithese im Gegenüber zu Gott, dem Schöpfer.

werker durch ihre enge Verbindung mit den Göttern, die sie mit Weisheit und Verstand begabten, sowie auch durch ihre körperliche Nähe zu den Kultbildern zu Grenzgängern zwischen irdischer und überirdischer Welt werden und den Außenstehenden leicht als "Zauberer" erscheinen konnten. In diesem Zusammenhang sei darauf hingewiesen, daß חרש innerhalb der Bilderpolemik der häufigste Terminus ist, wenn es um die Bezeichnung eines Handwerkers geht, der Kultbilder schafft; ausschlaggebend für diese Wortwahl war sicherlich, daß der Begriff zwischen Technik und Zauberei oszilliert (s. auch Jes 3:3).

Weitere Informationen über die Tätigkeiten des Handwerkers lassen sich V. 13 entnehmen, der mit aller wünschenswerten Deutlichkeit offenlegt, daß es sich bei den Handwerkern nicht um Menschen handelt, die Offenbarungen Gestalt verleihen oder Unsichtbares sichtbar machen, sondern um Abbildner. Sie formen ihre Bilder nach dem, was sie sehen, so daß diese nichts als Kopien bereits sichtbarer Gestalten, d.h. Wiedergaben von Gottes Geschöpfen, sind[1880]. Die Kunst der Handwerker kann daher nur darin bestehen, darauf Wert zu legen, daß ein Bild den äußeren Merkmalen seines Vorbildes möglichst gleicht[1881]. Innerhalb dieser Konzeption war es die Aufgabe eines Bildes, seinem Urbild zu ähneln oder zu gleichen, um darauf zu verweisen; als Abbild war es Teil der immanenten Welt. An sich hat das Alte Testament an den Ähnlichkeitsbildern nichts auszusetzen[1882]. Der Konflikt entsteht erst dann, wenn diese Bilder mit einer Gottheit in Verbindung gebracht und verehrt werden, weil dann Kopien von Geschöpfen in den Rang von Göttern versetzt werden. Hier zeigt sich ganz deutlich, daß erst die Anwendung des Abbildbegriffs auf das Kultbild aus dem Bilderkult die Verwechslung von Schöpfer und Geschöpf macht, wobei es sich bei letzterem nicht einmal um Gottes Geschöpf, sondern um die *Nachbildung* desselben aus Menschenhand handelt[1883]; Bilderkult, der von "wirklichen" Bildern ausgeht, die Unsichtbares sichtbar machen und neue Realitäten schaffen, hat damit nichts zu tun.

[1880] Dieser Gedanke findet sich auch in Dtn 4:15ff.

[1881] Dies ist es letztlich auch, was die Tätigkeit des Handwerkers nach Sir 38:27-31 charakterisiert.

[1882] Daher ist z.B. das Bildprogramm des Jerusalemer Tempels zugelassen. Sowohl Bilderkritik als auch Bilderverbot richten sich nur gegen kultisch verehrte Bilder, s. schon JOHANNES DAMASCENUS, Oratio de imaginibus III,4-9 = KOTTER, Schriften, 73-83. 96f, GUTMANN, Commandment, 173, FAUR, Idea, 13, CARROLL, God, 51f, CURTIS, E.M., Idol, 379, DOHMEN, Das Bilderverbot, 236ff, SCHROER, Bilder, 11-17, DIETRICH, LORETZ, Jahwe, 38.

[1883] M.E. handelt es sich nicht um die so häufig ins Feld geführte (s. z.B. NORTH, Essence, 158f, ELLIGER, K., Deuterojesaja, 440, HOLTER, Idol, 167) Verwechslung von Schöpfer und Geschöpf, die in Dtjes moniert wird. Gerade Jes 44:13 zeigt, daß eine weitere Differenzierungsebene eingeführt wurde: Jahwe schafft Geschöpfe, die Menschen können dieselben nur nachmodellieren. Ein Bilderverehrer verwechselte daher (für die Bildergegner) nicht Schöpfer und Geschöpf, sondern den Schöpfer mit einer *Kopie* von dessen Geschöpfen.

Die abschließende Reflexion der V. 18-20 spricht den Handwerkern explizit alle weisheitlichen Gaben ab, die sie in altorientalischem Denken besonders qualifizierten: Einsicht, Verstand, sehende Augen und ein verständiges Herz[1884]. Die Tendenz, die sich in den bilderpolemischen Texten zeigt, die Tätigkeit der Handwerker auf das technische Geschehen zu reduzieren und sie von der Weisheit zu dissoziieren, verbindet diese Passagen mit späten apokryphen Texten, die zwischen Handwerkern und Weisheitslehrern bzw. Handwerk und Weisheit eine scharfe Grenze ziehen:

"Bildung und Urteilsfähigkeit offenbaren sie (= die Handwerker; Anm. d. Verf.) nicht, und unter denen, die Spruchweisheit schaffen, sind sie nicht zu finden. Sondern sie stützen das Werk der Welt, und ihr Gebet richtet sich auf die Dinge ihres Gewerbes" (Sir 38:34).

Jes 44:18-20 zeigt auch, daß der Verfasser der Verse der Ansicht war, daß die Handwerker den Charakter ihrer Werke am besten kennen müßten, da sie mehr als jeder andere Einblicke in die Details ihrer Genese hatten und von der Profanität ihres Tuns wußten. Gerade weil sie aus ihrem Wissen nicht die naheliegenden Konsequenzen ziehen, geraten sie ins Kreuzfeuer der Polemik. Hier ist ein Gedanke vorgezeichnet, der sich in den späten (apokryphen) Weisheitsschriften in ausgedehnten Polemiken gegen die Handwerker ausprägt[1885].

3. Hinter den Verehrern der Kultbilder ("Zeugen" V. 9C[1886]; "Spießgesellen" V. 11A) verbergen sich anscheinend sowohl die Handwerker als auch deren Auftraggeber. In bezug auf ihren Unverstand sind ohnehin alle gleich, die sich mit Bildern abgeben: Sie sehen nichts, merken nichts, werden erschrecken (פחד V. 11E) und enttäuscht (בוש V. 9E.11AF s. auch 42:17, 45:16)[1887].

4. Ab V. 12 beschäftigt sich der Text ausführlich mit der Herstellungstechnik der Handwerker. Dabei benutzt er verschiedene Leitworte, die das Handeln der Menschen mit dem Jahwes kontrastieren[1888]. Man erfährt zahl-

---

[1884] Leitworte sind: דעת (19B), תבונה (19B), ידע (9D.18A), בין (18B), ראה/Augen (9C.16H. 18C), לב (18D.19A.20B), שׂכל (18D), zu diesem Sprachgebrauch in Dtjes s. ELLIGER, K., Deuterojesaja, 82. 168. 423. Zu דעת s. BERGMAN, BOTTERWECK, ידע, 496ff; zu תבונה als pragmatische Weisheit, die interpretativ und konzeptionell denken kann und eine Synthese zwischen Wahrnehmen und Verstehen erlaubt, s. FOX, Words, 151-158.

[1885] S. Weish 13-15, bes. Weish 13:16.19, 14:8ff.18f, 15:13, s. dazu ROTH, Life, 45-47.

[1886] Mit DUHM, Jesaia, 306, SPYKERBOER, Structure, 121, ELLIGER, K., Deuterojesaja, 423, sind die Verehrer der Bilder gemeint. HOLTER, Idol, 124. 135f, bezieht עד zu Unrecht auf die Götzen (als Zeugen der Handwerker).

[1887] Beide Begriffe werden antithetisch gebraucht. Dem Schrecken und der Enttäuschung der Bilderverehrer steht Jahwes Beistand entgegen, s. Jes 44:8, 51:13 (פחד); Jes 41:11, 45:17. 24, 49:23, 50:7, 54:4 (בוש).

[1888] Die Leitworte sind (sortiert nach Bezugspersonen): יצר Jes 44:9A.10A.12B (Handwerker) und V. 2.21.24 s. auch Jes 42:6, 43:1.7.10.21, 45:7.9.11.18, 46:11, 49:5.8 (Jahwe); נסך

reiche technische Details in bezug auf die Vorarbeiten des Eisenschmieds, die als äußerst mühevoll erscheinen, ihn entkräften und ermüden[1889]. Anschließend werden die Tätigkeiten des Schreiners detailliert beschrieben, wobei der Schwerpunkt auf seinen planerischen Aktivitäten liegt: Er spannt die Meßschnur (נטה; V. 13A), zeichnet vor (תאר[1890]) und führt es aus (עשׂה[1891])[1892]. Da von der aus dem Alten Orient bekannten "inspirativen Zusammenarbeit" der Menschen mit einer Gottheit bzw. von den Handwerkern als den "Händen des Handwerkergottes" keine Rede sein kann, handelt es sich um einen künstlerischen oder handwerklichen Akt und kein kultisches Geschehen oder gar einen "numinosen Schöpfungsvorgang".

5. Ausführlich wird in V. 14 die Materialbeschaffung[1893] des Schreiners beschrieben, der einfach in den Wald geht und sich das Nötigste besorgt[1894]. Die folgenden Verse konkretisieren die Funktion des Holzes im Spannungsfeld zwischen dessen eigentlicher Bestimmung als Feuerholz (V. 15A-E) und dessen Pervertierung als Material für ein(en) Gott(esbild) (V. 15F-I). Derselbe Gedanke wird in V. 16.17 nochmals ausgeführt und mit zwei kurzen (Selbst-)Gesprächen des Handwerkers illustriert (V. 16G-H; 17F-G), die die Sinnlosigkeit seines Tuns zum Ausdruck bringen.

Jes 44:10B (nur vom Handwerker belegt); פעל Jes 44:12A.12C.15F (Handwerker) und 41:4, 43:13 (Jahwe). Zum Prinzip der Antithese bei Dtjes s. KIM, Verhältnis, 133. 135 u.ö., KRATZ, Kyros, 195, HOLTER, Idol, 132ff. 152ff. 202f u.ö.

[1889] Die Leitworte sind: כח Jes 44:12C.12E (Handwerker), im Kontrast zu Jahwe als Herr und Quell der Kraft in Jes 40:26.29.31, 50:2 (40:9 Bote, 49:4 Gottesknecht); יעף Jes 44:12G (Handwerker) im Kontrast zu Jahwe, der keine Müdigkeit kennt und diese Fähigkeit weitergibt, s. Jes 40:28.29.30.31, dazu auch HOLTER, Idol, 150-156.

[1890] V. 13B.13D (nur vom Handwerker und nur an dieser Stelle in Dtjes belegt).

[1891] Zu diesem Leitwort s. Jes 44:13C.13E.15H.17A.19H (Handwerker), 44:2.23f (Jahwe). Derselbe Gegensatz zwischen dem Schaffen der Handwerker und Jahwes findet sich auch in Jes 46:6 (Handwerker) und 46:4.10.11 (Jahwe). Innerhalb von Dtjes wird עשׂה (außer 53:9 Gottesknecht) sonst nur noch in bezug auf Jahwes Handeln gebraucht, s. Jes 40:23, 41:4.20, 42:16, 43:7.19 (Neues), 45:7.9.12.18, 51:13, 54:5, 55:11. Erwähnenswert im Sinne der Gegenüberstellung von Jahwe und Handwerkern erscheint Jes 48:5, wo explizit ausgeschlossen wird, daß ein Kultbild (עצב) tätig geworden sei. Der Fehlschluß auf das Handeln des Götzen wird mit dem wirklichen Handeln Jahwes in Jes 48:3.11 (עשׂה) sowie mit dem seines Beauftragten Kyros (Jes 48:14) kontrastiert. Zum Schöpfungsvokabular in Dtjes s. STUHLMÜLLER, Redemption, 115. 219f. 220-223. 227-229, REISEL, Relation, 65-79, EBERLEIN, Gott, 73-82, HOLTER, Idol, 139-143. 152-154.

[1892] Die Tatsache, daß יצר, פעל, עשׂה in Jes 44:9-20 die dominierenden Verben sind, ließ SCHROER, Bilder, 217, zu dem Ergebnis kommen, daß Jes 44 (abgesehen von V. 13) von den bilderpolemischen Texten in Dtjes am wenigsten präzises Wissen über die Herstellung eines Kultbildes bewahrt hat. Da der Verfasser der vorliegenden Verse Jes 40:19f und 41:6f voraussetzen konnte, bestand wohl eher kein Grund für weitere technische Details.

[1893] Zum Material s.o. S. 359ff.

[1894] Leitworte: נטע (V. 14D); אמץ (V. 14C) s. den Kontrast zu Jes 41:10; לקח (V. 14B); כרת (V. 14A); גדל (V. 14E).

Die Tatsache, daß das Kultbild bereits in V. 13 bearbeitet wurde, läßt V. 14 als Rückschritt in der Logik des Herstellungsvorganges erscheinen. Diese Beobachtung wurde (zusammen mit dem unvermittelten Anfang durch einen Infinitiv in V. 14) von einzelnen Exegeten als Indiz dafür angesehen, daß die V. 14-17 erst später ihren Weg an diese Stelle gefunden haben[1895]. Wenig aussichtsreich erscheint die Interpretation von M.B. DICK[1896], der (ausgehend von seiner Deutung des mesopotamischen MWKB) vorschlägt, daß es sich in den V. 13.14-17 um eine Parodie des Mundwaschungsrituals handelte; s.E. entspricht die Reihenfolge Herstellung -> Material dem Verlauf des MWKB, das die fertige Statue schrittweise in das Material zurückverwandelt habe. Wie oben ausführlich gezeigt wurde, ist diese Deutung des MWKB unhaltbar. Zudem ist es kaum wahrscheinlich, daß Israeliten mehr als die bloße Existenz und die grundsätzliche Wirkung des MWKB kannten. Einblicke in die Details des Ritualverlaufes hatten Außenstehende sicherlich nicht, da es sich immerhin um Geheimwissen handelte.

Die Logik der V. 12-17 ist m.E. nicht unbedingt an den handwerklichen oder gar rituellen Abläufen zu messen, die die Herstellung eines Kultbildes begleiteten. Wie mehrfach erwähnt, war es die Qualität des Herstellungsprozesses, der Handwerker und des Materials, die den Charakter des Hergestellten bestimmte; daher war man im Alten Orient bemüht, für alle Beteiligten und den gesamten Vorgang übernatürliche Zusammenhänge zu postulieren. Betrachtet man die bereits besprochenen bilderpolemischen Passagen, so wurde in Jes 40:19f die Herstellung als technisches Geschehen beschrieben, während es in Jes 41:6f vor allem darum ging, daß die Handwerker ganz auf sich allein gestellt waren; um die Herstellungsvorgänge um das Kultbild vollständig zu profanisieren, fehlt somit nur noch die explizite Polemik gegen das Material. Diese liegt nun in den V. 14-17 vor. Die V. 12f bieten (als eine Art Einleitung) nur nochmals kurze Ergänzungen zu Jes 40:19f und 41:6f, bevor sich die V. 14-17 dem eigentlichen Gegenstand dieses Abschnittes widmen, dem Holz. Die V. 14-17 stehen hinter V. 13 (Schreiner) inhaltlich am bestmöglichen Platz und führen durch ihren parallelen Aufbau die Parallelität von V. 12f fort, so daß m.E. kein Grund besteht, anzunehmen, daß sie nicht in diesen Zusammenhang gehören.

Aus der Zusammenschau der bisher betrachteten bilderpolemischen Passagen innerhalb von Dtjes ergibt sich, daß sie als eine *aufeinander aufbauende, fortschreitende, umfassende und differenzierte Widerlegung* der alt-

---

[1895] So ELLIGER, K., Deuterojesaja, 418f. 429-431, MERENDINO, Der Erste, 384f (V. 14-18a.19.20bα), SCHROER, Bilder, 216. Anders WESTERMANN, Jesaja, 122, für den der Charakter der Dichtung die Reihenfolge erklärt.
[1896] DICK, Prophetic Parodies, 27. 47.

orientalischen Vorstellung zu verstehen sind, daß Herstellungsweise, Hersteller und Material eines Kultbildes in irgendeiner Weise mit der transzendenten Welt verbunden sind. Bis hierher hat der Verfasser der bilderpolemischen Passagen sein Bestes gegeben, wider den überirdischen Charakter der Herstellung eines Kultbildes zu argumentieren. Das auf irdischem Weg entstandene Bild konnte folgerichtig nur zu einem Wirklichkeitsbereich gehören: Zur sichtbaren, immanenten Welt. Eine Teilhabe der Figuren an einer Gottheit, eine intakte Ursprungsbeziehung zwischen Gott und Statue gab es nicht, so daß die Grundlage für die funktionierenden Handlungsbeziehungen des Bildes fehlten. Um dieselben geht es nun im letzten Punkt.

6. Im Unterschied zu Jes 40:19f und 41:6f nimmt Jes 44:9-20 mehrfach auf die Wahrnehmungs- und Handlungsbeziehungen des Bildes bezug. Dabei zeigen sich einige Details über die Kultpraxis der Bilderverehrer. Deren Begegnung mit ihren Götterfiguren, die ein Haus oder Tempel bewohnten (ישׁב, V. 13E), war hierarchisch strukturiert: Sie prosternierten sich vor ihnen (שׁחה, V. 15G.17C, s. auch Jes 46:6), warfen sich zum Gebet nieder (סגד, V. 15I.17B.19I, s. auch Jes 46:6), sie flehten sie an (פלל, V. 17D s. auch Jes 45:20[1897]), sie sprachen sie an und beteten (אמר, V. 17E), baten um Hilfe (נצל, V. 17F.20C) und setzten sich mit ihrer Gottheit in ein persönliches Verhältnis der Verbundenheit ("du bist mein Gott" (17G)). Zudem erwarteten sie, daß der Gott wirkmächtig war, so daß er bei Bedarf helfen und nützen konnte (יעל, V. 9B.10C). Der Verfasser der bilderpolemischen Verse zögert nicht, zu zeigen, daß das Kultbild für die Bilderverehrer die Epiphanie ihrer Gottheit war. Es schuf für sie die Realität des Göttlichen; dementsprechend brachten die erwähnten Formen der Gottesbegegnung das asymmetrische Verhältnis zwischen Mensch und Gott zum Ausdruck. Er stellt auch dar, daß die praktischen Handlungsfelder eines Kultbildes durch seinen Interaktions- und Kommunikationspartner bestimmt waren. Dieser erwartete in der Hauptsache Unterstützung, eine Erwartung, die selbstverständlich nur enttäuscht werden konnte, da es den leblosen Figuren, die ohne jegliche Beziehung zu einer Gottheit waren, kaum gelingen konnte, irgendwelche Handlungen zu vollziehen oder in Interaktionszusammenhänge einzutreten. Jedes Gespräch mit einem Kultbild blieb daher aus der Perspektive der Bildergegner ein Selbstgespräch, eine Tatsache, die V. 17FG durch seine Parallelisierung mit V. 16GH deutlich zum Ausdruck bringt.

[1897] S. den Kontrast zu Jes 45:14.

1.4.3.2.4. Jes 46:(5).6-7

Jes 46:(5).6-7[1898]

(5A. Mit wem wollt ihr mich vergleichen
5B. und gleichstellen,
5C. und mit wem wollt ihr mich gleichen,
5D. daß wir uns ähnlich wären?)

6A. Die das Gold aus dem Beutel schütten
6B. und das Silber auf der Waage wiegen,
6C. sie dingen einen Goldschmied,
6D. damit er daraus einen Gott mache.
6E. (Dann) fallen sie vor ihm nieder
6F. und beten ihn an.
7A. Sie heben ihn auf die Schulter,
7B. sie tragen ihn,
7C. dann setzen sie ihn ab,
7D. und er steht unverändert;
7E. von seinem Standplatz regt er sich nicht.
7F. Ruft man ihn an,
7G. antwortet er nicht,
7H. aus seiner Not rettet er ihn nicht.

Die Verse gehören zu dem größeren Abschnitt Jes 46:1-7, der folgendermaßen zu gliedern ist:

V. 1.   Deportation der Kultbilder von Marduk und Nabû als Folge der Niederlage der Götter
V. 2.   Die Kultbilder als Last ihrer Träger
V. 3.   Israel als Last Jahwes
V. 4.   Umfassende Beistandszusage Jahwes als Träger Israels
V. 5.   Frage nach der Vergleichbarkeit Jahwes

[1898] Die V. 6f sind an dieser Stelle sekundär; Jes 46:1-4 gesteht den Göttern noch eine eigene Existenz zu und differenziert sie von ihren Bildern; anders Jes 46:6f, so mit KRATZ, Kyros, 54 Anm. 181. Unklarheit besteht über den genauen Umfang des Zusatzes: An V. 5-7 denkt KIM, Verhältnis, 86-88, KRATZ, ebd., HERMISSON, Deuterojesaja, 85-122; V. 6-8 ist es für DUHM, Jesaia, 324, während für WESTERMANN, Jesaja, 148f, FOHRER, Jesaja, 100f, ELLI-GER, K., Deuterojesaja, 66, V. 5-8 zusammengehören; MERENDINO, Der Erste, 472f, zieht V. 6f.8b zusammen. Zur Ausscheidung von V. 8 s. die differenzierte Argumentation von KRATZ, Kyros, 54 mit Anm. 180. Obwohl V. 5 m.E. nicht zu V. 6f gehört, wurde er in der Übersetzung miteinbezogen, da er Anlaß der vorliegenden Erweiterung war; er gehört zu einer Schicht, die in V. 9-11 (s. analog Jes 40:18 mit V. 21) weitergeführt wird, so schon DUHM, Jesaia, 324f, MERENDINO, Der Erste, 472ff. Für die Authentizität von V. 6f sprechen sich hingegen PREUß, Verspottung, 220f, SPYKERBOER, Structure, 146f, CLIFFORD, Function, 454-457, WILSON, Nations, 160. 184, aus, während HOLTER, Idol, 220-230, seinen Ansatz beibehält, die Verflechtung der Verse mit ihrem Kontext hervorzuheben, ohne sich in bezug auf Verfasserschaften festzulegen.

1. Argumentationsgang: Die Ursprungsbeziehung des Bildes
V. 6AB.   Die Auftraggeber eines Kultbildes besorgen das Edelmetall
V. 6C.   Die Auftraggeber eines Kultbildes dingen den Handwerker
V. 6D.   Produktion des Gottes

2. Argumentationsgang: Die Handlungsbeziehungen des Bildes
V. 6EF.   Verehrung des Gottes
V. 7A-E   Unbeweglichkeit des Gottes bei einer Prozession
V. 7FG.   Sprachunfähigkeit des Gottes
V. 7H.   Machtlosigkeit des Gottes

Da die vorliegenden Verse keinen besonderen Wert darauf legen, die
Herstellung des Kultbildes zu schildern, ist nicht genau zu erkennen, um was
für ein Bild es sich handelt. Der einzige Handwerker, der genannt ist, ist der
Goldschmied; als Material findet sich nur Gold und Silber. Dennoch ist
kaum an ein rein edelmetallenes Bild zu denken, da die Vorgänge (sicher
auch im Blick auf die vorhergehenden bilderpolemischen Passagen) stark
verkürzt geschildert sind. In bezug auf die Kultbilder werden die folgenden
Vorstellungen deutlich:
1. Der Anschluß der V. 6f an V. 5 zeigt an, daß der vorliegende Abschnitt
mit den bereits besprochenen bilderpolemischen Texten in Dtjes[1899] denselben Bildbegriff teilt: Ein Kultbild wird als Abbild verstanden. Jahwe setzt
sich in den V. 6f mit den Göttern der Völker auseinander, die (im Unterschied zu V. 1-4) mit ihren Bildern identifiziert sind (V. 6D). Im Unterschied zu Jes 40:19f, wo vor allem die Herstellungstechnik, Jes 41:6f, wo
die rein menschliche Zusammenarbeit, und Jes 44:9-20, wo das Material der
Bilder und ihre Nutzlosigkeit im Mittelpunkt stand, wirft Jes 46:6f nur einen
kurzen Blick auf die Herstellung der Bilder. Die Vorgänge werden in einem
kurzen Satz zusammengefaßt (V. 6D), weil der Verfasser die vorangehenden
Verse (Jes 40:19f etc.) über die Herstellung der Bilder voraussetzen kann.
Der Akzent verlagert sich in V. 6f deutlich von der Demontage der Ursprungsrelation der Bilder durch die Profanisierung ihrer Herstellung auf
den Aufweis der mangelnden Wahrnehmungs- und Handlungsbeziehungen
des Bildes, das seine praktischen Handlungsfelder nicht übernehmen kann.
*Innerhalb der bilderpolemischen Passagen in Dtjes ist daher ein deutlicher
Handlungs- oder Argumentationsfortschritt zu erkennen, der von Anfang an
beabsichtigt war und mit 46:6f zu seinem Ziel gekommen ist*[1900].

[1899] S. bes. zu Jes 40:19f, s.o.
[1900] Die durchdachte Anlage der Texte erkennt auch KRATZ, Kyros, 196, der jedoch Jes
44:9-20 als Zentrum ansieht; m.E. sind in Jes 44 keineswegs "alle Themen versammelt"
(ebd.); ohne Jes 46:6f fehlte die Diskussion der wichtigsten Wahrnehmungs- und Handlungsbeziehungen, deren Aufnahme normalerweise am Ende der Herstellung eines Kultbildes
stand. Anders HERMISSON, Deuterojesaja, 116f, der zwar die Beziehungen zwischen Jes

2. Die V. 6f lassen sich in zwei Argumentationsgänge einteilen, wobei sich der erste mit dem Ursprung des Bildes, der zweite mit seinen praktischen Handlungsfeldern befaßt. Der erste Argumentationsgang schildert kurz die Herstellung eines Kultbildes als profanen Vorgang, der auf menschliche Initiative und die Erwerbstätigkeit eines Handwerkers zurückgeht. Durch diese Entstehungsweise ist die Ursprungsbeziehung des Bildes bestimmt, das keinerlei Beziehung zu einem Gott besitzen kann. Der zweite Argumentationsgang widmet sich den Handlungsbeziehungen des Bildes. Kurz schildern die V. 6EF die Proskynese und die Anbetung der Bilder, die das asymmetrische Verhältnis zwischen Gott und Mensch zum Ausdruck bringen; die Bilderverehrer sind überzeugt davon, es mit einer Gottheit zu tun zu haben. Interessant erscheint die detaillierte Prozessionsschilderung in V. 7A-E, die reale Vorgänge des Festkultes reflektiert und darauf Bezug nimmt, daß die Bilder getragen werden. Kennzeichen der altorientalischen Prozessionen war, daß sie die Kultbilder aus der Abgeschlossenheit ihres Tempels durch die Stadt führten. Eine Prozession bestand aus verschiedenen Abschnitten, die im Ritual des jeweiligen Festes einen logischen Fortschritt markierten. Den einzelnen Abschnitten entsprachen innerhalb des Prozessionsweges bestimmte Stationen, die den Prozessionsverlauf festlegten und gliederten. Wenn die Bilder dort abgesetzt wurden, war der betrachtenden Bevölkerung die Gelegenheit gegeben, die Figuren genauer anzusehen, ihnen länger (und vielleicht auch von vorne) zu begegnen und die vor ihnen zelebrierten kultischen Handlungen und Ansprachen[1901] zu verfolgen; im Rahmen des *akītu*-Festes ist zu belegen, daß die Prozessionsstationen theologisch interpretiert wurden und die "Ausdrucksfunktion" des kultischen Ortes[1902] bestimmten. Auf diesem Hintergrund zeigt sich, daß die V. 7A-E die wesentlichen Elemente einer Prozession (Weg und Station) schildern und sich über die Vorgänge mokieren. Wesentliche Bedeutung kommt auch den Leitworten נשא (V. 7A s. auch Jes 45:20[1903]) und סבל (V. 7B[1904]) zu, die zeigen, daß die V. 6f auf V. 3f bezogen sind und die absurde Situation vor

---

40:19f, 41:6f, (unter Vorbehalt) Jes 44:9-20 und 46:6f sieht, jedoch allenfalls zwischen 40:19f, 41:6f und 46:6f einen logischen Fortschritt erkennt.

[1901] Einen Eindruck von den Ansprachen an die Götter an den einzelnen Stationen des Neujahrsfestes vermittelt K9876+, bearbeitet und übersetzt in PONGRATZ-LEISTEN, *Ina šulmi īrub*, Text Nr. 8:2f.5-13.15-24 u.ö.

[1902] Zum Unterschied zwischen Ausdrucksfunktion und Nutzungsfunktion vgl. PONGRATZ-LEISTEN, *Ina šulmi īrub*, 73f.

[1903] נשא wird antithetisch gebraucht; in bezug auf Jahwe, der Israel trägt, findet es sich in Jes 46:3.4 s. auch Jes 40:11. Zur Vernetzung der Verse mit ihrem Kontext s. PREUß, Verspottung, 218-221, HERMISSON, Deuterojesaja, 89-95, HOLTER, Idol, 213-230.

[1904] סבל kann ebenfalls antithetisch eingesetzt werden, s. Jes 46:4 (Jahwe), Jes 53:4.11 (Gottesknecht).

Augen führen, daß die Götter der Völker von ihren Verehrern getragen werden, während Jahwe die Seinen selbst trägt.

Neben dem Handlungsfeld, das durch Bewegungsfähigkeit bestimmt wird, wird den Bildern auch die Sprachfähigkeit abgesprochen: Sie antworten ענה (V. 7G[1905]) nicht, was sie ebenfalls von Jahwe unterscheidet. Das letzte praktische Handlungsfeld, das die Bilder zu übernehmen haben, ist ihre Wirkmächtigkeit, die sich in der Hilfe für die Menschen äußert. Auch in dieser Hinsicht können die Kultbilder nicht mit Jahwe konkurrieren (Leitwort: ישע (V. 7H s. auch Jes 45:20[1906])).

3. In bezug auf die Herstellung bietet der Text in V. 6A-C noch eine interessante Zusatzinformation, da er zeigt, daß die Handwerker nicht eigenmächtig handelten, sondern auf potente Geldgeber[1907] angewiesen waren, die sie beauftragten bzw. bezahlten und die Edelmetalle besorgten. Der Goldschmied, der in V. 6 gedungen wird, erscheint in keiner Weise mit einem göttlichen Auftraggeber oder mit Weisheitsbegabungen verbunden; sein Kontext ist nur der Erwerb[1908]. Die Auftraggeber wiederum kamen mit dem Wunsch nach einem Kultbild von dem Gott, den sie verehrten. In Analogie zu mesopotamischen Vorstellungen ist zu erwarten, daß sie davon ausgingen, mit dem Segen der betreffenden Gottheit belohnt zu werden.

Da Jer 10:3-10* denselben Argumentationsfortschritt wie Jes 40:19f + 41:6f + 44:9-20 + 46:6f aufweist, Elemente dieser Passagen aufnimmt und ergänzt, wo es nach Ansicht des Verfassers noch offene Fragen gab, Einzelmotive sowie den Aufriß von Jes 46:6f übernimmt und ausgestaltet und für das Kultbild sogar dieselben Handlungsrelationen wie Jes 46:6f (Bewegung, Sprache und Wirkung) postuliert, erscheinen die bilderpolemischen Verse dieses Jeremiakapitels geradezu wie ein Kompendium der Bilderpolemik aus Dtjes, deren Kenntnis vorausgesetzt werden kann.

[1905] Im Kontrast dazu Jahwe, s. Jes 41:17, 49:8.
[1906] Im Kontrast dazu Jahwe Jes 43:12, 45:17.22, 49:25.
[1907] Zu der negativen Konnotation von זולים s. HERMISSON, Deuterojesaja, 118.
[1908] S. dazu Weish 15:12.

1.4.3.2.5. Jer 10:1-16

Jer 10:(1f).3f.5A.9[1909].5B-G.(8[1910])
(1A. Hört das Wort,
1B. das Jahwe zu euch spricht, Haus Israel:
2A. So spricht Jahwe:
2B. Gewöhnt euch nicht an den Weg der Heidenvölker,
2C. und vor den Zeichen des Himmels[1911] seid nicht mutlos,
2D. denn vor ihnen erschrecken die Heidenvölker.)

3A. Denn die Kultsitten[1912] der Völker sind ein reines Nichts
3B. und nur Holz, das man im Wald gefällt hat,
3C. ein Werk von Kunsthandwerkerhänden mit der Dechsel;
4A. mit Silber und Gold verschönert man es,
4B. mit Nägeln und Hämmern[1913] befestigen sie es, damit es nicht wackelt.
5A. Wie eine Palme תֹּמֶר[1914] von getriebener Arbeit מִקְשָׁה[1915] sind sie,
9A. dünngeschlagenes Silberblech wird aus Tarschisch[1916] gebracht und Gold aus Ophir[1917],
9B. ein Werk des Kunsthandwerkers und der Goldschmiedehände.
9C. Blauer und roter Purpur ist ihr Kleid.
9D. Sie alle sind nur ein Werk der Weisen.
5B. Sie können nicht reden[1918].

[1909] Die im folgenden gebotene Versanordnung entspricht (mit etwas anderer Verszählung von V. 9/5) der der LXX. M.E. hat diese die ursprüngliche Anordnung der V. 3-5.9 bewahrt; jedoch läßt sich letztlich nicht ausschließen, daß bereits die Übersetzer versucht haben, die masoretischen Verse in eine logischere Abfolge zu sortieren. Zu den Unterschieden zwischen dem masoretischen Text und der LXX s. SCHROER, Bilder, 198f. Zu Recht stellt sie fest, daß der Text aus einzelnen Versatzstücken besteht (ebd., 200), die variabel miteinander kombiniert werden konnten; jedoch ist dennoch davon auszugehen, daß es eine "ursprüngliche" Anordnung gegeben hat. Bei V. 9 scheint es sich um eine Randglosse zu handeln, s. DUHM, Jeremia, 100f, WEIPPERT, H., Schöpfer, 33 Anm. 48.

[1910] Der Vers fehlt in der LXX; er wurde wohl später angefügt, s. Anm. 1921.

[1911] Es handelt sich dabei um die astralen Omina, die zur Regierungs- und Lebensführung konsultiert wurden, s. DUHM, Jeremia, 98f, RUDOLPH, Jeremia, 73.

[1912] Zu חֻקּוֹת s. RINGGREN, חקק, 149-157; die Formulierung erinnert an 2 Kön 17:8 (הגוים חֻקּוֹת), Lev 20:23. Der Begriff wurde hier anscheinend verwendet, weil bei חקה bzw. חקק "festsetzen, bestimmen" auch die Bedeutung "aushauen, einritzen" (s. (1 Kön 6:35) Ez 8:10, 23:14 und DISI 401) mitschwingt. Die Kultsitten der Fremden sind daher schon durch die Lexemwahl als Schnitzwerk diskreditiert.

[1913] Anders FITZGERALD, Technology, 445; er denkt an die Befestigung mit Zapfen und Zapfenlöchern (מקבה II "Höhlung"). S. jedoch SCHROER, Bilder, 203f.

[1914] So mit DALMAN, Arbeit und Sitte II, 62f; SCHROER, Bilder, 206f, schlägt eine Konjektur von כתמר zu <כתמ>ר vor und denkt an Gold. S. die Diskussion der Stelle in HAL IV 1617f.

[1915] So mit GESENIUS, BUHL, HAHAT, 457, gefolgt von SCHROER, Bilder, 206f, s. auch DISI 681, jedoch Bar 6:69.

[1916] Silber aus Tarschisch scheint nun auch epigraphisch belegt, s. BORDREUIL, ISRAEL, PARDEE, Ostraca, 50 Z. 3f.

[1917] Zu dieser Konjektur s. SCHROER, Bilder, 204f; zu den verschiedenen Interpretationsmöglichkeiten der Stelle s. KEDAR-KOPFSTEIN, זהב, 539. Ophir-Gold ist epigraphisch belegt, s. RENZ, Handbuch, Qas(8):2.

[1918] In der LXX gibt es dafür keine Übersetzung. In V. 9 findet sich ου πορευσονται "sie können nicht gehen".

5C. Man muß sie tragen,
5D. denn sie selbst können (bei Prozessionen) nicht schreiten.
5E. Befürchtet nichts von ihnen,
5F. denn sie können nichts Böses tun.
5G. Aber auch Gutes zu tun, steht nicht in ihrer Macht.
(8A. Allesamt sind sie dumm
8B. und schwerfällig.
8C. Unterweisung von Nichtsen, Holz ist es.)

12A. (Jahwe) der die Erde mit seiner Kraft כח gemacht hat עשה,
12B. der mit seiner Weisheit חכמה den Erdkreis gegründet כון (Hi.)
12C. und mit seiner Einsicht תבונה den Himmel ausgespannt hat נטה:
13A. Läßt er seine Stimme erschallen,
13B. so tosen die Wasser im Himmel[1919],
13C. und Wolken führt er herauf vom Ende der Erde.
13D. Er schafft עשה Blitze dem Regen.
13E. Er läßt Wind aus seinen Kammern hervorgehen.
14A. Dumm steht (s. V. 8) jeder Mensch da wegen des Verstandes (דעת),
14B. und jeder Goldschmied wird beschämt durch sein Kultbild.
14C. Denn Trug (שקר) sind seine geschmiedeten Bilder (נסכו)
14D. kein Geist ist in ihnen.
15A. Ein Nichts sind sie, ein lächerliches Machwerk.
15B. Zur Zeit ihrer Heimsuchung werden sie zugrunde gehen.
16A. Nicht wie diese ist der Anteil Jakobs,
16B. er ist der, der alles geschaffen hat,
16C. und Israel ist der Stamm seines Erbteils,
16D. Jahwe Zebaoth ist sein Name.

Die hier vorgestellten Verse sind Bestandteil der größeren Einheit von Jer 10:1-16, die deutlich in zwei Teile zerfällt:

I. Teil: V. 1-10[1920]

V. 1	Rahmen
V. 2	Exposition
V. 3f.5A.9.5B-G.(8)	gehören zu einer Bilderpolemik, die das Thema der religiösen Gebräuche (V. 3.(8)) der Heiden von V. 2 ausführen und kommentieren
V. 6f.10	ist ein Jahwehymnus[1921]

[1919] Zu dieser Vorstellung s. HOUTMAN, Himmel, 141f.
[1920] Zum nicht-jeremianischen Charakter des Abschnitts s. DUHM, Jesaia, 305, DERS, Jeremia, 98 (V. 1-16), RUDOLPH, Jeremia, 71-73 (V. 1-16), HOLLADAY, Architecture, 124 (V. 1-16), ROTH, Life, 34-36, WEIPPERT, H., Schöpfer, 33f; sie datiert V. 2-5.(6-8).9.(10) (ebd., 36) zu Recht in die nachexilische Zeit. Auch ANDREW, Authorship, 129f, CARROLL, Jeremiah, 254-259, KRATZ, Kyros, 203ff, WEISER, Jeremia, 93, erkennen den sekundären (und inhomogenen) Charakter von Jer 10:1-16; WEISER, ebd., versucht jedoch (hinter V. 1-5.8f) einen jeremianischen Kern zu rekonstruieren. Anders jedoch, ACKROYD, Jeremiah, 385-390, PREUß, Verspottung, 169 (nur V. 1-9), MARGALIOT, Jeremiah, 295-308, HOLLADAY, Jeremiah, 329f, DICK, Prophetic Parodies, 38, die (für V. 1-16) Jeremia als Autor annehmen.
[1921] V. 6-8.10 fehlen in der LXX und in 4Q Jer[b] (s. JANZEN, Studies, 181f; SCHMID, Buchgestalten, 15), was darauf hinweist, daß sie von einer jüngeren Hand stammen. In dieselbe

(V. 11   ist ein aramäischer Bannspruch, der V. 1-10 und 12-16
                                verklammert[1922])

II. Teil: V. 12-16[1923]
V. 12-16 (= Jer 51:15-19) ist ein Jahwehymnus

Im I. Teil ist von einem Kultbild mit hölzernem Kern und Edelmetallüberzug die Rede[1924], das bekleidet und auf einem Podest befestigt wird, um nicht
umzufallen. Der Kontext (V. 3) weist darauf hin, daß es sich nicht um Figuren Jahwes, sondern um die anderer Götter handelt. Der Redegang läßt sich
folgendermaßen gliedern:

V. 3AB.   Das Thema: Die religiösen Gebräuche der Völker sind Holz und Nichtigkeit

1. Argumentationsgang: Die Ursprungsbeziehung des Bildes
V. 3C.   Bilder sind Machwerk der Kunsthandwerker
V. 4AB.   Bilder sind verschönert mit Edelmetallen, befestigt zum Stehen
V. 5A.   Bilder sind hochgezogenes Machwerk
V. 9A.   Bilder brauchen aufwendig besorgtes Material
V. 9B.   Bilder sind Machwerk der Kunsthandwerker
V. 9C.   Bilder tragen Kleider
V. 9D.   1. Zusammenfassung (bezüglich des Ursprungs): Sie sind Werk der Weisen.

2. Argumentationsgang: Die Handlungsbeziehung des Bildes
V. 5B.   Sprachunfähigkeit der Bilder
V. 5CD.   Unbeweglichkeit der Bilder
V. 5EF.   1. Konsequenz: Menschen sollen sie nicht fürchten
V. 5G.   2. Konsequenz: Machtlosigkeit der Götter
(V. 8AB. 2. Zusammenfassung (bezüglich ihrer Handlungsmöglichkeiten): Dummheit und
          Schwerfälligkeit der Bilder
V. 8C.   Wiederaufnahme von V. 3[1925])

In bezug auf die Theologie der Kultbilder werden folgende Vorstellungen
deutlich:

Richtung führt die Verwendung des unter aramäischem Einfluß entstandenen und mittel-
hebräisch verbreiteten Lexems מלכות in V. 7.

[1922] So schon WEISER, Jeremia, 95, WEIPPERT, H., Schöpfer, 34f, PODELLA, Lichtkleid,
165. Zu diesem Vers s. HOUTMAN, Himmel, 18f.

[1923] Zum nicht-jeremianischen Charakter der Verse s. WEIPPERT, H., Schöpfer, 28-33,
PREUß, Verspottung, 168, KRATZ, Kyros, 203ff; zu den Ähnlichkeiten zwischen diesem Stück
und Ps 96:5, 135:6f und Ps 97 s. ebd. Zum Gebrauch "Jakobs" in V. 16 als *nomen gentilicium*
s. RÖMER, Väter, 482-485, der eine nach-dtr Abfassungszeit wahrscheinlich macht. Völlig unwahrscheinlich erscheint die Ansetzung in vorexilische Zeit, so vorgeschlagen von PODELLA,
Lichtkleid, 165.

[1924] Anders SCHROER, Bilder, 209, die damit rechnet, daß verschiedene Arten von Plastiken (V. 3f (Holzkernstatuen), V. 5.14 (kleine Gußbilder, Walzblech)) gemeint sind.

[1925] In beiden Versen findet sich עץ und הבל; מוסר nimmt חקות wieder auf.

1. Auch in Jer 10 ist die Identifikation der Götter der Heidenvölker mit ihren Bildern bereits vollzogen; dennoch werden die Kultbilder als wesentlicher Faktor der religiösen Gebräuche der Völker erkannt; ihr Wesen und ihre Wirkung erscheinen dem Verfasser der Verse Jer 10:3-10* erklärungs- bzw. kommentierungsbedürftig, da ein eventueller Betrachter sie ansonsten fürchten oder etwas von ihnen erwarten würde (V. 5). Dies soll verhindert werden. Im Hintergrund steht die Auseinandersetzung Jahwes mit den Göttern, die vorrangig über deren Bilder geführt wird[1926].
Der erste Argumentationsgang setzt an, das Wesen der Bilder zu enthüllen. Wie oben festgestellt, war die Herstellung der Kultbilder der Punkt, an dem die *Ursprungsbeziehung* zwischen Bild und Gottheit konstituiert wurde, die die Qualität und den Charakter des Bildes bestimmte; Bedingung für die Teilhabe des Bildes an der Gottheit war die kultisch korrekte Anfertigung, die mit göttlicher Beteiligung stattfand. Die vorliegenden Verse aus Jer 10:3-10* teilen die Ansicht, daß die Art der Entstehung einer Kultstatue auf ihr Wesen schließen läßt. Aus diesem Grund legen sie großen Wert darauf, festzustellen, daß es sich nicht um eine göttlich-menschliche Zusammenarbeit handelte, die ein irdisch-überirdisches Produkt hervorbrachte, sondern um einen völlig willkürlichen Vorgang, der auf rein menschlicher Ebene vonstatten ging. Die Figuren hatten daher keinen Anteil an einer Gottheit und sie waren keinesfalls Ausdruck einer Offenbarung. Ihre Entstehung wurde auf die rein menschliche Ebene reduziert, so daß sie nur eine (Ursprungs-)Beziehung zu den menschlichen Handwerkern aufwiesen.
Obwohl der "Theologie der Bilder" damit bereits ihre wesentliche Grundlage entzogen war, wurden auch die Materialien und die Werkzeuge in diese Sicht der Dinge miteinbezogen: Sie konnten beliebig aus dem Wald geholt oder mühsam herbeigeschafft werden; auch hier fehlt die göttliche Hilfe. Der Charakter der Materialien, die weder gereinigt noch sonst irgendwie für ihre kultisch bedeutsame Aufgabe präpariert wurden, blieb profan. Ihre Aufgabe war allenfalls, zur körperlichen Schönheit der Bilder beizutragen[1927], ein Aspekt, der später von Weish 15:19 (in bezug auf theriomorphe Bilder) bestritten wird:

"Auch schön sind sie nicht, daß man an ihnen, wie sonst beim Anblick von Tieren, Gefallen haben könnte ..."

[1926] Wie schon WEIPPERT, H., Schöpfer, 37, in bezug auf das Jeremiabuch feststellen konnte, verschiebt sich der Kontrast zwischen Jahwe und den Göttern in jüngerer Zeit in Richtung auf die Kontroverse zwischen Jahwe und den Götterbildern. Dies wird besonders deutlich an Bar 6, einer späten Ausarbeitung von Jer 10 (zur Datierung in das 2. Jh. s. ROTH, Life, 39-42), die wiederholt die Herstellung der Bilder thematisiert (Bar 6:7-15.45-51).
[1927] Demgegenüber wird יפה nicht auf Jahwe bezogen, s. RINGGREN, יפה, 789.

Das Bemühen der Handwerker besteht darin, gefällige Figuren zu schaffen; von weisheitlicher Begabung und göttlicher Inspiration fehlt jede Spur. Nur V. 9D weist ironisch darauf hin, daß die Kultbilder ein Werk der "Weisen" waren, wodurch nochmals die mangelnde weisheitliche Begabung der Handwerker hervorgehoben wird.

2. Der zweite Argumentationsgang widmet sich den verschiedenen *Wahrnehmungs- und Handlungsbeziehungen*, die einem Kultbild eigen waren. Der Verfasser der Verse konnte allerdings auf weit ausgreifende Argumentationen verzichten, da er durch die systematische Widerlegung der Ursprungsbeziehung des Bildes zu einer Gottheit bereits die Grundlage für das Folgende geschaffen hatte. Nach bildertheologischem Verständnis garantierte nur die intakte Ursprungsbeziehung zu einer Gottheit das Funktionieren der Handlungsbeziehungen der Statuen. Indem die vorliegende Darstellung erstere zerstörte, konnte es letztere folglich gar nicht geben. Die biblische Argumentation setzte daher an dem Ausgangspunkt der bildertheologischen Vorstellungen an und versuchte im Rahmen einer Gegendarstellung zu zeigen, daß die Figuren von Anfang an nichts Überirdisches waren. Im Konsens mit Vertretern der "Theologie der Bilder" behielt sie den Gedanken bei, daß die Qualität des Materials, der Handwerker und des Handwerksprozesses die Ursprungsbeziehung des Bildes bestimmte und daß diese die Bedingung für die Möglichkeit von Handlungsbeziehungen ist. Der Unterschied besteht lediglich in der Qualitätsbestimmung des Materials, der Handwerker und des Handwerksprozesses, die die göttliche Beteiligung und überirdische Ebene in allen Punkten ausblendet.

3. Als Handlungsbeziehungen für Kultbilder kamen für den biblischen Verfasser Sprachfähigkeit, Beweglichkeit und Wirkmächtigkeit (zum Guten und Bösen) in Betracht (s. Jes 46:7), Fähigkeiten, die ihnen normalerweise die Furcht und Verehrung ihrer Betrachter eintrugen. Das später angefügte abschließende Urteil, das die Dummheit[1928] und Schwerfälligkeit der Statuen konstatiert (V. 8AB), ergab sich daraus, daß den Bildern weder Wahrnehmungs- noch Handlungsmöglichkeiten eigen waren.

4. Der später eingefügte Hymnus V. 6f.10 hebt hervor, daß Jahwe mit den Götter(bilder)n der Völker nichts gemein hat. Dabei erscheint als besonders auffällig, daß Jahwe als König der Heidenvölker (V. 7) gepriesen wurde, so daß er auch diesen als Gottheit zur Verfügung stand. Durch die Verbindung des Hymnus mit den bilderpolemischen Passagen wurden die (früheren) Götter der Völker als Machwerke diskreditiert, zu denen Jahwe als großer, wahrer, lebendiger, ewiger und universaler Gott in Konkurrenz trat und

---

[1928] Evtl. liegt auch ein Anklang an בער "brennen" und eine Anspielung an Jes 44:15 vor.

diese eigentlich auch schon geschlagen hatte, da es keinen adäquaten Gegner gab.

Gegenstand des zweiten Jahwehymnus (II. Teil) ist ein geschmiedetes Kultbild (V. 14), das jedoch deutlich hinter die Handwerker zurücktritt. V. 16 weist darauf hin, daß es sich nicht um Figuren Jahwes handelt. Der Redegang läßt sich folgendermaßen gliedern:

V. 12.   Jahwe als Schöpfer und seine Schöpfungen
V. 13.   Theophanieschilderung im Gewitter
V. 14A-14B.   1. Kontroverse: Jahwe als Schöpfer gegen die Handwerker
V. 14C-15B.   2. Kontroverse: Jahwe als Gott gegen die Bilder
V. 16.   Abschluß: Jahwe ist Schöpfergott und der Gott Jakobs

In bezug auf die vorliegende Fragestellung ergeben sich folgende Beobachtungen:
1. Der zweite Jahwehymnus V. 12-16 nimmt deutlicher als der erste Abschnitt die aus Dtjes bekannte Tendenz[1929] auf, Jahwes Handeln dem der Handwerker antithetisch gegenüberzustellen, wobei (in Jer wie in Dtjes) schöpfungstheologische Aussagen[1930] eine große Rolle spielen, und der Gegensatz zwischen menschlichem und göttlichem Schaffen anhand der unterschiedlichen weisheitlichen Begabungen vorgeführt wird[1931]. Während die

---

[1929] Zur Frage der literarischen Abhängigkeit zwischen Jer 10:12-16 und Dtjes, s. WEISER, Jeremia, 94 (ablehnend). Zu den sprachlichen und sachlichen Ähnlichkeiten zwischen Jer 10 und Dtjes s. SCHROER, Bilder, 211. 213f, sowie (weiter ausgreifend) KRATZ, Kyros, 204 mit Anm. 659. Jer 10:1-16* setzt deutlich die Argumentationsstrukturen und das Vokabular (s. die folgenden Anm.) aus Dtjes (mit den bilderpolemischen Zusätzen) voraus (zur Verbindung zwischen Jer 10:3-5 und Dtjes s. schon LOWTH, Notes, 216), so daß davon auszugehen ist, daß der gesamte Abschnitt sukzessiv in nachexilischer Zeit entstand.
[1930] Eine Durchsicht der Schöpfungsvokabeln כון (Hi.) und נטה (Qal) in Dtjes und Jer zeigt, daß sich כון (Hi.) nur in Jer 10:12 = 51:15, 33:2 im Kontext der Weltschöpfung findet. In Jes 40:20 bezieht sich das Verb (Hi.) auf die Aufstellung/Ausstattung des Kultbildes, während es als Schöpfungsvokabel im Pil. verwendet ist (Jes 45:18). נטה (Qal) ist in Jes 40:22, 42:5, 44:24, 45:12, 51:13.16 (cj) als Schöpfungsvokabel bezeugt; Jes 44:13.(20) ist der einzige Fall, der einen Menschen etwas "ausspannen" läßt. In Jer findet sich nur Jer 10:12 = 51:15 als Beleg für das Verb in schöpfungstheologischem Kontext; es schließt deutlich am Sprachgebrauch von Dtjes an. Zur Reihenfolge von Jer 10:12 (Erde-Himmel) s. Gen 2:4b, Ps 102:26, Jes 45:12 und KRATZ, Kyros, 109f.
[1931] Eine Untersuchung der Begriffe דעת ,תבונה, חכמה/חכם in Jer und Dtjes ergab folgendes: תבונה (Jer 10:12 = 51:15; in Jer nur hier) findet sich auch in Jes 40:14.28 im Zusammenhang mit Jahwes Schöpferhandeln; in Jes 44:19 geht es hingegen um die mangelnde menschliche Weisheit. דעת in Jer 10:14 = 51:17 bezieht sich auf die unzulängliche menschliche דעת, ebenso wie im bilderpolemischen Kontext von Jes 44:19.(25) (um die menschliche דעת geht es in anderen Zusammenhängen auch in Jer 22:16, Jes 47:10; in Jes 53:11 ist die דעת des Gottesknechts); in Jes 40:14 ist der Begriff in schöpfungstheologischem Kontext erwähnt. Eine Besonderheit (für die Bücher Dtjes und Jer) stellt der Gebrauch von חכמה in Jer 10:12 dar. חכמה bezieht sich (innerhalb Jer) nur in Jer 10:12 = 51:15 auf Jahwe (in Dtjes überhaupt nicht),

Weisheit des Handwerkers voller Defizite ist, sind bei Jahwes schöpferischen Tätigkeiten alle Geistesgaben[1932] vollkommen vorhanden. Dementsprechend betont der Hymnus einerseits (V. 14A-B) den Kontrast zwischen Jahwe als Schöpfer und den Handwerkern, die ihm gegenüber armselig dastehen[1933]. Sämtliche weisheitliche Begabungen gehen ausschließlich auf Jahwes Konto, während die רעת der Menschen unzulänglich erscheint, so daß sein Schaffen dem der Menschen qualitativ weit überlegen ist. Letztere bringen nur leblose Kult- und Trugbilder hervor. Andererseits (V. 14C-15) weist der Hymnus auf, daß Jahwe eine Gottheit ist, der die Bilder (bzw. die mit ihren Bildern identifizierten Gottheiten) nicht standhalten können, da diese aufgrund ihrer Abkunft geistlose Machwerke sind.

2. Jahwe schöpft mittels כח[1934], חכמה und תבונה; חכמה, תבונה und רעת gehörten auch zu der Grundausstattung eines Handwerkers (1 Kön 7:14, Ex 31:3, 35:31 + רוח אלהים), der im Sinne Jahwes arbeitete. Zu diesem Zweck wurde er (laut Priesterschrift) von Jahwe begabt, der Funktionen eines Weisheitsgottes wahrnahm, indem er im Besitz aller inspirativen Gaben war und diese an die Handwerker weitergab. Ähnliche Verfahrensweisen waren in Mesopotamien festzustellen gewesen, wo die Handwerker von Ea und dem Gott, dessen Bild sie schufen, mit Inspirationen und Geistesgaben ausgestattet worden waren, ohne die ihr Werk nicht gelingen konnte. Auch die vorliegenden Verse schreiben Jahwe die Weisheitsgaben zu, der sie im Rahmen seines Schöpfungswerkes einsetzte. Jedoch war er offensichtlich nicht bereit, sie den Handwerkern der Kultbilder zu verleihen, so daß diese geistlos blieben und auf sich allein gestellt waren. In seiner Eigenschaft als Weisheitsgott schloß Jahwe die Handwerker der Kultbilder aus seinem Wirkungsbereich aus; andere Götter konnten die Handwerker nicht begaben, da diese (laut biblischer Perspektive) nicht existierten. Gegenüber der überragenden weisheitlichen Befähigung und Schöpferkraft Jahwes, den daraus resultierenden Geschöpfen und seiner Theophanie, konnten die Handwerker

---

während der Begriff ansonsten (Jer 8:9, 9:22, 49:7) die begrenzte menschliche Weisheit bezeichnet (so auch Jes 47:10). Ähnliches gilt für חכם, das in Jer 4:22, 8:8f, 9:11.16, 10:7.9, 18:18, 50:35, 51:57 wie in Jes 44:25, 40:20 Menschen charakterisiert.

[1932] Vgl. Ps 104:24, Spr 3:19f und dazu MEINHOLD, Sprüche, 81f.

[1933] S. dazu nun auch RUDMAN, Creation, 65-68.

[1934] Ein Blick in die Konkordanz zeigt für כה in Jer und Dtjes die folgende Beleglage: Innerhalb Jer findet sich כה dreimal in schöpfungstheologischen Zusammenhängen (Jer 10:12 = 51:15, 27:5, 32:17); nur einmal geht es um die menschliche Kraft, die jedoch instabil ist (Jer 48:45). Von der Verleihung von כה durch Jahwe ist nicht die Rede. Etwas anders liegt der Akzent in Dtjes: Dort wird betont, daß die Kraft bei Jahwe ist (Jes 40:26, 50:2), und er sie weitergeben kann (Jes 40:29.31). Die Kräfte der Völker (Jes 41:1) und des Handwerkers (Jes 44:12) erscheinen demgegenüber unzulänglich und vergänglich. Problematisch erscheint die Kraft im Zusammenhang mit der Botin in Jes 40:9 oder dem Gottesknecht in 49:4, da die Identität dieser Personen (?) kaum zu klären ist.

mit ihrer mäßigen דעת und ihren Götter(bilder)n ohne Geist (Wortspiel zwischen רוח (V. 14) und הבל (V. 15)) nicht standhalten. Indem die Schöpfermacht Jahwes gegen die Handwerker, seine Gottheit gegen die mit ihren Bildern identifizierten Götter ausgespielt wurde, blieb den Göttern keine Chance, den Menschen nur Schande. Jahwe wird in diesem Hymnus als Schöpfergott, Weisheitsgott und einziger Handwerker dargestellt, der mit seinen Geistesgaben und seiner Kraft Unsichtbares ins Dasein bringen und Dinge schaffen kann, die zu ihm als Gottheit in einer intakten Ursprungsbeziehung stehen[1935].

Als Unterschied zwischen Jer 10:3-10* und V. 12-16 scheint folgendes erwähnenswert: Anders als in Jer 10:3-10* spielen die Bilder, ihr Material und ihre Herstellungsweise in V. 12-16 eine deutlich geringere Rolle; die Möglichkeit ihrer Handlungsbeziehungen wird dort überhaupt nicht in Betracht gezogen. Der Akzent hat sich vom Gegensatz "Jahwe als Gott gegen die ohnmächtigen Götter(bilder) der Völker" (V. 3-10*) auf die Kontroverse zwischen Jahwe (als Schöpfer) und den Handwerkern (V. 12-16) verlagert, für ihre leblosen Machwerke bleibt nur eine pauschale Verurteilung und Vernichtungsansage übrig.

Während sich Jer 10:3-10* ausführlich mit dem Ursprung eines Gottesbildes auseinandersetzt, stellt der Jahwehymnus V. 12-16 zwei Modelle der Gotteserscheinung nebeneinander: Das Kultbild wird als Möglichkeit der Epiphanie einer Gottheit ausgeschlossen, weil es ein rein materielles Machwerk ist. Jahwe erscheint hingegen in V. 13 im Gewittersturm, was den Gedanken nahelegt, daß dies die einzige Erscheinungsform ist, die ihm angemessen ist und seine Göttlichkeit zum Ausdruck bringt. Der Gegensatz, der hier zwischen Kultbild und Wettertheophanie aufgebaut wird, erinnert an die späte Paränese Dtn 4:15ff, die dieses Thema (dort jedoch Feuertheophanie) expliziert und als Argument für ein umfassendes Kultbilderverbot ausgebaut hat[1936].

[1935] Dazu gehören demnach Erdkreis, Himmel, Erde, die Geschöpfe der Erde (Ps 104:24) und der Mensch (s.o.).

[1936] Nach KRATZ, Kyros, 204, setzt Jer 10:1-16* nicht nur die Polemik in Dtjes, sondern (u.a.) auch Dtn 4:15ff voraus. Die skizzierte thematische Berührung zwischen Dtn 4:15ff und Jer 10:12-16 weist auf eine Beziehung zwischen beiden Texten, die mit Kratz, aber ebensogut *vice versa* erklärt werden kann: Dtn 4:15ff könnte auch die spätere dtr Aufnahme und Explizierung von Jer 10:12-16 und die Anwendung der bilderpolemischen Argumentationsstrukturen der nachexilischen Zeit auf das Bilderverbot sein.

1.4.3.2.6. Ps 115, Ps 135 und Hab 2:18f

Zum Abschluß ist noch ein kurzer Blick auf die spätnachexilischen Texte Ps 115, den davon abhängenden Ps 135[1937] und Hab 2:18f zu werfen, die über die Herstellung eines Kultbildes allerdings nicht viel Neues zu berichten wissen. In den beiden Psalmen werden die Figuren auf ihr Material (Silber und Gold) reduziert und als Menschenwerk diskreditiert. Ausführliche Argumentationen konnten sich die Verfasser sparen, da die Bilderpolemik aus Dtjes, Jer 10:1-16 und das dtr geprägte, bilderfeindliche Vokabular (ידי אדם מעשה[1938]) so bekannt war[1939], daß es keiner weiteren Erklärungen mehr bedurfte. Ps 115:4-7 und 135:15-17 zeigen dieselbe Argumentationsstruktur, wie sie vor allem in Jes 46:6f und Jer 10:3-10* zu beobachten war: Nur kurz (V. 4) wird die profane Herstellung der Bilder ins Feld geführt, um damit die Vorstellung zu widerlegen, daß an den Figuren irgendetwas Übernatürliches sei. Nach der Destruktion der Ursprungsbeziehung widmen sich die V. 5-7 dem ausführlichen Aufweis der daraus resultierenden Konsequenz, daß die Statuen keinerlei Wahrnehmungs- oder Handlungsbeziehungen besitzen. War in Jes 46:6f und Jer 10:3-10* nur von der Sprach- und Bewegungsunfähigkeit sowie von der Machtlosigkeit/dem Nutzen der Götter die Rede, so findet sich nun zusätzlich noch das mangelnde Seh-, Hör-, Riech- und Greifvermögen. Im Vergleich zu den oben zitierten Texten hat sich der Schwerpunkt der Argumentation auf die Handlungs(un)fähigkeit der Bilder verlagert. Von besonderem Interesse erscheint V. 8 (= Ps 135:18). Bisher war in bezug auf die Herstellung der Bilder festzustellen gewesen, daß der Charakter der Herstellung, des Herstellers und des Materials den des Hergestellten bestimmt. In Ps 115:8 par. wird diese Vorstellung umgekehrt, so daß nun der Charakter des Produktes auf den der Produzenten schließen läßt. In diesem Sinn werden die Handwerker und die Bilderverehrer, die als Repräsentanten der Völker (V. 2) fungieren, leb- und machtlos. Angesichts der V. 9-18 kann man sich kaum des Eindrucks erwehren, daß es in Ps 115 nicht mehr um die Kontroverse Jahwes gegen die Götter (so angedeutet in der Antithese von V. 3.4) oder deren Bilder geht, sondern um Israel in Abgrenzung gegen die als unterlegen gekennzeichneten Völker (V. 8); die Bilder-

---

[1937] Es handelt sich um eine spätnachexilische Wiederverarbeitung von Ps 115:4-8, s. MATHYS, Dichter, 261f, KRATZ, Kyros, 203. Zur nachexilischen Datierung der beiden Psalmen s. auch ROTH, Life, 36-39, KRAUS, H.-J., Psalmen, 790f. 895-898, GUNKEL, Psalmen, 498. 574f, PREUß, Verspottung, 251-253, FREVEL, Aschera, 391.

[1938] Zu diesem Ausdruck s.o. S. 313f. Er findet sich in Ps 115:4, 135:15, 2 Kön 19:18 = Jes 37:19 = 2 Chr 32:19, Dtn 4:28. Zu אדם im Zusammenhang mit einer Kultbilderherstellung s. Anm. 1725.

[1939] Zur Abhängigkeit von Ps 115 von Dtn 4:28 s. KRATZ, Kyros, 204 Anm. 659, FREVEL, Aschera, 391f.

polemik steht ganz im Dienst der Völkerpolemik, so daß sich die Auseinandersetzung um die Statuen als Bestandteil eines theologisierten gesellschaftlich-politischen Konfliktes darstellt.

Hab 2:18f[1940] setzt mit der Frage nach dem Nutzen der Kultbilder ein und zeigt damit einen anderen Aufriß als die bisher besprochenen Bilderpolemiken. Nicht der Ursprung ist der Ausgangspunkt der Argumentation, sondern die Funktion der Statuen. Schon R. KRATZ hat darauf hingewiesen, daß es sich bei den V. 18f um ein "Konglomerat entlehnter Formulierungen" handelt[1941], so daß es nicht verwundert, daß in bezug auf das Verständnis der Kultbilder kaum neue Informationen zu gewinnen sind. Die Statuen werden auf ihre Materialien, Holz und Stein, Silber und Gold reduziert; neben den schon bekannten unerfüllbaren Erwartungen an das Bild (Nutzen, Vertrauenswürdigkeit, Bewegung und Sprache) findet sich hier noch der Aspekt, daß ein Kultbild ein totes Ding ist, das keine Unterweisung geben kann und auch keine רוח besitzt; beides wird von einer Gottheit erwartet. Der "Weckruf" an Holz und Stein in V. 19 greift mit seinem Parallelismus von קיץ (Hi.) und עור (Qal) Formulierungen auf, mit denen ein Beter Jahwe in Notsituationen darum bitten kann, einzugreifen[1942]. Indem in Hab 2:19 das "Wehe" über dem ausgerufen wird, der Holz und Stein darum bittet, ihm zu helfen, wird nochmals darauf verwiesen, daß von Götterstatuen kein Nutzen und keine Rettung zu erwarten ist. Gegen M.B. DICK[1943] ist daher festzustellen, daß die Aufforderung an die Kultbilder, aufzuwachen und aufzustehen in Hab 2:19 nichts anderes ist als ein Hilferuf und mit einer "*dedicatio such as the Mesopotamian Opening of the Mouth Ceremony*" nicht das Geringste zu tun hat.

1.5. Zusammenfassung: Die Polemik gegen die Herstellung

1. Im Unterschied zu Mesopotamien wurde die Herstellung eines Kultbildes im Alten Testament niemals als Aktivität einer Gottheit oder gar Jahwes angesehen, sondern nur als Tätigkeit des Königs (bzw. der königlichen Fami-

---

[1940] Zum sekundären Charakter dieser Verse s. schon DUHM, Habakuk, 66-69, PREUß, Verspottung, 239, ROTH, Life, 33f, SEYBOLD, Nahum, 73f, KRATZ, Kyros, 205, sowie die ausführliche Darstellung in FREVEL, Aschera, 397-404. Als Zeitpunkt dieser Fortschreibung, die in enger Beziehung zu Jes 44:9f, Jer 10:14, Dtn 4:28 und dem Aufriß von Dtjes steht (zu Einzelnachweisen s. KRATZ, Kyros, 205 mit Anm. 661), kommt am ehesten die mittlere oder späte Perserzeit in Frage.

[1941] KRATZ, Kyros, 205.

[1942] So mit FREVEL, Aschera, 403; zu den Belegen s. Ps 35:23, 44:24, 59:5f, 73:20 (cf LXX).

[1943] DICK, *Poiēsis*, 244, ähnlich DERS., Prophetic Parodies, 45.

lie), des israelitischen/judäischen Volkes, der Nachbarvölker, der Handwerker oder einzelner Menschen. Dementsprechend vollzog sich dieser Vorgang nicht auf der göttlichen, sondern ausschließlich auf der königlichen oder auf der menschlichen Ebene, wobei die letztere eine Differenzierung erkennen ließ, die zwischen der Initiative oder Tätigkeit einer Volksgemeinschaft und der eines Individuums unterschied.

2. Nach Ausweis der Königebücher wurde die Herstellung von Kultstatuen für den offiziellen Kult in Israel wie in Juda herrschaftlich geregelt; die dtr Theologen der ausgehenden Königszeit waren die ersten[1944], die die Anfertigung der Bilder thematisierten und sie bestimmten Königen (Jerobeam I., (Königinmutter Maacha), Ahab und Manasse (= 2 mal Israel, 2 mal Juda)) zur Last legten, und diese an dem von ihnen geschaffenen Maßstab der Orthodoxie des Königs Josija und der Exklusivität Jerusalems maßen. Laut biblischer Darstellung bestand keines der von Josijas Vorgängern angefertigten Kultbilder/objekte über seine Amtszeit hinaus.

Über die Kultbilder, die während der Königszeit entstanden waren, war folgendes zu erfahren:

2.1. Es handelte sich um Stierbilder Jahwes für Bethel und Dan (Jerobeam I.) und um Bilder/Kultobjekte der Aschera für Jerusalem und Samaria (Maacha, Manasse und Ahab).

2.2. Nach dtr Darstellung ging die Herstellung der Kultbilder/objekte auf die Willkür des jeweiligen Königs zurück; 1 Kön 12:26ff spielte mehrfach auf die Eigenmächtigkeit des Königs Jerobeam I. und damit auf die fehlende göttliche Offenbarung des Herrschers an. In keinem Fall gab es eine göttliche Beteiligung an der Fertigung der Figuren, so daß den entstandenen Jahwe-Jungstierbildern oder Aschera-Bildern/Objekten jegliche (Ursprungs-) Beziehung zu ihrer Gottheit fehlte; sie blieben gänzlich der menschlichen bzw. königlichen Ebene verhaftet.

2.3. Hinter der dtr Darstellung ließ sich erkennen, daß die israelitischen und judäischen Herrscher (wie alle altorientalischen Könige) die Herstellung der Kultfiguren dazu einsetzten, auf ihre Untertanen Einfluß zu nehmen und ihr religionspolitisches Programm auf der Bildebene Wirklichkeit werden zu lassen, es zu visualisieren, zu inszenieren und es der Bevölkerung allgemeinverständlich zu vermitteln. Die Bilder waren sichtbarer Ausdruck der jeweils propagierten Königs-, Residenz- und (im Norden) der Reichsideologie. Darüber hinaus hatten sie auch teil an der Schöpfung neuer Realitäten. Alle Bilder übernahmen eine politische Funktion, insofern sie die Präsenz der durch sie repräsentierten Gottheiten visualisierten und deren Unter-

---

[1944] So schon PFEIFFER, Polemic, bes. 234ff, anders PREUß, Verspottung, 276ff, sowie die o.g. Exegeten (Anm. 1463), die die Hosea- (und Jeremiastellen) für authentisch halten.

stützung für die Politik des jeweiligen Königs anzeigten. Dies wurde deutlich an Jerobeam I., der die lokalen Heiligtümer Bethel und Dan übernahm, mit königlicher Prägung versah und in herrschaftsstabilisierende Dienste stellte. Trotz der polemischen Darstellung ließ es sich nicht verkennen, daß er die Figuren anfertigte, damit sie als "wirkliche Bilder" für die Präsenz Jahwes in seinem Land sorgten. Wie allen Kultstatuen im "öffentlichen Dienst" kam den beiden Stieren integrierende, gemeinschaftsstiftende und identitätsfördernde Kraft zu. Ähnliche Zusammenhänge waren für Ahab (1 Kön 16:32f) anzunehmen gewesen, der evtl. seine noch junge Residenz Samaria zum Wohnort für die israelitisch-judäische Göttin Aschera machen (oder bestätigen) und sich ihre Unterstützung für seine Regierung sichern wollte. Sein Engagement in der Kultorganisation der Residenz sollte zur Stabilisierung seiner Herrschaft beitragen und evtl. auch die kultische Attraktivität Samarias erhöhen.

2.4. Auch der Residenzkult des vorjosijanischen Jerusalem war eng mit dem Herrscherhaus verwoben und wurde dementsprechend von Mitgliedern des Königshauses (Maacha; 1 Kön 15:13) und dem König (Manasse; 2 Kön 21:3.7) gestaltet. Als religionspolitisches Konzept des Manasse war auf dem Hintergrund des assyrischen Kulturdrucks (bes. der assyrischen Ištar) erschlossen worden, daß er versucht habe, den Kult der autochthonen Göttin Aschera zu stärken und ihre Verbindung mit Jahwe allen sichtbar vor Augen zu führen. "Religiöse Identitätssicherung" und politische Stabilisierung Judas waren das Ziel, zu dem das Kultbild/objekt der Aschera beitragen sollte.

2.5. Die genannten Kultbilder/objekte der Königszeit waren von Anfang an mit den Landesherrn verbunden, die sie schufen, was (laut dtr Theologie) zum Zorn Jahwes und zur Verurteilung dieser Herrscher führte. Da die Anfertigung eines Kultbildes im Alten Orient mit der Freude und Zuwendung der Götter in Zusammenhang stand und die göttliche Erwählung eines Herrschers anzeigte, stellte der dtr Bewertungsmaßstab eine bewußte Aufnahme und Verkehrung dieses altorientalischen Konzeptes dar. Die Bilder waren für die dtr Theologen Zeichen der Destabilisierung der Herrschaft und des Abfalls von Jahwe. Damit wurden die mesopotamischen Vorstellungen, die mit der Vernichtung und dem Verlust eines Kultbildes verbunden waren, durch die Dtr auf dessen Herstellung übertragen. Umgekehrt wurden die Konsequenzen, die der Herstellung eines Kultbildes in Mesopotamien folgten (= Segen), von den dtr Verfassern bei der Vernichtung eines Bildes erwartet, was dazu führte, daß die Zerstörung einer Kultstatue nicht mehr (wie im Alten Orient) mit göttlicher Strafe, sondern mit Segen belohnt wurde, es für die ikonoklastischen Maßnahmen göttliche Beauftragungen gab (Josija), und die Zerstörung der Bilder zum Maßstab für die positive Bewertung der einzelnen Herrscher Israels und Judas wurden. Im Konsens mit mesopo-

tamischen Vorstellungen gingen die dtr Theologen davon aus, daß der Herrscher für den korrekten Ablauf des Kultes verantwortlich war, jedoch bestimmten sie den göttlichen Willen inhaltlich völlig anders als im Alten
Orient sonst üblich: Die Gottestreue bestand für sie nicht in der Pflege der
Gottesstatuen, sondern in deren Zerstörung. Damit war das in Assyrien
übliche enge Verhältnis zwischen König und Gott aufgenommen, jedoch die
im Alten Orient geltenden Handlungsmaßstäbe und -orientierungen umgekehrt, so daß die israelitischen Könige von ihren mesopotamischen Kollegen
geschieden waren. Die Verkehrung der altorientalischen Bildertheologie und
der königlichen Handlungsmaßstäbe war auf dem Hintergrund des neuassyrischen Kulturdruckes zu interpretieren. Seit den Sargoniden und vor
allem seit Asarhaddon hatte sich in Assyrien eine starke Tendenz zur Theologisierung des Bilderkultes gezeigt, die als Auslöser für eine Gegenreaktion
in Betracht kam, die die Vernichtung und die Zerstörung von Kultbildern
zum Kennzeichen der eigenen Theologie machte und königliche Hand-
lungsorientierungen entwarf, die denen der assyrischen Könige diametral
entgegengesetzt waren. Auf diese Weise konnten nicht nur die Fremdherrscher, sondern auch die judäischen Könige, die in deren Gefolge handelten, diskreditiert und kritisiert werden. Auf dem Hintergrund der politischen Funktion der Bilder und ihrer Verbindung mit den Herrschenden
konnte die spätvorexilische dtr Polemik gegen die Kultbilder der Königszeit
als Opposition gegen die Herrschenden und ihre Herrschaftsmittel verstanden werden. Die Bilder standen im Dienst der Könige ebenso wie die Bilderkritik im Dienst der Königsgegner.
3. Im Unterschied zu Mesopotamien erschien im Alten Testament mehrfach
ein Kollektiv als Urheber eines Kultbildes oder Kultobjektes: Das (israelitische bzw. judäische) Volk (1 Kön 14:15, 1 Kön 14:23, 2 Kön 17:(10).16).
Die Verlagerung der Schuldfrage auf das Volk, die damit verbundene Pauschalisierung der konkreten Vorfälle der Königszeit sowie deren Enthistorisierung wie auch die späte literarische Gestalt der betreffenden Verse
hatten diese Passagen als Teil einer (spät?)exilischen dtr Fortschreibung von
1 und 2 Kön erwiesen. Für das Volk galt in diesem Zusammenhang dieselbe
Handlungsrichtlinie wie zuvor für den König: Je unerbittlicher es die
Zerstörung der Bilder verfolgte, desto mehr konnte es mit Jahwes segensreicher Hilfe rechnen, während die Herstellung einer Statue zum Fluch führte (Dtn 27:15). Noch später war die dtr Paränese zum Bilderverbot Dtn 4:15-
18 und 4:23.25 anzusetzen, der einzige Text innerhalb des Dtn (außer Dtn
9//Ex 32), in dem ein pluralisches Subjekt mit der Anfertigung eines Kultbildes in Zusammenhang gebracht wurde.
4. Innerhalb der Schriftprophetie hatten sich nur Beispiele dafür gefunden,
daß die Bevölkerung Israels/Judas/Samarias oder Jerusalems ein Kultbild

angefertigt hatte. Explizite Polemik gegen die Herstellung eines Kultbildes fand sich in der evtl. frühexilischen ezechielischen Verkündigung von Ez 22:3f (die Residenz steht wohl für König und Volk), den sekundären, frühestens spätexilischen Versen Ez 7:20, 16:17 sowie den Zusätzen Hos 2:10, 8:4 und 13:2, die auf einen (spät?)exilischen dtr beeinflußten Verfasserkreis wiesen. Die Tatsache, daß die Herstellung der Figuren (laut alttestamentlicher Darstellung) nicht mit Jahwes (oder eines anderen Gottes) Willen motiviert werden konnte, er (und kein anderer Gott) die Edelmetalle explizit keinesfalls bereitstellte, damit man daraus Statuen fertigte, und letztere ihn keinesfalls erfreuten, sondern seinen Zorn und Strafe provozierten, ließ die Bilder weder als Jahwebilder noch als Repräsentationen anderer Götter sinnvoll und wirkmächtig erscheinen. Von besonderem Interesse war der Sprachgebrauch Ezechiels und die Perikope Ez 22:3f gewesen, die zeigten, daß sich Ezechiel zwar nur selten mit der Herstellung der Bilder auseinandersetzte, jedoch eine eigene Methode hatte, die Figuren zu diskreditieren: Er verband sie mit Unreinheitsvorstellungen, indem er sie als personifizierte Unreinheit (גלולים) charakterisierte und unterstellte, daß sich die Stadt durch die Bilder, die sie herstellte, verunreinigen (טמא) und damit Unheil anziehen würde. Der priesterliche Umgang mit den Figuren in Mesopotamien zeigte hingegen, daß diese alles daran setzten, daß das Kultbild, nachdem es auf rituell korrekte Weise entstanden war und das MWKB hinter sich hatte, vollkommen rein war; Gottesbild und Reinheit waren nahezu synonym. Indem Ezechiel die Bilder zum Synonym für Unreinheit machte, verkehrte er die altorientalischen, priesterlichen Vorstellungen, die mit Bildern verbunden waren, in ihr Gegenteil.

5. Der Gedanke der kollektiven Herstellung und damit Schuld zeigte sich auch innerhalb der paradigmatischen Erzählung von Ex 32, die von Jerusalemer Perspektive aus die Herstellung eines Kultbildes und den Stierkult des Nordreiches (1 Kön 12) anprangerte. Im Gegensatz zu der dtr Schuldzuweisung an das Volk ließ der Herstellungs"bericht" der Grundschicht (Ex 32:1-4a.5f.15aα.19.21-24.35bβ) erkennen, daß auch ein Priester bei der Entstehung eines Kultbildes mitwirken konnte. Aaron übernahm in diesem Zusammenhang Aufgaben, die in assyrischen Texten und den Königebüchern nur dem König zukamen. Das gemeinsame Engagement des Volkes für die Bereitstellung des Materials brachte zum Ausdruck, daß alle für das Jungstierbild verantwortlich waren. Individuum und Gemeinschaft arbeiteten zusammen, so daß Ex 32 die in den Königebüchern zu beobachtenden Konzepte (Schuld des einzelnen Königs, Schuld des Volkes) miteinander korrelierte und um die Person eines Priesters ergänzte. Die Statue selbst erschien als Substitut für echte Gottesgegenwart und für die eines autorisierten Repräsentanten. Die vorliegende Gestalt von Ex 32 in der Verbindung mit

Ex 34:1-5 bot dem Volk, das sich eine sichtbare Gottesgestalt wünschte, eine Alternative: Die Tafeln waren es, auf die es sich verlassen sollte, nicht die Bilder und auch nicht die aaronidischen Priester.

6. Ein weiteres Kollektiv, dem die Anfertigung eines Kultbildes zugeschrieben wurde, waren die fremden Völker, zu deren gängiger Kultpraxis die Figuren gehörten (2 Kön 17:29-31). Der nachexilische Text setzte die Götter der "Fremden" in bewährter Manier mit den Bildern gleich und diskreditierte sie als menschliches Machwerk.

7. Im Zusammenhang mit der Herstellung eines Kultbildes traten in den relevanten nachexilischen bilderpolemischen Passagen in Dtjes und ihren Nachfolgern einzelne Handwerker als Urheber eines Kultbildes auf. Der hebräische Begriff חרש, der in diesem Kontext benutzt wurde, oszilliert zwischen Technik und Zauberei und zeigte, daß den Verfassern der Bilderpolemik nicht unbekannt war, daß die Herstellung eines Kultbildes ein übernatürlicher Vorgang war. Gerade deshalb legten sie Wert darauf, festzustellen, daß es sich bei den Handwerkern nicht um Grenzgänger zwischen irdischer und überirdischer Welt handelte, sondern um normale Menschen. Im Bestreben, die Herstellung möglichst weitgehend zu profanisieren, wurde die Tätigkeit der Handwerker auf das technische Geschehen reduziert und von Weisheit, Begabung oder Inspiration dissoziiert.

7.1. Gegenstand der Polemik waren Kultbilder mit einem Holz- oder Metallkern, die man mit Silber oder/und Gold plattiert hatte. Als Material für die Statuen fand sich daher Gold, Silber sowie verschiedene Holzarten, die man aus dem Wald besorgte; Edelmetalle wurden den Goldschmieden von ihrem Auftraggeber übergeben. Die Bereitstellung des Materials für ein Kultbild (oder ein Kultobjekt) war eine kultische Handlung und sollte den Spender unter göttlichen Segen stellen. Im Unterschied zu Mesopotamien, wo die Götter selbst für das Material und seine übernatürliche Qualität sorgten, ließ Jahwe laut alttestamentlicher Darstellung keinen Zweifel daran, daß er die Stoffe zwar geschaffen hatte, sie jedoch dazu bestimmt waren, den Menschen zu nutzen und keinesfalls zu Kultbildern verarbeitet werden sollten. In bezug auf das Material zeigte sich dieselbe Tendenz, die schon die Handwerker betraf. Obwohl es auch innerhalb des Alten Testaments Texte gab, die in den einzelnen Materialien mehr sahen als ein profanes Edelmetall oder eine Baumsorte, strebte die Bilderpolemik danach, die Beliebigkeit des rein irdischen Materials herauszustellen. Auch wenn im Zusammenhang mit der Anfertigung eines Kultbildes niemals von den besonderen Eigenschaften der Hölzer oder Edelmetalle die Rede war, zeigte die Verwendung dieser Materialien im sakralen Kunsthandwerk in Israel (z.B. Tempelbau), daß man auch hier (wie in Mesopotamien) Wohlgeruch, hohen Wuchs, Härte, Stärke, kaum auszurottende Lebensfähigkeit, Kraft, Kostbarkeit, Seltenheit des Ma-

terials, Beständigkeit und Dauerhaftigkeit, apotropäische Fähigkeiten, Reinheit, Lichthaftigkeit und Glanzvorstellungen zu den Eigenschaften zählte,
die im Umfeld einer Gottheit zu erwarten und zur optischen Konstruktion
des Heiligen besonders geeignet waren. Da man die Charakteristika der Materialien auf das Produkt übertragen konnte, konnte ein Kultbild aus Gold,
Silber und seltenen, beständigen Hölzern zur glänzenden, epiphanen Gottheit werden.

7.2. Neben (wenigstens) einem geschulten Handwerker und der aus-
reichenden Materialmenge mit verarbeitungsfähiger Qualität benötigte man
für die Herstellung eines Kultbildes noch eine Werkstatt sowie eine funktionierende Infrastruktur, die für den Im- und Transport der Materialien an
ihren Bestimmungsort sorgen konnte. Über diese Zusammenhänge ließ sich
aus den biblischen Texten leider nicht viel erfahren. Die Tatsache, daß die
Importware Gold und Silber in der prophetischen (und weisheitlichen) Polemik eine größere Rolle spielte, wies darauf hin, daß die Bilder, von denen
die Rede war, für Angehörige der Oberschicht hergestellt wurden.

7.3. Das ikonographische Programm der Handwerker bestand aus bekleideten, männergestaltigen Statuen. Die Fixierung auf maskuline Formen ist
durch die Kontrastierung mit Jahwe zu erklären. Das ganze Bild wurde mit
dem Aussehen eines Menschen in Beziehung gesetzt, da ein solcher den
Handwerkern als Vorbild gedient hatte. Das Kultbild wurde als Abbild eines
Menschen, d.h. als Nachahmung einer bereits sichtbaren irdischen Gestalt,
begriffen. Dies mußte sich zwangsläufig daraus ergeben, daß den Handwerkern (laut Polemik) weder eine Offenbarung zuteil wurde noch eine göttliche Inspiration zur Verfügung stand, die ihnen Handlungsanweisungen
gegeben hätte. So waren die Handwerker auf sich allein gestellt und nur
fähig, bereits Sichtbares zu kopieren und dessen äußere Merkmale wiederzugeben. Jedes Kultbild war daher (im Sinn der oben beschriebenen Bilderterminologie) das Abbild eines irdischen Geschöpfs und Teil der immanenten Welt; dieser Bilderbegriff war es, der den bilderpolemischen Texten in
Dtjes, Jer 10:1-16, Ps 115, Ps 135 und Hab 2:18f zugrunde lag. Er war von
dem Bildverständnis Mesopotamiens grundsätzlich verschieden. Der mesopotamische Kultbildbegriff ging von Bildern aus, die Unsichtbares sichtbar
machten und göttliche Realität schufen (d.h. "wirkliche Bilder"); sie waren
das Ergebnis einer Offenbarung. Indem die Polemik den Abbildbegriff auf
die Kultbilder übertrug, machte sie aus dem Bilderkult die Verehrung einer
Kopie eines Geschöpfes[1945] anstelle des Schöpfers. Für die Handwerker er-

---

[1945] Ähnliche Argumente finden sich auch in der islamischen Literatur: So klagt Allah in
GUILLAUME, Isḥâq, 52, und ähnlich in KLINKE-ROSENBERGER, Götzenbuch, 4,10ff, daß die
Araber nicht ihn allein verehren, sondern ihm immer eines seiner eigenen Geschöpfe beige-
sellen.

gab sich aus dieser polemischen Sicht, daß sie keine Menschen waren, die
Offenbarungen Gestalt verliehen, sondern Abbildner. In diesem Zusammenhang war auf den ausgeprägten Gegensatz zwischen Jahwe als Schöpfer und
den Handwerkern als Herstellern verwiesen worden, wobei das technisch
orientierte Handeln der Handwerker mit dem Handeln Jahwes kontrastiert
wurde, der Israel erwählt und die Welt geschaffen hatte (so Dtjes und Jer
10:12-16). Verschiedentlich wurde in dieser Kontroverse vor Augen geführt,
daß Jahwe im Unterschied zu den Handwerkern keine weisheitliche Begabung oder Betreuung brauchte, da er im Besitz aller Kompetenzen war und
nicht nur die Funktionen eines Schöpfer-, sondern auch die eines Weisheitsgottes übernommen hatte.

7.4. Mesopotamische Bilderfreunde wie alttestamentliche Bildergegner gingen von der Prämisse aus, daß der Charakter der Herstellung, der Hersteller
und des Materials die Qualität des Hergestellten bestimmte. Dementsprechend hatte man in Mesopotamien alles daran gesetzt, Herstellung, Hersteller
und Material mit den Göttern in Beziehung zu setzen und der irdischen Welt
so weit wie möglich zu entrücken. Göttliche Initiative und Betreuung standen am Anfang eines jeden Bildes und begleiteten seine Entstehung. Im
Konsens mit Vertretern der "Theologie der Bilder" knüpften die Bildergegner an der Gültigkeit dieses Konzeptes an und verwendeten es wider das
Bild, indem sie schrittweise widerlegten, daß an Herstellung, Hersteller oder
Material irgendetwas Überirdisches sei. In diesem Sinn waren die bilderpolemischen Passagen in Dtjes Teil einer fortschreitenden und differen-
zierten Argumentation, die den technisch-profanen Charakter des Herstellungsprozesses (Jes 40:19f, 44:12f), das Auf-sich-gestellt-Sein der Handwerker (Jes 41:6f) sowie die rein irdische Qualität des Materials (Jes 44:14-
17.18-20) hervorhob. Innerhalb der bilderpolemischen Passagen in Dtjes
war daher ein deutlicher Handlungs- oder Argumentationsfortschritt zu erkennen, der von Anfang an beabsichtigt und mit Jes 46:6f zu seinem Ziel gekommen war. Diese Polemik erreichte es, die Ursprungsbeziehung des Bildes, seine Verbindung zu einer Gottheit, zu widerlegen. Entsprechend dem
auch in Mesopotamien geltenden Grundsatz, daß nur die intakte Ursprungsbeziehung zu einer Gottheit das Funktionieren der Handlungs- und
Wahrnehmungsbeziehungen des Bildes garantierte, konnte die Polemik zu
ihrem zweiten Argumentationsgang ausholen, dessen polemische Kraft im
ersten begründet lag. Ohne Ursprungsbeziehung konnte das Bild keine
Wahrnehmungsbeziehungen auf- oder Funktionen übernehmen. Dementsprechend genügte es, aufzuzählen, was das Bild alles nicht konnte, wobei in
Jes 44:9-11 nur die Nutzlosigkeit im Blickfeld stand, während Jes 46:6f und
das "Kompendium" der Bilderpolemik aus Dtjes Jer 10:3-10* die fehlende
Bewegungs- und Sprachfähigkeit sowie die Machtlosigkeit der Bilder be-

mängelten; die in spätnachexilischer Zeit entstandenen Texte Ps 115, Ps 135 und Hab 2:18f setzten die Bilderpolemik aus Dtjes, Jer 10:1-16 (und evtl. Dtn 4) voraus und wiesen z.t. (außer Hab 2:18f) dieselbe Argumentationsstruktur auf, wie sie in Jes 40:19f + 41:6f + 44:9-20 mit Zielpunkt in 46:6f und Jer 10:3-10* zu beobachten gewesen war (1. Destruktion der Ursprungs-2. Aufweis der Nicht-Existenz der Handlungsbeziehungen). Sie zeigten die Tendenz, den Defizitkatalog der Kultbilder auszuweiten: So fand sich nun noch das mangelnde Seh-, Hör-, Riech- und Greifvermögen der Bilder, deren Unfähigkeit zu unterweisen oder aus Notsituationen zu befreien und das Fehlen der רוח. Eigens hinzuweisen war auf Ps 115:8 = Ps 135:18, der die Vorstellung umkehrte, daß der Charakter der Herstellung, des Herstellers und des Materials den des Hergestellten bestimmte. Hier ließ nun der Charakter des leb- und machtlosen Produktes auf den der Produzenten schließen, was für die Handwerker bzw. die Völker die entsprechenden Konsequenzen hatte.

7.5. Aus der Zusammenschau der betrachteten bilderpolemischen Passagen in Dtjes ergab sich, daß sie als eine aufeinander aufbauende, umfassende Widerlegung der altorientalischen Vorstellungen zu verstehen waren, die mit der Herstellung eines Kultbildes verbunden waren. Die Argumentationsführung, die geradezu den Eindruck einer "Gegendarstellung" erweckte, machte wahrscheinlich, daß der nachexilische Verfasser Einblicke in die Praxis des sakralen Kunsthandwerks und die damit verbundenen theologischen Vorstellungen hatte. Seine differenzierte Phraseologie mit ihrem distinktiven Vokabular zeugte geradezu von der Notwendigkeit einer sorgfältig reflektierten Legitimation gegen oppositionelle Auffassungen. Seine theoretischen Anstrengungen, die zu einer detaillierten Widerlegung der altorientalischen "Theologie der Bilder" und (im Gegenzug) zu einer "Theologisierung der Bildlosigkeit" führten, standen anscheinend im Gefolge interreligiöser und -kultureller Kontakte (mit Babyloniern, Persern) und dienten der Bekräftigung der eigenen Anschauung und der Fundamentierung der Abgrenzung von den abgelehnten Religionsformen im nachexilischen religionspluralistischen persischen Großreich.

7.6. Oben war darauf verzichtet worden, die Herstellung eines Kultbildes in Mesopotamien mit den Herstellungspolemiken in Dtjes und ihren Nachfolgern zu vergleichen, um Übereinstimmungen oder Defizite im Produktionsverlauf festzustellen. Dies soll nun in einer Zusammenschau der zuvor einzeln besprochenen polemischen Texte nachgeholt werden. Nimmt man die Auflistung der Elemente einer Kultbildherstellung in Mesopotamien (s.o.) als Ausgangspunkt einer Gegenüberstellung, so ergibt sich, daß die prophetische Darstellung die folgenden Elemente unterschlägt (kleingedruckt) bzw. enthält:

1.   Es fehlt: Offenbarung des göttlichen Willens
2.   Es fehlt: Bestimmung des Zeitpunktes durch einen Gott
3.   Es fehlt: Bestimmung des Ortes durch einen Gott
4.   Es fehlt: Namentliche Bestimmung der Handwerker durch die Gottheit, Begabung der Handwerker mit Weisheit und Verstand
5.   Es fehlt: Einführung in die Werkstatt
6.   Es fehlt: Das Material besitzt übernatürliche Qualitäten und wird von den Götter besorgt
7.   Es fehlen: Reinigungsrituale

8.   **Belegt ist: Die Materialübergabe an die Handwerker und der Arbeitsbeginn**
8.1.   Es fehlt: Die Möglichkeit zur Orakelanfrage und der göttlichen Betreuung während der Herstellung
9.   **Belegt ist: Die Durchführung:**
9.1.   **Holzkern**
9.2.   **Überzugsarbeiten** (jedoch ohne Fassungen) **anbringen**
9.3.   **Einlegearbeiten** (jedoch ohne Steine)
9.4.   Es fehlt: Polieren
9.5.   **Belegt sind: Kleider**
9.6.   **Schmuck**
9.7.   **Podest** (jedoch ohne Paraphernalia)

10.   Es fehlt: Abschluß; [Namen des Königs oder Materialspenders auf Schmuck oder Podest anbringen]
11.   Es fehlt: Mundwaschungsritual mit assertorischem Eid der Handwerker
12.   Es fehlt: Segen

Von der traditionellen Herstellung eines Kultbildes im Alten Orient läßt die Bilderpolemik somit nur Rudimente übrig; einzelne Elemente werden einfach ignoriert (1-3, 5, 7, 9.4, 10f), andere explizit widerlegt (4, 6, 8.1, 12; irdischer Auftraggeber, keine Inspiration, profanes Material, kein göttlicher Beistand, Enttäuschung/Nutzlosigkeit). Erhalten bleiben nur die Technika, die das Geschehen als Ergebnis einer zielgerichteten handwerklichen Anstrengung erscheinen lassen. Von dem einstigen kultischen Geschehen ist kaum mehr etwas erkennen, ein "numinoser Schöpfungsvorgang" nur noch zu erahnen. Durch die fehlende Beteiligung der Götter konstituierte die irdische Art der Herstellung die (Ursprungs-)Beziehung des Bildes zur irdischen Welt, an der es von Anfang an teilhatte.

7.7. Neben den Voraussetzungen, die die Verfasser der nachexilischen Bilderpolemik mit den Vertretern der Bildertheologie teilten (jedoch gegen sie verwandten), zeigten sich selbstverständlich auch Überzeugungen, die nur den Verfassern der Polemiken eigen waren und die sie mit der Auseinandersetzung um Kultbilder verbanden. Folgende waren zu nennen:

- Die Identifikation der Götter mit ihren Bildern, so daß Jahwe nur noch gegen die Kultbilder antrat, nicht mehr gegen die Götter der Völker
- Das Bekenntnis der Verfasser zur Einzigkeit Jahwes
- Die Bilderfeindlichkeit Jahwes
- Die Abgrenzung gegen die Völker (anders Jer 10:7), als deren Repräsentanten die Handwerker betrachtet werden konnten
- Jahwe war Schöpfergott, Weisheitsgott und einziger Handwerker (Jer 10:12-16), der mit seinen Geistesgaben und seiner Kraft Unsichtbares in Dasein bringen und Dinge schaffen konnte, die zu ihm als Gottheit in einer intakten Ursprungsbeziehung standen.

Da die Bilder nur als Gegenpart Jahwes oder Beweis der Unterlegenheit der Völker und ihrer Götter dienten, erschien die Bildlosigkeit als nach außen abgrenzendes, nach innen identitätsstiftendes und Überlegenheit vermittelndes Moment.

7.8. Jer 10:12-16 und Dtn 4:15ff kontrastierten Kultbild und Wettertheophanie als zwei Modelle der Gotteserscheinung: Das Kultbild wurde als Möglichkeit der Epiphanie einer Gottheit ausgeschlossen, weil es nur Menschenwerk war. Jahwe erschien hingegen im Gewittersturm oder Feuer, was die einzige ihm angemessene Erscheinungsform war.

7.9. Über die Kultpraxis der Bilderverehrer war nur wenig zu erfahren. Die Verfasser der bilderpolemischen Verse zögerten nicht, zu zeigen, daß das Kultbild für diese die Epiphanie ihrer Gottheit war. Dementsprechend wurden die typischen Verhaltensweisen geschildert, die die Begegnung eines Menschen mit einem Gott strukturieren: Proskynese, Gebet, Flehen, Bitten, Ansprache und Rekurs auf ein persönliches Verhältnis der Verbundenheit. Zudem erwarteten die Verehrer, daß der Gott wirkmächtig war, so daß er bei Bedarf helfen bzw. nützen würde. Die praktischen Handlungsfelder eines Kultbildes waren demnach durch seinen Interaktions- und Kommunikationspartner bestimmt. Die erwähnten Formen der Gottesbegegnung zeigten, daß die Interaktion zwischen Gott(esbild) und Mensch hierarchisch strukturiert war, was dem asymmetrischen Verhältnis zwischen Mensch und Gott entsprach.

2. Die Einweihung: Alttestamentliche Reflexe auf das Mundwaschungs- und das Mundöffnungsritual

An keiner Stelle der alttestamentlichen Bilderpolemik wird explizit auf die Mundwaschungs- und Mundöffnungsrituale bezug genommen, die die Herstellung eines Bildes in Mesopotamien abschlossen. Dieser Befund ließe sich dadurch erklären, daß diese Riten zum Geheimwissen gehörten und den Israeliten oder Judäern kaum bekannt sein konnten. Dies mag für das komplexe Ritualgeschehen, die zahlreichen Einzelhandlungen und die Beschwörungen durchaus zutreffen. Jedoch finden sich innerhalb einzelner Texte des Alten Testaments eindeutige Hinweise darauf, daß man mit der Vorstellung vertraut war, daß Manipulationen am Mund neue Fähigkeiten und Funktionen aktivieren konnten[1946]. Wenn demnach davon ausgegangen werden kann, daß man auch in Israel darüber Bescheid wußte, daß die Mundwaschung die Wirkung erzielen konnte, von Unreinheit zu befreien (Jes 6:6f)[1947], während die Mundöffnung neue Fähig- und Wirksamkeiten verlieh[1948], so stellt sich die Frage, weshalb man das Ritual im Kontext der Kultbilder ignorierte. Wie oben festzustellen war, war es für die Wirkung der Mundwaschung bzw. der Mundöffnung wesentlich, daß das Kultbild schon seit seiner Herstellung mit den Göttern verbunden war und an ihrem Wesen teilhatte. Die bereits bestehende Ursprungsbeziehung hatte es ermöglicht, daß das Kultbild gereinigt (Mundwaschung) und anschließend aktiviert und befähigt werden konnte. Da die Herstellung des Bildes von der Polemik auf einen technischen Vorgang reduziert wurde, konstituierte sie keine Ursprungsbeziehung zwischen Gott und Bild. Daher gab es nichts, was durch ein Mundwaschungsritual hätte konsolidiert werden können. Dem rein irdisch-materiellen Machwerk fehlten die Voraussetzungen für das Ritual; es war daher von der Polemik nicht unbedingt "unterschlagen"[1949]

[1946] Die Mundwaschungs- und Mundöffnungsrituale wurden bereits von HUROWITZ, Impure Lips, passim, und MÜLLER, Parallelen, 199-201, als Vorbild für Jes 6:6f (Mundwaschung), Jer 1:9, Ez 2:8-3:3 und Gen 2:7 (Mundöffnung) erkannt; s. auch FAUR, Idea, 12-14. Obwohl es sich bei Gen 2:7 eher um Manipulationen an der Nase handelt, zeigt sich eine ähnliche Wirkung wie nach einer Mundöffnung an einem Kultbild. Zudem ist zu bemerken, daß in Gen 2:7 der Garten eine Rolle spielt, eine Lokalität, die auch im Rahmen des MWKB von erheblicher Bedeutung ist. S. dazu auch NIEHR, In Search, 93f.

[1947] Im Unterschied zu den Kultmitteln in Mesopotamien (Wasser, Bier, Wacholder oder Weihwasserbecken) reinigt der Seraph Jesajas Mund mit einer Glühkohle.

[1948] Im Unterschied zu den Kultmitteln in Mesopotamien (Honigsirup, Butter, Zeder, Zypresse, "Wasser der Beschwörung", Mehl, Salz) befähigt Jahwe den Menschen durch das Einblasen seines Atems (Gen 2:7), durch die Berührung seiner Hand (Jer 1:9; Ez 33:22) oder die Fütterung mit einer Buchrolle, die immerhin noch "wie süßer Honig" ist (Ez 3:3).

[1949] So PODELLA, Lichtkleid, 169 (zu Jer 10:1-16), ähnlich PREUß, Verspottung, 169. Über die korrekten Einweihungsrituale eines evtl. legitimen Jahwebildes (oder eines anderen israelitischen bzw. judäischen Kultbildes) wissen wir nichts. Kaum überzeugend sind die Referen-

worden, es hatte sich einfach erübrigt. Indem die Bilder ausschließlich der menschlichen Ebene angehörten, waren sie von ihrer Wurzel an für den Kontakt zum Göttlichen ungeeignet und mit Unzulänglichkeiten kontaminiert. Da die Ursprungsbeziehung, die im Alten Orient für die Kultbilder postuliert wird, im Alten Testament ausschließlich für den Menschen gilt, ist er dementsprechend der Einzige, dessen Mund gewaschen oder gereinigt werden kann[1950]. Der Mensch hat Teil am Sein Gottes und ist folgerichtig sein Bild.

---

zen von SCHMIDT, B.B., Tradition, 91-96 (Wolke und Räucherwerk) auf Einweihungszeremonien. Vielleicht spielt die Rede von Jahwe als dem "lebendigen Gott" in bilderpolemischem Kontext (Jer 10:10) darauf an, daß die biblischen Verfasser der Ansicht waren, daß er Vivifikationsriten nicht nötig hatte.

[1950] Zu den Belegen s. Anm. 1946.

III. ABSCHLIEßENDE ZUSAMMENFASSUNG UND SCHLUßBETRACHTUNG

Die altorientalischen Vorstellungen, die mit der Herstellung eines Kultbildes verbunden waren, haben sich als Teil einer ausgefeilten "Theologie der Bilder" gezeigt, die das Kultbild als "wirkliches Bild" und Epiphanie der Gottheit verstand. Das Kultbild war der lebendige, irdische Leib der personal verstandenen Gottheit; sein Aussehen glich dem eines menschlichen Körpers, war jedoch nicht mit ihm identisch (goldene "Haut"). Als sichtbare Gestalt der unsichtbaren göttlichen Wirklichkeit war es ein Bild, das Unsichtbares sichtbar machte und die Realität des Göttlichen machtvoll da sein ließ. In diesem Zusammenhang konnte vom "performativen Charakter" der Bilder gesprochen werden. Vom ersten Moment seiner Entstehung an war die Kultstatue Ausdruck einer Offenbarung und mit der Welt der Götter verbunden, da diese an der Initiative für das Bild, am Herstellungsprozeß, der Inspiration der Handwerker, an der Materialbeschaffung und Sorge um dessen überirdische Qualität beteiligt waren. Der Anteil der menschlichen Handwerker trat zurück, da diese den Göttern nur ihre Hände liehen; das Material war ebenfalls der immanenten Welt entrückt. Man war bemüht, die Herstellung als einen übernatürlichen Vorgang zu beschreiben, der dementsprechend auch ein übernatürliches Produkt hervorbrachte, und trug damit der Vorstellung Rechnung, daß die Art des Fertigungsprozesses Rückschlüsse auf den Charakter des Produktes zuläßt. Das Kultbild wurde niemals als ein Gegenstand menschlicher Phantasie, beliebiger Gestaltung oder als Kopie einer bereits vorgegebenen sichtbaren irdischen Gestalt (Mensch, Pflanze, Tier) verstanden. Dementsprechend galten für die Figuren inhaltliche und formale Gestaltungsgesetze, die beibehalten wurden, indem man zuvor offenbarte Bilder als Vorbilder benutzte oder die Götter in Orakeln um Rat fragte. Im Ganzen war die Herstellung einer Kultstatue eine kultische Handlung und ein numinoser Schöpfungsvorgang; Reinigungsrituale sorgten für den ungefährdeten Kontakt der Götter mit der irdischen Welt. Die Herstellung der Bilder durch Götter *und* Menschen, ihre Verbindung mit dem König und ihre spätere öffentliche Überführung in ihre Tempel weist darauf hin, daß sie mehrere Wirklichkeitsbereiche (Gott und Welt, Sichtbares und Unsichtbares), aber auch mehrere Erfahrungsbereiche (individueller Betrachter, König – Gott(esbild) – Gemeinschaft) vereinten. Sie waren Schnittpunkt eines Achsenkreuzes, das sich aus einer vertikalen (Himmel – Erde – Unterwelt) und einer horizontalen Raumachse (Tempel, Stadt, Land) zusammensetzte.

Die Herstellung der Kultstatuen für den offiziellen Kult wurde in Assyrien wie in Babylonien herrschaftlich geregelt; auf diese Weise waren sie von Anfang an mit den Landesherrn verbunden. Kultbilder waren Zeichen der Zuwendung der Gottheit, so daß ein König den göttlichen Auftrag zur Anfertigung einer Figur häufig zur Darstellung seiner göttlichen Erwählung nutzte. Die Herstellung eines Kultbildes rief bei den Göttern Freude hervor und bescherte dem königlichen Auftraggeber göttlichen Segen. Da die altorientalischen Könige ihr Königtum durch die Gegenwart einer Kultstatue als gottgewollt darstellen konnten, dienten die Bilder der Stabilisierung der Herrschaft und Legitimation. Ein Herrscher konnte die Herstellung der Kultfiguren auch dazu einsetzen, auf seine Untertanen Einfluß zu nehmen, indem er neue Bilder nach alten Modellen gestaltete und sich dadurch als Wahrer alter Traditionen zeichnete, neue Bilder schuf, die neue Kulttraditionen entstehen ließen, alte Bilder renovierte und ihre Traditionen weiterführte oder Bilder so anfertigte, daß sie alte mit neuen Traditionen verbanden. In jedem Fall gab ihm die Herstellung der Götter(bilder) die Möglichkeit, sein religionspolitisches Programm auf der Bildebene Wirklichkeit werden zu lassen, es zu visualisieren, zu inszenieren und es der Bevölkerung allgemeinverständlich zu vermitteln. Für die Gemeinschaft all derer, die gemeinsam ihre Götter(bilder) verehrten, war durch die Kultbilder gesichert, daß die Götter in ihrer Mitte gegenwärtig waren und für den Bestand ihrer Existenz Sorge trugen. Insofern kam den Kultstatuen integrierende, gemeinschaftsstiftende und identitätsfördernde Kraft zu.

Die Mundwaschung einer Kultfigur hatte die Aufgabe, für die vollkommene Reinheit zu sorgen und dadurch den ungefährdeten Kontakt des Irdischen mit dem Göttlichen zu ermöglichen. Im Anschluß daran konnte das Gereinigte durch die Mundöffnung mit positiven Kräften gleichsam "aufgeladen" werden. Ausgangspunkt des Rituals war die übernatürliche Herkunft des Kultbildes, das durch die "inspirative Zusammenarbeit" von Göttern und Menschen entstanden war. Diese Abstammung konstituierte und etablierte bereits die Beziehung des Bildes zur Gottheit, i.e. seine Ursprungsrelation, die als Teilhabe des Bildes an der Gottheit (und umgekehrt) oder als wesenhafte Verbundenheit beider zu beschreiben war. Das MWKB befreite die Statue von der menschlichen Seite ihrer Herkunft und konsolidierte dadurch die bestehende Seinsvalenz des Bildes. Es schloß die Herstellung ab und war daher unlösbar mit ihr verbunden. Nachdem geklärt war, daß das Bild wahrhaftiger Gott war, konstituierte und etablierte das MWKB die Wahrnehmungs- und Handlungsbeziehung des Gottesbildes, so daß es in sein praktisches Handlungsfeld eintreten konnte. Es stattete die Figur mit Sinnes- und Lebensfunktionen sowie mit den göttlichen Kompetenzen und den "me" aus, so daß sie zu einem vollwertigen Interaktions- und Kommunikationspartner für den König, die Priester und die Kultgemeinschaft werden und in die göttliche Gesellschaft aufgenommen werden konnte. Im Anschluß an das MWKB trat das Bild in das praktische Handlungsfeld religiöser Kommunikation ein; es garantierte die wahrhaftige Präsenz des Gottes, mit dem es durch seine übernatürliche Herkunft und das MWKB seinsmäßig verbunden war, so daß der Kult des Alltags und der der Feste seinen Sinn erhielt. In diesem Zusammenhang zeigte sich der Grundsatz, daß die intakte Ursprungsbeziehung die wesentliche Voraussetzung der funktionstüchtigen Wahrnehmungsbeziehung war.

Ausgehend von einer kurzen Betrachtung der archäologisch nachgewiesenen palästinischen Kult- und (z.T. wohl auch) Votivbilder der EZ war festzustellen gewesen, daß diese nicht als "Ähnlichkeitsbilder" oder "Portraits", sondern als "Repräsentationsbilder" geschaffen worden waren. Ihre Gestaltung war (wie in Mesopotamien) dem menschlichen Körper nachempfunden, von dem sie aber in der Ausformung und in der Farbgebung abweichen konnten. Ähnlich wie in Mesopotamien brachten die Gesten der Figuren Souveränität, Übermacht, Wohlwollen und Fürsorge zum Ausdruck; Kleider und Schmuck vermittelten den Betrachtern weitere religiöse Botschaften. Ebenso wie in Mesopotamien gehörte in Palästina goldglänzendes Aussehen zur optischen Konstruktion des Heiligen und sollte die Betrachter blenden sowie Ehrfurcht und Schrecken auslösen. Es zeigte sich, daß die palästinischen Götterfiguren versuchten, alle Kriterien einer "dominanten Religion" zu erfüllen, die von CANCIK und MOHR[1951] zusammengestellt worden waren (Größe, hoher Materialwert, Härte, Unvergänglichkeit und Dauerhaftigkeit des Materials); jedoch war nicht zu verkennen, daß die Religion der EZ eher Kennzeichen einer "marginalen" oder "unterdrückten" Religion aufwies (geringe Größe, vergängliches, billiges Material, Unförmigkeit, Häßlichkeit). Das wirtschaftliche Niveau Palästinas ließ in der EZ keine kostenintensiveren Möglichkeiten zu, das Heilige optisch zu inszenieren, so daß auch im lokalen wie im offiziellen Kult mit Kultbildern aus Ton (Horvat Qitmit, evtl. Dan) und mit kleineren Kompositstatuen zu rechnen war. Wie die mesopotamischen Bilder besaßen auch die palästinischen Kultstatuen die Fähigkeit, mehrere Aspekte simultan darzustellen, so daß sie ihren Betrachtern "auf einen Blick" mehrere Informationen zukommen ließen (Aussehen, Funktionen des Gottes, hierarchische Strukturen). Ähnlich wie in Mesopotamien zeichneten sie sich durch Frontalität, Geschlossenheit und Kompaktheit aus. Sie besaßen ein gewisses Maß an "innerer Redundanz" und wurden so zu einem "gelungenen" Kult-

---

[1951] Vgl. S. 59f.

bild, das von den Verehrern jederzeit ohne Probleme erkannt werden konnte. Symmetrie, ikonographische Kontinuität und die Akkumulation ähnlicher Teile unterstützten zusätzlich die Wiedererkennung. Neben den Kultstatuen bezeugten auch 1 Sam 6 und Num 21:8, daß man in Israel den Gedanken der wirkmächtigen Kraft der Bilder und den Begriff des "Repräsentationsbildes" kannte. Er war (wie auch in Mesopotamien üblich) mit der Vorstellung verbunden, daß ein Bild seine übernatürlichen Qualitäten nur erhielt bzw. seine Aufgaben nur wahrnehmen konnte, wenn es auf eine kultisch korrekte Herkunft (d.h. auf die intakte Verbindung mit einer Gottheit) zurückblickte. In beiden Fällen, bei denen es sich allerdings nicht um Kultbilder handelte, war dies gegeben.

Ähnlich wie in Mesopotamien war die Rede von den Göttern und ihren Kultbildern im Alten Testament nur selten an einer sprachlichen Differenzierung zwischen Gott und Bild interessiert. Jedoch wurde die Blickrichtung und die Wertung verkehrt: Waren die Bilder in Mesopotamien Götter, so waren die Götter im Alten Testament nichts als (tote) Bilder. Auf der terminologischen Ebene wurde dieser Gedanke konsequent vertreten, da die meisten Begriffe der alttestamentlichen Götterbildterminologie dem technisch-handwerklichen Bereich entstammten und die Bilder von vorneherein als Produkt einer menschlichen Tätigkeit klassifizierten. Dieser Sprachgebrauch wies bereits auf eine rationale Auseinandersetzung hin, die sich mit dem Wesen der Bilder befaßt hatte und zu dem Ergebnis gekommen war, daß sie dem menschlichen Bereich angehörten, dem sie ihre Herkunft verdankten und in dem sie trotz aller Bemühungen verblieben. Auffallend waren weiterhin die zahlreichen Schimpfworte oder Spottbezeichnungen, die die polemischen Passagen des Alten Testaments bereitstellten, um die Bilder zu verfemen. Sie setzten weniger an der handwerklichen Herstellung der Bilder (d.h. ihrer Ursprungsbeziehung) als an ihrer Wirkungsweise (d.h. ihren Handlungsbeziehungen) an: Die einen stellten die Nichtigkeit, Ohnmacht, Leblosigkeit und den trügerischen Charakter heraus, die anderen hoben die Schändlichkeit oder Unreinheit der so bezeichneten Objekte hervor.

Die alttestamentlichen Passagen, die die Herstellung eines Kultbildes thematisieren, haben sich als Teil einer mit unterschiedlicher Intensität, Akzent- und Zielsetzung verbundenen Auseinandersetzung mit den Figuren und der mit ihnen verbundenen "Theologie der Bilder" gezeigt. Alle Texte waren polemisch orientiert und ignorierten oder widerlegten den Gedanken, daß es sich bei der Herstellung eines Gottesbildes um ein rituelles Geschehen oder um einen "numinosen Schöpfungsvorgang" handelte.

Die dtr Theologen der spätvorexilischen Zeit hatten den Reigen derer eröffnet, die die Entstehung der Figuren thematisierten und die altorientalischen Vorstellungen, die mit ihrer Anfertigung verbunden waren, aufnah-

men und wider die Statuen verwandten. Dies gelang ihnen, indem sie göttlichen Segen und Zuwendung, die im Alten Orient der Herstellung einer Figur vorausgingen und ihr folgten, als Konsequenz von deren Zerstörung
beschrieben, hingegen Fluch und Abwendung, die in Mesopotamien zur
Vernichtung einer Statue gehörten, als Konsequenz der Herstellung eines
Kultbildes hervorhoben. Die Handlungsorientierung eines israelitischen/ju-
däischen Königs, der gottgefällig regieren wollte, wurde damit in das Gegenteil der bis dahin geltenden gemeinorientalischen Richtlinien verkehrt:
Bildersturm statt Bilderpflege. Die Kritik an der Entstehung der Gottesstatuen stand bei den dtr Theologen ganz im Dienst der Opposition gegen die
Herrschenden und ihre Herrschaftsmittel.

An den altorientalischen Reinheitsvorstellungen griff demgegenüber Ezechiel an, der Kultbilder als "Mistdinger" bezeichnete und sie damit der personi-
fizierten Unreinheit zieh. Für ihn war die Stadt Jerusalem als Vertreterin von
König und Volk für die Herstellung der Bilder verantwortlich. Die späteren
Deuteronomisten der Exilszeit bezogen das Volk in die Handlungs-
orientierungen mit ein, die ihre Vorgänger zuvor für den König entworfen
hatten. Der umfassende Schuldaufweis des Abfalls von Jahwe sollte für den
Untergang des Staates ein Erklärungsmuster bieten.

Die detaillierteste Begegnung mit den Vorstellungen, die im Alten Orient
mit der Herstellung eines Bildes verbunden waren, bot die nachexilische Polemik in Dtjes und daran anschließenden Texten, die in einzelnen Schritten
eine Gegendarstellung "bildertheologischer Konzeptionen" bot, die die
Anfertigung einer Statue als völlig profanen Vorgang entlarvte, der keine
Ursprungsbeziehung zwischen einem Bild und einer Gottheit und folgerichtig auch keine Wahrnehmungs- oder Handlungsbeziehungen der Figur
hervorbrachte. Die Polemik gegen die Herstellung der Gottesbilder stand
hier im Dienst des Aufweises der Unterlegenheit der Völker, gegen die man
sich abgrenzen wollte. Bildlosigkeit sollte demgegenüber die Identität[1952]
nach innen sichern.

In bezug auf den Bildbegriff zeigte sich generell eine fortschreitende
Identifikation der Götter mit ihren Bildern; kein Text verband die Anfertigung eines Kultbildes mit einer Offenbarung, sondern immer nur mit
menschlicher Willkür, so daß auf diese Weise kaum je ein "wirkliches Bild"
oder die Epiphanie einer Gottheit entstehen konnte. Ein Kultbild war daher
für die dtr Schule nur ein selbstgemachter Gott, für Ezechiel ein Ding der
Unreinheit und für die nachexilische Polemik in Dtjes und ihre Nachfolger
(und Dtn 4:15ff) ein Abbild, das bereits Sichtbares kopierte. Die Figuren

---

[1952] Ähnlich auch DIETRICH, LORETZ, Jahwe, 4f, auf die Identität der jüdischen Diaspora
bezogen.

waren (im Unterschied zu Mesopotamien) nur Teil *eines* Wirklichkeitsbereiches (Welt, Sichtbares, Immanenz) und gehörten für die Dtr der ausgehenden Königszeit zum Erfahrungsbereich des Königs, für Ezechiel und die exilischen Dtr zu dem des Volkes und für die Verfasser der polemischen Verse in Dtjes und der in dieser Tradition stehenden Texte zu dem des einzelnen handwerklich tätigen Menschen. Laut Ausweis der beiden Königebücher wurde auch im Israel und Juda der Königszeit die Herstellung der Kultstatuen für den offiziellen Kult herrschaftlich geregelt; trotz aller dtr Polemik war es nicht verborgen geblieben, daß die Könige sie angefertigt hatten, damit sie als "wirkliche" Bilder für die göttliche Gegenwart (Jahwes und Ascheras) sorgten. Mit den sichtbaren Göttern an ihrer Seite konnten Jerobeam I., (Maacha), Ahab und Manasse ihre Gottverbundenheit, legitime Herrschaft und Legitimation optisch inszenieren. Die Herrscher benutzten sie außerdem, um ihr religionspolitisches Konzept an das Volk zu vermitteln, so daß die Figuren orientierend und sinnstiftend wirkten. Integration, Gemeinschaftsstiftung und Identitätsförderung waren Fähigkeiten, an denen die dtr Darstellung von 1 Kön 12:26ff anknüpfen konnte, um das politische Kalkül des Jerobeam I. plausibel herauszustellen.

Die biblischen Verfasser waren sich darüber im klaren, daß ein Kultbild nicht als Bild an sich, sondern nur in der (Ursprungs-)Beziehung zum Dargestellten und in seiner (Wahrnehmungs- und Handlungs-)Beziehung zu seiner Verehrerschaft existierte. Genau darum setzten sie sowohl an der Herstellung als auch an den praktischen Handlungsfeldern an, um die Bilder anzugreifen und zu demontieren. Jeder biblische Autor, Redaktor oder Fortschreiber, der die Sinnhaftigkeit (oder Identität) eines Bildes anzweifelte, nahm bereits eine Position ein, die außerhalb der Bildertheologie und des Bilderglaubens lag, so daß sich an dieser Stelle die kaum monokausal zu beantwortende Frage stellt, was dazu geführt hatte, daß das Kultbild aus dem Glaubensvollzug dieser Menschen herausgefallen war.

Für die dtr Theologen, die ihr anti-ikonisches Programm im Gegenüber zu dem assyrischen (und (später) babylonischen) Bilderkult sowie den entsprechenden Reaktionen der judäischen Herrscher zu einem der wesentlichen Inhalte der eigenen Theologie gemacht hatten, war die Kritik an den Bildern Teil der Opposition gegen die Herrschenden und ihre Herrschaftsmittel[1953]. Ihre Angriffe auf Bilder, die der autochthonen Tradition angehörten, rich-

---

[1953] Die Funktion der Bilder als Herrschaftsmittel aufnehmend, haben sich neuerdings sozialgeschichtliche Konzepte entwickelt, die die Bilderfeindlichkeit Israels mit einer frühisraelitischen Königsfeindlichkeit in Zusammenhang bringen wollen. So dachte HALLO, Texts, Statues, passim (ausgehend von seiner These der Entwicklung der Kultbilder aus Königsbildern) daran, daß Israel keine Kultfiguren hatte, da es dem Königtum ablehnend gegen-

teten sich gegen die politische Botschaft dieser Figuren[1954], die die geltende Herrschaft stabilisierten. Für politische Gegner bedeuteten diese Bilder Gewalt, die dementsprechend Gegengewalt hervorrief. Es wäre möglich, daß die dtr Theologen der spätmonarchischen Zeit das Konzept der anikonischen Verehrung der eigenen Gottheit entwickelten, um für die eigene Position und Kultur einen höheren Grad oder eine höhere Stufe an Spiritualität oder den Rekurs auf eine "alte, unverdorbene" Kultform[1955] zu vertreten, so daß sie sich bilderreichen Kulturen gegenüber überlegen fühlen und die eigene Identität deutlich gegen andere inner- und fremdreligiöse Konzepte abgrenzen konnten[1956]; während sie für ihr innovatives Konzept eine alte Tradition postulierten, stigmatisierten sie die Kultformen ihrer Gegner demgegenüber als "Neuerungen". Josija wäre dann der erste gewesen, der dieses Programm umsetzte und die alten Bilder vernichtete, um die Vergangenheit auszulöschen und neu zu schreiben; zusätzlich bedeutete der Zugriff auf regionale, periphere Heiligtümer für ihn auch die Monopolisierung des Jahwe-Kultes in dem von ihm dominierten Jerusalemer Tempel[1957]. Inwiefern die Einbuße der nur hypothetisch anzunehmenden Jahwestatue im Jerusalemer Tempel nach der babylonischen Eroberung das anikonische Konzept der Jahweverehrung stärkte[1958], läßt sich kaum mit Bestimmtheit sagen; Israels Nachbarn hatten die Macht der Bilder jedenfalls nicht in Frage gestellt, nachdem sie sie an ihre Eroberer verloren hatten.

überstand. Die königskritische Tendenz der Bildergegner (des Bilderverbotes) hebt auch HENDEL, Origins, 365-382, DERS, Aniconism, 224-228 hervor; seine These geht von den Ähnlichkeiten zwischen Gottes- und Königsikonographie und der strukturellen Königsfeindlichkeit des "early Israelite universe" (Origins, 378) aus, die mit dem Verbot eines Kultbildes dem König die Legitimation entzogen habe; auch GOTTWALD, Rezension Zeitlin, 386, denkt an ein frühes anti-ikonisches Programm als Hierarchie- und Herrschaftskritik, wenn er feststellt: "Renunciation of idolatry meant ... peasants and herders were ... refusing to reproduce and legitimate the prevailing hierarchies". Ähnlich argumentiert KENNEDY, J.M., Background, 141f, wenn er Israels Bilderfeindlichkeit aus dem frühisraelitischen Kampf gegen die oppressiven priesterlichen und politischen Hierarchien des kanaanäischen Stadtstaatensystems herleitet. Da die Bilder Instrument waren "to enhance the ruling elite's control over production and distribution of agricultural goods" (ebd., 141), fände sich hier der Kampf der egalitären ruralen Sippengesellschaft gegen die hierarchische, urbane Klassengesellschaft wieder. Da sich Bilderfeindlichkeit erst in Texten der monarchischen Zeit zeigt, in der sie wegen ihrem herrschaftskritischen Potential durchaus auch gehört, und das Alte Testament (Jehu) belegt, daß Königsgegner nicht zwangsläufig Bildergegner sein mußten, erscheinen frühisraelitische revolutionäre, anti-ikonische Bewegungen (die die Geltung eines bestimmten Landnahme-modells voraussetzen), oder das Postulat der strukturellen Königsfeindlichkeit (die zudem mit Bilderfeindlichkeit verbunden sei) wenig überzeugend. Herrschafts- und Bilderkritik wurden m.E. (s. noch Amos, der zwar die Führungselite, jedoch nicht die Bilder angreift) erst in der ausgehenden Königszeit miteinander verbunden.

[1954] So z.B. die nordisraelitische Stierikonographie als Konkurrenz zum Jerusalemer Jahwe, s. dazu EVANS, Origins, 212.

[1955] METZLER, Anikonische Darstellungen, 100, weist daraufhin, daß in der Antike "die Bildlosigkeit gelegentlich nicht nur als eine besonders sublime, sondern auch unverdorbene, also alte Kultform" galt. Zur identitätsstiftenden Kraft anikonischer Konzepte s. ebd., 103f.

[1956] So in Anlehnung an FREEDBERG, The Power, 60f.

[1957] So mit METZLER, Anikonische Darstellungen, 98f. Das Interesse an der Monopolisierung der Religion mag auch bei der dtr Ablehnung der Bilder und der Schöpfung leicht kontrollierbarer Ersatzkonzepte eine Rolle gespielt haben, s. VAN DER TOORN, Book, 247f.

[1958] Nach LORETZ, Rezension Frevel, 709-713, bes. 712, führte der Verlust des Jerusalemer Jahwe-Kultbildes zum Ende der Jahwe-Kultbild-Tradition; ähnlich nimmt SCHMIDT, B.B., Tradition, 104f, dieses Ereignis dafür in Anspruch, daß die Bilder ihre Macht einbüßten. Alternative Jahweformen seien entstanden, die von den Priestern bekämpft wurden, die daran

Erst in der Auseinandersetzung der exilischen Gemeinde mit dem babylonischen Bilderkult (s. Ezechiel und exilische Dtr) und im Gefolge der Formulierung der Exklusivität Jahwes[1959] scheint das anti-ikonische Programm in seiner vollen Leistungsfähigkeit für die Abgrenzung nach Außen und Identitätssicherung nach Innen erkannt und eingesetzt worden zu sein. Als es in der nachexilischen Zeit darum ging, die Bürger-Tempel-Gemeinde im Gegensatz zu den Kultformen der im Land beheimateten jahwistischen Bevölkerung zu konsolidieren, wurden ausgedehnte, rationalistisch wirkende Polemiken (s. die Bilderpolemik in Dtjes, Jer 10, Hab 2:18f usw.) geschaffen, die im Gefolge interreligiöser und -kultureller Kontakte im religionspluralistischen persischen Großreich standen und der Fundamentierung der eigenen Anschauung und Identität[1960] sowie der Positionsbestimmung Israels unter den Völkern dienten. Bildlosigkeit war von den zurückgekehrten Exulanten zur einzig legitimen Form der Gottesverehrung erhoben worden.

Daß dies nicht immer so gewesen war oder für alle galt[1961], haben die archäologisch nachgewiesenen Funde gezeigt. Auch die Eindringlichkeit der dtr Rhetorik, die drastische Verkündigung Ezechiels und die differenzierte Phraseologie der bilderpolemischen Passagen in Dtjes, deren Nachfolgern und Dtn 4:15ff zeugen von der Auseinandersetzung mit oppositionellen Auffassungen. So mußten offensichtlich bis weit in die nachexilische Zeit hinein theoretische Anstrengungen unternommen werden, die Bildertheologie zu widerlegen und demgegenüber die "Theologie der Bildlosigkeit" zu promulgieren. Der in nachexilischer Zeit (Jer 10:12-16, Dtn 4:15ff) aufgestellte Gegensatz zwischen Kultbild und Theophanie weist darauf hin, daß beide Möglichkeiten der Gotteserscheinung immer noch neben- (bzw. gegen-)einander stehen konnten, wobei bei den biblischen Verfassern über die Überlegenheit der Theophanie des einzigen Gottes keine Zweifel mehr bestanden. Trotz aller Bemühungen überzeugten die Bilderfeinde die Bilderfreunde nur langsam, und Götter*darstellungen* fanden, wie die Numismatik zeigt[1962], erst z.Zt. der Makkabäer ihr Ende. Da diese entschlossene Vertreter des anikonischen Kultes waren und sich nicht scheuten, dieses Konzept mit Gewalt durchzusetzen (1 Makk 5:68, 13:47, 2 Makk 10:2), wurde Bildlosigkeit zu einem ähnlichen Herrschaftsinstrument wie es zuvor in Mesopotamien und im Israel der Königszeit die Bilder gewesen waren.

---

interessiert gewesen seien, daß "the full details of the divine image became the exclusive prerogative of the deuteronomistic priestly classes" (ebd., 104).

[1959] Auch EVANS, Origins, 200. 209, LORETZ, Ahnen- und Götterstatuen, 515 Anm. 141. 515-520, NORTH, Essence, 156, DIETRICH, LORETZ, Jahwe, 5, LORETZ, Rezension Frevel, 712, gehen (wenn auch z.T. mit unterschiedlicher zeitlicher Fixierung) davon aus, daß Kultbild und Polytheismus und bildloser Monotheismus in enger historischer und sachlicher Verknüpfung stehen.

[1960] S. dazu auch UEHLINGER, Rezension, 549.

[1961] Zu bildlosen und bilderfreundlichen Jahweverehrern s. schon MOWINCKEL, Wann, 264.

[1962] HÜBNER, Münzprägungen, 141, EDELMAN, Observance, 215ff.

QUELLEN

1. DIE TEXTE

1. Das Mundwaschungsritual der neu hergestellten Kultstatuen

Die folgende Umschrift des Mundwaschungsrituals basiert auf einer erneuten Kollation (London 1990 und 1995) der Tafeln, die WALKER, Mīs pî, in seiner Publikation des Rituals bereits erwähnt hatte. Änderungen und Korrekturen des Textes ergaben sich im wesentlichen aus der verbesserten lexikographischen Situation sowie aus der Kombination der Ninive-Version mit BM 45749. Zahlreiche Tafeln lagen mir nur in den Kopien von ZIMMERN, BBR, SMITH, Consecration, sowie GEERS, Heft Ad 12, Ad 18, Ad 72, J 13, J 77, N 67, G 24, D 101 vor.

Seit der Erstpublikation des Rituals gelangen WALKER zusätzlich zahlreiche Joins und die Identifizierung mehrerer bisher unbekannter Duplikate, so daß das Ritual weiter vervollständigt werden konnte. Prof. WALKER, der eine Gesamtpublikation des Rituals und seiner Beschwörungen vorbereitet, war so freundlich, mir sowohl die relevanten Tafelnummern als auch seine Umschrift der Texte und Beschwörungen zugänglich zu machen. Auf diese Weise war es mir möglich, meine neuen Umschriften der altbekannten Textvertreter mit seinen neuen Umschriften der neuen Tafeln zu vergleichen und zu kombinieren. Selbstverständlich stellt meine Umschrift keine Vorwegnahme seines Projektes dar; daher fehlt beispielsweise ein *apparatus criticus* oder eine Liste der einzelnen Tafelnummern. Bis zur endgültigen Publikation der Texte durch WALKER kommt der folgenden Umschrift nur vorläufiger Charakter zu; sie dient lediglich als Grundlage der anschliessenden Übersetzung und der darauf aufbauenden Thesen in Kap. C.2.3. der vorliegenden Arbeit.

Durch die neuen Bruchstücke hat sich die Zeilenzählung gegenüber der Erstpublikation von WALKER wesentlich verändert. Im Rahmen dieser Arbeit wird meine Umschrift und deren Zeilenzählung vorausgesetzt.

Die obere Zeile bietet den Text der Ninive-Version, die vor allem auf K6324+ etc. basiert[1963]; BM 45749 (81-7-6, 162+234) wurde dagegen durchgehend unterstrichen.

[1963] Hinter "etc." verbergen sich die folgenden Tafeln: K3248, K6324+, K6683, K6883, K7630+, K8117, K8994, K9508, K10060, K10176, K10473, K11920, K13259+, K13472, K15279, K15325, K15534, Rm 2, 344, sowie PBS XII/1 Nr. 7 Rs. 6-10, PBS XII/1 Nr. 6 Vs. 13-17, PBS I/2 Nr. 116 Vs. 6-10.

1.   *e-nu-ma* KA DINGIR LUH-*ú* 2. *ina* U4 ŠE.GA *ina še-rim*
1.   *e-nu-ma* KA DINGIR LUH-*ú ina* U4 ŠE.GA
2.   *a-na* EDIN *a-na* GIŠ.KIRI6 *šá* GU2 I7 DU-*ma*
3.   MU2 d.UTU IGI-*ma* NIG2.DU *ta-kad-dir*
4.   *ana* URU GUR-*ma is-ha tam-mar ina* 1/2 DANNA U4-*me ana* EDIN GUR-*ma*
5.   GUN GI.MEŠ TI-*qí*
6.   GI.URI3.GAL.MEŠ DU3-*uš su-u'-ur-ta tu-sa-ar-ma*
7.   ŠUTUG.MEŠ *ana* d.*É-a* d.UTU *u* d.*Asal-lú-hi* ŠUB-*di*
8.   én gi.kù gi.gíd.da gi.giš.gi kù.ga
9.   én im.kù.zu d.Asar.ri abzu.a igi im.ma.an.sum
10. [3 T]A.AM3 *ana* [IGI?] ŠUTUG.MEŠ ŠID-*nu*

----

11. [ŠUTUG.MEŠ *an*]*a* d.*Kù-sù* d.*Nin-gìrim* d.MAH ŠUB-*di* [...]
12. *i-ta-at* É DINGIR.BI x [...]
13. [GI]Š.ŠINIG GIŠ.ŠA3.GIŠIMMAR *e-re?-ni* ŠUB-*di*
14. x-*ru-un-da* É.MEŠ x x mi x [...]
15. [é]n gi abzu.ta mú.a *ana* GI x [...]
16. [é]n gi.šà.ga sikil.la ša6.ga *ana* G[I ...]
17. [é]n zì nam.nun.na sur.ra *ana* ZI3.SUR.RA x [...]

----

18. [*ana*] I7 DU-*ma* ZI3.MAD.GA2 *ana* I7 ŠUB-*di mi-i*[*h-ha* BAL-*qí*]
19. [ŠU-*k*]*a* ILA2-*ma* én èš.abzu nam.tar.tar.[e.dè ...]
20. [én k]ar abzu kar kù.g[a.àm ...]
21. [én k]ar za.gín.na kar d.En.[ki ...]
22. [3 TA.AM3 *ina* IG]I I7 ŠID-*nu-ma* A.MEŠ [7 DUG.A.GUB2.BA.MEŠ]
23. [*ta-sa*]*b*? GUR-*ma ina* É d.*Kù-sù ina* GE6 DUG.[A.GUB2.BA]
24. [*ša* KA.LUH.U3.D]A GIŠ.ŠINIG U2.I[N.NU.UŠ GIŠ.ŠA3.GIŠ]IMMAR
25. 7 GIŠ.GIŠIMMAR.TUR.MEŠ GI.ŠUL.HI [GI.AMBAR GI.DUG3.GA]
26. [...] MUN GIŠ.E[RIN GIŠ.ŠUR.MIN3 ŠIM.LI]
27. [NAGA *qar-na-n*]*u* U2.SI[KIL GIŠ.I3.GIŠ ...][1964]

32. [...] xxx
33. [...] x hu x
34. [NA4.K]A.GI.NA DAB.BA [NA4.ZALAG2 ...]-*ar-ši*

[1964] WALKER, DICK, Induction, 30, bemerkt an dieser Stelle: "Probably no gap here, but in K 6324+ lines 8-27 are written as lines 8-33; to judge by BM 45749, 18 'line 34' should follow directly after 'line 27', so there is some overlap here."

35. NA4.MUŠ.GIR2 NA4.GUG NA4.ZA.GIN3 NA4.BABBAR.[DIL
NA4.BABBAR.DIL.DIL?]
36. [N]A4.DUH.ŠI.A NA4.KU3.BABBAR NA4.KU3.SIG17
NA4.URUDU NA4.A[N.BAR S]A5-ma
37. I3.GIŠ I3.SAG I3.GU.LA I3.GIŠ.ERIN LAL3 I3.NUN[NA KEŠDA-
k]ás
38. SIG2 BABBAR SIG2 SA5 SIG2 ZA.GIN3.NA GU2-su [KEŠDA-kás]
39. DUG.[B]UR.ZI.TUR KA2 DUL-am e-ma DUL-mu
40. én lugal an.na ki.sikil.la mu.un.šám.šám ŠID-nu
41. NIG2.NA GI.IZI.LA2 DUG.A.GUB2.BA tuš-ba-aʾ-[šu]
42. A.ŠA3.GA túl-lal KI SAR A KU3 SU3
43. NIG2.NA ŠIM.LI GAR-an KAŠ SAG BAL-qí
44. 3 ZI3.DUB.DUB.BU ana UGU DUG.A.GUB2.BA ŠUB-di
45. én hur.sag giš.tir šim.giš.erin.na.ke4 3-šú ŠID-nu
46. én A.GUB2.BA šá d.Kù-sù u d.Nin-gìrim
47. [ana IGI DUG.A.]GUB2.BA 3-šú ŠID-nu
48. [én …] é? d.ŠE.NAGA 3-šú ŠID-nu
49. [… ana] IGI DUG.A.GUB2.BA KEŠDA KEŠDA-as
50. UDU.NITA2.SISKUR2 BAL-qí NIG2.NA ŠIM.LI GAR-an
51. KAŠ SAG BAL-qí ŠU-ka ILA2-ma
52. én a.kù.ga a.i7.idigna.gub.ba
53. 3-šú ana IGI DUG.A.GUB2.BA ŠID-nu-ma tuš-ken
54. ana É is-hi GUR-ma GI.DUH GAR I7 tam-mar
55. i-na É DUMU.MEŠ um-ma-ni KI DINGIR DU3-ú
1.   ina É mu-um-mu 2 A.GUB2.BA.MEŠ GIN-an
56. KI SAR A KU3 SU3 ana d.É-a u d.Asal-lú-hi u DINGIR.BI
57. 3 NIG2.NA ŠIM.LI GAR-an KAŠ SAG BAL-qí
2.   TUG2 SA5 IGI DINGIR u TUG2 BABBAR ina ZAG DINGIR ana
d.É-a u d.Asal-lú-hi KEŠDA.MEŠ tara-kás
58. DINGIR.BI KA.LUH.U3.DA KA,DUH.U3.DA DU3-uš
2.   KA.LUH.U3.DA 3. DINGIR.BI DU3-uš-ma ana DINGIR.BI
3.   KEŠDA tara-kás ŠU-ka ILA2-ma
3.   én an.na ní.bi.ta tu.ud.da.a
4.   3-šú ŠID-nu
59. NIG2.NA GI.IZI.LA2 tuš-ba-aʾ-šú A.GUB2.BA túl-lal-šú
59a. [én an.na] ní.bi.ta è.a 3-šú ŠID-nu[1965]
60. ana DINGIR.BI ki-a-am DUG4.GA
----
61. ul-tu u4-me an-ni-i ana ma-har d.É-a AD-ka DU-ak

[1965] Alle Ninivetexte (K6324+, K7630, K15534) lassen diese Zeile aus.

4.   én *ul-tu u4-me an-ni-i ana* IGI d.*É-a* AD-*ka tal-lak*

62. *lib-ba-ka li-ṭib ka-bat-ta-ka lih-du*

63. d.*É-a* AD-*ka ana* UGU-*ka reš-ta lim-la*

64. 3-*šú* DUG4.GA-*ma tuš-kin-ma*

4.   *ana* IGI DINGIR.BI 3-*šú* ŠID-*ma*

65. ŠU DINGIR DAB-*ma* UDU.NITA2 *tu-šá-áš- ar-šu*

5.   [Š]U DINGIR DAB-*ma* UDU.NITA2 *tu-šá-áš-ár-šú*

66. én è.a.zu.dè [è.a.z]u.dè gal.a

5.   én è.a.zu.dè MIN giš.gin.tir.ta

66. TA É DUMU[MEŠ *um-ma-ni*]

5.   TA É DUMU.MEŠ *um-ma-nu*

67. *a-di* I7 *ina* UGU DINGIR *ina* GI.IZI.LA2 ŠID-*nu*

6.   *ina* GI.IZI.LA2 *ina* IGI DINGIR.BI EN GU2 I7 ŠID-*ma*

----

68. DUMU.MEŠ *um-ma-ni ma-la ana* DINGIR.BI [TE-*ú*]

69. [*ù*] *ú-nu-ut-su-nu* KI DINGIR.BI *ana* EDI[N …]

70. [*ina* GIŠ].KIRI6 *šá* GU2 I7 GIN-[*an*]

71. [DINGIR.BI *i*]*na* UGU GI.KID.MAH TUŠ-*ma* ŠUTUG.MEŠ ŠUB-
[*di*]

6.   *ina* UGU GI.*bu-re-e uš-šab-ma* 7. IGI.MEŠ-*šú ana* d.UTU.ŠU2.A
GAR-*an* ŠUTUG ŠUB-*di*

72. [*ana* d].*É-a u* d.*Asal-lú-hi* GI.DUH GIN-[*an*]

7.   *ana* d.*É-a* d.*Asal-lú-hi u* DINGIR.BI KEŠDA.MEŠ *tara-kás*

73. [ZU2.LUM].MA ZI3.EŠA DUB-*a*[*q*]

74. [NINDA.I3.D]E2.A LAL3 I3.NUN.NA [GAR-*an*]

75. [NIG2.NA ŠIM.]LI GAR-*an* UDU.NITA2.SISKUR2 BAL-[*qí*]

76. […]x LU3.LU3 BAL-*ma tuš-k*[*èn*]

77. [… NIG2.NA ŠI]M.LI GAR-*an* KAŠ SAG BAL-*q*[*í*]

8.   KAŠ SAG LU3.LU3 BAL-*qí šab-ri* UDU.NITA2 BAD-*ma*

78. [… URU]DU.GIN2 URUDU.BULUG URUDU.ŠUM.GAM.[ME]

8.   URUDU.GIN2 URUDU.BULUG URUDU.ŠUM.GAM.ME

79. [BAL.GI.KU6 NIG2.BUN2.NA.]KU6 *šá* KU3.BABBAR *u*
KU3.SIG17 *ana šab-ri* UDU.NI[TA2]

9.   BAL.GI.KU6 NIG2.BUN2.NA.KU6 *šá* KU3.BABBAR *u* KU3.SIG17
ana lìb-bi GAR-*an*

80. [GAR-*an ta-šap-pi-ma ana* I7] ŠUB-*d*[*i*]

9.   *ta-šap-pi-ma ana* I7 ŠUB-*di*

81. […] x […]

10. *ana* IGI d.*É-a* lugal umun engur 3-*šú* DUG4.GA-*ma*

82. […] x

83. […]

84. [...]
85. [...]
86. [...] x an [...]
10. ŠU-*ka* ILA2-*ma*
       én d.En.ki lugal.abzu.ke4 3-*šú* ŠID-*ma*
87. [...] x ŠIM *tu-ta-ú-šú*
11. KAŠ GA GEŠTIN LAL3 BAL-*qí* KA.LUH.U3.DA DU3-*uš-ma*
88. [... én *šá* DU-*k*]*a pi-šú me-si*
11.   én *šá* DU-*ka* KA-*šú me-si*
89. [... KI Š]EŠ.MEŠ-*šú lim-ma-nu*
90. [URUDU.GIN2 URUDU.BUL]UG URUDU.ŠUM.GAM.ME *šá*
       DUMU.MEŠ *um-ma-ni*
91. [*ma-la i*]*t-hú-šú ina* SU-*šú ta-bal*
92. [...] DINGIR.BI d.*É-a* KA-*šú mi-si*
93. [... KI] ŠEŠ.MEŠ-*šú mu-nu-šú*
----
94. [3-*šú* DUG4.]GA-*ma ma-har* d.*É-a* KEŠDA DUH-*ma*
12. 3-*šú* DUG4.GA-*ma*   KEŠDA.MEŠ DUH
95. ŠU D[INGIR DAB-*ma*]
12. ŠU DINGIR DAB-*ma*
95. *ina* GIŠ.KIRI6
12. *ina* GIŠ.KIRI6
95. *ina* ŠA3 ŠUTUG.MEŠ GI.URI3.GAL.MEŠ
12. *ina*   GI.URI3.GAL
96. DINGIR.BI *ina* UGU GI.KID.MAH *ina tap-se-e* GADA TUŠ-*šú*
12.   *ina* UGU GI.*bu-re-e* 13. *ina tap-se-e* GADA TUŠ-*šú*
97. IGI.MEŠ-*šú ana* d.UTU.E3 GAR-*ma i-ta-at* ALAM.BI
13. IGI.MEŠ-*šú ana* d.UTU.E3 GAR-*an*
98. *ina* ŠA3 ŠUTUG.MEŠ GI.URI3.GAL.MEŠ *ú-nu-ut* DINGIR *ma-la i-*
       ba-áš-šu-ú
99. u *ú-nu-ut* DUMU.MEŠ *um-ma-ni* ŠUB-*di-ma te-re-qam-ma*
13. *ana* I7 DU-*ma* ZI3.MAD.GA2 *ana* I7 ŠUB-*d*[*i*]
14. *mi-ih-ha* BAL-*qí* ŠU-*ka* ILA2-*ma*
14. én èš.abzu nam.tar.tar.e.dè
14. én kar abzu kar kù.[ga.àm]
15. 3 TA.AM3 *ana* IGI I7 ŠID-*ma* A.MEŠ 7 DUG.A.GUB2.BA.MEŠ *ta-*
       sab-ma ina E[2 d].*Kù-sù* GIN-*an*
16. *ana* ŠA3 [DUG.A.]GUB2.BA *šá* KA.LUH.U3.DA GIŠ.ŠINIG
       U2.I[N.NU.UŠ] GIŠ.ŠA3.GIŠIMMAR 7 GIŠ.GIŠIMMAR.TUR.MEŠ
       GI.ŠUL.HI GI.AMBAR

17. GI.DUG3.GA G[I? x]xx [...] x *kib-rit* x [...] MUN GIŠ.ERIN
GIŠ.ŠUR.MIN3 ŠIM.LI

18. x [... NAGA *qar?*]-*na-nu* U2.SIKIL GIŠ.I3.GIŠ NA4.KUR-*nu* DAB
NA4.ZALAG2

19. [... NA4.MUŠ.GI]R2 NA4.GUG NA4.ZA.GIN3 NA4.BABBAR.DIL
NA4.BABBAR.DIL.DIL NA4.DUH.ŠI.A

20. [NA4.KU3.SIG17 NA4.KU3.BABBAR] NA4.AN.NA NA4.AN.BAR
I3.GIŠ I3.SAG I3.GU.LA I3.GIŠ.ERIN LAL3 I3.NUN.NA ŠUB-*di*

21. [...] *šá* KEŠDA.MEŠ ŠIM.HI.A-*šú-nu* ŠUB-*ma* GIN-*an* GIŠ.*bu-gìn-ni*
GIŠ.ŠINIG A.MEŠ DUG.A.GUB2.BA

22. [SA5-*ma ana* ŠA3] GIŠ.*bu-gìn-ni* NA4.GUG NA4.ZA.GIN3
NA4.KU3.BABBAR NA4.KU3.SIG17 ŠIM.LI I3.GIŠ BARA2.GA
ŠUB-*di-ma*

23. [GIŠ.*bu-gìn-ni*] DUG.A.GUB2.BA.MEŠ *ina* UGU SIG4 *šá* d.MAH
GIN-*an*

24. [...] DUG.A.GUB2.BA.MEŠ KEŠDA-*ma* KA.LUH.U3.DA DU3-*uš*
KEŠDA DUH-*ma*

----

25. [9 KEŠDA.MEŠ]

100. *ana* d.*A-nim* d.*En-líl* d.*É-a* d.30 d.UTU

25. *a-na* d.*A-nim* d.*En-líl* d.IDIM d.30 d.UTU

101. d.IM d.AMAR.UTU d.*Gu-la* d.*Nin-si4-an-na*

25. d.IM d.AMAR.UTU d.*Gu-la* d.15 MUL.MEŠ

102. 9 NIG2.NA.MEŠ *a-na* MUL.AN.USAN2 GAR-*an* KEŠDA KEŠDA-*as*

26. [*ana* IM]ii KEŠDA
én giš.šinig giš.kù.ga ŠID-*ma*

103. UDU.NITA2.SISKUR2 BAL-*qí* KAŠ SAG BAL-*qí-ma*

104. KA.LUH.U3.DA KA.DUH.U3.DA DU3-*uš* KEŠDA DUH-*ma*

26. KA.LUH.U3.DA DU3-*uš*

----

105. *ana* d.MAH d.*Kù-sù* d.*Nin-gìrim* d.*Nin-kur-ra*

27. [9] KEŠDA.MEŠ *a-na* d.Nin-mah d.*Kù-sù* d.*Nin-gìrim* d.*Nin-kur-ra*

106. d.*Nin-á-gal* d.*Kù-sig17-bàn-da* d.*Nin-íldu* d.*Nin-zadim* u DINGIR.BI

27. d.*Nin-á-gal* 28.d.*Kù-sig17-bàn-da* d.*Nin-íldu* d.*Nin-zá-dím* u
DINGIR.BI

107. 9 NIG2.NA.MEŠ *ana* DINGIR.MEŠ GE6-*ti* GAR-*an*

28. *ana* IMi *tara-kás*

107. MU-*šú-nu* MU-*ár*

108. UDU.NITA2.SISKUR2 BAL-*qí* KA.LUH.U3.DA KA.DUH.U3.DA
DU3-*uš*

28. KIMIN

29. 2 KEŠDA.MEŠ *a-na* d.SAG.ME.GAR *u* d.*Dil-bad tara-kás* KIMIN
30. 2 KEŠDA.MEŠ *a-na* d.30 *u* d.UDU.IDIM.SAG.UŠ *tara-kás* KIMIN
31. 3 KEŠDA.MEŠ *a-na* MUL.GU4.[UD] MUL.GAG.SI.SA2 MUL.*şal-bat-a-nu tara-kás* KIMIN
32. 6 KEŠDA.MEŠ *a-na* MUL.*zi-ba-ni-tum* MULU4 (GAN2) d.UTU MUL.APIN MUL.ŠU.PA
33. MUL.MAR.GID2.DA MUL.ERU4 MUL.UZ3 *tara-kás* KIMIN
34. 4 KEŠDA.MEŠ *a-na* MUL.AŠ.IKU MUL.ŠIM2.MAH MUL.d.*A-nu-ni-tum* MUL.ABSIN2 *tara-kás* KIMIN
35. 4 KEŠDA.MEŠ *a-na* MUL.KU6 MUL.GU.LA MUL.Eridu.ki MUL.GIR2.TAB *tara-kás* KIMIN
36. 3 KEŠDA.MEŠ *a-na šu-ut* d.*A-nim šu-ut* d.[*En-líl u šu-ut* d.*É-a tara-kás* KIMIN]

DER 2. TAG

109. *ina* A2.GU2.ZI.GA *ina* ŠA3 ŠUTUG.MEŠ *ana* d.*É-a* d.UTU *u* d.*Asal-lú-hi*
37. *ina* A2.GU2.ZI.GA *ina* ŠA3 ŠUTUG *ana* d.IDIM d.UTU *u* [d.*Asal-lú-hi*
110. 3 GIŠ.GU.ZA.MEŠ ŠUB-*di* TUG2.HUŠ.A LAL-*aş*
37. 3 GIŠ.GU.ZA.MEŠ ŠUB-*di*] 38. TUG2.HUŠ.ME LAL-*aş*
110. TUG2.GADA *ina* UGU GID2-*ad*
38. TUG2.GADA *ina* UGU GID2-*ad*
111. 3 GIŠ.BANŠUR.MEŠ *tara-kás* ZU2.LUM.MA ZI3.EŠA DUB-*aq*
38. 3 GIŠ.BANŠUR [KEŠDA-*as* ZU2.LUM.MA ZI3.EŠA DUB-*aq*]
112. NINDA.I3.DE2.A LAL3 I3.NUN.NA [GAR-*an* ...]
39. NINDA.I3.DE2.A LAL3 I3.NUN.NA GAR-*an*
113. DUG.A.DA.GUR5 KAŠ.US2.SA SIG5 SA5 [...]
39. DUG.A.DA.GUR5 GIN-*an*
114. GI.DUG3.GA *u ša ina* ŠA3 KUD-*ma e-ma* GIŠ.BANŠUR.MEŠ GIN-*an*
115. 6 *ku-kub-ba* KAŠ SAG SA5-*ma i-ra-ta-a-an ta-sa-dir*
39. 6 DUG.[*ku-kub-ba* KAŠ SAG ...] 40.   *ta-sa-dir*
116. NIG2.NA ŠIM.LI GAR-*an*
    3 *maš-qí-i šá* UŠ2.MEŠ *ta-sa-dir*
117. U2.BAR ŠUB-*di*
40. U2.BAR ŠUB-*di*
117. 3 UDU.NITA2.SISKUR2 BABBAR.MEŠ LAGAB.MEŠ LAL-*aş*
118. GURU[N G]IŠ.KIRI6 *tu-šar-rah tu-kab-bat*

40. GURUN GIŠ.KIRI6 *tu-ma-aṣ-ṣi tu-kab-bat* x[...] LAL-*aṣ*

118. ŠE.GAL *na-ah-la*

41 *še-am na-ah-lu* DUB-*aq*

119. EGIR U2.BAR DUB

120. SI[G2 B]ABBAR SIG2 SA5 SIG2 GA.ZUM.AK.A SIG2 HE2.ME.DA

121. [SIG2 ZA.]GIN3.NA SIG2.HI.A SIG2 UZ3.HI.A GAR-*an* [... *t*]*e-re-*
    qam-ma

122. [...] x d.*Nin-á-gal*

123. [...] d.*Nin-zadim*

124. [... DUMU.ME]Š *um-ma-ni*

125. [...] DU ŠUB-*di*

126. [... SA]R?-*as*

127. [... G]I.IZI.LA2

128. [...]x *tu-lal*

----

129. [...] SAR-*ha*

130. [...]-*ta te-ṣe-en*

131.   ŠIM.LI *ta-sar-raq*

41. NIG2.NA ŠIM.LI *ta-sár-raq*

132. [... GIŠ.]ERIN *ina* ŠU-*ka* ILA2-*ma*

41.   GI[Š.ERI]N [*ina*] ŠU-*ka* ILA2-*ma*

133. [én an.na n]í.bi.ta tu.ud.da.a ŠID-*nu*

42. én an.na ní.bi.ta tu.ud.da.a 3-*šú* ŠID-*nu*

134. [én d.UTU e]n gal an.ki.bi.da.ke4

42. én d.UTU en [g]al an.ki.bi.da.ke4

135. [én a nam.ti.la i7] íl.la me.en ŠID-*ma*

43. én a nam.ti.la i7 íl.la.me.en [x x]

136. [...]   SUM-*in*

43. [...]x MEŠ x [x SU]M-*in*

137. [én illu garza.bi aš.àm maš.àm 3 T]A.AM3 ŠID-*nu*-[*ma*]

44. én illu garza.bi aš.àm maš.àm ŠID-*ma*

138. [...]   BAL-*q*[*í*]

44. x x x na? BAL-*qí*

138a.   [...] xxx

44. NIG2.NA DUB-*aq*

45. ZI3.MAD.GA2 *ana pu-ut* UDU.NITA2 ŠUB-*di-ma* SISKUR2

45. [BAL-*qí* KEŠDA].MEŠ *t*[*u-x*]-*li?-ma?*

46. LU2.MAŠ.MAŠ *ina* GUB3 DINGIR.BI *ana* IGI d.*É-a* d.UTU *u*

46. d.*Asal-lú-hi* GUB?-*ma?*

139. [...] xxx [...]

140. [...] *šu luh? hi tu?* [...]

141. [x] xx [x] x GIŠ.ŠINIG U2.I[N.NU.UŠ]
142. [GIŠ.Š]A3.GIŠIMMAR x x [...] x ma ŠU-su I[LA2-ma]
143. [én] d.UTU di.ku5.mah an.ki.[bi.da.ke4]
46.   én d.UTU [di.ku5].mah ŠID
144. [é]n d.É-a d.UTU u d.Asal-lú-hi ŠID-[nu]
47.   én d.É-a d.UTU u d.Asal-lú-hi 3-šú ŠI[D
145. [x] an-nam ana IGI d.UTU ŠID-[nu]

----

146. [ana] d.Kù-sù d.Nin-gìrim d.Nin-kur-r[a]
147. [d].Nin-á-gal d.Kù-sig17-bàn-da d.Nin-íldu
148. [d].Nin-zadim NIG2.NA ŠIM.LI GAR-a[n]
149. [UDU.NITA2.SIS]KUR2 BAL-qí KAŠ SAG BAL-qí-ma
150. [KA].LUH.U3.DA KA.DUH.U3.DA D[U3-u]š
151. [NIG2.NA GI.I]ZI.LA2 tuš-ba-a'-[š]ú
152. [DUG.A.GUB2.BA túl-la]l-šú te-re-qam-[m]a

----

153. [...] x x šá [x]
154. [...] ma? kab [x]
154a.   [... x]

WALKER bemerkt an dieser Stelle: "If K 6324+ and K 8656 are continuous there is no
gap."[1966]

155. [... I3.]NUN.NA [xx]
156. [...] x BAL-tú GIN [x]
157. [...] GAR-an UDU.NITA2.SISKUR2 BA[L-qí]
158. [UZU.ZAG UZ]U.ME.HE2 UZU.KA.NE tu-ṭah-[ha]
159. [...] LAL3 BAL-qí MAŠ.MAŠ i-di DINGIR.BI GUB-[az]
160. [én u4].dingir dím.ma ŠID-nu-ma tuš-ken-[ma]
47.   é]n u4.dingir [dím.m]a ŠID-m[a
161. [KA].LUH.U3.DA KA.DUH.U3.DA DU3-[uš]
47.   KA].LUH.U3.DA DU3-[uš]
162. [EGIR-šú] én alam.kù me.gal šu du7.a ŠID-[nu]
48.   EGIR-šú én alam.kù me.gal šu.t[i.a] ŠID-ma
163. [tak]-pir-tu u li-ih-[šu]
48.   tak-pir-ti tu-kap-pa-ar

----

164. [ana ŠA3 GEŠTUii] šá DINGIR.BI ki-a-am DUG4.GA-b[i
165. [KI DINGIR.MEŠ ŠE]Š.MEŠ-ka ma-na-t[a]

1966 WALKER, DICK, Induction, 39.

166. [*ana* ŠA3 GEŠTUii 15-*š*]*ú tu-làh-h*[*aš*]

----

167. [*ul-tu* U4-*me an-ni-i*] NAM.MEŠ-*ka ana* DINGIR-*ti lim*-[*ma-nu*]-*ma*
168. [KI DINGIR.MEŠ ŠEŠ.MEŠ]-*ka ta-at-tam*-[*nu*]
169. [*ana* LUGAL *mu-di pi-k*]*a qú-ru*-[*ub*]
170. [*a-na* É-*ka* ...] *qú-ru-u*[*b*]
171. [*a-na* KUR *tab-nu*]-*ú nap-ši-ir* [...]
172. [*ana* ŠA3 GEŠTUii 150-*šú*] *tu-làh-haš*
49. *li-ih-šú tu-làh-haš*

----

173. [*te-re-qam-ma* DUMU.MEŠ *um-ma-ni m*]*a-la*
49. *te-re-qam-ma* DUMU.MEŠ *um-ma-nu ma-l*[*a*]
173. *ana* DINGIR.BI TE-*ú*
49. *ana* DINGIR.BI TE-*ú* 50. *u ú-nu-ut*-[*su-nu*
174. [... d.*Nin-kur-ra* d.]*Nin-á-gal* d.*Kù-sig17-bàn*-[*da*]
50. ...] d.*Nin-kur-ra* d.*Nin-á-gal* d.*Kù-sig17-bàn-da*
175. [d.*Nin-íldu* d.*Ni*]*n-zadim* GUB-*su-nu-ti-m*[*a*]
51. d.*Nin-íl*[*du* d.*Nin-zadim* GUB-*su-nu-ti*]-*ma* ŠU-[*su*]-*nu ina*
     TUG2.BAR.SI
52. KEŠDA-*as ina* GIR2 GIŠ.ŠINIG KUD-*a*[*s* ...
176. [...]
177. [...]
178. [...] x [...]

----

179. *ana-ku la e-pu*-[*šu* ...]
52. *ana-ku la* DU3-*š*[*u* ...]
180. d.*Nin-á-gal* d.*É-a* [...]
52. d.*Nin-á*-[*gal?*] d.IDIM *šá* LU2.[SIMUG] DU3-*šú* DUG4.GA
181. *ana-ku ul* DU3-*uš ana-ku la e*-[*pu-šu-ma* ...]
182. d.*Nin-íldu* d.*É-a* DINGIR *šá* LU2.NAGAR lu x [...]
183. *ana-ku ul* DU3-*uš ana-ku la e-pu-šu-ma qa*-x [...]
184. d.*Kù-sig17-bàn-da* d.*É-a* DINGIR *šá* LU2.KU3.[DIM2 ...]
185. d.*Nin-kur-ra* d.*É-a* DINGIR *šá* LU2.[TIBIRA ...]
186. d.*Nin-zadim* d.*É-a* DINGIR [*šá* LU2.BUR.GUL ...]

----

53. IGI DINGIR.BI BAD-*te*
187. MAŠ.MAŠ *ana* IGI DINGIR.BI [...]
53. MAŠ.MAŠ *ina* IGI DINGIR.[BI ...
188. én è.a.zu.dè MIN gal.a [...]
53. én] è.a.zu.dè [MIN] *ina šá-hi-ka* ŠID-*nu*
189. én alam ki.kù.ga.ta ù.[tu.ud.da ...]

54.   én alam ki.kù.ga.ta ù.[tu.ud.da
190. én alam an.né ù.[tu.ud.da ...]
54.   én] alam an.na ù.tu.ud.da
191. én d.Nin.íldu nagar.gal.a[n.na.ke4 ...]
55.   én d.Nin.íldu nagar.gal.an.na.[ke4
192. én túg.mah túg.níg.lám.ma ga[da.babbar.ra ...]
55.   é]n túg.[mah túg].níg.lám.ma gada.babbar.ra
193. én aga.mah aga.ní.gal.[a.ri.a ...]
56.   én aga.mah
194. én giš.gu.za.kù.ga d.Nin.íldu nagar.ga[l.an.na.ke4 ...]
56.   én giš.gu.za.kù.ga ŠID-*ma ana* IGI [DINGIR.BI]
----
195. én gin.na na.an.gub.bé.en ŠID-*ma t*[*a*?- ...]
56.   én gin.na na.an.gub.bé.en ŠID
196. én gin.na na.an.gub.bé.en *šá-na*-[*a* ...]
57.   2-*ú* ŠID-*ma*
197. GIŠ.HUR.MEŠ KU4-[*rab* ...]
57.   GIŠ.HUR.MEŠ KU4-*rab*
198. én gin.na na.an.gub.bé.en *šal-šá* ŠID-*ma*
57.   3-*šú* ŠID-*m*[*a*
199. ki.d.UTU DU [...]
57.   ki.d.UT]U DU x x
200. *ina* IGI KEŠDA *šá* DINGIR.BI DUH-*ár*
57.   *ina* IGI KEŠDA 58a. *šá* DINGIR.BI DUH
201. EGIR-*šú šá* DINGIR.MEŠ DUMU.MEŠ *um-ma-ni* DUH-*ár*
58c. EGIR-*šú šá* D[INGIR].MEŠ DUMU.MEŠ UM.ME.A DUH
202. EGIR-*šú šá* d.*Kù-sù u* d.*Nin-gìrim* DUH-*ár*
58b. EGIR-*šú šá* d.*Kù-sù u* d.*Nin-gìr*[*im* DU]H
203. EGIR-*šú šá* DINGIR.MEŠ GAL.MEŠ DUH-*ár*
59.   EGIR-*šú šá* DINGIR.MEŠ GAL.MEŠ DUH
----

204. [...] x x

Der Rest der assyrischen Version ist verloren.

Babylon
59.   ŠU DINGIR DAB-*ma*
      én gìr.ki.bal MIN [ki.kù.ga]
      én e.sír.ra gin.a.ni.ta
60.   EN É DINGIR ŠID-*nu*
      ina KA2 É DINGIR.BI *muh-hu-ru tu-šam-har*
      ŠU DINGIR D[AB-*ma*] KU4-*ma*

én lugal.mu šà.du10.ga.zu.šè

61. EN *pa-pa-hi* ŠID-*nu*
DINGIR *ina* KI.TUŠ-*šú* TUŠ-*ma*
én únu kin.sig.an.na.ke4
én me.te bára.mah
ina KI.TUŠ-*šú* ŠID-*nu*

62. *ina* ZAG *pa-pa-hi* ŠUTUG ŠUB-*di ana* d.*É-a u* d.*Asal-lú-hi* KEŠDA
KEŠDA-*as* KEŠDA *t*[*u-ša*]*l-lam-ma*

63. KA.LUH.U.DA DINGIR.BI DU3-*mà ana* DINGIR.BI KEŠDA
KEŠDA-*as* A GIŠ.*bu-gìn-ni* DINGIR.BI *túl-lal-ma*

64. én d.Asal-lú-hi dumu.eridu.ki.ga.ke4 7-*šú* ŠID-*ma*
šá DINGIR-*ú-ti tu-ṭah*-[*hi*]

65. *ina* GE6 GAR-*an*
ana KAR ABZU DU-*ma* TUŠ *tak-pir-tú eb-bi-tu* EN KAR ABZU DU-
ak-[*ma*]

----

66. ZU-*ú* ZU-*a li-kal-lim* NU ZU-*a* NU IGI NIG2.GIG d.*En-líl* GAL-*i*
d.AMAR.UTU.

67. *ki-i* KA *ṭup-pi* GABA.RI *ṣir-pi* SA4 *šá* I.d.PA-NIR.GAL2-
DINGIR.MEŠ

68. DUMU I.*Da-bi-bi* LU2.INIM.INIM.MA I.SUM.NA-d.AG DUMU
I.GA.HUL2-d.*Tu-tu*

69. LU2.MAŠ.MAŠ *a-na* TIN ZI.MEŠ-*šú* GID2.DA U4.MEŠ-*šú iš-ṭur-ma*

70. *i-na* É.SAG.ILA2 *ú-kin*

Synoptische Übersetzung der Ritualtafeln mit den wichtigsten Beschwörungen[1967]:

NINIVE-VERSION *BABYLON-VERSION*
Korrelierende Zeilen werden untereinander dargestellt; die babylonische
Version erscheint kursiv. Die Beschwörungen, die für die Interpretation des
Rituals von Bedeutung sind, werden ausgeführt. Sie unterscheiden sich vom
Druckbild des Ritualtextes dadurch, daß sie eingerückt werden. Alle Be-
schwörungen, sofern sie identifiziert oder gar überliefert sind, werden in den
Anmerkungen kommentiert, die übrigen nicht.

[1967] Die Umschriften der Beschwörungen finden sich in WALKER, *Mīs pî*, passim, oder
bleiben einer zukünftigen Bearbeitung von Walker vorbehalten.

(1) VORBEREITUNGEN IN DER STADT, AUF DEM LAND BZW. IM GARTEN
UND IM TEMPEL.

NINIVE (Z. 1-54)

1. Wenn du den Mund eines Gottes wäschst, 2. sollst du an einem günstigen Tag im Morgengrauen

1. Wenn du den Mund eines Gottes wäschst, an einem günstigen Tag

2. auf das Land, in den Garten am Flußufer gehen, und

3. du siehst den Sonnenaufgang und ziehst einen Ritualkreis.

4. In die Stadt kehrst du zurück und inspizierst die Zuweisung[1968]. In der ersten halben Doppelstunde des Tages (= 7 Uhr) kehrst du auf das Land zurück und

5. nimmst ein Bündel Rohr.

6. Rohrzelte machst du und stellst (sie) im Kreis auf und

7. stellst Rohrhütten für Ea, Šamaš und Asalluhi auf.

8. Die Beschwörung: "Reines Rohr, langes Rohr, reines Rohr des Röhrichts"[1969],

9. die Beschwörung: "Deinen reinen Ton hat Asalluhi im *apsû* gesehen"[1970]

10. [drei]mal vor den Rohrhütten rezitierst du.

11. [Rohrhütten für] Kusu, Ningirim (und) Bēlet-ilī stellst du auf [...]

12. Um den Tempel dieses Gottes herum x [...]

13. [Ta]mariske, Dattelpalmenherz (und) Zeder legst du hin.

14. [...] Tempel (Plural) xxxx [...]

15. [Die B]eschwörung: "Rohr, aus dem *apsû* gewachsen"[1971] vor dem Rohr x [... rezitierst du.]

16. [Die B]eschwörung: "Rohr, dessen Herz rein, prächtig ist"[1972] vor dem Rohr [... rezitierst du.]

17. [Die B]eschwörung: "Mehl der Fürstlichkeit, das gestreut ist"[1973] vor dem Mehlkreis x [... rezitierst du.]

[1968] Vgl. AHw 387a: *ishu* II, "Zuweisung". CAD I/J 190a, "appurtenances (?)". Es handelt sich um die verschiedenen Kultmittel, die im Ritual gebraucht werden.

[1969] Diese Kultmittelbeschwörung für Rohr ist in STT 198:9-20 = WALKER, *Mīs pî*, 32, erhalten. Die Titelzeile findet sich auch in K6818:9b ("Mundwaschung der Königsregalia"; vgl. BERLEJUNG, Macht, 3).

[1970] Diese Kultmittelbeschwörung für Ton, der für eine Rohrhütte bei der Mundöffnung gebraucht wird, ist in STT 198:1-8 = WALKER, *Mīs pî*, 32, erhalten. Die Titelzeile ist auch in K6818:9a (ergänzt) sowie in K8696:6 belegt ("Mundwaschung der Königsregalia"; vgl. BERLEJUNG, Macht, 3. 5).

[1971] Diese Beschwörung richtet sich an Rohr, das für Rohrzelte verwendet wird, die geordnet aufgestellt werden. Sie ist in STT 198, 34-48 = WALKER, *Mīs pî*, 33, erhalten.

[1972] Diese Kultmittelbeschwörung richtet sich an das Rohr, das für die Herstellung von Rohrbündeln verwendet wird. Sie ist in STT 198, 49-62 = WALKER, *Mīs pî*, 33f, erhalten.

18. [Zum] Fluß gehst du und wirfst Röstmehl in den Fluß. *Mih*[*hu*-Bier libierst du.]

19. Du erhebst de[ine Hand], und die Beschwörung: "Heiligtum des *apsû*, in dem Schicksal[1974] bestim[mt wird" ...][1975]

20. [Die Beschwörung: "K]ai des *apsû*, rei[ner] Kai"[1976] [...]

21. [Die Beschwörung: "K]ai aus Lapislazuli, Kai des En[ki ...]

22. rezitierst du [dreimal vor] dem Fluß und Wasser für die [sieben Weihwasserbecken]

23. [schöpf]st du. Du kehrst zurück und im "Haus des Kusu"[1977], in der Nacht, das Weih[wasserbecken]

24. [der Mundwasch]ung mit Tamariske, Seifen[kraut, Palmenh]erz,

25. sieben Palmschößlingen, *šalālu*-Rohr, [Sumpfrohr, süßes Rohr],

26. [...] Salz, Ze[der, Zypresse, Wacholder,]

27. [gehörnte Salzkräuter], *sikillu*-Pfla[nze, Ölbaum ...]

[1973] Diese Kultmittelbeschwörung für Mehl ist in MEIER, Keilschrifttexte, 365-367 (Sm 997 und Sm 814+), erhalten. Die Fangzeile dieser Beschwörung findet sich auch in K6818:8, K8696:6 sowie K9276+ etc. Rs. 24 ("Mundwaschung der Königsregalia"), vgl. BERLEJUNG, Macht, 3. 5. 10.

[1974] Zu *šīmtu* vgl. neuerdings LAWSON, Concept of Fate, 127-130, der die hier verwendeten Texte nicht berücksichtigt.

[1975] Diese Kultmittelbeschwörung für geschöpftes Wasser ist in STT 199 etc. Rs. 22'-42' = WALKER, Mīs pî, 64f, erhalten. Nach Rm 225 etc. 38-50 = WALKER, Mīs pî, 50, gibt es eine weitere Beschwörung, die ähnlich anlautet. Es handelt sich um "Heiligtum des *apsû*, Wald von Zederndruft, der Himmel und Erde erreicht". Die Titelzeile dieser Beschwörung findet sich auch in K6818:11, vgl. BERLEJUNG, Macht, 3.
Vor den Kultmittelbeschwörungen für das Wasser fehlen in der vorliegenden Ritualtafel die Kultmittelbeschwörungen für Weihrauch und Feuer. Titelzeilen dieser Beschwörungen sind überliefert in K3511+ ii 33' = WALKER, Mīs pî, 43, sowie in K6818:10ab und K8696:7 ("Mundwaschung der Königsregalia"), vgl. BERLEJUNG, Macht, 3. 5; zum vollständigen Wortlaut s. Rm 225 etc. 1-37 = WALKER, Mīs pî, 48-50. Laut der Unterschrift dieser Beschwörungen haben sie die Aufgabe, einen Gott zu reinigen.

[1976] Diese Kultmittelbeschwörung für Wasser ist in STT 199 etc. Rs. 43'-46' = WALKER, Mīs pî, 66, erhalten. Der Kolophon von STT 199 etc. läßt eine Datierung des Textes zu. Da es einen Priester des Zababa erwähnt, ist als *terminus post quem* dieser Tafel die Reform des Sanherib anzunehmen, die u.a. Zababa als Sohn des Aššur etablieren sollte; vgl. dazu KAV 39 Vs. 1'-5' = SAA XII, 87.

[1977] Vgl. auch K6818:7, vgl. BERLEJUNG, Macht, 3 und BM 45749:15 (s.u. Text Nr. 1 z.St.). Es handelt sich sicherlich um eine Rohrhütte für die Dinge (Weihwasserbecken, Räucherwerkzeug und Fackel), die Kusu für seine reinigenden Tätigkeiten benötigt; daher spielt sie bei der Zubereitung des Weihwasserbeckens wiederholt eine besondere Rolle. Da in K6324+ etc. 11 innerhalb des Ritualaufbaus, der sich im Garten befindet, für Kusu eine eigene Rohrhütte aufgestellt wird, könnte es sich ganz konkret um dieses Häuschen handeln. Evtl. ist das *bīt Kusu* mit dem *bīt rimki* identisch, das in demselben Kontext in STT 200 etc. 57-60 = WALKER, Mīs pî, 87, s.u. S. 451 erwähnt wird; dafür spricht, daß beide "Häuser" zum Ritualaufbau im Garten gehören. Nach STT 200 etc., ebd., konnte man das *bīt rimki* jederzeit schnell errichten, so daß es kaum ein festgemauertes Gebäude gewesen sein kann.

32. [...] xxx
33. [...] xxx
34. [Magneteisen]stein, [*zalāqu*-Stein ...] xx
35. Serpentin, Karneol, Lapislazuli, *pappar*[*dilû*-Stein, *papparminû*-Stein,]
36. Achat, Silber, Gold, Kupfer (und) Ei[sen f]üllst du, und
37. Öl, bestes Öl, *igulû*-Öl, Zedernöl, Sirup (und) Butt[er rüstest du] zu.
38. Weiße Wolle, rote Wolle (und) blaue Wolle [bindest du] an seinen
    Hals.
39. Die Öffnung einer kleinen [Op]ferschale bedeckst du; immer wenn du
    sie bedeckst,
40. rezitierst du die Beschwörung: "Der König des Himmels, an einem
    reinen Ort schöpfte er (Wasser)"[1978].
41. Räucherbecken, Fackel (und) Weihwasserbecken schwingst du [über
    ihn];
42. das Feld reinigst du, den Boden fegst du, reines Wasser sprengst du.
43. Ein Räucherbecken mit Wacholder stellst du auf, bestes Bier libierst du,
44. 3 Mehlhaufen wirfst du vor das Weihwasserbecken.
45. Die Beschwörung: "Gebirge des Waldes des Zedernduftes" rezitierst du
    dreimal[1979].
46. Die Beschwörung: "Weihwasserbecken von Kusu und Ningirim"
47. rezitierst du dreimal [vor dem Weih]wasserbecken.
48. [Die Beschwörung: "...]x Nisaba"[1980] rezitierst du dreimal,
49. [... v]or dem Weihwasserbecken rüstest du eine Zurüstung zu.
50. Du bringst ein männliches Schaf als Opfer dar, ein Räucherbecken mit
    Wacholder stellst du hin,
51. bestes [Bie]r libierst du, deine Hand erhebst du und
52. die Beschwörung: "Reines Wasser, Wasser, das im Tigris steht"[1981]
53. vor dem Weihwasserbecken rezitierst du dreimal und prosternierst dich.
54. Zum Haus der Zuweisung kehrst du zurück und stellst ein
    Tragaltärchen auf; den Fluß inspizierst du.

[1978] Erhalten in KAR 229 Vs. 3'-11' = WALKER, *Mīs pî*, 58. Nach der Unterschrift ist dies
eine Beschwörung, die vor dem Weihwasserbecken zu rezitieren und für "jedwedes Werk der
Götter" (*mimma šumšu šipir ilāni*) geeignet ist.
[1979] STT 199 etc. Rs. 47' = WALKER, *Mīs pî*, 66, erwähnt die Titelzeile dieser Beschwörung. Sie ist in Rm 225 etc. 51ff = WALKER, *Mīs pî*, 50-52, vollständig überliefert. Es handelt
sich um eine Kultmittelbeschwörung für das Weihwasser(becken). Die Titelzeile dieser Beschwörung findet sich auch in K6818:12 und K8696:8, vgl. BERLEJUNG, Macht, 4f.
[1980] Die Lücke ist leider nicht zu ergänzen. Sicher ist, daß eine Kultmittelbeschwörung für
Mehl vorliegt.
[1981] Die Beschwörung ist wahrscheinlich in Rm 225 etc. y+3 = WALKER, *Mīs pî*, 52, erwähnt. Es handelt sich um eine Kultmittelbeschwörung für Wasser aus dem Tigris. Die Titelzeile findet sich auch in K6818:13 und K8696:8 (ergänzt), vgl. BERLEJUNG, Macht, 4f.

Nach den diffizilen Vorbereitungen der ersten 54 Zeilen wird durch den Ortswechsel in die Werkstatt der zentrale Teil des Geschehens eingeleitet:

(2) WERKSTATT

55. In der Werkstatt (*bīt mārē ummâne*), dem Ort, an dem der Gott geschaffen wurde,

1. in der Werkstatt (bīt mummu) stellst du zwei Weihwasserbecken auf,

56. du fegst den Boden, sprengst reines Wasser; für Ea, Asalluhi und diesen Gott

57. stellst du drei Räucherbecken mit Wacholder hin, du libierst bestes Bier.

2. ein rotes Tuch vor dem Gott und ein weißes Tuch rechts von dem Gott (breitest du aus). Für Ea und Asalluhi rüstest du Zurüstungen zu,

58. An diesem Gott vollziehst du Mundwaschung (1) und Mundöffnung.

2. Mundwaschung (1) 3. vollziehst du an diesem Gott, und für diesen Gott

3. rüstest du eine Zurüstung zu. Du erhebst deine Hand, und die Beschwörung: "Im Himmel durch sich selbst geboren"[1982]*:*

1. [Im Himmel] durch sich selbst ge[boren] (sum.),

2. [Die Himmel wu]rden! aus sich selbst geschaffen (akk.),

3. auf der Erde aus sich selbst geboren (sum.),

4. die Erde wurde aus sich selbst geschaffen (akk.),

5. der Himmel ist Urgrund, die Erde ist Urgrund.

6. Ich bin der Reinigungspriester, dessen Mund gewaschen ist.

7. Meine Hände sind rein, meine Füße sind rein.

8. An reinem Ort möge er reinigen:

9. Möge er rein sein, rein sein, leuchtend sein.

10. Möge er rein sein, rein sein, leuchtend sein.

11. Die böse Zunge möge beiseite ste[hen]

12. Beschwörung des āšipu [...]

4. rezitierst du dreimal.

59. Du schwenkst das Räucherbecken und die Fackel über ihn (den neuen Gott; Anm. d. Verf.), du reinigst ihn mit dem Weihwasserbecken.

59a. [Die Beschwörung: "Im Himmel] aus sich selbst hervorgegangen" rezitierst du dreimal[1983].

[1982] Die nachfolgende Beschwörung ist in STT 199 etc. 1-12 = WALKER, *Mīs pî*, 62, erhalten. Das Incipit findet sich jetzt auch in BLACK, WISEMAN, CTN IV, 188 Rs. iv 4' (IM 67597).

[1983] Diese Beschwörung könnte mit der vorhergehenden identisch sein. Vgl. aber K6324+ etc. 133 und BM 45749:42.

60. Zu diesem Gott sprichst du folgendes:
61. "Von heute an gehst du vor Ea, deinen Vater;
4. *Die Beschwörung: "Von heute an gehst du vor Ea, deinen Vater"*
62. dein Herz möge wohlauf sein, dein Gemüt sich freuen,
63. Ea, dein Vater, wegen dir möge er voll Freude sein."[1984]
64. dreimal sollst du es sagen und dich dann prosternieren, und
4. *rezitierst du dreimal vor diesem Gott, und*

(3) PROZESSION VON DER WERKSTATT ZUM FLUß
65. die Hand des Gottes sollst du packen und ihn ein männliches Schaf
    empfangen lassen.
5. *die [Ha]nd des Gottes sollst du packen und ihn ein männliches Schaf
    empfangen lassen.*
66. Die Beschwörung: "Bei deinem Auszug, bei de[inem Auszug], in
    Größe"
5. *Die Beschwörung: "Bei deinem Auszug, 'ebenso' aus dem Wald"*
66. sollst du von der Werk[statt]
5. *sollst du von der Werkstatt*
67. bis zum Fluß mit einer Fackel vor dem Gott rezitieren.
6. *bis zum Flußufer mit einer Fackel vor diesem Gott rezitieren.*

Da diese Beschwörung viele Informationen über das Material der
Herstellung bietet, sei sie hier teilweise zitiert[1985]:

13. Bei deinem Auszug, "dito" [in] Größe, bei deinem [Auszug] aus
    dem Wal[d],
14. Holz des reinen Waldes, bei deinem Auszug aus dem reinen Wald,
15. Holz des reinen Gebirges, bei deinem Auszug aus dem reinen
    Gebirge,
16. Holz des reinen Gartens, bei deinem Auszug aus dem reinen Garten,
17. Holz der reinen Ebene, bei deinem Auszug aus der reinen Ebene,
18. Holz des reinen Flußufers, bei deinem Auszug aus dem reinen
    Flußufer,
19. Holz des reinen Meeres, bei deinem Auszug aus dem reinen Meer,
20. Holz der reinen Flut, bei deinem Auszug aus der reinen Flut,
21. Holz des reinen Röhrichts, bei deinem Auszug aus dem reinen
    Röhricht,

[1984] Eine ähnliche Formulierung (ohne die "Vaterschaft des Ea") ist auch als ein Element
der Segenswünsche für den König belegt, vgl. WATANABE, Segenswünsche, 372:11f.
[1985] Es folgt STT 199 etc. 13-40+x = WALKER, *Mīs pî*, 62f.

22. Holz des reinen Waldes von wilden Zypressen[1986], bei deinem Auszug aus dem reinen Wald wilder Zypressen.

In diesem Formular geht es mit den folgenden Hölzern (Z. 23-29) weiter: Zeder, Zypresse, Feigenbaum, Buchsbaum (*taskarinnu*), Sissoo-Baum (*musukkannu*), Ebenholz, *mēsu*-Baum.

30. Glänzendes Holz, (wie) die Quelle des Flusses aus dem reinen Himmel geboren, an einem reinen, weiten Ort.
31. Deine Äste [kom]men aus der Unterwelt zum Himmel heran, deine [Wur]zel tränkt Enki mit reinem Wasser.
32. Das Gebet der Statue wird erhört.
33. Deine Glieder, Ninildu stattet deine Glieder bei deinem Herankommen aus.
34. Die Axt, mit der er dich berührt, ist eine große Axt, der Meißel, mit dem er dich berührt, ist ein erhabener Meißel,
35. die Säge, mit der er dich berührt, ist eine reine Säge,
36. und die Handwerker sind für deine Holzglieder geeignet.
37. Ninzadim, wenn du dich näherst, formt er deine [Gestalt].
38. Ninkurra, wenn du dich näherst, dein Auge macht er bunt. x
39. Kusigbanda, wenn du dich näherst, die Statue führt er aus. x
40. Diese Statue [...]

68. Die Handwerker, soviel als sich diesem Gott [genähert hatten,]
69. [und] ihre Werkzeuge: Mit diesem Gott auf das Lan[d gehen sie xx]

(4) AM FLUß
70. [Im G]arten am Flußufer setzest du (sie) hin.
71. [Diesen Gott] läßt du auf einer Rohrmatte Platz nehmen und stellst Rohrhütten auf.
6. *Er nimmt auf einer Rohrmatte Platz, und 7. seine Augen richtest du nach Westen, eine Rohrhütte stellst du auf,*
72. [Für] Ea und Asalluhi setzest du ein Tragaltärchen hin,
7. *für Ea, Asalluhi und diesen Gott rüstest du Zurüstungen.*
73. [Datt]eln und Feinmehl schüttest du hin,
74. [eine Getreides]peise[1987] mit Sirup und Butter [stellst du hin].
75. Du stellst ein [Räucherbecken mit Wacho]lder hin, du opferst ein männliches Schaf.
76. [...] du libierst *mazû*-Bier und prosternierst [dich],

[1986] HA.ŠUR "eine Zypressenart", vgl. AHw 335.
[1987] Für *mirsu* "Getreidespeise" (nicht: "Rührkuchen") vgl. MAUL, Zukunftsbewältigung, 51f.

77. [xx ein Räucherbecken mit Wa]cholder stellst du auf, libierst bestes Bier.

8. *Du libierst bestes Bier und mazû-Bier, den Schenkel eines männlichen Schafes öffnest du, und*

78. [xxx] eine Axt, einen Meißel, eine Sä[ge],

8. *eine Axt, einen Meißel, eine Säge,*

79. [eine kleine Schildkröte, eine Schildkröte] aus Silber und Gold in den Schenkel des Schafe[s]

9. *eine kleine Schildkröte, eine Schildkröte aus Silber und Gold setzest du hinein.*

80. [setzest du hinein, du bindest es ein, und in den Fluß] wirfst du (es).

9. *Du bindest es ein und wirfst (es) in den Fluß.*

81. […] x […]

10. *Vor Ea, "König, Herr der Wassertiefe", sagst du dreimal, und*

82. […] x

83. […]

84. […]

85. […]

86. […] x x […]

10. *deine Hand erhebst du und rezitierst dreimal die Beschwörung: "Enki, König des apsû"[1988], und*

87. […] x xxxxx

11. *Bier, Milch, Wein (und) Sirup libierst du, Mundwaschung (2) machst du, und*

88. [… Beschwörung: "Der da kommt,] sein Mund ist gewaschen",

11. *die Beschwörung: "Der da kommt, sein Mund ist gewaschen"*

89. [… "zu] seinen [Brü]dern möge er gezählt werden!

90. [… Axt, Meißel,] Säge der Handwerker

91. [… soviele wie sich ihm genä]hert hatten, nimm von seinem Leib weg[1989]!

92. […] dieser Gott, oh Ea, sein Mund ist gewaschen.

93. [… zu] seinen Brüdern zähle ihn!"

94. [Dreimal sollst du (dies) sa]gen und vor Ea die Zurüstung auflösen, und

12. *sollst du dreimal sagen und die Zurüstungen auflösen.*

[1988] Diese Beschwörung könnte in STT 199 etc. Rs. 1'-21' = WALKER, *Mīs pî*, 64, erhalten sein.

[1989] Möglich ist auch die Übersetzung: "In seinem Leib (i.e. des Schafes; Anm. d. Verf.) nimm weg!", so z.B. WALKER, DICK, Induction, 34. Zu den Übersetzungsmöglichkeiten von *ina* vgl. GAG § 114c.

(5) PROZESSION VOM FLUßUFER IN DEN GARTEN

95. die Hand [des Gottes sollst du ergreifen, und]

12. Die Hand des Gottes sollst du ergreifen und

(6) IM GARTEN IM KREIS DER ROHRHÜTTEN UND ROHRZELTE

95. im Garten,

12. im Garten,

95. inmitten der Rohrhütten und Rohrzelte

12. in   das Rohrzelt

96. diesen Gott läßt du auf der Rohrmatte in einer Leinendecke[1990] Platz nehmen.

12. auf die Rohrmatte 13. in einer Leinendecke setzest du ihn hin.

97. Seine Augen richtest du nach Osten aus, und um dieses Götterbild herum

13. Seine Augen richtest du nach Osten aus,

98. sollst du in die Mitte der Rohrhütten und Rohrzelte die Geräte des Gottes (*unūt ili*), soviel als vorhanden sind,

99. und das Werkzeug der Handwerker (*unūt mārē ummânē*) werfen und dich entfernen.

13. zum Fluß gehst du und wirf[st] Röstmehl in den Fluß.

14. Bieropfer gießt du aus, deine Hand erhebst du, und
die Beschwörung: "Heiligtum des apsû, in dem Schicksal bestimmt wird"[1991],
die Beschwörung: "Kai des apsû, rein[er] Kai"[1992]

15. rezitierst du dreimal vor dem Fluß, und Wasser für sieben Weihwasserbecken schöpfst du, in das "Hau[s de]s Kusu" stellst du es.

[1990] Eine Beschwörung für eine *tapsû*-Decke enthält BORGER, Weihe, 171 iv 41ff. Ebd. handelt es sich um eine Kopfbedeckung.

[1991] STT 199 etc. Rs. 22'-42' = WALKER, Mīs pî, 64f. Diese Kultmittelbeschwörung wird ganz allgemein für geschöpftes Flußwasser (vgl. Z. 42') verwendet. In der Ninive-Version war sie (wie auch die folgende Beschwörung) schon zu Beginn des Rituals rezitiert worden, vgl. K6324+ etc. 19(f). Die Übersetzung von JACOBSEN, Graven Image, 25 (zuletzt übernommen von DIETRICH, LORETZ, Jahwe, 29, und DIETRICH, M., Werkstoff, 118): "Father 'Waters below'! To determine destinies ..." basierte auf TuL 26:14 (ad.abzu statt eš.abzu). Sie ist aufgrund der in WALKER, Mīs pî, 64f, erhaltenen Beschwörung zu revidieren. Die Titelzeile kann daher nicht als Argument dafür herangezogen werden, daß das Weihwasser das Sperma Eas symbolisieren soll. Der weitere Verlauf des Textes spielt im übrigen an keiner Stelle auf derartige Analogien an, gegen TuL, ebd.
Hinter dem eš.abzu ("Heiligtum des *apsû*") verbirgt sich sowohl ein konkreter Tempel als auch ein kosmisches Gebiet im Umfeld Eas, vgl. dazu GEORGE, House, 83 Nr. 264 (ohne den Beleg aus BM 45749).

[1992] Zu dieser Beschwörung vgl. K6324+ etc. 20.

16. In das [Weih]wasserbecken der Mundwaschung Tamariske,
Seife[nkraut], Palmenherz, sieben Palmenschößlinge, šalālu-Rohr[1993]*,*
Sumpfrohr,

17. süßes Rohr, [... -rohr] xx[xxx]x, schwarzen Schwefel, x [xx], Salz,
Zeder, Zypresse, Wacholder,

18. x [... gehörnte Salz]kräuter, sikillu-Pflanze, Ölbaum, Magneteisenstein,
zalāqu-Stein[1994]*,*

19. [... Serp]entin, Karneol, Lapislazuli, pappardilû, papparminû, Achat,

20 [Gold, Silber], Zinn, Eisen, Öl, bestes Öl, igulû-Öl, Zedernöl, Sirup
(und) Butter wirfst du hinein[1995]*.*

21. [...] der Zurüstungen ihre Aromata wirfst du und stellst (es/sie) hin.
Den Trog aus Tamariskenholz 22. [füllst] du mit 21. Wasser des
Weihwasserbeckens.

22. [In] den Trog wirfst du Karneol, Lapislazuli, Silber, Gold, Wacholder
(und) gepreßtes Öl, und

23. [den Trog] für die Weihwasserbecken setzest du auf den Backstein der
Bēlet-ilī.

24. [...] die Weihwasserbecken rüstest du zu und machst Mundwaschung
(3). Die Zurüstung löst du auf, und

25. [neun Zurüstungen]

100. Für Anu, Enlil, Ea, Sîn, Šamaš,

25. für Anu, Enlil, Ea, Sîn, Šamaš,

101. Adad, Marduk, Gula (und) den Venusstern sollst du

25. Adad, Marduk, Gula (und) Ištar der Sterne

102. neun Räucherbecken vor dem Abendstern hinstellen, eine Zurüstung
rüsten,

26. rüstest du [nach No]rden zu,
die Beschwörung: "Tamariske, reines Holz"[1996]*:*

[1993] Beschwörungen für Tamariske, Seifenkraut, Rohr, gehörnte Salzkräuter sind in diesem Kontext auch in K3511+ i 1-49 = WALKER, Mīs pî, 40f (s.u.), erhalten. Aus der Unterschrift des Textes wird ersichtlich, daß diese Beschwörungen speziell für die Mund*waschung* eines Gottes gedacht waren. Beschwörungen für die hier erwähnten Ingredienzien finden sich auch in Šurpu IX, 1-57.

[1994] Zu zalāqu vgl. S. 128.

[1995] Das Weihwasserbecken wurde in der Ninive-Version schon vor Beginn des eigentlichen Rituals vorbereitet. K3511+ ii = WALKER, Mīs pî, 42f, bietet die Kultmittelbeschwörungen für Sirup, Butter und Öl. Laut Unterschrift handelt es sich um Beschwörungen für die Mund*waschung* eines Gottes.

[1996] Es folgt K3511+ i 1-14 = WALKER, Mīs pî, 40. Es handelt sich um eine Beschwörung für Tamariskenholz, das bei der Mund*waschung* eines Gottes verwendet wird, d.h. um eine spezielle Kultmittelbeschwörung. Nach Ausweis der Z. 5-10 geht es in dieser Beschwörung nicht darum, das Material zu verwandeln, aus dem das Kultbild besteht. Im Mittelpunkt des Textes stehen vielmehr die Äste dieses Baumes und deren reinigende Wirkung.

Da die Tamariske für die Herstellung und die Reinigung des Kultbildes von erheblicher Bedeutung ist, sei diese Beschwörung hier ausführlich genannt:

1. Beschwörung: "Tamariske reines Holz, aus einem reinem Ort gewachsen",

2. aus einem reinen Ort hervorgegangen,

3. die Wasser trinkt aus dem Kanal der Fülle.

4. Aus deren Inneren die Götter gemacht werden (šà.bi.ta dingir.re.e.ne mu.un.dím.e.ne)

5. mit deren Zweigen Götter gereinigt werden.

6. Igisigsig, Obergärtner Anus

7. schnitt ihre Zweige ab und nahm sie.

8. Asalluhi, Sohn Eridus, rezitierte die Beschwörung,

9. [den M]und des Gottes reinigte er und machte ihn kultisch rein.

10. Möge der [Go]tt rein sein wie der Himmel,

11. wie die [E]rde möge er rein sein,

12. wie das Innere des Himmels möge er rein sein.

13. [Die böse Zun]ge möge zur Seite stehen.

14. [Beschwörung der Tamarisk]e bei der Mundwaschung eines Gottes.

26. *rezitierst du, und*

103. ein männliches Schaf opfern, bestes Bier libieren und

104. Mundwaschung (2) und Mundöffnung machen, die Zurüstung auflösen und

26. *Mundwaschung (4) machst du.*

105. für Bēlet-ilī, Kusu, Ningirim, Ninkurra

27. *[Neun] Zurüstungen für Bēlet-ilī, Kusu, Ningirim, Ninkurra,*

106. Ninagal, Kusigbanda, Ninildu, Ninzadim und diesen Gott[1997]

27. *Ninagal, 28. Kusigbanda, Ninildu, Ninzadim und diesen Gott*

107. Neun Räucherbecken vor den Göttern der Nacht hinsetzen,

28. *rüstest du nach Süden zu.*

107. ihre Namen nennst du.

108. Ein männliches Schaf opferst du, Mundwaschung (3) und Mundöffnung machst du.

28. *"Dito" (= (5.) Mundwaschung der Z. 26).*

29. *Zwei Zurüstungen für Jupiter und Venus rüstest du zu. "Dito" (= (6.) Mundwaschung).*

[1997] Dieselbe Reihenfolge findet sich in BORGER, Ash., 89 Rs. 24. Mit DINGIR.BI ist immer der jeweils neu hergestellte Gott und nicht etwa ein weiterer Gott gemeint, gegen DIETRICH, LORETZ, Jahwe, 31. Zu den folgenden Sternnamen vgl. REINER, Magic, 141f, und PINGREE, WALKER, Star-Catalogue, 313-322.

30. *Zwei Zurüstungen für Sîn und Saturn rüstest du zu. "Dito" (= (7.) Mundwaschung).*

31. *Drei Zurüstungen für Merk[ur], Sirius (und) Mars rüstest du zu. "Dito" (= (8.) Mundwaschung).*

32. *Sechs Zurüstungen für die Waage, den Stern von Šamaš, das Jochgestirn, den ŠU.PA-Stern[1998],*

33. *den großen Wagen, die Dattelrispe der Virgo, Lyra rüstest du zu. "Dito" (= (9.) Mundwaschung).*

34. *Vier Zurüstungen für Pegasus, den Schwalbenstern, den Anunītu-Stern (und) das Ährengestirn rüstest du zu[1999]. "Dito" (= (10.) Mundwaschung).*

35. *Vier Zurüstungen für (das Sternbild) Fisch, den Wassermann, Eridu[2000] (und) den Skorpion rüstest du zu. "Dito" (= (11.) Mundwaschung)[2001].*

36. *Drei Zurüstungen für die (Sterne) Anus, die des [Enlil und die des Ea rüstest du zu. "Dito" (= (12.) Mundwaschung)].*

DER 2. TAG

109. Beim Morgengrauen in die Rohrhütten für Ea, Šamaš und Asalluhi

37. *Bei Morgengrauen in die Rohrhütte für Ea, Šamaš und [Asalluhi*

110. stellt du drei Thronsessel, rote Kleider[2002] breitest du aus,

37. *stellst du drei Thronsessel], 38. rote Kleider breitest du aus,*

110. ein Leinentuch ziehst du (als Teppich) davor.

38. *ein Leinentuch ziehst du (als Teppich) davor.*

111. Drei Opfertische rüstest du zu, Datteln und Feinmehl schüttest du aus.

38. *Drei Opfertische [rüstest du zu, Datteln und Feinmehl schüttest du aus.]*

112. Eine Getreidespeise mit Sirup (und) Butter [stellst du hin.]

39. *Eine Getreidespeise mit Sirup (und) Butter stellst du hin.*

113. Eine Opferschale füllst du mit gutem Mischbier [...]

39. *Eine Opferschale stellst du auf,*

114. Süßes Rohr und was darin ist schneidest du; und wo auch immer du die Opfertische aufstellst,

---

[1998] Dazu GÖSSMANN, Planetarium, Nr. 385; zur Identifikation als Arktur (= αBootis) s. DONBAZ, KOCH, Astrolab, Anm. 13; die Lesung ist weiterhin unbekannt.

[1999] Nach GÖSSMANN, Planetarium, Nr. 4.27.389, handelt es sich bei den letzten drei Sternen um den südwestlichen Teil der Fische, den nordwestlichen Teil der Fische und den östlichen Teil der Jungfrau.

[2000] Dazu GÖSSMANN, Planetarium, Nr. 306 (ein Stern Eas).

[2001] Schon SMITH, S., Consecration, 41, hat auf die besondere Wertschätzung der Sterne in der babylonischen Version hingewiesen.

[2002] Cf. Sm 290 etc. 30, vgl. S. 448.

115. füllst du sechs *kukkubu*-Gefäße[2003] mit bestem Bier und reihst (sie) nebeneinander auf.

39. sechs [kukkubu-Gefäße mit bestem Bier] 40. reihst du auf.

116. Ein Räucherbecken mit Wacholder stellst du auf;
drei Besprenggefäße mit Blut reihst du auf,

117. ausgewählte Pflanzen wirfst du hinein.

40. Ausgewählte Pflanzen wirfst du hinein.

117. Drei weiße, fette Schafsopfer stellst du auf.

118. Die Fruc[ht des G]artens preist du, du bewirtest (festlich).

40. Die Fruch[t] des Gartens breitest du aus, du bewirtest (festlich) x[xxx] du streckst aus.

118. Gesiebte Gerste

41. Gesiebte Gerste schüttest du hin,

119. schüttest du hinter die ausgewählten Pflanzen.

120. Wei[ße W]olle, rote Wolle, gekämmte Wolle, rote *tabarru*-Wolle,

121. [blaue W]olle, verschiedene Wollsorten (und) Filz stellst du hin [...] du entfernst dich und

122. [...] x Ninagal

123. [...] Ninzadim

124. [... die Hand]werker

125. [...] x wirfst du hin

126. [...] x

127. [... eine F]ackel

128. [...] x du reinigst

129. [...] Aufleuchten?

130. [...] x du häufst auf.

131.   Wacholder schüttest du auf

41. ein Räucherbecken mit Wacholder schüttest du auf,

132. [... Z]eder erhebst du in deiner Hand, und

41. Z[ede]r erhebst du [in] deiner Hand, und

133 [die Beschwörung: "Im Himmel durch sich] selbst geboren" rezitierst du,

42. die Beschwörung: "Im Himmel durch sich selbst geboren"[2004] rezitierst du dreimal,

134. [die Beschwörung: "Šamaš], großer Herr von Himmel und Erde"[2005],

---

[2003] Zu den Libationsgefäßen *adagurru, kukkubu* und *pīhu* vgl. MAUL, Zukunftsbewältigung, 53.

[2004] Diese Beschwörung wurde schon einmal rezitiert, vgl. K6324+ etc. 59a sowie BM 45749:3.

[2005] Keine der Beschwörungen an den Sonnengott, die bei MAYER, W.R., UFBG, 410-423, aufgeführt sind, stimmt mit dieser Titelzeile überein.

42. *die Beschwörung: "Šamaš, [gro]ßer Herr von Himmel und Erde",*
135. [die Beschwörung: "Wasser des Lebens, Fluß], der steigt" rezitierst du, und
43. *die Beschwörung: "Wasser des Lebens, Fluß, der steigt" [rezitierst du, und]*
136.   [...] gibst du.
43. *[...] xxx [x gibst] du.*
137. [Die Beschwörung: "Die Quelle, ihre Ordnung ist einzig, ist heilig" dreimal] rezitierst du, [und]
44. *Die Beschwörung: "Die Quelle, ihre Ordnung ist einzig, ist heilig"[2006] rezitierst du, und*
138. [...] libierst [du,]
44. *[...] libierst du,*
138a.   [...] xxx
44. *ein Räucherbecken schüttest du auf.*
45. *Röstmehl wirfst du auf die Stirn des Schafes und [bringst] ein Schafsopfer dar. [Zurüstung]en [xxx], und*
46. *der mašmaššu steht links neben diesem Gott, vor Ea, Šamaš und [Asalluhi], und*
139. [...] xxx [...]
140. [...] xxxx [...]
141. [x] xx [x] x Tamariske, Seif[enkraut]
142. [Pa]lmenherz x x [...] x x er [erhe]bt seine Hand, [und]
143. [die Beschwörung]: "Šamaš, erhabener Richter [von] Himmel und Erde"[2007]
46. *die Beschwörung: "Šamaš, erhabener [Richer]" rezitierst du.*
144. [die Beschwörung:] "Ea, Šamaš [und Asalluhi]" rezitierst du.
47. *Die Beschwörung: "Ea, Šamaš und Asalluhi[2008]" rezitie[rst du] dreimal.*

[2006] Auch hier gibt der Text keinen Anlaß, an die Zeugung durch Ea oder an die Ejakulation seines Samens zu denken, gegen JACOBSEN, Graven Image, 26, gefolgt von DIETRICH, M., Werkstoff, 120. Die Beschwörung bezieht sich auf das Wasser, das aus dem Fluß geschöpft wird, um wiederholt im Ritual verwendet zu werden. Da es aus dem Wohnsitz Eas stammt, stellt es eine Verbindung zu ihm her.

[2007] Keine der Beschwörungen an den Sonnengott, die in MAYER, W.R., UFBG, 410-423, erwähnt sind, stimmen mit dieser Titelzeile überein. Evtl. ist das Ende dieser Beschwörung in Sm 290 "Rs." 1'-5' = WALKER, Mīs pî, 79, überliefert. Es würde sich dann um ein *ki'utukku*-Gebet an den Sonnengott handeln. Nach der neuen Klassifizierung der Beschwörungstafeln durch WALKER (Computerausdruck vom 10.2.1995) gehört diese Beschwörung zur dritten Beschwörungstafel. Bis zur Fertigstellung seiner angekündigten Neupublikation dieser Texte wird für Sm 290 die Zeilenzählung seiner o.g. Arbeit beibehalten.

[2008] Der Wortlaut dieser Beschwörung ist z.T. in Sm 290 "Rs." 6'-10' = WALKER, Mīs pî, 79, und vollständig in Hama 6 A 343 ii = LAESSØE, Prayer, 60-67, überliefert (zu weiteren Parallelen (IM 124645 Sippar 177/2340 iif (Z. 6-11.16-18.26-41); Sm 1414 (Z. 6-18); K2969+ ii (Z. 34-41); K5754+ ii (Z. 34-41)) vgl. demnächst C. Walker); nach der neuen

Diese Beschwörung lautet ausführlich:

6. Ea, Šamaš und Asalluhi, die großen Götter,
7. Richter des Himmels und der Unterwelt, die die Schicksale bestimmen,
8. die die Entscheidungen entscheiden, die die Kultstädte groß machen,
9. die die Kultssitze fest gründen und die Anteile festsetzen,
10. die die Geschicke vorzeichnen, die Anteile zuteilen und sich um die Heiligtümer kümmern,
11. die den Reinigungskult reinigen (lassen) und das Reinigungsritual kennen.
(12. Die Schicksale zu bestimmen, die Geschicke vorzuzeichnen, liegt in euren Händen.
13. Das Schicksal des Lebens bestimmt nur ihr.
14. Die Geschicke des Lebens zeichnet nur ihr vor.
15. Die Entscheidung des Lebens entscheidet nur ihr.)
16. Alle Kultsitze der Götter und Göttinnen überwacht ihr.
17. Ihr seid die großen Götter, die gerecht leiten
18. die Entscheidungen des Himmels und der Unterwelt, der Grundwassertiefe und der Meere.
(19. Euer Wort ist Leben, der Ausspruch eures Mundes ist Heil;
20. das Werk eures Mundes ist Leben, und
21. nur ihr betretet das Innere des fernen Himmels.
22. (Ihr seid die,) die das Böse verändern und das Gute einsetzen,
23. die die Kräfte der bösen Vorzeichen lösen (und)
24. die schrecklichen Träume, die nicht gut sind,
25. die die Schnur des Bösen zerschneiden.)[2009]

Klassifizierung der Beschwörungstafeln durch WALKER (Computerausdruck vom 10.2.1995) gehört diese Beschwörung zur dritten Beschwörungstafel (Section B). Bis zur Fertigstellung seiner angekündigten Neupublikation dieser Texte wird die Zeilenzählung von Sm 290 entsprechend seiner Arbeit von 1966 beibehalten. Da Hama 6 A 343 ii zu Sm 290 "Rs." 6'-10' parallel verläuft, wird im folgenden ab Z. 6 durchgezählt (abweichend von LAESSOE, Prayer, 60-67; seiner Z. 1 entspricht in der vorliegenden Übersetzung Z. 6). Der *Textus compositus* dieser Tafeln wird im Rahmen der vorliegenden Studie als Sm 290 etc. zitiert. Hama 6 A 343, Sm 290 "Rs." und Sm 1414 wurden zuletzt von MAUL, Zukunftsbewältigung, 300-303 bearbeitet (Zeilenzählung wie LAESSOE), IM 124645 wurde kürzlich publiziert von AL-RAWI, GEORGE, Sippar Library V, 225-228.
Nach MAYER, W.R., UFBG, 382f, kann die Beschwörung auch bei *bīt rimki* und *namburbi* eingesetzt werden; vgl. auch SpTU II, Nr. 12 Rs. iii 27 (*bīt rimki*).
[2009] Die Z. 12-15 und 19-25 sind nur im Schlangen-*namburbi* Hama 6 A 343 überliefert; Z. 12-15 werden dagegen übereinstimmend in IM 124645 ii und Sm 1414, die Z. 19-25 in IM 124645 ii ausgelassen. Wahrscheinlich gehören diese Verse nur zu der Version dieser Beschwörung, die sich an einen Menschen richtet, der sich mit Unheil infiziert hat; sie wurden innerhalb des Mundwaschungsrituals übersprungen. Vgl. zusätzlich das Universal-*namburbi*

----

26. Ich bin der Hohepriester
27. der reinen Kultordnungen seiner Stadt.
28. Ich goß Wasser aus; ich reinigte euch die Erde, und[2010]
29. die reinen Throne stellte ich auf, damit ihr (darauf) Platz nehmt;
30. die reinen roten Kleider schenkte ich euch, die reine Zurüstung rüstete ich euch zu,
31. ein reines Opfer opferte ich euch, die Opferschale mit Dünnbier stellte ich euch auf,
32. Wein und Bier libierte ich euch.
33f. Weil es eure Sache ist, die Kultordnungen der [großen Gö]tter[2011] zu vollenden, die Pläne der Reinigungsriten instandzusetzen ([GIŠ.H]UR *šu-luh-ha šu-te-š[u-ru]*),
35. tretet an diesem Tag heran, und dieser Statue[2012], die vor euch steht (*i-na u4-[m]e an-ni-i* GUB.[MEŠ]-*nim-ma a-na ṣa-al-[mi an]-ni-i [šá] i-na ma[h-r]i-ku-nu* GU[B ...]),
36. bestimmt ihr das Schicksal großartig! Ihr Mund möge zur Nahrung (*šim-tú ra-biš [ši-m]a-a-[šú pi]-i-šú a-n[a] ma-ka-l̮[e-e ...]*),
37. ihre Ohren mögen zum Gehör gesetzt werden (GEŠTUii-*šú a-na na-áš-m[é liš]-šá-kin*).
38. Dieser Gott möge so rein sein wie der Himmel,
39. wie die Erde möge er sauber sein,
40. wie das Innere des Himmels möge er leuchten;
41. die böse Zunge möge beiseite stehen[2013]!

---

1 in MAUL, Zukunftsbewältigung, 465-483 das teilweise (Z. 1-16 = hier Z. 6-25) parallel verläuft.

[2010] 26. *a-na-ku* LU2.SANGA.MAH 27. *šá par-ṣi el-lu-ti šá* URU-*šú* 28. *ad-di* A.MEŠ *qaq-qa-ri ul-lil-ku-nu-ši.* Evtl. ist *ad-di* auch zur vorhergehenden Zeile zu ziehen, so daß folgendermaßen zu übersetzen wäre: "Ich bin der Hohepriester, der die reinen Kultordnungen seiner Stadt vollzog. (Mit) Wasser reinigte ich den Boden für euch."

[2011] Zu einer anderen Ergänzungsmöglichkeit vgl. MAUL, Zukunftsbewältigung, 302 Z. 24.

[2012] Hama 6 A 343 liest hier *a-na ṣa-al-[...]*. Gegen MAUL, Zukunftsbewältigung, 302 Z. 26 (*ṣa-al-[li?* ...]) ist die Ergänzung *ṣa-al-mi* durch K2969+ ii: *ana* ALAM *an-ni-i* gesichert.

[2013] An dieser Stelle fährt die Beschwörungstafel K2969+ ii, die seit Z. 34 mit Sm 290 etc. parallel verlaufen ist, mit Ritualanweisungen fort, die denen auf der Ritualtafel K6324+ etc. grundsätzlich entsprechen. Der Einfachheit halber seien die Zeilen im Anschluß an Sm 290 etc. weitergezählt und im Rahmen dieser Arbeit als K2969+ ii etc. zitiert (zu Z. 45-48 vgl. auch Rm 421 ii):
42. Wenn du dies vor Šamaš rezitiert hast,
43. für Kusu, Ningirim, Ninkurra, Ninagal,
44. Kusigbanda, Ninildu (und) Ninzadim
45. ein *maqqītu*-Opfergefäß stellst du hin; über diesem Gott schwenkst du ein Räucherbecken und eine Fackel;
46. mit einem Weihwassergefäß reinigst du ihn, eine Mundöffnung machst du.

145. [Wenn du] dieses vor Šamaš rezitiert hast,

146. [für] Kusu, Ningirim, Ninkurr[a],

147. Ninagal, Kusigbanda, Ninildu (und)

148. Ninzadim stellst du ein Räucherbecken mit Wacholder auf.

149. [Ein männliches Sch]af opferst du, bestes Bier libierst du, und

150. [Mun]dwaschung (4.) und Mundöffnung mac[hst] du.

151. [Ein Räucherbecken und eine Fa]ckel schwenkst du [über ihn],

152. [mit dem Weihwasserbecken reinigst du] ihn und entfernst dich [un]d

153. [...] xxx [x]

154. [...] xxx

154a. [... x]

155. [... Butt]er [x x] ·

156. [...] x ein *maqqītu*-Opfergefäß stellst du auf, [x]

157. [...] stellst du hin, ein männliches Schaf opfer[st du],

158. [Schulterfleisch, F]ettgewebe (und) Bratfleisch bringst du n[ah],

159. [xxx] Sirup libierst du. Der *mašmaššu* steh[t][2014] neben diesem Gott.

160. [Die Beschwörung: "Als d]er Gott geschaffen war" rezitierst du, und

47. *[Die Beschwörung]: "Als der Gott [geschaffen war"] rezitierst du/er u[nd*

Diese Beschwörung sei hier vorgestellt[2015]:

1f. Als der Gott geschaffen war und die reine Statue vollendet war,

3f. erstrahlte der Gott in allen Ländern.

5f. Er trägt Pracht (*šalummatu*), ist geeignet für die Herrschaft, er ist Held und hinsichtlich der Brust vollkommen.

7f. Mit Glanz (*melammu*) umgeben, die Gestalt (*bunnannû*) mit ehrfurchtgebietendem Glanz (*rašubbatu*) angetan.

9f. Prächtig erstrahlt er, die Statue ist in Reinheit herrlich.

---

47. Ein *maqqītu*-Opfergefäß stellst du hin, der *mašmaššu* stellt sich auf die linke Seite dieses Gottes,

48. die Beschwörung: "Als der Gott geschaffen war" rezitiert er dreimal.

[2014] Nach K2969+ ii etc. 47 (vgl. Anm. 2013) steht der Priester während dieser Beschwörung auf der linken Seite der Statue.

[2015] Diese Beschwörung liegt derzeit in der Bearbeitung von STT 200 etc. = WALKER, Mīs pî, 83ff (Handerhebungsgebet für die Mundöffnung eines Gottes) vor, deren Zeilenzählung übernommen wird. Sie wird im Rahmen der angekündigten Neubearbeitung C. Walkers mit den alten und neuen Parallelen publiziert werden (im folgenden mit den entsprechenden Zeilenangaben, sofern sie über WALKER, Mīs pî, 83, hinausgehen): STT 201 iif; K2696+ ii und iii; K5754+ ii (Z. 1-9); K13461 iii (Z. 65-71); Rm 421; Rm 224 ii (Z. 1-21), iii (Z. 81-84); K63a iii; K3367; PBS XII/1 6 Vs. 1-2; 82-3-23, 96 iii (Z. 39-44).

11. Im Himmel geschaffen, auf der Erde geschaffen (sum. an dím.ma ki dím.ma; akk. *ina* AN-*e ib-ba-nu ina er-ṣe-ti ib-ba-nu*),

12f. diese Statue wurde aus der Gesamtheit von Himmel und Erde[2016] geschaffen (sum. alam ne.e an.šár ki.šár.ra.ta dím.ma; akk. *ṣal-mu an-nu-ú ina kiš-šat* AN-*e u* KI-*tim ib-ba-ni*).

14f. Diese Statue wuchs auf im Wald der wilden Zypressen[2017].

16f. Diese Statue ging hervor aus dem Gebirge, dem reinen Ort.

18f. Die Statue (hat) die Gestalt von Gott und Mensch (sum. alam níg.dím.dím.ma dingir lú.u18.lu.ke4; akk. *ṣa-lam bu-un-na-né-e šá* DINGIR.MEŠ *u* LU2):

20f. Die Statue (hat) Augen, die Ninkurra machte,

22f. die Statue hat xx, die Ninagal machte,

24f. die Statue hat eine Gestalt (*bunnannû*), die Ninzadim machte,

26f. die Statue ist aus Gold und Silber, das Kusigbanda machte,

28. [die Statue ist aus Holzgliedern, die Nin]ildu machte,

29f. [die Statue ist aus ..., das] Ninzadim machte,

31f. diese Statue [ist aus] *hulālu*-Stein, Augen-*hulālu* Stein, Serpentin,

33. *pappardilû*-Stein, [*papparminû*-Stein ...]

34. *hulālu, parrû* [...]

35f. Bernstein, Elektr[on ...]

37f. durch das Werk des Stein[fassers (*qurqurru*) ...]

39.-41. Diese Statue machten Ninkurra, Ninaga[l, Kusigbanda], Ninildu (und) Ninzadim.

42.-44. Diese Statue riecht ohne Mundöffnung keinen Weihrauch, ißt kein Brot, trinkt kein Wasser.

45. Asalluhi sah es: seinem Vater Enki (sagte er):

46. Mein Vater, diese Statue ist ohne Mundöffnung;

47. Enki (sagte) seinem Sohn Asalluhi: "Mein Sohn, was weißt du nicht?

48. Asalluhi, was weißt du nicht? Was auch immer ich weiß: Geh, mein Sohn!"[2018]

49f. Wasser des *apsû*, mitten aus Eridu herausgebracht,

51f. Wasser des Tigris, Wasser des Euphrat, von einem reinen Ort herausgebracht,

53f. Tamariskenholz, Seifenkraut, Palmenherz, *šalālu*-Rohr, buntes Sumpfrohr,

---

[2016] Sumerisch: an.šár und ki.šár.ra.ta; es handelt sich um eine Anspielung an die Götter der Urzeit Anšar und Kišar, vgl. *Enūma eliš* I 12.

[2017] Cf. STT 199 etc. 22 = WALKER, *Mīs pî*, 63, s. S. 439.

[2018] Es folgt die Ritualanweisung an Asalluhi, die dem weiteren *Procedere* des Rituals entspricht.

55f. Sieben Palmschößlinge, Wacholder (und) weiße Zeder wirf hinein.

57f. In den Pflanzungen des Kanals des reinen Gartens erbaue das reine Badehaus (*bīt rimki*)!

59f. Zum Kanal des reinen Gartens, zum Badehaus bringe sie (die Statue; Anm. d. Verf.) hinaus[2019],

61f. diese Statue bringe vor Šamaš hinaus!

63.-65. Die Axt, die ihn berührte, der Meißel, der ihn berührte, die Säge, die ihn berührte und die Handwerker, die ihn berührten, [bringe] an diesen Ort!

66f. Mit Bandagen binde ihre Hände,

68f. mit einem Schwert aus Tamariskenholz schlage die Hand der Steinfasser (*qurqurru*), die ihn berührten, ab!

70.-72. Diese Statue, die Ninkurra, Ninagal, Kusigbanda, Ninildu (und) Ninzadim machten,

73.-75. Kusu, der Hohepriester Enlils, reinigte sie mit Weihwasserbecken, Räucherbecken und Fackel mit seinen reinen Händen.

76. Asalluhi, Sohn Eridus, hat (sie) glänzend gemacht,

77f. der *apkallu*-Weise und *abriqqu*-Priester von Eridu haben mit Sirup, Butter, Zeder (und) Zypresse[2020]

79f. zwei mal siebenmal deinen Mund geöffnet[2021] (sum.: imin a.rá min.àm ka.zu ba.ab.duh.e.[eš]; akk.: *si-bit a-di ši-na pi-ka ip-tu-ú*).

81. Dieser Gott, wie der Himmel möge er rein sein, wie die Erde möge er rein sein, wie das Innere des Himmels möge er leuchtend sein, die böse Zunge möge beiseite stehen.

82. Beschwörung, Handerhebungsgebet (šu.íl.lá) für die Mundöffnung eines Gottes.

Die Beschwörungstafel beinhaltet auch eine kurze Ritualanweisung:

83. Wenn du dies rezitiert hast, sollst du das *maqqītu*-Opfergefäß für Ea, Šamaš und Asalluhi libieren.

84. Du kniest nieder, und die Beschwörung: "Reine Statue, in ehrfurchtgebietendem Glanz vollendet"[2022] sollst du dreimal rezitieren; Reinigungsritus (*takpertu*) und Flüstern (*lihšu*).

[2019] Eine ähnliche Ortsangabe findet sich auch in BORGER, Ash., 89 Rs. 21ff und 91:10ff, VAB 7, 268 Rs. iii 19f (L4).

[2020] Auch K2445+ etc. 14-15 (s.u. S. 455) erwähnt diese Materialien.

[2021] STT 199 etc. Rs. 24'-28' = WALKER, Mīs pî, 65; in der Beschwörung für das Schöpfen des Wassers ist davon die Rede, daß Euphrat und Tigris siebenmal geöffnet werden.

[2022] Alam.kù ní.gal šu du7.a. Diese Beschwörung ist wahrscheinlich identisch mit der nachfolgenden Beschwörung alam.kù me.gal šu du7.a, "Reine Statue, für die großen me vollendet".

160. du kniest nieder, [und]
161. [Mundwa]schung (5.) und Mundöffnung machst d[u].
47. [du] machst (13.) Mund]waschung.
162. [Danach] sollst du die Beschwörung: "Reine Statue, für die großen me
     vollendet" rezitier[en].
*48. Danach sollst du die Beschwörung: "Reine Statue, für die großen me
     vollend[et]" rezitieren*

Diese Beschwörung lautet ausführlich[2023]:

Section B
100. [Reine Statue, in ehrfurchtgebietendem Glanz voll]endet, alles ist
     vollendet.
101. [...] die Geburt, bei der (?) sich das Gebirge nicht genähert hat,
102. [ihren Namen? ...] mögen sie benennen.
103. [...] großartig vollendet.
104. [...] der Großschmied Anus,
105. der [...]-Stein des [...] hat dich liebevoll betreut.
106. Kupfer[...] ??
107. xx[...] der Finger umspannt dich.
108. Der *hulālu*-Stein, Karneol, Lapislazuli, den er dir geschaffen hat,
109. (er) sei rein (und) strahlend.
110. Ea, der große Fürst, Schmied des Himmels und der Erde, der Herr
     des weiten Verstandes,
111. der aus dem *apsû* von Eridu einen Steinfasser geschaffen hat, (und)
112. Asalluhi, der Sohn von Eridu, der König der Gesamtheit der Götter
     des Himmels und der Erde,
113. mit Zeder, Zypresse, Öl (und) Sirup des Landes öffneten sie deinen
     Mund.
114. Mit reinem Wasser, Badewasser, besprengte er deinen Kopf (a
     sikil.la a.tu5.a ugu.zu mu.un.sìg),
115. mit reinem Öl des Geschaffenwerdens berührte er deinen Mund
     (ì.kù.sig7.ga.ke4 ka.zu mu.un.tag).
116. Einen Sündenbock des Schafspferches,

[2023] Nach der neuen Klassifizierung der Beschwörungen durch WALKER (Computerausdruck vom 10.2.1995) gehört diese Beschwörung zur dritten Beschwörungstafel. Sie ist überliefert in Rm 224 iii (Section B 100-115), in K2969+ iii (Section B 100-119) sowie in Sm 290
"Vs." 1'-5' (Section C 1-5) (=WALKER, *Mīs pî*, 80). Bis zur angekündigten Neupublikation
dieser Tafeln durch Walker sei an dieser Stelle nur eine Übersetzung des *Textus compositus*
dieser Versionen geboten. Der Text wird innerhalb dieser Studie als Rm 224 iii etc. Section B
bzw. C zitiert. Die Zeilenzählung orientiert sich an der Rekonstruktion, die Walker in Kürze
vorlegen wird.

117. ein lebendiges Schaf, ein Lamm, eine Fackel seines
     Weihrauchfasses,
118. ein Räucherbecken (und) eine Fackel brachte er dir heraus.
119. Der *apkallu*, der *abriqqu*-Priester von Eridu [...]

Section C
1. [...]
2. [...] zu dir möge xx sein [...]
3. [...] die Statue (in?) Zukunft in einem H[of ...]
----
4. Beschwörung Handerhebungsgebet bei der [Mundöffnung] eines
   Gottes,
5. Mundwaschung, Reinigungsritus (*takpertu*) und Flüstern (*lihšu*).
----

163. [Reinigun]gsritus und Flüste[rn].
48. *und einen Reinigungsritus vollziehen.*
164. [In die Ohren[2024]] dieses Gottes sollst du folgendes sage[n]:
165. ["Zu den Göttern], deinen [Br]üdern, wirst d[u] gezählt",
166. flüste[rst] du [in sein rechtes Ohr].
167. "[Von heute an] möge dein Schicksal zur Gottheit [gezä]hlt werden,
     und
168. [zu den Göttern], deinen [Brüde]rn, wirst du gezählt;
169. [dem König, der deine Weisung kennt], näher[e] dich!
170. [Deinem Tempel, der ...], näher[e] dich!
171. [Dem Land, das dich sch]uf, sei wohlgesonnen!" [...]
172. flüsterst du [in sein linkes Ohr].
49. *Ein Flüstern flüsterst du.*
173. [Du sollst dich entfernen, und die Handwerker, so]viel als
49. *Du sollst dich entfernen, und die Handwerker, sovi[el] als*
173. sich diesem Gott näherten,
49. *sich diesem Gott näherten,* 50. *und [ihre] Werkzeuge,*
174. [... vor Ninkurra,] Ninagal, Kusigban[da],
50. *[... vor] Ninkurra, Ninagal, Kusigbanda,*
175. [Ninildu (und) Nin]zadim läßt du sie hintreten, u[nd]
51. *Ninil[du (und) Ninzadim läßt du sie hintreten], und [ih]re Hände mit
   Bandagen*

[2024] Die Z. 164-175 werden nach Sm 290 "Vs." (Section C Z. 6-16) (= WALKER, *Mīs pî*,
80f) und K13461 iv (Section C 9-17) ergänzt. Für die Übersetzung (?) der folgenden Einflüsterungen wie sie DIETRICH, M., Werkstoff, 121, bietet, gibt es keinerlei Vorlage.

52. bindest du; mit einem Schwert aus Tamariskenholz schlägst du [(sie) ab[2025]]

176. […]
177. […]
178. […] x […]
179. "Ich machte [sie] nicht, […]
52. "Ich machte s[ie] (die Statue; Anm. d. Verf.) nicht, […]
180. Ninagal, Ea, [der Gott des Schmiedes, hat sie gemacht[2026] …]
52. Nina[gal], Ea des Sch[miedes] hat sie gemacht" sollst du sagen lassen.
181. Ich habe (sie) nicht gemacht; (ich schwöre, daß) ich (sie) nicht [gemacht habe, und …]
182. Ninildu, Ea, der Gott des Schreiners, xx [hat sie gemacht …]
183. Ich habe (sie) nicht gemacht, (ich schwöre, daß) ich (sie) nicht gemacht habe, und xx […]
184. Kusigbanda, Ea, der Gott des Goldsch[miedes, machte sie …
185. Ninkurra, Ea, der Gott des [Steinmetzes, machte sie …
186. Ninzadim, Ea, der Gott [des Steinschneiders, machte sie …
53. Die Augen dieses Gottes öffnest du,
187. Der *mašmaššu*, vor diesen Gott [stellt er sich hin].
53. der mašmaššu, vor [diesen] Gott [stellt er sich hin].
188. Die Beschwörung: "Bei deinem Hervorgehen, 'ebenso' in Größe" […],
53. [Die Beschwörung]: "Bei deinem Hervorgehen, ['ebenso'], (d.h. akk.) bei deinem Hochwachsen"[2027] rezitierst du/er,

Diese Beschwörung lautet ausführlich:

1. Bei deinem Hervorgehen/Hochwachsen […],

[2025] Vgl. STT 200 etc. 68ff = WALKER, *Mīs pî*, 87ff, s.u. S. 451.

[2026] Nach STT 200 etc. 68-72 (s.u. S. 451) gehört diese Sequenz zur Mundöffnung.

[2027] Es handelt sich um ein Handerhebungsgebet für die Mundöffnung eines Gottes. Inhaltlich ist sie verwandt mit der folgenden Beschwörung "Statue, im Himmel geboren (Z. 23-65)" (Z. 9-11 = Z. 59-61; Z. 12 = Z. 35). Die Z. 4-7 erinnern an die Beschwörung "Bei deinem Auszug, 'ebenso' in Größe" (vgl. STT 199 etc. 33-36, s. S. 439) von der die vorliegende Beschwörung durch die Angabe der akkadischen Interlinearübersetzung unterschieden wurde. Nach der neuen Klassifizierung der Beschwörungen durch WALKER (Computerausdruck vom 10.2.1995) gehört diese Beschwörung zur vierten Beschwörungstafel. Sie ist überliefert in K2445+ i (Z. 1-4.7-20); VAT 17039 i (Z. 9-19); BM 65594 (= 82-9-18, 5581) i (Z. 16-20); K4860 i (Z. 6-11); 81-2-4, 441 i (Z. 6-9); VAT 10038 Rs. 6-21 (GEERS, Heft H 109, Z. 13-19); BM 83023 (Z. 1-5); IM 67597 Vs. i 3'-21' (Z. 1-14; s. BLACK, WISEMAN, CTN IV, 188). Bis zur angekündigten Neupublikation dieser Tafeln durch Walker sei nur eine Übersetzung des *Textus compositus* dieser Versionen geboten. Die Zeilenzählung orientiert sich an der Rekonstruktion der Tafeln, die Walker demnächst vorlegen wird. Der Text wird im Rahmen dieser Arbeit als K2445+ etc. zitiert. K2946 i (Join zu K2445+) war bereits in WALKER, *Mīs pî*, 102f, publiziert. Evtl. liegt in K3472:5'-10' = WALKER, *Mīs pî*, 137, eine Kurzfassung vor.

2. wie das Holz des Waldes deines [...]
3. deine Hand ... Anu [...]
4. Ninildu [...]
5. Die Axt, die dich be[rührte ...], der Meißel, der [dich berührte],
6. ist ein erhabener [Meißel] und
7. die Sä[ge ...], reine Säge xx der Götter,
8. mit der goldenen Axt, mit der Axt aus Buchsbaumholz betreute er dich sorgfältig ([mí.zi] ma.ra.ni.in.d[u11] bzw. *ki-niš ú-kan-ni-ka*).
9. Liege in einer reinen Leinendecke (túg.du8.a gada du8.a [kù.ga] hé.em.ma.ra.ná.a bzw. *ina tap-se-e ki-te-me el-lu ṣi-lal*)!
10. Sei der gute *lamassu*-Schutzgeist deines Tempels (d.lama sig5.ga é.za.a.kám hé.me.en bzw. *lu-u la-mas-su da-mì-iq-tum šá É-ka at-ta*)!
11. In dem Heiligtum deines Tempels mögest du ständig sein ([za]g.é.za.kam hé.em.ma.ra.an.gub.ba bzw. *ina a-šír-ti É-ka lu-ú ka-a-a-na-at*)!
12. Šamaš möge sich um deine wahrhaftige Entscheidung kümmern (d.utu di níg.gi.na.zu giš hé.em.ma.ra.ni.in.lá bzw. d.UTU *ana di-in kit-ti-ka li-qu-ul-ka*).
13. Marduk, der Sohn von Eridu, sprach zu deinem Mund eine Beschwörung.
14. Der *išippu*-Priester, der Gesalbte, der *apkallu* und der *abriqqu*-Priester, die von Eridu, mit Sirup, Butter,
15. Zeder (und) Zypresse öffneten sie zwei mal siebenmal deinen Mund.
16. Wasser der Beschwörung von Eridu warfen sie auf dich.
17. Ea, der Herr der weiten Einsicht, erhob deinen Kopf (d.en.ki en geštú.dagal.la.ke4 sag.zu ma.ra.ni.in.íl.l[á] bzw. d.*É-a* EN *uz-ni ra-pa-áš-ti re-ši-ka ul-li*),
18. deine Gottheit vollendete er (nam.dingir.zu šu ma.ra.ni.in.du7 bzw. *i-lu-ut-ka ú-šak-lil*).
19. Deinen Mund setzte er zur Mahlzeit (ka.zu ninda.kú.da ma.ra.ni.in.gar bzw. *pi-i-ka ana ma-ka-li iš-kun*).
20. Beschwörung, Handerhebungsgebet für [die Mundöffnung] eines Gottes (inim.inim.ma šu.íl.lá dingir.ra [ka.duh.ù.da.kám])[2028].

189. die Beschwörung: "Statue, an einem reinen Ort ge[boren" ...],
54. die Beschwörung: "Statue, an einem reinen Ort geb[oren",

[2028] Die Beschwörungstafel überliefert an dieser Stelle noch eine kurze Ritualanweisung an den *mašmaššu*::
21. Der Beschwörungspriester stellt sich vor diesen Gott und rezitiert [...]
22. danach die Beschwörung "Statue, a[m Himmel geboren]".

190. die Beschwörung: "Statue, im Himmel ge[boren]"²⁰²⁹ ...],
54. die Beschwörung]: "Statue, im Himmel geboren",

Diese Beschwörung lautet ausführlich:

23. Statue, im Himmel ge[boren] (alam an.na ù.[tu.ud.da] bzw. *ṣal-mu*
    šá d.*a-num ib-*[...]),
24. aus dem Gebirge, dem reinen Ort, [...] (hur.sag ki.kù.ga.ta [...] bzw.
    ina KUR-*i a-šar el-lu* [...]).
25. Tigris, Mutter des Gebirges (i7.hal.hal.la ama.hur.sag.gá.[ke4] bzw.
    MIN *um-mi* KUR-*i*),
26. brachte darin das reine Wasser (a.kù.ga šà.bi mu.ni.in.túm bzw.
    A.MEŠ *el-lu-tum qé-reb-šú ub-lu*).
27. Bēlet-ilī, die Mutter des Landes (d.Nin.hur.sag.gá ama
    kalam.ma.ke4 bzw. d.*Be-lit*-DINGIR.MEŠ *um-mi ma-a-tú*),
28. auf ihrem reinen Schoß zog sie dich auf (du10.kù.ga.na á im.mi.in.è
    bzw. *ina bir-ki-šú el-le-ti ú-rab-bi-ka*).
29. Ninzadim, der große Steinschneider Anus,
30. mit seinen reinen Händen betreute er dich sorgfältig (*ki-niš ú-kan-*
    ni-ka).
31. d.LAL3²⁰³⁰, Schöpferin der Gliedmaßen, (d.LAL3 ur5.ra.na
    alam.sig7.sig7 bzw. d.MIN *ba-na-at meš-re-e-ti*),

---

²⁰²⁹ Nach der neuen Klassifizierung der Beschwörungen durch WALKER (Computerausdruck vom 10.2.1995) gehört diese Beschwörung zur vierten Beschwörungstafel. Sie ist überliefert in K2445+ i und ii (Z. 23.38-59); Rm 379+ iii (Z. 61-65); VAT 17039 ii (Z. 45-52); BM 65594 i und ii (Z. 23-35.65); K4860 ii (Z. 47-52); K1715+ i und ii (Z. 34-42.59-65); 80-7-19, 148 ii (Z. 46-58); Ki.1904-10-9, 64 ii (Z. 62-65); PBS XII/1 7 Vs. 14-18 i (Z. 25-27); PBS XII/1 6 Vs. 3-7 ii (Z. 46-48); IM 67597 Vs. ii 1'-25' (Z. 48-62; s. BLACK, WISEMAN, CTN IV, 188). Die Z. 59-65 waren bereits in WALKER, *Mīs pî*, 103f (Col. ii 1'-13'), publiziert worden; eine kurze Version liegt in K3472:11'¹-16' = WALKER, *Mīs pî*, 137, vor. Zu Ki.1904-10-9, 64 vgl. MEEK, Some Bilingual, bes. 137f.
Bis zur angekündigten Neupublikation dieser Tafeln durch Walker sei nur eine Übersetzung des *Textus compositus* dieser Versionen geboten. Die Zeilenzählung orientiert sich an der Rekonstruktion der Tafeln, die Walker demnächst vorlegen wird. Der Text wird im Rahmen der vorliegenden Studie als K2445+ etc. zitiert.
Es handelt sich um ein Handerhebungsgebet zur Mundöffnung eines Gottes (inim.inim.ma šu.íl.lá dingir.ra ka.duh.ù.da.kam). Der Wortlaut ist in Auszügen evtl. auch in K3472:11'-15' = WALKER, *Mīs pî*, 137, erhalten. In K3472:17' ist außerdem noch die Catchline einer bisher ungenannten Beschwörung überliefert: "Statue, die aus dem *apsû* selbst hervorgeht, Statue mit reinem Herz." Diese Beschwörung ist der einzige Hinweis darauf, daß das Herz des Kultbildes eine Rolle spielte.
²⁰³⁰ Nach BORGER, Zeichenliste, Nr. 109, verbirgt sich hinter d.LAL3 die männliche Gottheit Alammuš. Da das folgende Epitheton eindeutig eine weibliche Gottheit voraussetzt, ist m.E. jedoch eher an eine Abkürzung von d.Làl.hur.gal.zu = Bēlet-ilī oder d.Làl.an.na = Nin.sikil.lá zu denken. Zu diesen Gleichungen vgl. LITKE, Reconstruction, 91 ii 40 bzw. 96 ii

32. ließ dich an einem reinen Ort wohnen,
33. warf Wasser der Beschwörung auf dich.
34. Der [a]pkallu-Priester Eas [erhob] deinen Kopf kraft des Amtes als Reinigungspriester.
35. [Šamaš] möge sich um deine wahrhaftige Entscheidung kümmern.
36. [...] xx mit dem zum Schreckensglanz Gehörigen sei ausgestattet ([...]x zu.lim hé.en.da.š[ur] bzw. [...] x si?-mat šá-lum-ma-tú lu za-na-a[t])!
37. [...] seines Herzens mögest du sein [...]!
38. Du mögest sein[2031] Großdrache sein, und möge sein Wort für das Land voll sein (ušumgal.bi hé.me.en inim.bi kur.ta hé.em.mi.ni.in.sa5 bzw. lu ú-šum-gal-la-šú at-ta-ma a-mat-su ma-[a]-ta lim-la).
39. Auf deinem erhabenen Thron, der als Band eingesetzt ist (giš.gu.za.mah.zu dur gar.ra.àm bzw. ina GIŠ.GU.ZA-ka ra-kis? x-ú-x),
40. auf deinem Kultsitz des furchterregenden Glanzes mögest du wohnen (bára.mah.zu ní.gal hu.mu.un.da.ri bzw. ina pa-ra-am-ma-hi-ka nam-ri-ir-ri lu-ú ra-mat).
41. Der Tempel deines Wandels möge [...].
42. Der Tempel deines [...] möge täglich [...].
43. Dein [...] sei eines der Herze[nsfreude].
44. [Deine Viehhürde s]ei eine der reichlichen Rinder, der "dito" Schafe.
45. Das Haus deines Wohnsitzes sei eines, was [...].
46. In deinem erhabenen Heiligtum soll alles Erdenkliche nicht aufhören (é.nun.mah.zu níg.nam nu.šilig.ga [...] bzw. ina ku-um-me-ka și-ri mim-ma šum-šú a-a ip-par-ki)!
47. Das Haus deines Namens sei ein Haus der erlesenen Weisungen (é.mu.zu suh.zag.gá hé.àm bzw. É šu-me-ka lu šá te-re-e-ti na-as-qa-a-ti).
48. Mit reichlichen Mahlzeiten harre darin aus (ninda.kú.šár.šár.ra.ta šà.bi zal.zal.e.dè bzw. ina ma-ka-le-e du-uš-šu-ti ina lìb-bi-šú šú-tab-ri)!
49. In deiner glänzenden Viehhürde mögen Kuh und Kalb dauernd muhen (tùr.zalag.ga.zu g[u4 a]mar.bi.ta gù.nun.dé hé.a bzw. ina tar-ba-și-ka na[m-ri] ár-hu u bu-ru lih-táb-ba-bu).

---

78. In Anbetracht der Tatsache, daß Bēlet-ilī bereits in Z. 27 erwähnt ist, ziehe ich Ninsikilla vor.

[2031] Bezug unklar; nach der sumerischen Zeile handelt es sich um ein unbelebtes Objekt. Für das folgende Possessivsuffix trifft dasselbe zu.

50. Du mögest einer sein, dem sein Mutterschaf glänzendeLämmer gebärt (u8.bi sila4.babbar.ra ù.tu.ud.da hé.me.en bzw. *lu-u šá lah-ra-šú pu-ha-de-e nam-ru-ti ul-la-da-šú at-tú*).

51. Du mögest einer sein, dem die gelbe Ziege gelbe Zicklein gebärt (ùz.sig7.bi máš.ni sig7.sig7 ù.tu.ud.da hé.me.en bzw. *lu-u šá en-[zu ár]-qa-a-ti la-li-i ár-qu-ti* MIN).

52. Du mögest einer sein, den der Garten seines Obstgartens überreichlich mit Sirup und Wein versieht (giš.kiri6 pú giš.kiri6.bi l[àl] geštin.na šu.peš.peš.da hé.me.en bzw. *lu-u šá ki-ir ṣip-pa-ti-šú diš-pa kára-nam šum-du-lu-šu at-tú*).

53. Das Gebirge, das Ertrag bringt, möge dir Ertrag bringen.

54. Das Feld, der Acker, der Ertrag bringt, möge dir Ertrag bringen.

55. Der Obstgarten, der Ertrag bringt, "dito".

56. [...] Fisch und Vogel, der Ertrag bringt, "dito".

57. Der Überfluß des Gebir[ge]s, die Fülle des Meeres, das Ertrag bringt, "dito".

58. [Auf] dem reinen [Sc]hoß deiner Mutter [...] Nintu [...],

59. in der reinen Leinendecke liege!

60. Der gute *lamassu*-Schutzgeist deines Tempels mögest du sein[2032]!

61. Im Heiligtum deines Tempels mögest du dauerhaft sein!

62. In deinem Wohnsitz für die Ewigkeit, dem Sitz der Ruhe, nimm Platz!

63. Sîn, dein Liebhaber, möge dich lieben!

64. Das Herz von Enki und Ninki möge dir freundlich gesonnen sein!

65. Beschwörung; Handerhebungsgebet bei der Mundöffnung eines Gottes.

191. die Beschwörung: "Ninildu, Großschreiner [Anus" ...],
55. die Beschwörung: "Ninildu, Großschreiner An[us",
192. die Beschwörung: "Erhabenes Gewand, Festkleid [aus reinem Leinen" ...],
55. die Besch]wörung: "[Erhabenes] Gewand, [Festkl]eid aus reinem Leinen"[2033],

---

[2032] Dieselbe Formulierung findet sich auch in K2445+ etc. 10, s. S. 455.

[2033] Nach der neuen Klassifizierung der Beschwörungstafeln durch WALKER (Computerausdruck vom 10.2.1995) gehört diese Beschwörung zur fünften Beschwörungstafel. Sie ist überliefert in K11232 iv (Section E Z. 7-10); Sm 1694 iv (Section E Z. 8-10); K3472 Rs. 3'-8' iv (Section E Z. 10); K20533 iv (Section E Z. 8-10); VAT 14494 iv (Section E Z. 7-10); K3336+ iv (Section E Z. 1-10). Der Text wird innerhalb dieser Arbeit zitiert als K4928+ etc. Section B 42-E1-10. Die Zeilenzählung orientiert sich an der Rekonstruktion der Tafeln, die er in Kürze vorlegen wird. Der Text dieser Beschwörung ist zu schlecht erhalten, als daß eine sinnvolle Übersetzung möglich wäre.

193. die Beschwörung: "Erhabene Krone, Krone, die mit Ehrfucht gebietendem Glanz [ausgestattet ist"²⁰³⁴ ...],

56. *die Beschwörung: "Erhabene Krone",*

Diese Beschwörung lautet folgendermaßen:

1. Er[habene] Krone, [Krone, die mit ehrfurchtgebietendem Glanz ausgestattet ist] (*a-gu-u šá nam-ri-ir-ri ra-mu-ú*),
2. Krone, deren gleißender Glanz [...] (*a-ge-[e r]a-šub-b[a-ta]*),
3. Krone, die wie der Tag leuchtet, deren *melammu* den Himmel berührt.
4. Krone der Pracht, die voll Fülle ist zum Staunen ([aga.k]a.silim.ma u6.[di.šè la.l]a gál.la bzw. *a-ge-e taš-ri-ih-ti šá ana ta[b-ra-t]i la-la-a ma-lu-u*).
5. Krone, deren Aussehen rotglänzend ist, wie Šamaš trägt sie den Glanz über die Länder ([a]ga múš.me.bi huš.a d.utu.gim kur.kur.ra [še].er.zi gùr.ru bzw. *a-gu-ú šá zi-mu-šú r[u]-uš-šú-ú* GIM d.UTU *ana* KUR.MEŠ *šá-r[u-r]i na-šu-ú*).
6. [Der F]ürst bestimmte ihr im *apsû* das Schicksal in großartiger Weise.
7. [Der V]ater Ea, die lebenswirkende Kraft, der Schöpfer des Himmels und der Erde ([a.a d.e]n.ki.ke4 umún mud.an.ki.a = *a-bi* d.*É-a mu-um-mu ba-an* AN-*e u* KI-*tim*), bestimmte ihr im *apsû* das Schicksal in großartiger Weise.
8. Der große Anu versorgte sie vom reinen Himmel.
9. d."dito", der Fürst, bestimmte das Schicksal [...]
10. Marduk, dessen Verstand [...]
11. Marduk, Sohn des *apsû* [...]
12. [...]
13. Kusu, der Hohepriester Enlils, reinigte sie mit einem Weihwasserbecken mit reinem Wasser aus dem *apsû*, säuberte er sie und machte sie glänzend.

---

²⁰³⁴ Nach der neuen Klassifizierung der Beschwörungstafeln durch WALKER (Computer-ausdruck vom 10.2.1995) gehört diese Beschwörung zur fünften Beschwörungstafel. Sie ist überliefert in K4866+ i (Z. 1-8) ii (Section B 1-7); K4928+ i (Z. 13-18); VAT 14494 i (Z. 5-12). Der Text wird im Rahmen dieser Studie zitiert als K4928+ etc. Bis zur Vorlage der ange-kündigten Neupublikation dieser Texte durch Walker sei hier eine Übersetzung des *Textus compositus* geboten. Die Zeilenzählung orientiert sich an der Rekonstruktion der Tafeln, die er in Kürze vorlegen wird. In WALKER, *Mīs pî*, 112-115, liegt eine ältere Bearbeitung dieser Beschwörung vor (Seite 112, K4928 i 1' = K4928+ etc. 12). Das Incipit dieser Beschwörung findet sich jetzt auch in BLACK, WISEMAN, CTN IV, 188 Rs. iv 3' (IM 67597).

14. Die reine Krone, die zum Zeichen der Göttlichkeit vollendet ist (aga.kù.ga me.te nam.dingir.ra túm.ma! bzw. *a-gu-ú el-lu šá ana si-mat* DINGIR-*ti šu-lu-ku*),

15. [...] der Götter [...], die gesetzt ist.

16. Den König, ihren Versorger, möge sie in rechter Weise anblicken;

17. und alle Leute mögen den König, der sie versorgt, vom Aufgang der Sonne bis zu dem Untergang der Sonne, inbrünstig anflehen.

18. [das xxx] der Kultsitze [...].

Section B

1. Leben und Strahlen des Gemütes [...] zu bewahren [...], möge sie ihm für ferne Tag[e schenken].

2. Die furchterregende Krone für [ewige] Tage [...].

3. Diese Krone möge so re[in sein wie der Himmel],

4. wie die Erde mög[e sie sauber sein],

5. wie das Innere des Himme[ls möge sie leuchten].

6. [Die böse Zunge möge beise]ite stehen.

7. Besch[wörung für eine Krone ...].

194. die Beschwörung: "Reiner Thron, den Ninildu, der große Schreiner [Anus, geschaffen hat"][2035], und

56. *die Beschwörung: "Reiner Thron" rezitierst du,*

Diese Beschwörung lautet:

Section B

8. [Reiner Thron, den Ninildu, der große Schreiner] Anus, geschaffen hat.

9. [...] der zur Gottheit vollendet ist.

10. [...] er bestimmte ihm das Schicksal großartig.

11. Mit x [...] wovon gilt, daß Ninildu ihn besonders angesehen hat (*ú-ṣab-bi-šú*).

12. Kusigba[nda, der große Goldschmied] Anus,

[2035] Nach der neuen Klassifizierung der Beschwörungstafeln durch WALKER (Computerausdruck vom 10.2.1995) gehört diese Beschwörung zur fünften Beschwörungstafel. Sie ist überliefert in K4928+ ii (Section B 11-17) iii (Section B 38-41); K2451 ii (Section B 8-14); Bu.91-5-9, 207 ii (B 18-23) iii (B 24-32); Sm 1694 iii (B 28-33); PBS XII/1 7 iii Vs. 19-23 (B 29-31). Der Text wird innerhalb der vorliegenden Arbeit zitiert als K4928+ etc. Section B. Bis zur Vorlage der angekündigten Neupublikation dieser Texte durch Walker sei hier eine Übersetzung des *Textus compositus* geboten. Die Zeilenzählung orientiert sich an der Rekonstruktion der Tafeln, die er in Kürze vorlegen wird. In WALKER, *Mīs pî*, 115, liegt eine ältere Bearbeitung von Rm 2, 154 iii vor.

13. hat (dich/es) mit rotem Gold sorgfältig betreut (*ki-niš ú-kan-ni-ma*), und

14. Ninzadim, der große Stein[schneider] Anus,

15. hat (dich/es) mit *hulālu*-Stein, mit Karne[ol ... sorgfältig betreut].

16. Reiner Thron [...].

17. [...]

18. [...]

19. [Kusu], der Hohepriester [des Enlil ...], [...] haben großartig regiert (?) (*ú-ma-ʾ-i-ru*).

20. [An einem] reinen Kai, an einem sauberen Kai [...] hat er ihn (den Thron; Anm. d. Verf.) mit einem Weihwasserbecken gereinigt.

Die Zeilen 21.-28. sind für eine sinnvolle Übersetzung zu fragmentarisch. Inhaltlich geht es darum, daß die Götter für die Reinheit des Thrones (?) sorgen.

29. Das Fundament seines Thrones möge fest sein, x den Weidegrund möge er x.

30. Das Fundament seines Thrones möge für immer so fest sein wie das Gebirge.

31. Auf das Geheiß des großen Herrn Marduk, des Fürsten des *apsû*, des Königs der Gesamtheit von Himmel und Unterwelt,

Die Zeilen 32.-41. sind unübersetzbar.

195. die Beschwörung: "Geh, zögere nicht"[2036] sollst du rezitieren, und d[u ...]

[2036] Nach der neuen Klassifizierung der Beschwörungstafeln durch WALKER (Computerausdruck vom 10.2.1995) gehört diese Beschwörung, die in drei unterschiedlichen Versionen erhalten ist, die nacheinander rezitiert werden, zur vierten Beschwörungstafel. Sie ist überliefert in BM 65594 ii (Z. 66-73); K1715+ (Col. ii Z. 66, Col. iii Section B 12-19); Ki.1904-10-9, 64 ii (Z. 66-77) iii (Z. 78-84); 82-3-23, 58 iii (Section B Z. 1-7); BM 34828 iii (Section B Z. 2-6), Rm 379+ iii (Z. 66-73) iv (Section B Z. 1-5); VAT 17039 iii (Section B Z. 4-15). Der Text wird im Rahmen dieser Studie zitiert als K2445+ etc. Bis zur Vorlage der angekündigten Neupublikation dieser Texte durch Walker sei hier eine Übersetzung des *Textus compositus* geboten. Die Zeilenzählung orientiert sich an der Rekonstruktion der Tafeln, die er in Kürze vorlegen wird. In WALKER, *Mīs pî*, 104f, liegt eine ältere Bearbeitung dieser Beschwörungen vor. Zum Keilschrifttext von BM 34828 vgl. CT 51, 108.
Es handelt sich jeweils um ein *kiʾutukku*, eine besondere Gebetsgattung, die Šamaš vorbehalten ist. Daher kann sich die Aufforderung der ersten Zeilen nicht an das neue Kultbild richten, sondern nur an den Sonnengott (gegen JACOBSEN, M., Werkstoff, 122). Die Deutung von JACOBSEN, ebd. ("Tarry not in Heaven"; übernommen von DIETRICH, LORETZ, Jahwe, 33, DIETRICH, M., Werkstoff, 122, und zuletzt PODELLA, Lichtkleid, 112), ergab sich aus der alten und fehlerhaften Lesung von SMITH, S., Consecration, 39, und 46:56 (an.na; dagegen mit WALKER, *Mīs pî*, 104, gin!.na) und ist daher abzulehnen.

56. und vor [diesem Gott] sollst du die Beschwörung: "Geh, zögere nicht"
rezitieren.

Diese Beschwörung lautet ausführlich (erste Version):

66. Geh, zögere nicht!
67. Held, Mann Šamaš, geh, zögere nicht!
68. Der Himmel freue sich über dich, die Erde freue sich über dich;
69. Šamaš, bei deinem Eintreten an einem reinen Ort,
70. mögen die Anunnake, die Götter der Unterwelt,
71. dir großer Held, Sohn von Ningal, Heil/ein Heilsorakel[2037]
    zusprechen (si[lim.m]a hu.mu.ra.ab.bé bzw. *šu-ul-ma liq-bu-ka*).
72. Beschwörung *ki'utukku*.

196. Die Beschwörung: "Geh, zögere nicht", die 2. [Version rezitierst du],
57.   *die 2. Version sollst du rezitieren und*

Diese Version lautet ausführlich (zweite Version):

73. "[Ge]h, zögere nicht!"
74. [...] zögere nicht!
75. [...] wenn du in dein [La]nd gehst,
76. [(dann) möge sich der Himmel freuen], die Erde möge sich freuen.
77. [Enlil möge sich] freuen, Ninlil möge sich freuen.
78. [...] möge sich freuen, Bēlet-ilī möge sich freuen.
79. [...] möge sich freuen, Ningal [möge s]ich freuen.
80. [...] Šamaš, der große Fürst, Šamaš, der König,
81. [dein Herz] möge er beruhigen, dein Gemüt möge er befrieden.
82. [...] wenn du [in] dein Land gehst,
83. [...] wenn du betrittst [deinen Tempel? ...]
84. ...

Section B
1. Aja, die ebenbürtige Gattin[2038], die d[ich] liebt,
2. dein Herz, [dein] Gemüt [möge sie beruhigen].
3. "(Auf) deinen Thron setze dich!", möge er [dir sa]gen.
4. "(In) dein Bett lege dich!", möge er [dir sa]gen.
5. "(In) deinem Tempel beruhige dich!", [möge er dir sagen].

[2037] Zu den neuassyrischen Heilsorakeln (*šulmu*) und weiteren Prophetengattungen vgl.
WEIPPERT, M., Assyrische Prophetien, 79, und DERS., Bildsprache, 55-93.
[2038] Es handelt sich um die Ehefrau des Sonnengottes.

6. Beschwörung für die [...] eines Gottes.

197. die magischen Zirkel (*uṣurāte*) betrittst [du ...].
57. die magischen Zirkel betrittst du[2039],
198. Die Beschwörung: "Geh, zögere nicht", die 3. Version rezitierst du
und[2040]
57.   die 3. Version rezitierst du u[nd
...
199. das *ki'utukku*-Gebet, du [...].
57. das ki'ut]ukku-Gebet, du gehst [...].
200. Zuerst sollst du die Zurüstung dieses Gottes auflösen,
57. Zuerst sollst du die Zurüstung 58a. dieses Gottes auflösen,
201. danach sollst du die der Handwerkergötter auflösen,
58c. danach sollst du die der Handwerker[götter] auflösen,
202. danach sollst du die von Kusu und Ningirim auflösen,
58b. danach sollst du die von Kusu und Ningir[im auflösen],
203. danach sollst du die der großen Götter auflösen.
59. Danach sollst du die der großen Götter auflösen.
204. [...] x x
Der Rest der assyrischen Version ist verloren.

[2039] Gegen WINTER, I.J., Idols, 23, handelt es sich hier um eine schlichte Ritualanweisung an den Priester und nicht um eine Aufforderung an den Gott, seine Statue zu betreten. Wie aus den vorhergehenden Beschwörungen hervorgeht, war die Statue bereits mit der Gottheit verbunden.
[2040] Da diese Beschwörung relativ schlecht erhalten ist (K2445+ etc. Section B 7-19) und zudem weitgehend mit der zweiten Version identisch ist, sei an dieser Stelle auf eine eigene Übersetzung der dritten Version verzichtet.

Babylon

BM 45749 Rs.
(7) PROZESSION VOM GARTEN INS TEMPELTOR
59. Du sollst die Hand des Gottes packen und
59. die Beschwörung: "Fuß, der den Boden überschreitet, 'ebenso' [an einem reinen Ort]"[2041],
59. die Beschwörung: "Als er (= Asalluhi/Marduk) in der Straße ging"[2042]

Da diese Beschwörung einige wichtige Informationen bietet, sei sie hier teilweise ausgeführt. Asalluhi fragt seinen Vater Enki, wie er den mašmaššu, der sich während seines Ganges durch die Stadt verunreinigt hat, reinigen kann und erhält die folgende Anweisung:

30. Geh, mein Sohn Asalluhi,

31. nimm sieben poröse Gefäße, die aus einem großen Ofen gebracht werden, und

32. schöpfe aus dem Mund bei[der Flüsse] Wasser, und

33. Tamariske, Seifenkraut, Palmschößling, šalālu-Rohr, gehörnte Salzkräuter, Salz, das den Mund der Götter öffnet (pi-ta-a-at pi-i i-li),

34. Zeder, Zypresse, supālu-Wacholder, Buchsbaum, Aromata, Wacholder, Terebinthe, Weißzeder,

35. rotes [...] Zedernöl, reines Öl, bestes Öl, nikiptu-Öl, weißen Sirup, der von seinem Ursprungsort gebracht wird,

36. reines Kuhfett, Kuhfett, das in einem reinen Stall geschaffen wurde,

37. Gold, Silber, Elektron, Achat, Serpentin,

[2041] Diese Beschwörung ist erhalten in K2445+ iii (Section B Z. 20-30); K1715+ iii (Section B Z. 20-22); 80-7-19, 148 iii (Section B Z. 26-30). Der Text wird im Rahmen dieser Studie als K2445+ etc. Section B zitiert. Eine ältere Bearbeitung liegt vor in WALKER, *Mīs pî*, 105. Die Beschwörung dient der Reinigung des Fußes des Kultbildes (?), der den Boden während einer Prozession überschreitet (Z. 30 inim.inim.ma gìr.díb.ba.a.kám). Da die Reinheit des Fußes mit den stereotypen Standardformulierungen beschworen wird (Z. 23. "[Fuß der den Boden überschr]eitet, wie der Himmel möge er rein sein"), wird an dieser Stelle auf eine eigene Übersetzung verzichtet.

[2042] Nach der neuen Klassifizierung der Beschwörungstafeln durch WALKER (Computerausdruck vom 10.2.1995) gehört diese Beschwörung zur Beschwörungstafel 6/8. Sie ist überliefert in K4813+; K4900+, K6029+; K5345+; K5087+; K4972; Sm 924+; K5087+; K20269; PBS XII/1 7 Rs. 1-5 (1-3); PBS XII/1 6 Vs. 8-12. Der Text wird innerhalb der vorliegenden Arbeit zitiert als K4813+ etc. Bis zur Vorlage der angekündigten Neupublikation dieser Texte durch Walker sei hier eine Übersetzung des *Textus compositus* geboten. Die Zeilenzählung orientiert sich an der Rekonstruktion der Tafeln, die er in Kürze vorlegen wird. Eine ältere und unvollständigere Umschrift und Übersetzung dieser Beschwörung liegt in WALKER, *Mīs pî*, 124ff (Z. 47ff = hier Z. 30ff), vor. Zu einer neueren Übersetzung vgl. WALKER, DICK, Induction, Text Nr. 4.

38. hulālu-Stein, Karneol (und) Lapislazuli, sollst du in das Weihwasserbecken werfen, und

39. das reine Weihwasserbecken von Eridu stelle hin, und

40. führe das Ritual des apsû durch und

41. sprich deine (sum. gute) Beschwörung; und

42. vollende dieses Wasser durch die Reinigungspriesterschaft und

43. reinige es durch deine reine Beschwörung und

44. nimm einen Eimer (und) ein Schöpfgefäß mit einem Bügel(griff) und

45. gieße dieses Wasser hinein und

46. das Weihwasserbecken, (sum. das den Tempel) der Götter reinigt,

47. das Weihwasserbecken, (sum. das den Tempel) der Götter säubert,

48. das Weihwasserbecken, das den Tempel der Götter glänzend macht,

49. das Weihwasserbecken, das den Mund der Götter wäscht,

50. das Weihwasserbecken, das die Stadt reinigt,

51. das Weihwasserbecken, das die Stadt säubert,

52. das Weihwasserbecken, das die Stadt glänzend macht,

53. nimm es und schwenke es durch die Stadt und

54. schwenke es durch den Platz der Stadt und

55. schwenke es durch Straße und Gasse und

56. schwenke es durch die Stadt und an die Stadtmauer und

57. rufe [...]

Die Zeilen 58-66 sind stark zerstört. Aus dem Zusammenhang ergibt sich, daß den Dingen, die durch die Beschwörung und das Weihwasser verwandelt werden sollten, Reinheit, Sauberkeit und Glanz zugesprochen werden.

60. bis zum Tempel des Gottes sollst du rezitieren.

(8) IM TEMPELTOR

60. Im Tor des Tempels dieses Gottes sollst du ein Opfer bringen.

(9) PROZESSION VOM TOR ZUM ALLERHEILIGSTEN

60. Die Hand des Gottes [sollst du packen und] ihn eintreten lassen, und die Beschwörung: "Mein König, für deine Herzensfreude"[2043]

[2043] Nach der neuen Klassifizierung der Beschwörungen durch WALKER (Computerausdruck vom 10.2.1995) gehört diese Beschwörung zur vierten Beschwörungstafel. Sie ist überliefert in K2445+ iii etc. (Section B 31-35); 80-7-19, 148 iii (Section B 31-40); 82-3-23, 58 iv (Section B 39f); IM 67597 Rs. iii 1'-15' (Section B 31-38; s. BLACK, WISEMAN, CTN IV, 188). Der Text wird im Rahmen dieser Studie als K2445+ etc. Section B zitiert. Bis zur Vorlage der angekündigten Neupublikation dieser Texte durch Walker sei hier eine Übersetzung des *Textus compositus* geboten. Die Zeilenzählung orientiert sich an der Rekonstruktion der Tafeln, die er in Kürze vorlegen wird.

61. sollst du bis zum Allerheiligsten rezitieren.

Diese Beschwörung lautet:
Section B
31. *Mein König, für deine Herzensfreude hat er dir einen Tempel*
    gebaut,
32. *für deine Herzensfreude [hat er dir] einen Kultsitz [gebaut].*
33. *[Wenn du eintrittst] in deinen Tempel [...],*
34. *dein Herz möge sich beruhigen, dein Gemüt möge wohlgemut sein,*
    ein gutes Schicksal möge er dir [bestimmen].
35. *In dem Haus der*[2044] *Herzensfreude harre täglich aus* (é.a šà.hul.la
    [u4.šú.uš ...] zal.zal *bzw.* ina É hu-ud lìb-bi u4-mi-šam šu-tab-ri).
36. *Anu möge dir Verpflegung* (ku-ru-um-ma-tam) *geben.*
37. *[...] bestes Feinmehl möge er dir als Geschenk überreichen.*
38. *Der gute Wächterdämon möge ständig vor dir umhergehen*
    ([udug.sig5.ga igi.zu.šè hé.en.su8.su8].ga *bzw.* ra-bi-iṣ da-mì-iq-ti
    ma-har-ka lu ka-a-a-an)
39. *[...] sein Gebet erhöre* ([...] a-<ra>-zu-bi giš.tuku.ma.ba *bzw.* [...
    tes]-lit-su ši-mì)!
40. *[Beschwörung] beim Eintreten [eines Gottes in seinen Tempel (?)].*

(10) ALLERHEILIGSTES/SITZ
61. Den Gott sollst du auf seinen Sitz setzen, und
61. die Beschwörung: "Speiseraum des Abendessens im Himmel"[2045],

Diese Beschwörung lautet folgendermaßen:
Section B
41. *[Speiseraum des Abendessens] im Himmel.*
42. *xxx*
43. *[...] der Götter*
44. *[... r]ein*

[2044] Variante in IM 67597 Rs. iii 9'f (s. BLACK, WISEMAN, CTN IV, 188): "'deiner' Herzensfreude".

[2045] Nach der neuen Klassifizierung der Beschwörungstafeln durch WALKER (Computerausdruck vom 10.2.1995) gehört diese Beschwörung zur vierten Beschwörungstafel. Sie ist überliefert in K2445+ iv (Section C 8-10); VAT 17039 iv (Section C 1-10); 82-3-23, 58 iv (Section B 41-44); BM 34828 iv (Section C 5-9). Der Text wird innerhalb der vorliegenden Arbeit zitiert als K2445+ etc. Section B bzw. C. Bis zur Vorlage der angekündigten Neupublikation dieser Texte durch Walker sei hier eine Übersetzung des *Textus compositus* geboten. Die Zeilenzählung orientiert sich an der Rekonstruktion der Tafeln, die er in Kürze vorlegen wird.

Section C

1. *[...] x möge ständig sein [...]*
2. *[...] sein reines apsû*
3. *[...] der Ort, an dem die Schicksale bestimmt werden, und*
4. *[der ...] von Eridu bestimmte das Schicksal für deinen Backstein.*
5. *[...] wird aus dem apsû gebracht; Kusu stellte eine Rohrhütte auf.*
6. *[A]nu reinigte ihn, Ea fand ihn;*
7. *das böse Auge spannte die Schnur (sum. möge spannen),*
8. *der böse Mund möge gebunden werden.*
9. *Šamaš möge sich deinem Gemüt nähern.*
10. *Beschwörung für den Wohnsitz* (ki.tuš) *eines Gottes.*

61. die Beschwörung: "Zugehörig zu dem Kultsitz"[2046]

Diese Beschwörung lautet ausführlich:
Section C

11. *Zugehörig zu dem Kultsitz, Wohnsitz der Schicksale.*
12. *Ea hat als Wohnsitz der Beruhigung das Werk großartig geschaffen und*
13. *(es) durch das vollendete Werk der lebenwirkenden Kraft* (kin.til.la úmun.a.ke4 *bzw.* ina kin-til-le-e mu-um-mu) *großartig vollendet.*
14. *Enkum (und) Ninkum xxx*
15. *der apkallu-Priester, dessen Haar gelöst ist (und)*
16. *der mašmaššu wuschen dich mit Wasser (*ú-ra-am-mì-ku-ka*),*
17. *mit Sirup, Butter, Zeder und Zypresse öffneten sie deinen Mund.*
18. *Der Thron deines Kultsitzes möge rein sein wie der Himmel,*
19. *wie die Erde möge er sauber sein, wie das Innere des Himmels möge er leuchten.*
20. *Die böse Zunge möge beiseite stehen.*
21. *Beschwörung für den Thron eines Kultsitzes* (inim.inim.ma giš.gu.za bára.mah.a.kám).

[2046] Nach der neuen Klassifizierung der Beschwörungstafeln durch WALKER (Computerausdruck vom 10.2.1995) gehört diese Beschwörung zur vierten Beschwörungstafel. Sie ist überliefert in K2445+ iv (Section C 11-21); VAT 17039 iv (Section C 11-14); K1715+ iv (Section C 11-21); Sm 933 iv (Section C 15-18); BM 65594 iii (Section C 14-21); IM 67597 Rs. iv 1'f (Section C 20f; s. BLACK, WISEMAN, CTN IV, 188). Der Text wird im Rahmen dieser Studie zitiert als K2445+ etc. Section C. Bis zur Vorlage der angekündigten Neupublikation dieser Texte durch Walker sei hier eine Übersetzung des *Textus compositus* geboten. Die Zeilenzählung orientiert sich an der Rekonstruktion der Tafeln, die er in Kürze vorlegen wird. In WALKER, *Mīs pî*, 105f, liegt eine ältere Bearbeitung vor. Es handelt sich um eine Beschwörung für den Thron des Hochsitzes.

61. *sollst du über seinem Sitz rezitieren.*
62. *Auf der rechten Seite des Allerheiligsten sollst du eine Rohrhütte aufstellen, für Ea und Asalluhi eine Zurüstung rüsten, die Zurüstung vo[ll]enden und*
63. *Mundwaschung (14.) sollst du an diesem Gott vollziehen und für diesen Gott eine Zurüstung rüsten; mit Wasser des Troges sollst du diesen Gott reinigen und*
64. *die Beschwörung: "Asalluhi, Sohn von Eridu"*[2047] *siebenmal rezitieren, und das (Zubehör) der Gottheit sollst du heranbring[en],*
65. *in der Nacht sollst du es anbringen.*

(11) ZUM KAI DES *APSÛ*

65. *Zum Kai des apsû sollst du gehen und Platz nehmen. Einen reinen Reinigungsritus läßt du sich bis zum Kai des apsû erstrecken.*
66. *Der Wissende möge es dem Wissenden zeigen, dem Unwissenden soll er es nicht zeigen, Tabu für den großen Enlil Marduk.*

KOLOPHON

[2047] Nach der neuen Klassifizierung der Beschwörungstafeln durch WALKER (Computerausdruck vom 10.2.1995) gehört diese Beschwörung zur fünften Beschwörungstafel. Sie ist überliefert in K4928+ iv (Section E Z. 18f); K5258+ iv (Section E Z. 11-15); VAT 14494 iv (Section E Z. 11-19); Rm 2, 154 iv (Section E Z. 16-19); K3336+ iv (Section E Z. 11-19); K3472 Rs. 3'-8' iv (Section E Z. 19); K20533 iv (Section E Z. 17-18). Der Text wird innerhalb dieser Arbeit zitiert als K4928+ etc. Section E. Die Zeilenzählung orientiert sich an der Rekonstruktion der Tafeln, die er in Kürze vorlegen wird. In WALKER, *Mīs pî*, 115-117, liegt eine ältere Bearbeitung dieser Beschwörung vor. Der Text ist nur unvollständig erhalten, so daß sich eine Übersetzung erübrigt. Laut Unterschrift (E Z. 19) handelt es sich um eine "Beschwörung dafür, den Mund von jedwedem (Zubehör) [dieses Gottes zu ... waschen/zu reinigen (?)]" (INIM.INIM.MA KA *mim-ma šum-šú* [DINGIR.BI ...]. Die Tafeln K4928+ iv (Section E Z. 20-29); VAT 14494 iv (Section E Z. 20-28); Rm 2, 154 iv (Section E Z. 20-29); K3336+ iv (Section E Z. 20-28); K3472 Rs. 3'-8' iv (Section E Z. 20-28) schließen dieser Beschwörung zehn Zeilen mit Ritualanweisungen an, die denen der Ritualtafel (BM 45749:62ff) entsprechen (der Text wird innerhalb der vorliegenden Studie als K4928+ iv etc. zitiert): Section E
20. Das Ritual dafür: Wasser aus dem Trog nimmst du, (und)
21. Karneol, Lapislazuli, Silber, Gold, Wacholder (und)
22. Feinöl wirfst du hinein.
23. Eine Zurüstung für Ea, Šamaš und Asalluhi rüstest du zu.
24. Zedernholz erhebst du mit deiner Hand.
25. Mit Sirup (und) Butter wäschst du seinen Mund, die Beschwörung ("Asalluhi, Sohn von Eridu"; Anm. d. Verf.) rezitierst du siebenmal.
26. Wenn du (sie) rezitiert hast, besprengst du ihn mit Wasser aus dem Trog, und
27. das Zubehör der Gottheit (*šá* DINGIR) sollst du vor ihn hinsetzen.
28. Ein Räucherbecken mit Wacholder und Röstmehl sollst du vor ihm aufschütten.
29. Ein Schafsopfer] opferst du, die Zurüstung löst du auf und prosternierst dich.
Zur Umschrift vgl. WALKER, *Mīs pî*, 117 (Z. 15'ff = hier Z. 20ff).

2. Die Mundwaschung an einem restaurierten Kultbild

K3219.
Dieser Text verläuft parallel zu TuL 27. Im folgenden wird ein *Textus compositus* beider Fassungen geboten (zitiert K3219 etc.). Kollation 1995.

1. [*šúm-ma šip-ri* DINGI]R *i-na-ah-ma ni-kit-tum* [*ir-ta-ši*]
2. [*ina* KI *te-diš-ti šá*] ŠA3-*šú ub-la ina qí-bit* d.UTU d.IM *u* [d.AMAR.UTU]
3. [*ina* ITI *šal-m*]*e ina* UD ŠE.GA *ina* GE6 KI-*ma* GIR3ii *par-sat a-na* IGI [d.*É-a*]
4. [*tak-pir-tú tu-*]*kap-par-šu tu-ṣa-am-ma ab-ru* MU2-*ah táq-rib-*[*tú* GAR-*an*]
5. [DINGIR.BI] *ul-tu* KI.TUŠ-*šú* ZI-*ma* GALA SAG.DU-*su* [*i-paṭ-ṭar*]
6. [GABA]-*su i-sap-pid ù ú'a* DUG4.GA <*ina*> INIM A.ŠE.ER.RA [ŠU-*su i-ṣab-bat*]
7. *a-di ina* É *mu-um-mu er-ru-bu-ma uš-šá-bu* KEŠDA KE[ŠDA]
8. *ina* KISAL É *mu-um-mu* KI DINGIR.BI *áš-bu ab-ru ana* d.*É-a u* [DINGIR.BI MU2-*ah*]
9. UDU.SISKUR *ana* d.*É-a u* d.AMAR.UTU BAL-*qí* UDU.SISKUR *ana* DINGIR.BI BAL-*qí*
10. *táq-rib-tú* GAR-*an* LUGAL KUR *qá-di* IM.RI.A-*šú ina! qaq-qa-ri* [*ip-pa-la-sa-hu*]
11. *šu-ta-nu-hu la i-kal!-lu-u* URU! *u* UN.MEŠ-*šú ina sip-da-a-ti* [*ina* SAHAR.HI.A]
12. *i-na* IGI É.KUR *ip-pa-la-sa-hu* LU2.UM.ME.A.MEŠ [*mu-du-ú-ti*]
13. *ša* SU-*šú-nu* DADAG *tu-še-šib-šú-*<*nu*> *a-di šip-ri* DINGIR.BI *i-*[*qat-tu-ú*]
14. *mu-úh-hu-ra táq-rib-a-ti* GALA *e-pe-ši u*[*l i-kal-la*]
15. *u4-um šip-ri* DINGIR.BI *i-qat-tu-ú ina* GU2 I7 *ina ma-*[*har* d.*É-a*]
16. d.UT[U d.*Asal-lú-hi*] KA-*šú* [LUH]-*si šúm-ma šip-r*[*i* DINGIR.BI]
17. [*šá ni-kit-tum ir-šu-u a-na te-diš-ti*] *la ṭa-a-ba a-na* KI-[*šú la tur-ru*]
18. [40 MA.NA URUDU x 14] MA.NA AN.NA *ù* [*ša* DINGIR.BI]
19. [*ki-i zi-kir* MU-*šú-ma* HI.HI] NIG2.BA SU[M-*šú*]
20. [*i-na* TUG2.GADA UD.DU *ta-rak-kas ...*]

weiter cf. TuL 27:28ff.

Übersetzung:
1. [Wenn das Werk eines Go]ttes[2048] ermüdet und Verfallserscheinungen bekommt,
2. [an den Ort der Erneuerung, den] sein Herz wünscht, auf Befehl von Šamaš, Adad und [Marduk],
3. [in einem günstigen Monat], an einem passenden Tag, in der Nacht an einem unzugänglichen Ort vor [Ea]
4. [mit einem Reinigungsritus r]einigst du ihn. Du gehst hinaus und zündest einen Holzstoß an, eine *taqrib*[*tu*-Klage machst du.]
5. [Diesen Gott] läßt du von seinem Sitz aufstehen, der Klagepriester [entblöß]t seinen Kopf,
6. [er schl]ägt seine Brust und sagt "wehe!". Mit einem Wort des Seufzens[2049] [packt er seine Hand];
7. bis sie ins *bīt mummu* eintreten und sich setzen rüstest du eine Zurüstung [zu].
8. Im Hof des *bīt mummu* sitzen sie mit diesem Gott, einen Holzstoß vor Ea und [diesem Gott zündest du an].
9. Opfer opferst du vor Ea und Marduk/Asalluhi; Opfer vor diesem Gott opferst du.
10. Eine *taqribtu*-Klage machst du. Der König des Landes [fällt] mit seiner Familie zu Boden [nieder.]
11. Sie hören nicht auf, sich abzuquälen (?)[2050]; die Stadt und ihre Leute, mit Trauerbezeugungen [in den Staub]
12. vor dem Tempel fallen sie nieder. Die [weisen] Handwerker,
13. deren Leib gereinigt ist, du läßt sie (!) Platz nehmen. Bis das Werk dieses Gottes be[endet ist],
14. der Klagepriester [hör]t nic[ht au]f, ein Opfer und Klagen zu vollziehen.
15. Wenn das Werk dieses Gottes beendet ist, am Flußufer v[or Ea],
16. Šama[š, Asalluhi] [wäsc]hst du seinen Mund; wenn das We[rk dieses Gottes],
17. [der Verfallserscheinungen hatte, zur Erneuerung] nicht (mehr) gut ist, [kehrt es nicht zurück] an seinen Or[t].
18. [40 Minen Kupfer, x 14] Minen Zinn und [was diesem Gott gehört]

[2048] D.h. sein Kultbild.

[2049] Möglich wäre, daß der Priester an dieser Stelle eine "Herzberuhigungsklage" rezitiert und a.še.er.ra als Incipit zu verstehen ist. A.še.er.ra u4 mi.ni.fb.zal.zal "in meiner Mühsal harre ich täglich aus"; diese Zeile aus einer Herzberuhigungsklage an Adad würde hier beispielsweise gut passen, vgl. MAUL, Eršahunga, 162:11'. Doch bleibt diese Ergänzung spekulativ.

[2050] Infinitiv Št von *anāhu*.

19. [mische entsprechend der Nennung seines Namens zusammen, und] als ein Geschenk sollst du [(es) ihm geben],
20. [auf einem Leinenkleid sollst du es aufreihen, du sollst (es) zusammenbinden.]

Da K3219 an dieser Stelle abbricht, ist die Fortsetzung des Textes nur TuL 27:28ff[2051] zu entnehmen:

28. Mit dem Werk dieses Gottes, das Verfallserscheinungen hatte, sollst du (es) zusammenbinden, und
29. in der Nacht an einem unzugänglichen Ort sollst du es vor Ea schicken.

----

30. Der Nicht-Eingeweihte soll es nicht sehen. Tabu für Anu, Enlil und Ea[2052].

----

31. Vor der Wand hängst du einen Vorhang auf[2053] und legst eine Rohrmatte hin.
32. Auf die Rohrmatte legst du neun Backsteine.
33. Auf alle Backsteine legst du einen Baldachin.

----

34. Du legst eine [Rohr]matte hin,
35. neun Backsteine
36. […] neun Tragaltärchen rüstest du zu.
37f. Du stellst die Tragaltärchen von Nergal auf.
39. Auf allen Tragaltärchen rüstest du Süßbrot zu.
40. Eine Getreidespeise mit Sirup und Butter legst du hin; eine Trinkschale setzt du darauf, mit Wasser [füllst du sie].
41. Eine kleine Opferschale mit Gries setztest du auf den Boden.
42. Du legst den Backstein der Bēlet-ilī hin.
43. Auf den Backstein der Bēlet-ilī schüttest du ein Schüttopfer.
44. Du libierst Milch und Wein; eine Zurüstung ist nicht da[2054].

[2051] Die verbesserten Lesungen, die WALKER, DICK, Induction, 53-60, (gegenüber Ebeling) an dem Text erzielen konnten, werden in der folgenden Übersetzung vorausgesetzt.

[2052] Die folgende Ritualanweisung war bisher nur aus TuL 27 bekannt. C. Walker gelang es in der Zwischenzeit, weitere Duplikate zu identifizieren, deren Transliteration und Übersetzung er in Kürze vorlegen wird. Daher wird an dieser Stelle auf eine eigene Transkription verzichtet. Es handelt sich um BM 47436, BM 47445 und K8111+, vgl. WALKER, DICK, Induction, 49f. Die nachfolgende Übersetzung ergab sich aus meiner Neubearbeitung von A.418 (= TuL 27) sowie aus der Umschrift der neuen Duplikate, die mir Walker dankenswerterweise zur Verfügung stellte. Die Zeichnungen auf der Tafel wurden nicht berücksichtigt.

[2053] MAUL, Zukunftsbewältigung, 55f, schlägt für *šiddu šadādu* die Übersetzung vor: "Eine (dünne) Linie (aus Mehl oder Wollfaden) ziehen" (nicht: "Vorhang aufhängen").

45. xx <symbolische Zeichen>
46. [Hi]nter den Vorhang setzest du elf Räucherbecken--Tor--
47. Tempel.
48. In der Viehhürde.
49. Du stellst ein Ziegelaltärchen auf.
51. Wand, Vorhang, Tempel.
52. Ein Tragaltärchen vor Nergal
53. rüstest du zu.
54. Ein [Sc]haf
55. [opferst du.]

Rs.[2055]

1'. In der Werk[statt …]
2'. [Du legst eine Rohrmatte hin],
3'. Zehn Backsteine für […]
4'. *apsû* [des Meeres …]
5'. Allatum […] … […]
6'. […] und zehn Tragaltär[chen] vor ihn[en …]
7'. darauf rüstest du Süßbrot [zu], eine Getreidespeise aus Sirup und Butter setzest du hin.
8'. Eine Trinkschale mit Bier setz[est du darauf], und kleine Opferschalen
9'. mit Gries setzest du davor auf die [Er]de.
10'. Den Backstein der Bēlet-ilī legst du [auf die E]rde, auf den Backstein
11'. schüttest du ein Schütto[pfer, Mil]ch (und) Wein libierst du vor dem Backstein.

12'. Hinter dem Vorhang schüttest du [elf Räu]cherbecken mit Wacholder auf.
13'. Beste Milch, die auf […], libierst du; hinter den Räucherbeck[en]
14'. hängst du sieben Vorhänge auf. V[or] dem Tor des Durchganges (?) (*bābu ša dulbāni*) hängst du einen Vorhang [auf].
15'. Zehn Vorhänge von x x vor dem Tor der Viehhürde hängst du roten Stoff auf.
16'. In der Viehhürde stellst du einen Ziegelaltar für Nergal auf.
17'. [Vor] dem Ziegelaltar rüstest du ein Tragaltärchen zu.
18'. [Auf] dem Ziegelaltar opfer[st] du ein *hitpu*-Opfer (und) libierst *mihhu*-Bier.
19'. […] xx und die Schafe setzest du vor die Götter x […]

[2054] Mit WALKER, DICK, Induction, 55.
[2055] Die Zeilenzählung folgt WALKER, DICK, Induction, 56ff.

20'. [...] Wein, x trinkt er, [er se]tzte Gri[es]
21'. [...] am nächsten Tag "dito".

22'. Einen Vorhang, der an der Vorderseite der Mauer aufgehängt ist,
bringst du an.

<Zeichnung?>
23'. Einen Vorhang, der auf dem Backstein liegt [...]
24'. Du rüstest ein Tragaltärchen zu, du libierst *mihhu*-Bier.

25'. Drei Vorhänge, die im Tempel aufgehängt sind, sind aus roter [Wol]le.

26'. Backstein   zwei Vorhänge
27'.   die über dem Tor (aufgehängt sind)
28'. Der Backstein, auf den das Schüttopfer geschüttet wurde.
29'. Narudi, Bēlet-ilī,
30'. Uraš, Ninurta, Zababa,
31'. Nabû, Nergal, Madānu und Pabilsag,
32'. dies sind die Götter der Vorhänge.

33'. Der [Zie]gelaltar, auf dem die Opfergaben geopfert werden
34'. *Mihhu*-Bier, das (auf) die Opfergaben libiert wird, stellst du vor Anšar
auf. Nergal,
35'. Anšar, Kišar, Anu-rabû, Enmešarra, *apsû* des Meeres, Uttu, Ningirsu,
36'. Lugaldukuga, Dumuzi und Allatum,
37'. dieses sind die Götter, deren Backsteine in der Werkstatt hingelegt sind.
38'. Der Wissende möge es dem Wissenden zeigen. Der Nicht-Wissende
soll (es) nicht sehen. Geheimnis der großen Götter; eine große Sünde
begeht er.

39'. Beschwörung: "Šamaš, erhabener Richter, Herr der Götterherren."
40'. Geschrieben und kollationiert entsprechend einer akkadischen
Wachstafel,
41'. Tafel von Kiṣir-Nabû, dem Sohn von Šamaš-ibni, dem
Beschwörungspriester,
42'. dem Sohn des Nabû-bessun, dem Beschwörungspriester des
Aššurtempels.
43'. In Eile geschrieben.

Abbildungen

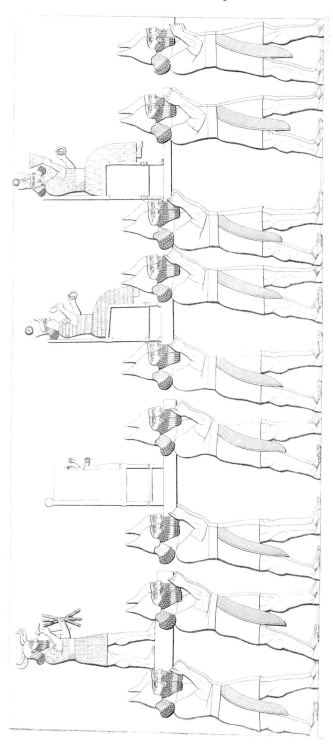

Abbildung 1: LAYARD, Monuments I, 65.

Abbildung 2a: Relief NA/3/75 aus Nimrud (nach E. BLEIBTREU, Die Flora der neuassyrischen Reliefs. Eine Untersuchung zu den Orthostaten- reliefs des 9.-7. Jahrhunderts v. Chr. (WZKM.S 1), Wien 1980, Tf. 4:a; Photo W. Jerke).

Abbildung 2b: Detail desselben Reliefs (Photo Prof. Dr. E. Bleibtreu).

Abbildung 3: LAYARD, Monuments I, 75.

Abbildung 3a: Or. Dr. IV 24 (Photo British Museum, London).

Abbildung 4: LAYARD, Monuments II, 18.

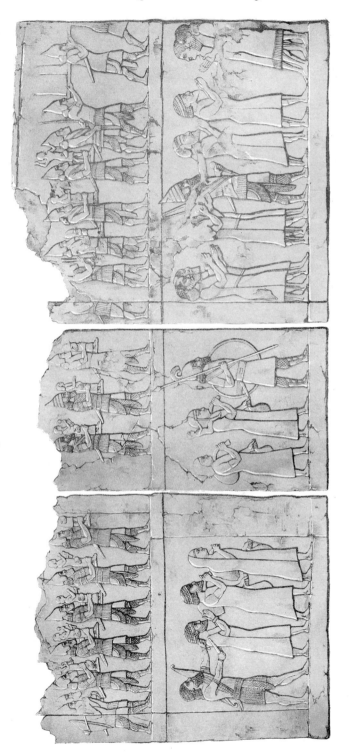

Abbildung 5: LAYARD, Monuments II, 30.

Abbildung 6: LAYARD, Monuments II, 50.

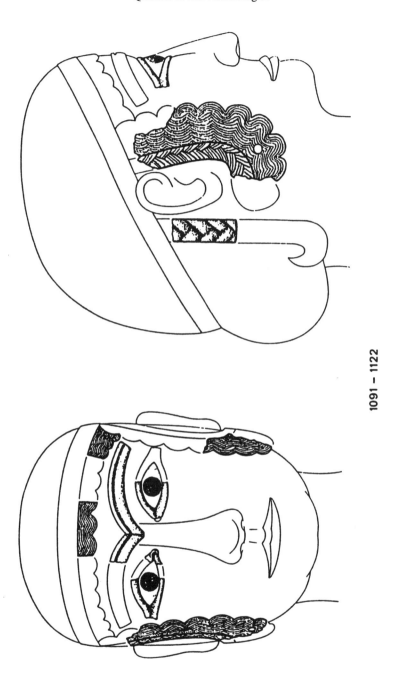

1091 – 1122

Abbildung 7: VAN ESS, PEDDE, Uruk, Tf. 90 Nr. 1091-1122 (Rekonstruktionszeichnung).

LITERATUR

Die Literatur wird in den Anmerkungen nur abgekürzt zitiert. Soweit nicht anders angegeben, richten sich die Abkürzungen nach S. SCHWERTNER, Theologische Realenzyklopädie. Abkürzungsverzeichnis, Berlin, New York 1994² und nach W. VON SODEN, Akkadisches Handwörterbuch I-III, Wiesbaden 1965-1981.
Texte aus der Patrologia Latina und Graeca werden hier nicht eigens aufgeführt, sondern in den Fußnoten durch Angabe des Autorennamens, der Schrift und der Angabe der Fundstelle in PL bzw. PG oder der jeweils verwendeten Edition zitiert.

ZUSÄTZLICHE ABKÜRZUNGEN:

ABC   A.K. Grayson, Assyrian and Babylonian Chronicles, TCS V, Locust Valley, New York 1975

ABD   Anchor Bible Dictionary

AHI   G.I. Davies, Ancient Hebrew Inscriptions. Corpus and Concordance, Cambridge 1991

ALASP   Abhandlungen zur Literatur Alt-Syrien-Palästinas und Mesopotamiens

ARRIM   Annual Review of the Royal Inscriptions of Mesopotamia Project

Asbp.   Aššurbanipal

Ash.   Asarhaddon

ASJ   Acta Sumerologica

AUWE   Ausgrabungen in Uruk-Warka. Endberichte

BA + röm. Ziffern   Beiträge zur Assyriologie

BaF   Baghdader Forschungen

BaM   Baghdader Mitteilungen

BHS   K. Elliger, W. Rudolph, u.a. (Hg.), Biblia Hebraica Stuttgartensia, Stuttgart 1967/77

BibMes   Bibliotheca Mesopotamica

BIWA   R. Borger, Beiträge zum Inschriftenwerk Assurbanipals. Die Prismenklassen A, B, C = K, D, E, F, G, H, J und T sowie andere Inschriften. Mit einem Beitrag von Andreas Fuchs, Wiesbaden 1996

BSA   Bulletin on Sumerian Agriculture

BTT   A.R. George, Babylonian Topographical Texts, OLA 40, Leuven 1992

(F/M/S)BZ   (Früh-/Mittel-/Spät-)Bronzezeit

CANE   J.M. Sasson, u.a. (Hg.), Civilizations of the Ancient Near East I-IV, New York 1995

CBET   Contributions to Biblical Exegesis and Theology

chr   chronistisch/e/er/es

CLAM   M.E. Cohen, The Canonical Lamentations of Ancient Mesopotamia, I-II, Potomac 1988

DDD   K. van der Toorn, B. Becking, P.W. van der Horst (Hg.), Dictionary of Deities and Demons in the Bible (DDD), Leiden u.a. 1995

DISI   J. Hoftijzer, K. Jongeling, Dictionary of the North-West Semitic Inscriptions, Part I and II, HO 1. Abteilung Band 21, Leiden u.a. 1995

dtjes/Dtjes   d/Deuterojesaja (-nisch/er/e/es)

dtr   deuteronomistisch/e/er/es

EÜ   Eigenübersetzung

EZ   Eisenzeit

fem.   femininum

G   Geschichtswerk

Gesenius[18]   D.R. Meyer, H. Donner, U. Rüterswörden (Hg.), Wilhelm Gesenius: Hebräisches und Aramäisches Handwörterbuch über das Alte Testament, 1. Lieferung א-ג, Berlin u.a. 1987[18]

GGG   O. Keel, C. Uehlinger, Göttinnen, Götter und Gottessymbole, Neue Erkenntnisse zur Religionsgeschichte Kanaans und Israels aufgrund bislang unerschlossener ikonographischer Quellen, QD 134, Freiburg, Basel, Wien 1992/1997[4]

GW	Gesammelte Werke
HAHAT	W. Gesenius, F. Buhl, Handwörterbuch über das Alte Testament, Berlin u.a. 1962[17]
HAL	W. Baumgartner, L. Koehler, Hebräisches und Aramäisches Lexikon zum Alten Testament I-IV, Leiden 1967[3]ff
hgg.	herausgegeben
HKL	R. Borger, Handbuch der Keilschriftliteratur I-III, Berlin, New York 1967/1975
HrwG	H. Cancik, B. Gladigow, M. Laubscher (Hg.), Handbuch religionswissenschaftlicher Grundbegriffe Band Iff, Stuttgart u.a. 1988ff
ICC	A.H. Layard, Inscriptions in the Cuneiform Character from Assyrian Monuments, London 1852
KVKV	Konsonant-Vokal-Konsonant-Vokal
LIVTL	L. Koehler, W. Baumgartner, Lexicon in Veteris Testamenti Libros, Leiden 1958
MAPS	Memoirs of the American Philosophical Society Held at Philadelphia for Promoting Useful Knowledge
MARG	Mitteilungen für Anthropologie und Religionsgeschichte
MARI	Mari. Annales de Recherches Interdisciplinaires
mask.	maskulinum
MMEW	A. Livingstone, Mystical and Mythological Explanatory Works of Assyrian and Babylonian Scholars, Oxford 1986
MWKB	Mundwaschungsritual an einem Kultbild
MW(R)KB	Mundwaschungsritual an einem renovierten Kultbild
NABU	Nouvelles Assyriologiques Brèves et Utilitaires
NbB	E. Ebeling, Neubabylonische Briefe aus Uruk, BKF 1, Berlin 1930
NEAEHL	E. Stern, u.a. (Hg.), The New Encyclopedia of Archaeological Excavations in the Holy Land 1-4, Jerusalem 1993
NSK	Neuer Stuttgarter Kommentar
Or	Orientalia (Rom)
OrNS	Orientalia Nova Series (Rom)
Or.Dr.	Original Drawing
P	Priesterschrift
PBS XII/1	S. Langdon, Sumerian Grammatical Texts, PBS XII/1, Philadelphia 1917
PBS I/2	H.F. Lutz, Selected Sumerian and Babylonian Texts, PBS I/2, Philadelphia 1919
PIHANS	Publications de l'Institut historique et archéologique néerlandais de Stamboul
pl.	Plate
Pl.	Plural
RAcc	F. Thureau-Dangin, Rituels Accadiens, Paris 1921
RCAE	L. Waterman, Royal Correspondence of the Assyrian Empire I und II, UMS.H 17 und 18, Ann Arbor 1930
RIMA	The Royal Inscriptions of Mesopotamia. Assyrian Periods
RIMB	The Royal Inscriptions of Mesopotamia. Babylonian Periods
SAA	State Archives of Assyria
SAAB	State Archives of Assyria Bulletin
SAAS	State Archives of Assyria Studies
SAK	F. Thureau-Dangin, Die sumerischen und akkadischen Königsinschriften, VAB I.1, Leipzig 1907
SANE	Sources from the Ancient Near East
SEL	Studi epigrafici e linguistici
sg	Singular
SH(C)ANE	Studies in the History (and Culture) of the Ancient Near East
SpTU I	H. Hunger, Spätbabylonische Texte aus Uruk I, ADFU 9, Berlin 1976
SpTU II	E. von Weiher, Spätbabylonische Texte aus Uruk II, ADFU 10, Berlin 1983
SpTU III	E. von Weiher, Spätbabylonische Texte aus Uruk III, ADFU 12, Berlin 1988
SpTU IV	E. von Weiher, Uruk. Spätbabylonische Texte aus dem Planquadrat U 18. Teil IV, AUWE 12, Mainz 1993

TA	Tel Aviv
UAT	E.A. Knauf, Die Umwelt des Alten Testaments, NSK-AT 29, Stuttgart 1994
ÜP	M. Noth, Überlieferungsgeschichte des Pentateuch, Stuttgart 1948
ÜSt	M. Noth, Überlieferungsgeschichtliche Studien I. Die sammelnden und bearbeitenden Geschichtswerke im Alten Testament, Halle 1943
UVB	Vorläufiger Bericht über die ... Ausgrabungen in Uruk-Warka
YBC	Yale Babylonian Collection
z.St.	zur Stelle
ZZ.	Zeilen
z.Zt.	zur Zeit

ABERBACH, M., SMOLAR, L., Aaron, Jeroboam, and the Golden Calves, JBL 86, 1967, 129-140

ABOU-ASSAF, A., Untersuchungen zur ammonitischen Rundbildkunst, UF 12, 1980, 7-102

— /BORDREUIL, P., MILLARD, A.R., La statue de Tell Fekherye et son inscription bilingue assyro-araméenne, Études Assyriologiques, Cahier 7, Paris 1982

ABUSCH, T., Ishtar, DDD, 1995, 847-855

ACKERMAN, S., The Queen Mother and the Cult in Ancient Israel, JBL 112/113, 1993, 385-401

ACKROYD, P.R., Jeremiah X.1-16, JThS 14, 1963, 385-390

— יד, ThWAT III, 1982, 425-455

AHLSTRÖM, G.W., Aspects of Syncretism in Israelite Religion, HSoed V, Lund 1963

— Joel and the Temple Cult of Jerusalem, VT.S 21, Leiden 1971

— Royal Administration and National Religion in Ancient Palestine, SHANE 1, Leiden 1982

— An Archaeological Picture of Iron Age Religions in Ancient Palestine, StOr 55.3, Helsinki 1984, 117-145

— The History of Ancient Palestine from the Palaeolithic Period to Alexander's Conquest, JSOT.S 146, Sheffield 1993

ALBERT, H., Kritik der reinen Hermeneutik: Der Antirealismus und das Problem des Verstehens, EGW 85, Tübingen 1994

ALBERTZ, R., Persönliche Frömmigkeit und offizielle Religion. Religionsinterner Pluralismus in Israel und Babylon, CThM A/9, Stuttgart 1978

— הבל, THAT I, 1984[4], 467-469

— Die Intentionen und die Träger des Deuteronomistischen Geschichtswerks, in: DERS., u.a. (Hg.), Schöpfung und Befreiung. Für Claus Westermann zum 80. Geburtstag, Stuttgart 1989, 37-53

— Religionsgeschichte Israels in alttestamentlicher Zeit Teil 1 und 2: Von den Anfängen bis zum Ende der Königszeit. Vom Exil bis zu den Makkabäern, Grundrisse zum Alten Testament ATD Erg. Reihe 8/1 und 2, Göttingen 1992

— "Ihr werdet sein wie Gott". Gen 3,1-7 auf dem Hintergrund des alttestamentlichen und des sumerisch-babylonischen Menschenbildes, WO 24, 1993, 89-111

— Wieviel Pluralismus kann sich eine Religion leisten? Zum religionsinternen Pluralismus im alten Israel, in: J. MEHLHAUSEN (Hg.), Pluralismus und Identität, Veröffentlichungen der Wissenschaftlichen Gesellschaft für Theologie 8, Gütersloh 1995, 193-213

AL-RAWI, F.N.H., Tablets from the Sippar Library IV. *Lugale*, Iraq 57, 1995, 199-223

— /BLACK, J.A., The Second Tablet of "Išum and Erra", Iraq 51, 1989, 111-122

— /GEORGE, A.R., Tablets from the Sippar Library V. An Incantation from Mīspî, Iraq 57, 1995, 225-228

— /GEORGE, A.R., Tablets from the Sippar Library VI. Atrahasīs, Iraq 58, 1996, 147-190

ALSTER, B., On the Interpretation of the Sumerian Myth "Inanna and Enki", ZA 64, 1975, 20-34

AMIET, P., La naissance des dieux. Approche iconographique, RB 102.4, 1995, 481-505

— Anthropomorphisme et aniconisme dans l'antiquité orientale, RB 104.3, 1997, 321-337

AMIT, Y., Hidden Polemic in the Conquest of Dan: Judges XVII-XVIII, VT 40, 1990, 4-20

ANDRAE, W., Das wiedererstandene Assur, München 1977²

ANDRÉ, G., שמא, ThWAT III, 1982, 352-366

ANDREW, M.E., The Autorship of Jer 10, 1-16, ZAW 94, 1982, 128-130

ANZENBACHER, A., Einführung in die Philosophie, Wien, Freiburg, Basel 1981

ARNAUD, D., Recherches au pays d'Aštata, Emar VI, 3, Textes sumériens et accadiens. Texte, Paris 1986

— Recherches au pays d'Aštata, Emar VI, 4, Textes de la bibliothèque: transcriptions et traductions, Paris 1987

ARO, J., Mittelbabylonische Kleidertexte der Hilprecht-Sammlung Jena, SSAW 115.2, Berlin 1970

ASSMANN, J., Die Verborgenheit des Mythos in Ägypten, GM 25, 1977, 7-43

— Gott, LÄ 2, 1977, 756-786

— Ägypten: Theologie und Frömmigkeit einer frühen Hochkultur, Stuttgart u.a. 1984

— Die Macht der Bilder. Rahmenbedingungen ikonischen Handelns im Alten Ägypten, VisRel 7, 1990, 1-20

— Ikonologie der Identität. Vier Stilkategorien der altägyptischen Bildniskunst, in: M. KRAATZ, u.a. (Hg.), Das Bildnis in der Kunst des Orients, AKM 50/1, Stuttgart 1990, 17-44

— Das ägyptische Prozessionsfest, in: J. ASSMANN (Hg.), Das Fest und das Heilige. Religiöse Kontrapunkte zur Alltagswelt, Studien zum Verstehen fremder Religionen 1, Gütersloh 1991, 105-122

— Stein und Zeit. Mensch und Gesellschaft im alten Ägypten, München 1991

— Der zweidimensionale Mensch: Das Fest als Medium des kollektiven Gedächtnisses, in: J. ASSMANN (Hg.), Das Fest und das Heilige. Religiöse Kontrapunkte zur Alltagswelt, Studien zum Verstehen fremder Religionen 1, Gütersloh 1991, 13-30

— Politische Theologie zwischen Ägypten und Israel: Erweiterte Fassung eines Vortrags gehalten in der Carl Friedrich von Siemens Stiftung am 14. Oktober 1991, München 1992, 21-114

— Semiosis and Interpretation in Ancient Egyptian Ritual, in: S. BIDERMAN, B-A. SCHARFSTEIN (Hg.), Interpretation in Religion, Philosophy and Religion 2, Leiden u.a. 1992, 87-109

AVIGAD, N., Samaria (City), NEAEHL 4, 1993, 1300-1310

BACHMANN, M., Die strukturalistische Artefakt- und Kunstanalyse. Exposition der Grundlagen anhand der vorderorientalischen, ägyptischen und griechischen Kunst, OBO 148, Fribourg, Göttingen 1996

BAILEY, L.R., The Golden Calf, HUCA 42, 1971, 97-115

BALTZER, D., Ezechiel und Deuterojesaja. Berührungen in der Heilserwartung der beiden großen Exilspropheten, BZAW 121, Berlin u.a. 1971

BARASCH, M., Icon, Studies in the History of an Idea, New York 1992

BARNETT, R.D., Ancient Ivories in the Middle East, Qedem 14, Jerusalem 1982

— /FALKNER, M., The Sculptures of Aššur-naṣir-apli II (883-859 B.C.), Tiglath-Pileser III (745-727 B.C.), Esarhaddon (681-669 B.C.) from the Central and South-West Palaces at Nimrud, London 1962

BARSTAD, H.M., The Religious Polemics of Amos, Studies in the Preaching of Am 2,7B-8; 4,1-13; 5,1-27; 6,4-7; 8,14, VT.S 34, Leiden 1984

— Dod, DDD, 1995, 493-498

BARTELMUS, R., Forschung am Richterbuch seit Martin Noth, ThR 56, 1991, 221-259

BARTH, H., Die Jesaja-Worte in der Josiazeit. Israel und Assur als Thema einer produktiven Neuinterpretation der Jesajaüberlieferung, WMANT 48, Neukirchen-Vluyn 1977

BARTH, P., NIESEL, G., Joannis Calvini. Opera Selecta III. Institutio Christianae religionis 1559 libros I et II continens, Monachii in Aedibus 1928

BAUMGARTNER, W., KOEHLER, L., Hebräisches und Aramäisches Lexikon zum Alten Testament I-IV, Leiden 1967³ff

BAWDEN G., EDENS, C., MILLER, R., Typological and Analytical Studies. A. Preliminary Archaeological Investigations at Taymā, Atlal 4, 1400/1980, 69-106 pl. 60-69

BEAUCHAMP, P., מִין, ThWAT IV, 1984, 867-869

BEAULIEU, P.-A., The Reign of Nabonidus, King of Babylon 556-539 B.C., YNER 10, New Haven, London 1989 (Nabonidus)

— UBARA (EZENxKASKAL)^ki = Udannu, ASJ 13, 1991, 97-109

— Antiquarian Theology in Seleucid Uruk, ASJ 14, 1992, 47-75

— King Nabonidus and the Neo-Babylonian Empire, in: CANE II, 1995, 969-979 (King)

BECK, P., Catalogue of Cult Objects and Study of the Iconography, in: I. BEIT-ARIEH (Hg.), Horvat Qitmit. An Edomite Shrine in the Biblical Negev, Monograph Series of the Institute of Archaeology Tel Aviv University 11, Jerusalem 1995, 27-197

BECKING, B., The Fall of Samaria. An Historical and Archaeological Study, SHANE 2, Leiden u.a. 1992

— Assyrian Evidence for Iconic Polytheism in Ancient Israel, in: K. VAN DER TOORN (Hg.), The Image and the Book, Iconic Cults, Aniconism, and the Rise of Book Religion in Israel and the Ancient Near East, CBET 21, Leuven 1997, 157-171

BECKER, A., Uruk. Kleinfunde I. Stein, AUWE 6, Mainz 1993

BEDFORD, P.R., Discerning the Time: Haggai, Zechariah and the "Delay" in the Rebuilding of the Jerusalem Temple, in: S.W. HOLLOWAY, L.K. HANDY (Hg.), The Pitcher is Broken, Memorial Essays for Gösta W. Ahlström, JSOT.S 190, Sheffield 1995, 71-94

BEHRENS, H., Eine Axt für Nergal, in: E. LEICHTY, M. DE J.ELLIS, P. GERARDI (Hg.), A Scientific Humanist, Studies in Memory of Abraham Sachs, Occasional Publications of the Samuel Noah Kramer Fund 9, Philadelphia 1988, 27-32

BELTING, H., Bild und Kult. Eine Geschichte des Bildes vor dem Zeitalter der Kunst, München 1990

BENITO, C.A., "Enki and Ninmah" and "Enki and the World Order", University of Pennsylvania Microfilm, Ann Arbor 1969

BEN TOR, A., Notes and News. Excavations and Surveys, Tel Hazor 1996, IEJ 46, 1996, 262-268

BEN ZVI, E., Prelude to a Reconstruction of the Historical Manassic Judah, BN 81, 1996, 31-44

BERAN, T., Das Bild im Akkadischen und Sumerischen, in: K. EMRE, B. HROUDA, u.a. (Hg.), Anatolia and the Ancient Near East. Studies in Honor of Tahsin Özgüç, Ankara 1989, 19-24

BERGMAN, J., BOTTERWECK, G.J., יָדַע, ThWAT III, 1982, 479-512

BERLEJUNG, A., Der Handwerker als Theologe: Zur Mentalitäts- und Traditionsgeschichte eines altorientalischen und alttestamentlichen Berufstands, VT 46, 1996, 145-168

— Die Macht der Insignien. Überlegungen zu einem Ritual der Investitur des Königs und dessen königsideologischen Implikationen, UF 28, 1996 [1997], 1-36

— Washing the Mouth: The Consecration of Divine Images in Mesopotamia, in: K. VAN DER TOORN (Hg.), The Image and the Book, Iconic Cults, Aniconism, and the Rise of Book Religion in Israel and the Ancient Near East, CBET 21, Leuven 1997, 45-72

BERNHARDT, K.-H., Gott und Bild. Ein Beitrag zur Begründung und Deutung des Bilderverbotes im Alten Testament, ThA 2, Berlin 1956

BERTHOLET, A., Hesekiel, HAT 1.13, Tübingen 1936

BEYER, K., LIVINGSTONE, A., Die neuesten aramäischen Inschriften aus Taima, ZDMG 137, 1987, 285-296

BEZOLD, C., Catalogue of the Cuneiform Tablets in the Kouyunjik Collection of the British Museum, I-V, London 1889-1899

— Aus Briefen des Herrn Dr. O. Puchstein, ZA 9, 1894, 410-421

BIGGS, R., A Göttertypentext from Nimrud, NABU 1997/134

BILLERBECK, A., DELITZSCH, F., Die Palasttore Salmanassars II von Balawat. Erklärung ihrer Bilder und Inschriften nebst Salmanassars Stierkoloss- und Throninschrift (von F. Delitzsch), BA VI/1, Leipzig 1908

BIRAN, A., Tel Dan, BA 37, 1974, 26-52

— Dan, NEAEHL 1, 1993, 323-332

— Tel Dan: Biblical Texts and Archaeological Data, in: M.D. COOGAN, J.C. EXUM, L.E. STAGER (Hg.), Scripture and Other Artifacts. Essays on the Bible and Archaeology in Honor of Philip J. King, Louisville 1994, 1-17 (Tel Dan: Texts)

— Biblical Dan, Jerusalem 1994

— /TZAFERIS, V., A Bilingual Dedicatory Inscription from Tell Dan, Qadmoniot 10, 1977, 114f

BIROT, M., Fragment de rituel de Mari relatif au kispum, in: B. ALSTER (Hg.), Death in Mesopotamia, Papers Read at the XXVIe Rencontre Assyriologique Internationale, Mes(C) 8, Kopenhagen 1980, 139-150

BLACK, J.A., WISEMAN, D.J., Literary Texts from the Temple of Nabû, CTN IV, Oxford 1996

BLACKMAN, A.M., The Rite of Opening the Mouth in Ancient Egypt and Babylonia, JEA 10, 1924, 47-59

BLAU, J., A Misunderstood Medieval Translation of śered and its Impact on Modern Scholarship, in: D. P. WRIGHT, u.a. (Hg.), Pomegranates and Golden Bells. Studies in Biblical, Jewish, and Near Eastern Ritual, Law, and Literature in Honor of Jacob Milgrom, Winona Lake 1995, 689-695

BLOCH-SMITH, E., "Who is the King of Glory?" Solomon's Temple and Its Symbolism, in: M.D. COOGAN, J.C. EXUM, L.E. STAGER (Hg.), Scripture and Other Artifacts. Essays on the Bible and Archaeology in Honor of Philip J. King, Louisville 1994, 18-31

BLOCK, D.I., The Gods of the Nations, Studies in Ancient Near Eastern National Theology, ETS Monograph Series 2, Jackson 1988

BLUM, E., Die Komposition der Vätergeschichte, WMANT 57, Neukirchen-Vluyn 1984

BODI, D., Les gillûlîm chez Ézéchiel et dans l'Ancien Testament, et les différentes pratiques cultuelles associées à ce terme, RB 100, 1993, 481-510

BOEHM, G., Ikonoklastik und Transzendenz, in: W. SCHMIED (Hg.), GegenwartEwigkeit: Spuren des Transzendenten in der Kunst unserer Zeit, Katalog zur Berliner Ausstellung, Stuttgart 1990, 27-34

BOEHMER, R.M., Die Entwicklung der Glyptik während der Akkad-Zeit, UAVA 4, Berlin 1965

— Götterdarstellungen in der Bildkunst, RlA 3, 1957-1971, 466-469

— Hörnerkrone, RlA 4, 1972-1975, 431-434

— Kopfbedeckung B., RlA 6, 1980-1983, 203-210

BÖRKER-KLÄHN, J., Haartrachten, RlA 4, 1972-1975, 1-12

— Altvorderasiatische Bildstelen und vergleichbare Felsreliefs, BaF 4, Mainz 1982

BONHAGEN, A., Die 'sumerischen' Šuilas. Untersuchungen zu Ausdruck, Inhalt und Kultzusammenhang eines Gebetstyps, unpub. Magisterarbeit, Heidelberg 1997

BONS, E., Das Buch Hosea, NSK-AT 23/1, Stuttgart 1996

BORDREUIL, P., ISRAEL, F., PARDEE, D., Deux ostraca paléo-hébreux de la collection Sh. Moussaïeff: I) Contribution financière obligatoire pour le temple de YHWH, II) Réclamation d'une veuve auprès d'un fonctionnaire, Semitica 46, 1997, 49-76

BORGER, R., Die Inschriften Asarhaddons, Königs von Assyrien, AfO.B 9, Graz 1956 (Ash.)

— Zu den Asarhaddon-Texten aus Babel, BiOr 21, 1964, 143-148 (Zu den Asarhaddon-Texten)

— Handbuch der Keilschriftliteratur I, Berlin, New York 1967

— Rezension zu B. Landsberger, Brief eines Bischofs von Esagila an König Asarhaddon, BiOr 29, 1972, 33-37

— Die Weihe eines Enlil-Priesters, BiOr 30, 1973, 163-176 pl. 1-4

— Tonmännchen und Puppen, BiOr 30, 1973, 176-183

— Handbuch der Keilschriftliteratur II und III, Berlin, New York 1975

— Assyrisch-babylonische Zeichenliste, AOAT 33/33A, Neukirchen-Vluyn 1986[3]

— Neue Lugale-Fragmente, OrNS 55, 1986, 446-449

— Beiträge zum Inschriftenwerk Assurbanipals. Die Prismenklassen A, B, C = K, D, E, F, G, H, J und T sowie andere Inschriften. Mit einem Beitrag von Andreas Fuchs, Wiesbaden 1996

BOROWSKI, E., Eine Hörnerkrone aus Bronze, OrNS 17, 1948, 294-298 pl. xxv-xxviii

BOTTÉRO, J., Les inventaires de Qatna, RA 43, 1949, 1-40. 137-215

— Textes économiques et administratifs, ARM VII, Paris 1957

— Mythes et rites de Babylone, Bibliothèque de l'École des Hautes Études, IVème séction, Sciences historiques et philologiques 328, Genf, Paris 1985

— Magie, A. In Mesopotamien, RlA 7, 1987-1990, 200-234

— /KRAMER, S.N., Lorsque les dieux faisaient l'homme. Mythologie mésopotamienne, Paris 1989

BOTTERWECK, G.J., RINGGREN, H., u.a., Theologisches Wörterbuch zum Alten Testament Band Iff, Stuttgart u.a. 1973ff

VON BRANDENSTEIN, C.-G., Hethitische Götter nach Bildbeschreibungen in Keilschrifttexten, MVAeG 46.2, Leipzig 1943

BRANDES, M.A., Destruction et mutilation de statues en Mésopotamie, Akkadica 16, 1980, 28-41

BRAULIK, G., Spuren einer Neubearbeitung des deuteronomistischen Geschichtswerkes in 1 Kön 8,52-53.59-60, Bib. 52, 1971, 20-33

— Die Mittel deuteronomischer Rhetorik erhoben aus Deuteronomium 4,1-10, AnBib 68, Rom 1978

BRAUN-HOLZINGER, E.A., Mesopotamische Weihgaben der frühdynastischen bis altbabylonischen Zeit, HSAO 3, Heidelberg 1991

— Altbabylonische Götter und ihre Symbole. Benennungen mit Hilfe der Siegellegenden (Taf. 23-42), BaM 27, 1996, 235-359

BREDEKAMP, H., Kunst als Medium sozialer Konflikte. Bilderkämpfe von der Spätantike bis zur Hussitenrevolution, Frankfurt 1975

BRETTLER, M., Ideology, History, and Theology in 2 Kings xvii 7-23, VT 39, 1989, 268-282

BRICHTO, H.C., The Worship of the Golden Calf: A Literary Analysis of a Fable on Idolatry, HUCA 54, 1983, 1-44

BRINKMAN, J.A., A Political History of Post-Kassite Babylonia 1158-722 B.C., AnOr 43, Rom 1968

— Sennacherib's Babylonian Problem: An Interpretation, JCS 25, 1973, 89-95

— A Note on the Shamash Cult at Sippar in the Eleventh Century B.C., RA 70, 1976, 183f

BROCKHAUS Enzyklopädie in Zwanzig Bänden, Wiesbaden 1966[17]

BRUNNER-TRAUT, E., Frühformen des Erkennens am Beispiel Ägyptens, Darmstadt 1992[2]

BÜHLER, K., Sprachtheorie. Die Darstellungsfunktion der Sprache, Stuttgart 1965[2]

BURROWS, M., u.a., The Dead Sea Scrolls of St. Mark's Monastery I, The Isaiah Manuscript and the Habakkuk Commentary, New Haven 1950

BURSTEIN, S.M., The *Babyloniaca* of Berossus, SANE 1/5, Malibu 1978, 1-39

CAGNI, L., L'epopea di Erra, SS 34, Rom 1969

— Das Erra-Epos. Keilschrifttext, StP 5, Rom 1970

— The Poem of Erra, SANE 1/3, Malibu 1977

CALMEYER, P., Zur Genese altiranischer Motive, II. Der leere Wagen, AMI 7, 1974, 49-77 Tf. 10-17

VON CAMPENHAUSEN, H., Die Bilderfrage als theologisches Problem der alten Kirche, ZThK 49, 1952, 33-60 (Bilderfrage)

— Die Bilderfrage in der Reformation, ZKG 68, 1957, 96-128 (Die Bilderfrage)

— Zwingli und Luther zur Bilderfrage, in: W. SCHÖNE, J. KOLLWITZ, H. VON CAMPENHAUSEN (Hg.), Das Gottesbild im Abendland, Witten 1959[2], 139-172

CANCIK, H., Epiphanie/Advent, HrwG II, 1990, 290-296

— /GLADIGOW, B., LAUBSCHER, M. (Hg.), Handbuch religionswissenschaftlicher Grundbegriffe Band Iff, Stuttgart u.a. 1988ff

— /MOHR, H., Religionsästhetik, HrwG I, 1988, 121-156

CANCIK-KIRSCHBAUM, E., Konzeption und Legitimation von Herrschaft in neuassyrischer Zeit. Mythos und Ritual in VS 24, 92, WO 26, 1995, 5-20

CAPLICE, R., Namburbi Texts in the British Museum. II, OrNS 36, 1967, 1-38 pl. i-vi

CARROLL, R.P., The Aniconic God and the Cult of Images, StTh 31, 1977, 51-64

— The Book of Jeremiah. A Commentary, London 1986

CASSIN, E., La splendeur divine. Introduction à l'étude de la mentalité mésopotamienne, CeS 8, Paris 1968

— Forme et identité des hommes et des dieux chez les Babyloniens, in: C. MALAMOUD, J.-P. VERNANT (Hg.), Corps des dieux, Le Temps de la Réflexion 7, Paris, La Haye 1986, 63-76

CASSIRER, E., Wesen und Wirkung des Symbolbegriffs, Darmstadt 1956

CATRON, J.E., Temple and *bāmāh*: Some Considerations, in: S.W. HOLLOWAY, L.K. HANDY (Hg.), The Pitcher is Broken, Memorial Essays for Gösta W. Ahlström, JSOT.S 190, Sheffield 1995, 150-165

CAUBET, A., BERNUS-TAYLOR, M., Le Louvre. Les antiquités orientales et islamiques, Paris 1991

CAVIGNEAUX, A., L'essence divine, JCS 30, 1978, 177-185

— Texte und Fragmente aus Warka (32. Kampagne), BaM 10, 1979, 111-142

— Textes scolaires du temple de Nabû *ša harê* I, Baghdad 1981

— Rezension zu E. von Weiher, SpTU III, WO 25, 1994, 138-143

— /ISMAIL, B.K., Die Statthalter von Suhu und Mari im 8. Jh. v. Chr. anhand neuer Texte aus den irakischen Grabungen im Staugebiet des Qadissiya-Damms, BaM 21, 1990, 321-456 und pl. 35-38

CAZELLES, H., חבר, ThWAT II, 1977, 721-726

CHAMAZA, G.W.V., Sargon II's Ascent to the Throne: The Political Situation, SAAB VI.1, 1992, 21-33

CHILDS, B.S., Old Testament Theology in a Canonical Context, Philadelphia 1989

CHUPUNGCO, A., Symbol, in: T. SUNDERMEIER, K. MÜLLER (Hg.), Lexikon Missionstheologischer Grundbegriffe, Berlin 1987, 452-456

CIVIL, M., Remarks on "Sumerian and Bilingual Texts", JNES 26, 1967, 200-211

— The Series lú = ša and Related Texts, MSL 12, Rom 1969

— Notes on Sumerian Lexicography III, JCS 28, 1976, 183-187

CLAY, A.T., Miscellaneous Inscriptions in the Yale Babylonian Collection, YOS 1, New Haven u.a. 1915

— Epics, Hymns, Omens, and other Texts, Babylonian Records in the Library of J. Pierpont Morgan IV, New Haven 1923

CLEMENTS, R.E., כוכב, ThWAT IV, 1984, 79-91

— שאר, ThWAT VII, 1993, 933-950

CLIFFORD, R.J., The Function of Idol Passages in Second Isaiah, CBQ 42, 1980, 450-464

COCQUERILLAT, D., Handwerker, RlA 4, 1972-1975, 98-103

COGAN, M., Imperialism and Religion: Assyria, Judah and Israel in the Eighth and Seventh Centuries B.C.E., SBL.MS 19, Missoula 1974

— Omens and Ideology in the Babylonian Inscription of Esarhaddon, in: H. TADMOR, M. WEINFELD (Hg.), History, Historiography and Interpretation, Studies in Biblical and Cuneiform Literatures, Jerusalem (Reprint) 1984, 76-87

— For We, Like You, Worship Your God. Three Biblical Portrayals of Samaritan Origins, VT 38, 1988, 286-292

— Judah under Assyrian Hegemony: A Reexamination of *Imperialism and Religion*, JBL 112/3, 1993, 403-414

— Ashima, DDD, 1995, 195-197

— /TADMOR, H., II Kings. A New Translation with Introduction and Commentary, AncB 11, New York 1988

COHEN, M.E., Balag Compositions: Sumerian Lamentation Liturgies of the Second and First Millennium B.C., SANE 1/2, Malibu 1974

— Sumerian Hymnology: The Eršemma, HUCA.S 2, Cincinnati 1981

— The Canonical Lamentations of Ancient Mesopotamia, I-II, Potomac 1988

COHEN, R., YISRAEL, Y., On the Road to Edom. Discoveries from ʿEn Ḥaṣeva, The Israel Museum, Catalogue Nr. 370, Jerusalem 1995

COLBOW, G., Zur Rundplastik des Gudea von Lagaš, Münchener Vorderasiatische Studien 5, München 1987

COLE, S.W., The Crimes and Sacrileges of Nabû-šuma-iškun, ZA 84, 1994, 220-252

COLLINI, P., Studi sul lessico della metallurgia nell'ebraico biblico e nelle lingue siro-palestinesi del II e I millenio A.C., SEL 4, 1987, 9-43

COLLON, D., First Impressions. Cylinder Seals in the Ancient Near East, London 1987

COOPER, J.S., A Sumerian ŠU-IL2-LA from Nimrud with a Prayer for Sin-šar-iškun, Iraq 32, 1970, 51-67, pl. xiv

— Studies in Mesopotamian Lapidary Inscriptions. II, RA 74, 1980, 101-110

— Warrior, Devastating Deluge, Destroyer of Hostile Lands: A Sumerian Šuila to Marduk, in: E. LEICHTY, M. DE J.ELLIS, P. GERARDI (Hg.), A Scientific Humanist, Studies in

Memory of Abraham Sachs, Occasional Publications of the Samuel Noah Kramer Fund 9, Philadelphia 1988, 83-93

CORNELIUS, I., The Iconography of the Canaanite Gods Reshef and Ba'al. Late Bronze and Iron Age I Periods (c 1500-1000 BCE), OBO 140, Fribourg, Göttingen 1991

— The Many Faces of God: Divine Images and Symbols in Ancient Near Eastern Religions, in: K. VAN DER TOORN (Hg.), The Image and the Book, Iconic Cults, Aniconism, and the Rise of Book Religion in Israel and the Ancient Near East, CBET 21, Leuven 1997, 21-43

COULSON, W.D.E., Palestinian Objects at the University of Minnesota, Monographic Journals of the Near East, Occasional Papers on the Near East 2/2, Malibu 1986

CROSS, F.M., Canaanite Myth and Hebrew Epic: Essays in the History of the Religion of Israel, Cambridge 1973

CRÜSEMANN, F., Der Widerstand gegen das Königtum. Die antiköniglichen Texte des Alten Testamentes und der Kampf um den frühen israelitischen Staat, WMANT 49, Neukirchen 1978

CUNEIFORM TABLETS from Babylonian Tablets in the British Museum, London 1896ff

CURTIS, A.H.W., Some Observations on "Bull" Terminology in the Ugaritic Texts and the Old Testament, in: A.S. VAN DER WOUDE (Hg.), In Quest of the Past. Studies on Israelite Religion, Literature and Prophetism. Papers Read at the Joint British-Dutch Old Testament Conference, Held at Elspeet, 1988, OTS 26, Leiden u.a. 1990, 17-31

CURTIS, E.M., Images in Mesopotamia and the Bible: A Comparative Study, in: W.W. HALLO, B.W. JONES, G.L. MATTINGLY (Hg.), The Bible in the Light of Cuneiform Literature. Scripture in Context III, ANETS 8, Lewiston u.a. 1990, 31-56

— Idol, Idolatry, ABD 3, New York u.a. 1992, 376-381

CURTIS, J.E., READE, J.E. (Hg.), Art and Empire. Treasures from Assyria in the British Museum, London 1995

CURTIUS, L., Winckelmann und unser Jahrhundert. Vortrag zur Winckelmannsfeier des Deutschen Archäologischen Instituts in Rom 1929, Die Antike VI, 1930, 93-126

DALLEY, S., The God Ṣalmu and the Winged Disk, Iraq 48, 1986, 85-101

— /POSTGATE, J.N., The Tablets from Fort Shalmaneser, CTN III, Oxford 1984

DALMAN, G., Arbeit und Sitte in Palästina II. Der Ackerbau, SDPI 5, Gütersloh 1932

DAVIES, G.I., Ancient Hebrew Inscriptions. Corpus and Concordance, Cambridge 1991

DAVIES, P.R., In Search of "Ancient Israel", JSOT.S 148, Sheffield 1992

DEBUS, J., Die Sünde Jerobeams, Studien zur Darstellung Jerobeams und der Geschichte des Nordreichs in der deuteronomistischen Geschichtsschreibung, FRLANT 93, Göttingen 1967

DELLER, K., Die Hausgötter der Familie Šukrija S. Huja, in: M.A. MORRISON, D.I. OWEN (Hg.), Studies on the Civilization and Culture of Nuzi and the Hurrians in Honor of Ernest R. Lacheman on his Seventy-Fifth Birthday, April 29, 1981, Winona Lake 1981, 47-76

— SAG.DU UR.MAH "Löwenkopfsitula, Löwenkopfbecher", BaM 16, 1985, 327-346 pl. 30

— Der Tempel des Gottes Bêl-eprija/aprija in der Stadt Aššur, in: U. MAGEN, M. RASHAD (Hg.), Vom Halys zum Euphrat, Thomas Beran zu Ehren mit Beiträgen von Freunden und Schülern, Altertumskunde des Vorderen Orients. Archäologische Studien zur Kultur und Geschichte des Alten Orients 7, Münster 1996, 115-130

— /FADHIL, A., AHMAD, K.M., Two New Royal Inscriptions Dealing with Construction Work in Kar-Tukulti-Ninurta, BaM 25, 1994, 459-472

— /MAYER, W.R., Akkadische Lexikographie: CAD M, OrNS 53, 1984, 72-124

— /MAYER, W.R., SOMMERFELD, W., Akkadische Lexikographie: *CAD* N, OrNS 56, 1987, 176-218

DE MOOR, J.C., El, the Creator, in: G. RENDSBURG, u.a. (Hg.), The Bible World. Essays in Honor of Cyrus H. Gordon, New York 1980, 171-187

— The Rise of Yahwism. The Roots of Israelite Monotheism, BEThL 91, Leuven 1990

— The Integrity of Isaiah 40, in: M. DIETRICH, O. LORETZ (Hg.), Mesopotamica-Ugaritica-Biblica, Festschrift für Kurt Bergerhof zur Vollendung seines 70. Lebensjahres am 7. Mai 1992, AOAT 232, Neukirchen-Vluyn 1993, 181-216

— Standing Stones and Ancestor Worship, UF 27, 1995, 1-20

DENZINGER, H., HÜNERMANN, P., Kompendium der Glaubensbekenntnisse und kirchlichen Lehrentscheidungen, Freiburg, Basel, Rom, Wien 1991[37]

DESSEL, J.P., MEYERS, E.M., MEYERS, C.L., Notes and News. Excavations and Surveys. Tell ʿEn Ṣippori 1996, IEJ 47, 1997, 268-271

DE VAUX, R., Les fouilles de Tell el-Farʿah, près Naplouse. Sixième campagne, RB 64, 1957, 552-580, pl. vi-xiii

DEVER, W.G., Tell Beitin, ABD 1, New York u.a. 1992, 651f

DICK, M.B., Prophetic *Poiēsis* and the Verbal Icon, CBQ 46, 1984, 226-246

— Prophetic Parodies Against Making the Cult Image, in: M.B. DICK (Hg.), Born in Heaven, Made on Earth: The Creation of the Cult Image, unpub. Manuskript, Loudonville 1994, 1-58

DIEBNER, B.J., Anmerkungen zum sogenannten "Bilderverbot" in der Torah, DBAT 27, 1991 [1992], 46-57

DIETRICH, M., Der Werkstoff wird Gott. Zum mesopotamischen Ritual der Umwandlung eines leblosen Bildwerks in einen lebendigen Gott, MARG 7, 1992, 105-126

— /LORETZ, O., MAYER, W., *Sikkanum* "Betyle", UF 21, 1989, 133-139

— /LORETZ, O., Die Weisheit des ugaritischen Gottes El im Kontext der altorientalischen Weisheit, UF 24, 1992, 31-38

— /LORETZ, O., Jahwe und seine Aschera. Anthropomorphes Kultbild in Mesopotamien, Ugarit und Israel. Das biblische Bilderverbot, UBL 9, Münster 1992

DIETRICH, W., Prophetie und Geschichte. Eine redaktionsgeschichtliche Untersuchung zum deuteronomistischen Geschichtswerk, FRLANT 108, Göttingen 1972

DILLMANN, A., Numeri, Deuteronomium und Josua, KEH 13, Leipzig 1886[2]

— Der Prophet Jesaia, KEH 5, Leipzig 1890[5]

DIODORUS OF SICILY, Works, Vol. I-XII, The Loeb Classical Library, London, Cambridge 1933-1967

DOHMEN, C., Das Heiligtum von Dan. Aspekte religionsgeschichtlicher Darstellung im Deuteronomistischen Geschichtswerk, BN 17, 1982, 17-22

— Ein kanaanäischer Schmiedeterminus (*NSK*), UF 15, 1983, 39-42

— Die Statue von Tell Fecherīje und die Gottebenbildlichkeit des Menschen, ein Beitrag zur Bilderterminologie, BN 22, 1983, 91-106

— Heißt סמל »Bild, Statue«?, ZAW 96, 1984, 263-266

— מסכה, ThWAT IV, 1984, 1009-1015

— נסך, ThWAT V, 1986, 488-493

— Religion gegen Kunst? Liegen die Anfänge der Kunstfeindlichkeit in der Bibel?, in: C. DOHMEN, T. STERNBERG (Hg.), "... kein Bildnis machen". Kunst und Theologie im Gespräch, Würzburg 1987, 11-24

— Das Bilderverbot. Seine Entstehung und seine Entwicklung im Alten Testament, BBB 62, Frankfurt 1987[2]

— פסל, ThWAT VI, 1989, 688-697

— Bilderverbot, NBL I, 1991, 296-298

DONBAZ, V., GALTER, H.D., Zwei Inschriften Sanheribs im Istanbuler Museum, ARRIM 3, 1985, 4-8

— /KOCH, J., Ein Astrolab der dritten Generation: Nv. 10, JCS 47, 1995, 63-84

DONNER, H., Die Schwellenhüpfer: Beobachtungen zu Zephanja 1,8f, JSS 15, 1970, 42-55

— Geschichte des Volkes Israel und seiner Nachbarn in Grundzügen 1 und 2, ATD Erg. Reihe 4/1 und 2, Göttingen 1984/1986

— Art und Herkunft des Amtes der Königinmutter im Alten Testament, in: DERS., Aufsätze zum Alten Testament aus vier Jahrzehnten, BZAW 224, Berlin u.a. 1994, 1-24

— "Hier sind deine Götter, Israel!", in: DERS., Aufsätze zum Alten Testament aus vier Jahrzehnten, BZAW 224, Berlin u.a. 1994, 67-75

DOSSIN, G., FINET, A., Correspondance féminine, ARM X, Paris 1978

DOTY, L.T., Nikarchos and Kephalon, in: E. LEICHTY, M. DE J.ELLIS, P. GERARDI (Hg.), A Scientific Humanist, Studies in Memory of Abraham Sachs, Occasional Publications of the Samuel Noah Kramer Fund 9, Philadelphia 1988, 95-118

— Akkadian bīt piriŠti, in: M.E. COHEN, D.C. SNELL, D.B. WEISBERG (Hg.), The Tablet and the Scroll. Near Eastern Studies in Honor of William W. Hallo, Bethesda 1993, 87-89

DOUGHERTY, R.P., Records from Erech. Time of Nabonidus (555-538 B.C.), YOS 6, New Haven, London, Oxford 1920

DOUGLAS VAN BUREN, E., The ṣalmē in Mesopotamian Art and Religion, OrNS 10, 1941, 65-92

DROSDOWSKI, G., GREBE, P., u.a. (Hg.), Duden Etymologie, Herkunftswörterbuch der deutschen Sprache Bd. 7, Mannheim, Wien, Zürich 1963

DUHM, B., Das Buch Jeremia, KHC XI, Tübingen, Leipzig 1901

— Das Buch Habakuk. Text, Übersetzung und Erklärung, KHC XIII.2, Tübingen 1906

— Anmerkungen zu den zwölf kleinen Propheten, ZAW 31, 1911, 1-43

— Das Buch Jesaia, HK III.1, Göttingen 1914[3]

DUMBRELL, W.J., Malachi and the Ezra-Nehemiah Reforms, RTR 35, 1976, 42-52

DUMEIGE, G., Nizäa II, GÖK 4, Mainz 1985

DUMERMUTH, F., Zur deuteronomistischen Kulttheologie und ihren Voraussetzungen, ZAW 70, 1958, 59-98

DURAND, J.-M., Le culte des bétyles en Syrie, in: J.-M. DURAND, J.-R., KUPPER (Hg.), Miscellanea Babylonica, Mélanges offerts à Maurice Birot, Paris 1985, 79-84

— La divination par les oiseaux, MARI 8, 1997, 273-282

DURAND, J.-L., FRONTISI-DUCROUX, F., Idoles, figures, images: autour de Dionysos, RAr 1982, 81-108

DURKHEIM, E., Die elementaren Formen des religiösen Lebens, Frankfurt a.M. 1981 (deutsche Übersetzung des französchen Originals Les formes élémentaire de la vie religieuse, Paris 1912)

EBELING, E., Keilschrifttexte aus Assur religiösen Inhalts, WVDOG 28 und 34, Leipzig 1915-1923

— Neubabylonische Briefe aus Uruk, BKF 1, Berlin 1930

— Tod und Leben nach den Vorstellungen der Babylonier, Berlin, Leipzig 1931

— Kritische Beiträge zu neueren assyriologischen Veröffentlichungen, MAOG 10.2, Leipzig 1937

— Ein Gebet an einen "verfinsterten Gott" aus neuassyrischer Zeit, OrNS 17, 1948, 416-422

— Literarische Keilschrifttexte aus Assur, Berlin 1953

— Die akkadische Gebetsserie "Handerhebung", Deutsche Akademie der Wissenschaften zu Berlin, Institut für Orientforschung Veröffentlichung Nr. 20, Berlin 1953

EBERLEIN, K., Gott der Schöpfer – Israels Gott. Eine exegetisch-hermeneutische Studie zur theologischen Funktion alttestamentlicher Schöpfungsaussagen, BEAT 5, Frankfurt/M. u.a. 1989²

EBERT, M. (Hg.), Reallexikon der Vorgeschichte 1-15, Berlin 1924-1932

ECCLESIA CATHOLICA, Acta Apostolicae Sedis. Commentarium officiale, XX, Vatikan 1928

ECO, U., Introduction to a Semiotics of Icon Signs: Quaderni di studi semiotici 2, 1972, 1-15

— Einführung in die Semiotik, München 1994⁸

EDELMAN, D.V., Tracking Observance of the Aniconic Tradition through Numismatics, in: D.V. EDELMAN (Hg.), The Triumph of Elohim. From Yahwisms to Judaisms, CBET 13, Kampen 1995, 185-225

EDZARD, D.O. (Hg.), Reallexikon der Assyriologie und vorderasiatischen Archäologie Bd. 1ff, Berlin u.a. 1932ff

— Jaspis. A. Philologisch, RIA 5, 1976-1980, 269f

EHRLICH, E.L., Die Kultsymbolik im Alten Testament und im nachbiblischen Judentum, Stuttgart 1959

EISING, H., Die Weisheitslehrer und die Götterbilder, Bib. 40, 1959, 393-408

EISSFELDT, O., Lade und Stierbild, ZAW 58, 1940/41, 190-215 = DERS., Kleine Schriften II, Tübingen 1963, 282-305

ELIADE, M., Kosmogonische Mythen und magische Heilungen, Paid. 6, 1954/58, 194-204

— Das Heilige und das Profane. Vom Wesen des Religiösen, Frankfurt 1984

— Das Mysterium der Wiedergeburt. Versuch über einige Initiationstypen, Frankfurt 1988

— Mythos und Wirklichkeit, Frankfurt 1988

ELLIGER, K., Deuterojesaja, 1. Teilband Jesaja 40,1-45,7, BK XI/1, Neukirchen-Vluyn 1978

— /RUDOLPH, W., u.a. (Hg.), Biblia Hebraica Stuttgartensia, Stuttgart 1967/1977

ELLIGER, W., Die Stellung der alten Christen zu den Bildern in den ersten vier Jahrhunderten, Leipzig 1930

ELLIS, R.S., "Papsukkal" Figures beneath the Daises of Mesopotamian Temples, RA 61, 1967, 51-61

EMERTON, J.A., Rezension zu D.V. Edelman (Hg.), The Triumph of Elohim, VT 47, 1997, 393-400

— The House of Baal in 1 Kings XVI 32, VT 47, 1997, 293-300

ENGEL, B.J., Darstellungen von Dämonen und Tieren in assyrischen Palästen und Tempeln nach den schriftlichen Quellen, Mönchengladbach 1987

ENGELKEN, K., Baʿalšamem. Eine Auseinandersetzung mit der Monographie von H. Niehr, ZAW 108, 1996, 233-248. 391-407

ESCHWEILER, P., Bildzauber im Alten Ägypten. Die Verwendung von Bildern und Gegenständen in magischen Handlungen nach den Texten des Mittleren und Neuen Reiches, OBO 137, Fribourg, Göttingen 1994

EVANS, C.D., Cult Images, Royal Policies and the Origins of Aniconism, in: S.W. HOLLOWAY, L.K. HANDY (Hg.), The Pitcher is Broken, Memorial Essays for Gösta W. Ahlström, JSOT.S 190, Sheffield 1995, 192-212

EVEN-SHOSHAN, A., A New Concordance of the Bible, Jerusalem 1982

EYPPER, S.C., Texts from Assur Relating to the Preparation of Strung-Bead Amulets, unpub. Diss., Berlin 1982

FABRY, H.-J., נחש, ThWAT V, 1986, 384-397

— נחשת, ThWAT V, 1986, 397-408

FALES, F.M., POSTGATE, J.N., Imperial Administrative Records, Part I, Palace and Temple Administration, SAA VII, Helsinki 1992

FALKENSTEIN, A., Die Haupttypen der sumerischen Beschwörung literarisch untersucht, LSS NF 1, Leipzig 1931

— Topographie von Uruk, I. Teil: Uruk zur Seleukidenzeit, ADFU 3, Leipzig 1941

— Zwei Rituale aus seleukidischer Zeit, UVB 15, ADOG 4, Berlin 1959, 36-44

FARBER(-FLÜGGE), G., Der Mythos "Inanna und Enki" unter besonderer Berücksichtigung der Liste der me, StP 10, Rom 1973

— me, RlA 7, 1987-1990, 610-613

— Konkret, kollektiv, abstrakt?, in: P. MICHALOWSKI, u.a. (Hg.), Velles Paraules. Ancient Near Eastern Studies in Honor of Miguel Civil on the Occasion of his Sixty-Fifth Birthday, Aula Orientalis 9, Barcelona 1991, 81-90

FARBER, W., Beschwörungsrituale an Ištar und Dumuzi. Attī Ištar ša harmaša Dumuzi, Akademie der Wissenschaften und der Literatur. Veröffentlichungen der Orientalischen Kommission 30, Wiesbaden 1977

— Schlaf, Kindchen, schlaf. Mesopotamische Baby-Beschwörungen und -rituale, Mesopotamian Civilizations 2, Winona Lake 1989

FAULSTICH, E.I., Hellenistische Kultstatuen und ihre Vorbilder, EHS.A 70, Frankfurt/M u.a. 1997

FAUR, J., The Biblical Idea of Idolatry, JQR 69, 1978, 1-15

FELD, H., Der Ikonoklasmus des Westens, SHCT 41, Leiden u.a. 1990

FINKEL, I.L., Adad-apla-iddina, Esagil-kīn-apli, and the Series SA.GIG, in: E. LEICHTY, M. DE J.ELLIS, P. GERARDI (Hg.), A Scientific Humanist, Studies in Memory of Abraham Sachs, Occasional Publications of the Samuel Noah Kramer Fund 9, Philadelphia 1988, 143-159

— /CIVIL, M., The Series SIG7.ALAN = Nabnītu, MSL 16, Rom 1982

FINKELSTEIN, I., The Archaeology of the Days of Manasseh, in: M.D. COOGAN, J.C. EXUM, L.E. STAGER (Hg.), Scripture and Other Artifacts. Essays on the Bible and Archaeology in Honor of Philip J. King, Louisville 1994, 169-187 (Archaeology of Manasseh)

— The Date of the Settlement of the Philistines in Canaan, TA 22, 1995, 213-239

— The Archaeology of the United Monarchy: An Alternative View, Levant 28, 1996, 177-187 (Archaeology)

FISCHER, P.M., Tell Abu al-Kharaz. The Mound of the Father of the Beads in the Jordan Valley, Minerva 7.5, 1996, 30-33

FISHBANE, M., Text and Texture: Close Readings of Selected Biblical Texts, New York 1979

FITZGERALD, A., The Technology of Isaiah 40:19-20+41:6-7, CBQ 51, 1989, 426-446

FLEMING, D.E., The Installation of Baal's High Priestess at Emar. A Window on Ancient Syrian Religion, HSS 42, Atlanta 1992

FOHRER, G., Das Buch Jesaja, 3. Band Kapitel 40-66, ZBK, Zürich u.a. 1964

FOKKELMAN, J.P., שׁדי תרומת in II Sam. 1 21a – a Non-existent Crux, ZAW 91, 1979, 290-292

FORRER, E., Ausbeute aus den Boghazköi-Inschriften, MDOG 61, 1921, 20-39

FOSSEY, C., La magie assyrienne. Étude suivie de textes magiques, Paris 1902

FOSTER, B.R., Before the Muses. An Anthology of Akkadian Literature I und II, Bethesda 1993

FOX, M.V., Words for Wisdom: תבונה and בינה; ערמה and מזמה; עצה and תושׁיה, ZAH 6, 1993, 149-169

FRAHM, E., Einleitung in die Sanherib-Inschriften, AfO.B 26, Wien 1997

FRAME, G., Rulers of Babylonia. From the Second Dynasty of Isin to the End of Assyrian Domination (1157-612 BC), RIMB 2, Toronto, Buffalo, London 1995

FRANK, K., Bilder und Symbole babylonisch-assyrischer Götter, LSS II.2, Leipzig 1906, 1-32

FRANKEL, D., The Destruction of the Golden Calf: An New Solution, VT 44, 1994, 330-339

FRANKEN, H.J., The Excavations at Deir ʿAllā in Jordan, VT 11, 1961, 361-372

FRANKENA, R., Tākultu. De sacrale maaltijd in het assyrische ritueel, met een overzicht over de in Assur vereerde goden, Commentationes Orientales 2, Leiden 1954

— Briefe aus dem British Museum (LIH und CT 2-33), AbB 2, Leiden 1966

FRANKFORT, H., More Sculpture from the Diyala Region, OIP 60, Chicago 1943

— Kingship and the Gods. A Study of Ancient Near Eastern Religion as the Integration of Society & Nature, Chicago 1948

FREEDBERG, D., The Power of Images. Studies in the history and theory of response, Chicago, London 1989

FREEDMAN, D.N., u.a. (Hg.), The Anchor Bible Dictionary 1-6, New York u.a. 1992

FREVEL, C., "Dies ist der Ort, von dem geschrieben steht ..." Zum Verhältnis von Bibelwissenschaft und Palästinaarchäologie, BN 47, 1989, 35-89

— Die Elimination der Göttin aus dem Weltbild des Chronisten, ZAW 103, 1991, 263-271

— Aschera und der Ausschließlichkeitsanspruch YHWHs. Beiträge zu literarischen, religionsgeschichtlichen und ikonographischen Aspekten der Ascheradiskussion, BBB 94, Bonn 1995

FREYMUTH, G., Zur Lehre von den Götterbildern in der epikuräischen Philosophie. Deutsche Akademie der Wissenschaften zu Berlin, Institut für Hellenistisch-Römische Philosophie, Veröffentlichung 2, Berlin 1953

FRIEDRICH, J., MEYER, G., UNGNAD, A., WEIDNER, E.F., Die Inschriften vom Tell Halaf. Keilschrifttexte und aramäische Urkunden aus einer assyrischen Provinzhauptstadt, AfO.B 6, Berlin 1940

FRITZ, V., Tempel und Zelt. Studien zum Tempelbau in Israel und zu dem Zeltheiligtum der Priesterschrift, WMANT 47, Neukirchen-Vluyn 1977

— Die Entstehung Israels im 12. und 11. Jahrhundert v. Chr., Biblische Enzyklopädie 2, Stuttgart u.a 1996

— /u.a., Kinneret. Ergebnisse der Ausgrabungen auf dem Tell el ʿOrēme am See Gennesaret 1982-1985, ADPV 15, Wiesbaden 1990

FUCHS, A., Die Inschriften Sargons II. aus Khorsabad, Göttingen 1994

FUCHS, R., Silber, LÄ 5, 1984, 939-946

— Zinn, LÄ 6, 1986, 1409-1414

FUNKE, H., Götterbild, RAC 11, 1981, 659-828

GADAMER, H.G., Hermeneutik, in: HWP 3, 1974, 1061-1073 (Hermeneutik)

— Hermeneutik I, Wahrheit und Methode. Grundzüge einer philosophischen Hermeneutik, Tübingen 1990⁶ (GW 1) (Wahrheit)

GADD, C.J., Inscribed Barrel-Cylinder of Marduk-apla-iddina II, Iraq 15, 1953, 123-134

— Inscribed Prisms of Sargon II from Nimrud, Iraq 16, 1954, 173-201 pl. xliii-li

— The Harran Inscriptions of Nabonidus, AnSt 8, 1958, 35-92 pl. i-xvi

GALLING, K., Bethel und Gilgal (Fortsetzung und Schluß), ZDPV 67, 1944/45, 21-43

— Königliche und nichtkönigliche Stifter beim Tempel von Jerusalem, ZDPV 68, 1951, 134-142

— Götterbild, weibliches, BRL, 1977², 111-119

— Wald und Forstwirtschaft, BRL, 1977², 356-358

— (Hg.), Biblisches Reallexikon, Tübingen 1977²

GALTER, H.D., Der Gott Ea/Enki in der akkadischen Überlieferung. Eine Bestandsaufnahme des vorhandenen Materials, Graz 1983

— Die Zerstörung Babylons durch Sanherib, StOr 55.5, Helsinki 1984, 159-173

500

GAMBERONI, J., מצבה, ThWAT IV, 1984, 1064-1074

— קום, ThWAT VI, 1989, 1252-1274

GEERS, F.W., Handschriftliche Kopien der Keilschrifttafeln im British Museum London in mehreren Heften, Heidelberg o.J. (Heft)

GEERTZ, C., Religion als kulturelles System (1966), in: DERS., Dichte Beschreibung. Beiträge zum Verstehen kultureller Systeme, Frankfurt 1983, 44-95

— Dichte Beschreibung, Bemerkungen zu einer deutenden Theorie von Kultur, in: DERS., Dichte Beschreibung. Beiträge zum Verstehen kultureller Systeme, Frankfurt 1983, 7-43

GEFFCKEN, J., Zwei griechische Apologeten, Leipzig, Berlin 1907

— Der Bilderstreit des heidnischen Altertums, ARW 19, 1916-19, 286-315

GEORGE, A.R., Sennacherib and the Tablet of Destinies, Iraq 48, 1986, 133-146

— Babylonian Texts from the Folios of Sidney Smith, Part I, RA 82, 1988, 139-162

— Babylonian Topographical Texts, OLA 40, Leuven 1992

— Ninurta-pāqidāt's Dog Bite, and Notes on Other Comic Tales, Iraq 55, 1993, 63-75

— House Most High. The Temples of Ancient Mesopotamia, Mesopotamian Civilizations 5, Winona Lake 1993

— Studies in Cultic Topography and Ideology, BiOr 53, 1996, 363-395

— Marduk and the Cult of the Gods of Nippur at Babylon, OrNS 66, 1997, 65-70

GERARDI, P., Prism Fragments from Sippar: New Esarhaddon Inscriptions, Iraq 55, 1993, 119-133

GERLEMAN, G., Ruth. Das Hohelied, BK XVIII, Neukirchen-Vluyn 1965

— *Adam* und die alttestamentliche Anthropologie, in: J. JEREMIAS, L. PERLITT (Hg.), Die Botschaft und die Boten, Festschrift für Hans Walter Wolff zum 70. Geburtstag, Neukirchen-Vluyn 1981, 319-333

GERSTENBERGER, E., תעב, THAT II, 1984[3], 1051-1055

GESE, H., Die Religionen Altsyriens, in: DERS., u.a., Die Religionen Altsyriens, Altarabiens und der Mandäer, RM 10/2, Stuttgart u.a. 1970, 7-232

GESENIUS, W., BUHL, F., Handwörterbuch über das Alte Testament, Berlin u.a. 1962[17]

GIESELMANN, B., Die sogenannte josianische Reform in der gegenwärtigen Forschung, ZAW 106, 1994, 223-242

GITIN, S., The Neo-Assyrian Empire and its Western Periphery: The Levant, with a Focus on Philistine Ekron, in: S. PARPOLA, R.M. WHITING (Hg.), ASSYRIA 1995. Proceedings of the 10th Anniversary Symposium of the Neo-Assyrian Text Corpus Project, Helsinki September 7-11, 1995, Helsinki 1997, 77-103

GLADIGOW, B., Konkurrenz von Bild und Namen im Aufbau theistischer Systeme, in: H. BRUNNER, u.a. (Hg.), Wort und Bild, München 1979, 103-122

— Der Sinn der Götter. Zum kognitiven Potential der persönlichen Gottesvorstellung, in: P. EICHER (Hg.), Gottesvorstellung und Gesellschaftsentwicklung, FRW 1, München 1979, 41-62

— Präsenz der Bilder – Präsenz der Götter. Kultbilder und Bilder der Götter in der griechischen Religion, VisRel 4-5, 1985-1986, 114-133

— Religionsgeschichte des Gegenstandes – Gegenstände der Religionsgeschichte, in: H. ZINSER (Hg.), Religionswissenschaft. Eine Einführung, Berlin 1988, 6-37

— Epiphanie, Statuette, Kultbild. Griechische Gottesvorstellungen im Wechsel von Kontext und Medium, VisRel 7, 1990, 98-121

— Gottesvorstellungen, HrwG III, 1993, 32-49

GLASSNER, J.J., A propos des jardins mésopotamiens, Res Orientales 3, 1991, 9-17

GLAZIER-MCDONALD, B., Malachi: The Divine Messenger, SBL.DS 98, Atlanta 1987

GLEIS, M., Die Bamah, BZAW 251, Berlin, New York 1997

GÖRG, M., Bet-El, NBL I, 1991, 281f

— Efod, NBL I, 1991, 472f

— רקיע, ThWAT VII, 1993, 668-675

— /LANG, B., Neues Bibel-Lexikon, Band I A-G, Zürich 1991

GÖSSMANN, P.F., Planetarium Babylonicum oder die sumerisch-babylonischen Stern-Namen, SL IV.2, Rom 1950

GOETZE, A., Old Babylonian Omen Texts, YOS 10, New Haven, London, Oxford 1947

— Kleinasien, HAW, 3. Abteilung, 1. Teil, 3. Band, 3. Abschnitt, 1. Unterabschnitt, München 1957[2]

— An Old Babylonian Prayer of the Divination Priest, JCS 22, 1968f, 25-29

GOLDMAN, B., Some Assyrian Gestures, Bulletin of the Asia Institute NS 4, 1990, 41-49

GOLDSTEIN, J.A., The Historical Setting of the Uruk Prophecy, JNES 47, 1988, 43-46

GOMBRICH, E.H., Kunst und Illusion. Zur Psychologie der bildlichen Darstellung, Stuttgart, Zürich 1978[6] [Übersetzung der englischen Originalausgabe Art and Illusion. A Study in the Psychology of Pictorial Representation, Oxford 1977[5]]

GOTTWALD, N.K., Rezension zu I.M. Zeitlin, Ancient Judaism, Religion 16, 1986, 383-387

GRADWOHL, R., Die Farben im Alten Testament. Eine terminologische Studie, BZAW 83, Berlin u.a. 1963

GRAUPNER, A., עצב, ThWAT VI, 1989, 301-305

GRAYSON, A.K., Assyrian and Babylonian Chronicles, TCS V, Locust Valley, New York 1975

— Assyrian Rulers of the Early First Millennium BC, I (1114-859 BC), RIMA 2, Toronto, Buffalo, London 1991

— Assyrian Rule of Conquered Territory in Ancient Western Asia, in: CANE II, 1995, 959-968

GREEN, A., Mischwesen. B. Archäologie. Mesopotamien, RlA 8, 1994, 246-264

— Ancient Mesopotamian Religious Iconography, in: CANE III, 1995, 1837-1855

GRESSMANN, H., Die Lade Jahves und das Allerheiligste des Salomonischen Tempels, Beihefte zur Wissenschaft vom Alten Testament NF 1, Berlin u.a. 1920

— Der Messias, FRLANT 43, Göttingen 1929

GRIESHAMMER, R., Mundöffnung(sritual), LÄ 4, 1982, 223f

GRIMM, W., DITTERT, K., Deuterojesaja. Deutung – Wirkung – Gegenwart, Calwer Bibelkommentare, Stuttgart 1990

GROß, W., Die Gottebenbildlichkeit des Menschen nach Gen 1,26.27 in der Diskussion des letzten Jahrzehnts, BN 68, 1993, 35-48

GÜTERBOCK, H.G., Die historische Tradition und ihre literarische Gestaltung bei Babyloniern und Hethitern bis 1200, ZA 42 (NF 8), 1934, 1-91

— Hethitische Götterbilder und Kultobjekte, in: R.M. BOEHMER, H. HAUPTMANN (Hg.), Beiträge zur Altertumskunde Kleinasiens, Festschrift für Kurt Bittel, Mainz 1983, 203-217

GUILLAUME, A., The Life of Muhammad. A Translation of Ishâq's Sîrat Rasul Allâh, Karachi 1990[9]

GUNDLACH, R., Goldgewinnung, LÄ 2, 1977, 734-738

— Goldminen, LÄ 2, 1977, 740-751

GUNKEL, H., Die Psalmen, HK II.2, Göttingen 1926[4]

— Das Märchen im Alten Testament, Neudruck 1987

GUNNEWEG, A.H.J., Bildlosigkeit Gottes im Alten Israel, Henoch 6, 1984, 258-269

502

— Biblische Theologie des Alten Testaments, Eine Religionsgeschichte Israels in biblisch-theologischer Sicht, Stuttgart u.a. 1993

GURNEY, O.R., Babylonian Prophylactic Figures and Their Rituals, AAA 22, 1935, 31-96

— /FINKELSTEIN, J.J., The Sultantepe Tablets I, Occasional Publications of the British Institute of Archaeology at Ankara 3, London 1957

— /HULIN, P., The Sultantepe Tablets II, Occasional Publications of the British Institute of Archaeology at Ankara 7, London 1964

GUTMANN, J., The "Second Commandment" and the Image in Judaism, HUCA 32, 1961, 161-174

HAAS, V., Die Dämonisierung des Fremden und des Feindes im Alten Orient, in: RoczOr 41, Anniversary Volume dedicated to R. Ranoszek on his 85th Birthday, Warschau 1980, 37-44

— Geschichte der hethitischen Religion, HO, 1. Abteilung, Bd. 15, Leiden, New York, Köln 1994

HADLEY, J.M., Yahweh and "His Asherah": Archaeological and Textual Evidence for the Cult of the Goddess, in: W. DIETRICH, M.A. KLOPFENSTEIN (Hg.), Ein Gott allein? JHWH-Verehrung und biblischer Monotheismus im Kontext der israelitischen und altorientalischen Religionsgeschichte, OBO 139, Fribourg, Göttingen 1994, 235-268

— Chasing Shadows? The Quest for the Historical Goddess, in: J.A. EMERTON (Hg.), Congress Volume Cambridge 1995, VT.S 66, Leiden u.a. 1997, 169-184

HAHN, J., Das "Goldene Kalb". Die Jahwe-Verehrung bei Stierbildern in der Geschichte Israels, EHS.T 154, Frankfurt/M Bern 1981 (1987²)

HALBFAS, H., Das dritte Auge. Religionsdidaktische Anstöße, Düsseldorf 1992⁵

HALDAR, A., The Notion of the Desert in Sumero-Accadian and West-Semitic Religions, Uppsala/Leipzig 1950

VON HALLER, A., Die Südbaugrabung 1934/35, UVB 7, Berlin 1936, 32-39

HALLO, W.W., The Cultic Setting of Sumerian Poetry, in: A. FINET (Hg.), Actes de la XVIIᵉ Rencontre Assyriologique Internationale, Université Libre de Bruxelles, 30 juin - 4 juillet 1969, Ham-sur-Heure 1970, 116-134

— Cult Statue and Divine Image: A Preliminary Study, in: W.W. HALLO, J. MOYER, L. PERDUE (Hg.), Scripture in Context II. More Essays on the Comparative Method, Winona Lake 1983, 1-17

— Texts, Statues and the Cult of the Divine King, in: J.A. EMERTON (Hg.), Congress Volume Jerusalem 1986, VT.S 40, Leiden 1988, 54-66

— /MORAN, W.L., The First Tablet of the SB Recension of the Anzu Myth, JCS 31, 1979, 65-115

HALPERN, B., Jerusalem and the Lineages in the Seventh Century BCE: Kinship and the Rise of Individual Moral Liability, in: DERS., u.a. (Hg.), Law and Ideology in Monarchic Israel, JSOT.S 124, Sheffield 1991, 11-107

HAMP, V., חרש, ThWAT III, 1982, 234

HANDY, L.K., Historical Probability and the Narrative of Josiah's Reform in 2 Kings, in: S.W. HOLLOWAY, L.K. HANDY (Hg.), The Pitcher is Broken, Memorial Essays for Gösta W. Ahlström, JSOT.S 190, Sheffield 1995, 252-275

HARDIN, M.A., Applying Linguistic Models to the Decorative Arts: A Preliminary Consideration of the Limits of Analogy, Semiotica 46, 1983, 309-322

HARDMEIER, C., Die Redekomposition Jer 2-6. Eine ultimative Verwarnung Jerusalems im Kontext des Zidkijaaufstandes, WuD 21, 1991, 11-42

HARPER, F.R., Assyrian and Babylonian Letters Belonging to the Kouyunjik Collections of the British Museum, Bd. 1-14, London, Chicago 1892-1914

HARRIS, R., Ancient Sippar. A Demographic Study of an Old-Babylonian City (1894-1595 B.C.), Uitgaven van het Nederlands Historisch-Archaeologisch Instituut te Istanbul, PIHANS 36, o. Ort 1975

HAUSSPERGER, M., Die Einführungsszene. Entwicklung eines mesopotamischen Motivs von der altakkadischen bis zum Ende der altbabylonischen Zeit, Münchener Vorderasiatische Studien 11, München, Wien 1991

HAZENBOS, J., Die in Kuşaklı gefundenen Kultinventare, MDOG 128, 1996, 95-104

HEIDEL, A., The Meaning of *Mummu* in Akkadian Literature, JNES 7, 1948, 98-105

—   The Babylonian Genesis. The Story of the Creation, Chicago 1951[2]

HEINTZ, J.-G., Ressemblance et représentation divines selon l'Ancien Testament et le monde sémitique ambiant, in: L'Imitation, aliénation ou source de liberté? Actes de la IIIe Rencontre de l'École du Louvre, Paris Sept. 1984, Paris 1985, 89-106

HELCK, W., OTTO, E., Lexikon der Ägyptologie Band 1-7, Wiesbaden 1975ff

HELTZER, M., Die Organisation des Handwerks im "Dunklen Zeitalter" und im I. Jahrtausend v.u.Z. im östlichen Mittelmeergebiet, History of the Ancient Near East/Studies 3, Padua 1992

—   Crafts in the West (Syria, Phoenicia, Palestine, ca. 1500-331 BCE), AOF 23, 1996, 278-283

HENDEL, R.S., The Social Origins of the Aniconic Tradition in Early Israel, CBQ 50, 1988, 365-382

—   Nehushtan, DDD, 1995, 1157-1159

—   Aniconism and Anthropomorphism in Ancient Israel, in: K. VAN DER TOORN (Hg.), The Image and the Book, Iconic Cults, Aniconism, and the Rise of Book Religion in Israel and the Ancient Near East, CBET 21, Leuven 1997, 205-228

HENTSCHEL, G., 1 Könige, NEB.AT Lfg. 10, Würzburg 1984

—   2 Könige, NEB.AT Lfg. 11, Würzburg 1985

HERBORDT, S., Neuassyrische Glyptik des 8.-7. Jh. v. Chr. unter besonderer Berücksichtigung der Siegelungen auf Tafeln und Tonverschlüssen, SAAS 1, Helsinki 1992

HERMISSON, H.-J., Gottes Freiheit – Spielraum des Menschen. Alttestamentliche Aspekte eines biblisch-theologischen Themas, ZThK 82, 1985, 129-152

—   Einheit und Komplexität Deuterojesajas, Probleme der Redaktionsgeschichte von Jes 40-55, in: J. VERMEYLEN (Hg.), The Book of Isaiah. Le livre d'Isaie. Les oracles et leurs relectures. Unité et complexité de l'ouvrage, BEThL 81, Leuven 1989, 287-312

—   Deuterojesaja, 8. Teilband Jesaja 45,18-47,15, BK XI/8, Neukirchen-Vluyn 1991

HERR, B., Welches war die Sünde Jerobeams? Erwägungen zu 1 Kön 12,26-33, BN 74, 1994, 57-65

HESSE, F., חזק, ThWAT II, 1977, 846-857

HÖLSCHER, G., Hesekiel. Der Dichter und das Buch. Eine literarkritische Untersuchung, Gießen 1924

HOFFMANN, H.-D., Reform und Reformen. Untersuchungen zu einem Grundthema der deuteronomistischen Geschichtsschreibung, AThANT 66, Zürich 1980

HOFTIJZER, J., JONGELING, K., Dictionary of the North-West Semitic Inscriptions, Part I and II, HO 1. Abteilung, Bd. 21, Leiden u.a. 1995

HOHEISEL, K., Religionsgeographie, HrwG I, 1988, 108-120

HOLL, K., Die Schriften des Epiphanius gegen die Bilderverehrung, in: DERS., Gesammelte Auffsätze zur Kirchengeschichte II, Der Osten, Tübingen 1928, 351-387

HOLLADAY, J.S., Religion in Israel and Judah Under the Monarchy: An Explicitly Archaeological Approach, in: P.D. MILLER, P.D. HANSON, S.D. McBRIDE (Hg.), Ancient Israelite Religion. Essays in Honor of F.M. Cross, Philadelphia 1987, 249-299

HOLLADAY, W.L., The Architecture of Jeremiah 1-20, Lewisburg, London 1976
— Jeremiah 1, A Commentary on the Book of the Prophet Jeremiah Chapters 1-25, Philadelphia 1986
HOLLOWAY, S.W., Harran: Cultic Geography in the Neo-Assyrian Empire and its Implications for Sennacherib's "Letter to Hezekiah" in 2 Kings, in: S.W. HOLLOWAY, L.K. HANDY (Hg.), The Pitcher is Broken, Memorial Essays for Gösta W. Ahlström, JSOT.S 190, Sheffield 1995, 276-314
HOLTER, K., Second Isaiah's Idol Fabrication Passages, BET 28, Frankfurt u.a. 1995
— Literary Critical Studies of Deut 4: Some Criteriological Remarks, BN 81, 1996, 91-103
HOMÈS-FRÉDÉRICQ, D., Une tablette avec représentation de la déesse Gula aux Musées Royaux d'Art et d'Histoire (Bruxelles), in: P. CALMEYER, K. HECKER, u.a. (Hg.), Beiträge zur Altorientalischen Archäologie und Altertumskunde, Festschrift für Barthel Hrouda zum 65. Geburtstag, Wiesbaden 1994, 111-116
HORNUNG, E., Der Eine und die Vielen. Ägyptische Gottesvorstellungen, Darmstadt 1971
HOROWITZ, W., Two *Abnu šikinšu* Fragments and Related Matters, ZA 82, 1992, 112-122
— A Parallel to Shamash Hymn 11-12 and the *melammu* of the Sun, NABU 1993/69
HOSSFELD, F.-L., Untersuchungen zu Komposition und Theologie des Ezechielbuches, FzB 20, Würzburg 1977
— Der Dekalog. Seine späten Fassungen, die originale Komposition und seine Vorstufen, OBO 45, Göttingen, Fribourg 1982
— Du sollst dir kein Bild machen! Die Funktion des alttestamentlichen Bilderverbots, TThZ 98, 1989, 81-94
HOUTMAN, C., Der Himmel im Alten Testament, Israels Weltbild und Weltanschauung, OTS 30, Leiden u.a. 1993
HROUDA, B., Göttersymbole und -attribute A. Archäologisch, RlA 3, 1957-1971, 483-495
— Le mobilier du temple, in: Le temple et le culte. Compte rendu de la vingtième Rencontre Assyriologique Internationale organisée à Leiden du 3 au 7 juillet 1972 sous les auspices du Nederlands Instituut voor het Nabije Oosten, PIHANS 37, Leiden 1975, 151-155
HROZNY, F., Sumerisch-babylonische Mythen von dem Gotte Ninrag (Ninib), MVAeG 8/5, Berlin 1903, 1-128 (159-286) pl. i-xiii
HÜBNER, B., REIZAMMER, A., INIM KIENGI II. Sumerisch-deutsches Glossar in zwei Bänden, Bd. I (A-L), Marktredwitz 1985 (Inim Kiengi I), Bd. II (M-Z mit Anhang), Marktredwitz 1986
HÜBNER, U., Das Fragment einer Tonfigurine vom *Tell el-Milḥ*. Überlegungen zur Funktion der sog. Pfeilerfigurinen in der israelitischen Volksreligion, ZDPV 105, 1989, 47-55
— Die Ammoniter. Untersuchungen zur Geschichte, Kultur und Religion eines transjordanischen Volkes im 1. Jahrtausend v. Chr., ADPV 16, Wiesbaden 1992
— Spiele und Spielzeug im antiken Palästina, OBO 121, Fribourg, Göttingen 1992
— Die Münzprägungen Palästinas in alttestamentlicher Zeit, Trumah 4, 1994, 119-145
HUEHNERGARD, J., Biblical Notes on Some New Akkadian Texts from Emar (Syria), CBQ 47, 1985, 428-434
HUG, V., Altaramäische Grammatik der Texte des 7. und 6. Jh.s v. Chr., HSAO 4, Heidelberg 1993
HULST, A.R., בנה, THAT I, 1984⁴, 325-327
HUNGER, H., Babylonische und assyrische Kolophone, AOAT 2, Neukirchen-Vluyn 1968
— Spätbabylonische Texte aus Uruk I, ADFU 9, Berlin 1976

— Empfehlungen an den König, in: F. ROCHBERG-HALTON (Hg.), Language, Literature, and History: Philological and Historical Studies Presented to Erica Reiner, AOS 67, New Haven 1987, 157-166

— /KAUFMAN, S.A., A New Akkadian Prophecy Text, JAOS 95, 1975, 371-375

HUROWITZ, V.(A.), The Golden Calf and the Tabernacle, Shnaton 7, 1983-4, 51-59 [Hebr.; Englisches Abstract 9f]

— Isaiah's Impure Lips and Their Purification in Light of Akkadian Sources, HUCA 60, 1989, 39-89

— I Have Built You an Exalted House. Temple Building in the Bible in Light of Mesopotamian and Northwest Semitic Writings, JSOT.S 115, Sheffield 1992

— Temporary Temples, in: A.F. RAINEY, u.a. (Hg.), *kinattūtu ša dārâti*. Raphael Kutscher Memorial Volume, Tel Aviv Occasional Publications 1, Tel Aviv 1993, 37-50

HUTTER, M., Jes 40, 20 – kulturgeschichtliche Notizen zu einer Crux, BN 36, 1987, 31-36

— Kultstelen und Baityloi. Die Ausstrahlung eines syrischen religiösen Phänomens nach Kleinasien und Israel, in: B. JANOWSKI, K. KOCH, G. WILHELM (Hg.), Religionsgeschichtliche Beziehungen zwischen Kleinasien, Nordsyrien und dem Alten Testament, Internationales Symposion Hamburg, 17.-21. März 1990, OBO 129, Fribourg, Göttingen 1993, 87-108

— Shaushka, DDD, 1995, 1433-1435

— Religionen in der Umwelt des Alten Testaments I. Babylonier, Syrer, Perser, KStTh 4.1, Stuttgart u.a. 1996

ILLMAN, K.-J., פעל, ThWAT VI, 1989, 697-703

IM, T.S., Das Davidbild in den Chronikbüchern, Bonn 1984

IPSIROGLU, M., Das Bild im Islam. Ein Verbot und seine Folgen, Wien, München 1971

JACOBS-HORNIG, B., גן, ThWAT II, 1977, 35-41

JACOBSEN, T., The Treasures of Darkness. A History of Mesopotamian Religion, New Haven, London 1976

— The Graven Image, in: P.D. MILLER, P.D. HANSON, S.D. McBRIDE (Hg.), Ancient Israelite Religion. Essays in Honor of F.M. Cross, Philadelphia 1987, 15-32

JAKOB-ROST, L., Zu den hethitischen Bildbeschreibungen I, MIO 8.2, 1961, 161-217

JAMIESON-DRAKE, D.W., Scribes and Schools in Monarchic Judah. A Socio-Archaeological Approach, JSOT.S 109, Sheffield 1991

JANOWSKI, B., Sühne als Heilsgeschehen. Studien zur Sühnetheologie der Priesterschrift und zur Wurzel kpr im Alten Orient und im Alten Testament, WMANT 55, Neukirchen-Vluyn 1982

— Rettungsgewißheit und Epiphanie des Heils. Das Motiv der Hilfe Gottes "am Morgen" im Alten Orient und im Alten Testament. Band I: Alter Orient, WMANT 59, Neukirchen-Vluyn 1989

— Tempel und Schöpfung, in: DERS., Gottes Gegenwart in Israel. Beiträge zur Theologie des Alten Testaments, Neukirchen-Vluyn 1993, 214-246

— Keruben und Zion. Thesen zur Entstehung der Zionstradition, in: DERS., Gottes Gegenwart in Israel. Beiträge zur Theologie des Alten Testaments, Neukirchen-Vluyn 1993, 247-257

JANZEN, J.G., Studies in the Text of Jeremiah, HSM 6, Cambridge 1973

— The Character of the Calf and Its Cult in Exodus 32, CBQ 52, 1990, 597-607

JAPHET, S., I & II Chronicles. A Commentary, OTL, Louisville 1993

JAROŠ, K., Die Stellung des Elohisten zur kanaanäischen Religion, OBO 4, Göttingen, Fribourg 1974

JASPERS, K., Von der Wahrheit, Philosophische Logik 1, München 1958[2]

506

JEDIN, H., Entstehung und Tragweite des Trienter Dekrets über die Bilderverehrung, in: H. JEDIN, Kirche des Glaubens, Kirche der Geschichte II. Ausgewählte Aufsätze und Vorträge, Freiburg 1966, 460-498

JENKINS, I., The Masks of Dionysos/Pan – Osiris – Apis, Jahrbuch des Deutschen Archäologischen Instituts 109, 1994, 273-299

JENNI, E., דמה, THAT I, 1984⁴, 451-456

— /WESTERMANN, C. (Hg.), Theologisches Handwörterbuch zum Alten Testament Band I und II, München 1984⁴/³

JEREMIAS, J., Der Prophet Hosea, ATD 24/1, Göttingen 1983 (Hosea)

— Hosea/Hoseabuch, TRE XV, 1986, 586-598 (Hosea/Hoseabuch)

JOANNÈS, F., Les temples de Sippar et leurs trésors à l'époque néo-babylonienne, RA 86, 1992, 159-184

JUNG, C.G., Gesammelte Werke IX/1, Olten 1976

JURSA, M., Die Landwirtschaft in Sippar in neubabylonischer Zeit, AfO.B 25, Wien 1995

KAISER, O. (Hg.), Texte aus der Umwelt des Alten Testaments I.1ff, Gütersloh 1982ff

— Grundriß der Einleitung in die kanonischen und deuterokanonischen Schriften des Alten Testaments 1. Die erzählenden Werke, Gütersloh 1992

— Der Gott des Alten Testaments, Theologie des AT 1: Grundlegungen, Göttingen 1993

— Grundriß der Einleitung in die kanonischen und deuterokanonischen Schriften des Alten Testaments 2. Die prophetischen Werke, Gütersloh 1994

KANWERD, S., Archetyp, HrwG II, 1990, 56-59

KATAJA, L., WHITING, R., Grants, Decrees and Gifts of the Neo-Assyrian Period, SAA XII, Helsinki 1995

KATZ, D., Inanna's Descent and Undressing the Dead as a Divine Law, ZA 85, 1995, 221-233

KAUTZSCH, E. (Hg.), Die Apokryphen und Pseudepigraphen des Alten Testaments I und II, Freiburg u.a. 1900

KEDAR, B., Biblische Semantik. Eine Einführung, Stuttgart u.a. 1981

KEDAR-KOPFSTEIN, B., זהב, ThWAT II, 1977, 534-544

KEEL, O., Das Vergraben der "fremden Götter" in Genesis XXXV 4b, VT 23, 1973, 305-336

— Jahwe-Visionen und Siegelkunst. Eine neue Deutung der Majestätsschilderungen in Jes 6, Ez 1 und 10 und Sach 4, SBS 84/85, Stuttgart 1977

— Die Welt der altorientalischen Bildsymbolik und das Alte Testament. Am Beispiel der Psalmen, Zürich u.a. 1984⁴

— Deine Blicke sind Tauben. Zur Metaphorik des Hohen Liedes, SBS 114/5, Stuttgart 1984

— Das Hohelied, ZBK 18, Zürich 1986

— Das Recht der Bilder, gesehen zu werden. Drei Fallstudien zur Methode der Interpretation altorientalischer Bilder, OBO 122, Fribourg, Göttingen 1992

— Frühe Jerusalemer Kulttraditionen und ihre Träger und Trägerinnen, in: F. HAHN, F.-L. HOSSFELD, u.a. (Hg.), Zion. Ort der Begegnung, Festschrift Laurentius Klein zur Vollendung des 65. Lebensjahres, BBB 90, Bodenheim 1993, 439-502

— Conceptions religieuses dominantes en Palestine/Israël entre 1750 et 900, in: J.A. EMERTON (Hg.), Congress Volume Paris 1992, VT.S 61, Leiden u.a. 1995, 119-144

— /SHUVAL, M., UEHLINGER, C., Studien zu den Stempelsiegeln aus Palästina/Israel, Bd. III: Die Frühe Eisenzeit. Ein Workshop, OBO 100, Fribourg, Göttingen 1990

— /UEHLINGER, C., Göttinnen, Götter und Gottessymbole, Neue Erkenntnisse zur Religionsgeschichte Kanaans und Israels aufgrund bislang unerschlossener ikonographischer Quellen, QD 134, Freiburg, Basel, Wien 1992/1997⁴

— /UEHLINGER, C., Jahwe und die Sonnengottheit von Jerusalem, in: W. DIETRICH, M.A. KLOPFENSTEIN (Hg.), Ein Gott allein? JHWH-Verehrung und biblischer Monotheismus im Kontext der israelitischen und altorientalischen Religionsgeschichte, OBO 139, Fribourg, Göttingen 1994, 269-306

— /UEHLINGER, C., Altorientalische Miniaturkunst. Die ältesten visuellen Massenkommunikationsmittel. Ein Blick in die Sammlungen des Biblischen Instituts der Universität Freiburg Schweiz, Fribourg, Göttingen 1996²

KEILSCHRIFTURKUNDEN AUS BOGHAZKÖI, Berlin 1921ff

KELLER, H., Das Nachleben des antiken Bildnisses von der Karolingerzeit bis zur Gegenwart, Freiburg u.a. 1970

KELSO, J.L., Bethel, NEAEHL 1, 1993, 192-194

— /u.a., The Excavation of Bethel (1934-1960), AASOR 39, Cambridge 1968

KENNEDY, C.A., The Semantic Field of the Term "Idolatry", in: L.M. HOPFE (Hg.), Uncovering Ancient Stones: Essays in Memory of H. Neil Richardson, Winona Lake 1994, 193-204

KENNEDY, J.M., The Social Background of Early Israel's Rejection of Cultic Images: A Proposal, BTB 17, 1987, 138-144

KILMER, A.D., The First Tablet of *malku = šarru* together with its Explicit Version, JAOS 83, 1963, 421-446

— The Brick of Birth, Appendix C zu: AZARPAY, G., Proportional Guidelines in Ancient Near Eastern Art, JNES 46, 1987, 211-213

KIM, J.C., Das Verhältnis Jahwes zu den anderen Göttern bei Deuterojesaja, Diss. masch. Heidelberg 1962

KING, L.W., Babylonian Magic and Sorcery Being "The Prayers of the Lifting of the Hand", London 1896

— Babylonian Boundary-Stones and Memorial-Tablets in the British Museum, London 1912

KINNIER WILSON, J.V., The Nimrud Wine Lists, CTN I, London 1972

KIPPENBERG, H.G., Introduction, in: Genres in Visual Representations. Proceedings of a conference held in 1986 by invitation of the Werner-Reimers-Stiftung in Bad Homburg (Federal Republic of Germany), VisRel 7, 1990, vii-xix

KITTEL, R., Die Bücher der Könige, HK I.5, Göttingen 1900

KLAUSER, T. (Hg.), Reallexikon für Antike und Christentum. Sachwörterbuch zur Auseinandersetzung des Christentums mit der antiken Welt Bd. 1ff, Stuttgart 1950ff

— Die Äußerungen der Alten Kirche zur Kunst. Revision der Zeugnisse, Folgerungen für die archäologische Forschung, in: DERS., Gesammelte Arbeiten zur Liturgiegeschichte, Kirchengeschichte und Christlichen Archäologie, hgg. von E. DASSMANN, JAC.E 3, Münster 1974, 328-337

KLETTER, R., The Judean Pillar-Figurines and the Archaeology of Asherah, BArR International Series 636, Oxford 1996

KLINKE-ROSENBERGER, R., Das Götzenbuch. *Kitâb al aṣnâm* des *Ibn al-Kalbî*, SOA 8, Leipzig 1941

KLOPFENSTEIN, M.A., שקר, THAT II, 1984³, 1010-1019

KNAPP, D., Deuteronomium 4. Literarische Analyse und theologische Interpretation, GTA 35, Göttingen 1987

KNAUF, E.A., Midian, Untersuchungen zur Geschichte Palästinas und Nordarabiens am Ende des 2. Jahrtausends v. Chr., ADPV, Wiesbaden 1988

— Zur Herkunft und Sozialgeschichte Israels. "Das Böckchen in der Milch seiner Mutter", Bib. 69, 1988, 153-169

508

— Ismael. Untersuchungen zur Geschichte Palästinas und Nordarabiens im 1. Jahrtausend v. Chr., ADPV, Wiesbaden 1989²
— From History to Interpretation, in: D.V. EDELMAN (Hg.), The Fabric of History. Text, Artifact and Israel's Past, JSOT.S 127, Sheffield 1991, 26-64
— King Solomon's Copper Supply, in: E. LIPINSKI (Hg.), Phoenicia and the Bible. Proceedings of the Conference held at the University of Leuven on the 15th and 16th of March 1990, OLA 44, Leuven 1991, 167-186
— Die Umwelt des Alten Testaments, NSK-AT 29, Stuttgart 1994
— L'"historiographie deutéronomiste" (DTRG) existe-t-elle?, in: A. DE PURY, T. RÖMER, J.-D. MACCHI (Hg.), Israël construit son histoire. L'historiographie deutéronomiste à la lumière des recherches récentes, Le Monde de la Bible 34, Genf 1996, 409-418
— /DE PURY, A., RÖMER, T., *BaytDawīd ou *BaytDōd? Une relecture de la nouvelle inscription de Tel Dan, BN 72, 1994, 60-69
KNOPPERS, G.N., Two Nations under God: The Deuteronomistic History of Solomon and the Dual Monarchies I, The Reign of Solomon and the Rise of Jeroboam, HSM 52, Atlanta 1993
— Two Nations under God: The Deuteronomistic History of Solomon and the Dual Monarchies II, The Reign of Jeroboam, the Fall of Israel, and the Reign of Josiah, HSM 53, Atlanta 1994
— Aaron's Calf and Jeroboam's Calves, in: A.B. BECK, u.a. (Hg.), Fortunate the Eyes That See. Essays in Honor of David Noel Freedman in Celebration of His Seventieth Birthday, Cambridge 1995, 92-104
KNUDTZON, J.A., Die El-Amarna-Tafeln, VAB 2, Teil 1, Leipzig 1907
KOCH, K., כון, ThWAT IV, 1984, 95-107
— Geschichte der Ägyptischen Religion. Von den Pyramiden bis zu den Mysterien der Isis, Stuttgart u.a. 1993
— /u.a., Amos untersucht mit den Methoden einer strukturalen Formgeschichte, Teil 1: Programm und Analyse, AOAT 30.1, Neukirchen-Vluyn 1976
KÖCHER, F., Der babylonische Göttertypentext, MIO 1, 1953, 57-107
— Eine spätbabylonische Ausdeutung des Tempelnamens Esangila, AfO 17, 1954-1956, 131-135
— Die babylonisch-assyrische Medizin in Texten und Untersuchungen 1-6, Berlin, New York 1963-1980
KOEHLER, L., BAUMGARTNER, W., Lexicon in Veteris Testamenti Libros, Leiden 1958
KOLDEWEY, R., Die Tempel von Babylon und Borsippa nach den Ausgrabungen durch die Deutsche Orient-Gesellschaft, WVDOG 15, Leipzig 1911
KORPEL, M.C.A., Soldering in Isaiah 40:19-20 and 1 Kings 6:21, UF 23, 1991, 219-222
KOSMALA, H., גבר, ThWAT I, 1973, 901-919
KOTTER, B., Die Schriften des Johannes von Damaskos III. Contra imaginum calumniatores orationes tres, PTS 17, Berlin, New York 1975
KRAATZ, M., Religionswissenschaftliche Bemerkungen zur Porträtierbarkeit von "Gott und Göttern", in: M. KRAATZ, u.a. (Hg.), Das Bildnis in der Kunst des Orients, AKM 50/1, Stuttgart 1990, 9-16
KRAMER, S.N., Rezension zu J. Van Dijk, LUGAL UD ME-LAM2-bi NIR-GAL2, JAOS 105, 1985, 135-139
— /MAIER, J., Myths of Enki, The Crafty God, New York, Oxford 1989
KRATZ, R.G., Kyros im Deuterojesaja-Buch. Redaktionsgeschichtliche Untersuchungen zu Entstehung und Theologie von Jes 40-55, FAT 1, Tübingen 1991
KRAUS, F.R., Die physiognomischen Omina der Babylonier, MVAeG 40/2, Leipzig 1935

— Texte zur babylonischen Physiognomatik, AfO.B 3, Berlin 1939

KRAUS, H.-J., Psalmen, 2. Teilband, BK XV/2, Neukirchen-Vluyn 1960

KREBERNIK, M., SEIDL, U., Ein Schildbeschlag mit Bukranion und alphabetischer Inschrift, ZA 87, 1997, 101-111

KRECHER, J., Göttersymbole und -attribute B., RlA 3, 1957-1971, 495-498

KREISSIG, H., Die sozialökonomische Situation in Juda zur Achämenidenzeit, Schriften zur Geschichte und Kultur des Vorderen Orients 7, Berlin 1973

KUAN, J.K., Third Kingdoms 5.1 and Israelite-Tyrian Relations during the Reign of Solomon, JSOT 46, 1990, 31-46

KÜGLER, J., Propaganda oder performativer Sprechakt? Zur Pragmatik von Demotischer Chronik und Töpferorakel, GöMisz 142, 1994, 83-92

KÜMMEL, H.M., Familie, Beruf und Amt im spätbabylonischen Uruk. Prosopographische Untersuchungen zu Berufsgruppen des 6. Jahrhunderts v. Chr. in Uruk, ADOG 20, Berlin 1979

KWASMAN, T., Neo-Assyrian Legal Documents in the Kouyunjik Collection of the British Museum, StP.SM 14, Rom 1988

— /PARPOLA, S., Legal Transactions of the Royal Court of Nineveh Part I, Tiglath-pileser III through Esarhaddon, SAA VI, Helsinki 1991

LABAT, R., Hémérologies et ménologies d'Assur. Études d'Assyriologie I, Paris 1939

— Un calendrier babylonien des travaux des signes et des mois (Séries *iqqur îpuš*), Paris 1965

LACHEMAN, E., Miscellaneous Texts from Nuzi II. The Palace and Temple Archives, Excavation at Nuzi 5, HSS 14, Cambridge 1950

LACKENBACHER, S., Le roi bâtisseur. Les récits de construction assyriens des origines à Teglatphalasar III, Études Assyriologiques, Cahier 11, Paris 1982

LAESSOE, J., Studies on the Assyrian Ritual and Series *bît rimki*, Kopenhagen 1955

— A Prayer to Ea, Shamash, and Marduk, from Hama, Iraq 18, 1956, 60-67

LAMBERT, W.G., An Address of Marduk to the Demons, AfO 17, 1954-1956, 310-321

— A Part of the Ritual for the Substitute King, AfO 18, 1957-1958, 109-112 pl. x (Substitute King)

— Rezension zu F. Gössmann, Das Era-Epos, AfO 18, 1957-1958, 395-401

— The Ritual for the Substitute King – A New Fragment, AfO 19, 1959-1960, 119 (Ritual for the Substitute King)

— Gott, B., RlA 3, 1957-1971, 543-546 (Gott)

— Babylonian Wisdom Literature, Oxford 1960

— The Reign of Nebuchadnezzar I: A Turning Point in the History of Ancient Mesopotamian Religion, in: W.S. MCCULLOUGH (Hg.), The Seed of Wisdom, Essays in Honour of T.J. Meek, Toronto 1964, 3-13

— An Eye-Stone of Esarhaddon's Queen and Other Similar Gems, RA 63, 1969, 65-71

— A Middle Assyrian Medical Text, Iraq 31, 1969, 28-39

— The Reigns of Aššurnaṣirpal II and Shalmaneser III: An Interpretation, Iraq 36, 1974, 103-109

— The Historical Development of the Mesopotamian Pantheon: A Study in Sophisticated Polytheism, in: H. GOEDICKE, J.J.M. ROBERTS (Hg.), Unity and Diversity. Essays in the History, Literature, and Religion of the Ancient Near East, Baltimore, London 1975, 191-200

— The God Aššur, Iraq 45, 1983, 82-86 (The God)

— The Pair Lahmu-Lahamu in Cosmology, OrNS 54, 1985, 189-202

510

— Esarhaddon's Attempt to Return Marduk to Babylon, in: U. MAGEN, G. MAUER (Hg.), Ad bene et fideliter seminandum, Festgabe für Karlheinz Deller zum 21. Februar 1987, AOAT 220, Neukirchen-Vluyn 1988, 157-174
— Ancient Mesopotamian Gods. Superstition, philosophy, theology, RHR 207, 1990, 115-130 (Gods)
— Donations of Food and Drink to the Gods in Ancient Mesopotamia, in: J. QUAEGEBEUR (Hg.), Ritual and Sacrifice in the Ancient Near East. Proceedings of the International Conference organized by the Katholieke Universiteit Leuven from the 17th to the 20th of April 1991, OLA 55, Leuven 1993, 191-201
— /MILLARD, A.R., CIVIL, M., Atra-hasīs: The Babylonian Story of the Flood, Oxford 1969
— /PARKER, S.B., Enūma eliš. The Babylonian Epic of Creation. The Cuneiform Text, Birmingham 1974

LANCZKOWSKI, G., Bilder I. Religionsgeschichtlich, TRE VI, 1980, 515-517

LANDSBERGER, B., Der kultische Kalender der Babylonier und Assyrer, LSS VI.1/2, Leipzig 1915
— Die Eigenbegrifflichkeit der babylonischen Welt, Isl. 2, 1926, 355-372
— The Series HAR-ra = hubullu. Tablets V-VII, MSL 6, Rom 1958
— The Series HAR-ra = hubullu. Tablets VIII-XII, MSL 7, Rom 1959
— The Fauna of Ancient Mesopotamia. First Part Tablet XIII; Second Part: HAR-ra = hubullu Tablets XIV and XVIII, MSL 8/1 und MSL 8/2, Rom 1960 und 1962
— Einige unerkannt gebliebene oder verkannte Nomina des Akkadischen, WZKM 56, 1960, 109-129
— The Development of Culture in the Great Empires. Assyria and Persia (Diskussionsprotokoll), in: C.H. KRAELING, R.M. ADAMS (Hg.), City Invincible. A Symposium on Urbanization and Cultural Development in the Ancient Near East held at the Oriental Institute of the University of Chicago December 4-7, 1958, Chicago 1960, 165-189
— Brief des Bischofs von Esagila an König Asarhaddon, Amsterdam 1965
— Akkadisch-hebräische Wortgleichungen, in: B. HARTMANN, u.a. (Hg.), Hebräische Wortforschung, Festschrift zum 80. Geburtstag von Walter Baumgartner, VT.S 16, Leiden 1967, 176-204
— /PARPOLA, S., TADMOR, H., The Sin of Sargon and Sennacherib's Last Will, SAAB III.1, 1989, 3-51
— /REINER, E., CIVIL, M., The Series HAR-ra = hubullu. Tablets XVI, XVII, XIX and related texts, MSL 10, Rom 1970

LANG, B., Wie wird man Prophet in Israel? Aufsätze zum Alten Testament, Düsseldorf 1980
— Die Jahwe-allein Bewegung, in: DERS. (Hg.), Der einzige Gott. Die Geburt des biblischen Monotheismus, München 1981, 47-83
— Kleine Soziologie religiöser Rituale, in: H. ZINSER (Hg.), Religionswissenschaft. Eine Einführung, Berlin 1988, 73-95
— Hypostase, HrwG III, 1993, 186-189

LANGDON, S., Die neubabylonischen Königsinschriften, VAB 4, Leipzig 1912
— Sumerian Grammatical Texts, PBS XII/1, Philadelphia 1917

LAWSON, J.N., The Concept of Fate in Ancient Mesopotamia of the First Millennium. Toward an Understanding of Šīmtu, Orientalia Biblica et Christiana 7, Wiesbaden 1994

LAYARD, A.H., The Monuments of Niniveh from Drawings made on the Spot, London 1849 (Monuments I)
— Inscriptions in the Cuneiform Character from Assyrian Monuments, London 1852

— A Second Series of the Monuments of Niniveh from Drawings made on the Spot, London 1853 (Monuments II)

LEACH, E., Ritual, in: IESS 13, New York 1968, 520-526

LEE, T.G., The Jasper Cylinder Seal of Aššurbanipal and Nabonidus' Making of Sîn's Statue, RA 87, 1993, 131-136

LEEMANS, W.F., Ishtar of Lagaba and Her Dress, Studia ad Tabulas Cuneiformas Collectas ab De Liagre Böhl Pertinentia SLB I (1), Leiden 1952

— /OTTEN, H., BOESE, J., RÜB, U., Gold, RlA 3, 1957-1971, 504-531

LEENE, H., Auf der Suche nach einem redaktionsgeschichtlichen Modell für Jesaja 40-55, ThLZ 121, 1996, 803-818

LEICHTY, E., The Omen Series Šumma Izbu, TCS IV, Locust Valley 1970

— Esarhaddon, King of Assyria, in: CANE II, 1995, 949-958

LEMAIRE, A., Inscriptions hébraiques I, Les ostraca. Introduction, Traduction, Commentaire, Paris 1977

LEVINE, L.D., Two Neo-Assyrian Stelae from Iran, Royal Ontario Museum, Art and Archaeology Occasional Paper 23, Ontario 1972

LEWIS, T.J., Teraphim, DDD, 1995, 1588-1601

LIPHSCHITZ, N., BIGER, G., Cedar of Lebanon (Cedrus libani) in Israel During Antiquity, IEJ 41, 1991, 167-175

— /BIGER, G., The Timber Trade in Ancient Palestine, TA 22, 1995, 121-127

LIPINSKI, E., Skn et sgn dans le sémitique occidental du nord, UF 5, 1973, 191-207

— נתן, ThWAT V, 1986, 693-712

LITKE, R.L., A Reconstruction of the Assyro-Babylonian God-Lists, AN: ^{d}A-NU-UM and AN: ANU ŠA2 AMELI, Unpub. Ph.D., Yale 1958

LIVERANI, M., Critique of Variants and the Titulary of Sennacherib, in: F.M. FALES (Hg.), Assyrian Royal Inscriptions: New Horizons in literary, ideological, and historical analysis. Papers of a Symposium held in Cetona (Siena) June 26-28, 1980, Orientis Antiqui Collectio 17, Rom 1981, 225-257

LIVINGSTONE, A., Mystical and Mythological Explanatory Works of Assyrian and Babylonian Scholars, Oxford 1986

— A Note on an Epithet of Ea in a Recently Published Creation Myth, NABU 1988/65

— Court Poetry and Literary Miscellanea, SAA III, Helsinki 1989

— The Weapons in Aššur's akītu Chariot, NABU 1990/88

— Assur, DDD, 1995, 200-203

— Image, DDD, 1995, 840-843

— Nergal, DDD, 1995, 1170-1172

VON LOEWENICH, W., Bilder V/2. Mittelalter. Der Westen, TRE VI, 1980, 540-546

— Bilder VI. Reformatorische und Nachreformatorische Zeit, TRE VI, 1980, 546-557

LOHFINK, N., Unsere großen Wörter. Das Alte Testament zu Themen dieser Jahre, Freiburg u.a. 1977

— כעס, ThWAT IV, 1984, 297-302

— Kerygmata des Deuteronomistischen Geschichtswerks, in: DERS., Studien zum Deuteronomium und zur deuteronomistischen Literatur II, SBAB 12, Stuttgart 1991, 125-142

— Die Kultreform Joschijas von Juda: 2 Kön 22-23 als religionsgeschichtliche Quelle, in: DERS., Studien zum Deuteronomium und zur deuteronomistischen Literatur II, SBAB 12, Stuttgart 1991, 209-227

— Gab es eine deuteronomistische Bewegung? in: W. GROß (Hg.), Jeremia und die deuteronomistische Bewegung, BBB 98, Bodenheim 1995, 313-382

512

LONGMAN, T. III, Fictional Akkadian Autobiography: A Generic and Comparative Study, Winona Lake 1991

LORETZ, O., Nekromatie und Totenevokation in Mesopotamiem, Ugarit und Israel, in: B. JANOWSKI, K. KOCH, G. WILHELM (Hg.), Religionsgeschichtliche Beziehungen zwischen Kleinasien, Nordsyrien und dem Alten Testament. Internationales Symposion Hamburg 17.-21 März 1990, OBO 129, Fribourg, Göttingen 1993, 285-318

— Das "Ahnen- und Götterstatuen-Verbot" im Dekalog und die Einzigkeit Jahwes. Zum Begriff des göttlichen in altorientalischen und alttestamentlichen Quellen, in: W. DIETRICH, M. KLOPFENSTEIN (Hg.), Ein Gott allein? JHWH-Verehrung und biblischer Monotheismus im Kontext der israelitischen und altorientalischen Religionsgeschichte, OBO 139, Fribourg, Göttingen 1994, 491-527

— Semitischer Anikonismus und biblisches Bilderverbot, UF 26, 1994 (1995), 209-223

— Rezension zu Christian Frevel, Aschera und der Ausschließlichkeitsanspruch YHWHs, UF 27, 1995, 709-713

LORTON, D, The Theology of Cult Statues in Ancient Egypt, in: M.B. DICK (Hg.), Born in Heaven, Made on Earth: The Creation of the Cult Image, unpub. Manuskript, Loudonville 1994, 1-104 (In Vorbereitung)

LOUD, G., Megiddo II, Seasons of 1935-39. Plates, OIP 62, Chicago 1948

LOWERY, R.H., The Reforming Kings. Cults and Society in First Temple Judah, JSOT.S 120, Sheffield 1991

LOWTH, R., Notes On Isaiah, London 1778, wiederabgedruckt in: DERS., Isaiah. *A New Translation*, Robert Lowth (1710-1787): The Major Works, London 1995

LUCKENBILL, D.D., The Annals of Sennacherib, OIP 2, Chicago 1924

LUCKMANN, T., Die unsichtbare Religion, Frankfurt/M 1991

LUSCHEY, H., Rechts und links. Untersuchungen über Bewegungsrichtung, Seitenordnung und Höhenordnung als Elemente der antiken Bildsprache. Diss. Masch. Tübingen 1956

LUTZ, H.F., Selected Sumerian and Babylonian Texts, PBS I/2, Philadelphia 1919

MACCHI, J.-D., Les controverses théologiques dans le judaisme de l'époque postexilique. L'exemple de 2 *Rois* 17,24-41, Transeuphratène 5, 1992, 85-93

MACGINNIS, J., Letter Orders from Sippar and the Administration of the Ebabbara in the Late-Babylonian Period, Poznan 1995

MACHINIST, P.B., The Assyrians and Their Babylonian Problem: Some Reflections, Wissenschaftskolleg zu Berlin. Jahrbuch 4 (1984/1985), Berlin 1986, 353-364

— Über die Selbstbewußtheit in Mesopotamien, in: S.N. EISENSTADT (Hg.), Kulturen der Achsenzeit. Ihre Ursprünge und ihre Vielfalt, Teil 1, Frankfurt/M 1987, 258-291

MACHULE, D., u.a., Ausgrabungen in Tall Munbāqa/Ekalte 1991, MDOG 125, 1993, 69-101

MACMILLAN, K.D., Some Cuneiform Tablets Bearing on the Religion of Babylonia and Assyria, BA V.5, Leipzig 1906, 531-712 pl. i-lxvi

MAGEN, U., Assyrische Königsdarstellungen – Aspekte der Herrschaft. Eine Typologie, BaF 9, Mainz 1986

MAIBERGER, P., פגר, ThWAT VI, 1989, 508-514

MAIER, J., Bilder III. Judentum, TRE VI, 1980, 521-525

MAKKAY, J., Archaeological Examples of Gold-Masked Statue and Mace, OrNS 56, 1987, 69-73

MARGALIOT, M., Jeremiah X 1-16: A Re-Examination, VT 30, 1980, 295-308

MARTI, K., Das Dodekapropheton, KHC XIII, Tübingen 1904

MASER, P., "Du sollst dir kein Bildnis machen!" Judentum, Christentum und Islam in der Auseinandersetzung um die Bilder, BlWürtKG 90, 1990, 21-37

MATHEUS, F., Jesaja xliv 9-20: Das Spottgedicht gegen die Götzen und seine Stellung im Kontext, VT 37, 1987, 312-326

MATHYS, H.-P., Dichter und Beter. Theologen aus spätalttestamentlicher Zeit, OBO 132, Fribourg, Göttingen 1994

MATSUSHIMA, E., Divine Statues in Ancient Mesopotamia: their Fashioning and Clothing and their Interaction with the Society, in: E. MATSUSHIMA (Hg.), Official Cult and Popular Religion in the Ancient Near East. Papers of the First Colloquium on the Ancient Near East – The City and its Life, held at the Middle Eastern Culture Center in Japan (Mitaka, Tokyo) March 20-22, 1992, Heidelberg 1993, 209-219

MATTHEWS, D., Artisans and Artists in Ancient Western Asia, in: CANE I, 1995, 455-468

MATTHIAE, P., Some Fragments of Early Syrian Sculpture from Royal Palace G of Tell Mardikh-Ebla, JNES 39, 1980, 249-273

MAUL, S.M., 'Herzberuhigungsklagen'. Die sumerisch-akkadischen Eršahunga-Gebete, Wiesbaden 1988

— "Auf meinen Rechtsfall werde doch aufmerksam!" Wie sich die Babylonier und Assyrer vor Unheil schützten, das sich durch Vorzeichen angekündigt hatte, MDOG 124, 1992, 131-142

— Zukunftsbewältigung. Eine Untersuchung altorientalischen Denkens anhand der babylonisch-assyrischen Löserituale (Namburbi), BaF 18, Mainz 1994

— Die altorientalische Hauptstadt – Abbild und Nabel der Welt, in: G. WILHELM (Hg.), Die orientalische Stadt: Kontinuität, Wandel, Bruch. 1. Internationales Colloquium der Deutschen Orient-Gesellschaft 9.-10. Mai 1996 in Halle/Saale, Colloquien der Deutschen Orient-Gesellschaft 1, Saarbrücken 1997, 109-124

MAYER, G., כסף, ThWAT IV, 1984, 283-297

MAYER, W., Die Finanzierung einer Kampagne (TCL 3, 346-410), UF 11, 1979, 571-595

— Sargons Feldzug gegen Urartu – 714 v. Chr. Text und Übersetzung, MDOG 115, 1983, 65-132

— Assur – der Gott, seine Stadt und sein Reich, MARG 9, 1994, 227-238

— Politik und Kriegskunst der Assyrer, ALASP 9, Münster 1995

— Sanherib und Babylonien. Der Staatsmann und Feldherr im Spiegel seiner Babylonienpolitik, in: M. DIETRICH, O. LORETZ (Hg.), Vom Alten Orient zum Alten Testament. Festschrift für Wolfram Freiherrn von Soden zum 85. Geburtstag am 19. Juni 1993, AOAT 240, Neukirchen-Vluyn 1995, 305-332

MAYER, W.R., Untersuchungen zur Formensprache der babylonischen "Gebetsbeschwörungen", StP.SM 5, Rom 1976

— Seleukidische Rituale aus Warka mit Emesal-Gebeten, OrNS 47, 1978, 431-458

— Ein Mythos von der Erschaffung des Menschen und des Königs, OrNS 56, 1987, 55-68

MAYER-OPIFICIUS, R., Das Relief des Šamaš-rēš-uṣur aus Babylon, in: M. DIETRICH, O. LORETZ (Hg.), Vom Alten Orient zum Alten Testament. Festschrift für Wolfram Freiherrn von Soden zum 85. Geburtstag am 19. Juni 1993, AOAT 240, Neukirchen-Vluyn 1995, 333-348

MAYES, A.D.H., Deuteronomy 4 and the Literary Criticism of Deuteronomy, JBL 100, 1981, 23-51

MAZAR, A., Tel Bet She'an – 1992/1993, ESI 14, 1995, 56-60

— Iron Age Chronology: A Reply to I. Finkelstein, Levant 29, 1997, 157-167

McEWAN, G.J.P., A Seleucid Augural Request, ZA 70, 1980, 58-69

— Priest and Temple in Hellenistic Babylonia, FAOS 4, Wiesbaden 1981

McKAY, J.W., Religion in Judah under the Assyrians 732-609 BC, SBT Second Series 26, London 1973

514

McKENZIE, S.L., The Trouble with Kings. The Composition of the Book of Kings in the Deuteronomistic History, VT.S 42, Leiden 1991

McNUTT, P.M. The Forging of Israel. Iron Technology, Symbolism, and Tradition in Ancient Society, JSOT.S 108, Sheffield 1990

MEEK, T.J., Some Bilingual Religious Texts, AJSL 35, 1918/19, 134-144

MEIER, G., Keilschrifttexte nach Kopien von T.G. Pinches, AfO 11, 1936-1937, 363-367

— Die assyrische Beschwörungssammlung Maqlû, AfO.B 2, Berlin 1937

— Die Ritualtafel der Serie "Mundwaschung", AfO 12, 1937-1939, 40-45

— Die zweite Tafel der Serie bīt mēseri, AfO 14, 1941-1944, 139-152

MEINHOLD, A., Die Sprüche, Teil 1. Sprüche Kapitel 1-15, ZBK 16.1, Zürich 1991

MEISSNER, B., Babylonien und Assyrien I und II, Kulturgeschichtliche Bibliothek, 1. Reihe 3 und 4, Heidelberg 1920 und 1925

MELUGIN, R.F., The Formation of Isaiah 40-55, BZAW 141, Berlin u.a. 1976

MENZEL, B., Assyrische Tempel, Bd. I und II, StP.SM 10, Rom 1981

MERENDINO, R.P., Der Erste und der Letzte. Eine Untersuchung von Jes 40-48, VT.S 31, Leiden 1981

MERHAV, R. (Hg.), Treasures of the Bible Lands. The Elie Borowski Collection, Tel Aviv 1987

METTINGER, T.N.D., The Elimination of a Crux? A Syntactic and Semantic Study of Isaiah xl 18-20, in: Studies on Prophecy: A Collection of Twelve Papers, VT.S 26, Leiden 1974, 77-83

— The Veto on Images and the Aniconic God in Ancient Israel, in: H. BIEZAIS (Hg.), Religious Symbols and their Functions, SIDA 10, Stockholm 1979, 15-29

— The Elusive Essence: YHWH, El and Baal and the Distinctiveness of Israelite Faith, in: E. BLUM, u.a. (Hg.), Die Hebräische Bibel und ihre zweifache Nachgeschichte. Festschrift für Rolf Rendtorff zum 65. Geburtstag, Neukirchen-Vluyn 1990, 393-417

— Aniconism – a West Semitic Context for the Israelite Phenomenon?, in: W. DIETRICH, M. KLOPFENSTEIN (Hg.), Ein Gott allein? JHWH-Verehrung und biblischer Monotheismus im Kontext der israelitischen und altorientalischen Religionsgeschichte, OBO 139, Fribourg, Göttingen 1994, 159-178

— No Graven Image? Israelite Aniconism in its Ancient Near Eastern Context, CB.OT 42, Stockholm 1995

— Israelite Aniconism: Developments and Origins, in: K. VAN DER TOORN (Hg.), The Image and the Book, Iconic Cults, Aniconism, and the Rise of Book Religion in Israel and the Ancient Near East, CBET 21, Leuven 1997, 173-204

— The Roots of Aniconism: An Israelite Phenomenon in Comparative Perspective, in: J.A. EMERTON (Hg.), Congress Volume Cambridge 1995, VT.S 66, Leiden u.a. 1997, 219-233

METZGER, M., Zeder, Weinstock und Weltenbaum, in: D.R. DANIELS, u.a. (Hg.), Ernten, was man sät, Festschrift für Klaus Koch zu seinem 65. Geburtstag, Neukirchen-Vluyn 1991, 197-229

METZLER, D., Bilderstürme und Bilderfeindlichkeit in der Antike, in: M. WARNKE (Hg.), Bildersturm. Die Zerstörung des Kunstwerks, Frankfurt 1977, 14-29

— Anikonische Darstellungen, VisRel 4-5, 1985-1986, 96-113

MEYER, R., Die Figurendarstellung in der Kunst des späthellenistischen Judentums, in: W. BERNHARDT (Hg.), Zur Geschichte und Theologie des Judentums in hellenistisch-römischer Zeit. Ausgewählte Abhandlungen, Berlin 1989, 40-62

MEYER, D.R., DONNER, H., RÜTERSWÖRDEN, U. (Hg.), Wilhelm Gesenius: Hebräisches und Aramäisches Handwörterbuch über das Alte Testament, 1. Lieferung א-ג, Berlin u.a. 1987[18]

MEYERS, C., סף, ThWAT V, 1986, 898-901

MICHALSKI, S., The Reformation and the Visual Arts. The protestant image question in Western and Eastern Europe, London, New York 1993

MICHEL, E., Die Assur-Texte Salmanassars III. (858-824) 3. Fortsetzung, WO 1.4, 1949, 255-271

MILLARD, A.R., SNOOK, I.R., Isaiah 40:20, Towards a Solution, TynB 14, 1964, 12f

MILLER, P.D., ROBERTS, J.J.M., The Hand of the Lord: A Reassessment of the "Ark Narrative" of 1 Samuel, Baltimore, London 1977, 9-17

MISCH-BRANDL, O., New Antiquities. Recent Discoveries from Archaeological Excavations in Israel, The Israel Museum, Catalogue Nr. 402, Jerusalem 1997

MOBERLY, R.W.L., At the Mountain of God. Story and Theology in Ex 32-34, JSOT.S 22, Sheffield 1983

MOMMER, P., Das Verhältnis von Situation, Tradition und Redaktion am Beispiel von 1 Kön 12, in: DERS., W. THIEL (Hg.), Altes Testament – Forschung und Wirkung. Festschrift für Henning Graf Reventlow, Frankfurt u.a. 1994, 47-64

MOOREY, P.R.S., Ancient Mesopotamian Materials and Industries. The Archaeological Evidence, Oxford 1994

— The Ancient Near East, Ashmolean Museum, Oxford 1994

— /FLEMING, S., Problems in the Study of the Anthropomorphic Metal Statuary from Syro-Palestine before 330 B.C. (with a check-list and analyses of examples in the Ashmolean Museum, Oxford), Levant 16, 1984, 67-90

MOORTGAT-CORRENS, U., Einige Bemerkungen zur "Statue Cabane", in: M. KELLY-BUCCELLATI, u.a. (Hg.), Insight through Images. Studies in Honor of Edith Porada, BibMes 21, Malibu 1986, 183-188 pl. 36-38

— Ein Kultbild Ninurtas aus neuassyrischer Zeit, AfO 35, 1988 (1990), 117-133

MORAN, W.L., Notes on Anzu, AfO 35, 1988 (1990), 24-29

MORANDI, D., Stele e statue reali assire: localizzazione, diffusione e implicazioni ideologiche, Mes. 23, 1988, 105-155

MORENZ, S., Egyptian Religion, Ithaca 1973

MOSCATI, S., Historical Art in the Ancient Near East, SS 8, Rom 1963

MOTZKI, H., Ein Beitrag zum Problem des Stierkultes in der Religionsgeschichte Israels, VT 25, 1975, 470-485

MOWINCKEL, S., Wann wurde der Jahwäkultus in Jerusalem offiziell bildlos?, AcOr 8, 1930, 257-279

MÜLLER, H.-P., Magisch-Mantische Weisheit und die Gestalt Daniels, UF 1, 1969, 79-94

— Begriffe menschlicher Theomorphie. Zu einigen cruces interpretum in Hld 6,10, ZAH 1, 1988, 112-121

— Eine neue babylonische Menschenschöpfungserzählung im Licht keilschriftlicher und biblischer Parallelen: Zur Wirklichkeitsauffassung im Mythos, OrNS 58, 1989, 61-85

— Neue Parallelen zu Gen 2,7. Zur Bedeutung der Religionsgeschichte für die Exegese des Alten Testaments, in: K. VAN LERBERGHE, A. SCHOORS (Hg.), Immigration and Emigration within the Ancient Near East, Festschrift E. Lipiński, OLA 65, Leuven 1995, 195-204

— /KAISER, O., LOADER, J.A., Das Hohelied/Klagelieder/Das Buch Ester übersetzt und erklärt, ATD 16/2, Göttingen 1992[4]

MÜLLER-KARPE, A., Untersuchungen in Kuşaklı 1992-94, MDOG 127, 1995, 5-36

MUFFS, Y., Joy and Love as Metaphorical Expressions of Willingness and Spontaneity in Cuneiform, Ancient Hebrew, and Related Literatures: Divine Investitures in the Midrash in the Light of Neo-Babylonian Royal Grants, in: J. NEUSNER (Hg.), Christianity, Judaism and other Greco-Roman Cults: Studies for Morton Smith at Sixty, Part 3. Judaism before 70, SJLA 12, Leiden 1975, 1-36

— The Joy of Giving (Love and Joy as Metaphors of Volition in Hebrew and Related Literatures II), JANES 11, 1979, 91-111

MUILENBURG, J., The Book of Isaiah, Chapters 40-66, IntB 5, New York 1956

MUSÉE DU LOUVRE. Département des antiquités orientales. Textes cunéiformes, Paris 1910ff

NA'AMAN, N., The Recycling of a Silver Statue, JNES 40, 1981, 47f

— The Kingdom of Judah under Josiah, TA 18, 1991, 3-71

— The Debated Historicity of Hezekiah's Reform in the Light of Historical and Archaeological Research, ZAW 107, 1995, 179-195

— /ZADOK, R., Sargon II's Deportations to Israel and Philistia (716-708 B.C.), JCS 40, 1988, 36-46

NAKAMURA, M., Weitere Überlegungen zum hethitischen Stelenkult, Orient 32, 1997, 9-16

NAUMANN, T., Hoseas Erben. Strukturen der Nachinterpretation im Buch Hosea, BWANT 131, Stuttgart 1991

NEGBI, O., Canaanite Gods in Metal. An Archaeological Study of Ancient Palestinian Figurines, Tel Aviv 1976

NELSON, R.D., The Double Redaction of the Deuteronomistic History, JSOT.S 18, Sheffield 1981

NICHOLSON, E.W., Exodus and Sinai in History and Tradition, Oxford 1973

NIEHR, H., Der höchste Gott. Alttestamentlicher JHWH-Glaube im Kontext syrisch-kanaanäischer Religion des 1. Jahrtausends v. Chr., BZAW 190, Berlin u.a. 1990

— Ein unerkannter Text zur Nekromantie in Israel. Bemerkungen zum religionsgeschichtlichen Hintergrund von 2Sam 12,16a, UF 23, 1991, 301-306

— שׂר, ThWAT VII, 1993, 855-879

— JHWH in der Rolle des Baalšamem, in: W. DIETRICH, M.A. KLOPFENSTEIN (Hg.), Ein Gott allein? JHWH-Verehrung und biblischer Monotheismus im Kontext der israelitischen und altorientalischen Religionsgeschichte, OBO 139, Fribourg, Göttingen 1994, 307-326 (YHWH)

— The Rise of YHWH in Judahite and Israelite Religion. Methodological and Religio-Historical Aspects, in: D.V. EDELMAN (Hg.), The Triumph of Elohim. From Yahwisms to Judaisms, CBET 13, Kampen 1995, 45-73 (Rise)

— Die Reform des Joschija. Methodische, historische und religionsgeschichtliche Aspekte, in: W. GROß (Hg.), Jeremia und die deuteronomistische Bewegung, BBB 98, Bodenheim 1995, 33-55

— In Search of YHWH's Cult Statue in the First Temple, in: K. VAN DER TOORN (Hg.), The Image and the Book, Iconic Cults, Aniconism, and the Rise of Book Religion in Israel and the Ancient Near East, CBET 21, Leuven 1997, 73-95

NIELSEN, E., Deuterojesaja. Erwägungen zur Formkritik, Traditions- und Redaktionsgeschichte, VT 20, 1970, 190-205

— There is Hope for a Tree, The Tree as Metaphor in Isaiah, JSOT.S 65, Sheffield 1989

— Deuteronomium, HAT I.6, Tübingen 1995

NIEMANN, H.M., Die Daniten. Studien zur Geschichte eines altisraelitischen Stammes, FRLANT 135, Göttingen 1985

— Dan, NBL I, 1991, 382f

— Herrschaft, Königtum und Staat. Skizzen zur soziokulturellen Entwicklung im monarchischen Israel, FAT 6, Tübingen 1993

NISSEN, H.J., Grundzüge einer Geschichte der Frühzeit des Vorderen Orients, Grundzüge 52, Darmstadt 1983

NISSINEN, M., Prophetie, Redaktion und Fortschreibung im Hoseabuch: Studien zum Werdegang eines Prophetenbuches im Lichte von Hos 4 und 11, AOAT 231, Neukirchen-Vluyn 1991

NÖTSCHER, F., Haus- und Stadtomina der Serie *šumma âlu ina mêlê šakin* (CT 38-40), Or 31, Rom 1928

— Die Omen-Serie *šumma âlu ina mêlê šakin* (CT 38-40), Or 39-42, Rom 1929

— Die Omen-Serie *šumma âlu ina mêlê šakin* (CT 38-40) Fortsetzung, Or 51-54, Rom 1930

NORTH, C.R., The Essence of Idolatry, in: J. HEMPEL, u.a. (Hg.), Von Ugarit nach Qumran, Beiträge zur alttestamentlichen und altorientalischen Forschung. Otto Eißfeldt zum 1. September 1957 dargebracht von Freunden und Schülern, BZAW 77, Berlin u.a. 1958, 151-160

NOTH, M., Überlieferungsgeschichtliche Studien I. Die sammelnden und bearbeitenden Geschichtswerke im Alten Testament, Halle 1943

— Überlieferungsgeschichte des Pentateuch, Stuttgart 1948

— Könige. 1. Teilband I 1-16, BK IX/1, Neukirchen-Vluyn 1968

— Das zweite Buch Mose. Exodus, ATD 5, Göttingen 1973⁵

NOUGAYROL, J., "Oiseau" ou oiseau?, RA 61, 1967, 23-38

— /u.a., Ugaritica V, MRS XVI, Paris 1968

OBBINK, H.T., Jahwebilder, ZAW 47, 1929, 264-279

O'BRIEN, J.M., Historical Criticism as Liberator and Master: Malachi as a Post-exilic Document, in: DIES., F.L. HORTON (Hg.), The Yahwe/Baal Confrontation and Other Studies in Biblical Literature and Archaeology: Essays in Honor of Emmett Willard Hamrick, Studies in Bible and Early Christianity 35, Macon 1995, 57-79

ODDY, W.A., Vergoldungen auf prähistorischen und klassischen Bronzen, in: H. BORN (Hg.), Archäologische Bronzen, Berlin 1985, 64-71

OENBRINK, W., Das Bild im Bilde: Zur Darstellung von Götterstatuen und Kultbildern auf griechischen Vasen, EHS.A 64, Frankfurt/M u.a. 1997

OHATA, K., Tel Zeror III, Report of the Excavation, Third Season 1966, Tokyo 1970

OLYAN, S.M., The Oaths of Amos 8.14, in: G.A. ANDERSON, S.M. OLYAN (Hg.), Priesthood and Cult in Ancient Israel, JSOT.S 125, Sheffield 1991, 121-149

OPPENHEIM, A.L., Akkadian *pul(u)h(t)u* and *melammu*, JAOS 63, 1943, 31-34

— Studies in Akkadian Lexicography II, OrNS 14, 1945, 235-241

— The Golden Garments of the Gods, JNES 8, 1949, 172-193

— The Interpretation of Dreams in the Ancient Near East. With a Translation of an Assyrian Dream-Book, TAPhS NS 46.3, Philadelphia 1956

— A New Prayer to the "Gods of the Night", SBO III, AnBib 12, Rom 1959, 282-301

— Ancient Mesopotamia, Portrait of a Dead Civilization, Chicago 1964

— A Babylonian Diviner's Manual, JNES 33, 1974, 197-220

— /u.a., The Assyrian Dictionary of the Oriental Institute of the University of Chicago, Chicago, Glückstadt 1956ff

ORTHMANN, W., Der Alte Orient, PKG 14, Berlin 1975

OTTO, E., Das ägyptische Mundöffnungsritual Bd. 1 und 2, ÄA 3, Wiesbaden 1960

OTTO, Eck., Theologische Ethik des Alten Testaments, ThW 3,2, Stuttgart u.a. 1994

OTZEN, B., צר, ThWAT III, 1982, 830-839

518

OUSPENSKY, L., Symbolik des orthodoxen Kirchengebäudes und der Ikone, in: E. HAMMERSCHMIDT, u.a. (Hg.), Symbolik des orthodoxen und orientalischen Christentums, SyR 10, Stuttgart 1962, 53-90

PANOFSKY, E., Zum Problem der Beschreibung und Inhaltsdeutung von Werken der bildenden Kunst (1932/1964), in: E. KAEMMERLING (Hg.), Ikonographie und Ikonologie. Theorien – Entwicklung – Probleme, Köln 1979, 185-206

— Ikonographie und Ikonologie (1939/1955), in: E. KAEMMERLING (Hg.), Ikonographie und Ikonologie. Theorien – Entwicklung – Probleme, Köln 1979, 207-225

PARET, R., Das islamische Bilderverbot, in: DERS., Schriften zum Islam: Volksroman, Frauenfrage, Bilderverbot, hgg. von J. v. ESS, Stuttgart u.a. 1981, 238-247

— Die Entstehung des islamischen Bilderverbots, in: DERS., Schriften zum Islam: Volksroman, Frauenfrage, Bilderverbot, hgg. von J. v. ESS, Stuttgart u.a. 1981, 248-269

PARPOLA, S., Letters from Assyrian Scholars to the Kings Esarhaddon and Assurbanipal, Part I: Texts, AOAT 5/1, Neukirchen-Vluyn 1970 (LAS)

— Letters from Assyrian Scholars to the Kings Esarhaddon and Assurbanipal, Part II: Commentary and Appendices, AOAT 5/2, Neukirchen-Vluyn 1983 (LAS II)

— The Correspondence of Sargon II. Part I, Letters from Assyria and the West, SAA I, Helsinki 1987

— The Reading of the Neo-Assyrian Logogram LU2.SIMUG.KUG.GI "Goldsmith", SAAB II.2, 1988, 77-80

— Letters from Assyrian and Babylonian Scholars, SAA X, Helsinki 1993 (SAA X)

— The Standard Babylonian Epic of Gilgamesh, SAA Cuneiform Texts 1, Helsinki 1997

— Assyrian Prophecies, SAA IX, Helsinki 1997

PATON, L.B., Did Amos Approve the Calf-Worship at Bethel?, JBL 13, 1894, 80-90

PETERSEN, D.L., Zechariah 9-14 and Malachi, OTL, Louisville 1995

PETSCHOW, H.P.H., Lehrverträge, RlA 6, 1980-1983, 556-570

PETTINATO, G., Rezension zu A. Spycket, Les statues de culte dans les textes mésopotamiennes des origines à la Ire dynastie de Babylone, BiOr 26, 1969, 212-216

PFEIFFER, R.H., The Polemic against Idolatry in the Old Testament, JBL 43, 1924, 229-240

PHILO, Works I-X. Suppl. I-II, zitiert nach F.H. COLSON, u.a. (Hg.), The Loeb Classical Library, London, Cambridge/MA 1967-1971

PIETRZYKOWSKI, M., The Origins of the Frontal Convention in the Arts of the Near East, Ber. 33, 1985, 55-59

PINGREE, D., WALKER, C.B.F., A Babylonian Star-Catalogue: BM 78161, in: E. LEICHTY, M. DE J.ELLIS, P. GERARDI (Hg.), A Scientific Humanist, Studies in Memory of Abraham Sachs, Occasional Publications of the Samuel Noah Kramer Fund 9, Philadelphia 1988, 313-322

PLINIUS d.Ä., Naturalis Historia Vol. X, Libri XXXVI-XXXVII, zitiert nach EICHHOLZ, D.E. (Hg.), The Loeb Classical Library, London, Cambridge 1962

PODELLA, T., Das Lichtkleid JHWHs. Untersuchungen zur Gestalthaftigkeit Gottes im Alten Testament und seiner altorientalischen Umwelt, FAT 15, Tübingen 1996

POHLMANN, K.-F., Das Buch des Propheten Hesekiel (Ezechiel) Kapitel 1-19, ATD 22,1, Göttingen 1996

PONGRATZ-LEISTEN, B., Ina šulmi īrub. Die kulttopographische und ideologische Programmatik der akītu-Prozession in Babylonien und Assyrien im 1. Jahrtausend v. Chr., BaF 16, Mainz 1994

— Anzû-Vögel für das É.HUL2.HUL2 in Harrān, in: U. FINKBEINER, u.a. (Hg.), Beiträge zur Kulturgeschichte Vorderasiens, Festschrift für Rainer Michael Boehmer, Mainz 1995, 549-557

— /DELLER, K., BLEIBTREU, E., Götterstreitwagen und Götterstandarten: Götter auf dem Feldzug und ihr Kult im Feldlager, BaM 23, 1992, 291-356 Tf. 50-69

POPKO, M., Anikonische Götterdarstellungen in der altanatolischen Religion, in: J. QUAEGEBEUR (Hg.), Ritual and Sacrifice in the Ancient Near East. Proceedings of the International Conference organized by the Katholieke Universiteit Leuven from the 17th to the 20th of April 1991, OLA 55, Leuven 1993, 319-327

PORTER, B.N., Images, Power, and Politics. Figurative Aspects of Esarhaddon's Babylonian Policy, MAPS 208, Philadelphia 1993

POSTGATE, J.N., Trees and Timber in the Assyrian Texts, BSA 6, 1992, 177-192

— Text and Figure in Ancient Mesopotamia: Match and Mismatch, in: C. RENFREW, E.B.W. ZUBROW (Hg.), The Ancient Mind. Elements of Cognitive Archaeology, Cambridge 1994, 176-184

— /READE, J.E., Kalhu, RlA 5, 1976-1980, 303-323

POTTS, D.T., u.a., Guhlu and Guggulu, in: A.A. AMBROS, M. KÖHBACH (Hg.), Festschrift für Hans Hirsch zum 65. Geburtstag gewidmet von seinen Freunden, Kollegen und Schülern, WZKM 86, Wien 1996, 291-305

POWELL, M.A., Narām-Sîn, Son of Sargon: Ancient History, Famous Names, and a Famous Babylonian Forgery, ZA 81, 1991, 20-30

PREUß, H.D., Verspottung fremder Religionen im Alten Testament, BWANT 92, Stuttgart u.a. 1971

— אליל, ThWAT I, 1973, 305-308

— גלולים, ThWAT II, 1977, 1-5

— דמות, ThWAT II, 1977, 266-277

— Deuteronomium, EdF 164, Darmstadt 1982

— נוח, ThWAT V, 1986, 297-307

— Theologie des Alten Testamentes, Bd. 1, JHWHs erwählendes und verpflichtendes Handeln, Stuttgart u.a. 1991

PRIGENT, P., Le judaïsme et l'image, TSAJ 24, Tübingen 1990

PRITCHARD, J.B., Ancient Near Eastern Texts Relating to the Old Testament, Princeton 1950

— The Ancient Near East in Pictures Relating to the Old Testament, Princeton 1954

VON RAD, G., Theologie des Alten Testaments, I. Die Theologie der geschichtlichen Überlieferungen Israels, München 1978[7]

— Weisheit in Israel, Neukirchen-Vluyn 1982[2]

RAHLFS, A., Septuaginta. Id est Vetus Testamentum graece iuxta LXX interpretes, Stuttgart 1965[8]

RAINEY, A.F., Hezekiah's Reform and the Altars at Beer-sheba and Arad, in: M.D. COOGAN, J.C. EXUM, L.E. STAGER (Hg.), Scripture and Other Artifacts. Essays on the Bible and Archaeology in Honor of Philip J. King, Louisville 1994, 333-354

RASHID, S.A., Zur Sonnentafel von Sippar, BJV 7, 1967, 297-309, pl. 4-7

RATSCHOW, C.H., GEMSER, B., BECK, H.-G., HERTZSCH, E., Bilder und Bilderverehrung I-IV, RGG[3] I, 1957, 1268-1276

RAWLINSON, H.C., u.a., The Cuneiform Inscriptions of Western Asia, Bd. I-V, London 1861-1909

READE, J.E., Space, Scale, and Significance in Assyrian Art, BaM 11, 1980, 71-74

— Not Shalmaneser but Kidudu, BaM 17, 1986, 299-300 pl. 45

REICHARD, G., Navaho Religion Bd. 1 und 2, New York 1950

REICHERT, A., Massebe, BRL, 1977[2], 206-209

REINER, E., Šurpu. A Collection of Sumerian and Akkadian Incantations, AfO.B 11, Graz 1958

—   The Etiological Myth of the "Seven Sages", OrNS 30, 1961, 1-11

—   Astral Magic in Babylonia, Transactions of the American Philosophical Society Held at Philadelphia for Promoting Useful Knowledge 85.4, Philadelphia 1995

REISEL, M., The Relation between the Creative Function of the Verbs עשׂה-יצר-ברא in Isaiah 43:7 and 45:7, in: M. BOERTIEN (Hg.), Verkenningen in een Stroomgebied: Proeven van oudtestamentisch oderzoek ter gelegenheid van het afscheid van Prof. Dr. M.A. Beek van de Universiteit van Amsterdam, Amsterdam 1974, 65-79

REITERER, F.V., שׁוא, ThWAT VII, 1993, 1104-1117

RENGER, J., Notes on the Goldsmiths, Jewelers and Carpenters of Neobabylonian Eanna (Rezension zu D.B. Weisberg, Guild Structure and Political Allegiance in Early Achaemenid Mesopotamia, YNER 1, New Haven, London 1967), JAOS 91, 1971, 494-503

—   Kultbild. A. Philologisch, RlA 6, 1980-1983, 307-314

—   Handwerk und Handwerker im alten Mesopotamien, AOF 23, 1996, 211-231

—   Vergangenes Geschehen in der Textüberlieferung des alten Mesopotamien, in: H.-J. GEHRKE, A. MÖLLER (Hg.), Vergangenheit und Lebenswelt: Soziale Kommunikation, Traditionsbildung und historisches Bewusstsein, ScriptOralia 90, Tübingen 1996, 9-60

RENZ, J., Handbuch der althebräischen Epigraphik I: Die althebräischen Inschriften, Teil 1 Text und Kommentar. II/1: Die althebräischen Inschriften, Teil 2 Zusammenfassende Erörterungen, Paläographie und Glossar. III: Texte und Tafeln, Darmstadt 1995

RIIS, P.J., BUHL, M.-L., Hama. Fouilles et recherches de la Fondation Carlsberg, 1931-1938. II.2. Les objets de la période dite syro-hittite (âge du fer), Nationalmuseets Skrifter, Større Beretninger 12, Kopenhagen 1990

RINGGREN, H., אלהים, ThWAT I, 1973, 285-305

—   The Symbolism of Mesopotamian Cult Images, in: H. BIEZAIS (Hg.), Religious Symbols and their Functions, SIDA 10, Stockholm 1979, 105-109

—   חקק, ThWAT III, 1982, 149-157

—   יפה, ThWAT III, 1982, 787-790

—   עמד, ThWAT V, 1986, 194-204

—   נטה, ThWAT V, 1986, 409-415

—   עשׂה, ThWAT VI, 1989, 413-432

RITTER, J. (Hg.), Historisches Wörterbuch der Philosophie Bd. 1ff, Darmstadt 1971ff

RITTIG, D., Assyrisch-babylonische Kleinplastik magischer Bedeutung vom 13.-6. Jh. v. Chr., München 1977

—   Marduk. B. Archäologisch, RlA 7, 1987-1990, 372-374

RÖLLIG, W., Literatur, RlA 7, 1987-1990, 35-66

—   Bethel, DDD, 1995, 331-334

RÖMER, T., Israels Väter. Untersuchungen zur Väterthematik im Deuteronomium und in der Deuteronomistischen Tradition, OBO 99, Fribourg, Göttingen 1990

—   Transformations in Deuteronomistic and Biblical Historiography. On »Book-Finding« and Other Literary Strategies, ZAW 109, 1997, 1-11

ROMANO, I.B., Early Greek Cult Images, Pennsylvania 1983

ROSE, M., 5. Mose. Teilband 2: 5. Mose 1-11 und 26-34 Rahmenstücke zum Gesetzeskorpus, ZBK 5.2, Zürich 1994

ROTH, W.M.W., For Life, He Appeals to Death (Wis 13:18). A Study of Old Testament Idol Parodies, CBQ 37, 1975, 21-47

ROTHENBERG, B., u.a., The Egyptian Mining Temple at Timna, Researches in the Arabah 1959-1984 I, London 1988

ROUAULT, O., Mukannišum. L'administration et l'économie palatiales à Mari, ARM XVIII, Paris 1977

ROWE, A., The Four Canaanite Temples of Beth-Shan I. The Temples and Cult Objects, Publications for the Palestine School of the University Museum of Pennsylvania II, Philadelphia 1940

RUDMAN, D., Creation and Fall in Jeremiah X 12-16, VT 48, 1998, 63-73

RUDOLPH, W., Der "Elohist" von Exodus bis Josua, BZAW 68, Berlin u.a. 1938

— Jeremia, HAT 12, Tübingen 1968[3]

RUPPERT, L., Die Kritik an den Göttern im Jesajabuch, BN 82, 1996, 76-96

RUSSELL, J.M., Sennacherib's Palace without Rival at Nineveh, Chicago 1991

SAEBO, M., צדק, ThWAT VI, 1989, 1133-1138

SAGGS, H.W.F., The Nimrud Letters, 1952 – Part II, Iraq 17, 1955, 126-154 pl. xxx-xxxv

— Historical Texts and Fragments of Sargon II of Assyria, I. The "Aššur Charter", Iraq 37, 1975, 11-20

— Additions to Anzu, AfO 33, 1986, 1-29

— Babylonians, London 1995

SALONEN, E., Über das Erwerbsleben im Alten Mesopotamien. Untersuchungen zu den akka-dischen Berufsnamen, Teil I, StOr 41, Helsinki 1970

SASSON, J.M., Bovine Symbolism in the Exodus Narrative, VT 18, 1968, 380-387

— /u.a. (Hg.), Civilizations of the Ancient Near East I-IV, New York 1995

SAUREN, H., Die Kleidung der Götter, VisRel 2, 1983, 95-117

SAWYER, J.F.A., שוא, THAT II, 1984[3], 882-884

SCHADE, H., Zur Bildtheorie im frühen Mittelalter, CKB 97.4, Linz a.d. Donau 1959, 113ff

SCHARBERT, J., Exodus, NEB.AT Lfg. 24, Würzburg 1989

SCHEIL, V., Inscriptions des derniers rois d'Assyrie, RA 10, 1913, 197-205

SCHINDLER, R., Landesmuseum Trier. Führer durch die vorgeschichtliche und römische Abteilung, Trier 1970

SCHMID, K., Buchgestalten des Jeremiabuches. Untersuchungen zur Redaktions- und Rezepti-onsgeschichte von Jer 30-33 im Kontext des Buches, WMANT 72, Neukirchen-Vluyn 1996

— Manasse und der Untergang Judas: "Golaorientierte" Theologie in den Königsbüchern?, Bib. 78, 1997, 87-99

SCHMIDT, B.B., The Aniconic Tradition. On Reading Images and Viewing Texts, in: D.V. EDELMAN (Hg.), The Triumph of Elohim. From Yahwisms to Judaisms, CBET 13, Kampen 1995, 75-105

SCHMIDT, W.H., Ausprägungen des Bilderverbots? Zur Sichtbarkeit und Vorstellbarkeit Gottes im Alten Testament, in: H. BALZ, S. SCHULZ (Hg.), Das Wort und die Wörter, Festschrift Gerhard Friedrich zum 65. Geburtstag, Stuttgart u.a. 1973, 25-34

— אלהים, THAT I, 1984[4], 153-167

— יצר, THAT I, 1984[4], 761-765

— Alttestamentlicher Glaube, Neukirchen-Vluyn 1996[8]

— /u.a., Die zehn Gebote im Rahmen alttestamentlicher Ethik, EdF 281, Darmstadt 1993

SCHNIEWIND, W., History and Interpretation: The Religion of Ahab and Manasseh in the Book of Kings, CBQ 55, 1993, 649-661

SCHREINER, J., Septuaginta-Massora des Buches der Richter. Eine textkritische Studie, AnBib 7, Rom 1957

SCHROEDER, O., Keilschrifttexte aus Assur verschiedenen Inhalts, WVDOG 35, Leipzig 1920

— /MESSERSCHMIDT, L., Keilschrifttexte aus Assur historischen Inhalts, Erstes und Zweites Heft, WVDOG 16 und 37, Leipzig 1911 und 1922

SCHROER, S., In Israel gab es Bilder. Nachrichten von darstellender Kunst im Alten Testament, OBO 74, Fribourg, Göttingen 1987

SCHÜTZINGER, H., Bild und Wesen der Gottheit im alten Mesopotamien, in: H.-J., KLIMKEIT (Hg.), Götterbild, in Kunst und Schrift, Studium universale 2, Bonn 1984, 61-80

SCHUNCK, K.-D., במה, ThWAT I, 1973, 662-667

— חלק, ThWAT II, 1977, 1011-1014

SCHUSTER, A., Die Steinbeschreibungsserie *abnu šikinšu*, unpub. Magisterarbeit, Heidelberg 1996

SCHWERTNER, S., אליל, THAT I, 1984⁴, 167-169

SCURLOCK, J.A., Magical Means of Dealing with Ghosts in Ancient Mesopotamia, Chicago 1988

SEEBAß, H., בוש, ThWAT I, 1973, 568-580

SEEDEN, H., The Standing Armed Figurines in the Levant, Prähistorische Bronzefunde I.1, München 1980

SEIDL, U., Göttersymbole und -attribute, A. I., RlA 3, 1957-1971, 484-490

— Die babylonischen Kudurru-Reliefs, BaM 4, Berlin 1968, 7-220 (Kudurru)

— Kultbild. B. Archäologisch, RlA 6, 1980-1983, 314-319

— Die babylonischen Kudurru-Reliefs. Symbole mesopotamischer Gottheiten, OBO 87, Fribourg, Göttingen 1989 (Kudurru-Reliefs)

SELLIN, E., Das Zwölfprophetenbuch, KAT 12.1, Leipzig 1929²ᐟ³

SELZ, G.J., Eine Kultstatue der Herrschergemahlin Šaša: Ein Beitrag zum Problem der Vergöttlichung, ASJ 14, 1992, 245-268

— The Holy Drum, the Spear, and the Harp. Towards an Understanding of the Problems of Deification in Third Millennium Mesopotamia, in: I.L. FINKEL, M.J. GELLER (Hg.), Sumerian Gods and their Representations, Cuneiform Monographs 7, Groningen 1997, 167-213

SEYBOLD, K., הבל, ThWAT II, 1977, 334-343

— Nahum, Habakuk, Zephanja, ZBK 24.2, Zürich 1991

SHAFFER, A., Gilgamesh, the Cedar Forest and Mesopotamian History, JAOS 103, 1983, 307-313

SHILOH, Y., Excavations at the City of David I, 1978-1982. Interim Report of the First Five Seasons, Qedem 19, Jerusalem 1984

SIGRIST, M., Gestes symboliques et rituels à Emar, in: J. QUAEGEBEUR (Hg.), Ritual and Sacrifice in the Ancient Near East. Proceedings of the International Conference organized by the Katholieke Universiteit Leuven from the 17th to the 20th of April 1991, OLA 55, Leuven 1993, 381-410

SINGER, K.H., Die Metalle Gold, Silber, Bronze, Kupfer, Eisen im Alten Testament und ihre Symbolik, FzB 43, Würzburg 1980

SJÖBERG, A.W., *UET* VII, 73: An Exercise Tablet Enumerating Professions, in: Ö. TUNCA, D. DEHESELLE (Hg.), Tablettes et Images aux Pays de Sumer et d'Akkad, Mélanges offerts à Monsieur H. Limet, Liège 1996, 117-139

— /BERGMANN, E., The Collection of the Sumerian Temple Hymns, TCS III, Locust Valley 1969

SLADEK, W.R., Inanna's Descent to the Netherworld, Baltimore 1974

SMEND, R., Die Entstehung des Alten Testaments, ThW 1, Stuttgart u.a. 1989⁴

SMITH, M.S., Yahweh and Other Deities in Ancient Israel: Observations on Old Problems and Recent Trends, in: W. DIETRICH, M.A. KLOPFENSTEIN (Hg.), Ein Gott allein? JHWH-Verehrung und biblischer Monotheismus im Kontext der israelitischen und altorientalischen Religionsgeschichte, OBO 139, Fribourg, Göttingen 1994, 197-234

SMITH, S., The Babylonian Ritual for the Consecration and Induction of a Divine Statue, JRAS 1925, 37-60 pl. ii-iv

VON SODEN, W., Rezension zu E. Ebeling, Tod und Leben nach den Vorstellungen der Babylonier, OLZ 37, 1934, 411-420 (Rezension)

— Die Unterweltsvision eines assyrischen Kronprinzen nebst einigen Beobachtungen zur Vorgeschichte des Ahiqar-Romans, ZA 43, 1936, 1-31, (mit Nachträgen und Verbesserungen) wieder abgedruckt in: L. CAGNI, H.-P. MÜLLER (Hg.), W. von Soden, Aus Sprache, Geschichte und Religion Babyloniens, Gesammelte Aufsätze, Neapel 1989, 29-67

— Die Schutzgenien Lamassu und Schedu in der babylonisch-assyrischen Literatur, BaM 3, 1964, 148-156, wieder abgedruckt in: L. CAGNI, H.-P. MÜLLER (Hg), W. von Soden, Aus Sprache, Geschichte und Religion Babyloniens, Gesammelte Aufsätze, Neapel 1989, 113-121

— Grundriß der akkadischen Grammatik, AnOr 33/47, Rom 1969

— Rezension zu E. Cassin, La splendeur divine, ZA 61, 1971, 312-314 (Rezension Cassin)

— Akkadisches Handwörterbuch, Wiesbaden 1965-1981

— Zwei Königsgebete an Ištar aus Assyrien, AfO 25, 1974/77, 37-49, wieder abgedruckt in: L. CAGNI, H.-P. MÜLLER (Hg.), W. von Soden, Aus Sprache, Geschichte und Religion Babyloniens, Gesammelte Aufsätze, Neapel 1989, 215-227

— Die 2. Tafel der Unterserie šumma Ea liballiṭka von alandimmû, ZA 71, 1981, 109-121

— Kyros und Nabonid. Propaganda und Gegenpropaganda, in: H. KOCH, D.N. MACKENZIE (Hg.), Kunst, Kultur und Geschichte der Achämenidenzeit und ihr Fortleben, AMI Ergänzungsband 10, 1983, 61-68, wieder abgedruckt in: L. CAGNI, H.-P. MÜLLER (Hg.), W. von Soden, Aus Sprache, Geschichte und Religion Babyloniens, Gesammelte Aufsätze, Neapel 1989, 285-292

— Reflektierte und konstruierte Mythen in Babylonien und Assyrien, StOr 55.4, Helsinki 1984, 147-157

SOLLBERGER, E., The White Obelisk, Iraq 36, 1974, 231-238, pl. xli-xlviii

— /KUPPER, J.-R., Inscriptions royales sumériennes et akkadiennes, LAPO 3, Paris 1971

SOMMERFELD, W., Der Aufstieg Marduks. Die Stellung Marduks in der babylonischen Religion des zweiten Jahrtausends v. Chr., AOAT 213, Neukirchen-Vluyn 1982

— Marduk. A. Philologisch. I. In Mesopotamien, RlA 7, 1987-1990, 360-370

SPIECKERMANN, H., Juda unter Assur in der Sargonidenzeit, FRLANT 129, Göttingen 1982

SPYCKET, A., Les statues de culte dans les textes mésopotamiens des origines à la Ire dynastie de Babylone, CRB 9, Paris 1968

— La statuaire du Proche-Orient Ancien, HO 7.1/2B2, Leiden, Köln 1981

— Reliefs, Statuary, and Monumental Paintings in Ancient Mesopotamia, in: CANE IV, 1995, 2583-2600

SPYKERBOER, H.C., The Structure and Composition of Deutero-Isaiah with Special Reference to the Polemics Against Idolatry, Meppel 1976

STAATLICHE MUSEEN ZU BERLIN (Hg.), Das Vorderasiatische Museum, Mainz 1992

STAMBAUGH, J.E., BALCH, D.L., The New Testament in its Social Environment, LEC 2, Philadelphia 1986

STAMM, J.J., Die akkadische Namengebung, MVAeG 44, Leipzig 1939

— Der Name des Königs David, in: DERS., Beiträge zur hebräischen und altorientalischen Namenkunde zu seinem 70. Geburtstag herausgegeben von Ernst Jenni und Martin A. Klopfenstein, OBO 30, Fribourg, Göttingen 1980, 165-183

STAUBLI, T., Das Image der Nomaden im Alten Israel und in der Ikonographie seiner sesshaften Nachbarn, OBO 107, Fribourg, Göttingen 1991

STEIBLE, H., Die altsumerischen Bau- und Weihinschriften I und II, FAOS 5, Wiesbaden 1982

— Die neusumerischen Bau- und Weihinschriften 1, Inschriften der II. Dynastie von Lagaš, FAOS 9.1, Wiesbaden 1991

STEINKELLER, P., Studies in Third Millennium Paleography, 2. Signs ŠEN and ALAL: Addendum, OrAnt 23, 1984, 39-41

STENDEBACH, F.J., צלם, ThWAT VI, 1989, 1046-1055

STERN, E., Material Culture of the Land of the Bible in the Persian Period 538-332 B.C., Warminster 1982

— What Happened to the Cult Figurines? Israelite Religion Purified After the Exile, BArR 15.4, 1989, 22-29

— /u.a. (Hg.), The New Encyclopedia of Archaeological Excavations in the Holy Land 1-4, Jerusalem 1993

STERNBERG, T., "Vertrauter und leichter ist der Blick auf das Bild". Westliche Theologen des 4. bis 6. Jahrhunderts zur Bilderfrage, in: C. DOHMEN, T. STERNBERG (Hg.), "… kein Bildnis machen." Kunst und Theologie im Gespräch, Würzburg 1987, 25-57

STÖRK, L., Gold, LÄ 2, 1977, 725-731

STOLZ, F., Die Bäume des Gottesgartens auf dem Libanon, ZAW 84, 1972, 141-156

— בוש, THAT I, 1984⁴, 269-272

— Hierarchien der Darstellungsebenen religiöser Botschaft, in: H. ZINSER (Hg.), Religionswissenschaft. Eine Einführung, Berlin 1988, 55-72

STRECK, M., Assurbanipal und die letzten assyrischen Könige bis zum Untergange Niniveh's. I-III, VAB 7, Leipzig 1916

STROMMENGER, E., Die neuassyrische Rundskulptur, ADOG 15, Berlin 1970

STUHLMÜLLER, C., Creative Redemption in Deutero-Isaiah, AnBib 43, Rom 1970

SUNDERMEIER, T., Religionswissenschaft versus Theologie? Zur Verhältnisbestimmung von Religionswissenschaft und Theologie aus religionswissenschaftlicher Sicht, in: B. JANOWSKI, N. LOHFINK, u.a. (Hg.), Religionsgeschichte Israels oder Theologie des Alten Testaments?, JBTh 10, Neukirchen 1995, 189-206

— /MÜLLER, K. (Hg.), Lexikon Missionstheologischer Grundbegriffe, Berlin 1987

SUTTNER, E., Die theologischen Motive im Bilderstreit, in: Nicolaus, Rivista di teologia ecumenico-patristica 15, 1988, 53-70

— Rezension zu H. Feld, Der Ikonoklasmus des Westens, in: OstKSt 41, 1992, 339-341

TADMOR, H., The Inscriptions of Nabunaid: Historical Arrangement, in: H.G. GÜTERBOCK, T. JACOBSEN (Hg.), Studies in Honor of Benno Landsberger on his Seventy-Fifth Birthday April 21, 1965, AS 16, Chicago 1965, 351-363

— History and Ideology in the Assyrian Royal Inscriptions, in: F.M. FALES (Hg.), Assyrian Royal Inscriptions: New Horizons in literary, ideological, and historical analysis. Papers of a Symposium held in Cetona (Siena) June 26-28, 1980, Orientis Antiqui Collectio 17, Rom 1981, 13-33

— Monarchie und Eliten in Assyrien und Babylonien: Die Frage der Verantwortlichkeit, in: S.N. EISENSTADT (Hg.), Kulturen der Achsenzeit. Ihre Ursprünge und ihre Vielfalt 1, Griechenland, Israel, Mesopotamien, Frankfurt 1987, 292-323

— The Inscriptions of Tiglath-pileser III King of Assyria. Critical Edition, with Introductions, Translations and Commentary, Jerusalem 1994

TALLQVIST, K.L., Assyrian Personal Names, Acta Societatis Scientiarum Fennicae 43.1, Helsingfors 1914

— Akkadische Götterepitheta, mit einem Götterverzeichnis und einer Liste der prädikativen Elemente der sumerischen Götternamen, StOr 7, Helsingfors 1938

TALMUD YERUSHALMI 8 Bände, Jerusalem 1960

TALON, P., Le rituel comme moyen de légitimation politique au 1er millénaire en Mésopotamie, in: J. QUAEGEBEUR (Hg.), Ritual and Sacrifice in the Ancient Near East. Proceedings of the International Conference organized by the Katholieke Universiteit Leuven from the 17th to the 20th of April 1991, OLA 55, Leuven 1993, 421-433

TAYLOR, J.E., The Asherah, The Menorah and The Sacred Tree, JSOT 66, 1995, 29-54

THIEL, W., צוד, ThWAT VI, 1989, 968-973

THIERSCH, H., Ependytes und Ephod. Gottesbild und Priesterkleid im Alten Vorderasien, GWF 8, Stuttgart 1936

THOMAS, D.W., Isaiah XLIV.9-20: A Translation and Commentary, in: A. CAQUOT, u.a. (Hg.) Hommages à André Dupont-Sommer, Paris 1971, 319-330

THOMPSON, R.C., The Prisms of Esarhaddon and Ashurbanipal found at Niniveh 1927-1928, London 1931

— A Dictionary of Assyrian Chemistry and Geology, Oxford 1936

THOMPSON, T.L., Early History of the Israelite People. From the Written and Archaeological Sources, SHANE 4, Leiden u.a. 1992

THON, N., Ikone und Liturgie, Sophia 19, Trier 1979

THÜMMEL, H.G., Bilder IV. Alte Kirche und V/1. Mittelalter. Byzanz, TRE VI, 1980, 525-531. 532-540

— Bilderlehre und Bilderstreit: Arbeiten zur Auseinandersetzung über die Ikone und ihre Begründung vornehmlich im 8. und 9. Jahrhundert, ÖC N.S. 40, Würzburg 1991

— Die Frühgeschichte der ostkirchlichen Bilderlehre: Texte und Untersuchungen zur Zeit vor dem Bilderstreit, TU 139, Berlin 1992

THUREAU-DANGIN, F., Die sumerischen und akkadischen Königsinschriften, VAB I.1, Leipzig 1907

— Rituels Accadiens, Paris 1921

— La procession du nouvel an à Uruk, RA 20, 1923, 107-112

TIGAY, J.H., You Shall Have No Other Gods: Israelite Religion in the Light of Hebrew Inscriptions, HSS 31, Atlanta 1986

TIMM, S., Die Dynastie Omri. Quellen und Untersuchungen zur Geschichte Israels im 9. Jahrhundert vor Christus, FRLANT 124, Göttingen 1982

TOEWS, W.I., Monarchy and Religious Institution in Israel under Jeroboam I, SBL.MS 47, Atlanta 1993

TOPITSCH, E., Vom Ursprung und Ende der Metaphysik. Eine Studie zur Weltanschauungskritik, Wien 1958

TORREY, C.C., The Prophecy of "Malachi", JBL 17, 1898, 1-15

TROPPER, J., Nekromantie, Totenbefragung im Alten Orient, und im Alten Testament, AOAT 223, Neukirchen-Vluyn 1989

TRUDINGER, P., To Whom Then Will You Liken God? (A Note on the Interpretation of Isaiah xl 18-20), VT 17, 1967, 220-225

TSUKIMOTO, A., Emar and the Old Testament. Preliminary Remarks, AJBI 15, 1989, 3-24

TUFNELL, O., u.a., Lachish II (Tell ed-Duweir). The Fosse Temple, London 1940

UEHLINGER, C., "Zeichne eine Stadt... und belagere sie!" Bild und Wort in einer Zeichenhandlung Ezechiels gegen Jerusalem, in: M. KÜCHLER, C. UEHLINGER (Hg.), Jerusalem. Texte – Steine – Bilder. Festschrift O. und H. Keel-Leu, NTOA 6, Fribourg u.a. 1987, 109-200

— Rezension zu C. Dohmen, Das Bilderverbot, BiOr 46, 1989, 410-419 (Rezension Dohmen)

— Weltreich und "eine Rede". Eine neue Deutung der sogenannten Turmbauerzählung (Gen 11,1-9), OBO 101, Fribourg, Göttingen 1990
— Götterbild, NBL I, 1991, 871-892 (Götterbild)
— Audienz in der Götterwelt. Anthropomorphismus und Soziomorphismus in der Ikonographie eines altsyrischen Zylindersiegels, UF 24, 1992, 339-359
— Eine anthropomorphe Kultstatue des Gottes von Dan?, BN 72, 1994, 85-100
— Gab es eine joschijanische Kultreform? Plädoyer für ein begründetes Minimum, in: W. GROß (Hg.), Jeremia und die deuteronomistische Bewegung, BBB 98, Bodenheim 1995, 57-89
— Israelite Aniconism in Context. Rezension zu T.N.D. Mettinger, No Graven Image?, Bib. 77, 1996, 540-549 (Rezension)
— Astralkultpriester und Fremdgekleidete, Kanaanvolk und Silberwäger. Zur Verknüpfung von Kult- und Sozialkritik in Zef 1, in: W. DIETRICH, M. SCHWANTES (Hg.), Der Tag wird kommen. Ein interkontextuelles Gespräch über das Buch des Propheten Zefanja, SBS 170, Stuttgart 1996, 49-83
— *Figurative Policy*, Propaganda und Prophetie, in: J.A. EMERTON (Hg.), Congress Volume Cambridge 1995, VT.S 66, Leiden u.a. 1997, 297-349
— Anthropomorphic Cult Statuary in Iron Age Palestine and the Search for Yahweh's Cult Images, in: K. VAN DER TOORN (Hg.), The Image and the Book, Iconic Cults, Aniconism, and the Rise of Book Religion in Israel and the Ancient Near East, CBET 21, Leuven 1997, 97-155
— "... und wo sind die Götter von Samarien?" Die Wegführung syrisch-palästinischer Kultstatuen auf einem Relief Sargons II. in Ḫorṣābād/Dūr-Šarrukīn, in: M. DIETRICH, I. KOTTSIEPER (Hg.), "Und Mose schrieb dieses Lied auf...", Festschrift O. Loretz, AOAT 250, Neukirchen-Vluyn 1998, 739-776
— Bilderkult III. In der Bibel, RGG[4] (in Vorbereitung)
— Bilderverbot, RGG[4] (in Vorbereitung)
UNGER, E., Götterbild, RLV IV, 1926, 414-426
— Göttersymbol, RLV IV, 1926, 428-441
— Babylon. Die heilige Stadt nach der Beschreibung der Babylonier, Berlin, Leipzig 1931 (Neudruck Berlin 1970)
— Aššur, Stadt, RlA 1, 1932, 170-195 pl. 20-30
— Diadem und Krone, RlA 2, 1938, 201-211
UNGNAD, A., Babylonische Briefe aus der Zeit der Hammurapi-Dynastie, VAB 6, Leipzig 1914
— Datenlisten, RlA 2, 1938, 131-194
URBACH, E.E., The Rabbinical Laws of Idolatry in the Second and Third Centuries in the Light of Archaeological and Historical Facts, IEJ 9, 1959, 149-165
UTZSCHNEIDER, H., Hosea. Prophet vor dem Ende. Zum Verhältnis von Geschichte und Institution in der alttestamentlichen Prophetie, OBO 31, Fribourg, Göttingen 1980
VALENTIN, H., Aaron. Eine Studie zur vor-priesterschriftlichen Aaron-Überlieferung, OBO 18, Fribourg, Göttingen 1978
VAN DE MIEROOP, M., The Ancient Mesopotamian City, Oxford 1997
VAN DER TOORN, K., The Nature of the Biblical Teraphim in the Light of the Cuneiform Evidence, CBQ 52, 1990, 203-222
— Anat-Yahu, Some Other Deities, and the Jews of Elephantine, Numen 39, 1992, 80-101
— Migration and the Spread of Local Cults, in: K. VAN LERBERGHE, A. SCHOORS (Hg.), Immigration and Emigration within the Ancient Near East, Festschrift E. Lipiński, OLA 65, Leuven 1995, 365-377

— Family Religion in Babylonia, Syria and Israel. Continuity and Change in the Forms of Religious Life, SHCANE 7, Leiden u.a. 1996

— The Iconic Book: Analogies between the Babylonian Cult of Images and the Veneration of the Torah, in: K. VAN DER TOORN (Hg.), The Image and the Book, Iconic Cults, Aniconism, and the Rise of Book Religion in Israel and the Ancient Near East, CBET 21, Leuven 1997, 229-248

— /K., BECKING, B., VAN DER HORST, P.W. (Hg.), Dictionary of Deities and Demons in the Bible (DDD), Leiden u.a. 1995

— /HOUTMAN, C., David and the Ark, JBL 113, 1994, 209-231

VAN DIJK, J.J.A., Sumerische Götterlieder II, Heidelberg 1960

— Die Inschriftenfunde, UVB 18, Berlin 1962, 39-62 pl. 20. 27f

— Sumerische Religion, in: J.P. ASMUSSEN, J. LAESSOE, C. COLPE (Hg.), Handbuch der Religionsgeschichte Bd. 1, Göttingen 1971, 431-496

— Texte aus dem Reš-Heiligtum in Uruk-Warka, BaM Beiheft 2, Berlin 1980

— LUGAL UD ME-LAM2-bi NIR-GAL2, Le récit épique et didactique des travaux de Ninurta, du déluge et de la nouvelle création. Texte, traduction et introduction. Tome I, Introduction, texte composite, traduction. Tome II, Introduction à la reconstruction du texte, inventaire des textes, partition, copies des originaux, Leiden 1983 (Lugal-e I bzw. II)

— Lugal-e, RlA 7, 1987-1990, 134-136 (Lugal-e 1987)

VAN DRIEL, G., The Cult of Aššur, SSN 13, Assen 1969

VAN ESS, M., PEDDE, F., Uruk. Kleinfunde II. Metall und Asphalt, Farbreste, Fritte/Fayence, Glas, Holz, Knochen/Elfenbein, Leder, Muschel/Perlmutt/Schnecke, Schilf, Textilien, AUWE 7, Mainz 1992

VAN GENNEP, A., Übergangsriten (Les rites de passage), Frankfurt u.a. 1986 (dt. Übersetzung des franz. Originals Paris 1909)

VAN KEULEN, P.S.F., Manasseh Through the Eyes of the Deuteronomists. The Manasseh Account (2 Kings 21:1-18) and the Final Chapters of the Deuteronomistic History, OTS 38, Leiden u.a. 1996

VANONI, G., שׁים, ThWAT VII, 1993, 761-781

VAN OORSCHOT, J., Von Babel zum Zion, Eine literarkritische und redaktionsgeschichtliche Untersuchung, BZAW 206, Berlin u.a. 1993

VANSTIPHOUT, H.L.J., A Note on the Series "Travel in the Desert", JCS 29, 1977, 52-56

— The Mesopotamian Debate Poems. A General Presentation (Part 1), ASJ 12, 1990, 271-318

VAN WINKLE, D.W., 1 Kings XII 25-XIII 34: Jeroboam's Cultic Innovations and the Man of God from Judah, VT 46, 1996, 101-114

VEIJOLA, T., Bundestheologische Redaktion im Deuteronomium, in: DERS (Hg.), Das Deuteronomium und seine Querbeziehungen, Schriften der Finnischen Exegetischen Gesellschaft 62, Göttingen 1996, 242-276

VERHOEF, P.A., The Books of Haggai and Malachi, NIC.OT, Grand Rapids 1987

VERMEYLEN, J., Du prophète Isaie à l'apocalyptique. Isaie, I-XXXV, miroir d'un demi-millénaire d'expérience religieuse en Israel, I.II, Paris 1977/78

— L'affaire du veau d'or (Ex 32-34). Une clé pour la "question deutéronomiste"?, ZAW 97, 1985, 1-23

VERNON, M.D., Wahrnehmung und Erfahrung, Köln 1974

VOGELZANG, M.E., Bin šar dadmē. Edition and Analysis of the Akkadian Anzu Poem, Groningen 1988

528

— /VAN BEKKUM, W.J., Meaning and Symbolism of Clothing in Ancient Near Eastern Texts, in: H.L.J. VANSTIPHOUT, u.a. (Hg.), Scripta Signa Vocis, Studies about Scripts, Scriptures, Scribes and Languages in the Near East presented to J.H. Hospers, Groningen 1986, 265-284

VOLP, R., Bilder VII, Das Bild als Grundkategorie der Theologie, TRE VI, 1980, 557-568

VOLLMER, J., עשה, THAT II, 1984³, 359-370

VORDERASIATISCHE SCHRIFTDENKMÄLER DER KÖNIGLICHEN MUSEEN ZU BERLIN, Leipzig, Berlin 1907ff

WACKER, M.-T., Figurationen des Weiblichen im Hosea-Buch, Herders Biblische Studien 8, Freiburg u.a. 1996

WAETZOLDT, H., Die Berufsbezeichnung tibira, NABU 1997/96

WAGNER, S., בנה, ThWAT I, 1973, 689-706

WALKER, C.B.F., Material for a Reconstruction of the mīs pî Ritual, Thesis Presented for the Degree of Bachelor of Philosophy in Oriental Studies (Cuneiform Studies), Oxford 1966 (unpub. Masch.)

— /DICK, M.B., The Induction of the Cult Image in Ancient Mesopotamia: The Mesopotamian Mīs pî Ritual, in: M.B. DICK (Hg.), Born in Heaven, Made on Earth: The Creation of the Cult Image, unpub. Manuskript, Loudonville 1994, 1-72 (In Vorbereitung)

WATANABE, K., Segenswünsche für den assyrischen König in der 2. Person Sg., ASJ 13, 1991, 347-387

— Votivsiegel des Pān-Aššur-lāmur, ASJ 16, 1994, 239-257

WATERMAN, L., Royal Correspondence of the Assyrian Empire I und II, UMS.H 17 und 18, Ann Arbor 1930

VON WEIHER, E., Spätbabylonische Texte aus Uruk II, ADFU 10, Berlin 1983

— Spätbabylonische Texte aus Uruk III, ADFU 12, Berlin 1988

— Uruk. Spätbabylonische Texte aus dem Planquadrat U 18. Teil IV, AUWE 12, Mainz 1993

WEIMAR, P., Das Goldene Kalb. Redaktionsgeschichtliche Erwägungen zu Ex 32, BN 38/39, 1987, 117-160

WEINBERG, J.P., Der König im Weltbild des Chronisten, VT 39, 1989, 415-437

WEINFELD, M., Deuteronomy and the Deuteronomic School, Oxford 1972 (Deuteronomy)

— Deuteronomy 1-11: A New Translation with Introduction and Commentary, AncB 5, New York u.a. 1991 (Deuteronomy 1-11)

WEIPPERT, H., Dan, BRL, 1977², 55f

— Edelstein, BRL, 1977², 64-66

— Samaria, BRL, 1977², 265-269

— Schmuck, BRL, 1977², 282-289

— Schöpfer des Himmels und der Erde. Ein Beitrag zur Theologie des Jeremiabuches, SBS 102, Stuttgart 1981

— Das deuteronomistische Geschichtswerk. Sein Ziel und Ende in der neueren Forschung, ThR 50, 1985, 213-249

— Palästina in vorhellenistischer Zeit, Handbuch der Archäologie Vorderasien II.1., München 1988

— Zu einer neuen ikonographischen Religionsgeschichte Kanaans und Israels, BZ 38, 1994, 1-28

WEIPPERT, M., Gott und Stier. Bemerkungen zu einer Terrakotte aus jāfa, ZDPV 77, 1961, 93-117, wieder abgedruckt in: DERS., Jahwe und die anderen Götter. Studien zur

Religionsgeschichte des antiken Israel in ihrem syrisch-palästinischen Kontext, FAT 18, 1997, 45-70
— Fragen des israelitischen Geschichtsbewusstseins, VT 23, 1973, 415-442
— Metall und Metallbearbeitung, BRL, 1977[2], 219-224
— Assyrische Prophetien der Zeit Asarhaddons und Assurbanipals, in: F.M. FALES (Hg.), Assyrian Royal Inscriptions: New Horizons in literary, ideological, and historical analysis. Papers of a Symposium held in Cetona (Siena) June 26-28, 1980, Orientis Antiqui Collectio 17, Rom 1981, 71-115 (Assyrische Prophetien)
— Die Bildsprache der neuassyrischen Prophetie, in: H. WEIPPERT, K. SEYBOLD, M. WEIPPERT, Beiträge zur prophetischen Bildsprache in Israel und Assyrien, OBO 64, Fribourg, Göttingen 1985, 55-93 (Bildsprache)
— Die Petition eines Erntearbeiters aus M^eṣad Ḥašavyāhū und die Syntax althebräischer erzählender Prosa, in: E. BLUM, u.a. (Hg.), Die Hebräische Bibel und ihre zweifache Nachgeschichte. Festschrift für Rolf Rendtorff zum 65. Geburtstag, Neukirchen-Vluyn 1990, 449-466
— Synkretismus und Monotheismus. Religionsinterne Konfliktbewältigung im alten Israel, in: J. ASSMANN, D. HARTH (Hg.), Kultur und Konflikt, Frankfurt 1990, 143-179, wieder abgedruckt in: DERS., Jahwe und die anderen Götter. Studien zur Religionsgeschichte des antiken Israel in ihrem syrisch-palästinischen Kontext, FAT 18, 1997, 1-24
— Altorientalische Prophetie, unpub. Manuskript, Heidelberg 1993 (Altorientalische Prophetie)
— Geschichte Israels am Scheideweg, Rezension zu H. Donner, Geschichte des Volkes Israel und seiner Nachbarn in Grundzügen, ATD Erg. Reihe 4, Göttingen 1984. 1986, ThR 58, 1993, 71-103
WEISER, A., Das Buch des Propheten Jeremia, ATD 20/21, Göttingen 1959[3]
WEISER-AALL, L., Schwelle, in: H. BÄCHTOLD-STÄUBLI (Hg.), Handwörterbuch des deutschen Aberglaubens 7, Pflügen-Signatur, Berlin, New York 1987[2], Sp. 1509-1543
WEISSBACH, F.H., Babylonische Miscellen, WVDOG 4, Leipzig 1903
WEISSERT, E., Creating a Political Climate: Literary Allusions to Enūma Eliš in Sennacherib's Account of the Battle of Halule, in: H. WAETZOLDT, H. HAUPTMANN (Hg.), Assyrien im Wandel der Zeiten. XXXIX[e] Rencontre Assyriologique Internationale, Heidelberg 6.-10. Juli 1992, HSAO 6, Heidelberg 1997, 191-202
— The Image of the King in Aššurbanipal's Historical Inscriptions: Content and Form, Jerusalem 1996 (in Vorbereitung)
WELLHAUSEN, J., Prolegomena zur Geschichte Israels, Berlin 1895[4]
— Reste arabischen Heidentums, Berlin, Leipzig 1927[2]
WELTEN, P., Götterbild, männliches, BRL, 1977[2], 99-111
— Bilder II. Altes Testament, TRE VI, 1980, 517-521
WESTERMANN, C., Genesis, 1. Teilband Genesis 1-11, BK I/1, Neukirchen-Vluyn 1974
— תהום, THAT II, 1984[3], 1026-1031
— Das Buch Jesaja. Kapitel 40-66, ATD 19, Göttingen 1986[5]
— Die Geschichtsbücher des Alten Testaments. Gab es ein deuteronomistisches Geschichtswerk?, TB 87, Gütersloh 1994
WETZEL, F., SCHMIDT, E., MALLWITZ, A., Das Babylon der Spätzeit, WVDOG 62, Berlin 1957
WEWERS, G.A., Avoda Zara Götzendienst, ÜTY IV/7, Tübingen 1980
WHYBRAY, R.N., The Heavenly Counsellor in Isaiah xl 13-14. A Study of the Sources of the Theology of Deutero-Isaiah, MSSOTS 1, Cambridge 1971

WIGGERMANN, F.A.M., The Staff of Ninšubura. Studies in Babylonian Demonology, II, JEOL 29, 1985-1986, 3-34
— Babylonian Prophylactic Figures: The Ritual Texts, Amsterdam 1986
— Mesopotamian Protective Spirits. The Ritual Texts, Cuneiform Monographs 1, Groningen 1992
— Mischwesen. A. Philologisch. Mesopotamien, RlA 8, 1994, 222-246
— Theologies, Priests, and Worship in Ancient Mesopotamia, in: CANE III, 1995, 1857-1870
WIGGINS, S.A., Yahweh: The God of Sun?, JSOT 71, 1996, 89-106
WILCKE, C., Die Emar-Version von "Dattelpalme und Tamariske" – ein Rekonstruktionsversuch, ZA 79, 1989, 161-190
WILDBERGER, H., צלם, THAT II, 1984³, 556-563
WILLI, T., Die Chronik als Auslegung. Untersuchungen zur literarischen Gestaltung der historischen Überlieferung Israels, FRLANT 106, Göttingen 1972
WILLI-PLEIN, I., Opfer und Kult im alttestamentlichen Israel. Textbefragungen und Zwischenergebnisse, SBS 153, Stuttgart 1993
WILLIAMSON, H.G.M., Isaiah 40,20 – A Case of Not Seeing the Wood for the Trees, Bib. 67, 1986, 1-20
WILSON, A., The Nations in Deutero-Isaiah, A Study on Composition and Structure, ANETS 1, Lewiston 1986
WINTER, I.J., 'Idols of the King': Royal Images as Recipients of Ritual Action in Ancient Mesopotamia, Journal of Ritual Studies 6, 1992, 13-42
— Aesthetics in Ancient Mesopotamian Art, in: CANE IV, 1995, 2569-2580
WINTER, U., Frau und Göttin. Exegetische und ikonographische Studien zum weiblichen Gottesbild im Alten Israel und in dessen Umwelt, OBO 53, Fribourg, Göttingen 1983
WOLFF, H.W., Jahwe und die Götter in der alttestamentlichen Prophetie. Ein Beitrag zur Frage nach der Wirklichkeit Gottes und der Wirklichkeit der Welt, EvTh 29, 1969, 397-416
— Dodekapropheton 6. Haggai, BK XIV/6, Neukirchen-Vluyn 1986
— Dodekapropheton 1. Hosea, BK XIV/1, Neukirchen-Vluyn 1990⁴
WRIGHT, D.P., The Disposal of Impurity. Elimination Rites in the Bible and in Hittite and Mesopotamian Literature, SBL.DS 101, Atlanta 1987
WÜRTHWEIN, E., Die Bücher der Könige 1. Kön. 17 - 2. Kön. 25, ATD 11.2, Göttingen, Zürich 1984
— Das erste Buch der Könige. Kapitel 1-16, ATD 11.1, Göttingen, Zürich 1985²
WÜST, M., Bethel, BRL, 1977², 44f
WYATT, N., Sea and Desert: Symbolic Geography in West Semitic Religious Thought, UF 19, 1987, 375-389
— Of Calves and Kings: The Canaanite Dimension in the Religion of Israel, SJOT 6.1, 1992, 68-91
— Asherah, DDD, 1995, 183-195
YADIN, Y., u.a., Hazor I, Jerusalem 1958
— /u.a., Hazor III/IV. Plates, Jerusalem 1961
YANG, Z., King of Justice, in: P. MICHALOWSKI, P. STEINKELLER, u.a. (Hg.), Velles Paraules. Ancient Near Eastern Studies in Honor of Miguel Civil on the Occasion of his Sixty-Fifth Birthday, Aula Orientalis 9, Barcelona 1991, 243-249
YEE, G.A., Composition and Tradition in the Book of Hosea: A Redaction Critical Investigation, SBL.DS 102, Atlanta 1987

ZACCAGNINI, C., Patterns of Mobility Among Ancient Near Eastern Craftsmen, JNES 42, 1983, 245-264

ZAWADZKI, S., Ironsmiths, Bronzesmiths and Goldsmiths in the Neo-Babylonian Texts from Sippar. Contributions to Studies on Babylonian Society in the second half of first Millennium B.C., WO 22, 1991, 21-47

ZENGER, E., Gottes Bogen in den Wolken. Untersuchungen zu Komposition und Theologie der priesterschriftlichen Urgeschichte, SBS 112, Stuttgart 1983

— Das Buch Exodus, GSL.AT 7, Düsseldorf 1987[3], 227-229

ZIMMERLI, W., Das zweite Gebot, in: DERS., Gottes Offenbarung, Gesammelte Aufsätze zum Alten Testament, TB 19, München 1963, 234-248

— Das Bilderverbot in der Geschichte des Alten Israel. Goldenes Kalb, Eherne Schlange, Mazzeben und Lade, in: DERS., Studien zur alttestamentlichen Theologie und Prophetie, Gesammelte Aufsätze II, München 1974, 247-260

— Ezechiel, 1. Teilband Ezechiel 1-24, BK XIII/1, Neukirchen-Vluyn 1979[2]

— Die Spendung von Schmuck für ein Kultobjekt, in: A. CAQUOT, M. DELCOR (Hg.), Mélanges bibliques et orientaux en l'honneur de M. Henri Cazelles, AOAT 212, Neukirchen-Vluyn 1981, 513-528

ZIMMERN, H., mesukkân Jes 40,20 = ass. musukkânu "Palme", ZA 9, 1894, 111f

— Beiträge zur Kenntnis der babylonischen Religion, AB 12, I-II, Leipzig 1896-1901

— Das vermutliche babylonische Vorbild des Pehtā und Mambūhā der Mandäer, in: C. BEZOLD (Hg.), Orientalische Studien. Theodor Nöldeke zum 70. Geburtstag (2.3.1906) II, Gießen 1906, 959-967

— Zu den "Keilschrifttexten aus Assur religiösen Inhalts", ZA 30, 1915/1916, 184-229

ZOBEL, H.-J., אימה, ThWAT I, 1973, 235-238

— ארון, ThWAT I, 1973, 391-404

ZOHARY, M., Pflanzen der Bibel, Stuttgart 1983

ZWICKEL, W., Dagons abgeschlagener Kopf (1 Samuel v 3-4), VT 44, 1994, 239-249

— Der Tempelkult in Kanaan und Israel. Studien zur Kultgeschichte Palästinas von der Mittelbronzezeit bis zum Untergang Judas, FAT 10, Tübingen 1994

— Pnuel, BN 85, 1996, 38-43

INDICES

542

Bd. 25/1a MICHAEL LATTKE: *Die Oden Salomos in ihrer Bedeutung für Neues Testament und Gnosis.* Band Ia. Der syrische Text der Edition in Estrangela Faksimile des griechischen Papyrus Bodmer XI. 68 Seiten. 1980.

Bd. 25/2 MICHAEL LATTKE: *Die Oden Salomos in ihrer Bedeutung für Neues Testament und Gnosis.* Band II. Vollständige Wortkonkordanz zur handschriftlichen, griechischen, koptischen, lateinischen und syrischen Überlieferung der Oden Salomos. Mit einem Faksimile des Kodex N. XVI–201 Seiten. 1979.

Bd. 25/3 MICHAEL LATTKE: *Die Oden Salomos in ihrer Bedeutung für Neues Testament und Gnosis.* Band III. XXXIV–478 Seiten. 1986.

Bd. 25/4 MICHAEL LATTKE: *Die Oden Salomos in ihrer Bedeutung für Neues Testament und Gnosis.* Band IV. XII–284 Seiten. 1998.

Bd. 46 ERIK HORNUNG: *Der ägyptische Mythos von der Himmelskuh.* Eine Ätiologie des Unvollkommenen. Unter Mitarbeit von Andreas Brodbeck, Hermann Schlögl und Elisabeth Staehelin und mit einem Beitrag von Gerhard Fecht. XII–129 Seiten, 10 Abbildungen. 1991. Dritte Auflage.

Bd. 50/1 DOMINIQUE BARTHÉLEMY: *Critique textuelle de l'Ancien Testament.* 1. Josué, Juges, Ruth, Samuel, Rois, Chroniques, Esdras, Néhémie, Esther. Rapport final du Comité pour l'analyse textuelle de l'Ancien Testament hébreu institué par l'Alliance Biblique Universelle, établi en coopération avec Alexander R. Hulst †, Norbert Lohfink, William D. McHardy, H. Peter Rüger, coéditeur, James A. Sanders, coéditeur. 812 pages. 1982.

Bd. 50/2 DOMINIQUE BARTHÉLEMY: *Critique textuelle de l'Ancien Testament.* 2. Isaïe, Jérémie, Lamentations. Rapport final du Comité pour l'analyse textuelle de l'Ancien Testament hébreu institué par l'Alliance Biblique Universelle, établi en coopération avec Alexander R. Hulst †, Norbert Lohfink, William D. McHardy, H. Peter Rüger, coéditeur, James A. Sanders, coéditeur. 1112 pages. 1986.

Bd. 50/3 DOMINIQUE BARTHÉLEMY: *Critique textuelle de l'Ancien Testament.* Tome 3. Ezéchiel, Daniel et les 12 Prophètes. Rapport final du Comité pour l'analyse textuelle de l'Ancien Testament hébreu institué par l'Alliance Biblique Universelle, établi en coopération avec Alexander R. Hulst †, Norbert Lohfink, William D. McHardy, H. Peter Rügert †, coéditeur, James A. Sanders, coéditeur. 1424 pages. 1992.

Bd. 53 URS WINTER: *Frau und Göttin.* Exegetische und ikonographische Studien zum weiblichen Gottesbild im Alten Israel und in dessen Umwelt. XVIII–928 Seiten, 520 Abbildungen. 1983. 2. Auflage 1987. Mit einem Nachwort zur 2. Auflage.

Bd. 55 PETER FREI / KLAUS KOCH: *Reichsidee und Reichsorganisation im Perserreich.* 352 Seiten, 17 Abbildungen. 1996. Zweite, bearbeitete und erweiterte Auflage.

Bd. 67 OTHMAR KEEL / SILVIA SCHROER: *Studien zu den Stempelsiegeln aus Palästina/Israel.* Band I. 115 Seiten, 103 Abbildungen. 1985.

Bd. 71 HANS-PETER MATHYS: *Liebe deinen Nächsten wie dich selbst.* Untersuchungen zum alttestamentlichen Gebot der Nächstenliebe (Lev 19,18). XII–204 Seiten. 1986. 2. verbesserte Auflage 1990.

Bd. 76 JOŽE KRAŠOVEC: *La justice (Ṣdq) de Dieu dans la Bible hébraïque et l'interprétation juive* et *chrétienne.* 456 pages. 1988.

Bd. 77 HELMUT UTZSCHNEIDER: *Das Heiligtum und das Gesetz.* Studien zur Bedeutung der sinaitischen Heiligtumstexte (Ez 25-40; Lev 8-9). XIV–326 Seiten. 1988.

Bd. 78 BERNARD GOSSE: *Isaie 13,1-14,23.* Dans la tradition littéraire du livre d'Isaïe et dans la tradition des oracles contre les nations. 308 pages. 1988.

Bd. 79 INKE W. SCHUMACHER: *Der Gott Sopdu – Der Herr der Fremdländer.* XV1–364 Seiten, 6 Abbildungen. 1988.

Bd. 80 HELLMUT BRUNNER: *Das hörende Herz.* Kleine Schriften zur Religions- und Geistesgeschichte Ägyptens. Herausgegeben von Wolfgang Röllig. 449 Seiten, 55 Abbildungen. 1988.

Bd. 81 WALTER BEYERLIN: *Bleilot, Brecheisen oder was sonst?* Revision einer Amos-Vision. 68 Seiten. 1988.

Bd. 82 MANFRED HUTTER: *Behexung, Entsühnung und Heilung.* Das Ritual der Tunnawiya für ein Königspaar aus mittelhethitischer Zeit (KBo XXI 1 – KUB IX 34 – KBo XXI 6). 186 Seiten. 1988.

Bd. 83 RAPHAEL GIVEON: *Scarabs from Recent Excavations in Israel.* 114 pages with numerous illustrations and 9 plates. 1988.

Bd. 84 MIRIAM LICHTHEIM: *Ancient Egyptian Autobiographies chiefly of the Middle Kingdom.* A Study and an Anthology. 200 pages, 10 pages with illustrations. 1988.

Bd. 85 ECKART OTTO: *Rechtsgeschichte der Redaktionen im Kodex Eŝnunna und im «Bundesbuch».* Eine redaktionsgeschichtliche und rechtsvergleichende Studie zu altbabylonischen und altisraelitischen Rechtsüberlieferungen. 220 Seiten. 1989.

Bd. 86 ANDRZEJ NIWIŃSKI: *Studies on the Illustrated Theban Funerary Papyri of the 11th and 10th Centuries B.C.* 488 pages, 80 plates. 1989.

Bd. 87 URSULA SEIDL: *Die babylonischen Kudurru-Reliefs.* Symbole mesopotamischer Gottheiten. 236 Seiten, 33 Tafeln und 2 Tabellen. 1989.

Bd. 88 OTHMAR KEEL / HILDI KEEL-LEU / SILVIA SCHROER: *Studien zu den Stempelsiegeln aus Palästina/Israel.* Band II. 364 Seiten, 652 Abbildungen. 1989.

Bd. 89 FRIEDRICH ABITZ: *Baugeschichte und Dekoration des Grabes Ramses' VI.* 202 Seiten, 39 Abbildungen. 1989.

Bd. 90 JOSEPH HENNINGER SVD: *Arabica varia.* Aufsätze zur Kulturgeschichte Arabiens und seiner Randgebiete. Contributions à l'histoire culturelle de l'Arabie et de ses régions limitrophes. 504 pages. 1989.

Bd. 91 GEORG FISCHER: *Jahwe unser Gott.* Sprache, Aufbau und Erzähltechnik in der Berufung des Mose (Ex. 3-4). 276 Seiten. 1989.

Bd. 92 MARK A. O'BRIEN: *The Deuteronomistic History Hypothesis.* A Reassessment. 340 pages. 1989.

Bd. 93 WALTER BEYERLIN: *Reflexe der Amosvisionen im Jeremiabuch.* 120 Seiten. 1989.

Bd. 94 ENZO CORTESE: *Josua 13–21.* Ein priesterschriftlicher Abschnitt im deuteronomistischen Geschichtswerk. 136 Seiten. 1990.

Bd. 96 ANDRÉ WIESE: *Zum Bild des Königs auf ägyptischen Siegelamuletten.* 264 Seiten mit zahlreichen Abbildungen im Text und 32 Tafeln. 1990.

Bd. 119 THOMAS M. KRAPF: *Die Priesterschrift und die vorexilische Zeit*. Yehezkel Kaufmanns vernachlässigter Beitrag zur Geschichte der biblischen Religion. XX–364 Seiten. 1992.

Bd. 120 MIRIAM LICHTHEIM: *Maat in Egyptian Autobiographies and Related Studies*. 236 pages, 8 plates. 1992.

Bd. 121 ULRICH HÜBNER: *Spiele und Spielzeug im antiken Palästina*. 256 Seiten. 58 Abbildungen. 1992.

Bd. 122 OTHMAR KEEL: *Das Recht der Bilder, gesehen zu werden*. Drei Fallstudien zur Methode der Interpretation altorientalischer Bilder. 332 Seiten, 286 Abbildungen. 1992.

Bd. 123 WOLFGANG ZWICKEL (Hrsg.): *Biblische Welten*. Festschrift für Martin Metzger zu seinem 65. Geburtstag. 268 Seiten, 19 Abbildungen. 1993.

Bd. 125 BENJAMIN SASS / CHRISTOPH UEHLINGER (eds.): *Studies in the Iconography of Northwest Semitic Inscribed Seals*. Proceedings of a symposium held in Fribourg on April 17–20, 1991. 368 pages, 532 illustrations. 1993.

Bd. 126 RÜDIGER BARTELMUS / THOMAS KRÜGER / HELMUT UTZSCHNEIDER (Hrsg.): *Konsequente Traditionsgeschichte*. Festschrift für Klaus Baltzer zum 65. Geburtstag. 418 Seiten. 1993.

Bd. 127 ASKOLD I. IVANTCHIK: *Les Cimmériens au Proche-Orient*. 336 pages. 1993.

Bd. 128 JENS VOSS: *Die Menora*. Gestalt und Funktion des Leuchters im Tempel zu Jerusalem. 124 Seiten. 1993.

Bd. 129 BERND JANOWSKI / KLAUS KOCH / GERNOT WILHELM (Hrsg.): *Religionsgeschichtliche Beziehungen zwischen Kleinasien, Nordsyrien und dem Alten Testament*. Internationales Symposion Hamburg 17.–21. März 1990. 572 Seiten. 1993.

Bd. 130 NILI SHUPAK: *Where can Wisdom be found?* The Sage's Language in the Bible and in Ancient Egyptian Literature. XXXII–516 pages. 1993.

Bd. 131 WALTER BURKERT / FRITZ STOLZ (Hrsg.): *Hymnen der Alten Welt im Kulturvergleich*. 134 Seiten. 1994.

Bd. 132 HANS-PETER MATHYS: *Dichter und Beter*. Theologen aus spätalttestamentlicher Zeit. 392 Seiten. 1994.

Bd. 133 REINHARD G. LEHMANN: *Friedrich Delitzsch und der Babel-Bibel-Streit*. 472 Seiten, 13 Tafeln. 1994.

Bd. 135 OTHMAR KEEL: *Studien zu den Stempelsiegeln aus Palästina/Israel*. Band IV. Mit Registern zu den Bänden I–IV. XII–340 Seiten mit Abbildungen, 24 Seiten Tafeln. 1994.

Bd. 136 HERMANN-JOSEF STIPP: *Das masoretische und alexandrinische Sondergut des Jeremiabuches*. Textgeschichtlicher Rang, Eigenarten, Triebkräfte. VII–196 Seiten. 1994.

Bd. 137 PETER ESCHWEILER: *Bildzauber im alten Ägypten*. Die Verwendung von Bildern und Gegenständen in magischen Handlungen nach den Texten des Mittleren und Neuen Reiches. X–380 Seiten, 28 Seiten Tafeln. 1994.

Bd. 138 CHRISTIAN HERRMANN: *Ägyptische Amulette aus Palästina/Israel*. Mit einem Ausblick auf ihre Rezeption durch das Alte Testament. XXIV–1000 Seiten, 70 Seiten Bildtafeln. 1994.

Bd. 140   IZAK CORNELIUS: *The Iconography of the Canaanite Gods Reshef and Ba'al*. Late Bronze and Iron Age I Periods (c 1500 – 1000 BCE). XII–326 pages with illustrations, 56 plates. 1994.

Bd. 141   JOACHIM FRIEDRICH QUACK: *Die Lehren des Ani*. Ein neuägyptischer Weisheitstext in seinem kulturellen Umfeld. X–344 Seiten, 2 Bildtafeln. 1994.

Bd. 142   ORLY GOLDWASSER: *From Icon to Metaphor*. Studies in the Semiotics of the Hieroglyphs. X–194 pages. 1995.

Bd. 143   KLAUS BIEBERSTEIN: *Josua-Jordan-Jericho*. Archäologie, Geschichte und Theologie der Landnahmeerzählungen Josua 1-6. XII–494 Seiten. 1995.

Bd. 144   CHRISTL MAIER: *Die «fremde Frau» in Proverbien 1-9*. Eine exegetische und sozialgeschichtliche Studie. XII–304 Seiten. 1995.

Bd. 145   HANS ULRICH STEYMANS: *Deuteronomium 28 und die* adê *zur Thronfolgeregelung Asarhaddons*. Segen und Fluch im Alten Orient und in Israel. XII–436 Seiten. 1995.

Bd. 146   FRIEDRICH ABITZ: *Pharao als Gott in den Unterweltsbüchern des Neuen Reiches*. VIII–228 Seiten. 1995.

Bd. 147   GILLES ROULIN: *Le Livre de la Nuit. Une composition égyptienne de l'au-delà*. Iʳᵉ partie: traduction et commentaire. XX–420 pages. IIᵉ partie: copie synoptique. X–169 pages, 21 planches. 1996.

Bd. 148   MANUEL BACHMANN: *Die strukturalistische Artefakt- und Kunstanalyse*. Exposition der Grundlagen anhand der vorderorientalischen, ägyptischen und griechischen Kunst. 88 Seiten mit 40 Abbildungen. 1996.

Bd. 150   ELISABETH STAEHELIN / BERTRAND JAEGER (Hrsg.): *Ägypten-Bilder*. Akten des «Symposions zur Ägypten-Rezeption», Augst bei Basel, vom 9.–11. September 1993. 384 Seiten Text, 108 Seiten mit Abbildungen. 1997.

Bd. 151   DAVID A.WARBURTON: *State and Economy in Ancient Egypt*. Fiscal Vocabulary of the New Kingdom. 392 pages. 1996.

Bd. 152   FRANÇOIS ROSSIER SM: *L'intercession entre les hommes dans la Bible hébraïque*. L'intercession entre les hommes aux origines de l'intercession auprès de Dieu. 408 pages. 1996.

Bd. 153   REINHARD GREGOR KRATZ / THOMAS KRÜGER (Hrsg.): *Rezeption und Auslegung im Alten Testament und in seinem Umfeld*. Ein Symposion aus Anlass des 60. Geburtstags von Odil Hannes Steck. 148 Seiten. 1997.

Bd. 154   ERICH BOSSHARD-NEPUSTIL: *Rezeptionen von Jesaja 1–39 im Zwölfprophetenbuch*. Untersuchungen zur literarischen Verbindung von Prophetenbüchern in babylonischer und persischer Zeit. XIV–534 Seiten. 1997.

Bd. 155   MIRIAM LICHTHEIM: *Moral Values in Ancient Egypt*. 136 pages. 1997.

Bd. 156   ANDREAS WAGNER (Hrsg.): *Studien zur hebräischen Grammatik*. VIII–212 Seiten. 1997.

Bd. 157   OLIVIER ARTUS: *Etudes sur le livre des Nombres*. Récit, Histoire et Loi en Nb 13,1–20,13. X-310 pages. 1997.

Bd. 158   DIETER BÖHLER: *Die heilige Stadt in Esdras* α *und Esra-Nehemia*. Zwei Konzeptionen der Wiederherstellung Israels. XIV-464 Seiten. 1997.

Bd. 159   WOLFGANG OSWALD: *Israel am Gottesberg*. Eine Untersuchung zur Literargeschichte der vorderen Sinaiperikope Ex 19–24 und deren historischem Hintergrund. X–300 Seiten. 1998.

Bd. 160/1 JOSEF BAUER / ROBERT K. ENGLUND / MANFRED KREBERNIK: *Mesopotamien, Späturuk-Zeit und Frühdynastische Zeit*. Annäherungen 1. Herausgegeben von Pascal Attinger und Markus Wäfler. 640 Seiten. 1998.

Bd. 161   MONIKA BERNETT / OTHMAR KEEL: *Mond, Stier und Kult am Stadttor*. Die Stele von Betsaida (et-Tell). 175 Seiten mit 121 Abbildungen. 1998.

Bd. 162   ANGELIKA BERLEJUNG: *Die Theologie der Bilder*. Herstellung und Einweihung von Kultbildern in Mesopotamien und die alttestamentliche Bilderpolemik. 1998. XII–560 Seiten. 1998.

Bd. 163   SOPHIA K. BIETENHARD: *Des Königs General*. Die Heerführertraditionen in der vorstaatlichen und frühen staatlichen Zeit und die Joabgestalt in 2 Sam 2-20; 1 Kön 1-2. 388 Seiten. 1998.

Weitere Informationen zur Reihe OBO: http://www.unifr.ch/bif/obo/obo.html

UNIVERSITÄTSVERLAG FREIBURG SCHWEIZ
ÉDITIONS UNIVERSITAIRES FRIBOURG SUISSE

ORBIS BIBLICUS ET ORIENTALIS, SERIES ARCHAEOLOGICA

UNIVERSITÄTSVERLAG FREIBURG SCHWEIZ
ÉDITIONS UNIVERSITAIRES FRIBOURG SUISSE

UNIVERSITÄT FREIBURG SCHWEIZ

BIBLISCHES INSTITUT

Das Biblische Institut in Freiburg Schweiz bietet Ihnen die Möglichkeit, im Anschluß an ein Diplom oder Lizentiat in Theologie, Bibelwissenschaft, Altertumskunde Palästinas/Israels, Vorderasiatischer Archäologie oder einen gleichwertigen Leistungsausweis im Rahmen eines Studienjahres (Oktober – Juni) ein

Spezialisierungszeugnis
BIBEL UND ARCHÄOLOGIE

(Feldarchäologie, Ikonographie, Epigraphik,

Religionsgeschichte Palästinas/Israels)

zu erwerben.

Das Studienjahr wird in Verbindung mit der Universität Bern (25 Min. Fahrzeit) organisiert. Es bietet Ihnen die Möglichkeit,

☞ eine Auswahl einschlägiger Vorlesungen, Seminare und Übungen im Bereich "Bibel und Archäologie" bei Walter Dietrich, Othmar Keel, Ernst Axel Knauf, Max Küchler, Silvia Schroer und Christoph Uehlinger zu belegen;

☞ diese Veranstaltungen durch solche in Ägyptologie (Hermann A. Schlögl, Freiburg), Vorderasiatischer Archäologie (Markus Wäfler, Bern) und altorientalischer Philologie (Pascal Attinger, Esther Flückiger, beide Bern) zu ergänzen;

☞ die einschlägigen Dokumentationen des Biblischen Instituts zur palästinisch-israelischen Miniaturkunst aus wissenschaftlichen Grabungen (Photos, Abdrücke, Kartei) und die zugehörigen Fachbibliotheken zu benutzen;

☞ mit den großen Sammlungen (über 10'000 Stück) von Originalen altorientalischer Miniaturkunst des Biblischen Instituts (Rollsiegel, Skarabäen und andere Stempelsiegel, Amulette, Terrakotten, palästinische Keramik, Münzen usw.) zu arbeiten und sich eine eigene Dokumentation (Abdrücke, Dias) anzulegen;

☞ während der Sommerferien an einer Ausgrabung in Palästina/Israel teilzunehmen, wobei die Möglichkeit besteht, mindestens das Flugticket vergütet zu bekommen.

Um das Spezialisierungszeugnis zu erhalten, müssen zwei benotete Jahresexamen abgelegt, zwei Seminarscheine erworben und eine schriftliche wissenschaftliche Arbeit im Umfange eines Zeitschriftenartikels verfaßt werden.

Interessenten und Interessentinnen wenden sich bitte an den Curator des Instituts:

PD Dr. Christoph Uehlinger
Biblisches Institut
Universität, Miséricorde
CH-1700 Freiburg / Schweiz
Fax +41 – (0)26 – 300 9754

UNIVERSITÉ DE FRIBOURG EN SUISSE

INSTITUT BIBLIQUE

L'Institut Biblique de l'Université de Fribourg en Suisse offre la possibilité d'acquérir un

certificat de spécialisation
CRITIQUE TEXTUELLE ET HISTOIRE DU TEXTE ET DE L'EXÉGÈSE DE L'ANCIEN TESTAMENT

(Spezialisierungszeugnis Textkritik und Geschichte des Textes

und der Interpretation des Alten Testamentes)

en une année académique (octobre à juin). Toutes les personnes ayant obtenu une licence en théologie ou un grade académique équivalent peuvent en bénéficier.

Cette année d'études peut être organisée

☞ autour de la critique textuelle proprement dite (méthodes, histoire du texte, instruments de travail, édition critique de la Bible);

☞ autour des témoins principaux du texte biblique (texte masorétique et masore, textes bibliques de Qumran, Septante, traductions hexaplaires, Vulgate, Targoums) et leurs langues (hébreu, araméen, grec, latin, syriaque, copte), enseignées en collaboration avec les chaires de patrologie et d'histoire ancienne, ou

☞ autour de l'histoire de l'exégèse juive (en hébreu et en judéo-arabe) et chrétienne (en collaboration avec la patrologie et l'histoire de l'Eglise).

L'Institut dispose d'une bibliothèque spécialisée dans ces domaines. Les deux chercheurs consacrés à ces travaux sont Adrian Schenker et Yohanan Goldman.

Pour l'obtention du certificat, deux examens annuels, deux séminaires et un travail écrit équivalent à un article sont requis. Les personnes intéressées peuvent obtenir des informations supplémentaires auprès du responsable du programme:

Prof. Dr. Adrian Schenker
Institut Biblique
Université, Miséricorde
CH-1700 Fribourg / Suisse
Fax +41 – (0)26 – 300 9754

Zusammenfassung

Kultbilder von Gottheiten waren im Vorderen Orient einschließlich Palästina verbreitet, doch begegnet ihnen das Alte Testament nur mit Verachtung und Polemik. Die Wirkungsgeschichte dieser Bilderfeindlichkeit und des Bilderverbots läßt die Frage nach den Ursachen, Umständen und Argumentationsstrukturen der biblischen Position entstehen. Die Polemik setzt Bilder und deren Verehrung voraus. Die vorliegende Untersuchung beschäftigt sich deshalb im ersten Teil mit den theologischen Konzeptionen, die der mesopotamischen «Idololatrie» zugrunde lagen, im zweiten Teil mit ihrer Rezeption im Alten Testament.

Hinter dem Kult der Götterbilder im Mesopotamien des 1. Jt.s standen komplizierte theologische Vorstellungen, die aus den unterschiedlichsten Texten rekonstruiert werden konnten. Dabei ergab sich, daß die Herstellung der Kultstatuen als übernatürlicher Vorgang verstanden wurde, der durch die Zusammenarbeit von Göttern und Menschen charakterisiert war. Die wunderbare Entstehung der Statue und ihre wesenhafte Verbundenheit mit der in ihr präsenten Gottheit wurde zusätzlich durch das Mundwaschungs- und Mundöffnungsritual (*mīs pî* und *pīt pî*) konsolidiert, das die Statue von Verunreinigungen und der menschlichen Seite ihrer Herkunft befreite. Als lebendiger, irdischer und sichtbarer Körper einer unsichtbar, personal und anthropomorph vorgestellten Gottheit besaß dieses Repräsentationsbild alle Lebensfunktionen, um im Kult in das praktische Handlungsfeld religiöser Kommunikation eintreten zu können.

Kult- und Votivbilder aus dem eisenzeitlichen Palästina zeigen, daß man auch in Israel und Juda wirkmächtige «Repräsentationsbilder» kannte. Das Alte Testament, das sich in einer Reihe von polemischen Passagen mit den Statuen und der mit ihnen verbundenen «Theologie der Bilder» auseinandersetzt, setzt häufig bei deren Herstellung an: Im Konsens mit Vertretern der «Theologie der Bilder» knüpften die Bildergegner an der Gültigkeit des Konzeptes an, der Charakter der Herstellung bestimme die Qualität des Hergestellten. Indem sie die Entstehung des Bildes als völlig profanen Vorgang darstellten, verwendeten sie das Konzept jedoch *gegen* das Bild.

Die dtr Darstellung schreibt die Fertigung der Kälber für Bethel und Dan oder der Aschera für Samaria oder Jerusalem der fehlgeleiteten Eigeninitiative von Königen zu. Fehlende göttliche Autorisierung prägt auch die paradigmatische Erzählung von Ex 32, die in der Grundschicht den Priester Aaron, in der dtr Fortschreibung das Volk für das «Goldene Kalb» verantwortlich macht. Bei altorientalischen Reinheitsvorstellungen setzt die drastische Verkündigung Ezechiels an, der Götterbilder mit Unreinheit verbindet (Ez 22:3f). Ausgehend von der sog. Götzenbilderschicht in Dtjes, die ein redaktionell überlegtes, folgerichtig aufgebautes und handwerklich kompetentes Traktat darstellt, das die altorientalischen Vorstellungen kannte und Punkt für Punkt widerlegt, führen auch Jer 10:1-16*, Ps 115, Ps 135 und Hab 2:18f Handwerker vor, die «idealtypisch» in einem gänzlich profanen Prozeß nur Abbilder irdischer Geschöpfe zustande bringen. Sie zeigen, daß Bildergegner bis weit in die nachexilische Zeit hinein gezwungen waren, die «Theologie der Kultbilder» zu widerlegen und Bilderfreunde von ihrer alternativen «Theologie der Bildlosigkeit» zu überzeugen.

Summary

Cult statues were common in Palestine as in the Ancient Near East, but they are subject of considerable polemics in the Old Testament. The subsequent history of this hostility and the ban on images raises the quest for the reasons and circumstances that led to biblical anti-iconism. The first part of this study deals with the theological conceptions that were at the base of Mesopotamian idolatry. The second part investigates the reception of the Mesopotamian «theology of images» in the Old Testament.

The cult and theology of images in Ist mill. BCE Mesopotamia can be reconstructed on the basis of textual sources and archaeological evidence. The texts demonstrate that the making of statues was considered as a supernatural act of creation, described as co-operation between gods and human craftsmen. The miraculous way of the statue's birth and the substantial connection between deity and image were consolidated by mouth-washing and mouth-opening rites (mīs pî and pīt pî). The complete mouth-washing ritual annihilated all traces of impurity and of the human craftsmen's work. The statue thus became the invisible deity's living and visible body on earth. As representation of the anthropomorphic deity the image disposed of all the perceptive and vital functions needed in order to communicate in the sphere of worship and divination.

Archaeological finds of the Iron Age in Palestine demonstrate the use of cult and votive statuary. They prove that Israel and Judah too knew images that were considered to be gods and goddesses and to own divine power.

The Old Testament polemic against images often focusses on the making of the statues. In basic agreement with the «theology of images», the biblical aniconicists shared their concept that the way of production determines the product's quality. However, since they described the making of a statue as a mere profane act, they used this very concept against the statues which they regarded only as human concoctions.

In the view of the Deuteronomistic historiographer, the presumptuous self-initiative of reigning kings caused the making of bull images in Bethel and Dan as well as Asherah statues in Samaria and Jerusalem. The lack of divine autorisation also characterizes the paradigmatic story Exod. 32; in its oldest shape, the story holds Aaron to be responsible for the golden calf's production, whereas the Deuteronomistic expansion calls the people to account. The prophesy of Ezekiel, who linked statues of gods with impurity (Ezek. 22:3f), is based on a Mesopotamian conception of purity. The additions to Second Isaiah referring to the making of cult images may be interpreted as a redactional, reflected (competent) and consistent treatise based on the Ancient Near Eastern «theology of images», which is disproved step by step. Based on these additions, Jer. 10:1-16*, Pss. 115 and 135 and Hab. 2:18f argue against craftsmen whose profane activities only succeed in making copies of purely worldly creatures. These late texts show that the biblical anti-iconicists were forced to argue against idolatry and the «theology of images» until the late post-exilic period, and that much rhetoric was still needed for their own «theology of aniconism» to impose itself.